Schlothauer/Weider

Verteidigung im Revisionsverfahren

Begründet von

Rechtsanwalt Dr. Josef Augstein (†), Hannover (bis 1984)
Prof. Dr. Werner Beulke, Passau
Prof. Dr. Hans Ludwig Schreiber, Göttingen (bis 2008)

Herausgegeben von

Rechtsanwalt Prof. Dr. Werner Beulke, Passau
Rechtsanwalt Prof. Dr. Dr. Alexander Ignor, Berlin

Schriftleitung

Rechtsanwalt Dr. Felix Ruhmannseder, Wien

Verteidigung im Revisionsverfahren

von

Prof. Dr. Reinhold Schlothauer

Rechtsanwalt in Bremen

Fachanwalt für Strafrecht

Prof. Dr. Hans-Joachim Weider

Rechtsanwalt in Frankfurt/Main

Fachanwalt für Strafrecht

2., neu bearbeitete Auflage

C.F. Müller

Prof. Dr. Reinhold Schlothauer ist Rechtsanwalt und Fachanwalt für Strafrecht in Bremen sowie Honorarprofessor an der Universität Bremen. Kontakt: schlothauer@strafverteidigerkanzlei-bremen.de.

Prof. Dr. Hans-Joachim Weider ist Rechtsanwalt und Fachanwalt für Strafrecht in Frankfurt am Main sowie Honorarprofessor an der Justus-Liebig-Universität Gießen. Kontakt: weider@bremer-biskamp.de

Bibliografische Information der Deutschen Nationalbibliothek

Die Deutsche Nationalbibliothek verzeichnet diese Publikation in der Deutschen Nationalbibliografie; detaillierte bibliografische Daten sind im Internet über <http://dnb.d-nb.de> abrufbar.

Bei der Herstellung des Werkes haben wir uns zukunftsbewusst für umweltverträgliche und wiederverwertbare Materialien entschieden. Der Inhalt ist auf elementar chlorfreiem Papier gedruckt.

ISBN 978-3-8114-4105-7

E-Mail: kundenservice@hjr-verlag.de
Telefon: +49 6221/489 555
Telefax: +49 6221/489 410

© 2013 C.F. Müller, eine Marke der Verlagsgruppe Hüthig Jehle Rehm GmbH
Heidelberg, München, Landsberg, Frechen, Hamburg

www.cfmueller.de
www.hjr-verlag.de

Satz: preXtension GbR, Grafrath
Druck: Westermann Druck, Zwickau

Vorwort der Herausgeber

Fünf Jahre nach der Erstausgabe haben *Reinhold Schlothauer* und *Hans-Joachim Weider* ihren Band über die „Verteidigung im Revisionsverfahren" auf den neuesten Stand gebracht.

Das Werk hat sich seit seinem ersten Erscheinen einen eigenständigen Platz in der Reihe der revisionsrechtlichen Standardwerke erobert. Es ist in seiner Weise einzigartig. *Schlothauer/Weider* präsentieren, dem Gang der Hauptverhandlung folgend, das Revisionsrecht durchweg aus der Perspektive möglicher Rügen, deren häufig komplizierte Voraussetzungen sie im Einzelnen darlegen. Damit geben sie dem Verteidiger und der Verteidigerin in Strafsachen ein perfektes Hilfsmittel an die Hand, mögliche Verfahrensfehler aufzufinden und ordnungsgemäß zu rügen – eine Aufgabe, an der seit je viele Revisionen scheitern. Das Werk hilft, dieses Scheitern zu vermeiden.

Ebenso wie der zuletzt in 4. Auflage (2010) erschienene Band „Untersuchungshaft" ist auch der Band „Verteidigung im Revisionsverfahren" geprägt einerseits von der enormen praktischen Erfahrung des Autorengespanns *Schlothauer/Weider*, andererseits von dessen langjähriger wissenschaftlicher Beschäftigung mit dem Strafprozessrecht. Beide Werke belegen eindrucksvoll die namentlich von *Karl Popper* formulierte Einsicht, dass die Praxis nicht der Feind des theoretischen Wissens ist, sondern sein wertvollster Anreiz. Insofern darf das Werk allen mit Revisionen befassten Strafjuristinnen und Strafjuristen ans Herz gelegt werden.

Die Neuauflage präsentiert und reflektiert den aktuellen Stand des Revisionsrechts in Rechtsprechung und Literatur. Gänzlich neu bearbeitet wurde der Abschnitt über Rügemöglichkeiten bei der Verständigung, der konsequent das Verständigungsgesetz und das Urteil des Bundesverfassungsgerichts vom 19. März 2013 berücksichtigt. Erweitert wurde die Begründung der Sachrüge insbesondere durch die Darstellung von Rügemöglichkeiten typischer Beweiswürdigungs- und Strafzumessungsfehler.

Weiterhin ist dem Werk nicht zuletzt im Interesse eines rechtsstaatlichen Strafverfahrens ein großer Erfolg zu wünschen; denn insbesondere mit einer lege artis durchgeführten Revision erfüllen Strafverteidigerinnen und Strafverteidiger die ihnen obliegende Kontrollfunktion, über die Einhaltung des Rechts zu wachen.

Im Juli 2013

Passau

Berlin

Werner Beulke

Alexander Ignor

Hinweis der Autoren

Aktuelle Ergänzungen und Hinweise zum Werk sind abrufbar unter:

http://www.revisionshandbuch.de

Stand des Werkes hinsichtlich Gesetzgebung, Rechtsprechung und Literatur ist Mai 2013.

Inhaltsübersicht

Einleitung

Teil I
Allgemeine Grundsätze des Revisionsverfahrens

Teil II
Ausgewählte Verfahrensrügen
(einschließlich Verfahrensvoraussetzungen und -hindernisse)

Teil III
Die Begründung der Sachrüge

Inhaltsverzeichnis

Hat die vor dem Landgericht durchgeführte Hauptverhandlung vor der zuständigen (besonderen) Strafkammer stattgefunden und wurde ein Einwand der Unzuständigkeit (§ 6a S. 3 StPO) zu Unrecht zurückgewiesen? (Rüge 11)

Hat die vor dem Landgericht durchgeführte Hauptverhandlung vor einer besonderen Strafkammer nach §§ 74 Abs. 2, 74a bzw. 74c GVG stattgefunden, nachdem die an sich unzuständige allgemeine Strafkammer erst nach Beginn der Vernehmung des Angeklagten zur Sache das Verfahren „gem. § 270 Abs. 1 S. 2 StPO" an die besondere Strafkammer verwiesen hat, ohne dass der Angeklagte den Einwand der funktionellen Unzuständigkeit des Gerichts erhoben hatte? (Rüge 11a)

XVII

Kapitel 4
Mitwirkung ausgeschlossener oder wegen Besorgnis der
Befangenheit abgelehnter Richter/Schöffen

Haben bei dem Urteil Richter oder Schöffen mitgewirkt, die von der Ausübung des Richteramts kraft Gesetzes ausgeschlossen waren (§§ 22, 23 StPO),
• weil sie selbst durch die Straftat verletzt sind,
• weil sie Ehegatte, Lebenspartner, Vormund oder Betreuer des Beschuldigten oder Verletzten sind oder gewesen sind,
• weil sie mit dem Beschuldigten oder mit dem Verletzten in gerader Linie verwandt oder verschwägert, in der Seitenlinie bis zum dritten Grad verwandt oder bis zum zweiten Grad verschwägert sind oder waren,
• weil sie in der Sache als Beamter der Staatsanwaltschaft oder als Polizeibeamter, als Anwalt des Verletzten oder als Verteidiger tätig gewesen sind,
• weil sie in der Sache als Zeuge oder Sachverständiger vernommen worden sind oder
• weil sie bei einer durch ein Rechtsmittel angefochtenen Entscheidung mitgewirkt haben?
(Rüge 15)

Rn.   *S.*

Wurde die Hauptverhandlung in Abwesenheit des Angeklagten durchgeführt, weil er wegen ordnungswidrigen Benehmens aus dem Sitzungssaal entfernt oder zur Haft abgeführt worden ist (§ 231b StPO)? (Rüge 28)

Wurde in einer gegen mehrere Angeklagte durchgeführten Hauptverhandlung der Angeklagte während einzelner Verhandlungsteile beurlaubt (§ 231c StPO) und fand die Hauptverhandlung deshalb teilweise in seiner Abwesenheit statt? (Rüge 29)

Wurde in einer gegen mehrere Angeklagte durchgeführten Hauptverhandlung das Verfahren gegen den Angeklagten (zeitweise) abgetrennt und die Hauptverhandlung in seiner Abwesenheit fortgeführt? (Rüge 30)

Abschnitt 5
Verteidiger

XXVII

Abschnitt 6

Dolmetscher

**Kapitel 11
Mitteilung von Anklageschrift und Eröffnungsbeschluss**   747   274

XXXIX

Hat es der Vorsitzende unterlassen, im weiteren Verlauf der Hauptverhandlung über Erörterungen, deren Gegenstand die Möglichkeit einer Verständigung war, Mitteilung zu machen, soweit sich dadurch Änderungen gegenüber der Mitteilung zu Beginn der Hauptverhandlung ergeben haben (§ 243 Abs. 4 S. 2 StPO)? (Rüge 67a)

Kapitel 14
Belehrung des Angeklagten und Einlassung

Abschnitt 1
Belehrung über Aussagefreiheit

Wurde der Angeklagte nach Verlesung der Anklageschrift und vor Vernehmung zur Sache gemäß § 243 Abs. 5 S. 1 StPO auf seine Aussagefreiheit hingewiesen? (Rüge 68)

Abschnitt 2
Gelegenheit zur Äußerung

Erhielt der Angeklagte vor Beginn der Beweisaufnahme sowie, wenn er zunächst geschwiegen hat, später seiner nunmehr erklärten Bereitschaft entsprechend Gelegenheit, sich umfassend und in der von ihm gewünschten Form zur Sache zu äußern? (Rüge 69)

Abschnitt 3
Besonderheiten bei Nachtragsanklage

Abschnitt 3
Sind in der Hauptverhandlung Berufsgeheimnisträger oder deren Gehilfen i.S.d. §§ 53, 53a StPO vernommen worden?

Abschnitt 4
Ist in der Hauptverhandlung ein Zeuge vernommen worden, der zu Recht oder zu Unrecht nach § 55 Abs. 2 StPO belehrt wurde bzw. zu Unrecht von dem Auskunftsverweigerungsrecht des § 55 Abs. 1 StPO Gebrauch gemacht hat?

Abschnitt 5
Öffentlich Bedienstete

Abschnitt 6
Videovernehmung

Konnte die Verteidigung die Befragung des Zeugen nicht beenden, weil dieser für eine weitere Befragung nicht mehr zur Verfügung stand? (Rüge 99)	986	364

Abschnitt 8
Sind einem Zeugen, Sachverständigen oder Mitangeklagten Vorhalte aus früheren Vernehmungen gemacht worden?

Abschnitt 9
Kombinierter Zeugen-Urkundenbeweis

Ist ein Teil einer früheren Zeugen oder Sachverständigenaussage nach § 253 StPO verlesen worden? (Rüge 100)	991	366

Abschnitt 10
Gewährleistung des Rechts zur Befragung wesentlicher Belastungszeugen

Hatte die Verteidigung zu keinem Zeitpunkt des Verfahrens die Gelegenheit, Fragen an einen Belastungszeugen zu stellen? (Verletzung des Konfrontationsrechts Art. 6 Abs. 3 lit. d EMRK) (Rüge 101)	999	369

L

Abschnitt 2
Tätigkeit des Sachverständigen in der Hauptverhandlung

Kapitel 23
Einhaltung der Unterbrechungsfristen

Abschnitt 3
**Unterbrechung bzw. Aussetzung der Hauptverhandlung wegen
Veränderungen des Sachverhalts bzw. der Verfahrenslage**

Abschnitt 4
Ungenügender Beistand oder Wegfall eines Verteidigers

Abschnitt 5
**Sitzordnung zwecks Kommunikation zwischen Angeklagtem
und Verteidiger**

Kapitel 25
**Schlussvorträge, letztes Wort, Urteilsberatung und
-verkündung**   1791   650

Hat das Gericht den Inhalt der Beweisaufnahme betreffende Zusagen bei der Beweiswürdigung eingehalten? (Rüge 229)   1898   690

Hat es das Gericht unterlassen, bestimmte erhebliche Tatsachen in der Hauptverhandlung aufzuklären oder unterlassen es die Urteilsgründe, sich mit in der Hauptverhandlung erhobenen Beweisen auseinanderzusetzen (Alternativrüge der Verletzung der Aufklärungspflicht: § 244 Abs. 2 StPO und der Verletzung des § 261 StPO)? (Rüge 230)   1903   692

Wird in den schriftlichen Urteilsgründen zum Nachteil des Angeklagten im Zusammenhang mit der Beweiswürdigung bzw. der Strafzumessung der Umstand berücksichtigt, dass der Angeklagte zu der ihm angelasteten Tat ganz oder teilweise geschwiegen habe? (Rüge 231)   1907   694

Abschnitt 3
Strafzumessung/Rechtsfolgen

Abschnitt 4

Hat das Urteil Erkenntnisse verwertet, die insbesondere mit verbotenen Vernehmungsmethoden erlangt wurden?

Abschnitt 5

**Hat das Urteil Erkenntnisse aus einer Durchsuchung bzw. einer
Beschlagnahme oder Sicherstellung von Beweismitteln
verwertet?**

Wurden bei der Urteilsfindung einem Beweisverwertungsverbot unterliegende Erkenntnisse von personenbezogenen Informationen berücksichtigt, die durch Abhören und Aufzeichnen des außerhalb von Wohnungen nicht öffentlich gesprochenen Wortes mit technischen Mitteln gewonnen worden sind (§ 100f Abs. 1 StPO)? (Rüge 263)	2184	800

Wurden bei der Urteilsfindung einem Beweisverwertungsverbot unterliegende Erkenntnisse aus dem Einsatz technischer Mittel i.S.d. § 100h Abs. 1 bzw. aufgrund einer längerfristigen Observation gem. § 163f StPO verwertet? (Rüge 264)	2191	803

Wurden bei der Urteilsfindung einem Beweisverwertungsverbot unterliegende Erkenntnisse aus dem Einsatz eines Verdeckten Ermittlers (§§ 110a und 110b StPO) berücksichtigt? (Rüge 265)	2196	804

C

Ist im Falle einer Berufungseinlegung durch die Staatsanwaltschaft in der Hauptverhandlung der Antrag des Angeklagten auf
Aussetzung der Berufungshauptverhandlung im Hinblick darauf,
dass ihm nicht die Berufungsrechtfertigung der Staatsanwaltschaft rechtzeitig zugestellt wurde (§ 320 S. 2 StPO), abgelehnt
worden oder hat es das Gericht unterlassen, den unverteidigten
Angeklagten in einem solchen Fall auf die Möglichkeit der Stellung eines Aussetzungsantrages hinzuweisen, nachdem ihm die
Berufungsbegründung der Staatsanwaltschaft zur Kenntnis gebracht worden ist? (Rüge 270)

Ist es in der Berufungshauptverhandlung unterblieben, über den
Gegenstand der Berufungsverhandlung und die Ergebnisse des
bisherigen Verfahrens Bericht zu erstatten und ist die Verlesung
des erstinstanzlichen Urteils gänzlich unterblieben (§ 324 Abs. 1
S. 2 StPO)? (Rüge 271)

Hat das Berufungsgericht die Beweisaufnahme vor Einvernahme
des Angeklagten zur Sache ganz oder teilweise durchgeführt
(Verletzung des § 324 Abs. 2 StPO)? (Rüge 272)

Abschnitt 2
Richtet sich die Revision gegen ein Urteil, das in einem Verfahren ergangen ist, in dem gegen einen Strafbefehl Einspruch eingelegt wurde?

Teil III
Die Begründung der Sachrüge

Abkürzungsverzeichnis

a.A.	anderer Ansicht
abl.	ablehnend
Abschn.	Abschnitt
abw.	abweichend
a.E.	am Ende
a.f.	alte Fassung
AG	Amtsgericht
Alt.	Alternative
a.M.	anderer Meinung
amtl.	amtlich
Anh.	Anhang
Anm.	Anmerkung
AnwBl.	Anwaltsblatt (Zeitschrift; zitiert nach Jahr und Seite)
Art.	Artikel
ausf.	ausführlich
Az.	Aktenzeichen
BAnz	Bundesanzeiger
BayObLG	Bayerisches Oberstes Landesgericht
BayObLGSt	Entscheidungssammlung des Bayerischen Obersten Landesgerichtes in Strafsachen
Bd.	Band
Bearb.	Bearbeiter
Begr.	Begründung
Bek.	Bekanntmachung
Beschl.	Beschluss
betr.	betreffend
BGBl.	Bundesgesetzblatt
BGH	Bundesgerichtshof
BGHR	BGH-Rechtsprechung
BGHSt	Entscheidungssammlung des BGH in Strafsachen
BR-Drucks.	Bundesratsdrucksache
BStBl.	Bundessteuerblatt
BT-Drucks.	Bundestagsdrucksache
BtMG	Betäubungsmittelgesetz
Buchst.	Buchstabe
BVerfG	Bundesverfassungsgericht
BVerfGE	Entscheidungen des Bundesverfassungsgerichts
BVerwG	Bundesverwaltungsgericht

BVerwGE	Entscheidungen des Bundesverwaltungsgerichts
BZRG	Bundeszentralregistergesetz
ders.	derselbe
dies.	dieselbe
DRiZ	Deutsche Richterzeitung (Zeitschrift)
Einf.	Einführung
Einl.	Einleitung
EG	Europäische Gemeinschaft, Einführungsgesetz
EGMR	Europäischer Gerichtshof für Menschenrechte
EMRK	Europäische Menschenrechtskonvention
entspr.	entsprechend
erg.	ergänzend
etc.	et cetera
EuGH	Europäischer Gerichtshof
f., ff.	folgende
FS	Festschrift
GA	Goltdammer's Archiv für Strafrecht
GVG	Gerichtsverfassungsgesetz
HK	Heidelberger Kommentar zur Strafprozessordnung
h.L.	herrschende Lehre
h.M.	herrschende Meinung
Hrsg.	Herausgeber
i.d.F.	in der Fassung
i.d.R.	in der Regel
IRG	Gesetz über die internationale Rechtshilfe in Strafsachen
i.S.d.	im Sinne der/des
i.S.v.	im Sinne von
i.Ü.	im Übrigen
i.V.m.	in Verbindung mit
JGG	Jugendgerichtsgesetz
JMBl	NW Justizministerialblatt für das Land NRW
JR	Juristische Rundschau (Zeitschrift; zitiert nach Jahr und Seite)
JugK	Jugendkammer
Justiz	Die Justiz (Zeitschrift; zitiert nach Jahr und Seite)
JZ	Juristenzeitung (Zeitschrift; zitiert nach Jahr und Seite)
Kap.	Kapitel
KG	Kammergericht
KK	Karlsruher Kommentar zur Strafprozessordnung
Komm.	Kommentar
Kriminalistik	Kriminalistik (Zeitschrift; zitiert nach Jahr und Seite)
LG	Landgericht

Lit.	Literatur
LK	Leipziger Kommentar zum Strafgesetzbuch
LR	*Löwe-Rosenberg* Die Strafprozessordnung und das Gerichtsverfassungsgesetz mit Nebengesetzen
MDR	Monatsschrift für Deutsches Recht (Zeitschrift)
m.N.	mit Nachweisen
MRK	Konvention zum Schutze der Menschenrechte und Grundfreiheiten
m.w.N.	mit weiteren Nachweisen
n.F.	neue Fassung
NJW	Neue Juristische Wochenschrift (Zeitschrift; zitiert nach Jahr und Seite)
NStE	Neue Entscheidungssammlung für Strafrecht
NStZ	Neue Zeitschrift für Strafrecht (Zeitschrift; zitiert nach Jahr und Seite)
NStZ-RR	Neue Zeitschrift für Strafrecht-Rechtsprechungsreport (Zeitschrift; zitiert nach Jahr und Seite)
o.g.	oben genannt(e)
OLG	Oberlandesgericht
OLGSt	Entscheidungen der Oberlandesgerichte zum Straf- und Strafverfahrensrecht
OVG	Oberverwaltungsgericht
OWiG	Gesetz über Ordnungswidrigkeiten
Prot.	Protokoll
PStr	Praxis des Steuerstrafrechts (Zeitschrift; zitiert nach Jahr und Seite)
rd.	rund
RegE	Regierungsentwurf
RG	Reichsgericht
RGBl.	Reichsgesetzblatt
RGSt	Entscheidungen des Reichsgerichts in Strafsachen
RiStBV	Richtlinien für das Strafverfahren und das Bußgeldverfahren
R&P	Recht und Psychiatrie (Zeitschrift; zitiert nach Jahr und Seite)
Rspr.	Rechtsprechung
S., s.	Satz, Seite, siehe
SK	Systematischer Kommentar (zur StPO/StGB)
s.o.	siehe oben
sog.	sogenannte
str.	streitig

StraFo	Strafverteidigerforum (Zeitschrift; zitiert nach Jahr und Seite)
StV	Strafverteidiger (Zeitschrift; zitiert nach Jahr und Seite)
StVollstrO	Strafvollstreckungsordnung
StVollzG	Strafvollzugsgesetz
st.Rspr.	ständige Rechtsprechung
StS	Strafsenat
s.u.	siehe unten
Tab.	Tabelle
u.Ä.	und Ähnliche/s
unstr.	unstreitig
u.U.	unter Umständen
VG	Verwaltungsgericht
VGH	Verwaltungsgerichtshof
VO	Verordnung
Vorb.	Vorbemerkung
VRS	Verkehrsrechts-Sammlung. Entscheidungen aus allen Gebieten des Verkehrsrechts
wistra	Zeitschrift für Wirtschafts- und Steuerstrafrecht (Zeitschrift; zitiert nach Jahr und Seite)
Ziff.	Ziffer
zit.	zitiert
ZStW	Zeitschrift für die gesamte Strafrechtswissenschaft (Zeitschrift)
z.T.	zum Teil
zust.	zustimmend
zutr.	zutreffend

Einleitung

I. Die Praxis des Rechtsmittels der Revision

Für die Revision des Angeklagten gelten 3 Grundsätze. **1**

1. Die beste Revision ist die, die nicht geschrieben werden muss

Die Erfolgsquote von Angeklagtenrevisionen liegt – soweit der BGH als Revisions- **2** gericht entscheidet – konstant über die Jahre hinweg bei knapp über 10 %. Dabei ist allerdings zu beachten, dass unter „Erfolg" auch ein Teilerfolg sowie die bloße Schuldspruchänderung bei sonstiger Revisionsverwerfung mitzählt. Auch die zahlreichen Fälle, in denen das Urteil lediglich zur Nachholung einer unterbliebenen Unterbringung nach § 64 StGB bei sonstiger Revisionsverwerfung aufgehoben wird, zählt als „Erfolg".

Bereinigt man diese Zahlen und definiert den Erfolg im Sinne einer (teilweisen) Urteilsaufhebung im Schuld oder Rechtsfolgenausspruch, liegt ein (Teil-)Erfolg nur in etwa 3 % der Fälle vor. Daran wird deutlich, wie gering die Chance ist, ein für fehlerhaft gehaltenes Urteil in der Revision zur Aufhebung zu bringen.

Dies gilt insbesondere für Verfahrensrügen, mit denen sich die nachfolgenden Ausführungen in erster Linie befassen. Der Anteil erfolgreicher Verfahrensrügen an den insgesamt erfolgreichen Angeklagtenrevisionen liegt bei unter 10 %. Dieser geringe Anteil mag eine Ursache darin haben, dass die Revisionsgerichte ein Urteil, sofern die Sachrüge erhoben ist, zunächst auf materiell-rechtliche Fehler überprüfen. Erst wenn solche nicht vorhanden sind, das Urteil mithin „in Ordnung geht", werden die Verfahrensrügen geprüft. Gerade daran aber wird deren Bedeutung deutlich. Denn eine Formalrüge ermöglicht es, ein materiell-rechtlich einwandfreies Urteil zur Aufhebung zu bringen. Entsprechend groß ist der Aufwand, den viele Verteidiger mit der Prüfung und Erhebung von Verfahrensrügen betreiben. In keinem Verhältnis dazu steht allerdings der Erfolg: Von den insgesamt erhobenen Verfahrensrügen sind weniger als 1 % erfolgreich.

2. Was in der Hauptverhandlung nicht gesät wurde, kann in der Revision nicht geerntet werden

Die Verteidigungsaktivitäten in der Hauptverhandlung bestimmen maßgeblich die **3** Erfolgsaussichten der Revision bei Verfahrensrügen. Sofern keine Anträge gestellt wurden, die das Gericht hätte fehlerhaft bescheiden können, kann auch keine Rüge erhoben werden. Sofern ein notwendiger Verwertungswiderspruch nicht rechtzeitig erhoben oder kein Gerichtsbeschluss nach § 238 Abs. 2 StPO beantragt wurde, ist eine möglicherweise ansonsten erfolgversprechende Rüge präkludiert.

Es ist noch immer ein weit verbreiteter Irrglaube, man müsse nur einen „Revisionsspezialisten" mit der Revisionsbegründung beauftragen, dieser werde dann schon das Urteil zu Fall bringen.

3. Der kleinste Fehler ist „tödlich"

4 Das Revisionsverfahren ist ein streng formalisiertes Verfahren, bei dem Frist und Formverstöße leicht zur Unzulässigkeit der Revision führen können. Dies gilt insbesondere im Hinblick auf die Erhebung von Verfahrensrügen, bei denen besonders hohe Anforderungen an den Vortrag nach § 344 Abs. 2 S. 2 StPO gestellt werden. Der kleinste Flüchtigkeitsfehler ist nicht korrigierbar und führt im Zweifel zur Unzulässigkeit der Rüge.

II. Hinweise zur Benutzung des Handbuchs

5 Die vorliegende Veröffentlichung ist an den praktischen Bedürfnissen des Verteidigers bei der Mandatsbearbeitung im Revisionsverfahren ausgerichtet. Sie ist kein Lehrbuch des Revisionsrechts und ersetzt nicht die Lektüre einschlägiger, zum Verständnis dieses speziellen Rechtsmittels erforderlicher Literatur und erst recht nicht der einschlägigen höchstrichterlichen Rechtsprechung. Sie ist auch kein Lehrbuch des Strafprozessrechts, auch wenn sie das Verfahrensrecht unter dem Blickwinkel seiner Revisibilität zum Gegenstand hat. Dessen Kenntnis wird vorausgesetzt. Es muss insoweit bei kursorischen Ausführungen sein Bewenden haben. Verweise auf weiterführende Rechtsprechung und Literatur sind nur exemplarisch.[1] Ausführungen zur Begründung der Sachrüge mussten sich schon aus Raumgründen auf wenige Spezialpunkte beschränken.

Ziel des Buches ist es vornehmlich, den Verteidiger auf dem Weg von der Einlegung bis zur Entscheidung über sein Rechtsmittel der Revision zu begleiten und insbesondere dabei behilflich zu sein, nicht schon an den vielfältigen Zulässigkeitshürden zu scheitern. Sein Schwerpunkt liegt in der Handreichung bei der Erhebung und Begründung von Verfahrensrügen. Hier soll der Leser bei der Rekapitulation des Gangs der Hauptverhandlung und bei der Lektüre der Urteilsgründe auf Konstellationen hingewiesen werden, die für Verfahrensfehler besonders anfällig sind. Auch wenn das Buch den Benutzer im Hinblick auf solche Revisionsmöglichkeiten durch die Hauptverhandlung und die Sitzungsniederschrift „navigiert", darf er nicht erwarten, dadurch alle in Betracht kommenden Revisionsmöglichkeiten „abgechekked" zu haben. Dazu sind nicht nur die denkbaren Verfahrensgestaltungen zu vielfältig; das Revisionsrecht ist auch kein Kanon abgeschlossener Rechtssätze, son-

---

1 Soweit Entscheidungen des BGH nicht mit Fundstelle, sondern nur mit Aktenzeichen und Datum angegeben sind, können diese auf der Homepage des BGH unter der Rubrik „Entscheidungen" nachgelesen werden.

dern stetig im Fluss. Gesetzgebung, Rechtsprechung und Literatur schaffen ständig neue Rügemöglichkeiten, ebenso wie sie alte entfallen lassen.

Das Buch orientiert sich bei den Rügemöglichkeiten an der höchst- und obergericht- **6** lichen Rechtsprechung, insbesondere soweit diese schon bestimmte revisible Verfahrensfehler anerkannt hat (oder auch nicht). Darüber hinaus werden auch solche Rügemöglichkeiten angesprochen, die von der Rechtsprechung bislang zurückgewiesen wurden, wogegen aber begründete Kritik vorgebracht wird. Die Revisionsgerichte erhalten nur dann Gelegenheit zur Korrektur ihrer bisherigen Rechtsprechung, wenn sie immer wieder von den Beschwerdeführern mit den entsprechenden Sachverhalten und Gegenargumenten konfrontiert werden. Der lange Weg bis zur Anerkennung der Revisibilität der Verletzung der Pflicht zur Belehrung des Beschuldigten über die ihm zustehende Aussagefreiheit durch *BGHSt* 38, 214 ist hierfür Beleg.

Demgegenüber orientiert sich die Darstellung der Anforderungen an die Begrün- **7** dung einer Verfahrensrüge gem. § 344 Abs. 2 S. 2 StPO hart an den Vorgaben der Revisionsgerichte, aus Vorsicht sogar in übertriebenem Maße. Die Erfahrung der Verfasser, dass es eines 6 Jahre andauernden Verfassungsbeschwerdeverfahrens bedurfte, um sich die Verwerfung einer angeblich nicht ordnungsgemäß erhobenen Verfahrensrüge als rechtswidrig bescheinigen zu lassen (*BVerfGE* 112, 185 = StV 2005, 369), sollte den betroffenen Mandanten nach Möglichkeit erspart bleiben. Wenn also die Vorschläge zur Darstellung der „den Mangel enthaltenden Tatsachen" als „päpstlicher als der Papst" erscheinen mögen, dann nicht deshalb, weil die Verfasser der Meinung wären, dass § 344 Abs. 2 S. 2 StPO in diesem Sinne verstanden werden müsste. Aber auch wenn man diesen Anforderungen genügt, dürfte man vor (negativen) Überraschungen der Revisionsrechtsprechung nie sicher sein.

Aus der Eigenverantwortung kann das Buch seine Benutzer nicht entlassen. Dies auch deshalb nicht, weil sich die Verfasser der Lückenhaftigkeit und Fehleranfälligkeit der Darstellung schon beim Abschluss des Manuskripts nur zu bewusst waren. Die Erarbeitung einer Rüge setzt daher stets die umfassende Einarbeitung anhand der aktuellen Rechtsprechung und Kommentarliteratur voraus.

Hinweise auf Fehler oder Unvollständigkeit und Kritik werden deshalb mit Dank entgegengenommen und neben wichtigen Gesetzes und Rechtsprechungsänderungen im Internet unter www.revisionshandbuch.de dokumentiert.

Soweit Rügemöglichkeiten im Hinblick auf mögliche Verfahrensfehler erörtert **8** werden, wird zunächst in einem kurzen Abschnitt unter „Vorbemerkung" oder „Rechtsgrundlagen" die Rechtslage unter nur bruchstückhafter Auswertung von Rechtsprechung und Literatur dargestellt. Kommt ein Verfahrensfehler in Betracht, ist die vertiefende Einarbeitung in die Materie erforderlich. Im Anschluss daran sind unter „Anforderungen an den Vortrag" die Tatsachen aufgeführt, die als Zulässigkeitsvoraussetzung der entsprechenden Rüge nach § 344 Abs. 2 StPO in Betracht kommen. Auch hier ist größte Vorsicht geboten, weil je nach Konstellation des Einzelfalls im Zweifel der Vortrag weiterer Tatsachen erforderlich sein kann. Ergänzend sollten immer auch die allgemeinen Hinweise zu den Anforderungen an die Begründung einer Verfahrensrüge beachtet werden (siehe Rn. 68). Zum Nachweis von dem Tatrichter unterlaufenen Verfahrensfehlern und zur Bedeutung des Hauptverhandlungsprotokolls wird auf die Ausführungen zu Rn. 46 ff. und bei den einzelnen Rügemöglichkeiten verwiesen.

Ausführungen zur Beruhensfrage sind (vielleicht mit Ausnahme der absoluten Revisionsgründe) immer erforderlich, auch wenn dazu nicht immer Hinweise bei der Darstellung der einzelnen Rügemöglichkeiten gegeben werden. Dies gilt umso mehr, wenn die Gefahr besteht, dass das Revisionsgericht ein Beruhen des Urteils auf einem Verfahrensfehler ausschließen könnte, weil z.B. nicht ohne weiteres ersichtlich ist, wie sich der Angeklagte anders als geschehen hätte verteidigen können.

Die Darstellung von in Betracht kommenden Rügemöglichkeiten orientiert sich am Gang der Hauptverhandlung. Mit Hilfe eines in Form von Fragen gekleideten „Leitsystems" erkennt der mit einem Revisionsmandat betraute Benutzer, welche Verfahrensstationen in seinem Fall als potentielle Fehlerquellen in Betracht kommen und welche Komplexe übersprungen werden können, weil sie seinen Fall nicht betreffen. Als Einstieg bietet sich zunächst ein Abgleich zwischen den Fragestellungen und Verfahrensrügen in Teil 2 des erweiterten Inhaltsverzeichnisses (S. XIII) und dem Hauptverhandlungsprotokoll sowie den schriftlichen Urteilsgründen an. Relevante Themenkreise können dann anhand der einschlägigen Darstellung im Text des Werkes vertieft und in den jeweiligen Verästelungen und Varianten weiterverfolgt werden. Dazu sind umfangreicheren Kapiteln Gliederungsübersichten vorangestellt, die den Prüfungsgang erleichtern sollen. Über die Bearbeitung eines konkreten Revisionsmandats hinaus kann die Darstellung dazu dienen, im Rahmen der Vorbereitung und Durchführung einer Hauptverhandlung Verfahrenssituationen zu erkennen, die im Hinblick auf ein späteres Revisionsverfahren Verteidigungsaktivitäten erfordern, wenn die Erhebung einer Verfahrensrüge nicht von vornherein daran scheitern soll, daß Widerspruchserfordernisse, Präklusionsvoraussetzungen oder Beanstandungspflichten unbeachtet geblieben sind.

Teil I
Allgemeine Grundsätze des Revisionsverfahrens

I. (Pflicht-)Verteidigung im Revisionsverfahren

Die Bevollmächtigung des Verteidigers umfasst in aller Regel auch die Einlegung 9 und Begründung von Rechtsmitteln. Einer besonderen Vollmacht für das Revisionsverfahren benötigt der Instanzwahlverteidiger daher nicht.[1]

Auch die Bestellung zum Pflichtverteidiger erstreckt sich auf das Revisionsverfahren, allerdings nur auf Einlegung und Begründung, nicht dagegen auf eine eventuelle Revisionshauptverhandlung. Dafür ist eine gesonderte Beiordnung erforderlich.[2]

Eine Verteidigerbeiordnung nach § 140 Abs. 2 StPO für das Revisionsverfahren ist dann erforderlich, wenn bei der möglichen Revisionsbegründung zu Protokoll der Geschäftsstelle wegen der besonderen Schwierigkeit des Falles der Urkundsbeamte überfordert wäre und/oder ohne Kenntnis der Akten eine Revisionsbegründung nicht möglich ist, da weder dem Urkundsbeamten der Geschäftsstelle noch dem Angeklagten das Akteneinsichtsrecht zusteht.[3] Die Beiordnung ist immer dann geboten, wenn der als Urkundsbeamte tätige Rechtspfleger mit der Abfassung eines schwierigen Revisionsbegründung überfordert sein könnte.[4]

Ein Fall notwendiger Verteidigung im Revisionsverfahren liegt vor, wenn es bei der Anwendung des materiellen oder formellen Rechts auf die Entscheidung nicht ausgetragener Rechtsfragen ankommt, wenn die Subsumtion voraussichtlich aus sonstigen Gründen Schwierigkeiten bereiten wird, oder wenn es auf die Auslegung von Begriffen aus dem Nebenstrafrecht ankommt (z.B. Erschleichen einer Duldung, § 95 AufenthG).[5]

Auch wenn der Angeklagte in der Tatsacheninstanz nicht verteidigt war, kann im Revisionsverfahren ein Fall notwendiger Verteidigung vorliegen, wenn der Angeklagte im Hinblick auf die Schwierigkeit der Rechtsfragen auch unter Mitwirkung des Urkundsbeamten der Geschäftsstelle nicht in der Lage ist, die Revision sachgerecht zu begründen.[6]

---

1 Vgl. nur Meyer-*Goßner*[55] § 140 Rn. 8.
2 *BGH* Beschl. v. 18.5.2011 – 1 StR 687/10; *Meyer-Goßner*[55] § 140 Rn. 9.
3 *KG* Beschl. v. 8.8.2006 – 5 Ws 348-355/06 = StraFo 2007, 27.
4 *OLG Koblenz* Beschl. v. 20.12.2006, 2 Ws 801/06 = StraFo 2007, 117; *OLG Düsseldorf* StV 2986, 143; KK-*Laufhütte*[6] § 140 Rn. 5.
5 *OLG Stuttgart* Beschl. v. 24.2.2010 – 5 Ws 37/10.
6 Vgl. dazu etwa *KG* Beschl. v. 8.8.2006 – 5 Ws 348–355/06 = StV 2007, 570.

Lag in der Tatsacheninstanz ein Fall notwendiger Verteidigung nach § 140 Abs. 1 oder Abs. 2 StPO vor und scheidet der Instanzverteidiger etwa durch Mandatsniederlegung oder Entpflichtung aus, darf der Angeklagte im Revisionsverfahren nicht ohne Verteidiger bleiben. In diesen Fällen ist ihm, sofern er selbst keinen Verteidiger beauftragt, ein Pflichtverteidiger zu bestellen. Der Angeklagte darf nicht auf die Möglichkeit der Revisionsbegründung zu Protokoll der Geschäftsstelle verwiesen werden.[7] Auch wenn sich der bisherige Pflichtverteidiger weigert, eine Revisionsbegründung abzugeben, und der Angeklagte innerhalb der Revisionsbegründungsfrist um die Beiordnung eines neuen Verteidigers bittet, darf er darauf vertrauen, dass das Gericht seinem Wunsch entspricht oder ihn aber darauf hinweist, dass kein neuer Verteidiger beigeordnet werde. Nur so hat der Angeklagte die Möglichkeit, etwa durch die Beauftragung eines Verteidigers, für die rechtzeitige Abgabe der Revisionsbegründung zu sorgen.[8] Unterlässt es der Tatrichter, rechtzeitig vor Ablauf der Revisionsbegründungsfrist über den mit der Einlegung der Revision gestellten Antrag auf Beiordnung eines Pflichtverteidigers zu entscheiden, führt dies zur Aufhebung eines gleichwohl ergangenen Verwerfungsbeschlusses wegen Versäumung der Revisionsbegründung wegen Verstoßes gegen den Grundsatz des fairen Verfahrens.[9]

Ist eine Beiordnung für die Revisionshauptverhandlung unterblieben und hat der Verteidiger an dieser teilgenommen, kann eine stillschweigende Beiordnung in Betracht kommen. Dies kann dann der Fall sein, wenn der nicht gewählte Verteidiger eine Terminsnachricht erhalten hat, in der Revisionshauptverhandlung aufgetreten ist und die Bestellung eines Verteidiger wegen Schwierigkeit der Rechtslage erforderlich war.[10]

II. Statthaftigkeit der Revision

10 Die Revision ist als Sprungrevision nach § 335 StPO zulässig gegen die Urteile des Amtsgerichts. Sie ist ferner zulässig gegen die Urteile der Strafkammern des Landgerichts sowie die erstinstanzlichen Urteile des Oberlandesgerichts, § 333 StPO.

Über eine Sprungrevision gegen das Urteil des Amtsgerichts sowie die Revision gegen ein Berufungsurteil des Landgerichts entscheidet das Oberlandesgericht. Über Revisionen der erstinstanzlichen Urteile des Landgerichts und des Oberlandesgerichts entscheidet der Bundesgerichtshof.

---

7 *OLG Düsseldorf* StV 1986, 143; *OLG Hamm* StV 1984, 66; *Meyer-Goßner*[55] § 140 Rn. 8.
8 *OLG Koblenz* StV 2008, 71.
9 *OLG Hamm* Beschl. v. 19.10.2010 – III-3 RVs 87/10 = StV 2011, 658.
10 *BGH* Verfügung des Vors. v. 20.7.2009 – 1 StR 344/08.

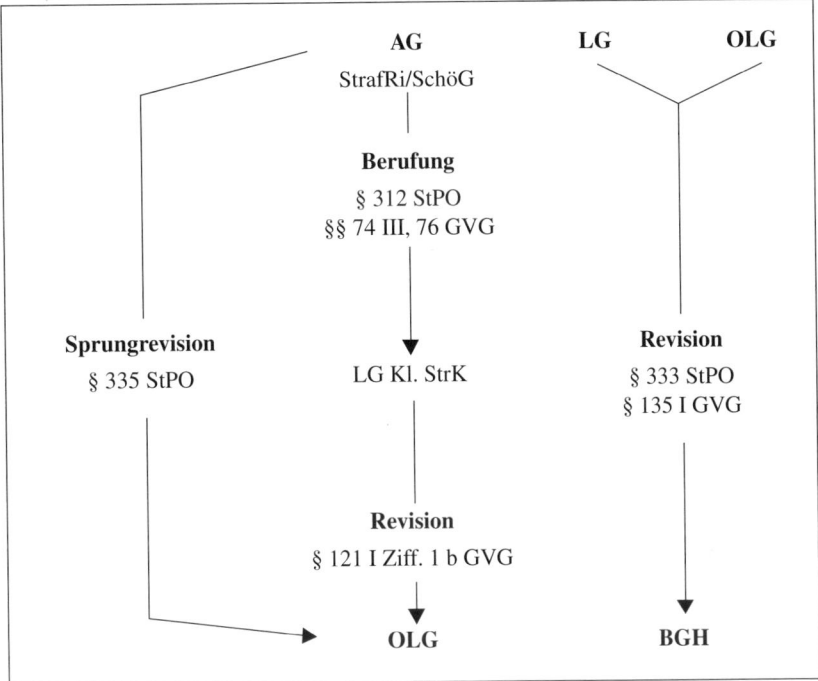

III. Fristen

1. Einlegungsfrist

Nach § 341 Abs. 1 StPO ist die Revision bei einer Urteilsverkündung in Anwesen- **11** heit des Angeklagten innerhalb einer Woche nach Urteilsverkündung bei dem judex a quo einzulegen. Im Falle eines Abwesenheitsurteils beginnt die einwöchige Einlegungsfrist mit Urteilszustellung, § 341 Abs. 2 StPO, sofern nicht in den Fällen der §§ 234, 387 Abs. 1, 411 Abs. 2 und 434 Abs. 1 S. 1 StPO die Verkündung in Anwesenheit des mit schriftlicher Vollmacht versehenen Verteidigers stattgefunden hat.

2. Antrags- und Begründungsfrist

Mit Zustellung des Urteils beginnt die einmonatige Antrags und Begründungsfrist, **12** § 345 Abs. 1 S. 2 StPO.[11]

---

11 Zu Problemen der Revisionsbegründungsfrist siehe auch *Geipel* StraFo 2011, 9 ff.

Die Zustellung kann auch (nur) an den Angeklagten erfolgen, selbst wenn dem Verteidiger Zustellungsvollmacht erteilt wurde oder nur an einen von mehreren Verteidigern.[12]

13 Erfolgt die förmliche Zustellung für einen Angeklagten an mehrere Personen, also etwa an mehrere Verteidiger, beginnt die Frist mit dem Datum der letzten Zustellung (§ 37 StPO). Dies gilt allerdings nur dann, wenn die Zustellung an den letzten Verteidiger noch innerhalb der durch die erste Zustellung in Gang gesetzten Frist erfolgte. Wird die Zustellung erst nach Ablauf dieser Monatsfrist bewirkt, wird die Frist nicht erneut in Gang gesetzt und zwar auch dann nicht, wenn die Anordnung der (letzten) Zustellung noch innerhalb der Frist erfolgte.[13]

14 Die Frist beginnt nur, wenn eine wirksame Zustellung vorliegt.

Eine Urteilszustellung ist unwirksam, wenn sie auf keiner wirksamen Zustellungsanordnung des Vorsitzenden (§ 36 Abs. 1 S. 1 StPO) beruht. Die Anordnung, „an Verteidiger" (bei mehreren) zuzustellen, ist unklar und kann von der mit der Zustellung betrauten Geschäftsstelle (§ 36 Abs. 1 S. 2 StPO) dahin verstanden werden, es sei nur an einen Verteidiger zuzustellen, aber unklar bleibt, an welchen. Dies begründet den Anschein, der Zustellungsempfänger sei nicht durch den allein hierfür zuständigen Vorsitzenden bestimmt, sondern durch die Geschäftsstelle. Eine solchermaßen vorgenommene Zustellung ist unwirksam und setzt die Frist nicht in Gang.[14] An einer solchen wirksamen Zustellung fehlt es, wenn das Urteil dem Pflichtverteidiger zugestellt wird, das Empfangsbekenntnis jedoch von dessen Sozius, der selbst nicht Verteidiger ist, unterschrieben wurde.[15]

Eine wirksame Zustellung liegt ferner nicht vor, wenn die zugestellte Urteilsurkunde unvollständig ist, weil etwa einige Seiten fehlen.[16]

Die Frist wird auch dann nicht in Lauf gesetzt, wenn das Urteil entgegen § 273 Abs. 4 StPO zugestellt wird, bevor das Hauptverhandlungsprotokoll fertiggestellt ist, d.h. vom Vorsitzenden und dem Protokollführer unterzeichnet ist und etwaige Änderungen des Protokolls vom Protokollführer genehmigt wurden.[17] Stellt der Verteidiger bei Durcharbeitung des Protokolls fest, dass eine vom Vorsitzenden vorgenommene Änderung nicht von dem von dieser betroffenen Urkundsbeamten genehmigt wurde, sollte er das Tatgericht auf diesen Umstand hinweisen verbunden mit dem Antrag, das Urteil nach Fertigstellung der Sitzungsniederschrift erneut zuzustellen. Mit der (erneuten) Zustellung beginnt dann die „eigentliche" Frist gem. § 345 Abs. 1 StPO.

---

12 *BGHSt* 18, 352; KK-*Kuckein*[6] § 345 Rn. 4.
13 *BGHSt* 22, 221; auch *BGHSt* 34, 371; KK-*Kuckein*[6] § 345 Rn. 4.
14 *BGH* Beschl. vom 14.12.2010 – 1 StR 420/10 = NStZ 2011, 591.
15 *BGH* Beschl. v. 28.4.2005 – 4 StR 21/05; KK-*Kuckein*[6] § 345 Rn. 5.
16 KK-*Kuckein*[6] § 345 Rn. 6; anschaulich *BGH* Beschl. v. 20.6.2007 – 2 StR 493/06 = StV 2007, 516.
17 *BGHSt* 37, 287; KK-*Kuckein*[6] § 345 Rn. 7.

Innerhalb der Frist ist der Revisionsantrag zu stellen und die Revisionsbegründung **15** anzubringen.

Alle Verfahrensrügen müssen innerhalb dieser Frist erhoben werden, ein Nachschieben von Rügen oder ein ergänzender Tatsachenvortrag i.s.d. § 344 Abs. 2 S. 2 StPO ist nicht möglich.

Für die Sachrüge reicht es allerdings aus, wenn diese innerhalb der Frist in allgemeiner Form erhoben wird. Ergänzende Ausführungen zur Sachrüge sind auch nach Fristablauf möglich.

Die Revisionsanträge und deren Begründung sind bei dem judex a quo anzubringen.

3. Handlungsmöglichkeiten bei Fristversäumung

a) Fristversäumung

Steht fest, dass der Verteidiger die Revisionsschrift fristgerecht in den Gerichts- **16** briefkasten eingeworfen hat, ist die Frist eingehalten, selbst wenn der Schriftsatz nicht zu den Akten gelangt ist, etwa weil er abhanden gekommen oder außer Kontrolle geraten ist. § 341 Abs. 1 StPO stellt nur auf den Eingang bei dem Gericht, nicht aber auf den bei der zuständigen Abteilung oder gar auf die Aufnahme der Rechtsmittelschrift in die Akte ab.[18]

b) Wiedereinsetzung bei Versäumung der Einlegungsfrist

Der Angeklagte selbst hat Vorkehrungen dafür zu treffen, dass die Frist zur Einle- **17** gung der Revision gewahrt wird. Legt er selbst Revision ein, muss das Schreiben an das richtige Gericht adressiert sein. Im Falle der Verbüßung von Haft darf die Rechtsmittelschrift nicht erst am letzten Tag der Frist in den Ausgangsbriefkasten der JVA eingelegt werden. Wegen der Vielzahl der in Betracht kommenden Fallkonstellationen und der unübersehbaren Rechtsprechung muss an dieser Stelle auf die einschlägige Kommentarliteratur verwiesen werden.[19]

Hat der Angeklagte einen Verteidiger, so ist dessen Verschulden dem Angeklagten **18** nicht zuzurechnen. Voraussetzung ist jedoch, dass der Angeklagte seinen Verteidiger eindeutig und unmissverständlich mit der Revisionseinlegung beauftragt hat.[20]

Hat der Verteidiger gegen das Urteil Rechtsmittel eingelegt und wird das Urteil nur an den Angeklagten zugestellt, ohne dass der Verteidiger hiervon unterrichtet wird, stellt das Fehlen der Benachrichtigung des Verteidigers einen Wiedereinsetzungsgrund dar.[21]

---

18 *BGH* Beschl. v. 20.10.2011 – 2 StR 405/11.
19 *Meyer-Goßner*[55] § 44 Rn. 11 ff.
20 Vgl. zur umfangreichen Rechtsprechung *Meyer-Goßner*[55] § 44 Rn. 11 ff.; KK-*Maul*[6] § 44 Rn. 20 ff., 30.
21 *OLG München* StV 2009, 401 [Ls].

Das Wiedereinsetzungsgesuch muss Angaben dazu enthalten, wann das Hindernis, das der Fristwahrung entgegen stand, entfallen ist. Dies gilt auch dann, wenn ein Verteidigerverschulden geltend gemacht wird, das dem Angeklagten nicht zuzurechnen wäre.[22]

19 Nach Wiedereinsetzung in den vorigen Stand gegen die Versäumung der Frist zur Einlegung der Revision beginnt die Frist zur Ergänzung der abgekürzten Urteilsgründe mit dem Eingang der Akten bei dem für die Ergänzung zuständigen Gericht.[23]

c) Wiedereinsetzung bei Versäumung der Begründungsfrist

20 Ist die Revisionsbegründungsfrist insgesamt versäumt worden, rechtfertigt dies bei Verschulden des Verteidigers die Wiedereinsetzung, sofern der Angeklagte seinen Verteidiger unmissverständlich mit der Revisionsbegründung beauftragt hat. Zur Überwachung des Verteidigers ist der Angeklagte grundsätzlich nicht verpflichtet. Etwas anderes soll jedoch dann gelten, wenn dem Angeklagten die Unzuverlässigkeit des Verteidigers bekannt war oder dieser mitgeteilt hat, dass er die Revision nicht begründen werde.[24]

Zum Verhältnis der Wiedereinsetzung zum Antrag auf Entscheidung des Revisionsgerichts nach § 346 Abs. 2 StPO bei Verwerfung der Revision als unzulässig durch den Tatrichter vgl. unten Rn. 89 ff.

21 Hat der Verteidiger die Frist jedoch bewusst verstreichen lassen, um etwa zur Begründung umfangreicher Verfahrensrügen mehr Zeit zu gewinnen, kann die Wiedereinsetzung ausgeschlossen sein, auch wenn der Angeklagte von diesen Umständen keine Kenntnis hatte.[25]

d) Wiedereinsetzung zur Nachholung von Verfahrensrügen

22 Ist die Revision bereits fristgerecht begründet, z.B. mit der allgemeinen Sachrüge, ist eine Wiedereinsetzung zur Nachholung von Verfahrensrügen nach Ablauf der Revisionsbegründungsfrist grundsätzlich ausgeschlossen.[26]

Eine Wiedereinsetzung zur Nachholung von Verfahrensrügen ist auch dann unzulässig, wenn ein Verteidiger die Sachrüge erhoben, der weitere Verteidiger die Frist zur Anbringung von Verfahrensrügen versäumt hat. Denn bei der Revision handelt

---

22 *BGH* Beschl. v. 8.12.2011 – 4 StR 430/11.
23 *BGH* StV 2009, 8; zur Verfahrensrüge der verfristeten Urteilsabsetzung siehe im Übrigen Rn. 1817 ff.; zur Urteilsabsetzungsfrist bei Absetzung des Urteils zunächst in abgekürzter Form (§ 267 Abs. 4 StPO) siehe Rn. 1828.
24 Vgl. *Meyer-Goßner*[55] § 44 Rn. 18; KK-*Maul*[6] § 44 Rn. 30 ff.
25 *BGH* StV 1993, 169.
26 Vgl. nur *Meyer-Goßner*[55] § 44 Rn. 7 ff.; KK-*Maul*[6] § 44 Rn. 13.

es sich unabhängig von der Zahl der Verteidiger um ein einheitliches Rechtsmittel mit einer einheitlichen Begründungsfrist.[27]

Ist eine Verfahrensrüge unzulässig erhoben, kann die Wiedereinsetzung nicht damit begründet werden, die Mängel der Rüge fielen in den Verantwortungsbereich des Verteidigers und den Angeklagten treffe daran kein Verschulden. Das Rechtsinstitut der Wiedereinsetzung dient nicht der Heilung von Zulässigkeitsmängeln von fristgemäß erhobenen Verfahrensrügen. Die Wiedereinsetzung in den vorigen Stand zur Wiederholung einer zunächst vom Verteidiger nicht formgerecht vorgetragenen und daher unzulässigen Verfahrensrüge widerspräche im Übrigen der Systematik des Revisionsverfahrens. Könnte ein Angeklagter, dem durch die Antragsschrift des Generalbundesanwalts ein formaler Mangel in der Begründung einer Verfahrensrüge aufgezeigt worden ist, diese unter Hinweis auf ein Verschulden seines Verteidigers nachbessern, würde im Ergebnis die Formvorschrift des § 344 Abs. 2 S. 2 StPO außer Kraft gesetzt. Da den Angeklagten selbst an dem Mangel regelmäßig keine Schuld trifft, wäre ihm auf einen entsprechenden Antrag hin stets Wiedereinsetzung zu gewähren. Dies würde nicht mit dem öffentlichen Interesse in Einklang stehen, einen geordneten Fortgang des Verfahrens zu sichern und ohne Verzögerung alsbald eine klare Verfahrenslage zu schaffen.[28]

23 Ausnahmen davon kommen nur unter ganz eng umgrenzten Voraussetzungen in Betracht.

Dies ist beispielsweise dann der Fall, wenn eine ergänzende Revisionsbegründungsschrift mit der Verfahrensrüge auf Grund verzögerter Postlaufzeiten verspätet bei Gericht eingeht, das Telefaxgerät des Gerichts ausgefallen war, der Verteidiger während des Laufs der Begründungsfrist erkrankte oder die Unterschrift des Verteidigers unter der Begründungsschrift fehlt.[29]

Auch bei einer im Übrigen form- und fristgerecht begründeten Revision ist einem Beschwerdeführer ausnahmsweise Wiedereinsetzung zur Erhebung einer Verfahrensrüge zu gewähren, wenn er unverschuldet durch äußere Umstände oder unvorhersehbare Zufälle daran gehindert war, die Verfahrensrüge rechtzeitig formgerecht zu begründen. Von einem solchen Fall ist auszugehen, wenn ein im Rahmen der zunächst per Telefax übermittelten Revisionsbegründung Teile unleserlich waren und dies entweder auf einen Fehler bei der Speicherung im Faxgerät des Gerichts oder auf einen fehlerhaften Ausdruck dieses Geräts zurückzuführen ist.[30] Könnte eine Verfahrensrüge wegen verspäteter Akteneinsicht nicht fristgerecht erhoben werden, kann dies die Wiedereinsetzung nur dann begründen, wenn der Verteidiger im Wiedereinsetzungsantrag dartut, dass er ohne die Akteneinsicht die Verfahrensrüge

---

27 *BGH* StV 2008, 569; siehe aber Rn. 13.
28 *BGH* Beschl. v. 10.7.2012 – 1 StR 301/12; *BGHSt* 1, 44, 46; *BGH* Beschl. v. 27.3.2008 – 3 StR 6/08.
29 *Meyer-Goßner*[55] § 44 Rn. 7a; KK-*Maul*[6] § 44 Rn. 13.
30 *BGH* StV 2008, 568 = StraFo 2008, 329 = NStZ 2008, 705.

nicht erheben konnte und ferner darlegt, dass er sich intensiv (mehrfach schriftlich und telefonisch!) um die Gewährung von Akteneinsicht bemüht hat[31] und auch eine Akteneinsicht auf der Geschäftsstelle des Tatgerichts entgegen Nr. 160 RiStBV nicht möglich war.

Fehlt es an derartigen Bemühungen des Verteidigers zur Erlangung von Akteneinsicht und hat er sich damit begnügt, nochmals Akteneinsicht zu beantragen, wird sich das Revisionsgericht nur mit den innerhalb der Begründungsfrist erhobenen Rügen auseinandersetzen.

Zu beachten ist in jedem Fall, dass die Revisionsbegründung innerhalb der Wochenfrist des § 45 Abs. 1 StPO vollständig nachgeholt werden muss.[32]

4. Revision bei erklärtem Rechtsmittelverzicht

24 Grundsätzlich steht es dem Angeklagten frei, nach der Urteilsverkündung Rechtsmittelverzicht zu erklären, § 302 S. 1 StPO. Ist dem Urteil allerdings eine Verständigung vorausgegangen, ist ein Verzicht ausgeschlossen, § 302 S. 2 StPO.

Ein nach § 302 S. 1 StPO erklärter Rechtsmittelverzicht ist grundsätzlich wirksam und kann nicht angefochten oder widerrufen werden.[33] Unter besonderen Voraussetzungen kann jedoch ein erklärter Rechtsmittelverzicht unwirksam sein. Die Rechtsprechung dazu ist umfänglich und unübersichtlich.[34] Die Unwirksamkeit wird z.B. dann angenommen, wenn der Beschwerdeführer durch unrichtige oder fehlende amtliche Auskunft in die Irre geführt wurde,[35] der Vorsitzende unzuständigerweise eine Zusicherung abgegeben hat, die nicht eingehalten wurde,[36] die Staatsanwaltschaft für den Weigerungsfall mit der Ankündigung eines unsachgemäßen Haftantrages gedroht hat[37] oder das Gericht mit der Wiederinvollzugsetzung des Haftbefehls droht.[38] Die Unwirksamkeit eines Rechtsmittelverzichts ist auch dann gegeben, wenn dem Angeklagten trotz Vorliegens der Voraussetzungen der notwendigen Verteidigung etwa nach § 140 Abs. 1 oder 2 StPO kein Verteidiger beigeordnet war und die Erklärung daher ohne Beratung mit einem Verteidiger abgegeben wurde.[39] Auch wenn vor Abgabe der Erklärung keine Beratung mit dem Wahl-

---

31 *BGH* Beschl. v. 4.2.2010 – 3 StR 555/09 = wistra 2010, 229; *Meyer-Goßner*[55] § 44 Rn. 7b.

32 *BGH* NStZ 2000, 326; *BGH* StV 1997, 226.

33 Vgl. nur KK-*Paul*[6] § 302 Rn. 15 m. zahlr. Rspr.-Nachw.

34 Siehe insges. *Meyer-Goßner*[55] § 302 Rn. 25 ff.; KK-*Paul*[6] § 302 Rn. 12 jew. m. zahlr. Rspr.-Nachw.

35 *BGHSt* 46, 257 = StV 2001, 220; *BGH* StV 1991, 556; *BGH* NStZ 2004, 636; siehe insges. bei *Meyer-Goßner*[55] § 302 Rn. 25 ff.; KK-*Paul*[6] § 302 Rn. 12 jew. m. zahlr. Rspr.-Nachw.

36 *BGH* StV 1995, 395.

37 *BGH* StV 2004, 360.

38 *BGH* StV 2004, 636.

39 *OLG Hamm* StV 2010, 67; *Meyer-Goßner*[55] Rn. 25a m. zahlr. Rspr.-Nachw.

verteidiger stattfinden konnte, weil dieser sich verspätet hatte, kann der Verzicht unwirksam sein.[40]

Soll in Fällen eines für unwirksam erachteten Rechtsmittelverzichts das Urteil angefochten werden, ist, sofern die Einlegungsfrist verstrichen ist, ein form- und fristgerechtes Wiedereinsetzungsgesuch anzubringen, in dem auch die Gründe für die geltend gemachte Unwirksamkeit des Rechtsmittelverzichts ausführlich darzulegen sind.[41]

Die Frist für den Wiedereinsetzungsantrag beginnt mit der Kenntnis des Angeklagten von der Unwirksamkeit des Rechtsmittelverzichts.[42]

IV. Revisionseinlegung

Die Revision kann durch den Verteidiger und/oder den Angeklagten schriftlich, zu **25** Protokoll der Geschäftstelle oder als elektronisches Dokument gemäß § 41a StPO eingelegt werden. Sie ist bei dem judex a quo anzubringen.

Das Rechtsmittel muss in deutscher Sprache eingelegt werden. Die Bezeichnung als „Revision" ist nicht erforderlich, sofern aus der Einlegungsschrift eindeutig hervorgeht, dass das Urteil angefochten werden soll, § 300 StPO[43].

Ein Rechtsmittel kann auch mittels eines über einen Internet-Dienst an das Gericht gesandtes Faxschreiben eingelegt werden. Dieses ist wie ein vom Absender selbst versandtes Computerfax zu behandeln, also grundsätzlich auch ohne übermittelten Namenszug. Eine Rechtsmitteleinlegung per E-Mail ist nicht möglich.[44]

Bereits bei der Revisionseinlegung unterlaufen immer wieder Kapitalfehler. **26**

Ein nicht korrigierbarer Fehler liegt dann vor, wenn mit der Einlegung der Revision diese gleichzeitig begründet wird, etwa mit dem Satz, es werde die Verletzung formellen und materiellen Rechts gerügt.

Die Revisionseinlegung sollte sich auf den Satz beschränken, dass gegen das Urteil Revision eingelegt wird. Gleichzeitig sollte nochmals Akteneinsicht einschließlich des Hauptverhandlungsprotokolls beantragt werden (vgl. Beispiel bei Rn. 29).

Alle weiteren Ausführungen sind bei der Revisionseinlegung zu unterlassen.

Eine „Revisionsbegründung" gleichzeitig mit der Revisionseinlegung verdeutlicht dem Revisionsgericht, dass der Revisionsführer im Revisionsrecht unbewandert ist. Denn ohne Kenntnis der schriftlichen Urteilsgründe kann auch der Revisionsführer nicht beurteilen, ob eine (allgemeine) Sachrüge erhoben werden soll und kann. Dies

---

40 *OLG Köln* StV 2010, 67.
41 *BGH* StV 1995, 395; *BGH* StV 2004, 5.
42 *BGHSt* 45, 227 = StV 2000, 4; *BGH* StV 1995, 395.
43 Vgl. dazu insgesamt *Meyer-Goßner*[55] § 341 Rn. 1 ff.
44 *OLG Oldenburg* StV 2009, 12 [Ls].

gilt erst Recht für eine Verfahrenrüge, da diese jeweils einen konkreten Verfahrensfehler benennen muss und die den Fehler begründenden Tatsachen im Einzelnen vorzutragen sind. Dies ist ohne Einsicht in das Hauptverhandlungsprotokoll und die schriftlichen Urteilsgründe schlechterdings nicht möglich. Von daher ist der mit der Revisionseinlegung verbundene Satz, es werde die Rüge der Verletzung formellen Rechts erhoben, schlicht Unsinn.

27 Die Gefahr einer derart unsinnigen Revisionsbegründung gemeinsam mit der Revisionseinlegung besteht jedoch darin, dass für den Fall der Versäumung der Revisionsbegründungsfrist eine Wiedereinsetzung hinsichtlich der Erhebung von Verfahrensrügen weitestgehend ausgeschlossen ist. Werden Verfahrensrügen, aus welchen Gründen auch immer, nicht innerhalb der Revisionsbegründungsfrist erhoben, sind sie verfristet, da die Revision bereits mit der Erhebung der allgemeinen Sachrüge bei der Revisionseinlegung ordnungsgemäß und ausreichend begründet war. Eine noch so begründete Verfahrensrüge wäre im Falle der Fristversäumung unzulässig.[45]

28 Es ist empfehlenswert, gleichzeitig mit der Einlegung der Revision nochmals Akteneinsicht zu beantragen. Auch wenn der Verteidiger bereits Kopien der Akten gefertigt hat, ist die nochmalige Akteneinsicht erforderlich, um u.a. zu prüfen, ob der Eröffnungsbeschluss und die Originalfassung der Urteils ordnungsgemäß unterschrieben sind und wann das Urteil auf der Geschäftsstelle eingegangen ist (Eingangstempel), um die Einhaltung der Absetzungsfristen zu überprüfen. Darüber hinaus können sich in den Akten während der Hauptverhandlung gefertigte Vermerke etc befinden, die für die Begründung von Verfahrensrügen erforderlich sind. Und schließlich kann es auch auf Ladungen bzw. Ladungsnachweise ankommen.

Und schließlich müssen die Akten ggf. im Hinblick auf eine zu erhebende Aufklärungsrüge durchgearbeitet werden.

Das Vorliegen der vollständigen Akten oder Kopien davon ist daher für die Prüfung und Begründung von Verfahrensrügen unumgänglich. Im Hinblick auf die knapp bemessene Revisionsbegründungsfrist sollte daher der Akteneinsichtsantrag mit Revisionseinlegung gestellt werden, um Verzögerungen bei der Bearbeitung der Revision durch spätere Akteneinsichtsgesuche und verspätete Aktenübersendung zu vermeiden.

29 In einigen Gerichtsbezirken besteht die Besonderheit, dass dem Pflichtverteidiger die Kosten für die Herstellung von Fotokopien nicht erstattet werden, da der Angeklagte gemäß Nr. 9000 Abs. 2 Nr. 3 der Anlage 1 zu § 3 Abs. 2 GKG einen Anspruch auf die Erteilung kostenloser Abschriften des Hauptverhandlungsprotokolls hat. Ggf. ist mit der Einlegung der Revision ein entsprechender Antrag zu stellen.

---

45 Vgl. dazu anschaulich *BGH* Beschl. v. 13.11.2007 – 3 StR 341/07 = StV 2008, 301.

Beispiel für Revisionseinlegung: **30**

In der Strafsache

gegen

...

Az.: ...

lege ich gegen das Urteil der AG/LG/OLG vom

R e v i s i o n

ein.

Gleichzeitig wird **beantragt,**

1. gemäß Nr. 9000 Abs. 2 Nr. 3 der Anlage 1 zu § 3 Abs. 2 GKG kostenlos Abschriften des Hauptverhandlungsprotokolls zu übersenden,
2. die Akten nochmals zur Einsichtnahme zu übersenden.

Gegen amtsgerichtliche Urteile ist neben der Berufung auch die (Sprung-)Revision   **31**
zulässig, § 335 StPO. Da derjenige, der ein amtsgerichtliches Urteil anfechten will,
oftmals erst nach Kenntnis der schriftlichen Urteilsgründe und der Lektüre des
Hauptverhandlungsprotokolls beurteilen und entscheiden kann, welches Rechtsmittel er für das angemessene hält, hat er die Möglichkeit, zunächst ein unbestimmtes
Rechtsmittel einzulegen („lege ich gegen das Urteil Rechtsmittel ein").[46] Auch kann
er zunächst Berufung einlegen, wobei durch die Bezeichnung des Rechtsmittels als
Berufung, sofern keine eindeutige Festlegung auf dieses Rechtsmittel erfolgt ist,
keine Bindung eintritt.[47]

Bei Einlegung eines unbestimmten Rechtmittels ist der Beschwerdeführer gehalten,   **32**
innerhalb der mit Urteilszustellung beginnenden Revisionsbegründungsfrist zu erklären, ob das Rechtsmittel als Berufung oder als Revision durchgeführt werden
soll. Hat der Beschwerdeführer das unbestimmt eingelegte Rechtsmittel innerhalb
der Frist nicht bezeichnet, wird es als Berufung behandelt.[48]

Hat der Beschwerdeführer das Rechtsmittel als Revision bezeichnet, ist innerhalb
der Monatfrist des § 345 Abs. 1 StPO der Revisionsantrag zu stellen und die
Revisionsbegründung anzubringen[49]. Bei Versäumung der Antrags und/oder der
Begründungsfrist wird die Revision als unzulässig verworfen.[50]

Auch wenn gegen das Urteil ausdrücklich Berufung eingelegt ist, kann der Be-   **33**
schwerführer innerhalb der Frist des § 345 Abs. 1 StPO von der Berufung zur Revision übergehen, indem er ausdrücklich erklärt, die Berufung solle als Revision

---

46 *Meyer-Goßner*[55] § 335 Rn. 2; KK-*Kuckein*[6] § 335 Rn. 3.
47 KK-*Kuckein*[6] § 335 Rn. 4.
48 *Meyer-Goßner*[55] § 335 Rn. 4.
49 *Meyer-Goßner*[55] § 335 Rn. 3, 6; KK-*Kuckein*[6] § 335 Rn. 4.
50 *Meyer-Goßner*[55] § 335 Rn. 6.

durchgeführt werden.[51] Auch im Falle eines solchen Rechtsmittelwechsels ist selbstverständlich innerhalb der Frist der Revisionsantrag zu stellen und die Begründung vorzunehmen.

Nach Verwerfung einer Annahme bedürftigen Berufung kann das ausdrücklich als Berufung bezeichnete Rechtsmittel auch dann nicht mehr als Revision fortgeführt werden, wenn der Übergang innerhalb der Revisionsbegründungsfrist erklärt wurde.[52]

Zur Frage, ob das amtsgerichtliche Urteil mit der Berufung oder der Sprungrevision angefochten werden soll, vgl. unten Rn. 88.

V. Revisionsantrag

1. Form

34 Der Revisionsantrag und die -begründung können nur in einem von einem Verteidiger oder Rechtsanwalt unterzeichneten Schriftsatz oder vom Angeklagten selbst zu Protokoll der Geschäftsstelle angebracht werden.

Der Hinweis auf die Erforderlichkeit einer von einem Rechtsanwalt zu unterzeichnenden Revisionsrechtfertigung ist nicht nur theoretischer Natur.

Aus der Revisionsbegründung muss eindeutig hervorgehen, dass der unterzeichnende Verteidiger die volle Verantwortung für ihren Inhalt übernimmt. Bestehen Zweifel daran, ist die Revision mangels Begründung unzulässig. Zweifel an der Übernahme der Verantwortung können sich aus unsinnigem und grob laienhaftem Vortrag ergeben, so dass es nahe liegen kann, dass der Verteidiger lediglich eine vom Mandanten verfasste „Begründung" unterschrieben hat.[53]

2. Umfassender Antrag

35 Innerhalb der Frist ist der Revisionsantrag zu stellen. Dies geschieht üblicherweise zusammen mit der Revisionsbegründung. Der Antrag steht am Beginn des Schriftsatzes.

Es unterliegt der Dispositionsfreiheit des Revisionsführers im Revisionsverfahren, inwieweit er das Urteil zur Überprüfung des Revisionsgerichts stellt. Er bestimmt mit dem Antrag das Ziel der Revision und weitgehend den Prüfungsumfang des Revisionsgerichts, § 352 Abs. 1 StPO. Die Anträge müssen klarstellen, in welchem Umfang der Beschwerdeführer die Urteilsaufhebung erstrebt.

36 Der Revisionsantrag darf nicht fehlen, was zur Unzulässigkeit der Revision führen könnte. Das Fehlen des Antrags soll jedoch dann unschädlich sein, wenn sich das

---

51 KK-*Kuckein*[6] § 335 Rn. 4.
52 *OLG Oldenburg* NStZ 2012, 54.
53 Vgl. *BGH* NStZ 1984, 563 u. 1987, 336 sowie 2000, 211; *Meyer-Goßner*[55] § 345 Rn. 16.

Ziel der Revision klar aus dem Inhalt der Revisionsbegründung ergibt.[54] Dies kann aber dann problematisch werden, wenn innerhalb der Begründung nur zu einzelnen Problembereichen Ausführungen gemacht werden und so das Ziel der Urteilsaufhebung insgesamt nicht eindeutig zu erkennen ist.

Grundsätzlich reicht es aus, wenn beantragt wird, das Urteil des z.B. LG Frankfurt **37** vom … aufzuheben. Da sich die Rechtsfolgen der Urteilsaufhebung aus dem Gesetz ergeben, § 354 StPO, ist es nicht erforderlich, auch die Zurückverweisung zur neuen Verhandlung und Entscheidung zu beantragen.

3. Revisionsbeschränkungen

Aus der Dispositionsfreiheit des Revisionsführers folgt auch die Befugnis zur Revi- **38** sionsbeschränkung. Dadurch werden bestimmte Punkte von der Überprüfung durch das Revisionsgerichts ausgenommen.

Bei tatmehrheitlicher Verurteilung kann der Revisionsführer z.B. die Revision auf einzelne Taten beschränken. Auch eine Beschränkung auf den Rechtsfolgenausspruch oder auch nur auf die unterlassene Strafaussetzung zur Bewährung oder die Feststellung der besonderen Schuldschwere im Sinne von § 57a Abs. 1 S. 1 Nr. 2 StGB ist möglich. Zulässiges Ziel der Revision kann es auch sein, wenn der Beschwerdeführer allein die Kompensation einer nach Aufhebung der erstinstanzlichen Verurteilung und Zurückverweisung durch den Bundesgerichtshof eingetretenen rechtsstaatswidrigen Verfahrensverzögerung begehrt.[55]

Zur nachträglichen Beschränkung eines zunächst gestellten umfassenden Aufhe- **39** bungsantrags benötigt der Verteidiger ebenso wie für eine Revisionsrücknahme eine ausdrückliche Ermächtigung des Angeklagten, § 302 Abs. 2 StPO. In der Regel wird diese in der Vollmacht enthalten sein.

Der Pflichtverteidiger ist dagegen zur nachträglichen Rechtsmittelbeschränkung bzw. Rechtsmittelrücknahme *nicht* befugt. Eine möglicherweise vor Beiordnung erteilte Wahlverteidigervollmacht erlischt mit der Niederlegung des Wahlmandats im Zusammenhang mit der Pflichtverteidigerbestellung. Eine ohne ausdrückliche Ermächtigung durch den Angeklagten erklärte Rechtsmittelbeschränkung durch den Pflichtverteidiger wäre daher unwirksam.[56] Die Ermächtigung bedarf allerdings keiner besonderen Form.[57] Sie kann mündlich erteilt und ggf. vom Pflichtverteidiger anwaltlich versichert werden.[58]

---

54 *Meyer-Goßner*[55] § 344 Rn. 2.
55 *BGH* Beschl. v. 21.12.2010 – 2 StR 563/10.
56 *BGH* NStZ 1991, 94.
57 *BGH* Beschl. v. 10.9.2009 – 4 StR 210/09 = NStZ-RR 2010, 55; *Meyer-Goßner*[55] § 302 Rn. 32.
58 *BGHR* StPO § 302 Abs. 2 Rücknahme 6; *BGH* NStZ-RR 2010, 55; NStZ-RR 2005, 211, 212; NStZ 2001, 104.

40 Eine Revisionsbeschränkung empfiehlt sich aber in aller Regel nicht. Selbst wenn der Verteidiger der Auffassung ist, der Schuldspruch gehe materiell-rechtlich in Ordnung und es sei nur sinnvoll, den Rechtsfolgenausspruch anzugreifen, kann er nie sicher sein, ob er nicht einen materiell-rechtlichen Fehler übersehen hat, der das Revisionsgericht zur Urteilsaufhebung in vollem Umfange veranlassen könnte.

Es erscheint daher angebracht, das Urteil durch die Erhebung der allgemeinen Sachrüge insgesamt zur materiell-rechtlichen Überprüfung durch das Revisionsgericht zu stellen.

41 Davon gibt es allerdings eine *wichtige Ausnahme.*

In Fällen, in denen der Tatrichter die Anordnung der Unterbringung in einem psychiatrischen Krankenhaus oder einer Entziehungsanstalt nach §§ 63, 64 StGB unterlassen oder eine solche Anordnung gar nicht geprüft hat und Anhaltspunkte dafür bestehen, dass dies rechtsfehlerhaft sein könnte, ist eine Revisionsbeschränkung in Form der Ausnahme der Nichtanordnung der Maßregel vom Revisionsangriff dringend zu prüfen. Legt der Verteidiger ohne Revisionsbeschränkung in vollem Umfang Revision gegen das Urteil ein, besteht die Gefahr, dass bei sonstiger Revisionsverwerfung das Urteil allein deswegen aufgehoben wird, weil der Tatrichter die Anordnung der Maßregel nach §§ 63 oder 64 StGB zu Unrecht unterlassen oder nicht hinreichend geprüft hat.[59] Dass nur der Angeklagte Revision eingelegt hat, hindert die Nachholung der Unterbringungsanordnung nicht,[60] weil das Verschlechterungsverbot hier nicht gilt, § 358 Abs. 2 S. 3 StPO. Dies führt zur Urteilsaufhebung allein zur erneuten Prüfung der Maßregelanordnung, häufig verbunden mit entsprechenden Hinweisen an den Tatrichter für die Anordnung der Maßregel.

Es ist deshalb geboten, die Nichtanordnung einer Maßregel nach §§ 63, 64 StGB vom Rechtsmittelangriff auszunehmen,[61] wenn dies der Interessenlage des Angeklagten entspricht.

Die Ausnahme der Nichtanordnung der Maßregel ist jedoch unwirksam, wenn mit der Revision zugleich der Schuldspruch angegriffen wird, der von der Maßregelanordnung nicht getrennt werden kann und wenn die Entscheidung über den Straf- und Maßregelausspruch untrennbar miteinander verbunden sind.[62] Eine Ausnahme der *Nicht*-Anordnung der Maßregel gemäß § 64 StGB vom Revisionsangriff ist jedoch nur dann unwirksam, wenn sich im Einzelfall aus den Urteilsgründen eine unlösbare Verbindung von Straf- und Maßregelausspruch ergibt.[63] Dabei ist zu beach-

---

59 Vgl. etwa *BGH* Beschl. v. 20.2.2008 – 2 StR 37/08.
60 *BGHSt* 37, 5.
61 Zur Zulässigkeit vgl. *BGHSt* 37, 5.
62 *BGH* Beschl. v. 22.6.2011 – 2 StR 139/11 = StV 2012, 72; Beschl. v. 19.1.2010 – 4 StR 504/09.
63 *BGH* Beschl. v. 2.11.2011 – 2 StR 251/11 = StV 2012, 203 (Klarstellung der Entscheidung StV 2012, 72, Fn. 61).

ten, dass die Feststellung eines Symptomtat unerlässliche Voraussetzung für die Maßregelanordnung ist.[64]

Inzwischen wird auch bezweifelt, dass die Nichtanordnung einer Unterbringung nach § 63 StGB vom Rechtsmittelangriff ausgenommen werden kann.[65]

Die Revision, mit der der Angeklagte allein die *Nichtanordnung* der Unterbringung beanstandet, ist mangels Beschwer unzulässig. Das hindert das Revisionsgericht jedoch nicht, auf eine zulässig erhobene Sachrüge das Urteil aufzuheben, wenn eine Prüfung der Anordnung der Maßregel unterblieben ist und die Feststellungen dazu gedrängt haben und der Angeklagte die Nichtanordnung der Unterbringung nicht vom Rechtsmittelangriff ausgenommen hat.[66]

> Eine solche Rechtsmittelbeschränkung kann wie folgt lauten:
>
> Es wird beantragt,
>
> das Urteil des LG X vom XXX **aufzuheben**.
>
> Die Frage der Anordnung der Maßregel nach § 64 StGB (oder ggf. nach § 63 StGB) wird vom Rechtsmittelangriff **ausgenommen**.

VI. Revisionsbegründung

Die Revisionsbegründung kann nur in einem von einem Verteidiger oder Rechtsan- **42** walt unterzeichneten Schriftsatz oder vom Angeklagten selbst zu Protokoll der Geschäftsstelle angebracht werden.

Wird die Revision von einem Verteidiger begründet, muss sich aus der Fassung der Begründungsschrift eindeutig ergeben, dass der Verteidiger die volle Verantwortung für den Inhalt übernimmt. Ist dies nicht der Fall (etwa bei Formulierungen: „Mein Mandant rügt...“), so entspricht die Revision nicht den Formerfordernissen des § 345 Abs. 2 StPO und ist daher unzulässig.[67]

Die Revisionsbegründung muss den zur Beurteilung der Zulässigkeit erforderlichen Sachverhalt eigenständig und vollständig vortragen. Eine Bezugnahme auf die Schriftsätze anderer Verfahrenbeteiligter oder Aktenbestandteile reicht nicht. In diesem Fall ist das Rechtsmittel unzulässig.[68]

Die Anfertigung der Revisionsbegründung kann von einem Pflichtverteidiger nicht auf einen von ihm bevollmächtigten, mit ihm in Bürogemeinschaft stehenden und

---

64 *BGH* Beschl. v. 26.8.2009 – 2 StR 302/09.

65 *BGH* Beschl. v. 22.12.2011 – 3 StR 427/11 (Rz. 6); Beschl. v. 20.9.2002 – 2 StR 335/02 = StraFo 2003, 15; *Meyer-Goßner*[55] § 318 Rn. 23.

66 *BGH* NStZ 2009, 261.

67 *BGH* Beschl. v. 27.3.2012 – 2 StR 83/12; *Meyer-Goßner*[55] § 345 Rn. 16 m. zahlr. Rspr.-Nachw.

68 *BGH* Beschl. v. 13.10.2006 – 2 StR 362/06 = NStZ 2007, 166.

für einen Mitangeklagten als Pflichtverteidiger bestellten Rechtsanwalt übertragen werden.[69]

Die Revision kann mit der Rüge der Verletzung materiellen und formellen Rechts begründet werden. Beide Rügen unterscheiden sich grundlegend.

1. Sachrüge

43 Für die Rüge der Verletzung materiellen Rechts reicht es aus, wenn der Beschwerdeführer lediglich vorträgt, er rüge die Verletzung materiellen Rechts oder er erhebe die allgemeine Sachrüge. Einer weiteren Begründung bedarf es nicht.[70]

Eine zulässig erhobene Sachrüge setzt jedoch voraus, dass die Revision zweifelsfrei erkennbar auf die Verletzung sachlichen Rechts gestützt werden soll. Daran fehlt es, wenn sich die Ausführungen in der Revisionsbegründung in einem unzulässigen Angriff gegen die tatrichterliche Beweiswürdigung erschöpfen, da sich daraus ergibt, dass nicht die Anwendung des materiellen Rechts, sondern nur die Beweiswürdigung beanstandet werden soll.[71] Ist die Sachrüge allerdings vorab allgemein erhoben worden, macht die spätere Revisions„begründung", die sich in unzulässigen Angriffen auf die Beweiswürdigung erschöpft, die allgemein erhobene Sachrüge im Zweifel nicht unzulässig.[72]

Auf Grund dieser Rüge prüft das Revisionsgericht (ausschließlich) das Urteil auf materiell-rechtliche Fehler. Dem Revisionsgericht ist dabei ein Blick in die Akten oder das Hauptverhandlungsprotokoll verwehrt (mit Ausnahme der Prüfung von Verfahrenshindernissen und der Verfahrensvoraussetzungen).

44 Auf die allgemeine Sachrüge soll das Revisionsgericht auch etwaige Verfahrenshindernisse und fehlende Verfahrensvoraussetzungen prüfen. Hier ist allerdings Vorsicht geboten, da eine Tendenz zu beobachten ist, dass die Prüfung bestimmter Verfahrenshindernisse eine ordnungsgemäß erhobene Verfahrensrüge voraussetzt, z.b. im Falle willkürlicher Annahme der Zuständigkeit[73] oder der fehlenden Voraussetzungen für die Durchführung eines beschleunigten Verfahrens.[74] Es wird daher dringend empfohlen, auch eventuelle Verfahrenshindernisse zum Gegenstand einer ausgeführten Revisionsbegründung zu machen (z.b. unwirksame Anklage und/oder fehlender Eröffnungsbeschluss oder Strafklageverbrauch).

45 Die allgemeine Sachrüge muss in jedem Fall umfassend erhoben werden. Werden z.b. nur Einzelausführungen gemacht, etwa nur zu bestimmten Tatkomplexen oder nur zum Rechtsfolgenausspruch, kann darin eine Revisionsbeschränkung gesehen

---

69 *BGH* Beschl. v. 8.12.2011 – 4 StR 430/11.
70 Vgl. dazu insgesamt *Meyer-Goßner*[55] § 344 Rn. 14 ff. Siehe aber Rn. 2502.
71 *OLG Hamm* StV 2009, 67 m. Anm. *Ventzke.*
72 *OLG Oldenburg* StV 2009, 69.
73 *BGHSt* 43, 54 = StV 1998, 1; siehe dazu Rn. 177.
74 *OLG Stuttgart* StV 1998, 585; *OLG Düsseldorf* StV 1999, 202.

werden[75], die dem Revisionsgericht eine weitergehende Prüfung verwehrt. Wird nur die Verletzung formellen Rechts gerügt und erweist sich die erhobene Rüge als unzulässig, ist die Revision insgesamt unzulässig. Denn mangels allgemeiner Sachrüge kann das Revisionsgericht das Urteil nicht auf materiell rechtliche Fehler überprüfen.[76]

2. Rüge der Verletzung formellen Rechts

a) Grundlagen für die Prüfung von Verfahrensrügen

Die Begründung der Verletzung formellen Rechts setzt voraus, dass ein ganz genau **46**
zu bezeichnender Verfahrensfehler mit einem umfassenden Tatsachenvortrag gerügt wird. Eine der „allgemeinen Sachrüge" entsprechende allgemeine Rüge der Verletzung formellen Rechts gibt es nicht. Hilfsweise erhobene Verfahrensrügen, etwa dergestalt, dass die Rüge Nr. 2 für den Fall erhoben wird, dass die Rüge Nr. 1 nicht erfolgreich ist, sind unzulässig.[77]

Kommen mehrere Verfahrensmängel in Betracht, muss vom Beschwerdeführer die Angriffsrichtung der Rüge deutlich gemacht und dargetan werden, welcher konkrete Verfahrensfehler gerügt wird.[78]

Grundlage für das Aufspüren von Verfahrensrügen ist in erster Linie das Hauptverhandlungsprotokoll. Der Verteidiger durchforstet dieses nach der Methode „Trüffelschwein", um sodann die gefundenen Delikatessen (Verfahrensfehler) dem Revisionsgericht auf dem Silbertablett zu servieren (§ 344 Abs. 2 S. 2 StPO) in der Hoffnung, dass sie sich nicht als taube Nüsse erweisen.

Nach § 273 StPO sind in das Hauptverhandlungsprotokoll alle sog. wesentlichen **47**
Förmlichkeiten[79] aufzunehmen. Nach § 274 StPO genießt das Hauptverhandlungsprotokoll (zunächst) absolute positive und negative Beweiskraft. Dies bedeutet, dass die in der Sitzungsniederschrift dokumentierten oder nicht dokumentierten Geschehnisse, soweit sie wesentliche Förmlichkeiten betreffen, als stattgefunden bzw. als nicht stattgefunden gelten. Ist in der Sitzungsniederschrift nicht vermerkt, dass z.B. die Anklage verlesen oder dem Angeklagten das letzte Wort erteilt wurde, wird damit (zunächst) ungeachtet des tatsächlichen Geschehens in der Hauptverhandlung bewiesen, dass dies nicht der Fall war.

Das Durcharbeiten des Hauptverhandlungsprotokolls eröffnet somit die Suche nach möglichen Verfahrensfehlern.

---

75 *Meyer-Goßner*[55] § 344 Rn. 6.
76 *BGH* NJW 1995, 2047; sehr anschaulich *BGH* Beschl. v. 5.7.2007 – 5 StR 383/06 = StV 2007, 505.
77 *BGHSt* 17, 253; *BGH* StV 2006, 568; *Meyer-Goßner*[55] § 344 Rn. 12.
78 *BGH* Beschl. vom 29.8.2006 – 1 StR 371/06 = StV 2007, 121; *BGH* StV 2000, 241 m. Anm. *Cirener/Sander* JR 2006, 300.
79 Vgl. dazu *Meyer-Goßner*[55] § 273 Rn. 7 f.

48 An dieser Stelle muss betont werden, dass das Hauptverhandlungsprotokoll für den Revisionsverteidiger lediglich als Grundlage für das Auffinden von Verfahrensfehlern dient. In der Begründung der Verfahrensrüge hat das Wort Hauptverhandlungsprotokoll oder eine Bezugnahme darauf nichts zu suchen. Der Revisionsführer ist lediglich verpflichtet, konkrete Tatsachen und Geschehnisse in der Hauptverhandlung bestimmt zu behaupten und vorzutragen. Zum Beweis seiner vorgetragenen Tatsachen, etwa durch Verweis auf das Protokoll, ist er nicht verpflichtet[80] (vgl. dazu Rn. 71).

49 Bei der Prüfung und Erhebung von Verfahrensrügen muss der Revisionsverteidiger das sog. Rekonstruktionsverbot beachten. Dies bedeutet, dass im Revisionsverfahren „keine Beweisaufnahme über die Beweisaufnahme vor dem Tatgericht" stattfindet. Dem Revisionsgericht soll es grundsätzlich verwehrt sein, Feststellungen zum Inhalt der erhobenen Beweise anhand eigener Ermittlungen etwa im Freibeweisverfahren zu treffen.

Eine Rüge, die auf eine solche Rekonstruktion der Beweisaufnahme hinausliefe, wäre unzulässig.[81] Nur wenn der Tatsachenvortrag allein anhand des Hauptverhandlungsprotokolls ggf. in Zusammenhang mit den Urteilsausführungen mit den Mitteln des Revisionsrechts überprüft werden kann, ist die Rüge zulässig.

Das Rekonstruktionsverbot betrifft jedoch nur das im Urteil festzustellende Ergebnis der Beweisaufnahme, soweit es nicht der unmittelbaren Kenntnisnahme durch das Revisionsgericht offen steht, sowie Verfahrensvorgänge, die als wesentliche Förmlichkeiten der Hauptverhandlung protokollierungspflichtig sind und daher allein durch die Sitzungsniederschrift bewiesen werden können. Alle anderen Verfahrensvorgänge in der Hauptverhandlung sind dagegen, soweit entscheidungserheblich, durch das Revisionsgericht im Freibeweis aufzuklären.[82]

50 Daher kann mit der Revision grundsätzlich nicht geltend gemacht werden, ein Zeuge habe anders als im Urteil wiedergegeben ausgesagt, Teile einer Zeugenaussage seien im Urteil nicht gewürdigt worden, bestimmte Fragen seien nicht gestellt oder Vorhalte nicht gemacht worden. Dies alles wäre nur durch die unzulässige Rekonstruktion der Beweisaufnahme aufzuklären. Auch die Rüge der „Aktenwidrigkeit" der Urteilsfeststellungen liefe nach der Rechtsprechung des BGH auf eine Rekonstruktion der Hauptverhandlung hinaus. Darunter sind die Fälle zu verstehen, in denen das Urteil den Inhalt einer Zeugenaussage mitteilt, die in krassem Gegensatz zu einer früheren Aussage des Zeugen im Ermittlungsverfahren, etwa einer polizeilichen Vernehmung steht. Denn der Widerspruch zwischen den Aussagen kann sich durch eine für alle Verfahrensbeteiligten einleuchtende Erklärung des Zeugen in der

---

80 *BGH* Beschl. v. 22.9.2006 – 1 StR 298/06 = StV 2007, 569.
81 Nur: *BGH* StV 1992, 549; *BGH* NStZ 1994, 583 und 630; *BGHSt* 43, 212, 213 = StV 1997, 561; *Meyer-Goßner*[55] § 337 Rn. 13 ff.
82 *BGH* Beschl. v. 29.11.2011 – 3 StR 281/11 = StV 2012, 587 (unzulässige Einräumung des Fragerechts an einen Amtsanwalt bei einer Verhandlung vor dem Landgericht).

Hauptverhandlung aufgelöst haben, so dass eine Auseinandersetzung mit dem Widerspruch im Urteil nicht erforderlich war. Ob der Widerspruch aufgelöst wurde, könnte wiederum nur durch eine Rekonstruktion dieses Teils der Hauptverhandlung aufgeklärt werden.[83]

Zu weiteren Einzelheiten und Rügemöglichkeiten vgl. die Rüge Nr. 230 Rn. 1903.

b) „Unwahre" Verfahrensrüge

Probleme ergeben sich dann, wenn der mit der Revisionsbegründung beauftragte **51** Verteidiger auch Verteidiger vor dem Tatgericht war und unter Zugrundelegung des Protokolls eine Verfahrensrüge erheben will, von der er positiv weiß, dass sie „unwahr" ist. Dies kann z.B. dann der Fall sein, wenn im Protokoll die Gewährung des letzten Wortes an den Angeklagten nicht festgehalten ist, dieser jedoch tatsächlich das letzte Wort hatte.

In diesen Fällen stellt sich das Problem der Erhebung einer unwahren Verfahrensrüge.

Trägt der Beschwerdeführer wissentlich objektiv falsche und durch das Hauptver- **52** handlungsprotokoll nicht belegte Tatsachen vor, ist die Verfahrensrüge unzulässig, weil aufgrund des unzutreffenden Sachvortrags dem Revisionsgericht keine ausreichende Grundlage für die Prüfung der Verfahrensrüge unterbreitet wurde.[84]

Nach der verfassungsrechtlich unbeanstandeten[85] Entscheidung des Großen Senats **53** des BGH vom 23.4.2007[86] besteht in Fällen vermeintlich unwahrer Verfahrensrügen die Möglichkeit der Protokollberichtigung.

Eine Protokollberichtigung mit der Folge einer „Rügeverkümmerung" ist *nicht* möglich, wenn in der Hauptverhandlung Feststellungen über die Kenntnisnahme vom Wortlaut der Urkunden im Selbstleseverfahren unterblieben sind. Denn das Protokoll ist inhaltlich richtig, weil der zu protokollierende Verfahrensvorgang der Feststellung der Kenntnisnahme in der Hauptverhandlung tatsächlich nicht stattgefunden hat.[87] Erachtet der Vorsitzende nach Eingang der Revisionsbegründung mit der vermeintlich unwahren Verfahrensrüge das Protokoll für falsch, kann er das Protokollberichtigungsverfahren einleiten.

Dies bedeutet zunächst, dass die beiden Urkundspersonen, also der Vorsitzende und **54** der Protokollführer, sich übereinstimmend an den tatsächlichen Verlauf des Ge-

---

83 Etwa: *Meyer-Goßner*[55] § 337 Rn. 15a; zweifelnd KK-*Kuckein*[6] § 337 Rn. 26a jew. m. zahlr. Rspr. Nachw.

84 *BGH* Beschl. v. 10.5.2011 – 4 StR 584/10; Beschl. v. 18.8.2010 – 5 StR 312/10 und v. 15.6.2005 – 1 StR 202/05 = BGHR StPO § 344 Abs. 2 S. 2 Beweisantragsrecht 8.

85 *BVerfG* Beschl. v. 15.1.2009 – 2 BvR 2044/07 = StV 2010, 497

86 *BGHSt* 51, 298 = StV 2007, 403 ff. Zur Kritik siehe *Hamm* NJW 2007, 3166; *Schlothauer* Zur Immunisierung tatrichterlicher Urteile gegen verfahrensrechtlich begründete Revisionen, in: FS für Rainer Hamm, 2008, S. 655.

87 *BGH* Beschl. v. 8.7.2009 – 2 StR 54/09 = StV 2010, 118.

schehens in der Hauptverhandlung erinnern und das im Protokoll festgehaltene Geschehen für unrichtig halten. Dies ist in dienstlichen Erklärungen beider Urkundspersonen mit einer tragfähigen Begründung, etwa indem auf markante Besonderheiten des Geschehens eingegangen wird, dem Revisionsführer mitzuteilen. Gegebenenfalls sind auch schriftliche Aufzeichnungen, z.b. die handschriftliche Mitschrift des Protokollführers, in der das Geschehen abweichend von der Leseabschrift niedergelegt ist, beizufügen.

55 Der Beschwerdeführer hat sodann die Möglichkeit, zur beabsichtigten Protokollberichtigung *substantiiert* Stellung zu nehmen. Gegebenenfalls kann er darlegen, dass nach seiner Auffassung das ursprüngliche Protokoll den tatsächlichen Geschehensablauf korrekt wiedergegeben habe. Dazu kann es wiederum erforderlich sein, dass der Verteidiger seine Mitschrift aus der Hauptverhandlung, in der er den Verfahrensfehler, z.B. das Unterlassen der Gewährung des letzten Wortes, mit einem großen „R" am Rand vermerkt hat, vorlegt. Hat der Verteidiger, was grundsätzlich empfehlenswert ist, nach Bemerken des Verfahrensfehlers sofort eine schriftliche Stellungnahme seines Mandanten, eines Referendars oder auch von Zuhörern eingeholt, sind diese ebenfalls vorzulegen.

Hat der Verteidiger der Protokollberichtigung substantiiert widersprochen, sind gegebenenfalls weitere dienstliche Erklärungen einzuholen, z.b. von Staatsanwalt, Berichterstatter und gegebenenfalls von Schöffen.

56 Wenn nach der Einholung aller Stellungnahmen die Urkundspersonen, also Vorsitzender und Protokollführer, das Hauptverhandlungsprotokoll nach wie vor für unrichtig halten, so können sie das Protokoll berichtigen. Die Entscheidung ist mit Gründen zu versehen. Darin sind die Tatsachen anzugeben, welche die Erinnerung der Urkundspersonen belegen. Auf die entgegenstehenden Stellungnahmen des Verteidigers ist einzugehen.

57 Eine Protokollberichtigung ist für das Revisionsgericht jedoch nur dann beachtlich, wenn die vom Großen Senat für das Berichtigungsverfahren aufgestellten Grundsätze beachtet wurden.[88] Eine Unbeachtlichkeit liegt u.a. dann vor, wenn die vorgeschriebene Anhörung des Beschwerdeführers unterblieben ist[89] oder keine eindeutig übereinstimmenden Erklärungen der Urkundspersonen zur Berichtigung vorliegen[90]. Die Beweiskraft des Protokolls entfällt auch ohne Protokollberichtigung, wenn sich eine Urkundsperson nachträglich vom Protokollinhalt distanziert und sich dies **zugunsten** des Angeklagten auswirkt.[91]

---

88 *BGHSt* 51, 298 = StV 2007, 403; *BGH* Beschl. v. 28.6.2011 – 3 StR 485/10 = StV 2012, 523; *OLG Hamm* StV 2009, 349.

89 *BGHSt* 51, 298 = StV 2007, 403; *BGH* Beschl. v. 28.6.2011 – 3 StR 485/10 = StV 2012, 523.

90 *BGH* Beschl. vom 22.12.2010 – 2 StR 386/10 = StV 2011, 267; *BGHSt* 55, 31 = StV 2010, 171.

91 *OLG München* Beschl. v. 25.5.2009 – 5 St RR 101/09 = StraFo 2009, 335.

Ist ein Protokollvermerk nicht eindeutig und auslegungsfähig, kommt eine Klärung **58**
im Freibeweisverfahren durch das Revisionsgericht nicht (mehr) in Betracht. Dem
Revisionsgericht ist es grundsätzlich verwehrt, den tatrichterlichen Verfahrenablauf
anhand dienstlicher Erklärungen im Wege des Freibeweises darauf zu überprüfen,
ob die für die Hauptverhandlung vorgeschriebenen wesentlichen Förmlichkeiten
beachtet worden sind. Wegen der Möglichkeit, auch noch nach Erhebung einer ordnungsgemäßen Verfahrenrüge das Protokoll zu berichtigen, selbst wenn dieser dadurch der Boden entzogen wird, besteht grundsätzlich kein Raum mehr dafür, zum
Nachteil des Angeklagten freibeweislich über die Beachtung der wesentlichen
Förmlichkeiten zu befinden.[92]

Nicht endgültig geklärt ist die Frage der Zulässigkeit eines wiederholten Protokoll- **59**
berichtigungsverfahrens. Dies sind die Fälle, in denen das Revisionsgericht wegen
eines unwirksamen Berichtigungsbeschlusses oder wegen Fehlens eines Berichtigungsbeschlusses bei bloßer Vorlage dienstlicher Erklärungen die Akten an das
Landgericht zurückgibt zum Zweck der erneuten Einleitung eines Protokollberichtigungsverfahrens. Nach der wohl überwiegenden Auffassung verstößt ein solches
Verfahren gegen den Grundsatz des fairen Verfahrens.[93]

Ein wiederholtes oder nachgeholtes Protokollberichtigungsverfahren auf Veranlassung des Revisionsgerichts erscheint bedenklich. Wird eine nach Auffassung des
Tatrichters unwahre Verfahrensrüge erhoben, besteht die Möglichkeit der Protokollberichtigung. Wird diese unterlassen, so ist dieses Versäumnis der Justiz zuzurechnen. Gleiches gilt, wenn das Berichtigungsverfahren rechtsfehlerhaft war und
daher die Protokollberichtigung für das Revisionsgericht unbeachtlich ist. Wenn
dem Tatrichter schon die Möglichkeit der Protokollberichtigung eingeräumt wird,
so besteht keine Veranlassung, ihm durch das Revisionsgericht die Möglichkeit einzuräumen, Mängel des Berichtigungsverfahrens oder sonstige Versäumnisse zu beseitigen. In jedem Fall sollte der Verteidiger einem wiederholten Protokollberichtigungsverfahren widersprechen.

Wenn in der Hauptverhandlung Feststellungen über die Kenntnisnahme vom Wort- **60**
laut von Urkunden im Selbstleseverfahren unterblieben sind und es an einem Protokollvermerk über die Kenntnisnahme fehlt, kommt nach Auffassung des 2. Senats
des BGH eine Protokollberichtigung zur Nachholung der Feststellung der Kenntnisnahme vom Wortlaut der Urkunden nicht in Betracht.[94] Der 5. Strafsenat hält dage-

---

92 *BGH* Beschl. v. 28.6.2011 – 3 StR 485/10 = StV 2012, 523; StV 2010, 675; Beschl. v.
28.1.2010 = StV 2010, 171.
93 *BGH* Beschl. v. 14.7.2010 – 2 StR 158/10 = StV 2010 , 675; Beschl. vom 22.12.2010 –
2 StR 386/10 = StV 2011, 267; *OLG Hamm* Beschl. v. 10.3.2009 – 5 Ss 506/08 = StV
2009, 349 und Beschl. v. 12.10.2010 – 3 RVs 49/10 = StV 2011, 272; *Meyer-Goßner*[55]
§ 271 Rn. 26a; der 3. Strafsenat des *BGH* hält in besonderen Fallgestaltungen ein solches
Vorgehen ausnahmsweise für zulässig: *BGH* Beschl. v. 28.6.2011 – 3 StR 485/10 = StV
2012, 523.
94 *BGHSt* 54, 37 = StV 2010, 118.

gen eine Protokollberichtigung dann für zulässig, wenn in der Hauptverhandlung tatsächlich eine Feststellung des Vorsitzenden über die Kenntnisnahme erfolgt ist, diese jedoch versehentlich nicht protokolliert wurde.[95]

61 Hält der Revisionsführer an seiner Verfahrensrüge, der durch eine ordnungsgemäße Protokollberichtigung der Boden entzogen ist, fest, überprüft das Revisionsgericht die Berichtigungsentscheidung. Ist die Berichtigung rechtsfehlerfrei, so ist das berichtigte Protokoll vom Revisionsgericht zugrunde zu legen. Verbleiben dem Revisionsgericht Zweifel, ob die Berichtigung zurecht erfolgt ist, kann es versuchen, den Sachverhalt im Freibeweisverfahren weiter aufzuklären. Wenn allerdings bereits im Protokollberichtigungsverfahren dienstliche Erklärungen und Stellungnahmen von zahlreichen Verfahrensbeteiligten eingeholt worden sind, erscheint es zweifelhaft, ob ein vom Revisionsgericht zusätzlich durchgeführtes Freibeweisverfahren wesentliche neue Erkenntnisse erbringen kann. Verbleiben dem Revisionsgericht auch nach seiner Überprüfung Zweifel an der Richtigkeit des berichtigten Protokolls, hat es das Protokoll in der ursprünglichen Fassung der Prüfung der Verfahrensrüge zugrunde zu legen.

62 Für den Revisionsführer ergeben sich daraus folgende Probleme.

Weiß der Verteidiger positiv, dass das Protokoll falsch ist und will er unter Zugrundelegung des Protokolls eine tatsächlich unwahre Verfahrensrüge erheben, liegt es in seinem Ermessen, ob er diese Rüge erhebt. Dem Verteidiger ist es grundsätzlich nicht verwehrt, wider besseres Wissen einen Verfahrensfehler unter Berufung auf ein unrichtiges Hauptverhandlungsprotokoll zu rügen. Zwar erfolgt diese Rüge „missbräuchlich", ihr kann jedoch mit einer Protokollberichtigung der Boden entzogen werden. Daher ist die Erhebung der Rüge nicht nach § 258 StGB strafbewehrt.[96]

Da die Protokollberichtigung eine positive Erinnerung an das tatsächliche Geschehen der beiden Urkundsbeamten voraussetzt, kann nie mit Sicherheit vorhergesagt werden, ob sich tatsächlich beide Urkundspersonen erinnern und damit die Protokollberichtigung gelingt. Fehlt es an der Erinnerung bei einem von beiden oder stimmen die Erinnerungen nicht überein, scheidet eine Protokollberichtigung aus, so dass es bei der absoluten Beweiskraft des (falschen) Protokolls verbleibt.

63 Erhebt der Verteidiger in Kenntnis der Unrichtigkeit des Protokolls die Verfahrensrüge, muss er aber in jedem Fall die Rüge zurücknehmen, wenn eine ordnungsgemäße Protokollberichtigung erfolgt ist. Denn nach der Entscheidung des 3. Senats des BGH vom 11.8.2006[97] wäre eine solche gleichwohl aufrecht erhaltene Rüge rechtsmissbräuchlich.

64 War der mit der Revision beauftragte Verteidiger in der Instanz nicht tätig, stellt sich für ihn das Problem der Erhebung einer unwahren Verfahrensrüge zunächst

---

95 *BGHSt* 55, 31 = StV 2010, 171.
96 *LG Augsburg* Beschl. v. 14.3.2011 – 3 KLs 400 Js 110961/10.
97 *BGHSt* 51, 88 = StV 2006, 627.

nicht. Grundlage seiner Prüfung von Verfahrensrügen kann nur das Hauptverhandlungsprotokoll mit seiner absoluten Beweiskraft nach § 274 StPO sein. Er ist daher verpflichtet, einen sich aus dem Protokoll ergebenden Verfahrensfehler zur Grundlage einer Rüge zu machen. Selbst wenn er Zweifel an dem im Protokoll wiedergegebenen Geschehen hat, ist er nach der hier vertretenen Auffassung nicht verpflichtet, von sich aus Erkundigungen bei dem Instanzverteidiger oder dem Mandanten über den tatsächlichen Ablauf der Hauptverhandlung einzuholen. Hierzu ist er erst im Protokollberichtigungsverfahren gezwungen, wenn er zu den dienstlichen Erklärungen der beiden Urkundspersonen zu einer beabsichtigten Protokollberichtigung Stellung nehmen muss. In diesen Fällen muss er den Instanzverteidiger und gegebenenfalls den Angeklagten oder weitere bei der Verhandlung anwesende Personen bitten, ihn mit konkreten Informationen über den Verfahrensablauf auszustatten. Gegebenenfalls wird er diese zusammen mit seinem Widerspruch gegen die Protokollberichtigung vorzulegen haben.

Wird der Revisionsverteidiger nicht in die Lage versetzt, der beabsichtigten Protokollberichtigung *substantiiert* zu widersprechen, muss die Rüge nach Protokollberichtigung zurückgenommen werden.

c) Protokollberichtigungsantrag des Verteidigers

Gibt das Protokoll nach Auffassung des Verteidigers einen tatsächlich stattgefundenen oder nicht stattgefundenen Verfahrensvorgang nicht korrekt wieder, hat auch der Verteidiger die Möglichkeit, einen Protokollberichtigungsantrag zu stellen. Dabei ist allerdings darauf zu achten, dass durch den Protokollberichtigungsantrag die Revisionsbegründungsfrist nicht gehemmt wird, etwa dergestalt, dass diese erst (wieder) mit dem Beschluss über den Berichtigungsantrag zu laufen beginnt. Vielmehr ist die Begründungsfrist auch im Falle des Protokollberichtigungsantrags einzuhalten. Dies bedeutet, dass der Verteidiger die Verfahrensrüge unter Vortrag der Tatsachen erheben muss, die nach seiner Auffassung zutreffend sind, auch wenn der Vortrag durch das Protokoll nicht oder gar das Gegenteil bewiesen wird. Gleichzeitig zur Revisionsbegründung ist ein Protokollberichtigungsantrag zu stellen unter detailliertem Vortrag der Tatsachen, aus denen sich die Unrichtigkeit des Protokolls ergibt. Der Protokollberichtigungsantrag sollte in der Revisionsbegründung mitgeteilt werden. **65**

Im „Protokollberichtigungsverfahren" wird der Vorsitzende ggf. zunächst eine Stellungnahme der Staatsanwaltschaft zum Berichtigungsantrag einholen. **66**

Hat der Vorsitzende keine sichere Erinnerung daran, ob sich das Geschehen so wie im Antrag behauptet abgespielt hat oder erinnert er sicher einen anderen Sachverhalt, fehlt es an den Voraussetzungen für die Berichtigung der Sitzungsniederschrift. Der Antrag müsste zurückgewiesen werden. Hält der Vorsitzende den im Antrag vorgetragenen Sachverhalt für zutreffend, leitet er diesen zusammen mit seiner Stellungnahme dem Urkundsbeamten zu. Erinnert dieser den Sachverhalt nicht, scheitert der Antrag, da es an dem Erfordernis der übereinstimmenden sicheren Erinnerung der Urkundspersonen (Vorsitzender und Protokollführer) für eine Protokollberichtigung fehlt.

Halten die Urkundspersonen den Vortrag für zutreffend, ist dem Antrag stattzugeben und das Protokoll antragsgemäß zu berichtigen.

Die Beweiskraft des Protokolls entfällt nicht, wenn der Protokollberichtigungsantrag spät beschieden wird. Es gibt keine Fristen, innerhalb derer über einen derartigen Antrag zu entscheiden ist und eine späte Bescheidung lässt nicht zwingend den Schluss zu, dass bei einer zeitnahen Entscheidung die Erinnerung der Urkundsperson besser gewesen wäre.[98]

67 Das „Schicksal" der Verfahrensrüge hängt vom Ausgang des Protokollberichtigungsverfahrens ab. Wird der Antrag abgelehnt, kann der Revisionsführer seinen Tatsachenvortrag nicht beweisen bzw. der Vortrag wird aufgrund der absoluten Beweiskraft des (unberichtigten) Protokolls widerlegt. Die Rüge sollte wegen Aussichtslosigkeit zurückgenommen werden, es sei denn, es würden sich Zweifel an der Rechtmäßigkeit des den Berichtigungsantrag zurückweisenden Beschlusses ergeben. In diesen Fällen müssen die Grundsätze gelten, die der Große Senat für die Protokollberichtigung „zum Nachteil des Angeklagten" aufgestellt hat. In diesen Fällen unterliegt die Berichtigungsentscheidung der Überprüfung durch das Revisionsgericht. Dies muss mindestens auch für die Fälle zweifelhafter Rechtmäßigkeit eines Beschlusses gelten, mit dem ein Berichtigungsantrag der Verteidigung abgelehnt wird.

Wird das Protokoll antragsgemäß berichtigt, legt das Revisionsgericht der Prüfung der Verfahrensrüge das berichtigte Protokoll zugrunde.

Allerdings sollte sich der Revisionsführer keine Illusionen über die Erfolgsaussichten eines Protokollberichtigungsantrags machen, mit dem die Voraussetzungen für eine erfolgreiche Verfahrensrüge geschaffen werden sollen.

d) Anforderungen an die Darstellung und Begründung der Verfahrensrüge (Anforderungen an den Vortrag)

68 Während das Revisionsgericht bei der Sachrüge nur das Urteil zur Kenntnis nimmt und zur Grundlage der Prüfung von materiell-rechtlichen Fehlern macht, ist bei der Rüge der Verletzung formellen Rechts (zunächst) *allein die Revisionsbegründungsschrift* Prüfungsgrundlage.

69 Die von der Rechtsprechung des BGH gestellten Anforderungen an eine Verfahrensrüge sind sehr hoch, oftmals nicht vorhersehbar und aus der Sicht des Revisionsführers manchmal willkürlich. Der Versuch, die zum Teil überspannten Anforderungen zurückzuschrauben, ist gescheitert. Das BVerfG hat jedenfalls grundsätz-

---

98 *OLG Hamm* Beschl. v. 16.7.2009 – 2 Ss 558/08.

lich die Rechtsprechung des BGH zu den Anforderungen an die Verfahrensrüge nach § 344 Abs. 2 S. 2 StPO als verfassungsgemäß angesehen.[99] Es ist daher müßig, darüber Klage zu führen, dass das Revisionsgericht die Vorschrift des § 344 Abs. 2 S. 2 StPO dazu instrumentalisiert, durch die Verwerfung einer Verfahrensrüge als unzulässig ein inhaltlich für richtig gehaltenes Urteil „zu retten".[100] Der Revisionsführer hat sich an der Rechtsprechung des BGH zu orientieren, wenn er nicht Gefahr laufen will, dass seine Rüge als unzulässig verworfen wird.

Nach § 344 Abs. 2 S. 2 StPO müssen bei einer Verfahrensrüge „die den Mangel enthaltenden Tatsachen angegeben werden".[101]

Die Rechtsprechung des BGH legt diese Vorschrift dahingehend aus, dass der Beschwerdeführer die den Verfahrensfehler begründenden Tatsachen **70**

* **so genau** und
* **so vollständig** mitzuteilen habe, dass das Revisionsgericht
* **allein anhand der Revisionsbegründung** prüfen könne, ob ein Verfahrensfehler vorliegt,
* wenn die behaupteten Tatsachen erwiesen sind.[102]

Daraus folgt zunächst, dass ein bestimmter Verfahrensvorgang *konkret behauptet* werden muss.[103] Daran fehlt es, wenn der Revisionsführer etwa vorträgt, „nach dem Hauptverhandlungsprotokoll" habe sich Folgendes zugetragen. Dies wäre eine unzulässige sog. Protokollrüge.[104]

Eine Bezugnahme auf das Protokoll oder auch nur Hinweise darauf haben in der **71** Revisionsbegründung zu unterbleiben.[105] Denn der Revisionsführer ist nicht verpflichtet, die von ihm behaupteten Verfahrenstatsachen auch zu beweisen.[106] Dies ist eine Frage der Begründetheit, so dass es Aufgabe des Revisionsgerichts ist, den Vortrag daraufhin zu überprüfen, ob die darin behaupteten Tatsachen erwiesen sind. Das Wort „Hauptverhandlungsprotokoll" sollte daher in der Revisionsbegründung überhaupt nicht auftauchen. Denn ein Hinweis auf das Protokoll erleichtert allenfalls der Staatsanwaltschaft bzw. dem Revisionsgericht das Auffinden der entsprechenden Verfahrensvorgänge im Hauptverhandlungsprotokoll bei der Prüfung des Erwiesenseins der behaupteten Tatsachen. Die Revisionsbegründung ist jedoch nicht dazu da, dem Revisionsgericht oder der Revisionsstaatsanwaltschaft die Arbeit zu erleichtern.

---

99 *BVerfG* StV 2005, 369.
100 Vgl. zur Kritik nur *Herdegen* in Anm. zu *KG* StV 2000, 189 ff.; *Fezer* in: FS für Hanack, S. 352; *Dahs* Die Revision im Strafprozess[7] Rn. 472; *Weider* StraFo 2000, 328.
101 Vgl. dazu insgesamt *Meyer-Goßner*[55]§ 344 Rn. 20 ff.
102 Nur KK-*Kuckein*[6] § 344 Rn. 38.
103 *Meyer-Goßner*[55] § 344 Rn. 24 f.; KK-*Kuckein*[6] § 344 Rn. 33.
104 *BGH* Beschl. v. 13.7.2011 – 4 StR 181/11 = StV 2012, 73; *Meyer-Goßner*[55] § 344 Rn. 26.
105 *Meyer-Goßner*[55] § 344 Rn. 21.
106 *BGH* Beschl. v. 22.9.2006 – 1 StR 298/06 = StV 2007, 569.

72 Aus der Verpflichtung zur vollständigen Wiedergabe der Verfahrenstatsachen folgt auch, dass z.b. Anträge und Beschlüsse nicht in einer Art Zusammenfassung oder auszugsweise, sondern im *genauen Wortlaut und vollständig* mitzuteilen sind. Die Wiedergabe von Anträgen und Beschlüssen vollständig im Wortlaut kann im Rahmen der Revisionsbegründung in der Form erfolgen, dass die betreffenden Schriftstücke einkopiert oder gescannt werden, wenn dies im Rahmen der Revisionsbegründung vor der Unterschrift und nicht in Form von Anlagen zur Revisionsbegründungsschrift erfolgt.

Wenn z.b. in der Begründung eines Beweisantrags auf Aktenteile und polizeiliche Zeugenvernehmungen verwiesen wird, sind auch diese neben dem Beweisantrag vollständig in der Revisionsbegründung mitzuteilen.[107] Wenn aber ein zur Begründung einer Rüge (hier: Rüge des Verstoßes gegen §§ 136, 136a StPO) mitzuteilendes polizeiliches Vernehmungsprotokoll nicht in Zusammenhang mit dieser Rüge, sondern bei der zuvor erhobenen Verfahrensrüge vollständig vorgetragen wird, steht dies der Zulässigkeit der Verfahrensrüge nicht entgegen.[108]Allerdings ist Vorsicht geboten. Mindestens ist ein Hinweis erforderlich, bei welcher Rüge auf welcher Seite der Revisionsbegründung die Mitteilung erfolgte. Um ganz sicher zu gehen, sollten die erforderlichen Verfahrenstatsachen bei jeder Rüge vollständig vorgetragen werden. Dies verhindert, dass eine Rüge als unzulässig verworfen wird mit der Begründung, es sei nicht Aufgabe des Revisionsgerichts, sich aus der gesamten Revisionsbegründung die für den notwendigen Vortrag einer bestimmten Verfahrensrüge erforderlichen Mitteilungen selbst herauszusuchen.

73 Die Begründungsschrift darf auch *keine Bezugnahmen*, auch nicht indirekt, auf den Akteninhalt enthalten.[109] Dies gilt insbesondere auch dann, wenn z.b. in einem Beweisantrag anstelle der Anschrift des Zeugen die Aktenseite angegeben ist, auf der sich die Anschrift befindet. Würde in diesem Fall nur der Beweisantrag mitgeteilt, könnte das Revisionsgericht allein anhand der Revisionsbegründung nicht prüfen, ob ein Verfahrensfehler vorliegt, da ihm der Blick in die (in Bezug genommenen) Akten verwehrt ist und es von daher nicht wissen kann, was auf der Aktenseite steht, auf die verwiesen wurde. Die Rüge setzt mithin voraus, dass die im Beweisantrag in Bezug genommene Aktenseite in vollem Wortlaut mitgeteilt wird.

Nach der Rechtsprechung des BGH ist es nicht Aufgabe des Revisionsgerichts, den Revisionsvortrag jeweils an passender Stelle aus anderen Unterlagen zu ergänzen und den Sachzusammenhang selbst herzustellen.[110]

---

107 *BGH* Beschl. v. 25.5.2011 – 4 StR 87/11.
108 *BGH* StV 2010, 676.
109 Anschaulich *BGH* Beschl. v. 5.6.2007 – 5 StR 383/06 = StV 2007, 505; KK-*Kuckein*[6] § 344 Rn. 39.
110 *BGH* StV 2005, 420; *BGHR* StPO § 344 Abs. 2 S. 2 Formerfordernis 1.

Auch eine Bezugnahme auf Schriftsätze anderer Verfahrensbeteiligter führt zur Unzulässigkeit.[111] Dies gilt allerdings nur für den erforderlichen Tatsachenvortrag, so dass etwa auf Rechtsausführungen eines Mitrevidenten verwiesen werden kann. Ob dies sinnvoll ist, ist Frage des Einzelfalles.

Das Revisionsgericht ist nicht gehindert, bei Prüfung einer Verfahrensrüge den Urteilsinhalt ergänzend zu berücksichtigen, was allerdings die Erhebung der allgemeinen Sachrüge voraussetzt.[112] **74**

Aus der Notwendigkeit der vollständigen Tatsachenmitteilung ergibt sich ferner, dass alle Ausführungen zu einer Verfahrensrüge *vor der Unterschrift* unter die Revisionsbegründung erfolgen müssen und auch eine *Bezugnahme auf Anlagen* zur Revisionsbegründung *nicht möglich* ist. **75**

Auch eine Bezugnahme auf eine von einem Verteidiger eines anderen Angeklagten erhobene Verfahrensrüge scheidet aus. Zulässig ist es jedoch, wenn die Verteidiger mehrerer Angeklagter in einem gemeinschaftlichen Schriftsatz die Revision für beide Angeklagte begründen und die Begründungsschrift von beiden Verteidigern unterzeichnet ist.[113] **76**

Zur Vollständigkeit des Tatsachenvortrags gehören auch die Tatsachen, aus denen sich ergibt, dass die Rüge nicht präkludiert ist. Dazu gehört z.B. die Darlegung unter Vortrag des Verfahrensganges, dass ein Verwertungswiderspruch rechtzeitig erhoben, ein Ablehnungsgesuch unverzüglich und damit rechtzeitig angebracht oder eine Besetzungsrüge innerhalb der Frist des § 222a Abs. 1 StPO erhoben wurde. **77**

Nach der Rechtsprechung des BGH gehört zur Vollständigkeit des Vortrags im Sinne von § 344 Abs. 2 S. 2 StPO ferner, dass der Beschwerdeführer auch *solche Tatsachen* mitteilt, die der Begründetheit seiner Verfahrensrüge *entgegenstehen* könnten. Er ist verpflichtet, auch solche Fakten vorzutragen, die für das Vorliegen eines Ausnahmetatbestands sprechen und seiner Rüge den Boden entziehen könnten (Vortrag sog. Negativtatsachen).[114] **78**

Wird z.B. gerügt, dass ein in der Hauptverhandlung gestellter Beweisantrag nicht beschieden worden sei, muss vorgetragen werden, dass der Beweisantrag nicht zurückgenommen und der benannte Zeuge nicht vernommen wurde. Wird gerügt, dass z.B. eine richterliche Vernehmungsniederschrift nicht nach § 251 Abs. 2 Nr. 1 StPO hätte verlesen werden dürfen, muss vorgetragen werden, dass die Verfahrensbeteiligten einer Verlesung nach Nr. 3 nicht zugestimmt haben.

---

111 *BGH* Beschl. v. 13.10.2006 – 2 StR 362/06 = NStZ 2007, 166.
112 *BGH* StraFo 2008, 332; *BGHSt* 36, 384, 385; *BGH* StV 1982, 55.
113 *BGH* NStZ 1998, 99 m. Anm. *Widmaier.*
114 KK-*Kuckein*[6] § 344 Rn. 38 m. zahlr. Rspr.-Nachw.

Die sich aus dem Erfordernis des Vortrages von Negativtatsachen ergebenden Fallstricke sind mannigfaltig und können an dieser Stelle nicht näher erörtert werden. Der Revisionsführer muss jedoch bei der Abfassung einer Verfahrensrüge genau prüfen, ob nicht ein Vortrag dahingehend erforderlich ist, dass keine Verfahrensgestaltung vorliegt, die seiner Rüge den Boden entziehen könnte.

79 Und schließlich gehört zur Vollständigkeit des Vortrags *die vollständige Mitteilung von Aktenteilen*, die für die Prüfung der Begründetheit der Rüge von Bedeutung sein können, auch wenn sie die Rüge nur mittelbar betreffen.

So ist z.B. bei der Rüge fehlerhafter Verwertung einer Beschuldigtenvernehmung wegen Verstoßes gegen die Belehrungspflichten oder § 136a StPO der vollständige Inhalt der (unverwertbaren) Vernehmungsniederschrift mitzuteilen. Das Gleiche gilt etwa, wenn eine fehlerhafte Verlesung einer Vernehmungsniederschrift nach § 251 StPO gerügt wird.

80 Es empfiehlt sich, sich den Prüfungsgang des Revisionsgerichts zu vergegenwärtigen und eine Verfahrensrüge durch die Brille des Revisionsrichters zu prüfen. So kann jedenfalls der Versuch einer Kontrolle dahingehend unternommen werden, ob der Tatsachenvortrag genau und vollständig i.S.d. § 344 Abs. 2 S. 2 StPO ist.

81 Zwar ist es grundsätzlich Sache des Revisionsgerichts, die **Beruhensfrage** von sich aus zu prüfen. Dies sollte jedoch gerade in Fällen, in denen die Möglichkeit eines Beruhens nicht leicht zu erkennen ist, den Beschwerdeführer nicht davon abhalten, konkret darzulegen, warum aus seiner Sicht hier ein Beruhen möglich erscheinen kann.[115] Andernfalls ist nicht auszuschließen, dass das Revisionsgericht trotz seiner umfassenden Überprüfung der Beruhensfrage eine in diesem Zusammenhang (doch) in Betracht zu ziehende Möglichkeit nicht erkennt und daher auch nicht in seine Erwägungen einbezieht.[116] Dementsprechend hat der *BGH* gerade auch im Zusammenhang mit Rügen der Verletzung von § 265 StPO wiederholt darauf hingewiesen, dass auch dem Revisionsvorbringen nichts zu entnehmen ist, was das (negative) Ergebnis seiner Beruhensprüfung in Frage stellen könne.[117]

---

115 Vgl. zusammenfassend KK-*Kuckein*[6] § 344 Rn. 65 m.w.N.
116 *BGH* Beschl. v. 14.1.2010 – 1 StR 620/09.
117 Vgl. anschaulich *BGH* Beschl. v. 26.6.2012 – 1 StR 158/12; ferner Beschl. v. 14.1.2011 – 1 StR 587/09 = StV 2012, 74; *BGHR* StPO § 265 Abs.1 Hinweispflicht 9, 12; *BGH* Beschl. v. 19.10.1994 – 2 StR 336/94; Beschl. v. 13.6.2007 – 2 StR 127/07.

Checkliste – Der Prüfungsgang des Revisionsgerichts:[118]	**82**

1. Zulässigkeitsprüfung.

Das Revisionsgericht liest *ausschließlich* die Revisionsbegründung unter dem Gesichtspunkt, ob die behaupteten Tatsachen so vollständig und genau vorgetragen sind, dass sich daraus der behauptete Rechtsfehler ergeben könnte. Falls dies nicht der Fall ist, wird die Rüge als unzulässig verworfen.

2. Erwiesenheitsprüfung

Ist die Zulässigkeitshürde genommen, prüft das Revisionsgericht, ob die behaupteten Tatsachen bewiesen sind. Dazu wird in erster Linie das Hauptverhandlungsprotokoll mit der ihm zukommenden (eingeschränkten) absoluten Beweiskraft herangezogen. Enthält das Protokoll Lücken oder ist es widersprüchlich, entfällt die Beweiskraft. Das Revisionsgericht geht dann in das sog. Freibeweisverfahren über, um das Erwiesensein des Tatsachenvortrags der Revision zu überprüfen. Dazu kann es alle sinnvoll erscheinenden Erkenntnisquellen nutzen. In erster Linie werden dienstliche Erklärungen der beteiligten Richter ggf. auch des Staatsanwalts zum Tatsachenvortrag der Revision eingeholt. Auch der Verteidiger wird zur Abgabe einer Stellungnahme aufgefordert. Ihm sind alle anderen eingeholten Erklärungen mit der Möglichkeit zur Stellungnahme zu übersenden. Anhand des Ergebnisses der eingeholten Äußerungen prüft das Revisionsgericht, ob die behaupteten Tatsachen erwiesen sind. Zweifel gehen zu Lasten des Revisionsführers. [119]

3. Rechtsfehlerprüfung

Ist der Tatsachenvortrag erwiesen, findet die eigentliche Prüfung des Rechtsfehlers statt, also ob. z.B. ein Beweisantrag tatsächlich rechtsfehlerhaft abgelehnt wurde.

4. Beruhensprüfung

Liegt nach Auffassung des Revisionsgerichts ein relativer Verfahrensfehler vor, erfolgt die Prüfung, ob das Urteil darauf beruht.

VII. Zur „Psychologie" des Revisionsverfahrens

1. Vorbemerkung

Der Revisionsführer muss sich immer vor Augen halten, dass der Tatrichter bei dem **83** Revisionsrichter einen Vertrauensvorschuss genießt. Das Revisionsgericht geht zunächst davon aus, dass der Kollege in der Tatsacheninstanz fair und fehlerfrei verhandelt und das Urteil hinsichtlich Schuld und Rechtsfolgenausspruch sorgfältig beraten hat. Diesem „Vorurteil" kann nur dadurch begegnet werden, dass die Revisionsbegründung (gravierende) Rechtsfehler präzise herausarbeitet. „Lässliche Sünden" des Tatrichters verzeiht das Revisionsgericht oftmals, indem ein Beruhen des Urteils auf dem Rechtsfehler ausgeschlossen wird.

Trotz allen Glaubens an die Zuverlässigkeit der Arbeit der Tatrichter wird die Sorgfalt revisionsrichterlicher Kontrolle aber daran deutlich, dass eine nicht unbeträcht-

---

118   Anschaulich zu Einzelheiten der internen Arbeitsweise eines Strafsenats des *BGH* bei der Bearbeitung von und Entscheidung über Revisionen *Fischer/Krehl* StV 2012, 550.

119   *BGH* StV 2008, 567.

liche Anzahl von Urteilsaufhebungen auf die allgemeine Sachrüge erfolgt, also ohne ausgearbeitete Revisionsbegründung.

2. Aufbau der Revisionsbegründung

84 Einem scherzhaften bonmot zufolge sollte die Begründungsschrift so abgefasst sein, dass der Berichterstatter den Text bei einem guten Glas Rotwein im Ohrensessel lesen kann und dabei nicht einschläft bzw. die Ausführungen wie ein gutes Buch verschlingt.

Es empfiehlt sich daher, den Leser durch den Text zu führen.

Überschriften für die einzelnen Rügen und eine ordentliche Gliederung sollten selbstverständlich sein.

Auch sollte den jeweiligen Einzelbeanstandungen eine kurze einleitende Bemerkung vorangestellt werden, aus der ersichtlich wird, was Gegenstand der nachfolgenden Ausführungen ist.

Gerügt wird die Verletzung formellen und materiellen Rechts. Die Sachrüge wird allgemein erhoben.

I. Rüge der Verletzung formellen Rechts

1. Verletzung von §§ 52, 252 StPO

   Die nachfolgende Rüge betrifft die fehlerhafte Verwertung der ermittlungsrichterlichen Vernehmung der Zeugin A. wegen unterlassener Belehrung über ihr Zeugnisverweigerungsrecht gem. § 52 Abs. 3 StPO.

   a) Verfahrenstatsachen

   ...

   b) Rechtliche Bewertung

   ...

   c) Beruhen

   ...

II. Rüge der Verletzung sachlichen Rechts

Die bereits erhobene allgemeine Sachrüge wird durch folgende Einzelausführungen ergänzt:

1. Lückenhafte Beweiswürdigung im Zusammenhang mit der Würdigung der Angaben des Belastungszeugen B.
2. Fehlerhafte Strafzumessung
   a) Verstoß gegen das Doppelverwertungsverbot des § 46 Abs. 3 StGB

   ...

   b) Fehlerhafte Ablehnung der Strafaussetzung zur Bewährung.

   ...

---

85 Bei Rechtsausführungen sollte die in der Revision vertretene Auffassung mit Nachweisen aus Rechtsprechung und Literatur gestützt werden.

Sofern auf Rechtsprechung verwiesen wird, ist es angebracht, zunächst Judikate des erkennenden Senats zu zitieren („ so schon erkennender Senat in ..."). Dahinter verbirgt sich die Hoffnung, dass der Senat sich mit seiner eigenen Rechtsprechung auseinandersetzen muss und wohl nicht „ohne Not" davon abweichen wird.

Grundsätzlich bedarf es keiner Ausführungen zur Beruhensfrage, also ob ein kausa- **86** ler Zusammenhang zwischen dem gerügten Rechtsfehler und dem angefochtenen Urteil besteht.[120] Es ist Aufgabe des Revisionsgerichts, die Beruhensfrage von sich aus zu prüfen.[121] Vorsicht ist jedoch geboten. Gerade bei gerügten Verfahrensverstößen prüft das Revisionsgericht, ob sich bei rechtsfehlerfreiem Vorgehen des Gerichts der Angeklagte anders als geschehen hätte verteidigen können. Da Revisionsrichter keine Verteidiger sind, kann es trotz aller Sorgfalt bei der revisionsgerichtlichen Prüfung sein, dass für einen *Verteidiger* wegen seiner rollenspezifischen anderen Sichtweise sehr wohl andere und weitere Verteidigungsaktivitäten möglich gewesen wären.[122] Das Fehlen von Ausführungen zur Beruhensfrage wird daher vom Revisionsgericht nicht selten zum Anlass genommen, darauf hinzuweisen, dass auch dem Verteidigungsvorbringen nichts zu entnehmen ist, was das negative Ergebnis der Beruhensprüfung in Frage stellen könnte.[123]

3. Schrot oder Blattschuss?

Der mit der Revisionsbegründung beauftragte Verteidiger steht immer wieder vor **87** dem Problem, welche der gefundenen und möglichen formellen und materiellen Rechtsfehler er rügen soll: alle oder nur eine Auswahl der am erfolgversprechendsten.

Auch hier wird gescherzt, dass der Revisionsrichter mehr als 10 Seiten Revisionsbegründung nicht liest.

Zunächst muss man sich den Arbeitsaufwand des Revisionsrichters vor Augen halten. Der Jahreseingang pro Strafsenat des BGH liegt bei ca. 600 Revisionen. Dies bedeutet, dass der/die Vorsitzende 600 Urteile zu lesen hat, die einen nicht unerheblichen Umfang haben. Hinzu kommen eine nicht unbeträchtliche Zahl von Revisionsbegründungen sowie die Anträge des Generalbundesanwalts. Allein diese Lektüre ist ein Kraftakt, so dass der Hinweis an den Revisionsführer nachvollziehbar erscheint, „weniger wäre mehr gewesen".

Dies alles kann und darf den Revisionsführer nicht davon abhalten, die von ihm für erforderlich gehaltenen Rügen zu erheben. Allerdings sollte er in Erwägung ziehen, nach gründlicher Prüfung nur die Rügen zu erheben, die nach seiner Auffassung er-

---

120 KK-*Kuckein*[6] § 344 Rn.65; *Meyer-Goßner*[55] § 344 Rn. 27.
121 *BGH* StV 1998, 523, 524.
122 *BGH* Beschl. v. 14.1.2010 – 1 StR 620/09; anschaulich auch Beschl. v. 26.6.2012 – 1 StR 158/11.
123 *BGH* Beschl. v. 29.3.2012 – 3 StR 422/11; Beschl. v. 14.1.2010 – 1 StR 587/09 = StV 2012, 74; *BGHR* StPO § 265 Abs. 1 Hinweispflicht 9, 12; *BGH* Beschl. v. 19.10.1994 – 2 StR 336/94; Beschl. v. 13.6.2007 – 2 StR 127/07.

folgversprechend sind und von solchen absehen, deren Erfolg eher unwahrscheinlich ist. Allerdings gibt es auch hier warnende Beispiele:

Der Verteidiger eines Angeklagten erhebt eine Verfahrensrüge wegen zweifelhafter Erfolgsaussicht nicht, der Verteidiger des Mitangeklagten erhebt sie. Diese Rüge führt zur Aufhebung des Urteils gegen diesen Angeklagten, die Revision des anderen Angeklagten wird verworfen.

Die Entscheidung, welche Verfahrensrügen erhoben werden und welche Ausführungen zur Begründung des Sachrüge gemacht werden, muss letztlich der Verteidiger in jedem Einzelfall auf der Grundlage der Besonderheit seines Verfahrens treffen. Eine generalisierende Empfehlung ist deshalb unangebracht.

4. Berufung oder Sprungrevision?

88 Die Wahl des Rechtsmittels gegen ein amtsgerichtliches Urteil ist nicht leicht. Die Berufung eröffnet dem Beschwerdeführer eine neue Tatsacheninstanz u.a. mit der Möglichkeit, neue Beweismittel einzubringen. Die Revision führt zwar lediglich zur Überprüfung des Urteils auf materielle Rechtsfehler und im Falle der Erhebung von Verfahrensrügen auch auf die bezeichneten formellen Fehler, aber im Falle der Urteilsaufhebung hat der Beschwerdeführer im Falle erneuter Verurteilung erneut zwei Instanzen.

Da der Verteidiger in aller Regel den Ausgang eines Revisionsverfahrens nicht zuverlässig vorhersagen kann, birgt die Sprungrevision die Gefahr in sich (Beruhensfrage, Anforderungen an den Vortrag bei Verfahrensrügen), dass bei ihrem Scheitern das Verfahren rechtskräftig beendet ist. Es ist deshalb eine sorgfältige Prüfung und Zurückhaltung geboten. Die Sprungrevision sollte auf Fälle beschränkt werden, in denen sich der Verteidiger seines Erfolgs „bombensicher" ist oder es um strittige Rechtsfragen mit der Folge geht, dass gegen ein dem Angeklagten günstiges Berufungsurteil von der Staatsanwaltschaft ohnehin Revision eingelegt würde.

VIII. Der weitere Gang des Revisionsverfahrens

1. Verfristete Einlegung oder Antragstellung/Begründung der Revision und Verwerfung durch das Tatgericht

89 Ist die Revision nicht fristgerecht eingelegt oder begründet worden, wird sie durch das Tatgericht durch Beschluss als unzulässig verworfen, § 346 Abs. 1 StPO. Die Prüfung des Tatrichters beschränkt sich allein auf die Verfristung der Einlegung und/oder Begründung. Jede andere Zulässigkeitsprüfung ist dem Tatgericht untersagt, z.B. Unzulässigkeit der Revision wegen Abgabe eines Rechtsmittelverzichts, Ausschluss der Revision nach § 55 Abs. 2 JGG oder fehlender Bevollmächtigung des Verteidigers.[124] Ein trotzdem ergangener Verwerfungsbeschluss erwächst in

---

124 *Meyer-Goßner*[55] § 346 Rn. 2.

Rechtskraft, wenn er nicht nach § 346 Abs. 2 StPO angefochten wird. Eine Aufhebung eines Verwerfungsbeschlusses durch den Tatrichter ist ausgeschlossen.[125]

Der Revisionsführer kann gegen den Beschluss des Tatrichters innerhalb einer Woche nach Zustellung die Entscheidung des Revisionsgerichts beantragen, § 346 Abs. 2 StPO.

Das Tatgericht darf eine Revision nach § 346 Abs. 1 StPO nur dann als unzulässig verwerfen, wenn die Revisionsbegründungsfrist nach § 345 Abs. 1 StPO durch Zustellung des Urteils nach Fertigstellung des Protokolls der Hauptverhandlung wirksam in Lauf gesetzt wurde. Dies setzt zwingend eine Anordnung des Vorsitzenden nach § 36 Abs. 1 S. 1 StPO voraus, wann, wem und in welcher Form das Urteil zugestellt werden soll. Die von der Geschäftsstelle ohne Anordnung des Vorsitzenden veranlasste Zustellung an den Angeklagten ist unwirksam.[126] Die Anordnung, „an Verteidiger" (bei mehreren) zuzustellen, ist unklar und kann von der mit der Zustellung betrauten Geschäftsstelle (§ 36 Abs. 1 S. 2 StPO) dahin verstanden werden, es sei nur an einen Verteidiger zuzustellen, wobei aber unklar bleibt, an welchen. Eine solchermaßen vorgenommene Zustellung ist unwirksam und setzt die Frist nicht in Gang.[127]

Das Revisionsgericht prüft die Zulässigkeit der Revision in umfassender Weise und **90** zwar so, als hätte es selbst über die Zulässigkeit der Revision zu entscheiden.[128] Ist der Verwerfungsbeschluss des Tatrichters rechtsfehlerfrei, verwirft das Revisionsgericht den Antrag als unzulässig. Hat der Tatrichter seine Prüfungskompetenz überschritten (z.B. Verwerfung als unzulässig wegen Erklärung eines Rechtsmittelverzichts), hebt das Revisionsgericht des Beschluss auf und verwirft die Revision, sofern sie nach seiner Prüfung unzulässig ist, gemäß § 349 Abs. 1 StPO als unzulässig. War der Antrag begründet und die Revision zulässig, wird der Beschluss des Tatrichters aufgehoben und das Revisionsverfahren wird fortgesetzt.

Der Antrag nach § 346 Abs. 2 StPO kann mit einem Wiedereinsetzungsantrag ver- **91** bunden werden. Dies kommt insbesondere dann in Betracht, wenn der Revisionsführer erst durch den Verwerfungsbeschluss des Tatrichters von der Unzulässigkeit, etwa wegen Fristversäumung erfährt.

Zuständig für die Wiedereinsetzung ist das Revisionsgericht. Dieses prüft zunächst, ob die Revision tatsächlich wegen Fristversäumung unzulässig ist. Ist dies nicht der Fall, ist das Wiedereinsetzungsgesuch gegenstandslos und der Beschluss des Tatrichters aufzuheben.

Ist die Frist versäumt, prüft das Revisionsgericht sodann den Wiedereinsetzungsantrag. Wird Wiedereinsetzung gewährt, ist der die Revision als unzulässig verwer-

---

125 *Meyer-Goßner*[55] § 346 Rn. 6.
126 *OLG München* Beschl. v. 24.6.2009 – 5 St RR 157/09.
127 *BGH* Beschl. vom 14.12.2010 – 1 StR 420/10.
128 *Meyer-Goßner*[55] § 346 Rn. 10.

fende Beschluss des Tatrichters gegenstandslos und das Revisionsverfahren nimmt seinen Fortgang.

Ist sowohl der Antrag nach § 346 Abs. 2 StPO als auch das Wiedereinsetzungsgesuch unbegründet (oder unzulässig z.b. wegen Fristversäumung, § 45 Abs. 1 StPO), verwirft das Revisionsgericht die Revision nach § 349 Abs. 1 StPO als unzulässig.[129]

2. Gegenerklärung der Staatsanwaltschaft

92 Ist die Revision zulässig, wird die Revisionsschrift dem Revisionsgegner, der Staatsanwaltschaft, zugestellt. Diese hat die Möglichkeit zu eine Gegenerklärung binnen einer Woche, § 347 Abs. 1 S. 2 StPO.[130]

93 Die Gegenerklärung der Staatsanwaltschaft hat insbesondere für Verfahrensrügen in der Revisionsbegründung des Angeklagten Bedeutung. Die Gegenerklärung soll dazu Stellung nehmen, ob der Tatsachenvortrag im Zusammenhang mit Verfahrensrügen vollständig und zutreffend ist. Die entsprechenden Fundstellen, insbesondere im Hauptverhandlungsprotokoll sollen angegeben werden. Zu den Einzelheiten vgl. Nr. 162 Abs. 2 RiStBV.

Erachtet die Staatsanwaltschaft den Tatsachenvortrag als vollständig und zutreffend, kann sich die Gegenerklärung insoweit auf den Hinweis beschränken, dass der Tatsachenvortrag zutreffend ist.

Ist nur die Sachrüge erhoben, kann von einer Gegenerklärung gänzlich abgesehen werden, Nr. 162 Abs. 1 RiStBV.

Insgesamt dient daher die Gegenerklärung der Arbeitserleichterung für die Revisionsstaatsanwaltschaft und das Revisionsgericht bei der Prüfung der Vollständigkeit und des Erwiesenseins des Tatsachenvortrags einer Verfahrensrüge.

Die Gegenerklärung ist dem Revisionsführer zuzustellen.

94 Wird darin vorgetragen, der Tatsachenvortrag der Revision sei unvollständig oder unzutreffend, ist der Revisionsführer gehalten, dazu Stellung zu nehmen.

Hat der Verteidiger tatsächlich einen bestimmten Verfahrensvorgang übersehen, etwa dass ein Beweisantrag entgegen dem Revisionsvorbringen doch z.B. im Zusammenhang mit einem anderen Beschluss beschieden wurde, muss die Rücknahme der entsprechenden Rüge geprüft werden.

Wird behauptet, der Tatsachenvortrag sei unzutreffend, ist erneut in eine Prüfung des Hauptverhandlungsprotokolls einzutreten und zu prüfen, ob der Vortrag durch das Protokoll bewiesen wird. Ggf. ist unter Hinweis auf das Hauptverhandlungsprotokoll darzulegen, dass der Vortrag durch die Sitzungsniederschrift bewiesen wird.

---

129 KK-*Kuckein*[6] § 346 Rn. 29.
130 Zum rechtlichen Gehör im Revisionsverfahren vgl. *Wohlers* JZ 2011, 78 ff.

3. Behandlung der Revision durch die Revisionsstaatsanwaltschaft

Nach Abgabe der Gegenerklärung durch die Staatsanwaltschaft und der Stellung-   **95**
nahme des Revisionsführers dazu werden die Akten der Staatsanwaltschaft des Revisionsgerichts übersandt (Generalstaatsanwaltschaft bzw. Generalbundesanwalt).

Diese übersendet die Akten mit ihrem Antrag dem Revisionsgericht.   **96**

Beantragt werden kann,

- die Revision als unzulässig nach § 349 Abs. 1 StPO zu verwerfen.
- die Revision durch Beschluss als offensichtlich unbegründet zu verwerfen, § 349 Abs. 2 StPO,
- das Urteil durch Beschluss nach § 349 Abs. 4 StPO aufzuheben,
- die Revision teilweise zu verwerfen und das Urteil teilweise aufzuheben,
- die Anberaumung einer Revisionshauptverhandlung.

Ein (teilweiser) Verwerfungsantrag ist dem Revisionsführer zuzustellen, § 349 Abs. 3 StPO.

4. Gegenerklärung zum Antrag der Revisionsstaatsanwaltschaft

Stellt die Revisionsstaatsanwaltschaft einen Antrag nach § 349 Abs. 4 StPO, wird in   **97**
der Regel dieser Antrag dem Beschwerdeführer nicht zugestellt. Denn der Antrag
auf Urteilsaufhebung durch die Revisionsstaatsanwaltschaft entspricht dem des Beschwerdeführers, so dass es einer Gegenerklärung nicht bedarf.

Nach Zustellung des (teilweisen) Verwerfungsantrags der Revisionsstaatsanwalt-   **98**
schaft hat der Revisionsführer die Möglichkeit, binnen zwei Wochen dazu eine Gegenerklärung abzugeben, § 349 Abs. 3 StPO[131].

Diese Frist kann weder verlängert werden[132], noch muss die Revisionsstaatsanwaltschaft über sie belehren. „Dies muss ein Verteidiger wissen".[133] Das Revisionsgericht muss nach Ablauf der Frist des § 349 Abs. 3 S. 2 StPO eine Gegenerklärung
oder deren Ergänzung auch dann nicht abwarten, wenn sie konkret in Aussicht gestellt worden ist.[134]

Die Frist zur Gegenerklärung nach § 349 Abs. 3 StPO ist aber keine Ausschlussfrist[135], so dass auch „verfristete" Stellungnahmen vom Revisionsgericht zur Kenntnis genommen werden müssen.

Ist absehbar, dass der Revisionsführer die Frist des § 349 Abs. 3 StPO nicht einhal-   **99**
ten kann, empfiehlt sich ein Schreiben an das Revisionsgericht des Inhalts, dass der

---

131   Vgl. dazu insgesamt *Park* StV 1997, 550 ff.
132   *BGH* Beschl. v. 27.2.2007 – 1 StR 8/07; auch *BVerfG* NJW 2006, 668, 669; 672, 673; 1336, 1337 f; *Meyer-Goßner*[55] § 349 Rn 17 m.w.N.
133   *BGH* Beschl. v. 30.11.2011 – 1 StR 528/11.
134   *BGH* StV 2008, 570.
135   *Meyer-Goßner*[55] § 349 Rn 17 m.w.N.

mit der Revision beauftragte Verteidiger aus darzulegenden Gründen die Frist nicht einhalten könne und von daher gebeten werde, mit der Entscheidung über die Revision bis zu einem zu benennenden Zeitpunkt zuzuwarten, bis zu dem die Gegenerklärung abgegeben werde. Einer solchen Bitte folgt das Revisionsgericht meist stillschweigend.

100   Es empfiehlt sich *nicht*, in der Gegenerklärung zum Verwerfungsantrag der Revisionsstaatsanwaltschaft die zuvor nur allgemein erhobene Sachrüge erstmals ausführlich zu begründen in der Hoffnung, man könne das Revisionsgericht auf diese Weise dazu veranlassen, mangels Stellungnahme der Revisionsstaatsanwaltschaft zu den neuen Ausführungen Revisionshauptverhandlung anzuberaumen oder einen Verwerfungsbeschluss nach § 349 Abs. 2 StPO wegen fehlender Bezugnahmemöglichkeit auf Ausführungen der Revisionsstaatsanwaltschaft zu begründen. Sofern keine sachlichen Gründe für ein solches Vorgehen vorliegen, die ggf. darzulegen wären, verärgert diese „Taktik" das Revisionsgericht offensichtlich. Der 3. Senat des BGH hat in seinem Beschluss vom 4.6.2002[136] entschieden, dass die erstmalige detaillierte Begründung der Sachrüge dem Beschlussverfahren nach § 349 Abs. 3 S. 2 StPO nicht entgegensteht. Das Revisionsgericht sei weder dazu verpflichtet, die neuen Ausführungen der Revisionsstaatsanwaltschaft zur erneuten Stellungnahme zuzuleiten, noch den Verwerfungsbeschluss (ausführlich) zu begründen. Denn durch die erstmalige Begründung der Sachrüge in der Gegenerklärung werde der Staatsanwaltschaft die Möglichkeit zur Stellungnahme genommen und damit faktisch die gesetzliche Regelung des Beschlussverfahrens nach § 349 Abs. 2 StPO unterlaufen. Mache der Beschwerdeführer von der Möglichkeit der Begründung der Sachrüge vor der Stellungnahme der Revisionsstaatsanwaltschaft keinen Gebrauch, indem er sie bis zur Gegenerklärung zurückhalte, und mache er dadurch eine im Gesetz vorgesehene begründete Stellungnahme der Staatsanwaltschaft unmöglich, werde sein Anspruch auf rechtliches Gehör nicht verletzt.

Sofern der Verteidiger gute Argumente für einen sachlich-rechtlichen Fehler hat, darf er damit nicht hinter dem Berg halten. Anderenfalls wird eher die Vermutung genährt, selbst der Verteidiger habe keinen sachlich-rechtlichen Fehler entdeckt.

Deshalb sollte davon abgesehen werden, erstmals in der Gegenerklärung fundierte Ausführungen zur Sachrüge zu machen. Nur wenn der Verteidiger quasi aus wiedereinsetzungsähnlichen Umständen an einer früheren Begründung gehindert war, bleibt kein anderer Weg. Dann aber sind diese Gründe dem Revisionsgericht plausibel zu machen.[137]

101   Sofern die Ausführungen der Revisionsstaatsanwaltschaft nicht überzeugen, sollte eine Gegenerklärung abgegeben werden.

---

136   *BGH* NStZ 2003, 103 m. Anm. *Ventzke.*
137   Wie hier *Ventzke* in Anm. zu *BGH* NStZ 2003, 104.

Zunächst empfiehlt es sich, die Antragsbegründung daraufhin zu untersuchen, ob alle verfahrens- und materiell-rechtlichen Beanstandungen der Revision abgehandelt sind. Ist dies nicht der Fall, ist in der Gegenerklärung auf diesen Umstand hinzuweisen. Es sollte ausgeführt werden, dass die Revision jedenfalls nicht ohne eine Begründung des Revisionsgerichts zu diesem Punkt verworfen werden kann, denn anderenfalls bliebe ein gerügter Rechtsfehler ohne eine Äußerung des Revisionsgerichts, warum diese Rüge unzulässig oder unbegründet ist und der Beschwerdeführer müsste über die Gründe der der Verwerfung der Rüge spekulieren.[138]

Entsprechendes gilt, wenn nicht auf alle *wesentlichen* Argumente der Revisionsbegründung eingegangen wird.

Sofern es sich nicht um bekannte Rechtsfragen auf der Grundlage einer gefestigten **102** Rechtsprechung handelt, sollten die Nachweise in der Antragsschrift überprüft werden. Es kommt vor, dass die zitierten Entscheidungen oder Literaturstellen die Auffassung der Revisionsstaatsanwaltschaft gar nicht oder nicht in vollem Umfang stützen. Darauf ist in einer ergänzenden Begründung der Rüge hinzuweisen.

Ansonsten muss präzise auf die Ausführungen in der Antragsschrift eingegangen werden. Eine Wiederholung der Darlegungen in der Revisionsbegründung hat zu unterbleiben. Es muss mit neuen Argumenten „gekontert" werden.

Dabei sollte der Revisionsführer sich nicht scheuen, eine Stellungnahme zu unter- **103** lassen, wenn die Begründung der Antragsschrift (zu einzelnen Rügen) überzeugend ist oder dem nichts Entscheidendes entgegen gehalten werden kann. In diesen Fällen sollte auch in Erwägung gezogen werden, einzelne Rügen, die sich nunmehr (nach gründlicher Prüfung) als aussichtslos erweisen, zurückzunehmen.

5. Entscheidungsmöglichkeiten des Revisionsgerichts

Die Entscheidungsmöglichkeiten des Revisionsgerichts entsprechen den dargestell- **104** ten Antragsmöglichkeiten der Revisionsstaatsanwaltschaft.

Allerdings kann das Revisionsgericht die Revision ohne einen entsprechenden Antrag der Staatsanwaltschaft nicht durch Beschluss nach § 349 Abs. 2 StPO verwerfen. Hat die Staatsanwaltschaft z.B. die (teilweise) Urteilsaufhebung nach § 349 Abs. 4 StPO beantragt, kann die Revision nicht insgesamt nach § 349 Abs. 2 StPO verworfen werden. Es muss dann Termin zur Revisionshauptverhandlung anberaumt werden.

Andererseits kann das Revisionsgericht trotz eines Verwerfungsantrags nach § 349 Abs. 2 StPO das Urteil (teilweise) nach § 349 Abs. 4 StPO aufheben.[139]

Das Recht auf rechtliches Gehör gebietet es allerdings *nicht*, dass das Revisionsgericht dem Revisionsführer erneut Gelegenheit zur Stellungnahme geben muss, wenn

---

138 Streitig: vgl. nur *Meyer-Goßner*[55] § 349 Rn. 13, 14 m.w.N.
139 Zur Begründung revisionsrechtliche Entscheidungen vgl. *Wohlers* JZ 2011, 78, 81.

das Gericht die Verwerfung des Revisionsantrags mit rechtlichen Ausführungen begründet, die von der Stellungnahme der Revisionsstaatsanwaltschaft abweichen oder diese ergänzen.[140]

Verwerfungsentscheidungen des Revisionsgerichts nach § 349 Abs. 2 StPO brauchen nicht begründet zu werden,[141] und auch dann nicht, wenn der Revisionsführer zu dem Verwerfungsantrag der Revisionsstaatsanwaltschaft Stellung genommen hat.[142] Das Revisionsgericht kann auf die Begründung des Antrags der Revisionsstaatsanwaltschaft Bezug nehmen. An die Begründung des Verwerfungsantrags der Revisionsstaatsanwaltschaft ist es allerdings nicht gebunden. Die Revision kann daher auch dann nach § 349 Abs. 2 StPO verworfen werden, wenn das Revisionsgericht nur das Ergebnis für zutreffend hält, aber aus anderen Gründen als die Revisionsstaatsanwaltschaft.[143]

Die Revisionsverwerfung nach § 349 Abs. 2 StPO ohne Begründung wird in der Literatur heftig kritisiert.[144] Geändert hat dies an der Verwerfungspraxis der Revisionsgerichte nichts. Für den Verteidiger, der eine umfangreiche Revisionsbegründung und auch eine Gegenerklärung zum Verwerfungsantrag der Revisionsstaatsanwaltschaft abgegeben hat, ist die Revisionsverwerfung ohne Begründung (sog. Zweizeiler) besonders ärgerlich. Er kann seinem Mandanten noch nicht einmal die Gründe für die Verwerfung erklären, da er nicht weiß, ob das Revisionsgericht der Antragsbegründung der Revisionsstaatsanwaltschaft gefolgt ist oder die Revision aus anderen Gründen für ungegründet hält. Mit dieser Situation wird der Verteidiger leben müssen, zumal eine Änderung der Verwerfungspraxis nicht zu erwarten ist.

105 In der Sache sind die Entscheidungsmöglichkeiten des Revisionsgerichts zahlreich, sofern die Revision nicht insgesamt verworfen wird, § 354 StPO. Hier können nur kurz einige Fallkonstellationen angesprochen werden. ·

Es kann die Urteilsaufhebung in vollem Umfang erfolgen. In diesem Fall können aber z.B. die Feststellungen des Urteils zum Tatgeschehen aufrecht erhalten bleiben, wenn es z.B. nur um die Frage des Ausschlusses der Schuldfähigkeit geht.

In seltenen Fällen kann das Revisionsgericht auch auf Freispruch entscheiden.

Es kann auch nur zu einer Schuldspruchberichtigung kommen, ohne dass das Urteil dann mit den Feststellungen aufgehoben werden müsste. Allerdings muss mindestens dann, wenn der neue Schuldspruch einen niedrigeren Strafrahmen eröffnet, der Strafausspruch aufgehoben und die Sache insoweit zurückverwiesen werden.

---

140 *BGH* StraFo 2009, 293 = wistra 2009, 283.
141 *BVerfGE* 50, 287, 289 f.; 65, 293, 295; *BVerfG* Beschl. v. 17.7.2007 – 2 BvR 496/07 – m.w.N.
142 *BGH* Beschl. v. 22.8.2007 – 1 StR 233/07 – und v. 13.8.2008 – 1 StR 162/08 – Rn. 20.
143 Siehe dazu nur *Meyer-Goßner* [55] § 349 Rn. 13.
144 Vgl. etwa die Nachw. bei *Meyer-Goßner* [55] § 349 Rn. 7; *Wohlers* JZ 2011, 78 ff.

Auch kann bei unbegründeter Revision hinsichtlich des Schuldspruchs nur der Rechtsfolgenausspruch aufgehoben werden. Zwar eröffnet § 354 Abs. 1a und b StPO auch insoweit eine eigene Sachentscheidungskompetenz des Revisionsgerichts zur Strafzumessung. Dem sind allerdings durch die Entscheidungen des BVerfG vom 14.6.2007[145] und 14.8.2007[146] enge Grenzen gesetzt (vgl. dazu Rn. 2531 ff.).

Erfolgt eine Urteilsaufhebung, wird die Sache in der Regel an eine andere Abteilung oder einen anderen Spruchkörper des Gerichts zurückverwiesen, dessen Urteil aufgehoben wurde. In Ausnahmefällen kann die Sache auch an ein demselben Land zugehörendes Gericht gleicher Ordnung zurückverwiesen werden.

Es besteht ferner die Möglichkeit, die Sache an ein Gericht niederer Ordnung zurückzuverweisen, z.B. an das Amtsgericht, wenn ein Urteil des Landgerichts aufgehoben wurde, die Strafgewalt des Amtsgerichts jedoch nach Auffassung des Bundesgerichtshofs ausreichend ist.

Möglich ist im Falle der Aufhebung eines Urteils eines Jugendgerichts, die Sache an ein Erwachsenengericht zurückzuverweisen, wenn die Sache nur noch einen Erwachsenen betrifft.

6. Revisionshauptverhandlung

Die Revisionshauptverhandlung ist für viele Verteidiger so etwas wie das 3. Staatsexamen.[147] Sie sehen sich fünf bzw. drei hoch qualifizierten und bestens eingearbeiteten Revisionsrichtern und einem Vertreter der Revisionsstaatsanwaltschaft gegenüber. Wenn der Verteidiger nicht bestens vorbereitet ist, droht die Gefahr, dass er angesichts dieser „Übermacht der justiziellen Gegner" an die Wand gespielt wird. **106**

a) Gründe für die Revisionshauptverhandlung

Oftmals stellt sich für den Verteidiger zunächst die Frage, warum das Revisionsgericht eine Hauptverhandlung anberaumt hat. **107**

Hat die Revisionsstaatsanwaltschaft einen sog. Terminsantrag gestellt, liegt der Grund offen zu Tage.

Wurde jedoch ein Antrag auf Revisionsverwerfung nach § 349 Abs. 2 StPO oder Urteilsaufhebung nach § 349 Abs. 4 StPO gestellt und hat das Revisionsgericht Hauptverhandlung anberaumt, kann der Verteidiger daraus sehr vorsichtige Schlüsse darauf ziehen, in welche Richtung das Revisionsgericht denkt. **108**

---

145 *BVerfG* StV 2007, 393 m. Aufsatz *Hamm* StV 2008, 205.
146 *BVerfG* StV 2007, 561.
147 Vgl. dazu insgesamt auch *Leipold* StraFo 2010, 353 ff.

109 Ist ein Aufhebungsantrag nach § 349 Abs. 4 StPO gestellt worden, ist das Revisionsgericht gehindert, die Revision gemäß § 349 Abs. 2 StPO zu verwerfen.[148] In diesen Fällen muss es, um die Revision verwerfen zu können, eine Revisionshauptverhandlung durchführen. Liegt daher eine solche Konstellation vor, „stehen die Zeichen auf Sturm", da es nahe liegt, dass das Revisionsgericht die Revision verwerfen will, wegen des fehlenden Antrages der Revisionsstaatsanwaltschaft jedoch an einer Verwerfung im Beschlusswege gehindert ist.

110 Hat dagegen die Revisionsstaatsanwaltschaft einen Verwerfungsantrag nach § 349 Abs. 2 StPO gestellt und beraumt das Revisionsgericht Hauptverhandlung an, kann dies ein vorsichtiges positives Signal sein, dass das Revisionsgericht die Revision jedenfalls nicht für *offensichtlich* unbegründet hält.

Der Grund für die Anberaumung der Hauptverhandlung in diesem Fall kann darin liegen, dass innerhalb des Senats keine Einstimmigkeit für eine Revisionsverwerfung nach § 349 Abs. 2 StPO zu erzielen ist, so dass mindestens ein Revisionsrichter die Revision jedenfalls nicht für offensichtlich unbegründet hält.

111 Grund für die Hauptverhandlung kann auch sein, dass das Revisionsgericht die aufgeworfenen Rechtsfragen für so bedeutungsvoll hält, dass eine Erörterung und Vertiefung in einer Revisionshauptverhandlung erforderlich ist. Dies kommt oft dann vor, wenn zu bestimmten Problemen eine Grundsatzentscheidung getroffen werden soll.

Die sich aus dieser Konstellation ergebenden Signale sind nur sehr eingeschränkt als positives Zeichen zu werten. Denn das Revisionsgericht hat gerade nicht von der Möglichkeit der Urteilsaufhebung nach § 349 Abs. 4 StPO durch Beschluss Gebrauch gemacht (woran es durch den fehlenden Antrag der Revisionsstaatsanwaltschaft nicht gehindert wäre), so dass das Ergebnis in jedem Fall offen ist.

b) Teilnahme an der Revisionshauptverhandlung

aa) Verteidiger

112 Grundsätzlich besteht keine Anwesenheitspflicht des (Wahl-)Verteidigers.[149] In der Terminsnachricht befindet sich daher auch standardmäßig der Hinweis an den Verteidiger: „Ihre Teilnahme ist nicht erforderlich".

Eine vor dem Tatgericht erfolgte Beiordnung als Pflichtverteidiger gilt *nicht* für die Revisionshauptverhandlung.

---

148 Zur Problematik des „bestellten Verwerfungsantrags", wenn das Revisionsgericht nach Vorprüfung die Akten an die Revisionsstaatsanwaltschaft zurückgibt mit der Anheimgabe, einen Verwerfungsantrag nach § 349 Abs. 2 StPO zu stellen vgl. *BVerfG* StV 2001, 151 m. Anm. *Neuhaus*; *KG* StV 2001, 153; *OLG Hamm* StV 2001, 221 m. Anm. *Neuhaus*; *Gieg/Widmaier* NStZ 2001, 57.
149 Nur: *Meyer-Goßner*[55] § 350 Rn. 4.

Der Verteidiger kann jedoch einen Beiordnungsantrag für die Revisionshauptverhandlung bei dem Revisionsgericht stellen. Einem solchen Antrag wird in der Regel stattgegeben. Im Falle der Beiordnung muss der Verteidiger an der Hauptverhandlung teilnehmen.[150]

bb) Angeklagter

Der nicht in Haft befindliche Angeklagte hat ein Anwesenheitsrecht. Er ist ebenso **113** wie der Verteidiger vom Termin zu benachrichtigen. Der Verteidiger sollte jedoch seinem Mandanten dringend anraten, im Termin nicht zu erscheinen. In der Hauptverhandlung werden nur Rechtsfragen erörtert, zu denen der Mandant in der überwiegenden Anzahl der Fälle ohnehin nicht Stellung nehmen kann, weil ihm die notwendigen Kenntnisse fehlen. Die Erfahrung lehrt, dass die Anwesenheit des Angeklagten und ggf. Äußerungen von diesem sich nicht selten nachteilig auswirken („Dieses Gesicht schreit nach Haft!"). In Ausnahmefällen sollte der Verteidiger den Mandanten veranlassen, unerkannt als Zuschauer im Zuhörerraum an der Verhandlung teilzunehmen.

c) Vorbereitung der Revisionshauptverhandlung

Die Vorbereitung auf die Hauptverhandlung setzt zunächst voraus, dass dem Verteidiger bekannt ist, welche Probleme der Senat in der Hauptverhandlung erörtern und **114** vertiefen möchte. Ist dies aus der Stellungnahme der Revisionsstaatsanwaltschaft oder der Terminsnachricht des Senats nicht ersichtlich, sollte der Verteidiger das Revisionsgericht darum bitten, ihm die Schwerpunkte der Hauptverhandlung mitzuteilen, zu denen das Revisionsgericht eine Stellungnahme für notwendig hält. Anhand dieser Vorgaben hat eine Einarbeitung zu erfolgen mit dem Ziel, weitere und ergänzende Ausführungen machen zu können, die über den schriftlichen Revisionsvortrag hinausgehen.

d) Plädoyer

Der Verteidiger hat davon auszugehen, dass dem Gericht das Urteil, die Revisionsbegründung und die Stellungnahme der Revisionsstaatsanwaltschaft bekannt sind. **115** Von daher sollte eine Wiederholung des schriftlichen Revisionsvorbringens unterbleiben. Ein kurzes Eingehen auf den schriftlichen Vortrag zu einer Rüge sollte nur zum Einstieg für ergänzende und weitere Ausführungen dienen. Ausführungen, die sich von den Urteilsfeststellungen entfernen oder etwa Berichte über Vorgänge aus der Tatsacheninstanz haben zu unterbleiben.

Wie sich der Gang der Revisionshauptverhandlung entwickelt, liegt auch zu einem **116** Teil in der Hand des Verteidigers.

Nach dem Vortrag des Berichterstatters kann er sein Plädoyer (als Monolog) halten, er kann aber auch durch einen entsprechenden Hinweis dazu auffordern, ihn gege-

---

150   Zu allem: *Meyer-Goßner*[55] § 350 Rn. 5 ff.; *Kuckein*[6] § 350 Rn. 11 ff.

benenfalls zu unterbrechen und in ein Rechtsgespräch einzutreten. Kommt es zu einem solchen Rechtsgespräch, wird der Verteidiger aus Fragen und Stellungnahmen der Revisionsrichter sehr bald erkennen, in welche Richtung das Revisionsgericht denkt. Daran kann er seine weiteren Ausführungen orientieren.

Nach Auffassung der Verfasser ist eine solche Diskussion rechtlicher Probleme allemal ergiebiger als der streng formale Ablauf mit Plädoyer der Verteidigung und des Vertreters der Revisionsstaatsanwaltschaft. Allerdings muss der Verteidiger dann auch für eine solche Diskussion gewappnet und in der Lage sein, auch überraschende und nicht vorhergesehene Fragen beantworten zu können.

Dies gilt aber auch generell, weil der Verteidiger immer damit rechnen muss, dass er in seinen Ausführungen durch Zwischenfragen unterbrochen wird. Dies stellt eine besondere Herausforderung dar, da der Verteidiger spontan zu oftmals komplizierten Rechtsfragen Stellung nehmen muss und vielleicht auch den Faden verliert. In diesen Fällen sollte der Verteidiger sich nicht scheuen, seine momentane „Blockade" offen zu legen und gegebenenfalls um eine Erläuterung der Zwischenfrage bitten, damit er sich auf das neu aufgetauchte Rechtsproblem einstellen kann.

Insgesamt sollten die *Rechts*ausführungen lebhaft sein und es sollte kein vorformulierter Text abgelesen werden.

117 Am Ende der Ausführungen steht der Revisionsantrag, der „im Eifer des Gefechts" manchmal vergessen wird und zu der Frage führt, welchen Antrag der Verteidiger denn nun stelle. Manche Revisionsgerichte erwarten auch, dass der Antrag mit der gleichen Überzeugungskraft vorgetragen wird wie die vorangegangenen Ausführungen. Die Antragstellung ist auch deswegen von Bedeutung, weil sich im Laufe der Revisionsverfahrens und insbesondere der Hauptverhandlung neue Aspekte ergeben haben könnten, die eine Abweichung von dem in der Revisionsbegründungsschrift gestellten Antrag rechtfertigen könnten.

IX. Revision der Staatsanwaltschaft und der Nebenklage

1. Vorbemerkung

118 Die Staatsanwaltschaft kann ein Urteil zuungunsten, aber auch zugunsten des Angeklagten anfechten. Letzteres dürfte wohl eine seltene Ausnahme sein. Aber auch eine zuungunsten des Angeklagten eingelegte Revision der Staatsanwaltschaft wirkt nach § 301 StPO zugunsten des Angeklagten, so dass im Falle der Erhebung der (allgemeinen) Sachrüge durch die Staatsanwaltschaft das Revisionsgericht das Urteil auch auf materiell-rechtliche Rechtsfehler zum Nachteil des Angeklagten überprüft.

119 Die Erfolgsquote zuungunsten des Angeklagten eingelegter staatsanwaltlicher Revisionen gegen erstinstanzliche landgerichtliche Urteile ist hoch. Sie dürfte bei ca. 90 % liegen. Dies hat mehrere Gründe. Staatsanwaltliche Revisionen müssen mehrere Hürden nehmen. Zum einen sind die Dezernenten angehalten, nur bei krasser Abweichung von den Vorstellungen der Staatsanwaltschaft Revision einzulegen (Nr. 147 RiStBV). Im Vergleich zu Angeklagtenrevisionen sind daher die Anzahl der Revisionen der Staatsanwaltschaft eher gering.

Eine Revision des Dezernenten der Staatsanwaltschaft durchläuft sodann zwei Kontrollinstanzen.

Zunächst prüft die Generalstaatsanwaltschaft, ob das Rechtmittel erfolgversprechend ist. Wird die Frage verneint oder soll die Revision aus anderen Gründen nicht durchgeführt werden, erfolgt eine Revisionsrücknahme. Soll die Revision nach Auffassung der Generalstaatsanwaltschaft durchgeführt werden, werden die Akten mit einer rechtlichen Stellungnahme dem Generalbundesanwalt zugeleitet. Dort werden erneut die Erfolgsaussichten geprüft. Werden sie verneint, erfolgt in der Regel eine Kontaktaufnahme mit der Staatsanwaltschaft mit dem Ziel, diese zur Revisionsrücknahme zu bewegen. Die Staatsanwaltschaft hat sodann die Möglichkeit, die Revision zurückzunehmen oder entgegen der Empfehlung des Generalbundesanwalts die Revision weiter zu verfolgen. In letzterem Fall tritt der Generalbundesanwalt der Revision nicht bei. Er übersendet die Akten mit seiner Erklärung, dass der Revision nicht beigetreten werde und einer rechtlichen Stellungnahme dem zuständigen Strafsenat.

In aller Regel wird auf eine Revision der Staatsanwaltschaft unabhängig davon, ob **120** der Generalbundesanwalt sie vertritt oder ihr nicht beitritt, Termin zur Revisionshauptverhandlung anberaumt. Eine Verwerfung einer Revision der Staatsanwaltschaft im Beschlusswege nach § 349 Abs. 2 StPO ist – soweit ersichtlich – eine Rarität. Über die Revision der Staatsanwaltschaft wird daher in der Regel durch Urteil entschieden. Diese Praxis der Revisionsgerichte ist unverständlich. Warum bei einer nach Auffassung des Revisionsgerichts offensichtlich unbegründeten Revision der Staatsanwaltschaft eine zeitaufwändige Revisionshauptverhandlung durchgeführt wird, ist kaum nachvollziehbar, braucht aber an dieser Stelle nicht vertieft zu werden.

Haben sowohl der Angeklagte als auch die Staatsanwaltschaft Revision eingelegt, **121** hat das Revisionsgericht die Möglichkeit der „gespaltenen" Entscheidung: Die Revision des Angeklagten kann im Beschlusswege nach § 349 Abs. 2 StPO verworfen werden, über die Revision der Staatsanwaltschaft wird nach Revisionshauptverhandlung durch Urteil entschieden. Diese Verfahrensweise benachteiligt den Angeklagten, denn ihm wird im Gegensatz zur Staatsanwaltschaft die Möglichkeit genommen, in einer Revisionshauptverhandlung seine Argumente zu vertiefen und zu ergänzen. Dies ist auf erhebliche Kritik gestoßen[151], vom BVerfG allerdings nicht beanstandet worden.[152]

---

151 *Hamm* StV 2000, 637 ff.
152 *BVerfGE* 112, 185.

122 Auch bei gespaltener Entscheidung besteht für den Verteidiger noch ein gewisser Handlungsspielraum. Ist seine Revision nicht vor der Hauptverhandlung bereits durch Beschluss nach § 349 Abs. 2 StPO verworfen worden, kann er in der Revisionshauptverhandlung über die Revision der Staatsanwaltschaft zu materiell-rechtlichen Fehlern des Urteils zum Nachteil des Angeklagten Stellung nehmen, da die Revision der Staatsanwaltschaft auch zugunsten des Angeklagten wirkt und das Revisionsgericht auch auf eine zuungunsten des Angeklagten eingelegte Revision der Staatsanwaltschaft das Urteil auf den Angeklagten benachteiligende sachlich-rechtliche Rechtsfehler prüfen muss.

2. Verteidigungsaktivitäten

a) Revision der Staatsanwaltschaft

123 Allein die Revisionseinlegung durch die Staatsanwaltschaft erfordert keine besonderen Tätigkeiten. Denn es ist zum einen ungewiss, ob die Revision nicht wieder zurückgenommen wird, zum anderen kann erst zur konkreten Revisionsbegründung der Staatsanwaltschaft Stellung genommen werden.

Begründet die Staatsanwaltschaft die Revision, ist diese dem Verteidiger zuzustellen, § 347 Abs. 1 S. 1 StPO. Dazu kann innerhalb von einer Woche eine schriftliche Gegenerklärung abgegeben werden, § 347 Abs. 1 S. 2 StPO.

Hat die Staatsanwaltschaft nur die Verletzung materiellen Rechts gerügt, ist eine Gegenerklärung innerhalb der Wochenfrist nicht erforderlich. Gleichwohl sollte zu der Revisionsbegründung zügig Stellung genommen werden, da fundierte Gegenargumente die Prüfung der Erfolgsaussichten durch die Generalstaatsanwaltschaft und den Generalbundesanwalt beeinflussen können. Auch können an dieser Stelle bereits materiell-rechtliche Fehler zum Nachteil des Angeklagten geltend gemacht werden.

124 Hat die Staatsanwaltschaft Verfahrensrügen erhoben, sind mehrere Punkte zu prüfen. Zum einen muss untersucht werden, ob die Verfahrenrüge den Voraussetzungen des § 344 Abs. 2 S. 2 StPO entspricht.[153] Ferner ist zu prüfen, ob der Tatsachenvortrag (durch das Protokoll) bewiesen wird. Ist der Tatsachenvortrag unvollständig oder wird er durch das Protokoll nicht bewiesen, ist dies in der Gegenerklärung mitzuteilen.

Insgesamt sollte sich die Gegenerklärung auf eine Stellungnahme zu den Formalien beschränken. Eine inhaltliche Stellungnahme zur Begründetheit der Rügen kann dann im weiteren Verfahren erfolgen, das oben unter Rn. 89 ff. beschrieben wurde.

---

153 Zu den Anforderungen an den Vortrag vgl. oben Rn. 68.

b) Revision der Nebenklage

Bei einer Revision der Nebenklage gelten die Ausführungen zur Revision der **125** Staatsanwaltschaft entsprechend.

Bei Revisionseinlegung durch die Nebenklage sollte allerdings sogleich die Zulässigkeit der Anfechtung geprüft werden. Nach § 400 Abs. 1 StPO kann der Nebenkläger das Urteil nicht allein mit dem Ziel einer anderen (schärferen) Rechtsfolge anfechten.[154] Auch Rechtsfehler bei der Anwendung oder Nichtanwendung von Strafgesetzen, die nicht den Anschluss zur Nebenklage berechtigen, können nicht Gegenstand eines Revisionsangriffs sein. Der Nebenkläger kann sein Rechtsmittel nur darauf stützen, dass eine Rechtsvorschrift über ein Nebenklagedelikt verletzt ist, der Angeklagte insoweit z.B. freigesprochen oder er nur wegen einer anderen Norm verurteilt wurde.[155]

Liegen diese Voraussetzungen nicht vor, sollte der Verteidiger die Unzulässigkeit der Revision der Nebenklage geltend machen.

Hat der Nebenkläger die Revision begründet, ist zu prüfen, ob aus der Revisionsbe- **126** gründung das Anfechtungsziel eindeutig hervorgeht. Grundsätzlich ist der Nebenkläger verpflichtet, das Ziel seines Rechtsmittels ausdrücklich und eindeutig innerhalb der Revisionsbegründungsfrist anzugeben.[156] Ist der Angeklagte z.B. nicht wegen des angeklagten Nebenklagedelikts sondern „nur" wegen eines nicht zum Anschluss berechtigenden anderen Delikts verurteilt worden, reicht die Erhebung allein der nicht ausgeführten allgemeinen Sachrüge nicht aus.[157]

Ist nach diesen Grundsätzen die Revision der Nebenklage unzulässig, sollte dies bereits in der Gegenerklärung vorgetragen werden.

---

154 Vgl. dazu *Meyer-Goßner*[55] § 400 Rn. 3.
155 *Meyer-Goßner*[55] § 400 Rn. 4.
156 *Meyer-Goßner*[55] § 400 Rn. 6 m.w.N.
157 *Meyer-Goßner*[55] § 400 Rn. 6.

Teil II
Ausgewählte Verfahrensrügen (einschließlich Verfahrensvoraussetzungen und -hindernisse)

Kapitel 1
Verfahrensvoraussetzungen und -hindernisse[1]

Vorbemerkung

Zwar prüft das Revisionsgericht auf die Sachrüge von Amts wegen das Vorliegen **127** der Prozessvoraussetzungen in der Regel selbstständig aufgrund eigener Sachuntersuchung unter Benutzung aller verfügbaren Erkenntnisquellen im Freibeweisverfahren.[2] *Dies gilt jedoch nicht ausnahmslos.* In einigen Fällen verlangt die obergerichtliche Rechtsprechung die Erhebung einer den Anforderungen des § 344 Abs. 2 S. 2 StPO entsprechenden Verfahrensrüge, so z.B. bei dem Einwand der willkürlichen Annahme der Zuständigkeit des Gerichts.

Die Rechtslage zur Frage der Notwendigkeit der Erhebung einer Verfahrensrüge **128** oder der Prüfung von Amts wegen allein aufgrund der Sachrüge ist undurchsichtig und nicht eindeutig.[3] In der Rechtsprechung ist die Tendenz zu beobachten, auch Prozesshindernisse nur auf eine entsprechende Verfahrensrüge zu überprüfen. Daher sollte der mit der Revision beauftragte Verteidiger die Verfahrensvoraussetzungen und Prozesshindernisse in eigener Verantwortung prüfen und zum Gegenstand einer (Verfahrens-)Rüge machen.

Wegen der großen Fülle der in Frage kommenden Verfahrenshindernisse und der jeweiligen Fallkonstellationen ist es nicht möglich, alle Prozesshindernisse einschließlich des empfehlenswerten Vortrages für eine Rüge abzuhandeln.

---

1   Ausführungen zu weiteren Verfahrensvoraussetzungen und -hindernissen werden im Zusammenhang mit anderen einschlägigen Verfahrensrügen im Rahmen der jeweiligen Hauptverhandlungsabschnitte behandelt.
2   KK-*Pfeiffer/Hannisch*[6] Einl. Rn. 134.
3   *Meyer-Goßner*[55] Einl. Rn. 150; *Meyer-Goßner* NStZ 2003, 169 ff.

51

129 | **Checkliste – Prozessvoraussetzungen** bzw. **Verfahrenshindernisse:**[4]
* Dauernde Verhandlungsunfähigkeit (vgl. dazu Rüge 5 Rn. 170),
* diplomatische Immunität (§§ 18 bis 20 GVG),
* Immunität eines Abgeordneten, sofern keine Genehmigung des Parlaments zur Strafverfolgung vorliegt (Art. 46 Abs. 2 GG),
* Unanwendbarkeit des deutschen Strafrechts nach §§ 3 ff. StGB,
* Verletzung des Spezialitätsgrundsatzes (§ 83h IRG; Art. 14 EuAlÜbK); Verfahrensrüge sehr empfehlenswert (vgl. dazu Rüge 4 Rn. 165),
* Verjährung StGB §§ 78 ff. (vgl. Rüge 1 Rn. 131),
* Fehlen eines wirksamen Strafantrages (z.b. §§ 230, 248a StGB),
* Fehlen des behördlichen Strafverlangens (§ 104a StGB),
* fehlende Bejahung des öffentlichen Interesses durch die Staatsanwaltschaft (z.b. § 303c StGB),
* Strafklageverbrauch; Verfahrensrüge sehr empfehlenswert (vgl. Rüge 2 Rn. 140),
* anderweitige Rechtshängigkeit (vgl. Rüge 3 Rn. 156),
* Fehlen einer wirksamen Anklage, Nachtragsanklage, (vgl. dazu Rüge 54 Rn. 714 ff.), oder eines Strafbefehls (vgl. dazu Rn. 722 ff.),
* Fehlen eines wirksamen Eröffnungsbeschlusses (vgl. dazu Rüge 54 Rn. 722) oder eines Einbeziehungsbeschlusses nach § 266 StPO (vgl. dazu Rüge 57 Rn. 738 ff.),
* gerichtliche Verfahrenseinstellung nach § 154 Abs. 2 (Rüge 3a Rn. 162),
* Fehlen der sachlichen (vgl. dazu Rüge 6 Rn. 174 ff.) oder der örtlichen (vgl. dazu Rüge 9 Rn. 205 ff.) Zuständigkeit,
* Anstiftung durch einen polizeilichen Lockspitzel (Verfahrensrüge erforderlich! Vgl. dazu Rüge 234 Rn. 1919 ff.),
* Verletzung des Beschleunigungsgebots (Verfahrensrüge erforderlich! Vgl. dazu Rüge 235 Rn. 1926 ff.),
* Willkürliche Annahme der Zuständigkeit (Verfahrensrüge erforderlich! Vgl. dazu Rüge 6 Rn. 177, 183).

Rüge 1

130 Verjährung

I. Rechtsgrundlagen

131 Die Verjährungsproblematik ist so umfangreich und vielfältig, dass sie hier nur bruchstückhaft behandelt werden kann.

Das Verfahrenshindernis der Verjährung prüft das Revisionsgericht von Amts wegen. Die Überprüfung erfolgt im Freibeweisverfahren ohne Bindung an die Feststellungen des Urteils.

Gleichwohl empfiehlt es sich, das Verfahrenshindernis der Verjährung zum Gegenstand einer (Verfahrens-)Rüge zu machen.

---

4 *Meyer-Goßner*[55] Einl. Rn. 145 ff.; KK- *Pfeiffer/Hannisch*[6] Einl. Rn. 130 ff.

Die schlichte Überschreitung der Verjährungsfrist kann das Revisionsgericht bereits auf Grund der allgemeinen Sachrüge überprüfen, da sich der Zeitpunkt der Tat bzw. derjenige ihrer Beendigung[5] aus dem Urteil ergibt.

Schwierigkeiten kann es jedoch dann geben, wenn das Ruhen der Verjährung nach **132** § 78b StGB oder die Unterbrechung nach § 78c StGB zu prüfen ist. Oftmals werden sich die die dafür notwendigen Details aus den Urteilsgründen nicht ergeben. Dafür sind die einzelnen Unterbrechungshandlungen, die in der Akte dokumentiert sind, heranzuziehen.

Dies gilt insbesondere dann, wenn bereits zweifelhaft ist, ob sich eine Unterbre- **133** chungshandlung nach § 78c Abs. 1 StGB auf den verurteilten Angeklagten bezogen hat. Denn nach § 78c Abs. 4 StGB wirkt die Unterbrechung nur gegenüber demjenigen, auf den sich die Handlung bezogen hat. Deswegen ist es erforderlich, dass sich die Unterbrechungshandlung auf eine bestimmte Person, d.h. einen bereits bekannten Tatverdächtigen bezogen hat, der individuell bestimmbar ist. Eine Verfolgung gegen „unbekannt" reicht nicht.[6] Richtet sich z.B. ein Durchsuchungsbeschluss nicht (auch) gegen den Angeklagten, unterbricht der Beschluss die Verjährung gegen den Angeklagten nicht.

Bei mehreren Verdächtigen wirkt eine Handlung nur gegenüber demjenigen, gegen **134** den sie sich richtet, auch wenn die Untersuchungshandlung zugleich auch der Sachaufklärung in Richtung dieses anderen dienen soll.[7]

Die Unterbrechungshandlung muss sich auch auf eine bestimmte Tat beiziehen.[8] **135**

Der Verfolgungswille der Strafverfolgungsbehörden ist danach das entscheidende Kriterium für die sachliche Reichweite der Unterbrechungswirkung.[9] Für die Bestimmung des Verfolgungswillens der Strafverfolgungsorgane ist maßgeblich, was mit der jeweiligen richterlichen Handlung bezweckt wird. Dabei sind neben dem Wortlaut der Verfügung auch der Sach- und Verfahrenszusammenhang entscheidend. Sofern sich die Reichweite nicht aus der Handlung selbst ergibt, ist der sonstige Akteninhalt zur Auslegung heranzuziehen.[10] Bleiben dann immer noch Zweifel, ist davon auszugehen, dass die betreffende richterliche Handlung die Verjährung nicht unterbrochen hat.[11]

Bei mehreren Tatvorwürfen oder Serienstraftaten erstreckt sich die Unterbre- **136** chungswirkung von Untersuchungshandlungen grundsätzlich auf alle verfahrensgegenständlichen Taten, wenn in einem Verfahren wegen mehrerer Taten im prozes-

---

5   *Fischer*[60] § 78a Rn. 3 ff.
6   *Fischer*[60] § 78c Rn. 4.
7   *Fischer*[60] § 78c Rn. 5.
8   *Fischer*[60] § 78c Rn. 6.
9   Vgl. *BGH* wistra 2000, 17 m.w.N.
10 Vgl. *BGHSt* 16, 164.
11 *BGHSt* 18, 274; *BGH* StV 2000, 477.

sualen Sinn ermittelt wird. Dies gilt jedoch dann nicht, wenn der Verfolgungswille des tätig werdenden Strafverfolgungsorgans erkennbar auf eine oder nur einzelne Taten beschränkt ist.[12]

137 Prozessuale Fehlerhaftigkeit einer der in § 78c Abs. 1 StGB genannten Maßnahmen schließt die Unterbrechungswirkung nicht aus, sofern die Mängel nicht so schwerwiegend sind, dass sie zur Unwirksamkeit führen.[13]

138 Der Katalog der Unterbrechungshandlungen des § 78c Abs. 1 StGB ist abschließend.[14] Die Anordnung einer TKÜ unterbricht daher nicht die Verjährung, weil darauf § 78c Abs. 1 Nr. 4 StGB nicht analog anzuwenden ist.[15]

II. Anforderungen an den Vortrag

139 Zwar prüft das Revisionsgericht die Frage der Verjährung von Amts wegen. Der Revisionsführer sollte jedoch das Verfahrenshindernis der Verjährung geltend machen.

Dazu sollte die Verjährungsfrist berechnet und deren Beginn und Ende mitgeteilt werden.

Sofern nach Auffassung des Beschwerdeführers bestimmte Handlungen die Verjährung nicht unterbrochen haben, sollten diese mitgeteilt werden. In diesem Falle kann es ausnahmsweise ausreichend sein, den Inhalt der Verfügung oder der Anordnung zusammenfassend mitzuteilen und die Fundstelle in den Akten zu bezeichnen. Kommt es auf die Auslegung des Wortlauts an, empfiehlt sich die vollständige wortgetreue Mitteilung. Selbstverständlich haben Ausführungen zu folgen, warum die Handlung die Verjährung hinsichtlich des Angeklagten nicht unterbrochen hat. Ebenfalls ist auszuführen, warum es zu einem Ruhen der Verjährung nicht gekommen ist oder gleichwohl Verjährung eingetreten ist.

---

12 *BGHR* StGB § 78c Abs. 1 – Handlung 4 und § 78c Abs. 1 Nr. 1 – Bekanntgabe 2 jew. m.w.N.; auch *BGH* NStZ 2001, 191; LK[12]-*J. Schmid* § 78c Rn. 8.
13 Vgl. *BGHSt* 29, 351; *BGHR* StGB § 78c Abs. 1 Nr. 7 Eröffnung 1; LK[12]-*J. Schmid* § 78c Rn. 9.
14 *BGH* wistra 2005, 27; *Fischer*[60] § 78c Rn. 7.
15 *BGH* wistra 2005, 27.

Rüge 2

Strafklageverbrauch **140**

I. Rechtsgrundlagen

1. Innerdeutsch

Der Grundsatz „ne bis in idem" hat das Verfahrenshindernis des Strafklageverbrauchs zur Folge.[16] **141**

Grundlage für die Prüfung einer möglichen unzulässigen Doppelbestrafung ist der sog. prozessuale Tatbegriff. Darunter wird ein einheitlicher geschichtlicher Vorgang verstanden, der sich nach natürlicher Auffassung als einheitlicher Lebensvorgang darstellt und sich von anderen gleichartigen Vorfällen unterscheidet.[17] Bei mehreren Vorgängen innerhalb eines Lebenssachverhalts muss die Verknüpfung zwischen ihnen so beschaffen sein, dass eine Aburteilung in getrennten Verfahren zu einer unnatürlichen Aufspaltung des einheitlichen Geschehens führen würde.[18]

Als Beispiele aus der Fülle der Fallkonstellationen seien nur genannt:

Unfallflucht bei Trunkenheitsfahrt; Fahren ohne Fahrerlaubnis auf Flucht nach Raubüberfall oder bei Begehung von Diebstählen, Brandstiftung und anschließender Versicherungsbetrug.

Bei materiell-rechtlicher Tateinheit liegt i.d.R. auch eine Tat im prozessualen Sinn vor. Dies ist insbesondere für die Fälle sog. Bewertungseinheit von Bedeutung. So gilt z.B. für das Betäubungsmittelstrafrecht: Erfasst das Handeltreiben mit Betäubungsmitteln im Rahmen ein- und desselben Güterumsatzes aufeinanderfolgende Handlungen, wie Erwerb, Einfuhr, Veräußerung und Ablieferung des Gewinns, so werden diese Einzelakte im Wege der Bewertungseinheit zu einer Tat verbunden.[19] **142**

Eine Verurteilung wegen unerlaubter Einfuhr von Btm (hier: mehrere Joints) verbraucht die Strafklage hinsichtlich bei gleicher Gelegenheit eingeführter weiterer Btm auch in großen Mengen.[20]

Ein Strafbefehl wegen Führens eines Fahrzeugs unter Einfluss berauschender Mittel verbraucht die Strafklage für unerlaubten Besitz von Betäubungsmitteln (unter Mitführung eines gefährlichen Gegenstandes).[21]

Strafklageverbrauch wird jedoch dann verneint, wenn das noch nicht abgeurteilte Delikt wesentlich schwerer wiegt als das verurteilte. So soll z.B. eine Verurteilung **143**

---

16 Vgl. dazu insgesamt *Meyer-Goßner*[55] Einl. Rn. 171 ff.
17 *Meyer-Goßner*[55] § 264 Rn. 2 m. zahlr. Rspr.-Nachw.
18 *Meyer-Goßner*[55] § 264 Rn. 3 m.w.N.
19 *BGHSt* 30, 29; 40, 138.
20 *BGH* StV 2010, 120.
21 *BGH* StV 2010, 119.

wegen Hehlerei die Strafklage hinsichtlich eines vorangegangenen Raubes nicht verbrauchen.[22] Ähnliches gilt bei Dauerstraftaten. Wenn die anderen Straftaten das Gewicht der Dauerstraftat erheblich übersteigen, soll kein Strafklageverbrauch eintreten, z.B. bei unerlaubtem Waffenbesitz und schwerem Raub.[23]

144 Ausnahmen bestehen auch bei Organisationsdelikten (z.B. §§ 99, 129 ff. StGB). Das Organisationsdelikt soll solche Taten nicht zur Tateinheit verklammern, die gegenüber dem Organisationsdelikt wesentlich schwerer wiegen, z.B. Verurteilung wegen eines Vergehens der Mitgliedschaft in einer kriminellen Vereinigung und ein in Verfolgung der Ziele der Vereinigung begangenes Verbrechen.[24]

Das Verfahrenshindernis des Strafklageverbrauchs tritt erst mit rechtskräftigem Abschluss des Verfahrens ein. Davor besteht das Verfahrenshindernis der doppelten Rechtshängigkeit[25].

145 Nur eine Entscheidung in der Sache verbraucht die Strafklage, nicht dagegen die Ablehnung der Eröffnung des Hauptverfahrens oder ein Einstellungsbeschluss nach § 206a StPO.

146 Ein Strafbefehl verbraucht die Strafklage wie ein rechtskräftiges Urteil.[26]

147 Auch eine Einstellung des Verfahrens nach § 153a StPO bewirkt (teilweise) das Prozesshindernis, wobei im Falle der Einstellung nach § 153a StPO die Auflagen erfüllt sein müssen.[27]

148 Eine Verfahrenseinstellung nach § 153 Abs. 1 StPO durch die Staatsanwaltschaft soll keine Rechtskraftwirkung entfalten.[28] Dagegen bewirkt ein gerichtlicher Einstellungsbeschluss einen beschränkten Strafklageverbrauch.[29] In jedem Fall tritt das Prozesshindernis nicht ein, wenn sich die Tat als Verbrechen darstellt.

149 Ob das Verfahren bei Vorliegen neuer Tatsachen wieder aufgenommen werden kann, etwa wenn durch neue Tatschen die geringe Schuld in Frage gestellt wird, ist heftig umstritten. Der BGH verneint wohl aus rechtssystematischen Erwägungen die Zulässigkeit einer Wiederaufnahme des Verfahrens bei Vorliegen neuer Tatsa-

---

22 *BGHSt* 35, 60.
23 *BGHSt* 36, 151; *Meyer-Goßner*[55] § 264 Rn. 6b.
24 *BVerfG* StV 1981, 323; *BGHSt* 29, 288.
25 Siehe Rüge 3 Rn. 156.
26 *BVerfG* StV 1984, 229; *Meyer-Goßner*[55] § 410 Rn. 12.
27 Vgl. dazu insgesamt *Meyer-Goßner*[55] § 153a Rn. 45, 52.; sieht die Staatsanwaltschaft nach der Erfüllung von Auflagen von der Verfolgung eines Vergehens des Vorenthaltens und der Veruntreuung von Beiträgen (§ 266a StGB) nach § 153a Abs. 1 StPO endgültig ab, so steht § 153a Abs. 1 S. 5 StPO der Verfolgung einer Ordnungswidrigkeit nach § 5 Abs. 1 Nr. 1 AEntG aF (nunmehr § 23 Abs. 1 Nr. 1 AEntG) wegen der Unterschreitung von Mindestlöhnen (§ 1 Abs. 1 AEntG aF) nicht entgegen, *BGH* Beschl. v. 15.3.2012 – 5 StR 288/11 zur Veröffentlichung in BGHSt vorgesehen.
28 Streitig; *Meyer-Goßner*[55] § 153 Rn. 37; KK-*Schoreit*[6] § 153 Rn. 62.
29 *Meyer-Goßner*[55] § 153 Rn. 37 f.; KK-*Schoreit*[6] § 153 Rn. 62 ff.

chen, sofern die Tat nicht als Verbrechen einzustufen ist[30] . Ein Teil der Literatur will dagegen die Wiederaufnahme jedenfalls dann zulassen, wenn neue Tatsachen oder Beweismittel vorliegen, die eine erhöhte Strafbarkeit begründen.[31]

Die Verfahrenseinstellung nach § 153a StPO bewirkt (bei Erfüllung der Auflagen) **150** ein Prozesshindernis, das die gesamte Tat im Sinne des § 264 StPO umfasst. Es bezieht sich jedoch nicht auf die Strafverfolgung derselben Tat unter dem rechtlichen Gesichtspunkt eines Verbrechens, vgl. § 153a Abs. 1 S. 5 StPO[32].

2. Innerhalb der Schengen-Staaten

Art. 50 der Europäischen Grundrechtscharta enthält wie Art. 54 SDÜ das Verbot **151** der Doppelbestrafung. Allerdings enthält Art. 50 GRCh keine Vollstreckungsklausel wie Art. 54 SDÜ. Insgesamt gilt der Grundsatz „ne bis in idem" auch innerhalb der sog. Schengenstaaten.

Art. 54 SDÜ bestimmt, dass derjenige, der in einem der Vertragsstaaten des Schengener Übereinkommens „rechtskräftig abgeurteilt" worden ist, wegen derselben Tat in einem anderen Vertragsstaat nicht verfolgt werden darf.[33]

Auch hier ist der strafprozessuale Tatbegriff Prüfungsmaßstab.[34]

Strafklageverbrauch tritt ein, wenn die Sanktion im anderen Staat vollstreckt ist, ge- **152** rade vollstreckt wird oder nicht mehr vollstreckt werden kann. Vollstreckt wird die Strafe auch dann, wenn sie zur Bewährung ausgesetzt ist.[35] Auch ein rechtskräftiger Freispruch bewirkt den Strafklageverbrauch.[36] Dies gilt auch bei Freispruch wegen Verfolgungsverjährung.[37]

Auch eine Verfahrenseinstellung durch die Staatsanwaltschaft gegen Auflagen, ins- **153** besondere gegen Geldauflagen führt zum Strafklageverbrauch, nachdem der Beschuldigte die Auflagen erfüllt hat.[38]

Die Einstellung des Verfahrens („ordonnance de non-lieu") aus tatsächlichen Gründen durch den französischen Appellationsgerichtshof (chambre d'accusation de cour d'appel) steht einer weiteren Strafverfolgung in Deutschland nach Art. 54 des Schengener Durchführungsübereinkommens nicht entgegen.[39]

---

30 *BGHSt* 48, 331.
31 Vgl. KK-*Schoreit*[6] § 153 Rn. 63 ff.; *Meyer-Goßner*[55] § 153 Rn. 38 jew. m.w.N.
32 *Meyer-Goßner*[55] § 153a Rn. 45, 52; KK-*Schoreit*[6] § 153a Rn. 41 f.
33 Vgl. dazu insgesamt *Meyer-Goßner*[55] Einl. Rn. 177 f., sowie *Ahlbrecht et. al.* Internationales Strafrecht in der Praxis Rn. 1113 ff.
34 *EuGH* StV 2006, 393.
35 *BGH* StV 2001, 262.
36 *BGH* StV 2001, 495; *EuGH* StV 2007, 57.
37 *OLG Stuttgart* StV 2008, 402.
38 *EuGH* StV 2003, 201.
39 *BGH* StV 1999, 478.

Auch bei einer einheitlichen „Schmuggelfahrt durch mehrere EU-Länder kann es zu einem Strafklageverbrauch nach Art. 54 SDÜ kommen.[40]

Die vorläufige Einstellung des Ermittlungsverfahrens nach § 154 Abs. 1 StPO durch die Staatsanwaltschaft führt zu keinem endgültigen Strafklageverbrauch und damit auch zu keinem Verfolgungshindernis nach Art. 54 SDÜ.[41]

II. Anforderungen an den Vortrag

154 Zwar prüft das Revisionsgericht auf die Sachrüge auch das Verfahrenshindernis des Strafklageverbrauchs. Es hat im Freibeweisverfahren die Unterlagen beizuziehen, anhand derer ein etwaiger Strafklageverbrauch festgestellt werden kann. Nicht immer ergeben sich jedoch Anhaltspunkte für einen Strafklageverbrauch aus den Akten. Fehlt z.B. das Ersturteil und ist nur der Bundeszentralregister-Auszug in den Akten enthalten, ergeben sich daraus allein oftmals noch keine Hinweise auf einen Strafklageverbrauch. Es ist daher dringend zu empfehlen, den Strafklageverbrauch zu prüfen und zum Gegenstand einer Rüge zu machen. Ob diese als Verfahrensrüge oder als Sachrüge bezeichnet wird, ist nicht relevant. Entscheidend ist, dass das Verfahrenhindernis des Strafklageverbrauchs geltend gemacht wird. Vorzutragen ist in jedem Fall die Entscheidung in vollem Wortlaut, aus der der Strafklageverbrauch folgen soll, also in der Regel das Ersturteil, der Strafbefehl oder der Einstellungsbeschluss. Da im Falle der Einstellung aus dem Beschluss nicht der Verfahrensgegenstand hervorgeht, muss mitgeteilt werden, welcher konkrete Vorwurf in tatsächlicher Hinsicht dem Beschuldigten gemacht wurde, d.h. welcher Lebenssachverhalt dem Verfahren zugrunde lag.

155 Soll der Strafklageverbrauch aus Art. 54 SDÜ hergeleitet werden, sollte das ausländische Erkenntnis in vollem Wortlaut mitgeteilt werden. Die Vorlage einer Übersetzung ist nicht notwendig, da das Revisionsgericht das Verfahrenshindernis von Amts wegen zu prüfen hat und deswegen für die Übersetzung selbst zu sorgen hat. Es empfiehlt sich allerdings, die im ausländischen Erkenntnis verhängte Sanktion sowie den dieser zugrundeliegenden Lebenssachverhalt zusammenfassend mitzuteilen. Dargelegt werden sollte auch der Vollstreckungsstand, also z.B. ob die Sanktion vollstreckt ist, noch vollstreckt wird oder ein Freispruch oder eine Einstellung erfolgte.

Die Mitteilung weiterer Tatsachen ist nicht erforderlich, da sich ein möglicher Strafklageverbrauch aus dem Vergleich zwischen der ersten Entscheidung und dem Urteil ergibt.

---

40 *BGH* StV 2008, 506
41 *OLG Nürnberg* StV 2010, 233; StV 2011, 401 (Ls).

Rüge 3	
Anderweitige Rechtshängigkeit	**156**

I. Rechtsgrundlagen

Die doppelte Anhängigkeit eines Verfahrens in ein und derselben Sache bei verschiedenen Gerichten kann zu einer verbotenen Doppelbestrafung führen. Deswegen stellt die anderweitige Rechtshängigkeit ein von Amts wegen zu beachtendes Prozesshindernis dar[42]. Die doppelte Rechtshängigkeit ist quasi eine Vorstufe zum Verbrauch der Strafklage durch ein dieselbe Tat betreffendes Urteil.   **157**

Die Rechtshängigkeit tritt im Falle der Anklage mit dem Eröffnungsbeschluss, im beschleunigten Verfahren mit dem Beginn der Vernehmung des Angeklagten zur Sache[43] und im Strafbefehlsverfahren mit Erlass des Strafbefehls ein.   **158**

Für die Frage, ob dieselbe Sache bei zwei verschiedenen Gerichten anhängig ist, ist ebenso wie bei dem Verbrauch der Strafklage der prozessuale Tatbegriff zugrunde zu legen.[44] Auf die Ausführungen dazu kann verwiesen werden (Vgl. Rn. 141).

Zu einer Doppelanhängigkeit kann es insbesondere dann kommen, wenn verschiedene Sachen verbunden werden sollen oder verbunden worden sind. Dies ist z.B. dann der Fall, wenn ein Gericht ein bei einem anderen Gericht angeklagtes Verfahren übernimmt und zu dem bei ihm anhängigen Verfahren dazu verbindet. Ist der Übernahme– bzw. Verbindungsbeschluss unwirksam, bleibt das Verfahren bei dem Ursprungsgericht anhängig, so dass einer Verurteilung durch das andere Gericht das Verfahrenshindernis der doppelten Rechtshängigkeit entgegensteht[45].   **159**

Nach § 12 StPO ist im Falle der Anklageerhebung zu zwei unterschiedlichen Gerichten in der Regel dasjenige Gericht ausschließlich zuständig, welches das Verfahren zuerst eröffnet hat, so dass das Verfahrenshindernis der anderweitigen Rechtshängigkeit hinsichtlich des Weiteren Verfahrens gilt.[46]   **160**

Dieser Grundsatz gilt jedoch nicht ausnahmslos. Der Grundsatz der Erstzuständigkeit durch Ersteröffnung soll zurücktreten, wenn nur das Gericht, das das Verfahren später eröffnet hat, die Tat vollständiger und umfassender beurteilen kann[47].

---

42 Vgl. nur *BGHSt* 22, 185; *Meyer-Goßner*[55] Einl. Rn. 145 ff.
43 Vgl. dazu *Meyer-Goßner*[50] § 418 Rn. 4.
44 KK-*Engelhardt*[6] § 264 Rn. 2.
45 *BGHR* StPO Vor § 1 Verfahrenshindernis, Doppelanhängigkeit 1.
46 *BGHSt* 36, 175.
47 KK-*Fischer*[6] § 12 Rn. 5; *BGH* NJW 1995, 2500.

II. Anforderungen an den Vortrag

161 Auch wenn das Revisionsgericht auch dieses Verfahrenshindernis von Amts wegen prüft, empfiehlt sich die Erhebung einer gezielten Rüge.

Mitgeteilt werden sollten die Anklage und der Eröffnungsbeschluss in beiden Verfahren. Im Falle der Unwirksamkeit eines Übernahme- und Verbindungsbeschlusses ist auch dieser mitzuteilen. Es haben Darlegungen zu folgen, warum beide Anklagen dieselbe Tat im prozessualen Sinne betrafen.

Rüge 3a

162 Verfahrenseinstellung nach § 154 StPO

I. Rechtsgrundlagen

163 Mit der Einstellung des Verfahrens nach § 154 Abs. 2 StPO durch Gerichtsbeschluss entsteht ein in jeder Lage des Verfahrens von Amts wegen zu beachtendes Verfahrenshindernis[48], das nur durch einen förmlichen Wiederaufnahmebeschluss beseitigt werden kann. Ein Wiederaufnahmebeschluss ist unwirksam und beseitigt das Verfahrenshindernis nicht, wenn die materiellen Voraussetzungen für die Wiederaufnahme nicht vorliegen.[49] Die *vorläufige* Einstellung des Ermittlungsverfahrens durch die StA nach § 154 Abs. 1 StPO führt zu keinem endgültigen Strafklageverbrauch.[50]

II. Anforderungen an den Vortrag

164 Mitzuteilen sind die Anklage, der Eröffnungsbeschluss sowie alle Vorgänge um die Einstellung, also Antrag der Staatsanwaltschaft, ggf. Stellungnahme der Verteidigung sowie der gerichtliche Einstellungsbeschluss im Wortlaut.

---

48 *BGH* Beschl. v. 29.11.2011 – 1 StR 539/11= NStZ 2007, 476.
49 *KG* StV 2011, 400.
50 *OLG Nürnberg* StV 2010, 233; StV 2011, 401 (Ls).

Rüge 4

Spezialitätsgrundsatz **165**

I. Rechtsgrundlagen

Der Spezialitätsgrundsatz ist in Art. 14 EuAlÜbK und § 83h IRG verankert. Er be- **166** deutet, dass eine ausgelieferte oder aufgrund eines Europäischen Haftbefehls übergebene Person wegen einer vor der Auslieferung begangenen anderen Tat als derjenigen, die dem Auslieferungsersuchen bzw. dem Europäischen Haftbefehl zu Grunde lag, weder verfolgt noch verurteilt werden darf. Insoweit besteht ein Verfahrenshindernis.[51] Der Spezialitätsgrundsatz schließt nicht nur die Festsetzung selbständiger Strafen für andere Taten als die Auslieferungstat aus, sondern auch deren Mitbestrafung auf dem Wege der Erhöhung der für die Auslieferungstat verwirkten Strafe. Dies schließt jedoch nicht aus, den Strafrahmen eines festgestellten Qualifikationstatbestandes der Verurteilung wegen der Auslieferungstat auch dann zu Grunde zu legen, wenn diese Feststellungen mittels Beweiserhebungen zu einer verfahrensfremden Tat getroffen wurden. Der Spezialitätsgrundsatz schließt es ferner nicht aus, Umstände, die eine Straftat darstellen, auf die sich die Auslieferung nicht erstreckt, bei der Überzeugungsbildung hinsichtlich der Täterschaft der Auslieferungstat als Indiz zu berücksichtigen.[52]

Nach § 83h Abs. 2 IRG gilt dies nicht in den dort geregelten Ausnahmefällen, insbesondere dann nicht, wenn der ersuchte Staat oder der Betroffene selbst auf die Einhaltung des Spezialitätsgrundsatzes verzichtet hat. Im Falle der Auslieferung entfällt die Sperrwirkung des dem Ersuchen zu Grunde liegenden Haftbefehls, wenn der Betroffene sich mit der vereinfachten Auslieferung einverstanden erklärt hat.[53] In beiden Fällen ist der Betroffene über die Folgen des Verzichts bzw. der Einwilligung in die vereinfachte Auslieferung zu belehren.

Ist der Ausgelieferte mit Verkündung des erstinstanzlichen Urteils auf freien Fuß gesetzt worden, entfällt die Spezialitätsbindung gem. Art. 14 Abs. 1 Buchst. b EuAlÜbk dann, wenn er – obwohl er über die Rechtsfolgen dieser Vorschrift informiert worden ist und die Möglichkeit einer Ausreise hatte – nicht innerhalb von 45 Tagen die Bundesrepublik Deutschland verlassen hat oder wenn er nach dem Verlassen Deutschlands dorthin zurückgekehrt ist.[54]

Die Verurteilung unter einem anderen rechtlichen Gesichtspunkt ist nicht ausgeschlossen, sofern ihr derselbe Sachverhalt zugrunde liegt.[55]

---

51 *BGHSt* 19, 118; *BGH* StV 1985, 274 (Ls).
52 *BGH* Urt. v. 12.1.2012 – 4 StR 499/11 = StV 2013, 298.
53 *BGH* StV 2000, 349.
54 *BGH* Beschl. v. 9.2.2012 – 1 StR 148/11= StV 2013, 294.
55 *BGH* StV 1987, 6; NStZ 2003, 684.

Grundlage der Überprüfung, ob ein Verstoß gegen den Spezialitätsgrundsatz vorliegt, ist der Vergleich des abgeurteilten Vorwurfs mit dem dem Auslieferungsersuchen zugrundeliegenden Vorwurf auf der Grundlage des prozessualen Tatbegriffs.

II. Anforderungen an den Vortrag

167 Das Verfahrenshindernis der beschränkten Auslieferung ist vom Revisionsgericht von Amts wegen zu prüfen. Die Voraussetzungen sind im Freibeweisverfahren zu klären.[56] Gleichwohl empfiehlt sich eine Rüge, mit der ein Verstoß gegen den Spezialitätsgrundsatz und das sich daraus ergebende Verfahrenshindernis geltend gemacht wird.

168 Vorzutragen ist der Haftbefehl, der der Auslieferung bzw. der Übergabe zugrunde lag. Dabei dürfte wohl ausreichend sein, wenn der Sachverhalt zusammenfassend mitgeteilt wird und im Übrigen auf die Fundstelle Bezug genommen wird.

In jedem Fall sollte ferner vorgetragen werden, dass im Falle der Übergabe aufgrund eines Europäischen Haftbefehls die Ausnahmen des § 83h IRG nicht vorliegen, also insbesondere nicht der Verzicht auf den Spezialitätsgrundsatz durch den ersuchten Staat oder den Betroffenen selbst erteilt wurde. Im Falle der Auslieferung sollte vorgetragen werden, dass der Betroffene sich nicht mit der vereinfachten Auslieferung einverstanden erklärt hat.

Rüge 5

169 Dauernde Verhandlungsunfähigkeit

I. Rechtsgrundlagen

170 Unter Verhandlungsfähigkeit wird die Fähigkeit des Angeklagten verstanden, in oder außerhalb der Hauptverhandlung seine Interessen vernünftig wahrzunehmen, die Verteidigung in verständiger und verständlicher Weise zu führen, Prozesserklärungen abzugeben und entgegenzunehmen.[57] Eine (dauernde) Verhandlungsunfähigkeit wird in der Regel nur dann anzunehmen sein, wenn der Angeklagte unter schweren körperlichen oder seelischen Mängeln oder sonstigen schweren Krankheiten leidet. Sie kann auch vorliegen, wenn konkrete Anhaltspunkte für die Gefahr bestehen, dass der Angeklagte bei Fortführung des Verfahrens sein Leben einbüßen

---

56 *BGH* StV 2004, 303; vgl. aber *Meyer-Goßner*[55] Einl. Rn. 150, der eine Verfahrensrüge für erforderlich hält!

57 *Meyer-Goßner*[55] Einl. Rn. 97 m.w.N.; KK-*Pfeiffer/Hannisch*[6] Einl. Rn. 126.

oder schwerwiegende Dauerschäden für seine Gesundheit erleiden würde. Dabei ist ein Angeklagter nicht verpflichtet, im Falle einer Erkrankung zur Herstellung seiner Verhandlungsfähigkeit einen keineswegs unerheblichen Eingriff vornehmen zu lassen, von dem gesundheitliche Gefahren ausgehen[58]

Die endgültige Verhandlungsunfähigkeit stellt ein Verfahrenshindernis dar.[59]

II. Anforderungen an den Vortrag

Da sich Anhaltspunkte für eine Verhandlungsunfähigkeit des Angeklagten wohl kaum aus dem Urteil ergeben und bei zweifelhafter Verhandlungsfähigkeit kaum anzunehmen ist, dass die Verteidigung in der Hauptverhandlung diese nicht thematisiert hat, ist eine Verfahrensrüge zu erheben, um dem Revisionsgericht den Einstieg in eine Prüfung des Verfahrenshindernisses dauernder Verhandlungsfähigkeit zu ermöglichen. **171**

Dazu sind vorzutragen

- alle von der Verteidigung in und/oder außerhalb der Hauptverhandlung gestellten Anträge oder Anregungen hinsichtlich der Verhandlungsfähigkeit,
- alle gerichtlichen Reaktionen auf diese Verteidigungsaktivitäten,
- alle ärztlichen Stellungnahmen bzw. eingeholten Gutachten im vollen Wortlaut,
- alle von der Verteidigung vorgelegten oder zwischenzeitlich eingeholten Stellungnahmen zum Gesundheitszustand des Angeklagten aus früheren Behandlungen, gegebenenfalls Anträge auf Verfahrenseinstellung wegen dauernder Verhandlungsunfähigkeit,
- der oder die gerichtlichen Beschlüsse, mit denen Anträge auf Begutachtung, Einstellung des Verfahrens etc. zurückgewiesen wurden.

---

58 *BVerfG* NStZ 1993, 598; *BGH* StV 1992, 553.
59 Zur Durchführung der Hauptverhandlung in Anwesenheit eines (vorübergehend) verhandlungsunfähigen Angeklagten vgl. Rüge 23 Rn. 413.

Kapitel 2
Gerichtliche Zuständigkeit/Zuständigkeit des Spruchkörpers

Rüge 6

173   Fand die Hauptverhandlung vor einem sachlich unzuständigen Gericht statt?

I. Vorbemerkung

174   Die sachliche Zuständigkeit des Gerichts wird durch das GVG[60] bestimmt (§ 1 StPO).

Folgende Fehlermöglichkeiten kommen in diesem Zusammenhang in Betracht:[61]

1. Überschreitung der Strafgewalt

175   Das Gericht hat durch das angefochtene Urteil seine Strafgewalt überschritten, der Strafrichter oder das Schöffengericht bzw. die Kleine Strafkammer als Berufungsgericht haben auf eine höhere Strafe als vier Jahre erkannt.[62] Das Urteil ist wegen sachlicher Unzuständigkeit auf die allgemeine Sachrüge hin – das Revisionsgericht hat die Frage der Zuständigkeit von Amts wegen zu prüfen (§ 6 StPO) – aufzuheben und die Sache zurückzuverweisen. Einer Verfahrensrüge der Verletzung des § 270 StPO, wonach das Gericht eine gebotene Verweisung unterlassen hat, bedarf es daher nicht.

---

60   Entsprechendes gilt für die Zuständigkeitsverteilung nach §§ 39-41 JGG.

61   Zu Rügemöglichkeiten bei einer Revision gegen das Urteil eines Berufungsgerichts s. Rüge 267a Rn. 2265 und Rüge 267c Rn. 2271.

62   Vgl. *BGHSt* 18, 79, 81; *Meyer-Goßner*[55] § 24 GVG Rn. 11.

2. Fehlerhafte Annahme der Zuständigkeit eines Gerichts höherer Ordnung

a) Fehlerhafte Annahme der Zuständigkeit

Nach § 269 StPO ist es als unschädlich anzusehen, dass sich ein Gericht höherer **176** Ordnung im Verhältnis zu einem niederer Ordnung für sachlich zuständig erklärt.[63] Gericht niederer Ordnung ist der Strafrichter im Verhältnis zum Schöffengericht, das Amtsgericht im Verhältnis zum Landgericht.[64] Es kann also mit der Revision nicht geltend gemacht werden, es sei ein Gericht niederer Ordnung anstelle des erkennenden Gerichts höherer Ordnung zuständig gewesen. Dies gilt auch dann, wenn nach Eröffnung des Hauptverfahrens und ggf. nach gem. § 270 StPO erfolgter Verweisung an ein Gericht höherer Ordnung eine Verfahrenstrennung erfolgt und für das abgetrennte Verfahren die Zuständigkeit des niederen Gerichts gegeben wäre.[65]

b) Willkürliche Annahme der Zuständigkeit

Die Revision ist ausnahmsweise dann begründet, wenn das Gericht höherer Ord- **177** nung seine Zuständigkeit ohne sachlich rechtfertigenden Grund bejaht und der Angeklagte dadurch willkürlich seinem gesetzlichen Richter entzogen wird.[66] Dies gilt auch dann, wenn das höherrangige Gericht nicht auf Grund einer Verweisung durch ein Gericht niedrigerer Ordnung (§ 270 StPO), sondern durch eine Übernahmeentscheidung nach § 225a Abs. 1 S. 2 StPO mit der Sache befasst wurde.[63]

Von Willkür[67] kann etwa dann die Rede sein, wenn für den Richter leicht erkennbar ist, dass bei einer Anklage zum Landgericht unter keinen Umständen eine höhere Freiheitsstrafe als 4 Jahre zu erwarten ist[68] und auch die Voraussetzungen des § 24 Abs. 1 Nr. 3 GVG offensichtlich fehlen.[69] Ähnliches gilt, wenn z.B. die Vorrausset-

---

63 *BGH* StV 2009, 508 = NStZ 2009, 579.

64 Das Schwurgericht ist gegenüber der allgemeinen Strafkammer kein Gericht höherer Ordnung, sondern eine besondere Strafkammer i.S.d. Vorrangregelung des § 74e GVG: *BGH* StV 2009, 509 = NStZ 2009, 404 = StraFo 2009, 155 (siehe dazu Rüge 11a Rn. 244).

65 *BGHSt* 47, 116 = StV 2002, 349.

66 Vgl. *BGHSt* 40, 120 = StV 1994, 414; *BGHSt* 47, 16 = StV 2001, 441, *BGH* StV 1995, 620, *BGH* StV 1999, 585; *BGH* StV 2009, 508 = NStZ 2009, 579; *OLG Oldenburg* StV 1994, 421, *OLG Hamm* StV 1995, 182 und dazu ausführlich *Neuhaus* StV 1995, 212; allg. *Meyer-Goßner*[55] § 269 Rn. 8 m.w.N.

67 Siehe zum Maßstab willkürlicher Annahme der sachlichen Zuständigkeit der Jugendschutzkammer *BGH* 1 StR 6/12 v. 7.3.2012 = NJW 2012, 2455 = NStZ 2012, 401 = StV 2013, 3.

68 Vgl. etwa *BGHSt* 38, 212; 40, 120 = StV 1994, 414; zur Unzuständigkeit des Schöffengerichts, wenn eine Freiheitsstrafe von mehr als 2 Jahren offenkundig ausgeschlossen ist (§ 25 Nr. 2 GVG): *OLG Hamm* StV 1995, 182 und dazu *Neuhaus* StV 1995, 112.

69 Zum „besonderen Umfang" des Falles s. bspw. *OLG Karlsruhe* StV 2011, 614 = StraFo 2011, 56.

zungen für die Durchführung des beschleunigten Verfahrens nicht vorliegen.[70] Ein Fall der willkürlichen Entziehung des gesetzlichen Richters ist auch gegeben, wenn die Voraussetzungen des § 270 Abs. 1 S. 2 StPO für eine Verweisung der Sache an das Schwurgericht nach Beginn der Hauptverhandlung nur deshalb nicht vorlagen, weil der Angeklagte bis zum Beginn seiner Vernehmung zur Sache in der Hauptverhandlung den Einwand der funktionellen Unzuständigkeit nicht erhoben hatte und die an sich unzuständige Strafkammer von Rechts wegen (funktionell) zuständig geworden ist. Das gilt selbst dann, wenn Umstände, die der Zuständigkeit der allgemeinen Strafkammer entgegenstanden, erst nach dem in § 6a S. 3 StPO bezeichneten Zeitpunkt hervortreten.[71]

178   Unklar ist, ob die willkürliche Annahme der Zuständigkeit ein Verfahrenshindernis[72] darstellt oder „nur" den Entzug des gesetzlichen Richters zur Folge hat, der zur Urteilsaufhebung führt. Der BGH hat in mehreren Fällen kein Verfahrenshindernis angenommen, sondern einen Verfahrensfehler, der zur Aufhebung und Zurückverweisung an das zuständige Gericht führt.[73]

Ein Verfahrenshindernis wird nur dann angenommen werden können, wenn die Annahme der sachlichen Zuständigkeit auf unsachlichen, sich von den gesetzlichen Maßstäben völlig entfernenden Erwägungen beruht und unter keinem Gesichtspunkt mehr vertretbar erscheint.[74]

179   Unklar ist ferner, ob bei willkürlicher Annahme der Zuständigkeit das Revisionsgericht ein mögliches Verfahrenshindernis auf die Sachrüge von Amts wegen oder nur auf eine entsprechende Verfahrensrüge hin prüft. Nach der Auffassung des 4. Senats des BGH ist die Prüfung bei Erhebung einer Sachrüge von Amts wegen vorzunehmen.[75] Dagegen verlangen der 1. und 5. Senat in nicht tragenden Erwägungen eine den Anforderungen des § 344 Abs. 2 S. 2 StPO entsprechende Verfahrensrüge.[76]

Es empfiehlt sich daher, eine Verfahrensrüge zu erheben![77]

---

70   Vgl. etwa *OLG Stuttgart* StV 1998, 585; *OLG Düsseldorf* StV 1999, 202.

71   *BGH* 4 StR 376/08 v. 11.12.2008 = StV 2009, 509 = NStZ 2009, 404 = StraFo 2009, 155.

72   Vgl. dazu *BGHSt* 44, 34, 36; 40, 120; *BGH* StV 1995, 620; *OLG Stuttgart* StV 1998, 585; *OLG Düsseldorf* StV 1999, 202.

73   Etwa *BGHSt* 40, 120 = StV 1994, 414; 38, 212.

74   *BGHSt* 44, 34; 40, 120; *Meyer-Goßner*[55] GVG § 16 Rn. 6.

75   *BGHSt* 38, 172; 40, 120 = StV 1994, 414; *BGHSt* 44, 34 = StV 1998, 372; ebenso *OLG Hamm* StV 1995, 182. S. aber *BGH* 4 StR 376/08 v. 11.12.2008 = StV 2009, 509 = NStZ 2009, 404 = StraFo 2009, 155: Urteilsaufhebung auf Grund einer auf die Verletzung des § 270 StPO i.V.m. Art. 101 Abs. 1 S. 2 GG gestützten Verfahrensrüge.

76   *BGHSt* 43,53 = StV 1998, 1 = JZ 1998, 627 m. **abl.** Anm. *Bernsmann*, zustimmend *Wolff* JR 2006, 232; *BGH* NJW 1993, 1607 = NStZ 1993, 197; ferner *OLG Karlsruhe* StV 1998, 253.

77   Siehe dazu *Neuhaus* StV 1995, 212.

3. Zuständigkeit eines Gerichts höherer Ordnung infolge Verweisung

a) Mängel des Verweisungsbeschlusses

Ist das Gericht höherer Ordnung aufgrund eines Verweisungsbeschlusses i.S.d. **180** § 270 StPO mit der Sache befasst worden, können Mängel des Verweisungsbeschlusses die Revision – wenn kein Fall einer objektiv willkürlichen Übernahmeentscheidung gegeben ist (Rn. 177) – insofern begründen, als ein von der zugelassenen Anklage abweichender Anklagesatz fehlt oder lückenhaft ist und dies in der neuen Hauptverhandlung nicht durch Ergänzung oder Klarstellung korrigiert wird. Darin kann ein Verstoß gegen § 243 Abs. 3 StPO liegen.[78] Auch wenn es das verweisende Gericht unterlassen hat, dem Angeklagten gem. § 270 Abs. 4 StPO eine Frist zur Beantragung weiterer Beweiserhebungen zu setzen, kann dies nur nach entsprechender Beanstandung in der neuen Hauptverhandlung und abgelehnter Aussetzung gerügt werden.[79]

b) Bindungswirkung

Im Übrigen entfaltet ein Verweisungsbeschluss nur dann Bindungswirkung i.S.d. **181** § 270 Abs. 3 StPO, wenn das Gericht der niederen Ordnung ihn nach Beginn der Hauptverhandlung getroffen hat (§ 270 Abs. 1 StPO). Fehlt es an einem Übernahmebeschluss i.S.d. § 225a Abs. 1 S. 2 StPO durch das erkennende höhere Gericht, ist das Urteil auf die Sachrüge hin wegen der mangelnden sachlichen Zuständigkeit aufzuheben.[80]

II. Anforderungen an den Vortrag bei Erhebung der Verfahrensrüge der Verletzung des § 269 StPO, Art. 101 Abs. 1 S. 2 GG (ggf. i.V.m. der Verletzung der §§ 270 oder 225a StPO): Revisionsgrund des § 338 Nr. 4 StPO

1. Die Revisionsrüge, das Gericht habe seine Zuständigkeit mit Unrecht an- **182** genommen (§ 338 Nr. 4 StPO), bleibt dem Angeklagten auch dann uneingeschränkt erhalten, wenn dem Urteil eine Verständigung (§ 257c StPO) vorausgegangen ist.[81]

2. Grundsätzlich sind alle Umstände mitzuteilen, aus denen sich ergibt, dass die **183** Annahme der sachlichen Zuständigkeit auf unsachlichen, sich von den gesetzlichen Maßstäben völlig entfernenden Erwägungen beruht und unter keinem Gesichtspunkt mehr vertretbar ist.

---

78 Siehe dazu Rüge 54 Rn. 726.
79 Siehe dazu die vergleichbaren Anforderungen an die Rüge der Verletzung des § 266 Abs. 3 StPO (Rüge 205 Rn. 1767).
80 *BGH* NStZ 2012, 46.
81 *BGH* v. 13.9.2011 – 3 StR 196/11 = StV 2012, 137 = JR 2012, 262 m. Anm. *Schroeder.*

184 Dazu gehört u.a. die Mitteilung

- der Anklage,
- des Eröffnungsbeschlusses,
- aller Vermerke und Verfügungen des Vorsitzenden sowie der sonstigen Korrespondenz des Gerichts bzw. der Staatsanwaltschaft im Zusammenhang mit Zuständigkeit und Eröffnung,
- ggf. der Erörterungen zwischen Verteidigung und Staatsanwaltschaft über eine Verfahrenseinstellung nach §§ 153 ff. StPO oder die Erledigung im Strafbefehlsverfahren,
- im Falle einer Verweisungs- (§ 270 StPO) oder Übernahmeentscheidung diese Tatsache und deren Zeitpunkt sowie das damit im Zusammenhang stehende Geschehen.[82]

Alle Schriftstücke sind in vollem Wortlaut mitzuteilen. Wird nicht (zusätzlich) die allgemeine Sachrüge erhoben, ist das Gericht anzugeben, das das Urteil gesprochen hat.

Rüge 7

185 Fand die Hauptverhandlung vor einem allgemeinen Strafgericht statt, obwohl das Verfahren in Bezug auf den (oder zumindest einen von mehreren) Angeklagten Straftaten eines Jugendlichen oder Heranwachsenden betraf?

I. Verfahren gegen Jugendliche oder Heranwachsende

1. Rechtsgrundlagen

186 Hat in einem Verfahren gegen einen Angeklagten, der zur Tatzeit Jugendlicher oder Heranwachsender war, statt des zuständigen Jugendgerichts ein Erwachsenengericht gleicher (oder niedrigerer) Stufe entschieden, begründet dies nach § 338 Nr. 4 StPO die Revision.

187 Über Verfehlungen Jugendlicher entscheiden die Jugendgerichte (§ 33 Abs. 1 JGG).[83] Dies gilt gleichermaßen für Heranwachsende (§ 107 JGG),[84] unabhängig davon, ob auf sie Jugendrecht oder allgemeines Strafrecht anzuwenden ist (§ 108

---

82 S. beispielhaft für die erforderliche Schilderung des Verfahrensgangs einer objektiv willkürlichen Verweisung einer bei einer allgemeinen Strafkammer anhängigen Sache an das Schwurgericht: *BGH* StV 2009, 509 = NStZ 2009, 404 = StraFo 2009, 155.

83 Zur ausnahmsweisen Zuständigkeit von Gerichten für allgemeine Strafsachen für Straftaten Jugendlicher vgl. § 102 JGG.

84 Zur ausnahmsweisen Zuständigkeit von Gerichten für allgemeine Strafsachen für Straftaten Heranwachsender vgl. §§ 112, 102 JGG.

JGG). Bei der Zuständigkeit des Jugendgerichts verbleibt es auch dann, wenn eine einheitliche Tat bzw. mehrere Verfehlungen desselben Beschuldigten Gegenstand des Verfahrens sind, die dieser teilweise als Heranwachsender, teilweise als Erwachsener begangen hat,[85] ohne dass es darauf ankommt, wo das Schwergewicht der Taten liegt.[86] Bei einer einheitlichen Tat bewirkt eine Beschränkung des Verfahrens wegen der vor Vollendung des 21. Lebensjahres begangenen Einzelhandlungen bzw. Tatteile (§ 154a Abs. 2 StPO) keine Zuständigkeitsänderung.[87] Dies hat zur Folge, dass das allgemeine Strafgericht seine Zuständigkeit nicht dadurch herbeiführen kann, dass bei einer einheitlichen Tat das Verfahren auf die Einzelhandlungen bzw. Tatteile gem. § 154a Abs. 2 StPO beschränkt wird, die nach Vollendung des 21. Lebensjahres begangen worden sein sollen.[88]

Eine Zuständigkeitsänderung kann auch nicht mehr dann erfolgen, wenn nach Eröffnung des Verfahrens durch das Jugendgericht eine Abtrennung bzw. eine Einstellung nach § 154 Abs. 2 StPO bezüglich derjenigen Verfahren erfolgt, die Taten eines Jugendlichen bzw. Heranwachsenden zum Gegenstand haben. Nach §§ 47a, 109 Abs. 1 JGG darf sich das Jugendgericht auch dann nicht mehr als unzuständig erklären, wenn die zur Aburteilung verbleibenden Taten vor ein für allgemeine Strafsachen zuständiges Gericht **gleicher** oder **niedrigerer** Ordnung gehören. Die Vorschrift berührt die Zulässigkeit der Abgabe eines Verfahrens vom Jugendrichter bzw. Jugendschöffengericht an die Strafkammer gem. § 270 StPO also nicht. Verhandelt mithin ein für allgemeine Strafsachen zuständiges Gericht gleicher oder niedrigerer Ordnung in einem Verfahren, das erst nach Eröffnung durch das Jugendgericht übernommen worden ist, begründet dies den Revisionsgrund der Verhandlung vor einem unzuständigen Gericht nach § 338 Nr. 4 StPO. **188**

Bei der Zuständigkeit des Jugendgerichts verbleibt es auch dann, wenn sich nach Eröffnung des Hauptverfahrens herausstellt, dass der Angeklagte bei Begehung der Tat nicht Jugendlicher oder Heranwachsender war. Gelangt demgegenüber ein allgemeines Strafgericht erst in der Hauptverhandlung zu der Erkenntnis[89], dass der Angeklagte bei Begehung der Tat (nicht ausschließbar) noch Jugendlicher oder Heranwachsender war, ist die Sache an das zuständige Jugendgericht zu verweisen. Das gilt selbst dann, wenn zuvor die Jugendkammer das bei ihr angeklagte Verfah- **189**

---

85 *BGH* StV 2003, 454 = StraFo 2003, 15.

86 *Eisenberg* JGG[15] § 107 Rn. 5.

87 *Eisenberg* JGG[15] § 103 Rn. 32.

88 **A.A.** *BGHSt* 10, 64, 65; *BGH* NStZ 1991, 503 m. **abl.** Anm. *Eisenberg/Sieveking* NStZ 1992, 295; *BGH* StraFo 2005, 470 m.w.N. und dem Hinweis darauf, dass eine gezielte Umgehung jugendgerichtlicher Zuständigkeit zwecks Vermeidung der Anwendung von Jugendrecht unzulässig sei.

89 Das Alter eines Angeklagten betrifft eine doppelrelevante Tatsache, sofern die Beweisaufnahme zu dem Ergebnis führen kann, dass statt der für allgemeine Strafsachen zuständigen Strafkammer das Jugendgericht zuständig ist, weshalb die Altersfeststellung nicht dem Freibeweisverfahren, sondern dem Strengbeweisverfahren unterliegt: *BGH* 4 StR 380/12 v. 30.1.2013 = NStZ 2013, 290 u. *BGH* StV 1982, 101.

ren nach §§ 209, 209a Nr. 2a StPO wegen gegenteiliger Einschätzung vor der Strafkammer eröffnet hatte.[90] Eine Verfahrensbeschränkung nach §§ 154 Abs. 2, 154a Abs. 2 StPO lässt die Unzuständigkeit des Erwachsenengerichts nicht entfallen.[91]

190 Die Erhebung der Verfahrensrüge der Verkennung der Zuständigkeit (§ 338 Nr. 4 StPO) setzt nicht voraus, dass der Beschwerdeführer rechtzeitig zu Beginn der Hauptverhandlung die Unzuständigkeit des Gerichts gerügt hat, da § 6a StPO im Verhältnis zur Jugendgerichtsbarkeit keine Anwendung findet.[92] Erforderlich ist die ausdrücklich auf § 338 Nr. 4 StPO zu stützende Verfahrensrüge der Unzuständigkeit.[93]

2. Anforderungen an den Vortrag der Rüge der Unzuständigkeit gem. § 338 Nr. 4 StPO

191 Es ist (in Ergänzung zur Erhebung der allgemeinen Sachrüge) mitzuteilen,

- die Anklage (zum Erwachsenengericht),
- der Eröffnungsbeschluss,
- dass der vom Erwachsenengericht verurteilte Angeklagte zur Tatzeit noch Jugendlicher bzw. Heranwachsender war und die Voraussetzungen des § 102 JGG bzw. bei Heranwachsenden §§ 112, 102 JGG nicht vorlagen;
- es muss ferner vorgetragen werden, dass das erkennende Gericht ausschließlich als allgemeines Strafgericht zuständig war und auch die zur Entscheidung berufenen Richter nicht zusätzlich der Abteilung bzw. dem Spruchkörper des zuständigen Jugendgerichts angehörten. Dazu sind der Geschäftsverteilungsplan bzw. die aktuellen Änderungsbeschlüsse mitzuteilen, um auszuschließen, dass weder das erkennende Gericht noch die ihm angehörenden Richter eine Zuständigkeit als Jugendgericht hatten bzw. die Besetzung des zuständigen Jugendgerichts bildeten. Im Falle einer Verfahrensbeschränkung nach §§ 154, 154a StPO bzw. einer Verfahrenstrennung ist dies sowie der ursprüngliche Vorwurf mitzuteilen. Ggf. ist der Eröffnungsbeschluss des Jugendgerichts, der Zeitpunkt seines Erlasses sowie der Zeitpunkt der Verfahrenseinstellung/-trennung bzw. der Übernahme der Sache durch das für allgemeine Strafsachen zuständige Gericht mitzuteilen. Wird die Rüge auf die Missbräuchlichkeit einer Verfahrensbeschränkung

---

90 *BGHSt* 47, 311 = StV 2002, 401 = NStZ 2003, 47 m. Anm. *Rieß.*
91 *Eisenberg* JGG[15] § 103 Rn. 32; *Brunner/Dölling* JGG[11], Vor § 102 Rn. 2; *Ostendorf* JGG[8] §§ 33-33b Rn. 1; *Drees* NStZ 1995, 481; LR-*Meyer-Goßner*[23] § 154a Rn. 15; *BayObLG* JR 1967, 105; **a.A.** *BGH* NStZ 1996, 244 für § 154a StPO und *BGHR* JGG § 32 Schwergewicht 2 zu § 154 Abs. 2 StPO. Der *BGH* verweist allerdings auf die Willkürgrenze, die bei einer bewussten Umgehung des § 32 JGG überschritten wäre. Siehe auch LR-*Beulke*[26] § 154a Rn. 14 u. 15.
92 *BGHSt* 30, 260 = StV 1982, 122; 47, 311, 313 = StV 2002, 401; *BGH* StV 2003, 454 = StraFo 2003, 15; *BGH* v. 17.8.2010 – 4 StR 347/10 = StraFo 2010, 466; *KG* StV 1985, 408, 409; LR-*Hanack*[25] § 338 Rn. 77.
93 *BGHSt* 18, 79, 83, *BGH* StV 2008, 117: Eine Prüfung von Amts wegen findet auch auf die allgemeine Sachrüge hin nicht mehr statt.

bzw. -trennung gestützt, müssen die Tatsachen dargelegt werden, die den betreffenden Missbrauch ergeben.

II. Verfahren gegen Jugendliche/Heranwachsende wegen Straftaten in verschiedenen Altersstufen

1. Rechtsgrundlagen

Hat in einem Verfahren gegen mehrere Angeklagte, das nicht bezüglich aller Angeklagter Straftaten eines Jugendlichen oder Heranwachsenden zum Gegenstand hatte, statt des zuständigen Jugendgerichts ein Erwachsenengericht entschieden, begründet dies für jeden Angeklagten den Revisionsgrund des § 338 Nr. 4 StPO.   **192**

a) Zuständigkeit

Hat die Staatsanwaltschaft Strafsachen gegen mehrere Beschuldigte gem. §§ 2, 3 StPO, § 103 Abs. 1 JGG verbunden, die bei zumindest einem Beschuldigten Straftaten zum Gegenstand haben, die vor Vollendung des 21. Lebensjahres begangen worden sein sollen, ist das Verfahren grundsätzlich bezüglich aller Beschuldigten zum Jugendgericht anzuklagen und dort zu verhandeln (§ 103 Abs. 2 S. 1 JGG). Dies gilt auch dann, wenn der die Zuständigkeit des Jugendgerichts begründende Beschuldigte die ihm vorgeworfenen Straftaten teilweise als Heranwachsender, teilweise als Erwachsener begangen haben soll.[94]   **193**

Eine Ausnahme gilt für Fälle, in denen nach § 120 GVG die erstinstanzliche Zuständigkeit des OLG besteht (§ 102 JGG) bzw. in denen nach § 74c GVG die Wirtschaftsstrafkammer oder nach § 74a GVG die sog. Staatsschutzkammer des Landgerichts[95] zuständig ist (§ 103 Abs. 2 S. 2 JGG).[96] In diesen Fällen findet die Hauptverhandlung ausnahmsweise vor Erwachsenengerichten statt.   **194**

Macht das Jugendgericht nicht vor oder zugleich mit der Entscheidung über die Eröffnung des Hauptverfahrens von der Möglichkeit der Verfahrenstrennung Gebrauch,[97] verbleibt es bei der Zuständigkeit des Jugendgerichts. Kommt es nach der Eröffnung des Hauptverfahrens zu einer Verfahrenstrennung, verbleibt es deshalb bei der Zuständigkeit des Jugendgerichts selbst dann, wenn es in dem abgetrennten Verfahren ausschließlich um Straftaten bereits Erwachsener geht (§ 47a JGG).   **195**

---

94 *BGH* bei *Böhm* NStZ 1983, 450.
95 Zur Rangfolge dieser beiden besonderen Strafkammern siehe § 74e GVG.
96 In diesem Fall gilt auch für den Angeklagten, dem Straftaten vor Vollendung des 21. Lebensjahres vorgeworfen werden, die Vorschrift des § 6a StPO entsprechend: § 103 Abs. 2 S. 3 JGG.
97 Das Jugendgericht muss das Verfahren gegen den/die zur Tatzeit erwachsenen Angeklagten dann vor dem für allgemeine Strafsachen zuständigen Gericht eröffnen: § 103 Abs. 3 JGG, §§ 209, 209a Nr. 2 StPO.

b) Rügevoraussetzungen

196   Hat die Hauptverhandlung vor einem Gericht für allgemeine Strafsachen stattgefunden, obwohl dafür das Jugendgericht zuständig war, begründet dies die Revision (§ 338 Nr. 4 StPO).

Dies kann nicht nur derjenige Angeklagte geltend machen, der Straftaten vor Vollendung des 21. Lebensjahres begangen haben soll,[98] sondern auch der Angeklagte, für dessen Straftaten ohne die Verbindung das aburteilende Erwachsenengericht zuständig war.[99]

Der Beschwerdeführer muss die Verfahrensrüge nach § 338 Nr. 4 StPO erheben.[100] Nicht erforderlich ist, dass der Beschwerdeführer bereits vor dem Tatrichter einen Unzuständigkeitseinwand erhoben hat, weil § 6a StPO keine Anwendung findet.[101]

2. Anforderungen an den Vortrag der Rüge der Unzuständigkeit gem. § 338 Nr. 4 StPO

197   Es sind (in Ergänzung zur zu erhebenden allgemeinen Sachrüge) mitzuteilen,

* die Anklageschrift und
* der Eröffnungsbeschluss im Wortlaut,
* welche der dem Angeklagten oder einem Mitangeklagten nach der zur Hauptverhandlung zugelassenen Anklage vorgeworfenen Straftaten vor Vollendung des 21. Lebensjahres begangen worden sein sollen;
* es ist ggf. darzulegen, dass es im Falle der Eröffnung des Verfahrens durch das Jugendgericht zu einer anschließenden Trennung des Verfahrens und Abgabe der abgetrennten Sache gegen den Erwachsenen an ein Gericht für allgemeine Strafsachen gekommen ist. Es ist vorzutragen, dass weder die Voraussetzungen des § 102 JGG noch die tatsächlichen Voraussetzungen des § 103 Abs. 2 S. 2 JGG vorlagen;[102]
* es muss ferner vorgetragen werden, dass das erkennende Gericht ausschließlich als allgemeines Strafgericht zuständig war und auch die zur Entscheidung berufenen Richter nicht zusätzlich der Abteilung bzw. dem Spruchkörper des zuständigen Jugendgerichts angehörten. Dazu sind der Geschäftsverteilungsplan bzw.

---

98   Dass er von diesen die Zulässigkeit des Jugendgerichts begründenden Straftaten freigesprochen und nur bezüglich solcher Straftaten verurteilt worden ist, für die das Erwachsenengericht zuständig war, ist unerheblich: vgl. aber **a.A.** *BGHSt* 10, 64, 65; *BGH* NStZ 1991, 503 m. **abl.** *Anm. Eisenberg/Sieveking* NStZ 1992, 295; *BGH* NStZ 1996, 244.

99   *BGHSt* 30, 260 = StV 1982, 122 für den Fall einer Abgabe der abgetrennten Sache gegen den Erwachsenen an die allgemeine Strafkammer nach Eröffnung des Hauptverfahrens vor der Jugendkammer; ferner *BGH* StV 1985, 357.

100   *KG* StV 1985, 408; siehe oben Rn. 190.

101   *BGHSt* 30, 260 = StV 1982, 122; *BGHSt* 47, 311 = StV 2002, 401; *BGH* StV 1981, 77; *BGH* v. 17.8.2010 – 4 StR 347/10 = StraFo 2010, 466.

102   LR-*Hanack*[25] § 338 Rn. 137.

die aktuellen Änderungsbeschlüsse vollständig mitzuteilen, um auszuschließen, dass das erkennende Gericht bzw. die ihm angehörenden Richter eine Zuständigkeit als Jugendgericht hatten bzw. die Besetzung des zuständigen Jugendgerichts bildeten. Für den Fall einer Verfahrenstrennung sind für den Mitangeklagten, der Straftaten im Erwachsenenalter begangen haben soll, der Zeitpunkt der Verfahrenstrennung, der Wortlaut des betreffenden Beschlusses und Inhalt und Zeitpunkt der früheren Eröffnungsentscheidung des Jugendgerichts mitzuteilen.

Rüge 8

Fand die Hauptverhandlung vor einem Jugendgericht statt, obwohl sich das Verfahren **198** (auch) gegen einen Angeklagten richtete, dem ausschließlich nach Vollendung des 21. Lebensjahres begangene Straftaten vorgeworfen wurden?

I. Rechtsgrundlagen und Anforderungen an den Vortrag

Die sachliche Unzuständigkeit des Jugendgerichts (§ 338 Nr. 4 StPO) kann sich aus **199** zwei Konstellationen ergeben:

1. Folgen einer Verfahrenstrennung

a) Rügevoraussetzungen

Es ist bei einem Verfahren, das sich (u.a. nach Verbindung gem. §§ 2, 3 StPO, **200** § 103 Abs. 1 JGG) gegen mehrere Beschuldigte richtet, vor oder spätestens bei der Eröffnung des Hauptverfahrens durch das Gericht zu einer Verfahrenstrennung mit der Folge gekommen, dass das abgetrennte Verfahren nur noch Straftaten gegen Angeschuldigte zum Gegenstand hatte, die nach Vollendung des 21. Lebensjahres begangen worden sein sollen.

Kommt es in diesem Fall nicht zu einer Abgabe des Verfahrens gem. § 103 Abs. 3 JGG, §§ 209, 209a Nr. 2 StPO an ein allgemeines Strafgericht, und findet die Hauptverhandlung vor dem Jugendgericht statt, ist der absolute Revisionsgrund des § 338 Nr. 4 StPO gegeben.

b) Anforderungen an den Vortrag der Rüge der Unzuständigkeit gemäß § 338 Nr. 4 StPO

Es ist mitzuteilen **201**

- die Anklageschrift vollständig im Wortlaut,
- dass es nach Anklageerhebung, aber vor oder spätestens anlässlich der Entscheidung über die Eröffnung des Hauptverfahrens zu einer Verfahrenstrennung

durch das Gericht gekommen ist und dem/den davon betroffenen Angeklagten ausschließlich solche Straftaten zum Vorwurf gemacht wurden, die nach Vollendung des 21. Lebensjahres begangen worden sein sollen (Trennungs- und Eröffnungsbeschluss sind vollständig mitzuteilen),

• dass die Verhandlung vor einem Jugendgericht stattfand;

• um auszuschließen, dass die betreffende Abteilung oder Strafkammer auch eine Zuständigkeit als allgemeines Strafgericht hatte, sind der vollständige Jahresgeschäftsverteilungsplan und etwaige Änderungsbeschlüsse bis zum Zeitpunkt des Beginns der Hauptverhandlung vollständig mitzuteilen. Ebenfalls muss bezüglich der zur Aburteilung berufenen Richter durch entsprechenden Vortrag ausgeschlossen werden, dass diese auch bei einer Verhandlung vor dem allgemeinen Strafgericht die zuständigen Richter gewesen wären.

2. Vorwurf von Straftaten gem. §§ 74a, 74c GVG

a) Rügevoraussetzungen

202 Hatte ein nach § 103 Abs. 2 S. 2 JGG verbundenes Strafverfahren vor einem Jugendgericht u.a. gegen einen Mitangeklagten stattgefunden, dem Straftaten ausschließlich nach Vollendung des 21. Lebensjahres vorgeworfen wurden, bezüglich derer die Voraussetzungen für die besondere Zuständigkeit nach § 74c bzw. § 74a GVG vorlagen, ist die Möglichkeit einer Verfahrensrüge der Unzuständigkeit eröffnet (Revisionsgrund des § 338 Nr. 4 StPO).[103]

b) Anforderungen an den Vortrag der Rüge der Unzuständigkeit (§ 338 Nr. 4 StPO)

203 Es ist darzulegen,

• dass die Verhandlung vor dem Jugendgericht und nicht dem für allgemeine Strafsachen zuständigen Gericht stattgefunden hat,

• dass einem der mehreren Angeklagten ausschließlich Straftaten vorgeworfen wurden, die nach Vollendung des 21. Lebensjahres begangen worden sein sollen,

• dass bezüglich (zumindest einer) dieser Straftaten die Voraussetzungen für die Zuständigkeit einer besonderen Strafkammer gem. §§ 74c bzw. 74a GVG vorgelegen haben.[104]

---

103   *Meyer-Goßner*[55] § 209a Rn. 11; LR-*Stuckenberg*[26] § 209a Rn. 30.

104   Zu weiteren Einzelheiten des Rügevorbringens siehe auch Rüge 11 Rn. 237.

Rüge 9

Fand die Hauptverhandlung vor einem örtlich unzuständigen Gericht statt und wurde ein Einwand der örtlichen Unzuständigkeit zurückgewiesen? **204**

I. Rechtsgrundlagen

Gegen das Sachurteil eines örtlich unzuständigen Gerichts kann die Verfahrensrüge **205** der fehlenden örtlichen Zuständigkeit dieses Gerichts (§ 338 Nr. 4 StPO) erhoben werden.[105] Das gilt auch dann, wenn der Angeklagte im Hinblick auf eine verfahrensabkürzende Absprache den Tatvorwurf eingeräumt hat.[106]

Die Rüge setzt voraus, dass der Angeklagte nach Eröffnung des Hauptverfahrens, **206** spätestens bis zum Beginn seiner Vernehmung zur Sache in der Hauptverhandlung den Einwand der örtlichen Unzuständigkeit geltend gemacht hat (§ 16 S. 2 StPO). Dies bedeutet, dass der Angeklagte in der Hauptverhandlung spätestens im Anschluss an die Erklärung zu seiner Aussagebereitschaft den Einwand geltend machen musste.[107]

Maßgeblicher Zeitpunkt für die Geltendmachung des Einwandes ist die erste Hauptverhandlung in der Sache. Die Befugnis lebt nicht wieder auf, wenn nach Aussetzung der Hauptverhandlung (§ 228 Abs. 1 StPO) oder nach Zurückverweisung der Sache (§§ 328 Abs. 2, 354 Abs. 2, 3, 355 StPO) eine neue Hauptverhandlung begonnen wurde.[108]

Die rechtzeitige Erhebung des Einwandes der örtlichen Unzuständigkeit ist auch bei der Verhandlung vor dem Amtsgericht notwendige Voraussetzung für das Revisionsverfahren, wenn gegen das amtsgerichtliche Urteil Sprungrevision eingelegt wird.

Aus dem Einwand muss hervorgehen, dass der Angeklagte das Gericht für örtlich **207** unzuständig erachtet. Der Einwand muss weder eine Begründung, noch Ausführungen dazu enthalten, welches Gericht tatsächlich örtlich zuständig wäre.[109]

Ob das Gericht örtlich unzuständig war, bestimmt sich nach Maßstab der §§ 7 ff. **208** StPO.[110] Ist die örtliche Zuständigkeit durch die Verbindung mit Verfahren gegen andere Angeklagte begründet (§§ 3, 13 StPO), bleibt diese Zuständigkeit auch dann bestehen, wenn der Grund der Verbindung nach Eröffnung des Hauptverfahrens

---

105 *Meyer-Goßner*[55] § 16 Rn. 7, § 338 Rn. 31.
106 *BGH* v. 3.9.2009 – 3 StR 153/09 = StV 2009, 680.
107 *BGH* StV 1984, 141 = NStZ 1984, 128.
108 *Meyer-Goßner*[55] § 16 Rn. 3 i.V.m. § 6a Rn. 10. Zu den Revisionsmöglichkeiten gegen ein Berufungsurteil s. Rüge 267b Rn. 2268 und Rüge 267c Rn. 2271.
109 *OLG Köln* StV 2004, 314.
110 Vgl. das Beispiel bei *Schlothauer* Vorbereitung der Hauptverhandlung[2] Rn. 228. Zum Handlungsort i.S.d. § 7 Abs. 1 StPO beim Handeltreiben mit Betäubungsmitteln s. *BGH* v. 31.3.2011 – 3 StR 400/10 = StraFo 2011, 271.

wegfällt.[111] Der Revisionsgrund des § 338 Nr. 4 StPO liegt sowohl dann vor, wenn das örtlich unzuständige Gericht trotz Einwandes das Verfahren **nicht** an das örtlich zuständige Gericht verwiesen hat bzw. das Berufungsgericht der örtlichen Unzuständigkeit des Erstrichters nicht durch eine Verweisung Rechnung getragen hat, als auch dann, wenn das Berufungsgericht trotz fehlender Voraussetzungen die Sache an das angeblich zuständige Gericht verwiesen hat, anstatt selbst durch Sachurteil zu entscheiden.[112]

II. Anforderungen an den Vortrag der Rüge der Verhandlung vor einem örtlich unzuständigen Gericht (§ 338 Nr. 4 StPO)

209 Es ist vorzutragen, dass

- eine Entscheidung in der Sache durch ein Gericht des ersten Rechtszuges ergangen ist,[113]

- der Angeklagte den Einwand der örtlichen Unzuständigkeit des mit der Sache befassten Gerichts geltend gemacht hat. Der Einwand ist im Wortlaut wiederzugeben;[114]

- in dem Sonderfall, dass sich bei verbundenen Strafvorwürfen die örtliche Zuständigkeit möglicherweise aus dem Gerichtsstand des Zusammenhangs (§§ 3, 13 StPO) ergibt, muss die Revisionsbegründung Angaben zu den in der Anklageschrift verbundenen Strafvorwürfen enthalten.[115] Das gilt auch für den Fall, dass die zuständigkeitsrelevante Verbindung zusammenhängender Strafsachen durch Abtrennung oder durch Verfahrensbeschränkung wieder weggefallen ist.[116] Die Anklage und die Beschlüsse über Verbindung oder Abtrennung sind im Wortlaut mitzuteilen.

Es ist ferner mitzuteilen, dass

- der Einwand vor Beginn der Vernehmung des Angeklagten zur Sache erhoben wurde.[117] Wurde er nicht mündlich in der Hauptverhandlung geltend gemacht, sondern zuvor zu Protokoll des Urkundsbeamten der Geschäftsstelle oder schriftlich, ist vorzutragen, dass dies nach Eröffnung des Hauptverfahrens geschah; letzterenfalls, dass das betreffende Schreiben vor Beginn der Hauptverhandlung bei Gericht eingegangen ist,

---

111 *BGH* NStZ 2004, 100 m.w.N.

112 SK-StPO-*Frisch*³ § 328 Rn. 32 und 33.

113 Dessen Inhalt muss nicht mitgeteilt werden, wenn die allgemeine Sachrüge erhoben wird.

114 Wurde er mündlich in der Hauptverhandlung geltend gemacht, ergibt er sich aus dem Hauptverhandlungsprotokoll; vor Beginn der Hauptverhandlung kann er zu Protokoll des Urkundsbeamten der Geschäftsstelle oder schriftlich angebracht worden sein.

115 *OLG Köln* StV 2004, 314.

116 *BGH* StV 1993, 452 = NStZ 1993, 499; KK-*Kuckein*⁶ § 338 Rn. 67; siehe aber auch *BGH* NStZ 2004, 100.

117 Es reicht nicht die Mitteilung aus, der Einwand sei „rechtzeitig" erhoben worden.

- es sich um die erste Hauptverhandlung in der Sache handelte, in der der Einwand erhoben wurde, und nicht um eine Hauptverhandlung nach Aussetzung einer früheren (§ 228 Abs. 1 StPO) oder nach Zurückverweisung der Sache durch das Rechtsmittelgericht (§§ 328 Abs. 2, 354 Abs. 2, Abs. 3, 355 StPO),[118]
- der Einwand später nicht wieder zurückgenommen worden ist,[119]
- wie der Einwand vom Gericht beschieden wurde; die Entscheidung ist im Wortlaut wiederzugeben;[120]
- ist der Einwand bis zur Urteilsverkündung nicht beschieden worden, ist dies mitzuteilen. Ergänzend ist für den Fall, dass nicht die allgemeine Sachrüge erhoben wird, mitzuteilen, dass das Gericht das Verfahren nicht durch Urteil eingestellt hat (§ 260 Abs. 3 StPO).

Rüge 10

Fand die Hauptverhandlung vor der/dem nach dem Geschäftsverteilungsplan zuständigen Abteilung/Spruchkörper des sachlich und örtlich zuständigen Gerichts statt? | **210**

I. Rechtsgrundlagen

Dem Anspruch des Angeklagten auf Verhandlung vor „seinem" gesetzlichen Richter (Art. 101 Abs. 1 S. 2 GG) ist nur dann Genüge getan, wenn eine generell/abstrakte rechtssatzmäßige Regelung vorhanden ist, die nicht nur festlegt, welches Gericht als organisatorische Einheit, sondern auch welcher Spruchkörper dieses Gerichts tätig werden muss und welcher Richter im Einzelfall zur Entscheidung berufen ist.[121] Nur durch eine solche Vorherbestimmung wird verhindert, dass durch eine auf den Einzelfall bezogene Auswahl des zur Entscheidung berufenen Spruchkörpers bzw. des erkennenden Richters das Ergebnis der Entscheidung – gleichgültig von welcher Seite – beeinflusst werden kann.[122] Nur so kann das Vertrauen der Rechtsuchenden und der Öffentlichkeit in die Unabhängigkeit, Unparteilichkeit und Sachlichkeit der Gerichte gesichert werden.[123] | **211**

---

118 In dem Sonderfall, dass nicht die örtliche Zuständigkeit des erstinstanzlichen Gerichts in Frage steht, sondern die Sache in der Berufungsinstanz an das örtlich unzuständige Berufungsgericht gelangt ist, ist für den Fall, dass bis zum Beginn der Vernehmung des Angeklagten zur Sache der Unzuständigkeitseinwand geltend gemacht wurde, dieses vorzutragen. Andernfalls sollte auf die Argumente derjenigen verwiesen werden, die dies nicht für erforderlich halten (LR-*Erb*[26] § 16 Rn. 20).

119 SK-StPO-*Frisch*[3] § 328 Rn. 17.

120 *OLG Köln* StV 2004, 314.

121 Zu Letzterem siehe Rüge 12 Rn. 247.

122 Vgl. *BVerfGE* 17, 294, 299; 48, 246, 254; 82, 286, 296; 95, 322, 327.

123 *BVerfGE* 95, 322, 327.

212 Auf der Ebene der Bestimmung des zuständigen Spruchkörpers und der zur Entscheidung berufenen Richter erfolgt die den Anspruch auf den gesetzlichen Richter realisierende Regelung durch den vor dem Beginn eines Geschäftsjahres zu erstellenden gerichtlichen Geschäftsverteilungsplan (§ 21e GVG). Dieser muss im Voraus und so genau und eindeutig wie möglich regeln, wie die Geschäfte auf die Abteilungen bzw. Spruchkörper des jeweiligen Gerichts zu verteilen sind. Dabei muss sich die Zuteilung nach allgemein abstrakten Merkmalen richten.[124] Dieser Maßstab gilt auch für jede Änderung des Geschäftsverteilungsplans während des Geschäftsjahres, die ferner nur aus den in § 21e Abs. 3 GVG bezeichneten Gründen zulässig ist. Ist sie sachlich veranlasst, darf sie auch bereits anhängige Verfahren erfassen.[125]

213 Die Gesetzmäßigkeit der Aufstellung und Abänderung des Geschäftsverteilungsplanes, seines Inhalts sowie seiner Umsetzung im Einzelfall unterliegen der Überprüfung durch das Revisionsgericht.[126] Fehler begründen den **absoluten Revisionsgrund des § 338 Nr. 1 StPO**. Im Falle einer Änderung des Geschäftsverteilungsplans gilt dies insbesondere, wenn diese in der Sache nicht vertretbar oder sonst ermessensfehlerhaft gewesen ist.[127]

214 Die zur Begründung erforderliche Verfahrensrüge ist im erstinstanzlichen Verfahren vor dem Landgericht bzw. dem Oberlandesgericht allerdings nur zulässig, wenn eine der Voraussetzungen des § 338 Nr. 1a-d StPO vorliegt.[128] Praeter legem hält der BGH die Verfahrensrüge entsprechend § 338 Nr. 1 StPO in Verbindung mit § 222b StPO dann für präkludiert, wenn der Einwand der Verletzung des § 76 Abs. 2 GVG nicht geltend gemacht wurde, auch wenn das Gericht die Besetzung nicht oder nicht rechtzeitig mitgeteilt hat und letzterenfalls ein Antrag auf Unterbrechung der Hauptverhandlung zu Unrecht abgelehnt wurde.[129] Der Rügeausschluss gilt jedoch nicht für Mängel, die erst entstanden oder objektiv erkennbar geworden sind, nachdem sie nicht mehr beanstandet werden konnten.[130]

215 Die Verfahrensrüge der Verhandlung vor einem nach dem Geschäftsverteilungsplan unzuständigen Spruchkörper erfordert bei erstinstanzlichen Verfahren vor dem

---

124   Zu den Anforderungen im Einzelnen: KK-*Diemer*[6] § 21e GVG Rn. 11 m.w.N.

125   *BVerfGE* 95, 322, 332, *BVerfG* NJW 2003, 345, *BGHSt* 30, 371; *BGHSt* 44, 161 = StV 1999, 1; siehe auch Rüge 12 Rn. 247.

126   Zu den einzelnen Rügemöglichkeiten siehe unten Rn. 227.

127   Zum Prüfungsmaßstab insoweit vgl. *BGHSt* 22, 237, 239 f.; 27, 397, 398; *BGH* StV 2004, 353; *Meyer-Goßner*[55] § 21e GVG Rn. 25.

128   §§ 222a, 222b StPO finden auch Anwendung im Falle einer Hauptverhandlung im Anschluss an die Aussetzung einer früheren Hauptverhandlung und nach Zurückverweisung durch das Revisionsgericht, nicht aber auf Besetzungsänderungen aufgrund eines Besetzungseinwandes (§ 222b Abs. 2 S. 3 StPO).

129   *BGH* StV 2005, 204, dazu näher bei Rüge 12 Rn. 249.

130   *Meyer-Goßner*[55] § 338 Rn. 16a; siehe aber auch *BGH* StV 1997, 59 und *BGH* StV 1999, 526.

Landgericht oder dem Oberlandesgericht neben der Mitteilung der Tatsachen, aus denen sich die Fehlerhaftigkeit ergibt, einen Vortrag, der ausschließt, dass die Rüge präkludiert ist.

II. Anforderungen an den Vortrag der Verhandlung vor einem (nach dem Geschäftsverteilungsplan) unzuständigen Spruchkörper (§ 338 Nr. 1 StPO), wenn in der Hauptverhandlung im ersten Rechtszug vor dem Landgericht oder dem Oberlandesgericht ein Besetzungseinwand geltend gemacht wurde, nachdem die Besetzung des Gerichts ordnungsgemäß mitgeteilt worden war,[131] und der Einwand zu Unrecht übergegangen, zurückgewiesen (§ 338 Nr. 1b StPO) oder die Vorschriftswidrigkeit der Besetzung zwar festgestellt, jedoch in dieser bis zum Urteil weiterverhandelt wurde (§ 338 Nr. 1d StPO)

Der Inhalt der Mitteilung der Besetzung und etwaiger Änderungen muss vorgetragen werden; ebenso, dass die Hauptverhandlung in der zuletzt mitgeteilten Besetzung begonnen wurde. **216**

Der Besetzungseinwand muss im Wortlaut mitgeteilt werden. Dieser muss – wie die Verfahrensrüge in der Revisionsbegründung – alle Tatsachen enthalten haben, aus denen sich in verständlicher Form die Vorschriftswidrigkeit der Besetzung des Gerichts ergeben soll.[132] Der BGH[133] hat offengelassen, ob es für den Besetzungseinwand ausreicht, dass darin auf Unterlagen in den Strafakten der Kammer Bezug genommen wurde, die über den Besetzungseinwand zu entscheiden hat. Wird diese Frage bejahend beantwortet, hat dies Konsequenzen für den Vortrag im Revisionsverfahren. In der Revisionsbegründung müssen dann alle die Aktenteile, auf die in dem Besetzungseinwand Bezug genommen wurde, vollinhaltlich wörtlich mitgeteilt werden. **217**

Die Verfahrensrüge muss darlegen, dass der Besetzungseinwand im Sinne des § 222b Abs. 1 StPO rechtzeitig erhoben worden ist.[134] **218**

---

131 Sollte keine ordnungsgemäße Besetzungsmitteilung erfolgt sein, wäre der Einwand gleichwohl zulässig, aber nicht erforderlich, um die Besetzungsrüge nach § 338 Nr. 1 StPO zu erhalten. Die Anforderungen an die Verfahrensrüge sind dann dieselben wie in dem Fall, in dem kein Besetzungseinwand erhoben worden ist und auch trotz erstinstanzlicher Verhandlung vor dem Landgericht bzw. Oberlandesgericht nicht erhoben werden musste (siehe dazu unten III. Rn. 223). Soweit die Besetzungsrüge die Verletzung des § 76 Abs. 2–5 GVG bzw. § 33b Abs. 2–6 JGG zum Gegenstand hat, ist ein Besetzungseinwand allerdings auch dann erforderlich, wenn keine (rechtzeitige) Besetzungsmitteilung erfolgt ist: siehe Rüge 12 Rn. 249.

132 *BGHSt* 44, 161 = StV 1999, 1; *BGH* NStZ 2007, 536 = StraFo 2007, 59; *Meyer-Goßner*[55] § 222b Rn. 6; LR-*C. Jäger*[26] § 222b Rn. 17; KK-*Tolksdorf*[6] § 222b Rn. 8; KMR-*Eschelbach* (September 2001) § 222b Rn. 21.

133 *BGHSt* 44, 161 = StV 1999, 1.

134 *BGH* StV 1986, 516; *BGH* JR 1981, 122 m. Anm. *Rieß*.

Dies muss spätestens bis zum Beginn der Vernehmung des ersten Angeklagten zur Sache im Sinne des § 243 Abs. 5 S. 2 StPO geschehen sein,[135] einschließlich der zur Begründung angeführten Tatsachen. Da alle Beanstandungen gleichzeitig vorzubringen sind (§ 222b Abs. 1 S. 3 StPO), sollte vorsorglich dargelegt werden, dass keine der vorgebrachten Tatsachen nachgeschoben worden ist oder dass kein weiterer Einwand erhoben wurde, auch wenn mit der Vernehmung des ersten Angeklagten zur Sache noch nicht begonnen worden war.[136]

219 Enthielt der Besetzungseinwand Bezugnahmen auf Vorgänge in den dem erkennenden Gericht vorliegenden Akten (siehe oben Rn. 217), sind die betreffenden Passagen vollinhaltlich wörtlich in die Revisionsbegründung mit aufzunehmen.

220 Es ist mitzuteilen, dass der Besetzungseinwand nicht zu einem späteren Zeitpunkt zurückgenommen worden ist.

221 Der Beschluss, durch den der Besetzungseinwand zurückgewiesen wurde, ist wörtlich wiederzugeben. Ist der Einwand übergangen worden, ist diese Tatsache mitzuteilen (§ 338 Nr. 1b StPO). Hat das Gericht die Vorschriftswidrigkeit der Besetzung nach § 222b Abs. 2 S. 2 StPO festgestellt (§ 338 Nr. 1d StPO), ist auch dieser Beschluss im Wortlaut wiederzugeben.

222 Es ist mitzuteilen, dass das Gericht in der beanstandeten Besetzung die Hauptverhandlung bis zu deren Ende durchgeführt hat.

III. Anforderungen an den Vortrag der Rüge der vorschriftswidrigen Besetzung des Gerichts (§ 338 Nr. 1 StPO), wenn in der erstinstanzlichen Hauptverhandlung vor dem Landgericht bzw. dem Oberlandesgericht die Vorschriften über die Mitteilung der Besetzung nach § 222a StPO verletzt worden sind (§ 338 Nr. 1a StPO) oder die Hauptverhandlung nicht nach § 222a Abs. 2 StPO zur Prüfung der Besetzung unterbrochen worden ist (§ 338 Nr. 1c StPO)

223 Der Revisionsvortrag muss folgende **Verfahrenstatsachen** enthalten:

1. Bei Verletzung der Mitteilungspflicht (§ 338 Nr. 1a StPO):

a) Es ist in einem erstinstanzlichen Verfahren vor dem Landgericht bzw. dem Oberlandesgericht die Mitteilung der Besetzung völlig unterblieben, und zwar

---

135 *BGH* StV 1984, 141. In der Abwesenheitsverhandlung gem. §§ 232, 233 StPO muss der Einwand spätestens vorgebracht worden sein, bevor es zur Verlesung einer die Sacheinlassung enthaltenden Erklärung des Angeklagten bzw. zur durch seinen Verteidiger als Vertreter vorzutragenden Einlassung gekommen ist: KMR-*Eschelbach* (September 2001) § 222b Rn. 12.

136 *BGH* StV 1999, 526 = NStZ 1999, 367 m. Anm. *Rieß* = JR 1999, 302 m. Anm. *Katholnigg*; *BGH* NStZ 2007, 536 = StraFo 2007, 59.

sowohl schriftlich vor,[137] als auch mündlich zu Beginn der Hauptverhandlung[138] oder

b) die Mitteilung war falsch oder unvollständig[139] oder

c) dem Verteidiger wurde der Einblick in die Unterlagen zur Prüfung der Besetzung (Geschäftsverteilungspläne, Schöffenwahl- oder -auslosungsvorgänge) verweigert (§ 222a Abs. 3 StPO) oder der dafür zur Verfügung gestellte Zeitraum reichte nicht aus.[140] Die betreffenden Unterlagen sind genau zu bezeichnen; die zeitlichen Verhältnisse, die eine Besetzungsprüfung nicht zuließen, sind ebenso detailliert zu schildern wie die Prüfungsmaßnahmen, die im Hinblick auf die nicht zur Verfügung stehende Zeit nicht durchgeführt werden konnten.

2. Bei nicht erfolgter Unterbrechung der Hauptverhandlung zur Prüfung der Besetzung (§ 338 Nr. 1c StPO): **224**

a) Die Mitteilung der Besetzung des Gerichts oder einer Besetzungsänderung erfolgte später als eine Woche vor Beginn der Hauptverhandlung (die Daten des Hauptverhandlungsbeginns und des Zugangs der Besetzungsmitteilung sind anzugeben) oder

b) innerhalb der Wochenfrist wurden die für die Prüfung erforderlichen Besetzungsunterlagen (§ 222a Abs. 3 StPO) nicht vollständig oder nicht für einen ausreichenden Zeitraum zugänglich gemacht (siehe Rn. 223),

c) der Verteidiger hat spätestens bis zu Beginn der Vernehmung des ersten Angeklagten zur Sache einen – wörtlich mitzuteilenden – Antrag auf Unterbrechung gestellt,

d) dieser Antrag ist abgelehnt[141] oder nicht beschieden worden oder

e) die Unterbrechung war zu kurz bemessen, worauf der Verteidiger erneut einen Antrag auf Unterbrechung stellte, der abgelehnt oder nicht beschieden wurde, so dass mit der Vernehmung des ersten Angeklagten zur Sache begonnen wurde, ohne dass der Angeklagte Gelegenheit hatte, ggf. einen Besetzungseinwand vorzubringen.[142]

3. Die Verfahrensrüge muss in den Fällen des § 338 Nr. 1a und c StPO sämtliche Verfahrenstatsachen vortragen, aus denen sich die vorschriftswidrige Zuordnung von Spruchkörper und zu verhandelnder Sache ergibt. **225**

---

137 *OLG Celle* NStZ 1991, 553.

138 Eine Besetzungsmitteilung nach diesem Zeitpunkt präkludiert die Verfahrensrüge nicht, selbst wenn sie noch vor dem Zeitpunkt nachgeholt wurde, in dem ein Besetzungseinwand spätestens geltend gemacht werden muss (§ 222b Abs. 1 StPO): LR-*Hanack*[25] § 338 Rn. 56.

139 Die Verfahrensrüge der vorschriftswidrigen Besetzung ist in diesem Fall nur bezüglich derjenigen Gerichtsmitglieder nicht präkludiert, bezüglich derer die Mitteilung unrichtig oder unvollständig war.

140 LR-*Hanack*[25] § 338 Rn. 56.

141 Der Beschluss muss ebenfalls vollständig im Wortlaut mitgeteilt werden. Hat der Vorsitzende den Antrag zurückgewiesen, müssen die Anrufung des Gerichts gem. § 238 Abs. 2 StPO und der darauf ergangene Beschluss vorgetragen werden.

142 *BGH* StV 1987, 3; vgl. aber auch *BGH* StV 1987, 514 = NStZ 1988, 36.

IV. Fand die Hauptverhandlung vor dem Amtsgericht statt?[143]

226   Bei den Verhandlungen vor dem Amtsgericht erfolgt keine Besetzungsmitteilung und bedarf es keines Besetzungseinwandes, um im Falle einer Sprungrevision mit der Verfahrensrüge der Verhandlung vor einer nach dem Geschäftsverteilungsplan unzuständigen Abteilung des Gerichts (§ 338 Nr. 1 StPO) nicht präkludiert zu sein.

Die Verfahrensrüge muss sämtliche Verfahrenstatsachen darlegen, aus denen sich die vorschriftswidrige Zuordnung der Abteilung des Amtsgerichts zu der verhandelten Sache ergibt.[144]

V. Rügemöglichkeiten

227   Für die Rüge, der mit der Sache befasste Spruchkörper sei zur Verhandlung und Entscheidung nicht berufen gewesen (§ 338 Nr. 1 StPO), sind insbesondere folgende Problemkreise von Bedeutung:

1. Zustandekommen des Geschäftsverteilungsplans

a) Rügevoraussetzungen

228   Die Zuordnung der zu verhandelnden Sachen zu den einzelnen Spruchkörpern/Abteilungen des Gerichts muss im Geschäftsverteilungsplan geregelt sein:

Die Gesetzmäßigkeit der Aufstellung und Abänderung des Geschäftsverteilungsplans durch das Präsidium (§ 21e GVG), und nicht etwa durch den Präsidenten, unterliegt der nicht auf die Prüfung möglicher objektiver Willkür beschränkten Kontrolle des Revisionsgerichts.[145] Davon sind Fehler bei der Wahl des Präsidiums (§ 21b Abs. 6 S. 3 GVG) ausgenommen. Ist ansonsten der Geschäftsverteilungsplan von einem gesetzwidrig zusammengesetzten Präsidium oder nicht mit dem gesetzlichen Stimmverhältnis beschlossen, ist das Gericht im Sinne des § 338 Nr. 1 StPO nicht ordnungsgemäß besetzt.[146]

b) Anforderungen an Revisionsvortrag (§ 344 Abs. 2 S. 2 StPO)

229   Die Revisionsbegründung muss die das fehlerhafte Zustandekommen des Geschäftsverteilungsplans belegenden konkreten Tatsachen mitteilen.

---

143   Zur Rüge der Unzuständigkeit oder vorschriftswidrigen Besetzung der kleinen Strafkammer bei einer Revision gegen ein Berufungsurteil des Landgerichts s. Rüge 267e Rn. 2277.
144   Siehe nachstehend unter V (Rn. 227).
145   LR-*Hanack*[25] § 338 Rn. 18 m.w.N.
146   LR-*Breidling*[26] § 21e GVG Rn. 33.

2. Inhaltliche Fehler des Geschäftsverteilungsplans

a) Rügevoraussetzungen

Inhaltliche Fehler des Geschäftsverteilungsplans können die Revision begründen: **230**

Dies gilt beispielsweise dann, wenn von vornherein feststeht, dass er nicht eingehalten werden kann, weil er unvollständig ist, indem er die Verteilung der Geschäfte nur für Teile des Geschäftsjahres regelt[147] oder Jugendgerichtssachen nicht erwähnt.[148]

Insbesondere muss der Geschäftsverteilungsplan die Geschäfte auf die Abteilungen **231** oder Spruchkörper des Gerichts so verteilen, dass im Voraus nach allgemein abstrakten Merkmalen festgelegt wird, vor welcher Abteilung bzw. welchem Spruchkörper die Sache zu verhandeln ist.

Dazu gehört, dass der Geschäftsverteilungsplan allgemeine Regelungen enthält, wie die Zuweisung von Verfahren gegen mehrere Angeklagte zu erfolgen hat.[149] Der Geschäftsverteilungsplan muss ferner der Möglichkeit Rechnung tragen, dass bei Zurückverweisung an einen anderen Spruchkörper desselben Gerichts nach § 210 Abs. 3 S. 1 StPO oder § 354 Abs. 2 S. 1 StPO ein Auffangspruchkörper der in Betracht kommenden Art (Abteilung des Amtsgerichts, Strafkammer des Landgerichts, Strafsenat eines Oberlandesgerichts) besteht.[150]

Der Geschäftsverteilungsplan muss für Verfahren, die in die Zuständigkeit einer besonderen Strafkammer im Sinne des § 6a StPO, §§ 74 Abs. 2, 74a und 74c GVG fallen, dem sog. Konzentrationsgrundsatz genügen. D.h., dass eine weitere Schwurgerichtskammer, Wirtschaftsstrafkammer oder Staatsschutzkammer erst dann gebildet werden darf, wenn die existierende besondere Strafkammer nicht mehr in der Lage ist, den Geschäftsanfall zu bewältigen.[151] **232**

---

147 LR-*Hanack*[25] § 338 Rn. 21.
148 LR-*Breidling*[26] § 21e GVG Rn. 33.
149 LR-*Breidling*[26] § 21e GVG Rn. 27 und 28.
150 Vgl. *OLG Düsseldorf* StV 1985, 407; LR-*Breidling*[26] § 21e GVG Rn. 30. Allerdings darf gem. § 21e Abs. 3 GVG auch noch nachträglich der Geschäftsverteilungsplan für den Rest des Geschäftsjahres ergänzt werden: *BGH* NStZ 1985, 204 Nr. 1; *OLG Oldenburg* NStZ 1985, 473 m. Anm. *Rieß*.
151 Für das Schwurgericht vgl. *BGHSt* 27, 349, *BGH* NJW 1978, 1594 m. Anm. *Katholnigg*; für die Wirtschaftsstrafkammer *BGHSt* 31, 323 = StV 1983, 405 und *BGH* StV 1987, 516; für die Staatsschutzkammer LR-*Siolek*[26] § 74a GVG Rn. 3 ff. Dabei ist eine Auslastung zu 100 % als Voraussetzung für die Bildung einer weiteren besonderen Strafkammer nicht erforderlich; eine weitere besondere Strafkammer darf schon dann gebildet werden, wenn die erste besondere Strafkammer bis auf einen gewissen Bodensatz an allgemeinen Strafsachen ausgelastet ist. Besteht Bedarf für eine zweite besondere Strafkammer, kann der Geschäftsanfall jedenfalls dann gleichmäßig auf beide Strafkammern verteilt werden, solange der Schwerpunkt der zuständigkeitsbegründender Zuweisung allgemeiner Strafsachen eindeutig bei den Katalogstrafsachen liegt: *BGHSt* 31, 323 = StV 1983, 408; *BGH* StV 1987, 516. Zu den konkreten Überprüfungsmöglichkeiten siehe *Schlothauer* Vorbereitung der Hauptverhandlung[2] Rn. 250.

b) Anforderungen an Revisionsvortrag (§ 344 Abs. 2 S. 2 StPO)

233 Der Geschäftsverteilungsplan muss vollständig mitgeteilt werden.[152] Ergänzend ist vorzutragen, dass er im Laufe des Geschäftsjahres bis zu Beginn der Hauptverhandlung nicht geändert worden ist.

3. Änderung des Geschäftsverteilungsplans

a) Rügevoraussetzungen

234 Eine Änderung der Geschäftsverteilung, die ebenfalls nach abstrakten Kriterien erfolgen muss, ist während des Geschäftsjahres nur zulässig, wenn sie aus den in § 21e Abs. 3 GVG bezeichneten Gründen „nötig" ist oder wenn dem Gericht neue Geschäfte zugewiesen werden.[153] Sie soll – nach umstrittener – Auffassung auch zulässig sein, wenn sie ausschließlich bereits anhängige Verfahren betrifft.[154] Ebenso dürfen Hilfsspruchkörper nur zur Bewältigung unvorhergesehener, vorübergehender Belastungen gebildet werden, wobei von vornherein eine zeitliche Befristung erfolgen muss.[155] Die Änderung des Geschäftsverteilungsplans bedarf ebenfalls eines Präsidiumsbeschlusses, der so zu begründen ist, dass seine Gesetzmäßigkeit beurteilt werden kann. Begründungsmängel können noch spätestens bis zur Entscheidung über einen in der Hauptverhandlung erhobenen Besetzungseinwand (§ 222b StPO) behoben werden.[156]

b) Anforderungen an Revisionsvortrag

235 Der Beschluss über die Änderung der Geschäftsverteilung, der geänderte Geschäftsverteilungsplan selbst bzw. der Beschluss über die Einrichtung eines Hilfsspruchkörpers sind im Wortlaut vollständig vorzutragen. Zusätzlich sind bei den Akten befindliche Stellungnahmen des Präsidenten/Direktors des Gerichts als Vorsitzendem des Präsidiums sowie anderer Richter zu den Gründen der beanstandeten Änderung des Geschäftsverteilungsplans ebenfalls im Wortlaut mitzuteilen.[157] Ggf. ist vorzutragen, dass nicht nachvollziehbar sei, auf Grund welcher Tatsachen der Geschäfts-

---

152 *BayObLGSt* 1993, 162 = VRS 86 (1994) 285.
153 KK-*Diemer*⁶ § 21e GVG Rn. 14; siehe auch die Nachweise oben bei Rn. 212.
154 Vgl. *BGH* NStZ 2007, 537 mit näheren Ausführungen zu Begründung und Dokumentation u.w.N. zur Auffassung der Lit.
155 Die vorübergehende Überlastung ist ein unbestimmter Rechtsbegriff, bei dessen Anwendung dem Präsidium ein weiter Beurteilungsspielraum zusteht. Die Revision kann nur darauf gestützt werden, dass die Bildung des Hilfsspruchkörpers als objektiv willkürlich erscheint: *BGH* NStZ 2000, 219 m. Anm. *Katholnigg* NStZ 2000, 443. Zu weiteren Einzelheiten *Schlothauer* Vorbereitung der Hauptverhandlung² Rn. 251 m.w.N.
156 *BGH* 3 StR 376/08 v. 9.4.2009 = StV 2010, 290 = NJW 2010, 625; s. auch *BGH* v. 13.1.2010 – 3 StR 507/09 = StV 2010, 296 = StraFo 2010, 210.
157 *BGHSt* 40, 218 = StV 1994, 534 = JZ 1995, 45 m. Anm. *Roxin* = NStZ 1994, 537 m. Anm. *Jakobs* NStZ 1995, 26.

verteilungsplan geändert wurde, weil auch kein Protokoll der Präsidiumssitzung oder ein dort behandeltes Dokument darüber Auskunft gebe.[158]

4. Abweichungen vom gesetzmäßigen Geschäftsverteilungsplan

Existiert ein gesetzmäßiger Geschäftsverteilungsplan, können bloße Abweichungen[159] hiervon die Revision nach h.M. nur begründen, wenn dies objektiv willkürlich, d.h. offensichtlich grobfehlerhaft war.[160]   **236**

Rüge 11

Hat die vor dem Landgericht durchgeführte Hauptverhandlung vor der zuständigen (besonderen) Strafkammer stattgefunden und wurde ein Einwand der Unzuständigkeit (§ 6a S. 3 StPO) zu Unrecht zurückgewiesen?   **237**

I. Rechtsgrundlagen

Nach §§ 74 Abs. 2, 74a und 74c GVG muss die Verhandlung in Strafsachen, die in den Zuständigkeitskatalog dieser Vorschriften fallen, vor dem Schwurgericht, der Staatsschutzkammer bzw. der Wirtschaftsstrafkammer als besonderem Spruchkörper durchgeführt werden.   **238**

Bei Wirtschaftsstrafsachen, die erstinstanzlich vor dem Amtsgericht – Schöffengericht – verhandelt wurden, gilt dies auch für das Berufungsverfahren,[161] und zwar auch dann, wenn es den Verfahrensgegenstand abweichend vom Eröffnungsbeschluss nicht als Wirtschaftsstrafsache gewertet hat.[162] Wird gegen das Urteil des Amtsgerichts-Strafrichters Berufung eingelegt, verbleibt es demgegenüber auch bei Wirtschaftsstrafsachen bei der Zuständigkeit der allgemeinen Kleinen Strafkammer (§ 74c Abs. 1 GVG).[163]   **239**

Der Angeklagte muss den Einwand der Unzuständigkeit nach Eröffnung des Hauptverfahrens spätestens bis zum Beginn seiner Vernehmung zur Sache in der Hauptverhandlung geltend gemacht haben (§ 6a S. 3 StPO). Letztmöglicher Zeitpunkt ist   **240**

---

158 *BGH* 3 StR 376/08 v. 9.4.2009 = StV 2010, 290 = NJW 2010, 625; s. auch *BGH* v. 13.1.2010 – 3 StR 507/09 = StV 2010, 296 = StraFo 2010, 210.

159 Zur Entscheidung über die Wiederaufnahme eines nach § 154 Abs. 2 StPO eingestellten Verfahrens durch einen nach dem Geschäftsverteilungsplan unzuständigen Spruchkörper siehe *BGH* StV 2005, 532; *Meyer-Goßner*[55] § 154 Rn. 22 u. 22a.

160 *BayObLG* StV 1999, 586; Nachweise und weitere Beispiele bei LR-*Breidling*[26] § 21e GVG Rn. 35.

161 *Meyer-Goßner*[55] § 74 GVG Rn. 3, § 74c GVG Rn. 6. S. Rüge Nr. 267d Rn. 2274.

162 *OLG Stuttgart* MDR 1982, 252; *Meyer-Goßner*[55] § 74c GVG Rn. 6.

163 *Meyer-Goßner*[55] § 74c GVG Rn. 6.

die nach Belehrung gem. § 243 Abs. 4 StPO erfolgende Erklärung des Angeklagten, ob er sich zur Sache äußern wolle oder nicht.[164]

Der Einwand kann ohne nähere Begründung die Unzuständigkeit einer allgemeinen oder einer nach § 74e GVG nachrangigen besonderen Strafkammer geltend machen.[165] Ist das Verfahren bei einer besonderen Strafkammer anhängig, ohne dass die ihre Zuständigkeit begründenden Voraussetzungen vorliegen, kann auch dies zum Gegenstand eines Einwands nach § 6a StPO gemacht werden. Ein in der Revision beachtlicher Rechtsfehler nach §§ 338 Nr. 4, 6a StPO, §§ 74 Abs. 2, 74a und 74c GVG setzt nicht voraus, dass das Tatgericht seine Zuständigkeit auf der Grundlage objektiv willkürlicher Erwägungen angenommen hat.[166]

Hat der Angeklagte berechtigterweise die Unzuständigkeit der allgemeinen Strafkammer beanstandet, verweist diese die Sache an den zuständigen besonderen Spruchkörper; im umgekehrten Fall wird die Sache an die allgemeine Strafkammer verwiesen.

241 Wird der Einwand zurückgewiesen oder nicht beschieden, kann der Angeklagte die Verfahrensrüge des § 338 Nr. 4 StPO erheben.[167] Im Falle des § 74c GVG sind die normativen Zuständigkeitsmerkmale einschließlich des Erfordernisses der besonderen Kenntnisse des Wirtschaftslebens nicht revisibel,[168] für § 74a GVG gilt dies entsprechend für die Beurteilung des Zuständigkeitsmerkmals der besonderen Bedeutung (§ 74a Abs. 2 GVG).

II. Anforderungen an den Vortrag der Verfahrensrüge der Verhandlung vor dem unzuständigen Gericht (§ 338 Nr. 4 StPO)

242 Es ist mitzuteilen,

- dass der Angeklagte den Einwand der Zuständigkeit bzw. Unzuständigkeit einer besonderen Strafkammer gem. §§ 74 Abs. 2, 74a, 74c GVG geltend gemacht und nicht später zurückgenommen hat. Der Einwand ist im Wortlaut wiederzugeben;
- dass der Einwand **vor** Beginn der Vernehmung des Angeklagten zur Sache geltend gemacht wurde, nämlich spätestens im Anschluss an die Erklärung zu seiner Aussagebereitschaft nach Belehrung gem. § 243 Abs. 4 S. 1 StPO;

---

164 *BGH* StV 1984, 141 = NStZ 1984, 128.
165 *Meyer-Goßner*[55] § 6a Rn. 4.
166 *BGH* v. 13.9.2011 – 3 StR 196/11 = StV 2012, 137 = NStZ 2012, 396 = JR 2012, 262 m. Anm. *Schroeder* und weiteren Ausführungen zur Ausnahmeregelung des § 74a Abs. 1 Nr. 4 Hs. 2 GVG.
167 *Meyer-Goßner*[55] § 6a Rn. 16.
168 *BGH* NStZ 1985, 464; *Meyer-Goßner*[55] § 74c GVG Rn. 10. Anders ist es nur bei willkürlichen Bewertungen.

- wurde der Einwand nicht mündlich in der Hauptverhandlung geltend gemacht, sondern **zuvor** zu Protokoll des Urkundsbeamten der Geschäftsstelle oder schriftlich, ist vorzutragen, dass dies nach Eröffnung des Hauptverfahrens geschah; letzterenfalls, dass das betreffende Schreiben vor Beginn der Hauptverhandlung bei Gericht eingegangen ist;
- es ist weiter vorzutragen, dass es sich bei der Hauptverhandlung um die erste in der Sache stattgefundene Hauptverhandlung handelte und nicht um eine neue nach Aussetzung der ersten Hauptverhandlung (§ 228 Abs. 1 StPO) oder nach Zurückverweisung der Sache durch das Rechtsmittelgericht (§ 328 Abs. 2, 354 Abs. 2, Abs. 3, 355 StPO);
- es ist mitzuteilen, dass und wie der Einwand vom Gericht beschieden wurde; die Entscheidung ist im Wortlaut wiederzugeben;
- ist der Einwand bis zur Urteilsverkündung nicht beschieden worden, ist dies mitzuteilen. Ergänzend ist mitzuteilen, dass das Gericht die Sache auch nicht an den zuständigen Spruchkörper verwiesen hat.

III. Zuständigkeit einer kleinen Strafkammer als Wirtschaftsstrafkammer im Berufungsverfahren

Siehe Rüge Nr. 267d (Rn. 2274). **243**

Rüge 11a

Hat die vor dem Landgericht durchgeführte Hauptverhandlung vor einer besonderen Straf- **244** kammer nach §§ 74 Abs. 2, 74a bzw. 74c GVG stattgefunden, nachdem die an sich unzuständige allgemeine Strafkammer erst nach Beginn der Vernehmung des Angeklagten zur Sache das Verfahren „gem. § 270 Abs. 1 S. 2 StPO" an die besondere Strafkammer verwiesen hat, ohne dass der Angeklagte den Einwand der funktionellen Unzuständigkeit des Gerichts erhoben hatte?

I. Rechtsgrundlagen

Hat ein Angeklagter bis zum Beginn seiner Vernehmung zur Sache in der Hauptver- **245** handlung den Einwand der funktionellen Unzuständigkeit des Gerichts nicht erhoben, ist auch eine an sich unzuständige Strafkammer damit von Rechts wegen (funktionell) zuständig geworden und eine Verweisung des Verfahrens nach § 270 Abs. 1 S. 2 StPO an eine besondere Strafkammer ausgeschlossen. Dies gilt sogar dann, wenn Umstände, die der Zuständigkeit der allgemeinen Strafkammer entgegenstehen, erst nach dem in § 6a S. 3 StPO bezeichneten Zeitpunkt hervortreten.[169]

---

169 *BGH* v. 11.12.2008 – 4 StR 376/08 = StV 2009, 509 = NStZ 2009, 404 = StraFo 2009, 155.

II. Anforderungen an den Vortrag der Verfahrensrüge der Verhandlung vor dem unzuständigen Gericht (§§ 338 Nr. 4, 270 Abs. 1, 6a StPO; § 74e GVG)

246 Der *BGH* hat in seinem Urteil vom 11.12.2008 – 4 StR 376/08[170] das Urteil eines Schwurgerichts auf die Verfahrensrüge hin ausgehoben, weil dies seine Zuständigkeit zu Unrecht angenommen habe.

Es ist jeweils im Wortlaut mitzuteilen,

- die Anklageschrift und der Antrag der Staatsanwaltschaft, das Hauptverfahren vor einer allgemeinen großen Strafkammer des Landgerichts zu eröffnen,
- der Eröffnungsbeschluss der allgemeinen großen Strafkammer des Landgerichts,
- die Tatsache, dass der Angeklagte bis zum Beginn seiner Vernehmung zur Sache in der Hauptverhandlung keinen Einwand der funktionellen Unzuständigkeit des Gerichts erhoben hat,
- der Beschluss der allgemeinen Strafkammer, die Sache „gem. § 270 StPO" an eine besondere Strafkammer gem. § 6a StPO, § 74e GVG i.V.m. §§ 74 Abs. 2, 74a, 74c GVG hatte,
- ggf. der in der neu anberaumten Hauptverhandlung vor der besonderen Strafkammer geltend gemachte Einwand der Unzuständigkeit des erkennenden Gerichts, der Zeitpunkt des Einwandes vor Vernehmung des Angeklagten zur Sache und der Inhalt des den Einwand zurückweisenden Beschlusses der besonderen Strafkammer.

---

170 *BGH* v. 11.12.2008 – 4 StR 376/08 = StV 2009, 509 = NStZ 2009, 404 = StraFo 2009, 155.

Kapitel 3
Gerichtsbesetzung

Rüge 12

Fand die Hauptverhandlung vor dem Gericht in vorschriftsgemäßer berufsrichterlicher Be-   **247**
setzung statt?

I. Rügevorbringen im Falle eines Besetzungseinwandes

1. Übergehen bzw. Zurückweisung eines Besetzungseinwandes/ Weiterverhandeln in festgestellter vorschriftswidriger Besetzung

Fand die Hauptverhandlung im ersten Rechtszug vor dem Landgericht oder dem   **248**
Oberlandesgericht statt und wurde dort ein den/die mitwirkenden Berufsrichter betreffender Besetzungseinwand geltend gemacht,[171] weil die Besetzung des Gerichts
ordnungsgemäß mitgeteilt worden war, und wurde der Einwand zu Unrecht übergangen, zurückgewiesen (§ 338 Nr. 1b StPO) oder die Vorschriftswidrigkeit der
Besetzung zwar festgestellt, jedoch in dieser bis zum Urteil weiterverhandelt (§ 338
Nr. 1d StPO), gelten hier zunächst dieselben Anforderungen an die Revisionsbegründung wie bei der Rüge der Verhandlung vor einem unzuständigen Spruchkörper des Landgerichts bzw. Oberlandesgerichts.[172]

2. Insbesondere: Die Besetzung der großen Straf- und Jugendkammern (§ 76 Abs. 2–5 GVG, § 33b Abs. 2–6 JGG)

Auch wenn das Gericht die Besetzung nicht oder nicht rechtzeitig mitgeteilt hat,   **249**
setzt die Rüge der Verletzung des § 76 Abs. 2–5 GVG (§ 33b Abs. 2–6 JGG) immer
einen rechtzeitigen Einwand entsprechend § 222b StPO voraus.[173] Dieser muss zu
Unrecht zurückgewiesen oder übergangen worden sein.

Durch das am 1.1.2012[174] in Kraft getretene Gesetz über die Besetzung der großen   **250**
Straf- und Jugendkammern in der Hauptverhandlung vom 6.12.2011[175] wurden die
Regelungen des Gesetzes zur Entlastung der Rechtspflege vom 11.1.1993 ersetzt,

---

171   Ein Besetzungseinwand gem. § 222b Abs. 1 StPO ist auch in Bezug auf einen hinzuge-
      zogenen Ergänzungsrichter erforderlich, auch wenn dieser möglicherweise erst wäh-
      rend der Hauptverhandlung in das Quorum eintritt: *BGH* StV 2003, 5, 6.
172   Siehe oben Rüge 10 Rn. 216.
173   So schon für die Rechtslage vor dem 1.1.2012 *BGH* StV 2005, 204.
174   Nach § 41 Abs. 1 EGGVG ist § 76 Abs. 2 GVG a.F. auf alle Verfahren im Erwach-
      senenbereich anzuwenden, die vor dem 1.1.2012 beim Landgericht anhängig geworden
      sind. Gleiches gilt nach § 121 Abs. 2 JGG für die Anwendung von § 33b Abs. 2 JGG
      a.F. bei der großen Jugendkammer.
175   BGBl. I 2011, 2554.

durch die die Möglichkeit einer Besetzungsreduktion eingeführt worden war, um der „Notsituation der Justiz in den neuen Ländern" Rechnung zu tragen. Die von vornherein befristete – wenn auch immer wieder verlängerte – Geltung der § 76 Abs. 2 GVG, § 33b Abs. 2 JGG ließ sich 20 Jahre nach ihrer Einführung nicht mehr rechtfertigen.[176]

251 Nach der Neuregelung bedarf es nunmehr grundsätzlich eines Beschlusses der großen Straf- und Jugendkammer über deren Besetzung vor Beginn der Hauptverhandlung. Dies hat regelmäßig bei Eröffnung des Hauptverfahrens zu erfolgen (§ 76 Abs. 2 S. 1 GVG; § 33b Abs. 2 S. 1 JGG). In dem Beschluss legt die Kammer fest, ob sie in der Hauptverhandlung mit drei Richtern einschließlich des Vorsitzenden und zwei (Jugend-)Schöffen (§ 76 Abs. 2 S. 3 GVG, § 33b Abs. 2 S. 3 JGG) oder mit zwei Richtern einschließlich des Vorsitzenden und zwei (Jugend-)Schöffen (§ 76 Abs. 2 S. 4 GVG, § 33b Abs. 2 S. 4 JGG) besetzt ist. Die Entscheidung hat durch drei Richter der Kammer ohne Schöffenbeteiligung zu ergehen.[177] Ist das Hauptverfahren bereits eröffnet, ohne dass es einer Besetzungsentscheidung bedurfte, beschließt die große Straf- bzw. Jugendkammer über ihre Besetzung bei der Anberaumung des Hauptverhandlungstermins (§ 76 Abs. 2 S. 2 GVG, § 33b Abs. 2 S. 2 JGG) (Nachholung der Besetzungsentscheidung). Von dieser Regelung sind u.a. Fälle betroffen, in denen ein Verfahren vom Amtsgericht nach Beginn der Hauptverhandlung infolge sachlicher Zuständigkeit des Landgerichts an dieses verwiesen wird oder es zu einer Eröffnungsentscheidung des OLG nach sofortiger Beschwerde der Staatsanwaltschaft gegen die Nichteröffnung des Hauptverfahrens durch das LG kommt.[178] Hat die Kammer eine reduzierte Besetzung beschlossen und ergeben sich vor Beginn der Hauptverhandlung neue Umstände, die die Mitwirkung eines dritten Richters i.S.d. § 76 Abs. 2 S. 3, Abs. 3 GVG, § 33b Abs. 2 S. 3, Abs. 3 JGG gebieten, muss diese Besetzung beschlossen werden (§ 76 Abs. 4 GVG, § 33b Abs. 5 JGG).[179]

252 Die Neuregelung strukturiert die Besetzung der großen Straf- und Jugendkammer in der Hauptverhandlung nunmehr wie folgt:

253 1. Sind Straftaten gem. § 74 Abs. 2 GVG Gegenstand der Anklage oder eines von der Anklageschrift abweichenden Eröffnungsbeschlusses und ist damit eine große Strafkammer als Schwurgericht zuständig, muss diese nach einem bei der Eröffnung des Hauptverfahrens zu treffenden Beschluss in der Besetzung mit drei Rich-

---

176   Zu diesem Gesetz ausführlich *Schlothauer* StV 2012, 749.
177   So schon für die alte Rechtslage *BGHSt* 50, 267 = StV 2006, 398 = NStZ 2006, 298 m. Anm. *Rieß*.
178   Begründung des Gesetzesentwurfs der Bundesregierung BR-Drucks. 460/11, S. 9 Ziff. 7; Gesetzesentwurf der Bundesregierung v. 12.8.2011.
179   Die Tatsache der Verbindung mehrerer getrennter Verfahren soll auch schon nach alter Rechtslage eine neue Beschlussfassung zugelassen haben, wenn in den getrennten Verfahren jeweils die Durchführung der Hauptverhandlung in reduzierter Besetzung beschlossen worden war: *BGH* v. 29.1.2009 – 3 StR 567/08 = *BGHSt* 53, 169 = StV 2009, 400 = StraFo 2009, 217.

tern einschließlich des Vorsitzenden und zwei Schöffen zu verhandeln (§ 76 Abs. 2 Nr. 1 GVG). Entsprechendes gilt für die Besetzung der großen Jugendkammer, wenn diese über Sachen verhandelt, die zur Zuständigkeit des Schwurgerichts gehören (§ 33b Abs. 2 Nr. 1 JGG). Hat die Kammer zunächst eine Besetzung mit zwei Richtern einschließlich des Vorsitzenden und zwei (Jugend-)Schöffen beschlossen, und ergeben sich vor Beginn der Hauptverhandlung neue, die Zuständigkeit des Schwurgerichts begründende Umstände und ist dadurch eine Besetzung mit drei Richtern einschließlich des Vorsitzenden und zwei (Jugend-)Schöffen erforderlich, ist zu differenzieren:

Findet die Hauptverhandlung vor der großen Strafkammer statt, ist nicht nur deren Besetzung, sondern auch deren Zuständigkeit betroffen. Ein Einwand des Angeklagten, der unter Bezugnahme auf § 76 Abs. 2 S. 3 Nr. 1 GVG die Besetzung beanstandet, ist zugleich als Einwand nach § 6a StPO zu werten (der Präklusionszeitpunkt des § 222b Abs. 1 S. 1 StPO liegt bei mehreren Angeklagten vor dem des § 6a S. 3 StPO, im Übrigen sind die Zeitpunkte identisch). Der Einwand führt zur Beendigung der Hauptverhandlung und zur Verweisung an das zuständige Schwurgericht (§ 270 Abs. 1 StPO), das bei Terminierung der Hauptverhandlung gemäß § 76 Abs. 2 S. 3 Nr. 1 GVG eine Besetzung mit drei Richtern einschließlich des Vorsitzenden und zwei Schöffen beschließen muss. Die Tatsache, dass die große Strafkammer nach § 76 Abs. 4 GVG neuen Umständen Rechnung tragen muss, die nach Maßgabe des § 76 Abs. 2 GVG eine Besetzung mit drei Richtern einschließlich des Vorsitzenden und zwei Schöffen erforderlich machen, berechtigt sie in dieser Situation nicht zu einer Entscheidung von Amts wegen. Selbst wenn die Umstände, die zur Zuständigkeit des Schwurgerichts führen, „neu" sind, ist § 6a StPO gegenüber § 76 Abs. 4 GVG vorgreiflich. Denn eine Veränderung der Zuständigkeit und nicht nur der Besetzung ist nach § 6a S. 3 StPO nur auf Einwand des Angeklagten zu beachten. Würde der Angeklagte keinen Einwand geltend machen, müsste es also bei der Verhandlung vor der allgemeinen großen Strafkammer und zwar mit zwei Richtern einschließlich des Vorsitzenden und zwei Schöffen verbleiben, auch wenn der Verfahrensgegenstand ein Verbrechen gemäß § 74 Abs. 2 GVG ist.

Anders würde es sich für die Verhandlung vor der großen Jugendkammer verhalten. Diese ist auch für Verfahren zuständig, die zur Zuständigkeit des Schwurgerichts gehören. Ergeben sich vor Beginn der Hauptverhandlung entsprechende Umstände, ist die große Jugendkammer auch ohne einen Besetzungseinwand des Angeklagten von Amts wegen verpflichtet, ihre Entscheidung im Sinne einer Besetzung mit drei Richtern einschließlich des Vorsitzenden und zwei Jugendschöffen zu ändern (§ 33b Abs. 5 JGG).

Ergeben sich solche Umstände erst nach Beginn der Hauptverhandlung, ist das Verfahren in der beschlossenen Besetzung zu Ende zu führen,[180] auch wenn damit eine

---

180 S. hierzu Gesetzentwurf der Bundesregierung v. 12.8.2011 (BR-Drucks. 460/11), Begründung S. 9.

nur mit zwei Berufsrichtern besetzte Kammer in einer Schwurgerichtssache entscheidet.[181]

254 2.   Ist bei Eröffnung des Hauptverfahrens die Anordnung der Unterbringung nach §§ 63, 66 oder 66a StGB zu erwarten, ist nach entsprechendem Beschluss die Hauptverhandlung zwingend in der Besetzung mit drei Richtern einschließlich des Vorsitzenden und zwei Schöffen durchzuführen (§ 76 Abs. 2 Nr. 2 GVG). Dies gilt entsprechend für die Verhandlung über Verfehlungen Heranwachsender vor der großen Jugendkammer (§ 108 Abs. 3 JGG). Hat die Kammer zunächst eine Besetzung mit zwei Richtern einschließlich des Vorsitzenden und zwei (Jugend-)Schöffen beschlossen und ergeben sich vor Beginn der Hauptverhandlung neue Umstände, die eine Besetzung mit drei Richtern einschließlich des Vorsitzenden und zwei (Jugend-)Schöffen erforderlich machen, weil die Anordnung der Unterbringung nach §§ 63, 66 oder 66a StGB zu erwarten ist, hat sie diese Besetzung bis zu Beginn der Hauptverhandlung zu beschließen und muss in dieser Besetzung verhandeln (§ 76 Abs. 4 GVG, § 33b Abs. 5 JGG). Ergeben sich solche Umstände erst nach Beginn der Hauptverhandlung, muss das Verfahren in der beschlossenen Besetzung mit zwei Richtern einschließlich des Vorsitzenden und zwei (Jugend-)Schöffen zu Ende geführt werden[182].

255 3.   Die große Jugendkammer verhandelt nach einem entsprechenden Beschluss in der Besetzung mit drei Richtern einschließlich des Vorsitzenden und zwei Jugendschöffen, wenn ihre Zuständigkeit nach § 41 Abs. 1 Nr. 5 JGG begründet ist (§ 33b Abs. 2 Nr. 2 JGG).

256 4.   Werden Straftaten verhandelt, die in die Zuständigkeit der Wirtschaftsstrafkammer fallen (§ 74c GVG), ist nach einem entsprechenden Beschluss die Hauptverhandlung „in der Regel" in der Besetzung mit drei Richtern einschließlich des Vorsitzenden und zwei (Jugend-)Schöffen durchzuführen (§ 76 Abs. 2 Nr. 3, Abs. 3 GVG, § 33b Abs. 2 Nr. 3, Abs. 3 Nr. 3 JGG). Hat die Kammer zunächst eine Besetzung mit zwei Richtern einschließlich des Vorsitzenden und zwei (Jugend-)Schöffen beschlossen und ergeben sich vor Beginn der Hauptverhandlung neue, die Zuständigkeit der Wirtschaftsstrafkammer begründende Umstände und ist dadurch eine Besetzung mit drei Richtern einschließlich des Vorsitzenden und zwei (Jugend-)Schöffen die Regel (§ 76 Abs. 3 GVG, § 33b Abs. 3 Nr. 3 JGG), ist wiederum danach zu differenzieren, ob die Hauptverhandlung vor der großen Strafkammer oder vor der großen Jugendkammer stattfindet. Ersterenfalls ist ein Besetzungseinwand unter Bezugnahme auf § 76 Abs. 3 GVG zugleich als Einwand nach § 6a StPO zu werten, was zur Beendigung der Hauptverhandlung und zur Verweisung an die zuständige Wirtschaftsstrafkammer (§ 74c GVG) führt (§ 270 Abs. 1 StPO). Diese ist bei Terminierung der Hauptverhandlung gehalten, bei der erneuten Besetzungsentscheidung das Vorliegen des Regelbeispiels des § 76 Abs. 4 GVG zu be-

---

181   So schon nach alter Rechtslage *Meyer-Goßner*[54] § 6a Rn. 7.
182   *BGH* 3 StR 335/12 v. 14.11.2012 = NStZ 2013, 181.

rücksichtigen. Handelt es sich um eine Verhandlung vor der großen Jugendkammer, ist diese auch für Straftaten i.S.d. § 74c GVG zuständig. Ergeben sich vor Beginn der Hauptverhandlung Umstände, die i.S.d. § 74c Abs. 1 GVG einschlägig sind, ist die große Jugendkammer auch ohne einen Besetzungseinwand des Angeklagten von Amts wegen verpflichtet, bei ihrer erneuten Entscheidung gemäß § 33b Abs. 5 JGG das Vorliegen des Regelbeispiels des § 33b Abs. 3 Nr. 3 JGG zu berücksichtigen.

5. Wird eine Sache verhandelt mit einer Hauptverhandlungsdauer von voraussichtlich mehr als 10 Tagen, ist ebenfalls „in der Regel" nach entsprechendem Beschluss die Kammer mit drei Richtern einschließlich des Vorsitzenden und zwei (Jugend-)Schöffen zu besetzen (§ 76 Abs. 2 Nr. 3, Abs. 3 GVG, § 33b Abs. 2 Nr. 3, Abs. 3 Nr. 2 JGG).   **257**

6. Die Besetzung mit drei Richtern einschließlich des Vorsitzenden und zwei Jugend-Schöffen ist auch die „Regel", wenn die Jugendkammer die Sache nach § 41 Abs. 1 Nr. 2 JGG übernommen hat.   **258**

7. Erscheint nach dem Umfang oder der Schwierigkeit der Sache die Mitwirkung eines dritten Richters notwendig, ist gem. § 76 Abs. 2 Nr. 3 GVG, § 33b Abs. 2 Nr. 3 JGG in einer Besetzung mit drei Richtern einschließlich des Vorsitzenden und zwei (Jugend-) Schöffen zu verhandeln. Diese Regelung entspricht der Rechtslage vor dem 1.1.2012, weshalb zum Zwecke der Konkretisierung des dem Gericht eingeräumten weiten Beurteilungsspielraums auf die zu § 76 Abs. 2 GVG a.F. bzw. § 33b Abs. 2 JGG ergangene Rechtsprechung zurückgegriffen werden kann. Danach kann die Rüge der Verhandlung in vorschriftswidriger Besetzung nur darauf gestützt werden, dass der dem Gericht eingeräumte Beurteilungsspielraum in unvertretbarer Weise überschritten wurde, indem die Verhandlung in reduzierter Besetzung beschlossen wurde.[183] Bezüglich des Kriteriums des „Umfangs der Sache" kommt eine Überschreitung des Beurteilungsspielraums im Hinblick auf das Regelbeispiel der § 76 Abs. 3 GVG, § 33b Abs. 3 Nr. 2 JGG nicht in Betracht, wenn vor Beginn der Hauptverhandlung eine Verhandlungsdauer von mehr als 10 Hauptverhandlungstagen nicht zu erwarten ist. Bzgl. des Kriteriums der „Schwierigkeit der Sache" dürfte die Verhandlung in reduzierter Besetzung nur dann als objektiv willkürlich erscheinen, wenn das Urteil von der Beantwortung einer bislang noch nicht entschiedenen Rechtsfrage abhängt und die Aufklärung des Sachverhalts eine Hauptverhandlungsdauer von weniger als 10 Tagen erwarten lässt.   **259**

8. Liegen die vorstehend angeführten Voraussetzungen nicht vor, ist die Kammer in der Hauptverhandlung nach entsprechendem Beschluss mit zwei Richtern einschließlich des Vorsitzenden und zwei (Jugend-)Schöffen besetzt (§ 76 Abs. 2 S. 4 GVG, § 33b Abs. 2 S. 4 JGG). Insofern kann die Besetzung mit zwei Richtern ein-   **260**

---

183 Vgl. *BGHSt* 44, 328 = StV 1999, 526; *BGH* StV 2003, 657 m. Anm. *Husheer* = NStZ 2004, 56; *BGH* StV 2004, 250; *BGH* v. 7.7.2010 – 5 StR 555/09 = StV 2011, 463 = NStZ 2011, 52 = StraFo 2010, 466; s. auch *LG Aschaffenburg* StV 2007, 522.

schließlich des Vorsitzenden als „Regelbesetzung" bezeichnet werden.[184] Dies hat zur Konsequenz, dass bei einer Verhandlung mit drei Richtern einschließlich des Vorsitzenden und zwei (Jugend-)Schöffen eine Besetzungsrüge dann in Betracht kommt, wenn kein zwingender Fall für die Dreier-Besetzung vorliegt und die Annahme des Umfangs oder der Schwierigkeit der Sache objektiv willkürlich war.[185] Auch für die Fälle der § 76 Abs. 2 Nr. 3, 76 Abs. 3 GVG, § 33b Abs. 2 Nr. 3, Abs. 3 Nr. 2 u. Nr. 3 JGG gilt, dass die bei Eröffnung beschlossene Besetzung mit zwei Richtern einschließlich des Vorsitzenden und zwei (Jugend-)Schöffen abgeändert werden muss, wenn sich vor Beginn der Hauptverhandlung neue Umstände ergeben, die eine Dreier-Besetzung erforderlich machen (§ 76 Abs. 4 GVG, § 33b Abs. 5 JGG).

261 9. Ist vor Beginn der Hauptverhandlung ohne oder nur mit unzureichender Begründung ein ursprünglicher Beschluss über die Besetzung der Kammer mit zwei Richtern einschließlich des Vorsitzenden und zwei (Jugend-)Schöffen dahingehend neu gefasst worden, dass die Hauptverhandlung in der Besetzung mit drei Richtern einschließlich des Vorsitzenden und zwei (Jugend-)Schöffen durchgeführt werden soll, kann auch dies wegen Verletzung der § 76 Abs. 4 GVG, § 33b Abs. 5 JGG die Revision begründen. Dies gilt allerdings nur dann, wenn sich die neue Entscheidung als objektiv willkürlich darstellt. Das ist dann anzunehmen, wenn der Beschluss keine Begründung enthält oder diese sich auf die Wiedergabe des Gesetzes mit der bloßen Behauptung beschränkt, es hätten sich vor Beginn der Hauptverhandlung neue Umstände nach Maßgabe der § 76 Abs. 2 und 3 GVG, § 33b Abs. 2–4 JGG ergeben, ohne dass dies sich aus den den Verfahrensbeteiligten erkennbaren Besonderheiten des Falles erschließt.[186] Liegt kein Fall einer i.S.d. § 76 Abs. 2 Nr. 1 und 2 GVG, § 33b Abs. 2 Nr. 1 und 2 JGG zwingenden Verhandlung in Dreier-Besetzung vor oder greift nicht das Regelbeispiel für Strafsachen der in § 74c Abs. 1 S. 1 GVG genannten Straftaten ein, muss die Begründung nachvollziehbar machen, auf Grund welcher neuen Umstände die sonstige Schwierigkeit der Sache oder der – mehr als 10 Verhandlungstage – zu erwartende Umfang der Sache eine Hauptverhandlung in Dreier-Besetzung erforderlich machen. Eine solche Begründung ist auch deshalb erforderlich, weil die Zweier-Besetzung nach der neuen Gesetzeslage der gesetzliche Normalfall ist.[187]

262 10. Ergeben sich erst nach Beginn der Hauptverhandlung Umstände i.S.d. § 76 Abs. 4 GVG, § 33b Abs. 5 JGG, ist das Verfahren in der beschlossenen Besetzung zu Ende zu führen, auch wenn dies zur Folge hat, dass die Hauptverhandlung länger als 10 Tage andauert. Die Hauptverhandlung darf auch nicht allein zu dem Zweck

---

184 S. auch *Deutscher* StRR 2012, 10, 11.
185 So für den Rechtszustand vor dem 1.1.2012 *BGH* StV 2005, 204; ebenso LR-*Siolek*[26] § 76 GVG Rn. 22.
186 Zum Maßstab der objektiven Willkür *BVerfG* NJW 1996, 1336; *BGH* v. 7.3.2012 – 1 StR 6/12 = StV 2013, 3.
187 S. oben Rn. 260.

ausgesetzt werden, erneut über die Besetzung entscheiden zu können.[188] Dies er-schließt sich zwar nicht dem Wortlaut der § 76 Abs. 5 GVG, § 33b Abs. 6 JGG,[189] aber der Gesetzessystematik. Die Vorschriften der §§ 76 Abs. 4 GVG und 33b Abs. 5 JGG machen deutlich, dass im Hinblick auf Bedenken hinsichtlich Art. 101 GG die Möglichkeit einer Besetzungsänderung nach einem ersten Besetzungsbe-schluss begrenzt werden sollte.[190]

3. Rügemöglichkeiten bei Einwänden gegen die Besetzung der großen Kammer mit zwei Richtern einschließlich des Vorsitzenden und zwei (Jugend-)Schöffen

a) Zwingende Besetzung mit drei Richtern

aa) Rügevoraussetzungen

Der Einwand richtete sich dagegen, dass Gegenstand der Anklage bzw. eines recht- **263** lich davon abweichenden Eröffnungsbeschlusses eine Straftat i.S.d. § 74 Abs. 2 GVG ist, weshalb das Gericht in der Hauptverhandlung zwingend mit drei Richtern einschließlich des Vorsitzenden und zwei (Jugend-)Schöffen besetzt sein musste (§ 76 Abs. 2 Nr. 1 GVG, § 33b Abs. 2 Nr. 1 JGG).[191] Die Zurückweisung eines ent-sprechenden Besetzungseinwandes und die Verhandlung in reduzierter Besetzung begründet auch dann die Revision (§ 338 Nr. 1 lit. b StPO), wenn sich vor Beginn der Hauptverhandlung neue Umstände ergaben, auf Grund derer die Sache zur Zu-ständigkeit des Schwurgerichts gehörte und die Kammer keinen erneuten Beschluss über ihre Besetzung gefasst hat (§ 76 Abs. 4 GVG, § 33b Abs. 5 JGG). Dabei dürfte es sich vornehmlich um Fälle handeln, in denen der Tod des Opfers einer in den Ka-talog des § 74 Abs. 2 GVG fallenden Tat nach dem Beschluss über die Besetzung eingetreten ist.

Ob die Sache zur Zuständigkeit des Schwurgerichts gehört oder nicht, hängt nicht von normativen, einer wertenden Betrachtung zugänglichen Gesichtspunkten ab, so dass in der Revision die Besetzung nicht nach dem Maßstab objektiver Willkür zu prüfen ist.[192] Stellt das Gericht erst in der Hauptverhandlung auf einen entsprechen-den Besetzungseinwand fest, dass es vorschriftswidrig besetzt ist, kann nach der

---

188 Gesetzentwurf der Bundesregierung vom 12.8.2011 (BR-Drucks. 460/11) Begründung S. 9.
189 Ebenso *Deutscher* StRR 2012, 10, 13.
190 Vgl. Bericht der Abgeordneten des Rechtsausschusses des Deutschen Bundestages Dr. Sensburg, Strässer, Dyckmans, Petermann und Montag, BT-Drucks. 17/7669, S. 5.
191 In dem Fall, dass die allgemeine Strafkammer nicht zugleich die für Verfahren nach § 74 Abs. 2 GVG zuständige Schwurgerichtskammer ist, begründet dieser Zuständig-keitsfehler bei einem rechtzeitig erhobenen Einwand gem. § 6a StPO vorgreiflich den Revisionsgrund des § 338 Nr. 4 StPO (s. Rüge Nr. 11 Rn. 237).
192 S. zur vergleichbaren Problematik einer Zuständigkeitsbestimmung nach § 74a GVG *BGH* v. 13.9.2011 – 3 StR 196/11 = StV 2012, 137 = JR 2012, 262 m. Anm. *Schroeder* = *BGHSt* 57, 3.

Entscheidung über den Einwand mit der Hauptverhandlung in nunmehr vorschriftsgemäßer Besetzung ohne erneute Ladung von Neuem begonnen werden, nachdem die Kammer erneut über ihre Besetzung mit drei Richtern einschließlich des Vorsitzenden und zwei Schöffen entschieden hat, was allerdings voraussetzt, dass die Kammer die für Verfahren nach § 74 Abs. 2 GVG zuständige Schwurgerichtskammer ist.

bb) Anforderungen an den Vortrag der Rüge der Verletzung der § 76 Abs. 2 Nr. 1 GVG, § 33b Abs. 2 Nr. 1 JGG, § 338 Nr. 1 lit. b StPO

264 Vollständig und im Wortlaut mitzuteilen sind

- der Beschluss der Kammer über ihre Besetzung in der Hauptverhandlung,
- die Anklageschrift, der Eröffnungsbeschluss und etwaige Hinweise vor Beginn der Hauptverhandlung und sonstige Tatsachen, aus denen sich ergibt, dass die zu verhandelnde Sache in die Zuständigkeit des Schwurgerichts fällt bzw. das Fehlen solcher Hinweise und Tatsachen,
- der Besetzungseinwand, die Tatsache seiner rechtzeitigen Geltendmachung und der Umstand, dass er später nicht zurückgenommen wurde,[193]
- die Entscheidung über den Besetzungseinwand oder die Tatsache, dass dieser übergangen wurde und
- die Besetzung, in der das Gericht die Hauptverhandlung bis zum Urteil durchführte.

b) Zu erwartende Unterbringung nach §§ 63, 66 oder 66a StGB

aa) Rügevoraussetzungen

265 Der Einwand richtete sich dagegen, dass die Anordnung der Unterbringung nach §§ 63, 66 bzw. 66a StGB zu erwarten gewesen sei (§ 76 Abs. 2 Nr. 2 GVG, § 108 Abs. 3 JGG). Die Revisionsrüge der vorschriftswidrigen Besetzung kommt unabhängig davon in Betracht, ob im angefochtenen Urteil die Unterbringung tatsächlich angeordnet wurde oder nicht. Allerdings erfordert die Frage, ob die Anordnung der Unterbringung „zu erwarten" war, eine tatrichterliche wertende Prognoseentscheidung, weshalb mit der Revision die ordnungsgemäße Besetzung nur nach dem Maßstab geprüft werden kann, ob das Gericht bei seinem Besetzungsbeschluss objektiv willkürlich verfahren ist. Dies setzt voraus, dass die Entscheidung auf sachfremden Erwägungen beruhte oder offensichtlich unhaltbar war.[194] Letzteres könnte bspw. dann angenommen werden, wenn sich für die Unterbringung nach §§ 63, 66, 66a StGB relevante Tatsachen im Anklagesatz befanden und/oder die betreffenden Normen in der Anklageschrift unter den anzuwendenden Strafvorschriften angeführt wurden[195] oder sich ein Hinweis auf die in Betracht kommende Unterbringung im

---

193 Dieser Einwand ist ggf. zugleich als ein solcher nach § 6a StPO zu werten.
194 Vgl. nur *BGH* NStZ 1993, 197.
195 *Meyer-Goßner*[55] § 200 Rn. 10 u. 14.

Eröffnungsbeschluss befand.[196] Der *BGH*[197] fordert auch dann einen Besetzungseinwand, wenn die mögliche Anordnung einer Sicherungsverwahrung angesichts der
Vielzahl und Schwere der angeklagten Taten und ihrer Begehung für alle Verfahrensbeteiligten „nicht fernliegend" war. Diese Auffassung impliziert, dass bei einer
entsprechenden Fallgestaltung die Entscheidung über die Durchführung der Hauptverhandlung in reduzierter Besetzung als objektiv willkürlich einzustufen war.

Die Zurückweisung eines Besetzungseinwandes begründet auch dann die Revision
(§ 338 Nr. 1 lit. b StPO), wenn vor Beginn der Hauptverhandlung ein Sachverständiger unter Bezugnahme auf § 246a StPO beauftragt oder zur Hauptverhandlung geladen worden ist und dies auf neuen Umständen beruhte, die nach § 76 Abs. 4 GVG
Anlass für einen neuen Beschluss über die Besetzung des Gerichts gegeben hätten.[198]

*bb) Anforderungen an den Vortrag der Rüge der Verletzung der § 76 Abs. 2
Nr. 2 GVG, § 108 Abs. 3 JGG (§ 338 Nr. 1 lit. b StPO)*

Für die Anforderungen an den Vortrag gem. § 344 Abs. 2 StPO gelten die Ausfüh- **266**
rungen zu Rn. 264 entsprechend. Insbesondere sind die Umstände darzulegen, die
die Behauptung objektiver Willkür des Besetzungsbeschlusses tragen.

c) Zuständigkeit der großen Jugendkammer nach § 41 Abs. 1 Nr. 5 JGG

Der Einwand richtete sich dagegen, dass die Zuständigkeit der großen Jugendkam- **267**
mer nach § 41 Abs. 1 Nr. 5 JGG begründet war:

Auch hier kann die Revision darauf gestützt werden, dass der Beschluss über die
Durchführung der Hauptverhandlung in reduzierter Besetzung objektiv willkürlich
war, soweit die normativen Voraussetzungen „Erwartung einer höheren Strafe als 5
Jahre Jugendstrafe oder Unterbringung in einem psychiatrischen Krankenhaus" betroffen sind. Bzgl. der Katalogtaten gem. § 7 Abs. 2 Nr. 1 und 2 JGG prüft das Revisionsgericht in vollem Umfang, ob die betreffende Gesetzesverletzung in Betracht
kam, eingeschränkt dem gegenüber nur soweit es um die weiteren Voraussetzungen
des § 7 Abs. 2 JGG geht.[199]

---

196 *Meyer-Goßner*[55] § 207 Rn. 5.
197 *BGH* v. 13.9.2011 – 5 StR 189/11 = StV 2012, 196 m. Anm. *Ventzke*.
198 Für den Fall des § 108 Abs. 3 JGG fehlt eine Vorschrift, die eine Änderung der Beset-
     zung infolge von vor Beginn der Hauptverhandlung neu hervorgetretenen Umständen
     zulässt. § 33b Abs. 5 JGG eröffnet diese Möglichkeit nur, wenn sich neue Umstände
     i.S.d. § 33b Abs. 2–4 JGG ergeben. Angesichts der denselben Sachverhalt betreffenden
     Regelung des § 76 Abs. 4 GVG dürfte das Fehlen einer entsprechenden Regelung für
     Fälle des § 108 Abs. 3 JGG aber nur auf einem Redaktionsversehen beruhen.
199 Die für die Besetzung maßgebliche Straferwartung liegt allerdings nicht bei 7 Jahren,
     sondern nach § 41 Abs. 1 Nr. 5 JGG bei 5 Jahren Jugendstrafe!

d) Zuständigkeit der Wirtschaftsstrafkammer oder Verhandlungsdauer von mehr als zehn Verhandlungstagen

268 Der Einwand richtete sich dagegen, dass bzgl. Straftaten verhandelt wird, die in die Zuständigkeit der Wirtschaftsstrafkammer fallen oder eine Hauptverhandlungsdauer von mehr als zehn Verhandlungstagen zu erwarten ist (§ 76 Abs. 2 Nr. 3 i.V.m. Abs. 3 GVG, § 33b Abs. 2 Nr. 3 i.V.m. Abs. 3 Nr. 2 und 3 JGG):[200]

Da die Dreier-Besetzung in diesen Fällen nur „in der Regel" notwendig ist, ist die Revision auch hier nur in Fällen einer objektiv willkürlichen Besetzungsentscheidung begründet. Entbehrt das Abweichen von der „Regel" im Besetzungsbeschluss jeder Begründung, kann die Entscheidung im Einzelfall willkürlich sein,[201] dies gilt jedoch nur dann, wenn sich die Gründe nicht schon aus den den Verfahrensbeteiligten erkennbaren Besonderheiten des Falles ergeben.[202] Letzteres wäre bspw. dann der Fall, wenn in einer in die Zuständigkeit der Wirtschaftsstrafkammer fallenden oder so umfangreichen Sache, in der nach Anklageerhebung zunächst mit mehr als zehn Hauptverhandlungstagen zu rechnen war, vor Eröffnung des Hauptverfahrens Erörterungen stattgefunden hatten (§ 202a StPO), deren Gegenstand die realistische Möglichkeit einer Verständigung war, weil der Angeschuldigte bereit war, den Tatvorwurf einzuräumen. Liegt eine solche Ausnahme nicht vor, wird in den „Regelfällen" des § 76 Abs. 3 GVG bzw. des § 33b Abs. 3 JGG der Beschluss über die Durchführung der Hauptverhandlung in reduzierter Besetzung in Ermangelung einer Begründung als objektiv willkürlich anzusehen sein. Der Gesetzgeber hat mit der Einführung der Regelbeispiele der höchstrichterlichen Rechtsprechung Rechnung getragen, wonach die voraussichtliche Dauer der Hauptverhandlung von mehr als zehn Tagen ein wesentliches Indiz dafür sei, dass der Umfang der Sache i.S.d. § 76 Abs. 2 GVG a.F. die Mitwirkung eines dritten Richters gebiete.[203] Entsprechendes gilt im Hinblick auf die Schwierigkeit der Sache für die Verhandlung über Straftaten i.S.d. § 74c GVG. Zur Beurteilung der Frage, ob weitere Umstände hinzutreten müssen, um von einer objektiv willkürlichen Besetzungsentscheidung sprechen zu können, kann auf die einschlägige Rechtsprechung zu § 76 Abs. 2 GVG a.F. zurückgegriffen werden.

e) Umfang oder Schwierigkeit der Sache

269 Der Einwand richtete sich dagegen, dass Umfang oder Schwierigkeit der Sache die Mitwirkung eines dritten Richters notwendig machten (§ 76 Abs. 2 Nr. 3 GVG, § 33b Abs. 2 Nr. 3 JGG):

---

200 Bei der großen Jugendkammer kommt die Dreier-Besetzung i.d.R. auch bei Übernahme des Verfahrens nach § 41 Abs. 1 Nr. 2 JGG in Betracht: „In der Regel": § 33b Abs. 2 Nr. 3 i.V.m. Abs. 3 Nr. 1 JGG.

201 *BVerfG* NJW 1995, 2911; *BVerfG* NJW 1996, 1336.

202 Vgl. *BVerfG* NJW 1996, 1336; *BGH* v. 7.3.2012 – 1 StR 6/12 = NJW 2012, 2455 = StV 2013, 3.

203 *BGH* v. 18.6.2009 – 3 StR 89/09 = StV 2010, 228 = StraFo 2009, 338; *BGH* v. 7.7.2010 – 5 StR 555/09 = StV 2011, 463 = NStZ 2011, 52 = StraFo 2010, 466.

Die Revision kann auch darauf gestützt werden, dass außerhalb der Regelfälle der § 76 Abs. 3 GVG, § 33b Abs. 3 JGG die Mitwirkung eines dritten Richters geboten war. Allerdings setzt auch dies voraus, dass sich der Beschluss über die Durchführung der Hauptverhandlung in reduzierter Besetzung als objektiv willkürlich darstellt. Zur Frage, ob dies der Fall ist, kann die einschlägige Rechtsprechung zu § 76 Abs. 2 GVG a.f. herangezogen werden.[204]

Für die Anforderung an den Vortrag gem. § 344 Abs. 2 S. 2 StPO gelten sinngemäß die Ausführungen zu Rn. 266.

f) Nachträgliche Besetzungsreduzierung

Die Rüge richtete sich dagegen, dass vor Beginn der Hauptverhandlung die Kammer den ursprünglichen Beschluss, die Hauptverhandlung in der Besetzung mit drei Richtern durchzuführen im Sinne einer Besetzung ohne Mitwirkung eines dritten Richters abgeändert hat (Verletzung der § 76 Abs. 4 GVG, § 33b Abs. 5 JGG):   **270**

Auch wenn die Besetzung mit zwei Richtern einschließlich des Vorsitzenden und zwei (Jugend-)Schöffen die Regelbesetzung ist,[205] lässt sich der Vorschrift des § 76 Abs. 4 GVG bzw. des § 33b Abs. 5 JGG der gesetzgeberische Wille entnehmen, das Gericht im Prinzip an einer einmal getroffenen Besetzungsentscheidung festzuhalten. Eine analoge Anwendung der § 76 Abs. 4 GVG, § 33b Abs. 5 JGG verbietet sich im Hinblick auf Art. 101 Abs. 1 S. 2 GG.

Gemäß § 344 Abs. 2 S. 2 StPO sind der Inhalt des ursprünglichen Besetzungsbeschlusses, Zeitpunkt und Inhalt des Abänderungsbeschlusses, Zeitpunkt und Inhalt des Besetzungseinwands, Übergehung oder Zurückweisung des Einwands und Inhalt des entsprechenden Beschlusses sowie die Besetzung des Gerichts in der Hauptverhandlung mitzuteilen.

4. Rügemöglichkeiten bei Einwänden gegen die Besetzung der großen Kammer mit drei Richtern einschließlich des Vorsitzenden und zwei (Jugend-)Schöffen

a) Willkürliche Überbesetzung

Für die Rechtslage gem. § 76 Abs. 2 GVG a.F. hatte der *BGH* erkannt, dass die Rüge der vorschriftswidrigen Besetzung auch in solchen Fällen in Betracht kam, in denen die Kammer mit drei Richtern einschließlich des Vorsitzenden und zwei (Jugend-)Schöffen besetzt war und dies auf objektiver Willkür beruhte, weil die Voraussetzungen für eine Verhandlung in reduzierter Besetzung vorlagen.[206] Daran hat   **271**

---

204 Vgl. *BGHSt* 44, 328 = StV 1999, 526; *BGH* StV 2003, 657 m. Anm. *Husheer* = NStZ 2004, 56; *BGH* StV 2004, 250; *BGH* v. 7.7.2010 – 5 StR 555/09 = StV 2011, 463 = NStZ 2011, 52 = StraFo 2010, 466.

205 S. oben Rn. 260 f.

206 *BGH* StV 2005, 204; ebenso LR-*Siolek*[26] § 76 GVG Rn. 22.

sich durch die Neuregelung des Gesetzes über die Besetzung der großen Straf- und Jugendkammern in der Hauptverhandlung nichts geändert, zumal dieses die Besetzung mit zwei Richtern einschließlich des Vorsitzenden zur „Regelbesetzung" erklärt.

Die Revisionsbegründung muss darlegen, warum die Zurückweisung oder das Übergehen des Besetzungseinwands im Hinblick auf die fehlenden Voraussetzungen der § 76 Abs. 2 GVG, §§ 33b Abs. 2, 108 Abs. 3 JGG objektiv willkürlich war.

b) Abweichen vom ursprünglichen Besetzungsbeschluss

272 Verhandelt die große Kammer in der Besetzung mit drei Richtern einschließlich des Vorsitzenden und zwei (Jugend-)Schöffen, obwohl der ursprüngliche Besetzungsbeschluss eine Besetzung mit zwei Richtern einschließlich des Vorsitzenden und zwei (Jugend-)Schöffen vorsah, und ist es nicht vor Beginn der Hauptverhandlung zu einem Abänderungsbeschluss gem. § 76 Abs. 4 GVG, § 33b Abs. 5 JGG gekommen oder enthält ein solcher Beschluss keine oder eine nur unzureichende Begründung, muss dieser Sachverhalt auf der Grundlage eines entsprechenden Besetzungseinwandes – ggf. unter wörtlicher Wiedergabe des Abänderungsbeschlusses – vorgetragen und dargelegt werden, dass zwischen dem ursprünglichen Besetzungsbeschluss und dem Beginn der Hauptverhandlung keine Umstände eingetreten sind, aus denen sich für die Verfahrensbeteiligten die Begründung für die Durchführung der Hauptverhandlung in einer Dreier-Besetzung erschließen konnte. Es ist insbesondere darzulegen, dass keine Umstände eingetreten sind, die nach den § 76 Abs. 2 und 3 GVG, § 33b Abs. 2 und 3 JGG eine Besetzung mit drei Richtern einschließlich des Vorsitzenden und zwei (Jugend-)Schöffen geboten hätten.

5. Rügemöglichkeiten bei Einwänden gegen die Besetzung im Hinblick auf einen fehlenden Besetzungsbeschluss

273 Nach § 76 Abs. 2 GVG, § 33b Abs. 2 JGG muss die Kammer – im Gegensatz zur vor dem 1.1.2012 geltenden Rechtslage – stets über die Besetzung beschließen.[207] Das Fehlen eines Beschlusses führt zu einer vorschriftswidrigen Besetzung[208] unabhängig davon, ob unter Mitwirkung eines dritten Richters verhandelt wird oder nicht.[209]

Führt der Einwand zu der Feststellung, dass das Gericht nicht vorschriftsmäßig besetzt ist, hat dies die Beendigung der Hauptverhandlung zur Folge. Nach § 76 Abs. 5 GVG, § 33b Abs. 6 JGG wäre sodann erneut über die Besetzung zu entscheiden und mit der Hauptverhandlung erneut zu beginnen.

---

207 So auch Gesetzentwurf der Bundesregierung v. 12.8.2011 (BR-Drucks. 460/11) Begründung S. 13.

208 Für § 76 Abs. 2 GVG a.F. siehe *BGHSt* 44, 361 = StV 1999, 529 sowie *Schlothauer* StV 1993, 147, 150.

209 So wohl auch *Deutscher* StRR 2012, 10, 13.

Wird der Besetzungseinwand übergangen oder zurückgewiesen und die Hauptverhandlung bis zum Urteil fortgeführt, begründet dies die Revision (§ 338 Nr. 1 lit. b StPO).

6. **Ist es nach Aussetzung der Hauptverhandlung erneut zu einer Hauptverhandlung in einer Besetzung gekommen, die von derjenigen in der zunächst begonnenen Hauptverhandlung abweicht und richtete sich dagegen der übergangene oder zurückgewiesene Besetzungseinwand?**

Nach Beginn der Hauptverhandlung darf der ursprüngliche Besetzungsbeschluss **274** auch dann nicht rückgängig gemacht werden, wenn sich in der Hauptverhandlung herausstellt, dass die ursprünglichen Annahmen für den Besetzungsbeschluss unzutreffend waren. Eine Aussetzung der Hauptverhandlung nur zu dem Zweck, erneut über die Besetzung entscheiden zu können, ist unzulässig.[210] Dementsprechend wäre bei Neubeginn der Hauptverhandlung in veränderter Besetzung der Revisionsgrund der vorschriftswidrigen Gerichtsbesetzung gegeben, wenn ein diesbezüglicher Besetzungseinwand übergangen oder zurückgewiesen wurde (§ 338 Nr. 1 b StPO). Dies gilt aber nur dann, wenn für die Aussetzung der Hauptverhandlung keine anderen Gründe vorlagen als der, erneut über die Besetzung entscheiden zu können. Nur dann wäre das Verfahren in der zunächst beschlossenen Besetzung zu Ende zu führen gewesen. Machten demgegenüber sachliche Gründe die Aussetzung erforderlich, ist nach § 76 Abs. 5 GVG, § 33b Abs. 6 JGG ein erneuter Beschluss über die Besetzung nicht nur zulässig, sondern auch geboten. Nach § 344 Abs. 2 S. 2 StPO muss dargelegt werden, dass solche sachlichen Gründe fehlten.

II. Rügevorbringen in Verfahren ohne Besetzungseinwand

Fand die Hauptverhandlung vor dem Amtsgericht[211] statt oder ist in den Fällen des **275** § 338 Nr. 1a bzw. 1c StPO die Besetzungsrüge deshalb nicht präkludiert, weil die Vorschriften über die Mitteilung der Besetzung nach § 222a StPO verletzt wurden oder die Hauptverhandlung nicht nach § 222a Abs. 2 StPO zur Prüfung der Besetzung unterbrochen wurde,[212] sind zusätzlich zu den diesbezüglichen[213] diejenigen

---

210 S. oben Rn. 262; zur früheren Rechtslage schon *Schlothauer* StV 1993, 147, 148.
211 Gegen dessen Urteil sich die Sprungrevision des Angeklagten richtet. Zur Besetzungsrüge bei Urteilen des Landgerichts im Berufungsverfahren siehe Rüge 267e Rn. 2279.
212 Nicht präkludiert ist die Besetzungsrüge bei erstinstanzlichen Hauptverhandlungen vor dem Landgericht oder dem Oberlandesgericht auch dann, wenn ein Einwand gegen die Besetzung zu deren Änderung führte. Nach § 222b Abs. 2 S. 3 StPO ist für die neue Besetzung § 222a StPO nicht anzuwenden. Allerdings soll nach Auffassung des *BGH* v. 1.4.2008 – 5 StR 357/07 = StV 2009, 66 m. abl. Anm. *Ventzke* = NStZ 2008, 475 eine Besetzungsrüge wegen widersprüchlichen Prozessverhaltens nicht statthaft sein, die mit der Revision die von ihr bewirkte Besetzungsänderung rügt.
213 Siehe zunächst oben Rüge 10 Rn. 223 u. 224.

Verfahrenstatsachen vorzutragen, aus denen sich die vorschriftswidrige berufsrichterliche Besetzung des Gerichts ergibt.

III. Rügemöglichkeiten bei vorschriftswidriger Besetzung

276 Für die Rüge, der/die mit der Sache befasste Spruchkörper/Abteilung sei in Person der Berufsrichter falsch besetzt gewesen, sind insbesondere folgende Problemkreise von Bedeutung:

1. Bestimmung der Besetzung der Spruchkörper (bzw. der einzelnen Abteilungen beim Amtsgericht) durch den Geschäftsverteilungsplan (§ 21e Abs. 1 GVG)[214]

a) Aufstellung des Geschäftsverteilungsplans

277 Gegenstand der Revision kann die Rüge sein, dass der Geschäftsverteilungsplan nicht gesetzmäßig aufgestellt und abgeändert worden sei.[215]

b) Vorsitz des Spruchkörpers

278 Beim Landgericht und beim Oberlandesgericht muss der Geschäftsverteilungsplan den Vorsitz des Spruchkörpers bestimmen, den der Präsident oder ein Vorsitzender Richter zu führen hat (§ 21f Abs. 1 GVG). Das Erfordernis der Bestimmung eines Vorsitzenden Richters zum planmäßigen Vorsitzenden eines Spruchkörpers gilt auch für auswärtige Strafkammern.[216] Es soll nicht für Hilfsstrafkammern gelten.[217] Mit der Besetzungsrüge kann auch die Bestimmung des Vorsitzenden beanstandet werden.[218]

279 Es widerspricht dem Grundsatz des gesetzlichen Richters, wenn ein Geschäftsverteilungsplan keine verbindliche Entscheidung über die Person des Vorsitzenden Richters eines Spruchkörpers trifft und danach die Möglichkeit verbleibt, jederzeit einen anderen Vorsitzenden Richter während des laufenden Geschäftsjahres mit dem Vorsitz zu betrauen.[219] Wird ein Richter am Landgericht zum ständigen Vorsitzenden einer ordentlichen Strafkammer bestellt und nicht nur wegen vorübergehender Verhinderung des Vorsitzenden zu dessen Vertreter, sind § 338 Nr. 1 StPO, § 21f Abs. 1 GVG verletzt.

280 Vorsitzender eines Spruchkörpers bei einem Landgericht kann auch ein Vorsitzender Richter am OLG sein, der an das Landgericht (zurück-)abgeordnet wurde.[220]

---

214 LR-*Breidling*[26] § 21e GVG Rn. 9.
215 Siehe oben Rüge 10 Rn. 227 sowie unten Rn. 301.
216 *BGHSt* 18, 176.
217 *BGHSt* 31, 389 = StV 1983, 323; *Dahs/Dahs* Die Revision im Strafprozess[7] Rn. 131.
218 *BGH* v. 8.1.2009 – 5 StR 537/08 = StV 2010, 349 = NStZ 2009, 471.
219 *OLG Hamm* StV 1998, 6.
220 *BGH* v. 10.12.2008 – 1 StR 322/08 = *BGHSt* 53, 99 = StV 2010, 347 = NJW 2009, 381.

Ein Vorsitzender Richter kann auch zum Vorsitzenden mehrerer Spruchkörper be- **281**
stellt werden. Jedoch muss er die Aufgaben als Vorsitzender im erforderlichen Umfang wahrnehmen können.[221] Er muss normalerweise in 75 % der Fälle den Vorsitz
persönlich führen.[222] Nur so kann er richtunggebenden Einfluss auf die Rechtsprechung des Spruchkörpers ausüben.[223] Die Rüge dürfte nicht nur in den Fällen Erfolg
haben, in denen sich der Vorsitzende (aus welchen Gründen ist unerheblich) in der
Hauptverhandlung hat vertreten lassen.[224]

Eine Geschäftsverteilung, die für eine Strafkammer keinen Vorsitzenden bestimmt **282**
(„N. N.") ist jedenfalls dann gesetzeswidrig, wenn für den Posten dieses Vorsitzenden keine Planstelle ausgewiesen ist,[225] oder diese aufgrund haushaltsrechtlicher
Sparmaßnahmen erst mit zeitlicher Verzögerung wieder besetzt wird.[226] Bei dauernder Verhinderung[227] muss gem. § 21e Abs. 3 GVG ein anderer Vorsitzender bestellt
werden[228] oder es müssen die Geschäfte der insoweit vakanten Strafkammer im
Rahmen einer Geschäftsverteilungsänderung auf andere Strafkammern verteilt werden.[229]

Anforderungen an Vortrag der Verfahrensrüge der **vorschriftswidrigen Besetzung** in der Person **des Vorsitzenden** (§ 338 Nr. 1 StPO, § 21f GVG):

Es ist vorzutragen, **283**

* dass der Geschäftsverteilungsplan für eine ordentliche Strafkammer keinen
  Vorsitzenden Richter als Vorsitzenden bestimmt hat[230] oder nur einen Richter

---

221 Zur Besetzung der Vorsitzendenstelle im 2. und 4. Strafsenat des *BGH* mit einem „Dop-
   pelvorsitzenden" siehe einerseits *BGH* v. 11.1.2012 – 2 StR 346/11 = StV 2012, 204,
   andererseits *BGH* v. 11.1.2012 – 4 StR 523/11= StV 2012, 209 u. *BGH* v. 11.1.2012 –
   2 StR 482/11 = StV 2012, 272 m. Anm. *Bernsmann* StV 2012, 274; s.a. *Schünemann*
   ZIS 2012, 1. Ob die Ausführungen des *BVerfG* (Beschl. v. 23.5.2012 – 2 BvR 610/12,
   2 BvR 625/12 = StV 2012, 513) zur verfassungsrechtlichen Zulässigkeit eines „Doppel-
   vorsitzenden" gleichermaßen für den Vorsitzenden eines Revisionssenats wie eines Tatgerichts gelten können, ist angesichts der Unterschiedlichkeit der jeweiligen Aufgaben
   zu bezweifeln. Zu dieser Entscheidung und ihren Konsequenzen *Fischer/Krehl* StV
   2012, 550.
222 KK-*Diemer*⁶ § 21f GVG Rn. 2; LR-*Breidling*²⁶ § 21f GVG Rn. 5.
223 Dazu ausführlich *Schünemann* ZIS 2012, 1, 2 ff.
224 So aber wohl KK-*Kuckein*⁶ § 338 Rn. 32.
225 *BGHSt* 28, 290.
226 *OLG Hamburg* StV 1984, 503 = NStZ 1984, 570 = JR 1985, 36 m. Anm. *Katholnigg*;
   BGH DRiZ 1985, 396.
227 Siehe dazu auch unten Rn. 295.
228 Die Bestellung nebeneinander und gleichzeitig tätig werdender Vertreter ist ebenfalls
   unzulässig: *OLG Hamm* StV 1998, 6; *OLG Hamm* StV 2004, 366.
229 *OLG Celle* StV 1993, 66, auch zur Abgrenzung vorübergehender von dauerhafter Verhinderung des Vorsitzenden.
230 Zusätzlich ist vorzutragen, dass für den Posten keine Planstelle ausgewiesen worden ist
   oder er infolge einer Haushaltssperre nicht besetzt werden konnte.

am Landgericht[231] oder gar einen Richter am Amtsgericht[232] oder der Vorsitzende Richter dauerhaft verhindert ist;

- mit der Revisionsbegründung müssen keine Tatsachen vorgetragen werden, die den Verfahrensbeteiligten nicht zugänglich sind, beispielsweise weil es sich um präsidiumsinterne Vorgänge handelt.[233] Es müssen lediglich die zugänglichen Tatsachen, insbesondere solche aus dem Geschäftsverteilungsplan, vorgetragen werden.[234]

c) Stellvertretender Vorsitzender

284 Für Fälle vorübergehender Verhinderung des Vorsitzenden muss durch den Geschäftsverteilungsplan einem bestimmten Mitglied der Strafkammer die Aufgabe des stellvertretenden Vorsitzenden übertragen sein (§ 21f Abs. 2 S. 1 GVG). Dieser Richter muss ständiges Mitglied der Kammer und Richter auf Lebenszeit (§ 28 Abs. 2 S. 2 DRiG) sein.[235] Nur wenn ein stellvertretender Vorsitzender bestimmt worden, dieser aber verhindert ist, ist das dienstälteste und bei gleichem Dienstalter das lebensälteste Mitglied des Spruchkörpers befugt, den Vorsitz zu führen (§ 21f Abs. 2 S. 2 GVG).

285 **Anforderungen an Vortrag:** Wird gerügt, dass der Vorsitz nicht von dem Präsidenten oder einem Vorsitzenden Richter geführt wurde, ist mitzuteilen, dass der den Vorsitz führende Richter weder Präsident noch Vorsitzender Richter, sondern Richter am Landgericht oder Amtsgericht war und dass kein Vertretungsfall gegeben war. War ein Vertretungsfall gegeben und wird gerügt, dass der Vorsitz nicht von dem ordentlichen Vertreter im Sinne des § 21f Abs. 2 S. 1 GVG geführt wurde, ist vorzutragen, wer im Vertretungsfall berufen war[236] und dass der den Vorsitz führende Richter nicht das dienstälteste bzw. bei gleichem Dienstalter das lebensälteste Mitglied des Spruchkörpers war, wenn auch der ordentliche stellvertretende Vorsitzende verhindert war.

d) Blinder Richter als Vorsitzender

286 Der Vorsitz in einer Hauptverhandlung einer erstinstanzlichen Strafsache darf nicht von einem blinden Richter geführt werden.[237]

---

231 *OLG Hamm* StV 1998, 6; *OLG Oldenburg* StV 2001, 159.
232 *OLG Hamm* StV 2004, 366.
233 *BGHSt* 28, 290; *OLG Hamm* StV 1998, 6.
234 *BGHSt* 28, 290; *OLG Hamm* StV 1998, 6; *OLG Oldenburg* StV 2001, 159. Zu den weiteren Anforderungen siehe Rn. 285.
235 *BGHSt* 20, 61; *BGHSt* 13, 262, 266.
236 *BayObLG* StV 1984, 414.
237 *BGHSt* 35, 164 = StV 1988, 191; *BGH* StV 1989, 143; anders für Vorsitz in einer Berufungsstrafkammer: *OLG Zweibrücken* NStZ 1992, 50; dazu *BVerfG* NStZ 1992, 246; **a.A.** *Meyer-Goßner*[55] § 338 Rn. 11.

Anforderungen an Vortrag: Zur Begründung der Revision bedarf es des Vortrags, dass der namentlich zu benennende Richter tatsächlich blind sei,[238] es reicht nicht aus zu behaupten, der Richter sei stark sehbehindert bis an die Grenze zur Blindheit. Der Erhebung eines Besetzungseinwandes bedarf es für diese Verfahrensrüge nicht, weil es sich um einen Mangel in der Person des Richters handelt. **287**

e) Beisitzer[239]

Der Geschäftsverteilungsplan muss neben dem Vorsitzenden und dessen Stellvertreter die übrigen Richter benennen, die einem Spruchkörper zugeteilt worden sind. Ist ein Richter mehreren Spruchkörpern zugeteilt worden, ohne dass bestimmt ist, in welchem er vorrangig tätig zu werden hat, liegt ein Zuweisungsmangel mit der Folge der Vorschriftswidrigkeit der Besetzung des Gerichts in seiner Person vor.[240] **288**

Anforderungen an Vortrag: Zum notwendigen Revisionsvortrag gehört die Mitteilung des gesamten Geschäftsverteilungsplans bzw. der Änderungsbeschlüsse aus dem laufenden Jahr, denen zu entnehmen sein muss, dass der namentlich zu benennende Richter zeitgleich mehreren Spruchkörpern zugeteilt ist, ohne dass bestimmt ist, in welchem er vorrangig tätig zu werden hat. **289**

f) Richter auf Probe, kraft Auftrags und abgeordnete Richter

Wirken an einer Entscheidung zwei Richter auf Probe oder ein Richter auf Probe und ein abgeordneter Richter mit, ist das Gericht wegen Verstoßes gegen § 29 DRiG vorschriftswidrig besetzt.[241] **290**

2. Überbesetzung eines Kollegialgerichts

Ein Spruchkörper darf nicht in einem Maße überbesetzt sein, das die Möglichkeit eröffnet, dass vor einer Großen Strafkammer gleichzeitig zwei Hauptverhandlungen mit jeweils drei Berufsrichtern stattfinden oder der Vorsitzende drei Spruchkörper **291**

---

238 *BGHR* StPO § 338 Nr. 1 – Richter, blinder 6.
239 Ob ein blinder Richter als beisitzender Richter an einer tatgerichtlichen Hauptverhandlung nur dann von der Mitwirkung ausgeschlossen ist, wenn es zu einer Augenscheinseinnahme kommt, oder generell, ist str.: vgl. *Meyer-Goßner*[55] § 338 Rn. 11.
240 *BGHSt* 25, 163 = NJW 1973, 1291.
241 *KG* StV 1982, 9; *Dahs/Dahs* Die Revision im Strafprozess[7] Rn. 139. Demgegenüber wurde während der Geltung des zeitlich befristeten § 29 DRiZ i.d.F. vom 11.1.1993 (BGBl. I, 50) die Mitwirkung von zwei Richtern auf Probe als unproblematisch angesehen: *BGH* StV 1995, 568 = NJW 1996, 267; *OLG Zweibrücken* StV 1995, 15; **dagegen** *König* StV 1995, 39. Ein Richter auf Probe darf nicht aufgrund eines Dienstleistungsauftrags ohne zeitliche Begrenzung bei einer Strafkammer eingesetzt werden; durch nachträgliche Befristung des Dienstleistungsauftrages kann der Verfahrensfehler auch nicht geheilt werden: *LG Bremen* StV 1998, 13.

mit je verschiedenen Beisitzern bilden kann.[242] Dies bedeutet, dass ein Spruchkörper höchstens vier Beisitzer haben darf. Dass bei Verhandlung in reduzierter Besetzung gem. § 76 Abs. 2 GVG die Möglichkeit besteht, bereits bei einer Besetzung mit drei Beisitzern in zwei personell voneinander verschiedenen Sitzgruppen zu verhandeln, wurde demgegenüber für unschädlich gehalten.[243] Dies war unkritisch, solange nach § 76 Abs. 2 GVG a.F. bzw. § 33b Abs. 2 JGG a.F. die Dreierbesetzung die Regel und die Verhandlung in reduzierter Besetzung die Ausnahme war. Nachdem seit dem 1.1.2012 die Zweier-Besetzung die Regel-Besetzung darstellt, ist eine Kammerbesetzung mit einem Vorsitzenden und drei Beisitzern im Hinblick auf das Recht auf den gesetzlichen Richter (Art. 101 Abs. 1 S. 2 GG) jedenfalls dann fragwürdig, wenn es dadurch zu einer Überlastung des Vorsitzenden kommt und sein richtungsweisender Einfluss auf die Rechtsprechung des Spruchkörpers nicht mehr gewährleistet ist.[244]

292 Gehören der Strafkammer mehr als drei Berufsrichter an, muss jedenfalls ein **interner Geschäftsverteilungsplan** vorliegen (§ 21g Abs. 1 und 2 GVG), der eine an abstrakten Grundsätzen orientierte Mitwirkungsregelung enthalten und schriftlich abgefasst sein muss.[245] Er kann während des Geschäftsjahres aus den gleichen Gründen geändert werden (§ 21g Abs. 2 Hs. 2 GVG) wie in Fällen des § 21e Abs. 3 GVG.[246]

3. Verhandlung in reduzierter Besetzung (§ 76 Abs. 2 S. 4 GVG; § 33b Abs. 2 S. 4 JGG)

293 Findet eine Verhandlung in reduzierter Besetzung mit zwei Richtern einschließlich des Vorsitzenden und zwei (Jugend-)Schöffen gem. § 76 Abs. 2 S. 4 GVG, § 33b Abs. 2 S. 4 JGG statt,[247] muss ebenfalls im Rahmen der Geschäftsverteilung in abstrakter, genereller Weise geregelt sein, welcher beisitzende Richter neben dem Vorsitzenden an einer Verhandlung mitzuwirken hat (**interner Geschäftsverteilungsplan**).[248]

---

242 *Dahs/Dahs* Die Revision im Strafprozess[7] Rn. 128; KK-*Kuckein*[6] § 338 Rn. 31; SK-StPO-*Frisch*[3] § 338 Rn. 32; *OLG Koblenz* NStZ 1982, 301; für einen Ausnahmefall *BGHSt* 33, 234 = NStZ 1986, 36 m. Anm. *Rieß*.

243 *BVerfG* StV 2005, 1; *BGH* StV 2005, 2 m. Anm. von *Döllen/Meyer-Mews*.

244 *BVerfG* StV 2005, 1. Siehe auch *Fischer/Krehl* StV 2012, 550.

245 *BGHSt* 40, 168 = StV 1994, 416 = NStZ 1994, 443 m. Anm. *Katholnigg* = JZ 1994, 1175 m. Anm. *Kissel*; *BGH* StV 2003, 8; siehe ferner KK-*Kuckein*[6] § 338 Rn. 33.

246 *BGH* NStZ 2001, 611, auch zur Erstreckung auf bereits terminierte Sachen (siehe näher Rn. 301).

247 Siehe hierzu oben Rn. 249.

248 *BGH* StV 1999, 639 = NStZ 2000, 50 = JR 2000, 166 m. Anm. *Katholnigg*; *BGH* StV 2004, 525 = *BGHSt* 49, 130; ferner *Schlothauer* StV 1993, 147, 148.

4. Verhandlung vor einem nach dem Geschäftsverteilungsplan unzuständigen Richter

Soll gerügt werden, dass der an der Hauptverhandlung mitwirkende Richter nicht **294** derjenige ist, der nach dem Geschäftsverteilungsplan hätte mitwirken müssen, müssen die im Geschäftsverteilungsplan getroffenen Regelungen vollständig mitgeteilt werden[249] sowie die Tatsache, dass danach keine Änderung der Geschäftsverteilung erfolgt ist bzw. nur eine solche, durch die die Zuständigkeit des geschäftsplanmäßigen Richters im konkreten Fall nicht berührt wurde.

5. Verhinderung

a) Verhinderung des Vorsitzenden

Der Vertretungsfall des § 21f Abs. 2 GVG tritt in den Fällen vorübergehender Ver- **295** hinderung des Vorsitzenden ein.

Ist die Verhinderung aus tatsächlichen Gründen offenkundig (Urlaub, Krankheit, Abordnung, Rechtsprechungsaufgaben in der eigenen Kammer),[250] kann der Vorsitzende diese selbst feststellen.[251] Ist die Verhinderung nicht offensichtlich oder wirkt sie sich auf andere Spruchkörper aus, ist sie vom Präsidenten des Gerichts festzustellen.[252] Ist die Feststellung der Verhinderung noch im Rahmen des Verfahrens gem. §§ 222a, 222b StPO nachgeholt worden, ist der Vorgang nicht revisibel.[253]

Liegt eine dauernde Verhinderung des Vorsitzenden vor, kann er also für lange oder nicht absehbare Zeit seine Aufgaben nicht wahrnehmen, ist kein Vertretungsfall im Sinne des § 21f Abs. 2 GVG gegeben. Eine solche Situation kann auch infolge einer Überlastung durch strukturelle Maßnahmen (Regelung des Geschäftsverteilungsplans) veranlasst sein.[254] Einer vorhersehbaren, nicht vorübergehenden und nicht auf die besonderen Umstände des Einzelfalles zurückzuführenden Verhinderung muss durch Änderung der Geschäftsverteilung durch das Präsidium gem. § 21e Abs. 3 GVG oder durch Bestellung eines neuen Vorsitzenden Rechnung getragen werden.[255]

---

249 *BayObLG* St 1993, 161 = VRS 86 (1994) 285.
250 Nicht zu den Rechtsprechungsaufgaben gehört die Durchführung einer Informationsveranstaltung für neu gewählte Schöffen: *BGH* StV 1989, 338.
251 Siehe aber auch zu anderen Auffassungen KK-*Kuckein*[6] § 338 Rn. 34.
252 *BGHSt* 21, 174 = NJW 1967, 637; *BGHSt* 30, 268 = StV 1982, 153 = NStZ 1982, 295 m. Anm. *Rieß*.
253 *BGHSt* 30, 268 = StV 1982, 153 = NStZ 1982, 295 m. Anm. *Rieß*; *BGH* StV 1989, 338.
254 *OLG Hamburg* StV 2003, 11.
255 *BGH* NStZ 1989, 32; *BGHR* StPO § 338 Nr. 1 Vorsitzender 2. Siehe dazu auch oben Rn. 282.

b) Verhinderung der Beisitzer

296 Die Vertretung der Beisitzer muss im Falle ihrer Verhinderung im Geschäftsverteilungsplan geregelt sein. Verfahrensfehlerhaft ist die Bestimmung eines zeitweiligen Vertreters nach Maßgabe des § 21e Abs. 3 GVG, die dadurch erforderlich wird, dass die im Geschäftsverteilungsplan vorgesehene Regelung eine nicht ausreichende Vertreterkette vorsieht.[256] Auf die Verfahrensrüge wird überprüft, ob die geschäftsplanmäßige Vertretungsregelung an sich ausreichte, um die ordnungsgemäße Vertretung aller Beisitzer zu gewährleisten.[257]

Ebenfalls fehlerhaft kann die Besetzung mit einem Vertreter sein, der auch einem anderen Spruchkörper zugeteilt ist und für den Kollisionsfall nicht durch den Gerichtspräsidenten bestimmt wurde, welche Tätigkeit vorgeht.[258]

297 Die Feststellung der Verhinderung trifft der Vorsitzende, wenn die Folgen nicht über den eigenen Spruchkörper hinausgehen; sind die Hinderungsgründe nicht offensichtlich und unzweifelhaft, muss die Verhinderung von dem Gerichtspräsidenten festgestellt werden, wenn sie die Heranziehung eines Vertreters aus einem anderen Spruchkörper zur Folge hat.[259] Die Feststellung der nicht offenkundigen Verhinderung ist aktenkundig zu machen.[260]

298 Die tatsächlichen Grundlagen des Verhinderungsfalles können im Revisionsverfahren, abgesehen von der Willkürprüfung,[261] nicht überprüft werden. Die diesbezügliche Prüfung muss sich darauf beschränken, ob der Rechtsbegriff der Verhinderung verkannt ist.[262]

Ist im Falle der nicht zu beanstandenden Verhinderung ein zur Vertretung nicht berufener Richter tätig geworden, begründet dies die vorschriftswidrige Besetzung des Gerichts.[263]

---

256 *BGH* StV 1987, 286; *BGH* StV 1987, 514 = NJW 1988, 1921 = NStZ 1988, 36; *BGH* StV 1988, 194; *LG Berlin* StV 1994, 366.

257 *BGHR* GVG § 21e I Verhinderung 3; LR-*Hanack*[25] § 338 Rn. 27.

258 *BGHSt* 25, 163 = NJW 1973, 1291. Mit der Rüge müssen der gesamte Geschäftsverteilungsplan sowie etwaige Änderungsbeschlüsse mitgeteilt werden sowie die Tatsache, dass der konkrete Einsatz des Richters nicht durch den Gerichtspräsidenten bestimmt wurde.

259 *BGH* StV 1989, 338, wonach insbesondere die Feststellung einer Überlastung nicht zu den offensichtlichen Hinderungsgründen zählt. Allg. *Schrader* Die Feststellung der Verhinderung eines Richters, StV 1991, 540.

260 *Kissel/Mayer* GVG[6] § 21e Rn. 147; LR-*Breidling*[26] § 21f GVG Rn. 23: nur zweckmäßig.

261 Vgl. *BGHSt* 35, 366; *Niemöller* StV 1987, 311.

262 Vgl. *Niemöller* StV 1987, 311 unter Auswertung der höchstrichterlichen Rechtsprechung sowie SK-StPO-*Frisch*[3] § 338 Rn. 38 m. w. Bspl.

263 SK-StPO-*Frisch*[3] § 338 Rn. 39.

c) Zuziehung eines Ergänzungsrichters (§ 192 Abs. 2 GVG)

Ordnet der Vorsitzende die Hinzuziehung eines Ergänzungsrichters an, ist dies kein **299** Fall der im Geschäftsverteilungsplan nach § 21e Abs. 1 GVG geregelten Vertretung. Kann der Ergänzungsrichter aus dem betreffenden Spruchkörper selbst herangezogen werden, wird er nach § 21g GVG bestimmt.[264] Im Übrigen muss der Geschäftsverteilungsplan eine allgemeine Regelung enthalten, welche spruchkörperfremden Richter in welcher Reihenfolge als Ergänzungsrichter heranzuziehen sind.[265]

Wird ein Ergänzungsrichter hinzugezogen, der von vornherein nicht der gesetzliche **300** Richter ist, ist der Einwand der vorschriftswidrigen Besetzung nach § 222b Abs. 1 S. 1 StPO ebenfalls innerhalb der dort bezeichneten Frist und nicht erst im Zeitpunkt seines Eintritts zu erheben.[266] Für Fehler im Zusammenhang mit dem Eintritt in das Quorum greift die Präklusion dagegen nicht Platz.[267] Dies ist vom *1. Strafsenat* des *BGH* in Zweifel gezogen worden, der im Falle des unzulässigen Eintritts eines Ergänzungsrichters die unverzügliche Erhebung eines Besetzungseinwands in Erwägung zieht.[268] Der *5. Strafsenat* des *BGH* erwägt alternativ zur Vermeidung eines Rügeverlustes die Herbeiführung eines Gerichtsbeschlusses gem. § 238 Abs. 2 StPO.[269] Sollte es in der Hauptverhandlung zu einem Besetzungseinwand oder einer Beanstandung gem. § 238 Abs. 2 StPO gekommen sein, ist dieser Umstand sowie ein darauf etwa ergangener Gerichtsbeschluss sowie das weitere Verfahrensgeschehen mitzuteilen.

Der Ergänzungsrichter muss von Beginn der Hauptverhandlung an dieser teilnehmen;[270] eine Hinzuziehung zu einem späteren Zeitpunkt ist rechtsfehlerhaft.[271]

Der Ergänzungsrichter tritt bei Verhinderung eines der zunächst berufenen Richter in das Quorum ein[272]. Scheidet ein Richter aus einem Spruchkörper auf Grund der Übertragung eines Richteramtes bei einem anderen Gericht aus, ist ein Verhinderungsfall i.S.v. § 192 Abs. 2 GVG nicht gegeben, wenn die Hauptverhandlung, die unter Beteiligung dieses Richters begonnen wurde, auf Grund einer Rückabordnung nach § 37 DRiG innerhalb der Fristen des § 229 StPO in der ursprünglichen Beset-

---

264 *BGH* StV 2003, 8; KK-*Diemer*[6] § 192 GVG Rn. 5.
265 *LG Halle* StV 2005, 208.
266 *BGH* StV 2003, 5, 6.
267 *Dahs/Dahs* Die Revision im Strafprozess[8], Rn. 145.
268 *BGH* v. 10.12.2008 – 1 StR 322/08 = StV 2010, 347 = NJW 2009, 381 (hierzu abl. *Lindemann* StV 2010, 379).
269 *BGH* v. 8.1.2009 – 5 StR 537/08 = StV 2010, 349 = NStZ 2009, 471 (auch hierzu abl. *Lindemann* StV 2010, 379).
270 Siehe Rüge 19 Rn. 385.
271 *BGH* StV 2003, 5.
272 *BGHSt* 35, 366 = StV 1989, 143 = JR 1989, 346 m. Anm. *Katholnigg*. Siehe näher Rüge 14 Rn. 333.

zung der Richterbank fortgesetzt werden kann.[273] Bezüglich der Revisibilität der Voraussetzung der Verhinderung gelten die Ausführungen zum Eintritt des Vertretungsfalles[274] entsprechend.[275]

Scheidet der Vorsitzende aus, tritt an seine Stelle dessen ständiger Vertreter, wenn dieser schon bislang an der Hauptverhandlung teilgenommen hat. Hat das Präsidium gem. § 21e Abs. 3 S. 1 GVG einen neuen Vorsitzenden bestimmt und hat dieser – auch als Ergänzungsrichter – schon bislang an der Hauptverhandlung mitgewirkt, übernimmt er den Vorsitz.[276] Im Falle der Verhinderung muss das Verfahren mit dem in das Richterquorum eintretenden Ergänzungsrichter fortgeführt werden. Wird die Verhandlung über die Frist des § 229 StPO hinaus unterbrochen, bis die Verhinderung des Richters behoben ist, anstatt sie mit dem Ergänzungsrichter fortzusetzen, führt dies zur Vorschriftswidrigkeit der Besetzung.[277]

6. Änderung des Geschäftsverteilungsplanes (§ 21e Abs. 3 GVG)[278]

301 Während des laufenden Geschäftsjahres darf eine Änderung des Geschäftsverteilungsplanes nur aus zwingenden justizmäßigen Gründen erfolgen, wenn er in der bisherigen Form nicht mehr durchführbar und eine geordnete Rechtspflege nicht mehr gewährleistet wäre.[279] Sie muss durch Beschluss des Präsidiums erfolgen. Die Änderung der Geschäftslage von einer gewissen Dauer muss die Überlastung oder ungenügende Auslastung eines Richters zur Folge haben oder infolge des Wechsels oder der dauernden Verhinderung einzelner Richter geboten sein.[280] Die Ausbildung des richterlichen Nachwuchses allein stellt keinen genügenden Anlass dar.[281]

Die Revision kann nur darauf gestützt werden, dass bei der Annahme der Voraussetzungen des § 21e Abs. 3 GVG Rechtsfehler unterlaufen sind. Auf die Tatsachen, die zu der Änderung geführt haben, erstreckt sie sich nach herrschender Meinung nicht.[282] Das pflichtgemäße Ermessen des Präsidiums darf nicht durch das eigene Ermessen des Revisionsgerichts ersetzt werden.[283]

---

273   *BGH* v. 10.12.2008 – 1 StR 322/08 = *BGHSt* 53, 99 = StV 2010, 347 = NJW 2009, 381.
274   Siehe oben Rn. 296.
275   Siehe *Dahs/Dahs* Die Revision imStrafprozess[8], Rn. 145.
276   *BGH* v. 8.1.2009 – 5 StR 537/08 = StV 2010, 349 = NStZ 2009, 470.
277   *BGH* StV 1986, 369 = NStZ 1986, 518; siehe auch Rüge 14 Rn. 333.
278   Die nachfolgenden Ausführungen gelten sinngemäß auch für eine Änderung der spruchkörperinternen Geschäftsverteilung: *BGH* NStZ 2001, 611.
279   *BGHSt* 44, 161 = StV 1999, 1, 3.
280   *BGH* StV 1987, 514 = NStZ 1988, 36.
281   *BGHSt* 26, 382.
282   LR-*Hanack*[25] § 338 Nr. 22.
283   *BGHSt* 22, 239; 27, 398.

Rüge 13

Fand die Hauptverhandlung vor dem Gericht in vorschriftsgemäßer Schöffenbesetzung statt? **302**

I. Rügevorbringen im Falle eines Besetzungseinwands

Fand die Hauptverhandlung im ersten Rechtszug vor dem Landgericht statt und wur- **303**
de dort ein einen mitwirkenden Schöffen betreffender Besetzungseinwand geltend
gemacht,[284] weil die Besetzung des Gerichts ordnungsgemäß mitgeteilt worden war,
und wurde der Einwand zu Unrecht übergegangen, zurückgewiesen (§ 338 Nr. 1b
StPO) oder die Vorschriftswidrigkeit der Besetzung zwar festgestellt, jedoch in dieser bis zum Urteil weiterverhandelt (§ 338 Nr. 1d StPO), gelten hier zunächst dieselben Anforderungen an den Revisionsvortrag wie bei der Rüge der Verhandlung vor
einem unzuständigen Spruchkörper des Landgerichts bzw. Oberlandesgerichts.[285]

II. Rügevorbringen bei vorschriftswidriger Besetzung

Ist in den Fällen des § 338 Nr. 1a bzw. c StPO die Besetzungsrüge deshalb nicht **304**
präkludiert, weil die Vorschriften über die Mitteilung der Besetzung nach § 222a
StPO verletzt wurden oder die Hauptverhandlung nicht nach § 222a Abs. 2 StPO
zur Prüfung der Besetzung unterbrochen wurde oder handelt es sich um eine
(Sprung-) Revision gegen ein Urteil des Amtsgerichts bzw. ein Berufungsurteil des
Landgerichts, sind (zusätzlich zum Vortrag des Ausschlusses der Präklusionswirkung[286]) diejenigen Verfahrenstatsachen vorzutragen, aus denen sich die vorschriftswidrige Schöffenbesetzung des Gerichts ergibt.

Für die Rüge, der mit der Sache befasste Spruchkörper sei in der Person der mitwir- **305**
kenden Schöffen falsch besetzt gewesen, sind insbesondere folgende Problemkreise
von Bedeutung:

1. Erstellung der Vorschlagsliste für die Schöffenwahl

Fehler im Zusammenhang mit der Erstellung der Vorschlagsliste für die Schöffen- **306**
wahl (§ 36 GVG) sind allenfalls sehr begrenzt revisibel. Soweit die betreffenden
Fehler außerhalb des Einwirkungsbereichs der Gerichte liegen, sollen sie der Revision generell entzogen sein.[287]

---

284 Ein Besetzungseinwand gem. § 222b Abs. 1 StPO ist auch in Bezug auf einen hinzuge-
zogenen Ergänzungsschöffen (§ 192 Abs. 2 und 3 GVG) erforderlich, der ggf. erst während der Hauptverhandlung in das Quorum eintritt: *BGH* StV 2003, 5, 6. Ebenso ist im
Falle der Mitwirkung eines unvereidigten Schöffen ein Besetzungseinwand erforderlich
(*BGHSt* 48, 290 = StV 2003, 607), weil es sich nicht, wie im Falle der Mitwirkung eines
nach § 32 Nr. 2 GVG ausgeschlossenen Schöffen (hierzu *BGHSt* 35, 28 = StV 1987,
517), um einen Mangel in der Person des Schöffen handelt.

285 Siehe oben Rüge 10 Rn. 216.

286 Siehe zunächst oben Rüge 10 Rn. 223 u. 224.

287 *BGHSt* 22, 122, 123; 38, 47, 51.

Soweit die Justiz bezüglich der Vorschlagslisten eigene Verantwortung trägt, sollen nur solche Fehler die Revision begründen können, die so schwer wiegen, dass dadurch die Wirksamkeit der Schöffenwahl in Frage gestellt werde.[288] Dies betrifft beispielsweise Fehler bei der Verteilung der für das Landgericht benötigten Hauptschöffen auf die dem Landgericht zugehörigen Amtsgerichtsbezirke[289] oder bei der Überprüfung der Einhaltung der Frist zum Auslegen der Vorschlagsliste gem. §§ 39, 36 Abs. 3 GVG.[290] Ein Mangel bei der Aufstellung der Vorschlagsliste kann die vorschriftsmäßige Besetzung des Gerichts nur dann in Frage stellen, wenn ein in der Hauptverhandlung amtierender Schöffe davon betroffen war. Dies muss die Revisionsbegründung darlegen.[291] Bei Verstößen gegen § 36 Abs. 3 GVG[292] deutet der *BGH* an, dass – wenn überhaupt – nur dann ein die Revision begründender Fehler vorliege, wenn in der Person des betreffenden Schöffen Zurückweisungsgründe im Sinne der §§ 32–34 GVG vorlagen.[293] Dazu sollte vorsorglich im Rahmen der Revisionsbegründung entsprechendes vorgetragen werden.

2. Schöffenwahl

307 Eine fehlerhafte Zusammensetzung des Schöffenwahlausschusses ist zumindest insoweit revisibel, als nicht alle erforderlichen Vertrauenspersonen (§ 40 Abs. 2 GVG) bestellt waren[294] oder eine Vertrauensperson von einem unzuständigen Gremium gewählt oder der Verwaltungsbeamte von einer unzuständigen Stelle bestimmt worden war.[295]

308 Schwerwiegende Verfahrensfehler bei der Schöffenwahl können diese ungültig machen:

1. Auslosung der Schöffen anstelle Durchführung einer Schöffenwahl (§ 40 Abs. 3 S. 1 GVG).[296]

2. Schöffenwahl durch einen beschlussunfähigen Ausschuss (§ 40 Abs. 4 GVG).[297]

---

288 *BGHSt* 34, 121 = StV 1987, 93 m. Anm. *Mehle* = NStZ 1987, 238 m. Anm. *Katholnigg*; *BGH* StV 2001, 156; *BayObLG* StV 1998, 8 m. Anm. *Bockemühl.*
289 *BGHSt* 34, 121 = StV 1987, 93 m. Anm. *Mehle* = NStZ 1987, 238 m. Anm. *Katholnigg* zur Berücksichtigung eines Amtsgerichtsbezirks, für den eine auswärtige Strafkammer existiert; *OLG Celle* JR 1981, 169 m. Anm. *Wagner.*
290 *BGH* StV 2001, 156; *BayObLG* StV 1998, 8 m. Anm. *Bockemühl.*
291 *BGH* v. 16.7.2008 – 2 StR 83/08 = StV 2008, 566.
292 S. zum Nachweis der ordnungsgemäßen Auslegung *BGH* v. 16.7.2008 – 2 StR 83/08 = StV 2008, 566.
293 *BGH* StV 2001, 156.
294 *BVerfGE* 31, 181, 184.
295 *BGHSt* 20, 37, 39; 26, 206, 208; anders im Falle der „Überbesetzung" des Schöffenwahlausschusses durch einen weiteren Verwaltungsbeamten, weil dieser Fehler nicht schwerwiegend sei und auf das Wahlergebnis keinen Einfluss gehabt habe: *BGHSt* 26, 206.
296 *BGHSt* 33, 41 = StV 1984, 455 = NStZ 1985, 82; *BGHSt* 35, 190 = StV 1988, 140; *LG Koblenz* StV 1988, 246.
297 *Kissel/Meyer*[6] GVG § 40 Rn. 23.

3. Wahl eines Jugendschöffen aus der Schöffenliste für Erwachsene.[298]

4. Wahl eines Schöffen aus einer für einen anderen Amtsgerichtsbezirk aufgestellten Vorschlagsliste.[299]

5. Wahl eines Schöffen, dessen Name auf gar keiner Vorschlagsliste enthalten war.[300]

Als nicht schwerwiegend hat der BGH den Fehler bewertet, dass anlässlich der Schöffenwahl die Vorschlagsliste einer Gemeinde fehlte.[301] **309**

3. Auslosung der Reihenfolge des Tätigwerdens der Schöffen (§§ 45, 77 Abs. 1 und Abs. 3 GVG)

Die Auslosung der Hauptschöffen auf die ordentlichen Sitzungstage für das jeweilige Kalenderjahr (§§ 77 Abs. 1, 45 Abs. 1 GVG) hat in öffentlicher Sitzung stattzufinden (§ 45 Abs. 2 GVG).[302] Dasselbe gilt für die Auslosung der Reihenfolge, in der Hilfsschöffen tätig werden sollen (§§ 45 Abs. 2, 77 Abs. 1 GVG). Allerdings erfolgt die Auslosung der Hilfsschöffen für die Erstellung der Hilfsschöffenliste nur einmal für die gesamte Wahlperiode und nicht jährlich.[303] Die Auslosung erfolgt für die beim Amtsgericht tätigen Haupt und Hilfsschöffen durch einen durch den Geschäftsverteilungsplan bestimmten Richter beim Amtsgericht (§ 45 Abs. 3 GVG), die Auslosung der beim Landgericht tätigen Schöffen und Hilfsschöffen nimmt der Landgerichtspräsident vor (§ 77 Abs. 3 GVG). **310**

Die Auslosung der Hauptschöffen muss aus einer einheitlichen Schöffenliste erfolgen. Beispielsweise ist die Durchführung getrennter Wahlen von Hauptschöffen für die allgemeinen Strafkammern und für das Schwurgericht und die dementsprechende Schöffenauslosung aus getrennten Listen unzulässig.[304] Bei der Auslosung sind **sämtliche** auf der Schöffenliste stehende Schöffen zu berücksichtigen und den einzelnen Sitzungstagen zuzulosen.[305] Eine nachträgliche Änderung der durch Auslosung festgelegten Schöffenbesetzung oder der Reihenfolge der Hilfsschöffenliste durch die Geschäftsstelle begründet die Vorschriftswidrigkeit der Besetzung.[306] **311**

---

298 *BGHSt* 26, 393.
299 *BGHSt* 29, 144.
300 *BGH* StV 1991, 503 = NStZ 1991, 546.
301 *BGHSt* 33, 290.
302 *BGH* StV 1983, 446 = NStZ 1984, 49.
303 *BGHSt* 36, 138 = StV 1989, 240 = JR 1989, 479 m. Anm. *Katholnigg*. Zum zwingenden Erfordernis der Auslosung siehe *BGHR* GVG § 45 Abs. 2 S. 4 – Reihenfolge 1.
304 *BGH* StV 1986, 48 = JR 1986, 389 m. Anm. *Katholnigg*.
305 *OLG Celle* StV 1991, 203 = NStZ 1991, 350 m. Anm. *Katholnigg*; zu dem dieser Entscheidung zugrunde liegenden Vorgang siehe *LG Hannover* StV 1991, 205 = NStZ 1990, 503; siehe ferner *LG Braunschweig* StV 1990, 259.
306 *BGH* StV 1982, 358.

4. Mitwirkung disqualifizierter, unvereidigter oder mit sonstigen Mängeln behafteter Schöffen

a) Disqualifizierte Schöffen

312 Die Mitwirkung eines Schöffen, in dessen Person ein Ausschlussgrund im Sinne des § 32 GVG vorliegt, führt zur vorschriftswidrigen Besetzung des Gerichts in seiner Person. Ein solcher Fall liegt beispielsweise vor, wenn gegen den Schöffen ein Strafverfahren schwebt, das den Verlust der Fähigkeit zur Bekleidung öffentlicher Ämter zur Folge haben kann.[307] Da es sich um einen Mangel in seiner Person handelt, bedarf es im erstinstanzlichen Verfahren vor dem Landgericht bzw. dem Oberlandesgericht keines Besetzungseinwandes.[307]

Die Revision muss im Falle des § 32 Nr. 1 GVG den Schuldvorwurf und das Strafmaß darlegen.

Im Falle des § 32 Nr. 2 GVG muss die Tatbeschreibung des gegen den Schöffen anhängigen Ermittlungsverfahrens so konkret sein, dass ersichtlich wird, dass eine Verurteilung den Verlust der Fähigkeit zur Bekleidung öffentlicher Ämter zur Folge haben kann.[308] Dass das Verfahren im Verlauf oder nach der Hauptverhandlung eingestellt worden ist, lässt die Vorschriftswidrigkeit der Besetzung nicht entfallen.

Nach § 51 Abs. 1, Abs. 2 S. 1 GVG ist ein Schöffe durch einen Strafsenat des OLG seines Amtes zu entheben, wenn er seine Amtspflichten gröblich verletzt hat. Bis zu dieser Entscheidung kann der Strafsenat anordnen, dass der Schöffe nicht mehr zu Sitzungen herangezogen wird (§ 51 Abs. 3 S. 1 GVG). Nimmt ein solcher Schöffe gleichwohl (weiter) an der Hauptverhandlung teil, ist dies ein Verfahrensfehler (§§ 26 Abs. 1, 338 Nr. 1 StPO, § 51 GVG). Ist die betreffende Entscheidung des Senats vor Beginn der Hauptverhandlung ergangen, bedarf es eines Besetzungseinwands. Da die Entscheidung des OLG konstitutive Wirkung hat, ist ein Schöffe vor der Entscheidung nicht deshalb disqualifiziert, weil Gründe dafür vorliegen, dass er seine Amtspflichten gröblich verletzt hat und dies später von dem Strafsenat bestätigt wurde.

Anforderungen an den Vortrag: Der Inhalt und der Zeitpunkt der Amtsenthebungs- oder Suspendierungsentscheidung des OLG ist mitzuteilen; ggf. Inhalt und Rechtzeitigkeit eines Besetzungseinwands und die darauf ergangene Entscheidung sowie die Tatsache der (weiteren) Mitwirkung des disqualifizierten Schöffen an der Hauptverhandlung.

b) Unvereidigte Schöffen

313 Bei fehlender Vereidigung eines Schöffen ist das Gericht in seiner Person im Sinne des § 338 Nr. 1 StPO nicht vorschriftsmäßig besetzt.[309] Der Schöffe muss spätes-

---

307 *BGHSt* 35, 28 = StV 1987, 517 = JR 1989, 35 m. Anm. *Katholnigg.*
308 KK-*Kuckein*[6] § 338 Rn. 52 m.w.N.
309 *BGHSt* 48, 290 = StV 2003, 607.

tens vor seiner ersten Dienstleistung zu Beginn der Hauptverhandlung vereidigt worden sein (§ 45 Abs. 2 DRiG).

Das Vereidigungserfordernis gilt sowohl für Haupt als auch Hilfsschöffen.[310] Ein Ergänzungsschöffe muss ebenfalls spätestens zu Beginn der Hauptverhandlung und nicht erst anlässlich seines Einsatzes vereidigt worden sein; wird er allerdings nicht eingesetzt, ist das Unterlassen der Vereidigung unschädlich.[311]

Eine erst im Laufe der Hauptverhandlung durchgeführte Vereidigung lässt den Verfahrensfehler nicht entfallen.[310] Der Fehler wird in diesem Falle aber dann geheilt, wenn im Anschluss an die Vereidigung die bis dahin durchgeführten wesentlichen Teile der Hauptverhandlung wiederholt worden sind.

Anforderungen an den Vortrag der Rüge der Mitwirkung eines unvereidigten Schöffen: **314**

Es muss vorgetragen werden, dass an der Hauptverhandlung ein namentlich zu benennender Schöffe mitgewirkt hat, der weder zuvor noch zu Beginn der Hauptverhandlung vereidigt worden ist. Es sollte weiter mitgeteilt werden, dass die Vereidigung auch im Laufe der Hauptverhandlung nicht nachgeholt bzw. die bis dahin durchgeführte Hauptverhandlung nach der Vereidigung nicht wiederholt worden ist.

Da die fehlende Vereidigung keinen Mangel in der Person des Schöffen darstellt, bedarf es im erstinstanzlichen Verfahren vor dem Landgericht der Erhebung eines rechtzeitigen Besetzungseinwandes,[312] falls eine Rügepräklusion nicht gem. § 338 Nr. 1a bzw. § 338 Nr. 1c StPO ausscheidet.

c) Sonstige Mängel

Zu sonstigen Mängeln körperlicher, sprachlicher oder geistiger Art siehe Rüge 18   **315** Rn. 382.

5. Heranziehung der Hauptschöffen

a) „Ordentliche", verlegte und „außerordentliche" Sitzungstage

Die Hauptschöffen werden zu den für das ganze Jahr im Voraus festgestellten (§ 45   **316** Abs. 1 GVG) ordentlichen Sitzungstagen herangezogen, für die sie ausgelost worden sind (§§ 45 Abs. 2, 77 Abs. 1 GVG). Wird ein solcher im Voraus festgestellter Sitzungstag vor oder nachverlegt und soll im Zeitpunkt der Terminierung an dem ursprünglich festgestellten Sitzungstag keine, auch nicht in anderer Sache fortge-

---

310 *OLG Celle* StV 1999, 201.
311 LR-*Hanack*[25] § 338 Rn. 32.
312 *BGHSt* 48, 290 = StV 2003, 607. Hierzu muss Entsprechendes vorgetragen werden: siehe oben Rüge 10 Rn. 216.

setzte[313] Hauptverhandlung stattfinden,[314] handelt es sich bei dem verlegten ebenfalls um einen „ordentlichen" Sitzungstag, an dem Hauptschöffen mitzuwirken haben. Es sind diejenigen Hauptschöffen heranzuziehen, deren ordentlicher Sitzungstag dem verlegten Sitzungstag am nächsten kommt. Liegt der verlegte Sitzungstag genau zwischen zwei freien Sitzungstagen, bestimmt in der Regel der frühere ordentliche Sitzungstag die Schöffenbesetzung.[315] „Außerordentlich" sind Sitzungen nur dann, wenn sie wegen zusätzlichen Bedarfs an Hauptverhandlungstagen anberaumt werden, weil die Durchführung der zu terminierenden Hauptverhandlung an den ordentlichen Sitzungstagen nicht möglich ist.[316] Mit der Revisionsbegründung sind diejenigen Schöffen zu benennen, die bei richtiger Gesetzesanwendung zur Mitwirkung berufen waren.[317]

317 **Anforderungen an den Vortrag** der Rüge der unzulässigen Mitwirkung eines Hilfsschöffen an einer „ordentlichen" Sitzung:

Wird mit einer Verfahrensrüge beanstandet, in einer Hauptverhandlung seien unzulässigerweise Hilfsschöffen tätig geworden, weil es sich nur um einen vorgezogenen „ordentlichen" Sitzungstag gehandelt habe, muss die Revisionsbegründung den Sitzungskalender der fraglichen Zeit mitteilen.[318] Nur so lässt sich feststellen, dass es sich bei dem fraglichen Sitzungstag um einen vorgezogenen oder nachverlegten ordentlichen Sitzungstag und nicht um einen zusätzlichen Sitzungstag handelt, für den Hilfsschöffen hinzuzuziehen waren.[319] Es ist mitzuteilen, dass es sich bei den namentlich zu benennenden Schöffen um Hilfsschöffen gehandelt hat. Die Namen der dem betreffenden ordentlichen Sitzungstag zugewiesenen Hauptschöffen sind ebenfalls mitzuteilen.[320]

b) Besetzung bei Neubeginn der Hauptverhandlung

318 Musste mit einer Hauptverhandlung nach einem begründeten Besetzungseinwand an einem ordentlichen Sitzungstag neu begonnen werden oder wurde die bereits begonnene Hauptverhandlung aus einem anderen Grund ausgesetzt, sind die für den Tag des neuen Sitzungsbeginns ausgelosten Schöffen zur Mitwirkung berufen. Dies gilt selbst dann, wenn die neue Hauptverhandlung an einem Tag beginnt, der von

---

313 *BGHSt* 50, 132 = StV 2005, 536.
314 *BGHSt* 43, 270, 272 = StV 1998, 4; siehe ergänzend unten Rn. 329.
315 *BGHSt* 41, 175 = StV 1995, 568 = JR 1996, 165 m. Anm. *Katholnigg* und weiteren Ausführungen zur Verlegung ordentlicher Sitzungstage und davon beeinflusster Schöffenbesetzung; *BGH* StV 1998, 4 = NJW 1998, 390.
316 *BGHSt* 11, 54; 43, 270 f.; zu den Grenzen des dem Vors. zustehenden Ermessensspielraums bei der Verteilung einzelner zur Terminierung anstehender Strafsachen auf ordentliche und notwendig gewordene außerordentliche Sitzungen: *BGH* StV 2005, 538 = StraFo 2005, 206.
317 KK-*Kuckein*[6] § 338 Rn. 52.
318 *BGH* StV 2000, 242.
319 Siehe hierzu unten Rn. 329.
320 *BGH* GA 1983, 180 m. w. Anm. *Katholnigg*.

Anfang an als Fortsetzungssitzungstag bestimmt war. Auch dann dürfen nicht diejenigen Hauptschöffen herangezogen werden, die anlässlich des ursprünglichen Hauptverhandlungsbeginns zur Mitwirkung berufen waren.[321]

Anforderungen an den Vortrag der Rüge der vorschriftswidrigen Besetzung nach Neubeginn der Hauptverhandlung: **319**

Es muss mitgeteilt werden, dass es sich um eine Hauptverhandlung im Anschluss an einen begründeten Besetzungseinwand bzw. nach Aussetzung der ursprünglichen Hauptverhandlung und bei dem Tag des neuen Sitzungsbeginns um einen ordentlichen Sitzungstag handelte. Es muss ferner vorgetragen werden, dass es sich bei den anwesenden Schöffen nicht um die für diesen Tag ausgelosten Hauptschöffen handelte, so dass ausgeschlossen werden kann, dass die für den ursprünglichen Prozessbeginn ausgelosten Schöffen zuständig geblieben waren.

Darüber hinaus ist mitzuteilen,[322] welche Hauptschöffen zur Mitwirkung berufen gewesen wären. Zusätzlich ist auszuschließen, dass ein Fall vorliegt, bei dem Ersatz oder Hilfsschöffen heranzuziehen waren oder aber es muss mitgeteilt werden, dass es sich bei den anwesenden Schöffen um Hauptschöffen handelte. **320**

6. Verwendung der Hilfsschöffenliste

a) Ausfall eines Hauptschöffen

Ist ein Hauptschöffe gehindert, an einer vorgesehenen Sitzung mitzuwirken, sei es, dass er nicht erreicht werden kann, sei es, dass er ausbleibt oder sei es, dass er von dem Vorsitzenden auf seine Bitte von der Dienstleistung entbunden wird, weil er an deren Teilnahme infolge unabwendbarer Umstände gehindert ist oder ihm diese nicht zugemutet werden kann (§ 54 GVG), sind Schöffen aus der Hilfsschöffenliste heranzuziehen (§§ 47, 49 Abs. 1 GVG). Die Entscheidung des Vorsitzenden ist nicht anfechtbar (§ 54 Abs. 3 S. 1 GVG). Dies hat zur Folge, dass der Vorgang nicht revisibel ist (§ 336 S. 2 StPO), es sei denn, die Entscheidung wäre willkürlich.[323] **321**

b) Unwiderruflichkeit der Entbindungsentscheidung

Die Entbindungsentscheidung ist nicht widerruflich, auch nicht, wenn der Grund, der zur Befreiung des Schöffen von seiner Dienstleistung geführt hat, rechtzeitig vor der Hauptverhandlung entfällt.[324] Wird deshalb der ursprünglich zur Mitwir- **322**

---

321   *BGH* StV 2003, 10 = NJW 2002, 2963.

322   Der *BGH* hat die Notwendigkeit dieser Mitteilung in der vorstehenden Entscheidung (StV 2003, 10 = NJW 2002, 2963) dahinstehen lassen.

323   Vgl. *OLG Karlsruhe* NStZ 1981, 272 = MDR 1981, 692; *OLG Hamm* NStZ 2001, 611.

324   *BGHSt* 30, 149 = NStZ 1981, 399 m. Anm. *Katholnigg* = JR 1982, 255 m. Anm. *Rieß*; ferner *BGH* StV 1983, 497. *BGHSt* 31, 3 = StV 1982, 410 betrifft den Sonderfall, dass die Entscheidung des Vorsitzenden über die Befreiung des Schöffen fehlerhaft war und dadurch dem Angeklagten sein gesetzlicher Richter entzogen wurde. In einem solchen Fall ist der Widerruf der Entbindung zulässig und geboten.

kung berufene Hauptschöffe in der Hauptverhandlung tätig, begründet dies die Vorschriftswidrigkeit der Besetzung.[325]

323 **Anforderungen an den Vortrag** der Rüge der Mitwirkung eines entbundenen Hauptschöffen:

Es muss mitgeteilt werden, dass es sich bei dem von der Teilnahme an der Hauptverhandlung entbundenen Hauptschöffen um denjenigen handelt, der dem fraglichen Sitzungstag zugelost war. Die Entscheidung des Vorsitzenden, diesen Schöffen auf seinen Antrag von der Dienstleistung zu entbinden, ist im Wortlaut mitzuteilen. Es ist unter Mitteilung von Einzelheiten darzulegen, dass die Entbindungsentscheidung nicht grob fehlerhaft war.[326] Es ist darüber hinaus mitzuteilen, dass der fragliche Schöffe gleichwohl an der Hauptverhandlung mitgewirkt hat. Schließlich ist vorzutragen, welcher Hilfsschöffe im Zeitpunkt der Entbindung des Hauptschöffen von der Dienstleistung an bereitester Stelle der Hilfsschöffenliste stand und damit zur Mitwirkung an der Hauptverhandlung berufen war.

c) Heranziehung von Hilfsschöffen nach der Hilfsschöffenliste

324 Für die Frage, welcher Schöffe aus der Hilfsschöffenliste heranzuziehen ist, ist auf den Zeitpunkt des Eingangs der Entbindungsanordnung des Vorsitzenden oder der Feststellung bei der Schöffengeschäftsstelle abzustellen, aus der sich die Notwendigkeit der Heranziehung ergibt (§ 49 Abs. 3 GVG). Der zu diesem Zeitpunkt an bereitester Stelle der Hilfsschöffenliste stehende Hilfsschöffe hat in den Spruchkörper einzutreten. Ist dies nicht der Fall, führt dies zur Vorschriftswidrigkeit der Besetzung.

325 **Anforderungen an den Vortrag** der Rüge der fehlerhaften Verwendung der Hilfsschöffenliste:

Es ist darzulegen, dass und aus welchen Gründen der Hauptschöffe zur Mitwirkung in der bevorstehenden Hauptverhandlung nicht zur Verfügung stand. Es ist vorzutragen, zu welchem Zeitpunkt die Anordnung oder Feststellung, aus der sich die Notwendigkeit der Heranziehung eines Hilfsschöffen ergab, bei der Schöffengeschäftsstelle eingegangen ist.[327] Es ist im Einzelnen darzulegen, welcher Hilfsschöf-

---

325 Die Vorschriftswidrigkeit der Besetzung durch Hinzuziehung des ursprünglich zur Mitwirkung berufenen Hauptschöffen kann nach Auffassung des *5. Strafsenats* des *BGH* aber dann nicht zulässigerweise mit der Revision gerügt werden, wenn auf den in der Hauptverhandlung erhobenen Besetzungseinwand des Angeklagten hin der ursprünglich vom Vorsitzenden entbundene Hauptschöffe herangezogen und die Hauptverhandlung sodann unter seiner Mitwirkung fortgesetzt wurde: *BGH* v. 1.4.2008 – 5 StR 357/07 = StV 2009, 66 m. Anm. *Ventzke* = NStZ 2008, 475.

326 Vgl. die Fallkonstellation in *BGHSt* 31, 3 = StV 1982, 410.

327 Sind an demselben Tag Anfragen zweier Strafkammern bei der Schöffengeschäftsstelle eingegangen, mit denen jeweils Vertretungsfälle wegen Verhinderung von Hauptschöffen gemeldet wurden, ist der Spruchkörper mit einem Hilfsschöffen vorschriftswidrig besetzt, wenn die Schöffengeschäftsstelle die Anfragen nicht mit Datum und Uhrzeit dokumentiert hat, so dass nicht sicher nachvollzogen werden kann, dass die Zuteilung entsprechend der Vorschrift des § 49 Abs. 3 GVG erfolgte: *LG Hannover* StV 2010, 300.

fe zu diesem Zeitpunkt an bereitester Stelle der Hilfsschöffenliste stand. In diesem Falle ist der betreffende Hilfsschöffe namentlich als derjenige zu benennen, der bei richtiger Gesetzesanwendung zur Mitwirkung berufen war.

d) Streichung eines Hauptschöffen aus der Schöffenliste

Wird ein Hauptschöffe von der Schöffenliste gestrichen (§ 52 GVG), tritt an dessen Stelle der Hilfsschöffe, der nach der Reihenfolge der Hilfsschöffenliste an nächster Stelle steht.[328] Zuvor ist die Hilfsschöffenliste durch die Vornahme bereits angeordneter Streichungen auf den neuesten Stand zu bringen; denn die Streichung eines Hilfsschöffen wird nicht erst mit deren Mitteilung an die Schöffengeschäftsstelle wirksam, sondern bereits mit der schriftlich niedergelegten Feststellung.[329]   **326**

Der als Hauptschöffe herangezogene Hilfsschöffe wird in der Hilfsschöffenliste gestrichen (§ 49 Abs. 2 GVG). Die Heranziehung eines Hilfsschöffen in der Form, dass er aus der Hilfsschöffenliste ausgelost wird, ist unzulässig und begründet die Besetzungsrüge.[330]

Anforderungen an den Vortrag der Rüge der fehlerhaften Heranziehung eines Hilfs- als Hauptschöffen: **327**

Auch in diesem Falle muss nicht nur mitgeteilt werden, dass der Hilfsschöffe zum Zwecke seiner Heranziehung als Hauptschöffe aus der Hilfsschöffenliste ausgelost wurde; es muss auch mitgeteilt werden, welcher Hilfsschöffe zum betreffenden Zeitpunkt an bereitester Stelle auf der Hilfsschöffenliste stand und damit zur weiteren Mitwirkung als Hauptschöffe berufen war.[331]

e) Einsatz von Ergänzungsschöffen

Werden für eine Verhandlung Ergänzungsschöffen (§ 192 Abs. 2, Abs. 3 GVG) benötigt, werden auch diese nach Maßgabe von § 49 Abs. 1 und Abs. 3 GVG aus der Hilfsschöffenliste zugewiesen (§ 48 Abs. 1 GVG)[332]. Der Ergänzungsschöffe tritt in den Spruchkörper ein, sobald der zu ersetzende Schöffe verhindert ist, was festzustellen dem Vorsitzenden obliegt.[333] Wird die Verhandlung wegen der Verhinde-   **328**

---

328 *BGHSt* 30, 255 = StV 1982, 6.

329 *KG* StV 1984, 504.

330 *BGH* StV 1985, 6 = NStZ 1985, 135.

331 *BGHSt* 36, 138 = StV 1989, 240 = JR 1989, 479 m. Anm. *Katholnigg*; *BGH* NJW 1991, 50.

332 In der erstinstanzlichen Hauptverhandlung vor dem Landgericht muss, um mit der Besetzungsrüge nicht gem. § 338 Nr. 1b StPO präkludiert zu werden, der gegen den von vornherein gegen den „ungesetzlichen" Ergänzungsschöffen gerichtete Besetzungseinwand rechtzeitig im Sinne des § 222b Abs. 1 StPO vorgebracht worden sein, und zwar auch in den Fällen, in denen der Ergänzungsschöffe erst zu einem späteren Zeitpunkt in den Spruchkörper eintritt: *BGH* StV 2003, 5.

333 *BGHSt* 35, 366 = StV 1989, 143 = JR 1989, 346 m. Anm. *Katholnigg*; siehe auch Rüge 12 Rn. 300 u. Rüge 19 Rn. 388.

rung des Schöffen über die Frist des § 229 StPO hinaus unterbrochen, bis die Verhinderung behoben ist, anstelle die Hauptverhandlung mit dem Ergänzungsschöffen fortzusetzen, führt dies zu einer vorschriftswidrigen Besetzung.[334]

Die Feststellung der Verhinderung des Schöffen durch den Vorsitzenden mit der Folge des Eintritts des Ergänzungsschöffen kann revisionsrechtlich nur eingeschränkt, nämlich auf Willkür überprüft werden.[335] Zusätzlich wird seitens der Rechtsprechung des *BGH* erwogen, ob eine Besetzungsrüge nur dann erhoben werden kann, wenn im Falle des unzulässigen Eintritts des Ergänzungsschöffen in das Quorum ein Besetzungseinwand geltend gemacht[336] oder ein Gerichtsbeschluss gem. § 238 Abs. 2 StPO herbeigeführt worden ist.[337]

Nach § 48 Abs. 2 GVG kann der Eintritt des Ergänzungsschöffen in das Quorum schon zu Beginn der Hauptverhandlung erfolgen, wenn die Verhinderung des zur Mitwirkung berufenen Hauptschöffen schon vor Beginn der Sitzung bekannt wird. In einem solchen Fall setzt die Besetzungsrüge unter den Voraussetzungen des § 222a StPO einen Besetzungseinwand voraus.

f) Mitwirkung von Hilfsschöffen an „außerordentlichen" Sitzungen

329 Hilfsschöffen werden schließlich gem. §§ 47, 49 Abs. 1 GVG herangezogen, wenn die Anberaumung einer außerordentlichen Sitzung infolge der Geschäftslage dies erforderlich macht.[338] Von einer außerordentlichen Sitzung kann nur gesprochen werden, wenn neben den ordentlichen Sitzungstagen eine zusätzliche Sitzung anberaumt wird.[339] Für die außerordentliche Sitzung sind diejenigen Hilfsschöffen heranzuziehen, die im Zeitpunkt der Anberaumung an bereitester Stelle der Hilfsschöffenliste stehen. Werden für eine außerordentliche Sitzung Hauptschöffen eines davor oder danach liegenden ordentlichen Sitzungstages herangezogen, kann dies wegen vorschriftswidriger Besetzung mit der Verfahrensrüge angegriffen werden.

330 **Anforderungen an den Vortrag** der unzulässigen Mitwirkung eines Hauptschöffen an einem „außerordentlichen" Sitzungstag:

Es ist vorzutragen, welche ordentlichen Sitzungstage in der Zeit vor bzw. nach dem außerordentlichen Sitzungstag gem. § 45 Abs. 1 GVG festgestellt worden sind. Es ist mitzuteilen, dass an diesen Sitzungstagen jeweils eine Hauptverhandlung stattge-

---

334 *BGH* StV 1986, 369 = NStZ 1986, 518; siehe auch Rüge 14 Rn. 333.
335 *BGHSt* 35, 366, 373 = StV 1989, 143; *BGHSt* 47, 220 = StV 2002, 178, 179.
336 *BGH* v. 10.12.2008 – 1 StR 322/08 = StV 2010, 347 = NJW 2009, 381 (abl. *Lindemann* StV 2010, 379).
337 *BGH* v. 8.1.2009 – 5 StR 537/08 = StV 2010, 349 = NStZ 2009, 471 (abl. *Lindemann* StV 2010, 379).
338 Ohne konkreten Anlass dürfen ordentliche Sitzungstage nicht dadurch freigehalten werden, dass an ihrer Stelle außerordentliche Sitzungen anberaumt werden: *BGHSt* 37, 324 = StV 1991, 246 = NStZ 1991, 349.
339 Zur Abgrenzung von (vor- oder nachverlegten) ordentlichen Sitzungstagen siehe oben Rn. 316.

funden hat und die für diese Sitzungstage ausgelosten Hauptschöffen mitgewirkt haben. Es ist mitzuteilen, welche Hilfsschöffen im Zeitpunkt der Anberaumung der zusätzlichen Sitzung an bereitester Stelle der Hilfsschöffenliste standen.

7. Besetzung einer Hilfsstrafkammer

Schöffen für eine während des Geschäftsjahres gebildete Hilfsstrafkammer (siehe **331** Rn. 234) werden nicht aus der Hilfsschöffenliste mittels Auslosung für die jeweiligen Sitzungstage herangezogen.[340] Insofern ist die Lage eine andere als für den Fall, dass gem. §§ 46, 77 Abs. 1 GVG eine weitere ordentliche Strafkammer während des Geschäftsjahres gebildet wird, für deren ordentliche Sitzungen die benötigten Hauptschöffen aus der Hilfsschöffenliste ausgelost werden.

Für die Besetzung der Hilfsstrafkammer gilt vielmehr Folgendes: **332**

Findet ihre Sitzung an einem ordentlichen Sitzungstag der Strafkammer statt, zu deren Entlastung sie gebildet worden ist, und werden von dieser an diesem Tage die dafür ausgelosten Hauptschöffen nicht benötigt, sei es, dass keine Sitzung der ordentlichen Strafkammer stattfindet, sei es, dass an diesem Tage eine früher begonnene Sache fortgesetzt wird, so sind diese Hauptschöffen zur Mitwirkung berufen, anderenfalls gem. § 49 Abs. 1 GVG heranzuziehende Hilfsschöffen.[341] Findet die Sitzung der Hilfsstrafkammer nicht an einem (auch nicht vor oder nachverlegten) ordentlichen Sitzungstag,[342] sondern als außerordentliche Sitzung statt, sind entsprechend §§ 47, 49 Abs. 1 GVG ebenfalls Hilfsschöffen zur Mitwirkung berufen.

Rüge 14

Ist die Hauptverhandlung unter Mitwirkung eines zwischenzeitlich verhinderten Richters **333** oder Schöffen zu Ende geführt worden, obwohl der Hauptverhandlung ein Ergänzungsrichter bzw. Ergänzungsschöffe zum Eintritt in das Richterquorum beiwohnte?

I. Rechtsgrundlagen

Ein Ergänzungsrichter bzw. Ergänzungsschöffe muss in das zur Urteilsfindung berufene Richterquorum eintreten, wenn einem zeitweise verhinderten Richter bzw. **334** Schöffen die weitere Mitwirkung nur unter Verstoß gegen § 229 StPO möglich

---

340 *BGH* GA 1983, 180 m. Anm. *Katholnigg*; *BGHSt* 31, 157 = StV 1983, 9 m. Anm. *Jungfer* = NStZ 1983, 178 m. Anm. *Katholnigg*; *KG* StV 1986, 49 m. Anm. *Danckert*.
341 *BGH* StV 2008, 62 = NStZ 2007, 537 (auch zum erforderlichen Revisionsvorbringen).
342 Dazu *BGHSt* 41, 175 = StV 1995, 568 = JR 1996, 165 m. Anm. *Katholnigg*; bestätigend *BGHSt* 50, 132 = StV 2005, 536.

ist.[343] Unterbleibt dies, ist das Gericht nicht (mehr) vorschriftsmäßig besetzt mit der Folge des absoluten Revisionsgrundes des § 338 Nr. 1 StPO.

Dies bedeutet, dass eine Unterbrechung der Hauptverhandlung um mehr als 3 Wochen (§ 229 Abs. 1 StPO) bzw. nach vorangegangenen mindestens 10 Verhandlungstagen um mehr als einen Monat (§ 229 Abs. 2 StPO) nicht nur einen relativen Verfahrensfehler (§§ 229, 337 StPO) begründet (dazu Rüge 195 Rn. 1705), wenn die Hauptverhandlung nicht vollständig in dafür ordnungsgemäßer Besetzung wiederholt wurde, sondern auch den absoluten Revisionsgrund des § 338 Nr. 1 StPO.

Ebenso würde es eine Verletzung des § 226 Abs. 1 StPO mit der Folge des absoluten Revisionsgrundes des § 338 Nr. 1 StPO darstellen, wenn die Hauptverhandlung nur vorübergehend während des Zeitraumes der Verhinderung eines Richters oder Schöffen mit einem Ergänzungsrichter oder Ergänzungsschöffen fortgeführt würde.

335 Haben der Hauptverhandlung bis zum Zeitpunkt der Verhinderung eines Richters oder Schöffen Ergänzungsrichter bzw. Ergänzungsschöffen beigewohnt, scheidet die Möglichkeit der Hemmung (§ 229 Abs. 3 StPO) der Unterbrechungsfristen des § 229 Abs. 1 oder Abs. 2 StPO aus. Entfällt die Verhinderung nicht bis zum Ende der Unterbrechungsfrist, muss die Hauptverhandlung rechtzeitig unter Mitwirkung des Ergänzungsrichters bzw. Ergänzungsschöffen fortgeführt werden, falls die Hauptverhandlung nicht vollständig wiederholt werden soll. Es ist unzulässig, die Hauptverhandlung unter Inanspruchnahme der Hemmungsfrist des § 229 Abs. 3 StPO zu unterbrechen in der Hoffnung, dass die Verhinderung des Richters oder Schöffen infolge Erkrankung wieder entfällt. Denn nach § 192 Abs. 2 GVG hat ein bereitstehender Ergänzungsrichter oder Ergänzungsschöffe gerade im Falle der Verhinderung in das Entscheidungsquorum einzutreten.[344] Ab der für den Eintritt der Hemmung gem. § 229 Abs. 3 StPO erforderlichen Feststellung der krankheitsbedingten Verhinderung eines Richters oder Schöffen ist der Ergänzungsrichter bzw. Schöffe der gesetzliche Richter.

Das Gericht ist deshalb auch dann nicht mehr vorschriftsgemäß besetzt, wenn der durch Krankheit verhinderte Richter oder Schöffe bis zum Ablauf der nach § 229 Abs. 3 StPO gehemmten Unterbrechungsfristen des § 229 Abs. 1 bzw. Abs. 2 StPO wegen Wegfalls der Verhinderung an der Hauptverhandlung wieder mitwirken kann.

---

343 *BGH* NStZ 1986, 518.
344 *Schlothauer* in: FS für Egon Müller, 2008, 437; **a.A.** LR-*J.-P. Becker*[26] § 229 Rn. 21 u. SK-StPO-*Deiters*[4] § 229 Rn. 18; s.auch LR-*Wickern*[26] § 192 GVG Rn. 17 u. 18 sowie *Meyer-Goßner*[55] § 192 GVG Rn. 7.

II. Anforderungen an den Vortrag der Rüge des Nichteintritts eines bereitstehenden Ergänzungsrichters bzw. -schöffen (§ 338 Nr. 1 StPO)

Es ist mitzuteilen, **336**

- die Namen der Richter/Schöffen, in deren Anwesenheit die Hauptverhandlung begonnen worden ist,
- die Namen der Richter oder Schöffen, die an der Urteilsfindung mitgewirkt haben (dies gilt auch bei Erhebung der Sachrüge, weil die schriftlichen Urteilsgründe keinen Beweis über die an der Hauptverhandlung mitwirkenden Richter erbringen),
- dass während der Dauer der Hauptverhandlung in der Person eines namentlich zu bezeichnenden Richters oder Schöffen ein Verhinderungsfall eingetreten ist. Grund und Art der Verhinderung sind mitzuteilen (insbesondere im Falle einer Erkrankung), sowie die Verfügung des Vorsitzenden, sofern dieser die Verhinderung ausdrücklich festgestellt hat,
- dass die Hauptverhandlung nicht innerhalb der Unterbrechungsfristen des § 229 Abs. 1 bzw. Abs. 2 StPO (diese sind unter Benennung der Wochentage datumsmäßig und ggf. unter Angabe der Zahl der bereits durchgeführten Hauptverhandlungstage genau darzulegen) in Anwesenheit des zunächst verhinderten Richters bzw. Schöffen, sondern zu einem späteren Zeitpunkt (wiederum unter Angabe des Datums) fortgesetzt worden ist,
- dass während der Zeitdauer der Verhinderung bis zum Ablauf der Unterbrechungsfrist namentlich zu bezeichnende Ergänzungsrichter bzw. Ergänzungsschöffen vorhanden waren, die der gesamten Dauer der bisherigen Hauptverhandlung beigewohnt hatten.
- Es ist derjenige Ergänzungsrichter bzw. Ergänzungsschöffe namentlich zu bezeichnen, der in das Richterquorum hätte eintreten und an der Entscheidungsfindung hätte mitwirken müssen.

Zusätzliche Anforderungen an den Vortrag im Falle der Inanspruchnahme der nach **337** § 229 Abs. 3 StPO gehemmten Frist:

- Es sind der oder die Beschlüsse des Gerichts über Beginn und Dauer einer Hemmung nach § 229 Abs. 3 StPO wörtlich mitzuteilen.
- Es ist mitzuteilen, dass der vorübergehend verhinderte Richter oder Schöffe erst nach Ablauf der ohne Inanspruchnahme der Hemmung gem. § 229 Abs. 3 StPO konkret darzulegenden Unterbrechungsfristen des § 229 Abs. 1 bzw. Abs. 2 StPO an der unter Angabe des Datums zu bestimmenden Hauptverhandlung wieder teilgenommen und an der Urteilsfindung mitgewirkt hat.

Kapitel 4
Mitwirkung ausgeschlossener oder wegen Besorgnis der Befangenheit abgelehnter Richter/Schöffen

Rüge 15

338 Haben bei dem Urteil Richter oder Schöffen mitgewirkt, die von der Ausübung des Richteramts kraft Gesetzes ausgeschlossen waren (§§ 22, 23 StPO),

- weil sie selbst durch die Straftat verletzt sind,
- weil sie Ehegatte, Lebenspartner, Vormund oder Betreuer des Beschuldigten oder Verletzten sind oder gewesen sind,
- weil sie mit dem Beschuldigten oder mit dem Verletzten in gerader Linie verwandt oder verschwägert, in der Seitenlinie bis zum dritten Grad verwandt oder bis zum zweiten Grad verschwägert sind oder waren,
- weil sie in der Sache als Beamter der Staatsanwaltschaft oder als Polizeibeamter, als Anwalt des Verletzten oder als Verteidiger tätig gewesen sind,
- weil sie in der Sache als Zeuge oder Sachverständiger vernommen worden sind oder
- weil sie bei einer durch ein Rechtsmittel angefochtenen Entscheidung mitgewirkt haben?

I. Rechtsgrundlagen

339 Hat an einem Urteil ein Richter oder Schöffe mitgewirkt,[345] in dessen Person ein Ausschlussgrund i.S.d. §§ 22, 23 StPO (bei Schöffen i.V.m. § 31 Abs. 1 StPO) vorliegt, liegt der absolute Revisionsgrund des § 338 Nr. 2 StPO vor. Der Aufhebungsgrund kann unabhängig davon geltend gemacht werden, ob der betreffende Richter oder Schöffe (erfolglos) nach § 24 StPO abgelehnt worden ist.

Die Ausschließungsgründe sind in §§ 22, 23 StPO abschließend aufgeführt. § 23 Abs. 1 StPO kommt im vorliegenden Zusammenhang nur bei Revisionen gegen Berufungsurteile in Betracht.

Die den Ausschlussgrund begründenden Tatsachen müssen dem Beschwerdeführer nicht schon vor der Hauptverhandlung bekannt gewesen sein. Es können auch solche Tatsachen vorgebracht werden, die dem Beschwerdeführer erst nach der Hauptverhandlung bis zum Ablauf der Revisionsbegründungsfrist zur Kenntnis gebracht worden sind.

Eine Rügepräklusion besteht bei dem Revisionsgrund des § 338 Nr. 2 StPO nicht.

---

345 Tritt ein nach §§ 22, 23 StPO ausgeschlossener Ergänzungsrichter (§ 192 Abs. 2 GVG) oder -schöffe (§§ 192 Abs. 2 u. 3, 48 GVG) nicht für einen verhinderten Richter bzw. Schöffen in das Quorum ein, bleibt dies revisionsrechtlich folgenlos: LR-*Siolek*[26] § 23 Rn. 6.

II. Anforderungen an den Vortrag der Rüge der Verletzung der §§ 22, 23, 31 StPO (§ 338 Nr. 2 StPO)

1. Der Richter bzw. Schöffe, der nach Auffassung des Beschwerdeführers kraft **340** Gesetzes ausgeschlossen war, ist namentlich zu bezeichnen[346]. Ferner ist darzulegen, dass dieser am Urteil mitgewirkt hat.[347]

2. Es müssen die den Ausschlussgrund begründenden Tatsachen vollständig mit- **341** geteilt werden:

a) § 22 Nr. 1 StPO **342**

Der Richter/Schöffe muss in irgendeinem Punkt durch die (prozessuale) Tat, die Gegenstand der zugelassenen Anklage ist, verletzt sein. Da der Begriff des Verletzten i.S.d. § 22 Nr. 1 StPO weit auszulegen ist,[348] bedarf es in Fällen, in denen die Verletzteneigenschaft nicht auf der Hand liegt, einer ausführlichen Darlegung aller maßgeblichen Anknüpfungstatsachen.[349]

Ob der Angeklagte wegen der betreffenden Straftat noch zur Rechenschaft gezogen werden kann (z.b. Verjährung), ist unerheblich.[350]

Auch bei einer Verfahrensbeschränkung (§ 154a StPO), einer teilweisen Einstellung des Verfahrens nach § 154 StPO oder der Abtrennung der die Verletzteneigenschaft begründenden Sache behält der Ausschluss für das abgeurteilte Verfahren seine Gültigkeit.[351]

b) § 22 Nr. 2 StPO **343**

Das Verhältnis zwischen dem am Urteil mitwirkenden Richter und dem verletzten Angehörigen i.S.d. § 22 Nr. 2 StPO muss ebenso wie der Umstand dargelegt werden, dass der Angehörige durch die prozessuale Tat, die Gegenstand der zugelassenen Anklage ist, verletzt wurde.[352]

Ebenso ist das Angehörigenverhältnis zwischen dem Richter und dem Beschuldigten darzulegen. Der Revisionsgrund kann auch geltend gemacht werden, wenn an dem Urteil ein Richter mitgewirkt hat, der zu einem Mitangeklagten bzw. zu einem wegen derselben Tat ehemals Mitbeschuldigten in einem Angehörigenverhältnis i.S.d. § 22 Nr. 2 StPO steht bzw. stand.

---

346 Wird dem Beschwerdeführer der Name des betreffenden Richters auf Verlangen nicht bekannt gegeben, ist keine weitere Begründung erforderlich: LR-*Siolek*[26] § 28 Rn. 32.

347 Ob sich letzteres bei Erhebung der allgemeinen Sachrüge aus den schriftlichen Urteilsgründen ergeben würde, ist zweifelhaft, weil die Urteilsgründe keinen Beweis über die an der Urteilsfindung beteiligten Richter bzw. Schöffen erbringen.

348 *Meyer-Goßner*[55] § 22 Rn. 6, § 172 Rn. 10; einschränkend *BGHSt* 51, 100 = NStZ 2007, 583.

349 Zu den Konsequenzen, dass der Richter/Schöffe nur mittelbar Verletzter ist, LR-*Siolek*[26] § 22 Rn. 8.

350 *KG* StV 1991, 13.

351 SK-StPO-*Rudolphi*[3] § 22 Rn. 3 u. 12; LR-*Siolek*[26] § 22 Rn. 5.

352 Siehe oben Rn. 342.

344 c) § 22 Nr. 3 StPO

Die Ausführungen zu Rn. 343 gelten sinngemäß für die in § 22 Nr. 3 StPO benannten Angehörigenverhältnisse.

345 d) § 22 Nr. 4 StPO

Der am Urteil mitwirkende Richter muss als Beamter der Staatsanwaltschaft, als Polizeibeamter, als Anwalt des Verletzten oder als Verteidiger in der Sache tätig gewesen sein.

Der Begriff der Sache ist umfassender als der der Tat im prozessualen Sinn.[353] Er umfasst nicht nur das historische Ereignis, das Gegenstand der zur Hauptverhandlung zugelassenen Anklage ist, sondern bei mehreren selbstständigen Taten i.S.d. § 264 StPO die Einheit der Hauptverhandlung.[354] Nicht erforderlich ist auch, dass sich das Verfahren zu dem Zeitpunkt, als der Richter in der vorbezeichneten Eigenschaft tätig wurde, gegen den jetzigen Beschwerdeführer gerichtet hat.[355] Der Ausschlussgrund liegt auch dann vor, wenn der Richter seinerzeit als Staatsanwalt in einem abgetrennten, aber denselben Sachverhalt betreffenden Verfahren Anklage gegen Mitbeschuldigte erhoben hat.[356]

Eine Tätigkeit i.S.d. § 22 Nr. 4 StPO ist bereits eine Sachstandsanfrage des seinerzeitigen Staatsanwalts bei der Kriminalpolizei,[357] die Akteneinsichtsgewährung an einen anwaltlichen Verletztenbeistand oder die Einräumung einer Stellungnahmefrist.[358] Vorgetragen werden sollte neben der Art der Tätigkeit auch der Stand der seinerzeitigen Ermittlungen.[354]

Die Sachidentität und die Tätigkeit müssen deshalb im Rahmen der Revisionsbegründung detailliert vorgetragen werden.

346 e) § 22 Nr. 5 StPO

Der am Urteil mitwirkende Richter muss in der Sache als Zeuge oder Sachverständiger vernommen worden sein.[359]

Zum Begriff der Sache kann zunächst auf die Ausführungen zu Rn. 345 verwiesen werden. Soweit es dasselbe Tatgeschehen betrifft, reicht die Vernehmung des Richters als Zeuge in einem anderen Verfahren aus.[360] Die Tatsache, dass

---

353 *Meyer-Goßner*[55] § 22 Rn. 17; LR-*Siolek*[26] § 22 Rn. 24 ff.; *BGH* StV 2006, 4 m. Anm. *Binder* 676.

354 *BGHSt* 49, 29 = StV 2004, 353.

355 SK-StPO-*Rudolphi*[3] § 22 Rn. 10.

356 *BGH* StV 2008, 123.

357 *BGH* StV 1982, 51.

358 *BGH* v. 12.8.2010 – 4 StR 378/10 = StV 2011, 69 = NStZ 2011, 106 = StraFo 2010, 462.

359 Zum Ausschluss in einem Fall, in dem der noch nicht vernommene Richter als Zeuge für die bevorstehende Hauptverhandlung benannt werden könnte, *LG Lüneburg* StV 2005, 77.

360 *BGHSt* 31, 358 = StV 1983, 313; *BGH* StV 2006, 4 m. Anm. *Binder* 676; *BGH* StV 2007, 617 = NStZ 2007, 711; *BGH* v. 22.1.2008 – 4 StR 507/07 = StV 2008, 383 m. Anm. *Leu* StV 2009, 507.

eine Tat, bzgl. derer der Richter als Zeuge oder Sachverständiger vernommen worden ist, nach § 154 Abs. 2 StPO eingestellt wurde, ändert am Vorliegen des Ausschlussgrundes nichts.[361] Es bedarf in einem solchen Fall einer besonders ausführlichen Darlegung, dass Vernehmungsgegenstand dieselbe Sache war.

Ob der vernommene Richter etwas zur Sache bekunden konnte oder nicht, ist unerheblich. Ebenfalls, ob die Aussage in einer förmlichen Vernehmungsniederschrift oder nur in einem Vermerk festgehalten worden ist. Als Zeugenaussage i.S.d. § 22 Nr. 5 StPO ist auch eine schriftliche Erklärung gegenüber den Strafverfolgungsbehörden zu qualifizieren.[362]

Dienstliche Erklärungen des Richters im Rahmen der anhängigen Hauptverhandlung stellen allerdings nur dann eine Zeugenaussage i.S.d. § 22 Nr. 5 StPO dar, **347** wenn sie zum Gegenstand der Beweiswürdigung zur Schuld oder Straffrage gemacht werden und die persönliche Vernehmung des Richters ersetzen.[363] In diesen Fällen kommt ferner die Rüge der Verletzung der §§ 250, 261 StPO[364] in Betracht, die in entsprechenden Fällen zusätzlich erhoben werden sollte, allerdings nur einen nach § 337 StPO zu rügenden (relativen) Verfahrensfehler darstellt.[365] Der Inhalt der Vernehmungsniederschrift, schriftlichen Zeugenerklärung oder dienstlichen Erklärung sind im Wortlaut mitzuteilen.

Sonstige dienstliche Erklärungen, die sich lediglich zu prozessual erheblichen Vorgängen und Zuständen verhalten[366] oder Wahrnehmungen enthalten, die die laufende Hauptverhandlung betreffen,[367] begründen demgegenüber den Ausschlussgrund des § 22 Nr. 5 StPO nicht.[368]

---

361 *BGH* StV 2006, 4 m. Anm. *Binder* 676.

362 *BGH* StV 2004, 355.

363 *BGH* StV 2004, 355 (2. Strafsenat); zurückhaltender *BGHSt* 47, 270 = StV 2002, 294, 296 (4. Strafsenat).

364 Siehe unten Rüge 144 Rn. 1227.

365 Vgl. *BGHSt* 45, 354 = StV 2000, 121; *BGHSt* 47, 270 = StV 2002, 294.

366 *BGH* StV 2002, 355.

367 *BGH* StV 1993, 507 = NStZ 1994, 80.

368 Für die Sondersituation eines beauftragten Richters sowie zu dienstlichen Erklärungen eines Richters, der an einer konsularischen Zeugenvernehmung teilgenommen hat, siehe *BGHSt* 45, 354 = StV 2000, 121 (5. Strafsenat).

Rüge 16

348 Haben bei dem Urteil Richter oder Schöffen mitgewirkt, nachdem sie wegen Besorgnis der Befangenheit abgelehnt worden sind und das Ablehnungsgesuch entweder für begründet erklärt oder mit Unrecht verworfen wurde?

I. Rechtsgrundlagen

349 Hat an einem Urteil ein Richter oder ein Schöffe mitgewirkt, der erfolgreich wegen Besorgnis der Befangenheit (§§ 24, 31 Abs. 1 StPO) abgelehnt bzw. bei dem das gegen ihn gerichtete Ablehnungsgesuch zu Unrecht verworfen worden ist, liegt der absolute Revisionsgrund des § 338 Nr. 3 StPO vor.

1. Weitere Mitwirkung trotz erfolgreicher Ablehnung

350 Der Aufhebungsgrund der unzulässigen Mitwirkung nach *erfolgreicher* Ablehnung wegen Besorgnis der Befangenheit kann unabhängig davon geltend gemacht werden, ob das Ablehnungsgesuch zurecht oder zu Unrecht für begründet erklärt wurde.[369] Eine Überprüfung des diesbezüglichen Ablehnungsbeschlusses ist unstatthaft (vgl. § 28 Abs. 1 StPO). Er kann auch nicht widerrufen werden.[370] Dass dieser Verfahrensfehler tatsächlich einem Gericht unterläuft, dürfte so gut wie ausgeschlossen sein.[371]

2. Weitere Mitwirkung bei zu Unrecht verworfener Ablehnung

351 Der Aufhebungsgrund der zu Unrecht *verworfenen* Ablehnung setzt ein zulässiges und begründetes Ablehnungsgesuch voraus.

3. Fehler im Ablehnungsverfahren

352 **a)** Fehler im Ablehnungsverfahren begründen die Revision nur dann, wenn das Ablehnungsgesuch fehlerhaft gem. § 26a Abs. 1 StPO als unzulässig verworfen worden ist und entweder die das Ablehnungsgesuch verwerfende Entscheidung sich mit den zur Begründung vorgetragenen tatsächlichen Behauptungen überhaupt nicht auseinandergesetzt hat[372] oder aber die Grenzen der Vorschrift des § 26a StPO, die den gesetzlichen Richter gewährleistet, willkürlich überschritten worden sind.[373] Letzterenfalls muss der Verfahrensfehler auch in den Fällen zur Urteilsauf-

---

369 LR-*Siolek*[26] § 28 Rn. 1.
370 *Meyer-Goßner*[55] § 28 Rn. 1.
371 Zu den Rügevoraussetzungen für den unwahrscheinlichen Eintritt dieses Falles s. 1. Aufl. Rn. 316.
372 SK-StPO-*Frisch*[3] § 338 Rn. 80.
373 *BVerfG* StV 2005, 478; *BGH* StV 2005, 587 = NStZ 2006, 51 m. Anm. *Meyer-Goßner*; *BGH* StV 2007, 119; *BGH* v. 12.12.2008 – 2 StR 479/08 = StV 2010, 304; ebenso *BGH* v. 2.11.2010 – 1 StR 544/09 = NStZ 2011, 294; *OLG Celle* StV 2007, 627.

hebung und Zurückverweisung führen, in denen das Ablehnungsgesuch nach Auffassung des Revisionsgerichts in der Sache nicht erfolgreich gewesen wäre.[374]

b) Ansonsten kann der Umstand, dass das über die Ablehnung beschließende Gericht unzuständig oder nicht ordnungsgemäß besetzt war, die Revision nicht begründen.[375] Das gilt dann nicht, wenn ein zunächst erfolglos abgelehnter Richter an der Entscheidung über ein weiteres Ablehnungsgesuch gegen die das ursprüngliche Ablehnungsgesuch zurückweisenden Richter mitwirkt und der Ablehnungsantrag das im ersten Gesuch beanstandete Verhalten zum Gegenstand hat.[376]   **353**

c) Wurde es unterlassen, dem Angeklagten bzw. seinem Verteidiger die dienstliche Äußerung des abgelehnten Richters zur Kenntnis (§ 26 Abs. 3 StPO) bzw. diesem Gelegenheit zur Stellungnahme zu geben, kann der Antragsteller darauf die Revision nicht stützen, wenn er die Möglichkeit hatte, sein Ablehnungsgesuch zu erneuern, nachdem der sein Gesuch zurückweisende Beschluss bekanntgegeben worden ist.[377] Bestand diese Möglichkeit nicht, kann der Ablehnungsberechtigte die Revision auf die Verletzung des rechtlichen Gehörs stützen.[378] Eine Verletzung rechtlichen Gehörs liegt aber nicht darin, dass das Gericht über das Ablehnungsvorbringen keine förmliche Beweisaufnahme durchgeführt hat.[379]   **354**

d) Der Verstoß gegen § 29 Abs. 1 StPO, indem ein wegen Befangenheit abgelehnter Richter entgegen dieser Vorschrift vor Erledigung des Ablehnungsgesuchs an aufschiebbaren Verhandlungen mitgewirkt hatte, kann allein die Revision nicht begründen.[380] Ist die Zurückweisung des Befangenheitsgesuchs zu Unrecht erfolgt, begründet schon dies den absoluten Revisionsgrund des § 338 Nr. 3 StPO. In den Fällen, in denen das Befangenheitsgesuch nicht zu Unrecht als unbegründet zurückgewiesen worden ist, kann nach Auffassung des BGH[381] ausgeschlossen werden, dass sich der Verstoß gegen die Wartepflicht des § 29 Abs. 1 StPO zum Nachteil des Angeklagten ausgewirkt habe.[382]   **355**

e) Bei Anwendung des § 29 Abs. 2 S. 1 StPO kann die Überschreitung der dort bestimmten zeitlichen Grenzen mit der Verfahrensrüge beanstandet werden. Es handelt sich aber nach Auffassung des BGH um einen relativen Revisionsgrund,[383] bei dem es in der Regel ausgeschlossen sein wird, dass das Urteil auf dem Verstoß beruhen kann.[384]   **356**

---

374   *BVerfG* ibid.; *BGHSt* 50, 216 = StV 2005, 689; *BGH* StV 2007, 121.
375   SK-StPO-*Frisch*[3] § 338 Rn. 77 m.w.N.
376   *BGH* v. 27.10.2011 – 5 StR 376/11 = StV 2012, 450 = NStZ 2012, 45.
377   KK-*Fischer*[6] § 26 Rn. 8.
378   LR-*Siolek*[26] § 26 Rn. 30. Siehe dazu näher unten Rn. 372.
379   *BGH* v. 3.11.2010 – 1 StR 500/10 = NStZ 2011, 228.
380   *BGHSt* 48, 264 = NJW 2003, 2396.
381   *BGHSt* 48, 264, 267 = NJW 2003, 2396.
382   **A.A.** *OLG Düsseldorf* StV 1994, 528.
383   *BGH* NStZ 1996, 398.
384   *BGH* ibid.

4. Im Zusammenhang mit der Ablehnung wegen Besorgnis der Befangenheit stehende Rügen

357 Ist die Ablehnung für begründet erklärt worden und muss die Hauptverhandlung deshalb ausnahmsweise nicht ausgesetzt werden,[385] so ist ihr nach der Anbringung des Ablehnungsgesuchs liegender Teil zu wiederholen (§ 29 Abs. 2 S. 2 StPO). Unterbleibt dies, ist der nicht wiederholte Teil nicht Inbegriff der Hauptverhandlung mit der Folge, dass die Verwertung diesbezüglicher Vorgänge bei der Urteilsfindung die Verfahrensrüge der Verletzung des § 261 StPO eröffnet.[386] Die Revision kann deshalb in diesem Fall auf die Missachtung des Wiederholungsgebots gestützt werden.[387] Ist eine Wiederholung nicht möglich, dürfen Beweisergebnisse, die Gegenstand des Teils der Hauptverhandlung waren, der außerhalb der absoluten Grenzen des § 29 Abs. 2 S. 1 StPO stattgefunden hat, ebenfalls nicht verwertet werden (§ 261 StPO).[388]

II. Anforderungen an den Vortrag der Rüge der Mitwirkung eines wegen Besorgnis der Befangenheit abgelehnten Richters oder Schöffen

1. Generelle Rügevoraussetzung

358 Nach Auffassung des *1. Strafsenats* des *BGH*[389] ist die Rüge der fehlerhaften Zurückweisung eines Befangenheitsantrags wegen missbräuchlichen Prozessverhaltens unzulässig, wenn der Angeklagte nach der Zurückweisung seines Antrags an einer Urteilsabsprache mitgewirkt und im Hinblick auf die vom Gericht zugesagte Strafobergrenze ein Geständnis abgelegt habe. Es ist deshalb bei der Rüge der rechtswidrigen Verwerfung eines Ablehnungsgesuchs in einem solchen Fall als Negativtatsache vorzutragen, dass es nach Zurückweisung des Ablehnungsgesuchs nicht zu einer Urteilsabsprache unter Mitwirkung des Angeklagten gekommen ist bzw. im Falle einer Verfahrensverständigung, dass das Gericht die von ihm zugesagte Strafobergrenze nicht eingehalten hat. Ist die im Rahmen einer Verständigung zugesagte Strafobergrenze nicht überschritten worden, bedarf es für die Begründung der rechtswidrigen Verwerfung des Ablehnungsgesuchs zusätzlicher Ausfüh-

---

385 Dies betrifft die Fälle, in denen der abgelehnte Richter oder Schöffe durch einen Ergänzungsrichter oder -schöffen ersetzt wird.
386 SK-StPO-*Rudolphi*[3] § 29 Rn. 18; LR-*Siolek*[26] § 29 Rn. 40. Siehe unten Rüge 226 Rn. 1858.
387 KK-*Fischer*[6] § 29 Rn. 12. Hier kommt zugleich eine Verletzung der gerichtlichen Aufklärungspflicht in Betracht. Das Urteil dürfte dann auf der Verletzung des § 29 Abs. 2 S. 2 StPO beruhen, wenn durch die Missachtung des Wiederholungsgebots zugunsten des Angeklagten in Betracht kommender Beweisstoff bei der Urteilsfindung unberücksichtigt geblieben ist.
388 Siehe unten Rüge 226 Rn. 1858.
389 *BGH* v. 22.9.2008 – 1 StR 323/08 = StV 2009, 169 m. abl. Anm. *Beulke/Witzigmann* StV 2009, 394 = NStZ 2009, 159 = StraFo 2009, 73.

rungen, aus denen sich erschließt, dass die Tatsache der Verständigung nicht als Indiz dafür herangezogen werden kann, dass die Gründe für die in dem Ablehnungsgesuch vorgetragene Besorgnis der Befangenheit entfallen sind.

2. Rüge der rechtswidrigen Verwerfung des Ablehnungsgesuchs als unbegründet (§ 338 Nr. 3 StPO)

a) Ablehnungsgesuch

Es ist vorzutragen, dass in der Hauptverhandlung ein zur Urteilsfindung berufener **359** Richter oder Schöffe wegen Besorgnis der Befangenheit abgelehnt worden ist. Das ist auch ein Ergänzungsrichter oder -schöffe (§ 192 GVG) von dem Zeitpunkt an, wo feststeht, dass er in den Spruchkörper eintritt[390]. Der abgelehnte Richter bzw. Schöffe ist namentlich zu bezeichnen. Der Inhalt des Ablehnungsgesuchs ist vollständig wörtlich mitzuteilen. Ebenso sind weitere zum Verständnis der Rüge erforderliche Vorgänge vorzutragen,[391] z.B. beweiswürdigende Ausführungen eines anderen Urteils, wenn daraus die Befangenheit abgeleitet wird[392] oder der Inhalt eines Beweisantrages und darin in Bezug genommene Aktenbestandteile und der Ablehnungsbeschluss, wenn dieser Anlass für die Ablehnung geboten hat.[393] Als Negativtatsache kann vorzutragen sein, dass der Eindruck der Voreingenommenheit nicht wieder beseitigt wurde, wenn zwischen dem Vorfall, der Grundlage des Befangenheitsgesuchs war, und dem Zeitpunkt, als dieser gestellt wurde, ein längerer Zeitraum lag.[394]

b) Rechtzeitigkeit des Ablehnungsgesuchs

Es muss vorgetragen werden, dass das Gesuch rechtzeitig i.S.d. § 25 StPO ange- **360** bracht wurde. Das bedeutet im Einzelnen:

aa) Stützt sich das Ablehnungsgesuch auf Umstände, die vor Beginn der Verneh- **361** mung des ersten Angeklagten über seine persönlichen Verhältnisse bzw. im Berufungsverfahren vor Beginn des Vortrags des Berichterstatters eingetreten und dem Ablehnungsberechtigten bekannt geworden sind, muss angegeben werden, dass das Ablehnungsgesuch vor Beginn der Hauptverhandlung bzw. spätestens bis zum Beginn der Vernehmung des ersten Angeklagten über seine persönlichen Verhältnisse (dies ist die Vernehmung des Angeklagten nach § 243 Abs. 2 S. 2 StPO über die in § 111 Abs. 1 OWiG bezeichneten Angaben und nicht die Vernehmung über die sonstigen persönlichen Verhältnisse des Angeklagten wie Vorleben, Werdegang, Ausbildung, berufliche Tätigkeit etc.) bzw. im Berufungsverfahren vor Beginn des Vortrags des Berichterstatters gem. § 324 Abs. 1 S. 1 StPO angebracht worden ist.

---

390 LR-*Siolek*[26] § 28 Rn. 13.
391 *BGH* v. 20.4.2011 – 2 StR 639/10 = StraFo 2011, 312.
392 *Meyer-Goßner*[55] § 338 Rn. 29.
393 *BGH* v. 7.2.2012 – 5 StR 432/11 = StV 2012, 587.
394 *BGH* Beschl. v. 18.10.2005 – 1 StR 114/05.

Bei einem Ergänzungsrichter oder Schöffen (§ 192 GVG) reicht es aus, wenn das Befangenheitsgesuch zu dem Zeitpunkt angebracht worden ist, an dem feststand, dass er in das Entscheidungsquorum eintritt.[395] Dieser Zeitpunkt und die Anbringung des Befangenheitsgesuchs sind darzulegen.

362 **bb)** Stützt sich das Urteil auf Umstände, die erst später eingetreten oder dem Ablehnungsberechtigten bekannt geworden sind, ist konkret vorzutragen,

363 • dass die das Ablehnungsgesuch stützenden Umstände sich erst nach Beginn der Vernehmung des ersten Angeklagten über seine persönlichen Verhältnisse bzw. im Berufungsverfahren erst nach Beginn des Vortrags des Berichterstatters eingetreten sind oder

364 • dem Ablehnungsberechtigten erst nach diesen Zeitpunkten bekannt geworden sind, wobei Umstände und genauer Zeitpunkt des Bekanntwerdens näher dargelegt werden sollten,

365 • dass das Ablehnungsgesuch „unverzüglich" bei Gericht angebracht worden ist. Dass das Ablehnungsgesuch nicht als unzulässig, sondern als unbegründet zurückgewiesen worden ist, macht die betr. Ausführungen nicht entbehrlich.

Wenn sich dies nicht bereits aus dem Ablehnungsgesuch selbst ergibt, ist zunächst mitzuteilen, unter welchen Umständen das zur Ablehnung führende Geschehen sich ereignet bzw. der Ablehnungsberechtigte hiervon Kenntnis erlangt hat.

Handelt es sich um Vorgänge, die sich während der Hauptverhandlung ereignet haben, ist darzulegen, dass der Antragsteller die Unterbrechung der Hauptverhandlung beantragt und wie das Gericht darauf reagiert hat.[396] Wurde die Hauptverhandlung unterbrochen, ist darzulegen, dass das Ablehnungsgesuch im Fall der Fortsetzung der Hauptverhandlung am selben Tage unverzüglich nach Wiedereintritt in die Verhandlung gestellt wurde, bei Unterbrechung und Fortsetzung der Hauptverhandlung an einem anderen Tage, dass das Ablehnungsgesuch unverzüglich nach Ablauf des Zeitraums bei dem Gericht, dem der abgelehnte Richter angehört, angebracht wurde, der – wie konkret darzulegen ist – notwendig war, um den die Ablehnung begründenden Vorgang mit dem Angeklagten zu erörtern und das schriftliche Ablehnungsgesuch zu fertigen.

Dazu gehört die Mitteilung des Zeitpunktes, zu dem das Ablehnungsgesuch angebracht wurde, sei es durch persönliche Übermittlung an das Gericht, durch Übersendung per Post, Telefax oder Email, sei es durch Erklärung zu Protokoll der Geschäftsstelle oder in der Hauptverhandlung zu Beginn des Fortsetzungstermins.

---

395 LR-*Siolek*[26] § 28 Rn. 13; **a.A.** *OLG Schleswig* StV 1994, 641; *Meyer-Goßner*[55] § 28 Rn. 6.
396 Zur Sondersituation eines die Besorgnis der Befangenheit begründenden Verhaltens nach den Schlussvorträgen siehe *BGH* StV 2007, 118.

Handelt es sich um Vorgänge außerhalb der Hauptverhandlung, auf die das Ablehnungsgesuch gestützt wird, ist darzulegen, wann diese stattgefunden haben und wann der Angeklagte hiervon Kenntnis erlangt hat, wenn er den betreffenden Vorgang nicht selbst (mit) wahrgenommen hat.[397] Ab diesem Zeitpunkt ist der Zeitraum zu bemessen, der für die Erörterung des zur Ablehnung führenden Vorgangs zwischen Verteidiger und Angeklagtem sowie zur Abfassung des schriftlichen Ablehnungsgesuchs erforderlich war, was darzulegen ist. Auch hier muss vorgetragen werden, wann und in welcher Form das Ablehnungsgesuch bei dem Gericht angebracht wurde.

c) Verlauf des Ablehnungsverfahrens

Es muss der weitere Ablauf des Ablehnungsverfahrens mitgeteilt werden. Dazu gehört die vollständige wörtliche Mitteilung der dienstlichen Äußerung des abgelehnten Richters[398] sowie sonstiger abgegebener dienstlicher Äußerungen, beispielsweise des Sitzungsvertreters der Staatsanwaltschaft zu Vorgängen in der Hauptverhandlung, auf die das Befangenheitsgesuch gestützt wurde. Ebenfalls sind Erwiderungen auf die dienstlichen Äußerungen mitzuteilen, im Falle schriftlicher Erklärungen durch vollständige wörtliche Wiedergabe ihres Inhalts.[399] — **366**

d) Verwerfungsbeschluss

Der Beschluss, durch den das Gesuch verworfen wurde, ist ebenfalls vollständig wörtlich in die Revisionsbegründung aufzunehmen. — **367**

e) Mitwirkung des erfolglos abgelehnten Richters

Es muss mitgeteilt werden, dass der namentlich zu bezeichnende abgelehnte Richter bei dem Urteil mitgewirkt hat. — **368**

3. Rüge der rechtswidrigen Verwerfung des Ablehnungsgesuchs als unzulässig (§ 338 Nr. 3 StPO)

a) Es sind zunächst all diejenigen Tatsachen vorzutragen, die bei der Rüge der rechtswidrigen Verwerfung des Ablehnungsgesuchs als unbegründet mitzuteilen sind (vorstehend Rn. 359 ff.). — **369**

b) Die Prüfung des Revisionsvorbringens unter dem rechtlichen Gesichtspunkt, ob einem Beschwerdeführer im Ablehnungsverfahren der gesetzliche Richter (Art. 101 Abs. 1 S. 2 GG) durch eine willkürliche Anwendung der Zulässigkeitsre- — **370**

---

397 Wird ihm der Vorgang durch seinen Verteidiger verspätet zur Kenntnis gebracht, ist ihm dies nicht zuzurechnen: *BGH* v. 17.12.2009 – 3 StR 367/09 = StV 2011, 73 = NStZ 2010, 401 = StraFo 2010, 192.
398 *BGH* StV 1996, 2.
399 *BGH* v. 4.3.2009 – 1 StR 27/09 = StV 2009, 393.

gelungen der §§ 26a, 27 StPO entzogen worden ist, setzt gem. § 344 Abs. 2 S. 2 StPO den Vortrag voraus, dass die Strafkammer über das Ablehnungsgesuch unter Mitwirkung des abgelehnten Richters (§ 26a Abs. 2 S. 1 StPO) entschieden hat. Dass dies der Fall war, ergibt sich nicht schon aus der Verwerfung des Gesuchs als unzulässig gem. § 26a Abs. 1 Nr. 2 und 3 StPO. Denn ein Ablehnungsgesuch kann auch noch von dem nach § 27 StPO beschließenden Gericht als unzulässig verworfen werden.[400]

371   c)   Es müssen zusätzlich die Tatsachen vorgetragen werden, aus denen sich ergibt, dass eine Ablehnung des Befangenheitsgesuchs auch im Ergebnis nicht hätte erfolgen dürfen, das Ablehnungsgesuch also in der Sache erfolgreich gewesen wäre.[401] Von der Darlegung dieser Umstände könnte in den Fällen abgesehen werden, in denen es zu einer willkürlichen Überschreitung des von § 26a StPO gesteckten Rahmens gekommen ist.[402] Da nur schwer zu prognostizieren ist, in welchen Fällen eine willkürliche Überschreitung des von § 26a StPO gesteckten Rahmens durch das Revisionsgericht festgestellt wird, dürfte es sich in allen Fällen der Verwerfung des Ablehnungsgesuchs als unzulässig empfehlen, nach Möglichkeit Ausführungen dazu zu machen, dass das Ablehnungsgesuch in der Sache erfolgreich gewesen wäre.[403] Das gilt jedenfalls in den Fällen, in denen das Befangenheitsgesuch wegen Verspätung als unzulässig zurückgewiesen wurde.[404]

4. Rüge der Nichtgewährung rechtlichen Gehörs infolge unterlassener Unterrichtung des Angeklagten über die dienstliche Äußerung des abgelehnten Richters

372   a)   Es sind zunächst der Inhalt des Ablehnungsgesuchs, die rechtzeitige Stellung sowie der das Ablehnungsgesuch zurückweisende Beschluss mitzuteilen.[405]

373   b)   Die dienstliche Äußerung des abgelehnten Richters ist vollständig im Wortlaut mitzuteilen sowie der Umstand, dass diese dem Angeklagten nicht zwecks Gewäh-

---

400   *BGH* v. 9.6.2009 – 4 StR 461/08.

401   SK-StPO-*Frisch³* § 338 Rn. 81 a.E.

402   *BVerfG* StV 2005, 478; *BGH* StV 2005, 587 = NStZ 2006, 51 m. Anm. *Meyer-Goßner*; *BGHSt* 50, 216 = StV 2005, 589; *BGH* StV 2007, 119; *BGH* StV 2007, 121; *BGH* v. 12.12.2008 – 2 StR 479/08 = StV 2010, 304.

403   Die Frage, ob die fehlerhafte Verwerfung des Ablehnungsgesuchs als unzulässig nur einen relativen Revisionsgrund (§ 337 StPO) darstellt (so noch *BGHSt* 23, 200, 203; *BGHSt* 23, 265, 267; ebenso KK-*Kuckein⁴* § 338 Rn. 63) oder einen absoluten Revisionsgrund gem. § 338 Nr. 3 StPO (so SK-StPO-*Frisch³* § 338 Rn. 80 m.w.N.), ist durch *BGHSt* 50, 216 = StV 2005, 589 in letzterem Sinne entschieden worden (so jetzt auch KK-*Kuckein⁶* § 338 Rn. 59). Im Übrigen würde bei Annahme eines relativen Revisionsgrundes das Urteil immer auf dem Verfahrensfehler beruhen, wenn die Verwerfung im Ergebnis nicht hätte erfolgen dürfen.

404   Siehe dazu *BayObLG* StV 2007, 122, 124.

405   Zu den Anforderungen siehe oben Rn. 359, 360 ff. u. 367.

rung rechtlichen Gehörs zur Kenntnis gebracht wurde. Dazu ist eine genaue Darstellung des Ablehnungsverfahrens erforderlich.[406]

c) Es ist mitzuteilen, dass der Angeklagte keine Möglichkeit hatte, das Ablehnungsgesuch nach Kenntnisnahme von der dienstlichen Äußerung zu wiederholen.[407] Eine Verpflichtung, ein Verfahren nach § 33a StPO anzuregen, besteht für den Beschwerdeführer nicht.[408] **374**

d) Es ist darzulegen, dass die Stellungnahme zu der dienstlichen Äußerung nicht ausschließbar dazu geführt hätte, dass die Begründetheit der Ablehnung bejaht worden wäre.[409] **375**

Rüge 17

Hat an der Hauptverhandlung ein Richter oder Schöffe teilgenommen, nachdem über eine Anzeige nach § 30 StPO („Selbstablehnung") eine Entscheidung unterblieben ist? **376**

I. Rechtsgrundlagen

Hat ein Richter oder Schöffe von einem Verhältnis Anzeige gemacht, das seine Ablehnung rechtfertigen könnte (§ 30 StPO) und ist hierüber keine Entscheidung getroffen worden mit der Folge, dass anstelle des Richters sein regelmäßiger Vertreter an der Hauptverhandlung teilgenommen hat,[410] ist das erkennende Gericht nicht vorschriftsmäßig besetzt.[411] **377**

Ist über die Selbstablehnung eines Richters bzw. eines Schöffen kein Beschluss ergangen mit der Folge, dass diese gleichwohl an der Hauptverhandlung mitgewirkt

---

406   *OLG Koblenz* MDR 1978, 423.

407   Dies betrifft die Fälle, in denen der Angeklagte erst nach dem letzten Wort (§ 25 Abs. 2 S. 2 StPO) Kenntnis vom Inhalt der dienstlichen Äußerung erhalten hat.

408   LR-*Siolek*[26] § 26 Rn. 30.

409   *BGH* NStZ 1983, 354. Der BGH behandelt den Verfahrensfehler der Verletzung des rechtlichen Gehörs im Ablehnungsverfahren als relativen Revisionsgrund (§ 337 StPO). Demgegenüber wird in der Entscheidung *BayObLG* StV 1982, 460 die Prüfung der Begründetheit des Ablehnungsgesuchs durch das Revisionsgericht nach Beschwerdegrundsätzen unter Berücksichtigung der Äußerung des Angeklagten zu der nachträglich bekannt gewordenen dienstlichen Stellungnahme vorgenommen mit der Folge, dass bei dem Ergebnis eines sachlich gerechtfertigten Ablehnungsantrages der absolute Revisionsgrund des § 338 Nr. 3 StPO zu bejahen wäre.

410   Würde anstelle des Schöffen ein Hilfsschöffe an der Hauptverhandlung teilgenommen haben, läge hierin konkludent die nach § 31 Abs. 2 S. 1 StPO gebotene Entscheidung des Vorsitzenden.

411   *BGHSt* 25, 122 = JR 1974, 75 m. Anm. *Arzt.*

haben, ist auch insoweit das erkennende Gericht nicht vorschriftsmäßig besetzt.[412] Auf die Frage, ob die Selbstanzeige die Ablehnung des betreffenden Richters oder Schöffen gerechtfertigt hätte, kommt es nicht an.[413]

II. Anforderungen an den Vortrag der Verletzung des § 30 StPO (bei Schöffen i.V.m. § 31 Abs. 1 StPO) (absoluter Revisionsgrund des § 338 Nr. 1 StPO)

378 Es ist mitzuteilen,

- Zeitpunkt und vollständiger Inhalt der Selbstanzeige im Wortlaut. Der Richter bzw. Schöffe, von dem die Selbstanzeige stammt, ist namentlich zu bezeichnen,
- dass über die Selbstanzeige nicht durch Beschluss gem. § 27 StPO bei einem Richter bzw. durch den Vorsitzenden gem. § 31 Abs. 2 S. 1 StPO befunden worden ist,
- dass der Richter bzw. Schöffe, der von der Möglichkeit einer Selbstanzeige Gebrauch gemacht hat, an der (weiteren) Hauptverhandlung teilgenommen und an der Urteilsfindung beteiligt war **oder**,
- der (regelmäßige) Vertreter anstelle des Richters, der sich selbst abgelehnt hat, an der Hauptverhandlung teilgenommen hat.

Hat nach einer Entscheidung gem. §§ 27, 31 Abs. 2 S. 1 StPO nicht der ordentliche Vertreter des Richters bzw. der an bereitester Stelle der Hilfsschöffenliste stehende Hilfsschöffe an der Hauptverhandlung teilgenommen, wäre das Gericht nicht vorschriftsmäßig besetzt, was entsprechend zu rügen wäre.

---

412 *Dahs/Dahs* Die Revision im Strafprozess[8], Rn. 163.
413 *BGHSt* 25, 122.

Kapitel 5
Anwesenheit der notwendigen Verfahrensbeteiligten

Abschnitt 1
Richter und Schöffen

Rüge 18

Hat die Hauptverhandlung in ununterbrochener (körperlicher und geistiger) Gegenwart der   **380**
zur Urteilsfindung berufenen Personen (Richter/Schöffen) stattgefunden (§§ 226 Abs. 1,
338 Nr. 1 StPO)?

I. Rechtsgrundlagen

Die zur Urteilsfindung berufenen Richter und Schöffen müssen bis zur Urteilsver-   **381**
kündung während der gesamten Dauer der Hauptverhandlung ununterbrochen an
dieser teilnehmen. Tritt ein Ergänzungsrichter oder -schöffe in das Quorum ein,
muss dieser ebenfalls an der Hauptverhandlung von Anfang an ununterbrochen teilgenommen haben.[414]

„Gegenwärtig" im Sinne des § 226 Abs. 1 StPO ist nicht schon der körperlich anwe-   **382**
sende Richter oder Schöffe, sondern nur derjenige, der der Hauptverhandlung auch
geistig folgen kann.[415] Dies setzt voraus, dass Schöffen der deutschen Sprache
mächtig sein müssen. Wirkt ein Schöffe mit unzureichenden Deutschkenntnissen an
der Hauptverhandlung mit, ist das Gericht nicht ordnungsgemäß i.S.v. § 338 Nr. 1
StPO besetzt.[416] Der Schöffe muss bessere Sprachkenntnisse besitzen, als es das

---

414 *BGH* NJW 2001, 3062 (siehe Rüge 19 Rn. 385).
415 *Meyer-Goßner*[55] § 226 Rn. 3; zur Mitwirkung eines blinden Richters an der Hauptver-
     handlung siehe Rüge 12 Rn. 286 u. 288 (Besetzung) und Rüge 138 Rn. 1164 (Augen-
     scheinseinnahme). Zur Unzulässigkeit der Mitwirkung eines stummen oder tauben
     Richters *Meyer-Goßner*[55] § 338 Rn. 12 u. 13 m.w.N.
416 *BGH* v. 26.01.2011 – 2 StR 338/10 = StV 2011, 526 = StraFo 2011, 152.

Führen einer alltäglichen Konversation oder die Lektüre eines Textes des täglichen Lebens erfordert.[417]

Hat ein Richter oder Schöffe während einer Zeugenvernehmung oder während eines sonstigen wesentlichen Teils der Hauptverhandlung über einen nicht unerheblichen Zeitraum hinweg fest geschlafen,[418] konnte er der Verhandlung aus gesundheitlichen Gründen (auch wegen Alkoholisierung etc.) oder wegen sonstiger körperlicher oder geistiger Mängel[419] nicht folgen, ist das Gericht in seiner Person nicht vorschriftsmäßig besetzt. Da es sich um einen Mangel in der Person des Richters bzw. Schöffen handelt, bedarf es nicht der Erhebung eines rechtzeitigen Besetzungseinwandes. Das gilt auch dann, wenn der Mangel schon zu Beginn der Hauptverhandlung bestand.

II. Anforderungen an den Vortrag der Rüge der vorschriftswidrigen Besetzung des Gerichts (§ 338 Nr. 1 StPO)

383 Der Verhandlungsteil, während dessen der namentlich zu benennende Richter oder Schöffe nicht anwesend war oder dem er nicht gefolgt ist bzw. nicht folgen konnte[420] (die Gründe dafür müssen konkret dargelegt werden),[421] dessen zeitliche Dauer und der konkrete Verhandlungsgegenstand sowie dessen Inhalt müssen genau angegeben werden. Es ist zusätzlich mitzuteilen, dass der betreffende Verhandlungsteil nicht vollständig zu einem Zeitpunkt wiederholt wurde, in dem die betreffenden Mängel nicht mehr vorhanden waren.[422]

Es ist weiterhin vorzutragen, dass der Angeklagte nicht teilweise freigesprochen bzw. das Verfahren nicht teilweise gem. § 154 Abs. 2 StPO eingestellt worden ist. Anderenfalls ist vorzutragen, dass die Abwesenheit des Richters oder Schöffen einen konkret zu bezeichnenden Verhandlungsteil betraf, dessentwegen es zu der Verurteilung gekommen ist.

---

417   *Meyer-Goßner*[55] § 33 GVG Rn. 6.
418   *BGH* StV 1982, 9 = NStZ 1982, 41.
419   Vgl. LR-*Hanack*[25] § 338 Rn. 40 ff.
420   Da § 33 Nr. 5 GVG in der ab dem 30.7.2010 geltenden Fassung (BGBl. I, 179) nur vorsieht, dass „Personen, die mangels ausreichender Beherrschung der deutschen Sprache für das Amt nicht geeignet sind", zum Schöffenamt nicht berufen werden sollen, führt ein Verstoß gegen diese Ordnungsvorschrift nur dann zu einer gesetzwidrigen Besetzung, wenn die unzureichende Sprachkompetenz die Unfähigkeit des Schöffen begründet, der Verhandlung zu folgen. Dies muss im Einzelfall anhand konkreter Belege vorgetragen werden.
421   *Meyer-Goßner*[55] § 226 Rn. 3 u. § 338 Rn. 14 u. 15.
422   *OLG Hamm* NJW 2006, 1449 (für den Fall eines schlafenden Staatsanwalts).

III. Nachweis der Verfahrenstatsachen

Dass die Hauptverhandlung in ununterbrochener körperlicher Gegenwart der zur **384** Urteilsfindung berufenen Richter und Schöffen stattgefunden hat, wird durch das Hauptverhandlungsprotokoll, nicht durch das Urteilsrubrum bewiesen,[423] so dass aus differierenden Angaben zwischen Hauptverhandlungsprotokoll und Urteilsrubrum nur dann auf eine Verletzung des § 226 Abs. 1 StPO geschlossen werden kann, wenn die ausweislich des Hauptverhandlungsprotokolls anwesenden Richter oder Schöffen während der Dauer der Hauptverhandlung tatsächlich gewechselt haben oder nicht ununterbrochen anwesend waren. Wegen der absoluten Beweiskraft des Hauptverhandlungsprotokolls hat in diesem Fall die Rüge der Verletzung des § 226 Abs. 1 StPO nur dann Erfolg (§ 338 Nr. 1 StPO), wenn das Hauptverhandlungsprotokoll auf entsprechenden Antrag[424] im Sinne des Revisionsvortrags berichtigt wird.

Hat ein körperlich anwesender Richter oder Schöffe der Hauptverhandlung nicht folgen können, weil er fest geschlafen hat oder er ihr aus sonstigen körperlichen, geistigen oder sprachlichen Mängeln nicht folgen konnte, kann dies nur im Wege des Freibeweises bewiesen werden.[425]

Rüge 19

Hat an dem Urteil ein Ergänzungsrichter oder Ergänzungsschöffe mitgewirkt, obwohl er **385** nicht der gesamten Hauptverhandlung beigewohnt hat oder ist er in den Spruchkörper eingetreten, obwohl ein zur Entscheidung berufener Richter oder Schöffe nicht verhindert war? Oder ist bei mehreren zur Verfügung stehenden Ergänzungsrichtern oder Ergänzungsschöffen nicht der an bereitester Stelle Stehende in das Entscheidungsquorum eingetreten?

I. Anwesenheit des Ergänzungsrichters/-schöffen während der gesamten Hauptverhandlung

1. Rechtsgrundlagen

Ein Ergänzungsrichter oder Ergänzungsschöffe darf für einen ausgefallenen Richter **386** oder Schöffen nur eintreten, wenn er an der Hauptverhandlung von Anfang an teilgenommen hat.[426] Anderenfalls begründet der Verstoß gegen § 226 StPO, § 192 Abs. 2 GVG den absoluten Revisionsgrund des § 338 Nr. 1 StPO. Zwar gilt die An-

---

423 *Meyer-Goßner*[55] § 226 Rn. 12.
424 Zum Protokollberichtigungsantrag s. oben Rn. 65.
425 Für Fälle fehlender Sprachkompetenz *Meyer-Goßner*[55] § 33 GVG Rn. 6.
426 *BGH* NJW 2001, 3062.

wesenheitspflicht für die gesamte Dauer der Hauptverhandlung; die vorschriftswidrige Abwesenheit soll die Revision aber nur begründen, wenn sie einen wesentlichen Teil der Hauptverhandlung betrifft.[427]

2. Anforderungen an den Vortrag der Rüge der Verletzung der §§ 226, 338 Nr. 1 StPO, 192 GVG

387
- Aufgrund der Verhinderung eines namentlich zu bezeichnenden Richters oder Schöffen ist ein namentlich zu bezeichnender Ergänzungsrichter oder Ergänzungsschöffe in das Richterquorum eingetreten und hat an der Entscheidungsfindung mitgewirkt.

- Der eingetretene Ergänzungsrichter bzw. Ergänzungsschöffe hat bis zu seinem Eintritt in das Entscheidungsquorum nicht der gesamten Hauptverhandlung beigewohnt. Dieser Teil der Hauptverhandlung und die Zeitdauer der Nichtteilnahme sind konkret zu bezeichnen. Der Inhalt dessen, was verhandelt worden ist, ist mitzuteilen.

- Es ist mitzuteilen, dass der Verhandlungsteil, der in Abwesenheit des Ergänzungsrichters bzw. schöffen stattgefunden hat, nicht in seiner Anwesenheit vollständig wiederholt worden ist bzw. der Angeklagte nicht teilweise freigesprochen bzw. das Verfahren nicht teilweise gem. § 154 Abs. 2 StPO eingestellt worden ist (anderenfalls ist vorzutragen, dass die Abwesenheit einen zur Verurteilung führenden Verhandlungsteil betraf).

II. Mitwirkung eines Ergänzungsrichters/-schöffen an der Urteilsfindung ohne Verhinderungsfall

1. Rechtsgrundlagen

388
Hat an der Entscheidung ein Ergänzungsrichter bzw. Ergänzungsschöffe mitgewirkt, obwohl kein Verhinderungsfall seinen Eintritt in das Richterquorum erforderte, ist strittig, ob die Revision nur im Falle der Willkür[428] oder schon bei der Verkennung des Rechtsbegriffs der Verhinderung[429] begründet ist. Die tatsächlichen Umstände der Verhinderung unterliegen jedoch nur im Hinblick auf etwaige Willkür der Nachprüfung.[430] Strittig ist auch, wer den Eintritt des Ergänzungsrichters bzw. Ergänzungsschöffen in das Richterquorum zu bestimmen hat.[431]

---

427 *Meyer-Goßner*[55] § 226 Rn. 2 i.V.m. § 338 Rn. 36 ff. Siehe dazu Rüge 23 Rn. 416.
428 *BGHSt* 47, 220 = StV 2002, 178; *Kissel/Mayer* GVG[6], § 192 Rn. 17.
429 *Kissel/Mayer* GVG[6], § 192 Rn. 18; *Dahs/Dahs* Die Revision im Strafprozess[8], Rn. 145.
430 *Dahs/Dahs* ibid.
431 *Meyer-Goßner*[55] § 192 GVG Rn. 7; *Schlothauer* in: FS für Egon Müller, 2008, 437.

2. Anforderungen an den Vortrag der Rüge der vorschriftswidrigen Mitwirkung eines Ergänzungsrichters/-schöffen

- Der am Urteil mitwirkende Ergänzungsrichter bzw. -schöffe ist namentlich zu benennen. **389**
- Der Berufsrichter bzw. Schöffe, der durch den Ergänzungsrichter bzw. -schöffen ersetzt wurde, ist ebenfalls namentlich zu bezeichnen.
- Ist die Feststellung der Verhinderung des ersetzten Berufsrichters bzw. Schöffen aktenkundig gemacht bzw. protokolliert worden, ist der Text vollständig im Wortlaut mitzuteilen. Ansonsten sind die Verfahrensvorgänge, die dem Eintritt des Ergänzungsrichters bzw. -schöffen vorausgingen, insoweit vollständig zu schildern, als sie auf die Ersetzung des Berufsrichters bzw. Schöffen Einfluss hatten.
- Ist die Feststellung der Verhinderung durch den Vorsitzenden und nicht durch das Gericht erfolgt, ist dies mitzuteilen.[432]
- Die Umstände, die eine Verkennung des Rechtsbegriffs der Verhinderung[433] bzw. ein willkürliches Vorgehen[434] erkennen lassen, sind darzulegen.

Ein Verfahrensfehler läge beispielsweise dann vor, wenn bei oder sogar schon vor der Verhinderung eines Berufsrichters bzw. Schöffen feststünde, dass dieser am nächsten planmäßigen Hauptverhandlungstag, durch den die Fristen des § 229 Abs. 1 bzw. Abs. 2 StPO gewahrt wurden, wieder zur Verfügung gestanden hätte.

III. Eintritt des „gesetzlichen" Ergänzungsrichters/-schöffen

1. Rechtsgrundlagen

Die Benennung der heranzuziehenden Ergänzungsrichter und die Bestimmung der **390**
Reihenfolge ihres Eintritts im Falle einer Verhinderung des zuständigen Richters
müssen sich aus dem Geschäftsverteilungsplan ergeben.[435] Die Ergänzungsschöffen
werden aus der Hilfsschöffenliste zugewiesen (§§ 48, 49 Abs. 1 GVG).[436] Werden
mehrere Berufsrichter bzw. Hilfsschöffen nach § 192 GVG herangezogen, muss
vorab die Reihenfolge ihres Eintretens im Verhinderungsfall bestimmt sein.[437]

---

432   Nach *BGHSt* 35, 366 = JR 1989, 346 m. zust. Anm. *Katholnigg* obliegt die Feststellung des Verhinderungsfalles dem Vorsitzenden; ebenso *Meyer-Goßner*[55] § 192 GVG Rn. 7; LR-*Wickern*[26] § 192 GVG Rn. 18; zweifelnd *Sowada* Der gesetzliche Richter im Strafverfahren, 2002, S. 369; **a.A.** noch LR-*Karl Schäfer*[23] § 192 GVG Rn. 14, ferner LR-*Hanack*[25] § 338 Rn. 37; siehe auch *Schlothauer* in: FS für Egon Müller, 2008, 437.
433   *Kissel-Mayer* GVG[4], § 192 Rn. 18; *Dahs/Dahs* Die Revision im Strafprozess[8], Rn. 145.
434   *BGHSt* 47, 220 = StV 2002, 178; *Kissel/Mayer* GVG[6], § 192 Rn. 17.
435   *LG Halle* StV 2005, 208 m.w.N.; *Meyer-Goßner*[55] § 192 GVG. Siehe Rüge 12 Rn. 299 ff.
436   Siehe Rüge 13 Rn. 328.
437   *Meyer-Goßner*[55] § 192 GVG Rn. 4.

2. Anforderungen an den Vortrag der Rüge der Mitwirkung eines „ungesetzlichen" Ergänzungsrichters/-schöffen (§ 192 GVG, § 338 Nr. 1 StPO)

391 Es ist mitzuteilen, dass an dem Urteil ein namentlich zu bezeichnender Ergänzungsrichter bzw. -schöffe mitgewirkt hat, der infolge eines Verhinderungsfalls in das Entscheidungsquorum eingetreten ist. Es muss vorgetragen werden, dass der Ergänzungsrichter nicht durch den Geschäftsverteilungsplan bestimmt bzw. von der Regelung des Geschäftsverteilungsplans abgewichen worden ist.[438] Im Falle des Eintritts eines Ergänzungsschöffen ist mitzuteilen, dass dieser im Zeitpunkt der Anordnung seiner Zuziehung nicht an bereitester Stelle der Hilfsschöffenliste stand.[439] Bei mehreren zugezogenen Ergänzungsrichtern bzw. -schöffen ist vorzutragen, dass keine Regelung der Reihenfolge ihres Eintritts existierte bzw. eine solche – im Wortlaut mitzuteilende – nicht eingehalten wurde.

Abschnitt 2
Vertreter der Staatsanwaltschaft

Rüge 20

392 Fand die gesamte Hauptverhandlung in Anwesenheit eines zur Sitzungsvertretung befugten Staatsanwalts statt?

I. Rechtsgrundlagen

393 Während der gesamten Dauer der Hauptverhandlung muss ein zur Sitzungsvertretung befähigter Staatsanwalt anwesend sein (Ziff. 1). Die Befähigung kann insbesondere im Falle eines ausgeschlossenen oder befangenen Staatsanwalts fehlen (Ziff. 2). Besondere Probleme können Fälle bereiten, in denen der Sitzungsvertreter der Staatsanwaltschaft während der Hauptverhandlung als Zeuge vernommen wird (Ziff. 3).

1. Anwesenheit eines „befähigten" Vertreters

394 Nach § 226 StPO hat die Hauptverhandlung in ununterbrochener Gegenwart der Staatsanwaltschaft zu erfolgen. Es genügt die Präsenz *eines* Staatsanwalts; ein Wechsel in der Person des Sitzungsvertreters im Verlauf einer Hauptverhandlung

---

438 Zu den Rügeanforderungen siehe Rüge 12 Rn. 299 ff., auch zur Frage eines ggf. erforderlichen Besetzungseinwandes.

439 Zu den Rügeanforderungen siehe Rüge 13 Rn. 328, auch zur Frage eines ggf. erforderlichen Besetzungseinwandes.

ist zulässig. Ein Staatsanwalt, der über einen nicht erheblichen Zeitraum fest ge-schlafen hat, steht einem abwesenden Staatsanwalt gleich.[440]

Die Aufgabe des Sitzungsvertreters der Staatsanwaltschaft kann nur durch eine zum Richteramt befähigte Person (§ 122 Abs. 1 DRiG) wahrgenommen werden. Nur im Zuständigkeitsbereich der Amtsanwälte können auch Amtsanwälte allein als Sit-zungsvertreter tätig werden (§ 142 Abs. 1 Nr. 3 GVG),[441] in diesem Umfange auch Referendare (§ 142 Abs. 3 GVG).

Die Nichtanwesenheit eines Jugendstaatsanwalts i.S.d. § 36 JGG in der Hauptver-handlung begründet die Revision nicht,[442] wenn überhaupt ein Staatsanwalt anwe-send ist.

Die Abwesenheit eines dazu befähigten Vertreters der Staatsanwaltschaft während **395** eines wesentlichen Teils der Hauptverhandlung[443] ist ein absoluter Revisionsgrund i.S.d. § 338 Nr. 5 StPO.

2. Ausgeschlossener oder befangener Staatsanwalt

Wirkt an der Hauptverhandlung ein ausgeschlossener oder befangener Staatsanwalt **396** mit, liegt darin eine Gesetzesverletzung i.S.d. § 337 StPO.[444] Da von der Rechtspre-chung ein formelles, gerichtlich durchsetzbares Recht auf Ablehnung eines befan-genen Staatsanwalts nicht anerkannt wird,[445] bedarf es in der Revisionsbegründung der Darlegung der Gründe, aus denen sich ergibt, dass in der Person des in der Hauptverhandlung anwesenden Staatsanwalts Ausschließungs- oder Ablehnungs-gründe i.S.d. §§ 22 ff. StPO vorgelegen haben.[446] Wird dies zur Überzeugung des Revisionsgerichts festgestellt, wird sich in der Regel nicht ausschließen lassen, dass das Urteil durch die prozessual fehlerhafte Anwesenheit eines ausgeschlossenen oder befangenen Staatsanwalts beeinflusst worden ist.[447]

---

440 *OLG Hamm* NJW 2006, 1449.
441 In Verhandlungen vor den Landgerichten dürfen Amtsanwälten auch nicht unter Auf-sicht eines Staatsanwaltes Verfahrensrechte der Staatsanwaltschaft übertragen werden, bspw. in Form der Einräumung eines umfassenden Fragerechts: *BGH* v. 29.11.2011 – 3 StR 281/11 = NStZ 2012, 344 = StV 2012, 587.
442 *Zieger* Verteidigung in Jugendstrafsachen[5] Rn. 127.
443 Siehe Rüge 23 Rn. 416.
444 Vgl. *OLG Düsseldorf* NJW 1974, 1396; *Bruns* JR 1980, 397 ff.; *Tolksdorf* Mitwir-kungsrecht für den befangenen Staatsanwalt, 1989, S. 129; LR-*Siolek*[26] Vor § 22 Rn. 12; SK-StPO-*Rudolphi*[3] Vor § 22 Rn. 41.
445 Vgl. *BVerfGE* 25, 345; *BGH* NJW 1980, 846.
446 Zum Befangenheitsmaßstab und Einzelfällen der Ausschließung und Ablehnung LR-*Si-olek*[26] Vor § 22 Rn. 14 ff.
447 SK-StPO-*Rudolphi*[3] Vor § 22 Rn. 41 m.w.N.; LR-*Siolek*[26] Vor § 22 Rn. 12.

3. Als Zeuge vernommener Sitzungsvertreter

397 Wird während der Hauptverhandlung der alleinige Sitzungsvertreter der Staatsanwaltschaft förmlich als Zeuge vernommen,[448] erfordert dies die Anwesenheit eines weiteren Staatsanwalts als Sitzungsvertreter.[449] Anderenfalls begründet dies den absoluten Revisionsgrund des § 338 Nr. 5 StPO.[450] Weiterhin kann die Zeugenvernehmung dazu führen, dass der Sitzungsvertreter die staatsanwaltschaftlichen Aufgaben in der weiteren Hauptverhandlung jedenfalls insoweit nicht mehr wahrnehmen darf, als er– insbesondere im Rahmen des Schlussvortrags nach § 258 StPO – hierbei seine eigene Zeugenaussage zu erörtern und zu bewerten hätte, jedenfalls wenn diese in einem „unlösbaren Zusammenhang" mit dem abzuurteilenden Sachverhalt steht.[451]

398 Hat der als Zeuge vernommene Vertreter der Staatsanwaltschaft nach seiner Vernehmung gleichwohl die Anklagebehörde in unzulässiger Weise alleine weitervertreten, so liegt darin kein absoluter Revisionsgrund, sondern ein Verfahrensfehler, der nach § 337 StPO zu prüfen ist.[452] Ein solcher Verfahrensfehler wäre auch bei Hinzuziehung eines zusätzlichen Sitzungsvertreters der Staatsanwaltschaft dann anzunehmen, wenn der als Zeuge vernommene Staatsanwalt seine eigene Aussage würdigen würde, und sei es auch nur in Form der pauschalen Bezugnahme auf den Schlussvortrag seines Kollegen im Rahmen eines erneuten Schlusswortes nach Wiedereintritt in die Beweisaufnahme.[453] Da nicht ausgeschlossen werden kann, dass seine unzulässige Beweiswürdigung Einfluss auf die Meinungsbildung des Gerichts gehabt hat, kann auch in einem solchen Fall das Urteil auf dem Verfahrensfehler beruhen.[454]

399 Ist die Vernehmung des Sitzungsvertreters der Staatsanwaltschaft als Zeuge beabsichtigt und soll vor dieser zu demselben Beweisthema ein weiterer Zeuge vernommen werden, so dass die Besorgnis besteht, der Staatsanwalt könne seine Aussage nach dem von dem Vorzeugen Bekundeten richten und nunmehr die Unwahrheit sa-

---

448 Gibt der Sitzungsvertreter während der Hauptverhandlung sachbezogene Erklärungen ab, die den Umfang getätigter Ermittlungen betreffen, wird er nicht schon dadurch zum Zeugen: *BGH* NStZ 1986, 133.

449 KK-*Senge*[6] Vor § 48 Rn. 11; LR-*J.-P. Becker*[26] § 226 Rn. 8; *OLG Naumburg* StraFo 2007, 64; **a.A.** *Meyer-Goßner*[55] Vor § 48 Rn. 17.

450 Siehe zum Rügevortrag unten Rn. 400.

451 Vgl. im Einzelnen *BGH* StV 1983, 53, *BGH* StV 1988, 186; zweifelnd der 1. Strafsenat des *BGH* StV 1989, 373 = NStZ 1989, 583 u. *BGH* StV 2008, 337 m. krit. Aufsatz *Kelker* StV 2008, 381; *OLG Naumburg* StraFo 2007, 64 auch zu Ausnahmen; ausführlich SK-StPO-*Rogall* Vor § 48 Rn. 46 ff.; *Häger* Gedächtnisschrift für K. Meyer, 1990, S. 171/179; *Müller-Gabriel* StV 1991, 235; *Schneider* NStZ 1994, 457; *Malmendier* NJW 1997, 227/230.

452 *BGHSt* 14, 265, 267 m.w.N.; LR-*J.-P. Becker*[26] § 226 Rn. 8; LR-*Hanack*[25] § 338 Rn. 87.

453 *BGH* StV 1983, 497 m. Anm. *Müllerhoff*; HK-*Julius*[5] § 226 Rn. 9.

454 *BGH* StV 1983, 497 m. Anm. *Müllerhoff*.

gen, kann sein Ausschluss von der Hauptverhandlung gerechtfertigt sein, anderenfalls im Hinblick auf § 58 Abs. 1 StPO die Pflicht zur Wahrheitserforschung verletzt sein kann.[455]

II. Anforderungen an den Vortrag

1. Rüge der Verletzung des § 226 StPO (ggf. i.V.m. § 122 Abs. 1 DRiG bzw. § 142 GVG) wegen Abwesenheit eines befähigten Sitzungsvertreters der Staatsanwaltschaft (absoluter Revisionsgrund des § 338 Nr. 5 StPO)

- Es muss dargelegt werden, dass während eines wesentlichen Teils der Hauptver-   **400** handlung (Dauer, Gegenstand und Inhalt sind mitzuteilen) überhaupt kein Sitzungsvertreter der Staatsanwaltschaft anwesend war oder
- der alleinige Sitzungsvertreter für einen nicht unerheblichen Zeitraum fest geschlafen hat, wobei die Länge des Zeitraums, die Tatsache, dass der Sitzungsvertreter infolge Schlafes der Hauptverhandlung nicht gefolgt ist und der Gegenstand der Verhandlung, der dem Sitzungsvertreter entgangen ist, mitzuteilen sind;[456]
- im Falle der Vernehmung des Sitzungsvertreters der Staatsanwaltschaft als Zeuge sind die Tatsache und die Umstände seiner förmlichen Vernehmung und die Abwesenheit eines weiteren Vertreters der Staatsanwaltschaft als Sitzungsvertreter mitzuteilen;
- wurde die Aufgabe des Sitzungsvertreters der Staatsanwaltschaft allein durch eine zum Richteramt überhaupt nicht befähigte Person wahrgenommen, ist dies anhand der Voraussetzungen des § 122 Abs. 1 DRiG konkret darzulegen;
- wurde die Aufgabe des Sitzungsvertreters allein durch einen Amtsanwalt oder Referendar wahrgenommen, ist dies sowie der Umstand mitzuteilen, dass es sich um eine Verhandlung vor einem anderen Gericht als dem Amtsgericht handelte;
- immer ist vorzutragen, dass es bis zum Ende der Urteilsverkündung nicht zu einer Heilung des Verfahrensfehlers durch Wiederholung der Hauptverhandlung in Anwesenheit eines dazu befähigten Vertreters der Staatsanwaltschaft gekommen ist.
- Es ist vorzutragen, dass der Angeklagte nicht teilweise freigesprochen bzw. das Verfahren nicht teilweise gem. § 154 Abs. 2 StPO eingestellt worden ist. Anderenfalls ist vorzutragen, dass die Abwesenheit des Staatsanwalts einen konkret zu bezeichnenden Verhandlungsteil betraf, dessentwegen es zu der Verurteilung gekommen ist.[457]

---

455 *BGH* StV 1988, 186.
456 *OLG Hamm* NJW 2006, 1449.
457 Zu diesem Erfordernis bei der Rüge absoluter Revisionsgründe siehe *BGH* StV 2008, 123 (Rn. 12) m. Anm. *Ventzke*.

2. Rüge der Mitwirkung eines ausgeschlossenen bzw. befangenen Staatsanwalts an der Hauptverhandlung (§§ 22, 24, 337 StPO)

401
- Es ist darzulegen, dass als alleiniger Sitzungsvertreter ein Staatsanwalt in der Hauptverhandlung anwesend war, in dessen Person die Voraussetzungen des § 22 Nr. 1–3, Nr. 4 (3. und 4. Alternative) StPO vorlagen. Vorgetragen werden kann auch, dass der Staatsanwalt in einer Verhandlung als Sitzungsvertreter tätig geworden ist, in der aufgrund eines Rechtsmittels eine Entscheidung zu überprüfen war, an der der Staatsanwalt als erkennender Richter mitgewirkt hatte.

- Gründe, aus denen sich eine Besorgnis der Befangenheit des als Sitzungsvertreter tätigen Staatsanwalts ergibt,[458] sind in allen Einzelheiten vorzutragen.

- War in der Hauptverhandlung ein weiterer Vertreter der Staatsanwaltschaft anwesend, ist darzulegen, in welcher Weise der ausgeschlossene bzw. befangene Staatsanwalt in der Hauptverhandlung tätig geworden ist und dadurch die Möglichkeit hatte, auf das Gericht Einfluss auszuüben.

- Ist in oder während der Dauer einer mehrtägigen Hauptverhandlung ein Antrag auf Auswechslung des Staatsanwalts bei dessen zuständigem Vorgesetzten gestellt worden oder hat das Gericht auf dessen Auswechselung hingewirkt, sind die schriftlich dokumentierten Ersuchen sowie eine darauf ergangene Entscheidung des Vorgesetzten einschließlich etwaiger dienstlicher Stellungnahmen des betreffenden Staatsanwalts vollständig im Wortlaut mitzuteilen.

- Es ist mitzuteilen, dass es im Falle einer Auswechslung des Staatsanwalts während der Hauptverhandlung nicht zu einer Wiederholung der Teile der Hauptverhandlung gekommen ist, an denen nur der ausgewechselte Staatsanwalt mitgewirkt hatte.[459]

3. Rüge der weiteren Mitwirkung eines als Zeugen vernommenen Staatsanwalts als Sitzungsvertreter (§§ 226, 337 StPO)

402
- Vorzutragen ist, dass der Sitzungsvertreter der Staatsanwaltschaft als Zeuge vernommen wurde,

- der Gegenstand der Zeugenaussage muss so genau wie möglich geschildert werden,

- die Tatsache der weiteren Anwesenheit des Sitzungsvertreters in der Hauptverhandlung ist darzulegen,

- erforderlich ist die Mitteilung, dass und wie der Staatsanwalt seine eigene Aussage zum Gegenstand eigener Erörterung und Würdigung gemacht hat.[460] Die betreffende Prozesshandlung (insbesondere in Form des Schlussvortrags), in der dies geschehen ist, muss bezeichnet werden.

---

458 Siehe hierzu LR-*Siolek*[26] Vor § 22 Rn. 17.
459 Ergänzend sind Ausführungen i.S.d. Vortrages Rn. 400 a.E. zu machen.
460 Zum Erfordernis eines entsprechenden Revisionsvortrags *BGH* NStZ 2007, 419 = Stra-Fo 2007, 205 = StV 2007, 570 (Ls).

- Vorzutragen ist schließlich, dass der Fehler nicht geheilt worden ist,[461] indem der betreffende Staatsanwalt nachträglich abgelöst bzw. ihm ein anderer Staatsanwalt zur Seite gestellt wurde, der eine eigene Würdigung der Zeugenaussage seines Kollegen vorgenommen hat.

4. Rüge der Verletzung der Pflicht zur Wahrheitserforschung im Hinblick auf die Nichtentfernung des als Sitzungsvertreter tätigen Staatsanwalts vor seiner beabsichtigten Zeugenvernehmung und unzulässige Anwesenheit bei der Vernehmung eines Vorzeugen (§§ 58 Abs. 1, 244 Abs. 2 StPO)

- Es ist vorzutragen, dass in der Hauptverhandlung die Absicht bekundet wurde, **403** den Sitzungsvertreter der Staatsanwaltschaft als Zeugen zu vernehmen;
- es ist darzulegen, dass der Sitzungsvertreter der Staatsanwaltschaft tatsächlich förmlich als Zeuge vernommen wurde;
- es ist darzulegen, dass nach Ankündigung der Vernehmungsabsicht in Anwesenheit des Sitzungsvertreters und vor dessen Zeugenvernehmung ein anderer Zeuge vernommen wurde, dessen Aussage der Sitzungsvertreter der Staatsanwaltschaft wahrnehmen konnte;
- Gegenstand und Inhalt der Aussage des Vorzeugen wie auch diejenige des als Zeuge vernommenen Staatsanwalts sind mitzuteilen, wobei darzulegen ist, dass und wie der Inhalt der Aussage des Vorzeugen für die Aussage des als Zeugen vernommenen Sitzungsvertreters von Bedeutung war;
- es ist darzulegen, dass und wie das Gericht schon vor der Vernehmung des Vorzeugen erkennen konnte, dass der Inhalt seiner Aussage für die erwartete Zeugenaussage des Sitzungsvertreters von Bedeutung sein würde;
- sollte ein Antrag auf Entfernung des Sitzungsvertreters der Staatsanwaltschaft aus dem Sitzungssaal vor Vernehmung des Vorzeugen gestellt worden sein, sind sowohl dessen Inhalt wie auch die darauf ergangene Verfügung des Vorsitzenden bzw. ein Gerichtsbeschluss wörtlich mitzuteilen.[462]

---

461   Dass dies möglich sein soll, wird von SK-StPO-*Rogall*³ Vor § 48 Rn. 51 vertreten. Besteht aber der Verfahrensfehler in der unzulässigen Beeinflussung durch das Gericht, lässt sich diese insbesondere bei Schöffenbeteiligung kaum rückgängig machen.

462   Siehe zu den Rügeanforderungen insbesondere *BGH* StV 1988, 186, 188.

Abschnitt 3
Urkundsbeamter der Geschäftsstelle

Rüge 21

404   Fand die gesamte Hauptverhandlung in ununterbrochener Gegenwart eines Urkundsbeamten der Geschäftsstelle statt?

I. Rechtsgrundlagen

405   Nach § 226 StPO hat die gesamte Hauptverhandlung in ununterbrochener Gegenwart eines – nicht notwendigerweise desselben – Urkundsbeamten der Geschäftsstelle stattzufinden. Seine (bei wesentlichen Teilen der Hauptverhandlung[463] auch teilweise) Abwesenheit begründet[464] den absoluten Revisionsgrund des § 338 Nr. 5 StPO. Nur in der Hauptverhandlung vor dem Strafrichter kann dieser von der Hinzuziehung eines Urkundsbeamten absehen (§§ 226 Abs. 2 S. 1 StPO). Diese Entscheidung kann nicht mit der Revision überprüft werden (§§ 336 S. 2, 226 Abs. 2 S. 2 StPO).

406   Mit den Aufgaben eines Urkundsbeamten der Geschäftsstelle dürfen nur die in § 153 Abs. 2, 3 und 5 GVG bezeichneten Personen betraut werden:

Neben den in § 153 Abs. 2 und 3 GVG genannten Beamten können nach Abs. 5 auch sonstige Personen, die auf dem Gebiet der Führung des Sitzungsprotokolls einen gleichwertigen Wissensstand wie die in § 153 Abs. 2 GVG Genannten aufweisen, mit den Aufgaben eines Urkundsbeamten der Geschäftsstelle betraut werden, wenn dies nach entsprechenden bundes oder landesrechtlichen Bestimmungen zulässig ist. Von dieser Möglichkeit haben einzelne Bundesländer für Justizangestellte[465] und Referendare[466] Gebrauch gemacht. Anhand dieser Bestimmungen und durch Nachfrage bei dem zuständigen Gerichtspräsidenten ist zu prüfen, ob im Einzelfall ein in der Hauptverhandlung tätig gewordener Protokollführer zuvor mit dieser Aufgabe tatsächlich durch die zuständige Stelle betraut worden ist[467] und betraut werden durfte.

---

463   Siehe Rüge 23 Rn. 416.
464   Ein für einen längeren Zeitraum schlafender Urkundsbeamter erfüllt die Anwesenheitsvoraussetzungen nicht. Siehe – auch zum Rügevortrag – die Ausführungen zum schlafenden Staatsanwalt: Rüge 20 Rn. 394 und 400.
465   Siehe bspw. für Baden-Württemberg *BGH* StV 1985, 492, für Bremen *OLG Bremen* StV 1984, 109 m. Anm. *Katholnigg*, für Niedersachsen *BGH* StV 1984, 409.
466   Für Hamburg *OLG Hamburg* StV 1984, 111, für Niedersachsen *BGH* StV 1984, 233.
467   Die Betrauung mit der Aufgabe des Urkundsbeamten der Geschäftsstelle muss vor Aufnahme der entsprechenden Tätigkeit erfolgen: *BGH* v. 8.2.2011 – 1 StR 24/10.

Eine Vereidigung einer sonstigen Person gem. § 168 StPO ist für die Hauptverhandlung unzulässig.[468]

II. Anforderungen an den Vortrag der Rüge der Verletzung von § 226 StPO, § 153 GVG

Die Hauptverhandlung hat nicht in Anwesenheit eines Urkundsbeamten der Ge- **407** schäftsstelle stattgefunden. Als Negativtatsache ist vorzutragen, dass die Hauptverhandlung nicht vor dem Strafrichter durchgeführt wurde bzw. bei einer Verhandlung vor dem Strafrichter dieser nicht von der Hinzuziehung eines Urkundsbeamten der Geschäftsstelle abgesehen hat.[469]

War ein Urkundsbeamter nur während eines Teils der Hauptverhandlung abwesend, ist darzulegen, was Gegenstand und Inhalt dieses Teils der Hauptverhandlung war, weil die Revision nur bei Abwesenheit während eines **wesentlichen** Teils der Hauptverhandlung begründet ist. Es ist weiterhin vorzutragen, dass der Angeklagte nicht teilweise freigesprochen bzw. das Verfahren nicht teilweise gem. § 154 Abs. 2 StPO eingestellt worden ist. Anderenfalls ist vorzutragen, dass die Abwesenheit des Urkundsbeamten der Geschäftsstelle einen konkret zu bezeichnenden Verhandlungsteil betraf, dessentwegen es zu der Verurteilung gekommen ist.[470]

Erfüllte die mit der Führung des Sitzungsprotokolls in der Hauptverhandlung befasste Person nicht die Voraussetzungen eines Urkundsbeamten der Geschäftsstelle gem. § 153 Abs. 2, 3 bzw. 5 GVG, sind die Tatsachen vorzutragen, aus denen sich dies im konkreten Fall ergibt, beispielsweise weil der nichtbeamtete Protokollführer nicht durch die zuständige Stelle mit den Aufgaben eines Urkundsbeamten betraut worden war.

Es muss vorgetragen werden, dass der Teil der Hauptverhandlung, während dessen keine oder eine dazu nicht befugte Person das Sitzungsprotokoll geführt hat, nicht in Anwesenheit einer dazu befugten Person vollständig wiederholt und der Fehler dadurch nachträglich geheilt worden ist.

---

468 *BGH* NStZ 1981, 31.
469 Die Nichthinzuziehung eines Urkundsbeamten bedarf einer Entscheidung des Strafrichters. Diese kann in das Protokoll aufgenommen werden oder konkludent dadurch erfolgen, dass der Strafrichter in dem von ihm selbst geführten Protokoll die Abwesenheit des Urkundsbeamten kenntlich macht: KMR-StPO-*Eschelbach* (Stand Mai 2005) § 226 Rn. 73, 74.
470 Vgl. zu diesem Erfordernis *BGH* StV 2008, 123 (Rn. 12) m. Anm. *Ventzke.*

Rüge 22

408 Wurde im Lauf der Hauptverhandlung ein Befangenheitsantrag gegen den Urkundsbeamten der Geschäftsstelle oder eine andere als Protokollführer zugezogene Person (§ 31 Abs. 1 StPO) zu Unrecht zurückgewiesen?

409 Auf die fehlerhafte Zurückweisung eines Ablehnungsgesuchs gegen den Urkundsbeamten der Geschäftsstelle oder eine andere mit der Führung des Hauptverhandlungsprotokolls betraute Person kann die Revision mit Erfolg nicht gestützt werden.

Wendet man, dem Wortlaut entsprechend, § 28 Abs. 2 StPO auf den Urkundsbeamten der Geschäftsstelle nicht an, kann die das Ablehnungsgesuch zurückweisende Entscheidung ohnehin nicht zusammen mit dem Urteil angefochten werden.[471]

Aber auch wenn die Revision statthaft wäre, würde die Rüge der Verletzung des § 31 Abs. 1 StPO im Hinblick auf §§ 336, 337 StPO die Revision nur begründen, wenn das Urteil auf dem Mangel beruht. Dies kann kaum der Fall sein, weil das Urteil auf der Hauptverhandlung, nicht aber auf der Tätigkeit des Urkundsbeamten der Geschäftsstelle oder dem von ihm gefertigten Sitzungsprotokoll beruht.[472]

Abschnitt 4
Angeklagter

---

471 Für den Antragsteller bleibt in solchen Fällen nur die Überprüfung der angefochtenen Entscheidung mittels der sofortigen Beschwerde (§ 28 Abs. 2 S. 1 StPO).
472 LR-*Siolek*[26] § 31 Rn. 15.

Rüge 23

I. Rechtsgrundlagen

Nach § 230 Abs. 1 StPO ist der Angeklagte zur ununterbrochenen Anwesenheit in **412**
der Hauptverhandlung verpflichtet. Dieser Verpflichtung korrespondiert das Recht
des Angeklagten auf ununterbrochene Anwesenheit, das ihm auch dann zusteht,
wenn ausnahmsweise ohne ihn verhandelt werden darf.[473]

Die Voraussetzung dauernder Anwesenheit beginnend mit dem Zeitpunkt ihrer **413**
Feststellung gem. § 243 Abs. 1 S. 2 StPO bis zum Ende der Eröffnung der Urteilsgründe (§ 268 Abs. 2 StPO) erfüllt nur derjenige Angeklagte, der nicht nur körperlich anwesend, sondern auch psychisch so präsent ist, dass er sich in verständlicher
und verständiger Weise verteidigen kann.[474] Nur die endgültige Verhandlungsunfähigkeit begründet ein Verfahrenshindernis, das, wenn es sich erst während der
Hauptverhandlung herausstellt, zur Verfahrenseinstellung durch Urteil führen

---

473 Dazu unten Rügen Nr. 24 (Rn. 425), 25 (Rn. 436) und 29 (Rn. 472).
474 LR-*J.-P. Becker*[26] § 230 Rn. 7; *OLG Düsseldorf* NStZ 1990, 295.

muss (§ 260 Abs. 3 StPO).[475] Ansonsten ist die Frage, ob die Hauptverhandlung gegen einen körperlich anwesenden Angeklagten wegen einer begrenzten Verhandlungsfähigkeit stattfinden durfte, als Verletzung des § 230 Abs. 1 StPO zu rügen.[476]

414 Die Anwesenheitspflicht gilt unabhängig davon, ob die Hauptverhandlung an Gerichtsstelle oder beispielsweise aus Anlass einer Ortsbesichtigung außerhalb des Gerichts stattfindet.

Sie ist nicht disponibel, so dass auf ihre Einhaltung – auch im allgemeinen Einverständnis – nicht verzichtet werden kann. Der Geltendmachung dieses Rechtsverstoßes steht auch nicht entgegen, dass die beanstandete Abwesenheit auf Initiative des Angeklagten bzw. mit seinem Einverständnis erfolgte.[477]

Der Fehler kann allerdings durch die in Anwesenheit des Angeklagten erfolgende Wiederholung der in seiner Abwesenheit stattgefundenen Teile der Hauptverhandlung geheilt werden.

Die Verletzung des § 230 Abs. 1 StPO ist ein absoluter Revisionsgrund (§ 338 Nr. 5 StPO). Das gilt aber nur dann, wenn ein wesentlicher Teil der Hauptverhandlung ohne den Angeklagten stattgefunden hat.

II. Anforderungen an den Vortrag der Rüge der Verletzung des § 230 Abs. 1 StPO

1. Abwesenheit/Verhandlungsunfähigkeit des Angeklagten

415 Die Hauptverhandlung hat in Abwesenheit des Angeklagten stattgefunden. Bei einer zeitweisen Abwesenheit ist detailliert anzugeben, welche Teile der Hauptverhandlung ohne den Angeklagten stattgefunden haben und was in seiner Abwesenheit konkret verhandelt wurde.[478] War der Angeklagte während einer Zeugenvernehmung zeitweilig abwesend, ist der Inhalt der Aussage des in Abwesenheit des Angeklagten vernommenen Zeugen mitzuteilen; als negative Verfahrenstatsache sollte vorsorglich mitgeteilt werden, dass der Angeklagte auch nicht nachträglich durch den Vorsitzenden über den Inhalt der in seiner Abwesenheit erfolgten Aussage unterrichtet wurde oder ein etwaiges Informationsdefizit nicht im Rahmen der

---

475 Ist dies unterblieben, wird der Fehler auf die allgemeine Sachrüge hin von Amts wegen geprüft: Siehe Rüge Nr. 5 Rn. 169. Es empfiehlt sich aber, auch insoweit eine Verfahrensrüge zu erheben und diese entsprechend zu begründen für den Fall, dass sich im Nachhinein die Voraussetzungen endgültiger Verhandlungsunfähigkeit nicht feststellen lassen sollten.

476 *BGH* StV 1984, 493 = NStZ 1984, 521; *BGH* StV 1988, 511. Zur Rüge der unzulässigen Verhandlung in Abwesenheit des Angeklagten wegen angeblich von ihm herbeigeführter Verhandlungsunfähigkeit siehe unten Rüge 27 Rn. 458.

477 *BGH* StV 1993, 285 = NStZ 1993, 198.

478 *BGHR* StPO § 344 Abs. 2 S. 2 – Abwesenheit 1.

Ausübung des Frage- und Erklärungsrechts ausgeglichen wurde.[479] Es ist weiterhin vorzutragen, dass der Angeklagte nicht teilweise freigesprochen bzw. das Verfahren nicht teilweise gem. § 154 Abs. 2 StPO eingestellt worden ist. Anderenfalls ist vorzutragen, dass die Abwesenheit des Angeklagten einen konkret zu bezeichnenden Verhandlungsteil betraf, dessentwegen es zu der Verurteilung gekommen ist.[480]

War der Angeklagte körperlich anwesend, ist zu seiner vorübergehenden Verhandlungsunfähigkeit folgendes vorzutragen: Es sind die Umstände mitzuteilen, aus denen sich ergibt, dass die Fähigkeit des Angeklagten, der Verhandlung zu folgen und seine Verteidigung zu führen, ganz oder teilweise aufgehoben oder erheblich eingeschränkt war. Ursachen in Form schwerer körperlicher oder seelischer Mängel oder Krankheiten sowie dafür sprechende Anhaltspunkte sind zu benennen. Diese sind auch vorzutragen, wenn zu befürchten ist, dass die mit einer Teilnahme an den Hauptverhandlungen verbundenen körperlichen und/oder seelischen Belastungen zu erheblichen gesundheitlichen Beeinträchtigungen führen. Ist während der Hauptverhandlung durch eine angepasste Verhandlungsführung versucht worden, einer eingeschränkten Verhandlungsfähigkeit zu begegnen, ist dies ebenso zu schildern wie die Gründe, warum diese Maßnahmen zu kurz gegriffen haben.[481]

2. Wesentlicher Teil der Hauptverhandlung

Es ist darzulegen, dass der in Abwesenheit des Angeklagten durchgeführte Teil der **416** Hauptverhandlung wesentlich war. Dazu gehören u.a.:

- Vorgänge der Beweisaufnahme[482] einschließlich einer außerhalb des Gerichtssaals durchgeführten Augenscheinseinnahme (Ortsbesichtigung), an der außer dem Angeklagten das vollzählig versammelte Gericht und alle anderen notwendigen Verfahrensbeteiligten teilgenommen hatten,[483]
- die Vereidigung eines Zeugen,
- die Aussage eines Mitangeklagten,
- der Verzicht auf eine vom Gericht zunächst für notwendig erachtete Zeugenvernehmung,[484]

---

479 *BGH* StV 2008, 566 = NStZ 2008, 644.
480 Vgl. zu diesem Erfordernis *BGH* StV 2008, 123 m. Anm. *Ventzke*.
481 Zu den weiteren Anforderungen an den Vortrag siehe Rüge 5 Rn. 171.
482 Die Stellung eines Beweisantrages durch den Verteidiger in Abwesenheit des Angeklagten ist kein wesentlicher Teil der Hauptverhandlung: *BGH* v. 28.7.2010 – 1 StR 643/09 = StV 2011, 211 m. Anm. *Kudlich* = NStZ 2011, 233.
483 *BGH* StV 1989, 187; *OLG Hamburg* NStZ 1986, 569 = JR 1987, 78 m. Anm. *Foth*.
484 *BGH* StV 1995, 623. Dem gegenüber soll die Erörterung über die Abladung von Zeugen und Sachverständigen während der Abwesenheit des Angeklagten kein wesentlicher Teil der Hauptverhandlung darstellen, wenn denkgesetzlich ausgeschlossen sei, dass der Anspruch des Angeklagten auf rechtliches Gehör sowie seine prozessualen Mitgestaltungsrechte dadurch beeinträchtigt worden seien: *BGH* v. 28.7.2010 – 1 StR 643/09 = StV 2011, 211 m. Anm. *Kudlich* = NStZ 2011, 233.

- die Verhandlung und Entscheidung über eine Verfahrenstrennung bei mehreren Angeklagten ist ein wesentlicher Teil der Hauptverhandlung, der in Anwesenheit des Angeklagten und – im Falle notwendiger Verteidigung – eines Verteidigers stattzufinden hat,[485]
- Erteilung eines gerichtlichen Hinweises nach § 265 StPO,
- im Berufungsverfahren der Vortrag des Vorsitzenden über die Ergebnisse des bisherigen Verfahrens,[486]
- die Urteilsverkündung (bezüglich der Eröffnung der Urteilsgründe allerdings strittig[487]).

3. Ausschluss von Ausnahmemöglichkeiten

417 Es lagen nicht die Voraussetzungen vor, unter denen zulässigerweise in Abwesenheit des Angeklagten verhandelt werden durfte. Der Vortrag bezieht sich auf sog. Negativtatsachen, deren Vorliegen den Verfahrensfehler entfallen lassen würde. Es empfiehlt sich, vorsorglich alle in Betracht kommenden Ausnahmemöglichkeiten auszuschließen:[488]

- Der Angeklagte ist der Hauptverhandlung nicht eigenmächtig ferngeblieben[489] bzw. das Gericht hat seine Absicht, die Hauptverhandlung in Abwesenheit fortzusetzen (§ 231 Abs. 2 StPO), auch nicht schlüssig zum Ausdruck gebracht.
- Die Abwesenheit des Angeklagten beruhte nicht auf von ihm vorsätzlich und schuldhaft herbeigeführter Verhandlungsunfähigkeit bzw. das Gericht hat die Durchführung oder Fortsetzung der Hauptverhandlung nicht gem. § 231a Abs. 3 StPO beschlossen.
- Der Angeklagte war nicht deshalb abwesend, weil er wegen ordnungswidrigen Benehmens aus dem Sitzungssaal entfernt oder zur Haft abgeführt worden wäre (§ 231b Abs. 1 StPO).
- Der Angeklagte war nicht deshalb abwesend, weil er auf seinen Antrag hin vom Gericht für einzelne Verhandlungsteile beurlaubt worden ist (§ 231c StPO).
- Der Angeklagte war nicht deshalb abwesend, weil sein Verfahren zulässigerweise vorübergehend vom Gericht abgetrennt worden wäre.[490]
- Der Angeklagte war nicht abwesend, nachdem er in seiner Ladung zur Hauptverhandlung darauf hingewiesen worden war, dass auch in seiner Abwesenheit verhandelt werden könne (§ 232 StPO) bzw. weil er vom Gericht von der Verpflichtung zum Erscheinen in der Hauptverhandlung entbunden worden war (§ 233 StPO).

---

485 *BGH* v. 13.4.2010 – 3 StR 24/10 = StraFo 2010, 339.
486 *OLG Bremen* StV 1989, 56.
487 Vgl. LR-*Gollwitzer*[25] § 230 Rn. 51, § 268 Rn. 66; LR-*Hanack*[25] § 338 Rn. 85.
488 Zur Uneindeutigkeit der Rechtsprechung vgl. *BGHSt* 30, 74 = StV 1981, 270.
489 Siehe zur eigenmächtigen Abwesenheit Rüge 24 Rn. 430 und Rüge 26 Rn. 452.
490 Vgl. *BGHSt* 30, 74 = StV 1981, 270.

- Der Angeklagte ist nicht durch Gerichtsbeschluss gem. § 247 StPO vorübergehend aus der Hauptverhandlung entfernt worden.
- (Für das Berufungsverfahren: Der Angeklagte ist der Berufungshauptverhandlung nicht ohne genügende Entschuldigung (§ 329 Abs. 1 S. 1 StPO) ferngeblieben).[491]
- (Für das Verfahren nach Einspruch gegen einen Strafbefehl: Die Hauptverhandlung hat nicht deshalb in Abwesenheit des Angeklagten stattgefunden, weil er dort durch einen mit schriftlicher Vollmacht versehenen Verteidiger vertreten wurde und er zum Ausdruck gebracht hatte, an der Hauptverhandlung persönlich nicht teilnehmen zu wollen[492]).

4. Heilung des Verfahrensfehlers

Der in Abwesenheit des Angeklagten stattgefundene wesentliche Teil der Hauptverhandlung ist nicht in Anwesenheit des Angeklagten vollständig wiederholt worden.[493]   **418**

III. Nachweis der Verfahrenstatsachen

1. Abwesenheit

Die Anwesenheit des Angeklagten in der Hauptverhandlung ist eine wesentliche   **419** Förmlichkeit, die durch das Hauptverhandlungsprotokoll bewiesen wird (§§ 273 Abs. 1, 274 StPO). Das Schweigen des Hauptverhandlungsprotokolls beweist die fehlende Anwesenheit (negative Beweiskraft). Das gilt allerdings nicht, wenn das Protokoll nach einer Unterbrechung der Hauptverhandlung nicht alle Anwesenden aufführt, soweit dies zu Beginn des ersten Verhandlungstages geschehen ist und das Protokoll keinen Hinweis darauf enthält, dass der Angeklagte nach Unterbrechung der Sitzung nicht anwesend war.[494]

2. Keine Heilung

Das Schweigen des Protokolls beweist weiterhin, dass eine Wiederholung der in   **420** Abwesenheit des Angeklagten durchgeführten Teile der Hauptverhandlung in Anwesenheit des Angeklagten nicht erfolgt ist.

3. Protokollberichtigung

Zur Möglichkeit einer Protokollberichtigung bei vermeintlich unrichtiger Sitzungs-   **421** niederschrift siehe Rn. 51 und 65.

---

491   Siehe auch Rüge 268 Rn. 2288.
492   *OLG Karlsruhe* MDR 1985, 868; siehe auch Rn. 2325.
493   *BGH* StV 1991, 97.
494   *BGHR* StPO § 338 Nr. 5 – Angeklagter 2.

IV. Im Zusammenhang mit diesem Verfahrensfehler stehende weitere Rügemöglichkeiten

1. Verletzung des § 261 StPO

422 Beruht das Urteil auf Erkenntnissen, die in der in vorübergehender Abwesenheit des Angeklagten durchgeführten Hauptverhandlung gewonnen worden sind und ist der diesbezügliche Verfahrensteil in Anwesenheit des Angeklagten nicht vollständig wiederholt worden, kann zusätzlich die Verletzung des § 261 StPO gerügt werden.[495] Es handelt sich um einen relativen Revisionsgrund (§ 337 StPO), weshalb das Urteil auf dem Verfahrensfehler beruhen muss.[496]

2. Verletzung des § 244 Abs. 2 StPO

423 Auf die Verletzung des § 230 Abs. 1 StPO im Hinblick auf einen abwesenden Mitangeklagten kann der anwesende Angeklagte die Revision nur mit der Rüge der Verletzung der gerichtlichen Aufklärungspflicht (§ 244 Abs. 2 StPO) stützen. Er muss dann darlegen, welche bislang unberücksichtigten Tatsachen bei einer bzw. durch eine Verhandlung in Anwesenheit des Mitangeklagten hätten aufgeklärt werden können.[497]

Rüge 24

424 Hat die Hauptverhandlung in Abwesenheit des Angeklagten stattgefunden, weil er ordnungsgemäß geladen und in der Ladung darauf hingewiesen wurde, dass in seiner Abwesenheit verhandelt werden könne (§ 232 StPO)?

A. Voraussetzungen für eine Abwesenheitsverhandlung und -verurteilung

425 Lagen die Voraussetzungen für eine Abwesenheitsverhandlung und -verurteilung nach § 232 StPO nicht vor, verletzt dies das Anwesenheitsrecht des § 230 Abs. 1 StPO, weshalb der absolute Revisionsgrund des § 338 Nr. 5 StPO durchgreift.

I. Rechtsgrundlagen

426 Voraussetzungen für eine Abwesenheitsverhandlung und -verurteilung:

1. Der Angeklagte muss ordnungsgemäß geladen worden sein. Eine Ladung durch öffentliche Bekanntmachung genügt nicht (§ 232 Abs. 2 StPO).

---

495   *BGH* StV 1984, 186.
496   Vgl. unten Rüge 226 Rn. 1858.
497   LR-*J.-P. Becker*[26] § 230 Rn. 49.

2. Mit der Ladung muss der Angeklagte darauf hingewiesen worden sein, dass auch in seiner Abwesenheit verhandelt werden könne. Im Falle einer Umladung soll es genügen, wenn darin auf die frühere Ladung verwiesen wird, die den betreffenden Hinweis enthalten hatte.[498]
3. Der Angeklagte muss eigenmächtig der Hauptverhandlung ferngeblieben sein.[499]
4. Über einen etwaigen vor Beginn der Hauptverhandlung eingegangenen Antrag auf Vertagung bzw. auf Durchführung der Verhandlung unter Entbindung der Erscheinenspflicht (§ 233 StPO) muss (negativ) entschieden worden sein, bevor nach § 232 StPO verfahren werden darf.[500]
5. Das Gericht darf auf keine andere als auf die nach § 232 Abs. 1 StPO zulässige Rechtsfolge erkennen.
6. Liegen die Voraussetzungen des § 232 StPO vor, darf nicht nur gegen einen ausgebliebenen, sondern auch gegen einen sich eigenmächtig aus der Hauptverhandlung entfernenden Angeklagten in dessen Abwesenheit weiterverhandelt werden.[501]

II. Anforderungen an den Vortrag der Verletzung der §§ 230 Abs. 1, 232 StPO

1. Unterbliebene bzw. nicht ordnungsgemäße Ladung

Wird ein Ladungsmangel gerügt, müssen die konkreten Tatsachen vorgetragen werden, aus denen sich die Verletzung der Ladungsvorschrift der §§ 216, 217 StPO ergibt. Die Nichteinhaltung der Ladungsfrist soll nach Auffassung des BGH die Ordnungsmäßigkeit der Ladung allerdings nicht gefährden, weil dem Angeklagten das Recht, die Aussetzung der Verhandlung zu verlangen (§ 217 Abs. 2 StPO), verbliebe.[502] **427**

Ist die Ladung des Angeklagten zu Händen eines Zustellungsbevollmächtigten erfolgt, sind etwaige Mängel bei diesem Verfahren ebenfalls vorzutragen.

Ggf. ist mitzuteilen, dass der Angeklagte **nur** durch Ladung aufgrund öffentlicher Bekanntmachung zur Hauptverhandlung geladen wurde (§ 232 Abs. 2 StPO). Der Inhalt aller Schriftstücke, auf die Bezug genommen wird, ist vollständig im Wortlaut (ggf. in Fotokopie) mitzuteilen (z.B. Ladungsverfügung, Ladung, Ladungsnachweis etc.).

---

498 *OLG Köln* StV 1996, 12; **a.A.** LR-*J.-P. Becker*[26] § 232 Rn. 7.
499 Zum Begriff der Eigenmächtigkeit siehe Rüge 26 Rn. 450 ff.
500 LR-*Gollwitzer*[25] § 232 Rn. 16.
501 LR-*J.-P. Becker*[26] § 232 Rn. 14.
502 *BGHSt* 24, 150; **a.A.** SK-StPO-*Deiters*[4] § 232 Rn. 16 i.V.m. § 217 Rn. 11; so auch schon SK-StPO-*Schlüchter*[3] § 232 Rn. 10.

2. Hinweis auf Möglichkeit der Abwesenheitsverhandlung

428 Wurde der Angeklagte in der Ladung nicht darauf hingewiesen, dass auch in seiner Abwesenheit verhandelt werden könne, ist vorzutragen, dass weder die Ladung selbst noch eine Anlage hierzu den entsprechenden klaren und unmissverständlichen Hinweis enthielt. Der Inhalt des Ladungsschreibens sollte wörtlich vollständig mitgeteilt werden; darüber hinaus, dass dieser Ladung keine weitere Anlage beigefügt war oder es ist auch deren Inhalt vollständig wörtlich mitzuteilen.

3. Verhandlung in Abwesenheit des Angeklagten

429 Sowohl bei Ladungsmängeln als auch bei fehlendem Hinweis auf die Möglichkeit einer Abwesenheitsverhandlung ist mitzuteilen, dass die Hauptverhandlung ohne den Angeklagten stattgefunden hat bzw. dass der Angeklagte während eines wesentlichen Teils der Hauptverhandlung abwesend war,[503] letzterenfalls, dass dieser Teil der Hauptverhandlung in Anwesenheit des Angeklagten nicht wiederholt worden ist.

4. Keine eigenmächtige Abwesenheit

430 Der Revisionsvortrag erfordert weiterhin die Mitteilung, dass der Angeklagte nicht eigenmächtig der Hauptverhandlung ferngeblieben ist bzw. sich aus dieser entfernt hat.[504]

Die Beanstandung, das Gericht habe die Hauptverhandlung in Abwesenheit des Angeklagten durchgeführt, weil es zu Unrecht von einem eigenmächtigen Ausbleiben ausgegangen sei, soll nach h.M.[505] mit der Rüge der Verletzung der §§ 232, 230 Abs. 1 StPO nur darauf gestützt werden dürfen, dass das Gericht die von ihm festgestellten Tatsachen rechtsfehlerhaft gewürdigt habe. Dies würde sich auf die Prüfung der in den Urteilsgründen mitgeteilten Tatsachen beschränken.[506] Konsequenz der Auffassung der h.M. ist, dass in Fällen, in denen das Gericht erkennbare Umstände, die der Annahme eigenmächtigen Fernbleibens entgegenstanden, in den Urteilsgründen unberücksichtigt gelassen hat, insoweit die Aufklärungsrüge erhoben werden muss,[507] dem erkennenden Gericht unbekannte Gründe können nach dieser Auffassung nur mit dem Antrag auf Wiedereinsetzung in den vorigen Stand (§ 235 StPO) geltend gemacht werden.[508] Auch wenn die Auffassung der Mindermeinung

---

503 Zu dem erforderlichen Vortrag siehe Rüge 23 Rn. 415 ff.

504 Zur Eigenmächtigkeit und zum entsprechenden Revisionsvortrag s. Rn. 452 ff.

505 Vgl. *Meyer-Goßner*[55] § 232 Rn. 29 m.w.N.; **a.A.** LR-*J.P. Becker*[26] § 232 Rn. 37.

506 Ist die allgemeine Sachrüge erhoben, unterliegen die in den Urteilsgründen festgestellten Tatsachen zur Frage der eigenmächtigen Abwesenheit des Angeklagten der Beurteilung durch das Revisionsgericht, ohne dass diese im Rahmen der Verfahrensrüge nochmals mitgeteilt werden müssen.

507 LR-*J.-P. Becker*[26] § 232 Rn. 37 m.w.N.

508 *Meyer-Goßner*[55] § 232 Rn. 29 m.w.N.

vorzugswürdig erscheint, wonach die Voraussetzung für die Annahme eigenmächtigen Ausbleibens wie bei § 231 Abs. 2 StPO vom Revisionsgericht im Freibeweisverfahren auf der Grundlage eines hinreichenden Tatsachenvortrags nachzuprüfen ist,[509] sollte zumindest zusätzlich die Aufklärungsrüge erhoben bzw. vorsorglich innerhalb der mit Zustellung des Urteils beginnenden Wochenfrist des § 235 StPO ein Antrag auf Wiedereinsetzung in den vorigen Stand gestellt werden, der unabhängig von der Anfechtung des Urteils mit der Revision zulässig ist.[510]

5. Unzulässige Rechtsfolge

Wird gerügt, dass die konkret verhängte Rechtsfolge nicht von § 232 Abs. 1 StPO   **431** gedeckt war, können die diesbezüglichen Tatsachen den Urteilsgründen entnommen werden, wenn die allgemeine Sachrüge erhoben worden ist. Zusätzlich sind die Verfahrenstatsachen vorzutragen, aus denen sich ergibt, dass eine Abwesenheitsverhandlung i.S.d. § 232 StPO stattgefunden hat.

B. Rüge der Nichtverlesung der Niederschrift einer früheren richterlichen Vernehmung des Angeklagten

I. Rechtsgrundlagen

Mit der Rüge der Verletzung der §§ 232 Abs. 3, 337 StPO kann beanstandet wer-   **432** den, dass es unterblieben ist, die Niederschrift über eine frühere richterliche Vernehmung des Angeklagten in der Hauptverhandlung zu verlesen. Davon soll nur abgesehen werden dürfen, wenn der Angeklagte in der Hauptverhandlung durch einen mit schriftlicher Vollmacht versehenen Verteidiger vertreten worden ist (§ 234 StPO) und dieser für den Angeklagten eine Sacheinlassung abgegeben hat.[511] Die Nichtverlesung einer früheren richterlichen Vernehmungsniederschrift kann zusätzlich die Aufklärungsrüge begründen.[512]

Da die Verlesung einer früheren richterlichen Vernehmungsniederschrift eine wesentliche Förmlichkeit i.S.d. § 273 Abs. 1 StPO darstellt, wird die Nichtverlesung durch das Schweigen des Hauptverhandlungsprotokolls bewiesen.

---

509   LR-*J.-P. Becker*[26] § 232 Rn. 37. Siehe dazu unten Rüge 26 Rn. 450.
510   *Meyer-Goßner*[55] § 232 Rn. 30; LR-*J.-P. Becker*[26] § 232 Rn. 41.
511   *Meyer-Goßner*[55] § 232 Rn. 15.
512   LR-*J.-P. Becker*[26] § 232 Rn. 38: Ebenso kann die Nichtverlesung einer polizeilichen oder staatsanwaltschaftlichen Vernehmungsniederschrift zum Gegenstand einer Aufklärungsrüge gemacht werden, wenn ein darin enthaltener verfahrenserheblicher Umstand in den Urteilsgründen unberücksichtigt geblieben ist.

II. Anforderungen an den Vortrag der Verletzung des § 232 Abs. 3 StPO

433 Es ist vorzutragen, dass die Hauptverhandlung im Hinblick auf die Voraussetzungen des § 232 Abs. 1 StPO ohne den Angeklagten stattgefunden hat.

Der Inhalt der Niederschrift einer richterlichen Vernehmung des Angeklagten ist vollständig im Wortlaut wiederzugeben. Es ist mitzuteilen, dass diese nicht durch Verlesung in die Hauptverhandlung eingeführt worden ist. Es muss darüber hinaus vorgetragen werden, dass der Angeklagte in der Hauptverhandlung nicht durch einen mit schriftlicher Vollmacht versehenen Verteidiger vertreten wurde bzw. dieser keine Sacheinlassung für den Angeklagten abgegeben hat.

C. Verletzung der gerichtlichen Hinweispflicht

434 Wurde die Hauptverhandlung gegen den abwesenden Angeklagten ohne Anwesenheit eines Verteidigers durchgeführt und ergab sich die Notwendigkeit für einen Hinweis nach § 265 Abs. 1 oder 2 StPO und wurde die Hauptverhandlung nicht abgebrochen, eröffnet dies die Möglichkeit einer Rüge der Verletzung des § 265 StPO.[513]

Wurde die Hauptverhandlung abgebrochen und sodann der erforderliche Hinweis in der Ladung zur erneuten Hauptverhandlung erteilt, dürfte im Falle erneuter eigenmächtiger Abwesenheit des Angeklagten auch diese Hauptverhandlung nach § 232 StPO durchgeführt werden, wenn die sonstigen Voraussetzungen für dieses Verfahren erfüllt sind. Weicht ein Abwesenheitsurteil von der zugelassenen Anklage ab, ist bei der Rüge der Verletzung des § 265 Abs. 1 bzw. Abs. 2 StPO vorsorglich mitzuteilen, dass die betreffenden Hinweise nicht in der Ladung zur Hauptverhandlung enthalten waren. Der Ladungsinhalt ist vollständig im Wortlaut mitzuteilen.

D. Unterlassene Anordnung des persönlichen Erscheinens

435 Auch im Falle einer zulässigen Abwesenheitsverhandlung kann mit der Aufklärungsrüge (§ 244 Abs. 2 StPO)[514] beanstandet werden, dass das Gericht von der Möglichkeit der Anordnung des persönlichen Erscheinens des Angeklagten (§ 236 StPO) keinen Gebrauch gemacht hat. Zur Begründung dieser Rüge sind alle Tatsachen anzuführen, aus denen sich ergibt, dass die Teilnahme des Angeklagten für das Gericht erkennbar zu einer weiteren, für die Urteilsfindung relevanten Sachaufklärung geführt hätte und dass das Gericht dies entweder ignoriert oder aber in Fehlgebrauch seines Ermessens unberücksichtigt gelassen hat.[515]

---

513 Siehe hierzu Rüge 191 Rn. 1668 und Rüge 192 Rn. 1678.
514 Siehe hierzu Rüge 190 Rn. 1662.
515 LR-*J.-P. Becker*[26] § 236 Rn. 18 m.w.N.

Rüge 25

Wurde die Hauptverhandlung in Abwesenheit des Angeklagten durchgeführt, weil das Ge-   **436**
richt ihn von der Pflicht zum Erscheinen entbunden hat (§ 233 StPO)?

I. Rechtsgrundlagen

§ 233 StPO will dem Angeklagten, der zur Hauptverhandlung nicht erscheinen will,   **437**
das Fernbleiben ermöglichen, wenn es sich um Strafsachen von geringer Bedeutung
handelt. Die Vorschrift kommt auch im Berufungsverfahren in Betracht. Letzterenfalls müssen die Voraussetzungen für eine Abwesenheitsverhandlung auch dann erfüllt sein, wenn bereits die erstinstanzliche Hauptverhandlung zulässigerweise in
Abwesenheit des Angeklagten nach § 233 StPO durchgeführt worden ist.

II. Mögliche Verfahrensfehler und Anforderungen an Vortrag

1. Fehlender Entbindungsantrag

Die Zulässigkeit einer Abwesenheitsverhandlung setzt einen wirksamen Antrag auf   **438**
Entbindung vom Erscheinen in der Hauptverhandlung voraus. Der Antrag ist von
dem Angeklagten persönlich zu stellen. Wird der Antrag durch seinen Verteidiger
gestellt, bedarf dieser eine über die Verteidigungsvollmacht hinausgehende allgemeine Vertretungsvollmacht; einer darüber hinausgehenden besonderen Ermächtigung zur Stellung des Antrages bedarf es nach überwiegender Meinung nicht.[516]

Der Antrag kann widerrufen werden, solange über ihn noch nicht entschieden ist.

Findet eine Abwesenheitsverhandlung nach § 233 StPO statt, ohne dass ein (wirksamer) Antrag gestellt worden ist, greift im Hinblick auf die Verletzung der §§ 233
Abs. 1, 230 Abs. 1 StPO der absolute Revisionsgrund des § 338 Nr. 5 StPO ein.[517]

2. Anforderungen an Vortrag der Verletzung der §§ 233 Abs. 1, 230 Abs. 1 StPO

Vorzutragen ist, dass die Hauptverhandlung in Abwesenheit des Angeklagten statt-   **439**
gefunden hat und dem ein wörtlich mitzuteilender Gerichtsbeschluss nach § 233
Abs. 1 StPO zugrunde lag, wonach der Angeklagte von der Verpflichtung zum Erscheinen in der Hauptverhandlung entbunden wurde.

Es ist weiterhin mitzuteilen, dass der Angeklagte keinen bzw. keinen wirksamen
diesbezüglichen Antrag gestellt bzw. einen solchen nicht widerrufen hatte.

---

516   Vgl. SK-StPO-*Deiters*[4] § 233 Rn. 8 m.w.N. zur entgegenstehenden Auffassung mehre-
        rer Oberlandesgerichte in Fn. 25.
517   LR-*J.-P. Becker*[26] § 233 Rn. 44.

3. Fehlender Entbindungsbeschluss

440 Es stellt einen Verfahrensfehler dar, wenn in Abwesenheit des Angeklagten die Hauptverhandlung durchgeführt wird, ohne dass dem ein Beschluss, den Angeklagten von der Verpflichtung zum Erscheinen in der Hauptverhandlung zu entbinden, zugrunde liegt. Der Beschluss muss ausdrücklich ergehen.[518] Die Verfügung des Vorsitzenden reicht nicht aus. Die Verhandlung in Abwesenheit des Angeklagten ohne einen dies gestattenden Gerichtsbeschlusses verletzt § 233 Abs. 1 StPO und kann als unzulässige Verhandlung in Abwesenheit des Angeklagten nach §§ 233 Abs. 1, 230 Abs. 1, 338 Nr. 5 StPO gerügt werden.

4. Anforderungen an Vortrag der Verletzung der §§ 233 Abs. 1, 230 Abs. 1 StPO

441 Erforderlich ist der Vortrag der Durchführung der Hauptverhandlung in Abwesenheit des Angeklagten und der Tatsache, dass dieser Verhandlung kein Gerichtsbeschluss gem. § 233 Abs. 1 StPO zugrunde lag. Kommt eine Abwesenheitsverhandlung nach einer anderen Vorschrift in Betracht, ist vorzutragen, dass deren Voraussetzungen ebenfalls nicht vorlagen.

Der Beschluss setzt einen Antrag des Angeklagten voraus und kann nicht bedingt für den Fall ergehen, dass ein solcher Antrag gestellt wird.[519]

5. Überschreiten der Grenzen zulässiger Rechtsfolgen

442 Mit der Verfahrensrüge der Verletzung der §§ 233 Abs. 1 S. 2, 338 Nr. 5 StPO kann beanstandet werden, dass das Urteil die durch § 233 Abs. 1 S. 1 StPO begrenzten Rechtsfolgen überschritten hat.[520]

443 Es ist mitzuteilen, dass die Hauptverhandlung in Abwesenheit des Angeklagten nach seiner Entbindung von der Pflicht zum Erscheinen durchgeführt worden ist. Es sind die durch das Urteil verhängten Rechtsfolgen mitzuteilen, die sich im Falle der Erhebung der allgemeinen Sachrüge aus den Urteilsgründen ergeben.

6. Unterbliebene Vernehmung oder Belehrung durch ersuchten oder beauftragten Richter

444 Wurde es unterlassen, den von der Verpflichtung zum Erscheinen in der Hauptverhandlung entbundenen Angeklagten vor der Hauptverhandlung durch einen beauftragten oder ersuchten Richter über die Anklage zu vernehmen (§ 233 Abs. 2 S. 1 StPO), begründet dieser Verfahrensverstoß die Revision, wenn das Urteil auf dem

---

518 KK-*Gmel*[6] § 233 Rn. 5.
519 *OLG Frankfurt/M.* NJW 1991, 2849; **a.A.** KK-*Gmel*[6] § 233 Rn. 6; *Meyer-Goßner*[55] § 233 Rn. 9; LR-*J.-P. Becker*[26] § 233 Rn. 7.
520 KK-*Gmel*[6] § 233 Rn. 22 m.w.N.

Fehler beruht (§ 337 StPO). Dies kann in der Regel nicht ausgeschlossen werden.[521] Gleichermaßen können Verfahrensmängel bei der Durchführung dieser Vernehmung, beispielsweise Nichtbelehrung über das Schweigerecht gem. § 243 Abs. 4 S. 1 StPO oder Nichtbenachrichtigung des Verteidigers (§ 233 Abs. 3 S. 1 StPO) beanstandet werden. Vor einer Abweichung des Urteils von der zugelassenen Anklage gem. § 265 Abs. 1 bzw. Abs. 2 StPO muss dem Angeklagten der betreffende Hinweis in der richterlichen Vernehmung erteilt werden.[522] Im Falle einer Abwesenheitsverhandlung nach § 233 StPO reicht es für einen Hinweis nach § 265 StPO nicht aus, wenn dieser dem in der Hauptverhandlung anwesenden Verteidiger gegeben wird;[523] § 234a StPO findet im Falle der Verhandlung nach § 233 StPO keine Anwendung.[524] Das Unterbleiben eines nach § 265 StPO erforderlichen Hinweises ist als Verletzung dieser Vorschrift zu rügen.[525]

Ebenfalls kann die in der richterlichen Vernehmung unterbliebene Belehrung des Angeklagten über die nach § 233 Abs. 1 S. 1 StPO zulässigen Rechtsfolgen mit einer Verfahrensrüge als relativer Revisionsgrund (§§ 233 Abs. 2 S. 2, 337 StPO) beanstandet werden.[526]

7. Nichtverlesung der richterlichen Niederschrift der Vernehmung des Angeklagten

445 Es begründet ebenfalls die Revision, wenn in der Hauptverhandlung das Protokoll über die richterliche Vernehmung des Angeklagten nicht verlesen worden ist (§ 233 Abs. 3 S. 2 StPO). Auch in einem solchen Fall kann in der Regel nicht ausgeschlossen werden, dass das Urteil auf dem Verfahrensfehler beruht (§ 337 StPO).[527]

446 Es ist mitzuteilen, dass die Hauptverhandlung in Abwesenheit des Angeklagten durchgeführt wurde, vor der Hauptverhandlung der Angeklagte gem. § 233 Abs. 2 S. 2 StPO vernommen und die Vernehmungsniederschrift in der Hauptverhandlung nicht verlesen wurde. Der Inhalt der Vernehmungsniederschrift ist wörtlich mitzuteilen.

---

521 LR-*J.-P. Becker*[26] § 233 Rn. 45.
522 Bei nur einfacher Sach- und Rechtslage soll es genügen, den Hinweis in die Ladung des Angeklagten zur Hauptverhandlung aufzunehmen mit dem Bemerken, dass es dem Angeklagten freistehe, sich hierzu vor der Hauptverhandlung schriftlich zu äußern oder zu dieser zu erscheinen: KK-*Gmel*[6] § 233 Rn. 12.
523 *Meyer-Goßner*[55] § 233 Rn. 16.
524 KK-*Gmel*[6] § 233 Rn.12.
525 Siehe dazu unten Rüge 191 Rn. 1668 und Rüge 192 Rn. 1678.
526 *Meyer-Goßner*[55] § 233 Rn. 28.
527 In Betracht kommt bei der unterlassenen Verlesung des Vernehmungsprotokolls auch eine Aufklärungsrüge, wenn sich der Angeklagte zur Sache geäußert hat.

8. Nichtladung des Angeklagten zur Hauptverhandlung

447 Auch ein vom Erscheinen entbundener Angeklagter muss zu dem Hauptverhandlungstermin geladen werden, da sein Recht zum Erscheinen bestehen bleibt; die Ladung ist allerdings mit dem Hinweis zu verbinden, dass er nicht zu erscheinen brauche.[528] Wird die Hauptverhandlung in Abwesenheit des nicht geladenen Angeklagten durchgeführt, verletzt dies den Anwesenheitsgrundsatz, der sowohl die – hier suspendierte – Anwesenheitspflicht, als auch das zu dieser korrespondierende Anwesenheitsrecht umfasst. Gleichwohl soll die unterlassene Ladung nur nach § 337 StPO revisibel sein.[529] Dass das Urteil auf diesem Verstoß beruht, dürfte in der Regel jedoch kaum auszuschließen sein.

9. Verletzung der Beteiligungsrechte des Angeklagten

448 Für die Durchführung der Hauptverhandlung im Übrigen gelten §§ 244 ff. StPO mit der Maßgabe, dass bei einem nicht verteidigten Angeklagten Zustimmungserfordernisse gem. §§ 245 Abs. 1 S. 2, 251 Abs. 2 Nr. 3 StPO nicht entfallen.[530] Beweisanträge, die der Angeklagte schriftlich gestellt hat, sind nach § 219 StPO und nicht nach § 244 Abs. 3–5 StPO zu behandeln; Beweisanträge, die der Angeklagte bei seiner Vernehmung gestellt hat, gelten mit Verlesung der Vernehmungsniederschrift in der Hauptverhandlung angebracht und sind nach § 244 Abs. 3–5 StPO zu behandeln.[530]

III. Rügemöglichkeiten von Mitangeklagten

449 Im Falle der Durchführung einer Hauptverhandlung unter Entbindung des Angeklagten von der Verpflichtung zum Erscheinen gem. § 233 Abs. 1 StPO können Mitangeklagte, unabhängig davon, ob sie selbst von der Verpflichtung zum Erscheinen entbunden worden sind oder an der Hauptverhandlung teilnehmen, die Verlesung der Niederschrift des nach § 233 Abs. 2 S. 1 StPO vernommenen Angeklagten rügen, wenn sie von dem Vernehmungstermin nicht benachrichtigt worden sind.[531] Die Rüge setzt allerdings voraus, dass der nicht benachrichtigte Verfahrensbeteiligte der Verlesung widersprochen hat[532] (was als den Mangel begründende Tatsache mit vorgetragen werden muss); dies kann aber nicht für die Fälle gelten, in denen der von dem Vernehmungstermin nicht benachrichtigte Mitangeklagte ebenfalls gem. § 233 StPO von der Verpflichtung zum Erscheinen in der Hauptverhandlung entbunden worden ist.

---

528 KK-*Gmel*[6] § 233 Rn. 16; *Meyer-Goßner*[55] § 233 Rn. 19.
529 SK-StPO-*Deiters*[4] § 233 Rn. 31 m.w.N.
530 KK-*Gmel*[6] § 233 Rn. 18.
531 LR-*J.-P. Becker*[26] § 233 Rn. 46.
532 LR-*J.-P. Becker*[26] § 233 Rn. 21.

Rüge 26

Wurde die in Anwesenheit des Angeklagten begonnene Hauptverhandlung in seiner Abwesenheit nach Unterbrechung oder, weil er sich aus ihr entfernt hatte, fortgesetzt (§ 231 Abs. 2 StPO)?

450

I. Rechtsgrundlagen

Entfernt sich der Angeklagte aus der Hauptverhandlung oder bleibt er bei Fortsetzung einer unterbrochenen Hauptverhandlung aus, kann diese nach § 231 Abs. 2 StPO in Abwesenheit des Angeklagten zu Ende geführt werden, wenn er über die Anklage schon vernommen worden war und das Gericht seine fernere Anwesenheit nicht für erforderlich erachtete. Erforderlich ist deshalb ein Gerichtsbeschluss. Beruht die Fortsetzung der Hauptverhandlung in Abwesenheit des Angeklagten lediglich auf der Anordnung des Vorsitzenden eines Kollegialgerichts, begründet dies die Revision.[533]

451

Lagen die Voraussetzungen für die Zulässigkeit einer Abwesenheitsverhandlung nach dieser Vorschrift in einem wesentlichen Teil der Hauptverhandlung nicht vor, begründet die damit verbundene Verletzung des § 230 Abs. 1 StPO den absoluten Revisionsgrund des § 338 Nr. 5 StPO.

Das Sich-Entfernen aus der Verhandlung bzw. das Ausbleiben in der Fortsetzungsverhandlung muss auf **Eigenmächtigkeit des Angeklagten** beruhen, die ihm nachzuweisen ist. Eigenmächtig handelt der Angeklagte, der ohne Rechtfertigungs oder Entschuldigungsgründe wissentlich (**vorsätzlich**) durch Missachtung seiner Anwesenheitspflicht den Gang der Rechtspflege stört.[534]

452

Rechtfertigungs oder Entschuldigungsgründe können im Falle unabwendbarer Kollisionen mit anderen Terminsverpflichtungen vorliegen, die der Angeklagte aus objektiven oder zumindest subjektiven Gründen meint, vorrangig wahrnehmen zu müssen[535] oder die sich daraus ergeben, dass es dem Angeklagten aus tatsächlichen Gründen unmöglich ist, zur Hauptverhandlung zu erscheinen.[536]

Eine vorsätzliche Missachtung scheidet aus, wenn sich der Angeklagte beispielsweise über den Verhandlungstermin irrt[537] oder diesen verschlafen hat.[538] Ebenso ist der Fall zu beurteilen, dass dem Angeklagten seitens des Gerichts im Anschluss an eine Unterbrechung der Hauptverhandlung mitgeteilt wird, er brauche zu dem

---

533 *OLG Köln* NStZ-RR 2012, 178.
534 *BGH* StV 1991, 147 = NJW 1991, 1367.
535 Vgl. *OLG Köln* VRS 70, 16 Nr. 10; *BGH* StV 1984, 325; *OLG Frankfurt/M.* StV 1987, 380; *OLG Stuttgart* Die Justiz 1990, 169.
536 *BGH* NStZ 1993, 446.
537 *OLG Bremen* StV 1985, 50.
538 *BGH* StV 1988, 185; *BGH* StV 1991, 147; *BGH* StV 1991, 244 = NJW 1991, 1367.

Fortsetzungstermin nicht zu erscheinen.[539] Demgegenüber soll die Abwesenheit des Angeklagten infolge Verhandlungsunfähigkeit auf Eigenmächtigkeit beruhen, wenn dieser ein Suizidversuch zugrunde liegt, selbst wenn es dazu infolge einer mittelgradig depressiven Episode gekommen sein sollte.[540]

Eigenmächtigkeit scheidet ferner dann aus, wenn der Angeklagte der Auskunft seines Verteidigers vertrauen durfte, an einem bestimmten Teil der Hauptverhandlung nicht teilnehmen zu müssen[541] oder wenn das Gericht bei ihm den Eindruck erweckt hat, es stehe ihm frei, ob er an der Hauptverhandlung teilnehmen wolle oder nicht.[542]

453 Für die Beurteilung der Eigenmächtigkeit kommt es allein darauf an, ob diese tatsächlich vorlag, was vom Revisionsgericht vollständig im Freibeweis zu prüfen ist,[543] ohne an die Feststellung des Tatrichters gebunden zu sein.[544]

Die Verhandlung darf nach § 231 Abs. 2 StPO nur an den Verhandlungstagen bzw. den Abschnitten der Hauptverhandlung in Abwesenheit des Angeklagten fortgesetzt werden, an denen er eigenmächtig abwesend war. Bleibt er zu einem weiteren Fortsetzungstermin nicht eigenmächtig fern, sondern misslingt ihm ein Erscheinen in der Hauptverhandlung aus anderen Gründen, rechtfertigt dies eine (weitere) Fortsetzung der Hauptverhandlung in seiner Abwesenheit nicht.[545]

II. Anforderungen an den Vortrag der Rüge der Verletzung der §§ 231 Abs. 2, 230 Abs. 1 StPO

454 1. Die Hauptverhandlung fand teilweise in Abwesenheit des Angeklagten statt. Welche Teile der Hauptverhandlung davon betroffen waren und was in Abwesenheit des Angeklagten verhandelt wurde, ist vorzutragen.[546]

2. Es ist darzulegen, dass der in Abwesenheit des Angeklagten durchgeführte Teil der Hauptverhandlung wesentlich war.[547]

---

539 Bleibt der Angeklagte aufgrund einer solchen Mitteilung im Fortsetzungstermin, in dem das Urteil verkündet wird, aus und wird dennoch in Abwesenheit des Angeklagten das Urteil verkündet, greift der absolute Revisionsgrund nach § 338 Nr. 5 StPO ein: *OLG Celle* StraFo 2012, 140.

540 *BGH* v. 25.7.2011 – 1 StR 631/10 = NStZ 2012, 105 m. Anm. *Arnoldi* = NJW 2012, 3249 m. abl. Anm. *Trüg*; ablehnend ebenso *Eisenberg* NStZ 2012, 63 und *Putzke* ZJS 2012, 383.

541 *OLG Bremen* StV 1992, 585.

542 *BGH* StV 1990, 245; *KG* StV 1985, 52; *OLG* Köln StV 1985, 50; *BGH* StV 1987, 189, StV 1989, 187 = NStZ 1989, 283.

543 *BGH* StV 1982, 153.

544 *BGH* NStZ 1999, 418.

545 *BGH* StV 1986, 374 = NStZ 1986, 422.

546 *BGHR* StPO § 344 Abs. 2 S. 2 – Abwesenheit 1; *BGHSt* 26, 84, 91.

547 Siehe hierzu oben Rüge 23 Rn. 415 ff.

3. Es ist ggf. vorzutragen, dass der Angeklagte während seiner Anwesenheit (noch) nicht über die Anklage vernommen worden war.[548]
4. Das Gericht muss zum Ausdruck gebracht haben, ohne den Angeklagten weiterverhandeln zu wollen (eines besonderen Gerichtsbeschlusses soll es dafür nicht zwingend bedürfen[549]). Dafür genügt der Vortrag, dass das Gericht nach Feststellung der Abwesenheit des Angeklagten weiterverhandelt hat.
5. Es muss erläuternd behauptet werden, dass das Fernbleiben der Hauptverhandlung nicht auf Eigenmächtigkeit des Angeklagten zurückzuführen war.[550] Dies muss durch einen entsprechenden Tatsachenvortrag belegt werden; die unsubstantiierte Behauptung eines Irrtums über einen Fortsetzungstermin reicht bspw. nicht.[551]
6. Der in Abwesenheit des Angeklagten stattgefundene wesentliche Teil der Hauptverhandlung ist nicht in Anwesenheit des Angeklagten vollständig wiederholt worden. Der Angeklagte ist nicht teilweise freigesprochen bzw. das Verfahren nicht teilweise gem. § 154 Abs. 2 StPO eingestellt worden (anderenfalls ist vorzutragen, dass die Abwesenheit einen Verhandlungsteil betraf, dessentwegen es zu der Verurteilung kam).

III. Nachweis der Verfahrenstatsachen

Zum Nachweis der Abwesenheit des Angeklagten während eines wesentlichen **455** Teils der Hauptverhandlung und einer Heilung des Verfahrensfehlers siehe oben Rüge 23 Rn. 419.

Ob die Eigenmächtigkeit tatsächlich vorlag, ist vom Revisionsgericht ex post im Freibeweisverfahren, allerdings nur auf der Grundlage eines entsprechenden Revisionsvortrags selbstständig zu klären.[552] Umstände, zu denen die Revisionsbegründung schweigt, sollen von Amts wegen nicht zu berücksichtigen sein.[553]

IV. Im Zusammenhang mit diesem Verfahrensfehler stehende weitere Rügemöglichkeiten

Beruht das Urteil auf Erkenntnissen, die in der in Abwesenheit des Angeklagten **456** durchgeführten Hauptverhandlung gewonnen worden sind und ist der diesbezügliche Verfahrensteil in Anwesenheit des Angeklagten nicht vollständig wiederholt

---

548 Es reicht aus, dass er gem. § 243 Abs. 4 StPO hierzu Gelegenheit hatte.
549 *BGH* NStZ 1981, 297.
550 *BGH* StV 1981, 393; *BGH* StV 1984, 326; *BGH* 3 StR 282/11 v. 25.10.2011 = StV 2012, 72 = wistra 2012, 73.
551 *BGH* StV 1984, 326.
552 *BGH* StV 1982, 153; *BGH* StV 1981, 393, 394, *BGH* NStZ 1999, 418; *BGH* v. 19.11.2009 – 4 StR 276/09 = StV 2010, 289 = NStZ 2010, 585 = StraFo 2010, 158; *BGH* v. 25.10.2011 – 3 StR 282/11 = StV 2012, 72 = wistra 2012, 73.
553 *BGH* v. 25.10.2011 – 3 StR 282/11 = StV 2012, 72 = wistra 2012, 73 gegen *OLG Köln* StV 1985, 50.

worden, kann die Verletzung des § 261 StPO gerügt werden.[554] Es handelt sich um einen relativen Revisionsgrund (§ 337 StPO), weshalb das Urteil auf dem Verfahrensfehler beruhen muss.[555]

457 Kehrt der eigenmächtig abwesende Angeklagte vor Urteilsverkündung in die Hauptverhandlung zurück, ist ihm das letzte Wort zu erteilen, auch wenn in seiner Abwesenheit die Schlussvorträge gehalten worden sind und Gelegenheit zum letzten Wort bestanden hätte.[556]

Rüge 27

458 Hat das Gericht die Durchführung oder Fortsetzung der Hauptverhandlung in Abwesenheit des Angeklagten im Hinblick auf eine von ihm vorsätzlich und schuldhaft herbeigeführte Verhandlungsunfähigkeit beschlossen und daraufhin die Hauptverhandlung in Abwesenheit des Angeklagten durchgeführt bzw. fortgesetzt?

I. Unzulässige Abwesenheitsverhandlung

1. Rechtsgrundlagen

459 Die Durchführung oder Fortsetzung der Hauptverhandlung in Abwesenheit des Angeklagten wegen von ihm vorsätzlich herbeigeführter Verhandlungsunfähigkeit erfordert nach § 231a Abs. 3 S. 1 StPO einen Gerichtsbeschluss. Da dagegen die sofortige Beschwerde zulässig ist (§ 231a Abs. 1 S. 2 StPO), schließt diese Sonderregelung nach § 336 S. 2 StPO aus, die Revision darauf zu stützen, dass das Gericht die Voraussetzungen für die Abwesenheitsverhandlung gem. § 231a Abs. 1 StPO zu Unrecht angenommen habe.[557] Die Nichtrevisibilität soll sich auch darauf erstrecken, ob der Beschluss formell fehlerhaft zustande gekommen sei.[558] Dies kann allerdings nicht für den Fall gelten, dass der Durchführung oder Fortsetzung der Hauptverhandlung in Abwesenheit des Angeklagten gem. § 231a Abs. 1 StPO kein Beschluss, sondern lediglich eine Verfügung des Vorsitzenden zugrunde liegt. Da die Entscheidung, nach § 231a StPO zu verfahren, auch schon vor Beginn der Hauptverhandlung getroffen werden kann, bedarf es in einem solchen Fall keiner Anrufung des Gerichts nach § 238 Abs. 2 StPO.

460 Mit der Verfahrensrüge kann allerdings beanstandet werden, dass das Gericht nach Einlegung der sofortigen Beschwerde (§ 231a Abs. 3 S. 3 StPO) in Abwesenheit

---

554   *BGH* StV 1984, 186.
555   Vgl. unten Rüge 226 Rn. 1858.
556   Vgl. unten Rüge 213 Rn. 1798.
557   H.M.: siehe LR-*J.-P. Becker*[26] § 231a Rn. 47 m.w.N.
558   LR-*J.-P. Becker*[26] § 231a Rn. 47.

des Angeklagten weiterverhandelt hat, ohne die Hauptverhandlung zu unterbrechen (§ 231a Abs. 3 S. 4 StPO). Ebensowenig darf die Hauptverhandlung in Abwesenheit des Angeklagten auch noch zu einem Zeitpunkt fortgesetzt werden, zu dem die Verhandlungsfähigkeit wiederhergestellt war (und das Gericht hiervon Mitteilung erhalten hat oder bei pflichtgemäßer Kontrolle hiervon Kenntnis hätte erhalten müssen).[559]

Die Fortsetzung der Hauptverhandlung in diesen Fällen verletzt § 230 Abs. 1 StPO mit der Folge des absoluten Revisionsgrundes des § 338 Nr. 5 StPO.

2. Anforderungen an den Vortrag der Verletzung der §§ 230 Abs. 1, 231a Abs. 3 S. 4 StPO:

- Der Beschluss des Gerichts gem. § 231a Abs. 3 S. 1 StPO in seinem vollen Wortlaut. **461**

- Die Tatsache der hiergegen eingelegten sofortigen Beschwerde und der Zeitpunkt ihres Eingangs bei Gericht.

- Die Tatsache der Weiterverhandlung, ohne die Hauptverhandlung gem. § 231a Abs. 3 S. 4 StPO zu unterbrechen, und welche (wesentlichen) Teile der Hauptverhandlung dadurch in Abwesenheit des Angeklagten stattgefunden haben.[560]

- Die Tatsache der nicht vollständigen Wiederholung der in Abwesenheit des Angeklagten stattgefundenen wesentlichen Teile der Hauptverhandlung.[561] Nicht erforderlich ist allerdings, dass eine mit einem Zeugen vorgenommene Augenscheinseinnahme in dieser Weise wiederholt wird. Die Augenscheinseinnahme und der Zeugenbeweis brauchen nicht gleichzeitig erhoben zu werden, weil es sich nach unterschiedlichen Regeln zu erhebende Beweise handelt. Etwas anderes kann nur unter Aufklärungsgesichtspunkten geboten sein und müsste ggf. als Verletzung der Aufklärungspflicht oder des Beweisantragsrechts gerügt werden.[562]

- Wird beanstandet, dass die Hauptverhandlung in Abwesenheit des Angeklagten fortgesetzt wurde ab einem Zeitpunkt der Wiederherstellung der vollen Verhandlungsfähigkeit ist, ist vorzutragen, dass und woraus das Gericht hiervon sichere Kenntnis erlangt hat oder dies bei Beachtung der nach der Sachlage von ihm zu fordernden Vorkehrungen hätte erfahren müssen.[563]

---

559 Bei einem auf freiem Fuß befindlichen Angeklagten ist es dessen Sache, dem Gericht von der Wiedererlangung der Verhandlungsfähigkeit Kenntnis zu verschaffen: *Meyer-Goßner*[55] § 231a Rn. 20.

560 Zu dem erforderlichen Vortrag siehe Rüge 23 Rn. 415 ff.

561 Zum weiteren erforderlichen Vortrag siehe Rn. 454 Ziff. 6.

562 *BGH* StV 2008, 174.

563 *Meyer-Goßner*[55] § 231a Rn. 20.

II. Unterlassene Verteidigerbestellung

1. Rechtsgrundlagen

462 Gem. § 231a Abs. 4 StPO ist dem verhandlungsunfähigen Angeklagten ein Verteidiger beizuordnen. Die Vorschrift normiert insoweit gegenüber § 140 StPO einen
Sonderfall der notwendigen Verteidigung.[564] Findet die Hauptverhandlung gegen
den abwesenden Angeklagten ohne einen Verteidiger statt, begründet dies im Hinblick auf die Verletzung des § 226 StPO in Verbindung mit § 231a Abs. 4 StPO den
absoluten Revisionsgrund des § 338 Nr. 5 StPO.

2. Anforderungen an den Vortrag

463 • Wörtlich mitzuteilender Beschluss des Gerichts, gem. § 231a Abs. 1 StPO, in
Abwesenheit des Anngeklagten die Hauptverhandlung durchzuführen.

• Abwesenheit des Angeklagten während eines konkret zu bezeichnenden wesentlichen Teils der Hauptverhandlung.[565]

• Nicht-Anwesenheit eines Verteidigers während der Durchführung dieses Teils
der Hauptverhandlung.

• Nicht-Wiederholung des in Abwesenheit des Angeklagten durchgeführten Teils
der Hauptverhandlung in seiner Anwesenheit oder derjenigen seines (beigeordneten) Verteidigers.

III. Verletzung der Unterrichtungspflicht

1. Rechtsgrundlagen

464 Als relativer Revisionsgrund kann die Verletzung der Unterrichtungspflicht (§ 231a
Abs. 2 StPO) gerügt werden, wenn der Vorsitzende den wieder verhandlungsfähigen in die Hauptverhandlung zurückgekehrten Angeklagten nicht oder unvollständig oder verspätet von dem wesentlichen Inhalt dessen unterrichtet hat, was in seiner Abwesenheit verhandelt worden ist.[566]

2. Anforderungen an den Vortrag

465 • Die Hauptverhandlung hat aufgrund eines Beschlusses gem. § 231a Abs. 3
StPO in Abwesenheit des Angeklagten stattgefunden. Der wesentliche Inhalt
der in Abwesenheit des Angeklagten durchgeführten Hauptverhandlung muss
ebenso mitgeteilt werden, wie der Beschluss im Wortlaut.

• Nach Wiederherstellung der Verhandlungsfähigkeit nahm der Angeklagte an
der Hauptverhandlung wieder teil; der Zeitpunkt ist mitzuteilen.

---

564 SK-StPO-*Deiters*[4] § 231a Rn. 36.
565 Zu dem erforderlichen Vortrag siehe Rüge 23 Rn. 415 ff.
566 *BGH* v. 14.1.2010 – 3 StR 403/09 = StV 2011, 202 (auch zur Beruhensfrage); LR-*J.-P.
Becker*[26] § 231a Rn. 49; zum Umfang der Unterrichtungspflicht siehe *BGH* StV 2008,
174.

- Der Vorsitzende unterrichtete den Angeklagten nicht von dem wesentlichen Inhalt dessen, was in seiner Abwesenheit verhandelt worden ist, **oder**
- die Unterrichtung erfolgte unvollständig (es ist mitzuteilen, über welchen wesentlichen Inhalt der in Abwesenheit des Angeklagten durchgeführten Hauptverhandlung dieser nicht unterrichtet worden ist) **oder**
- es wird beanstandet, dass die Unterrichtungspflicht erst verspätet erfüllt wurde. In diesem Fall muss der Gegenstand und der Inhalt der in Anwesenheit des Angeklagten fortgeführten Beweisaufnahme bis zum Zeitpunkt der Unterrichtung des Angeklagten vorgetragen werden.[567] Ferner muss in diesem Falle vorgetragen werden, dass der betreffende Teil der Beweisaufnahme nicht nach der Unterrichtung nochmals wiederholt wurde.

IV. Überschreitung der Unterbrechungsfrist

Wurde gegen den Beschluss nach § 231a Abs. 3 S. 1 StPO sofortige Beschwerde eingelegt und die bereits begonnene Hauptverhandlung bis zur Entscheidung über die sofortige Beschwerde unterbrochen, darf diese Unterbrechung maximal bis zu 30 Tagen dauern (§ 231a Abs. 3 S. 4 StPO[568]).   **466**

Hat das Gericht die höchstzulässige Unterbrechungsfrist überschritten, kann die Verletzung des § 231a Abs. 3 S. 4 StPO nach § 337 StPO gerügt werden.[569]

Rüge 28

Wurde die Hauptverhandlung in Abwesenheit des Angeklagten durchgeführt, weil er wegen ordnungswidrigen Benehmens aus dem Sitzungssaal entfernt oder zur Haft abgeführt worden ist (§ 231b StPO)?   **467**

I. Rechtsgrundlagen

Die Hauptverhandlung darf wegen ordnungswidrigen Benehmens des Angeklagten in dessen Abwesenheit unter folgenden Voraussetzungen und in folgendem Umfang durchgeführt werden: **468**

1. Durch Beschluss des Gerichts ist der Angeklagte wegen Ungehorsams aus dem Sitzungszimmer entfernt oder zur Ordnungshaft abgeführt worden (§ 177 GVG).

---

567   Die rechtzeitige Unterrichtung des Angeklagten soll diesen befähigen, bei der Fortsetzung der Beweiserhebung in seiner Anwesenheit die zu seiner Verteidigung erforderlichen Maßnahmen zu treffen.
568   *Meyer-Goßner*[55] § 231a Rn. 24.
569   LR-*Gollwitzer*[25] § 231a Rn. 49; zu den Anforderungen an den Rügevortrag siehe Rüge 195 Rn. 1705.

2. Das Gericht darf die weitere Anwesenheit des Angeklagten nicht für unerlässlich halten und muss eine schwerwiegende Beeinträchtigung des weiteren Ablaufs der Hauptverhandlung durch den Angeklagten befürchten.[570]

3. Vor seiner Entfernung musste der Angeklagte Gelegenheit gehabt haben, sich zur Anklage zu äußern. War dies nicht der Fall, muss dies anlässlich der Verhandlung über den die Entfernung anordnenden Beschluss nach § 177 GVG oder zu einem späteren Zeitpunkt erfolgen.

4. Ohne den Angeklagten darf nicht weiterverhandelt werden, wenn die Voraussetzungen des § 231b StPO für das Gericht erkennbar nicht mehr vorlagen oder weil der Ausschluss ohnehin nur für einen bestimmten Verfahrensabschnitt angeordnet worden war.[571]

5. Sobald der Angeklagte wieder vorgelassen worden ist, muss er von dem wesentlichen Inhalt dessen unterrichtet werden, was in seiner Abwesenheit verhandelt worden war (§§ 231b Abs. 2, 231a Abs. 2 StPO).[572]

469 Die Verhandlung in Abwesenheit des Angeklagten ohne die dafür erforderlichen Voraussetzungen verletzt § 230 Abs. 1 StPO mit der Folge des absoluten Revisionsgrundes des § 338 Nr. 5 StPO; die Verletzung der Verpflichtung zur Anhörung des Angeklagten zur Anklage (§ 231b Abs. 1 S. 2 StPO) bzw. zur vollständigen und unverzüglichen Unterrichtung des wieder vorgelassenen Angeklagten über den wesentlichen Inhalt dessen, was in seiner Abwesenheit verhandelt wurde (§ 231b Abs. 2 StPO), kann mit der Revision nach § 337 StPO geltend gemacht werden.

II. Anforderungen an den Vortrag der Rüge der Verletzung der §§ 231b Abs. 1, 230 Abs. 1, 338 Nr. 5 StPO

470 • Ein wesentlicher Teil der Hauptverhandlung wurde in Abwesenheit des Angeklagten durchgeführt. Es ist mitzuteilen, was in seiner Abwesenheit verhandelt wurde und dass dieser Teil der Hauptverhandlung wesentlich war.[573]

• Der Entfernung des Angeklagten aus der Hauptverhandlung lag kein ordnungsgemäßer Beschluss gem. § 177 GVG zugrunde[574] oder es wurde in Abwesenheit des Angeklagten weiterverhandelt, obwohl die Voraussetzung für eine Abwe-

---

570 Nach *BGHSt* 39, 72 = StV 1993, 285 bedarf es insoweit neben einer Entscheidung nach § 177 GVG keines gesonderten Beschlusses. Durch Fortsetzung der Verhandlung werde hinreichend deutlich, dass die fernere Anwesenheit des Angeklagten nicht für unerlässlich gehalten wurde; **a.A.** LR-*J.-P. Becker*[26] § 231b Rn. 11 sowie Rn. 19.

571 LR-*J.-P. Becker*[26] § 231b Rn. 19.

572 Zum Umfang der Unterrichtungspflicht siehe *BGH* StV 2008, 174.

573 Zu dem erforderlichen Vortrag siehe Rüge 23 Rn. 415 ff.

574 Da nach h.M. ein über den Beschluss gem. § 177 GVG hinausgehender Beschluss gem. § 231b StPO entbehrlich ist, ist die Annahme, die weitere Anwesenheit des Angeklagten nicht für unerlässlich zu halten, nur in den wenigen Fällen überprüfbar, in denen sich aus dem sonstigen Verfahrensgeschehen darauf rückschließen lässt, dass die Entscheidung des Tatrichters rechtsfehlerhaft oder ermessensmissbräuchlich war: *Meyer-Goßner*[55] § 231b Rn. 12.

senheitsverhandlung nach § 231b StPO nicht mehr vorlag, weil der Verfahrens-abschnitt, während dessen der Angeklagte entfernt werden sollte, abgeschlossen oder für das Gericht erkennbar nicht mehr zu befürchten war, dass die erneute Anwesenheit des Angeklagten eine schwerwiegende Beeinträchtigung des weiteren Ablaufs der Hauptverhandlung zur Folge haben könnte.

- In Anwesenheit des Angeklagten ist der in seiner Abwesenheit durchgeführte Teil der Hauptverhandlung nicht vollständig wiederholt worden (siehe ergänzend Rn. 454 Ziff. 6).

III. Anforderungen an den Vortrag der Verletzung der §§ 231b Abs. 1 S. 2, 337 bzw. der §§ 231b Abs. 2, 337 StPO

- Die Hauptverhandlung wurde während eines wesentlichen Teils in Abwesenheit des Angeklagten durchgeführt.[575]   **471**
- Dem lag die Entfernung des Angeklagten aus der Hauptverhandlung aufgrund eines wörtlich mitzuteilenden Beschlusses gem. § 177 GVG zugrunde.
- Dem Angeklagten ist weder vor seiner Entfernung aus, noch nach seiner Rückkehr in die Hauptverhandlung Gelegenheit gegeben worden, sich zur Anklage zu äußern[576] oder
- nach Wiedervorlassen des Angeklagten zur Hauptverhandlung wurde er nicht, unvollständig oder erst verspätet von dem wesentlichen Inhalt dessen unterrichtet, was in seiner Abwesenheit verhandelt worden war.[577]

Rüge 29

Wurde in einer gegen mehrere Angeklagte durchgeführten Hauptverhandlung der Angeklagte während einzelner Verhandlungsteile beurlaubt (§ 231c StPO) und fand die Hauptverhandlung deshalb teilweise in seiner Abwesenheit statt?   **472**

I. Rechtsgrundlagen

1. Voraussetzungen für eine zulässige Entfernung des Angeklagten gem. § 231c StPO

a) Dem Angeklagten kann nur dann die Entfernung aus der Hauptverhandlung gestattet werden, wenn er den Antrag gestellt hat, sich während einzelner Teile der Verhandlung entfernen zu dürfen.   **473**

---

575   Zu dem erforderlichen Vortrag siehe Rüge 23 Rn. 415 ff.
576   Dies wird durch das Schweigen des Protokolls bewiesen (negative Beweiskraft).
577   Zum Revisionsvortrag im Einzelnen siehe oben Rüge 27 Rn. 464 f.

474 **b)** Dem Angeklagten muss die Entfernung aus der Hauptverhandlung durch einen Gerichtsbeschluss gestattet werden. Die Verfügung des Vorsitzenden ist nicht ausreichend.

Durch den Beschluss müssen die Teile der Hauptverhandlung konkret bezeichnet werden, während derer der Angeklagte sich entfernen darf. Dies kann durch eine zeitliche Begrenzung erfolgen, beispielsweise für einen einzelnen bestimmten von mehreren Hauptverhandlungstagen; möglich ist aber auch eine inhaltliche Begrenzung, beispielsweise in Form der Gestattung der Entfernung während der Vernehmung eines bestimmten Zeugen, eines bestimmten Sachverständigen oder eines sonstigen abgrenzbaren Beweiserhebungsvorganges.

Der Beschluss ist in der Regel ausdrücklich zu fassen und zu verkünden. Eine stillschweigende Beschlussfassung über eine Verlängerung einer bereits erfolgten Beurlaubung ist aber nach Auffassung des BGH nicht generell ausgeschlossen; sie könnte auch in einer etwaigen Benachrichtigung des Angeklagten über die Verlängerung seiner Beurlaubung außerhalb der Hauptverhandlung liegen.[578]

475 **c)** Sachliche Voraussetzung für die Gestattung der Abwesenheit des Angeklagten ist, dass er von den in seiner Abwesenheit stattfindenden Verhandlungsteilen nicht betroffen ist. Betroffen ist ein Angeklagter vom Verhandlungsteil schon dann, wenn die in seiner Abwesenheit behandelten Verfahrensfragen auch nur mittelbar die gegen ihn erhobenen Vorwürfe berühren.[579] Es reicht aus, wenn der in Abwesenheit stattfindende Verhandlungsteil für den Ausspruch über die Rechtsfolge für den beurlaubten Angeklagten von Bedeutung ist.[580] Nicht betroffen ist ein Angeklagter von in seiner Abwesenheit stattgefundenen Verhandlungsteilen nur dann, wenn *ausgeschlossen* werden kann, dass die während seiner Abwesenheit behandelten Umstände auch nur mittelbar die gegen ihn erhobenen Vorwürfe berührt haben könnten.[581]

476 **d)** In Abwesenheit des Angeklagten darf nichts verhandelt werden, was von einem Beschluss nicht erfasst ist, durch den dem Angeklagten gestattet wurde, sich während inhaltlich konkret bezeichneter Verhandlungsteile entfernen zu dürfen (Beispiel: Der Beschluss gestattet es dem Angeklagten, sich während der Vernehmung eines Zeugen zu entfernen. In Abwesenheit des Angeklagten kommt es zusätzlich zu der Vernehmung zur Verlesung einer Urkunde, zur Vernehmung eines weiteren Zeugen, zur Erstattung eines Sachverständigengutachtens oder zur Durchführung einer Augenscheinseinnahme;[582] oder: Entgegennahme eines Beweisantra-

---

578 *BGH* StV 1995, 175.
579 *BGH* v. 16.2.2012 – 3 StR 462/11 = StraFo 2012, 141 = NStZ 2012, 463.
580 *BGH* v. 5.2.2009 – 4 StR 609/08 = StV 2010, 616 = NStZ 2009, 400 = StraFo 2009, 207.
581 *BGH* v. 6.8.2009 – 3 StR 547/08 = StV 2009, 628 = StraFo 2009, 465.
582 *BGH* v. 6.8.2009 – 3 StR 547/08 = StV 2009, 628 = StraFo 2009, 465. Die nicht von dem Beschluss erfassten Teile der Beweisaufnahme müssten, um einen Verfahrensfehler zu heilen, vollständig in Anwesenheit des Angeklagten wiederholt werden.

ges und Verhandlung über diesen in Form der Mitteilung der von der Kammer ermittelten Umstände[583]).

e) Während des von dem Beschluss bezeichneten Verhandlungsteils darf in Abwesenheit des Angeklagten nichts verhandelt werden, wovon dieser doch betroffen wurde.[584]   **477**

2. In Betracht kommende Verfahrensfehler

a) Die nach § 231c StPO unzulässige Verhandlung gegen einen abwesenden Angeklagten verletzt die Vorschrift des § 230 Abs. 1 StPO, wonach gegen einen ausgebliebenen Angeklagten eine Hauptverhandlung nicht stattfinden darf, was einen absoluten Revisionsgrund im Sinne des § 338 Nr. 5 StPO darstellt. Dies gilt auch dann, wenn die Beurlaubung dem Antrag des Angeklagten entsprach.[585] Die Befugnis zur Erhebung der Verfahrensrüge eines Verstoßes gegen § 231c StPO bleibt einem Angeklagten auch dann uneingeschränkt erhalten, wenn dem Urteil eine Verständigung vorausgegangen war.[583]   **478**

b) Stützt das Gericht bei der Urteilsfindung seine Überzeugungsbildung auf Umstände und Ergebnisse der Hauptverhandlung, die in Abwesenheit des Angeklagten stattgefunden haben, ist diese Überzeugung nicht aus dem Inbegriff der gegen den Angeklagten durchgeführten Verhandlung geschöpft, liegt darin also eine Verletzung des § 261 StPO, was einen relativen Revisionsgrund (§ 337 StPO) darstellt.   **479**

II. Anforderungen an den Vortrag der Verletzung des § 230 Abs. 1 StPO infolge der unzulässigen Durchführung von Teilen der Hauptverhandlung in Abwesenheit des Angeklagten (§§ 230 Abs. 1, 338 Nr. 5 StPO)

1. Der von dem Angeklagten gestellte Antrag, ihm während einzelner Teile der gegen mehrere Angeklagte stattfindenden Verhandlung zu gestatten, sich zu entfernen, muss inhaltlich vollständig und wörtlich mitgeteilt werden. Der Antrag ergibt sich als wesentliche Förmlichkeit der Hauptverhandlung aus dem Hauptverhandlungsprotokoll. Die vollständige Mitteilung des Antrages ist insbesondere deshalb erforderlich, weil ein daraufhin ergehender Beschluss des Gerichts hierauf Bezug nehmen kann oder im Lichte des Antrags auszulegen ist.   **480**

2. Die Entscheidung des Gerichts, durch die es dem Angeklagten gestattet wird, sich während einzelner Teile der Verhandlung zu entfernen, ist vollständig mitzuteilen. Dabei ist klarzustellen, ob es sich (unzulässigerweise) um eine Verfü-   **481**

---

583   *BGH* v. 6.8.2009 – 3 StR 547/08 = StV 2009, 628 = StraFo 2009, 465.

584   Auch diese Teile der Beweisaufnahme, von denen der Angeklagte betroffen war, müssten in seiner Anwesenheit nochmals vollständig wiederholt werden, um den Verfahrensfehler zu heilen.

585   *BGH* v. 5.2.2009 – 4 StR 609/08 = StV 2010, 616 = NStZ 2009, 400 = StraFo 2009, 202.

gung des Vorsitzenden oder um einen Beschluss des Gerichts handelt. Die wörtliche Wiedergabe des Beschlusses, bei dem es sich um eine aus dem Hauptverhandlungsprotokoll ersichtliche wesentliche Förmlichkeit handelt, ist deshalb
wörtlich mitzuteilen, weil sich nur so nachvollziehen lässt, für welche einzelnen
Verhandlungteile dem Angeklagten gestattet wurde, sich zu entfernen, und ob
er von diesen Verhandlungteilen unzulässigerweise doch betroffen war.

Im Falle einer möglichen stillschweigenden Beschlussfassung über eine Verlängerung einer durch ausdrücklichen Beschluss gestatteten Beurlaubung muss zusätzlich vorgetragen werden, ob außerhalb der Hauptverhandlung eine Benachrichtigung des Angeklagten von der Verlängerung der Beurlaubung erfolgt ist
und ggf. welchen Inhalt diese Benachrichtigung hatte.[586]

Vorsorglich sollte in allen Fällen, in denen es nicht zu einer Verlängerung der
Beurlaubung gekommen ist, mitgeteilt werden, dass auch nicht durch Benachrichtigung außerhalb der Hauptverhandlung eine Verlängerung der Beurlaubung
stillschweigend beschlossen worden ist.

482 3. Es ist mitzuteilen, dass in Abwesenheit des Angeklagten ein Verhandlungteil
stattgefunden hat, der nicht zu dem Verhandlungteil gehörte, für den dem Angeklagten durch den Beschluss gestattet worden war, sich aus der Hauptverhandlung zu entfernen,

oder

es ist mitzuteilen, dass der in Abwesenheit des Angeklagten stattgefundene Verhandlungteil diesen doch betroffen hat.

Welche Teile der Beweisaufnahme in Abwesenheit des Angeklagten stattgefunden haben, lässt sich – als wesentliche Förmlichkeit der Verhandlung – dem
Hauptverhandlungsprotokoll entnehmen. Ob die in Abwesenheit des Angeklagten stattgefundenen Verhandlungteile diesen betroffen haben, ist ggf. den
schriftlichen Urteilsgründen zu entnehmen. Im Übrigen ist die Behauptung, dass
ein Verfahrensvorgang den beurlaubten Angeklagten entgegen der ursprünglichen Annahme doch betraf, Gegenstand des Freibeweisverfahrens.[587] Erforderlich ist aber zunächst der Vortrag, dass in Abwesenheit des Angeklagten Umstände verhandelt wurden, die diesen zumindest mittelbar betrafen. Dies ist konkret in allen Einzelheiten darzulegen. Es ist weiterhin vorzutragen, dass der Angeklagte nicht teilweise freigesprochen bzw. das Verfahren nicht teilweise gem.
§ 154 Abs. 2 StPO eingestellt worden ist. Anderenfalls ist vorzutragen, dass die
Abwesenheit des Angeklagten einen konkret zu bezeichnenden Verhandlungteil
betraf, dessentwegen es zu der Verurteilung gekommen ist.[588]

483 4. Es ist mitzuteilen, dass ein in Abwesenheit des Angeklagten stattgefundener
konkreter Verhandlungteil nicht vollständig in Anwesenheit des Angeklagten
wiederholt wurde.

---

586 *BGH* StV 1995, 165.
587 *BGHSt* 32, 270 = StV 1984, 185 f.
588 Vgl. zu diesem Erfordernis *BGH* StV 2008, 123 m. Anm. *Ventzke*.

III. Anforderungen an den Vortrag der Rüge der Verletzung des § 261 StPO, weil das Urteil Erkenntnisse aus einem in Abwesenheit des Angeklagten verhandelten Verfahrensteil zu dessen Lasten mitverwertet (§§ 261, 337 StPO)

1. Da es sich um einen relativen Revisionsgrund handelt, ergibt sich aus den Ur-   **484**
   teilsgründen, welche Erkenntnisse das Urteil zu Lasten des Angeklagten mitverwertet hat, die mutmaßlich aus einem in seiner Abwesenheit verhandelten Verfahrensteil stammten.
   Es muss dieser Verhandlungsteil konkret bezeichnet und die Abwesenheit des
   Angeklagten während dieses Verhandlungsteils vorgetragen werden. Ggf. hat
   eine genaue Klärung im Freibeweisverfahren zu erfolgen, beispielsweise wenn
   ein Zeuge zweimal, einmal in Anwesenheit und einmal in Abwesenheit des Angeklagten vernommen wurde.

2. Es muss vorgetragen werden, dass der fragliche Verhandlungsteil nicht in Anwe-   **485**
   senheit des Angeklagten vollständig wiederholt wurde.

Rüge 30
Wurde in einer gegen mehrere Angeklagte durchgeführten Hauptverhandlung das Verfah-   **486**
ren gegen den Angeklagten (zeitweise) abgetrennt und die Hauptverhandlung in seiner Abwesenheit fortgeführt?

I. Rechtsgrundlagen

1. Vorbemerkung

Die vorübergehende Verfahrenstrennung eines gegen mehrere Angeklagte gerichte-   **487**
ten Verfahrens während der laufenden Hauptverhandlung kann für den Angeklagten, dessen Verfahren abgetrennt wurde, in doppelter Hinsicht von Belang sein:
Werden nach späterer Wiederverbindung der Verfahren Erkenntnisse aus dem während der Verfahrenstrennung verhandelten Verfahrensteil, an dem er nicht beteiligt
war, im Urteil zu seinen Lasten mitverwertet, wurde das Urteil dann nicht ausschließlich aus dem Inbegriff der Verhandlung gegen ihn gewonnen, was eine Verletzung des § 261 StPO und damit einen relativen Revisionsgrund (§ 337 StPO) darstellt. Erfolgte die Verfahrenstrennung mit dem Ziel, das Anwesenheitsrecht des
Angeklagten gem. § 230 StPO zu umgehen oder gar ihn als Zeugen in der gegen die
bisherigen Mitangeklagten fortgeführten Hauptverhandlung zu vernehmen, liegt
eine Verletzung des § 230 Abs. 1 StPO mit der Folge vor, dass dies einen absoluten
Revisionsgrund gem. § 338 Nr. 5 StPO darstellt. Soll die vorübergehende Trennung

eines gegen mehrere Angeklagte gerichteten Verfahrens zum Gegenstand einer Verfahrensrüge gemacht werden, muss der Beschwerdeführer deshalb klarstellen, in welche Richtung seine Beanstandung zielt. Zulässig ist es, beide Verfahrensrügen zu erheben, nämlich sowohl die Verletzung des § 261 StPO als auch die des § 230 Abs. 1 StPO.

2. Die möglichen Verfahrensverstöße im Einzelnen

488 **a)** Beanstandet werden kann bereits die Tatsache einer vorübergehenden Verfahrenstrennung. Mit der Einführung des § 231c StPO durch das StVÄG 1979 und der dadurch geschaffenen Möglichkeit der Beurlaubung eines Angeklagten in einer gegen mehrere Angeklagte gerichteten Hauptverhandlung besteht für eine vorübergehende Trennung des Verfahrens kein Bedürfnis mehr, weshalb die vorübergehende Verfahrenstrennung eine gesetzlich nicht gedeckte Umgehung des § 231c StPO darstellt, durch die der Angeklagte angesichts der Bedeutung seines Anwesenheitsrechts in Verfahren gegen mehrere Angeklagte in seinem Anspruch auf rechtliches Gehör verletzt wird.[589] Allein schon die Tatsache der vorübergehenden Verfahrenstrennung stellt eine Verletzung des Anwesenheitsrechts des Angeklagten dar im Hinblick auf die in seiner Abwesenheit fortgeführte Hauptverhandlung und begründet den absoluten Revisionsgrund des § 338 Nr. 5 StPO. Der BGH hat allerdings erkannt,[590] dass auch eine auf eine Beurlaubung hinauslaufende kurzfristige Abtrennung des Verfahrens nicht rechtsfehlerhaft sei, solange „die Abtrennung nicht der Umgehung des Antragserfordernisses" des § 231c StPO diene.

489 **b)** Unzulässig ist nach ständiger Rechtsprechung aber auch nach Einführung des § 231c StPO weiterhin die vorübergehende Verfahrenstrennung dann, „wenn die Verhandlung in Abwesenheit des Angeklagten Vorgänge zum Gegenstand hat, die die gegen ihn erhobenen Vorwürfe berühren"[591].

Soweit in dem gegen den Angeklagten nach Wiederverbindung ergangenen Urteil Vorgänge verwertet werden, die nicht zum Inbegriff der in seiner Anwesenheit geführten Hauptverhandlung gehörten, begründet dies einen Verstoß gegen § 261 StPO und führt zur Aufhebung des Urteils, wenn es auf diesem Fehler beruht. Allerdings kann der Fehler durch eine Wiederholung derjenigen Verfahrensteile in Anwesenheit des Angeklagten geheilt werden, deren Ergebnisse zu seinen Lasten im Urteil verwertet werden sollen.

Zusätzlich kann nach Auffassung des BGH in der vorübergehenden Trennung ein Verstoß gegen § 230 Abs. 1 StPO liegen, „wenn von vornherein nur an eine vorübergehende Trennung gedacht war und in der inzwischen fortgesetzten Hauptverhandlung gegen den (oder die) anderen Angeklagten Vorgänge verhandelt werden, die mit den in dem abgetrennten Verfahren erhobenen und zur Verurteilung führen-

---

589 Siehe im Einzelnen *Schlothauer* Festgabe für Ludwig Koch, 1989, S. 249 f. m.w.N.
590 *BGHSt* 32, 270 = StV 1984, 185.
591 *BGHSt* 24, 257/259.

den Vorwürfen zusammenhängen.[592] Der Revisionsgrund des § 338 Nr. 5 StPO liegt bei Fallgestaltungen dieser Art unabhängig davon vor, ob „bestimmte Feststellungen des Urteils (auf in Abwesenheit des Angeklagten stattgefundenen) Vorgängen (beruhten) und (diese) deshalb unter Verstoß gegen § 261 StPO zustande gekommen"[593] seien.[594]

II. Anforderungen an den Vortrag

1. Rüge der Verletzung der §§ 261, 337 StPO infolge Verwertung von in Abwesenheit des Angeklagten gewonnenen Erkenntnissen zu seinen Lasten bei der Urteilsfindung

Es muss vorgetragen werden, dass ein gegen mehrere Angeklagte geführtes Verfahren in der Hauptverhandlung vorübergehend getrennt wurde (der betreffende Beschluss ist wörtlich wiederzugeben) und die in Abwesenheit des „abgetrennten" Angeklagten durchgeführte Verhandlung Vorgänge zum Gegenstand hatte, die die gegen ihn erhobenen Vorwürfe berührten. Dabei muss konkret dargelegt werden, welche in Abwesenheit des Angeklagten gewonnenen Erkenntnisse zu seinen Lasten im Urteil verwertet wurden. **490**

2. Anforderungen an die Rüge der Verletzung des Anwesenheitsrechts des Angeklagten (§§ 230 Abs. 1, 338 Nr. 5 StPO)

Es muss dargelegt werden, dass von vornherein nur an eine vorübergehende Verfahrenstrennung gedacht war (und damit eine Umgehung des § 231c StPO vorliegt). Dazu müssen der Beschluss und ihm vorausgehende Verfügungen, Anträge und Stellungnahmen (insb. der Staatsanwaltschaft) wörtlich mitgeteilt werden. Ferner muss unter Zugrundelegung der Auffassung des BGH dargelegt werden, dass die in Abwesenheit des Angeklagten durchgeführte Verhandlung Vorgänge zum Gegenstand hatte, die die gegen ihn erhobenen Vorwürfe berührten. Dies liegt nahe, wenn mehreren Angeklagten dieselbe Tat im prozessualen oder sogar im materiellen Sinn vorgeworfen wird, kann aber auch in Verfahren zum Tragen kommen, die unterschiedliche Vorwürfe zum Gegenstand haben, soweit beispielsweise der Tatnachweis bezüglich aller Vorwürfe durch denselben Zeugen geführt werden soll und für dessen Glaubwürdigkeit auch seine Aussagen und sein Verhalten im Zeitraum des abgetrennten Verhandlungsteils von Bedeutung sein können.[595] **491**

---

592 *BGHSt* 24, 257; siehe auch *BGHSt* 32, 100 = StV 1984, 59; *BGHSt* 32, 270 = StV 1984, 185; *BGHSt* 33, 119 = StV 1985, 180 und *BGHSt* 1986, 465.

593 *BGHSt* 33, 119 = StV 1985, 180.

594 Zur undeutlichen Abgrenzung der Revisionsgründe der §§ 230 Abs. 2, 338 Nr. 5 StPO einerseits und der §§ 261, 337 StPO andererseits siehe *Schlothauer* Festgabe für Ludwig Koch, S. 251.

595 Vgl. hierzu im Einzelnen *Schlothauer* Festgabe für Ludwig Koch, S. 252 ff.

3. Keine Heilung

492 In beiden Rügekonstellationen muss vorgetragen werden, dass der Verfahrensfehler nicht durch teilweise (Rüge der Verletzung des § 261 StPO) oder vollständige (Rüge der Verletzung des § 230 Abs. 1 StPO) Wiederholung der in Abwesenheit des Angeklagten durchgeführten Verhandlungsteile geheilt worden ist (siehe ergänzend Rn. 454 Ziff. 6).

Rüge 31

493 Ist der Angeklagte für die gesamte Dauer oder zeitweise während der Vernehmung eines Mitangeklagten, Zeugen oder Sachverständigen aus dem Sitzungszimmer entfernt worden?

A. Vorbemerkung

494 Nach § 247 StPO darf das Gericht unter bestimmten Voraussetzungen die Entfernung des Angeklagten aus dem Sitzungssaal anordnen, während ein Mitangeklagter, ein Zeuge oder Sachverständiger vernommen wird. Über den Inhalt dessen, was während seiner Abwesenheit ausgesagt oder sonst verhandelt worden ist, ist er vom Vorsitzenden zu unterrichten, sobald er wieder in den Sitzungssaal zurückgekehrt ist.

495 Als Verfahrensfehler **kommen in Betracht:**
- Das Fehlen eines Gerichtsbeschlusses (Rn. 498),
- die fehlende Begründung des Gerichtsbeschlusses (Rn. 507),
- das Fehlen oder die fehlerhafte Anwendung der gesetzlichen Zulässigkeitsvoraussetzungen für die Entfernung (Rn. 512),
- die Verletzung des rechtlichen Gehörs des Angeklagten vor der seine Entfernung anordnenden Entscheidung (Rn. 522),
- die Verkündung des Entfernungsbeschlusses in Abwesenheit des Angeklagten (Rn. 523),
- die Nichtbeachtung der in dem Entfernungsbeschluss angeordneten Begrenzung der Entfernung des Angeklagten aus dem Sitzungszimmer (Rn. 525),
- die fehlende oder verspätete Unterrichtung des Angeklagten über den wesentlichen Inhalt der während seiner Abwesenheit stattgefundenen Verhandlung (Rn. 541).

496 Auf in diesem Zusammenhang vorliegende Verfahrensfehler kann sich nur der durch die Entfernung betroffene Angeklagte, nicht aber ein im Sitzungssaal verbliebener Mitangeklagter berufen.[596]

---

[596] LR-*J.-P. Becker*[26] § 247 Rn. 59 m.w.N. In Betracht käme allenfalls eine Aufklärungsrüge, wenn durch die verfahrensfehlerhafte Entfernung eines Angeklagten eine persönliche Konfrontation mit einem Zeugen unterblieben ist und diese zu einer zusätzlichen Aufklärung hätte führen können.

Achtung! Wurde der in Abwesenheit des Angeklagten vernommene Zeuge zu   **497**
einem späteren Zeitpunkt in der Hauptverhandlung nochmals in Anwesenheit des
Angeklagten vernommen, kommt bei den Verfahrensfehlern Rn. 498, 507, 512, 522
und 523 die Möglichkeit in Betracht, dass der Verfahrensfehler **geheilt** wurde.[597] In
einem solchen Fall muss der Beschwerdeführer vortragen, was Gegenstand der Vernehmung in Abwesenheit des Angeklagten war und ob es bei der Vernehmung in
Anwesenheit des Angeklagten um andere Sachverhalte und Fragen ging.

B. Einzelne Fehlermöglichkeiten und Anforderungen an den Revisionsvortrag

I. Liegt der Entfernung ein Gerichtsbeschluss zugrunde?

1. Rechtsgrundlagen

Die Anordnung der Entfernung des Angeklagten aus dem Sitzungssaal erfordert im   **498**
Hinblick auf die Bedeutung der Anwesenheitspflicht bzw. des – deshalb auch un-
verzichtbaren (vgl. aber Rn. 504) – Anwesenheitsrechts des Angeklagten einen Gerichtsbeschluss. Eine Verfügung des Vorsitzenden genügt nicht.[598] Der Beanstandung einer solchen Verfügung und der Herbeiführung eines Gerichtsbeschlusses
gem. § 238 Abs. 2 StPO bedarf es deshalb nicht.[599] Eine Ausnahme gilt für Verfahren gegen Jugendliche, bei denen nach § 51 Abs. 1 JGG eine Ausschließung unter
den dort genannten Voraussetzungen auch durch den Vorsitzenden angeordnet werden kann.[600]

Die Entfernung des Angeklagten aus dem Sitzungszimmer ohne Gerichtsbeschluss   **499**
verletzt §§ 230, 247 StPO[601] und begründet den absoluten Revisionsgrund des § 338
Nr. 5 StPO. Auch im Rahmen eines absoluten Revisionsgrundes i.S.d. § 338 Nr. 5
StPO führt nach Auffassung der Rechtsprechung ein Verfahrensfehler dann nicht
zur Aufhebung des Urteils, wenn ein Einfluss des Verfahrensfehlers auf das gesamte Urteil „denkgesetzlich ausgeschlossen" sei.[602]

---

597   *BGH* StV 2004, 305/306.
598   Vgl. *BGHR* StPO § 247 – Ausschließungsgrund 1 und LR-*J.-P. Becker*[26] § 247 Rn. 28
      m. N. der Rspr.
599   *OLG Hamm* StV 2010, 65 = StraFo 2009, 287.
600   *BGH* StV 2002, 402 = NStZ 2002, 216 m. Anm. *Eisenberg* 331. Dieser Gesichtspunkt
      ist beim Rügevortrag zu berücksichtigen.
601   Bei der Ausschließung eines Jugendlichen ohne förmliche Anordnung des Vorsitzenden
      ist § 51 Abs. 1 JGG verletzt.
602   *BGH* StV 1996, 133; NStZ 1993, 30 (*Kusch*); NStZ 1986, 564; StV 2000, 238.

2. Anforderungen an den Vortrag der Rüge der Verletzung der §§ 230, 247 StPO (ggf. § 51 Abs. 1 JGG) wegen fehlenden Gerichtsbeschlusses[603]

500 **a)** Der Angeklagte hat sich aus dem Sitzungssaal nicht eigenmächtig entfernt, sondern er ist einer entsprechenden Anordnung des Vorsitzenden oder Bitte des Vorsitzenden bzw. des Gerichts gefolgt. Es erfolgte zu dieser Verfahrensweise keine ausdrückliche Einverständniserklärung des Angeklagten bzw. seines Verteidigers (s. hierzu noch Rn. 504).

501 **b)** Ein die Entfernung des Angeklagten anordnender Gerichtsbeschluss wurde nicht gefasst.

Bei Verfahren gegen jugendliche Angeklagte: Der Vorsitzende hat seine Anordnung der Ausschließung des Angeklagten nicht auf § 51 Abs. 1 JGG gestützt.

502 **c)** In Abwesenheit des Angeklagten fand ein wesentlicher Teil der Hauptverhandlung (allgemein hierzu Rn. 416) statt. Dies erfordert einen **vollständigen** Sachvortrag zu den in Abwesenheit des Angeklagten stattgefundenen Verfahrensvorgängen;[604]

denn:

- die Verlesung von Vernehmungsniederschriften, Urkunden und anderen als Beweismittel dienenden Schriftstücken gem. § 251 Abs. 3 StPO ist nach Auffassung des BGH kein wesentlicher Teil der Hauptverhandlung, weshalb bei Verlesung von Vernehmungsniederschriften etc. vorzutragen ist, dass diese zum Zwecke der Urteilsfindung erfolgte;

- die informatorische Befragung von Zeugen ist nach Auffassung des BGH[605] ebenfalls kein wesentlicher Teil der Hauptverhandlung, weshalb vorzutragen ist, dass in der Hauptverhandlung vernommene Zeugen und Sachverständige nicht nur informatorisch, sondern im Rahmen der Beweisaufnahme zur Person und zur Sache gehört und befragt wurden.

- Ferner sollen die Stellung eines Ablehnungsantrags wegen Besorgnis der Befangenheit von Richtern, Schöffen, Urkundsbeamten der Geschäftsstelle, Dolmetschern und Sachverständigen für den abwesenden Angeklagten durch seinen Verteidiger, die Abgabe und Entgegennahme von Stellungnahmen der Verfahrensbeteiligten und die Verhandlung darüber ebensowenig ein wesentlicher

---

603 Der *BGH* fordert, dass die Angriffsrichtung der Rüge in der Revisionsbegründung deutlich gemacht und §§ 230, 247 StPO als verletzte Vorschriften bezeichnet werden: *BGH* StV 2000, 241 (4. StS).

604 Es ist weiterhin vorzutragen, dass der Angeklagte nicht teilweise freigesprochen bzw. das Verfahren nicht teilweise gem. § 154 Abs. 2 StPO eingestellt worden ist. Anderenfalls ist vorzutragen, dass die Abwesenheit des Angeklagten einen konkret zu bezeichnenden Verhandlungsteil betraf, dessentwegen es zu der Verurteilung gekommen ist (vgl. zu diesem Erfordernis *BGH* StV 2008, 123 m. Anm. *Ventzke*).

605 *BGHR* StPO § 247 – Abwesenheit 17 und *BGH* StV 2002, 8 (3. StS).

Teil der Hauptverhandlung darstellen[606] wie die Erörterung der Frage, ob sich ein Zeuge auf sein Zeugnisverweigerungsrecht beruft.[607]

d) Der in Abwesenheit des Angeklagten durchgeführte Teil der Hauptverhand-   **503** lung wurde nicht vollständig in Anwesenheit des Angeklagten wiederholt (siehe dazu unten Rn. 527).

Achtung! Hat der Angeklagte den Sitzungssaal einverständlich verlassen, ist dies   **504** von der Rechtsprechung des BGH im Hinblick auf die Unverzichtbarkeit des – mit seiner Anwesenheitspflicht korrespondierenden – Anwesenheitsrechts des Angeklagten wiederholt für unerheblich erachtet worden.[608] Ein Gerichtsbeschluss werde dadurch nicht entbehrlich.

Allerdings haben der 3. und der 5. Strafsenat des BGH[609] für eine derartige Verfahrenssituation **erwogen**, die Rüge der Verletzung des § 247 StPO könne **missbräuchlich** sein[610] bzw. der Grundsatz der Unverzichtbarkeit des Anwesenheitsrechts des Angeklagten **gelte** dann **nicht**, wenn die Voraussetzungen für eine Abwesenheitsverhandlung zweifelsfrei vorlägen. Dieser Auffassung des 5. und 3. Strafsenats sollte – auch wenn sie von den Verfassern abgelehnt wird – im Rahmen des Vortrags gegebenenfalls Rechnung getragen werden:

Hat sich der Angeklagte mit seiner Entfernung ausdrücklich einverstanden erklärt oder beruht sie auf einer Anregung oder einem Antrag des Angeklagten selbst, sollte gegebenenfalls **zusätzlich** vorgetragen werden,

e) dass die Anregung bzw. das Einverständnis vorsorglich für den Fall der Annah-   **505** me der Voraussetzungen für eine Entfernung des Angeklagten durch das Gericht im Hinblick darauf erfolgt sind, die Hauptverhandlungsatmosphäre nicht durch eine Verfahrenskontroverse zu belasten, also das Einverständnis nicht dahin ging, eine Prüfung und Entscheidung des Gerichts entbehrlich zu machen, insbesondere wenn

f) die Voraussetzungen für eine Abwesenheitsverhandlung nicht zweifelsfrei vor-   **506** lagen.[611]

---

606   Vgl. *BGHR* StPO § 338 Nr. 6 – Öffentlichkeit 2.

607   *BGH* 5 StR 268/00 vom 30.8.2000 = *BGHR* StPO § 247 – Abwesenheit 22 = StV 2002, 8 – möglicherweise nur für die dort maßgebliche besondere Verfahrenssituation.

608   *BGH* StV 1993, 285; *BGHR* StPO § 247 – Ausschließungsgrund 1 (3. Senat); *BGHR* StPO § 338 Nr. 5 – Angeklagter 10 und 18; ebenso *OLG Hamm* StV 2010, 65 = StraFo 2009, 287.

609   *BGHR* StPO § 247 – Ausschließungsgrund 1 (3. Senat); *BGHR* StPO § 247 – Abwesenheit 22 (5. Senat).

610   Zuletzt unter Hinweis auf *BGHR* StPO § 344 Abs. 2 S. 2 – Missbrauch 1 = StV 2001, 101 m. **abl.** Anm. *Ventzke*. Demgegenüber weder Rügeverwirkung noch konkludenter Rügeverzicht bei freiwilligem Verlassen des Sitzungszimmers: *OLG Hamm* StV 2010, 65 = StraFo 2009, 287.

611   Zu diesen Voraussetzungen s. Rn. 512.

II. Ist der Beschluss mit Gründen versehen?

1. Rechtsgrundlagen

507 Der die Entfernung des Angeklagten anordnende Gerichtsbeschluss ist nach § 34 StPO mit Gründen zu versehen, weil nur dadurch dem Revisionsgericht die Prüfung möglich ist, ob das Gericht von zulässigen Erwägungen ausgegangen ist. Nach Auffassung der Rechtsprechung ist nicht nur bei der fehlenden Begründung des Beschlusses der absolute Revisionsgrund des § 338 Nr. 5 StPO gegeben,[612] sondern auch bei einer unvollständigen oder unzureichenden Begründung bei der zweifelhaft bleibt, ob das Gericht von zulässigen rechtlichen Erwägungen ausgegangen ist.[613]

508 Insbesondere muss sich aus der Begründung ergeben, welche Variante des § 247 StPO das Gericht für gegeben hält, wenn mehrere Gründe für eine Entfernung in Betracht kommen[614] und welche konkreten Anhaltspunkte für die Entscheidung maßgeblich waren.[615] Eine nähere Begründung ist auch nicht deshalb entbehrlich, weil sämtliche Beteiligten mit der Anordnung einverstanden waren bzw. diese sogar auf Anregung des Beschwerdeführers hin erfolgte.[616] Eine Begründung, die sich in der Wiedergabe des Gesetzeswortlauts erschöpft, ist nicht ausreichend.[617] Eine nähere Begründung soll nur dann entbehrlich sein, wenn die Voraussetzungen für eine Abwesenheitsverhandlung „zweifelsfrei" bzw. „evident" vorlagen.[618]

509 Handelt es sich um ein Verfahren gegen Jugendliche, ist zusätzlich von Bedeutung, ob die Entscheidung auf § 247 StPO oder auf § 51 Abs. 1 JGG Bezug nimmt.

2. Anforderungen an den Vortrag der Verletzung der §§ 230, 247 StPO wegen fehlender bzw. unvollständiger Beschlussbegründung

510 **a)** Der Angeklagte wurde aus dem Sitzungssaal aufgrund eines Gerichtsbeschlusses gem. § 247 StPO entfernt. Ist in der Entscheidung keine Rechtsgrundlage vermerkt, ist vorzutragen, dass sich das Verfahren nicht gegen Jugendliche richtete, anderenfalls § 51 Abs. 1 JGG im konkreten Fall als Rechtsgrundlage ausschied.[619]

b) Der Gerichtsbeschluss ist vollständig wörtlich wiederzugeben unabhängig davon, ob er ohne oder nach Auffassung des Beschwerdeführers nur mit unvollständigen Gründen ergangen ist.

---

612 *BGH* StV 2003, 373 (2. Senat).
613 *BGHSt* 22, 18/20; *BGH* StV 2002, 8 (3. Senat) m.w.N.
614 *OLG Koblenz* GA 1981, 475.
615 *BGH* StV 2004, 305; *OLG Hamm* NStZ 2005, 467 = StV 2005, 8.
616 *BGH* StV 2002, 8 (3. Senat) m.w.N.
617 *BGH* StV 2000, 120 (5. Senat).
618 *BGH* StV 1987, 5 (3. Senat), StV 2000, 120 (5. Senat) mit Beispielen; *BGHR* StPO § 247 – Abwesenheit 22 (5. Senat) m.w.N.; KK-*Diemer*⁶ § 247 Rn. 16b.
619 *BGH* NStZ 2002, 216 (4. Senat).

c) In Abwesenheit des Angeklagten wurde ein wesentlicher Teil der Hauptverhandlung durchgeführt (s. oben Rn. 416).

d) Der in Abwesenheit des Angeklagten durchgeführte Teil der Hauptverhandlung wurde nicht vollständig in Anwesenheit des Angeklagten wiederholt.

e) Achtung! Nach Auffassung des 3. Strafsenats des BGH soll die Rüge der fehlen- **511** den bzw. unvollständigen Begründung des die Entfernung des Angeklagten anordnenden Beschlusses wegen arglistigen (rechtsmissbräuchlichen) Verhaltens unzulässig sein, wenn zureichende Anhaltspunkte für ein gezielt auf die – vorsorgliche – Schaffung eines Revisionsgrundes gerichtetes Verhalten vorliegen.[620] Derartige Anhaltspunkte sollen sich allerdings noch nicht aus der Tatsache ergeben, dass die beanstandete Entfernung des Angeklagten seiner eigenen Anregung oder einem Antrag seines Verteidigers entsprach.[621] Es empfiehlt sich deshalb, ggf. in einem solchen Fall ergänzend vorzutragen:

Entspricht die Entfernung des Angeklagten aus der Hauptverhandlung seiner Anregung oder gar seinem Antrag oder hat er sich mit seiner Entfernung einverstanden erklärt, ist dies in der Revisionsbegründung mitzuteilen. Dabei ist gegebenenfalls ergänzend darzulegen, dass dies nicht gezielt auf die – vorsorgliche – Schaffung eines Revisionsgrundes erfolgte, sondern beispielsweise aus Rücksichtnahme auf den zu vernehmenden Zeugen oder Mitangeklagten oder um zu demonstrieren, dass der Angeklagte bewusst auf ein konfrontatives Prozessverhalten verzichte.

III. Liegen der Anordnung die gesetzlichen Zulässigkeitsvoraussetzungen für eine Entfernung des Angeklagten aus dem Sitzungszimmer zugrunde?

1. Rechtsgrundlagen

Ob die sachlichen Voraussetzungen der Entfernung des Angeklagten zu Recht be- **512** jaht wurden, kann im Revisionsverfahren nur daraufhin überprüft werden, ob das Gericht von rechtlich zutreffenden Annahmen ausgegangen ist; eine Überprüfung der Tatsachengrundlage für die Anordnung ist dem Revisionsgericht versagt. Fehlen die sachlichen Voraussetzungen oder sind diese zumindest zweifelhaft,[622] begründet die Verhandlung in Abwesenheit des Angeklagten den absoluten Revisionsgrund des § 338 Nr. 5 StPO.

---

620 *BGHR* StPO § 247 – Ausschließungsgrund 1 (3. Strafsenat); *BGH* StV 2002, 8 (3. Strafsenat).

621 *BGHR* StPO § 247 – Ausschließungsgrund 1 (3. Strafsenat); *BGH* StV 2002, 8 (3. Strafsenat); *BGH* NStZ 1991, 296 (4. Senat); ebenso *OLG Hamm* StV 2010, 65 = StraFo 2009, 287.

622 *OLG Hamm* StV 2005, 8 = NStZ 2005, 467.

a) Gefahr einer nicht wahrheitsgemäßen Aussage eines Mitangeklagten oder Zeugen

513 Beruht die Anordnung auf der Befürchtung, ein Mitangeklagter oder ein Zeuge werde bei seiner Vernehmung in Gegenwart des Angeklagten die Wahrheit nicht sagen (§ 247 S. 1 StPO)?

Der Entfernungsgrund des § 247 S. 1 StPO ist auf die Fälle beschränkt, dass das Gericht die Befürchtung hat, ein Mitangeklagter oder ein Zeuge werde mit der Wahrheit zurückhalten. Andere Zwecke rechtfertigen die Entfernung nach dieser Alternative nicht.[623]

514 Die Befürchtung des Gerichts, ein Mitangeklagter oder Zeuge werde in Anwesenheit des Angeklagten nicht die Wahrheit sagen, muss sich auf konkrete, im vorliegenden Einzelfall begründete Tatsachen stützen; allein die bloße „Möglichkeit, dass durch die Gegenwart des Angeklagten (ein Mitangeklagter oder) ein Zeuge in seiner Aussage beeinträchtigt wird", rechtfertigt die Entfernung nicht.[624] Deshalb reicht weder der bloße Wunsch eines Zeugen, in Abwesenheit des Angeklagten aussagen zu dürfen,[625] noch der Umstand, dass sich ein Mitangeklagter oder ein Zeuge nach Einschätzung des Gerichts oder der Verfahrensbeteiligten in Abwesenheit des Angeklagten „unbefangener" fühlen könnte.[626] Mangels tatsächlicher Anhaltspunkte für die von § 247 S. 1 StPO vorausgesetzte Befürchtung wäre die Anordnung der Entfernung des Angeklagten in einem solchen Fall rechtsfehlerhaft. An eine durch Tatsachen substantiierte Begründung sind aber umso weniger Anforderungen zu stellen, je stärker sich unmittelbar aus dem Anklagegegenstand sowie aus der Person von Zeugen und Angeklagten und ihrer Beziehung zueinander ohne weiteres eine massive Furcht des Mitangeklagten oder Zeugen vor dem auszuschließenden Angeklagten aufdrängt, die geeignet erscheint, den Mitangeklagten oder Zeugen von wahren, insbesondere vollständigen Angaben in Gegenwart des Angeklagten abzuhalten.[627]

515 Die Voraussetzungen des § 247 S. 1 StPO für einen Ausschluss des Angeklagten sind auch dann gegeben, wenn ein Mitangeklagter erklärt, im Falle der Anwesenheit des Angeklagten von seinem Schweigerecht gem. § 243 Abs. 4 S. 1 StPO Gebrauch zu machen[628] oder wenn ein zur Verweigerung des Zeugnisses oder der Auskunft berechtigter Zeuge erklärt, unter dem Druck der Anwesenheit des Angeklagten von diesem Recht Gebrauch zu machen, falls er in Gegenwart des Angeklagten vernom-

---

623 *OLG Oldenburg* StV 2011, 219 = StraFo 2010, 115 für den Fall, dass laut einer ärztlichen Bescheinigung eine Begegnung einer psychisch alterierten und traumatisierten Zeugin mit dem Angeklagten vermieden werden sollte.

624 *OLG Düsseldorf* StV 1989, 472.

625 *BGH* StV 2000, 120 (5. StS); *BGH* v. 4.8.2009 – 4 StR 171/09 = NStZ 2010, 53.

626 *BGH* StV 2002, 8 (3. StS).

627 *BGH* StV 2000, 120 (5. StS) am Beispiel des psychisch schwer geschädigten Opfers von Sexualverbrechen.

628 *BGH* StV 2001, 214 (1. StS).

men werde.[629] Allein der Umstand, dass bei einem unter Vormundschaft oder Betreuung stehenden Zeugen, dem kein Zeugnisverweigerungsrecht zusteht, der Vormund oder Betreuer der Vernehmung des Betreuten widerspricht, rechtfertigt für sich die Entfernung des Angeklagten nicht.[630] Der Inanspruchnahme eines Zeugnisverweigerungsrechts steht die berechtigte Ausübung eines Auskunftsverweigerungsrechts gem. § 55 Abs. 1 StPO gleich.

Der BGH hält die Entfernung des Angeklagten gem. § 247 S. 1 StPO auch dann für **516** zulässig, wenn ein Zeuge die für seine Vernehmung erforderliche Aussagegenehmigung nach § 54 StPO nur unter der Voraussetzung der Entfernung des Angeklagten erhält bzw. nur unter dieser Voraussetzung eine zulässige Sperrerklärung nach § 96 StPO überwunden werden kann.[631] Allerdings müssen für diese Einschränkungen sachlich einsichtige Gründe vorliegen. Die Möglichkeit einer audiovisuellen Vernehmung gem. § 247a StPO soll der Zulässigkeit der Entfernung des Angeklagten nicht entgegenstehen.[632]

b) Vernehmung einer Person unter 16 Jahren als Zeuge (§ 247 S. 2, 1. Alt. StPO)

Auch wenn keine Befürchtung besteht, dass ein Zeuge in Anwesenheit des Ange- **517** klagten mit der Wahrheit zurückhalten könnte, kann bei noch nicht 16 Jahre alten Zeugen dann die Entfernung des Angeklagten angeordnet werden, wenn ein erheblicher Nachteil für das Wohl des kindlichen oder jugendlichen Zeugen zu befürchten ist. Dies sind vornehmlich psychische Folgen einer Vernehmung in Gegenwart des Angeklagten, die aber erheblich sein, also über die Dauer der Vernehmung hinausgehen müssen.[633] Ob das Kind den Ausschluss wünscht oder nicht, ist unbeachtlich.[634] Es stellt insbesondere einen Rechtsfehler dar, wenn die Entfernung des Angeklagten auf § 247 S. 2, 1. Alt. StPO gestützt wird, obwohl der zu vernehmende Zeuge bereits 16 oder mehr Jahre alt ist.[635]

c) Dringende Gefahr eines schwerwiegenden Nachteils für die Gesundheit eines Zeugen (§ 247 S. 2, 2. Alt. StPO)

Auch bei erwachsenen Zeugen kann die dringende Gefahr schwerer gesundheitli- **518** cher Nachteile körperlicher oder seelischer Art bei Vernehmung in Anwesenheit des Angeklagten dessen Entfernung rechtfertigen. Dem wird vom BGH der Fall

---

629 *BGHSt* 22, 18/21; *BGH* StV 2002, 9 (1. StS); *BGH* StV 2002, 10 (4. StS) m.w.N.; *BGH* v. 4.8.2009 – 4 StR 171/09 = NStZ 2010, 53.

630 *BGHSt* 46, 142 = StV 2002, 9 (1. StS).

631 *BGHSt* 32, 32 = StV 1983, 356 (1. StS); *BGHSt* 32, 115/125; *BGHSt* 42, 175.

632 *BGH* StV 2002, 10 (4. StS). Zum Verhältnis der §§ 247, 247a StPO zueinander ausführlich *Meyer-Goßner*[55] § 247a Rn. 4.

633 Vgl. bspw. *BGH* NStZ 1987, 84 (3. StS).

634 *BGH* NJW 2006, 1008, 1009.

635 *BGH* StV 2000, 120 = NStZ-RR 1998, 51 (3. StS).

gleichgestellt, dass ein dem Angeklagten vom Aussehen her unbekannter V-Mann in Leibes oder Lebensgefahr geraten könnte, wenn er von dem Angeklagten später wiedererkannt werden würde.[636] Allein der Vorwurf eines Sexualdelikts kann aber das Vorliegen einer „dringenden" Gefahr eines „schwerwiegenden" Nachteils für die Gesundheit des verletzten Zeugen bsplsw. dann nicht begründen, wenn die vorgeworfene Tat kein sehr großes Gewicht hatte und schon längere Zeit zurücklag.[637]

d) Entfernung des Angeklagten bei Erörterungen über seinen Zustand und seine Behandlungsaussichten (§ 247 S. 3 StPO)

519 Auch in diesem Fall ist die Entfernung des Angeklagten nur gerechtfertigt, wenn ein erheblicher Nachteil für seine Gesundheit im Falle seiner Anwesenheit zu befürchten wäre. Der bloße Wunsch des Angeklagten, das Gutachten eines Sachverständigen über seinen Zustand nicht mit anhören zu müssen, rechtfertigt seine Entfernung nicht.[638]

e) Ausschluss eines jugendlichen Angeklagten (§ 51 Abs. 1 JGG)

520 Bei einer Hauptverhandlung gegen einen jugendlichen Angeklagten kann dieser nach § 51 Abs. 1 JGG ausgeschlossen werden, wenn aus Erörterungen Nachteile für die Erziehung entstehen können.

2. Anforderungen an den Vortrag der Rüge der Verletzung der §§ 230, 247 StPO

521 **a)** Es gelten zunächst dieselben Rügeanforderungen wie bei der Rüge der Verletzung der §§ 230, 247 StPO wegen fehlender/unvollständiger Beschlussbegründung (s. oben Rn. 510).

b) Darüber hinaus sind alle diejenigen Umstände vorzutragen, die für die Frage, ob die sachlichen Voraussetzungen für eine Entfernung des Angeklagten vorlagen, erheblich sein könnten. Dazu gehört beispielsweise die Angabe, ob es einem Zeugen zu Beginn seiner Vernehmung gem. § 68 Abs. 2 S. 2 StPO gestattet war, nur eingeschränkte Angaben zur Person zu machen oder nicht.[639] Ist von dem Zeugen zur Unterstützung des von ihm geäußerten Begehrens, den Angeklagten aus dem Sitzungssaal zu entfernen, auf ein ärztliches Attest Bezug genommen worden, ist dieses vollständig im Wortlaut mitzuteilen.[640] Im Hinblick auf die weiter als § 247 StPO reichende Ausschlussmöglichkeit nach § 51 Abs. 1 JGG ist mitzuteilen, dass sich das Verfahren nicht gegen Jugendliche richtete.[641]

---

636 *BGHSt* 32, 125; *BGH* NJW 1985, 1478.
637 *BGH* StV 2002, 9 (1. StS).
638 *BGH* StV 1993, 285.
639 Vgl. *BGH* StV 2004, 305.
640 *BGH* Urt. v. 13.8.2003 – 5 StR 286/03 S. 4 f.
641 *BGH* StV 2002, 402 = NStZ 2002, 216.

IV. Wurde der Angeklagte vor Anordnung seiner Entfernung hierzu gehört?

Die Nichtgewährung rechtlichen Gehörs vor Anordnung der Entfernung des Ange- **522**
klagten aus dem Sitzungszimmer verletzt § 33 Abs. 1 StPO. Es ist strittig, ob der
Angeklagte den Verstoß gegen die Anhörungspflicht sofort beanstanden muss und
in der stillschweigenden Hinnahme der Anordnung seiner Entfernung eine Billi-
gung dieser Entscheidung mit der Folge gesehen wird, dass seine Anhörung zu keinem anderen Ergebnis geführt hätte.[642] Auf jeden Fall handelt es sich um einen relativen Revisionsgrund i.S.d. § 337 i.V.m. § 33 StPO.[643] Beanstandet der Angeklagte
aber seine Nichtanhörung, dürfte es in aller Regel zu einer Heilung des Fehlers der
zuvor unterbliebenen Anhörung kommen, da er nunmehr die Möglichkeit hat, sich
zu seiner beabsichtigten Entfernung aus der Hauptverhandlung zu äußern.

V. Wurde der die Entfernung des Angeklagten anordnende Beschluss in Abwesenheit des Angeklagten verkündet?

1. Rechtsgrundlagen

Der die Entfernung des Angeklagten anordnende Beschluss ist einschließlich seiner **523**
Begründung in Anwesenheit des Angeklagten durch Verkündung in der Hauptverhandlung bekanntzumachen (§ 35 Abs. 1 StPO). Wird der Beschluss in Abwesenheit des Angeklagten verkündet, stellt dieser Verfahrensfehler einen absoluten Revisionsgrund dar.[644]

2. Anforderungen an Vortrag der Rüge der Verletzung der §§ 230, 247, 35 Abs. 1 StPO wegen Verkündung des die Entfernung anordnenden Beschlusses in Abwesenheit des Angeklagten

- Der Angeklagte wurde aus dem Sitzungssaal entfernt. **524**
- Der dieser Maßnahme zugrunde liegende Gerichtsbeschluss wurde in Abwesenheit des Angeklagten verkündet. Der Beschluss muss wörtlich mitgeteilt werden.
- In Abwesenheit des Angeklagten wurde ein wesentlicher Teil der Hauptverhandlung durchgeführt (s. oben Rn. 416).
- Der in Abwesenheit des Angeklagten durchgeführte Teil der Hauptverhandlung
  wurde nicht nach – in Anwesenheit des Angeklagten erneuter – Verkündung des
  Ausschließungsbeschlusses wiederholt.

---

642   So *Meyer-Goßner*[55] § 33 Rn. 19.
643   LR-*J.-P. Becker*[26] § 247 Rn. 57.
644   *BGH* StV 2000, 120 = NStZ-RR 1998, 51 (3. StS); *SchlHOLG* StV 2011, 351.

VI. Verblieb die in Abwesenheit des Angeklagten durchgeführte Beweisaufnahme in den Grenzen des seine Entfernung anordnenden Beschlusses?

1. Rechtsgrundlagen (betr. anderweitige Beweiserhebung)

525 Während der Abwesenheit des Angeklagten ist die Hauptverhandlung streng auf den Verfahrensteil zu begrenzen, für den die Entfernung des Angeklagten angeordnet wurde.[645] Aus dem Beschluss muss deshalb hervorgehen, für welchen Teil der Hauptverhandlung sich der Angeklagte zu entfernen hat.[646] Wird während der in Abwesenheit des Angeklagten angeordneten Zeugenvernehmung noch ein weiterer Zeuge, Mitangeklagter oder Sachverständiger vernommen, auf den sich der Beschluss nach § 247 StPO nicht erstreckte, so ist der absolute Revisionsgrund nach § 338 Nr. 5 StPO gegeben.[647] Auch andere Beweiserhebungen, auf die sich die Ausschließungsanordnung nicht bezieht, dürfen nicht vorgenommen werden.[648] Dies gilt beispielsweise für eine förmliche Augenscheinseinnahme[649] von Lichtbildern oder anderen Augenscheinsgegenständen, die dem vernommenen Zeugen, Mitangeklagten oder Sachverständigen also nicht lediglich vorgehalten werden.[650] Anders verhält es sich nur, wenn die Augenscheinseinnahme am Körper des zu vernehmenden Zeugen (oder Mitangeklagten) erfolgt und mit dessen Aussage in unmittelbarem Zusammenhang steht.[651]

526 Ebenfalls werden die Vorschriften über die Anwesenheit des Angeklagten während der Hauptverhandlung verletzt, wenn die Verlesung einer Urkunde, einer Vernehmungsniederschrift (§§ 251 Abs. 1 oder 2, 253, 254 oder 249 StPO) oder von Behörden und Ärzteerklärungen (§ 256 StPO) erfolgt ist und dies dem Urkundenbeweis und nicht nur als Vorhalt diente.[652] Erfolgte die Verlesung gem. § 251 Abs. 3 StPO, begründet dies die Revision nicht.

---

645 Zum Umfang des Ausschlusses jugendlicher Angeklagter nach § 51 Abs. 1 JGG siehe *BGH* StV 2002, 402 = NStZ 2002, 216.

646 *Meyer-Goßner*[55] § 247 Rn. 14.

647 *OLG Koblenz* wistra 1987, 358 für den Fall der Vernehmung eines in dem Entfernungsbeschluss nicht angeführten Zeugen; ferner *BGH* StV 1993, 343 (5. StS) Vernehmung eines Polizeibeamten zur Identität eines ebenfalls in Abwesenheit vernommenen V-Mannes.

648 Die Statthaftigkeit einer entsprechenden Verfahrensrüge hängt nicht davon ab, dass der Verteidiger die Anordnung der Beweisaufnahme in fortdauernder Abwesenheit des Angeklagten gem. § 238 Abs. 2 StPO beanstandet hat: *BGH* v. 10.3.2009 – 5 StR 530/08 = StV 2009, 227.

649 An der Unzulässigkeit ändert sich nichts dadurch, dass die Augenscheinseinnahme eng mit der Vernehmung des Zeugen verbunden ist: *BGH* v. 5.10.2010 – 1 StR 264/10 = StV 2011, 518 = NStZ 2011, 51 = StraFo 2011, 51.

650 *BGH* StV 2002, 8 (3. StS); *BGH* StV 2000, 238 (2. StS); StV 1989, 192 (1. StS); StV 1981, 57 (5. StS) m. Anm. *Strate*.

651 *BGH* StV 2008, 230.

652 *BGH* StV 1984, 102 (5. StS).

Achtung! Ein Verfahrensfehler kann dadurch geheilt worden sein, dass die unzuläs-   **527**
sigerweise in Abwesenheit des Angeklagten stattgefundene Beweiserhebung in Anwesenheit des Angeklagten prozessordnungsgemäß[653] wiederholt wurde. Dies
müsste als wesentliche Förmlichkeit im Hauptverhandlungsprotokoll vermerkt sein.
Ist dies nicht der Fall, muss dies als sog. Negativtatsache vorgetragen werden. Eine
andersartige Beweiserhebung zum selben Beweisthema reicht für eine Heilung
nicht.[654]

2. Anforderungen an den Vortrag der Rüge der Verletzung der §§ 230, 247 StPO wegen nicht von dem Entfernungsbeschluss gedeckter Beweiserhebungen in Abwesenheit des Angeklagten

a)   Der Angeklagte wurde aus dem Sitzungssaal aufgrund eines Gerichtsbeschlus-   **528**
ses gem. § 247 StPO entfernt.

b)   Der Gerichtsbeschluss hatte folgenden Wortlaut: **529**

Der Gerichtsbeschluss ist vollständig wörtlich wiederzugeben.

c)   In Abwesenheit des Angeklagten wurde ein Teil der Beweisaufnahme durchge-   **530**
führt, der durch den Entfernungsbeschluss nicht gedeckt ist.

Form und Inhalt der durchgeführten Beweisaufnahme sind im Einzelnen darzulegen. Dabei ist im Falle einer Augenscheinseinnahme oder der Verlesung einer Urkunde etc. darauf hinzuweisen, dass die betreffenden Augenscheinsobjekte bzw.
Urkunden als Beweismittel und nicht nur als (nicht protokollierungspflichtige) Ver-
nehmungsbehelfe gedient haben.[655] Verlesene Schriftstücke sind wörtlich mitzuteilen, Augenscheinsobjekte sind so genau zu beschreiben, dass ihre Bedeutung als
wesentlicher Teil der Hauptverhandlung zu erkennen ist.[656]

d)   Der in Abwesenheit des Angeklagten durchgeführte Teil der Hauptverhand-   **531**
lung wurde nicht vollständig in Anwesenheit des Angeklagten wiederholt.

Dafür reichte es nach früherer Rechtsprechung im Falle einer Augenscheinseinnahme nicht aus, dass allein der Angeklagte nach seinem Wiedereintritt in den Sitzungssaal die Augenscheinsobjekte in Augenschein genommen hat bzw. ihm hierzu
Gelegenheit gegeben wurde;[657] vielmehr muss die Augenscheinseinnahme in An-

---

653   Vgl. *BGH* StV 1981, 57 und *BGHR* StPO § 247 Abwesenheit 5 (5. StS) einerseits, *BGH*
        NJW 1988, 429/430 (2. StS) andererseits.
654   *BGH* StV 2002, 408.
655   *BGH* StV 1989, 1912 (1. StS); *BGH* StV 2000, 241 (3. StS); StV 1984, 102 (5. StS). Zu
        den sich im Einzelfall für den Vortrag ergebenden Schwierigkeiten siehe *BGH* StraFo
        2004, 319 einerseits, aber auch *BGH* Beschl. v. 20.2.2002 – 3 StR 345/01 (hilfreich!)
        andererseits.
656   *BGH* NStZ 2007, 717 = StraFo 2007, 509: Mitteilung des Inhalts einer SMS, die in der
        Hauptverhandlung auf dem Mobiltelefon des Zeugen in Augenschein genommen wur-
        de.
657   *BGH* StV 1986, 418 (5. StS); *BGH* StV 1989, 192 (5. StS).

wesenheit des Angeklagten fehlerfrei unter Beteiligung aller Verfahrensbeteiligten (allerdings ohne den betreffenden Zeugen) wiederholt werden.[658] Nach einem Anfragebeschluss des 5. Strafsenats des BGH[659] entschied dieser nach Durchführung des Anfrageverfahrens, dass es ausreiche, wenn dem Angeklagten im Rahmen seiner Unterrichtung nach § 247 S. 4 StPO das in seiner Abwesenheit in Augenschein genommene Objekt vorgezeigt werde.[660] Bei der Verlesung einer Urkunde muss diese nach Rückkehr des Angeklagten in den Sitzungssaal vollständig neu verlesen werden.[661] Dass sie zu einem späteren Zeitpunkt in Anwesenheit des Angeklagten einem anderen Zeugen vorgehalten wurde, führt nicht zur Heilung des Verfahrensverstoßes.[662]

Die unterbliebene oder ungenügende Wiederholung der Beweiserhebung in Anwesenheit des Angeklagten muss im Einzelnen in der Revisionsbegründung dargelegt werden.

532 **e)** Es ist weiterhin vorzutragen, dass der Angeklagte nicht teilweise freigesprochen bzw. das Verfahren nicht teilweise gem. § 154 Abs. 2 StPO eingestellt worden ist. Anderenfalls ist vorzutragen, dass die Abwesenheit des Angeklagten einen konkret zu bezeichnenden Verhandlungteil betraf, dessentwegen es zu der Verurteilung gekommen ist.[663]

3. Rechtsgrundlagen (betr. sonstige Verfahrensvorgänge)

533 Auch für sonstige Verfahrensvorgänge gelten die durch den Wortlaut des § 247 StPO und die Anordnung des Gerichts gezogenen Grenzen für die Abwesenheitsverhandlung. Sie werden auch dann nicht durch die Anordnung gedeckt, wenn sie während des Verfahrensteils anfallen, für den der Angeklagte ausgeschlossen worden ist. Dazu gehören im Einzelnen:

Die Anordnung des Vorsitzenden, dass von der Vernehmung eines auf Ladung erschienenen bzw. eines auf Abruf geladenen Zeugen (im Einverständnis mit dem Staatsanwalt und dem Verteidiger) abgesehen werde,[664] die Rücknahme eines Beweisantrages des Angeklagten durch seinen Verteidiger,[665] die Stellung eines Be-

---

658 *BGH* StV 1989, 192 (5. StS); *BGH* StV 2002, 8 (3. StS).

659 *BGH* v.10.3.2009 – 5 StR 530/08 = StV 2009, 226 m. Anm. *Schlothauer*.

660 *BGH* v. 11.11.2009 – 5 StR 530/08 = StV 2010, 59 = NStZ 2010, 162 m. Anm. *Erb* NStZ 2010, 347. Die Vorlage des Augenscheinsobjekts ist nach dieser Entscheidung als wesentliche Förmlichkeit im Hauptverhandlungsprotokoll zu vermerken. Die übrigen Verfahrensbeteiligten müssen die Möglichkeit haben, ihrerseits den betreffenden Gegenstand noch einmal in Augenschein zu nehmen: *BGH* v. 5.10.2010 – 1 StR 264/10 = StV 2011, 518 Rn. 10.

661 *BGH* StV 1984, 102 (5. StS).

662 *BGH* Beschl. v. 23.7.2004 – 2 StR 158/04.

663 Vgl. zu diesem Erfordernis *BGH* StV 2008, 123 m. Anm. *Ventzke*.

664 *BGH* StV 1983, 52 (2. StS).

665 *OLG Frankfurt/M.* StV 1987, 9.

weisantrages und die Verhandlung darüber,[666] die Beanstandung der Sachleitung des Vorsitzenden z.b. im Zusammenhang mit der Zeugenvernehmung durch den Verteidiger und die Verhandlung über die Beanstandung.[667]

Strittig ist, ob die Verhandlung und Entscheidung über den Ausschluss der Öffent- **534** lichkeit, wenn sich deren Notwendigkeit während einer in Abwesenheit des Angeklagten erfolgenden Vernehmung ergibt, ein eigenständiger Verfahrensvorgang ist, zu dem der Angeklagte wieder zuzulassen ist. Von der derzeitigen Rechtsprechung des BGH wird dies verneint.[668]

Achtung! Ein Verfahrensfehler kann dadurch geheilt worden sein, dass der unzu- **535** lässigerweise in Abwesenheit des Angeklagten stattgefundene Verfahrensvorgang in Anwesenheit des Angeklagten prozessordnungsgemäß wiederholt worden ist. Dies müsste als wesentliche Förmlichkeit im Hauptverhandlungsprotokoll vermerkt sein. Ist dies nicht der Fall, muss dies als sog. Negativtatsache vorgetragen werden. Eine andersartige Beweiserhebung zum selben Beweisthema reicht für eine Heilung nicht (s.o. Rn. 525).

4. Anforderungen an den Vortrag der Rüge der Verletzung der §§ 230, 247 StPO im Hinblick auf in Abwesenheit des Angeklagten stattgefundener sonstiger Verfahrensvorgänge

In Abwesenheit des Angeklagten wurde auf die Vernehmung eines geladenen und **536** erschienenen bzw. eines auf Abruf geladenen Zeugen verzichtet, von einem der Verfahrensbeteiligten ein Beweisantrag gestellt und darüber verhandelt oder ein vom Angeklagten bzw. seinem Verteidiger gestellter Beweisantrag durch letzteren zurückgenommen. Wurde in Abwesenheit des Angeklagten zwischen den Verfahrensbeteiligten die Sachlage erörtert, ist der Inhalt der Erörterungen wiederzugeben.[669]

Der Angeklagte darf nach seiner Rückkehr in den Sitzungssaal nicht nachträglich ebenfalls auf die Vernehmung des geladenen und erschienenen Zeugen oder den gestellten Beweisantrag verzichtet haben bzw. zu dem in seiner Abwesenheit gestellten Beweisantrag gehört worden sein. Dies ist als Negativtatsache vorzutragen, wenn die Möglichkeit einer Heilung des Verfahrensfehlers ausgeschlossen werden soll.

Es ist weiterhin vorzutragen, dass der Angeklagte nicht teilweise freigesprochen bzw. das Verfahren nicht teilweise gem. § 154 Abs. 2 StPO eingestellt worden ist. Anderenfalls ist vorzutragen, dass die Abwesenheit des Angeklagten einen konkret

---

666 *BGH* StV 1987, 377 (2. StS; Verhandlung über den Antrag auf Begutachtung des in Abwesenheit des Angeklagten zu vernehmenden Zeugen durch einen Sachverständigen).
667 *BGH* Beschl. v. 5.2.20002 – 5 StR 437/01.
668 *BGH* NJV 1979, 276, dazu **ablehnend** *Strate* NJW 1979, 909 sowie *Gollwitzer* JR 1979, 434; *BGH* StV 1995, 250 m. **abl. Anm.** *Stein*; **a.A.** *RGSt* 18, 138; 39, 356; *Park* NJW 1996, 2215; weitere Nachw. bei LR-*J.-P. Becker*[26] § 247 Rn. 37 Fn. 103.
669 *BGH* NStZ 2005, 283.

zu bezeichnenden Verhandlungsteil betraf, dessentwegen es zu der Verurteilung gekommen ist.[670]

5. Rechtsgrundlagen (betr. insbesondere Vereidigung und Verhandlung darüber)

537 Wird die Entfernung des Angeklagten aus dem Sitzungssaal nur für die Dauer der Vernehmung eines Zeugen oder Sachverständigen angeordnet, gehört deren Vereidigung nicht mehr zur Vernehmung.[671] Wird der Angeklagte gleichwohl nicht vorgelassen, begründet dies die Revision (§§ 230, 247, 338 Nr. 5 StPO). Allerdings kann der Angeklagte auch von der Anwesenheit bei der Vereidigung ausgeschlossen werden, wenn auch insoweit die Voraussetzungen des § 247 S. 2 StPO vorliegen. Dies kann der Fall sein, wenn bei Anwesenheit des Angeklagten bei der Vereidigung eine Enttarnung oder eine schwerwiegende Gefahr für die Gesundheit des vernommenen Zeugen zu besorgen wäre.[672]

Die Verhandlung über die Vereidigung des Zeugen soll mit Rücksicht auf die Neufassung des § 59 StPO durch das 1. JuMoG nicht mehr zu den Verfahrensvorgängen gehören, die bei fehlender Anwesenheit des Angeklagten die Revision begründen.[673] Sie stelle keinen wesentlichen Verhandlungsteil i.S.d. § 338 Nr. 5 StPO dar. Etwas anderes gilt, wenn die Vereidigungsfrage kontrovers erörtert und zum Gegenstand einer gerichtlichen Entscheidung nach § 238 Abs. 2 StPO gemacht worden ist[674] oder von der Vereidigung nach § 60 StPO unter Inanspruchnahme eines Beurteilungsspielraums abgesehen wurde.[675]

6. Anforderungen an den Vortrag der Rüge der Verletzung der §§ 230, 247 StPO wegen Vereidigung eines Zeugen bzw. Verhandlung darüber in Abwesenheit des Angeklagten

538 • In Abwesenheit des Angeklagten wurde ein Zeuge oder Sachverständiger vereidigt, ohne dass ein Gerichtsbeschluss die Entfernung des Angeklagten aus dem

---

670 Vgl. zu diesem Erfordernis *BGH* StV 2008, 123 m. Anm. *Ventzke.*
671 *Meyer-Goßner*[55] § 247 Rn. 20b m.w.N.
672 *BGHSt* 37, 48 = StV 1990, 338 (4. StS); *BGH* NStZ 1985, 136 (1. StS). Dies entbindet das Gericht allerdings nicht von der Verpflichtung, den Angeklagten vor der Vereidigung zur Verhandlung wieder zuzulassen, ihn gem. § 247 S. 4 StPO zu unterrichten und ihm die Möglichkeit einzuräumen, Fragen an den Zeugen nach erneuter Entfernung stellen zu lassen (siehe unten Rn. 546).
673 *BGH* (3. StS) StV 2007, 21 = JR 2007, 78 m. Anm. *Müller;* siehe auch *BGH* StV 2007, 20 (4. StS); **a.A.** *Schuster* StV 2005, 628, 631.
674 *BGH* ibid.
675 *Meyer-Goßner*[55] § 247 Rn. 20b; *LR-J.-P. Becker*[26] § 247 Rn. 55; **a.A.** *BGH* NStZ 1987, 335 (1. StS) und *BGH* MDR 1978, 460 bei *Holtz* (2. StS), beide für Fälle der Nichtvereidigung nach § 60 Nr. 1 StPO; ferner *BGH* StV 2007, 20 (4. StS), der bei Nichtvereidigung nach § 60 Nr. 1 StPO das „Beruhen des Urteils auf der bloßen Abwesenheit des Angeklagten während der Entscheidung über die Vereidigung" verneint.

Sitzungszimmer auch für diesen Vorgang legitimierte. Zu diesem Zweck ist der Entfernungsbeschluss wörtlich mitzuteilen. Oder:

- Über die Frage der Vereidigung wurde kontrovers verhandelt, wonach gegen die Verfügung des Vorsitzenden, durch die die Vereidigung bzw. Nichtvereidigung angeordnet wurde, gerichtliche Entscheidung beantragt wurde und darüber ein Gerichtsbeschluss herbeigeführt wurde (§ 238 Abs. 2 StPO). Auch hier ist der Gerichtsbeschluss im Wortlaut mitzuteilen.

- Es ist vorzutragen, dass die in Abwesenheit des Angeklagten erfolgte Vereidigung bzw. die Verhandlung über die Vereidigung nicht nach Wiederzulassung des Angeklagten zur Hauptverhandlung und nach dessen Anhörung zu der Vereidigungsfrage wiederholt worden ist.

- Es ist weiterhin vorzutragen, dass der Angeklagte nicht teilweise freigesprochen bzw. das Verfahren nicht teilweise gem. § 154 Abs. 2 StPO eingestellt worden ist. Anderenfalls ist vorzutragen, dass die Abwesenheit des Angeklagten einen konkret zu bezeichnenden Verhandlungteil betraf, dessentwegen es zu der Verurteilung gekommen ist.[676]

7. Rechtsgrundlagen (betr. insbesondere Verhandlung und Entscheidung über die Entlassung eines Zeugen oder Sachverständigen)

Nach Auffassung des BGH gehören auch die Verhandlung und Entscheidung über   **539**
die Entlassung eines Zeugen oder Sachverständigen (§ 248 StPO) nicht zu deren Vernehmung i.S.d. § 247 StPO und bilden einen wesentlichen Teil der Hauptverhandlung i.S.d. § 338 Nr. 5 StPO[677]. Die Abwesenheit des Angeklagten begründet den absoluten Revisionsgrund des § 338 Nr. 5 StPO[678]. Die Rüge ist auch ohne Beanstandung dieser Verfahrensweise zulässig[679].

Die Verhandlung über die Entlassung eines Zeugen in Abwesenheit des aus der Hauptverhandlung entfernten Angeklagten soll allerdings dann keinen wesentlichen Teil der Hauptverhandlung betreffen, wenn der Angeklagte Gelegenheit gehabt habe, die Vernehmung über eine Bild-Ton-Übertragung zeitgleich mitzuverfolgen und er vor der Entlassung des Zeugen nach ausdrücklicher Befragung des Vorsitzenden von seinem Fragerecht keinen Gebrauch machen wollte.[680]

---

676 Vgl. zu diesem Erfordernis *BGH* StV 2008, 123 m. Anm. *Ventzke*.
677 *BGHSt* 55, 87 (GSSt 1/09 v. 21.4.2010) = StV 2010, 467 = NStZ 2011, 47 m. Anm. *Fezer* = StraFo 2010, 424; *BGH* 3 StR 318/11 v. 1.12.2011 = StV 2012, 519.
678 Zur früheren Kontroverse zwischen den einzelnen Strafsenaten des *BGH* siehe 1. Aufl. Rn. 494.
679 *BGH* v. 27.4.2010 – 5 StR 460/08 = StV 2010, 562.
680 *BGH* v. 9.2.2011 – 5 StR 387/10 = StV 2011, 520 m. abl. Anm. *Ventzke* = NStZ 2011, 534.

8. Anforderungen an den Vortrag der Rüge der Verletzung der §§ 230, 247 StPO durch Verhandlung über die Entlassung eines Zeugen oder Sachverständigen in Abwesenheit des Angeklagten

540
- Der Angeklagte wurde aufgrund eines – wörtlich mitzuteilenden – Beschlusses gem. § 247 StPO aus der Hauptverhandlung entfernt.
- In seiner Abwesenheit wurde der Zeuge/Sachverständige vernommen; er sagte zur Sache aus bzw. erstattete sein Gutachten.
- Der Angeklagte hatte keine Möglichkeit, die nach seiner Entfernung erfolgte Zeugenvernehmung über eine Bild-Ton-Übertragung mitzuverfolgen.[681]
- Es wurde in Abwesenheit des Angeklagten über die Entlassung des Zeugen/Sachverständigen verhandelt, und der Zeuge/Sachverständige entfernte sich sodann mit Genehmigung/auf Anweisung des Vorsitzenden von der Gerichtsstelle.
- Erst danach wurde der Angeklagte wieder vorgeführt.
- Nach Unterrichtung über den wesentlichen Inhalt der Aussage/des Gutachtens äußerte sich der Angeklagte nicht zu dieser in seiner Abwesenheit erfolgten Aussage/Gutachtenerstattung.[682] Er verzichtete nicht darauf, Fragen an den Zeugen/Sachverständigen zu stellen oder stellen zu lassen, und er wurde auch nicht nachträglich zur Frage der Entlassung des Zeugen/Sachverständigen angehört. Der Angeklagte erklärte sich insbesondere nicht nachträglich mit der in seiner Abwesenheit erfolgten Entlassung einverstanden.
- Es ist weiterhin vorzutragen, dass der Angeklagte nicht teilweise freigesprochen bzw. das Verfahren nicht teilweise gem. § 154 Abs. 2 StPO eingestellt worden ist. Anderenfalls ist vorzutragen, dass die Abwesenheit des Angeklagten einen konkret zu bezeichnenden Verhandlungsteil betraf, dessentwegen es zu der Verurteilung gekommen ist.[683]

---

681 Zur Erforderlichkeit des Vortrags dieser Negativtatsache siehe *BGH* v. 9.2.2011 – 5 StR 387/10 = StV 2011, 520 m. abl. Anm. *Ventzke* = NStZ 2011, 534. Sollte der Angeklagte die Gelegenheit gehabt haben, die Vernehmung über eine Bild-Ton-Übertragung zeitgleich mitzuverfolgen, sind die näheren Umstände einer solchen Video-Übertragung im Einzelnen vorzutragen und darzulegen, dass der Angeklagte ggfls. keine Möglichkeit hatte, von seinem Fragerecht Gebrauch zu machen.

682 Nach Auffassung des 3. Strafsenats des *BGH* in seiner Entscheidung vom 8.4.1998 – 3 StR 643/97 = StV 2000, 238 = NStZ 1998, 425 muss die Revision zur Begründung einer Rüge nach §§ 247 S. 1, 338 Nr. 5 StPO den wesentlichen Inhalt einer Äußerung des Angeklagten über eine in seiner Abwesenheit erfolgte Zeugenaussage vortragen, wenn die nahe Möglichkeit bestehe, der Angeklagte habe auf weitere Fragen an den zuvor in seiner Abwesenheit entlassenen Zeugen verzichtet.

683 Vgl. zu diesem Erfordernis *BGH* StV 2008, 123 m. Anm. *Ventzke.*

VII. Ist der Angeklagte nach Rückkehr in den Sitzungssaal unverzüglich über den wesentlichen Inhalt dessen unterrichtet worden, was während seiner Abwesenheit ausgesagt oder sonst verhandelt worden ist (§ 247 S. 4 StPO)?

1. Rechtsgrundlagen

Das Gericht ist nach § 247 S. 4 StPO verpflichtet, den Angeklagten unverzüglich **541** nach seiner Rückkehr in die Hauptverhandlung über den Inhalt der in seiner Abwesenheit durchgeführten Vernehmungen/Befragungen von Mitangeklagten, Zeugen oder Sachverständigen zu unterrichten; bei Zeugen und Sachverständigen hat diese Unterrichtung vor ihrer Vereidigung und Entlassung stattzufinden, damit der Angeklagte Gelegenheit hat, an den Zeugen bzw. Sachverständigen über seinen Verteidiger oder durch das Gericht im Rahmen einer nachfolgenden Anhörung des Zeugen bzw. Sachverständigen an diesen Fragen zu richten.[684] Gegenstand der Unterrichtung ist auch das, was sonst in seiner Abwesenheit verhandelt worden ist, beispielsweise Anträge und Erklärungen im Zusammenhang mit einer Auskunftsverweigerung eines Zeugen nach § 55 StPO.[685] Die Unterrichtung hat unverzüglich stattzufinden und nicht erst im Anschluss an eine weitere in seiner Anwesenheit durchgeführte Zeugenvernehmung[686] oder sonstige Beweiserhebung. Auch wenn eine in Abwesenheit des Angeklagten durchgeführte Vernehmung eines Zeugen, Mitangeklagten oder Sachverständigen lediglich unterbrochen und die Beweisaufnahme sodann in Anwesenheit des Angeklagten mit weiteren Beweiserhebungen fortgesetzt wird, muss der Angeklagte zunächst über den wesentlichen Inhalt der in seiner Abwesenheit gemachten Aussagen etc. unterrichtet werden.[687] Nur so ist gewährleistet, dass der Angeklagte die Möglichkeit hat, bei Fortsetzung der Beweiserhebung die Bekundungen der in seiner Abwesenheit vernommenen Zeugen, Mitangeklagten und Sachverständigen zu verwerten, insbesondere Fragen zu stellen und Erklärungen abzugeben. Die Unterrichtung kann auch so erfolgen, dass der Angeklagte das Geschehen im Sitzungssaal mittels Videoübertragung mitverfolgen kann.[688]

Es hängt von den Umständen des Einzelfalls ab, ob auch eine ungenügende Unter- **542** richtung über den wesentlichen Inhalt des in Abwesenheit des Angeklagten Verhandelten einen Rechtsfehler begründet. Ein Verstoß gegen die Unterrichtungspflicht kann unabhängig davon gerügt werden, ob der Angeklagte im Hinblick auf die unterbliebene bzw. nicht rechtzeitig vorgenommene Unterrichtung eine Gerichtsentscheidung nach § 238 Abs. 2 StPO herbeigeführt hat oder nicht. Es handelt sich bei

---

684 *BGH* StV 1985, 3 (1. StS); *BGH* StV 1991, 451 (4. StS); *BGH* StV 1992, 359 (2. StS).
685 *BGH* StV 1993, 287 (3. StS); *BGH* StV 1993, 570 (4. StS).
686 *BGH* StV 1990, 52 (3. StS).
687 *BGH* StV 1987, 475 (2. StS); *BGH* StV 1992, 359 (3. StS); *BGH* StV 1995, 339 (3. StS); *BGH* StV 2002, 353 (3. StS), *BGH* StV 2007, 513 (2. StS); *BGH* v. 16.3.2010 – 4 StR 612/09 = StV 2010, 469 = NStZ 2010, 465 = StraFo 2010, 248.
688 *BGHSt* 51, 180 = JZ 2007, 744 m. Anm. *Rieck* = StV 2007, 514 (1. StS).

der Verletzung des § 247 S. 4 StPO um einen relativen Revisionsgrund (§ 337 StPO), so dass gegebenenfalls darzulegen ist, warum nicht auszuschließen ist, dass das Urteil auf der unterlassenen oder erst verspätet durchgeführten Unterrichtung beruht.

543 Im Verfahren gegen einen jugendlichen Angeklagten ist dieser im Falle seiner Ausschließung nach § 51 Abs. 1 S. 1 JGG über das für seine Verteidigung Erforderliche zu unterrichten.

2. Anforderungen an den Vortrag der Rüge der Verletzung des § 247 S. 4 StPO

544 • Der Angeklagte wurde aufgrund eines (wörtlich mitzuteilenden) Beschlusses des Gerichts gem. § 247 StPO aus der Hauptverhandlung entfernt.

• In Abwesenheit des Angeklagten fand ein wesentlicher Teil der Hauptverhandlung (s. Rn. 416) statt.

• Nach Unterbrechung der in Abwesenheit des Angeklagten durchgeführten Vernehmung eines Mitangeklagten, Zeugen oder Sachverständigen oder nach Abschluss ihrer Vernehmung wurde der wieder vorgelassene Angeklagte nicht unverzüglich über den Inhalt der in seiner Abwesenheit durchgeführten Verhandlung ausreichend unterrichtet.

• Im Falle der verspäteten Unterrichtung ist der Gegenstand und Inhalt der in Anwesenheit des Angeklagten fortgeführten Beweisaufnahme vorzutragen. Weiter ist vorzutragen, dass dieser Teil der Beweisaufnahme nicht nach der Unterrichtung nochmals wiederholt wurde.

VIII. Im Zusammenhang mit der Frage der Entfernung des Angeklagten aus der Hauptverhandlung stehende Verfahrensrügen

1. Abwesenheit eines Verteidigers

545 Während der in Abwesenheit des Angeklagten durchgeführten Beweisaufnahme war kein Verteidiger anwesend (Verletzung der §§ 140 Abs. 2, 226 StPO) mit der Folge des absoluten Revisionsgrundes des § 338 Nr. 5 StPO.[689]

2. Beschränkung des Fragerechts

546 Wird der Angeklagte nach Unterrichtung über die in seiner Abwesenheit durchgeführte Verhandlung daran gehindert, sein Fragerecht wahrzunehmen, beispielsweise indem eine Frage nicht weitergegeben oder nicht zugelassen wird, kann dies als Verletzung des § 240 Abs. 2 StPO gerügt werden. Die in der Einschränkung des Fragerechts liegende Behinderung der Verteidigung bedarf jedenfalls dann als Reaktion der Anrufung des Gerichts und Herbeiführung eines Gerichtsbeschlusses,

---

689 Vgl. *OLG Zweibrücken* StV 1986, 306.

wenn der Angeklagte erfährt, dass eine von ihm gestellte Frage an den Zeugen oder Sachverständigen nicht weitergegeben oder nicht zugelassen wurde.[690] Hatte dadurch der Angeklagte zu keinem Zeitpunkt des Verfahrens Gelegenheit, Fragen an den Zeugen oder Sachverständigen zu stellen oder stellen zu lassen, kann das Konfrontationsrecht des Art. 6 Abs. 3 lit. d EMRK verletzt sein.[691]

3. Nichtunterrichtung über die vom Gericht gestellten Fragen

Will ein aus der Hauptverhandlung entfernter Angeklagter die unzulässige Beschränkung seiner Verteidigung rügen (§ 338 Nr. 8 StPO), weil er über die Fragen des Gerichts an einen in seiner Abwesenheit vernommenen Zeugen nicht unterrichtet worden sei, setzt dies voraus, dass er, als er wieder anwesend war, den Vorsitzenden um Mitteilung der gestellten Fragen gebeten und ggf. einen Gerichtsbeschluss herbeigeführt hat.[692]

547

4. Nichtausschöpfung eines Beweismittels

Die Nichtanwendung des § 247 StPO könnte Gegenstand einer Aufklärungsrüge sein, wenn dadurch das Beweismittel nicht vollständig ausgeschöpft wurde.[693]

548

Abschnitt 5
Verteidiger

Rüge 32

Befand sich der Angeklagte im Falle einer notwendigen Verteidigung während der gesamten Dauer der Hauptverhandlung im Beistand eines ordentlichen Verteidigers?

549

I. Rechtsgrundlagen

Die Abwesenheit eines – ordentlichen – Verteidigers während zumindest eines wesentlichen Teils der Hauptverhandlung[694] begründet im Fall der notwendigen Ver-

549a

---

690 Vgl. LR-*J.-P. Becker*[26] § 247 Rn. 57. Wird das Fragerecht des Angeklagten dadurch vereitelt, dass er durch vorzeitige Entlassung des Zeugen oder Sachverständigen diese Möglichkeit verliert, begründet dies, wenn die Entlassung in seiner Abwesenheit erfolgt ist, den absoluten Revisionsgrund des § 338 Nr. 5 StPO (s. oben Rn. 539).
691 Siehe dazu Rüge 101 Rn. 999.
692 *BGH* StV 2000, 654.
693 LR-*J.-P. Becker*[26] § 247 Rn. 58; allg. zur Verletzung der Aufklärungspflicht durch Nichtausschöpfung eines Beweismittels KK-*Kuckein*[6] § 344 Rn. 53 sowie Rüge 190 Rn. 1662.
694 Zum Begriff des wesentlichen Teils der Hauptverhandlung siehe Rn. 416.

teidigung (§ 140 StPO, § 68 JGG) die Revision (absoluter Revisionsgrund des § 338 Nr. 5 StPO).[695]

1. „Qualifizierter" Verteidiger

550 Die Verteidigerqualifikation erfüllt in diesen Fällen nur ein (noch) zugelassener Rechtsanwalt,[696] gegen den kein Verteidigerausschlussverfahren eingeleitet worden ist (s. § 138c Abs. 4 StPO), ein Rechtslehrer an einer deutschen (Fach[697]) Hochschule (§ 138 Abs. 1 StPO), ein Rechtskundiger, der die erste Prüfung für den Justizdienst bestanden hat und darin seit mindestens einem Jahr und drei Monaten beschäftigt ist, wenn ihm die Verteidigung von dem ihn ausbildenden Wahlverteidiger[698] mit Zustimmung des Angeklagten übertragen worden ist (§ 139 StPO), sowie ein nach § 142 Abs. 2 StPO zum Pflichtverteidiger bestellter Referendar, wenn die Hauptverhandlung im 1. Rechtszug vor dem Amtsgericht stattfindet, und zwar bei einer Abteilung, der der Richter nicht angehört, dem er zur Ausbildung zugewiesen ist. Die Anwesenheit eines „Scheinverteidigers"[699], der diese Qualifikation nicht erfüllt, begründet den absoluten Revisionsgrund. Erklärt ein nicht zum allgemeinen oder amtlich bestellten Vertreter erschienener Rechtsanwalt, er sei als „Vertreter" des beigeordneten Verteidigers erschienen, könne aber nicht als Verteidiger des Angeklagten auftreten, da er mit dem Verfahrensstoff nicht vertraut sei, liegt der absolute Revisionsgrund auch dann vor, wenn lediglich über die Abtrennung des Verfahrens verhandelt und entschieden wurde.[700] Strittig ist, ob dies auch für denjenigen Verteidiger gilt, der nicht nach § 146a StPO zurückgewiesen worden ist, obwohl die Voraussetzungen des § 146 StPO gegeben waren.[701]

551 Ausreichend sein soll die körperliche Anwesenheit[702] eines verhandlungsfähigen Verteidigers in vorstehendem Sinne. Interessenkollisionen, nicht vorhandenes Ver-

---

695 Unschädlich soll die Abwesenheit des Verteidigers während eines Zeitraums sein, in dem über einen Tatvorwurf verhandelt wurde, von dem der Angeklagte freigesprochen worden ist oder der nur Mitangeklagte betraf: LR-*Hanack*[25] § 338 Rn. 95. In Fällen eines abwesenden Verteidigers infolge Beurlaubung nach § 231c StPO kann auf die Ausführungen bei Rüge 29 Rn. 472 verwiesen werden. Zu Rügemöglichkeiten bei Verteidigung durch „unqualifizierte" Verteidiger s.a. Kapitel 8 Rn. 672 ff.

696 Maßgeblich soll nach *BGHSt* 47, 238 = NStZ 2002, 379 m. Anm. *Beulke/Angerer* S. 443 = StV 2004, 5 der Zeitpunkt der Bestandskraft des Widerrufsbeschlusses der Zulassung sein. Siehe auch SK-StPO-*Frisch*[3] § 338 Rn. 115 m.w.N.

697 *BGH* StV 2004, 3.

698 LR-*Lüderssen/Jahn*[26] § 139 Rn. 7.

699 *BGHSt* 47, 238 = StV 2004, 5.

700 *BGH* v. 13.4.2010 – 3 StR 24/10 = StraFo 2010, 339 = StV 2011, 650.

701 Vgl. LR-*Lüderssen/Jahn*[26] § 146a Rn. 17 m.w.N. Zum insoweit erforderlichen Vortrag unabhängig davon, ob es sich um einen absoluten Revisionsgrund (§ 338 Nr. 5 StPO) oder einen relativen (§ 337 StPO) handelt, siehe Rüge 46 Rn. 672.

702 Ein für einen längeren Zeitraum schlafender Verteidiger erfüllt nicht die Anwesenheitsvoraussetzung. Siehe – auch zu den Anforderungen an den Rügevortrag – die Ausführungen zum schlafenden Staatsanwalt: Rüge 20 Rn. 394 und 400.

trauensverhältnis zu dem Angeklagten oder unsachgemäße Verteidigung sollen für die Annahme des absoluten Revisionsgrundes i.d.R. nicht ausreichen, was aber jedenfalls in besonders drastischen Fällen (beispielsweise führt der Verteidiger die Verteidigung überhaupt nicht;[703] konkrete Gefahr einer Interessenkollision[704]) auf den Prüfstand des Revisionsgerichts gestellt werden sollte.

Die Verteidigung durch Assessoren oder aus dem Dienst ausgeschiedene Richter oder Staatsanwälte gewährleistet die notwendige Verteidigung nicht.

Auch die förmliche Vernehmung des Verteidigers als Zeuge führt dazu, dass er **552** nicht i.s.d. § 338 Nr. 5 StPO anwesend ist.[705]

2. Es muss sich um einen Fall notwendiger Verteidigung gehandelt haben

a) In Betracht kommt zunächst ein Fall der notwendigen Verteidigung unter den **553** Voraussetzungen des Katalogs des § 140 Abs. 1 Nr. 1 bis 8 StPO (ggf. i.V.m. § 68 Nr. 1 JGG) bzw. des § 68 Nr. 2–4 JGG.[706]

b) In den Fällen der Generalklausel des § 140 Abs. 2 StPO (ggf. i.V.m. § 68 Nr. 1 **554** JGG) ist die revisionsrechtliche Überprüfung nach Auffassung der Rechtsprechung auf die Frage beschränkt, ob der Tatrichter die in Betracht kommenden unbestimmten Rechtsbegriffe verkannt oder nicht den richtigen Wertmaßstab angelegt hat.[707]

Ist dem Tatrichter bei einer Entscheidung, dem Angeklagten keinen Pflichtverteidiger beizuordnen, kein Rechtsfehler unterlaufen, soll seine Würdigung vom Revisionsgericht hinzunehmen sein, auch wenn eine zum umgekehrten Ergebnis führende Gesetzesanwendung ebenfalls rechtlich möglich wäre.

Anders muss es sich aber zumindest in den Fällen verhalten, in denen die Frage, ob ein Fall notwendiger Verteidigung vorliegt, überhaupt nicht Gegenstand gerichtlicher Befassung war. Denn hier entzieht sich die Frage, ob der Tatrichter unbestimmte Rechtsbegriffe verkannt bzw. unrichtige Wertmaßstäbe angelegt hat, jeder Überprüfungsmöglichkeit. Es kommt dann allein darauf an, ob nach der vom Revisionsgericht zu beurteilenden Sachlage ein Fall notwendiger Verteidigung rechts-

---

703 *OLG Karlsruhe* StV 2003, 152 hat im Fall eines Verteidigers, der sich in der Hauptverhandlung weigerte, die Verteidigung zu führen, nur auf eine Verletzung des § 145 Abs. 1 StPO und damit auf einen relativen Revisionsgrund (§ 337 StPO) erkannt, weil der Vorsitzende die Hauptverhandlung fortführte, anstelle sie auszusetzen oder einen anderen Verteidiger zu bestellen.

704 *BGH* StV 2006, 113 = NStZ 2006, 404 bejaht wegen Verletzung des § 142 Abs. 1 S. 3 StPO einen relativen Verfahrensfehler, wenn der Angeklagte ausschließlich durch einen Pflichtverteidiger verteidigt wurde, dessen Bestellung ein wichtiger Grund entgegenstand (siehe Rüge 47 Rn. 675).

705 Vgl. zur Zeugenvernehmung des Sitzungsvertreters der Staatsanwaltschaft Rüge 20 Rn. 397 und Rn. 402. Siehe aber *BGH* NJW 1967, 404; unentschieden *BGH* NJW 1986, 78.

706 Zur Abwesenheit eines Verteidigers in der im beschleunigten Verfahren durchgeführten Hauptverhandlung im Falle des § 418 Abs. 4 StPO siehe Rn. 2339.

707 *BayObLG* NJW 1978, 1337; *OLG Köln* NJW 1986, 2896; *OLG Köln* StV 1986, 238.

fehlerfrei hätte bejaht werden können (siehe bspw. Rn. 764). Unerheblich ist, ob sich die Voraussetzungen einer notwendigen Verteidigung erst im Laufe der Hauptverhandlung ergeben haben oder die zu Beginn der Hauptverhandlung gegebenen Voraussetzungen vor deren Ende entfallen sind.

555   **c)**   Ein Fall notwendiger Verteidigung liegt immer dann vor, wenn nach § 231a Abs. 1 StPO eine Verhandlung ohne den Angeklagten stattfand (§ 231a Abs. 4 StPO). Dasselbe muss für den Fall der Entfernung des Angeklagten aus der Hauptverhandlung gem. § 247 StPO gelten.

II. Anforderungen an den Vortrag der Rüge der Verletzung des § 140 ggf. i.V.m. § 231a Abs. 4 StPO bzw. § 68 JGG (§ 338 Nr. 5 StPO)

556   Vorzutragen ist, dass

- während der gesamten oder eines wesentlichen Teils der Hauptverhandlung kein Verteidiger anwesend war. Bei teilweiser Abwesenheit ist der Zeitraum und das Verfahrensgeschehen des betreffenden Verhandlungsteils genau mitzuteilen. Das gilt auch für den Fall der Vernehmung des Verteidigers als Zeuge, falls kein anderer Verteidiger anwesend ist. Sind in Abwesenheit des Verteidigers Anträge gestellt, Urkunden verlesen oder Augenscheinsobjekte in Augenschein genommen worden, ist dies mitzuteilen, bei Schriftstücken durch wörtliche Wiedergabe. Es ist weiterhin vorzutragen, dass dieser Verhandlungteil keinen Tatvorwurf zum Gegenstand hatte, von dem der Angeklagte freigesprochen wurde, eine Einstellung nach § 154 Abs. 2 StPO erfolgte oder nur ein etwaiger Mitangeklagter betroffen war (Negativtatsache).

- die Voraussetzungen eines Falles notwendiger Verteidigung gegeben waren, wobei die maßgeblichen Anknüpfungstatsachen darzulegen sind. Ist auf einen entsprechenden Antrag ein Beschluss des erkennenden Gerichts oder eine Verfügung des Vorsitzenden ergangen, durch die vor oder in der Hauptverhandlung die Beiordnung eines Pflichtverteidigers abgelehnt wurde, ist auch dies mit Antrag und Entscheidung im Wortlaut mitzuteilen. Insbesondere in den Fällen der Generalklausel des § 140 Abs. 2 StPO sind im Einzelnen die Umstände darzulegen, aus denen sich die Notwendigkeit der Verteidigung ergibt, beispielsweise wegen Verteidigungsunfähigkeit des Angeklagten, wegen der Schwere der Tat auch aufgrund von Folgen für den Angeklagten außerhalb der strafrechtlichen Sanktionen oder wegen besonderer Schwierigkeit der Sachlage.

- Vorgetragen werden können alle Voraussetzungen für das Vorliegen einer notwendigen Verteidigung, auch wenn sie sich nicht schon im Zeitpunkt der Hauptverhandlung aus der Akte ergeben haben.[708]

---

708   Das Revisionsgericht muss sich darüber ggf. im Freibeweisverfahren Gewissheit verschaffen.

- in den Fällen der alleinigen Anwesenheit eines „Scheinverteidigers" ist detailliert darzulegen, weshalb die Voraussetzungen der §§ 138, 139, 142 Abs. 2 StPO nicht vorlagen.
- Eine Wiederholung des in Abwesenheit des Verteidigers stattgefundenen Verhandlungsteils in seiner Anwesenheit hat nicht stattgefunden.

Abschnitt 6
Dolmetscher

Rüge 33

Fand die Hauptverhandlung in Abwesenheit eines (zur Übertragung befähigten) Dolmetschers/Sprachmittlers statt, obwohl der Angeklagte, ein Mitangeklagter, ein Zeuge oder ein Sachverständiger der deutschen Sprache nicht mächtig, hör- oder sprachbehindert war?   557

I. Rechtsgrundlagen

1. Dolmetscher

Nach § 185 Abs. 1 S. 2 GVG ist in der Hauptverhandlung ein Dolmetscher zuzuziehen, wenn unter Beteiligung von Personen verhandelt wird, die der deutschen Sprache nicht mächtig sind. Ist – wie im Falle von Zeugen oder Sachverständigen – die Person, derentwegen die Mitwirkung eines Dolmetschers erforderlich ist, nur vorübergehend anwesend, kann die Zuziehung des Dolmetschers auf diesen Zeitraum beschränkt werden. Demgegenüber muss im Falle eines der deutschen Sprache nicht mächtigen Angeklagten der Dolmetscher grundsätzlich während der ganzen Hauptverhandlung zugegen sein. Bei Abwesenheit eines Dolmetschers während der Verhandlung unter Beteiligung einer der deutschen Sprache nicht mächtigen Person greift der absolute Revisionsgrund des § 338 Nr. 5 StPO.[709]   558

Ist die beteiligte Person der deutschen Sprache teilweise mächtig, gehört demgegenüber der Dolmetscher nicht zu den Personen, deren Anwesenheit i.S.d. § 338 Nr. 5 StPO erforderlich ist. In einem solchen Fall bleibt es dem pflichtgemäßen Ermessen des Tatrichters überlassen, in welchem Umfang er unter Mitwirkung des Dolmetschers mit den Prozessbeteiligten verhandeln will. Es kann dann ein relativer Revisionsgrund gegeben sein.[710] An die rechtsfehlerfrei im Urteil getroffene Feststellung des Tatrichters, wonach eine an der Verhandlung beteiligte Person der deutschen Sprache hinreichend mächtig war, um ohne Zuziehung eines Dolmetschers an der   559

---

709 *BGH* StV 2002, 296; LR-*Hanack*[25] § 338 Nr. 10; *Meyer-Goßner*[55] § 338 Rn. 44.
710 KK-*Diemer*[6] § 185 GVG Rn. 7 m.w.N.

Hauptverhandlung teilnehmen zu können, soll das Revisionsgericht gebunden sein.[711] Ist aber eine Verständigung infolge unzureichender Kenntnis der deutschen Sprache nur mit Gesten möglich, ist das Absehen von der Hinzuziehung eines Dolmetschers vom tatrichterlichen Ermessen nicht mehr gedeckt.[712]

Ein völlig ungeeigneter Dolmetscher ist als nicht anwesend i.S.v. § 338 Nr. 5 StPO anzusehen.[713]

2. Sprachmittler

560 Bei Hör- und Sprachbehinderten besteht ein Wahlrecht zwischen mündlicher und schriftlicher Verständigung und der Hinzuziehung einer die Verständigung ermöglichenden Person (§ 186 Abs. 1 GVG). Die hör- oder sprachbehinderte Person ist auf ihr Wahlrecht hinzuweisen. Nach § 186 Abs. 2 GVG kann das Gericht das Wahlrecht durch eine Anordnung ersetzen. Eine die Verständigung ermöglichende Person muss nicht formelle Dolmetscherfunktion haben.

3. Rügebefugnis

561 Der Auffassung, auf die Verletzung des § 185 GVG könne sich nur der Angeklagte berufen, in dessen Person die Voraussetzungen für die Zuziehung eines Dolmetschers vorgelegen hätten,[713] ist zu widersprechen. Das Unterbleiben einer erforderlichen Übertragung bei einem Angeklagten kann sich auch auf Mitangeklagte ausgewirkt haben.[714]

4. Hinweis: Notwendigkeit eines Sprach-Sachverständigen

562 Ist es im Laufe der Hauptverhandlung erforderlich geworden, fremdsprachige Schriftstücke oder auf Tonträgern aufgezeichnete Gespräche in die deutsche Sprache zu übertragen, hat dies durch einen Sachverständigen zu erfolgen. Dazu kann ein ohnehin in der Hauptverhandlung tätiger Dolmetscher bestellt werden. Das ändert nichts daran, dass für die Tätigkeit des Sachverständigen §§ 72 ff. StPO maßgeblich sind und nicht die für den Dolmetscher geltenden Vorschriften der §§ 185 ff. GVG. Ein Dolmetscher behält allerdings seine Stellung auch dann, wenn er in der Hauptverhandlung zugleich als Sachverständiger oder auch als Zeuge vernommen wird.

---

711 *OLG Stuttgart* NStZ 2007, 663 (Ls).
712 *BayObLG* NStZ-RR 2005, 178.
713 KK-*Diemer*[6] § 185 GVG Rn. 7.
714 In einem solchen Fall sollte ggf. zumindest die Aufklärungsrüge (Verletzung des § 244 Abs. 2 StPO) erhoben werden.

II. Anforderungen an den Vortrag der Rüge der Verletzung der §§ 185, 186 GVG

1. Abwesender Dolmetscher im Falle fehlender Verständigungsmöglichkeit

Es ist mitzuteilen, **563**

- dass der Angeklagte, ein Mitangeklagter, ein Zeuge oder Sachverständiger der deutschen Sprache überhaupt nicht mächtig war (dies sollte – soweit möglich – belegt werden insbesondere durch bei der Akte befindliche Niederschriften über in Anwesenheit eines Dolmetschers durchgeführte Vernehmungen),
- diejenige Sprache, der der Angeklagte, Mitangeklagte, Zeuge oder Sachverständige mächtig war,
- dass im Falle hör- oder sprachbehinderter Personen die Verständigung nicht schriftlich (§ 186 GVG) sondern **nur** mittels Kopfnicken oder Kopfschütteln erfolgte,
- dass ein Dolmetscher (oder Sprachmittler) in der Hauptverhandlung völlig gefehlt oder zumindest zeitweilig abwesend war (darüber erbringt das Hauptverhandlungsprotokoll Beweis),
- dass sich die Abwesenheit des erforderlichen Dolmetschers (oder Sprachmittlers) auf einen wesentlichen Teil der Hauptverhandlung erstreckt hat,
- dass ein in Abwesenheit eines Dolmetschers (oder Sprachmittlers) stattgefundener Teil der Hauptverhandlung nicht später in Anwesenheit eines solchen wiederholt und dadurch der Verfahrensfehler geheilt worden ist.
- Es ist weiterhin vorzutragen, dass der Angeklagte nicht teilweise freigesprochen bzw. das Verfahren nicht teilweise nach § 154 Abs. 2 StPO eingestellt worden ist. Anderenfalls ist vorzutragen, dass die Abwesenheit des Dolmetschers einen konkret zu bezeichnenden Verhandlungsteil betraf, dessentwegen es zu der Verurteilung gekommen ist.[715]

2. Abwesender Dolmetscher im Falle eingeschränkter Verständigungsmöglichkeit

Ist eine Verständigung mit dem Angeklagten, Mitangeklagten, Zeugen oder Sachverständigen teilweise möglich und verhandelt das Gericht ganz oder zeitweilig ohne Dolmetscher, ist darzulegen,[716] **564**

- wieweit die Fähigkeiten zur Verständigung reichen und
- was Gegenstand des Verhandlungsteils war, der in Abwesenheit eines Dolmetschers durchgeführt wurde, obwohl er für eine Verständigung erforderlich gewesen wäre, und

---

715 Vgl. zu diesem Erfordernis *BGH* StV 2008, 123 m. Anm. *Ventzke*.
716 *BGHR* GVG § 185 – Zuziehung 2; siehe auch *BGH* NStZ 1996, 608.

- dass ein in Abwesenheit eines Dolmetschers stattgefundener Teil der Hauptverhandlung nicht später in Anwesenheit eines solchen wiederholt und dadurch der Verfahrensfehler geheilt worden ist,
- dass der Angeklagte nicht teilweise freigesprochen bzw. das Verfahren nicht teilweise nach § 154 Abs. 2 StPO eingestellt worden ist, anderenfalls dass die Abwesenheit des Dolmetschers einen darzulegenden Verhandlungsteil betraf, dessentwegen es zur Verurteilung gekommen ist.
- Eine etwaige Entschließung des Tatrichters, in welchem Umfang ein Dolmetscher zugezogen bzw. davon abgesehen werde, ist mitzuteilen, weil sie zumindest auf Ermessensfehler überprüfbar ist.[717]

3. Ungeeigneter Dolmetscher

565 Ist in der Hauptverhandlung ein völlig ungeeigneter Dolmetscher tätig geworden, was den absoluten Revisionsgrund des § 338 Nr. 5 StPO begründet,[718] ist vorzutragen,

- dass dieser nicht in der Lage war, den Prozessverkehr zwischen dem Gericht und den der deutschen Sprache nicht mächtigen Beteiligten zu vermitteln,[719] wobei die betreffenden Umstände und ggf. ihre Erörterung in der Hauptverhandlung substantiiert dargelegt werden müssen,[720]
- dass sich die Anwesenheit des ungeeigneten Dolmetschers auf einen (inhaltlich darzustellenden) wesentlichen Teil der Hauptverhandlung erstreckt hat,
- dass die Übersetzung nicht durch einen anderen anwesenden und geeigneten Dolmetscher übernommen und
- der betreffende Teil der Hauptverhandlung auch nicht später in Anwesenheit eines geeigneten Dolmetschers nochmals wiederholt worden ist und
- dass der Angeklagte nicht teilweise freigesprochen oder das Verfahren nicht teilweise nach § 154 Abs. 2 StPO eingestellt worden ist; anderenfalls dass die Abwesenheit des Dolmetschers einen Verhandlungsteil betraf, dessentwegen es zur Verurteilung des Angeklagten gekommen ist.
- Ist die fehlende Qualifikation des Dolmetschers in der Hauptverhandlung nicht beanstandet worden (hierzu ist auch im Falle einer erfolglosen Intervention das Prozessgeschehen vollständig mitzuteilen), ist darzulegen, warum dies während der Hauptverhandlung nicht erkannt wurde, so dass die Beanstandung erst im Revisionsverfahren angebracht werden konnte.

---

717 *BGHR* StPO § 338 Nr. 5 – Dolmetscher 3.
718 KK-*Diemer*[6] § 185 GVG Rn. 7.
719 Zur Auswahl des Dolmetschers, Art und Umfang der Übersetzung vgl. *Kabbani* StV 1987, 410; zur möglichen und erforderlichen Übersetzungsleistung ferner *Kranjčić* NStZ 2011, 657.
720 Vgl. *BGHR* GVG § 185 – Zuziehung 1. Zur Ablehnung eines Dolmetschers wegen Besorgnis der Befangenheit siehe Rüge 36 Rn. 574.

I. Rechtsgrundlagen

1. Vereidigung bzw. Berufung auf allgemein geleisteten Eid

Einer Vereidigung des in der Hauptverhandlung anwesenden Dolmetschers[721] bedarf es ausnahmsweise dann nicht, wenn der in der Hauptverhandlung tätige Urkundsbeamte der Geschäftsstelle die Aufgabe eines Dolmetschers wahrgenommen hat (§ 190 GVG)[722]. **567**

In derselben Strafsache muss die Vereidigung bzw. die Berufung auf einen allgemein geleisteten Eid auch dann nur einmal, und zwar *vor* dem ersten Tätigwerden erfolgen, wenn der Dolmetscher in der Hauptverhandlung – ggf. auch an mehreren Verhandlungstagen – wiederholt tätig geworden ist.

Wurden mehrere Dolmetscher tätig – es muss nicht während der gesamten Dauer der Hauptverhandlung derselbe Dolmetscher eingesetzt werden –, besteht die Pflicht zur Vereidigung bzw. zur Berufung auf einen allgemein geleisteten Eid für jeden, und zwar wiederum *vor* dem ersten Tätigwerden.

Die Verletzung des § 189 GVG ist ein relativer Revisionsgrund, wenn der unvereidigte Dolmetscher in der Hauptverhandlung tatsächlich tätig geworden ist.

Eine Verletzung des § 189 GVG kann nur dadurch geheilt werden, dass vor dem Ende der Hauptverhandlung die Vereidigung bzw. die Berufung auf den allgemein geleisteten Eid nachgeholt wurde und all die Verfahrensteile prozessordnungsgemäß wiederholt wurden, die unter Mitwirkung des Dolmetschers vor seiner Vereidigung etc. erfolgt sind. Ein Rügeverzicht etwa in Form der widerspruchslosen Entgegennahme der Übersetzung kommt nicht in Betracht.[723]

2. Nachweis der Verfahrenstatsachen

Die Nichtvereidigung bzw. die unterbliebene Berufung auf einen allgemein geleisteten Eid werden durch das Schweigen des Hauptverhandlungsprotokolls bewiesen.[724] Im Falle des § 189 Abs. 2 GVG muss sich der Dolmetscher *selbst* auf den **568**

---

721 Zur Anwesenheit eines ungeeigneten Dolmetschers siehe Rüge 33 Rn. 559.

722 Bei Sprachmittlern gem. § 186 Abs. 1 GVG steht es im Ermessen des Gerichts, diese durch einen Eid nach § 189 GVG zu verpflichten: *BGHSt* 43, 62.

723 *OLG Hamm* StV 1996, 532.

724 *BGH* wistra 2005, 272; zur Möglichkeit einer Protokollberichtigung s. *BGH* v. 15.12.2011 – 1 StR 579/11 = NJW 2012, 1015.

geleisteten Eid berufen haben. Bleibt dies durch einen Protokollvermerk, der Dolmetscher sei allgemein vereidigt, offen, soll eine Klärung im Wege des Freibeweises zulässig sein.[725] Auch die Frage, ob ein Dolmetscher überhaupt für eine bestimmte Sprache allgemein vereidigt ist, unterliegt dem Freibeweis.[726]

3. Beruhen

569 Die Berufung auf eine Vereidigung anlässlich einer anderen Strafsache oder einer gerichtlichen Haftprüfung in derselben Strafsache reicht nicht.[727] Allerdings wird ein Beruhen des Urteils auf einer Verletzung des § 189 GVG regelmäßig verneint, wenn sich der Dolmetscher überhaupt nicht auf einen, auf einen gar nicht oder auf einen nicht ordnungsgemäß geleisteten Eid beruft, an den Übersetzerqualitäten und der Gewissenhaftigkeit des Dolmetschers aber keine Zweifel bestehen.[728]

Ist aber der zugezogene Dolmetscher überhaupt nicht vereidigt worden oder die Berufung auf einen allgemein geleisteten Eid gänzlich unterblieben, wird ein Beruhen des Urteils auf dem Fehler regelmäßig nicht auszuschließen sein, wenn der Gegenstand der Übertragung für das Urteil von wesentlicher Bedeutung war.[729]

4. Rügebefugnis

570 Der Auffassung, auf die Verletzung der §§ 185, 189 GVG könnte sich nur der Angeklagte berufen, in dessen Person die Voraussetzungen für die Zuziehung eines Dolmetschers vorgelegen hätten,[730] ist zu widersprechen. Eine fehlende oder fehlerhafte Übertragung bei einem Angeklagten kann sich durchaus auch auf Mitangeklagte ausgewirkt haben.[731]

II. Anforderungen an den Vortrag der Rüge der Verletzung des § 189 GVG

571
- Der Angeklagte war der deutschen Sprache nicht hinreichend mächtig.
- In der Hauptverhandlung ist ein Dolmetscher zur Verständigung tatsächlich tätig geworden, was konkret darzulegen ist,

---

725 *BGH* StV 1982, 357 = NStZ 1982, 392 (1. StS). Siehe aber auch *BGH* NStZ 1981, 691 (3. StS), NStZ 1981, 190 (1. StS) und StV 1984, 146 (2. StS).
726 *OLG Frankfurt/M.* StV 2006, 519.
727 *BGH* StV 1991, 504.
728 Vgl. *BGHR* GVG § 189 Abs. 2 – Vereidigung 1 (2. StS), ebenso *BGH* StV 1987, 239 (2. StS); *BGH* NStZ 1986, 469 u. GA 1986, 177 (1. StS) sowie *BGH* StV 1984, 146 (5. StS) u. *BGH* NStZ 2005, 705; *BGH* v. 15.12.2011 – 1 StR 579/11 = NJW 2012, 1015; siehe auch *OLG Frankfurt/M.* StV 2006, 519 zu Rückausnahmen.
729 *BGH* StV 1987, 238 und 1987, 516 (3. StS), *BGH* wistra 2005, 272 (4. StS).
730 KK-*Diemer*[6] § 185 Rn. 7.
731 Ggf. ist auch an die Erhebung einer Aufklärungsrüge zu denken.

- dieser wurde vor seiner Tätigkeit nicht vereidigt bzw. hat sich nicht auf einen allgemein geleisteten Eid berufen,
- der Dienst des Dolmetschers wurde nicht von dem in der Hauptverhandlung tätigen Urkundsbeamten der Geschäftsstelle wahrgenommen,
- der Gegenstand der Übertragung hat sich auf einen wesentlichen Teil der Hauptverhandlung (siehe Rüge 23 Rn. 416) bezogen,
- der Verfahrensfehler wurde nicht wirksam geheilt durch Nachholung der Vereidigung etc. oder Einsatz eines vereidigten Dolmetschers und Wiederholung der von dem Verfahrensfehler betroffenen Verhandlungsteile,
- vorsorglich sollte als Negativtatsache vorgetragen werden, dass in der Hauptverhandlung keine weiteren Dolmetscher anwesend bzw. diese nicht vereidigt wurden oder sich auf einen allgemein geleisteten Eid berufen haben, weshalb ein allgemein vereidigter Dolmetscher, der sich nicht auf seinen allgemein geleisteten Eid berufen hat, sich nicht auf diese Weise seine allgemeine Beeidigung vergegenwärtigen konnte.[732]

Rüge 35

Wurde in der Hauptverhandlung beanstandet, dass der Dolmetscher unvollständig bzw. unrichtig übertragen habe?   572

Eine unvollständige oder unrichtige Übertragung des Gangs der Hauptverhandlung   573 oder einzelner Aussagen kann wegen Verletzung des § 185 GVG einen relativen Revisionsgrund darstellen. Dieser bedarf des konkreten Vortrags, inwieweit die Übertragung unrichtig oder unvollständig war. Da insoweit die Überwachung der Tätigkeit des Dolmetschers durch das Gericht angesprochen ist, sind etwaige Beanstandungen der Übertragungstätigkeit in der Hauptverhandlung ebenso vorzutragen[733] wie die Reaktion des Dolmetschers und des Vorsitzenden/Gerichts hierauf,[734] insbesondere, dass der Dolmetscher nicht ausgetauscht und die bis zu diesem Zeitpunkt stattgefundenen Verhandlungsteile nicht in Anwesenheit eines qualifizierten Dolmetschers wiederholt wurden.

---

732 *BGH* v. 15.12.2011 – 1 StR 579/11 = NJW 2012, 1015.
733 Vgl. *BGHR* GVG § 185 – Zuziehung 1 (5. StS).
734 Zur Ablehnung des Dolmetschers wegen Besorgnis der Befangenheit siehe Rüge 36 Rn. 574.

Rüge 36

574 Wurde in der Hauptverhandlung ein Antrag auf Ausschließung oder Ablehnung des dort tätigen Dolmetschers gestellt?

A. Ist ein derartiger in der Hauptverhandlung gestellter[735] Antrag als unbegründet verworfen oder gar nicht beschieden worden?

I. Rechtsgrundlagen

575 Auf den Dolmetscher sind die Vorschriften über Ausschließung und Ablehnung von Sachverständigen entsprechend anzuwenden (§ 191 GVG). Der Verweis auf § 74 StPO hat zur Folge, dass das Revisionsgericht ein in der Hauptverhandlung gestelltes[736] Ablehnungsgesuch nicht nach Beschwerdegrundsätzen wie bei der Richterablehnung prüft.

576 Da das Revisionsgericht an die Tatsachenfeststellungen des Tatgerichts gebunden ist, beschränkt sich die Überprüfung darauf, ob das Ablehnungsgesuch ohne Verfahrensfehler und mit ausreichender Begründung beschieden worden ist. Ob die zugrunde liegenden Tatsachen eine Ablehnung gerechtfertigt haben oder hätten, ist eine Rechtsfrage, die der vollen revisionsgerichtlichen Nachprüfung unterliegt.[737] Neue Tatsachen oder Beweismittel dürfen mit der Revisionsbegründung nicht nachgeschoben werden; das Revisionsgericht stellt keine eigenen Ermittlungen an.

Die fehlerhafte Zurückweisung eines Ablehnungsantrags begründet nur einen relativen Revisionsgrund (arg. § 338 Nr. 3 StPO). Hat der Dolmetscher wesentliche Teile der Hauptverhandlung übersetzt, wird das Urteil aber in aller Regel auf diesem Fehler beruhen.

II. Anforderungen an den Vortrag der Rüge der Verletzung des § 191 GVG

577 Es ist mitzuteilen, dass in der Hauptverhandlung gegen den dort tätigen Dolmetscher (dies ist auszuführen) ein Ablehnungsantrag gestellt wurde. Dieser ist im Wortlaut wiederzugeben. Der Zeitpunkt der Antragstellung ist ebenfalls anzugeben.

Der den Antrag zurückweisende Gerichtsbeschluss muss im Wortlaut mitgeteilt werden. Im Antrag bzw. im Gerichtsbeschluss in Bezug genommene schriftliche Unterlagen (schriftliches Sachverständigengutachten, dienstliche Äußerung des

---

735 Ein vor der Hauptverhandlung gestellter und nicht beschiedener oder abgelehnter Antrag muss in der Hauptverhandlung wiederholt werden: *Meyer-Goßner*[55] § 74 Rn. 11.

736 Eine nachträgliche Rüge, der Dolmetscher sei befangen gewesen, wäre unzulässig: SK-StPO-*Frister*[3] § 191 GVG Rn. 6.

737 *BGHSt* 8, 226/233; *BGHSt* 20, 245.

Sachverständigen etc.) müssen ebenfalls vollständig zum Gegenstand des Vortrags gemacht werden.

Ist der Ablehnungsantrag nicht beschieden worden, ist dies vorzutragen.

B. Ist einem Antrag auf Ablehnung eines Dolmetschers stattgegeben worden?[738]

I. Rechtsgrundlagen

In diesem Fall ist die gesamte Hauptverhandlung in dem Umfang in Anwesenheit eines anderen Dolmetschers zu wiederholen, in dem der abgelehnte Dolmetscher tätig war.[739] Eine weitere Tätigkeit des abgelehnten Dolmetschers ist unzulässig.   **578**

War ein abgelehnter Dolmetscher bereits vor der Hauptverhandlung tätig, soll er auch nach seiner Ablehnung noch als sachverständiger Zeuge Aussagen über von ihm übersetzte Angaben Dritter machen dürfen.[740]

II. Anforderungen an die Rüge der Verletzung des § 74 StPO i.V.m. § 191 GVG (§ 337 StPO)

In der Hauptverhandlung wurde ein Ablehnungsantrag gegen den dort tätigen Dolmetscher gestellt und diesem wurde stattgegeben. Inhalt und Zeitpunkt des betreffenden Gerichtsbeschlusses sind mitzuteilen.   **579**

Im Anschluss an die Ablehnung des Dolmetschers war dieser weiterhin tätig. Es ist mitzuteilen, welche wesentlichen Teile der Verhandlung von ihm übersetzt wurden.

Es ist mitzuteilen, dass die unter Mitwirkung des erfolgreich abgelehnten Dolmetschers vorgenommenen Beweiserhebungen nicht in Anwesenheit eines neuen Dolmetschers wiederholt wurden. Im Falle der Verwertung von Beweiserhebungen bei der Urteilsfindung, die nur durch den erfolgreich abgelehnten Dolmetscher übertragen worden sind, sind diese Tatsache und der Inhalt der betreffenden Beweiserhebungen mitzuteilen.

Vorsorglich sollte ggf. vorgetragen werden, dass das Gericht keine Möglichkeit hatte, die Richtigkeit einer vorgenommenen Übersetzung zu kontrollieren.[741]

---

738   Beispiele aus der Rechtsprechung: *LG Darmstadt* StV 1990, 258 u. 1995, 239; *LG Berlin* StV 1994, 180.
739   *LG Berlin* StV 1994, 180; LR-*Wickern*[26] § 191 GVG Rn. 5.
740   *BayObLG* StV 2001, 264 m. krit. Anm. *Seibert*; **a.A.** auch *LG Köln* StV 1992, 460 u. SK-StPO-*Frister*[3] § 191 GVG Rn. 5 m.w.N.
741   Vgl. *LG Berlin* StV 1994, 180; SK-StPO-*Frister*[3] § 191 GVG Rn. 5.

Rüge 37

580 Ist es unterblieben, für einen Angeklagten, der der deutschen Sprache nicht mächtig, hör- oder sprachbehindert ist, einen Dolmetscher zur Ausübung seiner strafprozessualen Rechte heranzuziehen (§ 187 Abs. 1 GVG)?

I. Rechtsgrundlagen

581 Die durch das Opferrechtsreformgesetz vom 24.6.2004 in das GVG eingefügte neue Vorschrift des § 187 GVG trägt dem Gebot des Art. 6 Abs. 3 lit. e EMRK und der dazu schon zuvor ergangenen Rechtsprechung[742] Rechnung, wonach ein der deutschen Sprache nicht mächtiger Angeklagter u.a. das Recht auf Zuziehung eines Dolmetschers zwecks Kommunikation mit seinem Verteidiger hat, um seine strafprozessualen Rechte ausüben zu können. Der Gesetzgeber hat diese Regelung für hör- oder sprachbehinderte Angeklagte übernommen.

Die Zuziehung eines Dolmetschers obliegt dem Gericht, das von Amts wegen zu prüfen hat, ob und inwieweit dies geboten ist.[743] Lehnt das Gericht einen in der Hauptverhandlung gestellten Antrag des Angeklagten bzw. seines Verteidigers ab, obwohl die Voraussetzungen für eine Dolmetscherzuziehung vorlagen, kann dies als unzulässige Beschränkung der Verteidigung gerügt werden (§ 338 Nr. 8 StPO). Ansonsten kann die Verfahrensrüge allein auf die Verletzung des § 187 GVG, Art. 6 Abs. 3 lit. e EMRK gestützt werden. Auch wenn es sich um einen relativen Revisionsgrund handelt, wird in der Regel nicht ausgeschlossen werden können, dass die Behinderung der Kommunikation zwischen Angeklagtem und seinem Verteidiger die Verteidigungsmöglichkeiten und damit auch die Urteilsfindung beeinflusst hat.

II. Anforderungen an den Vortrag der Rüge der Verletzung des § 187 GVG (ggf. i.V.m. § 238 Abs. 2, 338 Nr. 8 StPO)

582 1. An der Hauptverhandlung hat ein Angeklagter teilgenommen, der der deutschen Sprache nicht mächtig, hör- oder sprachbehindert war. Dies ist näher auszuführen und sinnvollerweise zu belegen.

2. Dem Verteidiger des Angeklagten war es nicht möglich, ohne Unterstützung durch einen Dolmetscher mit seinem Mandanten zu kommunizieren. Er verfügte nicht über die erforderlichen Sprachkenntnisse bzw. Fähigkeit zur Verständigung mit einem hör- oder sprachbehinderten Angeklagten.

3. Ein Dolmetscher zur Ermöglichung der Kommunikation zwischen dem Angeklagten und seinem Verteidiger war in der Hauptverhandlung nicht anwesend.

---

742 *BVerfG* NStZ 2004, 161 = NJW 2004, 50; *BGHSt* 46, 178 = StV 2001, 1.
743 SK-StPO-*Frister*[3] § 187 GVG Rn. 9.

4. Ggf. ist ein Antrag auf Heranziehung eines Dolmetschers, die Tatsache seiner Nichtbescheidung oder im Falle seiner Ablehnung letzteres einschließlich des Gerichtsbeschlusses im Wortlaut mitzuteilen. Wurde kein Antrag gestellt, sollten die Gründe hierfür ausgeführt werden (ggf. Unkenntnis von der Regelung des § 187 Abs. 1 GVG, die dem Angeklagten nicht angelastet werden kann).

Kapitel 6
Öffentlichkeit der Hauptverhandlung

Rüge 38

583 War während der gesamten Dauer der Hauptverhandlung der Grundsatz der Öffentlichkeit (§§ 169 ff. GVG) gewahrt?

Vorbemerkung

585 Wurden wesentliche Teile der Hauptverhandlung (s. Rn. 416) unter Verletzung der Vorschriften über die Öffentlichkeit des Verfahrens durchgeführt und nicht in öffentlicher Verhandlung wiederholt oder sonstwie geheilt, begründet dies den absoluten Revisionsgrund des § 338 Nr. 6 StPO. Fehlt im Hauptverhandlungsprotokoll die ausdrückliche Angabe, dass öffentlich verhandelt wurde, für die **gesamte** Dauer der Hauptverhandlung, gilt aufgrund der Beweiskraft des Hauptverhandlungsprotokolls (§§ 272 Nr. 5, 274 StPO), dass die Verhandlung nicht öffentlich war. Fehlt die Angabe für einen Teil der Hauptverhandlung, kann das Protokoll insoweit erkennbar lückenhaft und der Auslegung zugänglich sein bzw. das Freibeweisverfahren eröffnen. Bei einer vermeintlich unrichtigen Sitzungsniederschrift besteht die Möglichkeit der Protokollberichtigung.

A. War zu Beginn und nach jeder Unterbrechung der Hauptverhandlung bis zu ihrer Beendigung gewährleistet, dass die Öffentlichkeit tatsächlich die Möglichkeit des Zutritts und die Gelegenheit hatte, der Hauptverhandlung beizuwohnen?

I. Rechtsgrundlagen

1. Möglichkeit der Kenntnisnahme von dem Stattfinden einer Hauptverhandlung

586 Hatte die Öffentlichkeit die Möglichkeit, sich ohne besondere Schwierigkeiten davon Kenntnis zu verschaffen, dass eine Hauptverhandlung stattfindet?

War das nicht der Fall, scheitert eine entsprechende Rüge nicht daran, dass es einzelnen Zuhörern gleichwohl gelungen ist, an der Hauptverhandlung teilzunehmen.

a) Bei **Verhandlungen** im Gerichtsgebäude, die **in** den üblicherweise genutzten **587**
Sitzungssälen stattfinden, bedarf es während der gesamten Dauer der Hauptverhandlung eines Aushangs am Sitzungssaal, durch den interessierte Bürger über die Tatsache der Hauptverhandlung und über die Tagesordnung informiert werden.[744]
Bei mehreren Verhandlungen am selben Tage oder bei Verhandlungen gegen mehrere Angeklagte setzt dies voraus, dass jeder Angeklagte auf dem Terminszettel vermerkt ist.[745] Keine Verletzung der Vorschriften über die Öffentlichkeit der Hauptverhandlung soll der Umstand darstellen, dass die Hauptverhandlung nach Unterbrechung an demselben Tage in demselben Sitzungssaal fortgesetzt wird, ohne dass dies auf dem ausgehängten Terminsverzeichnis vermerkt war.[746]

Die Verletzung der Vorschriften über die Öffentlichkeit kann die Revision nur begründen, wenn das Gericht den Verstoß zu vertreten hat.[747] Es muss also Kenntnis von der fehlenden Bekanntmachung haben oder es – zumindest zu Beginn und nach jeder Unterbrechung der Verhandlung – unterlassen haben, sich selbst oder mittels eines nachgeordneten Bediensteten (Protokollführer, Justizwachtmeister) davon zu vergewissern, dass ein Aushang mit Hinweis auf die Hauptverhandlung oder ihre Verlegung in einen anderen Sitzungssaal vorhanden ist.[747]

Erforderlich für die Revisionsbegründung ist deshalb die Angabe derjenigen Umstände, aus denen sich das Verschulden des Gerichts (Fahrlässigkeit genügt) ergibt.[748]

Ein Aufruf der Sache zu Beginn der Sitzung vor dem Sitzungszimmer reicht nicht.[749] Ebenfalls ersetzt es den Aushang am Sitzungssaal nicht, wenn der interessierte Bürger nur die Möglichkeit hatte, die Tatsache einer Sitzung in der Pförtnerloge des Gerichtsgebäudes oder bei einer sonstigen Auskunftsstelle zu erfragen.[750]

b) Bei **Verhandlungen** im Gerichtsgebäude, die **außerhalb der üblicherweise** **588**
genutzten Sitzungssäle beispielsweise in dem Dienstzimmer eines Richters stattfinden, reicht erst recht ein bloßer Aufruf der Sache nicht aus; es muss während der gesamten Dauer der Hauptverhandlung durch einen Aushang nach außen deutlich erkennbar sein, dass in dem Zimmer eine öffentliche Verhandlung stattfindet.[751]
Außerdem muss am Eingang des Gerichtsgebäudes oder im Bereich der planmäßi-

---

744 *BGH* NStZ 1982, 476 (1. StS).
745 Vgl. *OLG Schleswig* NStE Nr. 1 zu § 169 GVG.
746 *OLG Hamm* NStZ 2013, 64.
747 *BayObLGSt* 1994, 41 = MDR 1994, 1235 = *OLGSt* § 338 StPO Nr. 5.
748 *BGH* v. 28.9.2011 – 5 StR 245/11 = NStZ 2012, 173 u. Anm. *Deutscher* StRR 2012, 64;
     BayObLGSt 1994, 41 = MDR 1994, 1235 = *OLGSt* § 338 StPO Nr. 5.
749 *BGH* StV 1983, 446 = NStZ 1984, 89 (5. StS); *OLG Köln* VRS 62, 195.
750 LR-*Wickern*[26] § 169 GVG Rn. 19 m.w.N.
751 *OLG Köln* VRS 62, 195.

gen Sitzungssäle ein Hinweis auf die Verhandlung angebracht sein.[752] Dies gilt auch für Fälle, in denen kurzfristig die Hauptverhandlung in einem anderen Gerichtssaal durchgeführt oder fortgesetzt wird.[753]

589 c) Demgegenüber soll es der Grundsatz der Öffentlichkeit nicht gebieten, dass bei einem **Gericht**, das in **verschiedenen Gebäuden** untergebracht ist, im Hauptgebäude durch einen entsprechenden Aushang darauf hingewiesen wird, dass und in welchem Gebäude eine Hauptverhandlung stattfindet; hier soll es ausreichen, dass Zuschauer die Möglichkeit hatten, im Hauptgebäude bei einem Pförtner, Wachtmeister oder einer sonstigen Auskunftsstelle die Verhandlungen der Spruchkörper des Gerichts zu erfragen.[754]

590 d) Findet eine **Hauptverhandlung außerhalb des Gerichtsgebäudes** statt, muss zunächst in dem Gerichtsgebäude ein **Aushang** vorhanden sein, der interessierten Bürgern die Möglichkeit verschafft, den Verhandlungsort zu erreichen.[755] Dies gilt unabhängig davon, ob die Hauptverhandlung von vornherein oder erst nach einer Unterbrechung der im Gerichtsgebäude begonnenen Verhandlung außerhalb des Gerichtsgebäudes durchgeführt bzw. fortgesetzt wird.[756]

591 **Achtung!** Bei einer kommissarischen Vernehmung von Zeugen oder Sachverständigen gilt der Grundsatz der Öffentlichkeit nicht.[757]

Es ist deshalb vorzutragen, dass die Verletzung der Öffentlichkeitsvorschriften die Verhandlung vor dem erkennenden Gericht und nicht eine kommissarische Zeugen oder Sachverständigenvernehmung betraf.

592 Wurde die Verhandlung von vornherein außerhalb des Gerichtsgebäudes anberaumt, reicht es, dass ein darauf hinweisender Aushang während der gesamten Dauer der Hauptverhandlung an der üblichen Aushangtafel des Gerichts oder vor einem üblicherweise genutzten Sitzungssaal angebracht war.[758] Hier wie auch bei einer Unterbrechung der im Gerichtsgebäude begonnenen Hauptverhandlung zwecks Fortsetzung außerhalb des Gerichts genügt es nicht, dass interessierte Personen die Möglichkeit hatten, beim Pförtner, der Wachtmeisterei oder einer Geschäftsstelle Erkundigungen über eine Hauptverhandlung einzuholen.[759]

---

752 LR-*Wickern*[26] § 169 GVG Rn. 24.
753 *OLG Dresden* StV 2009, 682.
754 *BGH* NStZ 1982, 476 (1. StS).
755 LR-*Wickern*[26] § 169 GVG Rn. 25.
756 *OLG Koblenz* VRS 53 (1978) 432; *OLG Hamm* JMBl. NW 1981, 238; *OLG Düsseldorf* StV 1982, 563; *OLG Köln* StV 1992, 222; einschränkend *BGH* NStZ 1981, 311 für einen Sonderfall.
757 *OLG Koblenz* VRS 61, 270.
758 *OLG Köln* StV 1992, 222.
759 *OLG Köln* StV 1992, 222; *BayObLGSt* 1980, 2/3; *OLG Hamm* NJW 1974, 1780/1781; *OLG Koblenz* VRS 53, 432/433; *OLG Celle* StV 1987, 287; siehe aber auch *BGH* NStZ-RR 2006, 261.

Ebenfalls genügt es nicht, wenn bei einer Unterbrechung der Hauptverhandlung lediglich die bei der Verkündung dieses Beschlusses anwesenden Zuhörer darüber unterrichtet wurden, wo und wann die Hauptverhandlung außerhalb des Gerichtsgebäudes fortgesetzt werde.[760]

Ein Vertrauensschutz wird durch die Verkündung eines Unterbrechungsbeschlusses **593** mit dem Hinweis auf Ort, Zeit und Gegenstand der Weiterverhandlung außerhalb des Gerichtsgebäudes für die dabei anwesenden Zuhörer nicht geschaffen; bei Terminsänderungen,[761] Vernehmung weiterer Zeugen im Zusammenhang mit der Fortsetzung der Hauptverhandlung außerhalb des Gerichtsgebäudes – selbst wenn sie ursprünglich am Gerichtsort vernommen werden sollten – oder der Fortsetzung einer außerhalb des Gerichtsgebäudes durchgeführten Hauptverhandlung an einer anderen Örtlichkeit oder im Sitzungssaal eines anderen Gerichts,[762] sollen die Vorschriften über die Öffentlichkeit der Hauptverhandlung nicht verletzt sein.

Eines Aushanges im Gerichtsgebäude soll es auch dann nicht bedürfen, wenn die Hauptverhandlung außerhalb der üblichen Öffnungszeiten des Gerichts fortgesetzt wurde, sofern Ort und Zeitpunkt der Fortsetzung der Hauptverhandlung in öffentlicher Sitzung bekannt gemacht worden sind.[763]

Ob es einer solchen Bekanntmachung in öffentlicher Sitzung auch dann bedarf, wenn im/am Gerichtsgebäude ein Aushang angebracht ist, ist zweifelhaft.[764]

Weiterhin bedarf es am **Ort** der **außerhalb des Gerichtsgebäudes** durchgeführten **594** Hauptverhandlung **eines Hinweises** durch Aushang, dass an dieser Stelle eine öffentliche Hauptverhandlung stattfindet (Terminszettel).[765]

2. Hatte die Öffentlichkeit die tatsächliche Möglichkeit des Zugangs zur und der Teilnahme an der Hauptverhandlung?

a)   Ist der Zugang zum Gerichtsgebäude verwehrt,[766] insbesondere vor oder nach **595** Ende der Öffnungszeiten des Gerichtsgebäudes, ist der Sitzungssaal abgesperrt[767] oder wird interessierten Personen der Zutritt aus anderen als den in §§ 171a, 171b,

---

760   *OLG Celle* StV 1987, 287.
761   *BGH* NStZ 1984, 134.
762   *BGH* GA 1982, 126 (4. StS); *OLG Köln* StV 1984, 275 m. abl. Anm. *Fezer*; *OLG Koblenz* VRS 67, 248.
763   *BGHR* StPO § 338 Nr. 6 – Ortstermin 2.
764   S. *OLG Düsseldorf* StV 1982, 563.
765   *OLG Hamm* VRS 64, 451; *OLG Koblenz* VRS 67, 248; *OLG Celle* StV 1987, 287.
766   *BGHSt* 21, 72; *BGH* v. 28.9.2011 – 5 StR 245/11 = NStZ 2012, 173 u. Anm. *Deutscher* StRR 2012, 64.
767   Einem abgesperrten Sitzungssaal steht ein solcher gleich, bei dem ein Schild interessierten Zuhörern den Zutritt untersagt. Ob sich dadurch tatsächlich jemand von der Teilnahme hat abhalten lassen, bedarf keiner Darlegung: *OLG Zweibrücken* NJW 1995, 3333; *OLG Celle* StraFo 2012, 270 = NStZ 2012, 654; **a.A.** *BGH* NStZ 2004, 510; *BGH* NJW 1980, 249.

172, 173 Abs. 2, 174 und 175 GVG genannten Gründen verwehrt, ist der Grundsatz der Öffentlichkeit faktisch verletzt. Einen revisiblen Verfahrensfehler begründet dies aber nur dann, wenn das Gericht den – über geringfügige Beschwernisse hinausgehenden – Verstoß zu vertreten hat[768] und der unter Ausschluss der Öffentlichkeit durchgeführte – wesentliche – Teil der Hauptverhandlung nicht in öffentlicher Sitzung wiederholt oder der Verstoß anderweitig geheilt wird.[769] Auch eine dauerhaft praktizierte Video-Überwachung verletzt das Gebot der Gerichtsöffentlichkeit.[770]

596   **b)**   Ist es durch gerichtlich angeordnete Einlasskontrollen zu einem zeitlich verzögerten Zutritt von rechtzeitig erschienenen Zuhörern in den Verhandlungssaal gekommen, stellt es eine Verletzung des Öffentlichkeitsgrundsatzes dar, wenn mit der Hauptverhandlung gleichwohl zum anberaumten Zeitpunkt begonnen wurde und dieser Teil nicht später wiederholt worden ist, nachdem alle rechtzeitig erschienenen Zuhörer Einlass gefunden hatten.[771]

597   **Achtung!** Dies soll sich nur auf die Lage bei Beginn der Hauptverhandlung beziehen, nicht aber auf die Lage nach Unterbrechung der Hauptverhandlung oder zeitweisem Ausschluss der Öffentlichkeit; die dann durch die Durchführung erneuter Einlasskontrollen eintretende Verzögerung beim Einlass interessierter Personen in den Sitzungssaal soll eine Pflicht, mit der Fortführung der Hauptverhandlung abzuwarten, nicht begründen.[772] Diese Auffassung sollte im Hinblick auf die auch in dieser Situation erfolgende Beeinträchtigung des Öffentlichkeitsgrundsatzes einer Überprüfung unterzogen werden.

Für die Revisionsbegründung ist in entsprechenden Fällen aber vorsorglich vorzutragen, ob es zu der Verzögerung des Zutritts zum Sitzungssaal zu Beginn der Hauptverhandlung oder nach einer Unterbrechung gekommen ist.

598   **c)**   Die faktische Gewährleistung des Öffentlichkeitsgrundsatzes setzt voraus, dass die Sitzungsräumlichkeit des Gerichts so beschaffen ist, dass interessierte Zuhörer darin auch – sitzend – Platz finden. Ein Raum, in dem gar kein oder nur ein einziger Sitzplatz für Zuhörer vorhanden ist und weitere Personen allenfalls stehend oder gar keinen Platz finden konnten, genügt diesen Anforderungen nicht.[773] Andererseits gebietet es der Öffentlichkeitsgrundsatz nicht, Räumlichkeiten mit einer solchen Größe zur Verfügung zu stellen, dass *alle* interessierten Personen darin Platz gefunden hätten. Es stellt ebenfalls keine ungesetzliche Einschränkung des Öffentlich-

---

768   Es müssen in der Revisionsbegründung die Umstände dargelegt werden, aus denen sich das Verschulden des Gerichts ergibt; *BGH* v. 28.9.2011 – 5 StR 245/11 = NStZ 2012, 173 u. Anm. *Deutscher* StRR 2012, 64; s. beispielhaft *OLG Celle* StraFo 2012, 270 = NStZ 2012, 654.

769   Siehe hierzu *BGH* NStZ 2002, 106.

770   *VG Wiesbaden* StV 2010, 514; *LG Itzehoe* NJW 2010, 3525.

771   *BGHSt* 28, 341 = NJW 1979, 2622.

772   *BGHSt* 29, 258 = StV 1981, 8 m. **abl.** Anm. *Siehl.*

773   *BayObLGSt* 1981, 186 = StV 1982, 62; *OLG Köln* NStZ 1984, 282.

keitsrundsatzes dar, wenn ein *Teil* der bei öffentlichen Verhandlungen der Allgemeinheit zur Verfügung stehenden Plätze Pressevertretern vorbehalten bleibt.[774] Unzulässig wäre es, sämtliche Sitzplätze für eine bestimmte Gruppe von Zuhörern zu reservieren und andere vor diesen erschienene Interessenten deshalb zurückzuweisen.[775]

Erscheinen mehr Interessierte als Plätze vorhanden sind, sind diese nach der Reihenfolge ihres Erscheinens bzw. ihres Eintritts in den Sitzungssaal zuzulassen, eine Auswahl nach anderen Gesichtspunkten als dem „Zufallsprinzip" wäre unzulässig.[776]

d) Findet die Hauptverhandlung außerhalb des Gerichtsgebäudes in einer Räumlichkeit statt, deren Hausrechtsinhaber den Zutritt der Öffentlichkeit ganz oder teilweise untersagt, soll dies nach Auffassung des BGH hinzunehmen sein.[777] Allerdings hat sich das Gericht um die Erlaubnis des Hausrechtsinhabers zum Betreten seines Anwesens durch Zuschauer zu bemühen.[778] Auch ist eine durch den Hausrechtsinhaber verursachte Beschränkung der Öffentlichkeit nur dann hinzunehmen, wenn die Wahrheitsfindung die Durchführung der Hauptverhandlung unter diesen Umständen zwingend erfordert, was nur bei einer Augenscheinseinnahme oder der Vernehmung einer transportunfähigen Person der Fall sein dürfte. **599**

e) Findet die Hauptverhandlung zum Zwecke der Durchführung einer Augenscheinseinnahme außerhalb des Sitzungssaals in einer beengten Räumlichkeit statt, die nicht allen interessierten Zuhörern die Anwesenheit erlaubt, kann die Entscheidung des Vorsitzenden über den Umfang, in dem die Öffentlichkeit zugelassen werden kann, nur auf Rechtsfehler bei der Ermessensausübung überprüft werden.[779] **600**

Ansonsten sind bei Verhandlungen außerhalb des Gerichtsgebäudes mit den Örtlichkeiten einer Augenscheinseinnahme verbundene tatsächliche Einschränkungen der Öffentlichkeit hinzunehmen.[780]

3. Heilung des Verfahrensfehlers

Grundsätzlich gilt für alle Fälle der Verhandlung unter faktischer Verletzung des Öffentlichkeitsgrundsatzes, dass ein diesbezüglicher Verfahrensmangel bis zum Urteil bestanden oder fortgewirkt haben muss.[781] Das ist nicht nur im Fall der Wieder- **601**

---

774 *BGH* wistra 2006, 235 = JR 2006, 389 m. Anm. *Humberg.*

775 *BGH* 4 StR 7/75 v. 20.3.1975.

776 *BGH* wistra 2006, 235 = JR 2006, 389, 391 m. Anm. *Humberg* (auch zu den Rügeanforderungen in diesem Fall).

777 *BGHSt* 40, 191 = StV 1994, 470; *BGH* NStZ-RR 2000, 366; **a.A.** *Lilie* NStZ 1993, 121/125.

778 *Foth* JR 1979, 262.

779 *BGH* wistra 2006, 235 = JR 2006, 389 m. Anm. *Humberg.* Siehe auch Rüge 139 Rn. 1172.

780 *BGHSt* 21, 72, 73; 24, 72, 73; 27, 13, 14.

781 *BGHSt* 33, 99 = StV 1985, 402 m. Anm. *Fezer* = NStZ 1985, 422 m. Anm. *Schöch.*

holung der Teile der Hauptverhandlung in öffentlicher Sitzung zu verneinen, die unter rechtswidrigem Ausschluss der Öffentlichkeit stattgefunden haben, sondern auch dann, wenn auf eine unter Ausschluss der Öffentlichkeit durchgeführte Beweisaufnahme nachträglich von allen Verfahrensbeteiligten verzichtet worden ist.[782]

4. Besonderheiten bei jugendlichen Angeklagten

602 Findet die Hauptverhandlung gegen einen zur Tatzeit jugendlichen Angeklagten statt, kann dieser eine Verletzung der Öffentlichkeit auch dann nicht rügen, wenn gegen ihn nur im Hinblick auf erwachsene oder heranwachsende Mitangeklagte öffentlich verhandelt worden ist.[783]

II. Anforderungen an Vortrag der Rüge der Verletzung des § 169 GVG (§ 338 Nr. 6 StPO) infolge faktischer Nichtwahrung des Öffentlichkeitsgrundsatzes

1. Die Öffentlichkeit hatte keine Möglichkeit, sich ohne besondere Schwierigkeiten davon Kenntnis zu verschaffen, dass und wo eine Hauptverhandlung stattgefunden hat

603 • Es muss im Einzelnen dargelegt werden, dass während der gesamten Dauer der Hauptverhandlung oder zumindest zeitweise die Öffentlichkeit keine Möglichkeit hatte, sich ohne besondere Schwierigkeiten davon Kenntnis zu verschaffen, dass eine Hauptverhandlung stattfindet bzw. wo bei Unterbrechung der Hauptverhandlung diese fortgesetzt wurde. Dabei ist im Einzelnen darzulegen, wo die Hauptverhandlung durchgeführt worden ist, in welcher Form – wenn überhaupt – ein Aushang darauf aufmerksam gemacht hat, wie bei Unterbrechung und Fortsetzung der Hauptverhandlung außerhalb des Gerichtsgebäudes auf diese Veränderung hingewiesen wurde etc.

• Es sind diejenigen Umstände anzugeben, aus denen sich ergibt, dass das Gericht die zur Wahrung der Öffentlichkeit gebotenen Maßnahmen unterlassen hat,

oder

2. … die Öffentlichkeit hatte ganz oder teilweise nicht die tatsächliche Möglichkeit des Zugangs zur und der Teilnahme an der Hauptverhandlung

604 • Das Gerichtsgebäude oder der Sitzungssaal waren abgesperrt oder interessierten Personen wurde der Zutritt aus anderen als den in §§ 171a 171b, 172, 173

---

782 *BGHSt* 33, 99 = StV 1985, 402 m. Anm. *Fezer* = NStZ 1985, 422 m. Anm. *Schöch.*
783 *BGH* Urt. v. 23.1.2003 – 4 StR 412/02 u. *BGH* wistra 2006, 237 = JR 2006, 389 m. Anm. *Humberg.*

Abs. 2, 174 und 175 GVG genannten Gründen (es muss dargelegt werden, dass die entsprechenden Voraussetzungen **nicht** vorlagen) verwehrt,[784] wodurch sich tatsächlich jemand von der Teilnahme an der Sitzung hat abhalten lassen,[785]

oder

* durch gerichtlich angeordnete Einlasskontrollen war es rechtzeitig erschienenen Zuhörern zu Beginn **oder** nach Unterbrechung[786] der Hauptverhandlung verwehrt, in den Sitzungssaal zu gelangen und die Hauptverhandlung gleichwohl begonnen bzw. fortgesetzt wurde, bevor alle rechtzeitig erschienenen Zuhörer Einlass gefunden hatten,

oder

* die Sitzungsräumlichkeit des Gerichts war nicht so beschaffen, dass Zuhörer überhaupt oder in einem Mindestmaß Gelegenheit hatten, die Hauptverhandlung zu verfolgen; letzterenfalls dass Zuschauern nicht in der Reihenfolge ihres Erscheinens Einlass gewährt wurde bzw. es zu einer unzulässigen Bevorzugung einer bestimmten Besuchergruppe kam,

oder

* das Gericht hat sich im Falle der Hauptverhandlungsdurchführung in einer Räumlichkeit, deren Hausrechtsinhaber den Zutritt der Öffentlichkeit ganz oder teilweise verweigerte, weder um eine (erweiterte) Erlaubnis des Hausrechtsinhabers bemüht, noch eine zur Verfügung stehende Alternative zur Durchführung der Hauptverhandlung an dieser Örtlichkeit erwogen.[787] Im Falle einer Augenscheineinnahme ist darzulegen, dass es sich nicht um einen kommissarischen Augenschein (§ 225 StPO) handelte, für den der Öffentlichkeitsgrundsatz nicht gilt.

3. Verantwortung des Gerichts für Verletzung des Öffentlichkeitsgrundsatzes

Die faktische Einschränkung der Öffentlichkeit muss von dem Gericht zu vertreten sein, was unter Angabe der Umstände des Einzelfalles darzulegen ist. **605**

---

784 Zum Vortrag bei Verweigerung des Zutritts außerhalb von Verhandlungspausen, um eine Störung der Sitzung zu vermeiden, *BGH* NStZ 2004, 510.

785 Ob es eines solchen, dem Revisionsverteidiger nur selten möglichen, Vortrags bedarf, ist strittig: Siehe *BGH* NJW 1980, 249 u. *BGH* NStZ 2004, 510 einerseits, *OLG Zweibrücken* NJW 1995, 3333 u. OLG *Naumburg* Beschl. v. 1.9.2004 – 1 Ss (B) 249/04 andererseits.

786 S. dazu aber *BGHSt* 29, 258 = StV 1981, 8 m. **abl.** Anm. *Siehl.*

787 *BGH* wistra 2006, 235 = JR 2006, 389 m. Anm. *Humberg.*

4. Wesentlicher Teil der Hauptverhandlung

606 Die Verhandlung unter Verletzung der Vorschriften über die Öffentlichkeit betraf einen wesentlichen Teil der Hauptverhandlung[788] und nicht eine kommissarische Zeugen oder Sachverständigenvernehmung.

5. Heilung

607 Der in nicht öffentlicher Verhandlung durchgeführte Teil der Hauptverhandlung ist nicht vollständig in öffentlicher Verhandlung wiederholt oder der Verfahrensfehler nicht sonstwie (in nach den Umständen des Falles darzulegender Weise) geheilt worden.

6. „Beruhen"

608 Der Angeklagte ist nicht teilweise freigesprochen bzw. das Verfahren ist nicht teilweise gem. § 154 Abs. 2 StPO eingestellt worden. Anderenfalls ist mitzuteilen, dass der genau zu bezeichnende Teil der Hauptverhandlung, der unter Verstoß gegen die Vorschriften über die Öffentlichkeit stattfand, zur Verurteilung des Angeklagten herangezogen worden ist.[789]

B. Wurde im Laufe der Hauptverhandlung die Öffentlichkeit ausgeschlossen?

I. Beruht ein Ausschluss der Öffentlichkeit auf einem ordnungsgemäßen Gerichtsbeschluss und ist dieser öffentlich verkündet worden?

1. Rechtsgrundlagen

609 **a)** Nach § 174 Abs. 1 S. 2 GVG bedarf es zum Ausschluss der Öffentlichkeit eines **Gerichtsbeschlusses.**[790] Eine Anordnung des Vorsitzenden kann den Beschluss des erkennenden Gerichts nicht ersetzen.[791] Dies gilt unabhängig davon, aus welchem Grund die Öffentlichkeit ausgeschlossen wird. Etwas anderes gilt nur in den Fällen der Verhandlung ausschließlich gegen Jugendliche (§ 48 Abs. 1 JGG). Hier bedarf es keines Beschlusses. § 174 GVG gilt demgegenüber aber für Verhandlungen gegen Heranwachsende (§ 109 Abs. 1 JGG) ebenso wie in Verfahren

---

788 Siehe Rüge 23 Rn. 416. Auch der Gegenstand der Verhandlung ist mitzuteilen: *BGH* NJW 1996, 138. Siehe auch *BGH* NStZ 2002, 106 zur Abgrenzung von Vorgängen, die außerhalb der Hauptverhandlung vorgenommen werden dürfen und solchen, die Gegenstand der Hauptverhandlung unter Beachtung des Grundsatzes der Öffentlichkeit sein müssen.

789 Zu diesem Erfordernis *BGH* StV 2008, 123 m. Anm. *Ventzke.*

790 *OLG Hamm* StraFo 2000, 195.

791 *BGH* StV 1984, 499 (2. StS); *BGH* StV 2000, 242 = NStZ 1999, 371 (4. StS).

gegen Jugendliche oder Heranwachsende vor dem Erwachsenengericht (§§ 104 Abs. 2, 112 S. 1 JGG). Verhandlungen vor dem Jugendgericht gegen Jugendliche **und** Heranwachsende oder Erwachsene sind öffentlich (§ 48 Abs. 3 S. 1 JGG). Die Öffentlichkeit kann aber durch Gerichtsbeschluss nach § 48 Abs. 3 S. 2 JGG ausgeschlossen werden, wenn dies im Interesse der Erziehung jugendlicher Angeklagter geboten ist.

Durch den Beschluss wird das **Ausmaß des Öffentlichkeitsausschlusses** festgelegt. Ein darüber hinausgehender Ausschluss wäre unzulässig. Der Beschluss muss deshalb genau angeben, ob die Öffentlichkeit für die gesamte weitere Verhandlung bis zur Urteilsverkündung (diese ist mit Ausnahme des jugendgerichtlichen Verfahrens – § 48 JGG – gem. § 173 Abs. 1 GVG immer öffentlich, während für die Verkündung der Urteilsgründe die Öffentlichkeit gem. § 173 Abs. 2 GVG ganz oder teilweise ausgeschlossen werden kann) oder nur für einzelne Verfahrensabschnitte[792] ausgeschlossen wurde.[793]   **610**

Wird der Zeitraum des Ausschlusses der Öffentlichkeit in dem Anordnungsbeschluss – ggf. auch versehentlich – nicht eingegrenzt, gilt der Ausschluss für die gesamte Dauer der Hauptverhandlung bis zur Urteilsverkündung.[794]

Erfolgt der Öffentlichkeitsausschluss für einzelne Verhandlungsteile, sind diese genau zu bezeichnen. Nach Auffassung des BGH soll der Beschluss aber auslegungsfähig sein, so dass sich der Öffentlichkeitsausschluss auch auf solche Verhandlungsteile beziehe, die mit dem im Beschluss ausdrücklich genannten Verhandlungsteil in einem engen inneren Zusammenhang stünden.[795] Es kommt deshalb auf den Inhalt dessen an, was unter Ausschluss der Öffentlichkeit verhandelt wurde,[796] was im Rahmen der Revisionsbegründung im Einzelnen vorzutragen ist.[797] Auch kann für die Auslegung des Beschlusses ein darauf abzielender Antrag eines Verfahrensbeteiligten von Bedeutung sein, dessen Inhalt deshalb ebenfalls vorzutragen ist.   **611**

b)   Geht der Ausschluss über die in dem Beschluss bestimmte Dauer bzw. den bezeichneten Verhandlungsgegenstand hinaus,[798] ist § 169 GVG verletzt,[799] es sei   **612**

---

792   Der Ausschluss der Öffentlichkeit ist nach § 171b GVG auch während der Anklageverlesung zulässig: *BGH* v. 21.6.2012 – 4 StR 623/11 = StraFo 2012, 365 = StV 2012, 712.

793   *BGH* StV 1990, 10 m. Anm. *Frommel.*

794   *BGH* MDR 1992, 634 H – ob dafür die Voraussetzungen vorlagen, s. unten Rn. 615.

795   *BGHR* GVG § 171 b Abs. 1 – Augenschein 1 = NStZ 1988, 190 (4. StS).

796   Vgl. zur Kasuistik *BGH* NStZ 1988, 190 (4. StS); *BGH* StV 1991, 191 (2. StS); *BGH* StV 2000, 248 (1. StS) m. Anm. *Ventzke.*

797   Solange es nicht um den Sachbeweis geht, ist eine solche Rekonstruktion des Inhalts der Hauptverhandlung nach Auffassung des *BGH* zulässig.

798   Die Wiederherstellung der Öffentlichkeit ist eine zu protokollierende wesentliche Förmlichkeit der Hauptverhandlung: *BGH* StV 1989, 384 (4. StS).

799   *BGHSt* 7, 218; *BGH* MDR 1970, 562; *BGH* MDR 1976, 988; *BGHR* StPO § 338 Nr. 6 – Ausschluss 4; *BGH* StV 1990, 252 (2. StS).

denn, dass Handlungen oder Erörterungen stattfinden, die auch außerhalb der Hauptverhandlung hätten erfolgen dürfen.[800]

613 c) In dem Gerichtsbeschluss ist gem. § 174 Abs. 1 S. 3 GVG in den Fällen der §§ 171b, 172 und 173 GVG der **Ausschlussgrund** mitzuteilen.[801]

Dabei lässt es der BGH im Einzelfall genügen, dass der Beschluss auf einen hinreichend begründeten Ausschließungsantrag eines Verfahrensbeteiligten Bezug nimmt, weshalb dessen Inhalt gem. § 344 Abs. 2 S. 2 StPO im Rahmen der Revisionsbegründung mitzuteilen ist.[802] Die Bezugnahme auf einen Beschluss betreffend die Entfernung des Angeklagten aus der Hauptverhandlung gem. § 247 StPO reicht demgegenüber ohne weiteres nicht.[803]

614 Ob das Fehlen einer Begründung auch dann schädlich ist, wenn es für die Verfahrensbeteiligten und die Zuhörer im Gerichtssaal auf der Hand lag, welcher Grund dem Öffentlichkeitsausschluss zugrunde lag, ist umstritten.[804]

Das Fehlen einer ausdrücklichen Begründung soll auch dann unschädlich sein, wenn sich aus den Urteilsgründen und dem Sitzungsprotokoll der Verfahrensablauf bis zur Entscheidung über den Ausschluss ergibt und dieser aufweist, dass es für die Zuhörer im Gerichtssaal ohne weiteres erkennbar war, auf welche Prozesshandlungen sich die Ausschließung beziehen sollte und welche Bedeutung diesen Prozesshandlungen zukam, so dass auch das Revisionsgericht später aus dem gleichen Grunde sicher ausschließen könne, dass nach der konkreten Sachlage aus rechtlichen Gründen keine andere Entscheidung des Tatgerichts in Betracht kam.[805]

Im Regelfall ist das Fehlen einer Begründung deshalb rechtsfehlerhaft, weil ansonsten den Verfahrensbeteiligten, insbesondere aber später dem Revisionsgericht jede Möglichkeit genommen ist, die Rechtmäßigkeit des Ausschlusses zu überprüfen.

Der Hinweis auf eine Gesetzesbestimmung reicht nur dann aus, wenn dadurch der Ausschließungsgrund eindeutig gekennzeichnet ist, nicht also, wenn – wie bei § 172 GVG – das Gesetz mehrere Alternativen für die Begründung eines Ausschlusses enthält. Über die Wiedergabe des einschlägigen Gesetzeswortlauts hinausgehende tatsächliche Angaben werden von der Revisionsrechtsprechung allerdings nicht gefordert.

---

800 Siehe hierzu die Beispiele in *BGH* NStZ 2002, 106 sowie in *BGH* StV 2000, 248 (1. StS) m. Anm. *Ventzke*.

801 Der Grund für den Ausschluss nach § 171a GVG muss nicht mitgeteilt werden, er unterliegt aber der revisionsrechtlichen Überprüfung dahin, ob die Voraussetzungen dieser Vorschrift vorgelegen haben; dazu unten Rn. 616.

802 *BGH* StV 1994, 641 = NStZ 1994, 591 (5. StS).

803 *BGH* StV 1983, 268 = NStZ 1983, 324 (4. StS).

804 Zu den unterschiedlichen Auffassungen der einzelnen Strafsenate des BGH s. die Nachweise in *BGHSt* 45, 117 = StV 2000, 244 m. **abl.** Anm. *Park*.

805 *BGHSt* 45, 117 = StV 2000, 244 (1. StS) m. Anm. *Park* = JR 2000, 251 m. Anm. *Rieß*; kritisch LR-*Wickern*[26] § 174 GVG Rn. 18 m.w.N.

d) Kommt es im weiteren Verlauf der Hauptverhandlung zu einem **erneuten Öf-** **615**
fentlichkeitsausschluss, bedarf es dafür eines eigenständigen mit Gründen versehenen Beschlusses.[806] Auf einen früheren Beschluss darf zur Begründung nur dann
verwiesen werden, wenn damit der Grund für den erneuten Ausschluss unmissverständlich klargestellt ist,[807] ansonsten bedarf es auch insoweit einer besonderen Begründung. Eine Anordnung des Vorsitzenden genügt nicht. Das gilt selbst dann,
wenn derselbe Zeuge im weiteren Verlauf der Hauptverhandlung nochmals unter
Ausschluss der Öffentlichkeit vernommen werden soll.[808]

e) Die **sachliche Berechtigung** eines im Beschluss eindeutig bezeichneten Aus- **616**
schlussgrundes unterliegt in tatsächlicher Hinsicht keiner Nachprüfung im Revisionsverfahren. Das Revisionsgericht prüft im Zusammenhang mit §§ 171a und 172
GVG sowie § 48 Abs. 3 JGG – nicht aber bei § 171b Abs. 1 und 2 GVG (§ 171b
Abs. 3 GVG!)[809] – lediglich, ob der Tatrichter die maßgebenden Rechtsbegriffe verkannt und ggf. sein Ermessen fehlerhaft gehandhabt hat.

Liegt aber offen zutage, dass dem angegebenen Ausschlussgrund die tatsächliche
Grundlage fehlt oder enthält der Beschluss doch konkrete Tatsachenangaben, die
unter die herangezogene Gesetzesbestimmung nicht subsumiert werden können, ist
dies der revisionsrechtlichen Nachprüfung zugänglich.[810]

f) Der Beschluss über den Öffentlichkeitsausschluss muss in der Regel öffentlich **617**
verkündet werden (§ 174 Abs. 1 S. 2 GVG)[811]. Das gilt in den Fällen der § 171b,
172 und 173 GVG auch für die Gründe. Ebenso ist der Beschluss, durch den die
Fortdauer des Öffentlichkeitsausschlusses mitgeteilt wird, in der Regel öffentlich zu
verkünden. Unterbleibt dies und liegt auch kein Ausnahmegrund i.S.d. § 174 Abs. 1
S. 2 GVG vor, was in der Revisionsbegründung durch entsprechenden Vortrag ausgeschlossen werden sollte, ist das ein absoluter Revisionsgrund (§ 174 Abs. 1 GVG,
§ 338 Nr. 6 StPO).[812]

Trotz Vorliegens eines der vorgenannten Verfahrensfehler soll davon der Bestand
des Urteils nach Auffassung des BGH nicht berührt sein, wenn dies denkgesetzlich
ausgeschlossen werden könne.[813]

---

806 *BGH* StV 1981, 57 (2. StS).
807 *BGHSt* 30, 298 = StV 1982, 106.
808 *BGH* StV 2008, 126; *BGH* v. 9.12.2008 – 3 StR 443/08 = StV 2009, 680 = NStZ 2009,
      286 = StraFo 2009, 116; *BGH* v. 17.8.2011 – 5 StR 263/11 = StV 2012, 140.
809 Siehe dazu und zu Ausnahmen *BGH* v. 21.6.2012 – 4 StR 623/11, Rn. 7 = StV 2012,
      712 = StraFo 2012, 365 (Ausschluss der Öffentlichkeit während der Verlesung des An-
      klagesatzes).
810 KK-*Diemer*[6] § 172 GVG Rn. 11 m.w.N.
811 *BGH* StV 1985, 49 (5. StS), 223 (5. StS).
812 *BGH* StV 2000, 243.
813 *BGH* MDR 1995, 1160 = wistra 1995, 351; *BGH* StV 2000, 248 m. abl. Anm. *Ventzke*.

Bezog sich der Verstoß gegen die Regeln der Öffentlichkeit nur auf einen abtrennbaren Teil des Verfahrens, erfolgt eine Aufhebung des Urteils nur in diesen Grenzen.[814]

2. Anforderungen an den Vortrag der Rüge der Verletzung des § 169 GVG durch rechtsfehlerhaften Ausschluss der Öffentlichkeit (§ 338 Nr. 6 StPO)

618 **a)** Während der Dauer der Hauptverhandlung war die Öffentlichkeit ganz oder teilweise ausgeschlossen, wobei unter Ausschluss der Öffentlichkeit ein wesentlicher Teil der Hauptverhandlung stattfand:

Gegenstand und Inhalt der unter Ausschluss der Öffentlichkeit durchgeführten Verhandlung sind mitzuteilen. Es ist ferner mitzuteilen, ob und ggf. wann die Öffentlichkeit wiederhergestellt wurde (dies wird durch das Hauptverhandlungsprotokoll positiv oder negativ bewiesen).

619 **b)** Dem Ausschluss der Öffentlichkeit lag kein Beschluss aller Mitglieder des erkennenden Gerichts zugrunde (sondern bsplsw. nur eine Anordnung des Vorsitzenden),[815]

oder

620 der auf einem (wörtlich mitzuteilenden) Gerichtsbeschluss beruhende Ausschluss der Öffentlichkeit betraf auch die Verkündung der Urteilsgründe, obwohl sich das Verfahren nicht **ausschließlich** gegen Jugendliche richtete (s. § 48 Abs. 1 JGG) bzw. bei Verhandlungen gegen Jugendliche **und** Heranwachsende/Erwachsene der Beschluss den Ausschluss der Öffentlichkeit nicht auf § 48 Abs. 3 S. 2 JGG gestützt hat, bzw. kein **besonderer** Beschluss des Gerichts gem. § 173 Abs. 2 GVG unter Beachtung des in § 174 GVG geregelten (darzulegenden) Verfahrens ergangen ist (der Inhalt des Beschlusses ist wörtlich mitzuteilen),

oder

621 die Öffentlichkeit auch für Verhandlungsteile ausgeschlossen wurde, auf die sich der den Öffentlichkeitsausschluss anordnende Beschluss nicht bezogen hat:

- Der Inhalt des Beschlusses ist mit Gründen vollständig vorzutragen.
- Der darauf abzielende Antrag eines Verfahrensbeteiligten ist vollständig mitzuteilen.[816]
- Es ist detailliert mitzuteilen, was unter Ausschluss der Öffentlichkeit verhandelt wurde und bestimmt zu behaupten, dass zwischen den vom Beschluss erfassten

---

814   Vgl. bsplsw. *BGH* StV 1981, 3 (3. StS) und 3 f (2. StS).

815   Die Mitteilung der Negativtatsache der Nichtexistenz eines die Öffentlichkeit ausschließenden Beschlusses reicht aus: *OLG Hamm* Beschl. v. 13.3.2000 – 2 Ss 213/00.

816   Erging der Beschluss von Amts wegen, ist – als Negativtatsache – mitzuteilen, dass dieser Beschluss nicht auf Antrag eines Verfahrensbeteiligten erging.

und tatsächlich unter Ausschluss der Öffentlichkeit stattgefundenen Verhandlungsteilen kein Zusammenhang bestanden hat,[817]

- bezüglich der von dem die Öffentlichkeit ausschließenden Beschluss nicht gedeckten Verhandlungsteile auch kein ergänzender Beschluss zur Fortdauer des Öffentlichkeitsausschlusses ergangen ist,

oder

ein Gerichtsbeschluss ergangen ist, der entgegen § 174 Abs. 1 S. 3 GVG nicht be- **622** gründet worden war:

- Es ist der gesamte verkündete Beschluss im Wortlaut mitzuteilen;
- war der Beschluss auf Antrag eines Verfahrensbeteiligten ergangen und nahm insbesondere der Beschluss darauf Bezug, ist auch dieser Antrag einschließlich einer im Hauptverhandlungsprotokoll dokumentierten Begründung wörtlich mitzuteilen.[818] Nimmt der Beschluss auf einen früheren Beschluss Bezug, ist auch dieser im Wortlaut in die Revisionsbegründung aufzunehmen.

c)   Der unter Verletzung der Vorschriften über die Öffentlichkeit des Verfahrens **623** durchgeführte Teil der Hauptverhandlung ist nicht in öffentlicher Verhandlung wiederholt oder sonstwie geheilt worden.

d)   Der Angeklagte ist nicht teilweise freigesprochen bzw. das Verfahren ist nicht **624** teilweise gem. § 154 Abs. 2 StPO eingestellt worden. Anderenfalls ist mitzuteilen, dass der genau zu bezeichnende Teil der Hauptverhandlung, der unter Verstoß gegen die Vorschriften über die Öffentlichkeit stattfand, zur Verurteilung des Angeklagten herangezogen worden ist.[819]

II. Ist über den Ausschluss der Öffentlichkeit verhandelt worden?

Dass über den Ausschluss der Öffentlichkeit nicht verhandelt wurde, stellt demge- **625** genüber keinen absoluten Revisionsgrund dar. Die Verletzung des rechtlichen Gehörs (Art. 103 GG; § 33 Abs. 1 StPO) begründet aber für denjenigen einen relativen Revisionsgrund, der nicht angehört worden ist. Dazu gehört auch der nach § 247 StPO entfernte Angeklagte (der absolute Revisionsgrund der §§ 247, 338 Nr. 5 StPO ist allerdings weitergehend[820]). Bei gemeinsamen Verhandlungen gegen Jugendliche **und** Heranwachsende/Erwachsene kann im Falle eines Öffentlichkeitsausschlusses ohne zuvorige Verhandlung der Verfahrensfehler nicht von dem jugendlichen Angeklagten geltend gemacht werden.[821]

---

817   *BGH* StV 1998, 364.
818   *BGH* StV 1994, 641 = NStZ 1994, 591.
819   Zu diesem Erfordernis *BGH* StV 2008, 123 m. Anm. *Ventzke*.
820   Siehe dazu Rüge 31 Rn. 493.
821   *BGHSt* 10, 119.

C. Wurde während der Hauptverhandlung einzelnen Zuhörern der Zutritt verwehrt oder wurden einzelne oder sämtliche Zuhörer aus dem Sitzungszimmer entfernt bzw. haben sie sich einer entsprechenden Anordnung/Anregung des Vorsitzenden/Gerichts gefügt (§§ 175, 176 GVG)?

I. Rechtsgrundlagen

1. Vereitelung der Anwesenheit eines Zuhörers

626 Wird einzelnen Zuhörern zu Unrecht der Zutritt zur Hauptverhandlung verwehrt (§ 175 GVG) oder werden sie durch den Vorsitzenden gem. § 177 GVG zu Unrecht wegen angeblicher Störung der Hauptverhandlung aus dem Sitzungszimmer entfernt, kann dies als Verletzung des Öffentlichkeitsgrundsatzes gem. § 169 GVG den absoluten Revisionsgrund des § 338 Nr. 6 StPO begründen.[822]

Allein die Nichtbefolgung der Anordnung des Vorsitzenden an einen Zuhörer, nicht mitzuschreiben, mit der Folge des anschließenden Verweises aus dem Sitzungssaal verletzt die Vorschriften über die Öffentlichkeit der Hauptverhandlung; etwas anderes würde nur dann gelten, wenn durch konkrete Tatsachen die begründete Gefahr bestünde, dass noch zu vernehmende Zeugen von dem Zuhörer über Aussagen oder sonstige Verhandlungsergebnisse unterrichtet werden sollen.[823] Dies setzt allerdings nach Auffassung des *BGH* voraus, dass der Beschwerdeführer die Anordnung des Vorsitzenden in der Hauptverhandlung beanstandet und eine Entscheidung des Gerichts nach § 238 Abs. 2 StPO herbeigeführt hat.[824]

2. Anordnung zum Entfernen

627 Verlassen alle oder einzelne Zuhörer den Sitzungssaal aufgrund der Bitte/Anregung des Vorsitzenden/Gerichts im Hinblick darauf, dass sie vor die Alternative gestellt werden, den Sitzungssaal freiwillig zu verlassen oder eine Entscheidung über den Ausschluss des/der Zuhörer bzw. der gesamten Öffentlichkeit herbeigeführt wird, ist § 169 S. 1 GVG mit der Folge des absoluten Revisionsgrundes des § 338 Nr. 6 StPO verletzt, weil das die Reaktion der Zuhörer auslösende Verhalten letztlich einer Anordnung gleichkommt.[825]

---

822 *BGH* wistra 2003, 465.
823 *BGH* StV 1982, 409 m. Anm. *Deckers* StV 1982, 458 = NStZ 1982, 389 (3. StS); *BGH* NStE Nr. 2 zu § 176 GVG (1. StS).
824 *BGH* v. 29.5.2008 – 4 StR 46/08 = NStZ 2008, 582 = StV 2009, 680 m. abl. Anm. *Sinn/Hülsmann*.
825 Vgl. *BGH* StV 1988, 418 (3. StS), dazu *Schneiders* Verletzung der Öffentlichkeit durch Bitte an einen Zuhörer, den Sitzungssaal zu verlassen?, StV 1990, 91; *BGH* StV 1993, 460 (3. StS) und *OLG Braunschweig* StV 1994, 474.

3. Hat ein Zuhörer auf Anordnung des Vorsitzenden deshalb den Sitzungssaal verlassen, weil seine Vernehmung als Zeuge in Betracht komme?

Entfernt sich ein Zuhörer aus dem Sitzungssaal im Hinblick auf die Anordnung des **628** Vorsitzenden, seine Vernehmung als Zeuge komme in Betracht, handelt es sich um einen Eingriff in den Öffentlichkeitsgrundsatz, der zwar nicht in §§ 169 ff. GVG geregelt ist, aber durch § 58 Abs. 1 StPO legitimiert sein kann. Da dem Vorsitzenden bei seiner Entscheidung ein Beurteilungsspielraum zustehe, kann nach Auffassung des BGH ein unzulässiger teilweiser Öffentlichkeitsausschluss nur dann vorliegen, wenn der Vorsitzende seinen Beurteilungsspielraum überschritten, insbesondere den Zuhörer aus sachwidrigen Erwägungen ausgeschlossen habe.[826] Zusätzlich setze eine entsprechende Revisionsrüge die Beanstandung der Anordnung des Vorsitzenden gem. § 238 Abs. 2 StPO voraus.[827]

II. Anforderungen an den Vortrag der Rüge der rechtswidrigen Versagung des Zutritts zur bzw. der rechtswidrigen Entfernung eines Zuhörers aus der Hauptverhandlung (§§ 169, 175, 177 GVG, §§ 58 Abs. 1, 338 Nr. 6 StPO)

- Einem oder mehreren bestimmten (möglichst namentlich zu identifizierenden) **629** Zuhörern wurde der Zutritt zur Hauptverhandlung versagt bzw. es kam zur Entfernung von möglichst bestimmt zu bezeichnenden Zuhörern aus dem Sitzungszimmer.

- Der Maßnahme lag die inhaltlich mitzuteilende Anordnung des Vorsitzenden zugrunde. Es ist vorzutragen, dass der Beschwerdeführer die Anordnung des Vorsitzenden beanstandet und einen Gerichtsbeschluss nach § 238 Abs. 2 StPO herbeigeführt hat. Dessen Inhalt ist vollständig mitzuteilen.

- Es ist mitzuteilen, dass der betreffende Zuhörer dadurch von einem wesentli **630** chen Teil der Hauptverhandlung ausgeschlossen war. Der betreffende Verfahrensgegenstand ist zu schildern. Es ist weiterhin mitzuteilen, dass der Angeklagten nicht teilweise freigesprochen bzw. das Verfahren nicht teilweise gem. § 154 Abs. 2 StPO eingestellt worden ist. Anderenfalls ist darzulegen, dass der genau zu bezeichnende Teil der Hauptverhandlung, der unter Verstoß gegen die Vorschriften über die Öffentlichkeit stattfand, zur Verurteilung des Angeklagten herangezogen worden ist.[828]

- Stützte sich die Anordnung des Vorsitzenden darauf, die Vernehmung des Zu **631** hörers als Zeuge komme in Betracht, ist mitzuteilen, dass die Anordnung bean-

---

826 Vgl. *BGH* StV 2002, 5 = NStZ 2001, 163 (5. StS); *BGH* StV 2002, 6 (3. StS) m. **abl.** Anm. *Reichert.*

827 *BGH* ibid.

828 Zu diesem Erfordernis *BGH* StV 2008, 123 m. Anm. *Ventzke.*

standet wurde und sie durch einen wörtlich wiederzugebenden Gerichtsbe-schluss bestätigt wurde, der Zuhörer sich während eines wesentlichen Teils der Hauptverhandlung aus dem Sitzungszimmer entfernt hat, es später nicht zu sei-ner Vernehmung als Zeuge kam und weder nach Aktenlage noch nach dem bis-herigen Gang der Hauptverhandlung zu erwarten war, dass der Zuhörer im Hin-blick auf den Verfahrensgegenstand als Zeuge in Betracht kam bzw. der Entfer-nung darzulegende sachwidrige Erwägungen zugrunde lagen.

Oder

632 • es liegt der Verweigerung des Zutritts bzw. der Entfernung aus dem Sitzungs-zimmer eine Bitte/Anregung des Vorsitzenden/Gerichts zugrunde, deren Be-gründung mitzuteilen ist sowie der Umstand, dass sich der Zuhörer dem gefügt hat, diese Entscheidung also nicht freiwillig erfolgte und der Zuhörer dadurch einem wesentlichen Teil der Hauptverhandlung fernblieb.

D. Wurde die Öffentlichkeit nicht ausgeschlossen?

Rüge 39

633 Fand die Hauptverhandlung in Anwesenheit der Öffentlichkeit statt, obwohl die Voraus-setzungen für einen Ausschluss von Amts wegen (§§ 171a, 171b, 172 GVG; § 48 Abs. 1, Abs. 3 JGG) oder auf Antrag (§ 174 Abs. 1 S. 1 GVG) vorlagen?

634 Wird es unterlassen, die Öffentlichkeit trotz Vorliegens der entsprechenden Voraus-setzungen auszuschließen, kann dies unter dem Gesichtspunkt der Verletzung der Aufklärungspflicht[829] einen relativen Revisionsgrund begründen.[830]

Es ist deshalb konkret darzulegen, zu welchen weitergehenden Erkenntnissen die Hauptverhandlung unter Ausschluss der Öffentlichkeit geführt hätte, beispielsweise welche zusätzlichen Angaben ein ansonsten aussagebereiter Beschuldigter gemacht hätte oder ob ein Zeuge, der berechtigt das Zeugnis verweigert hat, unter Aus-schluss der Öffentlichkeit aussagebereit gewesen wäre und welchen möglichen In-halt seine Aussage gehabt hätte.

Zusätzlich ist darzulegen, dass unter den gegebenen Umständen ein Ausschluss der Öffentlichkeit zwingend oder zumindest zulässig gewesen wäre.[831]

635 Soll die Behinderung der Verteidigung beanstandet werden, weil die Zulassung der Öffentlichkeit den Verteidigungswillen des Angeklagten in Form der Nichtaus-übung von Verfahrensrechten gehemmt habe, ist zumindest der Antrag auf Aus-

---

829 Siehe Rüge 190 Rn. 1662.
830 *BGH* StV 1999, 198 (5. StS).
831 Vgl. *BGHSt* 30, 193 = StV 1981, 594 (3. StS).

schließung der Öffentlichkeit, die Beanstandung der mitzuteilenden ablehnenden Verfügung des Vorsitzenden und der Inhalt des diese bestätigenden Gerichtsbeschlusses vorzutragen. Es ist weiterhin auszuführen, welche Verfahrensrechte der Angeklagte im Falle des Ausschlusses der Öffentlichkeit wahrgenommen hätte.

Kapitel 7
Abwesenheit eines nicht notwendigen Verteidigers

Rüge 40

636   Fand die gesamte oder ein wesentlicher Teil der Hauptverhandlung in Abwesenheit eines dem Angeklagten beigeordneten Pflichtverteidigers statt?

I. Rechtsgrundlagen

637   Die Rüge betrifft solche Fälle, in denen ein Pflichtverteidiger beigeordnet war, auch wenn die Voraussetzungen der §§ 140, 231a Abs. 4 StPO, 68 JGG nicht vorlagen.[832] Es handelt sich deshalb nicht um einen absoluten Revisionsgrund (§ 338 Nr. 5 StPO), sondern um einen relativen Revisionsgrund gemäß § 337 StPO. Das Beruhen des Urteils auf dem Verfahrensfehler (gerügt werden muss die Verletzung von Art. 20 Abs. 3 GG; Art. 6 Abs. 1 – faires Verfahren – EMRK, weil durch die Beiordnung eines Pflichtverteidigers ein gerichtlich begründeter Vertrauenstatbestand geschaffen und dieses Vertrauen durch die Durchführung der Hauptverhandlung in (teilweiser) Abwesenheit des Pflichtverteidigers enttäuscht worden ist) wird i. d.R. nicht ausgeschlossen werden können.

II. Anforderungen an den Vortrag

638   • Es ist vorzutragen, dass dem Angeklagten für die Hauptverhandlung ein Pflichtverteidiger beigeordnet worden war. Der Inhalt der betreffenden Entscheidung ist wörtlich mitzuteilen. Es ist als Negativtatsache mitzuteilen, dass die Beiordnung vor Abschluss der Hauptverhandlung nicht rechtswirksam[833] aufgehoben worden ist.

   • Es ist vorzutragen, dass der Pflichtverteidiger nicht oder nur teilweise in der Hauptverhandlung anwesend war. Im Falle der teilweisen Abwesenheit ist dieser Verhandlungsteil zeitlich und inhaltlich genau zu beschreiben, um darzulegen, dass ein wesentlicher Teil der Hauptverhandlung[834] betroffen war. Sind Anträge gestellt und Urkunden verlesen worden, sollten diese im Wortlaut mitgeteilt werden. Entsprechendes gilt für den Gegenstand einer Augenscheinseinnahme.

   • Der Angeklagte wurde während der Abwesenheit des Pflichtverteidigers nicht durch einen anderen Verteidiger verteidigt.

   • Der in Abwesenheit des Pflichtverteidigers durchgeführte Teil der Hauptverhandlung wurde nicht in seiner Anwesenheit wiederholt.

---

832   *Dahs/Dahs* Die Revision im Strafprozess[8] Rn. 189.
833   Siehe zur Zurücknahme der Bestellung KK-*Laufhütte*[6] § 140 Rn. 26.
834   Siehe dazu Rüge 23 Rn. 416.

- Es ist weiterhin vorzutragen, dass der Angeklagte nicht teilweise freigesprochen bzw. das Verfahren nicht teilweise gem. § 154 Abs. 2 StPO eingestellt worden ist. Anderenfalls ist vorzutragen, dass die Abwesenheit des Verteidigers einen konkret zu bezeichnenden Verhandlungsteil betraf, dessentwegen es zu der Verurteilung gekommen ist.[835]

Rüge 41

Hat die Hauptverhandlung ganz oder teilweise ohne einen Verteidiger stattgefunden, dessen Antrag, wegen anderweitiger Verhinderung den Hauptverhandlungstermin zu verlegen, abgelehnt worden ist?   **639**

I. Rechtsgrundlagen

Zwar hat ein Angeklagter das Recht auf wirksame Verteidigung (Art. 6 Abs. 3 lit. c   **640** EMRK), weshalb er sich in jeder Lage des Verfahrens des Beistandes eines Verteidigers seines Vertrauens bedienen kann (§ 137 Abs. 1 StPO). Deshalb muss das Gericht (der Vorsitzende) bei der Terminsbestimmung auch ernsthaft versuchen, dem Recht des Angeklagten, sich in einem Strafverfahren von einem Rechtsanwalt seines Vertrauens verteidigen zu lassen, so weit wie möglich Geltung zu verschaffen.[836] Dies gilt auch in den Fällen, in denen dem Angeklagten ein Pflichtverteidiger beigeordnet ist und er zusätzlich einen Verteidiger als Anwalt seines Vertrauens gewählt hat (§ 138 StPO).

Jedoch hat nicht jede Verhinderung des Verteidigers des Vertrauens zur Folge, dass eine Hauptverhandlung ausgesetzt werden muss (§ 228 Abs. 2 StPO). Der Vorsitzende bzw. das Gericht sind allerdings gehalten, über Anträge auf Verlegung eines Termins nach pflichtgemäßem Ermessen unter Berücksichtigung der eigenen Terminplanung, der Gesamtbelastung des Spruchkörpers, des Gebots der Verfahrensbeschleunigung und der berechtigten Interessen der Prozessbeteiligten zu entscheiden.[837] Aus der Perspektive des Angeklagten sind dies die Bedeutung der Sache, die Schwierigkeit der Sach- und Rechtslage und die Erwartung, von dem Verteidiger seines Vertrauens verteidigt zu werden. Deshalb ist auch zu berücksichtigen, ob eine ordnungsgemäße Verteidigung des Angeklagten infolge Anwesenheit eines weiteren Verteidigers gewährleistet war, deren es im Falle einer notwendigen Verteidigung ohnehin bedurfte. Dies gilt dann allerdings nicht, wenn der Angeklagte dem allein anwesenden Pflichtverteidiger mangelndes Vertrauen entgegenbringt

---

835   Vgl. zu diesem Erfordernis *BGH* StV 2008, 123 m. Anm. *Ventzke*.
836   *BGH* StV 1992, 53.
837   *BGH* StV 2007, 169, *OLG Braunschweig* StV 2008, 293.

oder sogar ein Zerwürfnis besteht, das eine Kommunikation und eine sinnvolle Verteidigung unmöglich macht.[838] In die Abwägung ist schließlich der Grund für die Verhinderung des Verteidigers einzustellen, insbesondere ob dieser zwingend und voraussehbar war oder nicht sowie die voraussichtliche Dauer der Verhinderung.[839]

Gegenstand einer Verfahrensrüge der Ablehnung eines wegen Verhinderung des Vertrauensverteidigers gestellten Aussetzungsantrages (§§ 265 Abs. 4, 137 Abs. 1, 228 StPO, Art. 6 Abs. 3 lit. c EMRK) kann deshalb nur die Beanstandung von Ermessensfehlern sein.

II. Anforderungen an den Vortrag der Rüge der ermessensfehlerhaften Ablehnung eines Aussetzungsantrages

641 Mitzuteilen sind,

- der vollständige Inhalt eines Aussetzungsantrages (wörtlich), der Zeitpunkt seiner Stellung und die Lage des Verfahrens bei Eintritt des Verhinderungsfalles,
- der Gerichtsbeschluss, durch den der Antrag abgelehnt wurde, vollständig im Wortlaut (ggf. auch die einem solchen nach § 238 Abs. 2 StPO vorangegangene Verfügung des Vorsitzenden),
- die gesamte Korrespondenz (wörtlich), die dem Ablehnungsbeschluss zwischen dem Verteidiger und dem Vorsitzenden/Gericht vorausgegangen ist sowie der Inhalt (fern-)mündlicher Erörterungen des Aussetzungs bzw. Terminsverlegungswunsches des Verteidigers,
- die Terminslage des Gerichts, soweit diese dem Verteidiger mitgeteilt worden war, sowie Verlauf und Stand des im Zeitpunkt der Antragstellung bereits durchgeführten Verfahrens sowie die weitere Terminplanung des Gerichts,
- Möglichkeit eines Ausweichtermins und etwaige Gründe, die seiner Inanspruchnahme entgegenstanden,
- Möglichkeit der Verteidigung des Angeklagten durch einen anderen (Pflicht-) Verteidiger am Tage der Verhinderung des Antragstellers,
- Absprache über Aufteilung der Verrichtungen im Falle der Verteidigung des Angeklagten durch mehrere Verteidiger und Darlegung des geplanten Verhandlungsstoffes am Tage der Verhinderung,
- Gegenstand des Anklagevorwurfs, Verfahrensdauer, etwaige Untersuchungshaftzeiten des Angeklagten und/oder von Mitangeklagten.
- die Bezeichnung der Verhandlungstage bzw. der Teile der Hauptverhandlung einschließlich der Mitteilung ihres wesentlichen Inhalts, die ohne den verhinderten Verteidiger stattgefunden haben.

---

838 *BGH* StV 2007, 169.
839 *OLG Koblenz* StV 2010, 476 = StraFo 2009, 523.

Rüge 42

Wurde die Hauptverhandlung teilweise oder gänzlich ohne den fristgerecht geladenen ge- **642**
wählten Verteidiger durchgeführt, weil dieser erst verspätet bzw. überhaupt nicht erschienen ist?

I. Rechtsgrundlagen

Nach § 228 Abs. 2 StPO gibt eine Verhinderung des Verteidigers, unbeschadet der **643**
Vorschrift des § 145 StPO,[840] dem Angeklagten kein Recht, die Aussetzung der
Hauptverhandlung zu verlangen.

Ist dem Gericht bekannt, dass der Angeklagte einen Verteidiger beauftragt hat und
erscheint dieser trotz rechtzeitiger Ladung nicht zur Terminsstunde oder bleibt der
Verhandlung nach einer Unterbrechung fern, kann das Gericht gleichwohl verpflichtet sein, die Hauptverhandlung von Amts wegen oder auf Antrag zu unterbrechen oder auszusetzen oder zumindest den erschienenen Angeklagten auf die Möglichkeit eines dahingehenden Antrags hinzuweisen, wenn dies aus Gründen der prozessualen Fürsorgepflicht des Gerichts geboten ist.

Ob der vom Angeklagten nicht zu vertretende Verlust seines Verteidigers die Aus- **644**
setzung oder zumindest Unterbrechung der Hauptverhandlung gebietet, hängt von
den Umständen des Einzelfalles ab, insbesondere Anlass, Vorhersehbarkeit und
Dauer der Verhinderung, der Bedeutung der Sache sowie Schwierigkeit der Sach
und Rechtslage, Fähigkeit des Angeklagten, sich selbst zu verteidigen, aber auch
Lage des Verfahrens bei Eintritt der Verhinderung und Beachtung des Beschleunigungsgebots.[841]

In Betracht kommen insbesondere folgende **Konstellationen:**[842] **645**

- Der gewählte Verteidiger ist so kurz vor der Hauptverhandlung verstorben oder
  aus anderen (dem Gericht bekannten) unvorhergesehenen Umständen (z.B. Erkrankung) am Erscheinen in der Hauptverhandlung gehindert, dass als Folge davon der Angeklagte sich auf die neue Situation nicht mehr einstellen konnte;[843]

840　§ 228 Abs. 2 StPO betrifft nur die Verhinderung der Verteidigung im Falle einer nicht
　　notwendigen Verteidigung bzw. diejenigen Fälle einer notwendigen Verteidigung, bei
　　denen nur einer von mehreren Verteidigern an der Teilnahme an der Hauptverhandlung
　　verhindert ist. Zum Fehlen eines Verteidigers in Fällen der notwendigen Verteidigung
　　siehe Rüge 32 Rn. 549. Zur unterbliebenen Aussetzung der Hauptverhandlung unter
　　Ablehnung eines Terminsverlegungsantrages des verhinderten Verteidigers s. Rüge 41
　　Rn. 639. Zur unterbliebenen Aussetzung der Hauptverhandlung in Fällen des § 145
　　StPO siehe Rüge 48 Rn. 683.
841　LR-*Gollwitzer*[25] § 265 Rn. 103.
842　Siehe u.a. LR-*J.-P. Becker*[26] § 228 Rn. 21 ff.; LR-*Gollwitzer*[25]§ 265 Rn. 102 u. 104.
843　*BayObLG* StV 1983, 270 m. Anm. *Weider*; *BayObLG* StV 1985, 6; *OLG Düsseldorf*
　　StV 1995, 69.

- die Hauptverhandlung wurde nur in Anwesenheit des Pflichtverteidigers durchgeführt, weil der Termin nur mit diesem, nicht aber mit dem Wahlverteidiger abgestimmt worden war und der unverzügliche Hinweis des Wahlverteidigers auf seine Verhinderung und auf seine Bereitschaft, die Verteidigung an einem dem Pflichtverteidiger genannten Alternativtermin zu führen, übergangen worden ist;[844]

- der Verteidiger hatte wegen Verhinderung rechtzeitig einen Vertagungsantrag gestellt, der erst so kurzfristig vor Beginn der Hauptverhandlung zurückgewiesen worden war, dass sich der Angeklagte bei schwieriger Sach und Rechtslage und besonderer Bedeutung der Sache für ihn nicht mehr rechtzeitig darauf einstellen konnte, in der Hauptverhandlung ohne den Beistand dieses Verteidigers zu sein;[845]

- das Gericht hat mit der Hauptverhandlung begonnen bzw. diese vollständig durchgeführt, obwohl es dem Verteidiger zugesagt hatte, bis zu seinem angekündigten Erscheinen abzuwarten,[846]

- das Gericht hat mit der Hauptverhandlung begonnen, ohne zumindest 15 Minuten das (insbesondere angekündigte) Erscheinen des verspäteten Verteidigers abgewartet zu haben.[847]

II. Anforderungen an den Vortrag der Verletzung des § 265 Abs. 4 (ggf. i.V.m. § 228 bei unzulässiger Beschränkung der Verteidigung: § 338 Nr. 8) StPO

646
- Abwesenheit des fristgerecht geladenen Verteidigers während der gesamten Dauer oder während eines wesentlichen Teils der Hauptverhandlung

- Bei verspätetem Erscheinen des Verteidigers ist der Zeitpunkt, zu dem geladen wurde, der Zeitpunkt des Beginns der Hauptverhandlung und derjenige des Eintreffens des Verteidigers mitzuteilen. Bei einem Verstoß gegen die Wartepflicht ist darzulegen, dass bei Einhaltung der gebotenen Wartezeit der Verteidiger noch vor der Urteilsverkündung in der Hauptverhandlung eingetroffen wäre.[848] Hat nur ein Verhandlungsteil in Abwesenheit eines Verteidigers stattgefunden, sind der betreffende Zeitraum, sein Inhalt und seine Bedeutung für die Entscheidung mitzuteilen. Auch sind Angaben über den Stand des Verfahrens zum Zeitpunkt der Verhinderung des Verteidigers erforderlich. Dazu gehört auch die Verfahrensdauer im Zeitpunkt des Eintritts der Verhinderung des Verteidigers und ggf. die Tatsache, dass sich der Angeklagte in Untersuchungshaft befand (die Verhinderung des einzigen Verteidigers kann unter den Voraussetzungen

---

844 *BGH* StV 1986, 516 = NStZ 1987, 34.
845 *OLG Düsseldorf* StV 1982, 559; *OLG Braunschweig* StV 2004, 366.
846 *OLG Celle* StV 1989, 8.
847 *BayObLG* VRS 60, 304 (Nr. 141); *OLG Köln* StV 1984, 147; *BayObLG* StV 1985, 6.
848 KK-*Gmel*[6] § 228 Rn. 15.

des § 140 Abs. 1 Nr. 5 StPO den absoluten Revisionsgrund des § 338 Nr. 5 StPO begründen: s. Rüge 32 Rn. 549). Es ist weiterhin vorzutragen, dass der Angeklagte nicht teilweise freigesprochen bzw. das Verfahren nicht teilweise gem. § 154 Abs. 2 StPO eingestellt worden ist. Anderenfalls ist vorzutragen, dass die Abwesenheit des Verteidigers einen konkret zu bezeichnenden Verhandlungteil betraf, dessentwegen es zu der Verurteilung gekommen ist.[849]

- Der Grund für die Verhinderung des Verteidigers ist detailliert darzulegen.
- Der Zeitpunkt der Kenntniserlangung von der Verhinderung des Verteidigers durch den Angeklagten und ggf. die Unmöglichkeit, einen neuen Verteidiger zu bestellen bzw. sich ausreichend auf die neue Situation einzustellen.
- Bedeutung der Sache für den Angeklagten, Schwierigkeit der Sach- und Rechtslage und Unfähigkeit des Angeklagten, sich ausreichend selbst zu verteidigen.
- Wurde ein Antrag auf Aussetzung oder Unterbrechung der Hauptverhandlung gestellt, vollständige Mitteilung im Wortlaut.[850]
- Beschluss des Gerichts im Wortlaut oder Tatsache der Nichtbescheidung des Antrags.
- Tatsache, dass die Hauptverhandlung nicht unterbrochen oder ausgesetzt wurde bzw. in Abwesenheit des Verteidigers stattgefundene Verhandlungsteile nicht vollständig in seiner Anwesenheit wiederholt wurden.
- Bei Verhinderung eines von mehreren Verteidigern ggf. Mitteilung einer Aufgabenteilung zwischen ihnen und Tatsache, dass das Gericht darüber informiert wurde.
- Es ist vorzutragen, dass der Angeklagte auf die Durchführung der Hauptverhandlung in Anwesenheit seines Verteidigers nicht verzichtet und diesem das Mandat nicht entzogen hat.[851]

---

849 Vgl. zu diesem Erfordernis *BGH* StV 2008, 123 m. Anm. *Ventzke.*

850 Wurde kein Aussetzungsantrag gestellt, ist darauf hinzuweisen, dass der Angeklagte von dieser Möglichkeit keine Kenntnis hatte, er insbesondere nicht von dem Vorsitzenden darauf hingewiesen wurde. Ist außerhalb der Hauptverhandlung vom Verteidiger ein Aussetzungs- oder Unterbrechungsantrag gestellt worden, der nur durch Verfügung des Vorsitzenden zurückgewiesen worden ist, sind die Vorgänge wörtlich mitzuteilen; ferner ist vorzutragen, dass der Angeklagte hiervon keine Kenntnis hatte bzw. nicht auf die Möglichkeit der Herbeiführung eines Gerichtsbeschlusses hingewiesen wurde.

851 Ist der Angeklagte infolge der kurzfristigen Verhinderung seines gewählten Verteidigers mit einem nicht ausreichend vorbereiteten neuen Verteidiger erschienen, kann die Zurückweisung des von diesem gestellten Unterbrechungsantrages im Falle unzulässiger Beschränkung der Verteidigung (§ 338 Nr. 8 StPO) zum Gegenstand der Revision gemacht werden: vgl. *BGH* NStZ 1983, 281 (siehe auch Rüge 209 Rn. 1781 und die für diesen Fall entsprechend anwendbare Rüge 48 Rn. 683).

Rüge 43

647 Fand in einem Fall notwendiger Verteidigung die Verhandlung nicht mit dem Vertrauensverteidiger des Angeklagten statt, weil es zu dessen Beiordnung infolge Verletzung des Anhörungsrechts des Beschuldigten (§ 142 Abs. 1 S. 1 StPO) nicht gekommen war?

I. Rechtsgrundlagen

648 Die Verfügung des Vorsitzenden, durch die dem Beschuldigten ein Verteidiger bestellt worden ist (§§ 141 Abs. 4, 142 Abs. 1 S. 2 StPO), unterliegt als Vorentscheidung gem. § 336 StPO unmittelbar der Überprüfung durch das Revisionsgericht, weil das Urteil auf ihr beruhen kann.[852]

649 Nach § 142 Abs. 1 S. 1 StPO ist der Beschuldigte vor der Bestellung eines Pflichtverteidigers anzuhören.[853] Diese Pflicht folgt auch aus dem Anspruch des Beschuldigten auf Gewährung rechtlichen Gehörs (§ 33 StPO, Art. 103 Abs. 1 GG) sowie auf ein faires Verfahren (Art. 20 Abs. 3 GG, Art. 6 Abs. 1 S. 1 EMRK). Dem Beschuldigten ist Gelegenheit zu geben, innerhalb einer zu bestimmenden Frist einen Verteidiger seiner Wahl zu bezeichnen. Macht er hiervon Gebrauch, muss der Vorsitzende diesen Verteidiger bestellen, wenn dem kein wichtiger Grund entgegensteht (§ 142 Abs. 1 S. 2 StPO). Nach Auffassung des BGH zur Rechtslage vor Änderung des § 142 Abs. 1 StPO durch das am 1.10.2009 in Kraft getretene 2. OpferrechtsRG[854] soll ein Verstoß gegen § 142 Abs. 1 S. 2 StPO a.F. für sich allein die Revision nicht begründen können. Das Urteil könne nur dann auf der Gesetzesverletzung beruhen, wenn der gegen den Vorschlag des Angeklagten ohne wichtigen Grund bestellte Verteidiger nicht bereit oder nicht in der Lage gewesen sei, den Angeklagten zu verteidigen.[855] Hieran soll sich auch nach der Neufassung des § 142 Abs. 1 StPO nichts geändert haben.[856]

In Anbetracht der an dieser Auffassung geübten Kritik[857] ist bei Erhebung der Rüge der Verletzung der Anhörungspflicht gem. § 142 Abs. 1 S. 1 StPO ein Rechtsprechungswandel nicht ausgeschlossen.

650 Einen Verfahrensverstoß, der mit der Revision mit Erfolg beanstandet werden kann, nimmt auch der BGH aber dann an, wenn ein begründeter Anlass, von der nach § 142 Abs. 1 S. 2 StPO a.F. (= § 142 Abs. 1 S. 1 StPO n.F.) vorgesehenen Anhö-

---

852 SK-StPO-*Wohlers*⁴ § 141 Rn. 35; *BGH* StV 1992, 406 (5. StS) m. Anm. *Barton*.

853 SK-StPO-*Wohlers*⁴ § 142 Rn. 3.

854 Hierzu *Jahn* NJW-Sonderheft für Ingeborg Tepperwien, 2010, S. 25, 26.

855 *BGH* StV 1992, 406 (1. StS); *BGH* StV 1992, 406 (5. StS) m. Anm. *Barton*; *OLG Köln* NJW 2006, 389 jedenfalls für den Fall, dass der Beschuldigte über einen wesentlichen Zeitraum die Verteidigung durch den beigeordneten Verteidiger widerspruchslos hingenommen habe.

856 *Meyer-Goßner*⁵⁵ § 142 Rn. 20.

857 Vgl. nur *Barton* StV 1992, 407; SK-StPO-*Wohlers*⁴ § 142 Rn. 34 m.w.N.

rung des Beschuldigten abzusehen, nicht bestand **und** dem „zeitgerecht vorgetragenen Wunsch des Beschuldigten auf Beiordnung eines von ihm benannten" anstelle des ihm vom Vorsitzenden bestellten Verteidigers nicht Rechnung getragen wurde, ohne dass dem ein wichtiger Grund (§ 142 Abs. 1 S. 3 StPO) entgegengestanden hätte.[858]

Für die Zulässigkeit der Rüge bedarf es weder der vorgängigen Herbeiführung eines **651** Gerichtsbeschlusses i.s.des § 238 Abs. 2 StPO noch eines Antrags auf Aussetzung der Hauptverhandlung.[859]

Nach Auffassung des BGH stellt die Verletzung des § 142 Abs. 1 StPO einen relati- **652** ven Revisionsgrund dar.[860] In Betracht kommt aber auch die Annahme einer unzulässigen Beschränkung der Verteidigung i.S.d. § 338 Nr. 8 StPO[861].

II. Anforderungen an Vortrag

- Es ist darzulegen, dass es sich um einen Fall notwendiger Verteidigung (§ 140 **653** StPO, § 68 JGG) handelte.

- Es muss vorgetragen werden, dass der Vorsitzende dem Beschuldigten, ohne **654** ihm gem. § 142 Abs. 1 S. 1 StPO Gelegenheit zur Bezeichnung eines Verteidigers gegeben zu haben, einen Verteidiger bestellt hat und ein Grund, von der Anhörung abzusehen, nicht bestand.[862]

- Es sollte ggf. vorgetragen werden, dass der Angeklagte nach Kenntniserlangung **655** von der Person des ihm beigeordneten Verteidigers dagegen Einwendungen erhoben hat und er zeitgerecht den Wunsch auf Beiordnung eines von ihm benannten Rechtsanwalts vorgetragen hat.[863] Dabei sollte dargelegt werden, dass wichtige Gründe im Sinne des § 142 Abs. 1 S. 2 StPO, diesen Verteidiger nicht beizuordnen, nicht vorlagen. Es sollte schließlich dargelegt werden, dass der von dem Beschuldigten vorgeschlagene Verteidiger in der Hauptverhandlung (auch als Wahlverteidiger) nicht tätig geworden ist.

---

858 *BGH* StV 2001, 4 (5. StS) m. Anm. *Lüderssen* NStZ 2001, 606; in diesem Sinne schon *BGH* StV 1992, 406 (1. StS).

859 *Meyer-Goßner*[55] § 142 Rn. 20; SK-StPO-*Wohlers*[4] § 142 Rn. 33 m.w.N. (s. allerdings Rn. 652).

860 *BGH* StV 2001, 4.

861 *Lüderssen* NStZ 2001, 606 erwägt neben der Annahme des absoluten Revisionsgrundes des § 338 Nr. 5 die Anwendung von § 338 Nr. 8 StPO; in diesem Sinne auch LR-*Lüderssen/Jahn*[26] § 142 Rn. 38; SK-StPO-*Wohlers*[4] § 142 Rn. 34. In letzterem Falle setzt die Rüge allerdings voraus, dass die unzulässige Beschränkung der Verteidigung auf einem Gerichtsbeschluss beruht.

862 Es ist darzulegen, dass eine besondere Eilbedürftigkeit zur Beiordnung eines Verteidigers nicht bestand: *BGH* StV 2001, 4.

863 Dies im Hinblick auf die nach *OLG Köln* NJW 2006, 389 für möglich erachtete nachträgliche Zustimmung durch widerspruchslose Hinnahme der Beiordnung.

Rüge 44

656 Fand die Hauptverhandlung in einem Fall notwendiger Verteidigung nicht in Anwesenheit desjenigen Verteidigers statt, dessen Beiordnung der Beschuldigte vorgeschlagen hatte, ohne dass dieser ein wichtiger Grund (§ 142 Abs. 1 S. 2 StPO) entgegengestanden hätte?

I. Rechtsgrundlagen

657 Nach Auffassung des BGH gibt § 142 Abs. 1 StPO dem Beschuldigten keinen Rechtsanspruch auf die Bestellung einer bestimmten (von ihm ausgewählten) Person als Verteidiger[864]. § 142 Abs. 1 StPO eröffne dem Beschuldigten nur einen Rechtsanspruch auf eine ermessensfehlerfrei Entscheidung.[865]

658 Räumt man demgegenüber dem Beschuldigten einen Anspruch auf Beiordnung des von ihm gewünschten Verteidigers ein, dem zu entsprechen ist, wenn kein wichtiger Grund i.S.d. § 142 Abs. 1 S. 2 StPO entgegensteht und begreift man diesen als unbestimmten Rechtsbegriff, bei dessen Konkretisierung dem Vorsitzenden kein Ermessen zukommt[866], kann die Entscheidung des Vorsitzenden, von der Beiordnung des gewünschten Verteidigers abzusehen, vollständig der revisionsgerichtlichen Überprüfung unterstellt werden. Sieht man – mit dem BGH – in dem Akt der Beiordnung eines Pflichtverteidigers eine Ermessensentscheidung des Vorsitzenden, kann diese nur auf Ermessensfehler hin überprüft werden.[867] Ermessensfehlerhaft ist die Auswahlentscheidung dann, wenn sie von falschen oder sachwidrigen Voraussetzungen ausgeht, in Wahrheit nicht bestehende Bindungen annimmt („Ermessensunterschreitung") oder wenn das Ermessen infolge des Überwiegens besonderer Umstände ausnahmsweise „auf Null reduziert" ist.[868]

659 Die Verletzung des § 142 Abs. 1 StPO ist ein relativer Revisionsgrund (§ 337 StPO), wenn ein anderer Verteidiger an der Hauptverhandlung mitgewirkt hat. Es kann auch die unzulässige Beschränkung der Verteidigung (§ 338 Nr. 8 StPO) gerügt werden, wenn in der Hauptverhandlung der erneute Antrag auf Beiordnung des Vertrauensverteidigers durch Gerichtsbeschluss zurückgewiesen wurde.[868]

---

864 Vgl. nur *BGH* NStZ 1987, 217.
865 Dagegen SK-StPO-*Wohlers*[4] § 142 Rn. 15 m. ausf. Nachweisen auf die in Rechtsprechung und Literatur vertretenen unterschiedlichen Auffassungen.
866 SK-StPO-*Wohlers*[4] § 142 Rn. 15 m.w.N.
867 *BGH* StV 1997, 564 = NStZ 1998, 49 (1. StS).
868 *BGH* ibid.

II. Anforderungen an den Vortrag der Rüge der Verletzung des § 142 Abs. 1 StPO

- Es ist darzulegen, dass es sich um einen Fall notwendiger Verteidigung handelte. **660**

- Es ist vorzutragen, dass der Beschuldigte im Rahmen seiner Anhörung gem. **661** § 142 Abs. 1 S. 2 StPO einen bestimmten Verteidiger benannt hat, der ihm beigeordnet werden möge.

- Es ist darzulegen, dass der Vorsitzende nicht diesen, sondern einen anderen **662** Verteidiger beigeordnet hat.[869] Der Inhalt des Beiordnungsbeschlusses ist mitzuteilen.

- Es muss ausführlich dargelegt werden, dass keine wichtigen Gründe im Sinne **663** des § 142 Abs. 1 S. 3 StPO vorlagen, die der Beiordnung des von dem Beschuldigten vorgeschlagenen Verteidigers entgegengestanden hätten.

- Es ist ggf. darzulegen, dass der Vorsitzende bei seiner Entscheidung von falschen oder sachwidrigen Voraussetzungen ausgegangen, in Wahrheit nicht bestehende Bindungen angenommen hat oder das Ermessen infolge des Überwiegens darzulegender besonderer Umstände ausnahmsweise „auf Null reduziert" war.[870] **664**

- Es ist vorzutragen, dass der vom Angeklagten vorgeschlagene Verteidiger an **665** der Hauptverhandlung nicht teilgenommen hat und der Angeklagte die Verteidigung durch den beigeordneten Verteidiger nicht widerspruchslos hingenommen hat.[871]

- Ist in der Hauptverhandlung vom Angeklagten noch einmal beantragt worden, **666** den von ihm vorgeschlagenen Verteidiger beizuordnen und ist dies – nach erfolgloser Anrufung des Gerichts (§ 238 Abs. 2 StPO) – durch Gerichtsbeschluss abgelehnt worden, sind dieser Vorgang sowie Antrag und Beschluss im Wortlaut im Hinblick auf den Revisionsgrund des § 338 Nr. 8 StPO mitzuteilen.

---

869 Ist gegen die Verfügung – erfolglos – Beschwerde eingelegt worden, ist dies und die Beschwerdeentscheidung wörtlich mitzuteilen.

870 Vgl. dazu im Zusammenhang mit der von dem Beschuldigten gewünschten Beiordnung eines nicht gerichtsansässigen Verteidigers *Schlothauer* StV 1981, 443, 450; *BGHSt* 43, 153 = StV 1997, 564 = NStZ 1998, 49 (1. StS). Zur Rechtslage nach Streichung von § 142 Abs. 1 S. 1 StPO a.F. *Jahn* NJW-Sonderheft für Ingeborg Tepperwien, 2010, S. 25, 27.

871 Der Herbeiführung eines Gerichtsbeschlusses gem. § 238 Abs. 2 StPO bedarf es bei der Geltendmachung des relativen Revisionsgrundes gem. §§ 142 Abs. 1 S. 2, 337 StPO allerdings nicht.

Rüge 45

667 Hat die Hauptverhandlung ganz oder teilweise ohne einen Verteidiger stattgefunden, der von der Mitwirkung an der Hauptverhandlung ausgeschlossen, zurückgewiesen oder entfernt worden ist?

I. Rechtsgrundlagen

668 Wird ein Verteidiger gem. §§ 138a ff. StPO ausgeschlossen oder gem. § 146a StPO zurückgewiesen, nimmt ein Richter die nach seiner Ansicht unvorschriftsmäßige Kleidung eines Verteidigers zum Anlass, diesen in der Hauptverhandlung zurückzuweisen[872] oder kommt es gem. § 177 GVG zur Entfernung des Verteidigers aus dem Sitzungssaal,[873] ist unabhängig von der Zulässigkeit dieser Maßnahmen und den sich daraus ergebenden revisionsrechtlichen Folgen die Hauptverhandlung zu unterbrechen, um dem Angeklagten Gelegenheit zu geben, sich auf die neue Situation einzustellen (vgl. auch § 138c Abs. 4 StPO).

669 Zur Zulässigkeit der Rüge der unzulässigen Beschränkung der Verteidigung bedarf es keines Gerichtsbeschlusses, wenn der Vorsitzende es unterlassen hat, den Angeklagten auf die Möglichkeit hinzuweisen, einen Unterbrechungs- oder Aussetzungsantrag zu stellen.

670 Ausschluss bzw. Zurückweisung eines Wahlverteidigers gem. §§ 138a ff.[874] und 146a Abs. 1 StPO begründen einen Fall der notwendigen Verteidigung gem. § 140 Abs. 1 Nr. 8 StPO, so dass die Weiterverhandlung ohne Verteidiger einen absoluten Revisionsgrund (§ 338 Nr. 5 StPO) wegen Verstoßes gegen §§ 140 Abs. 1, 226 StPO darstellt.[875] War ein weiterer Pflicht- oder Wahlverteidiger in der Hauptverhandlung anwesend, führt die nach §§ 137 Abs. 1 S. 2 bzw. 146 StPO unzulässige Zurückweisung des Verteidigers – darüber entscheidet gem. § 146a Abs. 1 S. 3 StPO das erkennende Gericht – zu einer unzulässigen Beschränkung der Verteidigung (§ 338 Nr. 8 StPO).[876]

---

872 Vgl. *OLG Köln* VRS 70, 21; *BGH* StV 1988, 417 = NStZ 1988, 510; *OLG München* StV 2007, 27 m. Anm. *Weihrauch.*

873 Vgl. *OLG Hamm* StraFo 2003, 244 = StV 2004, 69.

874 Zur Nichtunterbrechung bzw. -aussetzung der Hauptverhandlung entgegen § 138c Abs. 4 StPO siehe Rüge 210 Rn. 1784.

875 Siehe dazu und zum erforderlichen Revisionsvorbringen Rüge 32 Rn. 549.

876 **A.A.** *BGHSt* 27, 154, 159.

II. Anforderungen an den Vortrag der Rüge der Verletzung der §§ 140 Abs. 1, 226 (§ 338 Nr. 5) bzw. der §§ 137 Abs. 1 S. 2, 146 (§ 338 Nr. 8) StPO

Zur Ausführung der Verfahrensrüge ist vorzutragen, dass der in der Hauptverhandlung anwesende Verteidiger vom Vorsitzenden/Gericht von der weiteren Mitwirkung an der Hauptverhandlung zurückgewiesen worden ist. Die Zurückweisungsentscheidung ist wörtlich mitzuteilen, ferner, dass die Hauptverhandlung ohne diesen Verteidiger fortgesetzt wurde und der Angeklagte nicht auf sein Recht hingewiesen worden ist, die Unterbrechung bzw. Aussetzung der Hauptverhandlung zu beantragen und er auch nicht der weiteren Durchführung der Hauptverhandlung ohne deren Unterbrechung oder Aussetzung in Abwesenheit des zurückgewiesenen Verteidigers zugestimmt hat. Wurde die Hauptverhandlung in Anwesenheit eines weiteren Verteidigers fortgesetzt, ist darzulegen, warum der Angeklagte in seiner Verteidigung unzulässig beschränkt war (§ 338 Nr. 8 StPO, beispielsweise weil die Verteidiger – wie auszuführen ist – ihre Verrichtungen unter sich aufgeteilt hatten: § 227 StPO).

671

Kapitel 8
Verteidigung durch unqualifizierten Verteidiger

Rüge 46

672 Hat an der Hauptverhandlung ein Verteidiger mitgewirkt, in dessen Person die Voraussetzungen für seine Zurückweisung wegen Verletzung des Verbots der Mehrfachverteidigung (§ 146 StPO) vorlagen?

I. Rechtsgrundlagen

673 Als Verstoß gegen § 146 StPO kann die Revision darauf gestützt werden, dass der Angeklagte in der Hauptverhandlung im Beistand eines Verteidigers war, der wegen Verteidigung mehrerer Angeklagter seine Aufgabe nicht erfüllen konnte und der deshalb nach § 146a StPO hätte zurückgewiesen werden müssen.[877] Bei einem tatsächlich bestehenden Interessenkonflikt indiziert dies die Möglichkeit, dass das Urteil auf dem Verstoß gegen § 146 StPO beruht.[878] Dass dem Tatrichter der Verstoß gegen § 146 StPO unbekannt war, ist unerheblich.[879]

II. Anforderungen an den Vortrag der Rüge der Verletzung des § 146a StPO (§ 337 StPO)

674 Der Beschwerdeführer muss die Tatsachen darlegen, aus denen sich ergibt, dass die Verteidigung durch den in der Hauptverhandlung anwesenden Verteidiger wegen unzulässiger Verteidigung mehrerer Angeklagter der Aufgabe der Verteidigung im konkreten Einzelfall tatsächlich widerstritten hat.[880] Dazu müssen der betreffende Mitbeschuldigte bzw. -angeklagte namentlich bezeichnet, die Gleichzeitigkeit beider Verteidigungen sowie der Vorwurf dargelegt und verdeutlicht werden, dass es sich um dieselbe Tat i.S.d. § 264 StPO handelt.

---

877 *Meyer-Goßner*[55] § 146a Rn. 9.
878 LR-*Lüderssen/Jahn*[26] § 146a Rn. 17.
879 *OLG Koblenz* NJW 1980, 1058; **a.A.** *BGHSt* 27, 22, 24 = JR 1977, 211 m. **abl.** Anm. *Meyer*; ausführlich LR-*Lüderssen/Jahn*[26] § 146a Rn. 17 u. 18.
880 Vgl. *BGH* NStZ 1981, 190. Im Falle eines bestehenden Interessenwiderstreits wird das Beruhen des Urteils auf einer unzureichenden Verteidigerleistung nicht ausgeschlossen werden können.

Rüge 47

Wurde die Hauptverhandlung in Anwesenheit eines Pflichtverteidigers durchgeführt, der **675**
dem Beschuldigten bei Beachtung der den Vorsitzenden treffenden Fürsorgepflicht nicht
hätte beigeordnet werden dürfen?

I. Rechtsgrundlagen

Die Verfügung des Vorsitzenden, durch die der Verteidiger bestellt wird (§ 142 **676**
Abs. 1 StPO) unterliegt als Vorentscheidung gem. § 336 StPO unmittelbar der
Überprüfung durch das Revisionsgericht, weil das Urteil auf ihr beruhen kann.[881]

In der Person des Verteidigers liegende Gründe, die seiner Beiordnung entgegenste- **677**
hen können, können sich aus folgenden Umständen ergeben:

- Der bestellte Verteidiger gehört nicht zum Kreis der nach §§ 138 Abs. 1, 139,
  142 Abs. 2 StPO bestellbaren Personen.[882]
- Nach Auffassung des BGH ist die Bestellung eines Verteidigers rechtsfehlerhaft, wenn dieser die Verteidigung wegen eines Interessenkonflikts möglicherweise nicht mit vollem Einsatz führen kann, also die Bestellung einen Verstoß
  gegen § 146 StPO zur Folge hätte.[883]
- Gegen den beigeordneten Rechtsanwalt besteht der Verdacht eines Ausschließungsgrundes gem. §§ 138a, 138b StPO (str.[884]).

Die Mitwirkung eines Pflichtverteidigers, der in dem konkreten Verfahren aus in **678**
seiner Person liegenden Gründen nicht hätte beigeordnet werden dürfen, begründet
nach Auffassung des BGH[885] einen relativen Revisionsgrund. Hat als Verteidiger
allerdings eine Person mitgewirkt, die nicht zum Kreis der nach §§ 138 Abs. 1, 139,
142 Abs. 2 StPO bestellbaren Personen gehört, oder hat ein Rechtsanwalt mitgewirkt, dessen Zulassung im Zeitpunkt der Hauptverhandlung bestandskräftig widerrufen war, begründet dies den absoluten Revisionsgrund des § 338 Nr. 5 StPO[886].

---

881 *BGH* StV 1992, 406 m. Anm. *Barton.*
882 Hierzu SK-StPO-*Wohlers*[4] § 142 Rn. 18.
883 *BGH* StV 1992, 406 f.; teilweise über die Vorschrift des § 146 StPO hinausgehend
     BGHSt 48, 170 = StV 2003, 210 sowie *BGH* StV 2006, 113 = NStZ 2006, 404; weitere
     Nachweise bei SK-StPO-*Wohlers*[4] § 142 Rn. 19 mit differenzierender eigener Stellung-
     nahme.
884 Zum Streitstand siehe SK-StPO-*Wohlers*[4] § 142 Rn. 21. Wird der Angeklagte nur durch
     einen Verteidiger verteidigt, gegen den ein Ausschlussverfahren bereits eingeleitet ist,
     ist dies ein Fall des § 338 Nr. 5 StPO (Rüge 32 Rn. 550).
885 *BGH* StV 1992, 406 f.; *BGH* StV 2006, 113 = NStZ 2006, 404.
886 *BGHSt* 47, 238 = StV 2004, 5 („Scheinverteidiger"); näher SK-StPO-*Frisch*[3] § 338
     Rn. 115. Siehe insbes. Rüge 32 Rn. 549.

II. Anforderungen an den Vortrag der Rüge der Verletzung des § 142 Abs. 1 S. 3 StPO (§ 337 StPO)[887]

679 • Es ist vorzutragen, dass ein Fall notwendiger Verteidigung vorlag.

680 • Es ist darzulegen, dass der bestellte Verteidiger aus in seiner Person liegenden Gründen nicht hätte beigeordnet werden dürfen.

681 • Es ist darzulegen, dass während der Hauptverhandlung bzw. während eines wesentlichen Teils derselben der Angeklagte nur durch diesen Verteidiger verteidigt wurde.[888]

682 • Für den Fall, dass der disqualifizierte Verteidiger nur während eines konkret zu bezeichnenden wesentlichen Teils der Hauptverhandlung die Verteidigung allein geführt hat, ist vorzutragen, dass der betreffende Teil (dessen Inhalt ist mitzuteilen) nicht in Anwesenheit eines qualifizierten Verteidigers vollständig wiederholt wurde. Es ist weiterhin vorzutragen, dass der Angeklagte nicht teilweise freigesprochen bzw. das Verfahren nicht teilweise gem. § 154 Abs. 2 StPO eingestellt worden ist. Anderenfalls ist vorzutragen, dass die Abwesenheit des Verteidigers einen konkret zu bezeichnenden Verhandlungsteil betraf, dessentwegen es zu der Verurteilung gekommen ist.[889]

Rüge 48

683 Ist im Falle einer notwendigen Verteidigung der Verteidiger in der Hauptverhandlung ausgeblieben bzw. hat er sich daraus unzeitig entfernt oder sich geweigert, die Verteidigung zu führen, ist deshalb dem Angeklagten ein anderer Verteidiger beigeordnet oder ein Wahlverteidiger bestellt worden, der erklärt hat, nicht ausreichend vorbereitet zu sein, und ist die Hauptverhandlung gleichwohl nicht unterbrochen oder ausgesetzt worden (§ 145 Abs. 3 StPO)?

I. Rechtsgrundlagen

684 Die Nichtaussetzung oder -unterbrechung der Hauptverhandlung unter Verletzung des § 145 Abs. 3 StPO ist ein relativer Revisionsgrund (§ 337 StPO)[890]. Die Vorschrift soll in Fällen notwendiger Verteidigung eine ordnungsgemäße Verteidigung

---

887 Zu den Rügeanforderungen bei dem absoluten Revisionsgrund des § 338 Nr. 5 StPO wegen Verteidigung des Angeklagten allein durch einen „Scheinverteidiger" siehe Rüge 32 Rn. 550 u. 556.

888 Anders, wenn gem. § 227 StPO der beigeordnete und ein weiterer Verteidiger in der Hauptverhandlung ihre Verrichtungen unter sich geteilt haben: Vgl. SK-StPO-*Frisch*³ § 338 Rn. 115 m.w.N.

889 Vgl. zu diesem Erfordernis *BGH* StV 2008, 123 m. Anm. *Ventzke*.

890 *Meyer-Goßner*⁵⁵ § 145 Rn. 26.

gewährleisten.[891] Erfolgt kein Unterbrechungs- oder Aussetzungsantrag bzw. gibt der neu beigeordnete Verteidiger keine Erklärung des Inhalts ab, nicht ausreichend vorbereitet zu sein, kommt eine Unterbrechung oder Aussetzung der Hauptverhandlung unter den Voraussetzungen des § 265 Abs. 4 StPO von Amts wegen in Betracht.[892]

II. Anforderungen an den Vortrag der Rüge der Verletzung des § 145 Abs. 3 StPO

- Es handelte sich um einen Fall notwendiger Verteidigung, was auszuführen ist. **685**
- Der gewählte oder beigeordnete Verteidiger ist der Hauptverhandlung ferngeblieben oder hat sich aus dieser unzeitig entfernt oder sich geweigert, die Verteidigung zu führen.
- Dem Angeklagten ist sogleich ein anderer Verteidiger beigeordnet und in dessen Anwesenheit die Hauptverhandlung fortgeführt worden.[893]
- Der neu bestellte Verteidiger hat erklärt, dass ihm die zur Vorbereitung der Verteidigung erforderliche Zeit nicht zur Verfügung gestanden habe[894] (wurde der ausdrückliche Antrag auf Unterbrechung oder Aussetzung der Verhandlung gestellt, ist dies zusätzlich im Wortlaut mitzuteilen[895]).
- Die Hauptverhandlung wurde ohne Unterbrechung oder Aussetzung fortgeführt. Der Beschluss, durch den ein Aussetzungs- oder Unterbrechungsantrag zurückgewiesen wurde, ist wörtlich mitzuteilen. Es ist der Inhalt der fortgeführten Hauptverhandlung zu schildern.[896]

---

891 Zum Wegfall des gewählten Verteidigers im Falle einer nicht notwendigen Verteidigung siehe Rüge 207 Rn. 1774.

892 Zum erforderlichen Rügevorbringen siehe *BGH* v. 30.8.2012 – 4 StR 108/12 = NStZ 2013, 122. Allgemein zu den Anforderungen an den Vortrag der Rüge der Verletzung des § 265 Abs. 4 StPO bei Verlust des bisherigen Wahlverteidigers siehe Rüge 207 ff. Rn. 1774 ff.

893 § 145 Abs. 3 StPO findet entsprechende Anwendung für einen neu eingetretenen Wahlverteidiger: LR-*Lüderssen/Jahn*[26] § 145 Rn. 31.

894 Ob dies vom Gericht hinzunehmen ist oder nicht, ist str.: Vgl. SK-StPO-*Wohlers*[4] § 145 Rn. 18 u. 19. Bejahend: LR-*Lüderssen/Jahn*[26] § 145 Rn. 26.

895 In der Erklärung, dass die zur Vorbereitung der Verteidigung erforderliche Zeit gefehlt habe, ist ein zumindest konkludenter Antrag auf Aussetzung oder Unterbrechung der Hauptverhandlung zu sehen, so dass es eines ausdrücklichen Antrages nicht zwingend bedarf. Ohnehin muss das Gericht von Amts wegen die Hauptverhandlung unterbrechen oder aussetzen, wenn es feststellt, dass der Angeklagte nicht ordnungsgemäß verteidigt ist: LR-*Lüderssen/Jahn*[26] § 145 Rn. 29.

896 Ob das Urteil auf der fehlerhaften Nichtaussetzung oder –unterbrechung der Hauptverhandlung beruht (§ 337 StPO), wird allerdings nicht nur vom Inhalt des Teils der Hauptverhandlung abhängen, der in Anwesenheit des nicht vorbereiteten Verteidigers durchgeführt wurde, sondern auch davon, was *vor* seiner Beiordnung verhandelt wurde, ohne nochmals in seiner Anwesenheit wiederholt worden zu sein (auch dies sollte deshalb vorsorglich vorgetragen werden).

- Die betreffenden Teile der Hauptverhandlung wurden nicht vollständig zu einem späteren Zeitpunkt wiederholt, nachdem der Verteidiger erklärt hatte, nunmehr die Verteidigung ausreichend vorbereitet zu haben.

Kapitel 9
(Fristgerechte und mangelfreie) Ladung des Angeklagten und Verteidigers

---

Rüge 49

Ist ein Antrag auf Aussetzung der Hauptverhandlung abgelehnt oder übergangen worden, obwohl der Angeklagte nicht innerhalb der Frist des § 217 Abs. 1 StPO zur Hauptverhandlung geladen worden ist? **686**

I. Rechtsgrundlagen

Der Angeklagte ist per Zustellung zur Hauptverhandlung zu laden, wobei zwischen **687** der Zustellung der Ladung und dem Tag der Hauptverhandlung eine Frist von mindestens einer Woche liegen muss (§ 217 Abs. 1 StPO). Die Nichteinhaltung dieser Frist allein soll nach h.M. mit der Revision nicht gerügt werden können.[897] Sie entbindet den Angeklagten auch nicht von der Pflicht, zur Hauptverhandlung zu erscheinen. Dem Angeklagten ist lediglich das Recht eingeräumt, vor Beginn oder in der Hauptverhandlung bis zum Beginn seiner Vernehmung zur Sache die Aussetzung der Hauptverhandlung zu beantragen (§ 217 Abs. 2 StPO).

Da der Angeklagte mithin die Möglichkeit hat, von der Stellung eines Aussetzungs- **688** antrags abzusehen, würde die Vorschrift des § 217 Abs. 3 StPO unverständlich sein, wonach der Angeklagte das Recht hat, auf die Einhaltung der Ladungsfrist zu verzichten. Im Zusammenhang mit der Vorschrift des § 228 Abs. 3 StPO ist § 217 StPO deshalb die Bedeutung beizumessen, dass die Nichteinhaltung der Ladungsfrist des § 217 Abs. 1 StPO auch dann gerügt werden darf, wenn der Angeklagte keinen Aussetzungsantrag bis zu seiner Vernehmung zur Sache gestellt hat, er allerdings nicht gem. § 228 Abs. 3 StPO auf dieses Recht hingewiesen worden war und er auf die Einhaltung der Ladungsfrist nicht wirksam verzichtet hat (siehe Rüge 50 Rn. 692).

II. Anforderungen an den Vortrag der Rüge der Ablehnung oder Nichtbescheidung eines Aussetzungsantrages

- Datum der Zustellung der Ladung. **689**
- Datum des Beginns der Hauptverhandlung unter Angabe des Wochentages (und damit verbundener Nichteinhaltung der Ladungsfrist).
- Stellung eines Aussetzungsantrags unter vollständiger Wiedergabe seines Wortlauts.

---

897 LR-*C. Jäger*[26] § 217 Rn. 16.

- Zeitpunkt der Antragstellung vor Vernehmung zur Sache (ist der Antrag erst später gestellt worden, ist das Gericht zur Aussetzung der Hauptverhandlung nur verpflichtet, wenn zugleich die Voraussetzungen des § 265 Abs. 4 StPO vorliegen[898]).
- Tatsache, dass der Angeklagte (auch nachträglich) auf die Einhaltung der Ladungsfrist nicht verzichtet hat.
- Ablehnung des Aussetzungsantrags unter vollständiger Wiedergabe des Inhalts des Beschlusses bzw. dessen Nichtbescheidung.[899]
- Mitteilung, dass die Hauptverhandlung auch tatsächlich nicht ausgesetzt wurde.

III. Weitere Anforderungen an den Vortrag

690 Da die Ablehnung eines Aussetzungsantrags durch Beschluss zu erfolgen hat,[900] handelt es sich um einen nach § 338 Nr. 8 StPO zu rügenden Rechtsfehler. Die Behinderung der Verteidigung infolge der nicht gewahrten Ladungsfrist ist nach § 344 Abs. 2 S. 2 StPO darzulegen,[901] weshalb der Inhalt der Anklageschrift, eventuell ein abweichender Eröffnungsbeschluss mitzuteilen sind; der Grad der Konkretisierung des Vortrags im Übrigen ist von den Umständen des Einzelfalles abhängig, darf aber nicht zu überspannten Anforderungen führen. Sollte die Einholung bestimmter Erkundigungen tatsächlicher oder rechtlicher Art infolge der Fristverkürzung nicht möglich gewesen sein, sollte dies jedoch konkret dargelegt werden.

IV. Nachweis der Verfahrenstatsachen

691 Der Antrag und seine Bescheidung sind wesentliche Förmlichkeiten der Hauptverhandlung und werden positiv durch das Hauptverhandlungsprotokoll bzw. bei dessen Schweigen negativ bewiesen.

---

898 LR-*C. Jäger*[26] § 217 Rn. 7 m.w.N.
899 Die Nichtbescheidung eines Antrags steht seiner Ablehnung gleich: *Meyer-Goßner*[55] § 338 Rn. 60.
900 LR-*C. Jäger*[26] § 217 Rn. 6 m.w.N.
901 LR-*C. Jäger*[26] § 217 Rn. 18.

Rüge 50

Ist der Angeklagte entgegen § 228 Abs. 3 StPO nicht auf das Recht hingewiesen worden, **692** die Aussetzung der Hauptverhandlung im Hinblick darauf beantragen zu dürfen, dass ihm bzw. seinem (nicht erschienenen) Verteidiger gegenüber die Ladungsfrist des § 217 Abs. 1 (i.V.m. § 218) StPO nicht eingehalten worden ist?

I. Rechtsgrundlagen

Die Rechtsprechung sieht § 228 Abs. 3 StPO als nicht revisionsfähige Ordnungs- **693** vorschrift („soll") an.[902]

Die Bedeutung der Vorschrift liegt aber darin, dass durch die Nichtbelehrung über das Recht, die Aussetzung beantragen zu dürfen, die Präklusionswirkung des § 217 Abs. 2 StPO entfällt.[903] Zu rügen ist daher die Nichteinhaltung der Ladungsfrist des § 217 Abs. 1 StPO[904].

Ob auch der mit einem Verteidiger in der Hauptverhandlung erschienene Angeklagte nach § 228 Abs. 3 StPO zu belehren ist, wird vielfach verneint.[905] Da die Einhaltung der Ladungsfrist dem Gericht obliegt, ist allerdings dieses und nicht der Verteidiger verpflichtet, den Angeklagten auf die Möglichkeiten einer Antragstellung nach § 217 Abs. 2 StPO hinzuweisen.

II. Anforderungen an den Vortrag der Rüge der Nichteinhaltung der Ladungsfrist des § 217 Abs. 1 StPO bei unterbliebener Belehrung über die Möglichkeit der Stellung eines Aussetzungsantrages (§§ 217, 228 Abs. 3, 337 StPO)

- Datum der Zustellung der Ladung des Angeklagten. Auch die Art und Weise der **694** Zustellung sollte mitgeteilt werden.
- Datum des Beginns der Hauptverhandlung unter Angabe des Wochentages (und damit verbundene Nichteinhaltung der Ladungsfrist des § 217 Abs. 1 StPO).
- Tatsache, dass der Angeklagte auf die Einhaltung der Ladungsfrist nicht verzichtet hat.
- Tatsache, dass der Angeklagte vom Vorsitzenden nicht auf das Recht, einen Antrag auf Aussetzung der Hauptverhandlung stellen zu dürfen, hingewiesen wurde.
- Tatsache, dass dem Angeklagten die Existenz eines solchen Rechts nicht bekannt war (ggf. dass er in der Hauptverhandlung nicht im Beistand eines Verteidigers erschienen ist bzw. er gänzlich ohne Verteidiger war).

---

902 Nachweise bei LR-*J.-P. Becker*[26] § 228 Rn. 46.
903 Nachweise bei LR-*C. Jäger*[26] § 217 Rn. 18.
904 So auch Rechtsprechung und Literatur bei LR-*C. Jäger*[26] § 217 Rn. 17.
905 LR-*J.-P. Becker*[26] § 228 Rn. 31.

- Tatsache, dass der Angeklagte keinen Aussetzungsantrag gestellt hat und die Hauptverhandlung nicht ausgesetzt wurde.

- Da es sich um einen relativen Revisionsgrund handelt, sollte zur Beruhensfrage vorgetragen werden, warum der Angeklagte in Kenntnis seines Antragsrechts hiervon Gebrauch gemacht hätte und er infolge der Nichteinhaltung der Ladungsfrist in seinem Recht auf Verteidigung behindert war.

III. Rüge bei unterbliebener Belehrung über die Möglichkeit der Stellung eines Aussetzungsantrages im Hinblick auf die Nichteinhaltung der Frist zur Ladung des in der Hauptverhandlung nicht erschienenen Verteidigers (§§ 228 Abs. 3, 217 Abs. 1, 218 StPO)

695
- Datum der Zustellung der Ladung des Verteidigers. Auch die Art und Weise der Zustellung sollte mitgeteilt werden.

- Datum des Beginns der Hauptverhandlung unter Angabe des Wochentages (und damit verbundene Nichteinhaltung der Ladungsfrist der §§ 217 Abs. 1, 218 StPO).

- Tatsache, dass weder der Angeklagte noch sein Verteidiger auf die Einhaltung der Ladungsfrist verzichtet haben.

- Tatsache, dass der Angeklagte vom Vorsitzenden nicht auf das Recht, einen Antrag auf Aussetzung der Hauptverhandlung stellen zu dürfen, hingewiesen wurde.

- Tatsache, dass dem Angeklagten die Existenz eines solchen Rechts nicht bekannt war.

- Tatsache, dass der Angeklagte keinen Aussetzungsantrag gestellt hat und die Hauptverhandlung nicht ausgesetzt wurde.

- Da es sich um einen relativen Revisionsgrund handelt, sollte zur Beruhensfrage vorgetragen werden, warum der Angeklagte in Kenntnis seines Antragsrechts hiervon Gebrauch gemacht hätte und er infolge der Nichteinhaltung der Ladungsfrist in seinem Recht auf Verteidigung behindert war. Letzteres wird sich schon daraus ergeben, dass der nicht rechtzeitig geladene Verteidiger zur Hauptverhandlung nicht erschienen ist.

IV. Nachweis der Verfahrenstatsachen

696 Die Nichtbelehrung entgegen § 228 Abs. 3 StPO wird durch das Schweigen des Hauptverhandlungsprotokolls bewiesen.[906]

---

906 Zur Pflicht zur Protokollierung der dem Gericht kraft Gesetzes obliegenden Belehrungen LR-*Gollwitzer*[25] § 273 Rn. 12.

Rüge 51

Fand im Falle der Verteidigung des Angeklagten durch einen oder mehrere Verteidiger die   **697**
Hauptverhandlung ganz oder teilweise ohne den/alle Verteidiger statt, weil das Gericht
den/die Verteidiger nicht geladen hatte (§§ 218 S. 1, 337 StPO)?

I. Rechtsgrundlagen

Hat ein Verteidiger seine Mandatsübernahme der Staatsanwaltschaft im Ermitt-   **698**
lungsverfahren bzw. dem Gericht nach Anklageerhebung rechtzeitig[907] vor dem
Hauptverhandlungstermin angezeigt, ist er zur Hauptverhandlung zu laden (§ 218
S. 1 StPO)[908]. Auf eine Vollmachtsvorlage kommt es nicht an.[909] Im Falle mehrerer
(Pflicht- und/oder Wahl-)Verteidiger sind diese grundsätzlich alle zur Hauptverhandlung zu laden,[910] sofern sie nicht einer Sozietät angehören oder eine Bürogemeinschaft betreiben.[911]

Unterbleibt die Ladung[912] und findet die Hauptverhandlung ohne den Verteidiger   **699**
statt, begründet dies im Hinblick auf die unzulässige Beschränkung der Verteidigung in der Regel die Revision (§ 337 StPO)[913]. Handelt es sich um einen Fall der
notwendigen Verteidigung und ist gar kein Verteidiger in der Hauptverhandlung anwesend, liegt der absolute Revisionsgrund des § 338 Nr. 5 StPO vor.[914]

Die Ladung ist auch dann nicht entbehrlich, wenn der Verteidiger anderweitig von
dem Termin Kenntnis hatte (str.)[915] oder die Möglichkeit bestand, von dem Termin
Kenntnis zu nehmen.[916] Ist der nicht geladene Verteidiger anwesend, so beruht die
in seiner Gegenwart durchgeführte Verhandlung nicht auf dem Unterlassen der

---

907   Vgl. dazu LR-*C. Jäger*[26] § 218 Rn. 16.
908   Zu den Folgen der Nichtladung eines dem Angeklagten beigeordneten Pflichtverteidi-
      gers siehe Rügen Nr. 32 Rn. 549 und Nr. 40 Rn. 636.
909   *BGHSt* 36, 259 = StV 1990, 51 = NStZ 1990, 44.
910   *BGH* StV 1985, 133; *OLG Naumburg* StV 2009, 686 = StraFo 2009, 332.
911   *BGH* StV 2007, 283.
912   Auf ein Verschulden des Gerichts kommt es nicht an (*OLG Köln* MDR 1980, 688; *KG*
      StV 1996,10). Auch bei verbleibenden Zweifeln ist bei fehlendem Zustellungsnachweis
      davon auszugehen, dass der Verteidiger nicht zur Hauptverhandlung geladen worden
      ist: *OLG Hamm* StraFo 1998, 235, 236.
913   LR-*C. Jäger*[26] § 218 Rn. 32 m.w.N.
914   Siehe Rüge 32 Rn. 549.
915   *BayObLGSt* 1984, 133 = StV 1985, 140; *OLG München* NStZ 2005, 651 = StV 2005,
      599 (Ls). Der *BGH* schließt nicht aus, dass eine unterbliebene Ladung unschädlich ist,
      wenn der Verteidiger auf andere Weise rechtzeitig von dem Termin zuverlässig Kennt-
      nis erlangt hatte: *BGHSt* 36, 259, 261 = StV 1990, 51, 52 = NStZ 1990, 44; *BGH* StV
      2008, 564 = NStZ 2009, 48. In diesem Sinne nunmehr *OLG Celle* v. 2.4.2012 – 322
      SsBs 84/12 = StV 2012, 588; ebenso *Meyer-Goßner*[55] § 218 Rn. 15; nach LR-*C. Jäger*[26]
      § 218 Rn. 14 handelt es sich um ein Beruhensproblem.
916   *BGH* StV 1985, 133 = NStZ 1985, 229; *OLG München* NStZ 2006, 590. Zum Fall der
      Terminskenntnis bei verspäteter Ladung s.u. Rüge 52 Rn. 703.

förmlichen Ladung. Es kommt aber die Rüge der Nichteinhaltung der Ladungsfrist in Betracht, wenn ein darauf gestützter Aussetzungsantrag vom Gericht abgelehnt oder nicht beschieden worden ist.[917]

700   Die Verletzung des § 218 S. 1 StPO ist ein relativer Revisionsgrund (§ 337 StPO). Es kann in aller Regel nicht ausgeschlossen werden, dass das Urteil auf dem Verfahrensverstoß beruht.[918] Etwas anderes könnte nur dann gelten, wenn mit Sicherheit ausgeschlossen werden könnte, dass der Verteidiger auch bei ordnungsgemäßer Ladung zum Termin erschienen wäre.[919] Hat der Angeklagte im Hinblick auf die Abwesenheit des nicht oder zu spät geladenen Verteidigers einen Aussetzungsantrag gestellt, den das Gericht zurückgewiesen hat, begründet dies die Revision unter dem Gesichtspunkt der unzulässigen Beschränkung der Verteidigung (§ 338 Nr. 8 StPO)[920].

Der Verstoß gegen § 218 S. 1 StPO könnte nur durch einen Verzicht des Angeklagten auf Ladung seines Verteidigers[921] bzw. auf Durchführung der Hauptverhandlung in Anwesenheit des Verteidigers bzw. durch Mandatsbeendigung geheilt werden, was aber die Kenntnis des Angeklagten davon voraussetzt, dass der Verteidiger nicht geladen wurde.[922]

II. Anforderungen an den Vortrag der Rüge der Verletzung des § 218 S. 1 StPO

701   • Der Verteidiger wurde zur Hauptverhandlung (Datumsangabe erforderlich) nicht geladen. Die Ladungsverfügung des Vorsitzenden sollte mitgeteilt werden, aus der die Nichtanordnung der Verteidigerladung hervorgeht. Anderenfalls sollten die Aktenteile mitgeteilt werden, aus denen sich die Nichtausführung der Ladungsverfügung ergibt.

---

917   Siehe Rüge 52 Rn. 703.

918   *BGHSt* 36, 259 = StV 1990, 51 = NStZ 1990, 44. Dies gilt selbst im Falle eines Geständnisses: *KG* StV 1996, 10.

919   LR-*C. Jäger*[26] § 218 Rn. 32; *OLG Hamburg* NStE Nr. 1 zu § 218 StPO; siehe auch den Ausnahmesachverhalt *BGH* StV 2006, 284 = NStZ 2006, 461.

920   *OLG Celle* NJW 1974, 1258, 1259; *OLG München* NStZ 2006, 590; *OLG München* NStZ 2005, 651 = StV 2005, 599 (Ls). Zur Pflicht des Gerichts, den Angeklagten in diesem Fall auf das Recht hinzuweisen, die Aussetzung der Hauptverhandlung beantragen zu dürfen, siehe Rügen 50 Rn. 692 u. 53 Rn. 707.

921   LR-*C. Jäger*[26] § 218 Rn. 30 m.w.N. Darin, dass ein Angeklagter in Abwesenheit des rechtsfehlerhaft nicht geladenen weiteren Verteidigers sich rügelos zur Sache einlässt bzw. die Stellung eines Aussetzungsantrages unterlässt, kann kein Verzicht auf die Verteidigung durch den nicht geladenen Verteidiger gesehen werden; dies gilt insbesondere dann, wenn keine Anhaltspunkte dafür bestehen, dass der von dem Vorsitzenden nicht belehrte Angeklagte sein Recht kannte, die Aussetzung der Verhandlung zu verlangen: *BGH* StV 2008, 564 = NStZ 2009, 48.

922   *OLG Brandenburg* StV 1996, 539; zur Unerheblichkeit eines Verzichts im Einzelfall und zur Notwendigkeit der Aussetzung der Hauptverhandlung und ihrer Durchführung nur in Anwesenheit des Verteidigers: *OLG Zweibrücken* StV 1988, 425.

- Der Verteidiger hat der (zuständigen) Staatsanwaltschaft im Ermittlungsverfahren bzw. nach Anklageerhebung dem zuständigen Gericht seine Wahl so rechtzeitig angezeigt (Datumsangabe erforderlich)[923], dass dem Gericht die Ladung des Verteidigers zur Hauptverhandlung fristgerecht möglich gewesen wäre. Dazu sind die Daten der Ladungsverfügung, die Ausführung der Ladungsverfügung und des Eingangs des Bestellungsschreibens bei dem zuständigen Gericht mitzuteilen.

- Der nicht oder nicht fristgerecht geladene Verteidiger war in der Hauptverhandlung nicht anwesend und zu diesem Zeitpunkt bestand sein Mandat noch fort.[924]

- Weder der Angeklagte noch der Verteidiger haben auf die Ladung verzichtet und der unverteidigte Angeklagte war auch nicht mit der Durchführung der Hauptverhandlung in Abwesenheit des Verteidigers einverstanden.[925]

- Der nicht (fristgerecht) geladene Verteidiger wäre bei ordnungsgemäßer Ladung in der Hauptverhandlung erschienen.

- Hat der Angeklagte einen Aussetzungsantrag gestellt, den das Gericht durch Beschluss zurückgewiesen hat, ist dies unter wörtlicher Mitteilung von Antrag und Beschluss im Hinblick auf den Revisionsgrund des § 338 Nr. 8 StPO vorzutragen.[926]

- Vorsorglich sollte mitgeteilt werden, dass der Verteidiger nicht auf anderem Weg rechtzeitig von dem Termin sichere Kenntnis erlangt hatte (Negativtatsache)[927].

III. Nachweis der Verfahrenstatsachen

Die Abwesenheit und der unterbliebene Verzicht auf die Anwesenheit des nicht geladenen Verteidigers betreffen wesentliche Förmlichkeiten der Verhandlung und werden durch das Hauptverhandlungsprotokoll positiv wie negativ bewiesen. Die restlichen Voraussetzungen werden im Freibeweisverfahren festgestellt.

702

---

923 *BayObLG* StV 1996, 534; *OLG Hamm* StraFo 1998, 235.

924 Zur Rüge der Ablehnung eines Aussetzungsantrages wegen nicht fristgerechter Ladung des in der Hauptverhandlung erschienenen Verteidigers siehe Rüge 52 Rn. 703.

925 Vgl. *BayObLG* ibid. Zu den hohen Darlegungsanforderungen im Einzelfall s. *OLG Frankfurt/M.* v. 24.9.2008 – 2 Ss 298/08.

926 Siehe Rüge 52 Rn. 703. Ist der Angeklagte nicht auf sein Recht hingewiesen worden, einen Aussetzungsantrag zu stellen, siehe Rüge 53 Rn. 707.

927 *OLG Celle* v. 2.4.2012 – 322 SsBs 84/12 = StV 2012, 588, wonach in diesem Fall das Fehlen einer förmlichen Ladung unschädlich sei bzw. das Urteil auf der fehlenden Ladung nicht beruhe.

Rüge 52

703   Ist ein Antrag auf Aussetzung der Hauptverhandlung abgelehnt oder nicht beschieden worden, obwohl der/die Verteidiger des Angeklagten gar nicht oder nicht innerhalb der Frist des § 217 Abs. 1 StPO zur Hauptverhandlung geladen worden ist/sind (§ 218 StPO)?

I. Rechtsgrundlagen

704   Nach § 218 StPO sind alle bestellten und – soweit ihre Wahl dem Gericht gegenüber angezeigt worden ist – alle Wahlverteidiger[928] innerhalb der Frist des § 217 Abs. 1 StPO durch Zustellung zur Hauptverhandlung zu laden. Unterbleibt dies auch nur bei einem von ihnen, besteht, falls der Verteidiger oder der Angeklagte (letzterer nur im Falle des Nichterscheinens des nicht bzw. nicht rechtzeitig geladenen Verteidigers in der Hauptverhandlung) nicht auf die Einhaltung der Ladungsfrist verzichtet, das Recht, die Aussetzung der Hauptverhandlung zu beantragen. Hierfür gilt die Frist des § 217 Abs. 2 StPO, es sei denn, dass der Verteidiger erst nach Beginn der Vernehmung seines Mandanten zur Sache erscheint (dann soll er aber den Antrag unverzüglich stellen müssen[929]).

Hat der Verteidiger seine Wahl erst zu einem Zeitpunkt angezeigt, zu dem die Ladungsfrist des § 217 Abs. 1 StPO nicht mehr eingehalten werden konnte, besteht ein Anspruch auf Aussetzung der Hauptverhandlung nicht, es sei denn, diese wäre nach §§ 228, 229, 265 Abs. 4 StPO geboten.[930]

705   Hat der Verteidiger auf anderem Weg als durch förmliche Ladung rechtzeitig vom Termin der Hauptverhandlung Kenntnis erlangt, ist strittig, ob trotzdem der Anspruch auf Aussetzung der Hauptverhandlung besteht, insbesondere wenn der Verteidiger in der Hauptverhandlung erschienen ist.[931] Der BGH hat im Falle der rechtzeitigen positiven Kenntniserlangung der Revision den Erfolg versagt.[932]

Durch die Ablehnung oder Nichtbescheidung eines Aussetzungsantrages kann die Verteidigung unzulässig beschränkt sein (§ 338 Nr. 8 StPO)[933].

Wird die Hauptverhandlung ohne Verteidiger fortgesetzt, obwohl ein Fall notwendiger Verteidigung vorlag, liegt zusätzlich der absolute Revisionsgrund des § 338 Nr. 5 StPO vor.[934]

---

928   Siehe aber bei mehreren in einer Sozietät oder Bürogemeinschaft tätigen Verteidigern *BGH* StV 2007, 283.

929   LR-*C. Jäger*[26] § 218 Rn. 21 m.w.N. aus der Rspr.

930   LR-*C. Jäger*[26] § 218 Rn. 25.

931   LR-*C. Jäger*[26] § 218 Rn. 14 m.w.N. zum Wegfall der generellen Pflicht zur förmlichen Ladung des Verteidigers.

932   *BGH* StV 1985, 133 = NStZ 1985, 229; *BGH* StV 1995, 57.

933   *OLG München* NStZ 2006, 590.

934   Siehe Rüge 32 Rn. 549.

II. Anforderungen an den Vortrag der Rüge der Ablehnung oder Nichtbescheidung eines Aussetzungsantrags (§§ 218, 217, 338 Nr. 8 StPO)

- Mitteilung unter genauer Datumsangabe, dass dem Gericht so rechtzeitig die **706** Verteidigerwahl angezeigt oder der Verteidiger beigeordnet worden ist, dass er noch unter Einhaltung der Ladungsfrist zur datumsmäßig anzugebenden Hauptverhandlung hätte geladen werden können; dazu können aus der Gerichtsakte das Bestellungsschreiben des Verteidigers mit dem gerichtlichen Eingangsstempel bzw. die Verfügung des Vorsitzenden mit der Beiordnung des Verteidigers in die Revisionsbegründung einkopiert werden.

- Mitteilung, ob und ggf. zu welchem Datum die Ladung des Verteidigers verspätet bewirkt wurde; die Ladungsverfügung und deren Ausführung bzw. die Aktenteile, aus denen sich die Nichtausführung der Ladung ergibt, sollten in die Revisionsbegründung einkopiert werden;

- Zeitpunkt des (ersten) Hauptverhandlungstages und Tag seiner Anberaumung durch den Vorsitzenden,

- Mitteilung, dass, durch wen, wann (vor Beginn der Vernehmung des Angeklagten zur Sache bzw. unverzüglich bei erst nach Vernehmung zur Sache erschienenem Verteidiger) und mit welchem Inhalt (wörtliche Mitteilung) ein Aussetzungsantrag gestellt worden ist;

- Mitteilung, dass und mit welcher Begründung der Aussetzungsantrag zurückgewiesen (der Beschluss ist wörtlich wiederzugeben) bzw. er nicht beschieden worden ist und die Hauptverhandlung bis zur Urteilsverkündung fortgeführt worden ist;

- Mitteilung, dass der Verteidiger nicht rechtzeitig vor Beginn der Ladungsfrist des § 217 StPO auf andere Weise positiv Kenntnis von dem Hauptverhandlungstermin erlangt hatte;

- kein Verzicht auf Einhaltung der Ladungsfrist durch den erschienen Verteidiger bzw. bei nicht erschienenem Verteidiger durch den Angeklagten.

Rüge 53

Ist der Angeklagte über das Recht, einen Aussetzungsantrag wegen nicht fristgerechter La- **707** dung seines nicht erschienenen Verteidigers zu stellen, belehrt worden?

I. Rechtsgrundlagen

Zwar betrifft die Vorschrift des § 228 Abs. 3 StPO unmittelbar nur die Nichteinhal- **708** tung der Ladungsfrist des Angeklagten. Sie gilt aber im Fall der Nichteinhaltung der

Frist zur Ladung des Verteidigers entsprechend.[935] Deshalb muss der rechtsunkundige Angeklagte, der allein in der Hauptverhandlung erschienen ist, darüber belehrt werden, dass er das Recht hat, die Aussetzung der Hauptverhandlung zu beantragen, weil sein in der Hauptverhandlung nicht erschienener Verteidiger nicht innerhalb der Frist des § 217 Abs. 1 StPO geladen worden ist, obwohl seine Wahl rechtzeitig dem Gericht angezeigt worden war.

II. Anforderungen an den Vortrag der Rüge der Verletzung der §§ 218, 228 Abs. 3, 265 Abs. 4 analog, 337 StPO wegen der unterbliebenen Belehrung über die Möglichkeit der Stellung eines Aussetzungsantrages infolge Nichteinhaltung der Frist zur Ladung des Verteidigers

709
- Datum der Zustellung der Ladung an den Verteidiger.
- Datum des Eingangs der Verteidigerbestellung bei Gericht (bzw. vor Anklageerhebung bei der Staatsanwaltschaft).
- Datum des Beginns der Hauptverhandlung unter Angabe des Wochentages (und damit verbundene Nichteinhaltung der Ladungsfrist des § 217 Abs. 1 StPO).
- Abwesenheit des Verteidigers.
- Tatsache, dass der Angeklagte auf eine Verteidigung und deshalb auch auf die Einhaltung der Ladungsfrist nicht verzichtet hat.
- Tatsache, dass der Angeklagte vom Vorsitzenden nicht auf das Recht, einen Antrag auf Aussetzung der Hauptverhandlung stellen zu dürfen, hingewiesen wurde.
- Tatsache, dass dem Angeklagten die Existenz eines solchen Rechts nicht bekannt war.
- Da es sich um einen relativen Revisionsgrund handelt, sollte zur Beruhensfrage ggf. vorgetragen werden, dass und warum der Angeklagte in Kenntnis seines Antragsrechts hiervon Gebrauch gemacht hätte und er infolge der Nichteinhaltung der Ladungsfrist in seinem Recht auf Verteidigung behindert wurde.

III. Nachweis der Verfahrenstatsachen

710 Die Nichtbelehrung entgegen §§ 228 Abs. 3, 218, 217 Abs. 1 StPO wird durch das Schweigen des Hauptverhandlungsprotokolls bewiesen.[936]

---

935 Nachweise bei LR-*C. Jäger*[26] § 218 Rn. 23.
936 Unklar LR-*Gollwitzer*[25] § 273 Rn. 12.

Rüge 53a

Ist der unverteidigte, nicht auf freiem Fuß befindliche Angeklagte zur Hauptverhandlung geladen worden, ohne anlässlich der Ladung befragt worden zu sein, ob und welche Anträge er zu seiner Verteidigung für die Hauptverhandlung zu stellen habe (§ 216 Abs. 2 S. 2 StPO) und ist ein bis zum Beginn seiner Vernehmung zur Sache gestellter Antrag auf Aussetzung der Verhandlung zurückgewiesen bzw. der unverteidigte Angeklagte in der Hauptverhandlung nicht auf die Möglichkeit zur Stellung eines Aussetzungsantrags hingewiesen worden (§ 217 Abs. 2 StPO)?

711

I. Rechtsgrundlagen

Nach § 216 Abs. 2 S. 2 StPO ist der nicht auf freiem Fuß befindliche Angeklagte im Zeitpunkt seiner Ladung zu befragen, ob und welche Anträge er zu seiner Verteidigung für die Hauptverhandlung zu stellen habe. Ob diese Befragung mündlich stattzufinden habe oder sie auch schriftlich – mit der Ladung – erfolgen könne, hat der *BGH* offengelassen.[937] Bei einem verteidigten Angeklagten soll ein etwaiger Verstoß gegen § 216 Abs. 2 S. 2 StPO nach Auffassung des *BGH* die Wirksamkeit der Ladung zur Hauptverhandlung nicht berühren, weshalb auch kein Anspruch auf Aussetzung der Hauptverhandlung nach § 217 Abs. 2 StPO bestehe. Anders soll sich die Sachlage bei einem nicht verteidigten Angeklagten darstellen.[938] Bei einem unverteidigten rechtsunkundigen Angeklagten ist dieser konsequenterweise in der Hauptverhandlung auf sein Recht, die Aussetzung der Hauptverhandlung wegen eines Verstoßes gegen § 216 Abs. 2 S. 2 StPO beantragen zu können, hinzuweisen.

712

II. Anforderungen an den Vortrag der Rüge der Verletzung der §§ 216 Abs. 2 S. 2, 217 Abs. 2 StPO wegen Ablehnung oder Nichtbescheidung eines Aussetzungsantrags nach unterbliebener Befragung des Angeklagten gem. § 216 Abs. 2 S. 2 StPO bzw. bei unterbliebener Belehrung über die Möglichkeit der Stellung eines Aussetzungsantrages

- Der Angeklagte wurde zur Hauptverhandlung geladen, als er sich nicht auf freiem Fuß befand. Es sind Datum und Umstände der Ladung sowie die Tatsache der Inhaftierung zum Zeitpunkt der Ladung mitzuteilen.
- Im Zeitpunkt der Ladung war der Angeklagte unverteidigt.

713

---

937 *BGH* StV 2008, 617 = NStZ 2008, 420. Zumindest ist die Befragung und die hierauf abgegebene Erklärung des Angeklagten zu beurkunden, anderenfalls die Ladung keine Rechtswirksamkeit entfaltet: LR-*C. Jäger*[26] § 216 Rn. 11.

938 *BGH* StV 2008, 617 = NStZ 2008, 420 unter Hinweis auf *BGH* Urt. v. 7.7.1964 – 5 StR 217/64.

- Der Angeklagte wurde anlässlich seiner Ladung zur Hauptverhandlung nicht mündlich oder schriftlich befragt, ob und welche Anträge er zu seiner Verteidigung für die Hauptverhandlung zu stellen habe.[939]

Sodann alternativ:

- Bis zum Beginn seiner Vernehmung zur Sache stellte der Angeklagte in der Hauptverhandlung den Antrag, die Verhandlung auszusetzen. Zeitpunkt der Stellung und Inhalt des Antrages sind mitzuteilen.

- Mitteilung, dass und mit welcher Begründung der Aussetzungsantrag zurückgewiesen wurde (im Falle einer entsprechenden Anordnung des Vorsitzenden ist mitzuteilen, dass nach § 238 Abs. 2 StPO ein diese Anordnung bestätigender Beschluss herbeigeführt wurde, dessen Inhalt wörtlich mitzuteilen ist) bzw. der Aussetzungsantrag nicht beschieden und die Hauptverhandlung bis zur Urteilsverkündung fortgeführt worden ist;

oder:

- bei einem in der Hauptverhandlung nicht verteidigten Angeklagten ist dieser Umstand vorzutragen sowie die Tatsache, dass er nicht auf das Recht, einen Antrag auf Aussetzung der Hauptverhandlung stellen zu dürfen, hingewiesen wurde und ihm die Existenz eines solchen Rechts nicht bekannt war und die Hauptverhandlung ohne Aussetzung bis zur Urteilsverkündung fortgeführt wurde.

Zur Beruhensfrage sollte ggf. vorgetragen werden, dass und warum der Angeklagte in Kenntnis seines Antragsrechts hiervon Gebrauch gemacht hätte und in welcher Weise er durch die unterbliebene Befragung gem. § 216 Abs. 2 S. 2 StPO in seiner Verteidigung behindert worden sein kann.

---

939 Nachweis dieser Verfahrenstatsache durch fehlende Beurkundung.

Kapitel 10
Anklage/Eröffnungsbeschluss/Nachtragsanklage

Rüge 54

Liegt der Hauptverhandlung eine wirksam zugelassene, ordnungsgemäße Anklage zugrunde und wurde der Anklagesatz einer wirksam zur Hauptverhandlung zugelassenen Anklage vor Vernehmung des Angeklagten zur Sache bzw. vor Eintritt in die Beweisaufnahme verlesen?   **714**

A. Erfüllt der verlesene Anklagesatz, Strafbefehlsantrag etc. die erforderlichen Anforderungen?

I. Rechtsgrundlagen

Auch wenn das Revisionsgericht schon auf die allgemeine Sachrüge hin prüft, ob **716** dem Eröffnungsbeschluss eine wirksame Anklage bzw. im Strafbefehlsverfahren ein wirksamer Strafbefehlsantrag zugrunde lag (es handelt sich insoweit um notwendige Verfahrensvoraussetzungen), sind damit die hier möglichen Fehler nicht abgedeckt. Der Beschwerdeführer sollte deshalb nicht nur prüfen,

- ob die Anklageschrift/der angefochtene Strafbefehl der Umgrenzungsfunktion, sondern auch
- der Informationsfunktion genügt.

Nur wenn die Anklage die Umgrenzungsfunktion nicht erfüllt, wobei auch auf das wesentliche Ergebnis der Ermittlungen zurückgegriffen wird,[940] begründet dies einen zur Unwirksamkeit der Anklageschrift führenden schweren Mangel mit der

---

940   *BGHR* StPO § 200 Abs. 1 S. 1 Tat 12.

Folge eines Verfahrenshindernisses. Die angeklagten Taten dürften anhand der Anklageschrift nicht genügend konkretisierbar sein, so dass unklar bleibt, auf welchen konkreten Sachverhalt sich die Anklage bezieht und welchen Umfang die Rechtskraft eines daraufhin ergangenen Urteils hat.[941]

717 Erfüllt die Anklage die Umgrenzungsfunktion demgegenüber noch hinreichend, kann sie gleichwohl die erforderliche Informationsfunktion nicht erfüllen mit der Folge, dass dies zwar kein Verfahrenshindernis, aber einen Verfahrensfehler begründet.[942] Abzustellen ist dabei auf den in der Hauptverhandlung verlesenen Anklagesatz, weshalb §§ 243 Abs. 3 S. 1, 265 Abs. 1 u. 4 StPO verletzt sind, wenn dieser keine ausreichende Konkretisierung der einzelnen Tatvorwürfe und Tatumstände enthält[943] und es das Gericht unterlassen hat, den Angeklagten durch ausdrücklichen Hinweis konkret und eindeutig darüber zu unterrichten, welchen genauen Tatablauf es dem weiteren Verfahren zu Grunde legen will.[944]

Danach muss die dem Angeklagten zu Last gelegte Tat sowie Zeit und Ort ihrer Begehung so genau bezeichnet werden, dass die Identität des geschichtlichen Vorgangs dargestellt und erkennbar wird, welche bestimmte Tat gemeint ist. Sie muss sich dabei von anderen gleichartigen strafbaren Handlungen des Täters unterscheiden lassen, wobei die Schilderung um so konkreter sein muss, je größer die allgemeine Möglichkeit ist, dass der Angeklagte verwechselbare weitere Straftaten gleicher Art verübt hat.[945]

718 Bei einer Serie von Straftaten muss der Anklagesatz, um seiner Informationsfunktion gerecht zu werden, die dem Angeklagten im Einzelnen vorgeworfenen Tathandlungen nach Tatzeit, Tatort, Tatausführung und anderen individualisierenden Merkmalen ausreichend beschreiben und darlegen. Es genügt grundsätzlich nicht, den Tatzeitraum nach Beginn und Ende einzugrenzen, die in allen Fällen gleichartige Begehungsweise allgemein zu schildern und einen dadurch etwa herbeigeführten Gesamtschaden zu beziffern.[946] Nur durch eine Konkretisierung wird es dem Gericht und den Prozessbeteiligten möglich, während der Verhandlung ihr Augenmerk auf die Umstände zu richten, auf die es in tatsächlicher und rechtlicher Hinsicht ankommt und insbesondere dem Angeklagten Gewissheit darüber zu vermitteln, auf welchen Tatvorwurf er sein Verteidigungsvorbringen einzurichten hat. An diesen Anforderungen hat sich nichts dadurch geändert, dass es nach Auffassung des BGH nunmehr zulässig ist, bei der Verlesung des Anklagesatzes gem. § 243 Abs. 3 S. 1

---

941 *BGH* NStZ 1984, 133; *BGH* NStZ 1992, 553; *BGHSt* 56, 183 = StV 2011, 455; *OLG Celle* StV 2012, 456.

942 *BGHSt* 44, 153, 156 = StV 1998, 580.

943 *BGH* StV 2006, 457 = NStZ 2006, 649.

944 *BGHSt* 40, 44, 47; *BGHSt* 44, 153 = StV 1998, 580; *BGHSt* 56, 183 = StV 2011, 455.

945 Std. Rspr.: Vgl. *BGHR* StPO § 200 Abs. 1 S. 1 Tat 3, Tat 7 und Tat 20; *BGH* StV 2006, 457 = NStZ 2006, 649; *Meyer-Goßner*[55] § 200 Rn. 7.

946 *BGH* StV 2006, 457 = NStZ 2006, 649; zur Ausnahme bei Serienstraftaten in Form beispielsweise des sexuellen Kindesmissbrauchs siehe *BGHSt* 40, 44, 46 = StV 1994, 226.

StPO auf die Verlesung der die Einzeltaten oder Einzelakte näher individualisierenden tatsächlichen Umstände zu verzichten (siehe dazu Rn. 724).

Entsprechende Anforderungen muss ein Strafbefehlsantrag erfüllen.[947]

Eine nachträgliche Heilung der den Tatvorwurf nicht hinreichend *umgrenzenden*   **719**
und durch den Eröffnungsbeschluss unverändert zur Hauptverhandlung zugelassenen Anklage ist ausgeschlossen. Ein Angeschuldigter muss vielmehr vor der Eröffnungsentscheidung Gelegenheit erhalten, umfassend informiert zu werden, um eventuell seine Gründe darlegen zu können, warum das Hauptverfahren nicht eröffnet werden darf. Eine Verschiebung der Mängelbeseitigung vom Zwischenverfahren in das Hauptverfahren würde zu einer den zwingenden Erfordernissen des Grundsatzes des rechtlichen Gehörs zuwiderlaufenden Aushöhlung des § 200 StPO führen.[948]

Wegen der nicht immer eindeutigen Abgrenzung zwischen dem Vorliegen eines   **720**
schon auf die allgemeine Sachrüge zu beachtenden Verfahrenshindernisses und einem eine Verfahrensrüge erfordernden Verfahrensfehler empfiehlt es sich, die Verlesung eines mangelhaften Anklagesatzes grundsätzlich mit der Verfahrensrüge als Verletzung des § 243 Abs. 3 S. 1 StPO zu beanstanden.

II. Anforderungen an den Vortrag der Rüge der Verletzung der §§ 243 Abs. 3 S. 1 (i.V.m. § 200 Abs. 1), 265 Abs. 1 und 4 StPO

- Es ist die gesamte Anklageschrift einschließlich des wesentlichen Ergebnisses   **721**
  der Ermittlungen mitzuteilen.
- Es ist vorzutragen, dass diese Anklage unverändert (wird die Anklage mit Änderungen gem. § 207 Abs. 2 StPO zur Hauptverhandlung zugelassen, sind auch diese mitzuteilen) zur Hauptverhandlung zugelassen wurde.
- Es ist vorzutragen, dass in der Hauptverhandlung der Anklagesatz (ggf. weitere Teile der Anklageschrift) verlesen worden ist.
- Es ist mitzuteilen, dass der Vorsitzende keine zur Klarstellung eines unklaren Anklagesatzes erforderliche Erklärungen abgegeben oder Hinweise erteilt hat bzw. auch solche, die inhaltlich wiederzugeben sind, nicht ausgereicht haben, Unzulänglichkeiten oder Missverständnisse der Anklageschrift bezüglich ihrer Informationsfunktion zu beseitigen. Ausführungen, durch die behebbare Mängel in der Hauptverhandlung geheilt wurden, sind in der Sitzungsniederschrift zu beurkunden.[949]

---

947 *Meyer-Goßner*[55] § 409 Rn. 4 m.w.N.; LR-*Gössel*[26] § 409 Rn. 9 ff.; siehe Kap. 29 Abschn. 3 (Rn. 2319).
948 *OLG Oldenburg* StV 2010, 511.
949 *BGHSt* 44, 153 = StV 1998, 580; LR-*J.-P. Becker*[26] § 243 Rn. 52 m.w.N.

B. Wurde die Anklage zur Hauptverhandlung zugelassen bzw. erging ein wirksamer Strafbefehl, Verweisungs oder Übernahmebeschluss?

I. Rechtsgrundlagen

722 Eine Anklageschrift muss durch einen wirksamen Eröffnungsbeschluss zur Hauptverhandlung zugelassen worden sein (§ 207 StPO). Der Beschluss muss schriftlich abgesetzt worden sein und bedarf der Unterschriften der mitwirkenden Richter.[950]

Ein nicht unterschriebener Strafbefehl, dem auch sonst nicht entnommen werden kann, dass er von einem Richter erlassen worden ist, steht einem fehlenden Eröffnungsbeschluss gleich.[951]

Der Entwurf eines Eröffnungsbeschlusses bzw. eine für den Fall der Eröffnung des Hauptverfahrens vorgenommene Terminsanberaumung erfüllen das Erfordernis eines wirksamen Eröffnungsbeschlusses nicht.[952] Ebenso wenig kann ein Übernahmebeschluss gem. § 209 Abs. 2 StPO bzw. § 40 Abs. 4 JGG einen fehlenden Eröffnungsbeschluss ersetzen.[953] Dies gilt i.d.R. auch für eine Besetzungsentscheidung nach § 76 Abs. 2 GVG, § 33b Abs. 2 JGG.[954] Ein Verweisungsbeschluss nach § 270 StPO oder ein Verbindungsbeschluss kann den Eröffnungsbeschluss nur ersetzen, wenn das verweisende bzw. das verbindende Gericht die Eröffnungsvoraussetzungen geprüft hat.[955]

Die Verwendung von Vordrucken, auch wenn sie den Eröffnungsbeschluss mit einer Terminsbestimmung und einer Ladungsverfügung kombinieren, ist zwar grundsätzlich zulässig; die Vordrucke müssen aber vollständig ausgefüllt und eindeutig abgefasst sein, da anderenfalls kein wirksamer Eröffnungsbeschluss vorliegt.[956]

Ein fehlender oder unwirksamer Eröffnungsbeschluss kann noch in der erstinstanzlichen Hauptverhandlung nachgeholt bzw. gefasst werden. Auch ein solcher ist al-

---

950 *BGH* StV 1981, 329 = NStZ 1981, 448; *BGH* StV 1983, 2; *BGH* StV 1983, 318; *BGH* StV 1983, 401; *BGH* v. 3.4.2012 – 2 StR 46/12 = NStZ 2012, 583 = StV 2013, 132 m. Anm. *Stuckenberg*; s. aber *BGH* 4 StR 553/11 v. 21.12.2011 = StV 2012, 451, wonach die Wirksamkeit eines von der vorgeschriebenen Anzahl an Richtern erlassenen Eröffnungsbeschlusses nicht dadurch entfalle, dass der Eröffnungsbeschluss nicht sämtliche Unterschriften der Richter aufführe, die bei der Beschlussfassung mitgewirkt hätten. Dass die erforderliche Zahl der Richter bei der Beschlussfassung mitgewirkt hätte, dürfe im Rahmen des Freibeweisverfahrens geklärt werden.

951 *OLG Karlsruhe* Die Justiz 1993, 203; LR-*Gössel*[25] § 409 Rn. 38.

952 *BGH* v. 29.9.2011 – 3 StR 280/11 = NStZ 2012, 225; *BayObLGSt* 2000, 161 = NStZ-RR 2001, 139; *OLG Zweibrücken* NStZ-RR 1998, 74.

953 *BGH* NStZ 1984, 520 zu § 209 Abs. 2 StPO; *BGH* StV 2003, 455 u. *BGH* v. 11.1.2011 – 3 StR 484/10 = StV 2011, 457, jeweils zu § 40 Abs. 4 JGG.

954 *BGH* v. 11.1.2011 – 3 StR 484/10 = StV 2011, 457.

955 *Meyer-Goßner*[55] § 207 Rn. 8.

956 *OLG Koblenz* StV 2011, 467; *OLG Zweibrücken* StV 2012, 460.

lerdings unwirksam, wenn die Hauptverhandlung in der gem. § 76 Abs. 2 S. 4 GVG, § 33b Abs. 2 S. 4 JGG reduzierten Besetzung stattfand und der Beschluss in dieser gefasst wurde.[957]

II. Anforderungen an den Vortrag der Rüge des Fehlens eines wirksamen Eröffnungsbeschlusses oder Strafbefehls

Fehlt es an der Verfahrensvoraussetzung eines rechtswirksamen Eröffnungsbe- **723** schlusses/Strafbefehls, ist dies schon auf die allgemeine Sachrüge hin von Amts wegen zu überprüfen. Es empfiehlt sich gleichwohl, auf die Fehlerhaftigkeit hinzuweisen und den Anforderungen an eine Verfahrensrüge entsprechend auf das Fehlen des Eröffnungsbeschlusses/Strafbefehls bzw. seine Unwirksamkeit hinzuweisen. Es sollte auch vorgetragen werden, dass ein fehlender oder unwirksamer Eröffnungsbeschluss nicht (wirksam) in der Hauptverhandlung nachgeholt bzw. gefasst wurde.

C. Verlesung des Anklagesatzes

I. Rechtsgrundlagen

Nach § 243 Abs. 3 S. 1 StPO hat der Sitzungsvertreter der Staatsanwaltschaft vor **724** der Belehrung des Angeklagten über sein Aussagerecht den Anklagesatz (§ 200 Abs. 2 S. 1 StPO) vollständig – zu verlesen. In Strafverfahren wegen einer Vielzahl gleichförmiger Taten oder Tateinzelakte, die durch eine gleichartige Begehungsweise gekennzeichnet sind, darf dem Verlesungserfordernis des § 243 Abs. 3 S. 1 StPO auch in der Weise genügt werden, dass der Anklagesatz insoweit wörtlich vorgelesen wird, als in ihm die gleichartige Tatausführung, welche die Merkmale des jeweiligen Straftatbestands erfüllt, beschrieben und die Gesamtzahl der Taten, der Tatzeitraum sowie bei Vermögensdelikten der Gesamtschaden bestimmt sind. Einer Verlesung der näheren individualisierenden tatsächlichen Umstände der Einzeltaten oder der Einzelakte bedarf es in diesem Fall nicht.[958] Die Regelungen über das Selbstleseverfahren (§ 249 Abs. 2 StPO) sind auf die Verlesung des Anklagesatzes nicht übertragbar.[959]

Die Verlesung ist eine wesentliche Förmlichkeit, die durch das ordnungsgemäß errichtete Hauptverhandlungsprotokoll bewiesen wird. Das Schweigen des Protokolls beweist, dass die Verlesung des Anklagesatzes unterblieben ist. Es besteht ggf. die Möglichkeit einer Protokollberichtigung. Ist dem Hauptverhandlungsprotokoll eine Verlesung der Anklage nicht zu entnehmen, ist das Protokoll weder lückenhaft noch widersprüchlich, ist ein Protokollberichtigungsverfahren gescheitert, das Verfahren

---

957 *BGH* StV 2007, 562; *BGH* StV 2008, 505 = NStZ 2009, 52; *BGH* v. 21.1.2010 – 4 StR 518/09 = StV 2010, 287 = StraFo 2010, 159; *BGH* v. 7.9.2011 – 1 StR 388/11 = StV 2012, 451 = NStZ 2012, 50; *BGH* v. 29.9.2011 – 3 StR 280/11 = NStZ 2012, 225.

958 *BGH* v. 12.1.2011 – GSSt 1/10 = *BGHSt* 56, 109 = NStZ 2011, 297.

959 *BGH* v. 12.1.2011 – GSSt 1/10 = *BGHSt* 56, 109 Rn. 17.

der Protokollberichtigung nicht eingehalten oder nicht durchgeführt worden, kommt eine freibeweisliche Aufklärung des tatgerichtlichen Verfahrensablaufs allein unter Berücksichtigung abgegebener dienstlicher Erklärungen nach erhobener Verfahrensrüge und zum Nachteil des Angeklagten nicht in Betracht.[960]

725   Das Unterlassen der Verlesung des Anklagesatzes ist ein relativer Verfahrensfehler, der im Allgemeinen die Revision begründet und zur Aufhebung des angefochtenen Urteils führt. Das Urteil beruht auf der Nichtverlesung des Anklagesatzes allenfalls dann nicht, wenn wegen der Einfachheit der Sach und Rechtslage der Zweck der Verlesung durch die Unterlassung nicht beeinträchtigt worden ist.[961] Dieser besteht in der Unterrichtung des Angeklagten, aber auch der Richter und insbesondere der Schöffen über den Verhandlungsgegenstand.

Die Einfachheit der Sach und Rechtslage ist insbesondere dann zu verneinen, wenn es sich um eine Anklageschrift mit mehreren Tatvorwürfen handelt (sog. Punktesachen), weil die Vielzahl von auch einfach gelagerten Fällen es erforderlich macht, dass sie vor der Vernehmung des Angeklagten zur Sache diesem nochmals zur Kenntnis gebracht werden.

Selbst wenn es sich im Einzelfall um einen rechtlich und tatsächlich einfach gelagerten Fall handelt, ist die Verlesung des Anklagesatzes in der Hauptverhandlung dann unentbehrlich, wenn der Angeklagte der deutschen Sprache nicht mächtig und es unterblieben ist, ihm vor der Hauptverhandlung die Anklageschrift und eine schriftliche Übersetzung in seiner Muttersprache oder einer anderen Sprache, die er versteht, zur Kenntnis zu bringen.[962]

Sind mehrere Strafsachen verbunden, müssen alle Anklagen verlesen werden.[963]

II. Anforderungen an den Vortrag der Rüge der Verletzung des § 243 Abs. 3 S. 1 StPO

726   • Es ist mitzuteilen, dass der Anklagesatz in der Hauptverhandlung nicht verlesen worden ist. Kam es zu einer teilweisen Verlesung des Anklagesatzes, sind die verlesenen Teile wörtlich mitzuteilen, wenn gerügt werden soll, dass die Verlesung nicht nur der näheren, eine Serienstraftat individualisierenden, tatsächlichen Umstände der Einzeltaten oder Einzelakte unterblieben ist.

• Es muss zumindest der Inhalt des Anklagesatzes wörtlich mitgeteilt werden, um auszuschließen, dass es sich um einen einfach gelagerten Sachverhalt handelte. Ggf. ist – auch bei Einfachheit der Sach und Rechtslage – vorzutragen, dass der Angeklagte der deutschen Sprache nicht mächtig und es unterblieben war, ihm

---

960   *BGH* v. 14.7.2010 – 2 StR 158/10 = StV 2010, 675 = NStZ 2011, 168.
961   *BGH* NStZ 1982, 431; NStZ 1986, 39.
962   *OLG Hamm* StV 2003, 491. Zu den Folgen der Nichtmitteilung einer übersetzten Anklage vor der Hauptverhandlung siehe auch Rüge 62 Rn. 760.
963   *OLG Hamm* StV 2003, 491.

vor der Hauptverhandlung die – in eine ihm verständliche Sprache übersetzte – Anklageschrift mitzuteilen.

- Sind nicht alle von mehreren verbundenen Anklagen verlesen worden, muss dies und auch der Wortlaut sowohl der verlesenen Anklagesätze als auch der nicht verlesenen Anklagesätze in der Revisionsbegründung mitgeteilt werden.[964]

- Wird gerügt, dass in der Hauptverhandlung ein falscher Anklagesatz aus einer anderen Anklageschrift anstelle des Anklagesatzes aus der richtigen Anklageschrift verlesen worden sei, bedarf es der Mitteilung des Anklagesatzes aus der falschen Anklageschrift oder zumindest dessen wesentlichen Inhalts, weil dessen Kenntnis für die Prüfung unerlässlich ist, ob zwischen den beiden Anklageschriften so große Abweichungen bestehen, dass die Verlesung des falschen Anklagesatzes den Zweck nicht erfüllt hätte, die Teilnehmer an der Hauptverhandlung mit dem Gegenstand der Verhandlung und mit den Grenzen bekannt zu machen, in denen sich diese und die Urteilsfindung zu bewegen haben.[965]

- Es ist vorzutragen, dass der Anklagesatz weder im weiteren Verfahrensablauf vorgelesen wurde noch ggf. der bis zu diesem Zeitpunkt stattgefundene Teil der Hauptverhandlung vollständig wiederholt worden ist.

D. Verlesung des Strafbefehlsantrags bzw. eines Verweisungs- oder Übernahmebeschlusses

I. Rechtsgrundlagen

Ist es zur Hauptverhandlung nicht durch Anklageerhebung bei dem erkennenden **727** Gericht gekommen, sondern durch Einspruch gegen einen Strafbefehl oder durch einen Verweisungsbeschluss (§ 270 StPO) oder nach Vorlegung durch ein Gericht niedrigerer Ordnung (§ 225a StPO), so sind der Inhalt des Strafbefehlsantrags mit den in § 200 Abs. 1 S. 1 StPO entsprechenden Angaben, der Verweisungsbeschluss gemäß § 270 StPO mit dem darin enthaltenen Anklagesatz oder mit dem der ursprünglichen Anklage zu entnehmenden Anklagesatz bzw. im Falle der Vorlegung durch ein Gericht niedrigerer Ordnung der Anklagesatz und der Übernahmebeschluss gemäß § 225a StPO zu verlesen.[966]

II. Anforderungen an den Vortrag der Verletzung des § 243 Abs. 3 S. 1 i.V.m. §§ 411, 225a, 270 StPO

Es muss mitgeteilt werden, was in der Hauptverhandlung hätte verlesen werden **728** müssen und dass dieses unterblieben ist.

---

964 Im Falle der Verurteilung ergreift der Verfahrensfehler nur die Schuldsprüche, bezüglich derer die Verlesung der zugrunde liegenden Anklagesätze unterblieben ist.

965 *BGH* v. 24.6.2009 – 5 StR 206/09 = StraFo 2009, 389.

966 *Meyer-Goßner*[55] § 243 Rn. 14 m.w.N.

E. Verlesung des Anklagesatzes bei abweichender Eröffnung

Rüge 55

729 Wurde die Anklage nur mit Änderungen zur Hauptverhandlung zugelassen und ist dem bei der Verlesung des Anklagesatzes Rechnung getragen worden?

I. Rechtsgrundlagen

730 In den Fällen des § 207 Abs. 2 Nr. 1 und 2 StPO hat der Sitzungsvertreter der Staatsanwaltschaft den Anklagesatz aus der nach § 207 Abs. 3 StPO eingereichten neuen Anklageschrift zu verlesen, im Falle des § 207 Abs. 2 Nr. 3 StPO ist der ursprüngliche Anklagesatz mit der rechtlichen Würdigung des Eröffnungsbeschlusses vorzutragen; in den Fällen des § 207 Abs. 2 Nr. 4 StPO ist der zu verlesende Anklagesatz um die zunächst ausgeschiedenen, nunmehr aber wieder einbezogenen Gesetzesverletzungen in rechtlicher und soweit erforderlich auch in tatsächlicher Hinsicht zu ergänzen.

Auch die Verlesung des Anklagesatzes gem. § 243 Abs. 3 S. 2–4 StPO stellt eine wesentliche Förmlichkeit des Verfahrens i.S.d. § 273 StPO dar, die nur durch die Sitzungsniederschrift bewiesen wird.[967]

Unterbleibt der Vortrag des Anklagesatzes in veränderter Form, kann auch darauf die Revision (§ 337 StPO) gestützt werden. Die Tatsache der Veränderung ist Indiz dafür, dass die Sach und Rechtslage nicht so einfach ist, dass es bei Berücksichtigung des Zwecks des Verlesungsgebots ausgeschlossen wäre, dass der Gang des Verfahrens oder das Urteil von dem Mangel beeinflusst sein könnte. In der Regel wird deshalb nicht ausgeschlossen werden können, dass das Urteil auf dem Fehler beruht.

II. Anforderungen an den Vortrag der Rüge der Verletzung des § 243 Abs. 3 S. 2–4 StPO

731 • Es ist mitzuteilen, dass die Verlesung bzw. der Vortrag eines Anklagesatzes vollständig unterblieb oder aber nur der Anklagesatz in der ursprünglichen Fassung vorgetragen wurde.

• Es muss der Inhalt des ursprünglichen Anklagesatzes wörtlich mitgeteilt werden.

• Es muss der Inhalt einer von der Staatsanwaltschaft in den Fällen des § 207 Abs. 2 Nr. 1 und 2 StPO eingereichten neuen Anklageschrift im Wortlaut mitgeteilt werden und/oder der Inhalt des nach § 207 Abs. 2 StPO gefassten Eröffnungsbeschlusses.

• Es ist vorzutragen, dass eine neu eingereichte Anklageschrift bzw. ein Anklagesatz nach Maßgabe des § 207 Abs. 2 StPO im weiteren Verfahrensablauf weder

---

967 LR-*J.-P. Becker*[26] § 243 Rn. 52. Es kommt allerdings möglicherweise eine Protokollberichtigung in Betracht.

vorgelesen bzw. vorgetragen wurde noch ggf. der bis zu diesem Zeitpunkt stattgefundene Teil der Hauptverhandlung vollständig wiederholt worden ist.

F. Übersetzung des Anklagesatzes bei der deutschen Sprache nicht mächtigen Angeklagten

Rüge 56

Wurde einem der deutschen Sprache nicht mächtigen Angeklagten der von dem Sitzungsvertreter der Staatsanwaltschaft verlesene Anklagesatz etc. durch einen Dolmetscher in
eine ihm verständliche Sprache übersetzt?

732

I. Rechtsgrundlagen

Bei Angeklagten, die der deutschen Sprache nicht mächtig sind, gehört die Übersetzung des vom Sitzungsvertreter der Staatsanwaltschaft verlesenen Anklagesatzes in
eine ihnen verständliche Sprache zu den wesentlichen Verfahrensakten.[968]

733

Die Übersetzung muss durch den in der Hauptverhandlung zugezogenen Dolmetscher erfolgen, bei dem es sich um einen allgemein vereidigten Dolmetscher handeln muss, der sich zu Beginn der Verhandlung auf seinen allgemeinen Eid berufen
hat, oder um einen Dolmetscher, der zu Beginn der Verhandlung gem. § 189 GVG
vereidigt worden ist.[969]

Dass ein Dolmetscher dem der deutschen Sprache nicht mächtigen Angeklagten den
von der Staatsanwaltschaft verlesenen Anklagesatz in eine ihm verständliche Sprache übersetzt hat, wird nicht als wesentliche Förmlichkeit des Verfahrens angesehen.[970] Das Schweigen des Protokolls beweist deshalb nicht, dass es unterlassen
wurde, dem Angeklagten den von der Staatsanwaltschaft verlesenen Anklagesatz
etc. durch einen Dolmetscher in eine ihm verständliche Sprache zu übersetzen. Es
gilt insoweit das Freibeweisverfahren.[971]

734

Die unterbliebene Übersetzung ist ein relativer Revisionsgrund. Ihre Unterlassung
begründet im Allgemeinen die Revision.[972] Ob ein Beruhen des Urteils auf dem
Verfahrensfehler ausnahmsweise ausscheidet, wenn der Angeklagte durch die frü-

735

---

968 *BVerfG* NJW 1983, 2762, 2764; *BGH* StV 1993, 2.
969 Siehe insoweit Rüge 33 Rn. 557.
970 Wird ein Dolmetscher gem. §§ 185, 186 GVG zugezogen, muss das Protokoll zwar ver-
      merken, dass und warum er zugezogen wurde, sowie dass er vereidigt wurde oder sich
      auf einen allgemeinen Eid berufen hat, nicht aber, auf welche konkreten Vorgänge sich
      seine Tätigkeit bezogen hat: LR-*Gollwitzer*[25] § 273 Rn. 10 unter Hinweis auf *RGSt* 1,
      137; *RGSt* 43, 442.
971 So offensichtlich auch *BGH* StV 1993, 2.
972 *BGH* StV 1993, 2.

here Zustellung[973] der übersetzten – unverändert zugelassenen – Anklage über den Verfahrensgegenstand unterrichtet war, ist zu verneinen, zumindest wenn es sich nicht um einen einfach gelagerten Sachverhalt handelte.[974]

II. Anforderungen an den Vortrag der Rüge der Verletzung des § 243 Abs. 3 S. 1 StPO i.V.m. Art. 6 Abs. 3 lit. a EMRK

736 Es ist vortragen, dass der Angeklagte der deutschen Sprache nicht mächtig war, dass deshalb ein Dolmetscher hinzugezogen worden ist, der während der Verhandlung auch tätig wurde, dass dieser aber den von der Staatsanwaltschaft verlesenen Anklagesatz nicht vor der Belehrung gem. § 243 Abs. 4 S. 1 StPO übersetzt hat.[975] Der Inhalt des von dem Vertreter der Staatsanwaltschaft verlesenen Anklagesatzes ist wörtlich mitzuteilen.

G. Nachtragsanklage

Rüge 57

737 Wurde der Angeklagte wegen einer Straftat verurteilt, die Gegenstand einer Nachtragsanklage war, ohne dass der Angeklagte der Einbeziehung dieser Straftat zugestimmt hat bzw. die das Gericht wegen fehlender sachlicher Zuständigkeit für die weitere Straftat nicht in das anhängige Verfahren einbeziehen durfte bzw. bzgl. derer es zu keinem Einbeziehungsbeschluss gekommen ist?

I. Fehlende Zustimmung des Angeklagten

1. Rechtsgrundlagen

738 Kommt es zu einer Verurteilung des Angeklagten wegen einer Straftat i.S.d. § 264 StPO, die Gegenstand einer in der Hauptverhandlung erhobenen Nachtragsanklage war (§ 266 Abs. 1 StPO), begründet es einen Verfahrensfehler, wenn das Gericht

---

973 Siehe dazu Rüge 62 Rn. 760.

974 Für eine Differenzierung zwischen dem Verfahrensfehler der Nichtverlesung des Anklagesatzes bei einem der deutschen Sprache mächtigen Angeklagten und der Nichtübersetzung des verlesenen Anklagesatzes bei einem der deutschen Sprache nicht mächtigen Angeklagten besteht kein Anlass (offengelassen allerdings von *BGH* StV 1993, 2, wo die Frage nicht entschieden werden musste, weil die vor Beginn der Hauptverhandlung zugestellte Übersetzung der Anklage erhebliche Mängel aufwies und die Übersetzung in eine Sprache erfolgte, der der Angeklagte nicht mächtig war).

975 Erfolgte die Übersetzung erst zu einem späteren Zeitpunkt, kann der Fehler geheilt werden. Hat sich der Angeklagte zur Sache geäußert, ist er darauf hinzuweisen, dass diese Aussage unverwertbar ist und er nochmals frei entscheiden kann, ob er sich zur Sache äußern möchte oder nicht. Eine vor der Übersetzung des Anklagesatzes stattgefundene Beweisaufnahme muss nach Übersetzung nochmals vollständig wiederholt werden.

die Nachtragsanklage durch Beschluss in das anhängige Verfahren einbezogen hat, ohne dass der Angeklagte dem zugestimmt oder er sogar ausdrücklich widersprochen hat. Allerdings steht es dem Tatrichter bei verweigerter Zustimmung im Rahmen pflichtgemäßer Ermessensausübung frei, in Abstimmung mit der Staatsanwaltschaft die zusätzlichen Vorwürfe nach Erhebung einer hierauf bezogenen weiteren Anklage durch Eröffnung und Verbindung zum Gegenstand einer einheitlichen Hauptverhandlung zu machen.[976]

Es ist strittig, ob der Verfahrensfehler der fehlenden Zustimmung ein in jeder Lage des Verfahrens zu beachtendes Prozesshindernis darstellt mit der Folge, dass bei Erhebung der allgemeinen Sachrüge das Verfahren insoweit von Amts wegen eingestellt werden müsste,[977] oder ob er nur auf eine entsprechende Verfahrensrüge hin zu beachten ist.[978] Es ist deshalb die Erhebung einer Verfahrensrüge zu empfehlen.

2. Anforderungen an den Vortrag der Rüge der Verletzung des § 266 Abs. 1 StPO infolge fehlender Zustimmung des Angeklagten

- Es ist der vollständige Inhalt der ursprünglich erhobenen Anklageschrift und die Tatsache ihrer Zulassung zur Hauptverhandlung mitzuteilen. Der Eröffnungsbeschluss ist im Wortlaut mitzuteilen.   **739**
- Es ist die Tatsache der mündlichen Erhebung einer Nachtragsanklage in der Hauptverhandlung sowie deren Inhalt mitzuteilen.
- Es ist mitzuteilen, dass der Angeklagte der Einbeziehung der den Gegenstand der Nachtragsanklage bildenden Straftat/-en nicht zugestimmt bzw. ihr ausdrücklich widersprochen hat.
- Es sollte vorgetragen werden, dass der Angeklagte (u.a.) trotzdem wegen der den Gegenstand der Nachtragsanklage bildenden Straftat/-en verurteilt worden ist und keine diesbezügliche weitere Anklage erhoben worden ist, die nach Eröffnung und Verbindung zum Gegenstand einer einheitlichen Hauptverhandlung gemacht wurde.

3. Nachweis der Verfahrenstatsachen

Die mündliche Erhebung der Nachtragsanklage wird durch die Sitzungsniederschrift bewiesen. Das gilt auch für deren Inhalt, der in die Sitzungsniederschrift aufzunehmen ist (§ 266 Abs. 2 S. 3 StPO).   **740**

---

976 *BGH* StV 2008, 226 (bedenkliche Umgehung des dem Schutz des Angeklagten dienenden § 266 Abs. 1 StPO).

977 *LG München I* MDR 1978, 161 AK-StPO-*Loos* § 266 Rn. 12; *Meyer-Goßner*[55] § 266 Rn. 14; SK-StPO-*Velten*[4] § 266 Rn. 19.

978 *BGH* MDR 1977, 984 (H); *BGH* wistra 2001, 311; das *OLG Hamm* StV 1996, 532 spricht von einem „auf die Verfahrensrüge zu berücksichtigendem Verfahrenshindernis"; *BGH* NStZ-RR 1999, 303; *OLG Karlsruhe* StV 2002, 184 m. Anm. *Keller/Kelnhofer*; LR-*Gollwitzer*[25] § 266 Rn. 17.

Die fehlende Zustimmung des Angeklagten wird durch das Schweigen des Hauptverhandlungsprotokolls bewiesen.[979] Das bloße Unterlassen eines Widerspruchs oder die sachliche Einlassung auf die Nachtragsanklage ersetzt die Zustimmung nicht.[980]

4. Rechtsfolgen

741 Die Rüge der Verurteilung des Angeklagten wegen einer den Gegenstand einer Nachtragsanklage bildenden Straftat, deren Einbeziehung in das Verfahren der Angeklagte nicht zugestimmt hat, soll auch nach herrschender Meinung zur Einstellung des Verfahrens führen.[981]

II. Fehlende sachliche Zuständigkeit des Gerichts für die Einbeziehungsentscheidung

1. Rechtsgrundlagen

742 Die Erhebung einer Nachtragsanklage in der Berufungsinstanz ist (spätestens nach den mit dem Rechtspflegeentlastungsgesetz bewirkten Zuständigkeitsänderungen) nicht mehr zulässig.[982] Sachlich unzuständig ist das Gericht auch dann, wenn die zur Verurteilung führende den Gegenstand der Nachtragsanklage bildende Tat der Entscheidungsgewalt eines höheren Spruchkörpers unterliegt oder (auch bei einer wegen der neuen Tat zu bildenden Gesamtstrafe) die Strafgewalt des erkennenden Gerichts nicht ausreicht.

2. Anforderungen an den Vortrag

743 Der Revisionsgrund des § 338 Nr. 4 StPO ist mittels einer Verfahrensrüge geltend zu machen.[983]

III. Verurteilung des Angeklagten wegen einer den Gegenstand der Nachtragsanklage bildenden Tat ohne Erlass eines Einbeziehungsbeschlusses

744 Fehlt es an einem Einbeziehungsbeschluss,[984] so ergibt sich hieraus ein Prozesshindernis, das auf die Sachrüge vom Revisionsgericht von Amts wegen zu berücksichtigen ist.[985] Dem fehlenden Einbeziehungsbeschluss steht ein solcher gleich, durch

---

979 *OLG Hamm* StV 1996, 532.
980 *BGH* NJW 1984, 2172 = JR 1985, 125 m. Anm. *Gollwitzer.*
981 *BGH* MDR 1977, 984 (H); *BGH* NStZ-RR 1999, 303; *OLG Hamm* StV 1996, 532.
982 *OLG Stuttgart* StV 1994, 644 = NStZ 1995, 51; *Meyer-Goßner*⁵⁵ § 266 Rn. 10.
983 Siehe Rüge 6 Rn. 177.
984 Dass ein Einbeziehungsbeschluss ergangen ist, wird als wesentliche Förmlichkeit des Verfahrens durch die Sitzungsniederschrift bewiesen. Das Schweigen des Protokolls beweist, dass kein entsprechender Beschluss ergangen ist.
985 SK-StPO-*Velten*⁴ § 266 Rn. 24 u. 30.

den eine die erforderliche Umgrenzungsfunktion nicht erfüllende Nachtragsanklage in das Verfahren einbezogen wurde.[986]

Ist von der Einbeziehung einer außerhalb der Hauptverhandlung erhobenen Anklage von der gesetzlich vorgegebenen Verfahrensweise in § 266 StPO abgesehen worden, um die Einbeziehung nicht von der Zustimmung des Angeklagten abhängig machen zu müssen, ist eine Verurteilung wegen der mit der „verbundenen" Anklage vorgeworfenen Tat rechtswidrig, wenn nicht erneut mit der Hauptverhandlung begonnen worden war.[987] Es empfiehlt sich, den Fehler mit der Verfahrensrüge der Verletzung des § 266 Abs. 1 StPO geltend zu machen.[988]

IV. Im sachlichen Zusammenhang stehende Rügen

Ist ein Antrag auf Unterbrechung der Hauptverhandlung nach Erhebung einer Nachtragsanklage zurückgewiesen worden?[989] **745**

Ist es nach Einbeziehung einer Nachtragsanklage in das Verfahren unterblieben, den Angeklagten auf sein Recht hinzuweisen, die Unterbrechung der Hauptverhandlung zu beantragen?[990] **746**

---

986 SK-StPO-*Velten*[4] § 266 Rn. 11.
987 *BGH* v. 11.12.2008 – 4 StR 318/08 = StV 2009, 337 = NStZ 2009, 222 = NJW 2009, 1429 = StraFo 2009, 110. Zu dieser Problematik auch ausführlich SK-StPO-*Velten*[4] § 266 Rn. 28.
988 Zu den Anforderungen siehe oben Rn. 739 mit der Maßgabe, dass (trotz Zustimmung des Angeklagten) kein Einbeziehungsbeschluss ergangen ist. Ggf. sollte das Vorliegen von Verfahrensbesonderheiten i.S.v. *BGH* NJW 1990, 1055 – dazu ablehnend LR-*Gollwitzer*[25] § 266 Rn. 21 – ausgeschlossen werden. Zur Frage, in wieweit die Einbeziehung eines Anklagevorwurfs unter Umgehung der gesetzlichen Regelung in § 266 StPO ein Verfahrenshindernis begründet, oder ob es einer Verfahrensrüge bedarf, s. *BGH* v. 11.12.2008 – 4 StR 318/08 = StV 2009, 337 = NStZ 2009, 222 = NJW 2009, 1429 = StraFo 2009, 110 sowie *BGH* v. 3.8.1998 – 5 StR 311/98 = NStZ-RR 1999, 303 einerseits und *BGH* v. 19.2.2008 – 1 StR 503/07 = StV 2008, 226, 227 andererseits.
989 Siehe hierzu Rüge 205 Rn. 1767.
990 Siehe hierzu Rüge 206 Rn. 1770.

Kapitel 11
Mitteilung von Anklageschrift und Eröffnungsbeschluss

Rüge 58

747 Ist es unterblieben, dem Angeklagten vor Beginn der Hauptverhandlung die Anklageschrift mitzuteilen und wurde sein Antrag, die Hauptverhandlung auszusetzen und die unterlassene Mitteilung nachzuholen, abgelehnt?

I. Rechtsgrundlagen

748 Die Mitteilung der Anklageschrift (§ 201 Abs. 1 StPO) dient nicht nur der Gewährung rechtlichen Gehörs im Eröffnungsverfahren, sondern auch der Vorbereitung der Hauptverhandlung. Der Mangel der Mitteilung berechtigt den Angeklagten, die Aussetzung der Hauptverhandlung und Nachholung der unterlassenen Mitteilung zu verlangen. Die Ablehnung eines solchen Antrages durch Gerichtsbeschluss begründet die Revision (§ 338 Nr. 8 StPO)[991].

II. Anforderungen an den Vortrag der Rüge der Verletzung der §§ 201 Abs. 1, 228 StPO

749 Es ist vorzutragen,

- dass die Mitteilung der Anklageschrift gemäß § 201 Abs. 1 StPO und auch später unterblieben ist,[992]
- dass in der Hauptverhandlung ein Antrag gestellt wurde, die unterlassene Mitteilung nachzuholen und die Hauptverhandlung zu unterbrechen bzw. auszusetzen und
- dass dieser Antrag abgelehnt worden ist.

Ergänzend sollte der Inhalt der gesamten Anklageschrift mitgeteilt werden, um vorsorglich darzulegen, dass durch Verlesung des Anklagesatzes in der Hauptverhandlung dem Zweck des § 201 StPO nicht genügt wurde.

---

991 *OLG Celle* StV 1998, 531; siehe aber auch *OLG Düsseldorf* NJW 2003, 2766 mit dem richtigen, aber nicht den Kern treffenden Hinweis darauf, dass die Mitteilung der Anklageschrift gem. § 201 Abs. 1 StPO keine Verfahrensvoraussetzung ist.

992 Veranlasst der Tatrichter anstelle der gebotenen Zustellung nur eine formlose Übersendung der Anklageschrift an den Angeklagten, gehen bei der Entscheidung über die Verfahrensrüge verbleibende Zweifel an der Mitteilung nicht zu Lasten des Angeklagten: *OLG Celle* StV 1998, 531.

Rüge 59

Ist es unterblieben, in der Hauptverhandlung den nicht verteidigten Angeklagten auf sein   **750**
Recht hinzuweisen, die Aussetzung der Hauptverhandlung zu beantragen, weil ihm vor
Beginn der Hauptverhandlung die Anklageschrift nicht mitgeteilt worden ist?

I. Rechtsgrundlagen

Nach § 201 Abs. 1 StPO ist dem Angeschuldigten die Anklageschrift mitzuteilen,   **751**
um sich nicht nur im Rahmen des Eröffnungsverfahrens verteidigen, sondern auch
im Falle der Eröffnung auf die Hauptverhandlung vorbereiten zu können. Unterbleibt die Mitteilung, berechtigt dies den Angeklagten, die Aussetzung der Hauptverhandlung und die Nachholung der unterlassenen Mitteilung zu verlangen. Der in
der Hauptverhandlung unverteidigte Angeklagte ist durch den Vorsitzenden darauf
hinzuweisen, dass er das Recht hat, einen Aussetzungsantrag zu stellen.[993] Dies
folgt aus dem Grundsatz des fairen Verfahrens, „denn ein Recht, das man nicht
kennt, kann man nicht ausüben"[994].

II. Anforderungen an den Vortrag der Rüge des unterbliebenen Hinweises auf die Möglichkeit der Stellung eines Aussetzungsantrages im Falle der Nichtmitteilung der Anklageschrift gem. § 201 Abs. 1 StPO

Vorzutragen ist,   **752**

- dass die Mitteilung der Anklageschrift gem. § 201 Abs. 1 StPO und auch später
  unterblieben ist,
- der Inhalt der gesamten Anklageschrift, um vorsorglich darzulegen, dass durch
  Verlesung des Anklagesatzes in der Hauptverhandlung dem Zweck des § 201
  StPO nicht genügt wurde,
- der Angeklagte sich in der Hauptverhandlung ohne Beistand eines Verteidigers
  befand,
- der Angeklagte nicht darauf hingewiesen wurde, dass er wegen Nichtmitteilung
  der Anklageschrift berechtigt sei, die Aussetzung der Hauptverhandlung und
  Nachholung der unterlassenen Mitteilung zu verlangen und der Angeklagte keinen Aussetzungsantrag stellte und die Hauptverhandlung auch nicht ausgesetzt
  oder (längerfristig) unterbrochen wurde.

---

993   Die Rechtsprechung hat sich bezüglich der Folgen unterbliebener Mitteilung der Ankla-
      geschrift vorrangig unter dem Gesichtspunkt befasst, dass ein unverteidigter Angeklag-
      ter mit der Rüge des Verstoßes gegen das Gebot des fairen Verfahrens nicht deshalb
      ausgeschlossen sei, weil er die Nichtmitteilung der Anklageschrift in der Hauptverhand-
      lung nicht beanstandet habe: *OLG Düsseldorf* StV 2003, 490; *OLG Hamm* StV 2003,
      490 m.w.N.
994   *BGHSt* 12, 235, 238.

Rüge 60

753   Ist ein Antrag auf Aussetzung oder Unterbrechung der Hauptverhandlung abgelehnt worden, obwohl dem Angeklagten der Eröffnungsbeschluss bzw. die nach § 207 Abs. 3 StPO nachgereichte Anklage nicht spätestens mit der Ladung zur Hauptverhandlung zugestellt worden ist (§ 215 StPO)?

I. Rechtsgrundlagen

754   Nach § 215 StPO ist dem Anklagten der Beschluss über die Eröffnung des Hauptverfahrens spätestens mit der Ladung zuzustellen. Entsprechendes gilt in den Fällen des § 207 Abs. 3 StPO für die nachgereichte Anklageschrift.

Nach h.M. kann die Revision nicht auf die unterbliebene Zustellung des Eröffnungsbeschlusses bzw. der nach § 207 Abs. 3 StPO nachgereichten Anklage gestützt werden. Lediglich die Ablehnung eines Aussetzungsantrages unterliege der revisionsgerichtlichen Nachprüfung.[995]

Eines Aussetzungsantrages bedarf es jedenfalls dann, wenn der Verstoß gegen § 215 StPO durch Bekanntgabe des Eröffnungsbeschlusses bzw. der nachgereichten Anklage zu Beginn der Hauptverhandlung geheilt worden ist. Der unverteidigte Angeklagte ist auf das Recht, einen Aussetzungsantrag stellen zu dürfen, hinzuweisen.[996]

755   Ob der Angeklagte einen unbedingten Aussetzungsanspruch hat,[997] kann dahinstehen, weil beispielsweise in Fällen, in denen die Anklage ohne Änderung zur Hauptverhandlung zugelassen oder dem Angeklagten der Eröffnungsbeschluss nur formlos bekannt gemacht wurde, das Urteil ohnehin nicht auf dem Fehler beruhen würde. Entscheidend ist, ob der Angeklagte infolge eines geänderten Eröffnungsbeschlusses bzw. durch erstmalig in der nachgereichten Anklageschrift angeführte Umstände tatsächlicher oder rechtlicher Art ohne Aussetzung bzw. Unterbrechung der Hauptverhandlung in seiner Verteidigung behindert war.[998] Zur Beruhensfrage sollte deshalb dargelegt werden, inwiefern die Verteidigung durch die unterlassene Zustellung des Eröffnungsbeschlusses bzw. der nachgereichten Anklage und die Ablehnung des Aussetzungs- bzw. Unterbrechungsantrags behindert wurde.

---

995   *RGSt* 55, 159; *BGHSt* 15, 40/45; KK-*Gmel*[6] § 215 Rn. 4; KMR-*Eschelbach* (24. EL 2000) § 215 Rn. 14; **a.A.** SK-StPO-*Deiters*[4] § 215 Rn. 11; differenzierend LR-C. *Jäger*[26] § 215 Rn. 9.

996   Siehe Rüge 61 Rn. 757.

997   Bejahend *RG* JW 1921, 1324; *Eb. Schmidt* Nachtrag I § 203, 11; verneinend *BGH* LM § 215 StPO Nr. 1; *Meyer-Goßner*[55] § 215 Rn. 8, SK-StPO-*Deiters*[4] § 215 Rn. 12.

998   *BGH* LM Nr. 1 zu § 215 StPO.

II. Anforderungen an den Vortrag der Rüge der Verletzung der §§ 215, 228 Abs. 1 (§ 338 Nr. 8) StPO

- Dem Angeklagten wurde der Beschluss, durch den die Anklage zur Hauptver- **756** handlung zugelassen wurde bzw. eine nachgereichte Anklage gem. § 207 Abs. 3 StPO nicht spätestens mit der Ladung zur Hauptverhandlung zugestellt. Beschluss bzw. nachgereichte Anklage sind im Wortlaut mitzuteilen.
- Der Angeklagte hat auf die Zustellung des Eröffnungsbeschlusses bzw. der nachgereichten Anklageschrift nicht verzichtet.
- Der verteidigte Angeklagte hat in der Hauptverhandlung einen Aussetzungsantrag gestellt, dessen Inhalt vollständig wörtlich mitzuteilen ist.
- Der Aussetzungsantrag wurde durch (ggf. nach § 238 Abs. 2 StPO herbeigeführten) Beschluss, dessen Inhalt mitzuteilen ist, abgelehnt oder überhaupt nicht beschieden.
- Zu einer Aussetzung bzw. (längerfristigen) Unterbrechung der Hauptverhandlung kam es nicht.

Rüge 61

Wurde der unverteidigte Angeklagte zu Beginn der Hauptverhandlung nicht darauf hinge- **757** wiesen, dass er das Recht habe, die Aussetzung der Hauptverhandlung zu beantragen, weil ihm nicht spätestens mit der Ladung zur Hauptverhandlung der Eröffnungsbeschluss bzw. eine nachgereichte Anklage gem. § 207 Abs. 3 StPO zugestellt worden sind?

I. Rechtsgrundlagen

Zu den Voraussetzungen dieser Verfahrensrüge siehe Rüge 60 Rn. 753. **758**

II. Anforderungen an den Vortrag der Rüge der Verletzung der §§ 215, 228 Abs. 1, 265 Abs. 4 StPO

- Dem Angeklagten wurde der Beschluss, durch den die Anklage zur Hauptver- **759** handlung zugelassen wurde bzw. eine nachgereichte Anklage gem. § 207 Abs. 3 StPO nicht spätestens mit der Ladung zur Hauptverhandlung zugestellt.
- Der Angeklagte hat auf die Zustellung des Eröffnungsbeschlusses bzw. der nachgereichten Anklageschrift nicht verzichtet.
- Der Angeklagte befand sich in der Hauptverhandlung nicht im Beistand eines Verteidigers.
- Der Angeklagte wurde nicht auf die Möglichkeit hingewiesen, einen Unterbrechungs oder Aussetzungsantrag zu stellen.
- Zu einer Aussetzung oder (längeren) Unterbrechung der Hauptverhandlung kam es nicht.

- Die gesamte Anklageschrift, der Eröffnungsbeschluss bzw. der Inhalt der nach § 207 Abs. 3 StPO nachgereichten Anklage sind vollständig im Wortlaut mitzuteilen.

Rüge 62

760 Ist einem der deutschen Sprache nicht mächtigen Angeklagten vor der Hauptverhandlung eine schriftliche Übersetzung der Anklageschrift in seine Muttersprache oder eine andere ihm verständliche Sprache nicht zur Kenntnis gebracht worden?

I. Rechtsgrundlagen

761 Um auch einem der deutschen Sprache nicht mächtigen Angeklagten ausreichend Zeit und Gelegenheit zur Vorbereitung seiner Verteidigung zu geben, ist ihm mit der Mitteilung der Anklageschrift zugleich eine Übersetzung in eine ihm verständliche Sprache zur Kenntnis zu bringen (§ 201 Abs. 1 StPO; Art. 6 Abs. 3 lit. b EMRK). Dass die Anklage dem Angeklagten in der Hauptverhandlung durch einen beigezogenen Dolmetscher übersetzt worden ist, kann die unterbliebene Übersetzung im Zwischenverfahren nicht heilen.[999]

Ist dies unterblieben, sind nach Auffassung der Rechtsprechung die Konsequenzen für das Revisionsverfahren davon abhängig, ob der Angeklagte in der Hauptverhandlung im Beistand eines Verteidigers war oder nicht:

1. Rügevoraussetzungen bei verteidigtem Angeklagten

762 War der Angeklagte (in der Hauptverhandlung) verteidigt, muss die fehlende Übersetzung (in der Hauptverhandlung) gerügt[1000] und beantragt worden sein, die unterbliebene Mitteilung nachzuholen und die Verhandlung zu unterbrechen oder auszusetzen (§ 265 Abs. 4 StPO)[1001]. Wird dieser Antrag durch Gerichtsbeschluss abgelehnt oder nicht verbeschieden, liegt darin eine unzulässige Beschränkung der Verteidigung (§ 338 Nr. 8 StPO).

---

999 *OLG Düsseldorf* VRS 100, 133; *OLG Düsseldorf* StV 2001, 498; *KG* StV 1994, 90; *OLG Stuttgart* StV 2003, 490; *OLG Hamm* StV 2004, 364 **a.A.** *OLG Düsseldorf* JZ 1985, 200; *OLG Düsseldorf* NJW 2003, 2766 und *OLG Hamburg* StV 1994, 65 m. Anm. *Kühne* = NStZ 1993, 53, wenn durch die Übersetzung nach den Umständen des Einzelfalles dem Zweck des § 201 StPO genügt wurde.

1000 *OLG Celle* StraFo 2005, 30 m. abl. Anm. *Rübenstahl.*

1001 *BGH* NStZ 1982, 125; *OLG Düsseldorf* StV 2003, 490; *OLG Hamm* StV 2003, 491 für den Fall einer vor Beginn der Hauptverhandlung beantragten Aussetzung der Hauptverhandlung, was nicht verbeschieden wurde.

2. Rügevoraussetzungen bei unverteidigtem Angeklagten

a) Bei einem unverteidigten Angeklagten ist dieser mit der betreffenden Rüge **763**
nicht deshalb ausgeschlossen, weil er den Mangel in der Hauptverhandlung nicht
beanstandet und keinen Unterbrechungsantrag gestellt hat,[1002] es sei denn, er wurde
von dem Vorsitzenden auf die Möglichkeit eines Unterbrechungsantrages hingewiesen. Das Urteil beruht auf der Verletzung des § 201 Abs. 1 StPO, Art. 6 Abs. 3
lit. a und b EMRK, wenn nicht ausgeschlossen werden kann, dass der Angeklagte
sich anders verteidigt hätte, wenn ihm die Anklageschrift schon vor der Hauptverhandlung in einer ihm verständlichen Sprache mitgeteilt worden wäre.[1003]

b) Die unterbliebene Mitteilung der Anklageschrift in einer dem der deutschen **764**
Sprache nicht mächtigen Beschuldigten verständlichen Sprache kann auch als Verstoß gegen § 140 Abs. 2 StPO als absoluter Revisionsgrund (§ 338 Nr. 5 StPO) gerügt werden, wenn der Angeklagte in der Hauptverhandlung nicht im Beistand eines
Verteidigers war. Eines Antrages des Angeklagten auf Beiordnung eines Pflichtverteidigers bedarf es nicht, weil diese von Amts wegen zu erfolgen gehabt hätte.[1004]

II. Anforderungen an den Vortrag

1. Rüge der Ablehnung oder Nichtbescheidung eines Antrages auf Unterbrechung oder Aussetzung der Hauptverhandlung (§§ 201 Abs. 1, 228 Abs. 1, 265 Abs. 4 StPO, Art. 6 Abs. 3 lit. a und b EMRK)

- Der Angeklagte war der deutschen Sprache nicht mächtig, **765**
- dem Angeklagten war die vollständig im Wortlaut wiederzugebende Anklageschrift nicht zugleich mit einer Übersetzung in eine ihm verständliche Sprache
mitgeteilt worden, was auch bis zur Hauptverhandlung nicht nachgeholt worden
ist,
- dies wurde in der Hauptverhandlung gerügt mit dem Antrag, die unterbliebene
Übersetzung nachzuholen und die Hauptverhandlung zu unterbrechen bzw. auszusetzen und
- dieser Antrag wurde abgelehnt (der Inhalt des Beschlusses muss vollständig im
Wortlaut vorgetragen werden) oder übergangen.
- Wurde die Anklageschrift oder zumindest der Anklagesatz dem Angeklagten in
der Hauptverhandlung durch einen Dolmetscher übersetzt, ist dieser Umstand
und der gesamte Inhalt der Anklageschrift, soweit sie in der Hauptverhandlung
übersetzt wurde, vorsorglich mitzuteilen und darzulegen, dass dadurch dem
Zweck des § 201 StPO nicht genügt wurde.

1002 *OLG Stuttgart* StV 2003, 490; *OLG Düsseldorf* StV 2001, 498.
1003 *OLG Stuttgart* StV 2003, 490; *OLG Düsseldorf* StV 2010, 512.
1004 *OLG Karlsruhe* StV 2002, 299 (3. StS); *OLG Karlsruhe* StV 2005, 655 (1. StS)
m.w.N.

2. Rüge des unterbliebenen Hinweises auf die Möglichkeit der Stellung eines Unterbrechungs oder Aussetzungsantrages (§§ 201 Abs. 1, 228 Abs. 1, 265 Abs. 4 StPO, Art. 6 Abs. 3 lit. a und b EMRK)

766
- Der Angeklagte war der deutschen Sprache nicht mächtig,
- dem Angeklagten war die Anklageschrift nicht zugleich mit einer Übersetzung in eine ihm verständliche Sprache mitgeteilt worden, was auch nicht bis zur Hauptverhandlung nachgeholt worden ist,
- der Angeklagte war in der Hauptverhandlung nicht im Beistand eines Verteidigers,
- der Angeklagte wurde nicht auf die Möglichkeit hingewiesen, einen Unterbrechungs oder Aussetzungsantrag zu stellen und
- die gesamte Anklageschrift oder zumindest der Anklagesatz ist in der Hauptverhandlung nicht übersetzt worden oder in einer Weise, die dem Zweck des § 201 StPO nicht genügt hat.[1005] Der Inhalt der gesamten Anklageschrift ist dafür im Wortlaut mitzuteilen und ggf. der Teil, der in der Hauptverhandlung übersetzt worden ist.

3. Rüge der Verletzung der §§ 140 Abs. 2, 141 StPO, Art. 6 Abs. 3 lit. a und b EMRK (§ 338 Nr. 5 StPO)

767
- Der Angeklagte war der deutschen Sprache nicht mächtig,
- dem Angeklagten wurde die Anklageschrift nicht zugleich mit einer Übersetzung in eine ihm verständliche Sprache mitgeteilt, was auch nicht bis zur Hauptverhandlung nachgeholt worden ist,
- der Angeklagte war in der Hauptverhandlung nicht im Beistand eines Verteidigers,
- es ist der gesamte Inhalt der Anklageschrift im Wortlaut mitzuteilen. Sollten weitere Umstände vorliegen, die für einen Fall der notwendigen Verteidigung sprechen, sollten auch diese vorgebracht werden.[1006]

1005 Anderenfalls soll nach *OLG Düsseldorf* NJW 2003, 2766 kein Verfahrensfehler vorliegen. Es empfiehlt sich deshalb nach Möglichkeit, diesem Argument durch entsprechenden Vortrag vorzubeugen.

1006 Das *OLG Karlsruhe* StV 2005, 655 lässt bei seiner Entscheidung offen, ob ergänzend oder zusätzlich auf die Schwierigkeit der Sachlage abzustellen war. Siehe auch Rüge 32 Rn. 556.

Rüge 63

Ist einem der deutschen Sprache nicht mächtigen Angeklagten der Eröffnungsbeschluss   **768**
bzw. eine nachgereichte Anklage im Falle des § 207 Abs. 3 StPO nicht spätestens mit der
Ladung zur Hauptverhandlung in einer ihm verständlichen Sprache zugestellt worden?

I. Rechtsgrundlagen

Der nach § 215 StPO zuzustellende Beschluss über die Eröffnung des Hauptverfah-   **769**
rens bzw. die zuzustellende nachgereichte Anklageschrift gem. § 207 Abs. 3 StPO
muss im Falle von der deutschen Sprache nicht mächtigen Angeklagten in eine ihnen verständliche Sprache übersetzt werden.

Unterbleibt dies, beruht das Urteil aber nur dann auf der unterbliebenen Zustellung,
wenn der Angeklagte dadurch in der Vorbereitung seiner Verteidigung gegen die
ihn durch Mitteilung der Anklageschrift bereits bekannten Vorwürfe behindert wurde. Dies kann ausgeschlossen werden, wenn der Eröffnungsbeschluss die dem Angeklagten in Übersetzung zugestellte Anklage ohne Änderungen zugelassen hat.

Im Falle eines in der Hauptverhandlung verteidigten Angeklagten bedarf es zum Er-
halt der Rüge der erfolglosen Stellung eines Aussetzungsantrages.[1007] Bei einem unverteidigten Angeklagten bedarf es der erfolglosen Stellung eines solchen Antrages
nicht, wenn er nicht auf sein Recht hingewiesen wurde, die Aussetzung bzw. Unterbrechung der Hauptverhandlung verlangen zu können.

II. Anforderungen an den Vortrag der Rüge der Verletzung der §§ 215, 228 Abs. 1, 265 Abs. 4 StPO; Art. 6 Abs. 3 lit. b EMRK

Siehe vergleichbare Rügeanforderungen bei Rüge 62 Rn. 760.   **770**

1007   Vgl. im Einzelnen Rüge 58 Rn. 747.

Kapitel 12
Verurteilung wegen der mit der zugelassenen Anklage/ einbezogenen Nachtragsanklage vorgeworfenen Straftat/ Strafvorschrift

Rüge 64

771 Stimmen der Urteilstenor und die Liste der angewandten Vorschriften mit dem Anklagesatz und den dort genannten anzuwendenden Strafvorschriften bzw. der davon rechtlich abweichenden Würdigung im Eröffnungsbeschluss nicht überein, ohne dass der Angeklagte gem. § 265 Abs. 1 bzw. Abs. 2 StPO auf die Veränderung des rechtlichen Gesichtspunktes hingewiesen worden ist?

I. Rechtsgrundlagen

772 Nach § 265 Abs. 1 bzw. Abs. 2 StPO ist dem Angeklagten ein rechtlicher Hinweis zu erteilen, bevor er abweichend von der zugelassenen Anklage[1008] nach einem anderen Strafgesetz abgeurteilt wird oder eine Maßregel der Besserung und Sicherung angeordnet oder eine an gesetzlich bestimmte Umstände anknüpfende Strafschärfung vorgenommen wird und der Angeklagte auf diese Möglichkeit nicht schon in der zugelassenen Anklageschrift aufmerksam gemacht worden ist.

773 Eine **Hinweispflicht nach § 265 Abs. 1 bzw. Abs. 2 StPO** wird insbesondere ausgelöst:[1009]

- bei einer Verurteilung wegen eines anderen Strafgesetzes anstelle oder neben dem angeklagten Straftatbestand,
- bei in der zugelassenen Anklageschrift nicht angesprochener Möglichkeit einer wahldeutigen Verurteilung,
- bei Änderung der strafrechtlichen Handlungsform (Tatbegehung durch ein Tun anstelle eines Unterlassens oder umgekehrt),
- bei Änderung der Schuldform,
- bei Verurteilung wegen eines Straftatbestandes mit verschiedenen Begehungsweisen, wenn die im Urteil angenommene Tatbestandsvariante nicht mit der in der zugelassenen Anklageschrift angesprochenen übereinstimmt,
- bei Wechsel der Teilnahmeform,

1008 Dieser stehen ein Strafbefehl, eine Nachtragsanklage und Einbeziehungsbeschluss nach § 266 StPO, der Hinweis nach § 81 Abs. 2 OWiG, durch den das gerichtliche Bußgeldverfahren in ein Strafverfahren übergeleitet wurde, und ein Verweisungsbeschluss nach § 270 StPO gleich.

1009 Siehe die Übersichten bei LR-*Gollwitzer*[25] § 265 Rn. 38 ff.; SK-StPO-*Velten*[4] § 265 Rn. 15; *Schlothauer* StV 1986, 213, 216 ff.

- bei Wechsel des Konkurrenzverhältnisses,
- bei (Nicht-) Anwendung von Jugendrecht,
- bei Bejahung besonderer Schuldschwere i.s.d. § 57a StGB,[1010]
- bei Verhängung einer in der Anklageschrift nicht angeführten Nebenstrafe oder Nebenfolge sowie bei Anordnung einer Maßregel der Besserung und Sicherung,[1011]
- bei Anwendung von die Strafbarkeit erhöhenden Vorschriften oder sonstigen fakultativen Rechtsfolgen, die von besonderen Umständen abhängen.[1012]

Es soll an dieser Stelle durch Abgleich der rechtlichen Beurteilung in der zugelassenen Anklage und im Urteilstenor lediglich geprüft werden, ob ein nach § 265 Abs. 1 oder Abs. 2 StPO notwendiger Hinweis überhaupt nicht erteilt wurde. Hat das Gericht einen Hinweis erteilt, ist erst an dieser Stelle zu prüfen, ob er den Anforderungen des § 265 Abs. 1[1013] bzw. 2 StPO[1011] entspricht und ob ein Aussetzungsantrag nach § 265 Abs. 3 oder 4 StPO zu Unrecht abgelehnt bzw. eine von Amts wegen vorzunehmende Verfahrensaussetzung unterlassen wurde. Ebenso ist erst an späterer Stelle zu prüfen,[1014] ob der Angeklagte auch auf eine etwaige Änderung der Sachlage hingewiesen wurde, wenn das Urteil gegenüber der zugelassenen Anklage von anderen tatsächlichen Umständen ausgeht und ob insoweit von einer Aussetzung der Hauptverhandlung abgesehen werden durfte.[1015]   **774**

Fehlt ein Hinweis, ist dies ein relativer Revisionsgrund. Es ist deshalb empfehlenswert, Ausführungen dazu zu machen, wie sich der Angeklagte möglicherweise hätte verteidigen können, wenn ihm der Hinweis erteilt worden wäre.   **775**

II. Anforderungen an den Vortrag der Verletzung des § 265 Abs. 1 bzw. Abs. 2 StPO

Der Beschwerdeführer muss mitteilen,   **776**

- den Inhalt des insoweit wörtlich wiederzugebenden Anklagesatzes[1016] einschließlich der Liste der anzuwendenden Vorschriften sowie das wesentliche Ergebnis der Ermittlungen,[1017]

1010 *Wollweber* NJW 1998, 122; *a.A. BGH* StV 2006, 60 m. abl. *Anm. Lüderssen.*
1011 Siehe Rüge 192 Rn. 1678.
1012 *Schlothauer* StV 1986, 213, 219 ff.; *Meyer-Goßner*[55] § 265 Rn. 19 jeweils m.w.N. Siehe auch Rüge 192 Rn. 1678.
1013 Siehe Rüge 191 Rn. 1668.
1014 Siehe Rüge 193 Rn. 1686.
1015 Hierzu Rüge 201 Rn. 1750.
1016 Bzw. Strafbefehl, Nachtragsanklage und Einbeziehungsbeschluss, Hinweis nach § 81 Abs. 2 OWiG oder Verweisungsbeschluss nach § 270 StPO.
1017 Nach *BGH* NStZ 2001, 162 soll es ausreichen, wenn sich im „wesentlichen Ergebnis der Ermittlungen" (§ 200 Abs. 2 StPO) ein Hinweis befindet. Deshalb ist dieses als „Negativtatsache" in der Revisionsbegründung mitzuteilen, um die Erforderlichkeit der Erteilung eines Hinweises schlüssig darzulegen.

- dass die Anklage durch Eröffnungsbeschluss unverändert, ggf. mit welchen – wörtlich wiederzugebenden – Änderungen zur Hauptverhandlung zugelassen worden ist,
- dass das Gericht den Angeklagten nach einer anderen als der in Anklageschrift bzw. Eröffnungsbeschluss angegebenen Vorschrift abgeurteilt bzw. die Strafbarkeit erhöhende Umstände angenommen bzw. ihn zu Nebenstrafen oder Nebenfolgen verurteilt oder eine Maßregel der Besserung und Sicherung angeordnet hat (ist die allgemeine Sachrüge erhoben worden, nimmt das Revisionsgericht den Inhalt des Urteils aufgrund der Lektüre der schriftlichen Urteilsgründe zur Kenntnis) und
- dass der Angeklagte auf die Veränderung der Rechtslage nicht hingewiesen wurde.[1018] Dabei ist auch vorzutragen, dass der Angeklagte auch nicht vor oder außerhalb der Hauptverhandlung davon unterrichtet wurde, dass das Gericht die Möglichkeit einer anderen rechtlichen Würdigung als derjenigen in der zugelassenen Anklage in Betracht ziehe.[1019]

III. Im Zusammenhang stehende Rügen

777 Ist dem Angeklagten ein Hinweis erteilt worden, der als nicht ausreichend beanstandet werden soll, ist ebenfalls die Verletzung des § 265 Abs. 1 bzw. Abs. 2 StPO zu rügen.[1020]

Ist es von Amts wegen oder entgegen einem Antrag unterblieben, die Hauptverhandlung auszusetzen, kommt die Verfahrensrüge der Verletzung des § 265 Abs. 4 StPO in Betracht.[1021]

1018 Dass ein Hinweis erteilt wurde, gehört zu den wesentlichen Förmlichkeiten des Verfahrens (LR-*Gollwitzer*[25] § 265 Rn. 76). Das Schweigen des Hauptverhandlungsprotokolls beweist, dass ein Hinweis in der Hauptverhandlung unterblieben ist.

1019 Dies würde die nochmalige Erteilung eines Hinweises in der Hauptverhandlung entbehrlich machen (LR-*Gollwitzer*[25] § 265 Rn. 51; s. auch *BGH* StV 2008, 342 m. Anm. *Wachsmuth* m.w.N. zur umstrittenen Frage, ob es eines tatrichterlichen Hinweises bedarf, wenn dieser bereits in der Entscheidung des Revisionsgerichts erfolgt ist, durch die nach Urteilsaufhebung die Sache zurückverwiesen worden ist) und ist deshalb als sog. Negativtatsache vorzutragen.

1020 Siehe Rügen 191 Rn. 1668 und 192 Rn. 1678.

1021 Siehe Rüge 201 Rn. 1750 und 202 Rn. 1756.

Rüge 65

Wurde die Hauptverhandlung auf Straftaten des Angeklagten erstreckt und er derentwegen verurteilt, die zwar Gegenstand der Anklage waren, aber vom Gericht nach Anklageerhebung auf Antrag der Staatsanwaltschaft vorläufig eingestellt (§ 154 Abs. 2 StPO) worden sind? **778**

I. Rechtsgrundlagen

Ist die öffentliche Klage wegen einer Mehrzahl von Straftaten im prozessualen Sinn bereits erhoben worden, kann das erkennende Gericht auf Antrag der Staatsanwaltschaft das Verfahren durch Einstellung gem. § 154 Abs. 2 StPO auf einzelne Straftaten beschränken. Dies kann im Zwischenverfahren, aber auch noch im Hauptverfahren geschehen. Eine Verurteilung des Angeklagten wegen einer nach § 154 Abs. 2 StPO eingestellten Tat setzt voraus, dass das Gericht durch Wiederaufnahmebeschluss (§ 154 Abs. 3, Abs. 4 StPO) seinen Einstellungsbeschluss wieder rückgängig gemacht hat. **779**

Die Wiederaufnahme muss durch ausdrücklichen Beschluss des Gerichts und nicht nur des Vorsitzenden eines Kollegialgerichts erfolgen.[1022] Eine Wiederaufnahme durch schlüssiges Handeln genügt nicht.[1023] Erfolgte die Einstellung nach § 154 Abs. 2 StPO nach Anklageerhebung, aber vor Eröffnungsbeschluss, muss im Falle der Wiederaufnahme durch einen weiteren Beschluss über die Eröffnung entschieden werden[1024]. Der die zunächst eingestellte Tat betreffende Teil der Anklageschrift muss in der Hauptverhandlung verlesen werden.[1025] **780**

Ist der ursprüngliche Einstellungsbeschluss nicht wirksam durch einen Wiederaufnahmebeschluss beseitigt worden, weil ein Wiederaufnahmebeschluss überhaupt nicht ergangen ist, er von einem hierfür nicht zuständigen Gericht erlassen wurde oder die gesetzlichen Voraussetzungen für ihn nicht vorlagen, ist dies als Verfahrenshindernis auch ohne besondere Rüge bei Erhebung der allgemeinen Sachrüge von Amts wegen zu berücksichtigen. Dasselbe gilt, wenn bei einer Verfahrenseinstellung nach § 154 Abs. 2 StPO im Zwischenverfahren nach Wiederaufnahme des Verfahrens kein Eröffnungsbeschluss bezüglich der eingestellten Tat erlassen worden ist. Vorsorglich sollte der Vorgang durch eine ausdrückliche Verfahrensrüge zum Gegenstand des Revisionsverfahrens gemacht werden.[1026] **781**

1022 LR-*Beulke*[26] § 154 Rn. 69.
1023 LR-*Beulke*[26] § 154 Rn. 69 m.w.N.
1024 LR-*Beulke*[26] § 154 Rn. 70.
1025 Zur Frage, ob die Wiederaufnahme nur dann zulässig ist, wenn die Grundlage des Einstellungsbeschlusses nachträglich wegfällt, siehe LR-*Beulke*[26] § 154 Rn. 75 m.w.N.
1026 Hat es die Staatsanwaltschaft unterlassen, nach Wiederaufnahme des Verfahrens den die vor Beginn der Hauptverhandlung eingestellte Tat betreffenden Teil des Anklagesatzes zu verlesen, bedarf dies der Rüge der Verletzung des § 243 Abs. 3 StPO: Siehe zu den Rügeanforderungen Rüge 54 Rn. 724.

II. Anforderungen an den Vortrag

782   • Es sind die Anklageschrift und ggf. der die Anklage zur Hauptverhandlung zulassende Eröffnungsbeschluss im Wortlaut mitzuteilen;
   • Wortlaut des Einstellungsbeschlusses nach § 154 Abs. 2 StPO aufgrund eines diesbezüglichen ebenfalls mitzuteilenden Antrages der Staatsanwaltschaft und Zeitpunkt (vor oder nach Eröffnungsbeschluss);
   • kein Erlass eines Wiederaufnahmebeschlusses durch das zuständige Gericht

oder

   • kein Eröffnungsbeschluss nach Wiederaufnahme eines im Zwischenverfahren nach § 154 Abs. 2 StPO eingestellten Verfahrens.
   • Verurteilung wegen der Tat, die Gegenstand des nach § 154 Abs. 2 StPO eingestellten Verfahrens ist.

Rüge 66

783   Wurde die Hauptverhandlung auf weitere Straftaten i.S.d. § 264 StPO erstreckt und der Angeklagte u.a. wegen dieser Taten verurteilt, obwohl sie nicht Gegenstand der zugelassenen Anklage waren?

784   Eine Verurteilung wegen einer Straftat i.S.d. § 264 StPO, die nicht Gegenstand einer – ggf. hinzuverbundenen – zugelassenen Anklage ist, ist nur zulässig, wenn in der Hauptverhandlung eine Nachtragsanklage erhoben und diese wirksam in das Verfahren einbezogen worden ist (§ 266 StPO). Ist dies nicht der Fall, fehlt es an einer Prozessvoraussetzung.

785   Dies ist auf die allgemeine Sachrüge von Amts wegen vom Revisionsgericht zu prüfen und führt zur Einstellung des Verfahrens durch Beschluss (§ 206a StPO).

Vorsorglich sollte die Rüge aber wie eine Verfahrensrüge ausgeführt werden, indem der Inhalt des Anklagesatzes und des Eröffnungsbeschlusses mitgeteilt und darauf hingewiesen wird, dass weitere zugelassene Anklagen dem Tatrichter nicht vorlagen bzw. von ihm nicht hinzuverbunden (§ 237 StPO)[1027] worden sind.

[1027]   Durch eine rechtsfehlerhafte Verbindung kann der die Verbindung anordnende Spruchkörper für die hinzuverbundene Sache zum ungesetzlichen Richter werden (vgl. LR-*J.-P. Becker*[26] § 237 Rn. 7), was mit den dafür einschlägigen Rügen angegriffen werden muss (siehe z.B. Rüge 6 Rn. 173 ff.).

Kapitel 13
Erörterungen vor oder während der Hauptverhandlung
mit Ziel einer Verständigung

Rüge 67

Ist eine Mitteilung des Vorsitzenden unterblieben, ob und ggf. mit welchem wesentlichen Inhalt Erörterungen nach §§ 202a, 212 StPO stattgefunden haben, deren Gegenstand die Möglichkeit einer Verständigung (§ 257c StPO) war (§ 243 Abs. 4 S. 1 StPO)? **786**

I. Rechtsgrundlagen

§ 243 Abs. 4 S. 1 StPO verpflichtet den Vorsitzenden, den Inhalt von Erörterungen, **787** die vor Beginn der Hauptverhandlung stattgefunden haben, durch entsprechende Mitteilung zum Gegenstand der Hauptverhandlung zu machen, wenn diese die Möglichkeit einer Verständigung (§ 257c StPO) zum Gegenstand hatten.[1028] Keiner Mitteilungspflicht unterliegen Erörterungen über die Möglichkeit einer Verständigung in einem Parallelverfahren.[1029] „Die Mitteilungspflicht greift ein, sobald bei im Vorfeld oder außerhalb der Hauptverhandlung geführten Gesprächen ausdrücklich oder konkludent die Möglichkeit und die Umstände einer Verständigung im Raum stehen. Dies ist jedenfalls dann der Fall, wenn Fragen des prozessualen Verhaltens in Konnex zum Verfahrensergebnis gebracht werden und damit die Frage nach oder die Äußerung zu einer Straferwartung naheliegt. Im Zweifel wird in der Hauptverhandlung zu informieren sein. Zum mitzuteilenden Inhalt solcher Erörterungen gehört, welche Standpunkte von den einzelnen Gesprächsteilnehmern vertreten wurden, von welcher Seite die Frage einer Verständigung aufgeworfen wurde und ob sie bei den anderen Gesprächsteilnehmern auf Zustimmung oder Ablehnung gestoßen ist".[1030] Die Mitteilung hat nach Verlesung des Anklagesatzes (§ 243 Abs. 3 StPO) und noch vor der Belehrung des Angeklagten über sein Recht, sich zur Sache zu äußern oder zu schweigen (§ 243 Abs. 5 StPO), zu erfolgen.

Auch wenn §§ 202a, 212 StPO, auf die § 243 Abs. 4 S. 1 StPO Bezug nimmt, von Erörterungen des „Gerichts" mit den Verfahrensbeteiligten spricht, besteht die Mitteilungspflicht des Vorsitzenden auch bzgl. solcher Erörterungen, die zwischen ein-

---

1028 Siehe hierzu *Schlothauer* in: Niemöller/Schlothauer/Weider, VerStG, 2010, B. § 243 Abs. 4 Rn. 10. Anlässlich der Erörterungen vom Gericht in Aussicht gestellte Strafober- oder –untergrenzen haben allerdings keine Bindungswirkung: *BGH* v. 12.7.2011 – 1 StR 274/11 = StV 2011, 645.

1029 *BGH* v. 9.2.2012 . 1 StR 438/11 = StV 2012, 393.

1030 *BVerfG* Urt. v. 19.3.2013 – 2 BvR 2628/10, 2 BvR 2883/10, 2 BvR 2155/11 Tz. 85 = StV 2013, 353.

zelnen Mitgliedern des Gerichts und Verfahrensbeteiligten stattfinden.[1031] Da der Inhalt derartiger Erörterungen aktenkundig zu machen ist (§§ 202a S. 2, 212 StPO), erhält der Vorsitzende, der nicht persönlich an den Erörterungen teilgenommen hat, auf diese Weise von deren Inhalt Kenntnis und kann so seiner Mitteilungspflicht genügen.

Eine Mitteilungspflicht des Vorsitzenden zu Beginn der Hauptverhandlung besteht auch dann, wenn vor der Hauptverhandlung keine Erörterungen stattgefunden haben (Pflicht zur Mitteilung, „ob" Erörterungen stattgefunden haben). Insoweit verlangt das Gesetz vom Vorsitzenden, „Farbe zu bekennen"[1032].

788 Die Nichtbeachtung der Verpflichtung zur Mitteilung stattgefundener bzw. nicht stattgefundener Erörterungen über die Möglichkeit einer Verständigung ist eine Gesetzesverletzung i.S.d. § 337 StPO, auf die grundsätzlich eine Verfahrensrüge gestützt werden kann.[1033] Auf einem Verstoß gegen die Mitteilungspflicht sollte das angefochtene Urteil nach bis zum 19.3.2013 geltender h.M. allerdings nicht beruhen können.[1034] Dieser Auffassung kann seit dem Urteil des *BVerfG* vom 19.3.2013[1035] nicht mehr in dieser Pauschalität gefolgt werden. Haben die Erörterungen zu einer Verständigung in der Hauptverhandlung (§ 257c StPO) geführt, kann die dazu seitens des Angeklagten erteilte Zustimmung durch die unterlassene Mitteilung über stattgefundene Erörterungen infiziert sein. Da der Angeklagte über seine Zustimmung zu einem Verständigungsvorschlag des Gerichts autonom entscheiden können muss, er aber i.d.R. bei den vor Beginn der Hauptverhandlung stattgefundenen Erörterungen nicht anwesend war, bedarf er der Information über deren Inhalt. In Kenntnis ihres Inhalts könnte er der Verständigung (in dieser Form) nicht zuge-

---

1031 Demgegenüber begründen nach Auffassung des *BGH* v. 20.10.2010 – 1 StR 400/10 = StV 2011, 202 = NStZ 2011, 592 nur solche Erörterungen eine Mitteilungspflicht, die seitens des Gerichts in voller Besetzung oder durch eines seiner Mitglieder stattfinden, das hierzu nach entsprechender Beratung ausdrücklich beauftragt wurde. Hiergegen ausführlich *Schlothauer* StV 2011, 2305; abl. ebenfalls *Niemöller* NZWiSt 2012, 290, 291; in diesem Sinne auch SK-StPO-*Frister*⁴ § 243 Rn. 44; *Schlothauer* in: Niemöller/Schlothauer/Weider, VerStG, 2010, B. § 243 Abs. 4 Rn. 9; offen gelassen von *BGH* v. 20.12.2011 – 3 StR 426/11 = StV 2012, 392.

1032 *Schlothauer* in: Niemöller/Schlothauer/Weider, VerStG, 2010, B. § 243 Abs. 4 Rn. 7; LR-*J.-P. Becker*²⁶ § 243 Rn. 52c; SK-StPO-*Frister*⁴ § 243 Rn. 43.

1033 *Weider* in: Niemöller/Schlothauer/Weider, VerStG, 2010, C. Rn. 35 ff.; LR-*J.-P.Becker*²⁶ § 243 Rn. 96a; SK-StPO-*Frister*⁴ § 243 Rn. 94.

1034 LR-*J.-P. Becker*²⁶ § 243 Rn. 96a; SK-StPO-*Frister*⁴ § 243 Rn. 94; *Meyer-Goßner*⁵⁵ § 243 Rn. 38a; *BGH* NStZ 2011, 592 = StV 2011, 202 m. abl. Anm. *Schlothauer*; *OLG Celle* StV 2012, 394 m. Anm. *Altenhain/Haimerl* = NStZ 2012, 285; **a.A.** schon *Weider* in: Niemöller/Schlothauer/Weider, VerStG, 2010, C. Rn. 37. In diesem Sinne auch *Kirsch* StraFo 2010, 100; *Schlothauer/Weider* StV 2009, 604. Ebenso *Schmitt* StraFo 2012, 386, 390.

1035 *BVerfG* Urt. v. 19.3.2013 – 2 BvR 2628/10, 2 BvR 2883/10, 2 BvR 2155/11, insbes. Tz. 82 ff. u. 96 ff. = StV 2013, 353.

stimmt haben.[1036] Nicht anders verhält es sich, wenn die Erörterungen nicht zu einem gerichtlichen Verständigungsvorschlag in der Hauptverhandlung geführt haben oder ein gerichtlicher Verständigungsvorschlag nicht die Zustimmung der Staatsanwaltschaft gefunden hat. Auch hier hat der Angeklagte ein berechtigtes Interesse daran, über den Inhalt der ergebnislosen Erörterungen informiert zu werden, um von den Vorstellungen der anderen Verfahrensbeteiligten Kenntnis zu erhalten. Das Urteil soll bei einer unterbliebenen Mitteilung des Vorsitzenden über stattgefundene Erörterungen nach Auffassung des BGH auch dann nicht auf diesem Verfahrensfehler beruhen, wenn der Angeklagte vom Inhalt der Gespräche alsbald von seinem Verteidiger informiert wurde.[1037] Auch diese Auffassung kann deshalb nicht überzeugen, weil der Gesetzgeber ausdrücklich den Vorsitzenden in die Pflicht genommen hat, den Angeklagten in der Hauptverhandlung über den Inhalt stattgefundener Erörterungen aufzuklären. Damit sollte der Möglichkeit Rechnung getragen werden, dass über das „Ob" und „Wie" einer Verständigung zwischen Verteidiger und Mandanten ein Dissens bestehen kann und dies zu einer gefärbten Mitteilung des Verteidigers über den Inhalt stattgefundener Erörterungen führen kann.[1038] Deshalb wird der Verteidiger auch am Zustandekommen einer Verständigung nicht beteiligt. „Verständigungspartner" sind nur das Gericht, die Staatsanwaltschaft und der Angeklagte.

Das *BVerfG* hat deshalb zu Recht in seinem Urteil vom 19.3.2013 erkannt:

> *„Ein Verstoß gegen die Transparenz- und Dokumentationspflichten führt deshalb grundsätzlich zur Rechtswidrigkeit einer gleichwohl getroffenen Verständigung. Hält sich das Gericht an eine solche gesetzwidrige Verständigung, wird ein Beruhen des Urteils auf diesem Gesetzesverstoß regelmäßig schon deshalb nicht auszuschließen sein, weil die Verständigung, auf der das Urteil beruht, ihrerseits mit einem Gesetzesverstoß behaftet ist. Diese Auslegung entspricht der Funktion dieser Vorschriften im Konzept des Verständigungsgesetzes. Dass Verstöße gegen die verfahrensrechtlichen Sicherungen der Verständigung nicht den absoluten Revisionsgründen zugeordnet worden sind, steht einer Auslegung des § 337 Abs. 1 StPO nicht entgegen, der zufolge das Revisionsgericht ein Beruhen des Urteils auf einem Verstoß gegen Transparenz- und Dokumentationspflichten – die nach dem Willen des Gesetzgebers gerade zum Kern des dem Verständigungsgesetz zugrundeliegenden Schutzkonzepts gehören – nur in besonderen Ausnahmefällen wird ausschließen können"[1039].*

Aber auch in den Fällen, in denen keine Erörterungen stattgefunden haben und der Vorsitzende hierüber in der Hauptverhandlung keine Mitteilung gemacht hat, kann **789**

1036   Vgl. *Weider* in: Niemöller/Schlothauer/Weider, VerStG, 2010, C. Rn. 37.
1037   *BGH* v. 20.12.2011 – 3 StR 426/11 = StV 2012, 392.
1038   *Weider* in: Niemöller/Schlothauer/Weider, VerStG, 2010, C. Rn. 37, wonach die Information über den Inhalt von Vorgesprächen nicht dem Verteidiger überantwortet werden darf.
1039   *BVerfG* Urt. v. 19.3.2013 – 2 BvR 2628/10, 2 BvR 2883/10, 2 BvR 2155/11 Tz. 97 = StV 2013, 353.

das Urteil auf dem Verfahrensverstoß beruhen. Zwar hat der Gesetzgeber den Verstoß gegen § 243 Abs. 4 S. 1 StPO auch insoweit nicht zu einem absoluten Revisionsgrund ausgestaltet. Daraus lässt sich jedoch im Umkehrschluss nicht entnehmen, dass die Kausalität des Verfahrensfehlers i.S.d. § 337 StPO nahezu zwingend ausgeschlossen sei.[1040] Anderenfalls wäre § 243 Abs. 4 S. 1 StPO als bloße Ordnungsvorschrift zu qualifizieren. Dass dies nicht dem Willen des Gesetzgebers entsprach, kann der unterschiedlichen Ausgestaltung des § 243 Abs. 4 S. 1 StPO einerseits und des § 78 Abs. 2 OWiG andererseits und der dieser zugrundeliegenden Kontroverse im Gesetzgebungsverfahren entnommen werden.[1041] Der Gesetzgeber wollte durch die Dokumentation in Form eines „Negativattests" ausschließen, dass außerhalb der Regelung des § 257c StPO „stillschweigend" und ohne Beachtung der gesetzlichen Förmlichkeiten eine Verständigung stattfindet[1042]. Dazu bedarf es aber zwingend der ausdrücklichen Mitteilung des Vorsitzenden, dass vor Beginn der Hauptverhandlung keine Erörterungen stattgefunden haben. Ansonsten liefe die Forderung nach einem „Negativattest" ins Leere. Der Angeklagte, etwaige Schöffen und die Öffentlichkeit müssen die Gewissheit haben, dass zwischen dem Gericht und der Staatsanwaltschaft, zwischen dem Gericht und dem Verteidiger, zwischen dem Gericht und Verteidigern von Mitangeklagten keine Erörterungen stattgefunden haben, auch und gerade wenn diese nicht in einen gerichtlichen Verständigungsvorschlag in der Hauptverhandlung mündeten.

790 Die Beachtung der Mitteilungspflicht ist eine wesentliche Förmlichkeit der Hauptverhandlung und im Hauptverhandlungsprotokoll zu vermerken (§ 273 Abs. 1a S. 2 StPO). Unbeschadet einer Protokollberichtigung beweist das Schweigen des Protokolls, dass der Vorsitzende in der Hauptverhandlung seiner Mitteilungspflicht nicht entsprochen hat.[1043]

1040   *Jahn* StV 2011, 497, 502.

1041   Siehe hierzu *Schlothauer* in: Niemöller/Schlothauer/Weider, VerStG, 2010, B. § 243 Abs. 4 Rn. 7 sowie B. § 78 Abs. 2 OWiG Rn. 1. Jetzt auch *BVerfG* Urt. v. 19.3.2013 – 2 BvR 2628/10, 2 BvR 2883/10, 2 BvR 2155/11 Tz. 96 = StV 2013, 353.

1042   *BVerfG* Urt. v. 19.3.2013 – 2 BvR 2628/10, 2 BvR 2883/10, 2 BvR 2155/11 Tz. 76 = StV 2013, 353.

1043   Kommt es im Revisionsverfahren auf die Feststellung des Inhalts von Erörterungen an, die vor oder außerhalb der Hauptverhandlung über die Möglichkeit einer Verständigung stattgefunden haben (z.B. Rüge der Verletzung des § 136a StPO wegen Drohung mit der „Sanktionsschere"), ist deren Inhalt entgegen §§ 202a S. 2, 212 StPO nicht aktenkundig gemacht und vom Vorsitzenden entgegen § 243 Abs. 4 S. 1 StPO in der Hauptverhandlung nicht mitgeteilt worden und bleibt der Sachverhalt im Freibeweisverfahren unaufgeklärt, ist von dem Vortrag des Beschwerdeführers auszugehen. Der Grundsatz, dass nicht zu beseitigende Zweifel am Vorliegen von Verfahrenstatsachen zu Lasten des Angeklagten gehen, gilt nicht, wenn die Aufklärbarkeit des Sachverhalts auf einem Verstoß gegen eine gesetzliche Dokumentationspflicht beruht: *BVerfG* v. 5.3.2012 – 2 BvR 1464/11 = StV 2012, 385 m. Anm. *Niemöller*.

II. Anforderungen an die Rüge der Verletzung des § 243 Abs. 4 S. 1 StPO

- Es ist vorzutragen, dass vor der Hauptverhandlung Erörterungen zwischen dem **791** Gericht oder einzelnen seiner Mitglieder und (einzelnen) Verfahrensbeteiligten stattgefunden haben. War der Angeklagte daran nicht beteiligt, ist dies darzulegen. Vorsorglich sollte bei einem entsprechenden Sachverhalt für den Fall, dass nicht alle Mitglieder des Gerichts an den Erörterungen mitgewirkt haben, vorgetragen werden, dass der Gesprächsführung ein ausdrücklicher Auftrag des Gerichts zugrunde lag.

- Der Gegenstand der Erörterungen ist detailliert und vollständig mitzuteilen, um darzulegen, dass ihr Gegenstand die Möglichkeit einer Verständigung war. Ist der Inhalt der Erörterungen aktenkundig gemacht worden (§§ 202a S. 2, 212 StPO), ist dieser und die Aktenfundstelle zusätzlich mit vorzutragen.

- Es ist mitzuteilen, dass der Vorsitzende keine Mitteilung über die stattgefundenen Erörterungen in der Hauptverhandlung gemacht hat.

- In dem Fall, dass der Vorsitzende die Mitteilung unterlassen hat, dass keine Erörterungen vor der Hauptverhandlung nach den §§ 202a, 212 StPO stattgefunden hätten, ist dies vorzutragen. Hat der Angeklagte Kenntnis darüber, dass mitteilungspflichtige Erörterungen stattgefunden haben, ist dies und – soweit möglich – deren Inhalt vorzutragen. Anderenfalls ist vorzutragen, dass es sich der Kenntnis des Angeklagten entzieht, ob und zwischen welchen Verfahrensbeteiligten Erörterungen stattgefunden haben.

- Es empfiehlt sich, in Betracht kommende Umstände vorzutragen, aus denen sich ergibt, dass das Urteil auf der unterlassenen Mitteilung beruhen kann (siehe Rn. 789).

Rüge 67a

Hat es der Vorsitzende unterlassen, im weiteren Verlauf der Hauptverhandlung über Erör-   **792** terungen, deren Gegenstand die Möglichkeit einer Verständigung war, Mitteilung zu machen, soweit sich dadurch Änderungen gegenüber der Mitteilung zu Beginn der Hauptverhandlung ergeben haben (§ 243 Abs. 4 S. 2 StPO)?

I. Rechtsgrundlagen

Nach § 243 Abs. 4 S. 2 StPO besteht eine Mitteilungspflicht des Vorsitzenden auch   **793** im weiteren Verlauf der Hauptverhandlung, soweit sich Änderungen gegenüber der Mitteilung zu Beginn der Hauptverhandlung ergeben haben. Dies kommt in Betracht, wenn es außerhalb der Hauptverhandlung nach deren Beginn entweder erstmalig zu Erörterungen über die Möglichkeit einer Verständigung gekommen ist oder aber über den Inhalt der zu Beginn der Hauptverhandlung mitgeteilten Erörterungen hinaus neue Aspekte einer möglichen Verständigung Gegenstand von Erörterungen außerhalb der Hauptverhandlung geworden sind.[1044] Die Mitteilungspflicht des Vorsitzenden besteht unabhängig davon, ob diese Erörterungen im Hinblick auf eine mögliche Verständigung ergebnislos geblieben sind oder nicht.[1045] Die Mitteilung hat unverzüglich nach den stattgefundenen Erörterungen zu erfolgen. Das gilt insbesondere dann, wenn sie – zulässigerweise – nicht zeitgleich mit allen Verfahrensbeteiligten stattgefunden haben, um dem Anschein der Heimlichkeit und der hieraus entstehenden Besorgnis der Befangenheit vorzubeugen.[1046]

Auch bzgl. dieser Erörterungen besteht die Pflicht, ihren Inhalt aktenkundig zu machen (§ 212 i.V.m. § 202a S. 2 StPO). Die Verletzung dieser Mitteilungspflicht stellt ebenfalls einen Verfahrensfehler dar, auf dem das Urteil beruhen kann.[1047]

II. Anforderungen an die Rüge der Verletzung des § 243 Abs. 4 S. 2 StPO

794   Zu den Rügeanforderungen kann auf die Ausführungen zu Rüge 67 Rn. 791 verwiesen werden.

1044   *Schlothauer* in: Niemöller/Schlothauer/Weider, VerStG, 2010, B. § 243 Abs. 4 Rn. 13.
1045   *BGH* v. 5.10.2010 – 3 StR 287/10 = StV 2011, 72; *Meyer-Goßner*[55] § 243 Rn. 18c.
1046   *BGH* v. 5.10.2010 – 3 StR 287/10 = StV 2011, 72.
1047   *Weider* in: Niemöller/Schlothauer/Weider, VerStG, 2010, C. Rn. 40.

Kapitel 14
Belehrung des Angeklagten und Einlassung

Abschnitt 1
Belehrung über Aussagefreiheit

Rüge 68

Wurde der Angeklagte nach Verlesung der Anklageschrift und vor Vernehmung zur Sache gemäß § 243 Abs. 5 S. 1 StPO auf seine Aussagefreiheit hingewiesen?　796

I. Rechtsgrundlagen

Nach § 243 Abs. 5 S. 1 StPO ist der Angeklagte nach Verlesung der Anklageschrift 797 und vor Eintritt in die Beweisaufnahme darauf hinzuweisen, dass es ihm freistehe, sich zu der Anklage zu äußern oder nicht zur Sache auszusagen. Ein etwaiger Verfahrensfehler kann nur dann die Revision begründen, wenn der Angeklagte sich ohne vorherige Belehrung zu der Anklage in der Hauptverhandlung geäußert hat. Hat das Gericht den Angeklagten veranlasst, sich schon vor oder während der Anklageverlesung zur Sache zu äußern (ggf. auch in Form des Kopfnickens oder -schüttelns als Zeichen dafür, ob er sich zu den Anklagevorwürfen bekenne oder nicht[1048]), ist dies rechtsfehlerhaft und wird auch durch den nach Anklageverlesung erfolgenden Hinweis auf die Aussagefreiheit nicht geheilt.

Einem unterlassenen Hinweis steht ein solcher gleich, der nicht unmissverständlich zum Ausdruck bringt, dass der Angeklagte selbst frei darüber entscheiden kann, ob er sich zur Sache äußert oder schweigt. Etwaige Hinweise des Gerichts auf Vor oder Nachteile des jeweiligen Verteidigungsverhaltens dürfen nicht zu einer Bevormundung des Angeklagten führen. Ggf. ist der Hinweis dahin zu konkretisieren, dass

---

1048　*BGH* StV 1988, 45 = NStZ 1988, 85.

dem Angeklagten ein Wahlrecht auch dann zusteht, wenn er früher schon ausgesagt hat und diese Aussage unverwertbar ist (qualifizierte Belehrung)[1049].

Bei mehreren Angeklagten kann die Rüge nur von demjenigen erhoben werden, der durch den unterbliebenen Hinweis zur Aussage veranlasst worden ist.

798 Nur die Erteilung des Hinweises an sich ist eine wesentliche Förmlichkeit der Hauptverhandlung, so dass das Schweigen des Protokolls beweist, dass der Hinweis unterblieben ist. Art und Wortlaut eines erteilten Hinweises müssen ggf. im Freibeweisverfahren geklärt werden.

Stützt sich das Urteil bei der Beweiswürdigung zum Schuld oder Strafausspruch auf die ohne Belehrung erfolgte Aussage des Angeklagten in der Hauptverhandlung, beruht das Urteil insoweit auf dem Verfahrensfehler. Das soll dann nicht gelten, wenn der Angeklagte auch ohne Belehrung von seiner Aussagefreiheit Kenntnis hatte und er seine Wahl, auszusagen oder zu schweigen, frei von Erwartungen des Gerichts oder sonstiger Verfahrensbeteiligter ausüben konnte.[1050] Von der Rechtsprechung des BGH ist diese Beruhensfrage in den Begriff der Gesetzesverletzung vorverlagert worden.[1051] Auch wenn diese Auffassung zu Recht auf Kritik stößt,[1052] ergeben sich daraus für eine entsprechende Verfahrensrüge Darstellungs- und Begründungslasten, denen im Interesse der Zulässigkeit der Rüge vorsorglich Rechnung zu tragen ist (s. Rn. 799).

II. Anforderungen an den Vortrag der Rüge der Verletzung des § 243 Abs. 5 S. 1 StPO

799 Es ist mitzuteilen,

- dass der Angeklagte zur Sache ausgesagt hat,
- dass der Angeklagte zu Unrecht vom Vorsitzenden nicht auf sein Wahlrecht hingewiesen worden ist, zur Sache auszusagen oder zu schweigen oder aber der – wörtlich mitzuteilende – Hinweis unzureichend oder so missverständlich war, dass der Angeklagte seine Aussagefreiheit nicht erkannt hat
- und dass er deshalb an seine Aussagepflicht glaubte, obwohl ihm ggf. ein Verteidiger zur Seite stand bzw. er bei einer früheren Vernehmung ausreichend gem. § 136 Abs. 1 S. 2 bzw. § 163a Abs. 4 S. 2 StPO belehrt worden war und er auch aus einer Belehrung oder dem Verhalten eines Mitangeklagten nicht ersehen konnte, dass er zur Aussage nicht verpflichtet war.[1053]

1049 Vgl. zu dieser str. Frage LR-*J.-P. Becker*[26] § 243 Rn. 56 u. 59 sowie die dortigen Nachw.

1050 LR-*J.-P. Becker*[26] § 243 Rn. 99; SK-StPO-*Frister*[4] § 243 Rn. 96 m.w.N.

1051 *BGHSt* 25, 325, 331 f. sowie die Frage offen lassend *BGHSt* 38, 214, 227.

1052 SK-StPO-*Frister*[4] § 243 Rn. 95; LR-*J.-P. Becker*[26] § 243 Rn. 98 m.w.N.

1053 LR-*J.-P. Becker*[26] § 243 Rn. 97.

Abschnitt 2
Gelegenheit zur Äußerung

Rüge 69

Erhielt der Angeklagte vor Beginn der Beweisaufnahme sowie, wenn er zunächst ge- **800**
schwiegen hat, später seiner nunmehr erklärten Bereitschaft entsprechend Gelegenheit,
sich umfassend und in der von ihm gewünschten Form zur Sache zu äußern?

A. Nichtgewährung jeglicher Äußerungsmöglichkeit

I. Rechtsgrundlagen

Erklärt sich der Angeklagte nach der Belehrung über seine Aussagefreiheit (§ 243 **802**
Abs. 5 S. 1 StPO) bereit, sich zur Sache zu äußern, ist ihm vor Beginn der Beweisaufnahme ausreichend Gelegenheit zu geben, sich zu der Anklage und allen damit
in Verbindung stehenden Fragen zu äußern.

Wird diese Gelegenheit dem äußerungsbereiten Angeklagten nicht gewährt, kann
die Verletzung des § 243 Abs. 5 S. 2 StPO die Revision begründen.[1054] Der Herbeiführung eines Gerichtsbeschlusses bedarf es als Voraussetzung für die Zulässigkeit
dieser Rüge nicht.

Sowohl der Umstand, dass der Angeklagte bereit war, sich zur Sache zu äußern, als
auch die Tatsache, dass er sich zur Sache nicht geäußert hat, werden durch das Protokoll bzw. dessen Schweigen bewiesen.[1054]

II. Anforderungen an den Vortrag der Rüge der Verletzung des § 243 Abs. 5 S. 2 StPO

Gemäß § 344 Abs. 2 S. 2 StPO muss lediglich vorgetragen werden, dass der Ange- **803**
klagte nach Erteilung des Hinweises auf seine Aussagefreiheit sich zu einer Äuße-

---

1054 *BGH* StV 1990, 245.

rung zur Anklage bereiterklärt hat und er – obwohl er seine Bereitschaft nicht widerrufen hat – keine Angaben zur Sache gemacht hat, weil ihm dazu nicht das Wort erteilt worden ist. Sollte es diesbezüglich zu einer Beanstandung und einem die Möglichkeit zur Äußerung zurückweisenden Beschluss gekommen sein, ist auch dies mitzuteilen.

B. Verweigerung der Möglichkeit zur umfassenden Äußerung

I. Rechtsgrundlagen

804 Ohne Zustimmung des Angeklagten[1055] bzw. gegen seinen Widerspruch[1056] darf er auch nicht darauf verwiesen werden, seine Äußerung vor Beginn der Beweisaufnahme auf einzelne Vorwürfe, Tatkomplexe oder einzelne sonstige Themen zu beschränken, ggf. mit der Maßgabe, während oder nach Abschluss der Beweisaufnahme ergänzende Erklärungen abgeben zu können.[1057] Es darf gegen den Widerspruch des Angeklagten seine Sacheinlassung also nicht zugunsten vorgezogener Beweiserhebungen zurückgestellt werden.

805 Das Urteil beruht auf dem Verfahrensfehler, wenn nicht ausgeschlossen werden kann, dass das Gericht zu einem anderen Ergebnis gekommen wäre, wenn dem Angeklagten schon vor der Beweisaufnahme Gelegenheit gegeben worden wäre, zum gesamten Gegenstand der Anklage Stellung zu nehmen und es dem Gericht damit verwehrt war, alle von dem Angeklagten vorzubringenden Gesichtspunkte bei der Beweisaufnahme umfassend zu berücksichtigen.

II. Anforderungen an den Vortrag der Rüge der Verletzung des § 243 Abs. 5 S. 2 StPO durch Beschränkung der Äußerungsmöglichkeit

806 Vorzutragen ist,

- dass sich der Angeklagte nach Hinweis auf seine Äußerungsfreiheit gemäß § 243 Abs. 5 S. 1 StPO bereiterklärt hat, sich zur Sache zu äußern,
- dass der Angeklagte Angaben zur Sache gemacht hat,
- dass es dem Angeklagten aber, ohne dass er dem zugestimmt hätte, verweigert wurde, sich erschöpfend zu der Anklage zu äußern, er vielmehr darauf verwiesen wurde, während oder nach Abschluss der Beweisaufnahme weitere Erklärungen abgeben zu können,

---

1055 LR-*J.-P. Becker*[26] § 243 Rn. 2 m.w.N. sowie *BGH* StV 1986, 235 = NStZ 1986, 370.
1056 *BGH* StV 1982, 457 = NStZ 1981, 111; *BGH* StV 1991, 148.
1057 *BGH* StV 1982, 457 = NStZ 1981, 111; *BGH* StV 1991, 148; zur Zulässigkeit der Zurückstellung der Vernehmung zu dem persönlichen Werdegang siehe aber *BGH* NStZ 1985, 561.

- dass der Angeklagte ggf. dieser Verfahrensweise ausdrücklich widersprochen hat[1058] und das Gericht (ein etwaiger Gerichtsbeschluss ist wörtlich mitzuteilen) sich über den Widerspruch hinweggesetzt hat und
- dass der Angeklagte erst nach Beginn der Beweisaufnahme ergänzend zur Sache Stellung genommen hat, wobei sowohl der Zeitpunkt der Äußerung als auch deren Inhalt mitgeteilt werden sollten.

C. Verwehrung einer Sacheinlassung nach Eintritt in die Beweisaufnahme

I. Rechtsgrundlagen

Unabhängig davon, dass der Angeklagte das Recht hat, sich nach der Vernehmung **807** eines jeden Zeugen, Sachverständigen oder Mitangeklagten und nach der Verlesung eines jeden Schriftstückes sowie im Rahmen des letzten Wortes zu äußern, ist ihm auch nach Beginn der Beweisaufnahme Gelegenheit zu geben, sich umfassend zur Sache zu äußern, wenn er zunächst von seinem Schweigerecht Gebrauch gemacht hat. Die Vorschrift des § 243 Abs. 5 S. 2 StPO, die dem Angeklagten das Recht zur Äußerung vor Beginn der Beweisaufnahme einräumt, enthält keine Präklusionsregelung des Inhalts, dass der Angeklagte sein Äußerungsrecht verwirkt hätte, wenn er von der Möglichkeit, vor Beginn der Beweisaufnahme zur Sache auszusagen, keinen Gebrauch gemacht hat. Vielmehr ist ihm jedenfalls nach einer Unterbrechung der Hauptverhandlung zu einer Sachäußerung vor Durchführung der weiteren Beweisaufnahme Gelegenheit zu geben.[1059]

Um die Verletzung des § 243 Abs. 5 S. 2 StPO zu rügen, bedarf es eines Gerichtsbeschlusses, durch den dem Angeklagten die Abgabe einer umfassenden Sachäußerung nach Beginn der Beweisaufnahme verwehrt worden ist.

II. Anforderungen an den Vortrag der Rüge der Verletzung des § 243 Abs. 5 S. 2 StPO durch Verweigerung der Möglichkeit einer Einlassung zur Sache nach Eintritt in die Beweisaufnahme

Im Rahmen der Revisionsbegründung ist vorzutragen, **808**

- dass der Angeklagte vor Beginn der Beweisaufnahme vollständig geschwiegen hat,

---

1058 Nach *BGH* NStZ 1997, 198 kann eine Unterbrechung der Vernehmung des Angeklagten zur Sache durch den Vorsitzenden nur dann mit der Revision als unzulässig beanstandet werden, wenn gegen die Anordnung des Vorsitzenden das Gericht angerufen worden ist, was zur Folge hat, dass die Revision vortragen muss, dass dies geschehen ist. Außerdem ist der daraufhin ergangene Gerichtsbeschluss im Wortlaut mitzuteilen.

1059 Nach *BGH* StV 1986, 235 = NStZ 1986, 370 jedenfalls dann, wenn der Angeklagte bereits vor Beginn der Beweisaufnahme eine Äußerung zur Sache zu einem späteren Zeitpunkt angekündigt hat.

- dass er nach einer Unterbrechung oder während der Beweisaufnahme seine Bereitschaft zur Äußerung erklärt hat verbunden mit dem Antrag, ihm dazu Gelegenheit zu geben,
- dass dieser Antrag durch (Verfügung des Vorsitzenden und nach Beanstandung) wörtlich mitzuteilenden Gerichtsbeschluss zurückgewiesen worden ist und
- dass die Beweisaufnahme fortgesetzt wurde und der Angeklagte erst Gelegenheit hatte, sich umfassend zur Sache zu äußern,[1060] nachdem konkret zu benennende weitere zur Verurteilung führende maßgebliche Beweise erhoben worden waren.

D. Verweigerung einer im Zusammenhang erfolgenden Einlassung zur Sache

I. Rechtsgrundlagen

809   Die Rüge, der Angeklagte sei in seiner Verteidigung unzulässig beschränkt worden, weil er nicht die Möglichkeit hatte, sich im Zusammenhang zur Anklage zu äußern, sondern sofort zum Verhör übergegangen und er mit Fragen und Vorhalten konfrontiert wurde, setzt voraus, dass ohne Erfolg ein Gerichtsbeschluss über den Antrag herbeigeführt worden ist, dem Angeklagten zunächst Gelegenheit zu einer zusammenhängenden Sachäußerung zu geben. Einzelne Fragen oder Vorhalte stellen das Äußerungsrecht allerdings ebenso wenig in Frage wie Hinweise, mit denen wesentliche Gesichtspunkte zur Erörterung gestellt oder nicht zur Sache gehörende Ausführungen abgekürzt werden. Wird dem Angeklagten durch Gerichtsbeschluss aber das Wort entzogen, weil er auf die Fragen und Vorhalte erst im Anschluss an seine zusammenhängende Äußerung eingehen wollte, ist § 243 Abs. 5 S. 2 StPO verletzt.

Dies stellt eine unzulässige Beschränkung der Verteidigung dar (§ 338 Nr. 8 StPO).

II. Anforderungen an den Vortrag der Rüge der Verletzung des § 243 Abs. 5 S. 2 StPO (i.V.m. § 69 Abs. 1 StPO analog)

810   Es ist darzulegen,

- dass der Angeklagte zur Äußerung bereit war und zur Sache ausgesagt hat,
- dass ihm keine Gelegenheit zur zusammenhängenden Äußerung gegeben wurde,
- dass der wörtlich mitzuteilende Antrag, ihm Gelegenheit zu einer zusammenhängenden Aussage zu geben, durch (Verfügung des Vorsitzenden und nach Beanstandung) wörtlich mitzuteilenden Gerichtsbeschluss zurückgewiesen wurde und
- dass daraufhin der Angeklagte keine Gelegenheit hatte, sich zusammenhängend zur Anklage zu äußern.
- Vorsorglich sollte der Inhalt der beabsichtigten zusammenhängenden Sachäußerung mit der Revisionsbegründung mitgeteilt werden.

1060   So *BGH* StV 1986, 235 f.

E. Wurde es dem Angeklagten verwehrt, sich zur Sache durch eine Erklärung seines Verteidigers bzw. in Form einer von ihm oder seinem Verteidiger zu verlesenden schriftlichen Erklärung zur Sache zu äußern?

I. Rechtsgrundlagen

Der zur Äußerung bereite Angeklagte ist zur Sache mündlich zu vernehmen (§ 243 **811** Abs. 5 S. 2 StPO). Das schließt es nicht aus, dass der Angeklagte zu diesem Zweck eine schriftliche Erklärung verliest[1061] oder vorbereitete Notizen verwendet. In diesen Fällen werden aber nur die mündlichen Äußerungen Gegenstand der Hauptverhandlung und müssen in den Urteilsgründen gewürdigt werden, selbst wenn eine schriftliche Erklärung nach Verlesung durch den Angeklagten als Anlage zum Protokoll übergeben worden ist.[1062] Anders liegt es nur, wenn der Wortlaut der schriftlichen Einlassung durch das Gericht im förmlichen Urkundenbeweis (§ 249 StPO) in die Hauptverhandlung eingeführt worden ist (s. dazu Rüge 228 Rn. 1889), worauf der Angeklagte allerdings keinen Anspruch hat.[1063] Nach Auffassung des *BGH* kann der Angeklagte das Gericht i.d.R. auch nicht durch Stellung eines Beweisantrages dazu verpflichten, den Inhalt einer in der Hauptverhandlung übergebenen schriftlichen Erklärung durch Verlesung zum Gegenstand der Hauptverhandlung zu machen.[1064] Diese Rechtsprechung betrifft allerdings nicht schriftliche Erklärungen, die der Angeklagte vor Erlass des Eröffnungsbeschlusses dem Gericht hat zukommen lassen.[1065] Auch wenn der Inhalt einer schriftlichen Einlassung des Angeklagten vom Tatgericht zur Grundlage des Urteilsspruchs gemacht werden soll, soll dies nach Auffassung des *3. Strafsenats* des *BGH* Gegenstand eines zulässigen Beweisantrags sein können, dessen Zurückweisung unter dem Gesichtspunkt des § 244

1061 *BGH* v. 14.8.2004 – 3 StR 17/03 = StraFo 2004, 98 = NStZ 2004, 163 = StV 2007, 621 m. Anm. *Schlothauer*; *BGH* v. 27.2.2007 – 3 StR 38/07 = StV 2007, 621 m. Anm. *Schlothauer* = NStZ 2007, 349 m.w.N.; LR-*J.-P. Becker*[26] § 243 Rn. 76; *Pfister* NStZ-Sonderheft, 2009, S. 25 f.

1062 *BGH* ibid. *BGH* v. 29.3.2011 – 3 StR 9/11 = StV 2011, 607. Zur Frage, ob das Gericht verpflichtet ist, eine schriftliche Einlassung eines Angeklagten als Urkunde zu verlesen bzw. eine verlesene Erklärung bei der Urteilsfindung zu berücksichtigen ist, siehe Rn. 813 und zu den Anforderungen an den Vortrag der Nichtberücksichtigung Rüge 228 Rn. 1887.

1063 *BGH* v. 29.3.2011 – 3 StR 9/11 = StV 2011, 607 sowie *BGH* StV 1994, 521 = NJW 1994, 2904, 2906.

1064 *BGH* v. 27.3.2008 – 3 StR 6/08 = BGHSt 52, 175 = StV 2008, 394 Rn. 15 ff.; LR-*J.-P. Becker*[26] § 243 Rn. 79 f.; zur Kritik *Schlothauer* StV 2007, 623, 625; *Mehle* in: FS 25 Jahre AG Strafrecht des DAV, 2009, 655, 660 ff. Das Gericht ist aber verpflichtet, eine solche zur Kenntnis zu nehmen: *BGH* StV 2013, 373.

1065 Hierzu *Schlothauer* StV 2007, 623, 625.

Abs. 3 StPO[1066] und der Verletzung der Aufklärungspflicht einer revisionsgerichtlichen Überprüfung zugänglich sei.[1067]

812 Der Angeklagte kann es auch seinem Verteidiger überlassen, für ihn Erklärungen zur Sache abzugeben, wenn er diesen dazu bevollmächtigt oder dessen Erklärung nachträglich genehmigt hat, wonach er diese als seine eigene Einlassung verstanden wissen will.[1068] Auch wenn davon eine schriftliche Fassung dem Gericht übergeben und diese als Anlage zu Protokoll genommen wurde, wird sie dadurch nicht zum Gegenstand der Hauptverhandlung.[1069]

813 Die Rüge, der Angeklagte sei unzulässig in seiner Verteidigung beschränkt, weil ihm untersagt wurde, sich durch Verlesen einer schriftlichen Erklärung zur Sache zu äußern bzw. der Verteidiger zurückgewiesen wurde, für den Angeklagten eine Erklärung zur Sache abzugeben, setzt die vorherige Anrufung des Gerichts gem. § 238 Abs. 2 StPO voraus.[1070] Eine Verletzung der Aufklärungspflicht kommt in Betracht, wenn es nach Zurückweisung der zunächst vom Angeklagten beabsichtigten Einlassung zu keiner weiteren Äußerung zur Sache mehr gekommen ist oder das Gericht sich weigert, den Inhalt der übergebenen schriftlichen Stellungnahme zur Kenntnis zu nehmen.

II. Anforderungen an den Vortrag der Rüge der unzulässigen Beschränkung der Verteidigung durch Zurückweisung einer vom Angeklagten zu verlesenden oder durch seinen Verteidiger für ihn abzugebenden Sacheinlassung (§§ 243 Abs. 5 S. 2, 338 Nr. 8 StPO)

814 Nach § 344 Abs. 2 S. 2 StPO sind das Verfahrensgeschehen im Zusammenhang mit der vom bzw. für den Angeklagten beabsichtigten Äußerung zur Sache, die Verfügung des Vorsitzenden, deren Beanstandung nach § 238 Abs. 2 StPO und der Inhalt des die zurückweisende Verfügung des Vorsitzenden bestätigenden Gerichtsbe-

---

1066 Zur Zulässigkeit eines Beweisantrages auf Verlesung einer schriftlichen Erklärung des Angeklagten siehe *Schlothauer* StV 2007, 623. Zu den Anforderungen an die Rüge der Zurückweisung eines auf Verlesung einer schriftlichen Erklärung des Angeklagten gerichteten Beweisantrages wegen Unzulässigkeit siehe Rüge 166 Rn. 1458.

1067 *BGH* v. 27.3.2008 – 3 StR 6/08 = *BGHSt* 52, 175 = StV 2008, 394 Rn. 18; *Pfister* NStZ-Sonderheft 2009, S. 25, 27.

1068 *BGH* StV 2007, 620 = NStZ 2005, 703 (3. StS); *BGH* StV 1990, 394 = NStZ 1990, 447 (4. StS); *BayObLG* MDR 1981, 516. Noch weitergehend *BGH* StV 1994, 467 = NStZ 1994, 352 und *BGH* StV 1998, 59 m. Anm. *Park*; *LR-J.-P. Becker*[26] § 243 Rn. 74; **a.A.** *BGH* StV 2007, 622 (2. StS) m. Anm. *Schlothauer*. Zur Frage, unter welchen Voraussetzungen Verteidigererklärungen dem Angeklagten als eigene Sachäußerung zugerechnet und bei der Beweiswürdigung berücksichtigt werden dürfen, siehe Rüge 226 Rn. 1858.

1069 *BGH* v. 9.12.2008 – 3 StR 516/08 = StV 2009, 454 = NStZ 2009, 282.

1070 Vgl. *BGH* NStZ 1997, 198; *BGH* StV 2013, 373.

schlusses mitzuteilen. Im Falle der beabsichtigten Einlassung durch den Verteidiger des Angeklagten ist ggf. zusätzlich die Ankündigung vorzutragen, dass der Angeklagte bereit sei zu bestätigen, dass es sich dabei um seine Angaben handele.[1071] Schließlich ist der Inhalt der beabsichtigten Sachäußerung sowie der Umstand, dass es zu keiner weiteren Sachäußerung des Angeklagten gekommen ist, mitzuteilen.[1072]

Abschnitt 3
Besonderheiten bei Nachtragsanklage

Rüge 70

Wurde dem Angeklagten – nach Belehrung – Gelegenheit gegeben, sich gegen eine einbezogene Nachtragsanklage zu verteidigen und wurde er – nach Belehrung – zu dem neuen Vorwurf vernommen?

815

I. Rechtsgrundlagen

Nach § 266 Abs. 2 S. 4 StPO ist dem Angeklagten Gelegenheit zu geben, sich gegen eine in der Hauptverhandlung erhobene Nachtragsanklage zu verteidigen, wenn das Gericht diese mit seiner Zustimmung in das Verfahren einbezogen hat. Darüber hinaus muss er zu dem erneuten Vorwurf förmlich gem. § 243 Abs. 5 S. 2 StPO vernommen werden.[1073] Das gilt auch dann, wenn er sich zu der neuen Tat in einem vorangegangenen Abschnitt der Hauptverhandlung bereits geäußert, den Vorwurf womöglich sogar eingeräumt hat.[1074]

816

Der Angeklagte muss nach § 243 Abs. 5 S. 1 StPO zunächst über sein Aussageverweigerungsrecht belehrt werden, um ihn darüber aufzuklären, dass er trotz seiner Zustimmung gem. § 266 Abs. 1 StPO zu dem mit der Nachtragsanklage erhobenen Vorwurf ebenfalls schweigen darf.[1075]

1071 *Schlothauer* StV 2007, 625.
1072 Dies kann auch im Hinblick auf eine etwaige Verfahrensrüge der Verletzung des § 261 StPO von Bedeutung sein, wenn beanstandet werden soll, dass das Gericht bei der Urteilsfindung eine Sacheinlassung des Angeklagten berücksichtigt hat, die nicht Gegenstand der Hauptverhandlung war (siehe Rüge 226 Rn. 1858).
1073 *BGHSt* 9, 243, 245; *Meyer-Goßner*[55] § 266 Rn. 21; *KK-Engelhardt*[6] § 266 Rn. 9.
1074 *BGH* NJW 1956, 1367.
1075 KMR-*Stuckenberg* (EL Feb. 2008) § 266 Rn. 28; HK-*Julius*[5] § 266 Rn. 10; **a.A.** *Meyer-Goßner*[55] § 266 Rn. 21 m.w.N.; *KK-Engelhardt*[6] § 266 Rn. 9 unter Hinweis auf *BGH* 5 StR 531/65 v. 1.2.1966.

817 Eine vor Einbeziehung der den Gegenstand der Nachtragsanklage bildenden Straftat in das Verfahren durchgeführte Beweisaufnahme, die (auch) für die Urteilsfindung bezüglich dieser Straftat von Bedeutung ist, muss nicht zwingend noch einmal wiederholt werden.[1076] Allerdings kann dies die Aufklärungspflicht (§ 244 Abs. 2 StPO) gebieten.[1077] Das ist insbesondere dann der Fall, wenn der Angeklagte an einen bereits vernommenen Zeugen oder Sachverständigen ergänzende Fragen stellen will, für die vor Erhebung der Nachtragsanklage keine Veranlassung bestand.[1078]

818 Gelegenheit, sich gegen die Nachtragsanklage – ggf. auch unabhängig von einer Einlassung zur Sache – zu verteidigen, muss dem Angeklagten auch dann gewährt werden, wenn er sich hierzu bereits vor dem Einbeziehungsbeschluss – beispielsweise im Rahmen seiner Zustimmungserklärung – geäußert hat.[1079]

819 Mit der Verfahrensrüge können die Verletzung des § 266 Abs. 2 S. 2 StPO, des § 243 Abs. 5 S. 2 StPO[1080] sowie – str. – auch die des § 243 Abs. 5 S. 1 StPO beanstandet werden. Im Falle der Verletzung der Belehrungspflicht nach § 243 Abs. 5 S. 1 StPO beruht das Urteil auf der Verletzung, wenn der Angeklagte sich in Unkenntnis seiner Aussagefreiheit auch insoweit zur Sache geäußert hat und die Einlassung im Urteil zu seinem Nachteil verwertet worden ist.

Das Unterlassen der nach § 244 Abs. 2 StPO gebotenen Wiederholung der Beweisaufnahme bzw. die Ablehnung eines (Beweis-) Antrages auf erneute Vernehmung eines zeitlich vor dem Einbeziehungsbeschluss bereits vernommenen Zeugen oder Sachverständigen (insbesondere zum Zwecke ergänzender Befragung) ist mit den dafür in Betracht kommenden Rügen anzugreifen.[1081]

II. Anforderungen an den Vortrag

1. Nichtbelehrung nach § 243 Abs. 5 S. 1 StPO

820 • Einbeziehung einer den Gegenstand einer erhobenen Nachtragsanklage bildenden Straftat mit Zustimmung des Angeklagten in die Hauptverhandlung (wesentliche Förmlichkeit, die durch das Hauptverhandlungsprotokoll absolut bewiesen wird).

• Nichtbelehrung über das Recht, sich zu der Anklage zu äußern oder nicht zur Sache auszusagen (wesentliche Förmlichkeit der Hauptverhandlung, die durch das Schweigen des Protokolls absolut bewiesen wird).

1076 *BGH* NJW 1984, 2172 = JR 1985, 125 m. Anm. *Gollwitzer.*

1077 HK-*Julius*[5] § 266 Rn. 10; LR-*Gollwitzer*[25] § 266 Rn. 25.

1078 Beweisanträge mit dieser Behauptung dürfen nicht mit der Begründung zurückgewiesen werden, der Zeuge sei bereits vernommen und entlassen worden. Siehe dazu Rüge 181 Rn. 1603.

1079 KMR-*Stuckenberg* (EL Feb. 2008) § 266 Rn. 28; *Meyer-Goßner*[55] § 266 Rn. 21; LR-*Gollwitzer*[25] § 266 Rn. 25.

1080 LR-*Gollwitzer*[25] § 266 Rn. 37.

1081 Siehe Rüge 190 Rn. 1662 und Rüge 181 Rn. 1603.

- Äußerung des Angeklagten zur Sache nach Verkündung des Einbeziehungsbeschlusses (die Verkündung des Einbeziehungsbeschlusses sowie die Tatsache einer Äußerung des Angeklagten zur Sache im Anschluss daran werden als wesentliche Förmlichkeiten durch das Hauptverhandlungsprotokoll bewiesen).
- Vorsorglich ist darauf hinzuweisen, dass der Angeklagte an seine Aussagepflicht glaubte (dies ist näher auszuführen, wenn ihm ggf. ein Verteidiger zur Seite stand bzw. er bei einer früheren Vernehmung ausreichend gem. § 136 Abs. 1 S. 2 bzw. § 163a Abs. 4 S. 2 StPO belehrt worden war oder er auch aus einer Belehrung oder dem Verhalten eines Mitangeklagten möglicherweise ersehen konnte, dass er zur Aussage nicht verpflichtet war).
- Keine Heilung des Verfahrensfehlers durch spätere – qualifizierte – Belehrung und Wiederholung der vorangegangenen die Nachtragsanklage betreffenden Beweisaufnahme (Negativtatsache).

2. Nichtvernehmung des Angeklagten nach § 243 Abs. 5 S. 2 StPO und Verweigerung der Gelegenheit, sich gegen die einbezogene Nachtragsanklage zu verteidigen (§ 266 Abs. 2 S. 4 StPO)

- Einbeziehung einer den Gegenstand einer erhobenen Nachtragsanklage bildenden Straftat in die Hauptverhandlung mit Zustimmung des Angeklagten.   **821**
- Der Angeklagte wurde nicht belehrt, dass er Gelegenheit habe, sich gegen den den Gegenstand der einbezogenen Nachtragsanklage bildenden Vorwurf zu verteidigen und sich insoweit zur Sache einzulassen.
- Der Angeklagte hat keine Angaben zur Sache gemacht und auch keine Anträge zur Verteidigung gegen den neu erhobenen Vorwurf gestellt.
- Es bleibt den Umständen des Einzelfalles vorbehalten, ob vorsorglich der Inhalt einer beabsichtigten Sachäußerung bzw. unterlassener, der Verteidigung dienender Anträge mit der Revisionsbegründung mitgeteilt wird.

Abschnitt 4
Einlassung durch den und Vernehmung/Befragung des Angeklagten[1082]

Rüge 71

822   Hat der Angeklagte sich im Verlauf der Hauptverhandlung zur Person und/oder zur Sache eingelassen?

Wurde in der Hauptverhandlung eine schriftliche Erklärung des Angeklagten zur Person/ oder zur Sache gem. § 249 StPO vom Gericht verlesen?

Hat der Verteidiger für den Angeklagten eine Erklärung zur Person und/oder zur Sache abgegeben

oder

hat der Angeklagte vollständig geschwiegen

oder

hat der Angeklagte in der Hauptverhandlung teilweise geschwiegen bzw. zu einzelnen Fragen des Gerichts oder anderer Verfahrensbeteiligten die Aussage verweigert?

I. Rechtsgrundlagen

823   Die Feststellung des Verfahrensgeschehens im Zusammenhang mit dem Recht des Angeklagten, zur Sache nicht auszusagen oder sich zu der Anklage zu äußern (§ 243 Abs. 5 S. 1 StPO), sei es persönlich oder durch seinen Verteidiger oder durch Verlesung einer schriftlichen Erklärung gem. § 249 StPO durch das Gericht, ist im Hinblick auf die Überprüfung der schriftlichen Urteilsgründe erforderlich. Werden dort Äußerungen des Angeklagten festgestellt und gewürdigt, obwohl dieser während der gesamten Hauptverhandlung geschwiegen hat, keine von ihm stammenden Erklärungen gem. § 249 StPO verlesen worden sind und auch sein Verteidiger keine ihm zurechenbaren Erklärungen abgegeben hat[1083] oder umgekehrt: Schweigt das Urteil zu Äußerungen des Angeklagten in der Hauptverhandlung bzw. solchen seines Verteidigers, soweit sie ihm zurechenbar sind, oder zum Inhalt einer nach § 249 StPO verlesenen Erklärung zur Sache oder stellt es sogar ausdrücklich fest, der Angeklagte habe sich in der Hauptverhandlung nicht geäußert, obwohl er persönlich oder durch seinen Verteidiger Angaben zur Sache gemacht hat, begründet dies die Verletzung des § 261 StPO[1084]. Auch wenn im Urteil festgestellt wird, der Angeklagte habe nur teilweise von seinem Aussageverweigerungsrecht Gebrauch ge-

---

1082   Die Ausführungen zur Befragung des Angeklagten gelten sinngemäß auch für die Befragung eines Mitangeklagten durch Gericht und die übrigen Verfahrensbeteiligten (siehe insbes. Rüge 73 Rn. 834).

1083   Vgl. hierzu Rüge 226 Rn. 1860.

1084   Siehe hierzu Rüge 228 Rn. 1887.

macht oder auf einzelne Fragen des Gerichts oder anderer Verfahrensbeteiligter die Antwort verweigert, obwohl er während der gesamten Dauer der Hauptverhandlung geschwiegen und auch sein Verteidiger keine ihm zurechenbaren Erklärungen abgegeben hat, kann dies die Revision begründen.

In diesem Zusammenhang kann bei der weiteren Durchsicht des Hauptverhand- **824** lungsprotokolls auch festgestellt werden, ob durch das Gericht, den Angeklagten selbst oder seinen Verteidiger schriftliche Erklärungen zur Sache verlesen worden sind, die sich bereits bei der Akte befunden haben oder nach Verlesung als Anlage zum Hauptverhandlungsprotokoll genommen wurden. Auch diese Vorgänge können eine Verletzung des § 261 StPO begründen, sei es, dass die betreffenden Erklärungen bei der Urteilsfindung übergangen worden sind, sei es, dass auch solche Erklärungen verwertet wurden, die nicht Gegenstand der Hauptverhandlung waren. Ferner kommt hier ein Abgleich zwischen dem Inhalt der Urteilsgründe und demjenigen einer verlesenen Erklärung in Betracht.[1085]

II. Nachweis der betreffenden Verfahrenstatsachen

Die Vernehmung des Angeklagten zur Sache im Anschluss an seine Belehrung nach **825** § 243 Abs. 5 S. 1 StPO[1086], die erstmalige Einlassung des Angeklagten, der sich auf entsprechende Belehrung hin zunächst entschieden hatte, nicht zur Sache auszusagen[1087], auch dann, wenn diese Einlassung im Rahmen einer Äußerung nach § 257 oder § 258 StPO erfolgt sind,[1088] sind wesentliche Förmlichkeiten i.S.d. § 273 Abs. 1 StPO und werden positiv bzw. bei Schweigen negativ durch das Hauptverhandlungsprotokoll bewiesen. Dies gilt aber nur für die Tatsache der Äußerung, nicht für deren Inhalt.[1089] Werden schriftliche Erklärungen, Schreiben oder sonstige Schriftstücke, die von dem Angeklagten stammen bzw. Äußerungen von ihm enthalten, durch das Gericht gem. § 249 StPO verlesen, ist auch dies eine wesentliche Förmlichkeit, die positiv wie negativ durch das Hauptverhandlungsprotokoll bewiesen wird. Die Beweiskraft des Hauptverhandlungsprotokolls bezieht sich auf den Inhalt der nach § 249 StPO verlesenen Erklärung, auf die die Rüge der Verletzung des § 261 StPO gestützt werden kann, wenn der Angeklagte in der Hauptverhandlung keinerlei Angaben zur Sache gemacht hat.[1090]

Der Protokollvermerk, der Angeklagte habe Gelegenheit zur Äußerung erhalten, be- **826** zeugt nicht, dass er sich auch tatsächlich zur Sache eingelassen hat. Hat der Angeklagte nach der Belehrung über sein Schweigerecht erklärt, dass er sich nicht zur

---

1085   Siehe Rüge 227 Rn. 1879.
1086   *BGH* StV 1983, 8.
1087   *BGH* StV 1992, 1 = NStZ 1992, 49; siehe aber noch *BGH* StV 1981, 56 m. abl. Anm. *Schlothauer.*
1088   *BGH* StV 2000, 123, siehe aber noch *BGH* StV 1994, 468 m. abl. Anm. *Schlothauer.*
1089   KK-*Engelhardt*⁶ § 273 Rn. 4.
1090   *Schlothauer* StV 2007, 623, 624.

Sache äußern werde, wird durch den Protokollvermerk, er habe beispielsweise im Zusammenhang mit der Erteilung des letzten Wortes Gelegenheit zur Äußerung erhalten, nicht bewiesen, dass er von diesem Recht auch Gebrauch gemacht habe.[1091]

Hat sich der Verteidiger anstelle des Angeklagten zur Sache geäußert, muss sich auch dies als wesentliche Förmlichkeit aus dem Hauptverhandlungsprotokoll ergeben.[1092]

827 Der Umstand, dass ein Angeklagter sich nur teilweise zur Anklage äußert, teilweise aber schweigt oder auch nur auf einzelne Fragen des Gerichts oder von anderen Verfahrensbeteiligten keine Antwort gibt, betrifft keine wesentliche Förmlichkeit, so dass diesbezügliche Urteilsfeststellungen nur dann mit der Verfahrensrüge der Verletzung des § 261 StPO angegriffen werden können, wenn durch das Hauptverhandlungsprotokoll bewiesen wird, dass der Angeklagte während der gesamten Dauer umfassend von seinem Schweigerecht Gebrauch gemacht hat.[1093]

Rüge 72

828 Hat der Verteidiger Fragen des Gerichts oder anderer Verfahrensbeteiligter an den Angeklagten als unzulässig bzw. Vorhalte an diesen als unzulässig oder unrichtig beanstandet und wurde die Beanstandung durch Gerichtsbeschluss zurückgewiesen?

I. Rechtsgrundlagen

829 Hat der Verteidiger Fragen oder Vorhalte an den Angeklagten durch den Vorsitzenden als unzulässig beanstandet und hat das Gericht nach Anrufung gem. § 238 Abs. 2 StPO die Beanstandung zurückgewiesen oder sind Fragen oder Vorhalte anderer Verfahrensbeteiligter an den Angeklagten (§ 240 StPO) vom Verteidiger beanstandet worden und ist auch die Zurückweisung dieser Beanstandung durch den Vorsitzenden nach Anrufung des Gerichts bestätigt worden (§ 242 StPO), kann der Gerichtsbeschluss zum Gegenstand revisionsgerichtlicher Überprüfung gemacht werden.

830 Das Urteil kann auf dem Verfahrensfehler nur unter folgenden Voraussetzungen beruhen:

1. Der Angeklagte hat die nach Auffassung der Verteidigung unzulässige Frage nicht beantwortet bzw. auf den nach Auffassung der Verteidigung unzulässigen

---

1091 *BGH* StV 2000, 123 f.

1092 *OLG Hamm* JR 180, 82 m. abl. Anm. *Fezer*; *OLG Köln* VRS 59 (1980) 349; *OLG Hamm* StV 2002, 187; *OLG Düsseldorf* StV 2002, 411.

1093 Hierzu Rüge 226 Rn. 1860.

Vorhalt keine Erklärung abgegeben, was bei der Beweiswürdigung zum Nachteil des Angeklagten verwertet wird oder

2. der Angeklagte hat die als unzulässig beanstandete Frage beantwortet bzw. auf den als unzulässig beanstandeten Vorhalt Erklärungen abgegeben und diese Angaben des Angeklagten sind im Rahmen der Beweiswürdigung zu seinem Nachteil verwertet worden.

II. Anforderungen an den Vortrag

Im ersteren Fall (I 1) muss der Revisionsvortrag folgende Tatsachen enthalten: **831**

- Es sind die Fragen oder Vorhalte des Vorsitzenden bzw. anderer Verfahrensbeteiligter im Wortlaut mitzuteilen, die von der Verteidigung als unzulässig beanstandet worden sind.
- Es ist mitzuteilen, dass gem. § 238 Abs. 2 (§ 242) StPO das Gericht angerufen wurde.
- Der die Beanstandung zurückweisende Gerichtsbeschluss ist im Wortlaut mitzuteilen.
- Es ist vorzutragen, dass der Angeklagte daraufhin die Frage nicht beantwortet bzw. auf den Vorhalt hin keine Erklärung abgegeben hat.

Der Erfolg der Rüge ist davon abhängig, dass das betreffende Aussageverhalten des **832** Angeklagten im Urteil zu seinem Nachteil verwertet wird und die beanstandete Frage bzw. der beanstandete Vorhalt tatsächlich unzulässig war (§ 241 Abs. 2 StPO)[1094]. Bei Vorhalten kann sich die Unzulässigkeit daraus ergeben, dass der Gegenstand des Vorhalts einem Verwertungsverbot unterliegt,[1095] dieser sachlich unrichtig ist, weil er mit dem Akteninhalt oder mit der bisherigen Beweisaufnahme nicht übereinstimmt oder der Vorhalt deshalb ungeeignet ist, weil er eine Sachkunde voraussetzt, über die der Angeklagte nicht verfügt.[1096]

Im Falle I.2. ist Folgendes vorzutragen: **833**

- Dem Angeklagten wurde eine von der Verteidigung als unzulässig beanstandete Frage gestellt bzw. ein als unzulässig beanstandeter Vorhalt gemacht. Der Inhalt der Frage bzw. des Vorhalts muss wörtlich mitgeteilt werden.
- Es ist mitzuteilen, dass die Frage bzw. der Vorhalt als unzulässig beanstandet worden ist.
- Der die Beanstandung zurückweisende Gerichtsbeschluss muss wörtlich mitgeteilt werden.

1094 LR-*J.-P. Becker*[26] § 241 Rn. 31.
1095 Vgl. beispielsweise für die Bezugnahme auf unverwertbare Erkenntnisse einer Telefonüberwachung gem. § 100a StPO im Rahmen eines Vorhalts: KK-*Nack*[6] § 100a Rn. 69.
1096 Gutachten über Wirkstoffgehalt sichergestellter Betäubungsmittel oder Ergebnis einer Blutentnahme im Hinblick auf die Blutalkoholkonzentration: *OLG Celle* StV 1984, 107; *OLG Düsseldorf* NJW 1988, 217; *OLG Hamm* MDR 1964, 344.

- Es muss vorgetragen werden, welche Aussage der Angeklagte in Beantwortung der Frage bzw. im Zusammenhang mit dem Vorhalt gemacht hat.[1097]

Rüge 73

834 Sind Fragen oder Vorhalte des Verteidigers an den Angeklagten bzw. an Mitangeklagte als unzulässig zurückgewiesen oder ist seine Befragung gegen seinen Willen vom Vorsitzenden unterbrochen worden?

I. Rechtsgrundlagen

835 Nach § 240 Abs. 2 S. 1 StPO hat der Verteidiger das Recht, seinen Mandanten sowie Mitangeklagte zu befragen. Einzelne Fragen dürfen nur unter den Voraussetzungen des § 241 Abs. 2 StPO zurückgewiesen werden. Der Vorsitzende kann ferner über Zeit und Form der Ausübung des Fragerechts entscheiden.[1098] Der Entzug des Fragerechts ist allenfalls im Falle seines Missbrauchs zulässig.[1099] Eine Intervention des Gerichts bzw. eines anderen Verfahrensbeteiligten während zulässiger Befragung durch den Verteidiger kommt nur mit dessen Einverständnis in Betracht.[1100] Gegen die Beschränkung des Fragerechts kann der Verteidiger die Entscheidung des Gerichts herbeiführen (§§ 238 Abs. 2, 242 StPO). Nur unter dieser Voraussetzung ist die Berechtigung des Eingriffs in das Fragerecht revisionsrechtlich überprüfbar. Durch die Beeinträchtigung des Rechts der Verteidigung auf (ungestörte) Befragung des Angeklagten oder eines Mitangeklagten kann die Verteidigung in einem für die Entscheidung wesentlichen Punkt unzulässig beschränkt worden sein (§ 338 Nr. 5 StPO)[1101].

II. Anforderungen an den Vortrag im Falle der Zurückweisung einer Frage als unzulässig[1102]

836 - Es muss der Inhalt derjenigen Frage bzw. desjenigen Vorhalts des Verteidigers im Wortlaut mitgeteilt werden, bzgl. deren/dessen es zu einer Zurückweisung als unzulässig durch den Vorsitzenden gekommen ist.

1097 Vgl. *BGH* MDR 1979, 108; KK-*Nack*[6] § 100a Rn. 74. Diesem Erfordernis scheint nach dieser Auffassung das Verbot der Rekonstruktion der Hauptverhandlung im Revisionsverfahren nicht entgegenzustehen. Zur Inkonsequenz der BGH-Rechtsprechung zu dieser Frage siehe auch *BGH* StV 2008, 123 m. Anm. *Ventzke*.

1098 LR-*J.-P. Becker*[26] § 241 Rn. 26.

1099 *Meyer-Goßner*[55] § 241 Rn. 6 m.w.N.

1100 *OLG Hamm* StV 1993, 462.

1101 *OLG Hamm* StV 1993, 462; zu einer Sondersituation siehe allerdings auch *BGH* StV 1995, 172 = NStZ 1995, 143.

1102 Zu der entsprechenden Problematik im Zusammenhang mit der Zurückweisung von Fragen des Verteidigers an Zeugen siehe Rüge 96 Rn. 965.

- Die Beanstandung dieses Vorgangs durch den Verteidiger muss vorgetragen werden.
- Es ist die die Zurückweisung der Frage bzw. des Vorhalts bestätigende Entscheidung des Gerichts (§§ 238 Abs. 2, 242 StPO) im Wortlaut mitzuteilen.
- Es ist mitzuteilen, dass die Frage nicht beantwortet wurde bzw. auf den Vorhalt keine Erklärung abgegeben wurde.

III. Anforderungen an den Revisionsvortrag im Falle einer Unterbrechung der Verteidigerbefragung des Angeklagten oder eines Mitangeklagten durch den Vorsitzenden[1103]

- Es ist mitzuteilen, dass der Vorsitzende dem Verteidiger die Befragung seines **837** Mandanten oder eines Mitangeklagten gestattete.
- Es ist vorzutragen, dass die Befragung durch den Verteidiger unterbrochen wurde und ihm die Fortsetzung der Ausübung des Fragerechts untersagt wurde (und sei es konkludent in Form des Wiederansichziehens des Befragungsrechts durch den Vorsitzenden).
- Es ist vorzutragen, dass der Verteidiger dies beanstandet und erfolglos eine Entscheidung des Gerichts (§ 238 Abs. 2 StPO) herbeigeführt hat.[1104] Der Gerichtsbeschluss ist im Wortlaut mitzuteilen.
- Es ist vorzutragen, dass der Verteidiger sein Fragerecht nicht missbraucht und keine unzulässigen Fragen gestellt hat.
- Es ist vorzutragen, dass der Verteidiger erst nach der Unterbrechung seine Befragung fortsetzen konnte, wobei das weitere Verfahrensgeschehen im Zeitraum der Unterbrechung mitgeteilt werden sollte.

Rüge 74

Ist der Angeklagte durch einen Mitangeklagten unmittelbar befragt worden (§ 240 Abs. 2 **838** S. 2 StPO)?

I. Rechtsgrundlagen

Wurde der Angeklagte von einem Mitangeklagten unmittelbar befragt und hat er **839** hierauf geantwortet bzw. die Beantwortung unterlassen und ist dieses Verhalten im Rahmen der Beweiswürdigung zu seinem Nachteil verwertet worden, bedarf es

---

1103   Zur entsprechenden Problematik im Zusammenhang mit der Zeugenbefragung durch den Verteidiger siehe Rüge 97 Rn. 970.
1104   *BGH* NStZ 1997, 198.

einer Anrufung des Gerichts nach § 238 Abs. 2 StPO nicht, weil die gegenseitige Befragung von Mitangeklagten grundsätzlich unzulässig ist.[1105] Die Verletzung des § 240 Abs. 2 S. 2 StPO ist ein relativer Revisionsgrund (§ 337 StPO).

II. Anforderungen an den Vortrag der Rüge der Verletzung des § 240 Abs. 2 S. 2 StPO

840 1. Der Angeklagte wurde unmittelbar durch einen Mitangeklagten befragt. Er hat sich dazu nicht geäußert. Dieses Aussageverhalten wurde ausweislich der Urteilsgründe bei der Beweiswürdigung zu seinem Nachteil verwertet.

oder

2. Der Angeklagte wurde unmittelbar durch einen Mitangeklagten befragt. Er hat sich dazu geäußert. Der Inhalt von Frage und Antwort sind mitzuteilen. Die Antwort wurde ausweislich der Urteilsgründe zu seinem Nachteil bei der Beweiswürdigung verwertet. Es sollte durch entsprechenden Vortrag ausgeschlossen werden, dass der Angeklagte die Antwort auf Befragung durch das Gericht oder einen anderen Verfahrensbeteiligten wiederholt hat.[1106]

Abschnitt 5
Abgabe von Erklärungen

Rüge 75

841 Ist der Angeklagte nach der Vernehmung eines Mitangeklagten und nach jeder einzelnen Beweiserhebung befragt worden, ob er etwas zu erklären habe und ist ihm sowie auf Verlangen seinem Verteidiger (letzterem auch nach der Vernehmung des von ihm verteidigten Angeklagten) Gelegenheit gegeben worden, sich zu erklären (§ 257 StPO)?

A. Die Befragung des Angeklagten, ob er von seinem Erklärungsrecht Gebrauch machen wolle

I. Rechtsgrundlagen

842 Nach § 257 Abs. 1 StPO soll der Angeklagte nach jeder Vernehmung eines Mitangeklagten und nach jeder Beweiserhebung befragt werden, ob er dazu etwas zu erklären habe. Obwohl der Wortlaut nahelegt, dass es sich nur um eine „Sollvor-

---

1105 KK-*Schneider*[6] § 240 Rn. 7; *Meyer-Goßner*[55] § 240 Rn. 10.
1106 Die Unzulässigkeit der Befragung muss zu einem Beweisverwertungsverbot bzgl. der darauf gegebenen Antwort führen.

schrift" handelt, kann auf ihre Verletzung die Revision gestützt werden.[1107] Damit wird dem Umstand Rechnung getragen, dass § 257 StPO dem Recht auf Gehör in besonders wirksamer Weise Geltung verschaffen will: Auf diese Weise kann vor allem einer vorschnellen Fixierung des Gerichts auf vorläufige Beweisergebnisse entgegengewirkt werden.[1108] Auch kann das Gericht eine solche Stellungnahme des Angeklagten besser würdigen, wenn ihm das Ergebnis der Beweiserhebung, auf das sich die Erklärung bezieht, noch frisch im Gedächtnis ist. Die Befragung des Angeklagten gem. § 257 Abs. 1 StPO durch den Vorsitzenden hat zu erfolgen, damit jener nicht aus Unkenntnis oder Befangenheit auf die Möglichkeit verzichtet, zu seiner Verteidigung Erklärungen zu der gerade durchgeführten Beweiserhebung abzugeben.[1109] Insoweit handelt es sich um zwingendes Recht.[1110] Selbst wenn man davon ausginge, dass § 257 Abs. 1 StPO dem Vorsitzenden bezüglich des Fragerechts ein Ermessen einräumte, reduziert sich dieses auch nach dieser Meinung darauf, ob der Angeklagte nach jedem Akt der Beweisaufnahme oder generell (beispielsweise zu Beginn der Verhandlung oder der Beweisaufnahme) auf sein Recht hinzuweisen ist.[1111]

1. Pflicht zur Befragung

Der Angeklagte ist nach jeder Vernehmung eines Mitangeklagten und nach jeder Beweisaufnahme, gleichgültig welcher Art, zu befragen, also nach jeder Zeugen oder Sachverständigenvernehmung, Augenscheinseinnahme und der Verlesung von Urkunden und sonstigen Schriftstücken zum Zwecke der Beweiserhebung, auch im Wege des Selbstleseverfahrens.[1112] **843**

2. Zeitpunkt der Befragung

Bei der Vernehmung von Zeugen und Sachverständigen hat die Befragung nach Abschluss der Vernehmung zu erfolgen. Auf die Entscheidung über ihre Vereidigung (§§ 59, 79 StPO) kommt es ebenso wenig an, wie auf ihre Entlassung nach § 248 StPO, weil die betreffenden Entscheidungen auch in Abwesenheit des Zeugen oder Sachverständigen getroffen werden können. Anders ist es nur, wenn die Vernehmung/Befragung unterbrochen worden ist. Bei Vernehmungen in Abwesenheit **844**

1107 LR-*Gollwitzer*[25] § 257 Rn. 25; *BGH* StV 1984, 454; *Burkhard* StV 2004, 397; **a.A.** *Meyer-Goßner*[55] § 257 Rn. 9; *BGH* MDR 1967, 175 (D).
1108 LR-*Gollwitzer*[25] § 257 Rn. 1; HK-*Julius*[5] § 257 Rn. 1.
1109 LR-*Gollwitzer*[25] § 257 Rn. 5.
1110 AK-StPO-*Rüping* § 257 Rn. 8; KMR-*Paulus*[7] § 257 Rn. 8; nur im Sinne pflichtgemäßen Ermessens, das sich im Einzelfall zur Pflicht verdichten könne: KMR-*Stuckenberg*[8] (EL März 2000) § 257 Rn. 13.
1111 *Meyer-Goßner*[55] § 257 Rn. 2; LR-*Gollwitzer*[25] § 257 Rn. 14. Ein solcher allgemeiner Hinweis ist allerdings unzureichend, weil der Angeklagte nicht immer weiß, wann die Beweiserhebung abgeschlossen und damit die Möglichkeit einer Äußerung eröffnet ist.
1112 LR-*Gollwitzer*[25] § 257 Rn. 6.

des Angeklagten (§ 247 StPO) ist das Erklärungsrecht einzuräumen, nachdem der Angeklagte gem. § 247 S. 4 StPO unterrichtet worden ist und Gelegenheit hatte, den Zeugen/Sachverständigen/Mitangeklagten ergänzend befragen zu lassen und ggf. die darauf ergangenen Äußerungen zur Kenntnis zu nehmen. Beim Selbstleseverfahren ist der Angeklagte zu befragen, sobald festgestellt worden ist, dass die Richter und Schöffen vom Wortlaut der betreffenden Urkunden oder des Schriftstücks Kenntnis genommen haben und die übrigen Verfahrensbeteiligten hierzu Gelegenheit hatten.

3. Nachweis der Verfahrenstatsachen

845 Die Befragung gehört zu den wesentlichen Förmlichkeiten des Protokolls und nimmt an dessen absoluter Beweiskraft – in positivem wie in negativem Sinne – teil. Allerdings soll die einmalige Feststellung in der Sitzungsniederschrift genügen, die sich auf alle Fälle des § 257 Abs. 1 StPO beziehen soll.[1113] Dies ist abzulehnen, denn es würde eine ausdrückliche Protokollberichtigung erforderlich machen, wenn die Befragung bei auch nur einer einzelnen Beweiserhebung tatsächlich unterblieben ist.[1114]

4. Beruhen

846 Auf der unterbliebenen Befragung muss das Urteil beruhen. Wie bei der Gewährung des letzten Wortes wird dies in der Regel nicht ausgeschlossen werden können.[1115] Bei der Verletzung des § 257 Abs. 1 StPO kann dies aber nur für solche Beweiserhebungen gelten, auf denen ihrerseits das Urteil beruht. Findet die betreffende Beweiserhebung im Urteil dagegen gar keine oder nur marginale Erwähnung, könnte das Urteil nur dann auf der Verletzung des § 257 Abs. 1 StPO beruhen, wenn dem Angeklagten die Möglichkeit genommen wurde, rechtzeitig auf ihre Bedeutung insbesondere für die weitere Beweisaufnahme hinzuweisen. Dass der Angeklagte spätestens im Rahmen des letzten Wortes Gelegenheit hatte, zu allen einzelnen Beweiserhebungen Stellung zu nehmen, schließt das Beruhen des Urteils auf der Verletzung des § 257 Abs. 1 StPO deshalb nicht aus.[1116] Denn die Bedeutung des Erklärungsrechts gem. § 257 StPO resultiert aus der verfahrenspsychologisch und kommunikationstheoretisch belegten Tatsache, dass schon während der Beweisaufnahme und nicht erst bei der Urteilsberatung die entscheidenden Weichenstellungen im Hinblick auf die Beweiswürdigung und die Urteilsfindung stattfinden.

1113 LR-*Gollwitzer*[25] § 257 Rn. 23 m.w.N. in Fn. 52.

1114 Die Widersinnigkeit dieser Auffassung zeigt sich u.a. daran, dass nach LR-*Gollwitzer*[25] § 257 Rn. 23 zwar die allgemeine Feststellung der erfolgten Befragung genügen soll, der Umstand, dass der Hinweis bei einem einzelnen Beweismittel unterblieben ist, dann allerdings neben dem allgemeinen Vermerk im Protokoll besonders hervorgehoben werden müsse.

1115 Siehe hierzu Rüge 213 Rn. 1799.

1116 **A.A.** LR-*Gollwitzer*[25] § 257 Rn. 27.

Es ist deshalb zumindest der Vortrag angebracht,[1117] ob der Angeklagte im Falle **847** seiner Befragung von der Erklärungsmöglichkeit Gebrauch gemacht hätte und in den Fällen, in denen die betreffende Beweiserhebung nicht oder nur marginal im schriftlichen Urteil erwähnt wird, welche Ausführungen er hierzu gemacht hätte.[1118] Unmögliches würde von dem Beschwerdeführer allerdings abverlangt, wenn vorgetragen werden müsste, inwieweit diese Erklärung auf die weitere Beweisaufnahme und auf das Urteil irgend- einen Einfluss hätte haben können.[1119]

Das Urteil kann aber auch dann auf dem Verfahrensfehler beruhen, wenn Beweiserhebungen einer zuvor abgegebenen generellen Einlassung des Angeklagten entgegenstehen und das Gericht dem Angeklagten insoweit hätte Gelegenheit geben müssen, sich zu diesem neuen Beweisergebnis zu äußern. Lässt das Urteil nicht erkennen, dass der Angeklagte von der Gelegenheit zur Äußerung keinen Gebrauch gemacht hat, kann ein Beruhen auf der Verletzung des § 257 Abs. 1 StPO nicht ausgeschlossen werden.[1120]

II. Anforderungen an den Vortrag der Rüge der Verletzung des § 257 Abs. 1 StPO

1. Konkrete Bezeichnung der Vernehmung eines Mitangeklagten bzw. der Beweis- **848** erhebung.
2. Tatsachen, aus denen sich der Abschluss der Beweiserhebung ergibt.
3. Nichtbefragung des Angeklagten durch den Vorsitzenden gem. § 257 Abs. 1 StPO zu diesem Zeitpunkt.
4. Vortrag, dass der Angeklagte auch nicht unbefragt eine Erklärung zu der gerade stattgefundenen Beweiserhebung zu diesem Zeitpunkt abgegeben hat.
5. Vortrag, dass der Angeklagte im Falle seiner Befragung eine Erklärung abgegeben und welchen Inhalt die Äußerung gehabt hätte, insbesondere in den Fällen, in denen die Beweiserhebung ausweislich der schriftlichen Urteilsgründe keine Bedeutung hatte.

B. Wurde dem Angeklagten bzw. seinem Verteidiger trotz entsprechenden Verlangens keine Möglichkeit zur Abgabe einer Erklärung gem. § 257 Abs. 2 StPO gegeben?

I. Rechtsgrundlagen

Die Nichtgewährung der Erklärungsmöglichkeit stellt sich als Maßnahme der Sach- **849** leitung des Vorsitzenden dar. Soll die damit verbundene unzulässige Beschränkung

---

1117 *BGH* StraFo 2007, 67 scheint einen solchen Vortrag für zwingend zu halten.
1118 In diesem Sinne auch *BGH* StV 1984, 454.
1119 So aber *BGH* StraFo 2007, 67.
1120 Vgl. *OLG Bremen* StV 1987, 429, das dies – auf die Sachrüge hin – unter dem Gesichtspunkt der lückenhaften Beweiswürdigung beanstandet hat.

der Verteidigung zum Gegenstand der Revision gemacht werden, setzt dies voraus, dass die betreffende Anordnung durch einen Gerichtsbeschluss (§ 238 Abs. 2 StPO) bestätigt wurde.[1121]

850 Das Verlangen, eine Erklärung abgeben zu wollen, die Verfügung des Vorsitzenden, die Anrufung des Gerichts und die Tatsache und der Inhalt eines darauf ergangenen Beschlusses werden durch das Sitzungsprotokoll bewiesen. Ob das Erklärungsrecht tatsächlich ausgeübt wurde oder nicht, soll nicht im Protokoll festgehalten werden müssen.[1122]

Zur Beruhensfrage kann auf die Ausführungen unter Rn. 846 verwiesen werden.

II. Anforderungen an den Vortrag der Rüge der Verletzung des § 257 Abs. 2 StPO

851 1. Konkrete Bezeichnung der Vernehmung oder Beweiserhebung.

2. Tatsachen, aus denen sich der Abschluss der Beweiserhebung ergibt.

3. Verlangen des Angeklagten bzw. seines Verteidigers, eine Erklärung abgeben zu wollen.

4. Tatsache und Inhalt der Verfügung des Vorsitzenden.

5. Anrufung des Gerichts und dessen Entscheidung (der Beschluss muss mit Gründen im Wortlaut mitgeteilt werden).

6. Tatsache, dass zu diesem Zeitpunkt der Hauptverhandlung keine Erklärung abgegeben wurde.

7. Ausführungen zum Inhalt der beabsichtigten Erklärung, insbesondere in Fällen, in denen die Beweiserhebung ausweislich der schriftlichen Urteilsgründe unberücksichtigt geblieben ist.

C. Hat der Vorsitzende in Ausübung seiner Sachleitung dem Angeklagten bzw. dem Verteidiger im Hinblick darauf das Wort entzogen, dass die Erklärung die Grenzen des § 257 Abs. 3 StPO überschritten habe?

I. Rechtsgrundlagen

852 Nach § 257 Abs. 3 StPO dürfen die Erklärungen gem. § 257 Abs. 2 StPO den Schlussvortrag nicht vorwegnehmen. Dies wäre insbesondere dann der Fall, wenn nicht mehr die unmittelbar vorangegangene Beweiserhebung, sondern eine Gesamtwürdigung des bisherigen Verhandlungsergebnisses im Vordergrund stünde.[1123] Erklärungen zum Beweiswert des Beweismittels, das Aufzeigen von Unklarheiten und

---

1121 *BGH* StraFo 2007, 67; LR-*Gollwitzer*[25] § 257 Rn. 26.

1122 LR-*Gollwitzer*[25] § 257 Rn. 23; *BGH* StV 1994, 468 m. Anm. *Schlothauer.*

1123 *Leipold* StraFo 2001, 301.

Widersprüchen sowie Hinweise auf Zusammenhänge mit anderen Beweismitteln, die bereits Gegenstand der Beweisaufnahme waren oder auf noch bevorstehende Beweiserhebungen, sind demgegenüber zulässig.[1124]

Entzieht der Vorsitzende im Hinblick auf die Unzulässigkeit der Erklärung nach **853** § 257 Abs. 3 StPO dem Angeklagten bzw. dem Verteidiger das Wort, kann diese Sachleitungsentscheidung nur dann zum Gegenstand der Revision gemacht werden, wenn hiergegen nach § 238 Abs. 2 StPO das Gericht angerufen worden ist.

Die Verfügung des Vorsitzenden, der Antrag, mit dem eine Entscheidung des Gerichts nach § 238 Abs. 2 StPO herbeigeführt wurde, und die darauf ergehende Entscheidung des Gerichts unterliegen der absoluten Beweiskraft der Sitzungsniederschrift. Der Inhalt der abgegebenen Erklärung gehört demgegenüber nicht zu den nach § 273 Abs. 1 StPO zu protokollierenden Förmlichkeiten. Er kann deshalb nur im Wege des Freibeweises festgestellt werden.

Das Tatgericht hat bei der Beantwortung der Frage, ob durch eine Erklärung gem. **854** § 257 Abs. 2 StPO der Schlussvortrag vorweggenommen wurde, einen Beurteilungsspielraum. Zum Gegenstand der Überprüfung des Revisionsgerichts können deshalb nur solche Vorgänge gemacht werden, in denen der Rechtsbegriff des Schlussvortrages bzw. der Gegenstand der vorangegangenen Beweiserhebung verkannt oder das Wort willkürlich entzogen worden ist.

II. Anforderungen an den Vortrag der Rüge der Verletzung von § 257 Abs. 2 und 3 StPO

1. Dem Angeklagten bzw. seinem Verteidiger wurde während der Abgabe einer Er- **855** klärung gem. § 257 Abs. 2 StPO (die betreffende Situation muss konkret dargelegt werden) das Wort entzogen.

2. Die Verfügung des Vorsitzenden, der Antrag auf eine Entscheidung des Gerichts nach § 238 Abs. 2 StPO und die darauf ergangene Entscheidung müssen im Wortlaut mitgeteilt werden.

3. Der Inhalt der nach § 257 Abs. 2 StPO abgegebenen Erklärung muss bis zum Zeitpunkt des Wortentzuges inhaltlich mitgeteilt werden, ferner der Inhalt der Erklärungen, die abzugeben das Tatgericht verwehrt hat.[1125]

4. Es ist vorzutragen, dass der Angeklagte bzw. sein Verteidiger auch nach dem Beschluss des Gerichts keine Gelegenheit zur Abgabe einer weiteren Erklärung hatten oder welchen Inhalt eine im Anschluss an den Wortentzug abgegebene Erklärung hatte und welche Erklärung ohne die Wortentziehung abgegeben worden wäre.

5. Ggf. Ausführungen zum Beruhen (siehe oben Rn. 848 Ziff. 5).

1124   Vgl. näher auch *Rieß* NJW 1975, 94; *Hohmann* StraFo 1999, 155; *Burkhard* StV 2004, 393 m.w.N.
1125   *BGH* StV 1984, 454.

Kapitel 15
Sind in der Hauptverhandlung Zeugen vernommen worden?

Abschnitt 1
Allgemeine Belehrung

I. Hat das Gericht einen Zeugen nach § 57 StPO belehrt?

856   § 57 StPO soll eine bloße Ordnungsvorschrift allein im Interesse des Zeugen sein.

Auf eine unterlassene oder fehlerhafte Belehrung kann die Revision daher nicht gestützt werden.[1126]

Abschnitt 2
Sind in der Hauptverhandlung Zeugen vernommen worden, die gem. § 52 Abs. 1 StPO ein Zeugnisverweigerungsrecht aus persönlichen Gründen haben?

857

Überblick		Rn.
Rüge 76:	Ist ein angehöriger Zeuge in der Hauptverhandlung nicht nach § 52 Abs. 3 StPO belehrt worden?	860
Rüge 77:	Ist ein Zeuge in der Hauptverhandlung zu Unrecht nach § 52 StPO belehrt worden und hat er die Aussage verweigert bzw. sich unberechtigterweise auf ein Zeugnisverweigerungsrecht berufen?	865
Rüge 78:	Ist mit Zustimmung eines Zeugen, der in der Hauptverhandlung berechtigt das Zeugnis verweigert hat, eine frühere Aussage oder Erklärung in die Hauptverhandlung eingeführt worden?	868
Rüge 79:	Hat das Gericht einen Angehörigen eines ehemals Mitbeschuldigten bzw. eines Mitangeklagten als Zeugen in der Hauptverhandlung vernommen, ohne ihn nach § 52 Abs. 3 StPO belehrt zu haben?	876
Rüge 80:	Hat das Gericht Angehörige ohne genügende Verstandesreife (inbes. Kinder) vernommen und dabei die besonderen Zustimmungs- und Belehrungserfordernisse gem. § 52 Abs. 2 StPO beachtet?	879
Rüge 81:	Hat das Gericht aus der berechtigten Zeugnisverweigerung eines zeugnisverweigerungsberechtigten Angehörigen Schlüsse zum Nachteil des Angeklagten gezogen?	887

1126   *Meyer-Goßner*[55] § 57 Rn. 17; KK-*Senge*[6] § 57 Rn. 7; **a.A.** LR-*Ignor/Bertheau*[26] § 55, 41; *Bernsmann* StraFo 1998, 75.

Vorbemerkung

Vorab ist darauf hinzuweisen, dass es im Rahmen der nachfolgenden Ausführungen **858** ausgeschlossen ist, alle denkbaren Fallkonstellationen von berechtigter oder unberechtigter Zeugnisverweigerung bzw. der Verwertung von früheren Angaben zeugnisverweigerungsberechtigter Zeugen abzuhandeln. Nur die bedeutendsten Problemkreise sollen angesprochen werden.

Verstößt das Gericht gegen die Belehrungspflicht nach § 52 Abs. 3 StPO, besteht hinsichtlich der Aussagen des angehörigen Zeugen grundsätzlich ein Beweisverbot.[1127]

Für die Belehrungspflicht in der Hauptverhandlung kommt es allein auf das tatsächliche Bestehen des Verwandtschaftsverhältnisses i.S.d. § 52 Abs. 1 StPO an, nicht auf die Kenntnis des Gerichts.[1128] An der Unverwertbarkeit einer Angehörigenaussage wegen unterbliebener Belehrung nach § 52 Abs. 1 Nr. 3 StPO ändert auch der Umstand nichts, dass sich der Angehörige als nicht verwandt und verschwägert bezeichnet hat, da es allein auf die objektive Sachlage ankommt.[1129]

Die Geltendmachung des Zeugnisverweigerungsrechts obliegt dem Zeugen. Er kann nur teilweise aussagen oder sich erst im Laufe der Vernehmung auf sein Verweigerungsrecht berufen. Soweit er ausgesagt hat, bleibt dieser Teil seiner Aussage, sofern er zuvor ordnungsgemäß belehrt wurde, verwertbar.[1130]

Bei Vernehmungen außerhalb der Hauptverhandlung besteht die Belehrungspflicht **859** auch in allen vernehmungsähnlichen Situationen, also auch bei informatorischen Befragungen.[1131] Ausgenommen sind Spontanäußerungen sowie der Inhalt einer Strafanzeige, sofern diese nicht mit einer Vernehmung verbunden war.[1132] Diese Angaben können trotz unterbliebener Belehrung verwertet werden. Ebenso verwertbar sind Äußerungen des Angehörigen gegenüber anderen Zeugen.[1133]

Die unterbliebene (gebotene) Belehrung können sowohl der Angeklagte als auch ein Mitangeklagter rügen, wenn die Aussage zu Lasten verwertet wurde.[1134] Sind mehrere selbstständige Taten im prozessualen Sinn (§ 264 StPO) Gegenstand des Verfahrens, besteht kein Zeugnisverweigerungsrecht, wenn der Zeuge nur zu selbstständigen Taten aussagen soll, an denen der Angehörige nicht beteiligt war. Maßgebend ist insoweit der prozessuale Tatbegriff, wenn es sich also nicht um das gleiche

---

1127 *Meyer-Goßner*[55] § 52 Rn. 32 m.w.N.
1128 *BGH* StV 1988, 89; KK-*Senge*[6] § 52 Rn. 46; *Meyer-Goßner*[55] § 52 Rn. 34.
1129 *BGH* Beschl. v. 26.1.2010 – 3 StR 442/09 = NStZ 2010, 452.
1130 *Meyer-Goßner*[55] § 52 Rn. 22; KK-*Senge*[6] § 52 Rn. 40 ff.
1131 KK-*Senge*[6] § 52 Rn. 43a; KK-*Diemer*[6] § 252 Rn. 17; *Meyer-Goßner*[55] § 252 Rn. 7.
1132 *Meyer-Goßner*[55] § 252 Rn. 8; KK-*Senge*[6] § 52 Rn. 43a.
1133 *Meyer-Goßner*[55] § 252 Rn. 9. Zur Problematik der „verdeckten" Zeugenvernehmung durch Vertrauenspersonen der Polizei oder verdeckt ermittelnder Polizeibeamte siehe Rüge 256 Rn. 2078 ff.
1134 KK-*Senge*[6] § 52 Rn. 49, *Meyer-Goßner*[55] § 52 Rn. 34.

geschichtliche Ereignis handelt und jede Beziehung zu der dem Angehörigen vorgeworfenen Tat ausgeschlossen ist.[1135]

Das Zeugnisverweigerungsrecht, das der Angehörige eines Beschuldigten im Verfahren gegen einen Mitbeschuldigten hat, erlischt, wenn das gegen den angehörigen Beschuldigten geführte Verfahren rechtskräftig abgeschlossen wird, auch bezüglich solcher Tatvorwürfe, hinsichtlich derer das Verfahren gem. § 154 Abs. 1 oder 2 StPO eingestellt worden ist.[1136]

Rüge 76

860   Ist ein angehöriger Zeuge in der Hauptverhandlung nicht nach § 52 Abs. 3 StPO belehrt worden?

I. Rechtsgrundlagen

861   Gegenstand der Rüge ist die in der Hauptverhandlung unterbliebene Belehrung nach § 52 Abs. 3 StPO (und die Verwertung der Aussage im Urteil). Denn bei fehlerhaft unterbliebener Belehrung besteht hinsichtlich der Angaben des angehörigen Zeugen ein Verwertungsverbot.[1137]

Sofern es sich um Zeugen mit mangelnder Verstandesreife handelt (§ 52 Abs. 2 StPO), ist auf die Ausführungen zu Rüge 80 Rn. 879 ff. zu verweisen.

Die besondere Problematik liegt in der Beruhensfrage. Es soll darauf ankommen, wie sich der Zeuge im Falle der Belehrung verhalten hätte. Kannte er sein Zeugnisverweigerungsrecht und hat er gleichwohl ausgesagt, so soll ein Beruhen des Urteils auf der fehlerhaft unterlassenen Belehrung ausgeschlossen sein. Gleiches gilt, wenn zu erwarten ist, dass der Zeuge in jedem Falle ausgesagt hätte.[1138]

862   Möglich ist auch, dass das Gericht im Laufe der Vernehmung den Fehler bemerkt und den Zeugen nunmehr belehrt. Verweigert er die Aussage, sind seine zuvor gemachten Angaben unverwertbar, sagt er weiter aus, ist der ursprüngliche Belehrungsmangel geheilt und die Aussage ist insgesamt verwertbar.[1139]

1135   *Meyer-Goßner*[55]§ 52 Rn. 12; KK-*Senge*[6] § 52 Rn. 8.
1136   *BGH* Beschl. v. 30.4.2009 – 1 StR 745/08 = StV 2010, 609.
1137   Statt aller *Meyer-Goßner*[55] § 52 Rn. 32 m.w. zahlr. Nachw.
1138   *Meyer-Goßner*[55] § 52 Rn. 32 m.w.N.
1139   Vgl. dazu insges. *Meyer-Goßner*[55] § 52 Rn. 34; KK-*Senge*[6] § 52 Rn. 46.

II. Anforderungen an den Vortrag

Zu rügen ist ein Verstoß gegen § 52 Abs. 3 StPO.   **863**

Es muss vorgetragen werden, dass

- der Zeuge zur Hauptverhandlung geladen wurde und erschienen ist,
- er nach § 57 belehrt worden ist und seine Personalien angegeben hat,
- ob er nach Verwandtschaftsverhältnis befragt wurde und was er geantwortet hat,
- der Zeuge Angehöriger i.S.d. § 52 Abs. 1 StPO des Angeklagten, eines derselben Tat beschuldigten Mitangeklagten oder eines ehemaligen Mitbeschuldigten[1140] ist, was ausführlich und detailliert, ggf. unter Vorlage von Beweismitteln (z.B. Stammbuch) vorzutragen ist, wenn dem Gericht das Verwandtschaftsverhältnis unbekannt war,
- der Zeuge nicht nach § 52 Abs. 3 StPO belehrt worden ist,
- der Zeuge zur Sache ausgesagt hat,
- die Aussage zum Nachteil des Angeklagten im Urteil verwertet wurde,
- dass der Zeuge auch nicht im Laufe der Vernehmung nach § 52 Abs. 3 StPO belehrt wurde und er nicht der Verwertung seiner bisherigen Angaben zugestimmt hat (Negativtatsache!),
- dass der Zeuge sein Zeugnisverweigerungsrecht nicht kannte (Negativtatsache!),
- dass der Zeuge im Falle der Belehrung die Aussage verweigert hätte (Beruhen).

Ausführliche Angaben zur Beruhensfrage empfehlen sich immer dann, wenn An- **864** haltspunkte dafür vorhanden sind, dass dem Zeugen sein Zeugnisverweigerungsrecht bekannt gewesen sein könnte oder er in jedem Fall ausgesagt hätte.[1141] Dies könnte z.B. dann der Fall sein, wenn der Zeuge polizeilich und richterlich vernommen und jeweils nach § 52 Abs. 3 StPO belehrt wurde.

Gegen die hypothetische Annahme, der Zeuge habe in einem solchen Fall in der Hauptverhandlung in Kenntnis des Verweigerungsrechts die Aussage gemacht, bestehen grundsätzlich Bedenken. Einem gerichtsunkundigen Zeugen sind die Rechtsverhältnisse nicht klar. Er kann nicht wissen, ob es zwischen polizeilicher Vernehmung und Vernehmung in der Hauptverhandlung Unterschiede gibt. Wird er zwar von der Polizei belehrt, von dem Richter in der Hauptverhandlung dagegen nicht, kann das im Zeugen die Fehlvorstellung hervorrufen, er sei nun in der Hauptverhandlung gerade wegen der unterbliebenen Belehrung aussagepflichtig.[1142] Es ist Aufgabe allein des Gerichts, durch eine ordnungsgemäße Belehrung für Klarheit zu sorgen. Unklarheiten dürfen nicht zu Lasten des Angeklagten gehen.

1140 Siehe dazu Rüge 79 Rn. 876.

1141 *BGH* Beschl. v. 12.1.2011 1 StR 672/10; *Meyer-Goßner*[55] § 52 Rn. 34.

1142 *BGH* StV 2004, 297; *Meyer-Goßner*[55] § 52 Rn. 32 m.w.N.

Rüge 77

865   Ist ein Zeuge in der Hauptverhandlung zu Unrecht nach § 52 StPO belehrt worden und hat er die Aussage verweigert bzw. sich unberechtigterweise auf ein Zeugnisverweigerungsrecht berufen?

I. Rechtsgrundlagen

866   Sagt der nicht zeugnisverweigerungsberechtigte Zeuge im Hinblick auf die unrichtige Belehrung über das Bestehen eines Zeugnisverweigerungsrechts aus, kann dies nicht Gegenstand einer Rüge sein. Denn der Zeuge war wegen Fehlens des Zeugnisverweigerungsrechts aussagepflichtig.

Verweigert der Zeuge aufgrund der unrichtigen Belehrung das Zeugnis oder gesteht das Gericht dem Zeugen die Inanspruchnahme eines tatsächlich nicht bestehenden Zeugnisverweigerungsrechts zu, kann dies gerügt werden, da das Gericht ein geladenes und präsentes Beweismittel nicht genutzt hat. Gerügt werden muss eine Verletzung von § 245 Abs. 1, § 244 Abs. 2 StPO. Auf die Ausführungen zu §§ 245, 244 Abs. 2 StPO kann verwiesen werden.[1143]

II. Anforderungen an den Vortrag

867   Zu rügen ist ein Verstoß gegen §§ 245 Abs. 1, 244 Abs. 2 StPO.

Vorzutragen ist, dass

- der Zeuge zur Hauptverhandlung vom Gericht geladen wurde und erschienen ist,
- er nach § 57 StPO belehrt wurde und seine Personalien angegeben hat,
- er nach dem Verwandtschaftsverhältnis gefragt wurde und was er angegeben hat;
- ggf. die Feststellung seitens des Zeugen oder des Gerichts, dass kein Verwandtschaftsverhältnis bestehe,
- dass der Zeuge nach § 52 Abs. 3 StPO belehrt wurde bzw. das Gericht ein von ihm in Anspruch genommenes Zeugnisverweigerungsrecht zu Unrecht zugestanden hat,
- dass der Zeuge von dem ihm fälschlicherweise eingeräumten Zeugnisverweigerungsrecht Gebrauch gemacht hat,
- dass der Zeuge im weiteren Verlauf der Hauptverhandlung nicht vernommen wurde (Negativtatsache!),
- dass auf die Vernehmung der Zeugen nicht verzichtet wurde (Negativtatsache!),
- dass ein Verwandtschaftsverhältnis i.S.d. § 52 Abs. 1 StPO nicht besteht, was zu begründen ist,

---

1143   Siehe Rügen Nr. 189, 190 Rn. 1647 ff., 1663 ff.

- was der Zeuge im bisherigen Verfahren bekundet hat (Mitteilung des gesamten Wortlauts der Vernehmungsniederschriften und/oder Vermerke über Erklärungen des Zeugen und/oder vom Zeugen stammenden schriftlichen Mitteilungen),
- die in der Hauptverhandlung zu erwartende Aussage des Zeugen im Falle der Vernehmung.

Ein Beruhen des Urteils auf der durch die unrichtige Belehrung nach § 52 Abs. 3 StPO hervorgerufenen (unberechtigten) Zeugnisverweigerung wird wohl kaum auszuschließen sein. Dies gilt selbst dann, wenn dem Zeugen zwar kein Zeugnisverweigerungsrecht nach § 52 Abs. 1 StPO aber ein Auskunftsverweigerungsrecht nach § 55 StPO zugestanden hätte.[1144]

Rüge 78

Ist mit Zustimmung eines Zeugen, der in der Hauptverhandlung berechtigt das Zeugnis verweigert hat, eine frühere Aussage oder Erklärung in die Hauptverhandlung eingeführt worden?　　**868**

I. Rechtsgrundlagen

Macht ein Zeuge in der Hauptverhandlung von seinem Zeugnisverweigerungsrecht **869** gem. § 52 Abs. 1 StPO Gebrauch, unterliegen seine früheren Angaben grundsätzlich einem Beweisverbot (§ 252 StPO).[1145] Auch eine Verlesung einer früheren Vernehmungsniederschrift im Einverständnis der Verfahrensbeteiligten nach § 251 Abs. 2 Nr. 3 StPO ist unzulässig.[1146] Die Erhebung einer Rüge der Verletzung des § 252 StPO durch Verlesung und Verwertung einer Vernehmungsniederschrift nach Zeugnisverweigerung in der Hauptverhandlung setzt nicht voraus, dass der Verlesung widersprochen und ein Gerichtsbeschluss herbeigeführt wurde.[1147] Sie erfordert auch nicht den Vortrag der Negativtatsache, dass der Zeuge nach qualifizierter Belehrung auf das Verwertungsverbot verzichtet habe.[1146] Eine Ausnahme von diesem Beweisverbot besteht nach Auffassung der Rechtsprechung dann, wenn der Zeuge in der Hauptverhandlung sich zwar auf sein Zeugnisverweigerungsrecht be-

---

1144　KK-*Senge*[6] § 52 Rn. 47; *Meyer-Goßner*[55] § 52 Rn. 35.

1145　*Meyer-Goßner*[55] § 52 Rn. 32. Zur fehlerhaften Verwertung von Aussagen eines nicht in der Hauptverhandlung vernommenen Angehörigen siehe Rüge 255 Rn. 2070 ff.

1146　*BGH* Beschl. v. 13.6.2012 – 2 StR 112/12 = StV 2012, 705.

1147　*BGH* Beschl. v. 11.4.2012 – 3 StR 108/12 = StV 2012, 706; KK-*Diemer*[6] § 252 Rn. 32.

rufen, er aber der Verwertung seiner früheren Angaben zugestimmt hat.[1148] In diesem Falle sind die früheren Angaben nach den allgemeinen Regeln verwertbar, so dass z.b. auch eine Verlesung einer Niederschrift über eine frühere Vernehmung nach § 251 Abs. 2 Nr. 3 StPO mit Zustimmung der Verfahrensbeteiligten zulässig ist.[1149] Dies ist vor dem Hintergrund, dass der Zeuge sich dadurch der Überprüfung der Glaubhaftigkeit seiner Aussage durch seine persönliche Vernehmung durch das erkennende Gericht und insbesondere den Angeklagten entzieht, abzulehnen. Der Beschwerdeführer sollte im Hinblick auf die Kritik an dieser Rechtsprechung,[1150] die nicht von allen Senaten des BGH vorbehaltlos unterstützt wird,[1151] prüfen, ob er die von dem Tatgericht in Anspruch genommene Ausnahme von dem Beweisverwertungsverbot des § 252 StPO erneut zur Diskussion stellen sollte.[1152]

870   Für die von der Rechtsprechung gemachte Ausnahme vom Verwertungsverbot ist Voraussetzung, dass

1. der Zeuge die Zustimmung ausdrücklich und unmissverständlich erklärt. Ein Rückschluss auf eine (konkludente) Zustimmung aufgrund von (unsicheren) Indizien ist nicht möglich.[1153] Die eindeutige Zustimmungserklärung kann auch durch einen Dritten für den Zeugen abgegeben werden, etwa durch einen Zeugenbeistand. Die Zustimmungsklärung kann auch bereits vor der Hauptverhandlung durch den Zeugen oder seinen Rechtsbeistand erteilt werden.[1154] Voraussetzung für die Wirksamkeit ist aber immer, dass sich der Zeuge der Bedeutung der Zustimmung bewusst war;

2. der in der Hauptverhandlung erschienene Zeuge vom Gericht über die Folgen seines Verzichts „qualifiziert" belehrt wurde, d.h. dass dem Zeugen mitgeteilt wurde, dass das Gericht bei fehlender Zustimmung frühere Angaben nicht verwerten, im Falle der Zustimmung die Angaben jedoch dem Urteil zugrunde legen darf.[1155]

Die qualifizierte Belehrung ist ebenso wesentliche Förmlichkeit und deshalb zu protokollieren wie die daraufhin abgegebene Verzichtserklärung des Zeugen.[1156] Das Schweigen des Protokolls zu einer vom Zeugen abgegebenen Verzichtserklärung

---

1148   *BGHSt* 45, 203; *BGH* StV 2007, 22 und 401; *Meyer-Goßner*[55] § 252 Rn. 16a; vgl. zur Art und Weise der Einführung der früheren Aussage *BGH* StV 2008, 170 und Rüge 150 Rn. 1320 ff.
1149   *BGH* Beschl. v. 13.6.2012 – 2 StR 112/12= StV 2012, 705.
1150   Vgl. nur *Vogel* StV 2003, 598 m.w.N.
1151   Vgl. *BGH* – 3. Strafsenat – StV 2003, 603.
1152   Da im Falle der Zeugnisverweigerung und Verwertung früherer Angaben das Fragerecht und das Konfrontationsrecht aus Art. 6 Abs. 3 lit. d) EMRK tangiert sein können, kann auch (ergänzend) eine Rüge der Verletzung dieser Vorschriften in Betracht kommen (vgl. dazu Rüge 101 Rn. 999).
1153   *BGH* StV 2007, 402.
1154   *BGH* StV 2008, 57 = NStZ 2007, 712.
1155   *BGHSt* 45, 203, 208; *BGH* StV 2007, 22, 23; *Meyer-Goßner*[55] § 252 Rn. 16a.
1156   *BGH* Beschl. v. 13.6.2012 – 2 StR 112/12 = StV 2012, 705; *BGH* StV 2007, 22, 23.

beweist (§ 274 StPO), dass der Zeuge der Verwertung der früheren Angaben nicht zugestimmt hat.[1157]

In Betracht kommen die Rügen, dass der Zeuge der Verwertung nicht (ausdrück- **871** lich) zugestimmt hat und/oder er nicht qualifiziert belehrt worden ist.

II. Anforderungen an den Vortrag der Rüge der Verletzung des § 252 StPO

1. Es muss vorgetragen werden, dass **872**
   * der Zeuge in der Hauptverhandlung sich auf das ihm nach § 52 Abs. 1 StPO zustehende Zeugnisverweigerungsrecht berufen hat,
   * ihm dieses Zeugnisverweigerungsrecht tatsächlich zustand (Mitteilung der das Angehörigenverhältnis i.S.d. § 52 Abs. 1 StPO begründenden Tatsachen),
   * der Zeuge sich nicht zur Sache geäußert hat,
   * der Inhalt einer früheren Vernehmung oder sonstigen gegenüber den Ermittlungsbehörden gemachte Angaben in welcher Art und Weise in die Hauptverhandlung eingeführt wurde, wobei diese im Wortlaut mitzuteilen ist.

2. Geht das Gericht davon aus, der Zeuge habe sich damit einverstanden erklärt, **873** dass der Inhalt seiner früheren Angaben trotz seiner Zeugnisverweigerung in die Hauptverhandlung eingeführt werden könne, ist zusätzlich vorzutragen, dass
   * der Zeuge nicht qualifiziert belehrt wurde, er also nicht auf die Folgen seines Verzichts auf das sonst bestehende Verwertungsverbot ausdrücklich hingewiesen wurde,
   * der Zeuge der Verwertung nicht (ausdrücklich) zugestimmt hat bzw. die vom Gericht die für die Annahme der Zustimmung herangezogenen Indizien die Zustimmungserklärung nicht tragen und die ausdrückliche Zustimmung nicht ersetzen.[1158]

Im letzteren Fall empfehlen sich Ausführungen zur Beruhensfrage. Denn ein **874** Zeuge kann nicht wissen, ob seine Zeugnisverweigerung zu einem Verwertungsverbot führt. Vielmehr kann er der Auffassung sein, seine frühere Aussage sei trotz der jetzigen Zeugnisverweigerung ohnehin verwertbar. Nur wenn er über die Rechtslage aufgeklärt wird, kann er entscheiden, ob er durch seine Zustimmung das ansonsten bestehende Verwertungsverbot durchbrechen will. Bei fehlender qualifizierter Belehrung wird also ein Beruhen des Urteils auf der fehlerhaft unterlassenen Belehrung nicht auszuschließen sein, weil unklar bleibt, ob dem Zeugen das ohne seine Zustimmung bestehende Verwertungsverbot bekannt war. Die Situation ist damit vergleichbar mit der unterbliebenen Belehrung nach § 52 StPO.

1157 *BGH* Beschl. v. 13.6.2012 – 2 StR 112/12 = StV 2012, 705.
1158 *BGH* StV 2007, 401.

875 3. Begrenzter Beweiswert der früheren Aussage

Verweigert der Zeuge die Aussage, stimmt aber der Verwertung früherer Angaben zu, so haben diese wegen des Fehlens einer unmittelbaren Befragungsmöglichkeit durch die Verfahrensbeteiligten nur begrenzten Beweiswert, was dem Gericht bei der Beweiswürdigung bewusst sein muss und daher im Urteil zu erörtern ist.[1159] Fehlt es daran, könnte die Beweiswürdigung fehlerhaft sein, was mit der Sachrüge zu beanstanden wäre. Gleichwohl empfiehlt es sich, die Verfahrenstatsachen, aus denen sich der begrenzte Beweiswert ergibt, also Zeugnisverweigerung, Zustimmung zur Verwertung früherer Angaben und Einführung der früheren Angaben im Rahmen der Sachrüge mitzuteilen. Da im Falle der Zeugnisverweigerung und Verwertung früherer Angaben das dem Angeklagten zustehende Fragerecht und das Konfrontationsrecht aus Art. 6 Abs. 3 lit. d) EMRK tangiert ist, kann auch (ergänzend) eine Rüge der Verletzung dieser Vorschriften in Betracht kommen (vgl. dazu Rüge 101 Rn. 999).

Rüge 79

876 Hat das Gericht einen Angehörigen eines ehemals Mitbeschuldigten bzw. eines Mitangeklagten als Zeugen in der Hauptverhandlung vernommen, ohne ihn nach § 52 Abs. 3 StPO belehrt zu haben?

I. Rechtsgrundlagen

877 Auch der nicht mit einem in der Hauptverhandlung vernommenen Zeugen verwandte Angeklagte kann die Verletzung des § 52 Abs. 3 StPO rügen, wenn dieser ohne Belehrung über sein Zeugnisverweigerungsrecht als Angehöriger eines derselben Tat i.S.d. § 264 StPO beschuldigten Mitangeklagten vernommen wurde und dessen Aussage gegen ihn verwertet worden ist.[1160] Die gleichen Grundsätze gelten für den Fall, dass es um die Aussage eines Angehörigen i.S.d. § 52 Abs. 1 StPO eines ehemaligen Mitbeschuldigten oder Mitangeklagten geht, dessen Verfahren z.B. in irgendeinem Verfahrensstadium abgetrennt wurde.[1161] Voraussetzung ist allerdings, dass die Verfahren gegen die Mitbeschuldigten/Mitangeklagten zu irgend einem Zeitpunkt gemeinsam geführt wurden und dieselbe Tat i.S.d. § 264 StPO betreffen.[1162] Dies gilt auch dann, wenn der als Zeuge vernommene Angehörige eines früheren Mitbeschuldigten damals ebenfalls Mitbeschuldigter war.[1163] Dass sie hätten

---

1159 *BGHSt* 45, 203, 208; *BGH* StV 2007, 401, 402.
1160 KK-*Senge*[6] § 52 Rn. 49; *Meyer-Goßner*[55] § 52 Rn 34.
1161 *Meyer-Goßner*[55] § 52 Rn. 11.
1162 *BGH* StV 2012, 193; *Meyer-Goßner*[55] § 52 Rn. 11 m.w. Rspr. Nachw.
1163 *BGH* StV 2012, 193.

verbunden werden können oder parallel geführt wurden, reicht nicht.[1164] Das Zeugnisverweigerungsrecht besteht auch dann, wenn das Verfahren gegen den Mitbeschuldigten z.B. nach § 170 Abs. 2 StPO oder nach § 205 StPO eingestellt wurde.[1165] Liegen diese Voraussetzungen vor, kann der Angeklagte den Verstoß gegen § 52 Abs. 3 StPO rügen. Auf die obigen Ausführungen[1166] kann verwiesen werden. Allerdings hat der 5. Senat Zweifel geäußert, ob an dieser Rechtsprechung festzuhalten ist und erwogen, ob das Zeugnisverweigerungsrecht nur so lange Bestand haben kann, wie sich das Verfahren im Zeitpunkt der Entscheidung über das Verweigerungsrecht noch gegen einen angehörigen Angeklagten richtet und nicht – davon gelöst – lediglich als Rechtsreflex auch Nichtangehörige begünstigt.[1167] Ist der Mitbeschuldigte bzw. Mitangeklagte jedoch verstorben oder das Verfahren gegen diesen rechtskräftig (auch durch Freispruch) abgeschlossen, endet das Zeugnisverweigerungsrecht.[1168] Das Zeugnisverweigerungsrecht, das der Angehörige eines Beschuldigten im Verfahren gegen einen Mitbeschuldigten hat, erlischt, wenn das gegen den angehörigen Beschuldigten geführte Verfahren rechtskräftig abgeschlossen wird, auch bezüglich solcher Tatvorwürfe, hinsichtlich deren das Verfahren gem. § 154 Abs. 1 oder Abs. 2 StPO mit Blick auf eine rechtskräftige Verurteilung im Bezugsverfahren eingestellt worden ist.[1169]

II. Anforderungen an den Vortrag

Auch insoweit kann zunächst auf die obigen Ausführungen verwiesen werden.   **878**

Allerdings ist unbedingt mitzuteilen, dass die Verfahren gegen den jetzigen Angeklagten und den Angehörigen des Zeugen verbunden waren. Entsprechende Urkunden sollten in der Revisionsbegründung im Wortlaut mitgeteilt werden, etwa die Einleitungsverfügung der Staatsanwaltschaft, die Verfügung über die Verbindung der Ermittlungsverfahren und der Vollständigkeit halber auch eine etwaige Abtrennungsverfügung. Das Gleiche gilt für die Unterlagen, aus denen sich eine Verfahrenstrennung im Zwischenverfahren oder in der Hauptverhandlung ergibt.

1164   Gegen das von der Rechtsprechung aufgestellte Erfordernis einer solchen prozessualem Gemeinsamkeit sind erhebliche Vorbehalte anzubringen (vgl. nur *Prittwitz* NStZ 1986, 64, 65; *Schlothauer* in: AG Strafrecht des DAV, Wahrheitsfindung und ihre Schranken, 1989, 80, 85 ff. m.w.N.), weshalb eine Verletzung des § 52 Abs. 3 StPO auch in solchen Fällen in Betracht kommt, in denen – bei identischem Tatvorwurf – die Verfahren gegen den Angeklagten und einen anderen Beschuldigten zu keinem Zeitpunkt miteinander verbunden waren, solange das Verfahren gegen letzteren nicht rechtskräftig oder durch Tod abgeschlossen ist.
1165   *BGH* StV 2012, 194; StV 2010, 609; StV 1998, 245.
1166   Rüge 76 Rn. 861 ff.
1167   *BGH* StV 2012, 194.
1168   Vgl. insges. dazu *Meyer-Goßner*[55] § 52 Rn. 11; KK-*Senge*[6] § 52 Rn. 6.
1169   *BGHSt* 54, 1 = StV 2010, 609 m. Anm. *Bertheau*; vgl. ferner *BGHSt* 38, 96 = StV 1992, 51 sowie *BGHR* StPO § 52 Abs. 1 Nr. 3 Mitbeschuldigter 7 und 9.

Als Negativtatsache muss vorgetragen werden, dass das Verfahren gegen den ehemaligen Mitbeschuldigten bzw. Mitangeklagten im Zeitpunkt der Vernehmung seines Angehörigen nicht rechtskräftig abgeschlossen bzw. dieser nicht verstorben war.

Auch muss detailliert mitgeteilt werden, dass die zum Nachteil des Beschwerdeführers verwertete Aussage des Zeugen dieselbe Tat i.S.d. § 264 StPO betraf, die dem angehörigen ehemaligen Mitbeschuldigten bzw. Mitangeklagten vorgeworfen worden ist.

Rüge 80

879   Hat das Gericht Angehörige ohne genügende Verstandesreife (inbes. Kinder) vernommen und dabei die besonderen Zustimmungs- und Belehrungserfordernisse gem. § 52 Abs. 2 StPO beachtet?

I. Rechtsgrundlagen und Rügemöglichkeiten

880   Die für die Entscheidung über die Ausübung des Zeugnisverweigerungsrechts notwendige Verstandesreife (§ 52 Abs. 2 StPO) setzt voraus, dass der Zeuge erkennen kann, dass der Beschuldigte/Angeklagte etwas Unrechtes getan hat, ihm deswegen eine Strafe droht und die Aussage in diesem Zusammenhang von Bedeutung ist. Der Zeuge muss die Folgen der Aussage für den Angehörigen übersehen können. Diese Frage hat der Tatrichter unabhängig vom Alter des Zeugen oder etwa einer Betreuung (§ 1896 BGB) zu beurteilen. Feste Altersgrenzen gibt es bei kindlichen Zeugen für die fehlende Verstandesreife nicht, bei Kindern unter 7 Jahren wird sie in der Regel fehlen. Bleibt die Frage zweifelhaft, ist von fehlender Verstandesreife auszugehen.[1170]

881   Liegen die Voraussetzungen mangelnder Verstandesreife vor, so sind sowohl der Zeuge als auch dessen gesetzlicher Vertreter gem. § 52 Abs. 3 StPO vor der Vernehmung zu belehren.

Der Zeuge darf nur vernommen werden, wenn er selbst aussagebereit ist und der gesetzliche Vertreter zustimmt, § 52 Abs. 2 StPO. Der Zeuge ist auch ausdrücklich zu belehren, dass er trotz Zustimmung zur Vernehmung durch den gesetzlichen Vertreter die Aussage verweigern kann.[1171]

882   Sind mehrere Personen, z.B. beide Elternteile sorgeberechtigt, so bedarf es der Zustimmung beider. Versagt einer von beiden die Zustimmung, so muss die Verneh-

---

1170   Vgl. dazu insges. *Meyer-Goßner*[55] § 52 Rn. 18; KK-*Senge*[6] § 52 Rn. 23 ff.
1171   *BGH* StV 1983, 494; 1991, 401.

mung unterbleiben.[1172] Steht dem Ehegatten des Beschuldigten allein die gesetzliche Vertretung des zur Verweigerung des Zeugnisses berechtigten minderjährigen Kindes zu, so kann er über die Ausübung des Zeugnisverweigerungsrechtes allein entscheiden. Eine Ergänzungspflegschaft kann nur angeordnet werden, soweit der Inhaber der elterlichen Sorge an deren Ausübung tatsächlich oder rechtlich gehindert ist.[1173]

Ist der gesetzliche Vertreter selbst Beschuldigter/Angeklagter, so kann er die Zustimmung weder versagen noch erteilen. Dies gilt auch für den nicht beschuldigten Elternteil, sofern beide sorgeberechtigt sind, § 52 Abs. 2 S. 2 StPO.

Im Gesetz nicht geregelt ist der Fall, dass der nichtbeschuldigte Elternteil allein sorgeberechtigt ist. Eine höchstrichterliche Entscheidung dazu ist bisher nicht ergangen, das Problem ist in der Literatur umstritten.[1174] Es kann an dieser Stelle nicht vertieft werden.

Als Rügen kommen in Betracht, dass z.B.: **883**

- das Gericht die mangelnde Verstandesreife nicht erkannt oder zu Unrecht angenommen hat,
- die Belehrung des Zeugen und/oder des gesetzlichen Vertreters gem. § 52 Abs. 3 StPO unterblieben ist bzw. dass der gesetzliche Vertreter der Vernehmung nicht zugestimmt hat,
- dass es im Falle eines Beschuldigten, der gesetzlicher Vertreter des Zeugen ist, unterblieben ist, einen Ergänzungspfleger nach § 1909 Abs. 1 S. 1 BGB zu bestellen und dessen Zustimmung zu der Vernehmung einzuholen.

II. Anforderungen an den Vortrag

1. Soll gerügt werden, dass dem Zeugen die notwendige Verstandesreife fehlte **884** oder das Gericht diese zu Unrecht angenommen hat, so ist vorzutragen, dass

- der Zeuge zur Hauptverhandlung vom Gericht geladen wurde und erschienen ist,
- er nach § 57 StPO belehrt wurde und seine Personalien angegeben hat,
- er nach dem Verwandtschaftsverhältnis gefragt wurde und was er angegeben hat,
- die Feststellung, dass ein Verwandtschaftsverhältnis besteht,
- dass der Zeuge nach § 52 Abs. 3 StPO belehrt wurde,
- der Zeuge zur Aussage bereit war und zur Sache ausgesagt hat,
- der gesetzliche Vertreter nicht belehrt worden ist und der Aussage nicht zugestimmt hat,

1172 KK-*Senge*[6] § 52 Rn. 28; *Meyer-Goßner*[55] § 52 Rn. 19.
1173 *OLG Nürnberg* Beschl. v. 15.4.2010 – 9 UF 353/10 = StV 2010 618 (Ls).
1174 Für den Ausschluss KK-*Senge*[6] § 52 Rn. 29; für die Entscheidungsbefugnis *Meyer-Goßner*[55] § 52 Rn. 20 jew. m.w.N.

- alle Tatsachen und Umstände, aus denen sich die mangelnde Verstandesreife ergeben soll, z.B. Alter des Zeugen, ggf. auch Einzelheiten aus dem (Aussage-) Verhalten des Zeugen bei und nach der Belehrung und bei der Aussage in der Hauptverhandlung. Sind Urkunden vorhanden, die für die fehlende Verstandesreife von Bedeutung sind, so sind diese in vollem Wortlaut mitzuteilen.

885 2. Soll gerügt werden, dass die notwendige Belehrung des Zeugen oder des gesetzlichen Vertreters unterblieben ist bzw. die Zustimmung zur Vernehmung nicht erteilt wurde, ist vorzutragen, dass

- der Zeuge zur Hauptverhandlung vom Gericht geladen wurde und erschienen ist,
- er nach § 57 StPO belehrt wurde und seine Personalien angegeben hat,
- er nach dem Verwandtschaftsverhältnis gefragt wurde und was er angegeben hat,
- die Feststellung, dass ein Verwandtschaftsverhältnis besteht,
- die Feststellung, dass dem Zeugen die notwendige Verstandesreife fehlte (vgl. Rn. 15),
- der gesetzliche Vertreter nicht belehrt wurde oder die Zustimmung verweigert hat,
- bzw. der Zeuge selbst (trotz Zustimmung des gesetzlichen Vertreters) nicht belehrt worden ist, dass er gleichwohl von dem ihm zustehenden Zeugnisverweigerungsrecht Gebrauch machen könne und
- der Zeuge zur Sache ausgesagt hat.

886 3. Soll gerügt werden, dass es unterlassen wurde, die Zustimmung eines Ergänzungspflegers einzuholen, weil der Beschuldigte der gesetzliche Vertreter des Zeugen ist, muss vorgetragen werden, dass

- der Zeuge zur Hauptverhandlung vom Gericht geladen wurde und erschienen ist,
- er nach § 57 StPO belehrt wurde und seine Personalien angegeben hat,
- er nach dem Verwandtschaftsverhältnis gefragt wurde und was er angegeben hat,
- die Feststellung, dass ein Verwandtschaftsverhältnis besteht,
- die Feststellung, dass dem Zeugen die notwendige Verstandesreife fehlte,
- der/ein gesetzliche(r) Vertreter des Zeugen selbst (ehemaliger[1175]) Beschuldigter der Tat ist, die Gegenstand der Hauptverhandlung ist,
- jedoch kein Ergänzungspfleger bestellt wurde oder jedenfalls nicht dessen Zustimmung zur Vernehmung des verstandesunreifen Zeugen eingeholt worden ist bzw. dieser nicht vor Erteilung der Zustimmung nach § 52 Abs. 3 StPO belehrt worden ist.

1175 In diesem Fall ist zusätzlich vorzutragen, dass zwischen den Verfahren gegen den Angeklagten und gegen den gesetzlichen Vertreter des in der Hauptverhandlung vernommenen Zeugen zu irgend einem Zeitpunkt eine prozessuale Gemeinsamkeit bestanden hat, das Verfahren gegen den gesetzlichen Vertreter aber noch nicht rechtskräftig oder durch dessen Tod abgeschlossen ist (s.o. Rn. 877).

Rüge 81

Hat das Gericht aus der berechtigten Zeugnisverweigerung eines zeugnisverweigerungsbe-   **887**
rechtigten Angehörigen Schlüsse zum Nachteil des Angeklagten gezogen?

I. Rechtsgrundlagen

Die Tatsache der Ausübung des Zeugnisverweigerungsrechts durch einen gem. § 52   **888**
Abs. 1 StPO zeugnisverweigerungsberechtigten Angehörigen oder eines (wegen
derselben Tat) beschuldigten Mitangeklagten oder ehemaligen Mitbeschuldigten
darf grundsätzlich nicht gegen den Angeklagten verwertet werden, auch nicht der
Umstand, dass der Zeuge zunächst ausgesagt und dann die Aussage verweigert hat
und umgekehrt.[1176] Die Unglaubwürdigkeit eines zur Verweigerung des Zeugnisses
berechtigten Zeugen darf nicht daraus hergeleitet werden, dass dieser im Ermittlungsverfahren geschwiegen und erst in der Hauptverhandlung seine entlastenden
Angaben gemacht hat. Würde die Tatsache, dass ein Zeugnisverweigerungsberechtigter von sich aus nichts zur Aufklärung beigetragen hat, geprüft und gewertet, so
könnte er von seinem Schweigerecht nicht mehr unbefangen Gebrauch machen,
weil er befürchten müsste, dass daraus später nachteilige Schlüsse zu Lasten des
Angeklagten gezogen würden.[1177] Dies gilt sowohl für die Beweiswürdigung im Urteil als auch für die Begründung der Ablehnung von (Beweis-) Anträgen.[1178] Auch
(völlig überflüssige) Erklärungen des Zeugen, warum er sich auf sein Zeugnisverweigerungsrecht beruft, etwa dass er den Angeklagte nicht belasten wolle, dürfen
nicht berücksichtigt werden.[1179]

II. Anforderungen an den Vortrag

1. Ist ein (Beweis-) Antrag zurückgewiesen worden und in der Ablehnungsbegrün-   **889**
   dung die Zeugnisverweigerung unzulässigerweise verwertet worden, ist je nach
   Antrag und Ablehnungsgrund die Rüge der Verletzung des § 244 Abs. 3 StPO,
   ggf. auch Abs. 2 zu erheben. Auf die Ausführungen in Kapitel 21, Rn. 1372 ff.
   kann verwiesen werden.

   Sofern sich die berechtigte Zeugnisverweigerung nicht vollumfänglich aus dem
   Urteil ergibt, sind die vorzutragenden Verfahrenstatsachen zu ergänzen und
   zwar, dass

   • der Zeuge zur Hauptverhandlung vom Gericht geladen wurde und erschienen
     ist,

   • er nach § 57 StPO belehrt wurde und seine Personalien angegeben hat,

---

1176   *BGH* StV 1985, 45; *Meyer-Goßner*[55] § 261 Rn. 20; KK-*Senge*[6] § 52 Rn. 45 jew.
       m.w.N.
1177   *BGH* Beschl. v. 13.8.2009 – 3 StR 168/09 = StV 2009, 679.
1178   *BGH* StV 1985, 485.
1179   KK-*Senge*[6] § 52 Rn. 45; *Meyer-Goßner*[55] § 261 Rn. 20.

- die Feststellung, dass der Zeuge Angehöriger i.S.d. § 52 Abs. 1 StPO des Angeklagten bzw. eines derselben Tat beschuldigten Mitangeklagten (oder ehemaligen Beschuldigten)[1180] ist,
- er von seinem Zeugnisverweigerungsrecht (teilweise) Gebrauch gemacht hat.

890 2. Ist die (teilweise) Zeugnisverweigerung (nur) bei der Beweiswürdigung zum Nachteil des Angeklagten verwertet worden, stellt dies einen sachlich-rechtlichen Beweiswürdigungsmangel dar, der auf die allgemeine Sachrüge vom Revisionsgericht zu beachten ist. Auf Ausführungen zu Verfahrenstatsachen sollte jedoch nur dann verzichtet werden, wenn sich die berechtigte Zeugnisverweigerung und deren nachteilige Verwertung mit aller Eindeutigkeit aus dem Urteil selbst ergibt. Im Zweifel empfiehlt es sich, innerhalb der Ausführungen zur fehlerhaften Beweiswürdigung wegen unzulässiger Verwertung der berechtigten Zeugnisverweigerung die oben unter 1. beschriebenen Verfahrensvorgänge vorzutragen.

Abschnitt 3
Sind in der Hauptverhandlung Berufsgeheimnisträger oder deren Gehilfen i.S.d. §§ 53, 53a StPO vernommen worden?

891

Überblick		Rn.
Rüge 82:	Ist ein Berufgeheimnisträger nicht nach § 53 StPO belehrt worden?	897
Rüge 83:	Ist ein Berufsgeheimnisträger zu Unrecht nach § 53 StPO belehrt worden und hat er daraufhin das Zeugnis verweigert?	899
Rüge 84:	Hat der Berufsgeheimnisträger, weil er nach einem Hinweis des Gerichts, er sei von der Schweigepflicht entbunden, ausgesagt, obwohl er tatsächlich nicht entbunden war?	901
Rüge 85:	Ist ein Berufsgeheimnisträger als Zeuge zur Hauptverhandlung erschienen und sofort wieder entlassen worden, nachdem eine Schweigepflichtsentbindung nicht vorlag?	905
Rüge 86:	Hat das Gericht aus der berechtigten Zeugnisverweigerung eines Berufsgeheimnisträgers oder Berufshelfers Schlüsse zum Nachteil des Angeklagten gezogen?	908

1180 In diesem Fall sind zum Bestehen einer – ehemaligen – prozessualen Gemeinsamkeit und zum noch nicht rechtskräftigen Verfahrensabschluss gegen diesen weitere Ausführungen zu machen.

Vorbemerkung

Verstöße im Zusammenhang mit den §§ 53, 53a StPO können von jedem Angeklag-　**892**
ten gerügt werden, auch von denen, die nicht zu den durch das Zeugnisverweigerungsrecht geschützten Personen gehören.[1181] Eine Belehrung von Zeugen i.S.d.
§§ 53, 53a StPO ist nicht vorgeschrieben.[1182]

Belehrungen im Hinblick auf das sich aus §§ 53, 53a StPO ergebende Zeugnisverweigerungsrecht, die allerdings nicht unzulässig sind und durch die Fürsorgepflicht
des Gerichts sogar geboten sein können,[1183] gehören deshalb nicht zu den wesentlichen Förmlichkeiten nach §§ 273, 274 StPO, so dass der Nachweis von (unterbliebenen) Belehrungen nur im Freibeweisverfahren geführt werden kann.[1184] Insoweit
bedarf es eines besonderen Vortrags, da sich die Revision zum Nachweis der (unterbliebenen) Belehrung nicht auf das Protokoll berufen kann.

Demgegenüber gehört die Frage, ob der Zeuge auch ohne Schweigepflichtsentbindung aussagen will, zu den protokollierungspflichtigen wesentlichen Förmlichkeiten. Insoweit gilt die (negative) Beweiskraft der Protokolls.[1185]

Das mögliche Zeugnisverweigerungsrecht erstreckt sich nur auf Tatsachen, die
einem Berufsgeheimnisträger in seiner amtlichen Eigenschaft anvertraut oder bekannt geworden sind und nicht auf das, was er ausschließlich bei sonstiger Gelegenheit, etwa karitativer oder fürsorglicher Tätigkeit erfahren hat.[1186]

Steht dem Berufsgeheimnisträger das Zeugnisverweigerungsrecht nach § 53 StPO　**893**
zu, obliegt es allein seiner freien Entscheidung, ob er sich nach Abwägung der widerstreitenden Interessen zur Aussage entschließt.[1187] Der Angeklagte hat keinen
Anspruch darauf, dass der Berufsgeheimnisträger von seinem Zeugnisverweigerungsrecht Gebrauch macht, selbst dann nicht, wenn er der Träger des Geheimhaltungsinteresses ist. Auch dann, wenn der Berufsgeheimnisträger ohne Entbindung
von der Schweigepflicht, also ggf. unter Verstoß gegen § 203 StGB aussagt, kann
dies nicht gerügt werden.[1188] Der Angeklagte muss es auch hinnehmen, wenn der
Entschluss des Berufsgeheimnisträgers zur Aussage auf einem in seinen Verantwortungsbereich fallenden Irrtum beruht. Etwas anderes gilt nur dann, wenn der Irrtum
durch das Verhalten des Gerichts hervorgerufen wurde. Das Gericht hat sich daher

---

1181　*BGHSt* 33, 148, 153; 50, 64; KK-*Senge*[6] § 53 Rn. 59; *Meyer-Goßner*[55] § 53 Rn. 50.
1182　*BGH* NJW 1991, 2844, 2866 = StV 1991, 344.
1183　KK-*Senge*[6] § 53 Rn. 6.
1184　KK-*Senge*[6] § 53 Rn. 58; vgl. auch *Meyer-Goßner*[55] § 273 Rn. 7: protokollierungs-
　　　pflichtig nur „die gesetzlich vorgeschriebenen Belehrungen".
1185　*BGHSt* 15, 200, 202; KK-*Senge*[6] § 53 Rn. 58.
1186　*BGHSt* 51, 140, 141 = StV 2007, 59; *BGH* Urt. v. 4.2.2010 – 4 StR 394/09 = BGHR
　　　StPO § 53 Abs. 1 S. 1 Nr. 1 Verweigerung 2.
1187　*BGHSt* 42, 73 = StV 1996, 355; *BGHSt* 18, 146 f.
1188　KK-*Senge*[9] § 53 Rn. 9 und 55; vgl. auch *BGHSt* 9, 59; 18, 371.

jeder Einflussnahme, insbesondere durch fehlerhafte Hinweise zu enthalten.[1189] Diskutiert wird auch, ob dem Verteidiger ein eigenständiges Schweigerecht unabhängig von der Schweigepflichtsentbindung zusteht.[1190] Soweit ersichtlich, gibt es zu diesem Problem bislang keine obergerichtliche Rechtsprechung.

Daraus folgt, dass nur Fehler des Gerichts, die in Zusammenhang mit der (Nicht-) Aussage stehen, mit der Revision gerügt werden können. Ist ein in § 53 Abs. 1 S. 1 Nr. 2–3b StPO genannter Zeuge allerdings von der Verpflichtung zur Verschwiegenheit entbunden, darf er, was auch für seine Hilfspersonen gem. § 53a Abs. 2 StPO gilt, das Zeugnis nicht verweigern (§ 53 Abs. 2 S. 1 StPO).

Das Verwertungsverbot des § 252 StPO besteht auch im Falle einer Zeugnisverweigerung nach §§ 53, 53a StPO. Dies gilt allerdings nur für solche (frühere) Aussagen, bei denen das Zeugnisverweigerungsrecht schon bestand.[1191]

Der Ermittlungsrichter darf aber über den Inhalt der Aussage eines gem. § 53 Abs. 1 Nr. 3 StPO zur Verweigerung des Zeugnisses berechtigten Berufsgeheimnisträgers vernommen werden, die dieser vor dem Ermittlungsrichter gemacht hat, wenn der Berufsgeheimnisträger bei dieser Aussage gem. § 53 Abs. 2 StPO von der Verpflichtung zur Verschwiegenheit entbunden war; § 252 StPO ist dann nicht anwendbar. Dies gilt auch für die Vernehmung des Vernehmungsbeamten über die Angaben in einer polizeilichen Vernehmung.[1192]

894 Für Gehilfen eines Berufsgeheimnisträgers gelten folgende Besonderheiten:

Der unter § 53a StPO fallende Personenkreis der Berufshelfer ist weit. Es ist weder ein soziales Abhängigkeitsverhältnis, noch eine beruflich ausgeübte Tätigkeit erforderlich. Auch gelegentliche Dienstleistungen – auch aus Gefälligkeit – etwa von Familienangehörigen fallen darunter, sofern ihre Tätigkeit Bezug zur geschützten Betätigung des Hauptgeheimnisträgers hat.[1193]

895 Das Zeugnisverweigerungsrecht des Berufshelfers ist akzessorisch. Ist der Hauptgeheimnisträger von der Schweigepflicht entbunden, gilt dies in den Fällen des § 53 Abs. 2 S. 1 StPO auch für den Gehilfen (§ 53a Abs. 2 StPO). Allerdings kann der Hauptgeheimnisträger, der selbst nicht von der Schweigepflicht befreit ist, über die Ausübung des Zeugnisverweigerungsrechts seines Berufshelfers entscheiden (§ 53a Abs. 1 S. 2 StPO). Er kann selbst das Zeugnis verweigern, die Hilfsperson aber zur Aussage anweisen oder umgekehrt verfahren.[1194] Der Geschützte kann demgegenüber beide nur gemeinsam entbinden oder nicht entbinden.[1195]

1189 Vgl. insgesamt dazu *BGHSt* 42, 73 m.w.N.
1190 Vgl. dazu *Nack* StraFo 2012, 341 und *Leitner* StraFo 2012, 344.
1191 *BGH* StV 1997, 233; *Meyer-Goßner*[55] § 252 Rn. 3; siehe hierzu Rüge 254 Rn. 2067.
1192 *BGH* Beschl. v. 20.12.2011 – 1 StR 547/11 = StV 2012, 195.
1193 Vgl. dazu *BGHSt* 50, 64, 78; *Meyer-Goßner*[55] § 53a Rn. 2; KK-*Senge*[6] § 53a Rn. 2.
1194 *BGHSt* 50, 69, 74 f.; *Meyer-Goßner*[55] § 53a Rn. 7, 8; KK-*Senge*[6] § 53a Rn. 6, 7.
1195 *Meyer-Goßner*[55] § 53a Rn. 10 m.w.N.

Dem Gehilfen steht kein selbstständiges Weigerungsrecht zu. Ist er entbunden und verweigert er die Aussage, muss diese mit Zwangsmitteln nach § 70 StPO herbeigeführt werden. Wird dies unterlassen, kann dies mit einer Rüge nach § 245 Abs. 1 StPO bzw. der Aufklärungsrüge angegriffen werden.[1196] Sagt dagegen der Gehilfe ohne Schweigepflichtsentbindung aus, ist die Aussage wie diejenige des Hauptgeheimnisträgers verwertbar.[1197]

Ist der Hauptberufsgeheimnisträger Beschuldigter oder Angeklagter, so steht dem **896** Gehilfen in diesem Verfahren kein Zeugnisverweigerungsrecht zu.[1198] Sofern sich das Verfahren gegen den Berufgeheimnisträger und weitere Personen (z.B. Arzt und Patient; RA und Mandant) richtet, ist zu unterscheiden: soll sich die Aussage auf den Dritten (Patient oder Mandant) beziehen, bedarf es einer entsprechenden Weisung bzw. einer Schweigepflichtsentbindung durch den Hauptberufsgeheimnisträger oder die betroffene Person. Bezieht sich die Aussage allein auf den Berufsgeheimnisträger, besteht auch ohne Entbindung Aussagepflicht.[1199]

Wegen der Anforderungen an den Vortrag kann auf die Ausführungen zu §§ 53, 245 Abs. 1, 244 Abs. 2 StPO verwiesen werden[1200].

Rüge 82

Ist ein Berufsgeheimnisträger nicht nach § 53 StPO belehrt worden?   **897**

Das Unterlassen der Belehrung kann mit der Revision nicht gerügt werden. Das Ge-   **898** richt darf davon ausgehen, dass der Berufsgeheimnisträger seine Berufspflichten kennt.[1201] Nur wenn die Unkenntnis offensichtlich ist, ist eine Belehrung aus Fürsorgegründen erforderlich. In diesen – seltenen – Fällen könnte die unterbliebene Belehrung gerügt werden, wenn der Nachweis der Unkenntnis des Berufsgeheimnisträgers über sein Zeugnisverweigerungsrecht und die Kenntnis des Tatrichters hiervon geführt werden kann. Vorzutragen sind dann die Umstände, aus denen sich die Eigenschaft des Zeugen als Berufsgeheimnisträger ergibt, die Tatsache der Unkenntnis des Zeugen über das ihm zustehende Zeugnisverweigerungsrecht, die Kenntnis dieses Umstandes auf seiten des Gerichts, die Tatsache, dass der Zeuge ausgesagt hat und (ggf.) dass der Träger des Geheimhaltungsinteresses den Zeugen nicht von der Schweigepflicht entbunden hat.

1196   Siehe Rügen 189, 190 Rn. 1647 ff., 1663 ff.
1197   *Meyer-Goßner*55§ 53a Rn. 7, 8; KK-*Senge*6 § 53a Rn. 8.
1198   *Meyer-Goßner*50 § 53a Rn. 9; KK-*Senge*6 § 53a Rn. 9.
1199   KK-*Senge*6 § 53a Rn. 9; *Meyer-Goßner*55 § 953a Rn. 9.
1200   Siehe Rügen Nr. 189, 190 Rn. 1647 ff., 1663 ff.
1201   *BGHSt* 42, 73=StV 1996, 355; *BGH* NJW 1991, 2844, 2846; *Meyer-Goßner*55 § 53
       Rn. 44; KK-*Senge*6 § 53 Rn. 6.

Rüge 83

899 Ist ein Berufsgeheimnisträger zu Unrecht nach § 53 StPO belehrt worden und hat er daraufhin das Zeugnis verweigert?

900 Soll der Zeuge in der Hauptverhandlung vernommen werden und verweigert er nach falscher Belehrung die Aussage, stellt dies einen Verstoß gegen § 245 Abs. 1 StPO dar.[1202]

Auf die Ausführungen zu § 245 StPO[1203] sowie § 55 StPO[1204] kann verwiesen werden.

Nicht ganz eindeutig ist die Frage zu beantworten, ob die Rüge eine Beanstandung der fehlerhaften Belehrung in der Hauptverhandlung gem. § 238 Abs. 2 StPO voraussetzt. Der 3. Senat des BGH hat dies im Urteil vom 16.11.2006 im Falle einer fehlerhaften Belehrung nach § 55 StPO bejaht[1205]. Allerdings hat der 4. Senat in der Entscheidung vom 7.3.1996[1206] einen Gerichtsbeschluss nach § 238 Abs. 2 StPO als nicht erforderlich angesehen, wobei es allerdings in dieser Entscheidung um einen falschen Hinweis auf die Entbindung von der Schweigepflicht ging.

Ist eine Beanstandung in der Hauptverhandlung unterblieben, könnte es geboten sein, unter Bezugnahme auf die Entscheidung des 4. Senats auf die Entbehrlichkeit eines Gerichtsbeschlusses hinzuweisen.

Rüge 84

901 Hat der Berufsgeheimnisträger, weil er nach einem Hinweis des Gerichts, er sei von der Schweigepflicht entbunden, ausgesagt, obwohl er tatsächlich nicht entbunden war?

I. Rechtsgrundlagen

902 Im Falle eines tatsächlich nicht zutreffenden Hinweises durch das Gericht auf eine Entbindung von der Schweigepflicht liegt eine objektiv unzulässige Einflussnahme auf die Entschließungsfreiheit des Berufsgeheimnisträgers vor. In ihm wird die Vorstellung geweckt, er sei zur Aussage verpflichtet. Sagt er deswegen aus, sind die

---

1202 KK-*Senge*[6] § 53 Rn. 57; *Meyer-Goßner*[55] § 53 Rn. 50 jew. m.w.N.
1203 Rüge 189 Rn. 1647 ff.
1204 Rüge 88 Rn. 915.
1205 *BGH* StV 2007, 59 = NStZ 2007, 230 m. Anm. *Widmaier* = JR 2007, 382 m. Anm. *Mosbacher*.
1206 *BGHSt* 42, 73 = StV 1996, 355 m.w.N.

Angaben unverwertbar, wenn tatsächlich eine Entbindung von der Schweigepflicht nicht vorgelegen hat.[1207]

Dies gilt auch dann, wenn zunächst eine Entbindung von der Schweigepflicht vorlag, diese jedoch zu einem späteren Zeitpunkt (vor der Vernehmung) widerrufen wurde. **903**

Denn der Widerruf ist jederzeit möglich. Dies hat zur Folge, dass das Zeugnisverweigerungsrecht wieder auflebt. Unterlässt das Gericht den Hinweis auf den Widerruf von der Schweigepflichtsentbindung, stellt dies eine revisible Beeinträchtigung der Entschießungsfreiheit des Berufsgeheimnisträgers dar. Eine gleichwohl gemachte Aussage ist unverwertbar.[1208]

Zur Frage der Erforderlichkeit eines Gerichtsbeschlusses gilt das zu Rüge 83 Rn. 900 Gesagte.

II. Anforderungen an den Vortrag

Es ist vorzutragen: **904**

* Ladung und Erscheinen des Zeugen,
* dass der Zeuge zum Kreis der Zeugnisverweigerungsberechtigten nach § 53 StPO gehört bzw. woraus sich ein Zeugnisverweigerungsrecht für den Zeugen ergibt,
* Belehrung nach § 57 StPO und Personalienangabe,
* Hinweis des Gerichts auf Entbindung von der Schweigepflicht, soweit es geht in vollem Wortlaut, ggf. Äußerungen des Zeugen vor oder zu dem Hinweis (z.B. „dann werde ich aussagen"),
* dass der Zeuge zur Sache ausgesagt hat (nicht der Inhalt, der sich aus dem Urteil ergibt),
* alle Tatsachen und Urkunden, aus denen sich die Nichtentbindung von der Schweigepflicht bzw. der Widerruf einer Entbindungserklärung ergibt, wobei Urkunden, Vermerke etc in vollem Wortlaut mitzuteilen sind,
* dass der Zeuge bei Kenntnis der wahren Sachlage nicht ausgesagt hätte,
* dass der Zeuge vom Gericht auch nicht nachträglich auf die Tatsache der fehlenden Entbindung von der Schweigepflicht hingewiesen wurde und er nicht gleichwohl bei seiner Aussage geblieben ist.

Zur Frage der Entbehrlichkeit eines Gerichtsbeschlusses (vgl. dazu Rn. 900) kann auf *BGHSt* 42, 73 = StV 1996, 355 verwiesen werden.

1207   *BGHSt* 42, 73 = StV 1996, 355; KK-*Senge*[6] § 53 Rn. 9 und 56.
1208   *BGHSt* 42, 73 = StV 1966, 355.

Rüge 85

905 Ist ein Berufsgeheimnisträger als Zeuge zur Hauptverhandlung erschienen und sofort wieder entlassen worden, nachdem eine Schweigepflichtsentbindung nicht vorlag?

I. Rechtsgrundlagen

906 Grundsätzlich entscheidet der Zeuge, ob er aussagen will oder nicht. Auch wenn er nicht von der Schweigepflicht entbunden ist, kann er aussagen. Denkbar ist, dass der Gegenstand seiner möglichen Aussage nicht von seiner Verschwiegenheitsverpflichtung erfasst ist. Es liegt ferner allein bei ihm, eine eventuelle Strafverfolgung wegen Verstoßes gegen § 203 StGB in Kauf zu nehmen. Dient die Aussage dazu, einen gegen ihn selbst gerichteten Verdacht einer strafbaren Handlung zu entkräften, unterliegt er insoweit nicht der Schweigepflicht und darf auch ohne Schweigepflichtsentbindung aussagen. In jedem Fall muss das Gericht seine Aussage entgegen nehmen, sie ist verwertbar.[1209]

Daher ist das Gericht auch im Falle der fehlenden Entbindung von der Schweigepflicht verpflichtet, den Zeugen nach seiner Aussagebereitschaft zu fragen (wesentliche Förmlichkeit!; vgl. oben Rn. 892, 893) und darf ihn nicht ohne diese Befragung sofort entlassen.

Ist dies geschehen, liegt darin ein revisibler Rechtsfehler.[1210]

Zu erheben ist die Rüge der Verletzung des nach § 245 Abs. 1 StPO.

II. Anforderungen an den Vortrag

907 Zu den Anforderungen an der Vortrag kann zunächst auf die Ausführungen zu § 245 Abs. 1 StPO verwiesen werden[1211]. Zusätzlich ist vorzutragen:

- dass der Zeuge zur Hauptverhandlung erschienen war,
- ggf. dass er aufgerufen, gem. § 57 StPO belehrt und zur Person vernommen wurde,
- dass und aufgrund welcher Umstände dem Zeugen ein Zeugnisverweigerungsrecht nach §§ 53, 53a StPO zustand,
- dass keine Schweigepflichtsentbindung vorlag,
- dass das Gericht den Zeugen nicht nach seiner Aussagebereitschaft trotz fehlender Schweigepflichtsentbindung gefragt hat,
- dass der Zeuge ohne Befragung entlassen wurde,
- was der Zeuge im Falle einer Aussage bekundet hätte.

1209 Allg. M. vgl. nur *BGHSt* 15, 200, 202; auch *BGHSt* 18, 146; *Meyer-Goßner*[55] § 53 Rn. 6; KK-*Senge*[6] § 53 Rn. 9 und 57 jew. m.w.N.
1210 *BGHSt* 15, 200, 202; KK-*Senge*[6] § 53 Rn. 57.
1211 Siehe Rüge 189 Rn. 1647 ff.

Rüge 86

Hat das Gericht aus der berechtigten Zeugnisverweigerung eines Berufsgeheimnisträgers   **908**
oder Berufshelfers Schlüsse zum Nachteil des Angeklagten gezogen?

I. Rechtsgrundlagen

Die Tatsache der Ausübung des Zeugnisverweigerungsrechts durch einen Berufsge-   **909**
heimnisträger[1212] des Angeklagten oder eines (wegen derselben Tat) beschuldigten
Mitangeklagten oder ehemaligen Mitbeschuldigten darf grundsätzlich nicht gegen
den Angeklagten verwertet werden, auch nicht der Umstand, dass der Zeuge zunächst ausgesagt und dann die Aussage verweigert hat und umgekehrt.[1213] Dies gilt
sowohl für die Beweiswürdigung im Urteil als auch für die Begründung der Ablehnung von (Beweis-) Anträgen.[1214] Auch (völlig überflüssige) Erklärungen des Zeugen, warum er sich auf sein Zeugnisverweigerungsrecht beruft, etwa dass er den
Angeklagte nicht belasten wolle, dürfen nicht berücksichtigt werden.[1215]

II. Anforderungen an den Vortrag

1. Ist ein (Beweis-) Antrag zurückgewiesen worden und in der Ablehnungsbegrün-   **910**
dung die Zeugnisverweigerung unzulässigerweise verwertet worden, ist je nach
Antrag und Ablehnungsgrund z.b. die Rüge der Verletzung des § 244 Abs. 3
StPO ggf. auch Abs. 2 zu erheben. Auf die Ausführungen in Kapitel 21,
Rn. 1372 ff. kann verwiesen werden.

Sofern sich die Zeugnisverweigerung und die Berechtigung hierzu nicht vollumfänglich aus dem Urteil ergeben, sind die vorzutragenden Verfahrenstatsachen
zu ergänzen und zwar, dass

- der Zeuge zur Hauptverhandlung vom Gericht geladen wurde und erschienen
ist,

- er nach § 57 StPO belehrt wurde und seine Personalien angegeben hat,

- die Feststellung, dass der Zeuge ein Berufsgeheimnisträger[1216] des Angeklagten bzw. eines derselben Tat beschuldigten Mitangeklagten (oder ehemaligen Beschuldigten)[1217] ist,

- er von seinem Zeugnisverweigerungsrecht (teilweise) Gebrauch gemacht
hat.

1212   Oder dessen Gehilfen nach § 53a StPO.
1213   *BGH* StV 1985, 45; *Meyer-Goßner*[55] § 261 Rn. 20; KK-*Senge*[6] § 53 Rn. 10 jew.
m.w.N.
1214   *BGH* StV 1985, 485.
1215   *Meyer-Goßner*[55] § 261 Rn. 20.
1216   Die Ausführungen gelten gleichermaßen für Berufsgeheimnisträger i.S.d. § 53a StPO.
1217   In diesem Fall sind zum Bestehen einer – ehemaligen – prozessualen Gemeinsamkeit
und zum noch nicht rechtskräftigen Verfahrensabschluss gegen diesen weitere Ausführungen zu machen: siehe Rüge 79 Rn. 877.

911 2. Ist die (teilweise) Zeugnisverweigerung (nur) bei der Beweiswürdigung zum Nachteil des Angeklagten verwertet, stellt dies einen sachlich-rechtlichen Beweiswürdigungsmangel dar, der auf die allgemeine Sachrüge vom Revisionsgericht zu beachten ist. Auf Ausführungen zu Verfahrenstatsachen sollte jedoch nur dann verzichtet werden, wenn sich die berechtigte Zeugnisverweigerung und deren nachteilige Verwertung mit aller Eindeutigkeit aus dem Urteil selbst ergibt. Im Zweifel empfiehlt es sich, innerhalb der Ausführungen zur fehlerhaften Beweiswürdigung wegen unzulässiger Verwertung der berechtigten Zeugnisverweigerung die soeben unter Rn. 910 beschriebenen Verfahrensvorgänge vorzutragen.

Abschnitt 4

Ist in der Hauptverhandlung ein Zeuge vernommen worden, der zu Recht oder zu Unrecht nach § 55 Abs. 2 StPO belehrt wurde bzw. zu Unrecht von dem Auskunftsverweigerungsrecht des § 55 Abs. 1 StPO Gebrauch gemacht hat?

912

Rüge 87

913 Ist ein Zeuge nicht gem. § 55 Abs. 2 StPO belehrt worden, obwohl ihm ein Auskunftsverweigerungsrecht zustand?

914 Die Rechtsprechung hat in den letzten Jahren den Anwendungsbereich von § 55 Abs. 1 StPO erheblich ausgedehnt.[1218] Nach (noch) h.M. dient § 55 StPO allerdings

---

1218 Vgl. nur *BVerfG* StV 2002, 177; *BGH* StV 2006, 283 und 508; *Meyer-Goßner*[55] § 55 Rn. 7; zum Umfang des Auskunftsverweigerungsrechts bei Organisationsdelikten vgl. *BGH* StV 2010, 614.

allein dem Schutz des Zeugen vor der Gefahr der Strafverfolgung, so dass die Revision nach dieser Auffassung nicht auf die unterlassene Belehrung nach § 55 StPO gestützt werden kann, selbst wenn es nahe liegt, dass der Zeuge im Falle der Belehrung die Auskunft ganz oder teilweise verweigert hätte.[1219] Hiergegen bestehen Bedenken.[1220]

Rüge 88

Ist ein Zeuge nach § 55 StPO belehrt worden, obwohl ihm ein Auskunftsverweigerungsrecht *nicht* zustand oder hat das Gericht eine zu Unrecht erfolgte Auskunftsverweigerung hingenommen?   **915**

I. Rechtsgrundlagen

Sofern der Zeuge trotz unzutreffender Belehrung aussagt, kann die Revision darauf nicht gestützt werden.[1221]   **916**

Verweigert der Zeuge jedoch aufgrund der fehlerhaften Belehrung ganz oder teilweise die Auskunft oder nimmt das Gericht eine zu Unrecht erfolgte Auskunftsverweigerung hin, kann dies mit der Verletzung der Aufklärungspflicht bzw. der Verletzung des § 245 Abs. 1 StPO gerügt werden, wenn der Zeuge geladen und in der Hauptverhandlung erschienen war.[1222] Voraussetzung für die Rüge ist jedoch nach Auffassung des BGH, dass im Falle einer unrichtigen Belehrung nach § 55 StPO durch den Vorsitzenden ein Gerichtsbeschluss nach § 238 Abs. 2 StPO herbeigeführt wurde. Ist dies unterblieben, ist die Rüge präkludiert.[1223] Auch für die Erhebung einer Aufklärungsrüge wegen einer vom Gericht hingenommenen (angeblich) unberechtigten Auskunftsverweigerung ist ein Gerichtsbeschluss erforderlich.[1224] Die Aufklärungsrüge ist auch dann zu erheben, wenn das Gericht es unterlässt, mit Zwangsmitteln nach § 70 StPO einen in der Hauptverhandlung erschienenen, aber grundlos die Auskunft verweigernden Zeugen zu einer Aussage zu bewegen, sofern die Aussage für die Überzeugungsbildung von Bedeutung ist.[1225]

1219   Vgl. die Nachweise bei *Meyer-Goßner*[55] § 55 Rn. 17 und KK-*Senge*[6] § 55 Rn. 19; **a.A.** LR-*Ignor/Berthau*[26] § 55 Rn. 41; *Bernsmann* StraFo 1998, 74 m.w.N.
1220   Siehe hierzu Rüge 247 f., Rn. 2030 ff.
1221   Vgl. nur *Meyer-Goßner*[50] § 55 Rn. 18; KK-*Senge*[6] § 55 Rn. 19.
1222   *BGH* Beschl. v. 28.12.2011 – 2 StR 195/11 (Verletzung der Aufklärungspflicht); vgl. *Meyer-Goßner*[55] § 55 Rn. 18; KK-*Senge*[6] § 55 Rn. 20.
1223   *BGH* StV 2007, 59 = NStZ 2007, 230 m. Anm. *Widmaier* = JR 2007, 382 m. Anm. *Mosbacher*; siehe auch schon *BGH* StV 2006, 283 m.w.N.
1224   *BGHSt* 51, 144 = StV 2007, 59 m. Anm. *Widmaier* NStZ 2007, 234.
1225   *BGH* 2 StR 195/11 = StV 2013, 4.

II. Anforderungen an den Vortrag

917   Ist der Zeuge geladen worden und in der Hauptverhandlung erschienen, so ist folgendes vorzutragen:

- die Ladung des Zeugen durch das Gericht unter Beifügung der Ladungsverfügung und der Nachweis der Ausführung,
- das Erscheinen des Zeugen zum Ladungszeitpunkt, Aufruf, Belehrung nach § 57 StPO, Personalienfeststellung,
- die Belehrung nach § 55 StPO bzw. das Zugestehen eines von dem Zeugen von sich aus in Anspruch genommenen Auskunftsverweigerungsrechts,
- die Beanstandung der Belehrung und Beantragung eines Gerichtsbeschlusses,
- der Gerichtsbeschluss in vollem Wortlaut,
- die Berufung des Zeugen ganz oder teilweise auf das Auskunftsverweigerungsrecht,
- die Vereidigungsentscheidung und Entlassung des Zeugen,
- keine erneute Ladung und Vernehmung des Zeugen,
- kein Verzicht auf die Vernehmung des Zeugen.
- Ferner ist darzutun, warum dem Zeugen kein Auskunftsverweigerungsrecht zustand.

Es ist auszuführen, was der Zeuge im Falle einer Aussage bekundet haben könnte. Hat der Zeuge bereits vor der Hauptverhandlung Angaben gemacht, so sind diese im Wortlaut mitzuteilen. Waren weitergehende Angaben zu erwarten, ist deren Inhalt bestimmt vorzutragen.[1226]

Ferner ist vorzutragen, dass ggf. Angaben des Zeugen vor der Hauptverhandlung nicht durch die Vernehmung des Vernehmungsbeamten eingeführt wurden. Ist dies erfolgt, muss dargelegt werden, was der Zeuge anders oder über die früheren Angaben hinaus in der Hauptverhandlung bekundet hätte, wenn er vernommen worden wäre.

Rüge 89

918   Ist die Aussage eines Zeugen, der die Auskunft nach § 55 StPO verweigert hat, oder eine von ihm stammende schriftliche Erklärung verlesen worden?

I. Rechtsgrundlagen

919   Anders als bei einer Zeugnisverweigerung nach § 52 StPO hindert die (umfassende) Auskunftsverweigerung nach § 55 StPO nicht die Vernehmung der Vernehmungs-

---

1226   Vgl. *BGH* NJW 1996, 1685.

person. Die Einführung der früheren Angaben des Zeugen auf diese Weise ist daher zulässig.[1227] § 252 StPO gilt hier nicht.

Fraglich ist, ob im Falle der Auskunftsverweigerung nach § 55 StPO in der Haupt-   **920**
verhandlung eine frühere Vernehmungsniederschrift verlesen werden darf.[1228]
Rechtsprechung und Kommentierung sind unklar und unübersichtlich.

Ist der Zeuge in der Hauptverhandlung erschienen und hat sich – jedenfalls nach Vernehmung zur Person – ganz oder teilweise auf ein Auskunftsverweigerungsrecht gem. § 55 StPO berufen, oder war eine Zeugenvernehmung aus anderen Gründen, z.b. wegen eintretender Vernehmungsunfähigkeit, unmöglich, ist sowohl die Verlesung schriftlicher Erklärungen des sich auf § 55 StPO berufenden Zeugen[1229] als auch die Verlesung nichtrichterlicher Protokolle über seine Vernehmung unzulässig, sogar dann, wenn die Verfahrensbeteiligten zugestimmt haben.[1230] Der Personalbeweis der Vernehmung des Vernehmungsbeamten hat Vorrang vor der Verlesung der Vernehmungsniederschrift. Eine Verlesung ist nur in den in §§ 251 ff. StPO im Einzelnen aufgeführten Fällen zulässig, wozu die umfassende Auskunftsverweigerung nach § 55 StPO nicht gehört.[1231]

Hat sich ein Zeuge bereits vorab auf ein umfassendes Auskunftsverweigerungsrecht gemäß § 55 StPO berufen und wird er deswegen nicht in der Hauptverhandlung vernommen, so darf seine Vernehmung nicht durch Verlesung von ihm stammender früherer schriftlicher Erklärungen gem. § 251 Abs. 1 Nr. 2 StPO ersetzt werden.[1232]

Zulässig ist in diesen Fällen allein die Vernehmung der Verhörsperson. Im Falle der   **921**
bloßen Verlesung liegt ein Verstoß gegen § 250 S. 2 StPO vor.

Es kann daher neben der Verletzung des § 251 Abs. 1 Nr. 2 StPO auch die Verletzung des Unmittelbarkeitsgrundsatzes nach § 250 StPO gerügt werden.

1227 H.M. vgl. nur *BGH* NStZ 1996, 96; *Meyer-Goßner*[55] § 55 Rn. 12; KK-*Senge*[6] § 55 Rn. 15 jew. m.w.N.

1228 Vgl. *Meyer-Goßner*[55] § 55 Rn. 12 und § 251 Rn. 24; KK-*Senge*[6] § 55 Rn. 15; KK-*Diemer*[6] § 251 Rn. 7 jew. m.w.N.

1229 *BGH* NStZ 1988, 36: nur ergänzende Verlesung neben der Zeugenvernehmung zulässig; vgl. auch *BGHSt* 20, 160, 161 f.; ebenso *Meyer-Goßner*[55] § 251 Rn. 11; KK-*Diemer*[6] § 251 Rn. 7.

1230 *BGH* StV 1982, 405 = NStZ 1982, 342; *BGH* NJW 1984, 136; *BGH* = StV 1993, 233 = NStZ 1993, 350; *BGH* 1996, 191 = NStZ 1996, 96; *BGH* Urt. v. 28.10.1975 – 5 StR 407/75; *BGH* Beschl. v. 5.12.1978 – 5 StR 767/78; *BGH* Beschl. v. 26.7.1983 – 5 StR 310/83; vgl. aber KK-*Diemer*[6] § 251 Rn. 7, der die Verlesung mit Zustimmung für zulässig hält; vgl. auch die ältere Entscheidung *BGH* StV 2002, 120, nach der die Verlesung erfolgen darf, wenn die Aufklärungspflicht die Vernehmung der Vernehmungsperson nicht gebietet, die Verfahrensbeteiligten der Verlesung zustimmen und auf die Vernehmung der Verhörsperson verzichten.

1231 *BGHSt* 51, 325 = StV 2007, 564; auch zum Streitstand; dagegen *BGHSt* 51, 280 (4. Senat) = StV 2007, 567 m. Anm. *Murmann* StV 2008, 339.

1232 *BGHSt* 51, 325 = StV 2007, 564.

922 Für die möglichen Rügen ist das Verteidigungsverhalten in der Hauptverhandlung von erheblicher Bedeutung. Haben Angeklagter und Verteidiger der Vernehmung zugestimmt, wird sich der Revisionsführer fragen lassen müssen, warum er jetzt, in der Revision meint, wegen des Unmittelbarkeitsgrundsatzes sei die Vernehmung der Verhörsperson geboten gewesen. Die Frage der Rügeverwirkung stellt sich.[1233]

Erfolgte die Verlesung nach § 251 Abs. 1 Nr. 2 oder Abs. 2 Nr. 1 StPO stellt sich die Frage, ob der Verteidiger dies rügelos hingenommen oder der Verlesung widersprochen und ggf. warum er keinen Beweisantrag auf Vernehmung des Vernehmungsbeamten gestellt hat.

II. Anforderungen an den Vortrag bei berechtigter Auskunftsverweigerung in der Hauptverhandlung und Verlesung der früheren Vernehmungsniederschrift

1. Anforderungen an den Vortrag bei Verlesung wegen nicht zu beseitigender Hindernisse; Rüge der Verletzung von §§ 251 Abs. 1 Nr. 2 und 250 StPO

923 Vorzutragen sind:

- die Ladung des Zeugen und Erscheinen in der Hauptverhandlung,
- die Belehrungen nach § 57 StPO und Personalienangabe,
- die nach § 55 StPO,
- die Erklärung des Zeugen über Auskunftsverweigerung,
- dass keine (oder nur in welchem Umfang) Angaben zur Sache gemacht wurden,
- die Vereidigungsentscheidung und Entlassung des Zeugen,
- dass keine erneute Vernehmung erfolgte, kein Verzicht auf Vernehmung des Zeugen erklärt wurde,
- dass keine Vernehmung der Verhörsperson stattgefunden hat,
- dass kein Verzicht auf die Vernehmung der Verhörsperson erklärt wurde,
- dass keine Zustimmung zur Verlesung erteilt wurde,
- ggf. der Widerspruch gegen die Verlesung,
- der Gerichtsbeschluss über die Verlesung,
- die Tatsache der Verlesung der Vernehmungsniederschrift,
- die Wiedergabe des vollen Wortlauts der verlesenen Niederschrift.

924 Nach der Entscheidung *BGH* StV 1996, 191 beruht das Urteil auf der fehlerhaften Verlesung, wenn der Inhalt der Vernehmungsniederschrift zur Überzeugungsbildung herangezogen wurde. Es empfiehlt sich, gleichzeitig eine Aufklärungsrüge wegen der unterlassenen Vernehmung des Vernehmungsbeamten zu erheben. Gegenstand der Rüge kann die unterlassene nähere Aufklärung der Vernehmungssituation, des Aussageverhaltens des Zeugen (stockend, zögerlich etc) sowie ggf. Hin-

---

1233 *BGH* StV 2002, 120.

weise des Vernehmungsbeamten an den Zeugen sowie Äußerungen in dem fast regelmäßig stattfindenden Vorgespräch sein, sofern diese Angaben für die Beurteilung der Aussage von Bedeutung sind.[1234]

2. Anforderungen an den Vortrag bei Verlesung in allseitigem Einverständnis

Abweichend von den soeben dargestellten vorzutragenden Tatsachen ist vorzutragen **925**

- die Zustimmung der Verfahrensbeteiligten zur Verlesung,
- der Gerichtsbeschluss zur Anordnung der Verlesung,
- die Tatsache der Verlesung,
- die Wiedergabe der verlesenen Niederschrift in vollem Wortlaut,
- dass kein Verzicht auf die Vernehmung der Vernehmungsperson erfolgte und diese in der gesamten Hauptverhandlung hierzu auch nicht vernommen worden ist.

Besonderer Augenmerk ist auf die Frage zu richten, warum in der Hauptverhandlung der Verlesung zugestimmt wurde, nunmehr aber eine Verletzung des Unmittelbarkeitsgrundsatzes wegen unterlassener Vernehmung der Verhörsperson gerügt wird. Ausführungen dazu sind erforderlich, um einer Rügeverwirkung wegen widersprüchlichen Verhaltens entgegen zu wirken. Enthält das Urteil z.B. Ausführungen zur Glaubwürdigkeit des Zeugen, kann angeführt werden, dass damit in dieser Form nicht zu rechnen war und die eigentlich gebotene Vernehmung der Vernehmungsperson Aufklärung über die Vernehmungssituation und das Aussageverhalten des Zeugen gegeben hätte, die der Bewertung durch das Gericht entgegen gestanden hätte. Insoweit ist auch an eine an dieser Stelle „eingebaute" Aufklärungsrüge zu denken, mit der die unterlassene Vernehmung des Vernehmungsbeamten gerügt wird. Gegenstand können etwa ein mit dem Zeugen geführtes Vorgespräch, Hinweise des Vernehmungsbeamten an den Zeugen, Art und Weise sowie Ablauf der Vernehmung sein, wie sie sich nicht aus der Vernehmungsniederschrift ergeben (stockend, zögerlich, viele Unterbrechungen etc.).[1235] Diese Umstände können für die Glaubwürdigkeitsbeurteilung von Bedeutung sein und dem Verteidiger in ihrer ganzen Tragweite erst aufgrund der Urteilsausführungen bewusst geworden sein. **926**

1234 Vgl. dazu *BGH* StV 2002, 120.
1235 Vgl. dazu auch die Hinweise in *BGH* StV 2002, 120.

Rüge 90

927 Hat das Gericht die (teilweise) Auskunftsverweigerung eines Zeugen nach § 55 StPO bei der Beweiswürdigung unberücksichtigt gelassen?

I. Vorbemerkung

928 Während der Tatrichter aus der Zeugnisverweigerung eines Angehörigen nach § 52 StPO oder eines Berufsgeheimnisträgers nach § 53 StPO keine Schlüsse zum Nachteil des Angeklagten ziehen darf (vgl. dazu Rüge 81 Rn. 887; Rüge 86 Rn. 908), kann der Umstand der (teilweisen) Auskunftsverweigerung eines Zeugen nach § 55 StPO in der Hauptverhandlung bei der Beweiswürdigung sowohl zugunsten als auch zuungunsten des Angeklagten berücksichtigt werden, wobei allerdings Schlüsse zugunsten des Angeklagten nahe liegen.[1236]

929 Ob das Unterlassen der Berücksichtigung der (teilweisen) Auskunftsverweigerung bei der Beweiswürdigung zum Gegenstand einer Verfahrensrüge zu machen ist, hängt von verschiedenen Faktoren ab.

Teilt das Urteil die Tatsache der (teilweisen) Auskunftsverweigerung eines Zeugen vollständig mit und wird dieser Umstand bei der Beweiswürdigung nicht berücksichtigt, kann das Revisionsgericht bereits auf die Sachrüge einen darin liegenden etwaigen materiell-rechtlichen Beweiswürdigungsmangel prüfen. Einer Verfahrensrüge bedarf es in diesen Fällen nicht.

Fehlt es dagegen an der Mitteilung der vollständigen Tatsachen zur (teilweisen) Auskunftsverweigerung eines Zeugen, sind diese Tatsachen dem Revisionsgericht im Rahmen einer Verfahrensrüge zu unterbreiten. Denn erst durch diesen Vortrag wird das Revisionsgericht in die Lage versetzt, anhand eines vollständigen Tatsachenvortrags einen etwaigen Beweiswürdigungsmangel durch die Nichtberücksichtigung der (teilweisen) Auskunftsverweigerung zu prüfen.

Ob in diesen Fällen von der Möglichkeit, eine Verfahrensrüge zu erheben, Gebrauch gemacht werden kann, ist Frage des Einzelfalls.

Grundsätzlich ist der Tatrichter nicht gehalten, jedes Beweismittel erschöpfend zu würdigen. Die Berücksichtigung der Auskunftsverweigerung ist nur dann erforderlich, wenn sich dies aufdrängte.[1237]

1236 Zur Erforderlichkeit der Auseinandersetzung mit der Frage, ob aus einer umfassenden Auskunftsverweigerung eines Belastungszeugen nach § 55 StPO Schlüsse zugunsten des Angeklagten zu ziehen sind vgl. *BGH* StV 2009, 174; zur Beweiswürdigung bei einer Verurteilung aufgrund einer durch Vernehmung des Vernehmungsbeamten eingeführten Aussage eines die Auskunft verweigernden Zeugen vgl. *BGH* StV 2012, 270; *Meyer-Goßner*[55] § 261 Rn. 20; ferner *BGH* StV 1983, 445 und StV 1984, 233.
1237 *BGH* StV 1984, 233.

Wenn z.b. ein als Zeuge vernommener ehemals Mitbeschuldigter, der im Ermittlungsverfahren (auch) den Angeklagten belastende Angaben gemacht hat, dessen Verfahren jedoch noch nicht abgeschlossen ist, im Verfahren gegen den Angeklagten die Auskunft (umfassend) verweigert, kann es naheliegen, dass die Auskunftsverweigerung allein wegen des noch nicht abgeschlossenen eigenen Verfahrens erfolgte. Allerdings besteht auch die Möglichkeit, dass der Zeuge im Ermittlungsverfahren den Angeklagten belastende Angaben gemacht hat, um sich dadurch selbst vollständig oder teilweise zu entlasten oder Vorteile etwa nach § 31 BtMG zu erlangen. Verweigert er dann in der Hauptverhandlung gegen den Angeklagten teilweise oder umfassend die Auskunft, ist in Erwägung zu ziehen, dass der unter Wahrheitspflicht stehende Zeuge im Falle einer Aussage die (teilweise) Unrichtigkeit seiner früheren Angaben einräumen und sich ggf. selbst einer falschen Anschuldigung bezichtigen müsste. Liegt ein solches Motiv für die Auskunftsverweigerung auf der Hand, könnte es geboten sein, dies bei der Beweiswürdigung bei der Beurteilung der Glaubhaftigkeit der früheren Angaben zu berücksichtigen.

Ähnlich liegt der Fall, in dem ein Vernehmungsbeamter zur Behauptung des Angeklagten vernommen wird, es sei bei der Vernehmung unter Druck gesetzt und zu (falschen) Angaben gedrängt worden. Sagt der als Zeuge vernommene Polizeibeamte zunächst aus und verweigert nach zwischenzeitlich erfolgter Belehrung nach § 55 StPO sodann die Auskunft auf weitere Fragen, ist dieser Umstand bei der Prüfung der Angaben des Angeklagten über das Zustandekommen der früheren Vernehmung zu berücksichtigen.[1238]

II. Anforderungen an den Vortrag

Zu rügen ist die fehlerhafte Beweiswürdigung wegen Nichtberücksichtigung der **930** (teilweisen) Auskunftsverweigerung eines Zeugen.

Vorzutragen ist, dass,

- der Zeuge zur Hauptverhandlung geladen wurde und erschienen ist,
- er nach Belehrung nach § 57 StPO seine Personalien angegeben hat,
- er nach § 55 StPO belehrt wurde und die Auskunft umfassend verweigert hat, oder
- er zunächst zur Sache ausgesagt hat und sodann die Auskunft verweigert hat, oder
- er die Auskunft auf einzelne Fragen verweigert hat, die wörtlich mitzuteilen sind, oder
- er zunächst ohne Belehrung nach § 55 StPO vernommen wurde, er zwischenzeitlich nach § 55 StPO belehrt wurde und sodann die Auskunft umfassend oder die Beantwortung einzelner mitzuteilender Fragen verweigert hat,
- er nach der Vereidigungsentscheidung entlassen wurde,

1238 Vgl. dazu etwa *BGH* StV 1984, 233.

- er im weiteren Verlauf des Verfahrens nicht erneut vernommen wurde und nunmehr Angaben gemacht hat bzw. die Fragen beantwortet hat, bezüglich derer er sich zuvor auf sein Auskunftsverweigerungsrecht berufen hatte.

Je nach den Besonderheiten des Falles ist ggf. unter Mitteilung der früheren Aussagen, der Entstehung der Auskunftsverweigerung und etwaiger Motive dafür ausführlich darzulegen, warum das Gericht bei dieser Sachlage die Tatsache der Auskunftsverweigerung bei der Beweiswürdigung hätte berücksichtigen müssen.

Abschnitt 5
Öffentlich Bedienstete

Rüge 91

931   Ist in der Hauptverhandlung ein öffentlich Bediensteter i.S.d. § 54 StPO vernommen worden, der sich ganz oder teilweise auf eine fehlende Aussagegenehmigung berufen hat?

I. Rechtsgrundlagen und Rügemöglichkeiten

932   Öffentlich Bedienstete,[1239] auch ehemalige, bedürfen für ihre Aussage einer Aussagegenehmigung, für deren Erteilung bzw. Verweigerung der jeweilige Dienstvorgesetzte zuständig ist. Eine Belehrung des Zeugen über die Erforderlichkeit der Aussagegenehmigung ist nicht notwendig.

Die Aussagegenehmigung kann vollständig oder teilweise, bezogen auf bestimmte Beweisthemen, verweigert werden (sog. beschränkte Aussagegenehmigung).[1240]

Fehlt eine Aussagegenehmigung, besteht ein Beweiserhebungsverbot.

Allein der Zeuge entscheidet, ob das Beweisthema Umstände betrifft, die von der Aussagegenehmigung nicht gedeckt sind.[1241] Sagt ein Zeuge ohne oder entgegen einer verweigerten Aussagegenehmigung aus, ist die Aussage gleichwohl verwertbar.[1242]

§ 54 StPO bezweckt die Wahrung von Amtsgeheimnissen des Staates, er dient nicht dem Schutz des Angeklagten. Daher kann der Angeklagte eine Verletzung von § 54 StPO nicht rügen.[1243]

1239   Zum Personenkreis vgl. *Meyer-Goßner*[55] § 54 Rn. 3 ff.; KK-*Senge*[6] § 54 Rn. 2 ff.
1240   Vgl. *Meyer-Goßner*[55] § 54 Rn. 22; KK-*Senge*[6] § 54 Rn. 17.
1241   KK-*Senge*[6] § 54 Rn. 12.
1242   Vgl. insgesamt *Meyer-Goßner*[55] § 54 Rn. 2.
1243   *Meyer-Goßner*[55] § 54 Rn. 32; KK-*Senge*[6] § 54 Rn. 26.

Rügemöglichkeiten bestehen nur, wenn die Aussagegenehmigung zu Unrecht abge- **933** lehnt oder eingeschränkt wurde.[1244] Ob dies der Fall ist, kann in Anbetracht der Unzahl der in Frage kommenden Konstellationen und Beweisthemen nicht allgemein beantwortet werden. Ganz allgemein ist der Dienstvorgesetzte gehalten, im Rahmen des pflichtgemäßen Ermessens das Geheimhaltungsinteresse mit dem Interesse an der gerichtlichen Sachverhaltsaufklärung abzuwägen und die Entscheidung an einer rechtsstaatlichen Verfahrensgestaltung zu orientieren.[1245]

Ist nach Auffassung der Verteidigung die Aussagegenehmigung unberechtigt ver- **934** weigert oder beschränkt worden, kann nur gerügt werden, dass das Gericht es unterlassen hat, sich im Wege der Gegenvorstellung um die Erteilung der (uneingeschränkten) Aussagegenehmigung zu bemühen. Die Aufklärungsrüge ist auch zu erheben, wenn das Gericht einen Antrag der Verteidigung auf Erhebung einer Gegenvorstellung zur Herbeiführung der umfassenden oder der Erweiterung der Aussagegenehmigung zu bestimmten Komplexen abgelehnt hat.[1246]

Der Angeklagte kann, sofern er durch die (teilweise) Verweigerung der Aussagegenehmigung beschwert ist, die Entscheidung des Dienstvorgesetzten im Verwaltungsrechtsweg anfechten.[1247] Ein Anspruch auf Aussetzung des Verfahrens bis zur Entscheidung des Verwaltungsgerichts besteht nicht. Die Ablehnung eines Aussetzungsantrags kann ebenfalls nur mit der Aufklärungsrüge beanstandet werden.[1248]

II. Anforderungen an den Vortrag

Da im Zusammenhang mit der Verweigerung oder Beschränkung der Aussagege- **935** nehmigung nur die Aufklärungsrüge erhoben werden kann, ist zunächst auf die dortigen Ausführungen zu verweisen.[1249]

Soll gerügt werden, dass das Gericht keine Gegenvorstellung gegen die Verweigerung oder Beschränkung der Aussagegenehmigung erhoben hat, muss vorgetragen werden, dass

- der Zeuge geladen und erschienen war sowie vernommen werden sollte,
- · er zu einem konkret zu bezeichnenden Beweisthema aussagen oder befragt werden sollte,
- er die Aussage wegen fehlender Aussagegenehmigung verweigert hat.
- Der Text der Aussagegenehmigung ist in vollem Wortlaut mitzuteilen.

Vorzutragen ist ferner, warum das Beweisthema von (entscheidender) Bedeutung war und warum sich dem Gericht aufdrängen musste, durch eine Gegenvorstellung

---

1244 Vgl. dazu *Meyer-Goßner*[50] § 54 Rn. 20; KK-*Senge*[6] § 54 Rn. 16.
1245 *Meyer-Goßner*[55] § 54 Rn. 20; KK-*Senge*[6] § 54 Rn. 16 jew. m.w.N.
1246 *Meyer-Goßner*[55] § 54 Rn. 27, 32; KK-*Senge*[5] § 54 Rn. 19.
1247 *Meyer-Goßner*[55] § 54 Rn. 28; KK-*Senge*[6] § 54 Rn. 20.
1248 *Meyer-Goßner*[55] § 54 Rn. 29; KK-*Senge*[6] § 54 Rn. 21 m.w. Rspr. Nachw.
1249 Rüge 190 Rn. 1663 ff.

auf die Erteilung der Genehmigung hinzuwirken und ggf. warum die Versagung der Aussagegenehmigung zu diesem Beweisthema rechtsfehlerhaft war.

Schließlich ist auszuführen, welches Ergebnis die Befragung des Zeugen im Falle einer Aussage gehabt hätte.

Ist ein Antrag der Verteidigung auf Erhebung einer Gegenvorstellung durch das Gericht gestellt worden, sind zusätzlich Antrag und ablehnender Beschluss in vollem Wortlaut mitzuteilen.

936 Hat das Gericht einen Antrag auf Aussetzung des Verfahrens bis zur Entscheidung des Verwaltungsgerichts über eine Klage gegen die (teilweise) Verweigerung der Aussagegenehmigung zurückgewiesen, ist vorzutragen, dass

- der Zeuge geladen und erschienen war sowie vernommen werden sollte,
- er zu einem konkret zu bezeichnenden Beweisthema aussagen oder befragt werden sollte,
- er die Aussage wegen fehlender Aussagegenehmigung verweigert hat
- die Aussagegenehmigung ist in vollem Wortlaut mitzuteilen,
- ebenso der Aussetzungsantrag ggf. nebst Klageschrift bei dem Verwaltungsgericht,
- der ablehnende Gerichtsbeschluss in vollem Wortlaut;
- die Bedeutung des Beweisthemas, die Erforderlichkeit der Sachaufklärung zu diesem Punkt und dass sich dem Gericht die Aussetzung des Verfahrens hätte aufdrängen müssen.

Da eine Verfahrensaussetzung immer mit dem Beschleunigungsgebot kollidiert, empfehlen sich Ausführungen dazu, warum eine Verfahrensverzögerung etwa im Hinblick auf die überragende Bedeutung des Beweisthemas für die Schuldfrage (ausnahmsweise) hätte hingenommen werden müssen.

Abschnitt 6
Videovernehmung

Rüge 92

937 Fand eine Zeugenvernehmung in Form einer Videovernehmung nach § 247a StPO statt?

I. Rechtsgrundlagen und Rügemöglichkeiten

938 Im Zusammenhang mit der Vorschrift stehen mehre Problembereiche, u.a.:

- die Videovernehmung wurde angeordnet und durchgeführt,
- das Gericht hat die Möglichkeit der Videovernehmung nicht erkannt bzw. einen Antrag der Verteidigung auf eine solche abgelehnt,

- das Gericht hat im Zusammenhang mit einer Videovernehmung weitere prozessuale Maßnahmen (zum Schutz des Zeugen) angeordnet, z.B. Ausschluss der Angeklagten nach § 247 StPO und/oder der Öffentlichkeit. Je nach der Konstellation kommen unterschiedliche Rügen in Betracht.

Grundsätzlich gilt, dass nach § 247a S. 2 StPO die Entscheidung über Anordnung **939** der Videovernehmung unanfechtbar ist. Die Beanstandung, das Gericht habe bei der Anordnung die widerstreitenden Interessen unzutreffend bewertet oder von seinem Ermessen fehlerhaft Gebrauch gemacht, ist danach nicht möglich.[1250]

Damit ist die Überprüfung der Entscheidung über die Anordnung nach § 336 S. 2 StPO der revisionsgerichtlichen Kontrolle grundsätzlich entzogen. Gleichwohl erhobene Rügen sind unzulässig.

Die Einzelheiten des Rechtsmittelausschlusses sind noch nicht völlig geklärt und z.T. hoch streitig.

II. Anordnung und Durchführung der Videovernehmung und Rügemöglichkeiten

Zulässig ist die Rüge, dass die Videovernehmung ohne einen diese anordnenden **940** Gerichtsbeschluss oder nur auf Anordnung des Vorsitzenden durchgeführt wurde.[1251] Allerdings ist über die Anordnung nach § 247a StPO nicht zwingend in der Gerichtsbesetzung in der Hauptverhandlung zu entscheiden. Die Entscheidung kann auch schon im Vorfeld der Hauptverhandlung ergehen.[1252]

Dies kann gerügt werden, da die Durchführung einer Vernehmung nach § 247a StPO einen Gerichtsbeschluss voraussetzt. Eine Beanstandung nach § 238 Abs. 2 StPO als Zulässigkeitsvoraussetzung der Rüge ist nicht erforderlich.[1253]

Das Gleiche gilt, wenn der die Vernehmung anordnende Gerichtsbeschluss keine Begründung enthält. Denn in diesem Fall ist, ebenso wie bei Fehlen eines Gerichtsbeschlusses dem Revisionsgericht die Prüfung nicht möglich, ob die Voraussetzungen des § 247a StPO überhaupt vorgelegen haben, z.B. das Gericht die Vernehmung aus anderen als in § 247a S. 1 StPO normierten Gründen angeordnet hat.[1254]

Nicht ausgeschlossen sein soll eine Rüge, die beanstandet, dass die Tatbestandsvo- **941** raussetzungen des § 247a StPO zu Unrecht bejaht, verneint oder gar nicht berücksichtigt wurden. In diesen Fällen sei in den Regelungsgehalt anderer Vorschriften,

---

1250 KK-*Diemer*[6] § 247a Rn. 22; LR-*Becker*[26] § 247a Rn. 32.
1251 *BGH* Beschl. v. 6.2.2008 – 5 StR 597/07 = StV 2008, 231.
1252 *BGH* Beschl. v. 28.9.2011 – 5 StR 315/11 = StV 2012, 65 m. Anm. *Eisenberg.*
1253 *BGH* StV 2008, 231; *Meyer-Goßner*[55] § 247a Rn. 13; KK-*Diemer*[6] § 247a Rn. 24; LR-*Becker*[26] § 247a Rn. 33.
1254 *BGH* StV 2008, 231.

insbesondere § 250 StPO eingegriffen worden, für den der Rechtsmittelausschluss des § 247a S. 2 StPO gerade nicht gilt.[1255] Dies kann dann der Fall sein, wenn keine dringende Gefahr eines schwerwiegenden Nachteils für den Zeugen bestand, wenn zum Schutz des Zeugen andere Möglichkeiten wie Ausschluss des Angeklagten und der Öffentlichkeit ausreichend waren, die Vernehmung aus anderen als in § 247a S. 1 StPO aufgezählten Gründen erfolgte, etwa mit der Begründung, dass die Befürchtung bestehe, der Zeuge werde in Anwesenheit des Angeklagten nicht die Wahrheit sagen.[1256]

942 Völlig unerörtert ist die Rügemöglichkeit bei Anordnung der Videovernehmung aus den Gründen des § 251 Abs. 2 StPO. Die Zulässigkeit der Videovernehmung aus diesen Gründen wird in § 247a S. 1 StPO 2. Alt. eröffnet. Erst der nachfolgende S. 2 entzieht die Anordnung der Anfechtung. Dies könnte darauf hindeuten, dass auch eine auf die Gründe des § 251 Abs. 2 StPO gestützte Anordnung der Anfechtung entzogen wäre.

Dies ist jedoch nach der hier vertretenen Auffassung nicht der Fall.

943 Zum einen dient die Videovernehmung aus den Gründen des § 251 Abs. 2 StPO nicht in erster Linie dem *Schutz* des Zeugen, da in diesen Fällen, anders als in § 247a S. 1 StPO 1. Alt., kein schwerwiegender Nachteil für das Wohl des Zeugen vorausgesetzt wird.

Zum anderen ergäbe sich ein unerklärlicher Wertungswiderspruch, wenn die Anordnung der Verlesung nach § 251 Abs. 2 StPO in vollem Umfang revisibel ist, die Anordnung der Videovernehmung dagegen von einem Rechtsmittelangriff ausgeschlossen wäre. Denn in beiden Fällen geht es um die Überprüfung des Vorliegens der Voraussetzungen des § 251 Abs. 2 StPO, so dass kein sachlicher Grund ersichtlich ist, die revisionsrechtlichen Kontrollmöglichkeiten unterschiedlich zu handhaben.

944 Unzulässig dürfte die Aufklärungsrüge sein, mit der geltend gemacht wird, das Gericht hätte den Zeugen unmittelbar in der Hauptverhandlung vernehmen müssen, da in diesem Fall eine bessere oder weitere Sachaufklärung möglich gewesen wäre.[1257]

Mit einer solchen Rüge würde der in § 247a S. 3 StPO normierte Rechtsmittelausschluss umgangen. Zulässig soll dagegen die Aufklärungsrüge sein, dass das Gericht es unterlassen hat, den Zeugen nach durchgeführter Videovernehmung in der Hauptverhandlung zu vernehmen, wenn nach der Vernehmung bekannt gewordene Umstände dazu gedrängt hätten.[1258]

1255 KK-*Diemer*[6] § 247a Rn. 23.
1256 Vgl. die Beispiele bei KK-*Diemer*[6] § 247a Rn. 23; **ablehnend** *Meyer-Goßner*[55] § 247a Rn. 13 am Ende; siehe auch *Diemer* NStZ 2001, 393; *Schlothauer* StV 1999, 50.
1257 *Meyer-Goßner*[55]§ 247a Rn. 13; KK-*Diemer*[6] § 247a Rn. 22.
1258 LR-*Becker*[26] § 247a Rn. 32; *Rieß* StraFO 1999, 7.

Auch die Geltendmachung des absoluten Revisionsgrundes der Behinderung der Verteidigung nach § 338 Nr. 8 StPO durch die Anordnung der Videovernehmung soll im Hinblick auf § 247a S. 2 StPO ausgeschlossen sein.[1259]

Rüge 93

Übersehen der Möglichkeit einer Videovernehmung oder Ablehnung eines darauf gerichteten Antrags und Rügemöglichkeiten   **945**

I. Rechtsgrundlagen

Revisibel ist auch, dass der Tatrichter die Möglichkeit der Videovernehmung etwa **946** bei der Prüfung der (Un-)Erreichbarkeit eines Zeugen überhaupt nicht gesehen hat (sog. erweiterter Erreichbarkeitsbegriff).[1260] Dies eröffnet nicht die Rüge einer fehlerhafter Anwendung des § 247a StPO, sondern die Rüge der Verletzung z.b. des Beweisantragsrechts (Ablehnung wegen Unerreichbarkeit) oder der Aufklärungspflicht. Die damit zusammenhängenden Probleme bleiben daher an dieser Stelle unerörtert (zum Beweisantragsrecht vgl. Rn. 1512).

Gerügt werden kann ferner, dass anstelle einer Videovernehmung lediglich die Verlesung einer Vernehmungsniederschrift angeordnet wurde, da eine audio-visuelle Vernehmung besserer Aufklärungsmöglichkeiten geboten hätte.[1261] Ob eine Videovernehmung einen höheren Beweiswert hat als die Verlesung eines Vernehmungsprotokolls, ist streitig.[1262] Auch dieses Problem bleibt an dieser Stelle unerörtert, da es dabei nicht um die fehlerhafte (Nicht-)Anordnung der Videovernehmung geht, sondern um die Verletzung der Aufklärungspflicht durch Heranziehung des sachferneren Beweismittels.[1263]

Das Übersehen der Möglichkeit der Videovernehmung sowie die Ablehnung eines darauf gerichteten Antrags kann mit der Aufklärungsrüge auch dann beanstandet werden, wenn ohne die Videovernehmung überhaupt keine Aussage des Zeugen zu

---

1259 *Meyer-Goßner*[55] § 247a Rn. 13; KK-*Diemer*[6] § 247a Rn. 22; LR-*Becker*[26] § 247a Rn.32.

1260 *BGHSt* 45, 188 ff. (1. Senat) = StV 1999, 580 m. Anm. *Schlothauer* StV 2000, 180; siehe aber **entgegenstehend** *BGH* Beschl. v. 9.10.2007 – 5 StR 344/07 = StV 2009, 454; *Meyer-Goßner*[55] § 247a Rn. 13; KK-*Diemer*[6] § 247a Rn. 23; LR-*Becker*[26] § 247a Rn. 33.

1261 Vgl. „zur Konkurrenz" zwischen Videovernehmung, kommissarischer Vernehmung und Verlesung *BGHSt* 46, 73 = StV 2000, 345.

1262 Vgl. dazu *BGHSt* 46, 73 ff. = StV 2000, 345.

1263 Vgl. aber *BGHSt* 46, 73 ff.! KK-*Diemer*[6] § 247a Rn. 24; *Albrecht* StV 2001, 364.

erlangen ist. In diesem Fall steht nicht die Anwendbarkeit des § 247a StPO in Frage, sondern die Frage einer Beweiserhebung als solche.[1264]

948   Sind bei einer Videovernehmung weitere prozessuale Maßnahmen angeordnet worden, etwa Ausschluss des Angeklagten und/oder der Öffentlichkeit, betreffen entsprechende Vorgänge ebenfalls nicht den Regelungsbereich des § 247a StPO. Rechtsfehler hinsichtlich der „begleitenden" Anordnungen können nur als Verstoß gegen die entsprechende Vorschrift gerügt werden.[1265] Auf die Ausführungen zu den entsprechenden Vorschriften muss verwiesen werden.

Die in § 247a S. 4 StPO eröffnete Möglichkeit, die Videovernehmung aufzuzeichnen, ist der Revision aus praktischen Gründen entzogen, da ein Beruhen des Urteils auf der Aufzeichnung bzw. deren Unterlassung wohl kaum begründet werden kann.

II. Anforderungen an den Vortrag

949   Hier werden nur die oben unter I. dargestellten Rügemöglichkeiten erörtert, da nur diese als Verstoß gegen § 247a StPO gerügt werden können.

1.   Fehlt eine Gerichtsbeschluss oder dessen Begründung bzw. liegt nur eine Anordnung des Vorsitzenden vor, ist Folgendes vorzutragen:

a) die Durchführung der Videovernehmung ohne jegliche Anordnung sowie, dass auch im weiteren Verlauf des Verfahrens kein Gerichtsbeschluss ergangen ist;

b) bzw. die Verfügung des Vorsitzenden, die in vollem Wortlaut mitzuteilen ist; ferner, dass kein Gerichtsbeschluss ergangen ist, weder vor noch nach der Durchführung der Videovernehmung,

c) bzw. der die Vernehmung anordnende Gerichtsbeschluss (ohne Begründung) in vollem Wortlaut; ferner, dass eine Begründung im weiteren Verfahrensverlauf nicht nachgeholt wurde.

d) in allen Fällen, dass die Videovernehmung durchgeführt wurde und der Zeuge danach nicht erneut per Video oder unmittelbar vernommen wurde,

e) der ggf. verschriftete Inhalt der Vernehmung, ansonsten deren wesentlicher Inhalt ist mitzuteilen, falls er sich nicht im erforderlichen Umfang aus den Urteilsgründen ergibt.

950   2.   Soll gerügt werden, dass die Voraussetzungen des § 247a StPO nicht vorgelegen haben oder zu Unrecht angenommen wurden, ist stets zu bedenken, dass die Ermessensentscheidung selbst nicht angegriffen werden kann. Gerügt werden kann nur die willkürliche Annahme der Voraussetzungen oder die Anordnung aus einem in § 247a StPO nicht vorgesehenen Grund.

1264   KK-*Diemer*[6] § 247a Rn. 22.
1265   *Meyer-Goßner*[55] § 247a Rn. 13.

Vorzutragen ist

a) der die Vernehmung anordnende Gerichtsbeschluss in vollem Wortlaut,
b) die Durchführung der Videovernehmung und deren Inhalt,
c) dass eine Heilung des Begründungsmangels durch einen ergänzenden Beschluss nicht erfolgte,
d) der Zeuge nach der Videovernehmung nicht erneut vernommen wurde.

3. Im Falle der Anordnung der Videovernehmung aus den Gründen des § 251 **951** Abs. 2 StPO ist vorzutragen,

a) der anordnende Gerichtsbeschluss,
b) die Durchführung der Videovernehmung und deren Inhalt,
c) dass der Beschluss im weiteren Verfahrensverlauf weder ergänzt noch geändert wurde,
d) der Zeuge nicht erneut vernommen wurde.

Hinsichtlich des Vortrags zu den Voraussetzungen des § 251 Abs. 2 StPO wird auf die dortigen Ausführungen verwiesen (Rüge 146 Rn. 1246).

Abschnitt 7
Sind Fragen der Verteidigung an einen Zeugen, Sachverständigen oder Mitangeklagten zurückgewiesen worden?

Überblick		**Rn.**	**952**
Rüge 94:	Ist es einem Zeugen gestattet worden, Fragen nach Wohnort oder Identität und zur Glaubwürdigkeit nicht zu beantworten, § 68 Abs. 2, 3 und 4 StPO?	956	
Rüge 95:	Sind Fragen an einen Zeugen zum persönlichen Lebensbereich und zu Vorstrafen zurückgewiesen worden, § 68a Abs. 1 und 2 StPO?	960	
Rüge 96:	Sind Fragen wegen Ungeeignetheit oder als nicht zur Sache gehörig zurückgewiesen worden?	965	
Rüge 97:	Ist die Befragung durch die Verteidigung dadurch behindert worden, dass der Vorsitzende das Fragerecht wieder partiell an sich gezogen, anderen Verfahrensbeteiligten das Fragerecht wieder eingeräumt hat oder die Befragung zur Durchführung einer anderen Beweiserhebung unterbrochen wurde?	970	
Rüge 98:	Konnte die Verteidigung einen Zeugen nicht abschließend befragen, weil dessen Vernehmung unterbrochen, der Zeuge aber nicht erneut geladen wurde?	974	
Rüge 99:	Konnte die Verteidigung die Befragung des Zeugen nicht beenden, weil dieser für eine weitere Befragung nicht mehr zur Verfügung stand?	986	

Vorbemerkung

953 Einem Zeugen kann gestattet werden, unter den Voraussetzungen des § 68 Abs. 2 und 3 StPO Fragen nach dem Wohnort bzw. der Identität zu verweigern. Damit wird das Fragerecht der Verfahrensbeteiligten eingeschränkt. Die Anordnung trifft der Vorsitzende, gegen dessen Entscheidung Gerichtsbeschluss beantragt werden kann.

Nach § 68 Abs. 4 StPO hat der Zeuge jedoch Fragen, die seine Glaubwürdigkeit in der vorliegenden Sache oder seine Beziehungen zum Beschuldigten oder Verletzten betreffen, zu beantworten.

954 Fragen nach Umständen, die dem Zeugen oder einem Angehörigen i.S.d. § 52 StPO zur Unehre gereichen oder zum persönlichen Lebensbereich gehören, können nach § 68a Abs. 1 StPO zurückgewiesen werden, wenn sie nicht unerlässlich sind.

Fragen nach Vorstrafen sollen nur gestellt werden können, wenn sie zur Beurteilung der Glaubwürdigkeit oder zur Prüfung eines Vereidigungsverbots nach § 60 Nr. 2 StPO von Bedeutung sind.

Nach § 241 Abs. 2 StPO können Fragen und Vorhalte an Zeugen, Sachverständige oder Mitangeklagte wegen Ungeeignetheit oder nicht zur Sache gehörig zurückgewiesen werden.

Die unmittelbare Befragung eines Mitangeklagten durch einen Angeklagten ist nach § 240 Abs. 2 S. 2 StPO nicht zulässig.

Fragen an einen Zeugen unter 16 Jahren können in der Regel nur über den Vorsitzenden gestellt werden, § 241a StPO.

Der Vorsitzende entscheidet über die Zulässigkeit der Frage, nach § 242 StPO in Zweifelsfällen das Gericht, was jedoch im Hinblick auf die Möglichkeit der Beanstandungsmöglichkeit nach § 238 Abs. 2 StPO die Ausnahme sein wird.

955 Voraussetzung für eine Rüge der Verletzung des Fragerechts und der darin gleichzeitig liegenden Behinderung der Verteidigung nach § 338 Nr. 8 StPO ist stets, dass gegen die Entscheidung des Vorsitzenden das Gericht angerufen wurde.[1266]

Die Verfügung des Vorsitzenden und der die Frage nicht zulassende Gerichtsbeschluss sind zu begründen. Fehlt die Begründung, kann dies mit Erfolg gerügt werden, da das Revisionsgericht angesichts der fehlenden Begründung nicht prüfen kann, ob die Rechtsbegriffe „ungeeignet" oder „nicht zur Sache gehörig" rechtsirrtumsfrei angewendet wurden.[1267]

1266 *Meyer-Goßner*[55] § 241 Rn. 23; vgl. auch KK-*Schneider*[6] § 241 Rn. 9 jew. m.w.N.
1267 *BGH* StV 2001, 261.

Rüge 94

Ist es einem Zeugen gestattet worden, Fragen nach Wohnort oder Identität und zur Glaub-   **956**
würdigkeit nicht zu beantworten, § 68 Abs. 2, 3 und 4 StPO?

I. Rechtsgrundlagen

Eine Verletzung von § 68 StPO kann nicht gerügt werden, da es sich um eine bloße   **957**
Ordnungsvorschrift handeln soll und die Vorschrift dem Schutz des Zeugen dient
und den Rechtskreis des Angeklagten nicht berührt.[1268] Gerügt werden kann nur die
Verletzung der Aufklärungspflicht oder die Behinderung der Verteidigung, § 338
Nr. 8 StPO[1269].

Ob eine Verletzung des Aufklärungspflicht oder eine Behinderung der Verteidigung
vorliegt, ist Frage des Einzelfalles und kann nicht allgemein beantwortet werden.

II. Anforderungen an Vortrag

Soll wegen der Nichtzulassung von Fragen nach Wohnort oder Identität oder zur   **958**
Glaubwürdigkeit eine Rüge erhoben werden, ist vorzutragen, dass

* der Zeuge geladen wurde und erschienen ist,
* der Zeuge nach § 57 StPO belehrt wurde,
* der Vorsitzende dem Zeugen gestattete, keine Angaben zu Wohnort und/oder
  Identität zu machen,
* der Vorsitzende ggf. Fragen zur Glaubwürdigkeit zurückgewiesen hat,
* gegen die Entscheidung des Vorsitzenden ein Gerichtsbeschluss beantragt wurde.
* Der Gerichtsbeschluss ist in vollem Wortlaut mitzuteilen.
* Die Fragen, die gestellt werden sollten, müssen mitgeteilt werden.

Es müssen Ausführungen dazu erfolgen, warum die unterbliebenen Angaben für die   **959**
Sachaufklärung von Bedeutung waren und dem Gericht sich die Aufklärung aufdrängen musste und was Ergebnis der Aufklärung gewesen wäre.

Soll gerügt werden, dass die Verteidigung durch die fehlende Befragungsmöglichkeit behindert war, muss detailliert vorgetragen werden, worin die Behinderung *in
einem wesentlichen* Punkt bestand insbesondere, welches Ziel mit der Befragung erreicht werden sollte (z.B. Anknüpfungspunkte für weitere Ermittlungen über Glaubwürdigkeit).[1270]

1268   *Meyer-Goßner*[55]§ 68 Rn. 23; KK-*Senge*[6] § 68 Rn. 12.
1269   Vgl. dazu *BGH* Beschl. v. 26.10.2011 – 5 StR 292/11: *Meyer-Goßner*[55]§ 68 Rn. 23;
       KK-*Senge*[6] § 68 Rn. 12.
1270   Vgl. dazu auch KK-*Kuckein*[6] § 338 Rn. 101; *Meyer-Goßner*[55] § 338 Rn. 59.

Rüge 95

960 Sind Fragen an einen Zeugen zum persönlichen Lebensbereich und zu Vorstrafen zurückgewiesen worden, § 68a Abs. 1 und 2 StPO?

I. Rechtsgrundlagen

961 Zum persönlichen Lebensbereich gehören z.b. Fragen nach Neigungen und Einstellungen eines Zeugen, insbesondere zum Sexualleben.[1271]

Unerlässlich bedeutet, dass die Befragung zur Erforschung des Sachverhalts erforderlich ist, wobei gleichgültig ist, ob die Frage eine Haupt oder Hilfstatsache betrifft (insbesondere zur Prüfung der Glaubwürdigkeit).[1272] Die Pflicht zur Sachverhaltsaufklärung kann dem „Geheimhaltungsinteresse" des Zeugen entgegenstehen.[1273]

Anschaulich ist die Entscheidung *BGHSt* 50, 318 ff. = StV 2006, 171 zu Fragen an einen im Zeugenschutz befindlichen Zeugen. Allein der Umstand, dass der Zeuge durch die Beantwortung der Fragen Maßnahmen des ihm gewährten Zeugenschutzes teilweise unmittelbar offenbaren müsste oder aus seinen Antworten im Einzelfall zumindest Rückschlüsse auf Art, Umfang und Ausgestaltung dieser Maßnahmen möglich wären, rechtfertigt für sich genommen die Zurückweisung der Fragen nicht. Zwar könnte die Beantwortung – sowohl für die Sicherheit des Zeugen als auch für die gebotene Geheimhaltung der allgemeinen Organisation des Zeugenschutzes – möglicherweise nachteilige Folgen haben. Nach dem gesetzlichen Konzept des Zeugenschutzes hat indessen im Strafprozess die Aufklärungspflicht des Gerichts und das Fragerecht nach § 240 Abs. 2 StPO (insb. auch Art. 6 Abs. 3 Buchst. d EMRK) demgegenüber nicht von vornherein zurückzutreten.[1274] Diese Grundsätze können auch auf andere Konstellationen übertragen werden.

962 Fragen nach Vorstrafen sind dann zuzulassen, wenn die Beantwortung zur Beurteilung der Glaubwürdigkeit erforderlich ist.[1275] Dazu gehören nicht nur Vorstrafen wegen Aussagedelikten, sondern je nach Einzelfall auch sonstige Verurteilungen wegen schwerer Straftaten, sofern sich daraus Indizien gegen die Glaubwürdigkeit des Zeugen ergeben können.[1276]

Auch in diesen Fällen kann nicht die Verletzung von § 68a StPO, sondern nur die Verletzung der Aufklärungspflicht bzw. die Behinderung der Verteidigung in einem wesentlichen Punkt gerügt werden.[1277]

1271 Vgl. *Meyer-Goßner*[55] § 68a Rn. 4; KK-*Senge*[6] § 68a Rn. 1a.
1272 KK-*Senge*[6] § 68a Rn. 2; *Meyer-Goßner*[55] § 68a Rn. 5 ff.
1273 *BGH* NStZ 1990, 400.
1274 *BGHSt* 50, 318 ff. = StV 2006, 171.
1275 *Meyer-Goßner*[55] § 68a Rn. 7; KK-*Senge*[6] § 68a Rn. 3
1276 Anschaulich *BGH* StV 2001, 435.
1277 *Meyer-Goßner*[55] § 68a Rn. 9; KK-*Senge*[6] § 68a Rn. 6.

In Fällen der Nichtzulassung von Fragen nach § 68a StPO ergeben sich häufig Überschneidungen mit § 241 Abs. 2 StPO (Rn. 965), so dass auf die dortigen Ausführungen ergänzend verwiesen werden kann.

II. Anforderungen an den Vortrag

Vorzutragen ist, dass **963**

- der Zeuge geladen wurde und erschienen ist,
- er nach § 57 StPO belehrt wurde und ggf. seine Personalien angegeben hat,
- der Zeuge zur Sache ausgesagt hat;
- welche konkrete Frage(n) gestellt wurden (im exakten Wortlaut),
- dass die Frage(n) vom Vorsitzenden nach § 68a StPO zurückgewiesen wurden,
- ein Gerichtsbeschluss beantragt wurde,
- die Verfügung des Vorsitzenden durch Gerichtsbeschluss (voller Wortlaut) bestätigt wurde.

Im Falle der Aufklärungsrüge ist auszuführen, dass sich dem Gericht die Zulassung **964** der Frage(n) aufdrängen musste, welches Ergebnis die Beantwortung erbracht hätte und warum dies für die Entscheidung (z.B. für die Beurteilung der Glaubwürdigkeit) von erheblicher Bedeutung war.

Das Gleiche gilt für die ferner zu erhebende Rüge der Behinderung der Verteidigung. Hier muss detailliert vorgetragen werden, warum die Verteidigung ganz wesentlich („in einem wesentlichen Punkt") behindert war, etwa weil entscheidende Tatsachen zur Beurteilung der Glaubwürdigkeit nicht aufgeklärt werden konnten.

Rüge 96

Sind Fragen wegen Ungeeignetheit oder als nicht zur Sache gehörig zurückgewiesen wor-   **965**
den?

I. Rechtsgrundlagen

Nicht zur Sache gehörig steht der Bedeutungslosigkeit i.S.d. § 244 Abs. 3 StPO nicht   **966** gleich. Die Bedeutungslosigkeit rechtfertigt daher eine Zurückweisung nicht. Auch dass aus Sicht des Gerichts eine Frage unerheblich ist, rechtfertigt die Zurückweisung nicht, da das Gericht darüber erst entscheiden kann, wenn es die Antwort gehört hat.[1278] Dies gilt auch für strafzumessungserhebliche Tatsachen. Grundsätzlich ist ein

---

1278   *BGH* StV 1984, 60 und 1985, 4.

großzügiger Maßstab anzulegen.[1279] Zur Begründung des Beschlusses, durch den die Zurückweisung einer Frage durch den Vorsitzenden bestätigt wird, reicht die Formulierung, „die Frage gehöre nicht zum Beweisthema", nicht aus. Sofern die Voraussetzungen des § 241 Abs. 2 StPO nicht vorliegen, darf eine Frage nicht zurückgewiesen werden, auch wenn deren Beantwortung für den Zeugen peinlich sein könnte.[1280]

967 Stets sollte bedacht werden, dass das Fragerecht nicht überreizt werden sollte.[1281] Dies gilt auch für die Revision. Mit endlosen Rügen der Verletzung des Fragerechts könnte das Revisionsgericht nicht nur gelangweilt werden, sondern der Eindruck exzessiven Verteidigerverhaltens verstärkt werden. Die möglichen Rügen sollten daher auf die Fälle beschränkt werden, in denen ein gravierender Verstoß geltend gemacht werden kann. Schwierigkeiten ergeben sich jedoch dann, wenn ein ganzer Fragenkomplex in Rede steht, der Ausfluss der Verteidigungsstrategie ist und nur in der Gesamtheit der Zurückweisung der Fragen die Rechtsfehlerhaftigkeit verdeutlicht werden kann.

968 Ungeeignet sind Fragen, die in tatsächlicher Hinsicht zur Klärung der Schuld und Rechtsfolgenfrage nichts beitragen können. Dazu sollen auch Suggestiv und Wiederholungsfragen gehören sowie Fragen, die bereits beantwortet sind.[1282] Ungeeignet sollen ferner Fragen an einen Zeugen nach Werturteilen sein.

Die Zurückweisung einer Frage kann auch von einem Mitangeklagten gerügt werden, soweit das Fragethema auch ihn betrifft.[1283]

II. Anforderungen an den Vortrag

969 Vorzutragen ist, dass

- der Zeuge geladen wurde und erschienen ist,
- er nach § 57 StPO belehrt wurde und seine Personalien angegeben hat,
- der Zeuge zur Sache ausgesagt hat;
- welche konkrete(n) Frage(n) gestellt wurden (im exakten Wortlaut),
- der Vorsitzende die Frage(n) ggf. mit welcher Begründung beanstandet hat,
- gegen die Nichtzulassung der Frage ein Gerichtsbeschluss beantragt wurde;
- der Gerichtsbeschluss in vollem Wortlaut;
- dass die Frage von dem Zeugen nicht beantwortet wurde.

Es empfiehlt sich, gleichzeitig die Behinderung der Verteidigung durch die fehlerhafte Zurückweisung der Frage zu rügen.

1279   Vgl. zu weiteren Einzelheiten *Meyer-Goßner*[55] § 241 Rn. 13 ff.; KK-*Schneider*[6] § 241 Rn. 5 ff.; vgl. ferner zur Glaubwürdigkeit: *BGH* StV 1982, 204; 1990, 99 und 337.
1280   *BGH* Beschl. v. 26.5.2009 – 5 StR 126/09 = StV 2010, 58.
1281   Vgl. zum Schutz des Zeugen vor umfangreicher Befragung auch zum Sexualleben nur *BGH* NJW 2005, 1519, vgl. auch *BGHSt* 48, 372.
1282   KK-*Schneider*[6] § 241 Rn. 8 ff. zur Ungeeignetheit aus Rechtsgründen und Rn. 11 ff. zur Ungeeignetheit aus tatsächlichen Gründen.
1283   *BGH* StV 1982, 204; *Meyer-Goßner*[55] § 241 Rn. 23; ablehnend KK-*Schneider*[6] § 241 Rn. 23.

Rüge 97

Ist die Befragung durch die Verteidigung dadurch behindert worden, dass der Vorsitzende   **970**
das Fragerecht wieder partiell an sich gezogen, anderen Verfahrensbeteiligten das Fragerecht wieder eingeräumt hat oder die Befragung zur Durchführung einer anderen Beweiserhebung unterbrochen wurde?

I. Rechtsgrundlagen

In Fällen, in denen die Verteidigung ein Konzept der Befragung eines Zeugen ent-   **971**
wickelt hat, um ihn allmählich zu Aussagen zu einem bestimmten Thema hinzufüh-
ren, wird die Verteidigung im wahrsten Sinne des Wortes aus dem Konzept gebracht, wenn der Vorsitzende Zwischenfragen stellt oder das Fragerecht partiell
wieder an sich zieht. Rein faktisch wird die Verteidigung in ihrer Befragung und damit in ihren Verteidigungsmöglichkeiten behindert. Das Gleiche gilt selbstverständlich, wenn die Befragung gänzlich unterbrochen wird, z.B. zur Durchführung einer
anderen Beweiserhebung. Bereits der Widerspruch gegen die Unterbrechung der
Befragung durch Zwischenfragen des Vorsitzenden und ggf. die Beantragung eines
Gerichtsbeschlusses stören den Befragungsfluss.

Die Frage, ob in diesen Fällen ein Verstoß gegen § 240 Abs. 2 StPO und eine Behinderung des Verteidigung i.S.v. § 338 Nr. 8 StPO vorliegen, ist streitig.

Nach der Entscheidung *BGH* NStZ 1995, 143 gäbe es kein Recht der Verteidigung,
eine einmal begonnene Befragung (ungestört) fortzusetzen und zu Ende zu führen.
Solange die Verteidigung insgesamt (im weiteren Verfahrensverlauf) die Gelegenheit zur abschließenden Befragung habe, sei § 240 Abs. 2 StPO nicht verletzt. Dagegen hat das OLG Hamm[1284] entschieden, dass der Vorsitzende, wenn er der Verteidigung das Fragerecht eingeräumt hat, dieses nicht ohne sachlichen Grund wieder
entziehen kann. Denn das Fragerecht könne nur sinnvoll und effektiv ausgeübt werden, wenn alle (zulässigen) Fragen im Zusammenhang gestellt werden könnten. Gegen den Willen des Fragenden dürfe seine Befragung daher weder unterbrochen
noch anderen Verfahrensbeteiligten das Recht zu Zwischenfragen eingeräumt werden. Anderenfalls liegt ein Verstoß gegen §§ 338 Nr. 8, 240 Abs. 2 StPO vor.

II. Anforderungen an Vortrag

Es ist vorzutragen, dass   **972**

- der Zeuge geladen wurde und erschienen ist,
- er nach § 57 StPO belehrt wurde und seine Personalien angegeben hat,
- er zur Sache ausgesagt hat,

1284   *OLG Hamm* StV 1993, 462; ebenso *Meyer-Goßner*[555] § 240 Rn. 9: Der Vorsitzende sei
nicht berechtigt, das Fragerecht wieder an sich zu ziehen oder Fragen in einer ihm
richtig erscheinenden Form zu stellen; ebenso LR-*Becker*[26] § 240 Rn. 17; wohl auch
KK-*Schneider*[6] § 240 Rn. 6; ausführlich *Degener* StV 2002, 618.

- er vom Vorsitzenden und ggf. weiteren Gerichtsmitgliedern befragt wurde,
- die Staatsanwaltschaft Gelegenheit zur Befragung hatte und der Zeuge ggf. Fragen der Staatsanwaltschaft beantwortet hat,
- der Verteidigung das Fragerecht eingeräumt wurde,
- die Verteidigung mit der Befragung begonnen hat,
- der Vorsitzende einzelne Fragen nicht nach § 241 Abs. 2 StPO beanstandet hat,
- er die Befragung unterbrochen hat, indem er selbst Zwischenfragen stellen wollte bzw. anderen Verfahrensbeteiligten das Fragerecht einräumte bzw. die Befragung ganz an sich zog,
- die Verteidigung dies nach § 238 Abs. 2 StPO beanstandete und einen Gerichtsbeschluss beantragte.
- Der Gerichtsbeschluss (in vollem Wortlaut),
- der weitere Verfahrensgang, also z.B. dass die Befragung (teilweise) durch den Vorsitzenden oder andere Prozessbeteiligte fortgeführt wurde,
- der Verteidigung erst danach das Fragerecht erneut eingeräumt wurde,
- die Verteidigung die Befragung fortsetzte.

973 Es empfehlen sich ausführliche Angaben zur Beruhensfrage, wenn im Ergebnis die Verteidigung alle ihr erforderlich erscheinenden Fragen stellen konnte, so dass sich ein Beruhen allein wegen der bloßen Unterbrechung des Fragerechts nicht aufdrängt. Es erscheint erforderlich, das Befragungskonzept offen zu legen, mit dem der Zeuge zu Aussagen zu einem bestimmten Punkt hingeführt werden sollte, und dass dies durch die unberechtigten Zwischenfragen verhindert wurde. Insoweit kommt es allein darauf an, dass nicht *ausgeschlossen* werden kann, dass das Ergebnis der Befragung anders ausgefallen wäre, hätte die Verteidigung ihr Fragerecht ungestört und ununterbrochen hätte zu Ende ausüben können.

Rüge 98

974 Konnte die Verteidigung einen Zeugen nicht abschließend befragen, weil dessen Vernehmung unterbrochen, der Zeuge aber nicht erneut geladen wurde?

I. Rechtsgrundlagen

975 Es kommt häufig vor, dass die Vernehmung eines Zeugen z.B. aus Zeitgründen unterbrochen wird und die Vernehmung zu einem späteren Zeitpunkt fortgesetzt werden soll. In diesem Falle erfolgt in der Regel keine Entscheidung über die Vereidigung und die „offizielle" Entlassung des Zeugen.

Es ist auch zu beobachten, dass der Vorsitzende anordnet, dass sich der Zeuge für heute entfernen darf und die Entscheidung über die Entlassung zurückgestellt wird.

Wird der Zeuge nicht erneut zur Hauptverhandlung geladen, ergeben sich verschiedene Rügemöglichkeiten.

Voraussetzung für eine Rüge in allen Fallkonstellationen ist aber, dass die Verteidigung Aktivitäten entfaltet hat, um den Zeugen (abschließend) befragen zu können.

976

Erfolgt die Unterbrechung der Vernehmung bzw. die Entfernung für diesen Sitzungstag nicht im Einverständnis mit der Verteidigung, ist ein Widerspruch gegen die Unterbrechung der Vernehmung und gegebenenfalls die Herbeiführung eines Gerichtsbeschlusses erforderlich.

Wird der Zeuge vor Ende der Beweisaufnahme nicht von Amts wegen erneut geladen, ist mindestens ein Antrag der Verteidigung auf Ladung des Zeugen zum Zwecke der abschließenden Befragung unter Hinweis auf die noch nicht erfolgte erschöpfende Vernehmung erforderlich.

Wird ein solcher Antrag abgelehnt und erfolgt die Entscheidung über die Vereidigung und Entlassung, kann die Stellung eines Beweisantrages erforderlich sein.

Hat die Verteidigung keinerlei Aktivitäten zur erneuten Ladung entfaltet, scheidet eine Rüge der Verletzung des Fragerechts schon wegen Fehlens eines Gerichtsbeschlusses aus. Auch eine Aufklärungsrüge würde versagen, da sich dem Gericht mangels Kenntnis der von der Verteidigung noch beabsichtigten Fragen die ergänzende bzw. abschließende Vernehmung nicht aufdrängen musste. Dies gilt insbesondere in den Fällen, in denen die Befragung durch das Gericht abgeschlossen war.

977

Bei entsprechenden Verteidigungsaktivitäten kommen mehrere Rügen in Betracht.

1. Ist ein (einfacher) Antrag auf abschließende Vernehmung des Zeugen abgelehnt worden, ist die Verletzung des Fragerechts und die Behinderung der Verteidigung zu rügen. Eine Verletzung des Konfrontationsrechts nach Art. 6 Abs. 3 lit. d) EMRK kommt dann in Betracht, wenn der Zeuge sich entfernt hat, bevor die Verteidigung mit der Befragung beginnen konnte. Ist der Zeuge bereits teilweise durch die Verteidigung befragt worden, kommt ein unmittelbarer Verstoß gegen Art. 6 Abs. 3 lit. d) EMRK wohl nicht in Betracht. Gleichwohl ist die Vorschrift tangiert, weil das Fragerecht nicht „effektiv" ausgeübt werden konnte.

978

2. Hat der Vorsitzende bei der Entfernung des Zeugen zugesagt, diesen erneut auf Bitten der Verteidigung zu laden, wenn weitere Fragen zu stellen sind und wird dieser Bitte bzw. einem entsprechenden Antrag nicht entsprochen, kommt (zusätzlich) die Rüge der Verletzung des fairen Verfahrens in Betracht, wenn die Verteidigung im Vertrauen auf die erneute Ladung des Zeugen Verteidigungsaktivitäten und insbesondere Fragen zurückgestellt hat.

979

3. Ist ein Beweisantrag gestellt worden, ist die Verletzung des Beweisantragsrechts zu rügen. Da es sich in diesem Falle um einen Antrag auf erneute Ladung und Vernehmung eines bereits vernommenen Zeugen handelt, bestehen besondere Anforderungen an den Vortrag.

980

II. Anforderungen an den Vortrag

1. Zurückweisung eines einfachen Antrages auf ergänzende Vernehmung

981   Rüge der Verletzung des § 240 Abs. 2 StPO; Behinderung der Verteidigung nach § 338 Nr. 8 StPO; Verletzung von Art. 6 Abs. 3 lit. d) EMRK.

Vorzutragen ist,

- dass der Zeuge zur Hauptverhandlung vom … geladen wurde und erschienen war,
- dass der Zeuge zur Sache ausgesagt hat,
- dass der Zeuge vom Gericht und gegebenenfalls der Staatsanwaltschaft und der Verteidigung (teilweise) befragt wurde,
- dass die Vernehmung des Zeugen unterbrochen wurde und gegebenenfalls zu einem späteren Zeitpunkt fortgesetzt werden sollte,
- oder: der Vorsitzende dem Zeugen gestattete, sich für heute zu entfernen und die Entscheidung über die Vereidigung und Entlassung zurückgestellt wurde,
- gegebenenfalls ein Widerspruch der Verteidigung gegen die Entlassung,
- gegebenenfalls die Beantragung eines Gerichtsbeschlusses und dessen voller Wortlaut
- dass der Zeuge von Amts wegen nicht erneut geladen wurde,
- dass die Verteidigung einen im Wortlaut mitzuteilenden Antrag auf erneute Ladung zum Zwecke der abschließenden Befragung gestellt hat,
- dass das Gericht durch den im Wortlaut mitzuteilenden Beschluss den Antrag abgelehnt hat,
- dass der Zeuge bis zum Ende der Beweisaufnahme nicht erneut geladen und vernommen wurde,
- dass die Verteidigung nicht auf die weitere Befragung verzichtet hat.

In aller Regel empfiehlt es sich, die Fragen bzw. Themenkomplexe mitzuteilen, zu denen der Zeuge noch befragt werden sollte, weil dazu noch keine Gelegenheit bestand. Soll neben der Verletzung des Fragerechts die Behinderung der Verteidigung gerügt werden, muss dargetan werden, dass die unterbliebene Befragung die Verteidigung in einem *wesentlichen* Punkt behindert hat, weil die noch ausstehende Befragung den Kernbereich der Aussage betraf.

2. Keine erneute Ladung des Zeugen trotz Zusage des Gerichts

982   Zusätzlich zu 1. ist zu rügen ein Verstoß gegen den Grundsatz des fairen Verfahrens.

Zusätzlich zu den unter 1. vorzutragenden Tatsachen ist auszuführen,

- dass der Vorsitzende bzw. das Gericht die erneute Ladung des Zeugen zugesagt hat; sofern dies im Protokoll vermerkt ist, ist der Protokollinhaltlich wörtlich mitzuteilen,

- dass die Verteidigung im Vertrauen auf die Zusage der erneuten Ladung Verteidigungsaktivitäten und weitere Fragen unterlassen hat,
- welche Fragen an den Zeugen noch hätten gestellt werden sollen.

3. Zurückweisung eines Beweisantrages

Zu rügen ist die Verletzung des § 244 Abs. 3 StPO; gleichzeitig die Verletzung des § 240 Abs. 2 StPO; Behinderung der Verteidigung nach § 338 Nr. 8 StPO; Verletzung von Art. 6 Abs. 3 lit. d) EMRK.   **983**

Vorzutragen sind neben den unter 1. aufgeführten Tatsachen

- der Beweisantrag in vollem Wortlaut,
- der Beschluss über die Zurückweisung des Antrages im Wortlaut,
- dass die Verteidigung wegen der Entfernung des Zeugen keine Möglichkeit hatte, den Zeugen zu den Beweisthemen zu befragen,
- dass die Verteidigung den Beweisantrag nicht zurückgenommen und auf die Vernehmung des Zeugen nicht verzichtet hat und dieser auch nicht nochmals vernommen wurde.

Die Schwierigkeit besteht in diesen Fällen darin, dass der Beweisantrag z.B. wegen Bedeutungslosigkeit der Beweistatsache oder wegen Wahrunterstellung zurückgewiesen werden kann. Wäre der Zeuge dagegen dazu befragt worden, hätten Fragen zu diesem Beweisthema nicht nach § 241 Abs. 2 StPO zurückgewiesen werden dürfen, da Erwägungen zur Ablehnung eines Beweisantrages wegen Bedeutungslosigkeit die Zurückweisung von Fragen wegen „Ungeeignetheit" nicht rechtfertigen.[1285]   **984**

Gleichwohl kann aber die Zurückweisung des Beweisantrages wegen Bedeutungslosigkeit der Beweistatsache für sich genommen nicht angreifbar sein, obwohl die entsprechenden Fragen hätten zugelassen werde müssen.

Bei der Zurückweisung wegen Wahrunterstellung liegt das Problem darin, dass der Antragsteller sein erstrebtes Beweisziel durch die Wahrunterstellung erreicht hat und daher das Urteil auf der Zurückweisung des Beweisantrages wohl kaum beruhen wird.

Es ist daher dringend anzuraten, neben der Verletzung des Beweisantragesrechts gleichzeitig die Rüge der Verletzung des Fragerechts und der Behinderung der Verteidigung zu erheben.

Es sollte ein Hinweis darauf erfolgen, dass die Befragung eines Zeugen ein dynamischer Prozess ist, in dessen Verlauf sich über die beabsichtigten Fragen hinaus aus den Antworten des Zeugen neue Aspekte ergeben können, die Anlass zu weiteren Fragen bieten. Bereits von daher ist nie auszuschließen, dass bei einer (ergänzenden) Befragung des Zeugen Tatsachen in die Hauptverhandlung eingeführt worden wären, die für die Entscheidung sehr wohl von Bedeutung gewesen wären, bzw. die   **985**

1285   *Meyer-Goßner*[55] § 241 Rn. 13.

über die als wahr unterstellten Tatsachen hinausgehen. Aus diesen Gründen wird die Zurückweisung des Beweisantrages wegen Bedeutungslosigkeit der Beweistatsache oder auch eine Wahrunterstellung den sich aus dem Fragerecht ergebenden Verteidigungsmöglichkeiten nicht gerecht.

Rüge 99

986 Konnte die Verteidigung die Befragung des Zeugen nicht beenden, weil dieser für eine weitere Befragung nicht mehr zur Verfügung stand?

I. Rechtsgrundlagen

987 Hier sind zunächst die Fälle denkbar, in denen sich ein Zeuge während der Befragung durch die Verteidigung nunmehr berechtigterweise z.b. auf sein Zeugnisverweigerungsrecht nach § 52 StPO oder auf sein (umfassendes) Auskunftsverweigerungsrecht nach § 55 StPO beruft. In der berechtigten Zeugnis- bzw. Auskunftsverweigerung liegt weder eine Verletzung des Fragerechts noch eine Behinderung der Verteidigung.

Die Unmöglichkeit der Befragung durch die Verteidigung ist jedoch bei der Beweiswürdigung zu berücksichtigen und zwar unter zwei Aspekten: zum einen die Tatsache der Zeugnis- bzw. Auskunftsverweigerung, zum anderen die fehlende Möglichkeit der Verteidigung, die Angaben des Zeugen durch eine eigene Befragung zu hinterfragen und ggf. dadurch die Glaubwürdigkeit des Zeugen bzw. die Glaubhaftigkeit seiner Angaben zu erschüttern.

Während die berechtigte Zeugnisverweigerung eines Zeugen nach § 52 StPO grundsätzlich nicht bei der Beweiswürdigung berücksichtigt werden darf, kann die Tatsache der Auskunftsverweigerung nach § 55 StPO Beachtung finden.[1286]

988 Soll die Beweiswürdigung insoweit als rechtsfehlerhaft weil lückenhaft gerügt werden, ist dies im Rahmen der Sachrüge zu beanstanden. Da die Tatsache der Auskunftsverweigerung und die Unmöglichkeit (weiterer) Befragung sich aber nur aus dem Verfahrensverlauf ergeben, ist es erforderlich, dies im Rahmen der Sachrüge mitzuteilen. Dazu gehört u.a., dass nach der Aussage des Zeugen und der Befragung durch das Gericht und die Staatsanwaltschaft die Verteidigung mit der Befragung begonnen hat, der Zeuge berechtigt die Aussage verweigert hat und die Verteidigung im Laufe des Weiteren Verfahrens keine Möglichkeit mehr hatte, ihre Fragen an den Zeugen zu stellen. Bei den Ausführungen zur Frage des Beruhens auf der fehlerhaft unterbliebenen Erörterung der Unmöglichkeit der Befragung durch die

---

1286 *BGH* StV 1984, 233; *Meyer-Goßner*[55] § 261 Rn. 20; vgl. auch Rüge 90 Rn. 927.

Verteidigung z.B. zur Erschütterung der Glaubwürdigkeit kann es angezeigt sein, exemplarisch die Fragen mitzuteilen, die dem Zeugen hätten gestellt werden sollen.

Die unterbliebene Berücksichtigung der fehlenden Befragungsmöglichkeit durch **989** die Verteidigung bei der Beweiswürdigung kann auch dann gerügt werden, wenn der Zeuge z.b. infolge Krankheit, Tod oder anderer in seiner Person liegender Umstände nicht von der Verteidigung (zu Ende) befragt werden konnte.

Liegt der Grund für die Unmöglichkeit der Befragung im Verantwortungsbereich der Justiz, ist die Behinderung der Verteidigung und die Verletzung des Rechts aus § 240 Abs. 2 StPO zu rügen, z.b. Beendigung der Befragung wegen Schließung des Gerichtsgebäudes und Abreise des Zeugen am gleichen Tage.[1287] In diesen Fällen hat der Vorsitzende bei absehbarer lang dauernder Zeugenvernehmung die organisatorischen Vorkehrungen dafür zu treffen, dass die Befragung zu Ende geführt werden kann. Für den Fall, dass der Zeuge nicht erneut erscheinen kann, muss ggf. eine audiovisuelle Vernehmung nach § 247a StPO erfolgen.[1288]

Abschnitt 8
Sind einem Zeugen, Sachverständigen oder Mitangeklagten Vorhalte aus früheren Vernehmungen gemacht worden?

Der Vorhalt ist als Vernehmungsbehelf zulässig. Einer Beweisperson können daher **990** zur Unterstützung ihres Gedächtnisses Vorhalte aus einer früheren eigenen Erklärung oder derjenigen eines Dritten gemacht werden.

Entscheidend ist jedoch, dass durch den Vorhalt nicht dessen Inhalt in die Hauptverhandlung eingeführt wird, sondern nur das, was der Zeuge auf Vorhalt erklärt. Erklärt der Zeuge, sich nicht zu erinnern, ist der Vorhalt gescheitert. Das Gleiche gilt für die Erklärung, wenn er das damals so gesagt habe, dann sei das richtig oder ein Vernehmungsbeamter erklärt, er habe alles, was der Zeuge erklärt habe, richtig aufgenommen. Der Inhalt des Protokolls darf in diesen Fällen nicht verwertet werden.[1289] Ist dies geschehen, ist die Inbegriffsrüge, d.h. die Verletzung des § 261 StPO zu erheben, weil das Gericht Tatsachen verwertet hat, die nicht in die Hauptverhandlung eingeführt wurden.[1290]

1287 Vgl. dazu *BGH* StV 2007, 226.
1288 Vgl. dazu *BGH* NStZ 2007, 281.
1289 *BGHSt* 14, 310; 21, 149 ff.; *BGH* StV 1990, 485; *Meyer-Goßner*[55] § 249 Rn. 28 m.w.N.
1290 Siehe Rüge 226, Rn. 1858 ff.

Abschnitt 9
Kombinierter Zeugen-Urkundenbeweis

Rüge 100

991 Ist ein Teil einer früheren Zeugen oder Sachverständigenaussage nach § 253 StPO verlesen worden?

I. Rechtsgrundlagen und Rügemöglichkeiten

992 § 253 StPO eröffnet einen kombinierten Zeugen-Urkundenbeweis.[1291]

Er kommt zur Anwendung, wenn der in der Hauptverhandlung befragte Zeuge oder Sachverständige auch nach Vorhalt erklärt, keine Erinnerung mehr an die zu bekundende Tatsache zu haben, § 253 Abs. 1 StPO. Die Erklärung, sich nicht erinnern zu können, ist nicht protokollierungspflichtig,[1292] es sei denn, es wäre in der Hauptverhandlung von der Staatsanwaltschaft bzw. der Verteidigung ein diesbezüglicher Protokollierungsantrag gestellt worden (§ 255 StPO).

993 Unter dieser Voraussetzung kann derjenige Teil der früheren Aussage im Urkundsbeweis verlesen werden, an den der Zeuge keine Erinnerung mehr hatte.[1293] Dabei kommt es auf die Erinnerung des tatsächlichen Geschehens und nicht auf die Erinnerung an die frühere Aussage an.[1294] Durch die Verlesung im Urkundenbeweis wird die Vernehmung der Verhörsperson ersetzt.[1295]

Dass es dabei zur doppelten Verlesung kommt, nämlich einmal Verlesung zum Zwecke des Vorhalts und bei dessen Scheitern zur nochmaligen Verlesung zum Zwecke des Urkundenbeweises nach § 253 StPO, spielt keine Rolle.

Die Formulierung in § 253 Abs. 1 StPO, die Verlesung erfolge „zur Unterstützung des Gedächtnisses" ist irreführend. Der *Vorhalt* in Form der Verlesung erfolgt zur Gedächtnisauffrischung, und es darf nur das verwertet werden, was der Zeuge auf Vorhalt antwortet, während die Verlesung nach § 253 Abs. 1 StPO nach h.M. Urkundenbeweis ist und durch die Verlesung das Verlesene in die Hauptverhandlung eingeführt ist, unbeschadet der darauf von dem Zeugen erfolgenden Reaktion.[1296]

§ 253 StPO bezieht sich ausschließlich auf Angaben in früheren Vernehmungen. Daher findet die Vorschrift keine Anwendung auf die Vernehmungspersonen, wenn

---

1291 Siehe auch Rüge 147 Rn. 1283.
1292 *Meyer-Goßner*[55] § 253 Rn. 5.
1293 *Meyer-Goßner*[55] § 253 Rn. 1, 3.
1294 *KK-Diemer*[6] § 253 Rn. 5.
1295 *BGH* NStZ 2002, 46 und 2006, 652.
1296 *KK-Diemer*[2] § 253 Rn. 2.

diese Erinnerungslücken hinsichtlich der von ihnen aufgenommenen Zeugenaussagen haben.[1297]

Die Verlesung nach § 253 StPO hat in Anwesenheit des Zeugen zu erfolgen[1298] und ist eine protokollierungspflichtige wesentliche Förmlichkeit.[1299] Die Verlesung setzt keinen Gerichtsbeschluss voraus.[1300]

Die gleichen Grundsätze gelten, wenn sich anlässlich der Vernehmung in der Hauptverhandlung Widersprüche zwischen früherer und jetziger Aussage des Zeugen ergeben, die sich auf andere Weise ohne Unterbrechung der Hauptverhandlung nicht aufklären lassen. Bestätigt der Zeuge allerdings, in der früheren Vernehmung so wie dort protokolliert ausgesagt zu haben, ist der Widerspruch festgestellt, so dass es keiner Verlesung zur Klärung bedarf.[1301] Erklärt der Zeuge dagegen, seine Aussage sei falsch protokolliert, kommt eine Verlesung nach § 253 StPO nicht in Betracht, weil die Aufklärungspflicht die Vernehmung der Verhörsperson gebietet.[1302]   **994**

Nach § 255a Abs. 1 StPO gilt § 253 StPO auch für die Vorführung von Videoaufzeichnungen, die nach § 58a StPO oder § 247a StPO entstanden sind.[1303]

Ist nach § 253 StPO verfahren worden, kann gerügt werden, dass die Verlesungsvoraussetzungen nicht vorgelegen haben. Da die Verlesung allein aufgrund der Anordnung des Vorsitzenden erfolgt, setzt die Rüge eine Beanstandung nach § 238 Abs. 2 StPO und einen entsprechenden Gerichtsbeschluss voraus.   **995**

Ist ein Antrag auf Verlesung nach § 253 StPO abgelehnt worden, ist neben der Verletzung des § 253 StPO die Aufklärungsrüge zu erheben.

Ist während einer Zeugenvernehmung vermehrt nach § 253 StPO wegen Erinnerungslosigkeit oder nicht anders behebbarer Widersprüche verfahren worden, kann dies Anlass sein, sich in der Beweiswürdigung mit den Erinnerungslücken des Zeugen sowie den aufgetretenen Widersprüchen auseinander zu setzen.[1304]

II. Anforderungen an den Vortrag

1. Soll gerügt werden, dass die Verlesung zu Unrecht erfolgte, ist vorzutragen,   **996**

a) dass der Zeuge geladen und erschienen war und zur Sache vernommen wurde,

b) dass der Vorsitzende die Verlesung nach § 253 Abs. 1 oder 2 StPO angeordnet hat,

c) ggf. der Grund für die Verlesung, etwa auf Antrag des Angeklagten nach § 255 StPO,

1297 *BGH* StV 1994, 637; KK-*Diemer*[3] § 253 Rn. 3; *Meyer-Goßner*[55] § 253, Rn. 7.
1298 *Meyer-Goßner*[55] § 253 Rn. 3.
1299 *Meyer-Goßner*[50] § 255 Rn. 1; KK-*Diemer*[6] § 255 Rn. 1.
1300 KK-*Diemer*[6] § 253 Rn. 1; *Meyer-Goßner*[55] § 253 Rn. 2.
1301 *BGH* StV 2002, 11.
1302 KK-*Diemer*[6] § 253 Rn. 6.
1303 *BGH* StV 2004, 246; KK-*Diemer*[6] § 253 Rn. 10.
1304 Siehe Rüge 147 Rn. 1283.

d) dass gegen die Entscheidung ein Gerichtsbeschluss beantragt wurde,

e) der Gerichtsbeschluss im Wortlaut,

f) die Ausführung der Verlesung,

g) die Mitteilung des verlesenen Teils der Vernehmung,

dass der Zeuge auch im weiteren Verlauf der Vernehmung keine Erinnerung mehr hatte bzw. der Widerspruch nicht aufgeklärt werden konnte.

Es haben Ausführungen zu folgen, warum die Verlesungsvoraussetzungen nicht vorgelegen haben.

997 2. Soll gerügt werden, dass ein Antrag auf Verlesung nach § 253 StPO zu Unrecht abgelehnt wurde, ist vorzutragen,

a) dass der Zeuge geladen und erschienen war und vernommen wurde,

b) der Antrag auf Verlesung nach § 253 StPO nebst Begründung sowie die Bezeichnung der zu verlesenden Passagen,

c) die Ablehnung durch den Vorsitzenden,

d) die Beanstandung nach § 238 Abs. 2 StPO,

e) der Gerichtsbeschluss,

f) dass der Grund für den Verlesungsantrag im weiteren Verlauf der Vernehmung nicht entfallen ist und der Antrag nicht zurückgenommen wurde.

Das Urteil ist darauf zu untersuchen, wie es sich zu der Passage der Aussage verhält, deren Verlesung beantragt war. Ist sie im Urteil enthalten, wird das Urteil auf der unterlassenen Verlesung nicht beruhen. Fehlt sie und wäre eine Auseinandersetzung damit erforderlich (etwa weil das Urteil eine Aussagekonstanz annimmt, die Verlesung jedoch Widersprüche ergeben hätte), ist ferner (als Aufklärungsrüge) darzutun, warum dieser Teil der Aussage von Bedeutung war und warum dem Gericht sich die Einführung im Wege der Verlesung hätte aufdrängen müssen.

998 3. Sind mehrere Protokollverlesungen nach § 253 StPO erfolgt, kann dies Anlass für eine Berücksichtigung bei der Beweiswürdigung sein. Erinnerungslücken eines Zeugen sind für die Beurteilung seiner Glaubwürdigkeit und der Glaubhaftigkeit seiner Angaben ebenso von Bedeutung wie das Hervortreten von Widersprüchen zwischen früherer Aussage und Angaben in der Hauptverhandlung. Soll eine insoweit lückenhafte Beweiswürdigung gerügt werden, muss eine kombinierte Sach und Verfahrensrüge erhoben werden, da das Urteil in der Regel zur Frage der Verlesung nach § 253 StPO schweigt. Dazu ist vorzutragen,

a) dass der Zeuge geladen und erschienen war und zur Sache ausgesagt hat,

b) dass der Vorsitzende (auf Antrag) die Verlesung angeordnet hat,

c) aus welchem Grund (§ 253 Abs. 1 oder 2 StPO) die Verlesung angeordnet wurde,

d) die Anordnung ausgeführt wurde,

e) die Voraussetzungen für die Verlesung im weiteren Verlauf der Hauptverhandlung nicht entfallen sind (keine plötzliche Erinnerung des Zeugen, keine Auflösung des Widerspruchs).

Sodann ist auszuführen, warum sich das Gericht im Rahmen der Beweiswürdigung mit den Erinnerungsdefiziten bzw. den Widersprüchen hätte auseinander setzen müssen und die Beweiswürdigung wegen der fehlenden Erörterung lückenhaft ist.

Abschnitt 10
Gewährleistung des Rechts zur Befragung wesentlicher Belastungszeugen

Rüge 101

Hatte die Verteidigung zu keinem Zeitpunkt des Verfahrens die Gelegenheit, Fragen an einen Belastungszeugen zu stellen? (Verletzung des Konfrontationsrechts Art. 6 Abs. 3 lit. d EMRK) **999**

I. Rechtsgrundlagen und Rügemöglichkeiten

Das Recht, Fragen an den Belastungszeugen zu stellen bzw. (über die Verteidigung) stellen zu lassen, soll sicherstellen, dass auch für die Verteidigung wichtige Gesichtspunkte herausgearbeitet werden und insbesondere die Glaubwürdigkeit des Zeugen und die Glaubhaftigkeit seiner Angaben kritisch hinterfragt werden können.[1305] **1000**

Die Verletzung des Konfrontationsrechts des Beschuldigten oder Angeklagten aus Art. 6 Abs. 3 lit. d) EMRK, in irgendeinem Zeitpunkt des Verfahrens Fragen an den Belastungszeugen zu stellen oder (über seinen Verteidiger) stellen zu lassen, kann verschiedene Ursachen haben. Die Unmöglichkeit der Befragung kann sich etwa daraus ergeben, dass ein Zeuge im Ermittlungsverfahren ohne Befragungsmöglichkeit durch die Verteidigung vernommen wurde, in der Hauptverhandlung jedoch nicht aussagt oder gar nicht vernommen werden kann. So kann sich z.B. der Zeuge in der Hauptverhandlung in zulässiger Weise auf ein Zeugnisverweigerungs- oder umfassendes Auskunftsverweigerungsrecht berufen oder er konnte wegen Unauffindbarkeit, Tod oder auch einer Sperrerklärung (siehe dazu Rn. 1031 ff.) nicht geladen und vernommen werden. Die Rüge der Verletzung des Konfrontationsrechts nach Art. 6 Abs. 3 lit. b EMRK, weil keine ermittlungsrichterliche Zeugenvernehmung mit der Möglichkeit der Befragung durchgeführt wurde, kann nur dann erfolgreich sein, wenn das Unterlassen der Vernehmung der Justiz zuzurechnen ist.[1306]

1305 LR-*Becker*[26] MRK Art. 6 Rn. 219.
1306 *BGH* Beschl. v. 12.1.2011 – 1 StR 540/10 = StV 2011, 362; vgl. auch *BGHSt* 51, 150 = StV 2007, 66; *BGH* Beschl. v. 29.11.206 – 1 StR 493/06 = StV 2007, 66.

Die Vorschrift des Art. 6 Abs. 3 lit. d EMRK erfasst auch Aussagen eines Mitangeklagten im Ermittlungsverfahren, wenn dieser in der Hauptverhandlung von seinem Schweigerecht Gebrauch gemacht hat. Ob infolge dessen der Umstand, dass ein Angeklagter den Mitangeklagten zu keinem Zeitpunkt befragen oder befragen lassen konnte, zu einem Konventionsverstoß führt, hängt davon ab, ob seine Verteidigungsrechte insgesamt angemessen gewahrt wurden und das Verfahren in seiner Gesamtheit fair war.[1307]

1001 Allein die Unmöglichkeit der Befragung soll nicht in jedem Fall eine Verletzung von Art. 6 Abs. 3 lit. d) EMRK zu Folge haben. Entscheidend soll vielmehr sein, ob das Verfahren in seiner Gesamtheit einschließlich der Art und Weise der Beweiserhebung und -würdigung fair war.[1308] Bei der Prüfung, ob wegen Verletzung des Konfrontationsrechts insgesamt ein faires Verfahren vorliegt, kommt es insbesondere darauf an, ob der Umstand, dass der Angeklagte keine Gelegenheit zur konfrontativen Befragung hatte, der Justiz zuzurechnen ist.

Zwar muss die Justiz auch aktive Schritte unternehmen, um einen Angeklagten in die Lage zu versetzen, einen Mitangeklagten durch seinen Verteidiger (§ 240 Abs. 2 S. 2 StPO) befragen zu lassen. Es gibt aber keine Verpflichtung, Unmögliches zu leisten (hier: Weigerung des Mitangeklagten, Fragen des Verteidigers des Angeklagten zu beantworten). Eine Kompensation hat im Rahmen der Beweiswürdigung zu erfolgen.[1309]

Die Kompensation der Verletzung des Fragerechts erfolgt bei der Beweiswürdigung. Die Rechtsprechung des *BGH* zur Beweiswürdigungslösung bei Verletzung des Konfrontationsrechts wurde vom *BVerfG* nicht beanstandet,[1310] auch im Falle der Unmöglichkeit der Befragung wegen der Sperrung einer Vertrauensperson durch die oberste Dienstbehörde.[1311]

Bei der Beweiswürdigung wegen Verletzung des Konfrontationsrechts ist zu differenzieren:

Ist das Unterbleiben der Befragung des Zeugen durch die Verteidigung dem Staat zuzurechnen, kann eine Verurteilung auf dessen Angaben nur gestützt werden, wenn diese durch gewichtige außerhalb der Aussage liegende Beweisanzeichen gestützt werden.[1312]

1307 *BGH* StV 2010, 673 (Ls).
1308 *EGMR* StV 2002, 298 m. Anm. *Pauly*; *EGMR* NJW 2003, 2297; *BGH* StV 2007, 66; *BGHSt* 46, 93 = StV 2000, 593 m. Anm. *Schlothauer* StV 2001, 127; *BGH* StV 2005, 113 = JR 2005, 247 m. Anm. *Esser* jew. m.w.N.; *BVerfG* StV 2010, 337; *Meyer-Goßner*[55] MRK Art. 6 Rn. 22.
1309 *BGH* StV 2010, 57.
1310 *BVerfG* NJW 2007, 204.
1311 *BVerfG* StV 2010, 337 m. Anm. *Safferling*.
1312 *BGH* StV 2007, 66 = JR 2007, 300 m. Anm. *Eisele*; *BGHSt* 46, 93 = StV 2000, 593; *BGH* NStZ 2005, 224; *Meyer-Goßner*[55] MRK Art. 6 Rn. 22d.

Trifft den Staat kein Verschulden, bedarf es nur einer besonders sorgfältiger Beweiswürdigung und die Verurteilung darf nicht einzig und allein auf den Angaben des Zeugen beruhen.

Diese Differenzierung ist kaum nachvollziehbar. Die Frage, wem die Unmöglich- **1002** keit der Befragung zuzurechnen ist, ändert an der Tatsache nichts, dass die Verteidigung dadurch wesentlich behindert wurde. Diese in jedem Fall bestehende Einschränkung der Verteidigungsmöglichkeiten kann nicht durch unterschiedliche Anforderungen an die Beweiswürdigung je nach Ursache für die Beschränkung ausgeglichen werden, da in keinem Fall die Verteidigung für die fehlende Befragungsmöglichkeit verantwortlich ist.

Ein Verwertungsverbot für frühere Aussagen bei Verletzung des Konfrontationsrechts lehnt die Rechtsprechung ab.[1313] Auch dies ist kaum nachvollziehbar. Unterbleibt bei einer richterlichen Zeugenvernehmung im Ermittlungsverfahren die gebotene Benachrichtigung des Verteidigers und konnte daher der Zeuge z.B. bei Zeugnisverweigerung in der Hauptverhandlung zu keinem Zeitpunkt befragt werden, soll die Verletzung des Konfrontationsrechts lediglich im Wege der Beweiswürdigung zu kompensieren sein (außerhalb der Aussage liegende unterstützende Beweisanzeichen), während die Verletzung des § 168c Abs. 5 StPO ein umfassendes Verwertungsverbot der früheren Vernehmung nach sich zieht (vgl. dazu Rügen 245, 249, Rn. 2014 ff.; 1918 ff. Auch kann es keinen Unterschied machen, ob die Benachrichtigung des Verteidigers nach § 168c StPO rechtswidrig unterblieb und so eine Befragung unmöglich war, oder ob ein Zeuge etwa durch eine rechtswidrige oder gar objektiv willkürliche Sperrerklärung analog § 96 StPO einer Befragung entzogen wurde.

Ist ein Zeuge erreichbar und trotz Ladung nicht zur Hauptverhandlung erschienen und wurde deswegen seine Aussage durch den Vernehmungsbeamten eingeführt, soll eine ausdrückliche Auseinandersetzung mit der fehlenden Befragungsmöglichkeit durch die Verteidigung jedoch nur dann erforderlich sein, wenn die Verteidigung in der Hauptverhandlung auf die Vernehmung des Zeugen gedrängt hat.[1314]

Da nach der Rechtsprechung des BGH die Kompensation einer Verletzung des **1003** Konfrontationsrechts bei der Beweiswürdigung zu erfolgen hat, ist eine kombinierte Sach und Verfahrensrüge zu erheben. Denn (möglicherweise) ergeben sich die Verfahrensvorgänge, auf denen die Unmöglichkeit der Befragung durch die Verteidigung beruht, und die Ursachen dafür, nicht (vollständig) aus dem Urteil.

II. Anforderungen an den Vortrag

Es ist darzulegen, **1004**

- dass der Zeuge im Ermittlungsverfahren oder außerhalb der Hauptverhandlung vernommen wurde,

---

1313 Vgl. etwa *BGHSt* 49, 112 ff. = StV 2004, 192.
1314 *BGH* StV 2007, 569.

- dass die Verteidigung den Zeugen weder bei dieser Vernehmung noch bei einer anderen Gelegenheit befragen konnte,
- dass der Zeuge in der Hauptverhandlung nicht befragt werden konnte unter Darlegung der Gründe dafür, z.b. Berufung auf ein Zeugnisverweigerungsrecht, Unerreichbarkeit, Sperrung des Zeugen;
- ggf. warum der Justiz die Unmöglichkeit der Befragung zuzurechnen ist, z.b. die fehlerhaft unterbliebene Benachrichtigung des Verteidigers nach § 168c Abs. 5 StPO,[1315] die Unterlassung der gebotenen Pflichtverteidigerbestellung nach § 141 Abs. 3 StPO bei einer richterlichen Zeugenvernehmung im Ermittlungsverfahren bei einem unverteidigten Beschuldigten[1316] oder unzureichende Bemühungen des Gerichts zur Ermöglichung einer Befragung durch die Verteidigung[1317] z.b. durch eine Videovernehmung nach § 247a StPO,
- die Einführung der früheren Aussage des Zeugen durch ein Beweissurrogat (welches),
- dass die Verteidigung zu keinem Zeitpunkt des Verfahrens die Möglichkeit hatte, Fragen an den Zeugen zu stellen.

Nach diesem vollständigen Vortrag über die Unmöglichkeit der Befragung und deren Ursachen müssen Ausführungen dazu erfolgen, warum das Urteil den Anforderungen an eine Kompensation der fehlenden Befragungsmöglichkeit im Rahmen des Beweiswürdigung nicht entspricht.

Abschnitt 11
Vereidigung

<table>
<tr><td>1005</td><td>Überblick</td><td></td><td>Rn.</td></tr>
<tr><td></td><td>Rüge 102:</td><td>Ist ein Zeuge entgegen einem Vereidigungsverbot des § 60 StPO vereidigt worden?</td><td>1008</td></tr>
<tr><td></td><td>Rüge 103:</td><td>Ist ein Zeuge wegen fehlerhafter Annahme eines Vereidigungsverbots nicht vereidigt worden Rüge?</td><td>1013</td></tr>
<tr><td></td><td>Rüge 104:</td><td>Ist keine Entscheidung über die Nichtvereidigung getroffen worden?</td><td>1017</td></tr>
<tr><td></td><td>Rüge 105:</td><td>Ist nach einer wiederholten Vernehmung eines Zeugen in demselben Verfahren keine Vereidigungsentscheidung ergangen?</td><td>1020</td></tr>
<tr><td></td><td>Rüge 106:</td><td>Ist ein i.S.d. § 52 Abs. 1 StPO angehöriger Zeuge nicht über sein Eidesverweigerungsrecht nach § 61 StPO belehrt worden?</td><td>1023</td></tr>
</table>

1315 *BGH* StV 2007, 66.
1316 Dazu *BGHSt* 46, 93 ff. = StV 2000, 593; hierzu *Schlothauer* StV 2001, 127.
1317 Vgl. dazu auch LR-*Becker*[26] MRK Art. 6 Rn. 227a.

Vorbemerkung

Nach § 59 StPO ist die Nichtvereidigung eines Zeugen der Regelfall.[1318] Nur bei **1006** ausschlaggebender Bedeutung der Aussage oder zur Herbeiführung einer wahren Aussage ist ein Zeuge zu vereidigen.[1319] Dies steht jedoch im Ermessen des Gerichts. Bei der Frage der Vereidigung kann mit der Revision geltend gemacht werden, der Tatrichter habe den ihm zustehenden Beurteilungsspielraum überschritten oder sein Ermessen rechtsfehlerhaft ausgeübt. In den Fällen, in denen erst in den Urteilsgründen zutage tritt, dass nach der Beurteilung des Gerichts die tatbestandlichen Voraussetzungen des § 59 Abs. 1 S. 1 StPO für die Vereidigung an sich vorlagen, wird die Revisionsrüge schwerlich davon abhängig gemacht werden können, dass in der Hauptverhandlung rein vorsorglich ein Gerichtsbeschluss gegen die Entscheidung des Vorsitzenden beantragt wurde.[1320]

Die Entscheidung muss nicht begründet werden, auch nicht, wenn gegen die Entscheidung des Vorsitzenden das Gericht nach § 238 Abs. 2 StPO angerufen wurde.[1321]

Weder die entgegen § 59 Abs. 1 S. 2 StPO unterbliebene noch die erfolgte Vereidigung ohne Vorliegen der Voraussetzungen des § 59 Abs. 1 S. 1 StPO können mit der Revision gerügt werden, da es sich um eine Ermessenentscheidung des Gerichts handelt.[1322]

Denkbar sind u.a. folgende Verfahrensfehler: **1007**

1. Ein Zeuge wurde entgegen den Vereidigungsverboten des § 60 StPO vereidigt. Dies kann unstreitig zum Gegenstand einer Verfahrensrüge gemacht werden. Dies gilt auch dann, wenn die betreffende Aussage in den Urteilsgründen als unvereidigte gewertet wird, ohne dass die Verfahrensbeteiligten auf diesen Auffassungswandel in der Hauptverhandlung hingewiesen werden.

2. Ein Zeuge ist wegen fehlerhafter Annahme eines Vereidigungsverbots nicht vereidigt worden. Auch dies kann gerügt werden.

3. Es wurde keine Vereidigungsentscheidung getroffen und auch nicht protokolliert.

Es ist höchst streitig, ob ein Verfahrensfehler vorliegt, wenn eine Vereidigungsentscheidung gänzlich unterblieben ist. Streitig ist schon, ob die Tatsache der Nichtvereidigung überhaupt eine wesentliche Förmlichkeit i.S.d. § 273 Abs. 1 StPO ist. Der 3. Strafsenat hält eine ausdrückliche Entscheidung über die Frage der Nichtvereidi-

---

1318   Vgl. zur (Nicht-)Vereidigungsproblematik insgesamt *Diehm* StV 2007, 444 ff.
1319   *BGH* StraFo 2005, 244.
1320   *BGH* (3. Strafsenat) StV 2009, 225.
1321   *Meyer-Goßner*[55] § 59 Rn. 11 m.w.N.
1322   *Meyer-Goßner*[55] § 59 Rn. 13; KMR-*Neubeck* § 59 Rn. 18.

gung, die protokollierungspflichtig ist, für erforderlich.[1323] Der 1. Senat hat seine bisherige Rechtsprechung,[1324] nach der die Nichtvereidigungsentscheidung eine zu protokollierende wesentliche Förmlichkeit ist, aufgegeben. Sofern keine besonderen Umstände vorlägen, sei der Entlassungsverfügung des Vorsitzenden zu entnehmen, er habe die Voraussetzungen, von der Regel der Nichtvereidigung abzusehen, nicht als gegeben angesehen. Die Zulässigkeit einer sich hiergegen richtenden Verfahrensrüge setze einen Gerichtsbeschluss nach § 238 Abs. 2 StPO voraus.[1325]

Nach Auffassung des 2. Senat besteht keine ausdrückliche Einscheidungs und Protokollierungspflicht. Eine solche ergäbe sich erst dann, wenn ein Antrag auf Vereidigung gestellt worden sei.[1326]

4.   Wird ein Zeuge in einem späteren Abschnitt der Hauptverhandlung nochmals vernommen, bedarf es einer neuen Entscheidung über die Vereidigung. Diese bezieht sich grundsätzlich auf die gesamte bis dahin erstattete Aussage. Dabei bindet den Tatrichter seine frühere Entscheidung über die Vereidigung nicht.[1327]

Im Falle der Vereidigung bei der ersten Aussage kommt ein Vorgehen nach § 67 StPO in Betracht.

Die aufgezeigten möglichen Fehler bei der Vereidigungsentscheidung nach der Erstvernehmung erfassen auch die Entscheidung nach der ergänzenden Vernehmung, so dass eine entsprechende Rüge auch die ergänzende Vernehmung umfassen muss.

5.   Angehörige Zeugen i.S.d. § 52 Abs. 1 StPO haben ein Eidesverweigerungsrecht, über das sie ausdrücklich zu belehren sind, § 61 StPO. Diese protokollierungspflichtige Belehrung ist bei jeder Vernehmung, auch der wiederholten Vernehmung in der Hauptverhandlung, vorzunehmen. Ist sie unterblieben, kann dies als Verstoß gegen § 61 StPO gerügt werden.

1323   *BGH* StV 2005, 200 (3. Senat) m. zust. Anm. *Schlothauer;* ebenso: *Meyer-Goß-ner*[55]§ 59 Rn. 13; *Schuster* StV 2005, 628; *Diehm* StV 2007, 444.
1324   *BGH* StraFo 2005, 244.
1325   *BGH StV 2009, 565.*
1326   *BGHSt* 50, 282 ff.; ähnlich in einem Hinweis *BGH* (2. Senat) StV 2005, 591.
1327   *BGH* Beschl. v. 20.7.2010 – 3 StR 193/10 = StV 2011, 454 = wistra 2010, 451.

Rüge 102
Ist ein Zeuge entgegen einem Vereidigungsverbot des § 60 StPO vereidigt worden?   **1008**

I. Rechtsgrundlagen und Rügemöglichkeiten

Zu rügen ist in diesem Fall ein Verstoß gegen § 60 StPO. Die Rüge setzt keinen Ge-   **1009**
richtsbeschluss voraus.[1328]

Zur Frage, wann ein Vereidigungsverbot i.S.d. § 60 StPO vorliegt, muss auf die
Kommentierungen verwiesen werden.[1329]

Im Falle der Rüge der Verletzung von § 60 Nr. 1 StPO 1. Alt. (Zeugen unter 16 Jahren) kommt es allein auf das tatsächliche Alter des Zeugen an, so dass die Rüge auch
begründet ist, wenn die Vereidigung in Unkenntnis des Alters angeordnet wurde.[1330]

Im Fall der Rüge der Verletzung des § 60 Nr. 1 StPO 2. Alt. (fehlende Verstandesreife etc.) kann nur gerügt werden, dass das Gericht die Frage gewichtiger Anhaltspunkte dafür nicht geprüft hat oder dem Gericht bei der Entscheidung der Frage
Rechtsfehler unterlaufen sind.[1331]

Im Falle der Rüge der Verletzung von § 60 Nr. 2 StPO kann gerügt werden, dass
das Gericht die Frage der Verstrickung trotz gewichtiger Anhaltspunkte (die sich
z.B. aus dem Urteil selbst ergeben können) nicht geprüft hat. Ist eine Prüfung erfolgt, so kann nicht die tatsächliche Wertung angegriffen werden, sondern nur die
Verkennung von Rechtsbegriffen.[1332]

Das Gericht hat allerdings die Möglichkeit, den Fehler unzulässiger Vereidigung zu   **1010**
heilen, indem die Aussage im Urteil ausdrücklich als unbeeidete Aussage verwertet
wird. Die Heilung des Verfahrensmangels setzt jedoch voraus, dass die Verfahrensbeteiligten in der Hauptverhandlung auf die Verwertung der Aussage als unbeeidet
hingewiesen wurden. Das gleiche gilt, wenn sich der Teilnahmeverdacht erst bei der
Urteilsberatung herausstellt und daher eine Vereidigung hätte unterbleiben müssen.[1333] Der Hinweis ist protokollierungspflichtig.[1334] Ein Hinweis soll aber dann
entbehrlich sein, wenn für die Verfahrensbeteiligten durch den weiteren Verfahrensgang klar auf der Hand lag, dass ein Vereidigungsverbot vorlag und die Wertung der Aussage durch das Gericht als uneidliche unzweifelhaft war.[1335]

1328 *Meyer-Goßner*[55] § 60 Rn. 31.
1329 Nur: *Meyer-Goßner*[55] § 60 Rn. 7 ff.; KK-*Senge*[6] § 60 Rn. 8 ff.; LR[25]-*Dahs* § 60
      Rn. 3 ff.
1330 *Meyer-Goßner*[55] § 60 Rn. 32; KK-*Senge*[6] § 60 Rn. 39 jew. m.w.N.
1331 *Meyer-Goßner*[55] § 60 Rn. 33.
1332 *Meyer-Goßner*[55] § 60 Rn. 34; KK-*Senge*[6] § 60 Rn. 40 jew. m.w.N.
1333 *Meyer-Goßner*[55] § 60 Rn. 30 m.w.N. und Rn. 34 a.E.; LR[25]-*Dahs* § 60 Rn. 63.
1334 KK-*Senge*[5] § 60 Rn. 33, 34.
1335 *Meyer-Goßner*[55] § 60 Rn. 34 a.E.

II. Anforderungen an Vortrag

1011 Mitzuteilen ist, dass

- der Zeuge geladen und erschienen ist,
- er zur Sache ausgesagt hat,
- die Vereidigung vom Vorsitzenden oder ggf. durch einen Gerichtsbeschluss angeordnet wurde,
- der Zeuge den Eid geleistet hat,
- die Aussage im Urteil als eidliche verwertet wurde und
- aus welchen Gründen des § 60 StPO der Zeuge nicht hätte vereidigt werden dürfen.

Zum Vereidigungsverbot sind alle Tatsachen vorzutragen, aus denen sich das Vereidigungsverbot ergibt, insbes. alle Aktenteile in vollem Wortlaut, die die Annahme des Vereidigungsverbots stützen.

Das Urteil beruht in der Regel auf der fehlerhaften Verwertung einer zum Nachteil des Angeklagten erfolgten Aussage als beeidet, weil das Gericht einer eidlichen Aussage höheren Beweiswert beimisst.[1336]

1012 Ist die Aussage eines vereidigten Zeugen im Urteil als uneidliche verwertet worden, ohne dass ein Hinweis erfolgte, ist dessen Ladung, Vernehmung sowie Vereidigung mitzuteilen sowie die Tatsache, dass ein Hinweis nicht ergangen ist.

Auf dem unterlassenen Hinweis wird das Urteil beruhen, wenn die Verteidigung durch den unterlassenen Hinweis in die Irre geführt wurde und ggf. von weiteren Anträgen Abstand genommen hat.[1337] Es empfehlen sich daher Ausführungen dazu. Vorsorglich sollte auch vorgetragen werden, dass aus dem weiteren Verfahrensgang die Verwertung der Aussage als uneidliche für die Verteidigung nicht ersichtlich war.

Rüge 103

1013 Ist ein Zeuge wegen fehlerhafter Annahme eines Vereidigungsverbots nicht vereidigt worden?

I. Rechtsgrundlagen

1014 Eine Rüge setzt voraus, dass eine Entscheidung des *Gerichts* vorliegt, d.h. die Verfügung des Vorsitzenden muss gem. § 238 Abs. 2 StPO beanstandet worden sein.[1338]

1336 *Meyer-Goßner*[55] § 60 Rn. 34; KK-*Senge*[6] § 60 Rn. 42 m.w.N.
1337 KK-*Senge*[6] § 60 Rn. 42.
1338 *Meyer-Goßner*[55] § 60 Rn. 31.

Zwar verlangt das Gesetz im Falle der Nichtvereidigung keine Begründung dieser Entscheidung. Beruht aber die Nichtvereidigung nicht auf einer Ermessensentscheidung des Vorsitzenden in Anwendung der Abschaffung der Regelvereidigung, sondern auf § 60 StPO, so müssen die Gründe angeführt werden, die zur Annahme des Vereidigungsverbots geführt haben.[1339]

Die Ermessensentscheidung des Tatgerichts, ob das Vereidigungsverbot wegen eines Tat oder Teilnahmeverdachts besteht, kann nur darauf geprüft werden, ob die Rechtsbegriffe der Beteiligung bzw. des Verdachts verkannt worden sind.[1340]

Bei einem Vereidigungsverbot wegen Verdachts der Verstrickung stellt sich das **1015** Problem der Teilvereidigung. Insbesondere wenn der Zeuge zu mehreren Tatkomplexen aussagt, muss geprüft werden, ob der Zeuge bspw. bei allen Taten teilnahmeverdächtig ist. Hinsichtlich der Aussagen zu den Komplexen, in denen kein Tatverdacht besteht, liegt kein Vereidigungsverbot vor, so dass, nach dem Ermessen des Gerichts eine Vereidigung unter den Voraussetzungen des § 59 StPO in Betracht kommt.[1341] Da die Rüge der fehlerhaften Nichtvereidigung nur erhoben werden kann, wenn ein Gerichtsbeschluss ergangen ist, muss die Verfügung des Vorsitzenden im Falle der Nichtvereidigung angegriffen werden. Da die Frage der (Teil-) Vereidigung eine Ermessensentscheidung ist, kann die Rüge nur dann erfolgreich sein, wenn das Gericht die Möglichkeit der Teilvereidigung entweder nicht gesehen oder den Verstrickungsverdacht rechtsfehlerhaft hinsichtlich einzelner Tatkomplexe angenommen hat.

II. Anforderungen an Vortrag

Mitzuteilen ist, dass **1016**

- dass der Zeuge geladen und erschienen ist,
- dass er zur Sache ausgesagt hat,
- dass der Vorsitzende die Nichtvereidigung nach § 60 StPO angeordnet hat,
- dass die Verteidigung einen Gerichtsbeschluss beantragt hat,
- der die Verfügung des Vorsitzenden bestätigende Gerichtsbeschluss,
- dass der Zeuge unbeeidet geblieben ist und entlassen wurde,
- dass die Vereidigung im weiteren Verlauf des Verfahrens nicht nachgeholt wurde.

Ausführliche Ausführungen dazu, warum das Gericht rechtsfehlerhaft von einem Vereidigungsverbot ausgegangen ist, sind selbstverständlich erforderlich. Dies gilt insbesondere in den Fällen möglicher Teilvereidigung. Dazu sind die betreffenden Aktenteile vollständig mitzuteilen.

1339 *Meyer-Goßner*[55]§ 60 Rn. 28.
1340 KK-*Senge*[6] § 60 Rn. 40; *Meyer-Goßner*[55] § 60 Rn. 34; LR[25]-*Dahs* § 60 Rn. 62 jew. m.w.N.
1341 *Meyer-Goßner*[55] § 60 Rn. 26.

Ein Beruhen des Urteils auf der fehlerhaften Nichtvereidigung ist in der Regel nicht auszuschließen, da einer beeideten Aussage höherer Beweiswert zukommt.

Rüge 104

1017   Ist keine Entscheidung über die Nichtvereidigung getroffen worden?

I. Rechtsgrundlagen

1018   Wie oben unter Rn. 1007 bereits ausgeführt, ist die Frage der Revisibilität einer unterbliebenen Vereidigungsentscheidung streitig. Da die Entscheidung des und 3 Senats zur Erforderlichkeit einer Entscheidung nur ein obiter dicta enthält,[1342] die Entscheidung das 2. Senats in *BGHSt* 50, 282 dagegen tragend ist, wird wohl dessen Auffassung die Grundlage künftiger Rechtsprechung sein. Danach ist eine ausdrückliche Entscheidung über die Nichtvereidigung nur dann erforderlich (und protokollierungspflichtig), wenn ein Vereidigungsantrag gestellt wurde. Allein das Fehlen einer Vereidigungsentscheidung soll keinen Verstoß gegen § 59 StPO darstellen.

Damit erübrigt sich auch die Frage, ob gegen die unterbliebene Vereidigungsentscheidung als Voraussetzung einer Rüge ein Gerichtsbeschluss beantragt werden muss.[1343]

Ob in Anbetracht dieser Rechtslage die Rüge unterbliebener Vereidigungsentscheidung erhoben werden sollte, bleibt dem jeweiligen Revisionsführer überlassen.

II. Anforderungen an den Vortrag

1019   Soll die Rüge erhoben werden, ist vorzutragen, dass,

- der Zeuge geladen wurde, erschienen ist und zu Sache ausgesagt hat,
- keine Entscheidung über die Vereidigung getroffen wurde,
- der Zeuge unbeeidet entlassen wurde,
- eine Vereidigungsentscheidung im weiteren Verfahrensverlauf nicht nachgeholt wurde und
- warum eine Vereidigung nach den Grundsätzen des § 59 StPO hätte vorgenommen werden müssen und ein Vereidigungsverbot nach § 60 StPO nicht vorlag.

1342   *BGH* StraFo 2005, 244 (1. Senat); *BGH* StV 2005, 200 (3. Senat) m. zust. Anm. *Schlothauer.*
1343   Vgl. dazu *BGHSt* 50, 282, 284; zum Streitstand vgl. *Meyer-Goßner*[55] § 59 Rn. 13 m.w.N.

Rüge 105

Ist nach einer wiederholten Vernehmung eines Zeugen in demselben Verfahren keine Vereidigungsentscheidung ergangen? **1020**

I. Rechtsgrundlagen

Ist der Zeuge bei der Erstvernehmung unbeeidet geblieben, bedarf es nach den **1021** Grundsätzen von *BGHSt* 50, 282 auch bei der Nachvernehmung ohne Antrag keiner Vereidigungsentscheidung. Etwas anderes gilt nur dann, wenn der Zeuge anlässlich der Erstvernehmung vereidigt wurde.[1344] Denn wenn das Gericht die Vereidigung des Zeugen damals für erforderlich gehalten hat, dann hat es zu entscheiden und zu begründen, warum dies für die Nachvernehmung nicht gelten soll. Dies kann nicht von einem Antrag der Verfahrensbeteiligten abhängen. Ist daher eine Vereidigungsentscheidung unterblieben, so kann die Verletzung von §§ 59, 67 StPO gerügt werden.

Ist ein Zeuge bei der Erstvernehmung vereidigt worden, jedoch bei der weiteren Vernehmung unvereidigt geblieben, gilt die gesamte Aussage als unvereidigt, da sich die letzte Vereidigungsentscheidung auf die gesamte Aussage bezieht.[1344]

II. Anforderungen an den Vortrag

Vorzutragen ist, dass **1022**

- der Zeuge geladen wurde, erschienen ist und ausgesagt hat,
- der Zeuge auf Anordnung der Vorsitzenden bzw. des Gerichts vereidigt und entlassen wurde,
- der Zeuge erneut geladen und vernommen wurde,
- eine Vereidigungsentscheidung nicht ergangen ist und auch nicht nachgeholt wurde.

Rüge 106

Ist ein i.S.d. § 52 Abs. 1 StPO angehöriger Zeuge nicht über sein Eidesverweigerungsrecht **1023** nach § 61 StPO belehrt worden?

I. Rechtsgrundlagen

Die protokollierungspflichtige Belehrung ist vor jeder Vernehmung, auch bei einer **1024** wiederholten Vernehmung in derselben Hauptverhandlung vorzunehmen, allerdings

---

1344 *BGH* Beschl. v. 20.7.2010 –3 StR 193/10 = StV 2011, 454.

379

erst dann, wenn eine Vereidigung erfolgen soll.[1345] Dies gilt auch, wenn dem Gericht die Angehörigeneigenschaft nicht bekannt war und auch eine Belehrung nach § 52 StPO unterblieben ist, da es allein auf das Angehörigenverhältnis und nicht die Kenntnis des Gerichts ankommt. Über das Recht zur Verweigerung der Eidesleistung ist ein Zeuge auch dann zu belehren, wenn er über sein Zeugnisverweigerungsrecht gem. § 52 Abs. 1 StPO belehrt worden ist.[1346]

Ist der Zeuge ohne Belehrung vereidigt worden, kann die unterlassene Belehrung als Verstoß gegen § 61 StPO gerügt werden.[1347] Die Rüge kann auch von nicht angehörigen Mitangeklagten erhoben werden,[1348] wenn ihnen dieselbe Tat i.s.d. § 264 StPO zum Vorwurf gemacht wurde.

II. Anforderungen an den Vortrag

1025   Es ist vorzutragen, dass

- der Zeuge geladen wurde, erschienen ist,
- er nach § 52 StPO belehrt wurde oder nicht,
- er zur Sache ausgesagt hat,
- er nicht über sein Eidesverweigerungsrecht belehrt wurde,
- er auf Anordnung des Vorsitzenden oder ggf. aufgrund eines Gerichtsbeschlusses vereidigt wurde,
- die Belehrung nicht nachgeholt wurde.

Das Urteil beruht auf der unterbliebenen Belehrung, wenn das Gericht die Aussage als beeidete zum Nachteil des Angeklagten verwertet hat, sich nicht ausschließen lässt, dass der Zeuge sich im Falle der Belehrung auf sein Eidesverweigerungsrecht berufen hätte bzw. keine Anhaltspunkte dafür vorhanden sind, dass der Zeuge im Falle der Belehrung gleichwohl den Eid geleistet hätte und das Gericht der beeideten Aussage höheren Beweiswert zugemessen hat als einer unbeeideten, was regelmäßig der Fall sein wird.[1348] Für die Frage, ob die Verurteilung auf dem Verfahrensfehler beruht, ist es ohne Bedeutung, ob das Gericht der Aussage der Zeugin auch geglaubt hätte, wenn es von der Vereidigung abgesehen hätte. Allerdings kann ein Beruhen des Urteils auf dem Unterbleiben der gebotenen Belehrung eines zur Verweigerung der Eidesleistung berechtigten Zeugen auch dann ausgeschlossen werden, wenn mit Sicherheit davon auszugehen ist, dass der Zeuge auch nach Belehrung über sein Eidesverweigerungsrecht den Eid geleistet hätte.[1346]

1345   *Meyer-Goßner*[55] § 61 Rn. 1, 2.
1346   *BGH* Beschl. v. 5.12.2007 – 5 StR 531/07 = StV 2008, 563.
1347   Vgl. dazu insgesamt *BGH* Beschl. v. 5.12.2007 – 5 StR 531/07 = StV 2008, 563.
1348   *Meyer-Goßner*[55] § 61 Rn. 3.

Abschnitt 12
Entlassung von Beweispersonen

Rüge 107

Ist ein Zeuge oder Sachverständiger gegen den Widerspruch der Verteidigung entlassen worden?   **1026**

I. Rechtsgrundlagen und Rügemöglichkeiten

Die Pflicht nach § 248 S. 2 StPO, die Verteidigung vor Entlassung eines Zeugen **1027** oder Sachverständigen dazu zu befragen, soll verhindern, dass das Fragerecht beeinträchtigt wird. Wird ein Zeuge oder Sachverständiger gegen den Widerspruch der Verteidigung entlassen, kann eine Verletzung des Fragerechts nach § 240 StPO, eine unzulässige Beschränkung der Verteidigung oder eine Verletzung des fair-trial Grundsatzes gerügt werden.[1349]

Rügevoraussetzung ist immer, dass der Entlassung widersprochen wurde und gegen die Anordnung des Vorsitzenden ein Gerichtsbeschluss ergangen ist.[1350]

Der Umstand, dass noch weitere Fragen an den Zeugen gestellt werden sollen, die jedoch zum Zeitpunkt der Vernehmung noch nicht gestellt werden können, etwa weil weitere Ermittlungen erforderlich sind, hindert die Entlassung auch gegen den Willen der Verteidigung nicht. Es besteht die Möglichkeit, Beweisanträge auf erneute Einvernahme des Zeugen zu stellen, da der Zeuge zu diesem Beweisthema noch nicht vernommen werden konnte und die Beweistatsache erst nach der Entlassung des Zeugen bekannt geworden ist. Zur Rüge der Verletzung des Beweisantragsrechts wegen Ablehnung einer erneuten Zeugeneinvernahme (vgl. Rüge 181 Rn. 1603 ff.).

Ist dem Gericht nach der Entlassung des Zeugen ein Katalog der Fragen vorgelegt **1028** worden, die noch gestellt werden sollen einschließlich der Begründung, warum sie nicht schon während der Vernehmung des Zeugen gestellt werden konnten, und ist eine erneute Vernehmung des Zeugen beantragt worden, die zurückgewiesen wurde, kann die Aufklärungsrüge erhoben werden sowie die Behinderung der Verteidigung und die Verletzung des Grundsatzes des fairen Verfahrens gerügt werden.

II. Anforderungen an den Vortrag

Soll die Verletzung des Fragerechts, die Behinderung der Verteidigung oder der **1029** Verstoß gegen den Grundsatz des fairen Verfahrens wegen der unzeitigen Entlassung eines Zeugen gerügt werden, ist vorzutragen,

---

1349 Vgl. KK-*Diemer* § 248 Rn. 4.
1350 *BGH* StV 1996, 248 und 1985, 355.

- dass der Zeuge vernommen wurde,
- ggf. ob die Verteidigung die Möglichkeit hatte, den Zeugen zu befragen,
- dass der Vorsitzende die Entlassung des Zeugen angekündigt und die Verfahrensbeteiligten hierzu befragt hat,
- dass die Verteidigung der Entlassung widersprochen hat,
- dass der Vorsitzende die Entlassung angeordnet hat,
- dass gegen die Entscheidung des Vorsitzenden ein Gerichtsbeschluss beantragt wurde,
- dass ein Gerichtsbeschluss ergangen ist (Wortlaut),
- dass der Zeuge entlassen und im weiteren Verlauf der Hauptverhandlung nicht erneut vernommen wurde,
- dass die Verteidigung auf die weitere Befragung des Zeugen nicht verzichtet hat,
- welche Fragen an den Zeugen hätten gestellt werden sollen.

Kapitel 16
Sind Zeugen im Hinblick auf eine vor der Hauptverhandlung abgegebene Erklärung, sich auf ein Zeugnisverweigerungs- oder ein umfassendes Auskunftsverweigerungsrecht zu berufen, nicht zur Hauptverhandlung geladen bzw. dort nicht vernommen worden und wurden gleichwohl frühere Vernehmungen oder Erklärungen in die Hauptverhandlung eingeführt?

Rüge 108

1031   Ist ein Zeuge i.S.d. § 52 Abs. 1 StPO im Hinblick auf die angekündigte Zeugnisverweigerung nicht zur Hauptverhandlung geladen und vernommen worden?

I. Rechtsgrundlagen

1032   Ein Angehöriger i.S.d. § 52 Abs. 1 StPO, dem sein Zeugnisverweigerungsrecht bekannt ist, kann sich bereits außerhalb der Hauptverhandlung auf sein Zeugnisverweigerungsrecht berufen, auch ohne ausdrücklich vom Gericht darüber belehrt worden zu sein.[1351] In diesen Fällen hat das Gericht keine Veranlassung, den Zeugen zur Hauptverhandlung zu laden und auf der Erklärung der Zeugnisverweigerung in der Hauptverhandlung zu bestehen.[1352] Etwas anderes gilt nur dann, wenn Anhaltspunkte dafür vorliegen, dass der Zeuge im Falle einer Ladung in der Hauptverhandlung anderen Sinnes werden könnte, etwa im Falle des Ausschlusses des Angeklagten nach § 247 StPO oder des Ausschlusses der Öffentlichkeit nach §§ 171b, 172 Nr. 4 GVG oder er im Falle der Anordnung einer Videovernehmung nach § 247a StPO doch aussagen würde. Hat die Verteidigung keinen Antrag auf Ladung und Vernehmung des Zeugen gestellt, kann die unterlassene Ladung und Vernehmung nur mit der Aufklärungsrüge beanstandet werden.

II. Anforderungen an den Vortrag der Verletzung der Aufklärungspflicht, § 244 Abs. 2 StPO

1033   Zunächst sind die Hinweise zu Rüge 190 Rn. 1662 ff. zu beachten. In vorliegendem Zusammenhang sind mitzuteilen

- die Ankündigung der Ausübung des Zeugnisverweigerungsrechts (eine schriftliche Äußerung des Zeugen oder die eines ihn vertretenden Dritten ist im Wortlaut mitzuteilen; gleiches gilt für einen Vermerk eines Richters über ein Telefongespräch, in dem die Zeugnisverweigerung angekündigt wurde);
- die Tatsache, dass der Zeuge nicht zur Hauptverhandlung geladen wurde und während der Hauptverhandlung nicht vernommen wurde,
- die Tatsachen, aus denen sich ergibt, dass der Zeuge im Falle seiner Ladung zur Hauptverhandlung, etwa bei Ausschluss des Angeklagten und/oder der Öffentlichkeit oder im Falle einer Videovernehmung voraussichtlich von seinem Zeugnisverweigerungsrecht keinen Gebrauch gemacht hätte (hierzu ist als Negativtatsache vorzutragen, dass diese Möglichkeiten nicht von dem Zeugen bzw. dem Gericht in Erwägung gezogen worden sind),
- dass dem Gericht dies bekannt sein musste,
- was der Zeuge im Falle seiner Vernehmung bekundet hätte.

1351   *BGHSt* 21, 12; *BGH* StV 2008, 57 = NStZ 2007, 712.
1352   *BGH* StV 2008, 57 = NStZ 2007, 712; *BGH* Beschl. v. 1.6.2001 – 1 StR 208/01.

Rüge 109

Ist ein Zeuge nicht zur Hauptverhandlung geladen und dort vernommen worden, der sich   **1034**
zu Unrecht auf ein Zeugnisverweigerungsrecht gem. § 52 Abs. 1 StPO berufen hatte?

I. Rechtsgrundlagen

Steht dem Zeugen ein Zeugnisverweigerungsrecht nicht zu und hat das Gericht die   **1035**
Ladung des Zeugen wegen fehlerhafter Annahme eines Zeugnisverweigerungsrechts und Berufung des Zeugen darauf unterlassen, kann dies mit der Aufklärungsrüge beanstandet werden.

II. Anforderungen an den Vortrag der Verletzung der Aufklärungspflicht nach § 244 Abs. 2 StPO

Es ist vorzutragen,[1353] dass   **1036**

- der Zeuge im Zeitpunkt der Hauptverhandlung nicht (mehr) Angehöriger i.s.d. § 52 Abs. 1 StPO des Angeklagten oder eines Mitangeklagten war,

- der Zeuge sich auf ein tatsächlich nicht bestehendes Zeugnisverweigerungsrecht berufen hat, wobei schriftliche Erklärungen des Zeugen bzw. Vermerke über die Ankündigung der Zeugnisverweigerung im Wortlaut mitzuteilen sind,

- das Gericht dem Zeugen ein Zeugnisverweigerungsrecht zugestanden hat und im Hinblick auf die Ankündigung der Zeugnisverweigerung von der Ladung abgesehen hat,

- die Stellungnahmen der Verteidigung dazu, sofern solche abgegeben wurden,

- der Zeuge in der Hauptverhandlung nicht vernommen wurde,

- kein Verzicht auf die Vernehmung des Zeugen erklärt wurde,

- der Zeuge im Falle der Ladung und Vernehmung zur Sache hätte aussagen müssen und was er bekundet hätte.

Rüge 110

Sind frühere Angaben eines Zeugen i.s.d. § 52 Abs. 1 StPO in die Hauptverhandlung ein-   **1037**
geführt worden, der im Hinblick auf eine angekündigte Zeugnisverweigerung nicht geladen und dort nicht vernommen worden ist?

Für die Zulässigkeit und Grenzen der Einführung früherer Aussagen eines Zeugen   **1038**
i.s.d. § 52 Abs. 1 StPO gelten die gleichen Grundsätze wie bei der berechtigten Berufung auf ein Zeugnisverweigerungsrecht in der Hauptverhandlung. Auf die Aus-

---

1353   Vgl. ergänzend Rüge 190 Rn. 1663 ff.

führungen zu Rüge 251, 252, 253 Rn. 2049 ff. kann verwiesen werden. Gleiches gilt für den erforderlichen Vortrag nach § 344 Abs. 2 S. 2 StPO. Abweichend davon ist nur vorzutragen, dass der Zeuge außerhalb der Hauptverhandlung die Berufung auf das Zeugnisverweigerungsrecht angekündigt und das Gericht den Zeugen nicht geladen hat, etwaige Reaktionen der Verteidigung darauf, der Zeuge in der Hauptverhandlung nicht vernommen wurde, er außerhalb der Hauptverhandlung keine Zustimmung zur Verwertung früherer Aussagen erteilt hat und kein Verzicht auf die Vernehmung erklärt wurde.

Rüge 111

1039   Hat ein im Hinblick auf die Berufung auf ein Zeugnisverweigerungsrecht zur Hauptverhandlung nicht geladener und dort nicht vernommener Zeuge i.S.d. § 52 Abs. 1 StPO der Verwertung früherer Angaben zugestimmt und sind diese in die Hauptverhandlung eingeführt worden?

I. Rechtsgrundlagen

1040   Zu der Möglichkeit, dass ein Zeuge i.S.d. § 52 Abs. 1 StPO das Zeugnis verweigert, aber der Verwertung früherer Angaben zustimmt, kann zunächst auf die Ausführungen zu Rüge 78 Rn. 868 verwiesen werden.

Die außerhalb der Hauptverhandlung erklärte Zustimmung zur Verwertung solcher Angaben soll zulässig sein,[1354] ist jedoch nicht unproblematisch. Es ist bereits zweifelhaft, ob dem Zeugen die rechtliche Situation in allen Einzelheiten bekannt ist, also insbesondere ob er Kenntnis davon hat, dass im Falle der Ausübung des Zeugnisverweigerungsrechts frühere (insbesondere nichtrichterliche) Angaben unverwertbar sind. Die Rechtsprechung fordert daher schon für eine Zustimmungserklärung in der Hauptverhandlung, dass der Zeuge zuvor qualifiziert über die Folgen der Zustimmung dahingehend belehrt wird, dass er mit der Zustimmung auf das sonst bestehende Verwertungsverbot i.S.d. § 252 StPO verzichtet.[1355]

Stimmt ein Zeuge außerhalb der Hauptverhandlung der Verwertung früherer Angaben zu, fehlt es in der Regel an einer solchen qualifizierten Belehrung. Eine Zustimmungserklärung wird danach nur dann als wirksam angesehen werden können mit der Folge der Zulässigkeit der Verwertung früherer Angaben, wenn *zweifelsfrei* feststeht, dass sich der Zeuge der Tragweite der Zustimmung bewusst war. Dies kann z.B. dann der Fall sein, wenn der Zeuge anwaltlich beraten wurde und die Erklärung

---

1354   *BGH* StV 2008, 57 = NStZ 2007, 712.
1355   *BGHSt* 45, 203, 208; *BGH* StV 2007, 22, 23 und 401; *Meyer-Goßner*[55] § 252 Rn. 16a.

nach Beratung abgegeben hat.[1356] Bestehen Zweifel daran, dass dem Zeugen die Bedeutung der Zustimmung bekannt war, kann die Erklärung des Zeugen keine das Verwertungsverbot außer Kraft setzende Wirkung entfalten. In diesen Fällen ist der Zeuge zur Hauptverhandlung zu laden und nach Belehrung gem. § 52 Abs. 3 StPO und anschließender Ausübung des Zeugnisverweigerungsrechts qualifiziert über die Folgen einer Zustimmungserklärung zu belehren. Bei Zweifeln an der Kenntnis des Zeugen von der Tragweite der Zustimmungserklärung kann die Einführung früherer Angaben als Verletzung des § 252 StPO gerügt werden.

II. Anforderungen an den Vortrag

Es ist vorzutragen, dass   **1041**

- es sich bei dem Zeugen um einen Angehörigen i.S.d. § 52 Abs. 1 StPO handelt,
- der Zeuge außerhalb der Hauptverhandlung die Berufung auf sein Zeugnisverweigerungsrecht angekündigt und (gleichzeitig) der Verwertung früherer Angaben zugestimmt hat, wobei schriftliche Erklärungen des Zeugen bzw. Vermerke des Gerichts darüber im Wortlaut wiederzugeben sind,
- der Zeuge vom Gericht nicht (schriftlich, persönlich oder fernmündlich) qualifiziert über die Folgen der Zustimmungserklärung belehrt wurde,
- der Zeuge zur Hauptverhandlung nicht geladen wurde,
- der Zeuge in der Hauptverhandlung nicht erschienen ist, dort nicht belehrt wurde und nicht ausgesagt hat,
- dass und auf welchem Wege die früheren Angaben des Zeugen in die Hauptverhandlung eingeführt wurden unter Wiedergabe von deren vollständigen Inhalt im Wortlaut,
- alle (etwaige) Reaktionen der Verteidigung auf diese Vorgänge,
- die Tatsachen, aus denen sich ergibt, dass dem Zeugen die Tragweite der Zustimmung nicht bewusst war.

Rüge 112

Ist ein Berufsgeheimnisträger oder Gehilfe i.S.d. §§ 53, 53a StPO wegen fehlender   **1042**
Schweigepflichtsentbindung nicht als Zeuge geladen worden, ohne dass er auf seine
gleichwohl bestehende Aussagemöglichkeit hingewiesen wurde?

I. Rechtsgrundlagen

Das Gericht ist verpflichtet, einen zur Hauptverhandlung erschienenen Zeugen, dem   **1043**
nach §§ 53, 53a StPO ein Zeugnisverweigerungsrecht aus beruflichen Gründen zu-

---

1356   So im Falle der Entscheidung *BGH* StV 2008, 57 = NStZ 2007, 712.

steht, trotz fehlender Entbindung von der Schweigepflicht nach seiner Aussagebereitschaft zu befragen.[1357] Daher darf das Gericht den Zeugen bei fehlender Entbindung ohne diese Frage nicht sofort entlassen. Das gleiche muss auch im Zusammenhang mit der Ladung eines solchen Zeugen gelten. Auch wenn keine Schweigepflichtsentbindung vorliegt und der Zeuge darauf verweist, hat das Gericht nach einer dennoch bestehenden Aussagebereitschaft nachzufragen, bevor es von einer Ladung absieht. Erst wenn der Zeuge daraufhin erklärt, das Zeugnis zu verweigern, darf das Gericht die Ladung unterlassen. Ist die Anfrage bei dem Zeugen unterblieben und der Zeuge nicht geladen worden, kann eine Aufklärungsrüge erhoben werden.

II. Anforderungen an den Vortrag

1044 Hinsichtlich der Einzelheiten für den Vortrag kann auf die Ausführungen zu § 244 Abs. 2 StPO verwiesen werden.[1358] Ergänzend ist darzulegen,

- dass es sich bei dem Zeugen um einen Berufgeheimnisträger handelt,
- dass dieser nicht von der Schweigepflicht entbunden war,
- dass das Gericht ihn nicht zu der Hauptverhandlung geladen hat (soweit sich hinsichtlich der Ladung bzw. Nichtladung irgendwelche Vermerke oder sonstige Aufzeichnungen bei den Akten befinden, sind diese im Wortlaut mitzuteilen. Dies gilt gleichermaßen für Äußerungen des Zeugen, die sich bei den Akten befinden),
- dass der Berufsgeheimnisträger in der Hauptverhandlung nicht vernommen und auf seine Vernehmung nicht verzichtet wurde,
- dass der Berufsgeheimnisträger trotz fehlender Entbindung von der Schweigepflicht zur Sache ausgesagt hätte, wenn er nach seiner Aussagebereitschaft gefragt worden wäre, und inwiefern sich dies für den Angeklagten günstig ausgewirkt hätte;
- woraus sich dies für das Gericht ergeben hätte.

Wie bei jeder Aufklärungsrüge stellt sich für das Revisionsgericht die Frage, warum der Verteidiger in der Hauptverhandlung keinen Beweisantrag auf Vernehmung des Zeugen gestellt hat. Sofern möglich, sollte dies erklärt werden. Eine solche Erklärung kann z.B. darin liegen, dass der Verteidigung die Bedeutung einer Aussage des Zeugen erst aufgrund der Argumentation im Urteil deutlich wurde.

1357 *BGHSt* 15, 200, 202; KK-*Senge* § 53 Rn. 57.
1358 Siehe Rüge 190 Rn. 1663 ff.

Rüge 113

Ist ein Zeuge im Hinblick auf die angekündigte umfassende Berufung auf ein Auskunfts-   **1045**
verweigerungsrecht (§ 55 StPO) nicht zur Hauptverhandlung geladen worden, obwohl
bzgl. dessen Umfang Unklarheiten bestanden?

I. Rechtsgrundlagen

Der 2. Senat des BGH[1359] hat darauf hingewiesen, dass bei angekündigter Berufung   **1046**
auf ein umfassendes Auskunftsverweigerungsrecht gegen das Absehen von einer
Ladung Bedenken bestehen können. Denn ob dem Zeugen tatsächlich ein umfassendes Auskunftsverweigerungsrecht zustehe, könne oftmals erst während der Vernehmung beurteilt werden. Im Übrigen stelle die Nichtladung bei Berufung auf ein umfassendes Auskunftsverweigerungsrecht nur eine praktisch bedingte Verfahrensver-
einfachung dar. Aus ihr ergebe sich aber *nicht*, dass der Zeuge überhaupt nicht vernommen werden könne.[1359] Etwas abweichend davon geht der 1. Strafsenat von der
Zulässigkeit der Nichtladung aus, wenn bereits vor der Vernehmung unzweifelhaft
fest stehe , dass dem Zeugen ein umfassendes Auskunftsverweigerungsrecht zustehe und der Zeuge davon auch im Falle der Ladung zur Hauptverhandlung davon
Gebrauch machen werde.[1360]

Im Falle der Nichtladung ist eine Aufklärungsrüge zu erheben.

II. Anforderungen an den Vortrag

Dazu ist vorzutragen: **1047**

- die Beweiserheblichkeit der Bekundungen des Zeugen, ggf. unter Mitteilung
  früherer Aussagen (hier genügt kurze Zusammenfassung),
- die Mitteilung der Ankündigung der Berufung auf das Auskunftsverweigerungsrecht im Wortlaut,
- die Nichtladung des Zeugen, die Nichtvernehmung in der Hauptverhandlung
  und dass auf die Vernehmung nicht verzichtet wurde,
- die unzureichende Bejahung eines umfassenden Auskunftsverweigerungsrechts,
  bzw. die Sachverhaltskomplexe, zu denen der Zeuge hätte Angaben machen
  müssen,
- die zu erwartenden Angaben des Zeugen, ggf. unter Mitteilung früherer Angaben in vollem Wortlaut bzw. anderer oder weiterer Bekundungen.

Da im Falle der unrichtigen Belehrung gem. § 55 Abs. 2 StPO durch den Vorsitzen-   **1048**
den in der Hauptverhandlung die Anrufung des Gerichts Rügevoraussetzung ist,
kann sich bei der unterbliebenen Ladung die Frage der Rügeverwirkung stellen,

---

1359 *BGH* StV 2007, 564.
1360 *BGHR* StPO § 244 Abs. 3 S. 2 Unerreichbarkeit 17; auch *BGH* StV 2008, 57 = NStZ
      2007, 712.

wenn die Verteidigung den Vorsitzenden nicht auf die unzutreffende Annahme eines umfassenden Auskunftsverweigerungsrechts hingewiesen, das Gericht nicht zur Ladung des Zeugen veranlasst oder keinen Beweisantrag auf Vernehmung des Zeugen in der Hauptverhandlung gestellt hat. In diesen Fällen ist es daher erforderlich darzulegen, warum sich dem Gericht trotz der angekündigten Auskunftsverweigerung die Ladung und Vernehmung von Amts wegen aufdrängen musste und ggf. warum die Verteidigung keine Bemühungen entfaltet hat, eine Vernehmung des Zeugen herbeizuführen. Denn das Revisionsgericht wird sich immer fragen, warum die Verteidigung erst in der Revision die unterbliebene Vernehmung des Zeugen rügt und nicht bereits in der Hauptverhandlung auf der Vernehmung des Zeugen bestanden hat, wenn diese aus Sicht der Verteidigung entscheidungserheblich war.

Rüge 114

1049   Ist infolge Ankündigung berechtigter Auskunftsverweigerung vor der Hauptverhandlung nicht nur die Vernehmung des auskunftsverweigerungsberechtigten Zeugen sondern auch die Vernehmung der Verhörsperson und die Verlesung einer Vernehmungsniederschrift oder einer von dem Zeugen stammenden schriftlichen Erklärung unterblieben?

1050   Hier gelten zunächst die Ausführungen zu den Anforderungen an den Vortrag der Rüge der Nichtladung eines Zeugen im Hinblick auf die angekündigte Aussageverweigerung bei ungeklärtem Umfang eines Auskunftsverweigerungsrechts.[1361] Ergänzend ist vorzutragen:

- die Ankündigung der Auskunftsverweigerung,
- die Berechtigung der Auskunftsverweigerung,
- die unterbliebene Ladung und Vernehmung des Zeugen,
- der vollständige Inhalt der früheren Vernehmungsniederschrift oder/und von dem Zeugen stammenden schriftlichen Erklärung
- die Nichtvernehmung der Verhörsperson,
- die Nichtverlesung der früheren Vernehmungsniederschrift und/oder einer von dem Zeugen stammenden schriftlichen Erklärung[1362] und ggf. eine dafür in der Hauptverhandlung gegebene Erklärung,
- was sich bei Vernehmung der Verhörsperson über den Inhalt der verlesenen Vernehmungsniederschrift hinaus zugunsten des Angeklagten ergeben hätte.

Auch in diesem Falle ist eine Aufklärungsrüge zu erheben, im Falle der Nichtverlesung der Vernehmungsniederschrift bzw. einer schriftlichen Erklärung des Zeugen

---

1361   Rüge 113 Rn. 1045.
1362   Siehe hierzu aber auch Rüge 89 Rn. 918.

auch insoweit. Sofern möglich, sollte auch vorgetragen werden, warum kein Beweisantrag auf Vernehmung des Vernehmungsbeamten gestellt wurde oder nicht zumindest eine Anregung auf dessen Vernehmung erfolgte bzw. nicht die Verlesung der Vernehmungsniederschrift bzw. der schriftlichen Erklärung des Zeugen beantragt wurde. Je nachvollziehbarer das Verteidigungsvorgehen einschließlich der Revisionsrügen für das Revisionsgericht ist, desto offener wird es der Rüge gegenüber stehen – jedenfalls kann dies vermutet werden.

Rüge 114a

Ist ein Zeuge nicht zur Hauptverhandlung geladen worden, obwohl er sich unberechtigt auf ein umfassendes Auskunftsverweigerungsrecht berufen hat? **1051**

Hier gelten die gleichen Grundsätze wie bei dem Absehen von der Ladung bei unberechtigter Berufung auf ein Zeugnisverweigerungsrecht i.S.d. § 52 Abs. 1 StPO (Rüge 109 Rn. 1034). Die dortigen Ausführungen gelten entsprechend. **1052**

Kapitel 17
Hat das Gericht ein Beweismittel nicht verwerten bzw. einen Zeugen nicht vernehmen können, weil eine Sperrerklärung der Exekutive gem. § 96 StPO vorlag?

Vorbemerkung

1054 § 96 StPO eröffnet der Exekutive die Möglichkeit, unter bestimmten Voraussetzungen ein Beweismittel zu sperren. Dies sind zunächst Akten(-teile) oder Schriftstücke, die sich in amtlicher Verwahrung[1363] befinden. § 96 StPO findet aber

---

1363 Zum Begriff vgl. *Meyer-Goßner*[55] § 96 Rn. 3.

auch analog Anwendung auf im Auftrag der Polizei verdeckt arbeitende Beweispersonen, also insbesondere Vertrauenspersonen und Verdeckte Ermittler (vgl. dazu auch § 110b Abs. 3 StPO).[1364]

Voraussetzung für die Sperrung eines Beweismittels ist eine rechtmäßige, von der zuständigen Behörde erlassene Sperrerklärung. Zuständig für die Sperrerklärung ist die oberste Dienstbehörde.[1365]

Liegt keine oder keine Sperrerklärung der obersten Dienstbehörde vor, fehlt es an einem Rechtsgrund für die Nichtverwertung des Beweismittels (dazu Rüge 115 Rn. 1060).

Problematisch sind die Fälle offensichtlich rechtswidriger Sperrerklärungen. Die **1055** frühere Rechtsprechung hat z.T. ein Verwertungsverbot bzw. ein Beweiserhebungsverbot angenommen.[1366] Nach neuerer Rechtsprechung[1367] soll eine rechtswidrige Sperrerklärung für das Gericht gleichwohl bindend sein, so dass auch die Verwertung von Beweissurrogaten zulässig ist.[1368]

Die oberste Dienstbehörde ist verpflichtet, die Sperrerklärung zu begründen. Dabei **1056** hat sie die staatlichen Geheimhaltungsinteressen und das Interesse an der gerichtlichen Sachverhaltsaufklärung sowie die Verteidigungsinteressen des Angeklagten gegeneinander abzuwägen.[1369]

Ist die Sperrerklärung unzureichend oder nicht nachvollziehbar begründet, ist das Gericht verpflichtet (ggf. auf Antrag der Verteidigung), Gegenvorstellung zu erheben.[1370] Denn das Gericht muss alles Zumutbare unternehmen, notwendige Beweismittel herbeizuschaffen bzw. das bestmögliche (unmittelbare) Beweismittel heranzuziehen.

Grundsätzlich gilt: Staatliche Geheimhaltungsinteressen dürfen sich im Strafprozess nicht nachteilig für den Angeklagten auswirken. Kann ein zentrales Beweismittel wegen einer Sperrerklärung (oder einer verweigerten Aussagegenehmigung) nicht in die Hauptverhandlung eingeführt werden, obwohl die Erhebung des Beweises ein Gebot der Aufklärungspflicht gewesen wäre, bzw. ein Beweisantrag des Angeklagten nicht aus den in § 244 Abs. 3–5 StPO genannten Gründen hätte abgelehnt werden können, ist die hierdurch bedingte Verkürzung der Beweisgrundlage und der Vertei-

---

1364 *Meyer-Goßner*[55] § 96 Rn. 12.
1365 *BVerfG* StV 1981, 381; *BGHSt* 30, 34; *KK-Nack*[6] § 96 Rn. 15; *Meyer-Goßner*[55] § 96 Rn. 8.
1366 *BGHSt* 29, 100, 111; *BGHSt* 31, 140, 144, 154; *LG Aachen* StV 1988, 476.
1367 *BGHSt* 36, 159.
1368 Vgl. dazu insgesamt LR-*Schäfer*[25] § 96 Rn. 87 ff.; *KK-Nack*[6] § 96 Rn. 28.
1369 *Meyer-Goßner*[55] § 96 Rn. 9, 12 f.; *KK-Nack*[6] § 96 Rn. 17 m. zahlr. Rspr. Nachw.; *KK-Fischer*[6] § 244 Rn. 173; zur Verfassungsmäßigkeit der völligen Sperrung einer VP s. *BVerfG* StV 2010, 337 m. Anm. *Safferling*.
1370 *BGHSt* 32, 115; 33, 178; 36, 159; *Meyer-Goßner*[55] § 96 Rn. 9; LR-*Schäfer*[25] § 96 Rn. 79.

digungsmöglichkeiten des Angeklagten durch eine besonders vorsichtige Beweiswürdigung und ggf. durch die Anwendung des Zweifelssatzes auszugleichen.[1371]

Die Sperrerklärung der obersten Dienstbehörde (Innenminister) kann auf dem Verwaltungsgerichtsweg[1372] angefochten werden.

1057 Zu differenzieren ist, ob ein Beweismittel überhaupt nicht oder nur mittelbar (durch Verwendung von Beweissurrogaten) herangezogen werden konnte.

Abschnitt 1
Hatte die Sperrerklärung zur Folge, dass ein Beweismittel weder unmittelbar noch mittelbar Verwendung gefunden hat?

1058 Für den Fall, dass keinerlei Verwendung des Beweismittels erfolgte, ergeben sich u.a. folgende Fallkonstellationen, die Gegenstand einer Rüge sein können:

1. Das Gericht hat ein Beweismittel nicht verwertet, obwohl keine Sperrerklärung oder eine solche einer unzuständigen Behörde vorliegt.
2. Das Gericht hat es unterlassen, Gegenvorstellung gegen eine (unzureichend begründete) Sperrerklärung zu erheben oder hat einen Antrag auf Erhebung einer Gegenvorstellung zurückgewiesen.
3. Das Gericht hat einen Aussetzungsantrag der Verteidigung bis zur Entscheidung des Verwaltungsgerichts über eine Klage gegen die Sperrerklärung zurückgewiesen.
4. Das Gericht hat einen Beweisantrag auf die Heranziehung eines Beweismittels abgelehnt, weil eine Sperrerklärung der Behörde vorlag.
5. Das Gericht hat die Tatsache der Sperrung des Beweismittels bei der Beweiswürdigung nur unzureichend berücksichtigt.

Rüge 115

1059 Hat das Gericht ein (unmittelbares) Beweismittel nicht verwertet, obwohl keine Sperrerklärung oder eine solche einer unzuständigen Behörde vorlag?

1060 Handelt es sich um ein in amtlicher Verwahrung befindliches Schriftstück, so ist dessen Beschlagnahme durch das erkennende Gericht zulässig.[1373] Dies gilt auch

---

1371 *BGHSt* 49, 112 ff.; KK-*Nack*[6] § 96 Rn. 30; *Detter* StV 2006, 544 ff.; vgl. auch *BVerfG* StV 1995, 561.
1372 *BGHSt* 44, 107; *Meyer-Goßner*[55] § 96 Rn. 14.
1373 *Meyer-Goßner*[55] § 96 Rn. 2 m.w.N.; KK-*Nack*[6] § 96 Rn. 27; **a.A.** LR-*Schäfer*[25] § 96 Rn. 8 ff.

bei einer offensichtlich willkürlichen Sperrerklärung.[1374] Ist dies unterblieben, kann dies mit der Aufklärungsrüge beanstandet werden.

Dazu muss vorgetragen werden,

- dass keine Sperrerklärung oder die einer unzuständigen Behörde vorgelegen hat, in letzterem Fall ist die Mitteilung des vollen Wortlauts der Erklärung erforderlich sowie welche Behörde für die Sperrerklärung zuständig gewesen wäre,
- dass das Gericht die Beschlagnahme nicht angeordnet hat,
- dass und warum sich dem Gericht die Beschlagnahme und die Verwendung des Beweismittels aufdrängen musste, weshalb – soweit möglich – der (vermutete) Inhalt des fraglichen Schriftstücks vorgetragen werden sollte,
- welches Ergebnis die unterbliebene Beweiserhebung gehabt hätte.

Das Gleiche gilt, wenn ein Beschlagnahmeantrag der Verteidigung abgelehnt worden ist. Hier ist ergänzend der Antrag und der ablehnende Beschluss in vollem Wortlaut mitzuteilen.
1061

Ist ein Beweisantrag auf Verlesung eines zu beschlagnahmenden Schriftstücks zurückgewiesen worden, so ist die Verletzung des Beweisantragsrechts zu rügen. Je nach Ablehnungsgrund kann auf die Ausführungen zum Beweisantragsrecht verwiesen werden.[1375]

Hat das Gericht von der Vernehmung einer anonymen Beweisperson ohne Vorliegen einer Sperrerklärung abgesehen, ist ebenfalls die Aufklärungsrüge zu erheben. Vorzutragen ist u.a. neben der Tatsache, dass die Beweisperson nicht vernommen wurde, was sie im Falle der Vernehmung bekundet hätte, sowie der vollständige Inhalt von Aussagen, Vermerken oder Aktenteilen, aus denen sich bisherige Angaben der Beweisperson ergeben und warum sich dem Gericht die Heranziehung des Beweismittels aufdrängen musste.
1062

Hat das Gericht die früheren Angaben einer anonymen Beweisperson ohne Vorliegen einer Sperrerklärung durch ein Beweissurrogat in die Hauptverhandlung eingeführt, so ist im Falle der Vernehmung des Vernehmungsbeamten die Verletzung des Unmittelbarkeitsgrundsatzes zu rügen. Mitzuteilen ist, dass der Vernehmungsbeamte vernommen wurde, keine Sperrerklärung vorlag bzw. nur die Sperrerklärung einer unzuständigen Behörde, die in vollem Wortlaut anzugeben ist.
1063

Hat das Gericht die Angaben durch Verlesung eingeführt, ist ein Verstoß gegen § 251 Abs. 1 Nr. 2 StPO zu rügen,[1376] da die Voraussetzungen der Unmöglichkeit der Vernehmung nicht vorliegen. Mitzuteilen ist hier zusätzlich der Gerichtsbeschluss über die Anordnung der Verlesung in vollem Wortlaut.

1374 KK-*Nack*[6] § 96 Rn. 28.
1375 Siehe das Kapitel 21, Rn. 1383 ff.
1376 Siehe Rüge 146 Rn. 1246.

Rüge 116

1064 Hat es das Gericht unterlassen, Gegenvorstellung gegen eine (unzureichend begründete) Sperrerklärung zu erheben oder hat es einen Antrag auf Erhebung einer Gegenvorstellung zurückgewiesen?

1065 Bestehen Zweifel an der Rechtmäßigkeit der Sperrerklärung, so ist das Gericht gehalten, Gegenvorstellung zu erheben.[1377] Deren Unterlassung kann mit der Aufklärungsrüge ebenso beanstandet werden wie die Ablehnung eines Antrags der Verteidigung auf Erhebung einer Gegenvorstellung durch das Gericht. Insoweit kann auf die Ausführungen zur (teilweisen) Verweigerung der Erteilung einer Aussagegenehmigung verwiesen werden.[1378]

Rüge 117

1066 Hat das Gericht einen Aussetzungsantrag der Verteidigung bis zur Entscheidung des Verwaltungsgerichts über die Klage gegen die Sperrerklärung zurückgewiesen?

1067 Die Ablehnung des Aussetzungsantrags kann nur mit der Aufklärungsrüge beanstandet werden.[1379]

Mitzuteilen ist,

- dass ein Beweismittel durch eine Sperrerklärung nicht verwertet wurde;
- der vollständige Inhalt der Sperrerklärung,
- ggf. alle weiteren Schritte zur Erlangung des Beweismittels (z.B. Gegenvorstellung und Entscheidung der Behörde),
- der Aussetzungsantrag ggf. nebst Klageschrift bei dem Verwaltungsgericht,
- der ablehnende Gerichtsbeschluss in vollem Wortlaut
- sowie die Bedeutung des Beweisthemas, die Erforderlichkeit der Sachaufklärung zu diesem Punkt und dass sich dem Gericht die Aussetzung des Verfahrens hätte aufdrängen müssen.

1068 Da eine Verfahrensaussetzung immer mit dem Beschleunigungsgebot kollidiert, empfehlen sich Ausführungen dazu, warum eine Verfahrensverzögerung etwa im Hinblick auf die überragende Bedeutung des Beweisthemas für die Schuldfrage bzw. die Strafzumessung (ausnahmsweise) hingenommen werden muss.

1377   LR-*Schäfer* [25] § 96 Rn. 79; KK-*Fischer*[6] § 244 Rn. 173.
1378   Siehe Rüge 91 Rn. 931.
1379   KK-*Nack*[6] § 96 Rn. 36; *Meyer-Goßner*[55] § 54 Rn. 29.

Rüge 118

Hat das Gericht einen Beweisantrag auf die Heranziehung eines Beweismittels abgelehnt, **1069**
weil eine Sperrerklärung der Behörde vorlag?

Hier ist zu differenzieren, ob die Sperrerklärung rechtmäßig oder fehlerhaft war.

Ist die Sperrerklärung rechtmäßig, kommt dem Umstand, dass die Behörde die Er- **1070**
hebung eines Entlastungsbeweises verhindert, allein bei der Beweiswürdigung entscheidende Bedeutung zu.[1380] Eine Verletzung des Beweisantragsrechts kann nicht
gerügt werden. Nach älterer Rechtsprechung kam zwar im Falle der Verhinderung
der Aufklärung entlastenden Vorbringens eine Wahrunterstellung der unter Beweis
gestellten Tatsache in Betracht.[1381] Diese Ansicht dürfte jedoch durch die Entscheidung *BGHSt* 49, 112 = StV 2004, 192 überholt sein.

Ist die Sperrerklärung unzureichend, ist die Verletzung des Beweisantragsrechts zu **1071**
rügen. Da das Gericht in der Regel den Beweisantrag im Hinblick auf die Sperrerklärung wegen Unerreichbarkeit des Beweismittels zurückweisen wird, kann zunächst auf die Ausführungen zur Zurückweisung eines Beweisantrages wegen Unerreichbarkeit des Beweismittels verwiesen werden.[1382]

Neben dem Beweisantrag und dem Gerichtsbeschluss ist zusätzlich ist vorzutragen:

* die Sperrerklärung in vollem Wortlaut,
* ggf. die Bemühungen des Gerichts zur Beischaffung des Beweismittel,
* ggf. die Reaktion der Behörde darauf.

Ausführungen sind dazu erforderlich, warum trotz Sperrerklärung und zurückwei-
sendem Beschluss (noch) keine Unerreichbarkeit gegeben war, z.B. deswegen, weil
nicht alle alternativen Möglichkeiten zur Wahrung der schutzwürdigen Geheimhaltungsinteressen ausgeschöpft wurden. Bei Schriftstücken kann dies die teilweise
Schwärzung sein, bei Beweispersonen der Schutz vor Enttarnung bei einer Vernehmung in der Hauptverhandlung durch Anwendung von § 68 Abs. 2 und 3 StPO,
Ausschluss der Öffentlichkeit, Abtretenlassen des Angeklagten nach § 247 StPO,
oder ggf. eine Videovernehmung unter optischer und akustischer Abschirmung.[1383]

1380 Es ist hierzu auf die Ausführungen bei Rüge 119 Rn. 1072 zu verweisen.
1381 *LG Münster* StV 1983, 97; *LG Berlin* StV 1986, 97; vgl. auch *BGHSt* 20, 189; vgl.
auch insgesamt *Detter* StV 2006, 544, 551.
1382 Siehe Rüge 171 Rn. 1504 ff.
1383 KK-*Fischer*[6] § 244 Rn. 174; siehe ferner Rn. 1076 ff.

Rüge 119

1072   Hat das Gericht die Tatsache der Sperrung des Beweismittels bei der Beweiswürdigung nur unzureichend berücksichtigt?

1073   Staatliche Geheimhaltungsinteressen dürfen sich im Strafprozess nicht nachteilig für den Angeklagten auswirken. Kann ein zentrales Beweismittel wegen einer Sperrerklärung (oder einer verweigerten Aussagegenehmigung) nicht in die Hauptverhandlung eingeführt werden, obwohl die Erhebung des Beweises ein Gebot der Aufklärungspflicht gewesen wäre, bzw. ein Beweisantrag des Angeklagten nicht aus anderen in § 244 Abs. 3–5 StPO genannten Gründen hätte abgelehnt werden dürfen, ist die hierdurch bedingte Verkürzung der Beweisgrundlage und der Verteidigungsmöglichkeiten des Angeklagten durch eine besonders vorsichtige Beweiswürdigung und ggf. durch die Anwendung des Zweifelssatzes auszugleichen.[1384] Die Rechtsprechung des *BGH*, nach der ein Verstoß gegen Art. 6 Abs. 3 lit. d EMRK wegen der Unmöglichkeit der Befragung einer gesperrten Vertrauensperson durch die Verteidigung im Wege der Beweiswürdigung zu kompensieren ist, begegnet keinen verfassungsrechtlichen Bedenken.[1385]

Dabei gebietet es der Zweifelssatz nicht, etwa die in einem Beweisantrag unter Beweis gestellte Tatsache als wahr zu behandeln.[1386] Die Sperrung des Beweismittels ist lediglich bei der Würdigung des gesamten Beweisergebnisses zu würdigen. An dieser Stelle hat der Tatrichter die Möglichkeit, in seine Erwägungen einzustellen, dass ein Entlastungsbeweis des Angeklagten gelungen wäre. Dabei ist zu berücksichtigen, ob gewichtige Indizien gegen die entlastende Beweisbehauptung sprechen oder diese sich mit dem bisherigen Ergebnis der Beweisaufnahme in Einklang bringen lässt oder sogar partiell bestätigt wurde.

1074   Die unzureichende Beweiswürdigung ist mit der Sachrüge zu beanstanden. Da sich aber möglicherweise nicht alle zur Beurteilung erforderlichen Tatsachen allein aus dem Urteil ergeben, ist es erforderlich, diese im Rahmen der Sachrüge mitzuteilen.

Dazu gehört:

- dass das Gericht von Amts wegen die Heranziehung des Beweismittels für erforderlich gehalten hat, wobei der gesamte hierüber geführte Schriftverkehr einschl. der Antworten der Behörde sowie in den Akten befindliche Vermerke in vollem Wortlaut mitzuteilen ist,
- dass ggf. ein Beweisantrag gestellt wurde, der in vollem Wortlaut mitzuteilen ist, sowie die Bemühungen des Gerichts zur Herbeischaffung des Beweismittels einschl. aller Korrespondenz etc.,

---

1384   *BGHSt* 49, 112 ff. vgl. dazu insges. auch *Detter* StV 2006, 544.

1385   *BVerfG* StV 2010, 337 m. Anm. *Safferling*.

1386   *BGHSt* 49, 112, 122; dagegen *LG Münster* StV 1983, 97; *LG Berlin* StV 1986, 97; vgl. auch *BGHSt* 20, 189; vgl. auch insgesamt *Detter* StV 2006, 544, 551.

- die Sperrerklärung,
- dass das Beweismittel nicht verwendet wurde
- auf die Erhebung des Beweises nicht verzichtet bzw. der Beweisantrag nicht zurückgenommen wurde.

Abschnitt 2
Hat das Gericht die Angaben eines anonymen Zeugen trotz unzureichend begründeter Sperrerklärung durch ein Beweissurrogat in die Hauptverhandlung eingeführt?

Im Auftrag der Polizei verdeckt arbeitende Beweispersonen, also insbesondere Vertrauenspersonen und Verdeckte Ermittler (vgl. dazu auch § 110b Abs. 3 S. 3 StPO) werden, sofern sie in der Hauptverhandlung als Zeugen vernommen werden sollen, in aller Regel für eine unmittelbare Vernehmung „gesperrt", indem weder Name noch ladungsfähige Anschrift bekannt gegeben werden, noch die Zeugen zur Hauptverhandlung „gestellt" werden. Die sog. Sperrerklärung ergeht in analoger Anwendung des § 96 StPO.[1387] Als Gründe für die Sperrung kommen die Gefahr für Leib und Leben der Beweisperson im Falle der Enttarnung durch eine Vernehmung in der Hauptverhandlung sowie die dadurch ebenfalls eintretende Gefährdung des weiteren Einsatzes in Betracht (vgl. § 110b Abs. 3 S 3 StPO, der wohl analog auch auf V-Leute anzuwenden ist).[1388] Die Angaben der verdeckt arbeitenden Beweispersonen können daher nur durch einen Zeugen vom Hörensagen (Vernehmung des Vernehmungsbeamten) oder durch Verlesung nach § 251 Abs. 1 Nr. 2 StPO in die Hauptverhandlung eingeführt werden.[1389]   **1075**

Bevor eine völlige Sperrung der Beweisperson für eine Vernehmung in der Hauptverhandlung in Betracht kommt, sind die Aufklärung weniger beeinträchtigende Mittel zum Schutz der Beweisperson in Erwägung zu ziehen, insbesondere der Verzicht auf Angaben zur Identität, § 68 Abs. 3 StPO, Ausschluss der Öffentlichkeit, Entfernung des Angeklagten nach § 247 StPO und schließlich die Videovernehmung nach § 247a StPO unter optischer und akustischer Abschirmung.[1390] Zum Ausschluss des „Restrisikos" einer Enttarnung kommen auch bei der Videovernehmung nach § 247a StPO unter optischer und akustischer Abschirmung zusätzlich die Geheimhaltung der Identität gem. § 68 Abs. 3 StPO, der Ausschluss der Öffentlichkeit und die Entfernung des Angeklagten nach § 247 StPO in Betracht. Das Gericht ist gehalten, der obersten Dienstbehörde diese Möglichkeiten zum Schutz der   **1076**

1387 Vgl. nur *Meyer-Goßner*[55] § 96 Rn. 12.
1388 *Meyer-Goßner*[55] § 96 Rn. 13; zweifelnd KK-*Nack*[6] § 96 Rn. 21.
1389 Vgl. dazu insgesamt *Detter* StV 2006, 544 ff.
1390 Vgl. *BGH* StV 2002, 639 m. zahlr. Nachw.; ferner *BGH* StV 2004, 241 und 577; StV 2006, 682; StV 2007, 228.

Beweisperson anzubieten. Dies gilt schon deswegen, weil anderenfalls u.a. der Konfrontationsrecht der Verteidigung aus Art. 6 Abs. 3 lit. d EMRK tangiert ist. Handelt es sich bei der Beweisperson um einen verdeckten Ermittler, sind an dessen Sperrung auch für eine Videovernehmung unter optischer und akustischer Abschirmung besondere Anforderungen zu stellen.[1391]

Solange die Behörde eine Vernehmung unter diesen Kautelen nicht abgelehnt hat, liegen die Voraussetzungen für die ausschließliche Verwendung eines Beweissurrogats nicht vor.

1077 Neben den oben beschriebenen Konstellationen kommen in diesen Fällen u.a. folgende Möglichkeiten in Betracht:

1. Das Gericht hat die Angaben trotz unzureichend begründeter Sperrerklärung durch die Vernehmungsperson oder durch Verlesung in die Hauptverhandlung eingeführt.
2. Das Gericht hat einen Beweisantrag auf (ergänzende) Vernehmung einer Beweisperson im Hinblick auf die Sperrerklärung zurückgewiesen.
3. Das Gericht hat die bloß mittelbare Einführung der Angaben der gesperrten Beweisperson und die Verletzung des Konfrontationsrechts der Verteidigung nach Art. 6 Abs. 3 lit. d EMRK bei der Beweiswürdigung nicht ausreichend berücksichtigt.

Rüge 120

1078 Hat das Gericht die Angaben trotz unzureichend begründeter Sperrerklärung durch die Vernehmungsperson oder durch Verlesung in die Hauptverhandlung eingeführt?

1079 Ist die frühere Vernehmung durch eine Vernehmungsperson in die Hauptverhandlung eingeführt worden, ohne dass alternative Möglichkeiten zum Schutz des Zeugen angeboten und abgelehnt wurden, ist die Verletzung des Unmittelbarkeitsgrundsatzes (§ 250 StPO) im Falle der Verlesung zu rügen, im Falle der Vernehmung der Vernehmungsperson ist zusätzlich die Aufklärungsrüge zu erheben, da das Gericht nicht das unmittelbare und sachnähere Beweismittel herangezogen hat.

Es ist vorzutragen,

- welche Bemühungen das Gericht zur Herbeiführung einer unmittelbaren Aussage unternommen hat unter Mitteilung aller in diesem Zusammenhang angefallenen Schriftstücke,
- die Sperrerklärung,

1391 *BGH* StV 2004, 577.

- dass die aufgezeigten Möglichkeiten zum Schutz des Zeugen nicht angeboten wurden oder die Sperrerklärung sich dazu nicht verhält,
- die Einführung der Aussage durch die Verhörsperson und deren Inhalt.

Ist die Aussage nach § 251 Abs. 1 Nr. 2 StPO verlesen worden, so ist ein Verstoß gegen diese Vorschrift zu rügen, da (noch) keine Unmöglichkeit der Vernehmung vorgelegen hat. In diesem Fall sind zusätzlich der Beschluss, der die Verlesung anordnet, die Tatsache der Verlesung und der vollständige Wortlaut der Vernehmungsniederschrift mitzuteilen.

Rüge 121

Hat das Gericht einen Beweisantrag auf (ergänzende) Vernehmung einer Beweisperson im Hinblick auf die Sperrerklärung zurückgewiesen? **1080**

In der Regel erfolgt die Zurückweisung des Beweisantrags wegen Unerreichbarkeit **1081** des Beweismittels.

Hat das Gericht den Beweisantrag im Hinblick auf eine Sperrerklärung abgelehnt, ohne dass die oben aufgezeigten alternativen Möglichkeiten zum Schutz des Zeugen angeboten und ablehnt wurden, ist die Annahme der Unerreichbarkeit rechtsfehlerhaft.

Es ist ergänzend zu den sonstigen Anforderungen an die Rüge[1392] ist vorzutragen,

- welche Bemühungen das Gericht zur Herbeiführung einer unmittelbaren Aussage unternommen hat unter Mitteilung aller in diesem Zusammenhang angefallenen Schriftstücke,
- die Sperrerklärung,
- dass die alternative Möglichkeiten zum Schutz des Zeugen nicht angeboten wurden oder die Sperrerklärung sich dazu nicht verhält,
- der Beweisantrag sowie der ablehnende Gerichtsbeschluss.

Liegt nach allen pflichtgemäßen Bemühungen des Gerichts zur Herbeiführung einer **1082** ergänzenden Aussage eine (rechtmäßige) Sperrerklärung vor, die die Beweiserhebung verhindert, so müssen die gleichen Grundsätze wie für den Fall gelten, dass infolge der Sperrerklärung überhaupt keine Aussage des Zeugen herbeigeführt werden kann. Zwar kann die Rüge der Verletzung des Beweisantragsrechts in diesem Fall nicht erhoben werden, jedoch muss das Gericht bei der Beweiswürdigung unter Beachtung des Zweifelssatzes in die Erwägung einstellen, dass der Staat die Aufklärung entlastenden Vorbringens verhindert.[1393]

1392 Siehe Rüge 171 Rn. 1504 ff.
1393 Vgl. Rüge 119 Rn. 1072.

Rüge 122

1083   Hat das Gericht die bloß mittelbare Einführung der Angaben der gesperrten Beweisperson bei der Beweiswürdigung nicht ausreichend berücksichtigt?

1084   Soll die Verurteilung allein auf die Aussage einer durch ein Beweissurrogat eingeführten anonymen Beweisperson gestützt werden, ist eine besonders kritische Beweiswürdigung erforderlich, da die Verfahrensbeteiligten keine Möglichkeit hatten, die Glaubwürdigkeit des anonymen Zeugen und die Glaubhaftigkeit seiner Angaben durch einen unmittelbaren Eindruck und durch eine direkte Befragung zu überprüfen. Hinzu kommt, dass das Konfrontationsrecht der Verteidigung aus Art. 6 Abs. 3 lit. d EMRK tangiert ist. Aus diesem Grunde darf eine Verurteilung nur dann auf die durch einen Zeugen vom Hörensagen oder durch Verlesung eingeführten Aussagen eines anonymen Zeugen gestützt werden, wenn diese durch weitere, außerhalb der Aussage liegende Beweisanzeichen gestützt werden.[1394]

1085   Die fehlerhafte, d.h. lückenhafte Beweiswürdigung ist zwar mit der Sachrüge zu beanstanden. Gleichwohl empfiehlt es sich, alle Verfahrenstatsachen im Zusammenhang mit der Sperrung des Zeugen und der Einführung durch das Beweissurrogat im Rahmen der Sachrüge mitzuteilen.[1395]

1394   Vgl. dazu etwa *EGMR* StV 1997, 617; *BVerfG* StV 1991, 449; *BGHSt* 51, 150; *Meyer-Goßner*[55] MRK Art. 6 Rn. 22d und § 250 Rn. 5 m. zahlr. Rspr. Nachw.; LR-*Schäfer*[25] § 96 Rn. 24, 70, 117.
1395   Insoweit kann auf die Ausführungen Rn. 1078 ff. verwiesen werden.

Kapitel 18
Wurde in der Hauptverhandlung ein Sachverständiger vernommen?

Abschnitt 1
Notwendige Teilnahme an der Hauptverhandlung

Rüge 123

Ist im Urteil die Unterbringung des Angeklagten in einem psychiatrischen Krankenhaus, einer Entziehungsanstalt oder in der Sicherungsverwahrung angeordnet oder vorbehalten worden, ohne dass ein Sachverständiger in der Hauptverhandlung über den Zustand des Angeklagten und die Behandlungsaussichten vernommen (§ 246a S. 1 StPO) bzw. ohne dass der Angeklagte durch den Sachverständigen untersucht worden ist (§ 246a S. 2 StPO)?

1087

I. Rechtsgrundlagen

1. Die Unterbringung eines Angeklagten gem. §§ 63, 64, 66 StGB bzw. der Vorbehalt einer Entscheidung über die Unterbringung in der Sicherungsverwahrung (§ 66a StGB) darf nicht ohne Hinzuziehung eines (i.d.R. ärztlichen) Sachverständigen angeordnet werden. Dieser muss in der Hauptverhandlung über den Zustand des Angeklagten und die Behandlungsaussichten vernommen werden (§ 246a S. 1 StPO)[1396]. Davon darf selbst dann nicht abgesehen werden, wenn das Gericht die Einholung eines Sachverständigengutachtens infolge eigener Sachkunde nicht für erforderlich erachtet[1397]. Zusätzlich zu der Anhörung des Sachverständigen in der Hauptverhandlung muss dieser den Angeklagten im Regelfall untersucht haben (§ 246a S. 3 StPO), und zwar vor oder spätestens während des Laufs der Hauptver-

1088

1396 Die Verlesung eines schriftlichen Gutachtens eines Arztes reicht nicht aus: KK-*Fischer*[6] § 246a Rn. 4.
1397 *BGH* StV 2001, 665.

handlung.[1398] Weder aus §§ 80a, 246a StPO noch aus verfassungsrechtlichen Grundsätzen soll sich nach Auffassung des 2. Strafsenats des *BGH* eine selbstständige Verpflichtung des Gerichts ergeben, in Fällen der möglichen Anordnung einer Maßregel gem. § 66 StGB von dem zu vernehmenden Sachverständigen stets die Vorlage eines vorbereitenden schriftlichen Gutachtens zu verlangen.[1399] Die Untersuchung kann auch längere Zeit vor der Hauptverhandlung und ohne die spezifische Fragestellung der Notwendigkeit einer Unterbringung erfolgt sein, wenn der Angeklagte von einem Psychiater auf seinen geistig-seelischen Zustand untersucht worden ist[1400]. Die Untersuchung muss von dem in der Hauptverhandlung vernommenen gerichtlich bestellten Sachverständigen durchgeführt worden sein; es besteht ein Delegationsverbot, soweit durch Heranziehung anderer Personen die Verantwortung des Sachverständigen für das Gutachten in Frage gestellt wird.[1401] Durch die unterbliebene Gutachtenerstattung wird § 246a S. 1 StPO, durch das Unterlassen der Untersuchung § 246a S. 3 StPO verletzt.[1402] An dieser von der ständigen Rechtsprechung geprägten Rechtslage hat sich durch die Neuregelung des § 246a StPO durch das Gesetz zur Sicherung der Unterbringung in einem psychiatrischen Krankenhaus und in einer Entziehungsanstalt vom 16.7.2007[1403] nichts geändert.[1404]

1089 2.   Die Erstattung eines Gutachtens in der Hauptverhandlung zur Frage des Zustands des Angeklagten und seiner Behandlungsaussichten betrifft eine wesentliche Förmlichkeit des Verfahrens und wird durch das Protokoll bewiesen.[1405] Das Schweigen des Protokolls beweist, dass eine Gutachtenerstattung unterblieben ist. Der Umstand, dass eine Untersuchung des Angeklagten durch den Sachverständi-

---

1398   *BGH* StV 2002, 234 = NStZ 2002, 384; eine Ausnahme von der Pflicht zur vorherigen Untersuchung – nicht aber von der Gutachtenerstattung in der Hauptverhandlung (*BGH* StV 2004, 207 = NStZ 2004, 263) – wird nur dann gemacht, wenn die Untersuchung wegen des Widerstands des Angeklagten ohne seine Mitwirkung kein verwertbares Ergebnis erwarten lässt (vgl. *BGHR* StPO § 246a S. 1 – Sachverständiger 1; *LR-J.-P. Becker*[26] § 246a Rn. 12).

1399   *BGH* v. 14.10.2009 – 2 StR 205/09 = StV 2011, 197 m. abl. Anm. *Ziegert* = JR 2010, 302 m. Anm. *Peglau* = NStZ 2010, 156; hierzu krit. auch *Deckers, Schöch, Nedopil, Dittmann, Müller, Nowara, Saimeh, Boetticher, Wolf* NStZ 2011, 69.

1400   *BGHR* StPO § 246a S. 2 – Sachverständiger 1. Das Gutachten eines psychiatrischen Sachverständigen muss – sofern möglich – eine Exploration des Probanden einschließen, die der gerichtliche Sachverständige selbst durchgeführt oder an der er teilgenommen haben muss: *BGH* v. 25.5.2011 – 2 StR 585/10 = StV 2011, 709 = StraFo 2011, 359 = NStZ 2012, 103.

1401   *BGH* v. 25.5.2011 – 2 StR 585/10 = StV 2011, 709 = StraFo 2011, 359 = NStZ 2012, 103.

1402   Zusätzlich zur Rüge der Verletzung des § 246a S. 3 StPO kann die Aufklärungsrüge (siehe Rüge 190 Rn. 1662) erhoben werden: *Meyer-Goßner*[55] § 246a Rn. 6.

1403   BGBl. I 2007, 1327.

1404   *Spiess* Das Gesetz zur Sicherung der Unterbringung, StV 2008, 160.

1405   Hat sich ein Sachverständiger in der Hauptverhandlung nur zur Schuldfähigkeit des Angeklagten, nicht aber zu seinen Behandlungsaussichten und der Wahrscheinlichkeit weiterer Straftaten geäußert, muss dies im Wege des Freibeweises geklärt werden.

gen unterblieben ist, betrifft demgegenüber keine wesentliche Förmlichkeit, sondern muss im Wege des Freibeweisverfahrens festgestellt werden.

3.   Es handelt sich nach h.M. um einen relativen Revisionsgrund.[1406] Es kann in al-   **1090** ler Regel aber nicht ausgeschlossen werden, dass die Heranziehung eines Sachverständigen bzw. die Untersuchung des Angeklagten dazu beigetragen haben könnte, von einer Unterbringung des Angeklagten bzw. der Anordnung des Vorbehalts der Unterbringung in der Sicherungsverwahrung abzusehen.[1407]

II. Anforderungen an den Vortrag

1. Rüge der unterbliebenen Anhörung eines Sachverständigen gem. § 246a S. 1 StPO

* Gegen den Angeklagten wurde die Unterbringung in einem psychiatrischen   **1091** Krankenhaus, in einer Entziehungsanstalt bzw. in der Sicherungsverwahrung angeordnet bzw. die Anordnung letzterer wurde vorbehalten.
* in der Hauptverhandlung ist kein (psychiatrischer) Sachverständiger zum Zustand des Angeklagten und zu seinen Behandlungsaussichten vernommen worden.

2. Rüge der unterbliebenen Untersuchung des Angeklagten durch einen Sachverständigen gem. § 246a S. 3 StPO

* Gegen den Angeklagten wurde die Unterbringung nach §§ 63, 64 oder 66 StGB   **1092** angeordnet bzw. es wurde die Anordnung der Unterbringung in der Sicherungsverwahrung vorbehalten.
* Der Angeklagte wurde nicht von dem in der Hauptverhandlung vernommenen Sachverständigen untersucht, wobei die unterbliebene Untersuchung nicht auf dem Widerstand des Angeklagten bzw. auf der Tatsache beruhte, dass ohne seine Mitwirkung (psychiatrische Exploration) ein verwertbares Ergebnis nicht zu erwarten war, vielmehr der Kontakt zwischen dem Sachverständigen und dem Angeklagten sich darauf beschränkte, dass der Sachverständige während der Hauptverhandlung zugegen war und dort den Angeklagten beobachtete.[1408]

1406   LR-*J.-P.Becker*[26] § 246a Rn. 14.
1407   *BGHR* StPO § 246a S. 1 – Sicherungsverwahrung 1 und 2. Will der Angeklagte die Nichtanordnung der Unterbringung in einer Entziehungsanstalt (ggf. in einem psychiatrischen Krankenhaus) beanstanden, kann dies auch auf die Verletzung des § 246a StPO bzw. des § 244 Abs. 2 StPO gestützt werden, wenn diese Maßnahme in Betracht kam und trotzdem kein Sachverständiger in der Hauptverhandlung vernommen worden ist.
1408   Auch eine solche Beobachtung stellt keine Untersuchung i.S.d. § 246a S. 2 StPO dar: *BGHR* StPO § 246a S. 1 – Untersuchung 1; dasselbe dürfte auch für die Fälle gelten, in denen der Sachverständige zusätzlich zu seiner Beobachtung Fragen an den Angeklagten in der Hauptverhandlung gerichtet hat und diese beantwortet wurden.

III. Im Zusammenhang mit der Verletzung des § 246a StPO stehende Rügen

1093 1. Ist die Anordnung der Unterbringung bzw. deren Vorbehalt gem. §§ 63, 64, 66, 66a StGB unterblieben, obwohl dies von der Staatsanwaltschaft oder der Verteidigung beantragt, angeregt oder zumindest als naheliegend bezeichnet worden war und wurde in der Hauptverhandlung hierzu kein (psychiatrischer) Sachverständiger vernommen, kann dadurch neben dem § 246a StPO[1409] die Aufklärungspflicht (§ 244 Abs. 2 StPO) verletzt sein und zum Gegenstand einer Aufklärungsrüge gemacht werden.[1410]

1094 2. Soll beanstandet werden, dass der in der Hauptverhandlung vernommene Sachverständige einem wesentlichen Teil der Hauptverhandlung nicht beigewohnt hat, der ihm ein zutreffendes Bild von der Persönlichkeit des Beschuldigten und dessen Zustand vermittelt hätte, kann dies ebenfalls als Verletzung der Aufklärungspflicht mit der Aufklärungsrüge angegriffen werden.[1411]

1095 3. Kommt es zur Anordnung der Unterbringung, ohne dass dies in der zugelassenen Anklage – zumindest aus der dem Anklagesatz folgenden Liste der anzuwendenden Vorschriften – zum Ausdruck gekommen ist, stellt der unterbliebene Hinweis auf die möglicherweise in Betracht kommende Unterbringung eine Verletzung des § 265 Abs. 2 StPO dar.[1412]

1409 Dabei ist bezüglich der Nichtanordnung der Unterbringung in einer Entziehungsanstalt (§ 64 StGB) zu beachten, dass § 246a S. 2 StPO die Vernehmung eines Sachverständigen nur noch als „Soll-Vorschrift" ausgestaltet hat, deren Unterbleiben allerdings nur dann nicht die Revision begründen kann, wenn die Maßregel nach dem dem Gericht nunmehr gem. § 64 StGB eingeräumten Ermessen offensichtlich nicht angeordnet werden wird: LR-*J.-P. Becker*[26] § 246a Rn. 8. Im Übrigen sind für die Verletzung des § 246a S. 1 StPO die Umstände darzulegen, warum die Unterbringung nach § 63 StGB in Betracht kam (dass der Angeklagte die Revision auf die unterlassene Anordnung der Sicherungsverwahrung stützt, ist auszuschließen).

1410 Dazu unten Rüge 190 Rn. 1662.

1411 *BGH* StV 1999, 470. Zur Dauer der Anwesenheit eines Sachverständigen in der Hauptverhandlung s. auch Rüge 126 Rn. 1106.

1412 Dazu Rüge 192 Rn. 1678.

Rüge 124

Hat ein in der Hauptverhandlung vernommener Sachverständiger daran in erforderlichem Umfang teilgenommen und konnte er sein Gutachten auf den relevanten Prozessstoff stützen? **1096**

I. Rechtsgrundlagen

Ein in der Hauptverhandlung zu vernehmender Sachverständiger braucht nicht während der gesamten Hauptverhandlungsdauer anwesend zu sein. In welchem Umfang er über die Dauer seiner Vernehmung hinaus an der Hauptverhandlung teilnehmen muss, hängt von dem Gegenstand seines Sachverständigenauftrags und der Frage ab, welche Anknüpfungstatsachen er für sein Gutachten benötigt und ob er diese ganz oder zumindest teilweise erst in der Hauptverhandlung zur Kenntnis nehmen kann. **1097**

Wohnt der Sachverständige einem für seine Gutachtenerstattung wesentlichen Teil der Hauptverhandlung nicht bei, kann dies die Aufklärungsrüge begründen. Es kann aber auch im Falle der Anordnung der Unterbringung oder deren Vorbehalt gem. §§ 63, 64, 66 und 66a StGB die Verletzung des § 246a S. 1 StPO gerügt werden, wenn der Sachverständige nicht umfassend auf der Grundlage des insoweit erheblichen Sachverhalts vom Gericht gehört worden ist.[1413]

Auf welche Weise sich der Sachverständige Kenntnis von den für ihn maßgeblichen Anknüpfungstatsachen verschaffen muss, ist ebenfalls von dem Gegenstand seines Gutachtens abhängig. Bedarf es bereits zur Ermittlung und Wahrnehmung der erforderlichen Anknüpfungstatsachen einer nur einem Sachverständigen zur Verfügung stehenden Sachkunde, reicht es nicht aus, dass ihm die Ergebnisse der in seiner Abwesenheit durchgeführten Beweiserhebungen von dem Vorsitzenden – ggf. mit Unterstützung der anderen Verfahrensbeteiligten – bekanntgegeben werden, da diesen i.d.R. die erforderliche Sachkunde dafür fehlt,[1414] um in der Beweisaufnahme gewonnene Erkenntnisse zutreffend zu bewerten und die zur Verfügung stehenden Beweismittel im Lichte der sachverständig zu beantwortenden Frage auszuschöpfen. Nur der Sachverständige kann beurteilen, ob die Anknüpfungstatsachen zutreffend und umfassend ermittelt sind. **1098**

Auch insoweit kann die unzureichende Ermittlung der maßgeblichen Anknüpfungstatsachen die Verletzung der Aufklärungspflicht begründen.

Es kann deshalb beispielsweise zur Feststellung der Schuldfähigkeit des Angeklagten die Anwesenheit des Sachverständigen während der gesamten Dauer der Beweisaufnahme geboten sein, wenn Äußerungen und Verhaltensweisen des Ange-

---

1413 *BGHSt* 27, 166.
1414 Zu der für eine Entscheidung gem. § 246a StPO erforderlichen Sachkunde siehe *BGHSt* 27, 166.

klagten in der Hauptverhandlung für die Gutachtenerstattung erforderlich sind. Ebenso kann die Beurteilung der Glaubwürdigkeit eines Zeugen nicht nur die Anwesenheit des Sachverständigen während der Vernehmung dieses Zeugen gebieten, sondern auch während sonstiger Teile der Beweisaufnahme, die möglicherweise Anhaltspunkte für die Beurteilung der Glaubwürdigkeit liefern.[1415]

1099 Eine Verletzung der Aufklärungspflicht kann insbesondere dann in Betracht kommen, wenn nach Vernehmung und Entlassung des Sachverständigen weitere Beweise erhoben worden sind, die für die Begutachtung bedeutsame Gesichtspunkte erbracht haben können, ohne dass diese dem Sachverständigen nachträglich zur Kenntnis gebracht wurden, wodurch ihm die Möglichkeit genommen wurde, dem Gericht eine ergänzende Beurteilung zu unterbreiten.[1416] Im Falle der Anordnung der Unterbringung des Angeklagten gem. §§ 63, 64 und 66 StGB sowie des Vorbehalts gem. § 66a StGB kann zusätzlich die Verletzung des § 246a S. 1 StPO gerügt werden.[1417]

II. Anforderungen an den Vortrag der Rüge der Verletzung der Aufklärungspflicht (§§ 244 Abs. 2, 337 StPO)

1100 • Es müssen die Tatsachen, Zustände oder Vorgänge benannt werden, die Gegenstand des von dem Sachverständigen in der Hauptverhandlung erstatteten Gutachtens waren.[1418]

• Es sind die Beweiserhebungen und deren Inhalt mitzuteilen, die in Abwesenheit des Sachverständigen Gegenstand der Hauptverhandlung waren sowie die Tatsache seiner Abwesenheit während dieser Beweiserhebung. Ergänzend ist vorzutragen, dass der Sachverständige auch nachträglich nicht über die Ergebnisse dieser Beweiserhebungen durch das Gericht in Kenntnis gesetzt worden ist bzw. dass und warum ihre Bekanntmachung nicht ausreichte, um dem Sachverständigen die für seine Gutachtenerstattung erforderlichen Anknüpfungstatsachen zu vermitteln.

• Es ist vorzutragen, dass der Sachverständige kein ergänzendes Gutachten erstattet hat, nachdem nach seiner Entlassung eine weitere für ihn erhebliche Beweisaufnahme stattgefunden hat bzw. die in seiner Abwesenheit durchgeführte Beweisaufnahme nicht noch einmal in seiner Anwesenheit wiederholt wurde.

• Es ist darzulegen, inwieweit die ergänzende Vernehmung des Sachverständigen bzw. die Wiederholung der in seiner Abwesenheit durchgeführten Beweiserhebung in seiner Anwesenheit ein dem Angeklagten günstiges Ergebnis gehabt hätte, und in welcher Hinsicht er durch den Aufklärungsmangel beschwert ist.

1415 *BGHSt* 19, 367.
1416 Vgl. *BGHSt* 19, 367 ff.; *BGH* StV 1995, 114 = NStZ 1995, 201.
1417 *BGHSt* 27, 166.
1418 Der Inhalt eines (auch vorbereitenden) schriftlichen Sachverständigengutachtens ist vollständig innerhalb der Revisionsbegründung mitzuteilen.

- Es ist darzulegen, dass insbesondere infolge der erforderlichen Sachkunde für die Beurteilung einer entscheidungserheblichen Tatsache das Gericht sich zu der weiteren Aufklärung gedrängt sehen musste und warum dies für das Gericht zumindest erkennbar war.

III. Anforderungen an den Vortrag der Rüge der Verletzung des § 246a S. 1 StPO

- Es ist darzulegen, dass das Gericht die Unterbringung des Angeklagten bzw. **1101** den Vorbehalt der Anordnung gem. § 66a StGB angeordnet hat.
- Es ist darzulegen, dass hierzu in der Hauptverhandlung ein Sachverständiger vernommen worden ist und ein Gutachten erstattet hat.
- Es ist darzulegen, dass der Sachverständige an einem für seine Gutachtenerstattung wesentlichen Teil der Hauptverhandlung nicht teilgenommen hat und ggf. dass und warum seine spätere Unterrichtung über den Inhalt des in seiner Abwesenheit durchgeführten Teils der Beweisaufnahme durch das Gericht nicht ausreichend war bzw. eine Unterrichtung überhaupt nicht erfolgt ist.
- Es ist mitzuteilen, dass der Sachverständige sein Gutachten nicht auf konkret zu benennende Beweiserhebungen, die in seiner Abwesenheit stattgefunden hatten, erstreckt hat. Hat der Sachverständige ein schriftliches Gutachten zur Vorbereitung seiner Vernehmung in der Hauptverhandlung erstattet, ist dessen Inhalt vollständig mitzuteilen.

IV. Im Zusammenhang mit der Ermittlung der Anknüpfungstatsachen stehende Rügen

1. Verwertet das Gutachten Anknüpfungstatsachen, die keine sog. Befundtatsachen **1102** sind, und sind diese Anknüpfungstatsachen nicht durch Vernehmung des Sachverständigen als Zeuge bzw. durch ein anderes Beweismittel zum Gegenstand der Hauptverhandlung gemacht worden, kommt eine Verfahrensrüge der Verletzung des § 261 StPO in Betracht sowie einer Verletzung der §§ 57 und 59 StPO, weil der Sachverständige nicht als Zeuge belehrt und über seine Vereidigung nicht nach den Vorschriften für Zeugen entschieden worden ist.[1419]

2. Ist der Antrag, den in der Hauptverhandlung vernommenen Sachverständigen er- **1103** gänzend zu Beweisergebnissen zu vernehmen, die nach seiner Entlassung Gegenstand der Beweisaufnahme waren, abgelehnt oder übergangen worden, kommt die Rüge der Verletzung des Beweisantragsrechts[1420] in Betracht. War der Sachverständige zu diesem Zeitpunkt noch nicht förmlich i.S.d. § 248 StPO entlassen worden, kann die Zurückweisung des Antrags und die anschließend

---

1419   Siehe dazu Rüge 226 Rn. 1866 und Rüge 104 Rn. 1017.
1420   Siehe Kapitel 21 Rn. 1372 ff.

vom Gericht bestätigte Entlassung des Sachverständigen als Verletzung des § 248 StPO gerügt werden.[1421]

1104 3. Hat das Gericht Beweisanträge abgelehnt oder übergangen, die für ein in der Hauptverhandlung erstattetes oder zu erstattendes Gutachten eines Sachverständigen bedeutsame Anknüpfungstatsachen zum Gegenstand hatten, kommt eine Verletzung des § 244 Abs. 3, Abs. 6 StPO in Betracht.[1422]

Abschnitt 2
Tätigkeit des Sachverständigen in der Hauptverhandlung

Rüge 125

1105 Ist es unterblieben, einen in der Hauptverhandlung vernommenen Sachverständigen gem. §§ 52 Abs. 3 S. 1, 55 Abs. 2 StPO zu belehren?

1. Die Belehrungspflichten nach §§ 52 Abs. 3 S. 1, 55 Abs. 2 StPO gelten nach § 72 StPO auch für den Sachverständigen.[1423]
2. Im Falle der Nichtbelehrung gelten dieselben Grundsätze wie im Falle unterbliebener Belehrungen nach §§ 52 Abs. 3 S. 1, 55 Abs. 2 StPO bei Zeugen.[1424]

Rüge 126

1106 Hatte der Sachverständige Gelegenheit, Fragen an den Angeklagten, Zeugen oder andere Sachverständige zu stellen?

I. Rechtsgrundlagen

1107 Nach § 80 Abs. 2 StPO, der auch für die Hauptverhandlung gilt,[1425] ist einem Sachverständigen zum Zwecke weiterer Aufklärung zu gestatten, Zeugen oder Beschuldigten unmittelbar Fragen zu stellen.[1426] Die Entscheidung hierüber steht im Ermes-

---

1421 Siehe Rüge 107 Rn. 1026.
1422 Siehe Kapitel 21 Rn. 1372 ff.
1423 LR-*Krause*[26] § 76 Rn. 1.
1424 Siehe hierzu Rüge 76 Rn. 860 und Rüge 87 Rn. 913 sowie Rüge 240 Rn. 1965.
1425 LR-*Krause*[26] § 80 Rn. 12.
1426 Dies muss entsprechend auch für die Befragung anderer Sachverständiger gelten.

sen des Gerichts.[1427] Zwar soll es sich bei § 80 Abs. 2 StPO nach verbreiteter Auffassung um eine Ordnungsvorschrift handeln.[1428] Daraus darf aber nicht der Schluss gezogen werden, dass eine Verletzung des § 80 Abs. 2 StPO nicht revisibel wäre.[1429] Wird es einem Sachverständigen nicht gestattet, an Zeugen und Sachverständige oder Beschuldigte unmittelbar Fragen zu stellen, kann darin eine Verletzung der gerichtlichen Aufklärungspflicht liegen, die Einfluss auf das Urteil genommen haben kann, wenn der Sachverständige dadurch sein Gutachten auf fehlerhafter Grundlage erstattet hat.[1430] Die Rüge setzt nicht voraus, dass der Sachverständige die Zurückweisung seiner Frage durch den Vorsitzenden gem. § 238 Abs. 2 StPO beanstandet hat.[1431] Allerdings soll die Zurückweisung von Fragen nur dann in der Sitzungsniederschrift beurkundet werden müssen, wenn diese beanstandet worden ist.[1432] Für die Begründung der Revision ist eine etwaige Aktivität des in der Hauptverhandlung anwesenden Verteidigers deshalb hilfreich.

II. Anforderungen an den Vortrag der Rüge der Verletzung der Aufklärungspflicht (§§ 244 Abs. 2, 337 StPO)

- Als vom Gericht aufzuklärende Tatsache ist der Inhalt der von dem Sachverständigen an den Angeklagten, Zeugen oder andere Sachverständige in der Hauptverhandlung gestellten Frage mitzuteilen.   **1108**

- Es ist weiterhin vorzutragen, dass durch den Vorsitzenden bzw. das Gericht die Frage des Sachverständigen zurückgewiesen wurde. Eine etwaige Begründung sowie ein etwa dazu ergangener Beschluss des Gerichts sowie eine ggf. diesem vorausgegangene Beanstandung durch den Sachverständigen oder einen anderen Verfahrensbeteiligten sind im Wortlaut mitzuteilen.

- Es ist mitzuteilen, dass die von dem Sachverständigen gestellte Frage nicht beantwortet worden ist.

- Es ist mitzuteilen, dass der Sachverständige die zurückgewiesene Frage in Anwesenheit des Angeklagten, Zeugen oder anderen Sachverständigen gestellt hat, an die diese gerichtet war.

- Es ist ggf. mitzuteilen, dass bezüglich der Beantwortung der von dem Sachverständigen gestellten Frage kein Aussage oder Zeugnisverweigerungsrecht bestand bzw. dass hiervon kein Gebrauch gemacht worden wäre.

- Es ist darzulegen, inwiefern die Beantwortung der zurückgewiesenen Frage ein dem Angeklagten günstiges Ergebnis gehabt hätte und in welcher Hinsicht er durch den Aufklärungsmangel beschwert ist.

1427   *Eisenberg* Beweisrecht der StPO³ Rn. 1584.
1428   KK-*Senge*⁶ § 80 Rn. 6; LR-*Krause*²⁶ § 80 Rn. 13.
1429   LR-*Krause*²⁶ § 80 Rn. 13; KK-*Senge*⁶ § 80 Rn. 6; HK-*Brauer*⁵ § 80 Rn. 6.
1430   SKStPO-*Rogall*³ § 80 Rn. 22; *Eisenberg* Beweisrecht der StPO⁷, Rn. 1593.
1431   Zur Zulässigkeit einer solchen Beanstandung siehe *Meyer-Goßner*⁵⁵ § 238 Rn. 14.
1432   KK-*Schneider*⁶ § 241 Rn. 14; **a.A.** SK-StPO-*Frister*⁴ § 241 Rn. 28.

• Es sollte dargelegt werden, aus welchen Gründen sich das Gericht gedrängt sehen musste, die Beantwortung der von dem Sachverständigen gestellten Frage zuzulassen.

Rüge 126a

1109 Ist in der Hauptverhandlung ein Sachverständiger angehört worden, der nicht eigenverantwortlich die Untersuchung des Angeklagten im Hinblick auf Schuldfähigkeit oder Prognose oder eines Zeugen im Hinblick auf seine Glaubwürdigkeit durchgeführt oder daran zumindest teilgenommen hat?

I. Rechtsgrundlagen

1110 Ein gerichtlich bestellter Sachverständiger hat die Pflicht zur persönlichen Gutachtenerstattung. Es besteht daher ein Delegationsverbot, soweit durch Heranziehung anderer Personen die Verantwortung des Sachverständigen für das Gutachten in Frage gestellt wird. Das Gutachten eines psychiatrischen Sachverständigen muss eine Exploration des Probanden durch den Sachverständigen einschließen. Dabei handelt es sich um die zentrale Untersuchungsmethode. Deren Ergebnisse kann der gerichtliche Sachverständige nur dann eigenverantwortlich bewerten, wenn er sie selbst durchgeführt oder zumindest insgesamt daran teilgenommen hat.[1433] Eine nicht ordnungsgemäß durchgeführte Untersuchung[1434] oder die Begutachtung durch einen nicht ausreichend kompetenten Sachverständigen kann die Aufklärungsrüge begründen.[1435]

II. Anforderungen an den Vortrag der Rüge der Verletzung der Aufklärungspflicht (§§ 244 Abs. 2, 337 StPO)

1111 • In der Hauptverhandlung wurde ein Sachverständiger vernommen, der sich zur Schuldfähigkeit oder Prognose des Angeklagten oder zur Glaubwürdigkeit eines Zeugen äußern sollte. Der Inhalt des diesem Sachverständigen erteilten Gutachtenauftrags oder der Inhalt der gerichtlichen Ladungsverfügung sind mitzuteilen.

1433 *BGH* 2 StR 585/10 v. 25.5.2011 = StV 2011, 709 = StraFo 2011, 359 = NStZ 2012, 103.

1434 Die Anwesenheit eines psychiatrischen Sachverständigen in der Hauptverhandlung vermag die eigene Exploration nicht zu ersetzen: *BGH* 2 StR 585/10 v. 25.5.2011 = StV 2011, 709 = StraFo 2011, 359 = NStZ 2012, 103.

1435 Für die Untersuchung eines ärztlichen Sachverständigen nach § 246a StPO LR-*J.-P. Becker*[26] § 246a Rn. 15.

- Der Angeklagte bzw. der begutachtete Zeuge wurde nicht von dem in der Hauptverhandlung vernommenen Sachverständigen untersucht, sondern die Untersuchung war von dem gerichtlich beauftragten Sachverständigen an eine zu benennende Hilfskraft delegiert worden.[1436]
- Vorsorglich sollte als Negativtatsache vorgetragen werden, dass die von dem gerichtlich beauftragten Sachverständigen eingeschaltete Hilfskraft in der Hauptverhandlung nicht vernommen und ggf. nicht von dem Gericht mit der Erstattung eines (zusätzlichen) Gutachtens beauftragt wurde.

Das Urteil beruht auf dem Verfahrensfehler, wenn es sich ausschließlich auf die Bekundungen des gerichtlich beauftragten Sachverständigen stützt, der nicht selbst die Untersuchung durchgeführt oder sich zumindest an dieser beteiligt hat.

Rüge 127

Ist von einem vom Gericht geladenen und in der Hauptverhandlung erschienenen Sachverständigen kein Gutachten erstattet worden? **1112**

I. Rechtsgrundlagen

Nach § 245 Abs. 1 StPO muss sich die Beweisaufnahme auf die vom Gericht vorge- **1113** ladenen und auch erschienenen Sachverständigen erstrecken, soweit die Beweiserhebung nicht unzulässig ist. Von der Beweiserhebung darf nur abgesehen werden, wenn Staatsanwaltschaft, Verteidiger und Angeklagter damit einverstanden sind.

Die Anwesenheit eines Sachverständigen in der Hauptverhandlung ist eine wesentliche Förmlichkeit des Verfahrens, die durch das Hauptverhandlungsprotokoll bewiesen wird. Ebenso ist die Erstattung eines Gutachtens eine wesentliche Förmlichkeit des Verfahrens. Das Schweigen des Hauptverhandlungsprotokolls insoweit beweist, dass ein Sachverständigengutachten nicht erstattet worden ist.

II. Anforderungen an den Vortrag der Rüge der Verletzung des § 245 Abs. 1 StPO

- An der Hauptverhandlung hat ein namentlich zu bezeichnender Sachverständi- **1114** ger teilgenommen.
- Dieser ist vom Gericht zur Hauptverhandlung geladen worden. Der Gutachtenauftrag sowie die Ladung sind wörtlich mitzuteilen.

1436 Die Anwesenheit des Sachverständigen in der Hauptverhandlung vermag die eigene Exploration nicht zu ersetzen: *BGH* 2 StR 585/10 v. 25.5.2011 = StV 2011, 709 = StraFo 2011, 359 = NStZ 2012, 103.

- Der Sachverständige hat in der Hauptverhandlung kein Gutachten erstattet.
- Staatsanwaltschaft, Verteidigung und Angeklagter haben auf die Erstattung eines Sachverständigengutachtens nicht verzichtet.
- Der Vorsitzende hat keine Verfügung getroffen, das Gericht keinen Beschluss erlassen des Inhalts, dass die von dem Sachverständigen erwartete Gutachtenerstattung unzulässig wäre.
- Ein Grund, der die Erstattung eines Sachverständigengutachtens unzulässig gemacht hätte (z.b. Geltendmachung eines Gutachtenverweigerungsrechts gem. § 76 Abs. 1 StPO), lag nicht vor.[1437] Es ist weiterhin vorzutragen, dass der Sachverständige bereit und in der Lage war, ohne zeitlichen Aufschub ein Sachverständigengutachten zu erstatten.[1438]
- Es ist das Beweisthema anzugeben, zu dem der Sachverständige gem. dem ihm erteilten Gutachtenauftrag bzw. seiner Ladung in der Hauptverhandlung Erkenntnisse liefern sollte und inwieweit diese für die Entscheidung Bedeutung gehabt hätten.[1439] Ein die Erstattung des Gutachtens vorbereitendes schriftliches Gutachten ist im Wortlaut mitzuteilen.

Rüge 128

1115   Hat sich der Sachverständige geweigert, sein Gutachten zu erstatten oder bestimmte Fragen zu beantworten, die Gegenstand seines Gutachtenauftrags sind oder zumindest seiner Sachkunde unterliegen?

1116   Weigert sich der in der Hauptverhandlung anwesende Sachverständige, sein Gutachten zu erstatten, ohne dass ihm ein Gutachtenverweigerungsrecht (§ 76 StPO) zur Seite steht, kann der Ungehorsam – abweichend von §§ 51, 70 StPO – nach § 77 StPO sanktioniert werden. Dasselbe gilt im Falle der Weigerung, einzelne Fragen zu beantworten.[1440] Mit der Revision kann das Verhalten des Sachverständigen nur

---

1437   Hier müssen ggf. je nach Sachlage – Stichwort: Vortrag von Negativtatsachen – weitere Ausführungen gemacht werden. Ein Grund für die Nichterstattung eines Sachverständigengutachtens könnte beispielsweise darin liegen, dass sich in der Hauptverhandlung herausstellt, dass dem anwesenden Sachverständigen zur Beantwortung der Fragen, die zu seiner Zuziehung führten, die erforderliche Sachkunde fehlte oder er sein Gutachten nicht ohne Vornahme von Untersuchungen oder erst nach weiterer Vorbereitung erstatten könnte (LR-*J.-P. Becker*[26] § 245 Rn. 18). In letzterem Fall würde aber die Weigerung des Gerichts, dem Sachverständigen Gelegenheit zur Vorbereitung seines Gutachtens zu geben, möglicherweise eine Verletzung der Aufklärungspflicht darstellen.

1438   Anderenfalls wäre er kein „präsentes" Beweismittel.

1439   Vgl. LR-*J.-P. Becker*[26] § 245 Rn. 76 m.w.N. in Fn. 216.

1440   *Meyer-Goßner*[55] § 77 Rn. 4.

als Verstoß gegen § 244 Abs. 2 StPO gerügt werden, wenn das Gericht es unterlassen hat, gegen den Sachverständigen die Zwangsbefugnisse des § 77 StPO zur Anwendung zu bringen.

Es kann insoweit auf die identische Problematik bei der Vernehmung von Zeugen verwiesen werden.[1441] **1117**

Rüge 129
Wurde der Sachverständige vereidigt bzw. von einer Vereidigung abgesehen? **1118**

A. Der Sachverständige ist nicht vereidigt worden

I. Ermessen des Tatrichters

Das Gericht hat nach seinem Ermessen von einer Vereidigung des Sachverständigen abgesehen (§ 79 Abs. 1 StPO). **1119**

Mit der Revision kann nicht gerügt werden, dass der Tatrichter sein Ermessen unrichtig ausgeübt habe.[1442]

II. Nichtvereidigung nach §§ 60, 61 StPO

Das Gericht hat von einer Vereidigung nach § 60 StPO bzw. § 61 StPO abgesehen, weil es ansonsten nach seinem Ermessen den Sachverständigen vereidigt hätte. **1120**

Die fehlerhafte Anwendung der §§ 60, 61 StPO (die Voraussetzungen des Vereidigungsverbots des § 60 StPO waren nicht gegeben bzw. es lag kein ein Eidesverweigerungsrecht begründendes Verhältnis zwischen dem Zeugen und einem Beschuldigten vor[1443]) kann die Revision begründen, wenn die Nichtvereidigung auf einem Gerichtsbeschluss beruht.

III. Fehlende Entscheidung über Vereidigung

Es ist eine Entscheidung darüber, ob der Sachverständige zu vereidigen ist bzw. unvereidigt bleibt, völlig unterlassen worden. **1121**

1441 S. Rüge 189 Rn. 1647.
1442 *Meyer-Goßner*[55] § 79 Rn. 13; LR-*Krause*[26] § 79 Rn. 22; schon für das frühere Recht *BGHSt* 21, 227.
1443 Zur fehlerhaften Anwendung der §§ 60 und 61 StPO vgl. Rügen 102 Rn. 1008, 103 Rn. 1013 u. 106 Rn. 1023.

Es stellt einen Verfahrensfehler dar, wenn der Tatrichter über die Frage der Vereidigung keinerlei Entscheidung getroffen hat.[1444]

Das Urteil beruht nur dann nicht auf diesem Fehler, wenn ausgeschlossen werden kann, dass der Sachverständige seine Gutachtenerstattung geändert hätte.[1445]

B. Der Sachverständige ist vereidigt worden

1122 • Es lagen die Gründe für ein Vereidigungsverbot (§ 60 StPO) vor;[1446]

1123 • es lagen die Voraussetzungen für das Eidesverweigerungsrecht des § 61 StPO vor und der Sachverständige wurde nicht über dieses Recht belehrt.[1447]

C. Die nach dem Ermessen des Gerichts erforderliche Vereidigung erfolgte unter Berufung auf den allgemein geleisteten Eid (§ 79 Abs. 3 StPO)

I. Rechtsgrundlagen

1124 Hat der Sachverständige diesen Eid nicht oder nicht in zulässiger Weise geleistet oder war das Gutachten aus welchen Gründen auch immer nicht von dem Eid gedeckt, begründet dies die Verletzung des § 79 Abs. 3 StPO[1448].

Die Anordnung der Vereidigung und die Berufung auf den allgemein geleisteten Eid sind als wesentliche Förmlichkeit des Verfahrens (§ 273 Abs. 1 StPO) aus dem Hauptverhandlungsprotokoll ersichtlich.

II. Anforderungen an die Rüge der Verletzung des § 79 Abs. 3 StPO

1125 • Der Vorsitzende ordnete die Vereidigung des Sachverständigen an.
• Der Sachverständige berief sich auf seinen Diensteid (vgl. § 58 Abs. 1 BBG), wenn er als Beamter geschworen hatte, seine Amtspflichten gewissenhaft zu erfüllen oder er berief sich auf den geleisteten Eid, im Hinblick auf seine allge-

---

1444 *Dahs/Dahs* Die Revision im Strafprozess[8], Rn. 297; LR-*Krause*[26] § 79 Rn. 3 f. (dazu Rüge 104 Rn. 1017); *BGH* NStZ 1998, 158 f. gegen *BGHSt* 21, 227, 228 für den Fall, dass das Gericht möglicherweise verkannt habe, dass ein Dolmetscher, der in der Hauptverhandlung fremdsprachige Urkunden übersetzt hatte, als Sachverständiger vernommen worden sei; zu Einzelheiten vgl. Rüge 33 Rn. 562.

1445 *Meyer-Goßner*[55] § 79 Rn. 13 allerdings für den Fall des fehlerhaft nicht als Zeuge vernommenen Sachverständigen: **a.A.** LR-*Krause*[26] § 79 Rn. 3.

1446 Zu weiteren Einzelheiten und dem notwendigen Revisionsvorbringen s. Rüge 102 Rn. 1008.

1447 S. Rüge 106 Rn. 1023.

1448 *Meyer-Goßner*[55] § 79 Rn. 13; LR-*Krause*[26] § 79 Rn. 23, dort auch zur Beruhensfrage.

meine Vereidigung als Sachverständiger für die Erstattung von Gutachten der betreffenden Art.

- Ein wirksamer Diensteid bzw. eine wirksame allgemeine Vereidigung für das Fachgebiet, auf dem das Gutachten erstattet wurde, lag nicht vor.[1449]
- Der Sachverständige wurde (auch im weiteren Verlauf der Hauptverhandlung) nicht vereidigt.[1450]
- Im weiteren Verlauf der Hauptverhandlung wurde nicht im allgemeinen Einverständnis auf eine Vereidigung des Sachverständigen verzichtet und das Gericht wies die Verfahrensbeteiligten nicht darauf hin, dass das von dem Sachverständigen erstattete Gutachten nicht als ein eidliches bei der Beweiswürdigung bewertet werde.

D. Der Sachverständige blieb unvereidigt, obwohl er nicht nur als Sachverständiger, sondern auch als Zeuge über Zusatztatsachen vernommen wurde

Beruht die Nichtvereidigung auf der Ermessensentscheidung des Gerichts, begründet dies die Revision nicht, nachdem die Vereidigungsvorschriften für Zeugen (§ 58 StPO) durch das 1. JuMoG denjenigen für Sachverständige (§ 79 Abs. 1 StPO) inhaltlich angeglichen worden sind.   **1126**

Rüge 130

Ist der Sachverständige nach Anhörung des Angeklagten/Verteidigers auf Anordnung des Vorsitzenden entlassen worden (§ 248 StPO)?   **1127**

Es kann insoweit auf die identische Problematik bei der Zeugenvernehmung verwiesen werden.[1451]   **1128**

1449   Dies muss ebenso im Wege des Freibeweises festgestellt werden wie die Behauptung, ein tatsächlich geleisteter Eid würde das in der Hauptverhandlung erstattete Gutachten nicht abdecken.

1450   Die Berufung auf den Eid ersetzt die Vereidigung, schließt aber nicht aus, dass der Sachverständige gleichwohl vereidigt werden kann.

1451   Siehe Rüge 107 Rn. 1026.

Abschnitt 3
Kontrolle der Tätigkeit des Sachverständigen
(durch den Verteidiger)

Rüge 131

1129   Wurden Fragen oder Vorhalte des Verteidigers/Angeklagten an den Sachverständigen beanstandet/zurückgewiesen?

I. Rechtsgrundlagen

1130   Nach § 240 StPO hat der Vorsitzende dem Angeklagten und dem Verteidiger zu gestatten, Fragen an anwesende Sachverständige zu stellen. Dies umfasst auch das Recht, formfreie Vorhalte zu machen bzw. gem. § 253 StPO die Verlesung eines Protokolls über eine frühere Vernehmung des Sachverständigen zu beantragen. Ist bei der früheren Vernehmung des Sachverständigen auf ein schriftliches Gutachten Bezug genommen worden, darf es nach § 253 StPO mit verlesen werden.[1452] Ansonsten darf ein schriftliches Gutachten des Sachverständigen diesem in der Hauptverhandlung vorgehalten bzw. vorgelesen oder auch zur Einsicht vorgelegt werden.[1453]

Dem Sachverständigen können auch solche in seinem Fachgebiet liegende Fragen gestellt werden, die über seinen Gutachterauftrag hinausgehen.[1454]

II. Anforderungen an den Vortrag

1131   Hat der Vorsitzende Fragen an den Sachverständigen als ungeeignet oder nicht zur Sache gehörig (§ 241 Abs. 2 StPO) oder als missbräuchlich (§ 241 Abs. 1 StPO) zurückgewiesen und ist die Zurückweisung der Frage durch das Gericht gem. § 238 Abs. 2 StPO bestätigt worden, gelten für den Inhalt und die Anforderungen an die Rüge der Verletzung des Fragerechts dieselben Grundsätze wie bei der Zurückweisung von Fragen und Vorhalten an einen Zeugen.[1455]

1452   *Meyer-Goßner*[55] § 253 Rn. 7.

1453   *Eisenberg*, Beweisrecht der StPO[7], Rn. 1582.

1454   *BGH* StV 1984, 60 (5. StS); KMR-*Paulus*[8] – Stand Oktober 1989 – § 241 Rn. 13; a.A. *BGH* GA 1983, 361; *BGH* NStZ 1984, 16 (3. StS) unter Hinweis auf die Möglichkeit, nach § 245 StPO zu beantragen, den Sachverständigen zu einem anderen Gegenstand als ursprünglich vorgesehen zu hören; *Meyer-Goßner*[55] § 241 Rn. 15 und KK-*Schneider*[6] § 241 Rn. 10.

1455   Siehe Rüge 96 Rn. 965.

III. Im Zusammenhang mit der Befragung von Sachverständigen stehende Rügen

1. Hat der Sachverständige in der Hauptverhandlung ein Gutachten erstattet, ohne **1132** zuvor ein schriftliches (vorläufiges) Gutachten zwecks Vorbereitung abgeliefert zu haben, und wurde ein im Anschluss an die Gutachtenerstattung zum Zweck der Vorbereitung der Befragung durch den Verteidiger gestellter Aussetzungsantrag abgelehnt?[1456]

2. Ist die nach § 253 StPO zulässige Verlesung eines schriftlichen Gutachtens oder einer früheren Vernehmungsniederschrift eines in der Hauptverhandlung vernommenen Sachverständigen zur Auffrischung seiner Erinnerung oder zur Behebung eines Widerspruchs unterblieben?[1457]

Rüge 132

Hat sich der Sachverständige geweigert, der Vorbereitung seines Gutachtens dienende Ar- **1133** beitsunterlagen in der Hauptverhandlung vorzulegen?

I. Rechtsgrundlagen

1. Angesichts der vielfältigen Fehlerquellen im Bereich der Befunderhebung wie **1134** auch der Interpretation der Befundtatsachen durch den Sachverständigen kann es geboten sein, dass sich das Gericht selbst sowie den Verfahrensbeteiligten Kenntnis vom Inhalt von Arbeitsunterlagen des Sachverständigen (Laborwerte, Tonbandaufzeichnungen und Mitschriften von Explorationsgesprächen, Test und Fragebögen etc.) verschafft, um das Gutachten kritisch würdigen zu können.[1458] Kommt es dazu nicht, weil das Gericht dies nicht für erforderlich hält bzw. der Sachverständige sich weigert, entsprechende Unterlagen vorzulegen oder aber eine Vorlage solcher Unterlagen ausscheidet, weil sie nicht mehr auffindbar oder bereits vernichtet worden sind, kommt eine Verletzung der Aufklärungspflicht bzw. eine Verletzung der Beweisantragspflicht in Betracht.

2. Hat es das Gericht unterlassen, sich von Amts wegen um die Arbeitsunterlagen **1135** des Sachverständigen zu bemühen bzw. einen Antrag der Verteidigung auf Vorlage dieser Unterlagen zurückgewiesen, ist dies nach Auffassung des BGH anhand des Maßstabs der tatrichterlichen Aufklärungspflicht zu beurteilen.[1459] Nach Auffassung des BGH besteht kein unbedingter, keinen Beschränkungen unterliegender

---

1456 Siehe Rüge 199 Rn. 1741.
1457 Dadurch kann die Aufklärungspflicht verletzt sein. Zur Aufklärungsrüge Rn. 1662 ff.
1458 *Eisenberg* Beweisrecht der StPO[7], Rn. 1582a.
1459 *BGH* StV 1995, 565.

419

Anspruch der Verfahrensbeteiligten auf Vorlage und Zugänglichmachung sämtlicher zur Vorbereitung des Gutachtens dienender Arbeitsunterlagen eines Sachverständigen.[1460] Ob der Tatrichter gehalten sei, auf die Offenlegung einzelner oder sämtlicher vorbereitender Arbeitsunterlagen des Sachverständigen zu dringen, bestimme sich vielmehr nach der gerichtlichen Verpflichtung, das Sachverständigengutachten in seinen Grundlagen (Befund und Zusatztatsachen) und in seinen Schlussfolgerungen auf seine Richtigkeit in einer für die Verfahrensbeteiligten nachvollziehbaren Weise zu überprüfen. Danach kann die unterbliebene Beiziehung der Arbeitsunterlagen des Sachverständigen ggf. zum Gegenstand einer Aufklärungsrüge gemacht werden.

1136 **3.** Ist ein Beweisantrag auf Beiziehung der Arbeitsunterlagen des Sachverständigen mit der Behauptung, aus diesen Materialien würden sich die falschen Schlussfolgerungen des Sachverständigen ergeben, mit der Begründung abgelehnt worden, der Sachverständige sei nicht verpflichtet, die Unterlagen vorzulegen, ist diese Entscheidung rechtsfehlerhaft.[1461] Denn die Untersuchungsergebnisse des Sachverständigen können nur dann Anerkennung finden, wenn die Methoden, mit denen sie gewonnen worden sind, nachprüfbar sind.

Zu rügen ist in diesem Fall die rechtsfehlerhafte Ablehnung des Beweisantrags gem. § 244 Abs. 3 StPO[1462].

1137 **4.** Können Arbeitsunterlagen des Sachverständigen deshalb nicht vorgelegt werden, weil sie nicht mehr auffindbar oder vernichtet worden sind, obwohl ihre Beiziehung zur Überprüfung des Sachverständigengutachtens unter Aufklärungsgesichtspunkten oder im Hinblick auf einen Beweisantrag mit der Behauptung, aus den Arbeitsunterlagen würden sich die falschen Schlussfolgerungen des Sachverständigen ergeben, geboten gewesen wäre, kommt eine Verwertung zumindest der diesbezüglichen Teile des in der Hauptverhandlung erstatteten Sachverständigengutachtens nicht mehr in Betracht.[1463] Es wäre ggf. ein weiterer Sachverständiger mit einer erneuten Untersuchung zu beauftragen gewesen.[1464]

Hat in einem solchen Fall in der Hauptverhandlung kein weiterer Sachverständiger ein Gutachten erstattet und ist das Gutachten des in der Hauptverhandlung vernommenen Sachverständigen nicht verwertet worden, weil seine Arbeitsunterlagen nicht vorgelegt worden sind, kann dies ggf. die Aufklärungsrüge begründen, wenn infol-

---

1460 Die Frage der Vorlage von (vorhandenen) Arbeitsunterlagen ist von derjenigen zu trennen, ob ein Sachverständiger verpflichtet ist, ein vorbereitendes schriftliches Gutachten zu erstellen und an die Verfahrensbeteiligten auszuhändigen. Zu Letzterem Rn. 1088 u. Rn. 1145.

1461 *BGH* StV 1989, 141; dazu *Hartmann/Rubach* StV 1990, 425 und *Jungfer* R & P 1995, 29.

1462 Siehe dazu Kapitel 21 Rn. 1372 ff.

1463 *Eisenberg* Beweisrecht der StPO[7], Rn. 1582a.

1464 *BGH* StV 1989, 141; KK-*Fischer*[6] § 244 Rn. 58.

ge des unverwerteten Gutachtens eine möglicherweise der Entlastung des Angeklagten dienende Tatsache nicht aufgeklärt worden ist.

II. Anforderungen an den Vortrag der Rüge der Nichtvorlage von Arbeitsunterlagen

Hat das in der Hauptverhandlung erstattete Gutachten bei der Urteilsfindung Berücksichtigung gefunden, für dessen Erstellung Arbeitsunterlagen Verwendung gefunden haben, die dem Gericht und den Verfahrensbeteiligten nicht vorgelegt wurden, obwohl das Gericht dieses für erforderlich erachtet hatte, ist Folgendes vorzutragen: **1138**

- Der Sachverständige hat zur Erstattung seines Gutachtens Befunde verwertet, die in Form von Aufzeichnungen von ihm dokumentiert worden sind.
- Es ist darzulegen, dass und warum das Gericht Anlass hatte, das Gutachten anhand der Arbeitsunterlagen des Sachverständigen zu überprüfen bzw. aufgrund welcher Anhaltspunkte der Verteidiger in der Hauptverhandlung die Beweisbehauptung aufgestellt hat, aus den Unterlagen würde sich ergeben, dass die von dem Sachverständigen gezogenen Schlussfolgerungen unzutreffend seien.
- Die Arbeitsunterlagen sind von dem Sachverständigen nicht vorgelegt worden.
- Ein vorbereitendes schriftliches Gutachten ist im Wortlaut mitzuteilen.
- Ein gestellter Beweisantrag und ein darauf ergangener Gerichtsbeschluss sind vollständig im Wortlaut mitzuteilen.

Rüge 133

Ist dem Angeklagten bzw. seinem Verteidiger Gelegenheit gegeben worden, einem vernommenen, aber noch nicht entlassenen Sachverständigen, der sich mit Zustimmung des Gerichts aus der Hauptverhandlung entfernt hat, weitere Fragen zu stellen? **1139**

I. Rechtsgrundlagen

Die Vorschrift über die Entlassung vernommener Zeugen und Sachverständigen (§ 248 StPO) gilt nicht für die Entfernung bereits vernommener Zeugen und Sachverständigen infolge vorläufiger Beurlaubung im Hinblick auf die Möglichkeit einer nochmaligen Vernehmung.[1465] Solange ein Zeuge oder Sachverständiger aber noch nicht entlassen worden ist, dauert das Fragerecht der Prozessbeteiligten gemäß § 240 Abs. 1 StPO an.[1466] Hat der Angeklagte bzw. sein Verteidiger erfolglos darum **1140**

1465   LR-*J.-P. Becker*[26] § 248 Rn. 6; SK-StPO-*Frister*[4] § 248 Rn. 5.
1466   LR-*J.-P. Becker*[26] § 240 Rn. 13.

gebeten, den beurlaubten Zeugen oder Sachverständigen in die Hauptverhandlung zurückzurufen, um ihn weiter befragen zu können, hängt die Frage, wie dieser Vorgang zu rügen ist, vom Vorgehen der betroffenen Verfahrensbeteiligten in der Hauptverhandlung ab:

1141 1. Wurde der förmliche Antrag, den beurlaubten Zeugen oder Sachverständigen zum Zwecke der weiteren Befragung durch den Angeklagten bzw. den Verteidiger durch den Vorsitzenden zurückgewiesen und dagegen erfolglos eine Entscheidung des Gerichts gemäß § 238 Abs. 2 StPO herbeigeführt, kann dies als Verletzung des Fragerechts (§§ 240 Abs. 1, 241 StPO) und als Behinderung der Verteidigung (§ 338 Nr. 8 StPO) gerügt werden.

1142 2. Haben der Angeklagte bzw. der Verteidiger lediglich erfolglos die erneute Hervorrufung des Zeugen bzw. Sachverständigen zum Zwecke der weiteren Befragung verlangt, ohne gegen die ablehnende Verfügung oder Untätigkeit des Vorsitzenden gemäß § 238 Abs. 2 StPO eine Entscheidung des Gerichts herbeigeführt zu haben, besteht nur die Möglichkeit, die Rüge der Verletzung der gerichtlichen Aufklärungspflicht (§ 244 Abs. 2 StPO) zu erheben.[1467]

II. Anforderungen an den Vortrag der Rüge der Verletzung des Fragerechts

1143 Es ist darzulegen,

- dass der betreffende Zeuge oder Sachverständige in der Hauptverhandlung vernommen wurde und ohne gemäß § 248 StPO entlassen worden zu sein von dem Vorsitzenden von der Anwesenheit in der Hauptverhandlung vorläufig beurlaubt wurde,

- dass der Verteidiger bzw. der Angeklagte den Antrag gestellt hat, den beurlaubten Zeugen oder Sachverständigen in die Hauptverhandlung zurückzurufen, um ihn weiter befragen zu können,

- dass dies durch (ggf. gem. § 238 Abs. 2 StPO herbeigeführten) Gerichtsbeschluss abgelehnt worden ist.

- Zweckmäßigerweise sollte auch das Beweisthema angegeben werden, zu dem der Zeuge oder Sachverständige aufgrund der mitzuteilenden Fragen oder Vorhalte hätte Erkenntnisse liefern sollen und welche Bedeutung dies für die Entscheidung gehabt hätte.[1468]

1467   Zu den Anforderungen an die entsprechende Verfahrensrüge siehe Rüge 190 Rn. 1662.

1468   LR-*J.-P. Becker*[26] § 245 Rn. 76, der wegen der strengen Anforderung der Rechtsprechung zu § 344 Abs. 2 StPO empfiehlt, eher zu viele als zu wenige Tatsachen zur Begründung anzugeben, zumal diese auch für die Prüfung des Beruhens von Bedeutung seien. Siehe auch Rüge 181 Rn. 1603.

Rüge 134

Hat der in der Hauptverhandlung vernommene Sachverständige bereits vor der Hauptver- **1144**
handlung ein schriftliches Gutachten angefertigt, das sich bei der Akte befindet, oder ist er
vor Beginn der Hauptverhandlung schon vernommen worden oder hat er sich sonstwie
zum Vernehmungsgegenstand erklärt?

I. Rechtsgrundlagen

Will der Beschwerdeführer beanstanden, dass in einem wesentlichen Punkt zwi- **1145**
schen den im vorbereitenden schriftlichen Gutachten bzw. in früheren Äußerungen
enthaltenen Aussagen und dem Inhalt der im Urteil wiedergegebenen Gutachtenerstattung in der Hauptverhandlung ein Widerspruch oder eine Abweichung besteht
und sich hierzu im Urteil keine nachvollziehbare Auflösung bzw. Begründung findet,[1469] kommt eine Verletzung der gerichtlichen Aufklärungspflicht oder die mit
einer Verfahrensrüge zu beanstandende Verletzung der Pflicht zur erschöpfenden
Beweiswürdigung (§ 261 StPO) in Betracht.[1470]

II. Anforderungen an den Vortrag

1. Rüge der Verletzung der Aufklärungspflicht

Sind der Inhalt des früheren schriftlichen Gutachtens bzw. sonstige frühere Äuße- **1146**
rungen des Sachverständigen nicht in die Hauptverhandlung eingeführt worden,
muss dies mit der Aufklärungsrüge beanstandet werden (§ 244 Abs. 2 StPO)[1471].

In der Revisionsbegründung muss der vollständige Inhalt des vorbereitenden Gutachtens, sonstiger Erklärungen bzw. der Niederschrift über die frühere Vernehmung
des Sachverständigen mitgeteilt werden. Dabei darf sich der Beschwerdeführer
nicht auf die Wiedergabe solcher in den Akten befindlicher Schriftstücke beschränken, die den aus seiner Sicht unaufgelösten Widerspruch zu den Urteilsgründen begründen. Es müssen vielmehr sämtliche von dem Sachverständigen stammenden
schriftlichen Äußerungen mitgeteilt werden, weil das Revisionsgericht nur so ausschließen kann, dass sich der Widerspruch nicht schon vor der Hauptverhandlung
aufgelöst oder anderweitig eine Erklärung gefunden hat.

2. Rüge der Verletzung des § 261 StPO

Dieselbe Mitteilungspflicht trifft den Beschwerdeführer, der beanstanden will, dass **1147**
zwar die früheren Äußerungen des Sachverständigen durch Verlesung oder Vorhalt

---

1469 Vgl. *BGH* StV 2005, 653 = NStZ 2005, 683.
1470 Der *2. Strafsenat* des *BGH* v. 14.10.2009 – 2 StR 205/09 = StV 2011, 197 m. abl.
       Anm. *Ziegert* = NStZ 2010, 156 = JR 2010, 544 m. Anm. *Peglau* verneint einen selbst-
       ständigen verfahrensrechtlichen Anspruch von Verfahrensbeteiligten auf Anfertigung
       und Aushändigung vorbereitender schriftlicher Gutachten.
1471 Hierzu allgemein Rüge 190 Rn. 1662.

gem. § 253 StPO zum Gegenstand der Hauptverhandlung gemacht worden sind, das Urteil sich aber mit den davon abweichenden Angaben in der Hauptverhandlung im Rahmen der erfolgten Gutachtenerstattung nicht auseinandersetzt (Rüge der Verletzung des § 261 StPO[1472]).

Ergibt sich der Widerspruch zwischen den früheren Angaben des Sachverständigen und denjenigen in der Hauptverhandlung nicht schon aus den Urteilsgründen, stellt sich die Frage der Zulässigkeit einer sogenannten Alternativrüge.[1473]

Rüge 135

1148   Bestand die Möglichkeit der Abgabe einer Erklärung zu dem Gutachten des Sachverständigen (§ 257 StPO)?

1149   Es kann insoweit auf die identische Problematik bei der Vernehmung des Angeklagten oder eines Mitangeklagten zur Sache sowie bei der Zeugenvernehmung verwiesen werden.[1474]

Rüge 136

1150   Ist nach Vernehmung und Entlassung des Sachverständigen einem Antrag auf nochmalige Vernehmung dieses Sachverständigen nicht entsprochen worden?

I. Rechtsgrundlagen

1151   Einem Antrag, einen bereits vernommenen Sachverständigen zum selben Beweisthema nochmals zu vernehmen, braucht das Gericht vorbehaltlich seiner Aufklärungspflicht nicht zu entsprechen, weil ein derartiges Verlangen lediglich auf eine Wiederholung der bereits durchgeführten Beweisaufnahme abzielen würde. Das gilt auch dann, wenn das Verlangen auf wiederholte Vernehmung des Sachverständigen in Form eines Beweisantrages geltend gemacht wird. Anders liegt der Fall aber dann, wenn der Sachverständige zwar vernommen, aber noch nicht entlassen wor-

---

1472   Dazu Rüge 227 Rn. 1879.
1473   Dazu Rüge 230 Rn. 1903.
1474   Siehe Rüge 75 Rn. 841.

den ist[1475] bzw. der Verteidiger der Entlassung ausdrücklich widersprochen und er das Gericht gegen die Entlassung des Sachverständigen erfolglos nach § 238 Abs. 2 StPO angerufen hat.[1476] Etwas anderes gilt ferner dann, wenn der Sachverständige zu einem Beweisthema befragt werden soll, das nicht Gegenstand seiner früheren Gutachtenerstattung und Befragung war. Dies kommt insbesondere in Betracht, wenn nach der Entlassung neue, für die Begutachtung bedeutsame Tatsachen hervorgetreten sind, die der Sachverständige bei seiner bisherigen Gutachtenerstattung nicht berücksichtigen konnte.[1477]

II. Anforderungen an den Vortrag

1. Rüge der unzulässigen Beschränkung der Verteidigung durch Entlassung eines Sachverständigen gegen den Widerspruch der Verteidigung

- Gegen die Anordnung des Vorsitzenden, den Sachverständigen zu entlassen   **1152** (§ 248 StPO) hat der Verteidiger gemäß § 238 Abs. 2 StPO einen Gerichtsbeschluss herbeigeführt.
- Durch den Gerichtsbeschluss ist die Anordnung des Vorsitzenden bestätigt worden. Dieser ist im Wortlaut mitzuteilen.
- Der Verteidiger bzw. der Angeklagte haben nach der Entlassung des Sachverständigen beantragt, diesen erneut zu vernehmen. Es muss die beabsichtigte Frage oder der beabsichtigte Vorhalt mitgeteilt werden. Der Antrag ist durch das (gemäß § 238 Abs. 2 StPO angerufene) Gericht abgelehnt worden. Antrag und Beschluss sind im Wortlaut mitzuteilen.
- Der Sachverständige wurde bis zum Schluss der Hauptverhandlung nicht nochmals wieder vernommen.

Auf der Verletzung der Vorschrift des § 248 S. 2 StPO kann das Urteil beruhen, wenn dadurch die Stellung von Fragen oder der Vorhalt bestimmter Umstände an den Sachverständigen verhindert und der Angeklagte dadurch in seiner Verteidigung behindert wurde. Der Beschwerdeführer sollte deshalb im Einzelnen vortragen, welche entscheidungsrelevanten Fragen und Vorhalte er wegen der vorzeitigen Entlassung nicht stellen konnte.[1478]

1475   Siehe hierzu Rüge 98 Rn. 974.
1476   *BGH* StV 1985, 355; *BGH* StV 1996, 248. Siehe Rüge 107 Rn. 1026.
1477   Siehe auch Rüge 181 Rn. 1603.
1478   *OLG Stuttgart* NStZ 1994, 600; LR-*J.-P. Becker*[26] § 248 Rn. 14.

2. Rüge der Verletzung des § 244 Abs. 3 StPO, wenn ein Beweisantrag auf erneute Vernehmung des bereits entlassenen Sachverständigen nach § 244 Abs. 3 bzw. Abs. 4 StPO zu Unrecht zurückgewiesen worden ist und der Sachverständige zu einer Tatsache befragt werden sollte, die noch nicht Gegenstand seiner früheren Vernehmung war

1153
- Der von dem Verteidiger gestellte Beweisantrag ist im Wortlaut mitzuteilen.
- Unter Darlegung des von dem Sachverständigen mündlich erstatteten Gutachtens[1479] ist auszuführen, dass es sich bei der Beweistatsache um ein neues Beweisthema handelt, zu dem der Sachverständige noch nicht befragt worden ist. Ist das Beweisthema aufgrund von Beweiserhebungen bedeutsam geworden, die nach Entlassung des Sachverständigen erfolgt sind, ist auch dies vorzutragen.
- Der Beschluss, durch den der Beweisantrag zurückgewiesen worden ist, ist vollständig mitzuteilen.[1480]
- Es ist vorzutragen, dass der Sachverständige bis zum Ende der Hauptverhandlung nicht erneut vernommen oder darauf verzichtet worden ist.

3. Rüge der Verletzung der Aufklärungspflicht (§ 244 Abs. 2 StPO) infolge Ablehnung eines Antrages auf nochmalige Vernehmung des bereits vernommenen und entlassenen Sachverständigen

1154
- Es ist der Antrag auf nochmalige Vernehmung des bereits entlassenen Sachverständigen im Wortlaut mitzuteilen.
- Es ist mitzuteilen, dass das Gericht dem Antrag nicht nachgegangen ist und den Sachverständigen nicht nochmals vernommen hat. Ein etwaiger (ggf. nach § 238 Abs. 2 StPO herbeigeführter) Gerichtsbeschluss ist mitzuteilen.
- Es ist der Inhalt des von dem Sachverständigen in der Hauptverhandlung erstatteten Gutachtens mitzuteilen.[1479]
- Es ist vorzutragen, dass sich der Sachverständige in dem Zusammenhang nicht zu den Umständen geäußert hat, die Anlass gaben, seine nochmalige Vernehmung zu beantragen. In dem Zusammenhang ist die Darlegung hilfreich, dass im Zeitpunkt der erstmaligen Vernehmung des Sachverständigen die betreffenden Anknüpfungstatsachen für seine nochmalige Vernehmung noch nicht bekannt waren, sondern diese erst nach seiner Entlassung in der Hauptverhandlung zur Sprache kamen. Es ist darzulegen, welche Bekundungen von dem Sachverständigen im Falle erneuter Vernehmung zu erwarten gewesen wären.[1481]

1479   Hat der Sachverständige zur Vorbereitung seiner Gutachtenerstattung ein schriftliches Gutachten zur Akte gereicht, sollte dies ebenfalls im Wortlaut mitgeteilt werden.
1480   Zur Rüge der fehlerhaften Behandlung eines Beweisantrages siehe Kap. 21 Rn. 1372.
1481   Zu den allgemeinen Anforderungen an die Rüge der Verletzung der richterlichen Aufklärungspflicht siehe Rüge 190 Rn. 1662.

Rüge 137

Ist der Sachverständige wegen Besorgnis der Befangenheit abgelehnt worden (§ 74 StPO)? **1155**

A. Vorbemerkung

Die Revision kann zunächst darauf gestützt werden, dass ein Ablehnungsgesuch **1156** nicht beschieden oder zu Unrecht zurückgewiesen worden ist. In diesem Fall wäre § 74 Abs. 1 StPO verletzt. Die Revision kann aber auch dann auf eine Verletzung des § 74 Abs. 1 StPO gestützt werden, wenn einem Ablehnungsgesuch zu Unrecht stattgegeben worden ist. In letzterem Falle beruht das Urteil allerdings dann nicht auf dem Verfahrensverstoß, wenn statt des ausgeschiedenen ein anderer Sachverständiger mit gleichwertigen Sachkenntnissen vernommen worden ist; dies gilt insbesondere dann, wenn dieser zu demselben Ergebnis gelangt ist wie der abgelehnte Sachverständige ausweislich dessen zur Vorbereitung der Hauptverhandlung erstatteten schriftlichen Gutachtens oder – soweit rekonstruierbar – mündlicher Gutachtenerstattung in der Hauptverhandlung.[1482] Anders verhält es sich in den Fällen, in denen der zu Unrecht abgelehnte Sachverständige vor seiner Ablehnung bereits mündlich oder schriftlich ein Gutachten abgegeben hatte, das von dem des neuen Sachverständigen abweicht und das Gericht letzterem folgt.[1483] Der erfolgreich abgelehnte Sachverständige darf in dem weiteren Verfahren nicht mehr als Sachverständiger tätig werden. Sein bereits erstattetes Gutachten darf – soweit es seine Schlussfolgerungen betrifft – bei der Urteilsfindung nicht berücksichtigt werden.

B. Zurückweisung eines Ablehnungsgesuchs

I. Rechtsgrundlagen

Die Zurückweisung eines gegen einen Sachverständigen gerichteten Ablehnungsge- **1157** suchs kann unter folgenden Voraussetzungen zum Gegenstand einer Verfahrensrüge gemacht werden:

1. Das Ablehnungsgesuch muss in der Hauptverhandlung angebracht worden sein.[1484]
2. Der Antrag muss sich gegen einen Sachverständigen richten, der in der Hauptverhandlung vernommen worden ist.[1485]

1482   Vgl. LR-*Krause*[26] § 74 Rn. 43.
1483   LR-*Krause*[26] § 74 Rn. 43.
1484   *BGH* NStZ-RR 2002, 110.
1485   Ein Ablehnungsgrund kann sich zwar auch schon gegen einen Sachverständigen richten, dessen gerichtliche Vernehmung nur beabsichtigt ist; kommt es aber trotz der Ablehnung des Gesuchs aus welchen Gründen auch immer nicht zu der Vernehmung des abgelehnten Sachverständigen, kann das Urteil auf der fehlerhaften Zurückweisung des Ablehnungsgesuchs nicht beruhen.

3. Der Antrag muss vor Schluss der (eventuell wieder eröffneten) Beweisaufnahme gestellt worden sein.

4. Es begründet einen revisiblen Verfahrensfehler, wenn
   a) der Antrag in der Hauptverhandlung nicht beschieden worden ist[1486] oder
   b) der Antrag zu Unrecht zurückgewiesen worden ist.

1158 Anders als bei Richterablehnungen gem. §§ 24 ff. StPO behandelt das Revisionsgericht die Rüge der unberechtigten Zurückweisung eines Ablehnungsgesuchs gegen Sachverständige nicht nach Beschwerdegesichtspunkten.[1487] Es ist mithin an die Tatsachen gebunden, die der Tatrichter seiner Entscheidung zugrunde gelegt hat, und darf keine neuen Tatsachen oder Beweismittel berücksichtigen, geschweige denn eigene Ermittlungen anstellen. Ebenso ist es dem Revisionsgericht verwehrt, sein eigenes Ermessen an die Stelle des tatrichterlichen zu setzen.

Die Frage, ob eine Besorgnis der Befangenheit des Sachverständigen bestanden hat, wird vielmehr als Rechtsfrage behandelt. Dementsprechend wird nur geprüft, ob der Tatrichter über Rechtsfragen geirrt hat.

Ein Rechtsfehler liegt beispielsweise darin, dass der Tatrichter im Falle der Ablehnung des Sachverständigen im Hinblick auf einen sich aus § 22 StPO ergebenden Sachverhalt den Begriff des Verletzten (§ 22 Nr. 1 StPO) oder den des Polizeibeamten (§ 22 Nr. 4 StPO) verkannt hat.[1488]

Es stellt ebenfalls einen Rechtsfehler dar, wenn der Ablehnungsbeschluss keine zureichende Begründung enthält, insbesondere den in dem Ablehnungsgesuch vorgebrachten Sachverhalt sachlich nicht oder unvollständig würdigt.[1489]

Darüber hinaus prüft das Revisionsgericht, ob das Ablehnungsgesuch ohne Verfahrensfehler beschieden worden ist.[1490]

II. Anforderungen an den Vortrag der Rüge der Verletzung des § 74 StPO

1159 • In der Hauptverhandlung ist ein dort vernommener Sachverständiger wegen Besorgnis der Befangenheit abgelehnt worden. Der Ablehnungsantrag muss voll inhaltlich wörtlich mitgeteilt werden. Ist in dem Ablehnungsantrag Bezug genommen worden auf bestimmte Stellen des vorbereitenden schriftlichen Gutachtens genügt es nicht, diese summarisch und ohne den Kontext, in den sie gehören, mitzuteilen.[1491] Es sollte vorsichtshalber das gesamte vorbereitende

---

1486 *OLG Hamm* NJW 1966, 1880.
1487 S. hierzu Rüge 16 Rn. 348.
1488 LR-*Krause*[26] § 74 Rn. 44; siehe auch *BGH* StV 2002, 4 = NStZ 2002, 215.
1489 Vgl. *BGH* StV 1981, 55 f.; *BGH* StV 1990, 389 f.
1490 *BGH* StV 1990, 389.
1491 *BGHR* StPO § 74 Abs. 1 S. 1 – Befangenheit 1; *BGH* StV 1988, 168.

schriftliche Gutachten im Wortlaut mitgeteilt werden. Auch sonstige in Bezug genommene Aktenteile sind wörtlich mitzuteilen.

- Der Antrag wurde vor Schluss der Beweisaufnahme gestellt.
- Der Antrag ist in der Hauptverhandlung nicht beschieden worden bzw. der Ablehnungsantrag ist zurückgewiesen worden. Letzterenfalls muss der Gerichtsbeschluss vollinhaltlich wörtlich mitgeteilt werden einschließlich etwaiger Aktenteile, auf die Bezug genommen worden ist.

Die Antragstellung, der Inhalt des Antrags sowie der ablehnende Gerichtsbeschluss **1160** sind wesentliche Förmlichkeiten der Hauptverhandlung i.S.d. § 273 Abs. 1 StPO. Das Schweigen des Protokolls beweist insoweit, dass kein Gerichtsbeschluss auf das Ablehnungsgesuch hin ergangen ist.

C. Dem Ablehnungsgesuch ist (ggf. auch zu Unrecht) stattgegeben worden

I. Rechtsgrundlagen

1. Die **begründete Ablehnung** eines Sachverständigen wegen Besorgnis der Be- **1161** fangenheit macht diesen zu einem völlig ungeeigneten Beweismittel mit der Folge, dass der Sachverständige als Sachverständiger[1492] nicht (mehr) vernommen werden darf (§ 245 Abs. 1 StPO). Ein bereits erstattetes Gutachten darf nicht verwertet werden.[1493] Das Gutachten darf auch nicht von dem begründet abgelehnten Sachverständigen in der Verfahrensrolle eines sachverständigen Zeugen erstattet werden.[1494] Es ist ein anderer Sachverständiger zur Hauptverhandlung zu laden, um dem Gericht die erforderliche Sachkunde zu vermitteln.

2. Wurde dem **Ablehnungsgesuch zu Unrecht stattgegeben** und unterblieb die **1162** (Fortsetzung der) Vernehmung des Sachverständigen, beruht das Urteil auf der fehlerhaften Ablehnung.[1495] Ist ein anderer Sachverständiger im Anschluss an die Ablehnung in der Hauptverhandlung gehört worden, beruht das Urteil auf dem Verfahrensfehler, wenn nicht ausgeschlossen werden kann, dass der zu Unrecht abgelehnte Sachverständige besser als der nunmehr vernommene Sachver-

---

1492   Auch die erfolgreiche Ablehnung des Sachverständigen hindert nicht, dass dieser als Zeuge über solche Wahrnehmungen vernommen wird, die er über Zufallsbeobachtungen und Zusatztatsachen, aber auch (als sachverständiger Zeuge) über die bei der Vorbereitung seines Gutachtens ermittelten Befundtatsachen gemacht hat: *BGH* StV 2002, 8; *Meyer-Goßner*[55] § 74 Rn. 19.

1493   In der Revisionsbegründung ist der Beschluss über die Ablehnung des Sachverständigen mitzuteilen, ggf. die Tatsache der anschließenden Vernehmung als sachverständiger Zeuge. Die unzulässige Verwertung der Schlussfolgerungen des abgelehnten Sachverständigen ergeben sich aus dem mit der Sachrüge angefochtenen Urteil.

1494   *BGHSt* 20, 222, 224 = JR 1966, 424 m. Anm. *Hanack*.

1495   Bei dieser Fallgestaltung kann der Vorgang zusätzlich zum Gegenstand einer Rüge der Verletzung des § 245 Abs. 1 StPO gemacht werden.

ständige qualifiziert war.[1496] Schließlich beruht das Urteil auf der zu Unrecht vorgenommenen Ablehnung, wenn der abgelehnte Sachverständige in seinem bereits vorher mündlich oder schriftlich erstatteten Gutachten eine von dem neuen Sachverständigen abweichende Auffassung vertreten hat, das Gericht aber letzterem gefolgt ist.[1497]

II. Anforderungen an den Vortrag

1163
- In der Hauptverhandlung ist gegen einen bereits vernommenen oder noch zu vernehmenden Sachverständigen ein Ablehnungsgesuch angebracht worden. Dessen Inhalt muss vollständig wörtlich mitgeteilt werden.
- Das Gericht hat durch Beschluss dem Ablehnungsantrag stattgegeben. Der Gerichtsbeschluss muss vollständig wörtlich mitgeteilt werden.
- Ggf.: In der Hauptverhandlung ist ein anderer Sachverständiger vernommen worden. Dieser war – nicht ausschließbar – weniger qualifiziert als der zu Unrecht abgelehnte Sachverständige und/oder
- das Gericht hat sich der Auffassung des anderen Sachverständigen angeschlossen und ist damit von dem bereits vorher mündlich oder schriftlich erstatteten Gutachten des abgelehnten Sachverständigen abgewichen (der Inhalt eines vorbereitenden schriftlichen Gutachtens ist vollständig wörtlich mitzuteilen) oder
- in der Hauptverhandlung ist kein anderer Sachverständiger vernommen worden. Im Falle einer begründeten Ablehnung ist eine Aufklärungsrüge zu erheben, weil das Gericht es unterlassen hat, sich die erforderliche Sachkunde vermitteln zu lassen.
- Der zu Unrecht abgelehnte Sachverständige ist in der Hauptverhandlung nicht (mehr) vernommen worden bzw. das bereits mündlich erstattete Gutachten des zu Unrecht abgelehnten Sachverständigen ist im Urteil nicht verwertet worden[1498]. Hat der zu Unrecht abgelehnte Sachverständige zur Vorbereitung seiner Vernehmung ein schriftliches Gutachten erstattet, ist dieses vollständig im Wortlaut mitzuteilen. Ist der zu Unrecht abgelehnte Sachverständige in der Hauptverhandlung vernommen worden, ist mitzuteilen, zu welchen Tatsachen er Angaben gemacht hat.[1499]

1496 *RGRspr.* 10, 355. Ist nach der Ablehnung auch kein anderer Sachverständiger vernommen worden, kann dies ggf. mit der Rüge der Verletzung der Aufklärungspflicht (§ 244 Abs. 2 StPO) geltend gemacht werden.
1497 LR-*Krause*[26] § 74 Rn. 43; *BGH* v. 6.4.2011 – 2 StR 73/11 = StV 2011, 709 = StraFo 2011, 274.
1498 Letzteres müsste nicht zwingend vorgetragen werden, wenn gegen das Urteil auch die Sachrüge erhoben worden ist.
1499 Zur vergleichbaren Problematik bei der Rüge der Verletzung des § 245 Abs. 1 StPO siehe *Meyer-Goßner*[55] § 245 Rn. 30; *BGH* NJW 1996, 1685 = NStZ 1996, 400.

Kapitel 19
Wurde in der Hauptverhandlung Beweis im Wege einer Augenscheinseinnahme erhoben?

Rüge 138

Ist in der Hauptverhandlung eine Augenscheinseinnahme erfolgt, an der ein blinder Richter oder Schöffe mitgewirkt hat?   **1164**

I. Rechtsgrundlagen

Hat ein blinder Richter[1500] oder Schöffe an einer tatrichterlichen Hauptverhandlung mitgewirkt, bei der eine Augenscheinseinnahme stattgefunden hat, ist das Gericht in seiner Person nicht vorschriftsgemäß besetzt[1501] (§ 338 Nr. 1 StPO). Da sich der Fehler aus Mängeln in der Person des Richters bzw. Schöffen ergibt, bedarf es der Erhebung eines Besetzungseinwandes zu Beginn der Hauptverhandlung nicht.[1502]   **1165**

II. Anforderungen an den Vortrag der Rüge der vorschriftswidrigen Besetzung des Gerichts in Person eines blinden Richters oder Schöffen (§ 338 Nr. 1 StPO)

1. Es bedarf des Vortrags, dass der Richter oder Schöffe tatsächlich blind gewesen sei,[1503] eine starke Sehbehinderung bis an die Grenze der Blindheit reicht nicht.   **1166**

2. Es muss eine förmliche (nicht nur kommissarische) Augenscheinseinnahme stattgefunden haben. Der Augenscheinsgegenstand muss konkret bezeichnet werden. Augenscheinsobjekte in Form von Lichtbildern, Skizzen oder Plänen sind im Rahmen der Revisionsbegründung vorzulegen. Der Vortrag muss deutlich machen, dass es sich nicht um eine informatorische Besichtigung[1504] handelte.   **1167**

1500   Unabhängig davon, ob eine Augenscheinseinnahme in der Hauptverhandlung stattfindet oder nicht, ist das Gericht in der Person des Vorsitzenden fehlerhaft besetzt, wenn dieser blind ist (siehe oben Rüge 12 Rn. 286). Ob dies auch in Bezug auf beisitzende Richter und Schöffen gilt, ist str.: *Meyer-Goßner*[55] § 338 Rn. 11.

1501   *BGHSt* 34, 236 = StV 1987, 90 = NStZ 1987, 335 m. Anm. *Fezer*; KK-*Kuckein*[6] § 338 Rn. 50.

1502   *BGHSt* 34, 236 = StV 1987, 90 = NStZ 1987, 335 m. Anm. *Fezer*.

1503   *BGHR* StPO § 338 Nr. 1 – Richter, blinder 6.

1504   Die Ergebnisse einer lediglich informatorischen Besichtigung eines Augenscheinsobjekts dürfen bei der Urteilsfindung nicht verwertet werden (§ 261 StPO). Siehe hierzu unten Rüge 226 Rn. 1869.

III. Nachweis der Verfahrenstatsachen

1168 Die Tatsache der Augenscheinseinnahme wird durch das Hauptverhandlungsprotokoll bewiesen. Dass ein Augenscheinsobjekt zum „Gegenstand der Hauptverhandlung" gemacht wurde, beweist die Einnahme eines Augenscheins nicht.

Dass der betreffende Richter bzw. Schöffe blind war, ist im Freibeweisverfahren festzustellen.

Rüge 139

1169 Haben an einer Augenscheinseinnahme während der Hauptverhandlung alle Mitglieder des erkennenden Gerichts teilgenommen und hatten die übrigen Verfahrensbeteiligten Gelegenheit zur Teilnahme?

I. Rechtsgrundlagen

1170 Die Beweisaufnahme durch Augenschein ist Teil der Hauptverhandlung unabhängig davon, ob sie innerhalb oder außerhalb des Sitzungssaals erfolgt.

Als wesentlicher Teil der Hauptverhandlung wird sie durch die entsprechende Feststellung im Hauptverhandlungsprotokoll bewiesen. Da § 86 StPO auf die Protokollierung einer Augenscheinseinnahme in der Hauptverhandlung keine Anwendung findet,[1505] kann sich die Sitzungsniederschrift auf die Bezeichnung des Gegenstandes und die Tatsache seiner Inaugenscheinnahme beschränken;[1506] im Falle der Augenscheinseinnahme außerhalb des Sitzungssaales ist zusätzlich der Ort der Durchführung des Augenscheins anzugeben.[1507] Die Ergebnisse des Augenscheins sind also nicht mitzuteilen, wenn dies nicht ausnahmsweise gem. § 273 Abs. 3 StPO angeordnet wird.[1508]

1171 Die Feststellung, dass sämtliche Mitglieder des Gerichts den Gegenstand in Augenschein genommen haben und die übrigen Prozessbeteiligten hierzu Gelegenheit hatten,[1509] wird nicht in das Hauptverhandlungsprotokoll aufgenommen und partizipiert deshalb nicht an seiner positiven bzw. negativen absoluten Beweiskraft.

Ist die gleichzeitige Durchführung der Augenscheinseinnahme durch alle Verfahrensbeteiligten wegen der Beschaffenheit des Augenscheinsobjekts nicht möglich (beispielsweise Augenscheinseinnahme im Fahrgastraum eines Kraftfahrzeugs oder

---

1505   SK-StPO-*Rogall*³ § 86 Rn. 24; LR-*Krause*²⁶ § 86 Rn. 48.
1506   SK-StPO-*Rogall*³ § 86 Rn. 24.
1507   LR-*Gollwitzer*²⁵ § 273 Rn. 15.
1508   LR-*Gollwitzer*²⁵ § 273 Rn. 32.
1509   Vgl. zu dieser Voraussetzung *BGH* StV 1989, 192.

Blick auf ein Objekt durch ein Mikroskop), ist auch die sequentielle Augenscheinseinnahme zulässig.

Steht der Anwesenheit des Angeklagten und/oder seines Verteidigers ein rechtliches Hindernis entgegen, beispielsweise weil bei einer Augenscheinseinnahme außerhalb des Sitzungssaals der Inhaber des Hausrechts eine Besichtigung des Augenscheinsobjekts nur den Mitgliedern des Gerichts gestattet, soll eine Beweiserhebung durch Augenscheinseinnahme gleichwohl zulässig sein.[1510] Diese Auffassung ist abzulehnen: Der Hausrechtsinhaber ist nach §§ 86, 94, 95 StPO verpflichtet, allen Prozessbeteiligten Zutritt zu gewähren.[1511]   **1172**

Erst recht ist eine Augenscheinseinnahme im Falle des nach § 247 StPO aus der Hauptverhandlung entfernten Angeklagten in dessen Anwesenheit durchzuführen. Sie muss zumindest in seiner Anwesenheit nachgeholt werden, wenn die Augenscheinseinnahme in Anwesenheit eines Zeugen erfolgt und der Angeklagte im Hinblick auf die Vernehmung dieses Zeugen aus der Hauptverhandlung entfernt wurde.[1512]

Wird bei der Urteilsfindung das Ergebnis einer prozessordnungswidrig durchgeführten Augenscheinseinnahme berücksichtigt, ist § 261 StPO („Inbegriff der Hauptverhandlung") verletzt. Es kommen aber auch die absoluten Revisionsgründe des § 338 Nr. 1 bzw. Nr. 5 StPO in Betracht.   **1173**

II. Anforderungen an den Vortrag

Während der Hauptverhandlung (es ist der fragliche Verhandlungstag mitzuteilen) – und nicht gem. § 225 StPO kommissarisch – hat eine Augenscheinseinnahme stattgefunden. Der Gegenstand der Augenscheinseinnahme ist genau zu bezeichnen. Augenscheinsobjekte in Form von Lichtbildern, Skizzen oder Plänen sind im Rahmen der Revisionsbegründung vorzulegen.   **1174**

1. Alternative a)

* Der Gegenstand der Augenscheinseinnahme wurde von zumindest einem namentlich zu bezeichnenden Mitglied des Gerichts nicht in Augenschein genommen. Dies ist konkret darzulegen.[1513]   **1175**

1510   LR-*Krause*[26] § 86 Rn. 50 unter unzutreffender Bezugnahme auf *BGHSt* 40, 191 = StV 1994, 470 u. *BGH* NStZ-RR 2000, 366, die sich lediglich zur Frage der **Zulässigkeit des Ausschlusses der Öffentlichkeit** bei einer Augenscheinseinnahme außerhalb des Sitzungssaales verhalten – siehe hierzu Rüge 38 Rn. 599 u. 600 und Rüge 140 Rn. 1179.
1511   Offengelassen in *BGHSt* 40, 191 = StV 1994, 470.
1512   Siehe hierzu Rüge 31 Rn. 525 u. 531.
1513   Beispielsweise, dass der Richter abgelenkt war oder sich für die Augenscheinseinnahme nicht interessiert und deshalb nicht an ihr beteiligt hat.

- Die Augenscheinseinnahme ist unter Beteiligung des betreffenden Richters bis zur Urteilsverkündung nicht nochmals nachgeholt worden.

Bei diesem Verfahrensgeschehen wäre der absolute Revisionsgrund des § 338 Nr. 1 i.V.m. § 226 Abs. 1 StPO gegeben.[1514] Zusätzlich wäre der Gegenstand der Augenscheinseinnahme nicht ordnungsgemäß in die Hauptverhandlung eingeführt worden, so dass seine Berücksichtigung bei der Urteilsfindung den relativen Revisionsgrund des § 261 StPO begründen würde.[1515]

2. Alternative b)

1176
- Der Angeklagte bzw. sein Verteidiger hatten keine Gelegenheit, an der Augenscheinseinnahme teilzunehmen. Dies ist näher auszuführen, beispielsweise in der Form, dass der Angeklagte aus der Hauptverhandlung entfernt worden war oder im Falle einer Augenscheinseinnahme außerhalb des Sitzungssaales, dass der Hausrechtsinhaber dem Angeklagten bzw. seinem Verteidiger den Zutritt zum Augenscheinsobjekt verwehrt hat oder der Angeklagte aus anderen Gründen nicht anwesend war.

- Die Abwesenheit beruhte nicht auf einem Beschluss gem. §§ 231a oder 231b StPO oder darauf, dass die Voraussetzungen des § 231 Abs. 2 StPO vorlagen, was im Einzelnen darzulegen ist. Vorsorglich ist auch darauf hinzuweisen, dass die Hauptverhandlung nicht gem. §§ 232 oder 233 bzw. 329 Abs. 2 StPO durchgeführt wurde.

- Der Augenschein wurde bis zur Urteilsverkündung nicht wiederholt, und zwar nunmehr unter Ermöglichung der Teilnahme durch den Angeklagten und/oder seinen Verteidiger.

1177
War der Angeklagte bzw. sein (notwendiger) Verteidiger oder ein sonstiger notwendiger Verfahrensbeteiligter während der Durchführung der Augenscheinseinnahme überhaupt nicht anwesend, ohne dass ein gesetzlich normierter Ausnahmetatbestand vorlag (z.B. § 231 Abs. 2 StPO), ist der absolute Revisionsgrund des § 338 Nr. 5 StPO gegeben.[1516] Wurde dem Angeklagten bzw. seinem Verteidiger trotz Anwesenheit keine Gelegenheit gegeben, das Augenscheinsobjekt zu besichtigen, begründet dessen Verwertung bei der Urteilsfindung allein den relativen Revisionsgrund der Verletzung des § 261 StPO.

1514 Siehe hierzu auch Rüge 18 Rn. 380.
1515 Siehe Rüge 226 Rn. 1869.
1516 *BGH* StV 1989, 187: Das Gericht kann eine beispielsweise in Abwesenheit des Angeklagten durchgeführte Augenscheinseinnahme auch nicht in eine kommissarische umdeuten, weil es sich nicht selbst in voller Besetzung mit einer Beweisaufnahme außerhalb der Hauptverhandlung beauftragen darf. Siehe auch *BGHSt* 31, 236, 238 = StV 1983, 138. Zum Revisionsgrund des § 338 Nr. 5 StPO siehe Rüge 23 Rn. 411 für die Verhandlung in Abwesenheit des Angeklagten.

III. Beweis der vorzutragenden Verfahrenstatsachen

- Die Tatsache der Durchführung einer Augenscheinseinnahme sowie das in Augenschein genommene Augenscheinsobjekt werden durch das Hauptverhandlungsprotokoll bewiesen. **1178**
- Bei Entfernung des Angeklagten aus der Hauptverhandlung während der Augenscheinseinnahme wird seine Abwesenheit ebenfalls durch das Hauptverhandlungsprotokoll bewiesen. Dies gilt auch für seine Abwesenheit während der Augenscheinseinnahme bzw. für die Abwesenheit seines Verteidigers.
- Die unterbliebene Augenscheinseinnahme durch ein bestimmtes Mitglied des Gerichts wird im Freibeweis bewiesen.
- Die Nichtermöglichung der Teilnahme des Angeklagten bzw. seines Verteidigers an der Augenscheinseinnahme wird durch den Freibeweis bewiesen.
- Die unterbliebene Wiederholung der Augenscheinseinnahme wird durch das Schweigen des Hauptverhandlungsprotokolls bewiesen.

Rüge 140

Wurde anlässlich einer Augenscheinseinnahme außerhalb des Sitzungszimmers der Grundsatz der Öffentlichkeit gewahrt und waren alle notwendigen Verfahrensbeteiligten anwesend? **1179**

I. Rechtsgrundlagen

Findet eine Augenscheinseinnahme als Teil der Hauptverhandlung statt, gelten die Vorschriften über die Wahrung des Öffentlichkeitsgrundsatzes (§§ 169 ff. GVG, § 338 Nr. 6 StPO) sowie über die Anwesenheit der notwendigen Verfahrensbeteiligten (§§ 226, 140, 338 Nr. 5 StPO, ggf. § 185 GVG) auch dann, wenn diese außerhalb des Sitzungszimmers bzw. des Gerichts stattfindet.[1517] Scheitert allerdings die Herstellung der Öffentlichkeit an objektiven Umständen tatsächlicher Art (Beschaffenheit der Örtlichkeit, die eine Teilnahme der Öffentlichkeit nicht ermöglicht etc.) oder daran, dass der Inhaber des Hausrechts den Zutritt für Zuhörer oder Zuschauer verweigert, darf der Wahrheitsfindung Vorrang gegenüber dem Bemühen um öffentliche Verhandlung eingeräumt werden.[1518] Allerdings kann ein mit der Verfah- **1180**

1517 Zur Verletzung des Öffentlichkeitsgrundsatzes bei außerhalb des Gerichtsgebäudes stattfindenden Hauptverhandlungen siehe Rüge 38 Rn. 583 und – speziell – die Durchführung einer Augenscheinseinnahme betreffend, Rn. 590 u. Rn. 599 zur Durchführung der Hauptverhandlung in Abwesenheit notwendiger Verfahrensbeteiligter siehe insbes. Rügen 23 Rn. 411 (Angeklagter), Rüge 32 Rn. 549, Rüge 40 Rn. 636 u. Rüge 42 Rn. 642 (Verteidiger).

1518 *BGHSt* 40, 191 = StV 1994, 470; *BGH* NStZ-RR 2000, 366.

rensrüge beanstandbarer Rechtsfehler darin liegen, dass das Gericht keine möglichen Maßnahmen trifft, um die Gewährleistung der Öffentlichkeit der Hauptverhandlung zu ermöglichen.[1519] Dazu kann beispielsweise gehören, dass sich das Gericht zumindest um die Erlaubnis des Hausrechtsinhabers zum Betreten seines Anwesens durch Zuschauer bemüht.[1520] Da die Durchführung der Augenscheinseinnahme durch das vollzählig versammelte Gericht unter Teilnahme des Sitzungsvertreters der Staatsanwaltschaft, des Angeklagten und anderer Verfahrensbeteiligter eine Beweisaufnahme vor dem erkennenden Gericht und somit ein Teil der Hauptverhandlung ist,[1521] kann sie, um nicht der Verletzung des Öffentlichkeitsgrundsatzes zu verfallen, nicht nachträglich in eine kommissarische Augenscheinseinnahme (§ 225 StPO) umgedeutet werden.[1522]

II. Anforderungen an den Vortrag

1181 1. Im Rahmen des Revisionsvortrags bzgl. der Verletzung des Öffentlichkeitsgrundsatzes[1523] ist als Negativtatsache mit vorzutragen, dass es sich nicht um eine kommissarische Augenscheinseinnahme handelte, sondern dass (und warum) diese Teil der Hauptverhandlung war. Der Gegenstand des Augenscheins ist konkret zu bezeichnen.

1182 2. Fand die im Rahmen der Hauptverhandlung durchgeführte Augenscheinseinnahme nicht in Anwesenheit aller notwendigen Verfahrensbeteiligten statt,[1524] kann auf die Ausführungen zu Rüge 139 Rn. 1169 verwiesen werden.

Rüge 141

1183 Bestand die Möglichkeit der Abgabe einer Erklärung zu der durchgeführten Augenscheinseinnahme (§ 257 StPO)?

Es kann insoweit auf die identische Problematik im Anschluss an die Vernehmung des Angeklagten oder eines Mitangeklagten zur Sache sowie nach einer Zeugenvernehmung verwiesen werden (s.o. Rüge 75 Rn. 841).

1519 *Foth* JR 1979, 262.
1520 Vgl. *BGH* wistra 2006, 235 = JR 2006, 369 m. Anm. *Humberg*.
1521 Vgl. *BGH* StV 1989, 187.
1522 Vgl. auch *BGHSt* 31, 236, 238 = StV 1983, 138, 139.
1523 Siehe hierzu Rüge 38 Rn. 603 ff.
1524 Zu den Rechtsgrundlagen und den Rügevoraussetzungen siehe Kap. 5 Rn. 380 ff.

Rüge 141a

Was durfte als Gegenstand einer Augenscheinseinnahme bei der Urteilsfindung verwertet werden? **1184**

Wurde in der Hauptverhandlung eine Urkunde in richterlichen Augenschein genommen, kann dadurch nur Beweis über ihr Vorhandensein oder ihren Zustand erhoben werden. Der Inhalt der Urkunde kann auf diese Weise nicht zum Gegenstand der Hauptverhandlung gemacht werden.[1525] **1185**

Wird der Inhalt der Urkunde bei der Urteilsfindung verwertet, ohne dass er auf andere Weise prozessordnungsgemäß in die Hauptverhandlung eingeführt wurde, begründet dies die Verletzung des § 261 StPO[1526].

1525 *BGH* v. 30.8.2011 – 2 StR 652/10 = wistra 2012, 73 = StV 2012, 584.
1526 S. Rüge 226 Rn. 1872 ff.

Kapitel 20
Wurde in der Hauptverhandlung Beweis im Wege der Verlesung von Urkunden, Vernehmungsniederschriften oder sonstigen Schriftstücken oder der Vorführung einer Bild-Ton-Aufzeichnung einer Vernehmung erhoben?

Überblick zu den in Betracht kommenden Rügen bei Rn. 1190 ff.

Vorbemerkung

1186   1.   Die Einführung des Inhalts schriftlicher Erkenntnisquellen in Form des Urkundenbeweises in die Hauptverhandlung durch Verlesung oder im sog. Selbstleseverfahren nach § 249 Abs. 2 StPO ist zulässig, soweit das Gesetz den Urkundenbeweis nicht ausdrücklich untersagt.[1527]

1187   Kommt es nicht auf den Inhalt eines Schriftstücks, sondern auf seine schriftliche Beschaffenheit an, kann es durch Augenscheinseinnahme in die Hauptverhandlung eingeführt werden.[1528] Ebenfalls im Wege der Augenscheinseinnahme können Ton oder Videoaufnahmen in die Hauptverhandlung eingeführt werden.[1529] Im Übrigen kommt die Vernehmung von Augenscheinsgehilfen, Zeugen oder Sachverständigen in Betracht, die Gegenstand oder Inhalt der Aufzeichnungen zur Kenntnis genommen haben.

1188   Der Inhalt von Datenträgern ist Gegenstand des Urkundenbeweises, wenn er mittels Drucker oder Bildschirm bzw. „display" **lesbar** gemacht wurde.[1530]

1189   2.   Im Zusammenhang mit der Einführung des Inhalts schriftlicher Erkenntnisquellen können Beweisverbote der Beweiserhebung bzw. der Beweisverwertung entgegenstehen. Entsprechende Verfahrensfehler resultieren nicht unmittelbar aus § 249 StPO, sondern sind im Zusammenhang mit dem verletzten Beweisverbot zum Gegenstand einer Verfahrensrüge zu machen.[1531] Darüber hinaus kann der Verlesung von Schriftstücken das in § 250 StPO normierte Unmittelbarkeitsprinzip entgegenstehen,[1532] insbesondere im Falle der fehlerhaften Anwendung der Rückausnahmen der §§ 251, 253, 254 und 256 StPO. Dem Tatrichter hier unterlaufende Fehler sind

---

1527   *BGHSt* 39, 305, 306 = StV 1993, 623 (st. Rspr.); KK-*Diemer*[6] § 249 Rn. 5.
1528   Allerdings soll durch Verlesung auch der Beweis der Existenz einer Urkunde geführt werden können: *Meyer-Goßner*[55] § 250 Rn. 13.
1529   Enthalten sie Aufzeichnungen von Vernehmungen, müssen die Voraussetzungen des § 255a StPO erfüllt sein.
1530   Nicht lesbare (weil nicht verschriftete) Inhalte können nach Ausdruck oder mittels Bildschirm zum Gegenstand des Augenscheins oder des Sachverständigenbeweises gemacht werden.
1531   Siehe insbesondere Kapitel 28 Rn. 1958.
1532   Siehe Rüge 144 Rn. 1227 u. Rüge 147 Rn. 1283.

ebenfalls nicht als Verletzung des § 249 StPO, sondern als Verstoß gegen §§ 250 ff. StPO geltend zu machen:

Überblick:

a) Geht es um Schriftstücke, die Wahrnehmungen von Personen beinhalten und die **1190** zu Beweiszwecken verfasst worden sind, nämlich Niederschriften ihrer Vernehmungen oder von ihnen stammende Erklärungen, darf durch deren Verlesung ihre persönliche Vernehmung nur dann **ersetzt** werden, wenn die Voraussetzungen des § 251 StPO vorliegen.[1533] Dies betrifft aber nur Aussagen von Zeugen, Sachverständigen und Mitbeschuldigten. Schriftliche Erklärungen von Angeklagten und Mitangeklagten, auch eidesstattliche Versicherungen, dürfen auch ohne ihr Einverständnis nach § 249 Abs. 1 StPO verlesen werden.[1534]

b) Auch darf die Vernehmung speziell von Angehörigen öffentlicher Behörden, **1191** Sachverständigen bzw. Ärzten durch die Verlesung von Attesten und Berichten, Zeugnissen und Gutachten sowie Protokollen und Erklärungen (ergänzend zu § 251 StPO) nur unter den Voraussetzungen des § 256 Abs. 1 StPO **ersetzt** werden.[1535] Dabei handelt es sich im Einzelnen um ein Zeugnis oder ein Gutachten enthaltende Erklärungen öffentlicher Behörden, allgemein vereidigter Sachverständiger oder von Ärzten eines gerichtsärztlichen Dienstes (§ 256 Abs. 1 Nr. 1 StPO), um ärztliche Atteste (§ 256 Abs. 1 Nr. 2 StPO), von ärztlichen Berichten zur Entnahme von Blutproben (§ 256 Abs. 1 Nr. 3 StPO), um Gutachten über die Auswertung eines Fahrtschreibers, die Bestimmung der Blutgruppe oder des Blutalkoholgehalts (§ 256 Abs. 1 Nr. 4 StPO) oder um Protokolle sowie in einer Urkunde enthaltene Erklärungen der Strafverfolgungsbehörden über Ermittlungshandlungen (§ 256 Abs. 1 Nr. 5 StPO).

c) Ferner darf die Vernehmung einer Verhörsperson über den Inhalt einer von ihr **1192** durchgeführten oder wahrgenommenen Vernehmung eines Beschuldigten, Zeugen oder Sachverständigen nicht durch die Verlesung einer Vernehmungsniederschrift **ersetzt** werden (§ 250 StPO)[1536], außer im Falle einer Vernehmung des (jetzigen) Angeklagten durch einen Richter (§ 254 StPO)[1537] oder ergänzend zur Vernehmung des betreffenden Zeugen oder Sachverständigen in der Hauptverhandlung unter den Voraussetzungen des § 253 StPO[1538]. Die Vernehmung einer

---

1533 Siehe Rüge 145 Rn. 1230 u. Rüge 146 Rn. 1246.
1534 *BGH* v. 20.12.2011 – 4 StR 491/11 = StraFo 2012, 102, 103 = StV 2012, 406.
1535 Siehe Rüge 151 Rn. 1333, Rüge 152 Rn. 1349 u. Rüge 153 Rn. 1364.
1536 Liegen bzgl. der vernommenen Zeugen, Sachverständigen oder Mitbeschuldigten die Voraussetzungen für eine Verlesung nach § 251 Abs. 1 oder 2 StPO vor, ist es allerdings keine Frage der Ersetzung der Vernehmung der Verhörsperson durch die Verlesung der von ihr aufgenommenen Vernehmungsniederschrift. Es ist dann nur unter Aufklärungsgesichtspunkten zu prüfen, ob zusätzlich zur Verlesung der Niederschrift die Vernehmung der Verhörsperson geboten war.
1537 Siehe Rüge 148 Rn. 1290.
1538 Siehe Rüge 147 Rn. 1283 u. Rüge 100 Rn. 991.

nichtrichterlichen Verhörsperson darf deshalb nicht durch die Verlesung eines nichtrichterlichen Protokolls über die Vernehmung des jetzigen Angeklagten ersetzt werden[1539]. Etwas anderes gilt allenfalls im Falle eines ausdrücklichen Einverständnisses des Angeklagten.[1540]

1193 d) Schließlich darf nach § 255a StPO die Vernehmung eines Zeugen durch das Vorführen der Bild-Ton-Aufzeichnung seiner früheren Vernehmung ersetzt werden.[1541]

1194 e) Ansonsten dürfen Protokolle von Vernehmungen **ergänzend** zur Vernehmung des vernommenen Zeugen oder Sachverständigen nicht nur unter den Voraussetzungen des § 253 StPO verlesen werden, sondern auch – ebenso wie von ihnen stammende Erklärungen –, ohne dass insoweit die Voraussetzungen des § 253 StPO vorliegen. Gleichermaßen dürfen Gutachten und Erklärungen **ergänzend** zur Vernehmung der Behördenangehörigen, Sachverständigen und Ärzte i.S.d. § 256 Abs. 1 StPO verlesen werden.

1195 f) Ob **ergänzend** zu ihrer Vernehmung als Verhörsperson Protokolle der von ihnen vernommenen Beschuldigten, Zeugen oder Sachverständigen verlesen werden dürfen, ist strittig:

- Protokolle nichtrichterlicher Vernehmungen des jetzigen Angeklagten (gleichgültig, ob sie als Beschuldigten- oder Zeugenvernehmung durchgeführt worden sind) sind auch in Ergänzung der Vernehmung der Verhörsperson nicht verlesbar.[1542]

- Demgegenüber darf die Niederschrift der Vernehmung eines in der Hauptverhandlung vernommenen Zeugen oder Sachverständigen ergänzend zur Vernehmung des Verhörsbeamten als Zeuge verlesen werden.[1543]

1539 LR-*Mosbacher*[26] § 254 Rn. 9; *Meyer-Goßner*[55] § 254 Rn. 6.

1540 *Bohlander* NStZ 1998, 396; zurückhaltend BGH Beschl. v. 25.4.2001 – 5 StR 12/01 u. BGH Beschl. v. 29.8.2007 – 1 StR 387/07.

1541 Siehe Rüge 150 Rn. 1304.

1542 *Meyer-Goßner*[55] § 254 Rn. 8; *BGHSt* 14, 310; *BGHSt* 23, 213; ferner *Langkeit/Cramer* StV 1996, 230; LR-*Gollwitzer*[25] § 254 Rn. 9 m.w.N. (von LR-*Mosbacher*[26] § 254 Rn. 10 nicht übernommen).

1543 LR-*Mosbacher*[26] § 253 Rn. 10; LR-*Sander/Cirener*[26] § 250 Rn. 17; a.A. KK-*Diemer*[6] § 249 Rn. 47, der die Verlesung nur zum Zwecke des Vorhalts gestattet und als Beweisergebnis nur das für verwertbar hält, was von der Verhörsperson infolge zurückgekehrter Erinnerung bestätigt wird. Soweit dieser sich dabei auf den BGH beruft, betreffen die in Bezug genommenen Entscheidungen allerdings andere Sachverhalte: *BGHSt* 11, 338, 341 betrifft das Verlesungsverbot des § 252 StPO, das auch dann zu beachten sei, wenn mit der Rspr. des BGH die frühere Aussage eines in der Hauptverhandlung von seinem Zeugnisverweigerungsrecht Gebrauch machenden Zeugen durch Vernehmung des seinerzeitigen Vernehmungsrichters in die Hauptverhandlung eingeführt werden solle; *BGHSt* 14, 310 betrifft die Unzulässigkeit der Verlesung der Niederschrift der polizeilichen Vernehmung des jetzigen Angeklagten, wenn der vernehmende Polizeibeamte trotz Vorhalts des Protokolls sich nicht mehr an die vom Angeklagten gegebene Darstellung erinnern kann.

3. Für eine unmittelbare Verletzung des § 249 StPO, auf die eine Verfahrensrüge **1196** gestützt werden könnte, kommen deshalb nur Vorgänge im Zusammenhang mit dem Selbstleseverfahren (nachstehend unter Rüge 142 Rn. 1206) in Betracht. In Verbindung mit § 261 StPO kann gerügt werden, dass sich die Urteilsgründe unmittelbar auf eine Urkunde und deren Inhalt stützen, die nicht in zulässiger Weise durch Verlesung in die Hauptverhandlung eingeführt worden ist (nachstehend Rüge 142 Rn. 1205).

4. Darüber hinaus können im Zusammenhang mit der Verlesung von Urkunden **1197** folgende Konstellationen eine Rolle spielen:

a) Ist ein Schriftstück Urteilsgrundlage geworden, das nicht verlesen und auch **1198** nicht sonst in prozessordnungsgemäßer Weise zum Gegenstand der Beweisaufnahme gemacht worden ist, begründet dies eine Verletzung des § 261 StPO[1544].

b) Wird der Inhalt einer in der Hauptverhandlung verlesenen Urkunde im Urteil un- **1199** zutreffend wiedergegeben, kann dies ebenfalls als Verletzung des § 261 StPO zum Gegenstand einer Verfahrensrüge gemacht werden.[1545]

c) Hat sich der Tatrichter mit einem in der Hauptverhandlung verlesenen Schrift- **1200** stück in den Urteilsgründen nicht auseinandergesetzt, obwohl eine Würdigung seines Inhalts geboten war, weist die Beweiswürdigung eine Lücke auf, die zum Gegenstand der Verfahrensrüge der Verletzung des § 261 StPO gemacht werden kann.[1546]

d) Hat sich der Tatrichter mit der Verlesung einer Urkunde begnügt, anstelle ein **1201** verfügbares sachnäheres Beweismittel (insbesondere in Form des Verfassers des Schriftstücks) heranzuziehen, kann dies zum Gegenstand einer Aufklärungsrüge gemacht werden.[1547]

1544 Siehe hierzu Rüge 226 Rn. 1872.
1545 Siehe Rüge 227 Rn. 1879.
1546 Siehe Rüge 228 Rn. 1889.
1547 Differenzierend SK-StPO-*Velten*[4] Vor §§ 250 ff. Rn. 11 ff. u.§ 250 Rn. 14 m.w.N. Siehe hierzu Rüge 190 Rn. 1662.

Rüge 142

1202 Ist der Inhalt einer Urkunde etc. (nicht) in zulässiger Weise durch Verlesung (§ 249 StPO) in die Hauptverhandlung eingeführt worden?

I. Rechtsgrundlagen

1. Einführung des Inhalts einer Urkunde in die Hauptverhandlung durch Verlesen

1203 Eine **Verlesung** nach § 249 Abs. 1 StPO kann durch den Vorsitzenden sowie auf dessen Anordnung durch ein anderes Gerichtsmitglied – einschließlich eines etwaigen Ergänzungsrichters – oder durch den Urkundsbeamten der Geschäftsstelle als Protokollführer erfolgen. Die Verlesung ist ein nach § 273 Abs. 1 StPO protokollierungspflichtiger Vorgang.[1548] Dass in der Sitzungsniederschrift vermerkt ist, die Urkunde sei zum Gegenstand der Hauptverhandlung gemacht und/oder in richterlichen Augenschein genommen worden, reicht zum Nachweis ihrer Verlesung nicht aus.[1549]

1204 Wird ein Schriftstück durch einen anderen Verfahrensbeteiligten verlesen (bsplsw. die Verlesung der schriftlichen Einlassung des Angeklagten durch den Verteidiger[1550]), ist dieses nicht im Wege des Urkundenbeweises gem. § 249 StPO in die Hauptverhandlung eingeführt worden.[1551]

1205 Ist der Inhalt eines nach § 249 Abs. 1 StPO verlesbaren Schriftstückes durch **Bericht des Vorsitzenden** in die Hauptverhandlung eingeführt worden, muss dies nach Einführung des Selbstleseverfahrens (§ 249 Abs. 2 StPO) als unzulässig erachtet werden[1552]. Die gegenteilige Auffassung[1553] will den Bericht des Vorsitzenden als Ersatz der Verlesung nur unter folgenden Voraussetzungen nicht genügen lassen:

- Zumindest ein Prozessbeteiligter hat der Verfahrensweise in der Hauptverhandlung ausdrücklich widersprochen,[1554]

1548 Bei einer nur ausschnittsweisen Verlesung eines Schriftstücks ist eine genaue Bezeichnung der verlesenen Abschnitte in der Sitzungsniederschrift erforderlich: *BGH* v. 8.6.2010 – 1 StR 181/10 = NStZ 2011, 110.

1549 *BGH* v. 30.8.2011 – 2 StR 652/10 = wistra 2012, 73 = StV 2012, 584. Daran kann ggf. eine Verfahrensrüge der Verletzung des § 261 StPO anknüpfen, wenn der Inhalt des betreffenden Schriftstücks zur Urteilsgrundlage gemacht worden ist und das Schriftstück auch nicht auf andere prozessordnungsgemäße Weise in die Hauptverhandlung eingeführt worden ist: Siehe Rüge 226 Rn. 1872 u. 1876.

1550 *BGHSt* 38, 14, 16 f = StV 1991, 548.

1551 Auch hieran kann die Verfahrensrüge der Verletzung des § 261 StPO anknüpfen.

1552 SK-StPO-*Velten*[4] § 249 Rn. 84, AK-StPO-*Meier* § 249 Rn. 34; *Wagner* StV 1981, 219; LR-*Mosbacher*[26] § 249 Rn. 45.

1553 *BGHSt* 30, 10 = StV 1981, 217 = JR 1982, 83 m. abl. Anm. *Gollwitzer*; KK-*Diemer*[6] § 249 Rn. 29, *Meyer-Goßner*[55] § 249 Rn. 26, 27.

1554 Der *BGH* hält eine stillschweigende Einverständniserklärung für ausreichend.

- es wurde der Inhalt eines längeren Schriftstückes referiert, dessen Inhalt wörtlich in die Urteilsgründe aufgenommen wurde,
- es wurde über sonstige ausführliche Vorgänge, beispielsweise über den Inhalt ganzer Akten referiert,
- anstelle einer streng sachlichen Schilderung des Urkundeninhalts kam es zu einer unsachlichen, beweiswürdigenden Wiedergabe des Urkundeninhalts durch den Vorsitzenden.

Da diese Auffassung den Bericht des Vorsitzenden als Akt der Beweisaufnahme wertet, stellt diese Form der Einführung einer Urkunde eine wesentliche Förmlichkeit des Verfahrens dar, die in der Sitzungsniederschrift beurkundet werden muss.[1555]

Ist den obigen Anforderungen nicht entsprochen worden oder wird mit der hier vertretenen Auffassung die Zulässigkeit dieses Verfahrens generell abgelehnt, ist – jedenfalls auf diese Weise – der Inhalt des Schriftstücks nicht zum Gegenstand der Hauptverhandlung gemacht worden. Wird er gleichwohl zur Urteilsgrundlage gemacht, stellt dies eine Verletzung des § 261 StPO dar.[1556] Es kommt aber auch eine Verletzung des § 245 Abs. 1 StPO in Betracht,[1557] wenn zur Aufklärung des für den Schuld oder Strafausspruchs maßgeblichen Sachverhalts der Inhalt der Urkunde in die Hauptverhandlung hätte eingeführt werden müssen.

2. Selbstleseverfahren

Ist der Inhalt einer Urkunde im **Selbstleseverfahren** (§ 249 Abs. 2 StPO) eingeführt worden? **1206**

Es kommen folgende Fehlermöglichkeiten bei der **Anordnung** und **Durchführung** in Betracht, die aber nur dann die Revision begründen, wenn zuvor ein Gerichtsbeschluss herbeigeführt wurde.[1558] Demgegenüber bedarf es keiner Anrufung des Gerichts, wenn die Ausführungen des Vorsitzenden zur Feststellung der Durchführung des Selbstleseverfahrens einen Rechtsfehler beinhalten.[1559]

a) Fehlender Gerichtsbeschluss trotz Widerspruchs

Ist der Anordnung des Selbstleseverfahrens durch den Vorsitzenden widersprochen **1207** worden und ist das Selbstleseverfahren dennoch durchgeführt worden, ohne dass die Anordnung durch einen Gerichtsbeschluss bestätigt wurde, ist dies ein Verfahrensfeh-

---

1555 *Meyer-Goßner*[55] § 249 Rn. 27, § 273 Rn. 9.
1556 Siehe Rüge 226 Rn. 1872.
1557 Siehe Rüge 189 Rn. 1647.
1558 *BGH* v. 14.12.2010 – 1 StR 422/10 = StV 2011, 458 m. abl. Anm. *Lindemann* = NStZ 2011, 300. Der *BGH* bezieht sich bzgl. des Erfordernisses eines Beschlusses bei der Anordnung auf § 249 Abs. 2 S. 2 StPO und bzgl. seiner Durchführung auf § 238 Abs. 2 StPO. Zu letzterem auch *BGH* v. 23.5.2012 – 1 StR 208/12 = NStZ 2012, 584.
1559 *BGH* v. 15.3.2011 – 1 StR 33/11 = StV 2011, 462 = NStZ 2011, 533 = StraFo 2011, 277.

ler, auf dem das Urteil auch dann beruhen kann, wenn die betreffenden Urkunden in der Hauptverhandlung hätten verlesen werden können.[1560] Ob auch eine konkludente Anordnung ausreicht und dieser widersprochen werden müsste, ist zu bezweifeln.[1561]

b) Vom Selbstleseverfahren ausgeschlossene Urkunden

1208 Es wurden Vernehmungsniederschriften in den Fällen der §§ 253 und 254 StPO (**ausschließlich**) im Wege des Selbstleseverfahrens in die Hauptverhandlung eingeführt (Verletzung des § 249 Abs. 2 S. 1 StPO). Das Urteil kann auf dem Verfahrensfehler beruhen,[1562] wenn die betreffende Vernehmungsniederschrift gleichwohl zur Urteilsgrundlage gemacht wurde oder aber der Angeklagte durch die Nichtverlesung nach § 249 Abs. 1 StPO beschwert ist, was voraussetzt, dass die betreffende Vernehmungsniederschrift in den Urteilsgründen übergangen worden ist.

c) Kenntnisnahme vom Wortlaut durch alle Richter und Schöffen

1209 Es haben nicht alle Richter und Schöffen vom Wortlaut der Urkunde oder des Schriftstücks Kenntnis genommen:

Erforderlich ist, dass Richter und Schöffen **vom Wortlaut der Urkunden** Kenntnis genommen haben und nicht nur „von den Urkunden". Bei der Feststellung, dass Richter und Schöffen vom Wortlaut der Urkunden Kenntnis genommen haben, handelt es sich um eine wesentliche Förmlichkeit der Hauptverhandlung. Zwar schreibt das Gesetz eine exakte Formulierung dieser Feststellung im Protokoll nicht vor. Es wird deshalb die Feststellung als ausreichend angesehen, Richter und Schöffen hätten vom „Inhalt" der Urkunde Kenntnis genommen.[1563] Auch aus einem mehrdeutigen Vermerk des Inhalts, die Richter und Schöffen hätten nach Anordnung des Selbstleseverfahrens die betreffenden Urkunde „zur Kenntnis genommen", kann kein – i.S.d. § 274 S. 1 StPO beweiskräftiger – Schluss auf die nicht ordnungsgemäße Durchführung des Selbstleseverfahrens gezogen werden[1564]. Demgegenüber reicht aber die protokollierte Feststellung, die Richter und/oder Schöffen hätten Gelegenheit gehabt, von den im Selbstleseverfahren eingeführten Urkunden Kenntnis zu nehmen, nicht aus.[1565]

1560 *BGH* v. 28.8.2012 – 5 StR 251/12 = NJW 2012, 503 = StraFo 2012, 503 = StV 2013, 71 (zur Veröffentlichung in *BGHSt* vorgesehen) mit ausführlicher Auseinandersetzung mit der Beruhensfrage (dazu Rn. 1214).

1561 *BGH* 5 StR 412/12 v. 28.11.2012 = StraFo 2013, 25 = wistra 2013, 114.

1562 Siehe auch Rn. 1214.

1563 *BGH* Beschl. v. 24.6.2003 – 1 StR 25/03 = NStZ-RR 2004, 227; *BGH* v. 28.1.2010 – 5 StR 169/09 = StV 2010, 226 = StraFo 2010, 157.

1564 *BGH* v. 20.7.2010 – 3 StR 76/10 = StV 2011, 266 = NStZ 2010, 712; *BGH* v. 14.9.2010 – 3 StR 131/10 = wistra 2011, 66; s. auch *BVerfG* v. 2.4.2009 – 2 BvR 1468/08 = wistra 2009, 269.

1565 *BGH* v. 15.3.2011 – 1 StR 33/11 = StV 2011, 462 = NStZ 2011, 533 = StraFo 2011, 277; *BGH* v. 10.1.2012 – 1 StR 587/11 = StV 2012, 585 = StraFo 2012, 101 = NStZ 2012, 346.

Ebenfalls unzureichend ist es, wenn die Sitzungsniederschrift lediglich ausweist, die Schöffen und die richterlichen Beisitzer hätten vom Wortlaut der Urkunden Kenntnis genommen. Auch wenn der Vorsitzende im Rahmen der Vorbereitung der Hauptverhandlung und zwecks Anordnung des Selbstleseverfahrens von den Urkunden Kenntnis genommen haben wird, macht dies die Kenntnisnahme in der Hauptverhandlung und die Protokollierung dieses Umstandes nicht entbehrlich.[1566]

Die Anordnung des Selbstleseverfahrens lässt keinen Schluss auf die weitere Beachtung des Verfahrens nach § 249 Abs. 2 StPO zu. Wurde die Feststellung der Kenntnisnahme vom Wortlaut der Urkunden durch Berufsrichter und Schöffen nicht protokolliert, ist aufgrund der negativen Beweiskraft des Protokolls davon auszugehen, dass das Beweismittel nicht zur Kenntnis gelangt ist. Da das entsprechende Protokoll nicht an offenkundiger Fehler- oder Lückenhaftigkeit leidet, entfällt auch nicht seine Beweiskraft, weshalb es dem Revisionsgericht verwehrt ist, freibeweisliche Ermittlungen anzustellen.[1567] Zulässig ist aber ein Protokollberichtigungsverfahren dann, wenn der Vorsitzende in der Hauptverhandlung die entsprechende Feststellung getroffen hat. Ein Protokollberichtigungsverfahren ist deshalb nur insoweit zulässig, als es um die Frage geht, ob der Vorsitzende in der Hauptverhandlung festgestellt hat, dass die Richter und Schöffen vom Wortlaut der Urkunden Kenntnis genommen haben.[1568] Ist diese Feststellung nicht getroffen worden, ist ein Protokollberichtigungsverfahren auch dann unzulässig, wenn die Richter und Schöffen ausweislich ihrer dienstlichen Äußerungen tatsächlich vom Inhalt der einzuführenden Urkunden Kenntnis genommen haben sollten.[1569] Wird – nach einem gescheiterten Protokollberichtigungsverfahren – nicht durch die Sitzungsniederschrift bewiesen, dass der Vorsitzende in der Hauptverhandlung festgestellt hat, das von ihm angeordnete Selbstleseverfahren sei durchgeführt worden, indem Richter und Schöffen vom Wortlaut der Urkunden Kenntnis genommen hätten und die übrigen Beteiligten hierzu Gelegenheit hatten, begründet es einen Verstoß gegen § 261 StPO, wenn dem Urteil Feststellungen zugrunde gelegt werden, die wegen fehlerhafter Durchführung des Selbstleseverfahrens nicht Gegenstand der Hauptverhandlung geworden sind.[1570] Bleibt das Protokollberichtigungsverfahren ohne Ergebnis, ist es unzulässig, abweichende Feststellungen im Freibeweisverfahren zu treffen.[1571]

1210

1566   *BGH* NStZ 2006, 512 = StraFo 2006, 291; siehe auch *BGH* StV 2004, 521.

1567   *BGH* v. 30.9.2009 – 2 StR 280/09 = StV 2010, 225 = StraFo 2010, 27.

1568   *BGH* v. 28.1.2010 – 5 StR 169/09 = *BGHSt* 55, 31 = StV 2010, 171 = JR 2010, 538 m. Anm. *Güntge* = StraFo 2010, 156 = NStZ 2010, 291.

1569   *BGH* v. 8.7.2009 – 2 StR 54/09 = *BGHSt* 54, 37 = StV 2010, 118 = NStZ 2009, 582 = StraFo 2009, 385 = JR 2010, 135 m. Anm. *F.-C. Schroeder*.

1570   *BGH* v. 22.12.2010 – 2 StR 386/10 = StV 2011, 267.

1571   Einschränkend nur für Fälle „krasser Widersprüchlichkeit des Protokollinhalts" *BGH* v. 28.1.2010 – 5 StR 169/09 = *BGHSt* 55, 31 = StV 2010, 171 = JR 2010, 538 m. Anm. *Güntge* = StraFo 2010, 156 = NStZ 2010, 291.

Auch darf ein ohne Ergebnis durchgeführtes ordnungsgemäßes Protokollberichtigungsverfahren nicht wiederholt werden.[1572]

d) Gelegenheit zur Kenntnisnahme durch Angeklagten und Verteidiger

1211 Wurde dem Angeklagten und seinem Verteidiger keine Gelegenheit gegeben, vom Wortlaut der Urkunden Kenntnis zu nehmen, weil ihnen die betreffenden Schriftstücke nicht ausgehändigt wurden und sie ihnen auch sonst nicht zur Verfügung standen, stellt dies einen Verfahrensfehler dar. Dieser Fehler wird aber in der Regel nur dann mit der Revision gerügt werden können, wenn im Falle der in der Hauptverhandlung durch den Vorsitzenden getroffenen Feststellung, die Verfahrensbeteiligten hätten Gelegenheit zur Kenntnisnahme gehabt, dieser ausdrücklich widersprochen worden ist.[1573] Eines Widerspruchs bedarf es auch in den Fällen, in denen die zur Verfügung gestellte Zeit angesichts des Umfangs der Schriftstücke zur Kenntnisnahme ihres Inhalts nicht ausreichte, was konkret darzulegen ist (einschließlich der Mitteilung des Inhalts sämtlicher Urkunden, die Gegenstand des Selbstleseverfahrens waren). Handelte es sich um einen der deutschen Sprache nicht mächtigen Angeklagten, darf das Selbstleseverfahren nur angeordnet werden, wenn das Gericht gleichzeitig dafür gesorgt hat, dass ihm durch einen Dolmetscher der Inhalt der zu lesenden Schriften vollständig in einer ihm geläufigen Sprache zur Kenntnis gebracht wurde (§ 185 GVG)[1574]. Handelt es sich um einen leseunkundigen oder gar blinden Angeklagten (oder Verteidiger) sind diesem die Schriftstücke gem. § 191a GVG zugänglich zu machen.

1212 Mit der Rüge muss ausdrücklich vorgetragen werden, dass der Angeklagte bzw. der Verteidiger auf die Kenntnisnahme des Wortlauts der Urkunde nicht verzichtet haben und bis zum Ende der Beweisaufnahme keine Heilung des Fehlers durch rechtsfehlerfreie Verlesung oder ordnungsgemäße Wiederholung des Selbstleseverfahrens erfolgt ist.

e) Zeitpunkt der Kenntnisnahme und der Gelegenheit hierzu

1213 Ein Selbstleseverfahren ist nach Auffassung des 1. Strafsenats des BGH auch in der Weise zulässig, dass Richter und Schöffen bereits vor seiner Anordnung vom Wortlaut der betreffenden Urkunde Kenntnis genommen haben und die anderen Verfahrensbeteiligten Gelegenheit zur Kenntnisnahme hatten. In einem solchen Fall kann

---

1572 *BGH* v. 22.12.2010 . 2 StR 386/10 = StV 2011, 267.
1573 LR-*Mosbacher*[26] § 249 Rn. 81.
1574 LR-*Mosbacher*[26] § 249 Rn. 80. Der Auffassung des *BGH* v. 14.12.2010 – 1 StR 422/10 = StV 2011, 458 = NStZ 2011, 300 ist zumindest insoweit zu widersprechen, als es danach ausreichen soll, dass dem Angeklagten der Inhalt „durch einen hierzu bereiten Verteidiger" oder „sonst auf andere Weise" zur Kenntnis gebracht worden ist. Weitergehend *Lindemann* StV 2011, 459, der in einem solchen Fall das Selbstleseverfahren gem. § 249 Abs. 2 StPO generell für unzulässig hält.

die Anordnung des Selbstleseverfahrens mit der zugleich erfolgenden Feststellung seiner Durchführung verbunden werden.[1575]

f) Beruhen

Das Urteil beruht auf einem rechtsfehlerhaft durchgeführten Selbstleseverfahren, **1214** wenn nicht auszuschließen ist, dass wesentliche Urteilsfeststellungen durch die nicht in dem ordnungsgemäß durchgeführten Selbstleseverfahren in die Hauptverhandlung eingeführten Urkunden und/oder Schriftstücke beeinflusst worden sind. Allein der Umstand, dass das Selbstleseverfahren durchgeführt wurde, belegt die Bedeutung der Urkunden und/oder Schriftstücke für die Urteilsfeststellung allerdings nicht, selbst wenn diese in den Urteilsgründen floskelhaft im Rahmen der Aufzählung der Beweismittel erwähnt werden.[1576] Es ist allerdings der Tatsache Rechnung zu tragen, dass die vom rechtsfehlerhaft durchgeführten Selbstleseverfahren betroffenen Urkunden auch durch Verlesung in der Hauptverhandlung hätten eingeführt werden können. Es empfehlen sich deshalb Ausführungen dazu, ob auf diese Weise ein abweichendes Beweisergebnis denkbar gewesen wäre.[1577]

II. Anforderungen an den Vortrag der Rüge der Verletzung der §§ 249, 261 StPO

1. In die Hauptverhandlung ist der Inhalt einer Urkunde bzw. eines als Beweismit- **1215** tel dienenden Schriftstücks **nicht durch Verlesung** durch eine dazu berufene Gerichtsperson mündlich eingeführt worden.

2. Der Inhalt der fraglichen Urkunde muss vollständig und im Wortlaut mitgeteilt **1216** werden.

3. Der Inhalt der Urkunde ist auch nicht durch Bericht des Vorsitzenden in die **1217** Hauptverhandlung eingeführt worden (Negativtatsache)[1578]

oder

wenn die Urkunde nicht mündlich im Wortlaut verlesen worden, sondern die Einführung ihres Inhalts durch Bericht des Vorsitzenden erfolgt ist (das muss sich aus dem Hauptverhandlungsprotokoll ergeben), ist vorzutragen, dass

a) dieses ggf. geschehen ist,[1579]
b) dieser Verfahrensweise von einem Verfahrensbeteiligten widersprochen worden ist,

---

1575 *BGH* v. 10.1.2012 – 1 StR 587/11 = StV 2012, 585 = StraFo 2012, 101 = NStZ 2012, 346. Hierzu mit berechtigter Kritik *Albrecht* ZJS 2012, 163.
1576 *BGH* v. 10.1.2012 – 1 StR 587/11 = StV 2012, 585 = StraFo 2012, 101 = NStZ 2012, 346.
1577 Siehe ausführlich *BGH* v. 28.8.2012 – 5 StR 251/12 = NJW 2012, 3319 = StV 2013, 71 = StraFo 2012, 503 (zur Veröffentlichung in *BGHSt* vorgesehen).
1578 *BGH* v. 21.7.2009 – 5 StR 255/09 = StraFo 2009, 425.
1579 Nach Auffassung der Literatur (s.o. Rn. 1205) ist dieses bereits unzulässig.

c) jedenfalls kein ausdrückliches oder konkludentes Einverständnis zugrunde lag.[1580]

d) Der Inhalt der fraglichen Urkunde muss vollständig und im Wortlaut mitgeteilt werden.

1218 4. Bezüglich der fraglichen Urkunden war auch nicht das Selbstleseverfahren angeordnet,

a) **anderenfalls**: der Anordnung des Selbstleseverfahrens durch den Vorsitzenden wurde widersprochen, das Selbstleseverfahren gleichwohl durchgeführt, ohne dass die Anordnung durch einen Gerichtsbeschluss bestätigt wurde;

b) **anderenfalls** bei wirksamer Anordnung des Selbstleseverfahrens:

- Es fehlt die Feststellung des Vorsitzenden, dass die Richter und Schöffen die von der Anordnung bezeichneten Schriftstücke gelesen und die anderen Verfahrensbeteiligten hierzu Gelegenheit gehabt haben,

- alternativ: trotz entgegenstehender Feststellung haben nicht alle Mitglieder des Gerichts den Inhalt der fraglichen Urkunde durch eigenes Lesen zur Kenntnis genommen. Dies wird einerseits nicht durch das Schweigen des Protokolls über eine entsprechende Feststellung des Vorsitzenden in der Hauptverhandlung bewiesen, andererseits steht der Rüge auch nicht entgegen, dass der Vorsitzende Gegenteiliges zu Protokoll festgestellt hat.[1581]

c) **Oder**

- Die anderen Prozessbeteiligten hatten keine oder keine ausreichende Gelegenheit zur Kenntnisnahme.[1582] Eine im Hauptverhandlungsprotokoll dokumentierte gegenteilige Feststellung des Vorsitzenden steht der Rüge nicht entgegen.[1583] Sollte einer solchen Feststellung in der Hauptverhandlung von dem betroffenen Verfahrensbeteiligten widersprochen worden sein, ist auch das und die Reaktion des Gerichts darauf vorzutragen. Der Beschwerdeführer muss die für die unzureichende Gelegenheit zur Kenntnisnahme sprechenden Tatsachen vortragen (z.B. für die Lektüre eines vollständig inhaltlich mitzuteilenden Leitzordners habe nur eine Stunde zur Verfügung gestan-

---

1580 Fehlender Widerspruch kann nicht in ein stillschweigendes Einverständnis umgedeutet werden: strittig.

1581 Die Rüge kann allerdings nur in den seltenen Fällen Erfolg haben, in denen sich die Richtigkeit dieses Vortrages schon aus den äußeren Umständen ergibt (LR-*Mosbacher*[26] § 249 Rn. 111). Beispiel: In einer Hauptverhandlung von einer Gesamtdauer von wenigen Stunden sollen mehrere Leitzordner mit Konto-/oder Buchhaltungsunterlagen im Selbstleseverfahren eingeführt worden sein. Deren Inhalt muss vollständig mitgeteilt werden einschließlich der genauen Zeitangaben. Ansonsten steht im Rahmen des zulässigen Freibeweisverfahrens einer denkbaren Befragung der Richter und Schöffen das Beratungsgeheimnis (§§ 43, 45 DRiG) entgegen. Siehe auch *BGH* v. 23.5.2012 – 1 StR 208/12 = NStZ 2012, 584.

1582 Ob sie die Gelegenheit genutzt haben, steht der Zulässigkeit der Verwertung der im Selbstleseverfahren eingeführten Urkunden nicht entgegen.

1583 LR-*Mosbacher*[26] § 249 Rn. 111.

den und bis zum Ende der Beweisaufnahme habe der Beschwerdeführer keine Gelegenheit gehabt, den Urkundeninhalt vollständig zur Kenntnis zu nehmen; oder es seien nicht alle Urkunden zur Verfügung gestellt worden), was im Freibeweisverfahren überprüft wird.

d) **Oder**
- Im Selbstleseverfahren sind Urkunden gemäß §§ 253, 254 StPO in die Hauptverhandlung eingeführt worden.
- Der Inhalt der im Selbstleseverfahren eingeführten Urkunden muss vollständig im Wortlaut mitgeteilt werden.

5. Eine andere zulässige Einführung des Inhalts der Urkunde in die Hauptverhandlung scheidet – wie auszuführen ist – aus.[1584] Dass das Gericht seine Überzeugung auf Urkunden gestützt hat, die es tatsächlich nicht aufgrund des Selbstleseverfahrens in die Hauptverhandlung eingeführt hat, kann sich auch ausschließlich aus dem Inhalt des Urteils ergeben, wenn dort ausdrücklich auf den Inhalt „von im Wege der Selbstlesung eingeführten Urkunden" Bezug genommen wird.[1585]   **1219**

6. Eine rechtsfehlerhafte Verlesung ist nicht bis zum Ende der Beweisaufnahme durch rechtsfehlerfreie Wiederholung geheilt worden.   **1220**

Rüge 143

Wurde in der Hauptverhandlung ein Protokoll über die Einnahme eines richterlichen Augenscheins verlesen?   **1221**

I. Rechtsgrundlagen

Nach § 249 Abs. 1 S. 2 StPO kann in der Hauptverhandlung ein Protokoll über die Einnahme eines richterlichen Augenscheins verlesen werden. Es kann sich hierbei um die Ergebnisse einer richterlichen Augenscheinseinnahme im Ermittlungsverfahren (§§ 86, 168 d StPO) oder um eine solche durch einen beauftragten oder ersuchten Richter im Zeitraum nach Anklageerhebung (sog. kommissarischer Augenschein: §§ 86, 225 StPO) handeln. Die Ersetzung persönlicher Wahrnehmungen durch die Verlesung des Augenschein-Protokolls ist eine zulässige Ausnahme von § 250 StPO.   **1222**

Mit der Revision kann gerügt werden, dass Niederschriften verlesen wurden, denen die Eigenschaft als richterliches Augenscheinsprotokoll deshalb nicht beigelegt werden durfte, weil bei der Errichtung gegen wesentliche Förmlichkeiten im Sinne   **1223**

1584   Siehe Rüge 226 Rn. 1872.
1585   *BGH* v. 28.1.2010 – 5 StR 169/09 = StV 2010, 171.

des § 86 StPO verstoßen wurde. Wurde ein richterliches Protokoll verlesen, bei dessen Erstellung gegen Anwesenheitsrechte oder gegen eine Benachrichtigungspflicht verstoßen worden ist, begründet dies ebenfalls die Revision, was allerdings zusätzlich die Erhebung eines Widerspruchs vor der Verlesung (bzw. der Vernehmung des Richters am Amtsgericht bzw. des ersuchten oder beauftragten Richters erfordert)[1586].

II. Anforderungen an den Vortrag der Rüge

1. Verlesung eines Protokolls, bei dessen Errichtung gegen wesentliche Förmlichkeiten verstoßen wurde

1224
- Es wurde ein polizeiliches oder staatsanwaltschaftliches und nicht ein richterliches Protokoll verlesen (da die Verlesung aber nach § 256 Abs. 1 Nr. 5 StPO zulässig gewesen sein kann, muss – soweit dies in Betracht kommt – diese Möglichkeit durch einen entsprechenden Vortrag ausgeschlossen werden); eine entsprechende Verfügung des Vorsitzenden oder ein Gerichtsbeschluss ist vollständig mitzuteilen.
- dem Protokoll fehlte ein nach § 86 StPO notwendiger sachlicher Inhalt in Form positiver bzw. negativer Feststellungen; der Inhalt des verlesenen Protokolls ist deshalb vollständig im Wortlaut mitzuteilen;
- für die Erstellung des Protokolls ist kein Protokollführer hinzugezogen worden, ohne dass zugleich eine richterliche Entscheidung über das Absehen von seiner Hinzuziehung getroffen wurde (§ 168 S. 2 StPO);
- das Protokoll ist von einem Protokollführer gefertigt worden, der weder Urkundsbeamter der Geschäftsstelle war noch als vom Richter vereidigte Hilfsperson hinzugezogen worden war,[1587]
- es wurde das Protokoll auch bzgl. solcher Ergebnisse der Augenscheinseinnahme verlesen, bzgl. derer zwischen dem Richter und dem Protokollführer Meinungsverschiedenheiten bestanden,[1588]
- das Protokoll ist nicht von dem Richter und bei Hinzuziehung eines Protokollführers nicht auch von diesem unterschrieben worden (§ 168a Abs. 4 S. 1 StPO).

1225 Die Verlesbarkeit eines von einem Richter nicht ordnungsgemäß aufgenommenen Protokolls als nichtrichterliches Protokoll kommt bei Augenscheinsprotokollen nicht in Betracht.[1589] Der Richter ist keine Strafverfolgungsbehörde i.S.d. § 256 Abs. 1 Nr. 5 StPO. Ist allerdings zusätzlich der Richter bzw. der Verfasser des Protokolls als Zeuge vernommen worden, beruht das Urteil nicht auf der Verlesung des mangelhaften Protokolls, es sei denn, dass das Urteil unmittelbar darauf und nicht nur auf das Ergebnis der Augenscheinseinnahme verweisen würde.

1586 LR-*Mosbacher*[26] § 249 Rn. 27; SK-StPO-*Frister*[4] § 249 Rn. 28 ff.
1587 Siehe hierzu im Einzelnen Rüge 146 Rn. 1254.
1588 Die Verlesung dieser Teile des Protokolls scheidet nach § 249 Abs. 1 S. 2 StPO aus: LR-*Krause*[26] § 86 Rn. 43; *Schlothauer* StV 2009, 228, 230 m.w.N.
1589 SK-StPO-*Rogall*[3] § 86 Rn. 31.

2. Verlesung eines unter Verstoß gegen das Anwesenheitsrecht bzw. die Benachrichtigungspflicht zustandegekommenen richterlichen Protokolls

- Der Angeklagte bzw. der Verteidiger haben an der Augenscheinnahme nicht **1226** teilgenommen, weil sie entgegen § 168d Abs. 1 StPO zurückgewiesen worden sind bzw. der Beschuldigte von der Anwesenheit ausgeschlossen wurde, obwohl eine Gefährdung des Untersuchungszwecks durch seine Anwesenheit nicht festgestellt wurde bzw. diese zu Unrecht angenommen wurde bzw. der nicht in Freiheit befindliche Beschuldigte nicht anwesend war, obwohl der Augenschein an der Gerichtsstelle des Ortes abgehalten wurde, an dem er in Haft war oder die Augenscheinseinnahme an einer anderen Gerichtsstelle oder Örtlichkeit als derjenigen des Haftortes durchgeführt wurde und er keinen Verteidiger hatte und eine Gefährdung des Untersuchungszwecks nicht festgestellt wurde (§§ 168d Abs. 1, 168c Abs. 3 S. 1, Abs. 4 StPO, §§ 225, 224 StPO).

- Der abwesende Beschuldigte bzw. dessen Verteidiger sind entgegen §§ 168d Abs. 1, 168c Abs. 5 StPO bzw. §§ 225, 224 Abs. 1 StPO nicht benachrichtigt worden.

- In Fällen der Verletzung des Anwesenheitsrechts bzw. der Benachrichtigungspflicht muss der (beabsichtigten) Verlesung des Protokolls (und nicht erst dessen Verwertung) widersprochen worden sein,[1590] was – auch bzgl. des Zeitpunktes und der Angriffsrichtung (Begründung)[1591] des Widerspruchs – ausdrücklich vorgetragen werden muss.

- Der Inhalt des verlesenen Augenscheinsprotokolls muss vollständig in der Revisionsbegründung mitgeteilt werden ebenso wie die Tatsache, dass das Protokoll in der Hauptverhandlung verlesen wurde.

Rüge 144

Ist in der Hauptverhandlung eine von vornherein zu Beweiszwecken verfasste schriftliche **1227** Erklärung verlesen worden anstelle ihren Verfasser (ggf. ihren Adressaten) in der Hauptverhandlung als Zeugen zu vernehmen (§ 250 S. 2 StPO)?

I. Rechtsgrundlagen

Durch die Verlesung schriftlicher Erklärungen, die von vornherein zu Beweiszwe- **1228** cken verfasst worden sind, darf die persönliche Vernehmung des Verfassers, dessen

---

1590 *BGHSt* 9, 24, 28; *BGHSt* 26, 332, 333.
1591 *BGH* StV 2008, 8.

Wahrnehmungen Inhalt der Erklärung sind, nicht ersetzt werden (§ 250 StPO)[1592]. Vielmehr ist diese Person über ihre Wahrnehmungen in der Hauptverhandlung zu vernehmen. Eine Ersetzung wäre nur unter den Verlesungsvoraussetzungen der §§ 251 Abs. 1, 256 Abs. 1 StPO zulässig.[1593] Die Vernehmung des Empfängers einer solchen Erklärung widerspricht dem § 250 StPO demgegenüber nicht.[1594] Ist in der Hauptverhandlung der Verlesung einer schriftlichen Erklärung nicht widersprochen bzw. bei ihrer Anordnung durch den Vorsitzenden kein Antrag auf gerichtliche Entscheidung gem. § 238 Abs. 2 StPO gestellt worden, steht dies der Rüge der Verletzung des § 250 StPO nicht entgegen.[1595]

II. Anforderungen an den Vortrag der Rüge der Verletzung des § 250 StPO

1229
- Es muss die Tatsache der Verlesung und der Inhalt des verlesenen Schriftstücks vollständig im Wortlaut mitgeteilt werden.
- Es muss vorgetragen werden, wer der Verfasser des Schriftstücks ist.
- Es muss vorgetragen werden, dass der Verfasser in der Hauptverhandlung nicht als Zeuge (oder Sachverständiger) vernommen worden ist.
- Es ist vorzutragen, dass der Verfasser in der Hauptverhandlung als Zeuge hätte vernommen werden können.
- Es ist insbesondere vorzutragen, dass die Voraussetzungen einer Verlesung nach § 251 Abs. 1 Nr. 1 und Nr. 2 StPO nicht vorgelegen haben.[1596]
- Es ist darzulegen, dass der Verfasser der Erklärung kein Angehöriger einer öffentlichen Behörde, insbesondere einer Strafverfolgungsbehörde (§ 256 Abs. 1 Nr. 1 a und Nr. 5 StPO) und kein allgemein vereidigter Sachverständiger und kein Arzt eines gerichtsärztlichen Dienstes war.[1597]

1592 Für die Anwendung des § 250 StPO ist entscheidend, dass es sich um den Beweis eines Vorgangs handelt, dessen wahrheitsgemäße Wiedergabe nur durch eine Person möglich ist, welche ihn mit einem oder mehreren ihrer fünf Sinne wahrgenommen hat. Daran fehlt es nach der Rspr. des BGH z.B. bei der maschinellen Herstellung von kaufmännischen Buchungsstreifen (*BGHSt* 15, 253, 255), bei den Niederschriften über Tonbandaufzeichnungen (*BGHSt* 27, 135, 137) und bei EDV-Ausdrucken (vgl. *BGH* Urt. v. 30.1.2001 – 1 StR 454/00). Dasselbe gilt für das von einem Testgerät ausgedruckte Protokoll über das Ergebnis einer Atemalkoholmessung, wenn es allein um das Ergebnis des Tests geht: *BGH* StV 2004, 638.
1593 *BGH* StV 2002, 182 = NStZ 2002, 555.
1594 Der geringere Beweiswert dieser Aussage muss bei der Beweiswürdigung berücksichtigt werden.
1595 *BGH* v. 25.10.2011 – 3 StR 315/11 = StV 2012, 202 (m. Anm. *Ventzke* StV 2012, 198) = StraFo 2012, 64 = NStZ 2012, 585.
1596 Aus der Mitteilung des Inhalts des verlesenen Schriftstücks ergibt sich, ob die Voraussetzungen des § 251 Abs. 1 Nr. 3 StPO erfüllt sind.
1597 Durch die Mitteilung des Inhalts der Urkunde wird dargelegt, ob eine Verlesung unter der Voraussetzung des § 256 Abs. 1 Nr. 2, 3 und 4 StPO in Betracht kam.

- Es ist darzulegen, dass der Inhalt der verlesenen Erklärung im Urteil verwertet worden ist.[1598] Wird in den Urteilsgründen nicht unmittelbar auf die verlesene Erklärung, sondern lediglich auf ihren Inhalt Bezug genommen, ist zusätzlich darzulegen, dass auch nicht ein etwaiger Empfänger der Erklärung hierzu als Zeuge vernommen worden ist.

Das Urteil beruht auf dem Verfahrensfehler, wenn eine Berücksichtigung der verlesenen Erklärung im Rahmen der Beweiswürdigung nicht mit Sicherheit ausgeschlossen werden kann.[1599]

Rüge 145

Ist anstelle der persönlichen Vernehmung eines Zeugen oder Sachverständigen in der **1230** Hauptverhandlung die Niederschrift seiner nicht-richterlichen Vernehmung als Zeuge, Mitbeschuldigter oder Sachverständiger oder eine von ihm stammende schriftliche Erklärung verlesen worden (§ 251 Abs. 1 StPO)?

I. Rechtsgrundlagen

1. Ist nach § 251 Abs. 1 StPO ein tatsächlich nach dieser Vorschrift verlesbares Schriftstück verlesen worden?

§ 251 Abs. 1 StPO erfasst nur Vernehmungsniederschriften und sonstige schriftli- **1231** che Erklärungen von Zeugen, Sachverständigen oder Mitbeschuldigten.

a) Bestimmte Formerfordernisse, wie z.b. Unterschriften, müssen Vernehmungs- **1232** niederschriften nicht erfüllen. Es muss sich aber um eine Vernehmungsniederschrift und nicht um den Vermerk bsplsw. eines Polizeibeamten etc. über ihm gegenüber abgegebene Erklärungen des Zeugen, Sachverständigen oder Mitbeschuldigten handeln.[1600]

Auch Vernehmungsprotokolle ausländischer Polizeibehörden, Staatsanwaltschaften etc. dürfen verlesen werden.

Die Nichtbelehrung eines Zeugen gemäß §§ 52 Abs. 3, 161a Abs. 1 S. 2, 163a **1233** Abs. 5 StPO steht der Verlesung entgegen. Das gilt im Hinblick auf das Verbot, § 252 StPO zu umgehen, jedenfalls für lebende Zeugen. Das Verlesungsverbot

---

1598   Zu den vorstehenden Rügeanforderungen siehe *OLG Düsseldorf* StV 1995, 458; KK-*Diemer*[6] § 250 Rn. 19.
1599   *BGH* StV 2002, 182 = NStZ 2002, 555.
1600   *OLG Düsseldorf* StV 1984, 107; *BGH* NJW 1992, 326. Vermerke der Ermittlungsbehörden dürfen nach § 256 Abs. 1 Nr. 5 StPO nur dann verlesen werden, wenn sie nicht eine Vernehmung zum Gegenstand haben (siehe Rüge 153 Rn. 1364).

muss aber auch dann gelten, wenn der Zeuge vor der Hauptverhandlung verstorben ist.[1601]

Auch wenn es sich bei der zu verlesenden Niederschrift um die einer (Mit-)Beschuldigtenvernehmung handelte, ist die Verlesung unzulässig, wenn der Betreffende in dem gegenständlichen Verfahren Zeuge wäre und ihm ein Zeugnisverweigerungsrecht gemäß § 52 Abs. 1 StPO zustünde.[1602]

Nach der hier vertretenen Auffassung verbietet auch eine unterbliebene Belehrung nach § 55 Abs. 2 StPO die Verlesung, wenn die Voraussetzungen des § 55 Abs. 1 StPO vorlagen. Entsprechendes gilt für die unterbliebene Belehrung eines Mitbeschuldigten gem. §§ 163a Abs. 3 u. 4, 136 Abs. 1 S. 2 StPO[1603].

Schließlich darf die Vernehmungsniederschrift dann nicht verlesen werden, wenn sie unter den Voraussetzungen des § 136a Abs. 1 StPO zustande gekommen ist (vgl. § 69 Abs. 3 StPO)[1604].

1234   Ob Belehrungen gemäß §§ 52 Abs. 3, 55 Abs. 2, 136 Abs. 1 S. 2 StPO erfolgt sind, ob die Vorschrift des § 136a Abs. 1 StPO ggf. verletzt worden ist, wird im Revisionsverfahren im Freibeweisverfahren ermittelt, wenn entsprechende Tatsachen vorgetragen worden sind (s. Rn. 1245).

1235   **b)**   Als sonstige Schriftstücke verlesbar sind von Zeugen, Mitbeschuldigten oder Sachverständigen verfasste Urkunden oder schriftliche Äußerungen (es muss nur die Urheberschaft feststehen), die unter das Beweisverbot des § 250 StPO fallen, weil sie von vorherein zu Beweiszwecken (nicht unbedingt allerdings für das gegenständliche Strafverfahren) verfasst worden sind. Aber auch aktuell vom Gericht eingeholte schriftliche Äußerungen eines Zeugen oder Sachverständigen für das anhängige Verfahren sind verlesbar, wenn die weiteren Voraussetzungen des § 251 Abs. 1 StPO vorliegen.

2. Sind die von § 251 Abs. 1 StPO genannten Verlesungsvoraussetzungen erfüllt?

a) Verlesung im allgemeinen Einverständnis

1236   Vernehmungsniederschriften und Erklärungen von Zeugen, Sachverständigen oder Mitbeschuldigten können nach § 251 Abs. 1 Nr. 1 StPO zunächst immer dann verle-

---

1601   *Peters* JR 1968, 430; *Eb. Schmidt* NJW 1968, 1218; **a.A.** *BGHSt* 22, 35. Siehe auch Rüge 146 Rn. 1263.

1602   *BayObLG* StV 1981, 12.

1603   Vom Standpunkt der vom BGH vertretenen sog. Rechtskreistheorie soll der Angeklagte von der unterlassenen Belehrung eines Zeugen oder Mitbeschuldigten nicht betroffen sein (hierzu Rüge 247 Rn. 2031).

1604   Zur Verlesbarkeit der Vernehmungsschriften anonymer Zeugen siehe *BGHSt* 33, 83 = StV 1985, 5 m. abl. Anm. *Taschke* StV 1985, 269. Es müssen allerdings die Voraussetzungen des § 68 Abs. 3 StPO festgestellt sein.

sen werden, wenn der in der Hauptverhandlung **verteidigte** Angeklagte, sein Verteidiger und der Vertreter der Staatsanwaltschaft damit einverstanden sind. Das Einverständnis muss ausdrücklich erklärt werden.[1605] Schweigen kann nicht als konkludentes Einverständnis gewertet werden.[1606] Dies gilt jedenfalls dann, wenn der die Verlesung anordnende Beschluss den Grund der Verlesung nicht angibt.[1607]

Hat ein Angeklagter mehrere Verteidiger, müssen alle in der Hauptverhandlung anwesenden zustimmen. Die Zustimmung des Verteidigers ersetzt die Zustimmung des anwesenden Angeklagten nicht.

Die wegen Fehlens einer notwendigen Zustimmungserklärung eines Verfahrensbeteiligten unstatthafte Verlesung kann auch von einem Angeklagten gerügt werden, der selbst der Verlesung zugestimmt hat. Wenn bei Verfahren gegen mehrere Angeklagte die Zustimmungserklärung eines Mitangeklagten fehlt, ist dies nur dann unschädlich, wenn die trotzdem verlesene Urkunde eine andere Tat i.S.d. § 264 StPO betrifft, die dem Beschwerdeführer nicht vorgeworfen worden ist.

Auch bei entsprechender Einverständniserklärung aller notwendigen Verfahrensbeteiligten soll die Verlesung einer Vernehmungsniederschrift oder einer von dem Zeugen stammenden Erklärung unzulässig sein, wenn der vernommene Zeuge in der Hauptverhandlung anwesend ist, hier aber von seinem Auskunftsverweigerungsrecht nach § 55 StPO umfassend Gebrauch macht.[1608] Es handele sich auch dann um einen Fall der die Zeugenvernehmung ersetzenden und nicht diese ergänzenden Verlesung. Erst recht scheidet eine Verlesung aus, wenn der Zeuge im Hinblick auf ein umfassendes Auskunftsverweigerungsrecht nicht zur Hauptverhandlung geladen wird.[1609] Macht der Zeuge in der Hauptverhandlung nur teilweise von seinem Recht auf Auskunftsverweigerung nach § 55 StPO Gebrauch, darf ergänzend sowohl eine schriftliche Erklärung[1610] als auch die Niederschrift über eine frühere Vernehmung[1611] verlesen werden.

1237

1605   Das Einverständnis kann widerrufen werden, allerdings nicht mehr nach Beginn der Verlesung, möglicherweise schon nicht mehr nach der Anordnung der Beweisverwendung gem. § 251 Abs. 4 StPO: *BGH* v. 23.11.2011 – 2 StR 112/11.

1606   **A.A.** zu § 251 Abs. 2 Nr. 3 StPO: *BGH* StV 1983, 319 m. abl. Anm. *Schlothauer.*

1607   *BGH* v. 19.11.2009 – 4 StR 276/09 = StV 2010, 289 = NStZ 2010, 585 = StraFo 2010, 158.

1608   Vgl. *BGH* NJW 1984, 136 = StV 1983, 353; *BGH* NStZ 1993, 350 = StV 1993, 233 u. *BGH* NStZ 1996, 96 = StV 1996, 191; siehe auch *BGH* Urt. v. 27.4.2007 = StV 2007, 564 = NStZ 2007, 718 (2. Senat). Zu der Entscheidung desselben Senats: *BGH* StV 2002, 120 = NStZ 2002, 217 m.w.N. geht das Urteil v. 27.4.2007 vorsichtig auf Distanz. Nach dieser Entscheidung ist aber ggf. unter Aufklärungsgesichtspunkten die unterlassene Vernehmung der Verhörsperson mit der Aufklärungsrüge zu beanstanden. Siehe auch Rüge 114 Rn. 1049.

1609   *BGH* StV 2007, 564. Siehe hierzu Rüge 113 Rn. 1045.

1610   *BGH* StV 1987, 140 = NStZ 1988, 36; *BGH* StV 2007, 564.

1611   *BGH* StV 2007, 567 (4. Senat) Insgesamt zur Problematik siehe auch *Dahs* StV 1988, 169, *Dölling* NStZ 1988, 6 und *Mitsch* JZ 1992, 174.

1238 Liegt bei Anordnung und Ausführung der Verlesung der Urkunde eine erforderliche Zustimmung nicht vor, kann dies bis zum Ende der Hauptverhandlung durch eine nachträgliche Genehmigung desjenigen Verfahrensbeteiligten geheilt werden, dessen Einverständnis ursprünglich nicht vorlag.

b) Unmöglichkeit der Vernehmung durch das Tatgericht

1239 Nach § 251 Abs. 1 Nr. 2 StPO ist die Verlesung auch dann zulässig, wenn der Zeuge, Sachverständige oder Mitbeschuldigte verstorben ist oder aus einem anderen Grund in absehbarer Zeit gerichtlich nicht vernommen werden kann.

Dass ein Polizeibeamter etc., der die Vernehmung des jetzigen Angeklagten durchgeführt hat, verstorben ist, rechtfertigt die Verlesung der Vernehmungsniederschrift nicht, auch wenn der Angeklagte keine Angaben zur Sache macht.[1612]

1240 Eine sonstige Unmöglichkeit der gerichtlichen Vernehmung eines Zeugen, Sachverständigen oder Mitbeschuldigten kommt nur bei tatsächlichen Hindernissen in Betracht.[1613] Macht ein Zeuge von seinem Zeugnisverweigerungsrecht (§§ 52, 53 oder 53a StPO) Gebrauch, steht einer Verlesung § 252 StPO entgegen. Macht er teilweise von seinem Auskunftsverweigerungsrecht Gebrauch, rechtfertigt dies nach Auffassung des BGH die Verlesung einer Vernehmungsniederschrift nach § 251 Abs. 1 Nr. 2 StPO[1614]. Auch darf in diesem Fall eine frühere schriftliche Erklärung des Zeugen nach § 249 StPO verlesen werden.[1615] Dies gilt wiederum nicht, wenn er sich auf ein umfassendes Auskunftsverweigerungsrecht beruft.[1616] Das gilt nicht, wenn der sich im Ausland aufhaltende Zeuge zusätzlich erklärt, auf absehbare Zeit nicht nach Deutschland zu kommen.[1617]

1241 Die tatsächliche Unmöglichkeit der Vernehmung auf absehbare Zeit muss sich auf eine Vernehmung vor dem erkennenden Gericht beziehen, so dass die Möglichkeit einer kommissarischen Vernehmung nach § 223 StPO die Verlesbarkeit nicht ausschließen soll.[1618] Dieser Auffassung kann jedenfalls dann nicht gefolgt werden, wenn entsprechend § 58a StPO eine Videoaufzeichnung der kommissarischen Vernehmung möglich ist, die in der Hauptverhandlung vorgeführt werden kann.[1619]

1612   *OLG Köln* StV 1983, 97; siehe Rüge 153 Rn. 1364.
1613   Siehe *Meyer-Goßner*[55] § 251 Rn. 9 u. 11.
1614   *BGH* StV 2007, 567.
1615   *BGH* StV 1987, 141 (dazu ablehnend *Dahs* StV 1988, 169); s. dazu auch oben unter Rn. 1236.
1616   *BGHSt* 51, 325 = StV 2007, 564.
1617   *BGH* v. 2.3.2010 – 4 StR 619/09 = NStZ 2010, 466 = wistra 2010, 232.
1618   *BGH* NStZ 1985, 561; NStZ 1986, 470.
1619   Siehe zum Ablehnungsgrund der Unerreichbarkeit i.S.d. § 244 Abs. 3 StPO *BGHSt* 45, 188 = StV 1999, 580 m. Anm. *Schlothauer* StV 2000, 180.

Für welche Zeitspanne die Hauptverhandlung aufgeschoben werden muss, bevor eine Verlesung nach § 251 Abs. 1 Nr. 2 StPO zulässig ist, ist Ergebnis einer Abwägung aller Umstände, nämlich Schwere der vorgeworfenen Straftat, Bedeutung der Aussage des Zeugen, Sachverständigen oder Mitbeschuldigten für die Beweisfrage und der Beschleunigungsgrundsatz. Diese ist im Revisionsverfahren nur auf Rechtsfehler überprüfbar.

Kommt eine Videovernehmung nach § 247a StPO in Betracht, ist deren Ersetzung durch Verlesung einer Vernehmungsniederschrift unzulässig.[1620]   **1242**

c) Verlesung betr. Vorliegen bzw. Höhe eines Vermögensschadens

Verlesen von Niederschriften oder Urkunden über Vorliegen bzw. Höhe eines Vermögensschadens (§ 251 Abs. 1 Nr. 3 StPO): Eine revisionsrechtliche Beanstandung kommt nur im Falle der Verletzung der Aufklärungspflicht in Betracht (§ 244 Abs. 2 StPO).   **1243**

3. Beruht die Verlesung auf einer Anordnung in Form eines Gerichtsbeschlusses?

Die Verlesung muss durch einen Beschluss angeordnet worden sein (§ 251 Abs. 4 S. 1 StPO), der gemäß § 251 Abs. 4 S. 2 StPO die Gründe für die Verlesung im Sinne des § 251 Abs. 2 StPO dargelegt hat.[1621]   **1244**

II. Anforderungen an den Vortrag der Rüge der Verletzung der §§ 251 Abs. 1, Abs. 4, 250 StPO

Gerügt wird die Verletzung des § 251 Abs. 1 (ggf. i.V.m. § 250) StPO, weil in der Hauptverhandlung unzulässigerweise gemäß § 251 Abs. 1 StPO folgendes Schriftstück verlesen worden ist: **1245**

1. Es muss der Inhalt der verlesenen Vernehmungsniederschrift bzw. des verlesenen Schriftstücks wörtlich vollständig unter Angabe des Vernommenen bzw. des Urhebers des Schriftstücks mitgeteilt werden.
2. Es muss mitgeteilt werden, dass die vernommene Person bzw. der Verfasser des verlesenen Schriftstücks nicht in der Hauptverhandlung vernommen worden ist.
3. Es ist mitzuteilen, dass ein die Verlesung anordnender Beschluss nicht gefasst wurde oder ein die Verlesung anordnender Beschluss ist vollständig wörtlich mitzuteilen.
4. Die betreffende Urkunde ist tatsächlich verlesen worden.

1620   **A.A.** *BGHSt* 46, 73, 76 = StV 2000, 345; dagegen *Albrecht* StV 2001, 364.
1621   *BGH* v. 14.1.2010 – 1 StR 620/09 = NStZ 2010, 403 = StraFo 2010, 150; *BGH* v. 10.6.2010 – 2 StR 78/10 = StV 2010, 617 = NStZ 2010, 649 (m. Anm. *Krüger* NStZ 2011, 594) = StraFo 2010, 342; *BGH* v. 8.2.2011 – 4 StR 583/10 = NStZ 2011, 356. Vgl. hierzu die Ausführungen bei Rüge 146 Rn. 1271.

5. Es lag kein die Verlesung rechtfertigender Grund vor.

   a) Bei Verlesung nach § 251 Abs. 1 Nr. 1 StPO: Die für eine Verlesung erforderliche Einwilligung der Staatsanwaltschaft und/oder des verteidigten Angeklagten und/oder des/der Verteidiger ist nicht vor der Verlesung erklärt worden. Bis zum Schluss der Hauptverhandlung ist die Verlesung auch nicht
   nachträglich durch die betreffenden Verfahrensbeteiligten genehmigt worden.

   b) Bei Verlesung nach § 251 Abs. 1 Nr. 2 StPO: Es sind die für die Abwägung
   maßgeblichen Umstände, nämlich die Schwere des Strafvorwurfs, die Bedeutung der Aussage des Zeugen, Sachverständigen oder Mitbeschuldigten für
   die Beweisfrage und die Bemühungen des Gericht mitzuteilen, den Zeugen
   oder Sachverständigen doch noch in der Hauptverhandlung persönlich zu vernehmen. Im Hinblick auf das ebenfalls maßgebliche Kriterium des Beschleu-
   nigungsgrundsatzes sind die maßgeblichen Verfahrensdaten (Zeitpunkt der
   Tat, Verfahrensdauer, ggf. Dauer einer Untersuchungshaft etc.) mitzuteilen.

6. Es lag kein nach § 251 Abs. 1 StPO verlesbares Schriftstück vor.

7. Es ist u.a. vorzutragen, dass Belehrungen nach §§ 52 Abs. 3, 55 Abs. 2, 136
   Abs. 1 S. 2 StPO nicht erfolgt sind, obwohl die darzulegenden Voraussetzungen
   für ein Zeugnisverweigerungsrecht bzw. ein Auskunfts oder Aussageverweigerungsrecht erfüllt waren. Es ist ggf. vorzutragen, dass die verlesene Vernehmungsniederschrift unter den Voraussetzungen des § 136a StPO zustande gekommen ist. Es ist ggf. darzulegen, dass es sich nicht um die Niederschrift einer
   Vernehmung eines Zeugen, Sachverständigen oder Mitbeschuldigten handelte
   bzw. diese nicht Verfasser entsprechender schriftlicher Erklärungen waren.

8. Die Verlesung beruhte nicht auf einer Anordnung des Gerichts in Form eines Beschlusses (§ 251 Abs. 4 S. 1 StPO), der die Gründe für die Verlesung dargelegt
   hat (§ 251 Abs. 4 S. 2 StPO).

9. Wird in dem angefochten Urteil nicht darauf Bezug genommen, die betreffende
   Vernehmungsniederschrift bzw. das betreffende Schriftstück seien verlesen worden, ist vorzutragen, dass ihr Inhalt auch nicht auf andere Weise prozessordnungsgemäß in die Hauptverhandlung eingeführt wurde.[1622]

1622 Siehe Rüge 226 Rn. 1872.

Rüge 146

Ist anstelle der persönlichen Vernehmung eines Zeugen oder Sachverständigen in der Hauptverhandlung die Niederschrift seiner *richterlichen* Vernehmung als Zeuge, Mitbeschuldigter oder Sachverständiger verlesen worden (§ 251 Abs. 2 StPO)?

1246

I. Rechtsgrundlagen

1. Rügevoraussetzungen

Die Verlesung einer richterlichen Vernehmungsniederschrift, die nicht durch die Vorschrift des § 251 Abs. 2, Abs. 4 StPO gedeckt ist, begründet, wenn ihr Inhalt im Urteil verwertet wird, einen relativen Revisionsgrund (§ 337 StPO). Zugleich kann darin eine Verletzung des § 250 StPO liegen, wenn die persönliche Vernehmung des Zeugen oder Sachverständigen in der Hauptverhandlung möglich gewesen wäre. Allerdings ist zu beachten, dass nach Auffassung der Rechtsprechung eine richterliche Vernehmungsniederschrift, die nach § 251 Abs. 2 StPO nicht verlesen werden durfte, ggf. durch Verlesung gemäß § 251 Abs. 1 StPO prozessordnungsgemäß in die Hauptverhandlung eingeführt worden sein kann.[1623]

1247

2. Grenzen revisionsrechtlicher Prüfung

Die Voraussetzungen i.S.d. § 251 Abs. 2 Nr. 1–3 StPO, unter denen eine Verlesung stattfinden darf, prüft das Revisionsgericht auf entsprechende Rüge nur auf Rechtsfehler. Diese können sich aus einer Verkennung von Rechtsbegriffen ergeben oder daraus, dass zu den tatsächlichen Umständen i.S.d. § 251 Abs. 2 Nr. 1 und Nr. 2 StPO unzureichende Feststellungen getroffen worden sind. Zu § 251 Abs. 2 Nr. 3 StPO kann auf die Ausführungen zu § 251 Abs. 1 Nr. 1 StPO (Rn. 1236–1238) verwiesen werden.

1248

3. Richterliche Vernehmungsniederschrift

Es muss sich bei der in der Hauptverhandlung verlesenen Vernehmungsniederschrift um die Niederschrift einer **richterlichen** Vernehmung i.S.d. § 251 Abs. 2 StPO gehandelt haben. Die Tatsache beispielsweise, dass Staatsanwaltschaft, Verteidiger und Angeklagter in der Hauptverhandlung mit der Verlesung einer richterlichen Vernehmungsniederschrift einverstanden waren (§ 251 Abs. 2 Nr. 3 StPO), ersetzt die fehlenden Anforderungen an die Annahme einer **richterlichen Vernehmungsniederschrift** nicht. Die Verfahrensbeteiligten können auf die Beachtung der jeweiligen gesetzlichen Bestimmungen – abgesehen von der Nichtgeltendmachung eines Widerspruchs bei Nichtbenachrichtigung – nicht verzichten.

1249

1623 Siehe Rn. 1276.

Die Vernehmungsniederschrift muss danach folgende Kriterien erfüllen, um sie, auch wenn die Vernehmung durch einen Richter erfolgte, zu einer richterlichen Vernehmungsniederschrift zu machen:

a) Die Vernehmung muss durch einen deutschen Richter oder eine ihm gleichgestellte Person erfolgt sein[1624]

1250 In Betracht kommen zunächst strafverfahrensrechtliche Vernehmungen von Personen, die in der anhängigen Hauptverhandlung die Verfahrensrolle eines Zeugen oder Sachverständigen hätten. Es kommt deshalb auch die Verlesung der Niederschrift von Personen in Betracht, die im Zeitpunkt der Vernehmung Beschuldigtenstatus hatten. Zulässig ist aber auch die Verlesung von Vernehmungsniederschriften von Personen, die im Falle ihrer Anwesenheit zum Zeitpunkt der Hauptverhandlung in dieser die Verfahrensrolle eines Mitangeklagten hätten, unabhängig davon, ob die verlesene Vernehmungsniederschrift zu einem Zeitpunkt aufgenommen wurde, als die vernommene Person noch Zeuge oder schon Beschuldigter war. Nur die Verlesung von Niederschriften früherer Vernehmungen des jetzigen Angeklagten, gleichgültig, ob diese seinerzeit als Zeugen oder Beschuldigtenvernehmung durchgeführt wurden, darf allein unter den Voraussetzungen des § 254 StPO erfolgen.[1625]

1251 Richterliche Vernehmungsniederschriften können aus Vernehmungen im Zusammenhang mit einer Haftentscheidung (§§ 115 Abs. 3, 118 Abs. 2, 118a Abs. 3, 122 Abs. 2 S. 1, 128, 129 StPO), bzw. im Rahmen des sonstigen Ermittlungs sowie des Zwischen oder Hauptverfahrens resultieren (§§ 162, 168c, 202, 223 StPO). Ebenfalls sind Niederschriften früherer Hauptverhandlungen (§ 273 Abs. 2, Abs. 3 StPO) verlesbar. Es kommt nicht darauf an, ob die Vernehmungen das anhängige oder ein anderes Strafverfahren betrafen.

1252 Verlesbar sind auch die Niederschriften von richterlichen Vernehmungen im Rahmen von Zivil oder Verwaltungsgerichtsverfahren oder im Rahmen anderer Verfahrensordnungen, wenn die dabei zu beachtenden Förmlichkeiten eingehalten wurden und die Voraussetzungen für eine Verwertung im Strafverfahren erfüllt sind.[1626]

1253 Dem Richter gleich stehen deutsche Konsularbeamte einschließlich Honorarkonsuln bei Vernehmungen gemäß § 15 Abs. 4 KonsularG. Zu Referendaren siehe § 10 GVG.

In der Person des Richters dürfen keine Ausschlussgründe gemäß § 22 StPO, § 41 ZPO etc. vorgelegen haben.

1624   Zu ausländischen Vernehmungen siehe lit. c, Rn. 1268.
1625   Siehe Rüge 148 Rn. 1290 u. Rüge 149 Rn. 1301.
1626   *BGH* NStZ 1996, 612.

b) Insbesondere: Anforderungen an richterliche Vernehmungen im Strafverfahren

• Erfolgte die Vernehmung in Anwesenheit einer mit den Aufgaben eines Ur- **1254** kundsbeamten der Geschäftsstelle gemäß § 153 Abs. 2, Abs. 3 oder Abs. 5 GVG betrauten Person **oder** hat der Richter eine von ihm vereidigte Person als Protokollführer hinzugezogen **oder** hat er die Niederschrift selbst angefertigt, weil er die Zuziehung eines Protokollführers nicht für erforderlich hielt (§§ 168, 226 Abs. 2 S. 1 StPO)?[1627]

Achtung: Die Anwesenheit eines Protokollführers, seine ggf. vorgenommene Vereidigung können im Freibeweisverfahren festgestellt werden. Die Vernehmungsniederschriften außerhalb einer Hauptverhandlung unterliegen nicht der absoluten Beweiskraft des § 274 StPO.

• Ist die Vernehmungsniederschrift mit der Unterschrift des Richters und, sofern **1255** ein Protokollführer mitgewirkt hat, auch dessen Unterschrift versehen?[1628]

• War in dem Falle, dass die vernommene Person nicht der deutschen Sprache **1256** mächtig war, ein Dolmetscher anwesend, der vor Beginn seiner Tätigkeit gemäß § 189 Abs. 1 GVG vereidigt worden ist oder sich gemäß § 189 Abs. 2 GVG auf einen allgemeinen Eid berufen hat?

Achtung: Keine absolute Beweiskraft von Protokollen, die außerhalb einer Hauptverhandlung entstanden sind.

• Sind Anwesenheitsrechte (§§ 168c Abs. 2, 223, 224 StPO) eines im Zeitpunkt **1257** der Vernehmung bereits bestellten oder zur Akte gemeldeten Verteidigers des Angeklagten beachtet worden?

Ein Ausschluss des Verteidigers von der Vernehmung wäre unzulässig gewesen. In diesem Fall durfte die Vernehmungsniederschrift in der Hauptverhandlung nach § 251 Abs. 2 StPO unbeschadet davon nicht verlesen werden, ob ihr widersprochen worden war oder nicht. Die Abwesenheit eines Verteidigers kann im Freibeweisverfahren festgestellt werden.

Ob der Verteidiger aus anderen Gründen nicht an der Vernehmung teilgenommen hat bzw. teilnehmen konnte, ist nicht Gegenstand des Revisionsverfahrens. Etwas anderes kann bei Vernehmung eines wesentlichen Belastungszeugen in einem Falle notwendiger Verteidigung (§ 140 StPO) gelten, wenn abzusehen war, dass im gesamten weiteren Verfahren keine Möglichkeit bestehen würde, den Zeugen durch den Angeklagten oder seinen Verteidiger unmittelbar befragen zu können.[1629]

1627   Vgl. *BGH* StV 1984, 409 = NStZ 1984, 564.
1628   *BGH* StV 1994, 58.
1629   Zur Verletzung des Konfrontationsrechts des Art. 6 Abs. 3 lit. d EMRK siehe Rüge 101 Rn. 999.

1258   • Lagen bei einem Beschuldigten, der noch keinen Verteidiger hatte, im Zeitpunkt der Vernehmung die Voraussetzungen einer notwendigen Verteidigung (§ 140 StPO) vor und erfolgte die Vernehmung, ohne dass dem Beschuldigten zunächst ein Verteidiger bestellt wurde, darf die Niederschrift der Vernehmung eines wesentlichen Belastungszeugen gegen den Widerspruch des Angeklagten weder durch Verlesung noch durch Vernehmung des Vernehmungsrichters in die Hauptverhandlung eingeführt werden.[1630]

1259   • Sind Anwesenheitsrechte des jetzigen Angeklagten gemäß §§ 168c Abs. 2, 224 Abs. 1, Abs. 2 StPO beachtet worden, wenn dieser im Zeitpunkt der Vernehmung bereits Beschuldigter in dem anhängigen Verfahren war?
Der Beschuldigte/Angeklagte darf unter den Voraussetzungen, unter denen eine Benachrichtigung von dem Vernehmungstermin hätte unterbleiben dürfen (§§ 168c Abs. 3, Abs. 5, 224 Abs. 1 S. 2 StPO), von der Vernehmung ganz oder teilweise ausgeschlossen werden. Die tatsächlichen Grundlagen der Entscheidung sind im Revisionsverfahren nicht überprüfbar. Der revisionsrechtlichen Überprüfung unterliegt aber die Frage, ob der Tatrichter rechtsfehlerfrei die Voraussetzungen, unter denen ein Ausschluss des Beschuldigten erfolgen durfte, angenommen hat. Hat der Tatrichter diese Prüfung unterlassen, durfte die Vernehmungsniederschrift nicht verlesen werden. Das Revisionsgericht darf nicht seinerseits prüfen, ob die Voraussetzungen für den Ausschluss des Beschuldigten tatsächlich vorlagen.[1631]
Ein Angeklagter kann den einen Mitangeklagten betreffenden Verfahrensfehler nicht rügen (Beispiel: Die Verletzung des Anwesenheitsrechts des Verteidigers eines Mitangeklagten kann von einem Angeklagten nicht beanstandet werden, der selbst im Zeitpunkt der Vernehmung noch nicht beschuldigt war und mithin noch keine eigenen Verfahrensrechte hatte).

1260   • Ist die Benachrichtigung des Angeklagten und seines Verteidigers unterblieben, wenn diese im Zeitpunkt der Vernehmung bereits ein Anwesenheitsrecht hatten?
Ihre Benachrichtigung durfte nach §§ 168c Abs. 5 S. 2, 224 Abs. 1 S. 2 StPO nur unterbleiben, wenn dadurch der Untersuchungserfolg gefährdet worden wäre[1632], wobei die Benachrichtigung des Verteidigers nicht aus Gründen unterbleiben durfte, die allein in der Person des Beschuldigten lagen.[1633]

1630   *Endriß* in: FS für Rieß S. 74; *Ignor* in: FS für Rieß S. 189; *Fezer* JZ 2001, 363; *Schlothauer* StV 2001, 127; **a.A.** *BGHSt* 46, 93 = StV 2000, 593: verwertbar, aber besonders vorsichtige Beweiswürdigung.
1631   *BGHSt* 31, 140 = StV 1983, 51= JZ 1983, 354 m. Anm. *Fezer*.
1632   Unterbleibt die Benachrichtigung, kann darin keine konkludente Entscheidung des Inhalts gesehen werden, durch die Benachrichtigung werde der Untersuchungserfolg gefährdet: *SchlHOLG* StV 2008, 401 = StraFo 2008, 337.
1633   *BGHSt* 29, 1, 4.

Der Verwertung der Niederschrift muss spätestens in der Hauptverhandlung im Anschluss an ihre Verlesung (§ 257 StPO)[1634] widersprochen worden sein, wobei nur ein unverteidigter Angeklagter auf das Widerspruchserfordernis hingewiesen worden sein muss.[1635] Der Widerspruch muss mit der unterbliebenen Benachrichtigung begründet worden sein.[1636]

Im Falle eines Widerspruchs beschränkt sich die revisionsgerichtliche Überprüfung auf die Frage, ob der Tatrichter rechtsfehlerfrei die Benachrichtigung unterlassen hat. Hat der Tatrichter diese Prüfung nicht vorgenommen, was bei einer fehlenden Aktendokumentation ersichtlich ist, darf das Revisionsgericht nicht selbst das Vorliegen der Voraussetzungen der §§ 168c Abs. 5, 224 Abs. 1 StPO überprüfen.

- Hat der Vernommene gemäß § 68 StPO Angaben zu seinen Personalien gemacht? **1261**

Ein Verstoß gegen § 68 StPO macht die Verlesung unzulässig.[1637] Nur unter den Voraussetzungen des § 68 Abs. 2, Abs. 3 StPO dürfen die gegenwärtige und frühere Identität sowie weitere Personalangaben verheimlicht werden.

- Ist bei der Vernehmung eines (Mit-)Beschuldigten dieser über sein Schweigerecht belehrt worden (§§ 163a Abs. 4, 136 Abs. 1, 243 Abs. 4 StPO)? **1262**

Die Vernehmungsniederschrift ist nach zutreffender Auffassung unverwertbar, wenn nicht auszuschließen ist, dass der Mitbeschuldigte in Unkenntnis seiner Rechte glaubte, aussagen zu müssen und er dadurch versucht sein konnte, sich auf Kosten des Angeklagten wahrheitswidrig zu entlasten.[1638] Das muss auch dann gelten, wenn der Mitbeschuldigte zwischenzeitlich verstorben oder unbekannten Aufenthalts ist.[1639]

- Ist bei der Vernehmung eines zeugnisverweigerungsberechtigten Zeugen die Belehrung nach § 52 Abs. 3 StPO unterblieben? **1263**

In einem solchen Fall darf die Vernehmungsniederschrift nicht verlesen werden.[1640] Eine Ausnahme macht die Rechtsprechung, wenn der Zeuge verstorben ist[1641] oder er im Falle seiner Anwesenheit in der Hauptverhandlung Mitangeklagter wäre, ihm also ein Zeugnisverweigerungsrecht nur deshalb zusteht, weil er wegen Unerreichbarkeit die Rolle eines Zeugen eingenommen hat.[1642]

1634 Die Rechtsprechung vor *BGHSt* 38, 214 machte die Unverwertbarkeit von einem Widerspruch *vor* der Verlesung abhängig!

1635 *BGH* NJW 1996, 2239/2241; *BGH* NStZ-RR 2002, 110.

1636 Vgl. zu dem Begründungserfordernis *BGH* StV 2008, 8.

1637 *BGH* StV 1984, 231.

1638 Strittig LR-*Mosbacher*[26] § 251 Rn. 15; *BGH* NStZ 1994, 595 („Rechtskreistheorie").

1639 Strittig LR-*Mosbacher*[26] a.a.O.

1640 LR-*Mosbacher*[26] § 251 Rn. 14 m.w.N.

1641 *BGHSt* 22, 35; LR-*Mosbacher*[26] § 251 Rn. 14 m.w.N.

1642 LR-*Mosbacher*[26] § 251 Rn. 15.

Bei der Frage einer unterbliebenen Belehrung über das Zeugnisverweigerungsrecht kommt es allein darauf an, ob ein Angehörigenverhältnis bestand, was ggf. im Freibeweisverfahren zu klären ist. Auf das Wissen des vernehmenden Richters von dem Angehörigenverhältnis kommt es nicht an.

1264 • Ist der vernommene Zeuge nach § 55 Abs. 2 StPO belehrt worden?

Nach Auffassung der Rechtsprechung soll eine unterbliebene Belehrung über das Auskunftsverweigerungsrecht der Verlesbarkeit einer richterlichen Vernehmungsniederschrift nicht entgegenstehen.[1643] Dem ist nicht zuzustimmen. § 55 StPO schützt nicht nur den Rechtskreis des Zeugen, sondern auch die Wahrheitsfindung. Ein Zeuge, der sich der Gefahr strafrechtlicher Verfolgung i.S.d. § 55 Abs. 1 StPO ausgesetzt sieht, ist im Falle der Annahme, zur Aussage verpflichtet zu sein, der Versuchung ausgesetzt, wahrheitswidrig andere, ggf. also auch den Angeklagten, zu belasten.

Eine revisionsrechtliche Überprüfung ist allerdings darauf beschränkt, ob sich aus dem festgestellten Sachverhalt die Gefahr für den Zeugen ergibt, im Zeitpunkt seiner Vernehmung strafrechtlich verfolgt werden zu können.

1265 • Ist der Niederschrift der Vernehmung zu entnehmen, dass § 69 StPO beachtet wurde?

Die Verlesung wäre unzulässig, wenn eine zusammenhängende Äußerung durch einen Vorhalt oder eine bloße Bezugnahme auf eine frühere Vernehmung ersetzt worden wäre[1644]. Es wäre deshalb unzulässig, wenn der Vernommene unter sofortiger Bezugnahme auf eine frühere Vernehmung (ggf. nach deren Verlesung) nur noch die Richtigkeit seiner dort gemachten Angaben bestätigt hätte.

1266 • Sind dem Zeugen Schriftstücke vorgehalten worden, an die er sich trotz Vorhalts nicht erinnert hat?

Das betreffende Schriftstück muss im Zusammenhang mit der Verlesung der Vernehmungsniederschrift in der Hauptverhandlung mitverlesen worden sein, falls eine solche Verlesung zulässig war.[1645]

1267 • Ist der Zeuge, Mitbeschuldigte oder Sachverständige anlässlich der richterlichen Vernehmung vereidigt worden?[1646]

c) Ist eine Niederschrift über eine im Ausland durchgeführte Vernehmung verlesen worden?

1268 Die Verlesbarkeit von Niederschriften von im Ausland durchgeführten richterlichen Vernehmungen erfordert nach der früheren ständigen Rechtsprechung des BGH lediglich die Einhaltung der im Vernehmungsstaat geltenden Verfahrensvorschrif-

---

1643   LR-*Mosbacher*[26] § 251 Rn. 14 m.w.N.
1644   *BGH* StV 1982, 3 = NStZ 1982, 41.
1645   *BGH* StV 1982, 3; *BGH* StV 1990, 533.
1646   Siehe Ziff. V. Rn. 1275.

ten.[1647] Diese – in der Literatur vielfach kritisierte[1648] – Rechtsprechung gilt allerdings nicht lückenlos. So kann mit der Verfahrensrüge die Verwertung der Niederschrift einer Rechtshilfevernehmung durch ein ausländisches Gericht auch dann beanstandet werden, wenn eine nach deutschem Recht erforderliche Belehrung über ein Zeugnisverweigerungsrecht unterblieben ist, die das ausländische Recht nicht vorsieht, wenn der Verlesung in der Hauptverhandlung widersprochen worden ist.[1649]

Diese Rechtsprechung des BGH ist allerdings für Vernehmungen in denjenigen **1269** Mitgliedstaaten der Europäischen Union überholt, für die das am 2.2.2006 in Kraft getretene Übereinkommen vom 29.5.2000 über die Rechtshilfe in Strafsachen zwischen den Mitgliedstaaten der Europäischen Union (EU-RhÜbK) gilt. Nach Art. 4 Abs. 1 des Übereinkommens sind Rechtshilfeersuchen nach dem Recht des **ersuchenden Staates** zu erledigen,[1650] so dass beispielsweise das Unterlassen der nach § 168c StPO gebotenen Benachrichtigung des Verteidigers über Ort und Zeit einer richterlichen Zeugenvernehmung in Frankreich zu einem Verwertungsverbot der Vernehmungsniederschrift führt, auch wenn gem. französischem Verfahrensrecht die richterliche Zeugenvernehmung ohne Benachrichtigung des Verteidigers erfolgen durfte.[1651] Zusätzlich zu dem für die Rüge der Verletzung des § 251 Abs. 2 StPO erforderlichen Verfahrensvortrag sind das Rechtshilfeersuchen und die die Durchführung der Rechtshilfevernehmung betreffende weitere Korrespondenz zwischen der Bundesrepublik Deutschland und dem ersuchten Staat mitzuteilen.

II. Anforderungen an den Vortrag der Rüge der Verletzung des § 251 Abs. 2 StPO

Gerügt wird die Verletzung des § 251 Abs. 2 StPO, weil ein richterliches Protokoll **1270** verlesen wurde, obwohl dieses wegen Mängeln seiner Form oder seines Zustandekommens nicht nach § 251 Abs. 2 StPO verlesen werden durfte:

1. Es muss der Inhalt der Vernehmungsniederschrift wörtlich vollständig mitgeteilt werden.
2. Es muss mitgeteilt werden, dass diese Vernehmungsniederschrift verlesen wurde.
3. Es muss die Tatsachengrundlage für die Unzulässigkeit der Vernehmung mitgeteilt werden, die folgende Ursache haben kann:

1647   *BGH* NStZ 1983, 181; *BGH* StV 1992, 403, KK-*Diemer*[6] § 251 Rn. 20.
1648   Vgl. *Böse* ZStW 114 (2002) S. 148 ff. sowie die umfassende Darstellung bei *Schuster* Die Verwertbarkeit im Ausland gewonnener Beweise im deutschen Strafprozess, 2006, m.w.N.; *Gleß* in: FS Grünwald, 1999, S. 197 ff.
1649   *BGH* StV 1992, 403 = NStZ 1992, 394. Offengelassen für die Verwertbarkeit einer Beschuldigtenvernehmung, bei der – nach dem Recht des Vernehmungsortes zulässigerweise – eine Belehrung über die Aussagefreiheit unterblieben ist: *BGH* StV 1995, 231 = NStZ 1994, 595 m. abl. Anm. *Wohlers* NStZ 1995, 45.
1650   KK-*Diemer*[6] § 251 Rn. 20.
1651   *BGH* NStZ 2007, 417 = StV 2007, 627.

a) Es ist ggf. mitzuteilen, dass die Vernehmung nicht durch einen Richter oder eine gleichgestellte Person bzw. zwar durch einen Richter, aber trotz Vorliegens eines Ausschlusstatbestands gemäß § 22 StPO etc. durchgeführt wurde. Letzteres ist konkret darzulegen.

b) Es ist ggf. mitzuteilen, dass an der Vernehmung kein dazu qualifizierter Protokollführer mitgewirkt hat oder dass trotz fehlender Feststellung der Nichterforderlichkeit der Zuziehung eines Protokollführers kein Protokollführer anwesend war.

c) Es muss ggf. mitgeteilt werden, dass die Vernehmungsniederschrift nicht mit der Unterschrift des Richters und ggf. eines anwesenden Protokollführers versehen war.

d) Es ist ggf. mitzuteilen, dass die vernommene Person der deutschen Sprache nicht mächtig war, jedoch kein Dolmetscher anwesend war bzw. ein anwesender Dolmetscher nicht vereidigt wurde bzw. sich nicht auf einen allgemein geleisteten Eid berufen hat.

e) Es ist ggf. mitzuteilen, dass ein an Vernehmungsstelle anwesender Verteidiger des Angeklagten von der Vernehmung ausgeschlossen wurde.

f) Es ist ggf. mitzuteilen, dass ein im Zeitpunkt der Vernehmung bereits beauftragter und zur Akte gemeldeter Verteidiger an der Vernehmung eines wesentlichen Belastungszeugen trotz Vorliegens der Voraussetzung einer notwendigen Verteidigung nicht mitgewirkt hat und auch im weiteren Verlauf des Verfahrens keine Möglichkeit bestand, den Zeugen durch den Angeklagten oder seinen Verteidiger unmittelbar befragen zu können.

g) Es ist ggf. vorzutragen, dass vor Vernehmung eines wesentlichen Belastungszeugen kein Verteidiger bestellt wurde, obwohl die Voraussetzungen einer notwendigen Verteidigung vorlagen.

h) Es ist ggf. vorzutragen, dass der jetzige Angeklagte trotz Rechts zur Anwesenheit bei der Vernehmung gemäß §§ 168c Abs. 2, Abs. 4, 224 Abs. 1, Abs. 2 StPO von der Vernehmung ausgeschlossen wurde und der Tatrichter die Prüfung der Rechtmäßigkeit dieses Ausschlusses unterlassen oder rechtsfehlerhaft vorgenommen hat.

i) Es ist ggf. vorzutragen, dass der Verwertung einer verlesenen Vernehmungsniederschrift spätestens unmittelbar nach deren Verlesung in der Hauptverhandlung widersprochen worden ist und die Benachrichtigung des Angeklagten und/oder seines Verteidigers trotz bestehenden Anwesenheitsrechts unterblieben ist und das erkennende Gericht nicht oder nicht rechtsfehlerfrei festgestellt hat, dass die Benachrichtigung unterbleiben durfte.

j) Es ist ggf. vorzutragen, dass bei der Vernehmung eines Beschuldigten dieser über sein Schweigerecht nicht belehrt worden ist.

k) Es ist ggf. vorzutragen, dass bei der Vernehmung eines Zeugen dieser über ein bestehendes Zeugnisverweigerungsrecht bzw. ein bestehendes Auskunftsverweigerungsrecht nicht belehrt wurde, obwohl die auszuführenden Voraussetzungen für ein Zeugnisverweigerungsrecht bzw. Auskunftsverweigerungsrecht vorlagen.

l) Es ist ggf. vorzutragen, dass Angaben des Vernommenen zu seinen Personalien nicht gemacht wurden und auch die Voraussetzungen des § 68 Abs. 2 bzw. Abs. 3 StPO nicht vorlagen.

m) Es ist ggf. vorzutragen, dass der Vernommene keine zusammenhängende Äußerung gemacht hat, sondern diese durch einen Vorhalt oder eine bloße Bezugnahme auf eine frühere Vernehmung ersetzt wurde.

n) Es ist ggf. vorzutragen, dass dem Vernommenen während der Vernehmung vorgehaltene Schriftstücke, an die er sich ausweislich der Vernehmungsniederschrift trotz Vorhalts nicht erinnern konnte, in der Hauptverhandlung nicht verlesen worden sind.

III. Ist die Verlesung durch einen Gerichtsbeschluss angeordnet worden (§ 251 Abs. 4 StPO)?

1. Rechtsgrundlagen

Fehlt ein Gerichtsbeschluss, ist die Verlesung unzulässig. Das Urteil soll nicht auf **1271** dem fehlenden Beschluss beruhen, wenn allen Verfahrensbeteiligten der Grund der Verlesung klar gewesen sei.[1652] Die Angabe der Gesetzesbestimmung genügt dem Begründungserfordernis des § 251 Abs. 4 S. 2 StPO nicht.[1653]

2. Anforderungen an den Vortrag der Rüge der Verletzung des § 251 Abs. 4 S. 1 StPO)

- In der Hauptverhandlung ist die Niederschrift über eine richterliche Verneh- **1272** mung einer in der Hauptverhandlung nicht vernommenen Person verlesen worden.
- Die Vernehmungsniederschrift ist vollständig mitzuteilen und ihr Verfasser zu bezeichnen.
- Ein die Verlesung anordnender Beschluss ist nicht gefasst worden. Die Vernehmungsniederschrift ist gleichwohl verlesen worden. Oder: Der Verlesungsbeschluss ist nicht mit Gründen versehen, was ausdrücklich als Verfahrensverstoß zu benennen ist.[1654]
- Wird in dem angefochtenen Urteil **nicht** darauf Bezug genommen, die betreffende Vernehmungsniederschrift sei **verlesen** worden, ist vorzutragen, dass ihr

1652 *BGH* StV 1983, 319 m. Anm. *Schlothauer; Meyer-Goßner*[55] § 251 Rn. 45 m.w.N.
1653 *BGH* v. 14.1.2010 – 1 StR 620/09 = NStZ 2010, 403 = StraFo 2010, 150. Zur Bedeutung des Beschlusserfordernisses s. *BGH* v. 10.6.2010 – 2 StR 78/10 = StV 2010, 617 = NStZ 2010, 649 (m. Anm. *Krüger* NStZ 2011, 594) = StraFo 2010, 342; sowie *BGH* v. 8.2.2011 – 4 StR 583/10 = NStZ 2011, 356.
1654 *BGH* v. 14.1.2010 – 1 StR 620/09 = NStZ 2010, 403 = StraFo 2010, 150.

Inhalt auch nicht auf andere Weise prozessordnungsgemäß in die Hauptverhandlung eingeführt worden ist.[1655]

IV. Lagen die Voraussetzungen für eine Verlesung gemäß § 251 Abs. 2 Nr. 1–3 StPO vor und hat der Beschluss zur Anordnung der Verlesung den Grund der Verlesung ausreichend bekanntgegeben (§ 251 Abs. 4 S. 2 StPO)?

1. Rechtsgrundlagen

1273 Das Revisionsgericht prüft auf entsprechende Rüge die Gründe des Verlesungsbe-
schlusses beschränkt auf Rechtsfehler. Dazu gehört bei den Verlesungsgründen des
§ 251 Abs. 2 Nr. 1 und 2 StPO die Frage, ob das anordnende Gericht unter Abwägung der Bedeutung der Aussage und der dem Erscheinen des Zeugen oder Sachverständigen in der Hauptverhandlung entgegenstehenden Hindernisses sich ausreichend bemüht hat, eine Vernehmung in der Hauptverhandlung zu ermöglichen und
seine Entscheidung auf der Grundlage einer Abwägung der maßgebenden Umstände getroffen hat.

Eine Verlesung nach § 251 Abs. 2 Nr. 3 StPO wäre rechtsfehlerhaft, wenn es an
dem erforderlichen Einverständnis des Sitzungsvertreters der Staatsanwaltschaft,
des Verteidigers und des Angeklagten gefehlt hat.[1656]

2. Anforderungen an den Vortrag der Rüge der Verletzung des § 251 Abs. 2 Nr. 1–3 StPO

1274 **a)** Es sind der anordnende Gerichtsbeschluss, der Inhalt der Vernehmungsniederschrift im Wortlaut und die Tatsache ihrer Verlesung mitzuteilen.

b) Im Falle des § 251 Abs. 2 Nr. 1 StPO muss die Art und die konkret damit verbundene Auswirkung des Hindernisses dargelegt werden, das dem Erscheinen des
Zeugen, Sachverständigen oder Mitbeschuldigten in der Hauptverhandlung entgegenstand. Es müssen sämtliche Bemühungen des Gerichts dargelegt werden, diese
Hindernisse zu beseitigen und eine Vernehmung in der Hauptverhandlung zu ermöglichen. Entsprechende Korrespondenz, Aktenvermerke etc. sind vollständig
und im Wortlaut mitzuteilen.

c) Im Falle des § 251 Abs. 2 Nr. 2 StPO ist die Entfernung zwischen Wohnort des
Zeugen und Ort der Hauptverhandlung mitzuteilen.

1655 Siehe Rüge 226 Rn. 1872.
1656 Nach Auffassung des *BGH* StV 1983, 319 m. abl. Anm. *Schlothauer* soll das Einverständnis auch stillschweigend erklärt werden können, indem einer angekündigten Verlesung nicht widersprochen werde. Das kann dann nicht gelten, wenn der Beschluss keine Begründung für die Verlesung angibt: *BGH* v. 9.11.2009 – 4 StR 276/09
= StV 2010, 289 = NStZ 2010, 585 = StraFo 2010, 158.

d) Im Falle des § 251 Abs. 2 Nr. 3 StPO ist vorzutragen, dass der Sitzungsvertreter der Staatsanwaltschaft oder der bzw. ein Verteidiger oder der Angeklagte zu der Verlesung ihr Einverständnis nicht erteilt haben.

V. Ist festgestellt worden, ob der Vernommene vereidigt worden ist (§ 251 Abs. 4 S. 2 StPO)?

Ist ein Zeuge vereidigt worden (vgl. z.B. § 223 Abs. 3 StPO), ist zu prüfen, ob der Vereidigung ein Vereidigungsverbot (§ 60 Nr. 1 oder Nr. 2 StPO) entgegenstand. Ist die Vereidigung unzulässigerweise erfolgt, muss die Aussage des Vernommenen als unvereidigte bei der Urteilsberatung gewürdigt werden. Außerdem sind die Verfahrensbeteiligten vor Schluss der Beweisaufnahme darauf hinzuweisen, dass das Gericht die Vereidigung für unzulässig hielt.[1657] **1275**

Ist die Vereidigung unterblieben (vgl. z.B. § 63 StPO), ist die Vereidigung nachzuholen, wenn sie dem Gericht notwendig erscheint und noch ausführbar ist (§ 251 Abs. 4 S. 3 StPO). Die Notwendigkeit bestimmt sich nach den §§ 59 ff. bei Zeugen bzw. 79 Abs. 1 StPO bei Sachverständigen.[1658]

VI. Ist eine nicht ordnungsgemäß errichtete richterliche Vernehmungsniederschrift i.S.d. § 251 Abs. 2 StPO nach § 251 Abs. 1 StPO verlesen worden?

Nach Auffassung der Rechtsprechung dürfen auch nicht ordnungsgemäß errichtete richterliche Vernehmungsniederschriften dann verlesen werden, wenn die Voraussetzungen des § 251 Abs. 1 StPO[1659] vorlagen und das Gericht durch einen Beschluss (§ 251 Abs. 4 StPO) die Verlesung ausdrücklich auf § 251 Abs. 1 StPO gestützt hat.[1660] **1276**

Dem kann nicht zugestimmt werden. Ein richterliches Protokoll ist keine Niederschrift über eine andere Vernehmung, sondern bleibt auch dann ein solches über eine richterliche Vernehmung, wenn die Voraussetzungen der Verlesbarkeit nach § 251 Abs. 2 StPO nicht erfüllt sind.[1661] Die vom BGH zugelassene Möglichkeit, Fehler einer richterlichen Vernehmungsniederschrift durch deren Verlesung statt nach § 251 Abs. 2 nach § 251 Abs. 1 StPO zu „heilen", scheitert ohnehin im Falle von Zeugen oder Sachverständigen, die nach ihrer richterlichen Vernehmung verstorben sind. In diesem Fall ist eine Verlesung nur nach § 251 Abs. 1 Nr. 2 StPO möglich, weil der für richterliche Vernehmungen geltende § 251 Abs. 2 Nr. 1 StPO a.F. ersatzlos durch das 1. JuMoG gestrichen worden ist. Es stellt sich dann im Falle **1277**

1657 Zu den Anforderungen an den Vortrag siehe Rüge 102 Rn. 1008.
1658 Zu den Anforderungen an den Vortrag siehe Rüge 104 Rn. 1017.
1659 Siehe Rüge Nr. 145 Rn. 1230.
1660 *BGH* StV 2005, 255 m.w.N.
1661 Siehe zum Streitstand *Meyer-Goßner*[55] § 251 Rn. 15.

einer Verlesung der richterlichen Vernehmungsniederschrift nach § 251 Abs. 1 StPO die Frage, wie die einer richterlichen Vernehmung beigemessene besondere Zuverlässigkeit und gesteigerte Richtigkeitsgewähr (Zeugen und Sachverständige stehen hier unter einer strafbewehrten Wahrheitspflicht) in Fällen relativiert werden kann, in denen beispielsweise durch die fehlerhafte Nichtbenachrichtigung des Verteidigers eine wesentliche und deshalb gesetzlich vorgeschriebene Voraussetzung für diese Zuverlässigkeit und Richtigkeit gefehlt hat.

VII. Verwandte Rügemöglichkeiten

1278   1. Wurden im Urteil Vernehmungsniederschriften verwertet, die nicht Inbegriff der Hauptverhandlung waren? Das gilt auch für die Fälle, in denen zwar die Verlesung durch Beschluss gemäß § 251 Abs. 4 StPO angeordnet, die Verlesung aber nicht durchgeführt worden ist.[1662]

1279   2. Wurden im Urteil Vernehmungsniederschriften inhaltlich unzutreffend wiedergegeben?[1663]

1280   3. Sind in der Hauptverhandlung verlesene Vernehmungsniederschriften bei der Beweiswürdigung unberücksichtigt geblieben?[1664]

1281   4. Ist es unterlassen worden, Vernehmungsniederschriften zu verlesen, insbesondere wenn dies durch Beschluss gemäß § 251 Abs. 4 StPO angeordnet worden ist?[1665]

1282   5. Sind einem Angeklagten, Mitangeklagten, Zeugen oder Sachverständigen Vorhalte aus einer Vernehmungsniederschrift gemacht worden, die unter Verletzung der Benachrichtigungspflicht des Angeklagten bzw. seines Verteidigers zustandegekommen ist[1666] oder wurde der Inhalt einer solchen Vernehmung anderweitig bei der Urteilsfindung verwertet.[1667]

1662   *BGH* wistra 1992, 30. S. allerdings die entgegengesetzte Entscheidung desselben Senats: *BGH* v. 11.4.2007 – 3 StR 383/06 = wistra 2007, 271.
1663   Siehe Rüge 227 Rn. 1879.
1664   Siehe Rüge 228 Rn. 1887.
1665   Zur Verletzung des § 245 Abs. 1 StPO siehe Rüge 189 Rn. 1647.
1666   Siehe zum Streitstand zu dieser Frage die Nachw. bei *Meyer-Goßner*[55] § 168c Rn. 6.
1667   Siehe Rüge 249 Rn. 2038.

Rüge 147

Wurden Vernehmungsniederschriften von Zeugen oder Sachverständigen auszugsweise oder vollständig verlesen (§§ 249, 250 S. 1, 252, 253 StPO)?

1283

I. Rechtsgrundlagen[1668]

1. Erklärt ein in der Hauptverhandlung vernommener Zeuge oder Sachverständiger, dass er sich einer Tatsache nicht mehr erinnere, so kann nach § 253 Abs. 1 StPO der hierauf bezügliche Teil der Niederschrift seiner früheren, richterlichen, staatsanwaltschaftlichen oder polizeilichen Vernehmung verlesen und unabhängig davon bei der Urteilsfindung verwertet werden, ob der Zeuge oder Sachverständige die Richtigkeit seiner früheren Angabe bestätigt oder nicht. Dasselbe gilt, wenn zwischen der Aussage in der Hauptverhandlung und dem Inhalt einer früheren Vernehmungsniederschrift ein Widerspruch besteht (§ 253 Abs. 2 StPO).

1284

Verlesbar nach § 253 StPO sind nur solche früheren Vernehmungsniederschriften, die unter Einhaltung der jeweils maßgeblichen Formvorschriften zustande gekommen sind. Sie können auch aus anderen Strafverfahren oder aus Zivil oder Verwaltungsgerichtsverfahren stammen. Ohne Belang ist auch, ob ein Zeuge früher in dieser Verfahrensrolle oder als Beschuldigter vernommen worden war. Ist ein zeugnisverweigerungsberechtigter Zeuge ohne Belehrung über sein Zeugnisverweigerungsrecht vernommen worden, kann auch diese Vernehmungsniederschrift verlesen werden, wenn er in der Hauptverhandlung nach Belehrung auf sein Zeugnisverweigerungsrecht verzichtet und ausgesagt hat. Die Verlesung ist schließlich selbst dann zulässig, wenn der Zeuge oder Sachverständige in der Hauptverhandlung erklärt, er habe sich seinerzeit nicht so, wie in der Vernehmungsniederschrift festgehalten, geäußert.

1285

Nicht mit der Revision geltend gemacht werden kann das Fehlen eines die Verlesung rechtfertigenden Erinnerungsmangels oder Widerspruchs.[1669]

2. Nicht verlesbar nach § 253 StPO sind die Vernehmungsniederschriften, wenn die betroffene Verhörsperson in der Hauptverhandlung vernommenen wurde und erklärt, sich nicht mehr oder nicht richtig an die frühere Vernehmung erinnern zu können.[1670]

1286

3. Auch wenn die Voraussetzungen des § 253 StPO nicht vorliegen, darf in Ergänzung der Vernehmung eines Zeugen oder Sachverständigen die Niederschrift einer

1287

1668   Zur Unzulässigkeit der Verlesung einer Vernehmungsniederschrift eines Zeugen, der in der Hauptverhandlung berechtigt von einem Zeugnisverweigerungsrecht Gebrauch macht, siehe unten III. 2. (Rn. 1289).

1669   Zu den Rügemöglichkeiten im Zusammenhang mit der Verlesung der Niederschrift eines in der Hauptverhandlung vernommenen Zeugen oder Sachverständigen siehe Rüge 100 Rn. 991.

1670   Siehe Kapitel 20 Vorbemerkung vor Rüge 142 Rn. 1192.

früheren Vernehmung in der Hauptverhandlung verlesen und bei der Urteilsfindung verwertet werden, sei es, um durch die Verlesung die jetzige Aussage der Beweisperson oder des Mitangeklagten zu unterstützen, sei es, um ihre Wahrheit zu überprüfen (Aussagekonstanz, Widersprüche, Lücken). Auch der Inhalt der Urkunde kann auf diese Weise festgestellt und seine Richtigkeit im Wege der freien Beweiswürdigung überprüft werden.

II. Anforderungen an die Rüge der Verletzung der §§ 250, 253 StPO durch Verlesung der Niederschrift über die frühere Vernehmung eines nicht in der Hauptverhandlung vernommenen Zeuge oder Sachverständigen

1288   1. In der Hauptverhandlung ist die Niederschrift über die frühere Vernehmung eines Zeugen oder Sachverständigen verlesen worden. Die Tatsache der Verlesung sowie der vollständige Inhalt der Vernehmungsniederschrift müssen mitgeteilt werden. Der Beweis der Verlesung ist als wesentliche Förmlichkeit des Verfahrens durch das Hauptverhandlungsprotokoll zu erbringen.

2. Der vernommene Zeuge oder Sachverständige ist in der Hauptverhandlung nicht vernommen worden.

3. Die Vernehmungsniederschrift wurde nicht nach §§ 251, 256 StPO verlesen bzw. die Voraussetzungen dieser Vorschriften lagen – wie im Einzelnen darzulegen ist – nicht vor.

III. Im Zusammenhang mit der Verlesung von Vernehmungsniederschriften stehende Verfahrensrügen

1289   **1.** Wird die in der Hauptverhandlung gemachte Aussage eines Zeugen oder Sachverständigen in den Urteilsgründen in der Weise gewürdigt, dass sich die Beweisperson an das fraglichen Geschehen habe gut erinnern können oder dass die Aussage über mehrere Vernehmungen hinweg konstant geblieben sei, ist aber in der Hauptverhandlung die Niederschrift über eine frühere Vernehmung nach § 253 Abs. 1 oder Abs. 2 StPO verlesen worden, ohne dass dies in den Urteilsgründen problematisiert wird, kann dies zum Gegenstand einer Verfahrensrüge der lückenhaften Beweiswürdigung (§ 261 StPO) gemacht werden[1671] (die Tatsache und der Grund der Verlesung einer Vernehmungsniederschrift sind gemäß § 255 StPO als wesentliche Verfahrensförmlichkeit im Hauptverhandlungsprotokoll zu erwähnen, wenn dies von der Staatsanwaltschaft oder dem Angeklagten beantragt worden ist[1672]).

1671 *BGH* StV 2002, 11. Siehe Rüge 228 Rn. 1892.
1672 *BGH* StV 1986, 92.

Die Revisionsbegründung muss den Inhalt der verlesenen Vernehmungsniederschrift sowie die Tatsache der Verlesung mitteilen. Ferner ist der (nach § 255 StPO protokollierte) Grund der Verlesung gemäß § 253 Abs. 1 oder Abs. 2 StPO anzugeben.

2. Hat ein nach § 52 Abs. 1 StPO zeugnisverweigerungsberechtigter Zeuge in der Hauptverhandlung von seinem Zeugnisverweigerungsrecht Gebrauch gemacht, jedoch die Verwertung seiner bei einer früheren Vernehmung gemachten Aussage gestattet, darf diese – wegen § 252 StPO – nicht verlesen, sondern nur durch Vernehmung der richterlichen Verhörsperson in die Hauptverhandlung eingeführt werden.[1673]

Rüge 148

Wurden in der Hauptverhandlung in einem richterlichen Protokoll enthaltene Erklärungen des Angeklagten verlesen (§ 254 StPO)?

1290

I. Rechtsgrundlagen

1. Bei den nach § 254 StPO verlesbaren Erklärungen muss es sich um solche des jetzigen Angeklagten handeln, die dieser einem Gericht oder einem einzelnen Richter gegenüber als Beschuldigter gemacht hat, gleichgültig ob im anhängigen oder in einem anderen Strafverfahren. Der Auffassung, dass auch eine Vernehmung als **Zeuge** im Strafverfahren oder als **Verfahrensbeteiligter** anlässlich einer gerichtlichen Vernehmung in einem Verfahren einer anderen Verfahrensordnung zulässig sein soll, wenn sie ein Geständnis enthält,[1674] kann nicht zugestimmt werden. Verlesungsvoraussetzung ist die Belehrung als Beschuldigter gem. § 136 Abs. 1 StPO vor Abgabe eines Geständnisses.[1675] Diese kann nicht durch die Belehrung gem. § 55 Abs. 1 StPO oder einer vergleichbaren Vorschrift einer anderen Verfahrensordnung ersetzt werden.[1676]

1291

Der Gegenstand der seinerzeitigen richterlichen Vernehmung und der jetzige Verfahrensgegenstand müssen immer identisch sein.[1677]

1292

1673 *BGH* StV 2008, 170 u. Rüge 150 Rn. 1320, siehe auch Rüge 151 Rn. 2049 sowie Rüge 252 Rn. 2057 zur Unzulässigkeit der Verwertung der Aussage eines Zeugen, der in der Hauptverhandlung das Zeugnis verweigert.

1674 LR-*Gollwitzer*[25] § 254 Rn. 6 m.w.N.; *Meyer-Goßner*[55] § 254 Rn. 4 m.w.N.

1675 KK-*Diemer*[6] § 254 Rn. 3.

1676 Dies würde nur dann kompensiert, wenn die Voraussetzungen für eine Verwertung im Strafverfahren i.S.v. *BGHSt* 38, 214 erfüllt sind: *BGH* NStZ 1996, 612.

1677 *OLG Hamburg* StV 1997, 11.

1293 **2.** Nach § 254 Abs. 1 StPO verlesbar sind nur nach der StPO ordnungsgemäß zustande gekommene Niederschriften über vor einem Richter (auch in Form einer Sitzungsniederschrift[1678]) abgegebene Erklärungen des Beschuldigten.[1679]

1294 **3.** Die Verlesung muss zum Zwecke der Beweisaufnahme über ein Geständnis, also das Zugestehen der Tat oder einzelner Tatsachen, die für die Entscheidung zur Schuld oder Rechtsfolgenfrage erheblich sein können, sowie zur Aufklärung von Widersprüchen erfolgen, wobei die Revision die dieser Beurteilung zugrundeliegenden Tatsachen nicht beanstanden, sondern eine Rüge nur auf Rechtsfehler stützen kann.

II. Anforderungen an den Vortrag der Rüge der Verletzung des § 254 StPO

1295 1. Gerügt wird die Verletzung des § 254 StPO, weil ein richterliches Protokoll verlesen wurde, obwohl dieses wegen mangelhafter Form oder wegen Mängeln seines Zustandekommens nicht nach § 254 StPO hätte verlesen werden dürfen.

a) Es ist die Anordnung der Verlesung gem. § 254 StPO durch den Vorsitzenden[1680] mitzuteilen.[1681]

b) Es muss der Inhalt der Vernehmungsniederschrift wörtlich vollständig mitgeteilt werden.

c) Es muss mitgeteilt werden, dass diese Vernehmungsniederschrift verlesen wurde.[1682]

d) Es muss die Tatsachengrundlage für die prozessualen Mängel der Vernehmung und aufgenommenen Vernehmungsniederschrift mitgeteilt werden.[1683]

e) Beruht der Mangel der richterlichen Vernehmungsniederschrift darauf, dass der Angeklagte nicht über sein Schweigerecht belehrt wurde, ist ein ergänzender Vortrag erforderlich.[1684]

1678 Siehe zu den Anforderungen an eine richterliche Vernehmungsniederschrift oben Rüge 146 Ziff. I. 2. b) Rn. 1254.

1679 Die mit dem Einverständnis des Angeklagten von seinem Verteidiger in einer früheren Hauptverhandlung abgegebene schriftlich vorbereitete und als Anlage zum Protokoll genommene Erklärung stellt kein „Geständnis" des Angeklagten dar, über das in einem anderen Strafverfahren nach § 254 StPO Beweis erhoben werden dürfte: *BGH* v. 10.11.2008 – 3 StR 390/08 = StV 2009, 454 = NStZ 2009, 173.

1680 Eines Gerichtsbeschlusses bedarf es nicht; **a.A.** SK-StPO-*Velten*⁴ § 254 Rn. 19.

1681 Zum Protokollierungserfordernis des Grundes der Verlesung s. § 255 StPO.

1682 Die Tatsache der Verlesung ist eine wesentliche Förmlichkeit i.S.d. § 273 Abs. 1 StPO: LR-*Mosbacher*²⁶ § 254 Rn. 25.

1683 Zu Einzelheiten siehe Rüge 146 Ziff. II. 3. Rn. 1270. Ist ein beauftragter Verteidiger entgegen § 168c StPO nicht benachrichtigt worden, bedarf es des Vortrags des rechtzeitigen Widerspruchs.

1684 Siehe Rüge 240 Rn. 1965.

2. Gerügt wird die Verletzung des § 254 StPO, weil in der Hauptverhandlung eine **1296** richterliche Vernehmungsniederschrift des Angeklagten verlesen worden ist, deren Gegenstand mit dem jetzigen Verfahrensgegenstand nicht identisch ist:

a) Es ist die Anordnung der Verlesung gem. § 254 StPO durch den Vorsitzenden[1685] mitzuteilen.[1686]

b) Es muss der Inhalt der verlesenen Niederschrift vollständig wörtlich mitgeteilt werden.

c) Es muss die Tatsache der Verlesung der Niederschrift mitgeteilt werden.

d) Bei gleichzeitiger Erhebung der Sachrüge ist die Mitteilung des den jetzigen Verfahrensgegenstand bildenden Tatvorwurfs nicht erforderlich. Anderenfalls müssen die Anklageschrift, der Eröffnungsbeschluss und ggf. dem Angeklagten gegebene rechtliche Hinweise i.S.d. § 265 StPO wörtlich mitgeteilt werden.

III. Im Zusammenhang mit der Verlesung von Geständnisprotokollen stehende Verfahrensrügen

1. Es ist in der Hauptverhandlung ein nicht-richterliches Protokoll über ein Ge- **1297** ständnis verlesen worden.

   Dies ist auch dann unzulässig, wenn der nicht-richterliche Vernehmungsbeamte verstorben oder sonst unerreichbar ist.[1687]

2. Gerügt werden kann die fehlende Übereinstimmung der Urteilsfeststellungen mit **1298** dem Inhalt des verlesenen richterlichen Geständnisprotokolls.[1688]

3. Die unterbliebene Verlesung eines richterlichen Geständnisprotokolls nach **1299** § 254 StPO kann die Rüge der Verletzung der Aufklärungspflicht (§ 244 Abs. 2 StPO), ggf. auch des § 245 Abs. 1 StPO begründen.[1689]

4. Gerügt werden kann die fehlende Berücksichtigung des Inhalts eines in der **1300** Hauptverhandlung verlesenen richterlichen Geständnisprotokolls bei der Beweiswürdigung, wenn diese vor dem Hintergrund des Inhalts des Geständnisprotokolls sich in wesentlichen Punkten als lückenhaft erweist.[1690]

1685 Eines Gerichtsbeschlusses bedarf es nicht; **a.A.** SK-StPO-*Velten*[4] § 254 Rn. 19.
1686 Zum Protokollierungserfordernis des Grundes der Verlesung s. § 255 StPO.
1687 Siehe Rüge 149 Rn. 1301.
1688 Siehe Rüge 227 Rn. 1879.
1689 Siehe hierzu Rüge 190 Rn. 1662 u. Rüge 189 Rn. 1647.
1690 Siehe Rüge 228 Rn. 1889.

Rüge 149

1301 Wurde in der Hauptverhandlung die Niederschrift über eine nicht-richterliche Vernehmung des Angeklagten verlesen?

I. Rechtsgrundlagen

1302 Nichtrichterliche Niederschriften über eine frühere Vernehmung des jetzigen Angeklagten dürfen zum Zweck der Beweisaufnahme über ihren Inhalt unabhängig davon nicht verlesen werden, ob der Angeklagte seinerzeit als Beschuldigter im anhängigen oder einem anderen Strafverfahren oder als Zeuge in einem Strafverfahren
oder einem anderen Verfahren vernommen wurde. Insoweit begründet § 254 StPO
ein Verwertungsverbot[1691]. Zulässig ist eine solche Verlesung nur dann, wenn sie
darüber Beweis erbringen soll, dass eine solche Niederschrift überhaupt vorhanden
ist.[1692] Findet eine Verlesung zum Zwecke der Beweisaufnahme über ihren Inhalt
gleichwohl statt, bedarf es weder hiergegen noch gegen die Verwertung des Inhalts
der Urkunde eines Widerspruchs des Angeklagten. Der Auffassung, dass die Verlesung auch mit Einverständnis des Angeklagten zulässig wäre,[1693] steht der BGH zurückhaltend gegenüber.[1694]

Es handelt sich um einen relativen Revisionsgrund. Das Urteil muss den Schluss darauf zulassen, dass der Inhalt der verlesenen Niederschrift bei der Urteilsfindung
Berücksichtigung gefunden hat.

II. Anforderungen an den Vortrag der Rüge der Verletzung der §§ 250, 254 StPO

1303 1. Es ist mitzuteilen, dass in der Hauptverhandlung eine nichtrichterliche Vernehmungsniederschrift des Angeklagten verlesen worden ist. Darüber erbringt das
Hauptverhandlungsprotokoll Beweis.
2. Der Inhalt der Niederschrift ist vollständig im Wortlaut mitzuteilen.
3. Es ist mitzuteilen, dass an der betreffenden Vernehmung kein Richter, sondern
ein Polizeibeamter oder Staatsanwalt etc. mitgewirkt hat.
4. Es sollte – zumindest im Zusammenhang mit der Beruhensfrage – auch dargelegt
werden, dass das Gericht vom Inhalt der Niederschrift nicht zulässigerweise auf
anderem Wege (beispielsweise Vernehmung der nichtrichterlichen Verhörsperson) Kenntnis erlangt hat.

1691 *Meyer-Goßner*[55] § 254 Rn. 6.
1692 *BGHSt* 3, 149, 150; *Wömpner* NStZ 1983, 298.
1693 *Bohlander* NStZ 1998, 396.
1694 *BGH* Beschl. v. 25.4.2001 – 5 StR 12/01 u. *BGH* Beschl. v. 29.8.2007 – 1 StR 387/07.

Rüge 150

Wurde die Vernehmung eines Zeugen, Sachverständigen oder Mitbeschuldigten in der Hauptverhandlung durch Vorführung der Bild-Ton-Aufzeichnung seiner früheren Vernehmung ersetzt (§ 255a StPO)? **1304**

I. Vorbemerkung

Die unzulässige **Ersetzung** der persönlichen Vernehmung eines Zeugen, Sachverständigen oder Mitbeschuldigten durch die Vorführung einer Bild-Ton-Aufzeichnung seiner früheren Vernehmung begründet einen Verstoß gegen § 250 StPO[1695]. Dies führt zur Unverwertbarkeit der Aussage.[1696] Der Verfahrensverstoß begründet die Revision, wenn bei der Urteilsfindung die Aufführung verwertet worden ist und auf diesem Fehler das Urteil beruht. **1305**

Wäre die Vernehmung des Zeugen, Sachverständigen oder Mitbeschuldigten in der Hauptverhandlung möglich gewesen, kann zudem die Aufklärungspflicht (§ 244 Abs. 2 StPO) verletzt sein. Für den Fall, dass ein Zeuge, dessen Vernehmung durch Vorführung einer Bild-Ton-Aufzeichnung ersetzt wurde, zu keinem Zeitpunkt des Verfahrens von dem Angeklagten oder für diesen durch einen Verteidiger befragt werden konnte, kann wegen der Bedeutung des Fragerechts des Art. 6 Abs. 3 lit. d EMRK zudem der Grundsatz des fairen Verfahrens (Art. 6 Abs. 1 EMRK) verletzt sein.[1697] **1306**

II. Unzulässig ist die Ersetzung der persönlichen Vernehmung in den Fällen des § 255a Abs. 2 S. 1 StPO unter folgenden Voraussetzungen

1. Der Zeuge war im Zeitpunkt der Urteilsfindung bereits 16 Jahre alt oder älter. **1307**

2. Die Verurteilung des Angeklagten erfolgte wegen einer anderen Straftat als einer solchen gegen die sexuelle Selbstbestimmung (§§ 174–184c StGB), gegen das Leben (§§ 211–222 StGB) oder wegen Misshandlung von Schutzbefohlenen (§ 225 StGB), sofern sie nicht mit einer ebenfalls abgeurteilten Katalogtat zusammenfiel (Konkurrenzfall)[1698]. Dies ergibt sich aus den Urteilsgründen, wenn das Urteil mit der allgemeinen Sachrüge angefochten wurde. Dass im Zeitpunkt der aufgezeichneten Vernehmung wegen einer Katalogtat ermittelt wurde, reicht jedenfalls nicht aus. **1308**

1695   Demgegenüber ist die Vorführung in Ergänzung zur Vernehmung des Zeugen in der Hauptverhandlung zulässig: *BGHSt* 49, 68 = StV 2004, 246.

1696   KK-*Diemer*[6] § 255a Rn. 15.

1697   Siehe Rüge 101 Rn. 999.

1698   KK-*Diemer*[6] § 255a Rn. 8; *Meyer-Goßner*[55] § 255a Rn. 8.

1309 3. Der Zeuge war nicht selbst Opfer einer Katalogtat oder durch seine Wahrnehmung einer solchen Straftat und die spätere Bekundung derselben nicht in einer dem kindlichen Opfer vergleichbaren Weise gefährdet und schutzbedürftig.[1699]

1310 4. Bei der vorgeführten Aufzeichnung handelte es sich nicht um eine solche einer **richterlichen** Vernehmung. Die Vorführung der Aufzeichnung einer nichtrichterlichen Vernehmung wäre nur unter den zusätzlichen Voraussetzungen des § 255a Abs. 1 i.V.m. § 251 Abs. 1 StPO bzw. – dann aber nicht zum Beweis über den Aussageinhalt – als Augenscheinsobjekt oder zu Zwecken des Vorhalts zulässig.[1700]

Es ist deshalb vorzutragen, dass die Vernehmung nicht durch einen Richter durchgeführt wurde. Dass der Aussageinhalt im Urteil verwertet wurde, ergibt sich aus den schriftlichen Urteilsgründen.

1311 Auch die Aufzeichnung einer durch einen Richter durchgeführten Vernehmung ist nur dann die einer „richterlichen Vernehmung", wenn sie ordnungsgemäß durchgeführt worden ist.[1701] Es können hier – soweit vergleichbar – dieselben Kriterien wie an eine richterliche Vernehmung angelegt werden, deren Niederschrift nach § 251 Abs. 2 StPO verlesbar ist:

a) Es darf in der Person des vernehmenden Richters kein Ausschließungsgrund i.S.d. § 22 StPO vorgelegen haben,[1702]

b) Erfolgte die Vernehmung nach § 223 StPO durch einen beauftragten Richter, dessen Ablehnung wegen Besorgnis der Befangenheit als unzulässig oder unbegründet zurückgewiesen wurde und führt die zusammen mit dem angefochtenen Urteil auf entsprechende Verfahrensrüge[1703] nach Beschwerdegrundsätzen vorgenommene Überprüfung zu dem Ergebnis, dass das Ablehnungsgesuch zu Unrecht verworfen worden war, hat dies zur Folge, dass die Aufzeichnung in der Hauptverhandlung nicht vorgeführt werden durfte.[1704] Es muss zusätzlich mitgeteilt werden, dass es sich bei dem Vernehmungsrichter um einen vom erkennenden Gericht beauftragten Richter gehandelt hat. Der Gerichtsbeschluss ist ebenso mitzuteilen wie der Zeitpunkt und der Inhalt des Ablehnungsgesuchs, die dienstliche Stellungnahme des abgelehnten Richters und die darauf ergangene Entscheidung.[1705]

1699 KK-*Diemer*[6] § 255a Rn. 7; LR-*Gollwitzer*[25] § 255a Rn. 8; SK-StPO-*Velten*[4] § 255a Rn. 16; **a.A.** LR-*Mosbacher*[26] § 255a Rn. 8: Anwendbarkeit bei allen Zeugen unter 16 Jahren.

1700 KK-*Diemer*[6] § 255a Rn. 9.

1701 *Meyer-Goßner*[55] § 255a Rn. 8.

1702 *Meyer-Goßner*[55] § 251 Rn. 32. Zum Vortrag siehe Rüge 15 Rn. 340.

1703 *Meyer-Goßner*[55] § 338 Rn. 29.

1704 Dies ist für die Revision dann von Bedeutung, wenn der mit der Durchführung der Vernehmung **beauftragte** – und damit erkennende – Richter nicht an der Hauptverhandlung mitgewirkt hat und dadurch der absolute Revisionsgrund des § 338 Nr. 3 StPO nicht zum Tragen kommt.

1705 Siehe Rüge 16 Rn. 348.

c) Die Vernehmung muss unter Beachtung der Vorschriften des § 68 StPO[1706] und § 69 Abs. 1 S. 1 StPO[1707] durchgeführt worden sein.

d) Zeugen, die nach § 52 Abs. 1 StPO ein Zeugnisverweigerungsrecht haben, müssen nach § 52 Abs. 3 StPO belehrt worden sein.[1708] Bei Minderjährigen ohne die erforderliche Verstandesreife muss § 52 Abs. 2 StPO beachtet worden sein.[1709]

e) Hat bei einem der deutschen Sprache nicht mächtigen Zeugen ein Dolmetscher mitgewirkt, darf nicht dessen nach § 189 GVG erforderliche Vereidigung bzw. das Berufen auf einen allgemein geleisteten Eid unterblieben sein.[1710]

Die wegen Fehlens dieser Voraussetzungen unzulässige Vorführung einer Aufzeichnung begründet die Revision und setzt nicht voraus, dass der Vorführung bzw. Verwertung widersprochen worden ist.[1711]   **1312**

5. Die Vorführung ist unzulässig, wenn der Angeklagte und sein Verteidiger keine Gelegenheit hatten, an der Vernehmung mitzuwirken.   **1313**

a) Es ist mitzuteilen, dass der Angeklagte und auch kein Verteidiger an der Vernehmung mitgewirkt haben.

b) Es ist die Art der Vernehmung (Vernehmung durch den Ermittlungsrichter, kommissarische Vernehmung nach §§ 202 oder 223 StPO) mitzuteilen.

c) Der Angeklagte hatte **keine Gelegenheit zur Mitwirkung**, wenn er von dem Vernehmungstermin nicht benachrichtigt wurde (selbst wenn dies nach § 168c Abs. 5, 224 Abs. 1 StPO zulässig war)[1712], wenn er von der Anwesenheit ausgeschlossen wurde[1713] (obwohl eine getrennte Durchführung der Zeugenvernehmung gem. § 168e StPO erfolgte bzw. hätte erfolgen können), wenn ihm die Anwesenheit im Hinblick auf seine Inhaftierung (§§ 168c Abs. 4, 224 Abs. 2 StPO) nicht ermöglicht wurde[1714] oder wenn die Vernehmung auf dem Gebiet einer anderen Rechtsordnung durchgeführt wurde, die kein Anwesenheitsrecht vorsieht.[1715]

d) Der Angeklagte hatte ferner keine Gelegenheit zur Mitwirkung, wenn die Benachrichtigung so kurzfristig erfolgte, dass schon aus tatsächlichen Gründen sei-

1706   *BGH* StV 1984, 231: Verwertungsverbot bei Nichtaufdeckung der Identität, sofern nicht die Voraussetzungen des § 68 Abs. 3 StPO festgestellt worden sind.

1707   *BGH* NJW 1953, 35 = JR 1953, 121 m. Anm. *Ley*; *BGH* MDR 1981, 632 = StV 1981, 269.

1708   *Meyer-Goßner*[55] § 255a Rn. 8.

1709   Siehe Rüge 80 Rn. 879.

1710   *BGHSt* 22, 118; *BayObLG* JR 1977, 475 m. abl. Anm. *Peters*. Siehe hierzu Rüge 34 Rn. 566.

1711   So für § 251 Abs. 2 StPO *Meyer-Goßner*[55] § 251 Rn. 32.

1712   LR-*Mosbacher*[26] § 255a Rn. 13.

1713   *BGHSt* 49, 72 = StV 2004, 247 m. Anm. *Degener* StV 2006, 514.

1714   LR-*Mosbacher*[26] § 255a Rn. 13; *Meyer-Goßner*[55] § 255a Rn. 8a.

1715   KK-*Diemer*[6] § 255a Rn. 10.

ne Anwesenheit nicht möglich war oder einer begründeten Verhinderung nicht durch eine mögliche Terminsverlegung Rechnung getragen wurde.[1716]

e) Ein Verteidiger des Angeklagten hatte ebenfalls keine Gelegenheit zur Mitwirkung, wenn er von der Anwesenheit ausgeschlossen, nicht oder so kurzfristig benachrichtigt wurde, dass schon tatsächlich seine Anwesenheit bei der Vernehmung nicht zu realisieren war. Verhinderungen, die zu berechtigten Terminsverlegungsanträgen führen, muss Rechnung getragen worden sein, solange nicht die Gefahr eines Beweismittelverlustes droht.[1717] Von Gelegenheit zur Mitwirkung kann ferner nur dann gesprochen werden, wenn dem Verteidiger die vollständige Akte zur Einsichtnahme im Zeitpunkt der Vernehmung zur Verfügung stand.[1718]

f) Keine Gelegenheit zur Mitwirkung hatten Angeklagter bzw. Verteidiger, wenn ihnen die Möglichkeit verwehrt wurde, Fragen an den vernommenen Zeugen zu stellen bzw. stellen zu lassen.

1314 Bestand in diesem Sinne keine Gelegenheit zur Mitwirkung, ist die Vorführung der Videoaufzeichnung unzulässig, was die Revision aber nur begründet, wenn ihr spätestens bis zu dem nach § 257 StPO maßgeblichen Zeitpunkt widersprochen worden ist[1719], was vorgetragen werden muss.

1315 Vorsorglich sollte als Negativtatsache mitgeteilt werden, dass der Angeklagte bzw. sein Verteidiger weder auf ihre Mitwirkungsrechte nachträglich verzichtet[1720] noch sie sich mit der Verlesung einverstanden erklärt haben.[1721] Die Teilnahme eines Verteidigers an der Vernehmung, dem entgegen seinem Antrag keine vollständige Akteneinsicht gewährt worden war, lässt sich nicht als konkludenten Verzicht auf sein Mitwirkungsrecht werten.

1316 6. Die Zulässigkeit der Vorführung ist weiterhin davon abhängig, dass der Angeklagte zur Zeit der Vernehmung einen Verteidiger als Beistand hatte. Das gilt nicht nur im Hinblick darauf, dass es sich bei vielen Katalogtaten des § 255a Abs. 2 StPO um Fälle notwendiger Verteidigung i.S.d. § 140 Abs. 1 Nr. 2 StPO bzw. im Falle der Anklageerhebung um solche nach § 140 Abs. 1 Nr. 1 StPO handelt. Der Umstand, dass nur ein Verteidiger ein umfassendes Akteneinsichtsrecht und nicht nur ein beschränktes Auskunftsrecht nach § 147 Abs. 7 StPO hat, und die dem Angeklagten als

---

1716 Dies muss insbesondere dann gelten, wenn der Beschuldigte keinen Verteidiger hatte und man die Zulässigkeit der Vorführung nach § 255a Abs. 2 StPO nicht ohnehin davon abhängig macht, dass es sich im Zeitpunkt der Durchführung der Vernehmung um einen verteidigten Beschuldigten handelt (siehe dazu unten Rn. 1316).

1717 *OLG München* StV 2000, 352; KK-*Diemer*[6] § 255a Rn. 11.

1718 *Schünemann* StV 1998, 391, 399; *Schlothauer* StV 1999, 47, 49; *Beulke* ZStW 113 (2001) 709, 713 f.; SK-StPO-*Velten*[4] § 255a Rn. 24.**a.A.** *BGHSt* 48, 268 = StV 2003, 650 m. abl. Anm. *Schlothauer* = JR 2004, 212 m. abl. Anm. *Vogel/Norouzi*; KK-*Diemer*[6] § 255a Rn. 10.

1719 KK-*Diemer*[6] § 255a Rn. 15.

1720 KK-*Diemer*[6] § 255a Rn. 11.

1721 *Meyer-Goßner*[55] § 255a Rn. 8a.

juristischem Laien fremde Situation einer Zeugenbefragung begründen wegen der damit verbundenen Schwierigkeit der Sachlage und der Verteidigungsunfähigkeit einen Fall der notwendigen Verteidigung i.S.d. § 140 Abs. 2 StPO. Wird dem nicht ggf. durch Beiordnung eines Verteidigers Rechnung getragen, ist die Vorführung einer Aufzeichnung über die gleichwohl durchgeführte Vernehmung unzulässig.[1722]

7. Handelt es sich um die Vorführung der Aufzeichnung eines Zeugen, dem im **1317** Zeitpunkt der Hauptverhandlung ein Zeugnisverweigerungsrecht i.S.d. § 52 Abs. 1 StPO zusteht, muss sich das Gericht vor der Vorführung, da der kindliche Zeuge in der Regel nicht anwesend ist, anderweitig davon überzeugen, ob dieser von § 52 StPO Gebrauch macht.[1723] Ist der Zeuge im Zeitpunkt seiner Vernehmung durch den vernehmenden Richter gem. § 52 Abs. 3 StPO belehrt worden, ist nach Auffassung der Rechtsprechung trotz der nunmehrigen Wahrnehmung des Zeugnisverweigerungsrechts die Vernehmung des seinerzeitigen Vernehmungsrichters zulässig; auch wenn dessen Vernehmung das weniger zuverlässige Beweismittel ist, darf die Bild-Ton-Aufzeichnung nicht zu Beweiszwecken vorgeführt werden.[1724]

Kann ein zurzeit der Hauptverhandlung mangels Kenntnis seines Aufenthalts unerreichbarer kindlicher Zeuge nicht befragt werden, ob er von seinem Zeugnisverweigerungsrecht Gebrauch macht, steht dies der Vorführung seiner früheren richterlichen Vernehmung entgegen.[1725]

8. Der in der Regel transkribierte Inhalt der aufgezeichneten und vorgeführten **1318** Vernehmung ist wörtlich mitzuteilen.

9. Die Anordnung der Vorführung in Form einer Verfügung des Vorsitzenden[1726] **1319** bzw. eines (ggf. nach § 238 Abs. 2 StPO herbeigeführten) Gerichtsbeschlusses ist

---

1722   *Schlothauer* StV 1999, 47, 49; SK-StPO-*Velten*[4] § 255a Rn. 25; nur für Fälle notwendiger Verteidigung: KK-*Diemer*[6] § 255a Rn. 10.

1723   KK-*Diemer*[6] § 255a Rn. 9a. Ggf. müssen die zusätzlichen Voraussetzungen des § 52 Abs. 2 StPO erfüllt sein.

1724   So aber – obiter dicta – *BGHSt* 49, 72 = StV 2004, 247 m. Anm. *Degener* StV 2006, 514; ebenso zur Unzulässigkeit der Vorführung: KK-*Diemer*[6] § 255a Rn. 9a; *Meyer-Goßner*[55] § 255a Rn. 8.

1725   KK-*Diemer*[6] § 255a Rn. 9a.

1726   Für die Anordnung der Vorführung einer auf Video aufgezeichneten Vernehmung soll kein förmlicher Gerichtsbeschluss erforderlich sein, sondern die Anordnung des Vorsitzenden genügen: *BGH* v. 26.8.2011 – 1 StR 327/11 = NStZ 2011, 712 = StV 2012, 451 (m. abl. Anm. *Krüger/Wengenroth*, nach deren Auffassung ohne Anordnung in Form eines Gerichtsbeschlusses ein Verfahrensfehler vorliegt, auf dem das Urteil i.d.R. beruhe) = StraFo 2011, 397 m. abl. Anm. *Eisenberg*. Für Beschlusserfordernis auch KK-*Diemer*[6] § 255a Rn. 14; SK-StPO-*Velten*[4] § 255c Rn. 32. Die Begründung für das Beschlusserfordernis, § 255a Abs. 2 StPO tangiere § 251 StPO den Unmittelbarkeitsgrundsatz, überzeugt im Hinblick auf die Vorschriften der §§ 253, 254 u. 256 StPO nicht, die ebenfalls den Unmittelbarkeitsgrundsatz betreffen und trotzdem keinen Gerichtsbeschluss erfordern. Wie der BGH *Meyer-Goßner*[55] § 255a Rn. 11; LR-*Mosbacher*[26] § 255a Rn. 17; *Schlothauer* StV 1999, 47, 49.

im Wortlaut (ebenso wie eine Beanstandung nach § 238 Abs. 2 StPO) mitzuteilen. Ferner, dass die Aufzeichnung vorgeführt worden ist. Zusätzlich ist vorzutragen, dass der Zeuge in der Hauptverhandlung nicht persönlich, auch nicht im ggf. darzulegenden Umfang ergänzend vernommen worden ist.

III. Unzulässig ist die Vorführung der Bild-Ton-Aufzeichnung eines Zeugen in den Fällen des § 255a Abs. 1 StPO unter folgenden Voraussetzungen

1320 1. Es handelt sich nicht um die Aufzeichnung der Vernehmung eines **Zeugen**.[1727]

1321 2. Es lagen nicht die Voraussetzungen des § 251 StPO vor, unter denen eine die persönliche Vernehmung des Zeugen in der Hauptverhandlung ersetzende Verlesung einer Vernehmungsniederschrift hätte erfolgen dürfen.

1322 3. Die Vorführung einer durch einen Richter durchgeführten Vernehmung nach § 251 Abs. 2 StPO genügte nicht den an eine ordnungsgemäße richterliche Vernehmung zu stellenden Anforderungen.[1728]

1323 4. Der (auch von einem Richter) vernommene Zeuge hat in der Hauptverhandlung von seinem Zeugnisverweigerungsrecht nach § 52 StPO Gebrauch gemacht.[1729] Macht der Zeuge von seinem Zeugnisverweigerungsrecht keinen Gebrauch, kann statt seiner Vernehmung die Aufzeichnung abgespielt werden.[1730] Gestattet er unter Verweigerung im Übrigen die Verwertung seiner früheren Aussage, darf die Verhörsperson vernommen und dieser als Vorhalt die Aufzeichnung vorgespielt werden.[1731] Demgegenüber ist die unmittelbare Verwertung der Aufzeichnung, durch die die Vernehmung der Verhörsperson ersetzt wird, unzulässig.[1732]

1324 Hatte der Zeuge im Zeitpunkt seiner Vernehmung ein Zeugnisverweigerungsrecht nach § 52 StPO und ist er darüber bei seiner früheren Aussage nicht belehrt worden, so ist diese grundsätzlich unverwertbar.[1731]

Ist der Zeuge seinerzeit belehrt worden, ist im Falle seiner Erreichbarkeit zunächst zu klären, ob er in der Hauptverhandlung (mit der Folge des § 252 StPO) von seinem Zeugnisverweigerungsrecht Gebrauch machen würde. Ist er in der Hauptverhandlung unerreichbar, weil sein Aufenthalt nicht ermittelt werden kann, darf seine frühere Aussage vorgespielt werden.[1733]

1727 KK-*Diemer*[6] § 255a Rn. 6 unter Hinweis auf die Sondersituation eines ehemaligen Mitbeschuldigten. Zur Beweisaufnahme über ein Geständnis nach § 254 StPO ist die Vorführung unzulässig: KK-*Diemer*[6] § 255a Rn. 5.
1728 Siehe dazu oben Rn. 1311.
1729 *BGHSt* 49, 72 = StV 2004, 247 m. Anm. *Degener* StV 2006, 509.
1730 KK-*Diemer*[6] § 255a Rn. 4, 4b; *Meyer-Goßner*[55] § 255a Rn. 3.
1731 *Meyer-Goßner*[55] § 255a Rn. 3.
1732 *BGH* StV 2008, 170.
1733 *Meyer-Goßner*[055] § 255a Rn. 3.

5. Macht ein Zeuge in der Hauptverhandlung umfassend von einem ihm zustehen- **1325**
den Auskunftsverweigerungsrecht nach § 55 StPO Gebrauch, soll dies der Vorführung seiner Aussage als früherer Mitbeschuldigter nicht entgegenstehen, es sei
denn, er wäre damals nicht nach § 136 Abs. 1 S. 2 StPO belehrt worden.[1734] Dies
steht der Rechtsprechung zu § 251 Abs. 2 S. 2 StPO a.f. bzw. zu § 251 Abs. 1 Nr. 1
StPO n.F. sowie zu § 251 Abs. 1 Nr. 1 und 2 StPO a.f. bzw. § 251 Abs. 1 Nr. 2
StPO n.F. entgegen.[1735] Anders dürfte es sich verhalten in dem Fall, dass der Zeuge
in der Hauptverhandlung nur teilweise die Auskunft verweigert. In diesem Fall darf
auch die Niederschrift über eine frühere Vernehmung verlesen werden.[1736]

6. Es fehlt ein Gerichtsbeschluss gem. § 251 Abs. 4 StPO, soweit die Vorführung **1326**
auf der Vernehmungsersetzung nach § 251 Abs. 1 u. Abs. 2 StPO beruht.[1737]

IV. Anforderungen an den Vortrag der Rüge der Verletzung der §§ 255a, 250 StPO

In Anbetracht der Vielzahl der in Betracht kommenden Rügen können hier nur eini- **1327**
ge Grundsätze erörtert werden.

1. Vorzutragen ist in jedem Fall **1328**

a) die Verfügung des Vorsitzenden bzw. der Beschluss, mit dem die Vorführung
der früheren Videovernehmung angeordnet wurde,

b) gegebenenfalls das Fehlen eines Beschlusses bei einer Vernehmungsersetzung
gem. § 255a Abs. 1 i.V.m. § 251 Abs. 1 u. Abs. 2 StPO[1738],

c) gegebenenfalls der Antrag gem. § 238 Abs. 2 StPO und der Widerspruch der
Verteidigung gegen die Einführung, insbesondere bei Rügen der Verletzung der
Mitwirkungsrechte und eine darauf ergangene Entscheidung, beides vollständig
im Wortlaut,

d) bei Verletzung der Mitwirkungsrechte:

e) Ausschluss des Beschuldigten von der richterlichen Vernehmung unter Mitteilung des entsprechenden Beschlusses,

f) unterbliebene Benachrichtigung des Verteidigers,

g) Vernehmung ohne Beschuldigten und Verteidiger (ggf. ohne zuvorige Gewährung von Akteneinsicht),

---

1734 *Meyer-Goßner*[55] § 255a Rn. 3.
1735 Vgl. *BGH* NJW 1984, 136 = StV 1983, 353; *BGH* StV 1993, 233 = NStZ 1993, 350;
BGH StV 1996, 191 = NStZ 1996, 96 sowie *BGH* StV 2007, 564 = NStZ 2007, 718 (2.
Senat).
1736 Nach *BGH* StV 2007, 567 (4. Senat) darf eine Aufzeichnung über diese Vernehmung
auch nach § 255a Abs. 1 StPO vorgeführt werden.
1737 LR-*Mosbacher*[26] § 255a Rn. 17.
1738 Das Fehlen eines Gerichtsbeschlusses bei Vernehmungsersetzung gem. § 255a Abs. 2
StPO, wenn der h.M. in der Lit. gefolgt wird (s. dazu Rn. 1319).

h) sofern eine Verschriftung der Vernehmung vorliegt, ist diese vollständig mitzuteilen.

i) Einführung der Videovernehmung in die Hauptverhandlung.

Soweit sonstige Mängel der richterlichen Vernehmung geltend gemacht werden sollen, wird auf die Ausführungen zu Rüge 146 Rn. 1246 verwiesen.

1329 2. Soll gerügt werden, dass das Gericht von einer ergänzenden Vernehmung des Zeugen in der Hauptverhandlung abgesehen hat bzw. ein entsprechender Antrag der Verteidigung zurückgewiesen wurde,[1739] ist vorzutragen

a) die nach der Vernehmung hervorgetretenen Tatsachen, zu denen der Zeuge nicht befragt werden konnte,

b) dass sich dem Gericht die ergänzende Befragung des Zeugen zu diesen Tatsachen aufdrängen musste,

c) im Falle eines Antrages der Verteidigung der Antrag der Verteidigung in vollem Wortlaut und der ablehnende Gerichtsbeschluss.

V. Weitere Rügemöglichkeiten[1740]

1330 1. Sofern Anträge der Verteidigung auf ergänzende Vernehmung in der Hauptverhandlung abgelehnt wurden, ist, sofern ein Beweisantrag abgelehnt wurde, die Verletzung von § 244 Abs. 3 StPO zu rügen, ansonsten die Verletzung der Aufklärungspflicht[1741] bzw. die Behinderung der Verteidigung, gegebenenfalls auch die Verletzung des Grundsatzes des fairen Verfahrens, die dann in Betracht kommen kann, wenn der Verteidiger nach der Videovernehmung im Ermittlungsverfahren Informationen erlangt hat, die zu einer ergänzenden Befragung des Zeugen Anlass gaben.

1331 2. Weiterhin ist eine Rüge möglich, dass die durch die Videovernehmung in die Hauptverhandlung eingeführte Aussage im Urteil unrichtig wiedergegeben wurde. Dies ist dann der Fall, wenn sich die fehlende Übereinstimmung – ohne Rekonstruktion der Hauptverhandlung – ohne Weiteres aus den Akten, nämlich der Videoaufzeichnung, die Aktenbestandteil ist, ergibt.[1742] Das gleiche gilt auch, wenn das Urteil die Aussage nur unvollständig verwertet und sich die Beweis-

---

1739   Wird ein Zeuge zum Beweis neuer Tatsachen benannt, zu denen er bei seiner richterlichen Vernehmung noch gar nicht gehört werden konnte, ist über den Antrag nach Beweisantragsgrundsätzen zu entscheiden, weil hier auch nach Vorführung der aufgezeichneten richterlichen Vernehmung in der Hauptverhandlung als Vernehmungsersatz wie bei einem Antrag auf wiederholte Vernehmung Grundsätze gelten: *OLG Karlsruhe* StraFo 2010, 71; s. auch *Schlothauer* StV 1999, 47, 49; *ders.* StV 2003, 652, 655. Zu den allg. Vortragserfordernissen s. Rüge 181 Rn. 1605.

1740   Siehe auch oben Ziff. I. Rn. 1306.

1741   *BGHSt* 48, 268 = StV 2003, 650.

1742   *Meyer-Goßner*[55] § 255a Rn. 13; *KK-Diemer*[6] § 255 Rn. 15; *LR-Mosbacher*[26] § 255a Rn. 26; ferner *Diemer* NStZ 2002, 16; **a.A.** *Hofmann* NStZ 2002, 569; *BGHSt* 48, 268 = StV 2003, 650 m. abl. Anm. *Schlothauer*.

würdigung daher nicht mit allen in die Hauptverhandlung eingeführten für den Schuld oder Rechtsfolgenausspruch relevanten Tatsachen auseinandersetzt.[1743]

3. Streitig ist, ob die Vorführung einer früheren Videovernehmung wegen eines **1332** möglicherweise höheren Beweiswerts der Verlesung der Vernehmungsniederschrift vorgeht.[1744] Im Hinblick auf den naheliegenden höheren Beweiswert der Videovernehmung, bei deren Vorführung die Prozessbeteiligten auch einen optischen und akustischen Eindruck vom Aussageverhalten des Zeugen erlangen können,[1745] wird die Aufklärungsrüge möglich sein, das Gericht habe anstelle der Vorführung der früheren Videovernehmung lediglich die Vernehmungsniederschrift verlesen.

Rüge 151

Wurden in der Hauptverhandlung ein Zeugnis oder ein Gutachten enthaltende Erklärungen **1333** öffentlicher Behörden, vereidigter Sachverständiger sowie der Ärzte eines gerichtsärztlichen Dienstes (§ 256 Abs. 1 Nr. 1 StPO) verlesen?

I. Rechtsgrundlagen

1. Es muss sich um Zeugnisse oder Gutachten **öffentlicher Behörden** handeln: **1334**

a) Öffentliche Behörde, d.h. jede nach öffentlichem Recht errichtete, mit der Er- **1335** füllung öffentlicher Aufgaben beauftragte Stelle des Staates oder Körperschaften, Anstalten, Stiftungen oder einer sonstigen Organisationsform des öffentlichen Rechts, die in ihrem Bestand von den sie vertretenden Personen unabhängig ist.

Dies wird verneint

- bei als GmbH betriebenem Krankenhaus, auch wenn die Gesellschaftsanteile mehrheitlich von der öffentlichen Hand gehalten werden,
- in der Trägerschaft eines Ordens geführtes konfessionelles Krankenhaus,[1746]
- beim Technischen Überwachungsverein,
- bei Berufsgenossenschaften,

1743 *Schlothauer* StV 2003, 650, 655 f.; KK-*Diemer*[5] § 255a Rn. 15 (diese Auffassung hat KK-*Diemer*[6] § 255a Rn. 15 nunmehr aufgegeben). Siehe Rüge 228 Rn. 1887.

1744 Bejahend: *Meyer-Goßner*[55] § 255a Rn. 5; *Rieß* StraFo 1999,4; *Weider/Staechelin* StV 1999,53; ablehnend KK-*Diemer*[6] § 255a Rn. 4; vgl. auch *BGHSt* 46, 73.

1745 Überzeugend *Meyer-Goßner*[55] § 255a Rn. 5 m.w.N.; so auch *BGHSt* 49, 72, 78 = StV 2004, 247 m. Anm. *Degener* StV 2006, 514: die Vernehmung des vernehmenden Richters ist gegenüber der Vorführung der Videoaufzeichnung das weniger zuverlässige Beweismittel.

1746 *BGH* v. 19.11.2009 – 4 StR 276/09 = StV 2010, 289 = NStZ 2010, 585 = StraFo 2010, 158.

- bei (nichtstaatlichen) Notaren,
- bei der Deutsche Post AG, der Deutsche Postbank AG und der Deutsche Telekom AG,
- bei Gerichtshilfe und Jugendgerichtshilfe,
- bei der DEKRA.[1747]

1336 b) Es muss sich um eine Erklärung eines zur Vertretung einer öffentlichen Behörde berechtigten individuellen Angehörigen[1748] handeln, die in deren und nicht im eigenen Namen abgegeben worden ist.

Ob der Behördenangehörige zur Abgabe der Erklärung berechtigt war und diese im fremden Namen erfolgte, ist im Einzelfall zu prüfen. Dazu muss auch vorgetragen werden, an wen der Gutachtenauftrag erteilt worden ist. Sollte das der Akte nicht zu entnehmen sein, ist das mitzuteilen.[1749] Für die Abgabe einer Erklärung im Namen der Behörde spricht der Zusatz zur Unterschrift „im Auftrag", „in Vertretung" oder „auf Anordnung"[1750]. Die Forderung, Entschädigung für die Anfertigung der Erklärung auf das Privatkonto des Erklärenden zu überweisen, spricht für eine Erklärung im eigenen Namen. Ggf. muss eine Auskunft der Behörde zu dieser Frage ebenso wie zu derjenigen eingeholt werden, ob der Erklärende befugt war, die Erklärung für die Behörde abzugeben.

1337 c) Die Erklärung muss nach außen – allerdings nicht notwendigerweise an die Strafverfolgungsbehören – gerichtet sein. Stellungnahmen oder Berichte für den innerdienstlichen Gebrauch sind nicht verlesbar.

1338 d) Der Gegenstand der Erklärung muss in den Aufgabenbereich der jeweiligen Behörde fallen.

1339 e) Gegenstand der Erklärung können Zeugnisse über amtlich festgestellte Tatsachen oder andere Wahrnehmungen von Behördenangehörigen sein, nicht aber solche der Strafverfolgungsbehörden, die das anhängige Strafverfahren betreffen (siehe dazu aber § 256 Abs. 1 Nr. 5 StPO). Ebenfalls dürfen sogenannte Leumundszeugnisse nicht verlesen werden.

1340 f) Gegenstand der Erklärungen können ferner Gutachten sein, d.h. sachverständige Äußerungen der Behörde. Enthält das Gutachten Zusatztatsachen, die nicht selbst wieder als Behördenzeugnis anzusehen sind, darf es nicht verlesen werden; der Verfasser des Gutachtens ist als Zeuge zu vernehmen.

1341 2. Verlesbar sind **Zeugnisse oder Gutachten** enthaltende Erklärungen **von Sachverständigen**, die für die Erstellung von Gutachten der betreffenden Art allgemein vereidigt sind (§ 256 Abs. 1 Nr. 1b StPO).

1747 Vgl. Nachw. bei *Meyer-Goßner*[55] § 256 Rn. 13 u. 14 u. KK-*Diemer*[6] § 256 Rn. 4 u. 5.
1748 *BayObLG* StV 1989, 6.
1749 *OLG Köln* Beschl. v. 27.2.2004 – Ss 567/03.
1750 Der Bericht eines Arztes einer öffentlichen Klinik stellt mangels Vertretungszusatzes kein Behördengutachten dar: *BGH* v. 19.11.2009 – 4 StR 276/09 = StV 2010, 289 = NStZ 2010, 585 = StraFo 2010, 158.

Das Zeugnis oder Gutachten muss sich auf einen Gegenstand des Fachgebiets beziehen, für das der Sachverständige allgemein vereidigt ist (vgl. z.b. allgemeine Vereidigung nach § 36 GewO). Die Verlesung ist gerechtfertigt aufgrund der Sachautorität, die Voraussetzung für die allgemeine Vereidigung ist, weshalb anders als bei den sonstigen Sachverständigen deren Sachkunde nicht zwingend im Rahmen ihrer persönlichen Vernehmung in der Hauptverhandlung überprüft werden muss.[1751] Gutachten, die von Sachverständigen erstattet werden, die für das betreffende Fachgebiet nicht allgemein vereidigt sind, können deshalb nur ergänzend in ihrer Anwesenheit verlesen werden.

3. Verlesbar sind schließlich die Erklärungen eines einem **gerichtsärztlichen** **1342**
Dienst angehörenden Arztes, soweit sein Zeugnis oder Gutachten nicht sogenannte Leumundszeugnisse zum Gegenstand hat (§ 256 Abs. 1 Nr. 1c StPO). Auch hier muss allerdings das Gutachten in den gerichtsärztlichen Aufgabenbereich fallen, darf aber über den Bereich der Atteste i.S.d. § 256 Abs. 1 Nr. 2 StPO hinausgehen.

Für die Verlesbarkeit ist nicht entscheidend, dass der Gerichtsarzt Beamtenstatus hat. Er muss nur organisatorisch der Gesundheitsverwaltung oder der Justizverwaltung eingegliedert sein.[1752]

Gutachten anderer beamteter Ärzte sind nur verlesbar, wenn sie als Behördengutachten erstattet worden sind.

4. Die Verletzung des § 256 Abs. 1 Nr. 1 StPO i.V.m. § 250 StPO ist ein relativer **1343**
Revisionsgrund (§ 337 StPO).

II. Anforderungen an das Vorbringen der Rüge der Verletzung des Grundsatzes der persönlichen Vernehmung (§ 250 StPO) infolge unzulässiger Verlesung einer ein Zeugnis oder Gutachten enthaltenden Erklärung einer Behörde, eines Sachverständigen oder Arztes, durch die die persönliche Vernehmung des Verfassers als Zeuge oder Sachverständiger ersetzt wurde (§ 256 Abs. 1 Nr. 1 StPO)

1. Das Zeugnis oder Gutachten muss vollständig wörtlich mitgeteilt werden. **1344**
2. Es muss die Tatsache der Verlesung mitgeteilt werden.
3. Es muss ausgeschlossen werden, dass die Verlesung der Erklärung – zulässigerweise – nach einer anderen Vorschrift als § 256 Abs. 1 Nr. 1 StPO erfolgte.

1751   Auch bei den allgemein vereidigten Sachverständigen kann es die Aufklärungspflicht des Gerichts gebieten oder Folge eines Beweisantrages sein, dass der Sachverständige im Rahmen seiner persönlichen Vernehmung nähere Erläuterungen zu seinem Gutachten abgibt oder zur Behebung von Unklarheiten, Mängeln oder Auslassungen beiträgt: *Meyer-Goßner*[55] § 256 Rn. 16.
1752   KK-*Diemer*[6] § 256 Rn. 6.

4. Es muss ausgeschlossen werden, dass der Inhalt der Erklärung durch Vorhalt in die Hauptverhandlung eingeführt wurde.

5. Es muss behauptet werden, dass das Zeugnis oder Gutachten nicht von einer Behörde stammt oder

nicht von einem zur Abgabe mit Außenwirkung befugten Behördenangehörigen verfasst wurde oder

der Gegenstand der Erklärung nicht in den Zuständigkeitsbereich der betreffenden Behörde fällt (§ 256 Abs. 1 Nr. 1a StPO),

bzw. es von einem Sachverständigen stammt, der für das betreffende Sachgebiet nicht allgemein vereidigt war (§ 256 Abs. 1 Nr. 1 StPO),

bzw. der Arzt nicht dem gerichtsärztlichen Dienst angehörte oder das Gutachten nicht in seinen Aufgabenbereich fiel oder ein Leumundszeugnis zum Gegenstand hatte (§ 256 Abs. 1 Nr. 1c StPO).

6. Es muss vorgetragen werden, dass der Urheber des Zeugnisses bzw. Verfasser des Gutachtens nicht persönlich in der Hauptverhandlung vernommen wurde.

7. Da weder ein Widerspruch gegen die Verlesung erhoben noch gegen eine entsprechende Verfügung des Vorsitzenden ein Gerichtsbeschluss herbeigeführt werden muss, bedarf es insoweit keines entsprechenden Vortrages.[1753]

III. Im Zusammenhang mit der Verlesung von Behördenzeugnissen und -gutachten stehende Verfahrensrügen

1345   1. Mit der Aufklärungsrüge kann beanstandet werden, dass aufgrund der Umstände des Falles bzw. des Gegenstands der Erklärung das Gericht zu einer persönlichen Vernehmung des Zeugen oder Sachverständigen gedrängt war (siehe auch § 256 Abs. 2 StPO).

1346   2. § 261 StPO ist verletzt, wenn das Urteil eine Behördenerklärung verwertet, obwohl diese ausweislich des Hauptverhandlungsprotokolls nicht zu Beweiszwecken in die Hauptverhandlung eingeführt worden ist, was mit der Verfahrensrüge zu beanstanden ist.[1754]

1347   3. Gegenstand einer Verfahrensrüge kann ferner der Umstand sein, dass das ausweislich der Urteilsgründe verwertete Zeugnis oder Gutachten einen anderen Inhalt als den in den Urteilsgründen festgestellten hatte.[1755]

1348   4. Es begründet die Verfahrensrüge der Verletzung des § 261 StPO, wenn in der Hauptverhandlung ein Zeugnis oder Gutachten gemäß § 256 Abs. 1 Nr. 1 StPO verlesen wurde, dessen Inhalt in den Urteilsgründen nicht gewürdigt wurde und dies zur Lückenhaftigkeit der Beweiswürdigung führt.[1756]

1753   *BGH* v. 25.10.2011 – 3 StR 315/11 = StV 2012, 202.
1754   Siehe Rüge 226 Rn. 1858 u. 1872.
1755   Siehe hierzu Rüge 227 Rn. 1879.
1756   Siehe hierzu Rüge 228 Rn. 1887.

Rüge 152

Wurden in der Hauptverhandlung ärztliche Atteste, ärztliche Blutentnahmeprotokolle oder Routinegutachten verlesen?   **1349**

I. Rechtsgrundlagen

1. Ärztliche Atteste über Körperverletzungen, die nicht zu den schweren gehören

a) Urheber muss ein ordnungsgemäß nach dem für ihn geltenden Berufsrecht be- **1350**
stallter Arzt sein, der über seine eigenen Wahrnehmungen bei dem von ihm behandelten Patienten berichtet.

b) Gegenstand des Attestes dürfen nur Körperverletzungen sein, die nicht zu den **1351**
schweren gehören, d.h. fahrlässige Körperverletzung (§ 229 StGB), vorsätzliche einfache und gefährliche Körperverletzung (§§ 223, 224 StGB).

c) Die Verlesung darf nur dem Zweck des Nachweises dieser Körperverletzungs- **1352**
delikte bzw. der Ausmaße der Körperverletzung (Schuldumfang) dienen. Die Verlesung und Verwertung ist unzulässig, wenn das Attest als Indiztatsache für die Schuld oder den Schuldumfang eines anderen Delikts in Betracht kommt.[1757] Das gilt auch dann, wenn eine Körperverletzung, die nicht zu den schweren gehört, in Tateinheit mit einem anderen Delikt steht. Auch dann ist die Verlesung nur bezüglich des Nachweises der Körperverletzungsdelikte der §§ 223, 224 und 229 StGB zulässig.[1758] Ansonsten muss der behandelnde Arzt persönlich vernommen werden.

d) Zulässiger Umfang der Verlesung ärztlicher Atteste: **1353**

Die Verlesung muss sich auf die Teile des Attestes beschränken, die diagnostische Feststellungen zu den in Betracht kommenden Körperverletzungsdelikten enthalten und die der Arzt aufgrund seiner besonderen Sachkunde treffen konnte.[1759] Dazu gehören nicht mehr Ausführungen zur Herkunft und den Auswirkungen der erlittenen Körperverletzung[1760] und zu ihren Heilungsaussichten. Nicht verlesbar sind auch Ausführungen zu einem gynäkologischen Befund oder zum zeitlichen Abstand zwischen dem Verletzungsgeschehen und der ärztlichen Behandlung.[1761]

1757 *BGH* Beschl. v. 4.3.2008 – 3 StR 559/07 = StV 2008, 341 = NStZ 2008, 474 = StraFo 2008, 246; *BGH* v. 19.11.2009 – 4 StR 276/09 = StV 2010, 289 = NStZ 2010, 585 = StraFo 2010, 158; *BGH* v. 23.11.2010 – 3 StR 402/10 = StV 2011, 715 (auch zum Beruhen).

1758 Einschränkend *BGH* v. 21.9.2011 – 1 StR 367/11 = NStZ 2012, 226 = StV 2012, 707 m. abl. Anm. *König.*

1759 Zur Frage, unter welchen Voraussetzungen die Verlesung eines ärztlichen Berichts über die Aufnahme des Tatopfers in ein Krankenhaus gem. § 256 Abs. 1 Nr. 2 StPO verstößt, *BGH* v. 27.1.2010 – 2 StR 444/09 = NStZ 2010, 466.

1760 *BGH* StV 1984, 142 f. = NStZ 1984, 211 Nr. 22; *Meyer-Goßner*[55] § 256 Rn. 19.

1761 *OLG Hamburg* StV 2000, 9.

1354   Zusätzliche Angaben, die der attestierende Arzt nicht aufgrund seiner Sachkunde, sondern anderweitig wahrgenommen hat, dürfen ebenfalls nicht verlesen werden. Sie können nur durch Vernehmung des Arztes als Zeuge in die Hauptverhandlung eingeführt werden. Dies gilt beispielsweise für die Angaben des Verletzten oder Dritter, auch zur Vorgeschichte und zum konkreten Geschehensablauf der Verletzungshandlung, oder für Wahrnehmungen des Arztes über den Zustand der Kleidung des Verletzten.

2. Ärztliche Blutentnahmeprotokolle und Routinegutachten

1355   a)   Blutentnahmeprotokolle dürfen verlesen werden, wenn sie unmittelbare Wahrnehmungen eines approbierten Arztes[1762] zu Ort und Zeitpunkt der Blutentnahme bei dem Beschuldigten oder einem Dritten, Erscheinungsbild und Verhalten des Untersuchten (nicht aber etwaige Äußerungen[1763]) sowie Ergebnisse durchgeführter klinischer Tests enthalten.

1356   Ergebnisse von Tests, die eine aktive Mitwirkung des Beschuldigten erfordern, sind unverwertbar und damit die diesbezüglichen Teile des Blutentnahmeprotokolls unverlesbar, wenn der Beschuldigte nicht darüber belehrt wurde, dass er zu einer aktiven Mitwirkung nicht verpflichtet sei.[1764] In der Konsequenz der Rechtsprechung des BGH würde es liegen, dass der Verlesung des Protokolls in der Hauptverhandlung widersprochen worden sein muss, um das Verwertungsverbot zu aktivieren.

Ob Verfasser des Berichts zur Blutentnahme tatsächlich ein Arzt war, kann sich auch aus der dem Bericht beigefügten Liquidation ergeben.[1765]

1357   b)   Routinegutachten über die Auswertung eines Fahrtschreibers (nicht aber, ob das Gerät oder die Aufzeichnung manipuliert wurden[1766]), Bestimmung der Blutgruppe und des Blutalkoholgehalts einschließlich der Rückrechnung sind nach § 256 Abs. 1 Nr. 4 StPO verlesbar.

II. Durchführung der Verlesung

1358   Die Verlesung erfolgt auf Anordnung des Vorsitzenden. Die Rüge eines Verfahrensfehlers wird nicht dadurch ausgeschlossen, dass der Angeklagte/Verteidiger nicht widersprochen und keinen Gerichtsbeschluss (§ 238 Abs. 2 StPO) herbeigeführt hat.

Die Verlesung erfolgt durch ein Mitglied des Gerichts (§ 249 Abs. 1 StPO) oder im Selbstleseverfahren (§ 249 Abs. 2 StPO) und ist eine wesentliche Förmlichkeit, die nur durch das Protokoll bewiesen werden kann.

1762   Siehe aber *BGHSt* 24, 125.
1763   So wohl SK-StPO-*Velten*[4] § 256 Rn. 30; **a.A.** LR-*Gollwitzer*[25] § 256 Rn. 49.
1764   SK-StPO-*Rogall*[3] § 81a Rn. 16 u. 88.
1765   *BGH* StraFo 2007, 331.
1766   KK-*Diemer*[6] § 256 Rn. 9.

490

Bezieht sich die Anordnung des Selbstleseverfahrens nicht nur auf bestimmte Teile des Attestes,[1767] ist das gesamte Attest Gegenstand des Selbstleseverfahrens, was bei Attesten, die nur teilweise verlesbar sind (siehe oben Rn. 1353 und 1354) die Rüge der Verletzung des § 250 StPO begründet, wenn das Urteil auf die nicht verlesbaren Teile Bezug nimmt.

Die Bekanntgabe des wesentlichen Inhalts des Attestes etc. durch den Vorsitzenden anstelle der Verlesung der Urkunde ist unzulässig.[1768]

III. Anforderungen an den Vortrag der Rüge der Verletzung des § 250 StPO wegen Verlesung eines nach § 256 Abs. 1 Nr. 2, 3 oder 4 StPO ganz oder teilweise nicht verlesbaren ärztlichen Attestes, Blutprobenentnahmeberichts oder Routinegutachtens

1. Der Inhalt des Attestes, des Blutprobenentnahmeberichtes oder des Gutachtens   **1359**
   muss vollständig wörtlich mitgeteilt werden, soweit er verlesen worden ist.
2. Es muss die Tatsache der Verlesung mitgeteilt werden.
3. Es muss mitgeteilt werden, dass der Angeklagte nicht verteidigt war oder bei einem verteidigten Angeklagten nicht alle Verfahrensbeteiligten mit einer Verlesung einverstanden waren (ansonsten würde sich die Zulässigkeit der Verlesung aus § 251 Abs. 1 Nr. 1 StPO ergeben können).
4. Der Urheber des Attestes bzw. Blutprobenentnahmeberichts bzw. Routinegutachtens wurde nicht persönlich in der Hauptverhandlung vernommen.
5. Ggf. ist mitzuteilen, dass der Urheber kein Arzt war bzw. dass dem Attest bzw. Blutprobenentnahmebericht keine eigenen Wahrnehmungen des Arztes zugrunde lagen.
6. Es muss die allgemeine Sachrüge erhoben werden, um darlegen zu können, dass der Angeklagte (u.a.) wegen einer Tat verurteilt wurde, die nicht zu den Körperverletzungsdelikten der §§ 223, 224 und 229 StGB gehören.
7. Im Falle der Verwertung eines Testergebnisses im Zusammenhang mit einer Blutprobenentnahme ohne zuvorige Belehrung des Beschuldigten darüber, dass er zu einer aktiven Mitwirkung nicht verpflichtet sei, ist mitzuteilen, dass der Verlesung widersprochen wurde.
8. Die Anordnung der Verlesung durch den Vorsitzenden und deren Inhalt.[1769] Sollte gegen die Anordnung der Verlesung durch den Vorsitzenden Antrag auf gerichtliche Entscheidung (§ 238 Abs. 2 StPO) gestellt worden sein, ist dieses und die Reaktion des Gerichts mitzuteilen.

1767   Vgl. SK-StPO-*Frister*⁴ § 249 Rn. 64.
1768   LR-*Gollwitzer*²⁵ § 256 Rn. 51; **a.A.** *BGHSt* 1, 94.
1769   Für die Verlesung bedarf es keines Gerichtsbeschlusses; **a.A.** SK-StPO-*Velten*⁴ § 256 Rn. 35.

IV. Im Zusammenhang mit der Verwertung ärztlicher Atteste, Blutprobenentnahmeberichte oder Routinegutachten stehende Verfahrensrügen

1360 1. Nach § 256 Abs. 1 Nr. 2 StPO unverlesbare ärztliche Atteste dürfen auch nicht in Form der Bekanntgabe ihres Inhalts oder eines Vorhalts an den Angeklagten oder – mit Ausnahme des in der Hauptverhandlung vernommenen Arztes – eine andere Beweisperson verwertet werden.[1770]

1361 2. Die Inaugenscheinsnahme eines Fahrtenschreiberblattes anstelle der Verlesung eines Gutachtens i.S.d. § 256 Abs. 1 Nr. 4 StPO bzw. anstelle der Vernehmung eines Sachverständigen ist ungeeignet, weil die Auswertung besondere Sachkunde erfordert,[1771] über die das Gericht in der Regel nicht verfügt.

1362 3. Verwertung des Inhalts eines nicht zum Gegenstand der Hauptverhandlung gemachten ärztlichen Attestes etc. (Verfahrensrüge der Verletzung des § 261 StPO)[1772].

Anforderungen an den Vortrag:

a) Der vollständige Wortlaut des Attestes etc. ist mitzuteilen.

b) Es ist mitzuteilen, dass das Attest etc. nicht in der Hauptverhandlung verlesen wurde. Ggf. ist vorzutragen, dass der Inhalt des Attestes etc. mündlich durch den Vorsitzenden bekanntgegeben wurde, was aber nicht ausreicht, um das Attest selbst prozessordnungsgemäß in die Hauptverhandlung einzuführen.[1773]

c) Es ist mitzuteilen, dass der Verfasser des Attestes etc. in der Hauptverhandlung nicht vernommen wurde.

d) Es ist mitzuteilen, dass der Inhalt des Attestes auch nicht durch Vorhalt an den Angeklagten bzw. eine andere Beweisperson in die Hauptverhandlung eingeführt wurde bzw. infolge seines Sachkunde erfordernden Inhalts eingeführt werden konnte.

e) Die Verfügung des Vorsitzenden oder ein etwaiger Gerichtsbeschluss, wodurch die Verlesung angeordnet wurde; im Falle eines Antrags auf gerichtliche Entscheidung gegen die Verfügung des Vorsitzenden (§ 238 Abs. 2 StPO) diese Tatsache sowie die daraufhin erfolgte Reaktion des Gerichts.

1363 4. Weitere im Zusammenhang stehende Verfahrensrügen siehe Rüge 151 Rn. 1345.

1770 *Meyer-Goßner*[55] § 256 Rn. 21; für unbegrenzte Verwertbarkeit in Form eines Vorhalts *BGH* MDR 1993, 9 (H); LR-*Gollwitzer*[25] § 256 Rn. 44.

1771 KK-*Diemer*[6] § 256 Rn. 9.

1772 S. *BGH* v. 27.1.2010 – 2 StR 444/09 = StraFo 2010, 200.

1773 Siehe dazu Rüge 142 Rn. 1205.

Rüge 153

Sind in der Hauptverhandlung anstelle der persönlichen Vernehmung eines Zeugen ein   **1364**
Protokoll sowie in einer Urkunde enthaltene Erklärungen der Strafverfolgungsbehörden
über Ermittlungshandlungen verlesen worden (§ 256 Abs. 1 Nr. 5 StPO)?

I. Rechtsgrundlagen

Nach § 256 Abs. 1 Nr. 5 StPO dürfen Protokolle sowie in einer Urkunde enthaltene   **1365**
Erklärungen der Strafverfolgungsbehörden über Ermittlungshandlungen verlesen
und dadurch die Vernehmung der Verfasser der Erklärungen als Zeuge ersetzt werden. Die betreffenden Erklärungen dürfen aber nicht eine Vernehmung zum Gegenstand haben. Der Begriff der „Vernehmung" ist weit zu fassen.[1774] Hierzu gehören
auch informatorische Befragungen von Zeugen, Sachverständigen oder Beschuldigten, auch wenn diese sich zunächst aus eigener Initiative an die Ermittlungsbehörden gewandt haben.[1775] Auch von den Ermittlungsbehörden eingeholte Stellungnahmen von Vertrauenspersonen etc. sind nicht nach dieser Vorschrift verlesbar. Berichte, in denen Vernehmungsergebnisse wiedergegeben werden, dürfen bezüglich
dieser Teile ebenfalls nicht verlesen werden.[1774]

Ansonsten unterliegt die Zulässigkeit der Verlesbarkeit den Anforderungen, die die   **1366**
gerichtliche Aufklärungspflicht an die Beweiserhebung stellt. Verlesbar sind deshalb nur Routinevorgänge, bei denen ein Polizeibeamter in der Hauptverhandlung
ohnehin kaum mehr als das bekunden könnte, was in Protokoll oder Vermerk schon
schriftlich festgelegt ist.[1776] Es ist zulässig, Erkenntnisse aus der Telekommunikationsüberwachung zum Aufenthalt des Angeklagten zu einem bestimmten Zeitpunkt
durch Verlesen der durch die Kriminalpolizei von dem Inhalt der Tonträger herge-
stellten Niederschrift in die Hauptverhandlung einzuführen.[1777]

Nicht um einen Routinevorgang handelt es sich in einem Fall, in dem die in einer
Urkunde enthaltene Erklärung der Strafverfolgungsbehörden die Auswertung einer
Videoaufzeichnung beinhaltet, die das Gericht in der Hauptverhandlung durch Ab-
spielen selbst in Augenschein nehmen könnte.[1778]

Verlesbar nach § 256 Abs. 1 Nr. 5 StPO sind schließlich nur Erklärungen der Strafverfolgungsbehörden.[1779] Erklärungen anderer Behörden sind nicht verlesbar.

1774 *Meyer-Goßner*[55] § 256 Rn. 27.
1775 *HK-Julius*[5] § 256 Rn. 10.
1776 *OLG Düsseldorf* StV 2007, 518; *Meyer-Goßner*[55] § 256 Rn. 26. Ergänzend zur Rüge
      der Verletzung des § 256 Abs. 1 Nr. 5 StPO kommt in diesen Fällen die Aufklärungs-
      rüge in Betracht.
1777 *BGH* v. 7.10.2008 – 4 StR 272/08 = StV 2009, 359 = NStZ 2009, 280.
1778 *OLG Düsseldorf* StV 2007, 518.
1779 Es kann sich auch um Erklärungen handeln, die aus anderen Ermittlungsverfahren
      stammen.

II. Anforderungen an den Vortrag der Rüge der Verletzung des § 256 Abs. 1 Nr. 5 StPO

1367 1. Es sind die in der Hauptverhandlung verlesenen Protokolle bzw. in einer Urkunde enthaltenen Erklärungen im Wortlaut im Umfange ihrer Verlesung mitzuteilen.

2. Es ist die Tatsache der Verlesung mitzuteilen.

3. Es muss ausgeschlossen werden, dass der Verfasser des Protokolls bzw. der Erklärung persönlich als Zeuge in der Hauptverhandlung vernommen wurde.

4. Es ist darzulegen, dass der Verfasser der Erklärungen nicht einer Strafverfolgungsbehörde angehörte.[1780]

5. Es sind die Voraussetzungen auszuschließen, unter denen eine Verlesung nach § 251 Abs. 1 StPO zulässig wäre bzw. der Inhalt der Urkunde durch Vorhalt in die Hauptverhandlung eingeführt worden sein kann.

III. Im Zusammenhang mit der Verlesung von Protokollen und Erklärungen gem. § 256 Abs. 1 Nr. 5 StPO stehende Rügemöglichkeiten

1368 Es kommt die Rüge der Verletzung der Aufklärungspflicht nach § 244 Abs. 2 StPO in Betracht, wenn der Inhalt und die Bedeutung der verlesenen Erklärung die persönliche Vernehmung ihres Verfassers erforderte, was insbesondere der Fall ist, wenn zweifelhaft ist, ob die schriftlich niedergelegten Bekundungen eigene Wahrnehmungen des Verfassers darstellen oder lediglich Wahrnehmungen anderer Personen wiedergegeben werden.

1369 Ist in der Hauptverhandlung ein Beweisantrag auf Vernehmung des Verfassers des Protokolls oder der Erklärungen gestellt worden, darf der Beweisantrag nicht mit der Begründung als unzulässig zurückgewiesen werden, dass über das betreffende Beweisthema durch Verlesung der Protokolle bzw. Erklärungen bereits Beweis erhoben worden sei.[1781]

1780 Die Unzulässigkeit der Verlesung infolge ihres Inhaltes muss sich aus dem in der Revisionsbegründung mitgeteilten Wortlaut der verlesenen Erklärung ergeben.

1781 Siehe Rüge 162 Rn. 1423 u. Rüge 183 Rn. 1615.

Rüge 154

Hatte der Angeklagte/Verteidiger nach jeder Verlesung bzw. Vorführung einer Bild-Ton-Aufzeichnung die Möglichkeit der Abgabe einer Erklärung (§ 257 StPO)?

1370

Es kann insoweit auf die identische Problematik im Anschluss an die Vernehmung des Angeklagten oder eines Mitangeklagten zur Sache sowie nach einer Zeugenvernehmung verwiesen werden (siehe Rüge 75 Rn. 841).

Kapitel 21
Hat das Gericht in der Hauptverhandlung einen Antrag auf Erhebung von Beweisen zurückgewiesen oder übergangen oder sind Beweismittel nicht herangezogen worden?

A. Vorbemerkung

I. Allgemeine Rechtsgrundlagen

1372 Bei den Anträgen auf Beweiserhebung kann man grob unterscheiden zwischen Beweis*anregungen*, Beweis*ermittlungsanträgen* sowie förmlichen Beweisanträgen.

Mit einer bloßen Beweisanregung wird die Erhebung des Beweises in das an der gerichtlichen Aufklärungspflicht orientierte Ermessen des Gerichts gestellt. Das Gericht soll die Anregung unter dem Gesichtspunkt der Amtsaufklärungspflicht prüfen,[1782] also ob der Beweis nach Auffassung des Gerichts zur Erforschung des Sachverhalts erforderlich ist (dazu unten Rüge 155, Rn. 1377 ff.).

1373 Beweisermittlungsanträge dienen der Auffindung von Beweisstoff für die Verteidigung und können oder sollen die Stellung eines förmlichen Beweisantrags erst ermöglichen. Ermittlungsanträge können der Vorklärung einer Beweisfrage (z.B.

1782 *BGHSt* 6, 128; 30, 131, 142; *BGH* NStZ 1981, 309; vgl. dazu *Meyer-Goßner*[55] § 244 Rn. 23, 26; KK-*Fischer*[6] § 244 Rn. 103; LR-*Becker*[29] § 244 Rn. 168 ff.

„ob" ein bestimmtes Geschehen stattgefunden hat) oder dem Auffinden des konkreten Beweismittels dienen[1783] (z.b. aus einer Vielzahl von Personen diejenige zu ermitteln, die konkrete Wahrnehmungen gemacht hat; dazu unten Rüge 156, Rn. 1382 ff.).

Ein (förmlicher) Beweisantrag liegt dann vor, wenn eine konkrete Beweis*tatsache*[1784] durch ein konkretes, genau bezeichnetes Beweismittel[1785] bewiesen werden soll.[1786] Der Angabe eines Beweisziels bedarf es nicht.[1787] Beim Zeugenbeweis kann als Beweistatsache z.b. nur behauptet werden, was der Zeuge mit einem oder mehreren seiner 5 Sinne wahrgenommen hat,[1788] nicht jedoch Schlussfolgerungen oder Wertungen, die der Zeuge vorgenommen hat. Grundsätzlich ist beim Zeugenbeweis der Zeuge mit Name und Anschrift (Straße und Wohnort) zu benennen[1789] (vgl. dazu unten Rügen 163, Rn. 1428 ff.; 164, Rn. 1447 ff.). **1374**

Dem Verteidiger steht ein selbstständiges und vom Willen des Angeklagten unabhängiges Beweisantragsrecht zu. Ein Beweisantrag darf daher nicht deshalb abgelehnt werden, weil eine sich mit dem Vorbringen des Angeklagten nicht notwendigerweise deckende Behauptung unter Beweis gestellt ist.[1790]

II. Grundsätzliche Anforderungen an den Vortrag

Soll mit der Revision die Zurückweisung einer Anregung oder eines Antrags auf eine Beweiserhebung gerügt werden, so gelten die folgenden allgemeinen Voraussetzungen für den Vortrag nach § 344 Abs. 2 S. 2 StPO.[1791] Diese sind, je nach Rüge, durch weitere Einzelheiten zu ergänzen. **1375**

- Mitteilung des genauen und vollständigen Wortlauts des Antrags;
- ist in einem Antrag, etwa bei der Beweisbehauptung oder dem Beweismittel, z.B. auf eine Aktenstelle Bezug genommen, ist auch diese vollständig im Wortlaut mitzuteilen[1792];

1783 *BGH* NStZ 1983, 210; *BGH* StV 1996, 581; *Meyer-Goßner*[55] § 244 Rn. 25; KK-*Fischer*[6] § 244 Rn. 100; LR-*Becker*[26] § 244 Rn. 162.
1784 *BGHSt* 39, 251; *Meyer-Goßner*[55] § 244 Rn. 20; KK-*Fischer*[6] § 244 Rn. 69; LR-*Becker*[26] § 244, Rn. 95 f.
1785 *BGH* NStZ 1999, 522; 2000, 437; *Meyer-Goßner*[55] § 244 Rn. 21; KK-*Fischer*[6] § 244 Rn. 79; LR-*Becker*[26] § 244, Rn. 104 f.
1786 Insgesamt *Meyer-Goßner*[55] § 244 Rn. 18; LR-*Becker*[26] § 244 Rn. 95 ff.
1787 *OLG Naumburg* Beschl. v. 27.2.2012 – 2 Ss 28/12 = StV 2012, 589.
1788 *BGH* StV 2004, 638.
1789 *BGHSt* 40, 3= StV 1994, 169 m. Anm. *Strate* und Anm. *Widmaier* in: NStZ 1994, 248; vgl. auch *BGH* NStZ 1981, 309; 1995, 246; 1999, 152; *OLG Köln* StV 1996, 368; 2002, 355; insgesamt KK-*Fischer*[6] § 244 Rn. 67; auch *Meyer-Goßner*[55] § 244 Rn. 21; LR-*Becker*[26] § 244 Rn. 108.
1790 *BGH* StV 2009, 588; *Meyer-Goßner*[55] § 244 Rn. 30; LR-*Becker*[26] § 244 Rn. 118.
1791 Vgl. insg. KK-*Fischer*[6] § 244 Rn. 224; LR-*Becker*[26] § 244 Rn. 372 ff.
1792 *BGHSt* 40, 3, 5 = StV 1994, 169; *BGH* StV 1994, 470.

- ggf. ergänzende Erklärungen des Antragstellers zu dem Antrag;
- die Stellungnahme von Staatsanwaltschaft bzw. Nebenkläger (nicht im Wortlaut, nur sofern im Protokoll inhaltliche Angaben enthalten sind);
- die Entscheidung des Gerichts im vollen Wortlaut;
- die Mitteilung, ob es bei dieser Entscheidung geblieben ist, ggf. die Mitteilung, was nach der Entscheidung geschehen ist, und insbesondere die Mitteilung, dass der Beweis nicht erhoben wurde und auf die Beweiserhebung nicht verzichtet wurde und das Gericht den Beschluss nicht geändert oder ergänzt hat;
- Vortrag aller Tatsachen, die neben dem abgelehnten Beweisantrag und dem Ablehnungsbeschluss für die Prüfung der Rüge notwendig sind und/oder die der Rüge entgegenstehen und/oder dieser den Boden entziehen könnten[1793] (z.B. spätere Bemühungen des Gerichts um Vernehmung eines Zeugen);
- dass bzw. warum das Urteil auf der unterlassenen Beweiserhebung beruht.

Eine zulässige Verfahrensrüge der Verletzung des Beweisantragsrechts setzt voraus, dass der behauptete Verstoß gegen formelles Recht so konkret und bestimmt vorgetragen wird, dass keine Zweifel verbleiben, welche Verfahrensvorschrift verletzt sei und anhand welcher Norm der gerügte Verstoß geprüft werden soll, z.B. Verstoß gegen § 245 Abs. 2 S. 3 StPO oder § 244 Abs. 3 S. 2 StPO.[1794]

Soweit durch die Besonderheiten der jeweiligen Rüge ein weiterer Vortrag erforderlich ist, ist dieser bei der Erörterung der jeweiligen Rüge dargestellt.

B. Beweisanregungen und Beweisermittlungsanträge

1376	Überblick		Rn.
	Rüge 155:	Hat das Gericht eine Beweis*anregung* zurückgewiesen oder ist es einer solchen nicht gefolgt?	1377
	Rüge 156:	Hat das Gericht einen Beweis*ermittlungs*antrag zurückgewiesen?	1382
	Rüge 156a:	Hat das Gericht einen Beweisermittlungsantrag als Beweisantrag behandelt und als solchen zurückgewiesen?	1391
	Rüge 157:	Hat das Gericht einen Antrag auf Aktenbeiziehung zurückgewiesen?	1394

1793   *BGH* Beschl. v. 22.2.2012 – 1 StR 647/11 = StV 2013, 73: Vortrag, dass der abgelehnte Beweisantrag mit identischem Inhalt bereits bereits schon einmal gestellt und abgelehnt wurde.

1794   *BGH* Beschl. v. 8.12.2011 – 4 StR 430/11(A) = StV 2013, 71 = StraFo 2012, 145.

Rüge 155

Hat das Gericht eine Beweis*anregung* zurückgewiesen oder ist es einer solchen nicht ge- 1377
folgt?

I. Rechtsgrundlagen

Mit einer Beweisanregung, die einen Beweisgegenstand oder ein Beweismittel be- 1378
zeichnen kann, wird es in das im Rahmen der Aufklärungspflicht dem Gericht eingeräumte Ermessen gestellt, dem Begehren nachzugehen[1795]. Beweisanregungen
sind solche „Anträge", die die formellen Voraussetzungen eines Beweisantrages
nicht erfüllen. Unter Beweisanregungen fallen z.b. Anträge auf Sicherstellung von
Beweismitteln, auf Durchführung bestimmter Untersuchungen (z.B. Anregung auf
Untersuchung des Angeklagten auf seine erheblich verminderte Schuldfähigkeit)[1796], Anträge auf Gegenüberstellung bzw. eine Konfrontation von Zeugen,[1797]
die widersprüchliche Angaben gemacht haben, sowie Anträge auf Wiederholung
einer Beweiserhebung zu der selben Beweisfrage[1798] (vgl. dazu aber unten: Beweisantrag auf wiederholte Zeugenvernehmung; Rüge 181, Rn. 1603 ff.).

Beweisanregungen sind in das Hauptverhandlungsprotokoll aufzunehmen.[1799] Eine 1379
Beweisanregung braucht jedoch nicht durch einen Gerichtsbeschluss nach § 244
Abs. 6 StPO beschieden zu werden[1800]. Ausreichend ist die aber stets erforderliche
Ablehnung durch den Vorsitzenden[1801]. Gegen die Ablehnung der Anregung durch
den Vorsitzenden ist die Anrufung des Gerichts nach § 238 Abs. 2 StPO mög-
lich.[1799]

II. Anforderungen an den Vortrag

Die Ablehnung einer Beweisanregung kann in der Revision nur mit der Aufklä- 1380
rungsrüge (Verletzung des § 244 Abs. 2 StPO) gerügt werden[1802] (vgl. dazu unten
Rüge 190, Rn. 1663 ff.). Bei Zurückweisung des Antrags durch den Vorsitzenden
empfiehlt es sich, einen Gerichtsbeschluss zu beantragen, da sich anderenfalls bei
der Erhebung der Aufklärungsrüge die Frage stellt, warum der Antragsteller nicht
versucht hat, sein Aufklärungsinteresse mit den ihm nach der StPO zur Verfügung
stehenden Möglichkeiten – § 238 Abs. 2 StPO – durchzusetzen.

1795 *BGHSt* 6, 128; 30, 131, 142; *BGH* NStZ 1981, 309; vgl. dazu *Meyer-Goßner*[55] § 244
      Rn. 23, 26; KK-*Fischer*[6] § 244 Rn. 103; LR-*Becker*[26] § 244 Rn. 168 ff.
1796 *BGHR* StPO § 244 Abs. 6 Beweisantrag 20.
1797 *BGHR* StPO § 244 Abs. 6 Beweisantrag 6.
1798 *BGHR* StPO § 244 Abs. 6 Beweisantrag 16.
1799 *Meyer-Goßner*[55] § 244 Rn. 27.
1800 *BGHSt* 6, 128; *BGH* NStZ 1982, 296, 477.
1801 *Meyer-Goßner*[55] § 244 Rn. 27; LR-*Becker*[26] § 244 Rn. 170.
1802 *BGHSt* 30, 131, 142; auch *Meyer-Goßner*[55] § 244 Rn. 23; KK-*Fischer*[6] § 244 Rn. 103.

Bei einer Aufklärungsrüge im Hinblick auf die Ablehnung einer Beweisanregung stellt sich – jedenfalls aus der Sicht des Revisionsgerichts – auch die Frage, warum, wenn der Antragsteller ein Interesse an der Beweiserhebung hatte, er keinen förmlichen Beweisantrag gestellt hat.[1803]

Die Aufklärungsrüge ist auch zu erheben, wenn eine Beweisanregung übergangen wurde.

1381 Es ist vorzutragen,

- der volle Wortlaut der Beweisanregung,
- die Entscheidung des Gerichts bzw. des Vorsitzenden, – ggf. die Beantragung eines Gerichtsbeschlusses und die Entscheidung des Gerichts darüber (in vollem Wortlaut),
- warum sich dem Gericht – entgegen seiner zurückweisenden Entscheidung – die Erhebung des Beweises zu einer bestimmten Tatsache aufdrängen musste,
- die Bezeichnung des Beweismittels, durch das die Aufklärung hätte erfolgen können;
- stützt sich die Anregung auf bestimmte Ermittlungsergebnisse, so sind diese bzw. die entsprechenden Aktenstellen vollständig mitzuteilen;
- die *Behauptung*, was das Ergebnis der Beweiserhebung zugunsten des Angeklagten erbracht hätte;
- ggf. aus welchen Gründen kein förmlicher Beweisantrag gestellt bzw. kein Gerichtsbeschluss nach 238 Abs. 2 StPO beantragt wurde.

Im Übrigen wird ergänzend auf die Ausführungen zur Aufklärungsrüge verwiesen.[1804]

Rüge 156

1382 Hat das Gericht einen Beweis*ermittlungs*antrag zurückgewiesen?

I. Rechtsgrundlagen

1383 Als Beweisermittlungsanträge versteht man solche Anträge, die der Auffindung von Verteidigungsmaterial (Beweistatsachen oder mittel) dienen und einen konkreten Beweisantrag vorbereiten sollen.

Kennzeichen eines Beweisermittlungsantrages ist es, dass es entweder an einer bestimmten Tatsachenbehauptung, die bewiesen werden soll, fehlt oder an der konkre-

---

1803   *BGHSt* 2, 168; *BGH* NStZ 1999, 45 m.w.N.= NStZ – RR 1996, 145; *Meyer-Goßner*[55] § 244 Rn. 81.
1804   Rüge 190, Rn. 1663 ff.

ten Bezeichnung des Beweismittels, mit dem eine Beweisbehauptung bewiesen werden soll.[1805]

Die fehlende Behauptung einer konkreten Beweistatsache kommt oftmals darin **1384** zum Ausdruck, dass die Heranziehung eines Beweismittels zur Klärung einer bestimmten Frage beantragt wird (z.b. *ob* der Angeklagte erheblich vermindert schuldfähig war, *ob* der Angeklagte am Tatort war...).[1806]

An der notwendigen Bestimmtheit der Beweisbehauptung fehlt es aber *nicht* des- **1385** halb, weil die behauptete Tatsache durch eine frühere polizeiliche Vernehmung des als Beweismittel benannten Zeugen nicht bestätigt wird.[1807] Auch eine bloße unter Beweis gestellte Vermutung, die der Antragsteller für möglich hält, darf selbst dann nicht als Beweisermittlungsantrag behandelt werden, wenn nach dem Ergebnis der bisherigen Beweisaufnahme eher das Gegenteil der Beweistatsache wahrscheinlich ist[1808] (vgl. zur Beweisbehauptung auch Rüge 163, Rn. 1428 ff.). Behandelt das Gericht einen solchen Antrag nur als Beweisermittlungsantrag, liegt eine unzulässige Herbstufung eines ordnungsgemäßen Beweisantrages vor (vgl. dazu unten Rüge 163, Rn. 1428 ff.).

Die mangelnde Bezeichnung eines konkreten Beweismittels kommt dann vor, wenn **1386** erst aus einer ganzen Anzahl von Zeugen derjenige herausgefunden werden soll, der zu einem Beweisthema bestimmte Angaben machen kann, oder wenn sich aus beizuziehenden Akten bestimmte Tatsachen ergeben sollen.[1809] Ein bloßer Antrag auf Aktenbeiziehung stellt daher in der Regel nur eine Beweisanregung bzw. einen Beweisermittlungsantrag dar[1810] (zur Bezeichnung des Beweismittels vgl. auch Rüge 164, Rn. 1428; zum Antrag auf Aktenbeiziehung vgl. Rüge 157, Rn. 1394 ff.).

Auch Anträge auf experimentelle Versuche (z.B. akustische Wahrnehmung am Tatort im Rahmen eines Augenscheins) sind in der Regel Beweisermittlungsanträge.[1811]

Bei einem Beweisermittlungsantrag handelt es sich um einen in der Hauptverhand- **1387** lung gestellten und zu protokollierenden Antrag, den das Gericht nicht einfach übergehen darf. Der Antrag muss beschieden werden. Das Gericht muss sich sachlich damit auseinandersetzen und dem Angeklagten eröffnen, warum dem Antrag nicht

---

1805   *BGHSt* 30, 131; 37, 162; *BGH* StV 1983, 185; *Meyer-Goßner*[55] § 244 Rn. 25; KK-*Fischer*[6] § 244 Rn. 100; LR- *LR-Becker*[26] § 244 Rn. 162.

1806   *BGHR* StPO § 244 Abs. 6 Beweisantrag 17, 20.

1807   *BGH* StV 1982, 155.

1808   *BGH* StV 1889, 237 (2 StR 622/88) und 1989, 237 (2 StR 677/88).

1809   *BGHR* StPO § 244 Abs. 6 Ermittlungsantrag 1; *BGH* NStZ 1982, 296; *Meyer-Goßner*[55] § 244 Rn. 25.

1810   Etwas anderes gilt nur dann, wenn beantragt ist, bestimmte Akten beizuziehen und aus dieser Akte eine bestimmte Urkunde zu einem bestimmten Beweisthema zu verlesen. In diesem Falle ist Beweistatsache und Beweismittel angegeben, so dass es sich dann um einen Beweisantrag handelt, der nach § 244 Abs. 3 StPO zu bescheiden ist.

1811   *BGH* StV 1987, 5.

nachgegangen werden soll.[1812] Dazu bedarf es jedoch keines Gerichtsbeschlusses nach § 244 Abs. 6 StPO. Es reicht, wenn der Vorsitzende mitteilt, dass er dem Antrag stattgibt oder ihn zurückweist. Letzterenfalls ist die ablehnende Entscheidung zu begründen. Denn der Antragsteller darf nicht im Unklaren gelassen werden, weshalb seinem Antrag nicht nachgegangen wurde. Nur bei Mitteilung der Ablehnungsgründe wird er in die Lage versetzt, sein weiteres Prozessverhalten auf die der Ablehnung zugrunde liegende Auffassung einzustellen, und insbesondere darüber zu entscheiden, ob er gem. § 238 Abs. 2 StPO einen Gerichtsbeschluss beantragen oder andere Anträge in Richtung auf das von ihm verfolgte Beweisziel stellen will.[1813]

II. Anforderungen an den Vortrag

1388 1. Die Ablehnung eines Beweisermittlungsantrages kann nur mit der Aufklärungsrüge gerügt werden unabhängig davon, ob der Antrag durch Beschluss oder Verfügung des Vorsitzenden beschieden oder übergangen wurde.

1389 Für den Fall, dass nur der Vorsitzende den Antrag abgelehnt hat, gilt auch hier, dass es sich zur Vorbereitung der Aufklärungsrüge empfiehlt, das Gericht gemäß § 238 Abs. 2 StPO anzurufen. Ist dies nicht geschehen, muss sich der Beschwerdeführer bei der Erhebung der Aufklärungsrüge die Frage gefallen lassen, warum er keinen Gerichtsbeschluss herbeigeführt hat bzw. keinen förmlichen Beweisantrag gestellt hat.

1390 2. Neben dem oben unter Rn. 1381 beschriebenen Vortrag ist erforderlich die Mitteilung,

- warum sich dem Gericht – entgegen seiner zurückweisenden Entscheidung – die Aufklärung einer bestimmten Tatsache *aufdrängen* musste;
- ggf. warum das Gericht verpflichtet war, das im Antrag nicht konkretisierte Beweismittel zu ermitteln, wie dies hätte geschehen können und dass das Gericht verpflichtet war, das ermittelte Beweismittel in der Hauptverhandlung heranzuziehen;
- ggf. der Anknüpfungstatsachen für das Beweisziel und –mittel, die sich aus den Akten ergeben, wobei die entsprechenden Aktenstellen vollständig im Wortlaut mitzuteilen sind;
- der *Behauptung*, was das Ergebnis der Beweiserhebung zugunsten des Angeklagten erbracht hätte;
- ggf. aus welchen Gründen kein Gerichtsbeschluss beantragt wurde bzw. kein förmlicher Beweisantrag gestellt wurde bzw. nicht gestellt werden konnte, z.B. weil die Verteidigung trotz Bemühungen nicht in der Lage war, das Beweismittel genau zu bezeichnen, die Individualisierung dem Gericht aber möglich war.

1812 *OLG Frankfurt/M.* StV 1988, 243; KK-*Fischer*[6] § 244 Rn. 100.
1813 *BGH* StV 2008, 59; vgl. ferner zu allem LR-*Becker*[26] § 244 Rn. 165; *Meyer-Goßner*[55] § 244 Rn. 27; KK-*Fischer*[6] § 244 Rn. 101 f.

Rüge 156a

Hat das Gericht einen Beweisermittlungsantrag als Beweisantrag behandelt und als solchen zurückgewiesen?   **1391**

I. Rechtsgrundlagen

In Fällen, in denen der Tatrichter einen Beweisermittlungsantrag als Beweisantrag **1392** behandelt und zurückgewiesen hat, kann grundsätzlich nur die Aufklärungsrüge erhoben werden.[1814] Hat das Gericht jedoch durch die Behandlung als Beweisantrag und eine unzutreffende Begründung hinsichtlich der Bedeutung der Behauptung eine „irreführende Prozesslage" geschaffen, führt dies ausnahmsweise dann zum Erfolg der Revision, wenn eine rechtsfehlerfreie Ablehnung des Antrags möglich gewesen wäre.

Hat das Gericht die in dem Antrag aufgestellte Behauptung inhaltlich als wahr unterstellt, ist es an diese Zusage gebunden. Ob es sich bei dem Beweisbegehren um einen Beweisantrag handelte, ist dabei irrelevant.[1815]

II. Anforderungen an den Vortrag

Es kann auf die Ausführungen zu Rn. 1375 verwiesen werden. Gleichzeitig sollte **1393** die Verletzung der Aufklärungspflicht gerügt werden.

Rüge 157

Hat das Gericht einen Antrag auf Aktenbeiziehung zurückgewiesen?   **1394**

I. Rechtsgrundlagen

So häufig Anträge auf Aktenbeiziehung gestellt werden, so gering sind die Chan- **1395** cen, die Ablehnung eines solchen Antrag mit der Revision erfolgreich zu rügen.

Die Frage, wie ein Aktenbeiziehungsantrag (verbunden mit dem Antrag auf Einsichtnahme) revisionsrechtlich zu behandeln ist, hängt zunächst vom Inhalt des gestellten Antrag ab.

1814 *BGH* StV 1996, 581; *BGH* Urt. v. 6.9.2011 – 1 StR 633/10 = StV 2012, 577.
1815 *BGH* Beschl. v. 14.7.2011 – 3 StR 106/11 = StV 2012, 581; *BGHSt* 32, 44 = StV 1983, 357.

Drei Fallkonstellationen sind denkbar:
1. Der schlichte Antrag, eine bestimmte Akte beizuziehen und Akteneinsicht zu gewähren.
2. Der Beiziehungsantrag mit der Begründung, darin befänden sich beweisrelevante Schriftstücke bzw. daraus ergäben sich Hinweise auf weitere für den Schuld oder Rechtsfolgenausspruch relevante Tatsachen, die dann festgestellt werden müssten.
3. Ein förmlicher Beweisantrag, der etwa dergestalt lauten kann, eine genau zu bezeichnende Akte beizuziehen und eine darin befindliche Urkunde, z.b. ein Urteil zum Beweis der Tatsache zu verlesen, dass der dortige Angeklagte, der Zeuge im gegenständlichen Verfahren ist, im Hinblick auf die Belastung des Angeklagten eine Strafmilderung nach § 31 BtMG erhalten habe oder sich aus dem zu verlesenden Urteil ergebe, das ein auch im gegenständlichen Verfahren gehörter Zeuge falsch ausgesagt oder den dortigen Angeklagten zu Unrecht belastet habe.

1396 1. Ist ein förmlicher Beweisantrag gestellt, also eine Beweistatsache und das Beweismittel (z.b. das zu verlesende Urteil oder Schriftstück) benannt und der Weg aufgezeigt worden, wie das Beweismittel beschafft werden kann, nämlich durch Beiziehung genau zu bezeichnender Akten, kann die Ablehnung eines solchen Antrag nur aus den in § 244 Abs. 3 StPO genannten Gründen erfolgen. Im Falle eines förmlichen Beweisantrages muss also die Verletzung des § 244 Abs. 3 StPO gerügt werden. Auf die diesbezüglichen Ausführungen kann verwiesen werden.

Insoweit ist lediglich auf die Besonderheit hinzuweisen, dass die Staatsanwaltschaft bis zum Abschluss der Ermittlungen die Akten gemäß § 147 Abs. 2 StPO „sperren" kann.[1816] Daran ist auch das Gericht, das die Beiziehung begehrt, gebunden, so dass in diesem Fall die Ablehnung z.b. wegen Unzulässigkeit oder Unerreichbarkeit in Betracht käme.[1817]

1397 2. Ist nur ein „schlichter" Beiziehungsantrag gestellt worden, ist bereits fraglich, ob insoweit überhaupt eine Beweisanregung oder ein Beweisermittlungsantrag vorliegt.[1818] Denn in dem bloßen Antrag, Akten beizuziehen, liegt noch nicht einmal die Anregung, ein bestimmtes Beweismittel für die Aufklärung einer Tatsache zu benutzen. Die Beiziehung wird lediglich begehrt, um den Inhalt der Akten daraufhin zu „durchforsten", ob sich daraus Ansatzpunkte für Anträge auf (weitere) Beweiserhebungen ergeben. Über einen solchen Antrag entscheidet der Vorsitzende allein. Das Unterlassen einer Entscheidung des Vorsitzenden kann die Rüge der Behinderung der Verteidigung nicht begründen, da diese voraussetzt, dass die Verteidigung durch einen Gerichtsbeschluss unzulässig beschränkt wurde.[1819]

Die Ablehnung eines „schlichten" Beiziehungsantrags kann, wenn überhaupt, nur mit der Aufklärungsrüge bzw. der Rüge der Behinderung der Verteidigung beanstandet werden. Die trotz eines entsprechenden Antrags unterbliebene Beiziehung von Akten

---

1816   Vgl. nur *BGHSt* 50, 224 = StV 2005, 594; *BGHSt* 49, 317 = StV 2005, 423.
1817   Zum Rechtsweg und zu den Anforderungen an die Begründung der Ablehnung eines vom Strafgericht an das Familiengericht gerichteten Antrags auf Beiziehung der familiengerichtlichen Akten, *OLG Hamm* Beschl. v. 7.10.2008 – 15 VAs 7-9/08.
1818   Vgl. *BGH* StV 2000, 248.
1819   *BGH* Beschl. v. 17.7.2008 – 3 StR 250/08 = BGH StV 2008, 567.

kann nur dann Gegenstand der Verfahrensrüge der Behinderung der Verteidigung in einem wesentlichen Punkt sein, wenn nach Ablehnung durch den Vorsitzenden oder im Falle der Nichtbescheidung ein Gerichtsbeschluss herbeigeführt worden ist.[1820]

Es müsstevorgetragen werden, welche konkreten Tatsachen in den beizuziehenden Akten enthalten sind und welche konkreten Beweiserhebungen das Gericht mit welchem konkreten Ergebnis hätte veranlassen müssen, wenn es die Akten beigezogen hätte. Und schließlich müsste dargetan werden, dass sich dem Gericht die Beiziehung und die Erhebung der Beweise hätte aufdrängen müssen. Im Falle der Rüge der Behinderung der Verteidigung muss sich aus der Revisionsbegründung die Tatsache der Herbeiführung eines Gerichtsbeschlusses und diesen selbst mitteilen und genau ergeben, aufgrund welcher Tatsachen, die sich aus den beizuziehenden Akten ergeben sollen, die Verteidigung in einem wesentlichen Punkt behindert war.

Dies alles dürfte bei einem „schlichten" Beiziehungsantrag kaum möglich sein.

3. Bei einem Beiziehungsantrag, der mit einer Begründung versehen ist und bei **1398** dem zudem der Sachzusammenhang zum gegenständlichen Verfahren evident ist, handelt es sich um einen Beweisermittlungantrag.[1821] Eine solche Fallkonstellation ist z.B. dann gegeben, wenn die Beiziehung der Akten eines Strafverfahrens gegen einen Zeugen im hiesigen Verfahren oder der gegen einen ehemals Mitbeschuldigten und jetzigen Zeugen begehrt wird und als Begründung (zusätzlich) angegeben wird, anhand der Akten seien z.B. Aussageentstehung, -entwicklung sowie -konstanz zu überprüfen bzw. es solle geklärt werden, ob z.B. einem Urteil gegen den Zeugen eine (unzulässige) Absprache zu Lasten des Angeklagten im gegenständlichen Verfahren zugrunde liegt.

Auf dem Computer eines LKA gespeicherte Dateien mit inhaltlichen Zusammenfassungen von ins Deutsche übersetzten abgehörten Telefonaten, die seitens der Ermittlungsbehörden als nicht beweiserheblich eingeschätzt werden, sind Aktenbestandteil und gehören daher nach § 199 Abs. 2 S. 2 StPO zu den dem Gericht vorzulegenden Akten, in die die Verteidigung ein Einsichtsrecht hat.[1822] Wurde ein Antrag auf Beiziehung und Akteneinsicht gestellt, setzt die Rüge der Behinderung der Verteidigung durch Versagung der beantragten Akteneinsicht wegen unterbliebener Beiziehung der gespeicherten Dateien einen Gerichtsbeschluss gegen die die Beiziehung ablehnende oder gänzlich unterbliebene Entscheidung des Vorsitzenden voraus.

Ein solcher Beweisermittlungsantrag wird vom Gericht unter Aufklärungsgesichtspunkten beschieden. Die Ablehnung kann nur mit der Aufklärungsrüge bzw. mit der gleichzeitig zu erhebenden Rüge der Behinderung der Verteidigung angegriffen werden.[1823]

1820 *BGH* StV 2008, 567.
1821 *BGH* StV 2000, 248.
1822 *BGH* StV 2010, 228 m. Anm. *Stuckenberg* StV 2010, 231.
1823 Vgl. *BGHSt* 49, 317, 327 = StV 2005, 423.

1399   Die Schwierigkeit bei beiden Rügen besteht darin, dass ein konkreter Vortrag erforderlich ist, welche entscheidungserheblichen Tatsachen im Falle der Aktenbeiziehung hätten aufgeklärt werden können bzw. welcher konkrete Zusammenhang zwischen der Nichtbeiziehung und der Behinderung der Verteidigung in einem wesentlichen Punkt besteht, d.h. durch welche konkrete vorenthaltene Information die Verteidigung wesentlich behindert war. Eine Aufklärungsrüge wegen unterlassener Aktenbeiziehung ist unzulässig, wenn nicht mitgeteilt wird, zu welchen konkreten verfahrensrelevanten Erkenntnissen die Aktenbeiziehung geführt hätte.[1824] Die bloße Möglichkeit eine Behinderung der Verteidigung durch das Vorenthalten der Akten reicht nicht.[1825] Diesen Anforderungen an die Rügen wird die Revision schon deswegen nur selten genügen können, da ihr der Akteninhalt gerade vorenthalten wurde.

1400   Dies sieht auch der BGH und fordert als Zulässigkeitsvoraussetzung für beide Rügen, dass die Verteidigung sich nach Ablehnung des Antrags weiterhin um Akteneinsicht bis zum Ablauf der Revisionsbegründungsfrist (!) bemühen muss, diese Anstrengungen in der Revisionsbegründung vollständig dokumentiert werden und, sollte (teilweise) Akteneinsicht (auch nach der Hauptverhandlung) gewährt werden, die konkreten Ergebnisse bzw. die sich daraus ergebenden Tatsachen mitgeteilt werden, die das Gericht hätte aufklären können und müssen bzw. deren Vorenthaltung zu einer Behinderung der Verteidigung in einem wesentlichen Punkt geführt haben.[1826] Die Nichtbeiziehung der Akten hindert die Verteidigung nicht, gemäß § 475 Abs. 1 StPO in diese Einsicht zu nehmen und daraus die Tatsachen für den entscheidungserheblichen Beweisertrag vorzutragen. Die Notwendigkeit eines solchen Vortrags begründet regelmäßig ein berechtigtes Interesse an der Akteneinsicht.[1824]

Erfährt der Verteidiger aus anderen Quellen vom (teilweisen) Inhalt der Akten (z.B. aus Flurgesprächen, dass eine Absprache zu Lasten des Angeklagten vorgelegen hat), sind diese Tatsachen ebenfalls mitzuteilen, sofern sich daraus die Pflicht des Gerichts zur Aufklärung bzw. die Behinderung der Verteidigung ergibt.

II. Anforderungen an den Vortrag der Rüge der Verletzung der Aufklärungspflicht bzw. der Behinderung der Verteidigung in einem wesentlichen Punkt

1401   Vorzutragen sind

- der Antrag in vollem Wortlaut,
- die daraufhin ergangene Entscheidung des Gerichts,
- der Antrag auf Gerichtsbeschluss und dieser im Wortlaut,

1824   *BGH* Beschl. v. 17.7.2008 – 3 StR 250/08 = *BGH* StV 2008, 567.
1825   *BGHSt* 49, 317, 328.
1826   *BGHSt* 49, 317, 328; *BGH* StraFo 2006, 459, 460; *BGH* StV 2010, 615.

- die weiteren Bemühungen zur Erlangung von Akteneinsicht,
- die Tatsachen, die sich aus den vorenthaltenen Akten ergeben hätten,
- welche weiteren Beweiserhebungen sich dem Gericht bei Bekanntsein dieser Tatsachen hätten aufdrängen müssen,
- welches Ergebnis diese Beweiserhebung gehabt hätte, bzw. im Falle der Rüge der Behinderung der Verteidigung in einem wesentlichen Punkt,
- welche für den Schuld oder Rechtsfolgenausspruch wesentlichen Verteidigungsaktivitäten bei Bekanntsein der Tatsachen ergriffen worden wären, die infolge Unkenntnis nicht unternommen werden konnten.

In beiden Fällen empfehlen sich Ausführungen zur Beruhensfrage.

C. Hat das Gericht einen (förmlichen) Beweisantrag zurückgewiesen?

I. Allgemeine Zurückweisungsgründe

1. Allgemeine Rechtsgrundlagen

Ein förmlicher Beweisantrag ist das Verlangen, das Gericht möge zum Nachweis **1403** *bestimmt behaupteter konkreter Tatsachen*, die die Schuld oder Rechtsfolgenfrage betreffen, durch Heranziehung eines *bestimmt und genau bezeichneten Beweismittels* Beweis erheben.[1827] Dem Verteidiger steht ein vom Willen des Angeklagten unabhängiges Beweisantragsrecht zu. Eine vom Verteidiger aufgestellte Beweisbehauptung darf daher nicht wegen fehlender Deckung mit der Einlassung des Angeklagten anders gedeutet werden.[1828]

Bei der Zurückweisung eines förmlich korrekten Beweisantrags kann es zu mannigfaltigen, rügefähigen Rechtsfehlern kommen, z.B.:

1404
- Das Gericht kann einen Beweisantrag rechtsfehlerhaft zum Beweisermittlungsantrag herabgestuft und nicht nach dem Katalog des § 244 Abs. 3, 4 oder 5 StPO, sondern unter Aufklärungsgesichtspunkten zurückgewiesen haben (vgl. dazu Rüge 158, Rn. 1406 ff.).
- Das Gericht kann den Sinngehalt des Antrags verkürzt und den Antrag in der unzulässiger Weise eingeschränkten Form zurückgewiesen haben (dazu Rüge 160, Rn. 1416 ff.).
- Das Gericht kann eine Beweisbehauptung als „aus der Luft gegriffen" behandelt und den Antrag deswegen als Beweisermittlungsantrag zurückgewiesen haben (dazu Rüge 159, Rn. 1412 ff.).
- Das Gericht kann nur einzelne, aber nicht alle Beweisbehauptungen abgehandelt bzw. nur über die Verwendung von einzelnen, nicht aber von allen benannten Beweismitteln entschieden haben (dazu Rügen 161, 162, Rn. 1420 ff.).
- Das Gericht kann dem Beweisantrag stattgegeben, den Beweis jedoch nicht erhoben haben (dazu Rüge 182, Rn. 1611 ff.).
- Das Gericht kann ein anderes als das benannte Beweismittel herangezogen haben (dazu Rüge 183, Rn. 1615 ff.).
- Das Gericht kann über den Beweisantrag nicht (durch Beschluss nach § 244 Abs. 6 StPO) entschieden und die beantragte Beweiserhebung unterlassen haben (dazu Rüge 185, Rn. 1622 ff.).
- Das Gericht kann den Beweisantrag unter fehlerhafter Annahme einer Zurückweisungsvoraussetzung nach § 244 Abs. 3, 4 oder 5 StPO abgelehnt haben (dazu Rügen 166 ff., Rn. 1458 ff.).
- Das Gericht kann die Ablehnungsbegründung im Urteil abgeändert oder ausgetauscht haben (dazu Rüge 184, Rn. 1618 ff.).

1405 Der 5. Strafsenat hat entschieden, dass das Revisionsgericht selbst dem vom Tatrichter abgelehnten Beweisantrag im Freibeweis nachgehen kann, wenn der Verdacht besteht, dass der Beweisantrag eine bewusst wahrheitswidrige Beweisbehauptung enthält. Bestätigt sich dies durch die Erhebung des Beweises, soll es sich bei dem Antrag, dessen Bescheidung mit der Revision beanstandet wird, nicht um einen nach Maßgabe des § 244 Abs. 3, 4 und 6 StPO zu behandelnden Beweisantrag han-

---

1827 *BGHSt* 1, 29, 31; 6, 128, 129; *BGH* NStZ 1981, 361; *BGH* StV 1982, 55; KK-*Fischer*[6] § 244 Rn. 67; *Meyer-Goßner*[55] § 244 Rn. 18; LR-*Becker*[26]§ 244 Rn. 95 f.
1828 *BGH* StV 2009, 588.

deln, sondern um einen tatsächlich nicht zum Zwecke der Wahrheitsermittlung, sondern aus sachwidriger Prozesstaktik gestellten missbräuchlichen Scheinbeweisantrag. Es soll daher an einer Verletzung des Beweisantragsrechts fehlen.[1829]

Rüge 158

Hat das Gericht einen Beweisantrag als Beweisermittlungsantrag behandelt?   **1406**

I. Rechtsgrundlagen

Ein Beweisantrag setzt die *bestimmte Behauptung* einer *konkreten* Beweis*tatsache* **1407** voraus, die durch ein bestimmtes und nach der StPO zugelassenes Beweismittel bewiesen werden soll. Behandelt das Gericht einen Antrag, der diese Voraussetzungen erfüllt, als Beweisermittlungsantrag und weist ihn als solchen unter Aufklärungsgesichtspunkten ohne Ablehnungsgrund nach § 244 Abs. 3, 4 oder 5 StPO zurück, liegt darin eine fehlerhafte Bescheidung des Beweisantrags, was in der Regel zur Urteilsaufhebung führt.[1830]

Die fehlerhafte Interpretation eines Beweisantrages als Beweisermittlungsantrag **1408** kommt u.a. in den Fällen in Betracht, in denen der Antragsteller (erkennbar oder erklärtermaßen) eine bloße Vermutung in die Form der Behauptung einer Beweistatsache kleidet. Da der Angeklagte bzw. der Verteidiger aber auch solche Tatsachen unter Beweis stellen darf, die er nur vermutet, von denen er sich aber die Bestätigung durch die Beweiserhebung erhofft[1831], darf der Beweisantrag nicht als Beweisermittlungsantrag unter Aufklärungsgesichtspunkten zurückgewiesen werden. Auch eine in Form einer bestimmten Beweisbehauptung gekleidete Vermutung darf daher nur nach dem Katalog der Ablehnungsgründe des § 244 Abs. 3, 4, 5 StPO zurückgewiesen werden.[1832], [1833]

Die Zweifelhaftigkeit, ob ein benannter Zeuge sich noch an den in sein Wissen gestellten Vorgang erinnert, macht einen Beweisantrag nicht zu einem Beweisermittlungsantrag.[1834]

1829   *BGH* Beschl. v. 25.4.2012 – 5 StR 444/11 = StV 2013 m. Anm. *Trüg.*
1830   *BGH* StV 2007, 563; *OLG Naumburg* Beschl. v. 27.2.2012 – 2 Ss 28/12.
1831   *BGHSt* 21, 118; *BGH* StV 1992, 55 f.; 1989, 237; 2003, 369; 2006, 458; 2008, 287; *BGH* NStZ 2009, 226; *Meyer-Goßner*[55] § 244 Rn. 20; KK-*Fischer*[6] § 244 Rn. 73.
1832   *BGHR* StPO § 244 Abs. 6 Beweisantrag 2, 7, 8, 24, 25.
1833   Zum Problem der Behandlung eines Beweisantrages als Beweisermittlungsantrag bei einer „ins Blaue" aufgestellten Beweisbehauptung vgl. Rüge 159 Rn. 1411 ff.
1834   *BGH* StV 1985, 185; *BGH* NJW 1988, 1859; *BGH* NStZ 1988, 468 und 1993, 247; *Meyer-Goßner*[55] § 244 Rn. 20.

Auch der Umstand, dass die Beweisbehauptung in Widerspruch zum bisherigen Beweisergebnis steht oder es keine Anhaltspunkte für die Richtigkeit der Behauptung gibt oder das Gegenteil bereits erwiesen sei, rechtfertigt die Herabstufung zum Beweisermittlungsantrag nicht.[1835]

1409 Auch die Tatsache, dass kein konkretes Beweismittel, sondern nur der Weg aufgezeigt wurde, auf dem das Gericht das Beweismittel individualisieren kann, vermag nicht immer die Behandlung als Beweisermittlungsantrag zu rechtfertigen.[1836]

II. Anforderungen an den Vortrag

1410 Zunächst wird auf die allgemeinen Anforderungen an den Vortrag oben Rn. 1375 verwiesen.

Soll die fehlerhafte Behandlung eines förmlichen Beweisantrages als Beweisermittlungsantrag und demzufolge die unterlassene Bescheidung nach dem Katalog des § 244 Abs. 3, 4 oder 5 StPO gerügt werden, muss die Revisionsbegründung die Mitteilung enthalten

* des Beweisantrages im vollen Wortlaut; bei Bezugnahmen im Beweisantrag auf Fundstellen in den Akten auch der diesbezügliche Inhalt,
* des weiteren Geschehens nach Antragstellung, ggf. ergänzende Erklärungen des Antragstellers; die Tatsache, dass die Staatsanwaltschaft und ggf. Nebenklage Stellung genommen haben bzw. Gelegenheit dazu hatten (nicht im Wortlaut, soweit dieser nicht aus dem Protokoll ersichtlich ist),
* des vollständigen Gerichtsbeschlusses, wobei der Inhalt in Bezug genommener Fundstellen oder früherer Gerichtsbeschlüsse(z.B. auf deren Begründung ergänzend verwiesen wird) ebenfalls vollständig mitzuteilen sind;
* ob und ggf. was nach der Bescheidung des Beweisantrages bezüglich des Antrags noch geschehen ist (z.B. Ergänzungen durch Antragsteller; Gegenvorstellungen, *aber auch* ggf. ein den ursprünglichen Beschluss korrigierender Beschluss),
* dass der beantragte Beweis nicht erhoben wurde,
* dass auf die Beweiserhebung nicht verzichtet wurde.

Die Begründung der Rüge muss darlegen, warum es sich um einen echten Beweisantrag handelt, den das Gericht rechtsfehlerhaft nicht nach § 244 Abs. 3, 4 oder 5 StPO beschieden hat.

Da nicht vorherzusehen ist, ob das Revisionsgericht den Antrag als förmlichen Beweisantrag oder – wie der Tatrichter – als Beweisermittlungsantrag ansieht, ist gleichzeitig eine Aufklärungsrüge zu erheben.[1837]

1835 *BGH* StV 1993, 3; *BGH* NStZ 2002, 383; *BGHR* StPO § 244 Abs. 6 Beweisantrag 9; *Meyer-Goßner*[55] § 244 Rn. 20.
1836 Vgl. dazu Rügen 158 Rn. 1406 ff., 183, Rn. 1447 ff.
1837 Rüge 190, Rn. 1663 ff.

Rüge 159

Hat das Gericht einen Beweisantrag wegen einer „ins Blaue" aufgestellten Beweisbehaup-   **1411**
tung als Beweisermittlungsantrag behandelt?

I. Rechtsgrundlagen

Nach der Rechtsprechung des BGH kann das Gericht solche Anträge, die zwar die   **1412**
förmlichen Voraussetzungen eines Beweisantrages erfüllen (Beweistatsache und Beweismittel), als Beweisermittlungsantrag behandeln, wenn die Beweisbehauptung
aus der Luft gegriffen, ohne faktische Basis ist und es für die Behauptung keine tatsächliche oder argumentative Grundlage gibt.[1838] Allerdings erfordert die Ablehnung
eines Antrags als „ins Blaue hinein" gestellt eine genaue Darlegung, warum aus der
Sicht des Gerichts auch für den Antragsteller noch nicht einmal eine bloße – vage –
Vermutung für die Bestätigung des Beweisthemas besteht. Denn der Angeklagte
kann auch solche Umstände als Beweistatsache sicher behaupten, die er lediglich
vermutet oder *für nur möglich hält*.[1839] Dies gilt selbst dann, wenn eine Bestätigung
der Beweistatsache im Hinblick auf das bisherige Beweisergebnis in hohem Maße
unwahrscheinlich ist.[1840] Die bloße Behauptung, das Gericht sei davon überzeugt,
dass die Beweisbehauptung aus der Luft gegriffen sei, reicht nicht aus.[1841] Dem Verteidiger steht ein vom Willen des Angeklagten unabhängiges Beweisantragsrecht zu.
Eine vom Verteidiger aufgestellte Beweisbehauptung darf daher nicht wegen fehlender Deckung mit der Einlassung des Angeklagten anders gedeutet werden.[1842]

Ist erwiesener Maßen in einem Beweisantrag eine bewusst wahrheitswidrige Beweisbehauptung aufgestellt, soll es sich nicht um einen nach § 244 Abs. 3, 4, 6
StPO zu behandelnden Beweiseisantrag sondern um einen aus sachwidriger Prozesstaktik missbräuchlichen gestellten Scheinbeweisantrag handeln.[1843]

Die Rüge, das Gericht habe zu Unrecht den Antrag mit der Begründung zurückge-   **1413**
wiesen, dass er ins Blaue hinein gestellt sei, erfordert die Darlegung, auf welchen
tatsächlichen oder argumentativen Gründen der Antragsteller eine Bestätigung der
Beweistatsache vermuten oder erhoffen konnte.

1838 *BGHR* StPO § 244 Abs. 6 Beweisantrag 21, 24; *BGH* StV 2003, 150; 1987, 49; 1993,
      3 und 1997, 567 m. Anm. *Wohlers*; *BGH* NStZ 1992, 397; vgl. aber die Entscheidun-
      gen des 3. Strafsenats des BGH zur Abgrenzung der Zurückweisung des Beweisan-
      trags wegen ins Blaue hinein aufgestellter Beweisbehauptung und Prozessverschlep-
      pung: *BGH* StV 2008, 9; StraFo 2010, 466; KK-*Fischer*[6] § 244 Rn. 72, 108; *Meyer-*
      Goßner[55] § 244 Rn. 20; insg. LR-*Becker*[26] § 244 Rn. 110 ff.
1839 *BGHSt* 21, 118; *BGH* StV 1981, 166; 1989, 237; 1999, 3; 2003, 369; *Meyer-Goßner*[55]
      § 244 Rn. 20; KK-*Fischer*[6] § 244 Rn. 73; LR-*Becker*[26] § 244 Rn. 103.
1840 *BGH* StV 2008, 287; StV 2006, 458; *BGH* StV 2002, 233; *KG* StV 1993, 95.
1841 *BGH* StV 2003, 150.
1842 *BGH* StV 2009, 588.
1843 *BGH* Beschl. v. 25.4.2012 – 5 StR 444/11 = StV 2013 m. Anm. *Trüg.*

1414 Eine zusätzliche Schwierigkeit liegt dann vor, wenn es der Antragssteller nach der Entscheidung des Gerichts unterlassen hat, den Antrag „nachzubessern" bzw. ggf. zu Protokoll darzulegen, was die Grundlage seiner Beweisbehauptung war. Zwar ist der Antragsteller grundsätzlich nicht verpflichtet, dem Gericht gegenüber zu begründen, warum er eine bestimmte Beweisbehauptung aufstellt oder ein benannter Zeuge zum Beweisthema etwas bekunden kann.[1844] In dem Moment aber, in dem das Gericht durch den Beschluss deutlich macht, dass es aus seiner Sicht keinerlei Anhaltspunkt für die Beweistatsache oder deren Bestätigung durch das benannte Beweismittel gibt, ist es erforderlich, in der Hauptverhandlung die tatsächlichen oder argumentativen Anhaltspunkte darzulegen, warum die Vermutung für die Bestätigung der Beweistatsache besteht.

II. Anforderungen an den Vortrag

1415 Neben dem grundsätzlich erforderlichen Vortrag (dazu oben Rn. 1375) muss angegeben werden,

- welche Erklärungen ggf. auf den Gerichtsbeschluss hin abgegeben worden sind, die Reaktion des Gerichts darauf, im Falle eines Gerichtsbeschlusses dieser im vollen Wortlaut,
- die Tatsachen und Argumente, aufgrund derer der Antragsteller berechtigterweise vermuten konnte, dass das Beweisziel hätte erreicht werden können;
- die Anhaltspunkte aus den Akten oder sonstigen Unterlagen in vollem Wortlaut, aus denen sich Anhaltspunkte für die Erreichung des Beweisziels ergeben.
- Wurde der Antrag nicht nachgebessert oder erläutert, muss die Revisionsbegründung die Tatsachen und Argumente anführen, aufgrund derer der Antragsteller berechtigterweise vermuten konnte, dass das Beweisziel hätte erreicht werden können.

Rüge 160

1416 Hat das Gericht den Beweisantrag in seinem vollen Sinngehalt beschieden oder die Beweistatsache verkürzt?

I. Rechtsgrundlagen

1417 Das Gericht ist verpflichtet, den Beweisantrag nach seinem wirklichen Inhalt und Sinn ohne Umdeutung oder Verkürzung in seiner vollen Tragweite zu beschei-

---

1844 *BGH* StV 1981, 167; *BGH* NStZ 1993, 247.

den.[1845] Ist dies nicht der Fall und hat das Gericht den Beweisantrag zurückgewiesen, ist die Zurückweisung fehlerhaft. Eine Ergänzung oder Modifizierung des Ablehnungsbeschlusses in den Urteilsgründen ist nicht zulässig[1846] (vgl. dazu Rüge 184, Rn. 1618 ff.). Da dem Verteidiger ein vom Willen des Angeklagten unabhängiges Beweisantragsrecht zusteht, darf eine vom Verteidiger aufgestellte Beweisbehauptung daher nicht wegen fehlender Deckung mit der Einlassung des Angeklagten anders gedeutet werden.[1847]

Auf für das Gericht offensichtliche Fehler oder Missverständnisse bei der Formulierung der Beweisbehauptung (z.b. falsches Datum, falsche Zahlenangabe) muss es den Antragsteller hinweisen. Ist dies nicht der Fall, darf die missverständliche oder falsche Tatsache nicht (auch) zur Begründung der Ablehnung herangezogen werden.[1848] **1418**

II. Anforderungen an den Vortrag

Es gelten die allgemeinen Anforderungen; vgl. Rn. 1375. **1419**

Allerdings besteht die Besonderheit, dass der Antragsteller nach der Rechtsprechung des BGH bei einer für ihn aus der Ablehnungsbegründung ersichtlichen offensichtlichen Fehlinterpretation des Antrags durch das Gericht verpflichtet ist, auf das Missständnis hinzuweisen und dem Gericht so die Möglichkeit zu geben, den Antrag unter Vermeidung der Fehlinterpretation neu zu bescheiden.[1849] Jedenfalls dann, wenn die unzutreffende Auslegung eines Beweisantrags durch das Gericht auf der missverständlichen Formulierung des Antrags durch den Antragsteller beruht, muss dieser das Missverständnis des Gerichts in der Hauptverhandlung ausräumen. Unterlässt er dies, so ist es ihm verwehrt, die unzutreffende Auslegung des Antrags und dessen darauf beruhende fehlerhafte Ablehnung mit der Revision zu beanstanden.[1850]

Ist dies nicht geschehen, so sollte die Revisionsbegründung vortragen, warum ein Hinweis auf die Fehlinterpretation unterblieben ist bzw. warum ggf. der Instanzverteidiger die Fehlinterpretation des Antrags nicht bemerkt hat.

Hat es einen Hinweis der Verteidigung gegeben und ist ein neuer zurückweisender Beschluss ergangen, so kann nur gerügt werden, dass dieser Beschluss rechtsfehlerhaft war. Gleichwohl sollte der gesamte Verfahrensvorgang mitgeteilt werden, also

---

1845 *BGH* StV 1981, 603; 1983, 90; 1989, 140; *Meyer-Goßner*[55] § 244 Rn. 42; KK-*Fischer*[6] § 244 Rn. 78.
1846 *BGHSt* 19, 24, 26; 29, 149, 152; *BGH* NStZ 1982, 213 und 1984, 16; *Meyer-Goßner*[55] § 244 Rn. 42.
1847 *BGH* StV 2009, 588.
1848 *BGH* StV 2008, 121; KK-*Fischer*[6] § 244 Rn. 77 f.
1849 *BGHR* StPO § 244 Abs. 6 Beweisantrag 3, 30, 38; *BGH* StV 2001, 436 und 504; StV 1989, 465 m. abl. Anm. *Schlothauer*; einschränkend *BGH* StV 2008, 227; *Meyer-Goßner*[55] § 244 Rn. 42; *Basdorf* StV 1995, 310, 319.
1850 *BGH* StV 2009, 62.

- ursprünglicher Antrag,
- erster Gerichtsbeschluss,
- ggf. Wortlaut bzw. Tatsache des Hinweises der Verteidigung auf das gerichtliche Missverständnis,
- erneuter Gerichtsbeschluss.

Rüge 161

1420 Hat das Gericht nur einige von mehreren in einem Beweisantrag behaupteten Beweistatsachen beschieden?

I. Rechtsgrundlagen

1421 Grundsätzlich ist das Gericht verpflichtet, über jede Beweistatsache, für die ein Beweismittel benannt ist, zu entscheiden.[1851] Jede Beweistatsache mit einem dafür benannten Beweismittel stellt einen eigenständigen Beweisantrag dar, auch wenn in einem einzigen Antrag mehrere Beweistatsachen mit Beweismitteln angegeben sind. Jeder Antrag ist daher eigenständig zu bescheiden. Ist die Bescheidung eines Antrags unterblieben, kann die Nichtbescheidung, d.h. das Fehlen eines Ablehnungsbeschlusses gem. § 244 Abs. 6 StPO gerügt werden (vgl. dazu auch Rüge 185, Rn. 1622 ff.).

Ist für den Antragsteller das Fehlen einer Entscheidung offensichtlich, ist er nach der Rechtsprechung des BGH gehalten, das Gericht auf die unvollständige Bescheidung hinzuweisen. Der Hinweis sollte stets im Protokoll festgehalten werden. Auf die Ausführungen oben Rn. 1419 zur Hinweispflicht bei Fehlinterpretation der Beweistatsache durch das Gericht kann verwiesen werden.

II. Anforderungen an den Vortrag

1422 Es sind vorzutragen

- der vollständige Beweisantrag,
- der vollständige Inhalt des Zurückweisungsbeschlusses,
- diejenigen Beweistatsachen, über die nicht entschieden wurde,
- die Gründe, weshalb ggf. ein Hinweis der Verteidigung auf die Unvollständigkeit des Beschlusses unterblieben ist,
- ggf. ein Hinweis der Verteidigung auf das Unterbleiben einer Entscheidung, auch wenn der Vorgang nicht im Protokoll festgehalten ist,
- die Reaktion des Gerichts auf den Hinweis, ggf. bestätigender oder modifizierter Beschluss.

1851 *BGH* StV 1987, 236; *Meyer-Goßner*[55] § 244 Rn. 42.

Rüge 162

Hat das Gericht den Antrag nicht hinsichtlich aller benannten Beweismittel beschieden? **1423**

I. Rechtsgrundlagen

Sind für eine Beweistatsache mehrere Beweismittel angegeben, so muss das Gericht **1424** den Antrag unter Berücksichtigung aller Beweismittel bescheiden bzw. es muss über die Verwendung jedes einzelnen benannten Beweismittels entscheiden.[1852] Für jedes Beweismittel muss der Ablehnungsgrund mitgeteilt werden.

Hat das Gericht in einem den Antrag zurückweisenden Beschluss nicht über alle Beweismittel entschieden, fehlt es an der Bescheidung eines Beweisantrags, soweit es das nicht genutzte Beweismittel anbelangt.

Insoweit gelten die gleichen Grundsätze wie bei der nur teilweisen Bescheidung der behaupteten Beweistatsachen einschl. der Hinweispflicht auf das Unterlassen der vollständigen Bescheidung, siehe oben Rn. 1419, 1421.

Sind von mehreren für dieselbe Beweistatsache benannten Beweismitteln eines oder **1425** mehrere in der Hauptverhandlung herangezogen worden, weitere benannte Beweismittel jedoch nicht, ist zu differenzieren:

Wurde die Beweisbehauptung durch die verwendeten Beweismittel bestätigt, wird das Unterlassen der Entscheidung über die Verwendung der weiteren Beweismittel kaum erfolgreich gerügt werden können, da wegen der Bestätigung des Beweisthemas durch die herangezogenen Beweismittel das Urteil auf der fehlenden Entscheidung hinsichtlich der weiteren Beweismittel regelmäßig nicht beruhen wird.

Etwas anderes gilt jedoch dann, wenn das Beweisthema durch die verwendeten Be- **1426** weismittel nicht in *vollem Umfang* bestätigt worden ist, quasi ein noch aufzuklärender Überhang besteht. Wird nach der teilweisen Heranziehung der benannten Beweismittel über die Verwendung des Restes nicht entschieden, kann die unterlassene Entscheidung gerügt werden. Allerdings ist auch hier auf die Hinweispflicht der Verteidigung zu achten, wenn das Beweisthema noch nicht erschöpft ist, aber vollständig durch die Heranziehung der weiter benannten Beweismittel hätte bestätigt werden können.

II. Anforderungen an den Vortrag

Es gelten zunächst die allgemeinen Anforderungen (oben Rn. 1375). Darüber hi- **1427** naus ist vorzutragen:

- welche benannten Beweismittel verwendet worden sind (Angabe der Beweiserhebung in der Hauptverhandlung),

---

1852 *BGH* StV 1987, 236; *Meyer-Goßner*[55]§ 244 Rn. 42.

- welche benannten Beweismittel nicht verwendet worden sind,
- dass eine Entscheidung über die nicht verwendeten Beweismittel nicht ergangen ist,
- der Vergleich des Ergebnisses der herangezogenen Beweismittel (nach den Urteilsgründen) mit der Beweisbehauptung und des sich daraus ergebenden Überhangs oder Defizits.
- ggf. warum kein Hinweis auf die nicht vollständige Bescheidung des Antrags erfolgt ist.

Rüge 163

1428 Hat das Gericht einen Beweisantrag mit der Begründung zurückgewiesen, es sei keine konkrete Beweistatsache angegeben?

I. Rechtsgrundlagen

1429 Der Beweisantrag muss eine konkrete Beweis*tatsache* bestimmt behaupten („Zum Beweis, *dass* …".).[1853] Das Gericht ist insoweit verpflichtet, den Beweisantrag auszulegen und zur Prüfung verpflichtet, ob der Antrag die erforderliche Beweisbehauptung enthält.[1854]

Da ein Zeuge nur über seine Wahrnehmungen berichten soll, ist dem Zeugenbeweis nur das zugänglich, was der Zeuge mit einem oder mehreren seiner 5 Sinne *wahrgenommen* hat.[1855]

1. Schlussfolgerungen und Wertungen

1430 Unter Beweis*tatsachen* fallen *keine* Schlussfolgerungen oder Wertungen. Um solche handelt es sich, wenn z.B. Zeugenbeweis dafür angeboten wird, dass der Angeklagte betrunken gewesen sei, ein Belastungszeuge gelogen habe oder unglaubwürdig sei, der Angeklagte „planmäßig, zielstrebig und situationsangepasst" gehandelt habe etc..[1856] Durch Zeugenbeweis kann z.B. die Alkoholisierung nur dadurch unter Beweis gestellt werden, dass der Zeuge bekunden wird, der Angeklagte habe gerötete Augen gehabt, habe geschwankt und verschwommen gesprochen etc. (vgl. dazu

---

1853 Zur Auslegung einer Beweisbehauptung zur Konkretisierung der Beweistatsache siehe *HansnOLG Hamburg* Beschl. v. 7.2.2011 – 1 – 38 /10 (REV).

1854 *OLG Hamburg* Beschl. v. 7.2.2011 – 1 – 38/10 (REV) = StV 2012, 589.

1855 *BGHSt* 39, 251; *BGHR* StPO § 244 Abs. 3 S. 2 Bedeutungslosigkeit 16; KK-*Fischer*[6] § 244 Rn. 69.

1856 *BGHSt* 37, 162; *BGHSt* 39, 251; *BGHR* StPO § 244 Abs. 6 Beweisantrag 4; *BGH* StV 1995, 58; KK-*Fischer*[6] § 244 Rn. 74.

unten Rn. 1436). In Ausnahmefällen kann die schlagwortartige Verkürzung der Beweisbehauptung ausreichen („krankheitswertige Alkoholabhängigkeit mit Persönlichkeitsdeformation").[1857] Die Beweisbehauptung, „deutlich erhebliche motorische Ausfallerscheinungen" des Angeklagten ergäben sich durch Augenschein eines in der Akte vorhandenen Videos, erfüllt das beweisantragsrechtliche Bestimmtheitsgebot, weil sie eine schlagwortartig verkürzte Bezeichnung weit verbreiteter und bekannter körperlicher Zustände unter Alkoholeinwirkung darstellt.[1858]

Ein auf Vorgänge im Inneren eines anderen Menschen gerichteter Beweisantrag ist ein förmlicher Beweisantrag, wenn dem Beweismittel äußere Umstände zu entnehmen sind, die einen Schluss auf die innere Tatseite ermöglichen. In diesem Fall ist ein benannter Zeuge kein ungeeignetes Beweismittel.[1859]

Bei Anträgen auf Einholung eines Sachverständigengutachtens fehlt es an einer konkreten Beweisbehauptung, wenn in einem Antrag lediglich die vom Sachverständigen erwarteten Schlussfolgerungen, nicht aber die konkreten Tatsachen bezeichnet werden, an die die Bewertung anknüpfen soll.[1860] Die erheblich eingeschränkte Schuldfähigkeit des Angeklagten zur Tatzeit ist keine bestimmte Beweistatsache, die zum tauglichen Gegenstand eines Beweisantrags gemacht werden könnte.[1858] In diesen Fällen handelt es sich um einen Beweisermittlungsantrag, über den nicht nach § 244 Abs. 3 S. 2 StPO sondern allein unter Aufklärungsgesichtspunkten zu entscheiden ist.[1861]

Bei dem „Hang" im Sinne des § 66 StGB handelt es sich um einen Rechtsbegriff, der als solcher dem Sachverständigenbeweis nicht zugänglich ist. Insofern muss das Bestehen oder das Fehlen bestimmter tatsächlicher Umstände in der Persönlichkeit des Angeklagten oder in den Taten behauptet werden.[1862]

Eine Beweistatsache enthält auch nicht ein Antrag auf Vernehmung eines „Profilers", also eines Kriminalbeamten, der aus gesicherten Beweisen Hypothesen zum Täterprofil, Tathergang etc. bekunden soll. Es ist Aufgabe des Gerichts, Schlüsse aus festgestellten Tatsachen zu ziehen, so dass derartige Schlussfolgerungen nicht Gegenstand eines Beweisantrags sein können.[1863]

1857 *BGH* StV 2007, 563; *BGH* StV 2010, 287; *Meyer-Goßner*[55] § 244 Rn. 20; LR-*Becker*[26] § 244 Rn 98 ff.
1858 *BGH* StV 2011, 209.
1859 *BGH* StV 2008, 449.
1860 *BGH* Urt. v. 15.12.2011 – 3 StR 365/11; *BGH* StV 2007, 563 und StV 2011, 209.
1861 *BGHSt* 43, 321; *BGH* Urt. v. 15.12.2011 – 3 StR 365/11.
1862 *BGH* StV 2010, 508.
1863 *BGH* StV 2007, 17; zum Sachverständigengutachten zur Täteranalyse vgl. auch *BGH* StV 2009, 231.

2. Negativtatsachen

1431 An einer bestimmten Beweistatsache kann es ferner in bestimmtem Umfang bei sog. Negativtatsachen fehlen, z.b. bei einem Zeugenbeweis dafür, dass der Angeklagte an einem bestimmten Ort *nicht* anwesend war, *keine* Waffe bei sich geführt hat etc.. Bei einer sog. Negativtatsache kann durch Zeugenbeweis z.b. die Ortsabwesenheit nur bewiesen werden durch die Behauptung, der Zeuge habe den Angeklagten nicht *gesehen*. Aus der Nichtwahrnehmung kann die *Schlussfolgerung* gezogen werden, dass der Angeklagte nicht anwesend war.[1864] Diese Schlussfolgerung ist jedoch keine Beweis*tatsache,* sondern das Beweisziel. Eine hinreichend bestimmte Beweistatsache liegt allerdings in der Behauptung, eine Person habe ein in ihrer Anwesenheit angeblich geschehenes Ereignis *nicht* wahrgenommen und das Ereignis habe daher nicht stattgefunden, wenn die Beweisperson es nach den konkreten Umständen hätte bemerken müssen.[1865]

Die Beweisbehauptung, ein von einem Zeugen geschilderter Handlungsablauf sei mit den geschilderten Verletzungen nicht vereinbar, ist als Beweistatsache einem Sachverständigengutachten zugänglich, da die Beweistatsache unmittelbar durch das Gutachten bewiesen werden kann.[1866]

Bei der Beweisbehauptung, die (sachverständige) Auswertung der SIM-Karten von Handys zweier Personen werde ergeben, dass in einem bestimmten Zeitraum über diese Handys kein telefonischer oder SMS-Kontakt stattgefunden hat, handelt es sich trotz der Negativtatsache um eine konkrete Beweistatsache.[1867]

Verteidigungsfehler in der Tatsacheninstanz durch unzureichende Formulierung von Beweisanträgen sind in der Revision, wenn überhaupt, nur schwer zu heilen, u.a. deshalb, weil der Beweisantrag selbst in der Revision nicht nachgebessert werden kann.[1868] Insoweit bleibt ggf. nur die Aufklärungsrüge.[1869]

3. Fallkonstellationen

1432 Bei der Behandlung von Anträgen mit unzureichender Beweistatsache gibt es zwei Alternativen:

1433 1. Das Gericht kann trotz unzureichender Beweistatsache den Antrag als Beweisantrag behandelt haben und ihn nach § 244 Abs. 3, 4 oder 5 StPO, etwa wegen Ungeeignetheit des Beweismittels, zurückgewiesen haben. Wird jedoch mit der Revision die fehlerhafte Bescheidung des Beweisantrags gerügt und kommt das Revisi-

---

1864 Einschränkend zur Behauptung, der Angeklagte sei an einem bestimmten Ort nicht anwesend gewesen: *BGH* Beschl. v. 9.10.2007 – 5 StR 344/07; vgl. zu allem *Meyer-Goßner*[55] § 244 Rn. 20; KK-*Fischer*[6] § 244 Rn. 75 f.; LR-*Becker*[26] § 244 Rn. 101.
1865 *BGH* StV 2008, 564.
1866 *OLG Hamm* StV 2009, 348.
1867 *BGH* StV 2010, 560.
1868 Eindrucksvoll *BGHSt* 39, 251, 256.
1869 Rüge 190, Rn. 1663 ff.

onsgericht zu dem Ergebnis, es liege im Hinblick auf die unzureichende Beweistatsache gar kein förmlicher Beweisantrag vor, geht die Rüge der Verletzung des Beweisantragsrechts ins Leere. Fehlt es nach Auffassung des Revisionsgerichts an einer Beweistatsache, prüft es den Antrag nur unter dem Gesichtspunkt der Verletzung der Aufklärungspflicht, da der Antrag infolge unzureichender Beweistatsache vom Tatrichter bereits nur unter Aufklärungsgesichtspunkten hätte beschieden werden müssen.[1870] Deshalb ist (zusätzlich) eine entsprechende Aufklärungsrüge zu erheben.

2.   Der Tatrichter kann den Antrag wegen (vermeintlich) unzureichender Beweistatsache als Beweisermittlungsantrag behandeln und unter Aufklärungsgesichtspunkten nach § 244 Abs. 2 StPO zurückgewiesen haben. In diesem Fall kommen zwei Rügemöglichkeiten in Betracht: die Aufklärungsrüge und/oder die fehlerhafte Behandlung als Beweisermittlungsantrag, so dass der Beweisantrag nur nach dem Katalog des § 244 Abs. 3, 4 oder 5 StPO hätte zurückgewiesen werden dürfen.   **1434**

II. Anforderungen an den Vortrag

1. Zurückweisung eines auf eine Wertung oder Schlussfolgerung zielenden Beweisantrages

a) Das Gericht hat trotz möglicherweise unzureichender Beweistatsache den Antrag als Beweisantrag nach dem Katalog des § 244 Abs. 3, 4 oder 5 StPO zurückgewiesen

- Zunächst ist die fehlerhafte Zurückweisung des Beweisantrags zu rügen, da das Gericht den Antrag als Beweisantrag behandelt hat. Es gelten die allgemeinen Rügeanforderungen, Rn. 1375.   **1435**

- Da bei zweifelhafter Beweistatsache die Gefahr besteht, dass das Revisionsgericht entgegen der Auffassung des Tatrichters dem Antrag die Qualität eines Beweisantrags abspricht und die Bescheidung nur unter dem Gesichtspunkt der Aufklärungspflicht prüft, ist ferner darzulegen, warum es sich trotz zweifelhaft formulierter Beweistatsache gleichwohl um einen förmlichen Beweisantrag handelt. Denn an die Bestimmtheit der Beweistatsache sollen keine überspannten Anforderungen gestellt werden. Es soll ausreichend sein, wenn genügend erkennbar ist, welche tatsächlichen Vorkommnisse unter Beweis gestellt werden sollen bzw. wenn der konkrete Tatsachenkern zumindest in seinen Umrissen hinreichend deutlich wird. Auch die schlagwortartige Bezeichnung des Beweisthemas („sinnlos betrunken") kann ausreichend sein. Die Grenzziehung zwischen schlagwortartiger Bezeichnung des Beweisthemas und der Einstufung als Wertung oder Vermutung ist schwierig und erfolgt in der Rechtsprechung nicht immer einheitlich.[1871] Kann das Gericht das in Wirklichkeit unter Beweis ge-   **1436**

1870   *BGHSt* 39, 251 ff. m. Anm. *Hamm* StV 1993, 455 und *Widmaier* NStZ 1993, 602.
1871   Vgl. dazu LR-*Gollwitzer*[25] § 244 Rn. 105.

stellte konkrete tatsächliche Geschehen bei Würdigung aller Umstände erkennen, soll ein Beweisantrag vorliegen, der nur nach dem Katalog des § 244 Abs. 3, 4 oder 5 StPO zurückgewiesen werden darf.[1872]

1437 • Da nicht vorauszusehen ist, wie das Revisionsgericht den Beweisantrag bewertet, ist ferner eine Aufklärungsrüge zu erheben (vgl. dazu Rüge 190, Rn. 1663 ff.)

Dazu muss vorgetragen werden,

- welche konkreten Beweistatsachen hinter dem unzulänglich formulierten Beweisthema stehen,
- dass dies auch für das Gericht ersichtlich war,
- dass sich dem Gericht die Erhebung des Beweises durch welches Beweismittel aufdrängen musste und
- welche konkreten *Tatsachen* (nicht Schlussfolgerungen oder Wertungen!) die Erhebung des Beweises zugunsten des Angeklagten erbracht hätte.

b) Das Gericht hat den Antrag als Beweisermittlungsantrag zurückgewiesen

1438 Zunächst ist die fehlerhafte Behandlung als Beweisermittlungsantrag zu rügen.

Auch schlagwortartig beschriebene Schlussfolgerungen oder Wertungen können ausreichende Beweistatsachen sein (siehe oben Rn. 1430, 1436). Es gelten die unter Rn. 1406 ff. dargestellten Rügeanforderungen.

1439 Da nicht vorhersehbar ist, ob das Revisionsgericht der vom Beschwerdeführer vorgenommenen Einstufung als Beweisantrag folgt, ist gleichzeitig eine Aufklärungsrüge zu erheben.

1440 Hat das Gericht den Antrag zum Beweisermittlungsantrag herabgestuft, sollte, sofern möglich, auch vorgetragen werden, warum der Antragsteller nach durch den Zurückweisungsbeschluss erlangten Kenntnis der Annahme einer unzureichenden Beweistatsache durch den Tatrichter den Antrag nicht nachgebessert hat.[1873]

2. Zurückweisung eines auf eine sog. Negativtatsache gerichteten Beweisantrags

1441 Nach der Rechtsprechung des BGH können Gegenstand eines Beweisantrages auf Vernehmung eines Zeugen nur solche Umstände oder Geschehnisse sein, die mit dem benannten Beweismittel *unmittelbar* bewiesen werden können. Soll aus der Wahrnehmung eines Zeugen auf ein bestimmtes weiteres Geschehen geschlossen

---

1872 *BGHSt* 37, 162; *BGH* StV 1982, 55; *BGH* NStZ 1995, 566; vgl. ferner *Meyer-Goß-ner*[55] § 244 Rn. 20.
1873 Vgl. *BGHSt* 39, 251, 256; *Meyer-Goßner*[48] § 244 Rn. 21.

werden (Beweisziel), ist nicht dieses weitere Geschehen, sondern nur die Wahrnehmung des Zeugen möglicher Gegenstand des Zeugenbeweises.[1874] Dies gilt insbesondere bei sog. Negativtatsachen, z.b. dass der Angeklagte nicht an einem bestimmten Ort war oder keine Waffe bei sich geführt hat.

Ob es sich bei einer unter Beweis gestellten Negativtatsache nur um das dem Zeu- **1442** genbeweis nicht zugängliche Beweisziel oder um eine tatsächlich mögliche Beweistatsache handelt, hängt von dem Umständen des Einzelfalles und dem benannten Beweismittel ab.

Wird z.b. die Kellnerin eines Lokals dafür benannt, dass der Angeklagte zu einem bestimmten Zeitpunkt nicht im Lokal war, kann dies nur das Beweisziel sein. Die Kellnerin wird nur bekunden können, dass sie den Angeklagten im Lokal *nicht wahrgenommen* hat. Gleichwohl kann sie ihn übersehen haben. Etwas anderes kann dann gelten, wenn der Angeklagte etwa der alleinige Gast im Lokal gewesen sein soll. Hier ist das Beweisziel identisch mit der Wahrnehmung. Das gleiche gilt, wenn ein Zeuge bei einem Geschehen anwesend oder aktiv beteiligt war und z.b. unter Beweis gestellt wird, der Angeklagte habe bei dem Geschehen eine bestimmte Äußerung nicht gemacht.[1875] Auch hier sind Wahrnehmung und Beweisziel identisch. In diesem Fall liegt eine konkrete, dem Zeugenbeweis zugängliche Beweistatsache und damit ein ordnungsgemäßer Beweisantrag vor, der nur nach dem Katalog des § 244 Abs. 3, 4 und 5 StPO zurückgewiesen werden kann.[1876]

Es kommen zwei Möglichkeiten der Behandlung des Antrags durch den Tatrichter **1443** in Betracht: Der Antrag wurde als Beweisantrag behandelt und zurückgewiesen oder der Beweisantrag wurde als Beweisermittlungsantrag zurückgewiesen. Dementsprechend sind unterschiedliche Rügen zu erheben:

a) Das Gericht hat trotz negativer Beweistatsache den Antrag als Beweisantrag nach dem Katalog des § 244 Abs. 3, 4 oder 5 StPO zurückgewiesen

- Zunächst ist die fehlerhafte Zurückweisung des Beweisantrags zu rügen; **1444**
- da bei negativer Beweistatsache die Gefahr besteht, dass das Revisionsgericht entgegen der Auffassung des Tatrichters dem Antrag die Qualität eines Beweisantrags abspricht und die Bescheidung nur unter dem Gesichtspunkt der Aufklärungspflicht prüft, ist ferner darzulegen, warum es sich trotz negativ formulierter Beweistatsache gleichwohl um einen förmlichen Beweisantrag handelt.

1874   *BGHSt* 39, 251 ff. m. krit. Anm. *Hamm* StV 1993, 455 und *Widmaier* NStZ 1993, 602; KK-*Fischer*[6] § 244 Rn. 76; LR-*Becker*[26] § 244 Rn. 101.

1875   *ThürOLG* StV 2005, 11.

1876   *BGH* NStZ 1999, 362 und 2000, 267; *BGH* Urt. v. 28.4.1997 – 5 StR 629/96 = NStZ-RR 1997, 302; *BGHR* StPO § 244 Abs. 6 Beweisantrag 35; 41; *BGHSt* 48, 268; *Thür-OLG* StV 2005, 11; *KK-Fischer*[6] § 244 Rn. 76; *Niemöller* StV 2003, 687, 696.

1445 Da nicht vorauszusehen ist, wie das Revisionsgericht den Beweisantrag bewertet, ist ferner eine Aufklärungsrüge zu erheben (vgl. dazu Rüge 190, Rn. 1663 ff.).

- Dazu muss vorgetragen werden, welche konkreten Beweistatsachen hinter dem negativ formulierten Beweisthema stehen,
- dass dies auch für das Gericht ersichtlich war,
- dass sich dem Gericht die Erhebung des Beweises aufdrängen musste und
- welche konkreten *Tatsachen* (Wahrnehmungen!) zugunsten des Beschwerdeführers die Erhebung des Beweises erbracht hätte.

b) Das Gericht hat den Antrag als Beweisermittlungsantrag zurückgewiesen

1446 Zunächst ist die fehlerhafte Behandlung als Beweisermittlungsantrag zu rügen.

Auch Negativtatsachen können ausreichende Beweistatsachen sein (siehe oben Rn. 1442). Es gelten die allgemeinen Rügeanforderungen.

Da nicht vorhersehbar ist, ob das Revisionsgericht der Einstufung als Beweisantrag folgt, ist gleichzeitig eine Aufklärungsrüge zu erheben. Es gelten die oben unter Rn. 1445 genannten Grundsätze.

Hat das Gericht den Antrag zum Beweisermittlungsantrag herabgestuft, sollte, sofern möglich, auch vorgetragen werden, warum der Antragsteller, nachdem er von der Annahme einer unzureichenden Beweistatsache durch den Zurückweisungsbeschluss Kenntnis erlangt hat, den Antrag nicht nachgebessert hat.[1877]

> **Rüge 164**
>
> **1447** Hat das Gericht einen Beweisantrag wegen unzureichender Bezeichnung des Beweismittels zurückgewiesen?

I. Rechtsgrundlagen

1448 Grundsätzlich soll das Beweismittel, mit dem die Beweistatsache bewiesen werden soll, so genau bezeichnet werden, dass das Gericht ohne weitere eigene Nachforschungen das Beweismittel zur Hauptverhandlung heranziehen kann. So soll beim Zeugenbeweis der Zeuge grundsätzlich mit genauem Namen und Anschrift, d.h. Straße, Hausnummer und Wohnort angegeben werden.[1878]

1877 Vgl. *BGHSt* 39, 251, 256.
1878 *BGHSt* 40, 3, 7 m. Anm. *Strate* StV 1993, 169 und *Widmaier* NStZ 1994, 251; anders *BGH* StV 1995, 59; KK-*Fischer*[6] § 244 Rn. 79.

Die bloße Angabe von Vor- und Nachnamen eines Zeugen in einem Beweisantrag ist für die Individualisierung des Zeugen als Beweismittel grundsätzlich nicht ausreichend; es bedarf vielmehr der Angabe der genauen ladungsfähigen Anschrift des Zeugen. Sollen andere Arten der Individualisierung des Zeugen zur formgerechten Beweismittelbezeichnung ausreichen, sind alle Individualisierungsfakten zur Beweismittelbezeichnung grundsätzlich in dem in der Hauptverhandlung zu stellenden Beweisantrag mitzuteilen. Es ist der Weg konkret aufzuzeigen, auf dem das Gericht den Zeugen identifizieren und die ladungsfähige Anschrift ermitteln kann.[1879] Dies kann im Einzelfall dann entbehrlich sein, wenn sie dem Tatgericht eindeutig bekannt sind, beispielsweise wenn der benannte Zeuge mit ladungsfähiger Anschrift in der Anklageschrift bezeichnet ist, wenn das Gericht ihn in dem Verfahren zuvor bereits geladen hatte oder wenn es sich um eine Person handelt, die sich, wie prozessbekannt ist, unter derselben Adresse eines Prozessbeteiligten oder eines bereits vernommen bzw. geladenen Zeugen aufhält. Dazu, dass es sich so verhält, muss dies aber gemäß § 344 Abs. 2 S. 2 StPO bei einer Rüge der Verletzung des Beweisantragsrechts vollständig vorgetragen werden zum Beleg, dass überhaupt ein formgerechter Beweisantrag gestellt worden ist.[1880]

Zur Konkretisierung des Beweismittels in einem Beweisantrag genügt es allerdings, wenn die zu vernehmende Person derart individualisiert ist, dass eine Verwechselung mit anderen nicht in Betracht kommt. Die Nennung eines Namens ist in diesem Zusammenhang dann entbehrlich, wenn der Zeuge unter Berücksichtigung des Beweisthemas über seine Tätigkeit insbesondere in einer Behörde zu individualisieren ist.[1881]

An der erforderlichen Individualisierung kann es auch bei der Benennung einer unbestimmten Vielzahl von Zeugen fehlen (z.B. mehreren Mitarbeiten etc.).[1882] Die höchstrichterliche Rechtsprechung ist nicht völlig einheitlich.

Ist das Beweismittel nur unzureichend bezeichnet, liegt kein förmlicher, nach § 244 Abs. 3, 4, 5 StPO zu bescheidender Beweisantrag vor, sondern nur ein Beweisermittlungsantrag.

II. Anforderungen an den Vortrag

Es kommen u.a. die Fallkonstellationen in Betracht, dass der Tatrichter trotz möglicherweise unzureichender Bezeichnung des Beweismittels den Antrag als Beweisantrag behandelt hat (1.) oder dass der Tatrichter wegen zweifelhafter ausreichender Bezeichnung des Beweismittels den Antrag nur nach Aufklärungsgrundsätzen beschieden hat (2.).   **1449**

1879 *BGHSt* 40, 3 (7) = StV 1994, 169; *BGH* Beschl. v. 28.5.2009 – 5 StR 191/09 m.w.N. = NStZ 2009, 649; insg. LR-*Becker*[26] § 244 Rn. 110.
1880 *BGH* Beschl. v. 28.5.2009 – 5 StR 191/09 m.w.N. = NStZ 2009, 649.
1881 *BGH* StV 2010, 556.
1882 *BGHR* StPO § 244 Abs. 6 Beweisantrag 36.

1450 1. Wenn der Tatrichter trotz möglicherweise ungenügender Individualisierung des Beweismittels den Antrag als Beweisantrag behandelt und nach § 244 Abs. 3, 4 oder 5 StPO zurückgewiesen hat, besteht – gerade im Hinblick auf die uneinheitliche Rechtsprechung des BGH – die Gefahr, dass das Revisionsgericht dem Antrag mangels Konkretisierung des Beweismittels die Qualität des Beweisantrags abspricht und die Zurückweisung nur nach Amtsaufklärungspflichtgrundsätzen prüft.

Deshalb ist Folgendes neben dem grundsätzlich erforderlichen Vortrag (Rn. 1375) ergänzend auszuführen:

- dass trotz zweifelhafter Konkretisierung des Beweismittels ein ordnungsgemäßer Beweisantrag vorliegt (z.b. weil der Weg zur Individualisierung ausreichend aufgezeigt wurde). Dies ist erforderlich, um dem Revisionsgericht die Herabstufung zum Beweisermittlungsantrag zu erschweren;
- warum der Beweisantrag rechtsfehlerhaft abgelehnt wurde.
- Ferner ist vorsorglich eine Aufklärungsrüge zu erheben mit dem Vortrag,[1883]
- dass sich dem Gericht die Beweiserhebung aufdrängen musste,
- dass das Gericht in der Lage war, das Beweismittel zu identifizieren, herbeizuschaffen und den Beweis in der Hauptverhandlung zu erheben,
- welches für den Angeklagten günstige Ergebnis die unterlassene Beweiserhebung gehabt hätte.

1451 2. Hat der Tatrichter den Antrag als Beweisermittlungsantrag behandelt und zurückgewiesen, ist Folgendes neben dem „Standardvortrag" (Rn. 1375) ergänzend auszuführen:

- warum eine fehlerhafte Behandlung des Antrags als Beweisermittlungsantrag vorliegt, z.B. weil der Antragsteller den Weg aufgezeigt hatte, das Beweismittel zu individualisieren, und ggf. warum er nicht in der Lage war, dies selbst zu tun,[1884] mithin ein förmlicher Beweisantrag vorlag, der nur nach dem Katalog der § 244 Abs. 3–5 StPO hätte abgelehnt werden dürfen.

Gleichzeitig ist die Aufklärungsrüge (dazu Rüge 190, Rn. 1663) zu erheben mit dem Vortrag, dass

- sich dem Gericht die Beweiserhebung aufdrängen musste,
- das Beweismittel auf dem im Antrag beschriebenen Weg oder von Amts wegen hätte ermittelt und herangezogen werden können,
- welches für den Angeklagten günstige Ergebnis die unterlassene Beweiserhebung gehabt hätte.

1883 Vgl. dazu *Basdorf* StV 1995, 310, 316.
1884 Dieser Vortrag erscheint im Hinblick auf *BGHSt* 40, 3, 7 erforderlich.

Rüge 165

Hat das Gericht einen Beweisantrag wegen fehlender Konnexität zwischen Beweisthema   1452
und Beweismittel zurückgewiesen?

I. Rechtsgrundlagen

Eine unzureichende Bezeichnung des Beweismittels soll auch dann vorliegen und   1453
damit kein ordnungsgemäßer Beweisantrag, wenn nicht ersichtlich ist, warum die
Beweistatsache gerade durch das benannte Beweismittel bewiesen werden kann
(fehlende sog. Konnexität).[1885] Es muss ersichtlich sein, warum z.b. ein Zeuge
überhaupt etwas zu dem Beweisthema bekunden können soll. Dies wird sich in vielen Fällen von selbst verstehen, weil sich aus dem Beweisantrag selbst der Zusammenhang zwischen dem Wissen des Zeugen und der Beweistatsache ergibt, etwa
weil der Zeuge bei einem Vorfall anwesend gewesen sein soll. Liegt eine solche
Konnexität zwischen Beweisthema und Beweismittel nicht nahe, so soll der Antragsteller mitteilen müssen, warum der benannte Zeuge überhaupt etwas zu dem Beweisthema sagen kann.[1886] Neben der konkreten Beweistatsache und dem individua-
lisierten Beweismittel soll die Konnexität zwischen Beweistatsache und -mittel die
dritte Voraussetzung eines förmlichen Beweisantrages sein.[1887] Die Anforderungen
an die Darlegung der Konnexität zwischen Beweisbehauptung und Beweismittel hat
der 5. Senat des *BGH* im Falle der Antragstellung bei fortgeschrittener Beweisaufnahme erhöht. Ggf. muss im Beweisantrag dargelegt werden, warum der Zeuge die
behauptete Beweistatsache überhaupt wahrnehmen konnte.[1888]

Einem Beweisantrag kann zwar abverlangt werden kann, dass darin ein verbinden-
der Zusammenhang zwischen Beweismittel und Beweisbehauptung dargelegt wird.
Dies erfordert jedoch nicht die Darlegung, ein benannter Zeuge werde die Beweisbehauptung mit Sicherheit bekunden. Erforderlich – aber auch ausreichend – ist die
Darlegung der Umstände, warum es dem Zeugen möglich sein kann, die Beweistatsache zu bekunden. Ist der Zeuge Teilnehmer eines Telefonats, dessen Verlauf, Inhalt oder Ergebnis unter Beweis gestellt werden soll, handelt es sich um einen unmittelbaren Zeugen, bei dem es regelmäßig nicht der Darlegung noch weiter ins Detail gehender Umstände bedarf.[1889]

1885 *BGHSt* 43, 321, 329; vgl. auch *BGHSt* 39, 251, 253; KK-*Fischer*[6] § 244 Rn. 82; LR-
      Becker[26] § 244 Rn. 113.
1886 *BGH* StV 2000, 652.
1887 *BGHSt* 43, 321, 329; *BGH* NStZ 1999, 522; StV 2000, 349 und 652; krit. LR-*Becker*[26]
      § 244 Rn. 113.
1888 *BGH* StV 2009, 57 m. krit. Anm. *Beulke/Witzigmann*; vgl. dazu ferner die Entschei-
      dung des *3. Senats* StV 2009, 62.
1889 *BGH* Beschl. v. 14.12.2010 – 1 StR 275/10 = StV 2011, 619.

Fehlt es an dem Zusammenhang zwischen Beweistatsache und -mittel, liegt kein Beweisantrag, sondern nur ein nach § 244 Abs. 2 StPO zu bescheidender Ermittlungsantrag vor.

II. Anforderungen an den Vortrag

1454 Es kommen u.a. die Fallkonstellationen in Betracht, dass der Tatrichter trotz zweifelhafter Konnexität den Antrag als Beweisantrag behandelt und nach dem Katalog des § 244 Abs. 3, 4 oder 5 StPO zurückgewiesen hat, z.B. wegen Ungeeignetheit des Beweismittels (1.) oder den Antrag wegen fehlender Konnexität als Ermittlungsantrag behandelt und unter Aufklärungsgesichtspunkten beschieden hat (2.).

1455 1. Hat das Gericht den Antrag trotz zweifelhafter Konnexität als Beweisantrag zurückgewiesen, ist neben dem grundsätzlichen Vortrag (Rn. 1375) folgendes ergänzend vorzutragen:

- dass es sich – wie vom Tatrichter angenommen – um einen förmlichen Beweisantrag handelt; es ist darzulegen, warum der Zeuge etwas zum Thema hätte bekunden können und woraus sich dies ergibt; diese Tatsachen sind bestimmt zu behaupten,[1890] dieser Vortrag erscheint erforderlich, um dem Revisionsgericht die Herabstufung zum Beweisermittlungsantrag wegen fehlender Konnexität zu erschweren.

- Alle Aktenteile, Urkunden etc., aus denen sich Anhaltspunkte für den Zusammenhang zwischen Beweisthema und –mittel ergeben, sind vollständig im Wortlaut mitzuteilen.

- warum der Antrag rechtsfehlerhaft beschieden wurde.

1456 Gleichzeitig ist vorsorglich eine Aufklärungsrüge (vgl. Rüge 190, Rn. 1663) zu erheben mit dem Vortrag,

- warum sich dem Tatrichter die Beweiserhebung aufdrängen musste,
- woraus sich der Zusammenhang zwischen Beweismittel und Beweisziel ergibt,
- warum der Tatrichter sich zur Verwendung des benannten Beweismittels gedrängt sehen musste,
- welches für den Angeklagten günstige Ergebnis die unterlassene Beweiserhebung erbracht hätte.

1457 2. Hat der Tatrichter den Antrag mangels Konnexität als Beweisermittlungsantrag zurückgewiesen, ist zunächst die fehlerhafte Behandlung als Beweisermittlungsantrag zu rügen. Es ist vorzutragen

- warum es sich um einen förmlichen Beweisantrag gehandelt hat, indem dargelegt wird, warum z.B. der Zeuge etwas zu dem Beweisthema bekunden konnte, woraus sich dies ergibt und dies für den Tatrichter ersichtlich war. Dazu sind alle Aktenteile, Urkunden etc., aus denen sich Anhaltspunkte für den Zusammen-

---

1890 *BGH* StV 2011, 207.

hang zwischen Beweisthema und -mittel ergeben, vollständig im Wortlaut mitzuteilen,

• dass der Antrag nicht nach dem Katalog des § 244 Abs. 3–5 StPO bis zurückgewiesen wurde.

• Ggf. ist der Vortrag erforderlich, warum der Antragsteller, nachdem er auf den vermeintlich fehlenden Zusammenhang zwischen Beweistatsache und mittel durch den Ablehnungsbeschluss aufmerksam gemacht wurde, den Antrag nicht durch Darlegung der Konnexität „nachgebessert" hat.

Ferner ist die Aufklärungsrüge zu erheben. Dafür gelten die oben dargestellten Grundsätze.

II. Ablehnungsgründe des § 244 Abs. 3 StPO

Rüge 166

Hat das Gericht einen Beweisantrag nach § 244 Abs. 3 StPO wegen Unzulässigkeit zurückgewiesen?   **1458**

I. Rechtsgrundlagen

Zu unterscheiden sind die Unzulässigkeit des Beweisantrages selbst und die Unzulässigkeit der Beweis*erhebung*.[1891] Die Unzulässigkeit des Beweisantrages liegt nur dann vor, wenn der Antragsteller keine Berechtigung zur Antragstellung hatte. Da die Verfahrensbeteiligten, insbesondere der Angeklagte immer antragsberechtigt sind, braucht auf diese Variante der Unzulässigkeit nicht eingegangen zu werden.   **1459**

Unzulässigkeit der Beweis*erhebung* liegt z.B. dann vor, wenn der Nachweis nicht mit den in der StPO vorgesehenen Beweismitteln geführt werden kann. Dazu gehören z.B. die Vernehmung des Mitangeklagten als Zeuge, solange das Verfahren nicht abgetrennt ist[1892], oder die Gutachtenerstattung durch einen erfolgreich wegen Besorgnis der Befangenheit abgelehnten Sachverständigen.[1893]   **1460**

Unzulässig kann die Beweiserhebung auch dann sein, wenn ein Beweisthema behauptet wird, das nicht Gegenstand der Beweisaufnahme sein darf. Dazu gehören, um nur einige Beispiele zu nennen,   **1461**

• die Beweisaufnahme über die erfolgte Beweisaufnahme;[1894]
• die Auslegung des Rechts,[1895]

1891   Vgl. zur Unzulässigkeit insgesamt *Meyer-Goßner*[55] § 244 Rn. 48f; LR-*Becker*[26] § 244 Rn. 185; KK-*Fischer*[6] § 244 Rn. 106 ff.
1892   *BGH* StV 1990, 394.
1893   *Meyer-Goßner*[55] § 244 Rn. 49; LR- *Becker*[26] § 244 Rn. 188 ff.
1894   *BGH* StV 2004, 355; *BGHR* StPO § 244 Abs. 3 S. 1 Unzulässigkeit 4, 7, 9, 10, 12.
1895   *BGH* NJW 1968, 1293.

- Wertungen, die das Gericht vorzunehmen hat, z.B. „günstige Sozialprognose" i.s.d. § 56 Abs. 1 StGB[1896], die Höhe der schuldangemessenen Strafe.[1897] Werden jedoch Wertungen mit Tatsachenbehauptungen verknüpft, etwa dass der Angeklagte seit der Tat in einem ununterbrochenen Beschäftigungsverhältnis steht, geheiratet hat, er für sein zwischenzeitlich geborenes Kind zu sorgen hat, und deshalb eine günstige Prognose bestehe, ist der Beweisantrag nur hinsichtlich der Wertung bzw. Schlussfolgerung unzulässig.

Im Übrigen handelt es sich, da *Tatsachen* unter Beweis gestellt sind, um einen Beweisantrag, der nur nach den übrigen Ablehnungsgründen zurückgewiesen werden kann.

1462 Unzulässigkeit liegt ferner vor bei Beweistatsachen, die einem Beweiserhebungs- oder -verwertungsverbot unterliegen, z.b. Vernehmung eines Zeugen, der sich auf sein Zeugnisverweigerungsrecht nach § 52 StPO berufen hat,[1898] Vernehmung des polizeilichen Vernehmungsbeamten bei Zeugnisverweigerung eines Angehörigen.

- Beweisanträge auf Untersuchung durch einen Sachverständigen, wenn der zu Untersuchende die Exploration verweigert,[1899] nicht aber, wenn dem Sachverständigen andere Erkenntnisquellen zur Verfügung stehen und eine Begutachtung auch durch eine Teilnahme an der Hauptverhandlung möglich ist,[1900]
- Hilfsbeweisanträge, die sich gegen den Schuldspruch richten, aber nur für den Fall einer bestimmten Rechtsfolgenentscheidung gestellt sind,[1901]
- Tatsachen, die dem gerichtlichen Beratungsgeheimnis unterliegen,[1902]
- Beweisthemen, die sich gegen bindend gewordene Feststellungen richten,[1903]
- Beweisanträge, die auf die Feststellung der Schuldunfähigkeit gerichtet sind, wenn der Schuldspruch bereits in Rechtskraft erwachsen ist.[1904]

Nach Auffassung des 5. Senat des *BGH* können Mitteilungen des Angeklagten an seinen amtierenden Verteidiger vor der Hauptverhandlung grundsätzlich nicht zum Gegenstand der Beweisaufnahme gemacht werden. Der Inhalt solcher Besprechungen zwischen einem Angeklagten und seinem Verteidiger diene der Vorbereitung der Verteidigung, die der Angeklagte durch Sacheinlassung oder Schweigen gestalte (§ 243 Abs. 4 S. 1 StPO). Die Umstände, die zur Entscheidung über Art und Inhalt der Verteidigungsstrategie geführt hätten, seien aber regelmäßig einer Kognition durch das Gericht entzogen. Sie gehörten zum Kernbereich der Verteidigung.[1905]

1896 *BayObLGSt* 2002, 107.
1897 *BGHSt* 25, 207.
1898 *BGHR* StPO § 244 Abs. 3 S. 1 Unzulässigkeit 2, 15; *BGHSt* 21, 12,13; *BGH* NStZ 1982, 126 ungeeignetes Beweismittel.
1899 *BGHR* StPO § 244 Abs. 3 S. 1 Unzulässigkeit 5.
1900 *BGHR* StPO § 244 Abs. 3 S. 1 Unzulässigkeit 6.
1901 *BGHSt* 40, 287 = StV 1995, 1; *BGH* NStZ 1995, 246.
1902 *BGHR* StPO § 244 Abs. 3 S. 1 Unzulässigkeit 10.
1903 *BGHR* StPO § 244 Abs. 3 S. 1 Unzulässigkeit 1; *BGH* NStZ 1981, 448.
1904 *BGHSt* 44, 119.
1905 *BGH* StV 2008, 284 m. abl. Anm. *Beulke/Ruhmannseder*.

Diese Auffassung wird vom 1. Senat des *BGH nicht* geteilt. Er hält einen Beweisantrag auf Vernehmung des Verteidigers zum Inhalt von Besprechungen mit dem Mandanten *nicht* für unzulässig. Schon das dem Verteidiger nach § 53 Abs. 1 S. 1 Nr. 2 StPO zustehende Zeugnisverweigerungsrecht zeige, dass ein Verteidiger sehr wohl zu Tatsachen aus dem Innenverhältnis vernommen werden könne.[1906] Da die jeweiligen Rechtsauffassungen der Senate für die Entscheidungen jedoch nicht tragend waren, konnte die Divergenz (bisher) nicht durch eine Entscheidung des Großen Senats beseitigt werden.

Keine Unzulässigkeit der Beweiserhebung liegt vor bei Beweisanträgen zu nach § 154 StPO eingestellten Taten, wenn diese indizielle Bedeutung für die Beweiswürdigung oder Strafzumessung haben.[1907]

II. Anforderungen an den Vortrag

Es gelten die oben Rn. 1375 aufgestellten Grundsätze.   **1463**

Rüge 167

Hat das Gericht einen Beweisantrag wegen Offenkundigkeit der Beweistatsache zurückgewiesen, § 244 Abs. 3 S. 2 StPO?   **1464**

I. Rechtsgrundlagen

Die Ablehnung einer Beweisantrags wegen Offenkundigkeit umfasst sowohl die Allgemein- als auch die Gerichtskundigkeit.   **1465**

Allgemeinkundig sind z.b. solche Tatsachen, über die jedermann ohne weiteres aus allgemein zugänglichen Quellen ohne besonderes Fachwissen Kenntnis erlangen kann.[1908] Quellen der Allgemeinkundigkeit, auf die sich das Gericht stützen kann, sind die Medien, Land oder Straßenkarten,[1909] Geschichtsbücher o.Ä. Auch Naturereignisse, geographische Verhältnisse und geschichtlich erwiesene Tatsachen können als allgemeinkundig behandelt werden.[1910] Die Allgemeinkundigkeit kann örtlich, zeitlich oder auf einen bestimmten Personenkreis beschränkt sein, sofern das

---

1906   StV 2010, 287.
1907   *BGH* StV 2004, 415; vgl. dazu auch Rüge 194 Rn. 1693.
1908   *BVerfG* NJW 1960. 31; *BGHSt* 6, 292; KK-*Fischer*[6] § 244 Rn. 132: LR-*Becker*[26] § 244 Rn. 204.
1909   *OLG Brandenburg* StraFo 1997, 205.
1910   *BGHSt* 48, 28; *BGHSt* 40, 97, 99; *BGH* NJW 2002, 2115; Meyer-*Goßner*[55] § 244 Rn. 51; LR-*Becker*[26] § 244 Rn. 204 ff.; KK-*Fischer*[6] § 244 Rn. 132 ff.

Wissen nur aus allgemein zugänglichen Quellen zu beschaffen ist.[1911]

Über allgemeinkundige Tatsachen braucht kein Beweis erhoben zu werden.[1912] Nach *BGHSt* 6, 292, 296 soll ein Beweisantrag auch dann zurückgewiesen werden dürfen, wenn das Gegenteil der Beweistatsache offenkundig ist.

1466 *Gerichtskundig* sind solche Tatsachen, die ein Richter im Zusammenhang mit seiner beruflichen Tätigkeit in Erfahrung gebracht hat, gleichgültig, in welchem Verfahren und bei welcher amtlichen Tätigkeit dies geschehen ist.[1913]

Bei Kollegialgerichten reicht die Kenntnis der unter Beweis gestellten Tatsache eines Gerichtsmitgliedes aus, das diese den anderen Mitgliedern zu deren Überzeugung vermitteln kann.[1914]

1467 Ob einzelfallbezogene Beweisergebnisse, die der erkennende Richter außerhalb der Hauptverhandlung gewonnen hat, als gerichtskundig behandelt werden dürfen, ist streitig.[1915] Aussageinhalte von in einer früheren Hauptverhandlung vernommenen Personen können jedoch nicht als gerichtskundig behandelt werden, da es sich um Vorgänge handelt, die auf komplexen, ausschließlich auf den Einzelfall bezogenen Wahrnehmungen beruhen.[1916]

II. Anforderungen an den Vortrag

1468 Bei der Zurückweisung eines Beweisantrages wegen Allgemeinkundigkeit kommen zwei Möglichkeiten in Betracht: die Beweistatsache oder ihr Gegenteil ist allgemeinkundig.

1469 1. Wird der Antrag zurückgewiesen, weil die behauptete Beweistatsache allgemeinkundig sei, ist das Ziel des Beweisantrages erreicht. Auf einer fehlerhaften Bescheidung des Beweisantrages (z.B. Tatsache ist tatsächlich nicht allgemeinkundig) kann das Urteil nicht beruhen, weil der Beschwerdeführer durch die Behandlung seines Beweisbegehrens als allgemeinkundig nicht beschwert ist.

Gerügt werden kann in diesem Falle nur, dass sich das Gericht in den Urteilsgründen zu einer als allgemeinkundig behandelten Tatsache in Widerspruch setzt oder sich mit der Tatsache in den Urteilsgründen nicht auseinandersetzt, obwohl dies zum Zwecke einer lückenlosen Beweiswürdigung erforderlich gewesen wäre. Inso-

---

1911 *Meyer-Goßner*[55] § 244 Rn. 51; LR-*Becker*[26] § 244 Rn. 204.

1912 *BGHSt* 6, 292; *Meyer-Goßner*[55] § 244 Rn. 50.

1913 *Meyer-Goßner*[55] § 244 Rn. 52; KK-*Fischer*[6] § 244 Rn. 137 ff.; LR-*Becker*[26] § 244 Rn. 208 ff.

1914 *Meyer-Goßner*[55] § 244 Rn. 53; *BGHSt* 34, 209, 210.

1915 Bejahend: *BGHSt* 39, 239, 241; *BGHSt* 44, 4, 9; verneinend für Beweisergebnisse aus einer früheren ausgesetzten Hauptverhandlung *BGHSt* 47, 270; LR-*Becker*[26] § 244 Rn. 209; *Meyer-Goßner*[55] § 244 Rn. 52; verneinend für den Eindruck von einem Zeugen bei einer kommissarischen Vernehmung *BGHSt* 45, 312 m.w.N.

1916 *BGHSt* 47, 270, 274; 45, 354, 359; aber *BGHSt* 44, 4.

weit gelten weitgehend die Grundsätze und Rügeanforderungen wie bei der Zurückweisung eines Beweisantrags durch Wahrunterstellung. Auf die dortigen Ausführungen kann verwiesen werden (siehe Rüge 173, Rn. 1529 ff.).

2. Wird der Antrag zurückgewiesen, weil das *Gegenteil* der behaupteten Tatsache **1470** allgemeinkundig sei, wird auch hier eine Rüge aussichtslos sein, da das Gericht durch die Behandlung der gegenteiligen Beweistatsache zum Ausdruck gebracht hat, dass die vom Antragsteller vorgetragene Beweisbehauptung nicht erwiesen werden *könne*, weil sie unrichtig sei und sowohl das genannte als auch jedes andere Beweismittel ungeeignet sei, die Behauptung zu beweisen.[1917] Kein Strafrichter kann verpflichtet sein, Beweis darüber zu erheben, dass Pferde 5 Beine haben oder Kraftfahrzeuge mit Leitungswasser betrieben werden können.[1917]

Dieselben Grundsätze gelten bei der Zurückweisung wegen Gerichtskundigkeit. **1471**

Hier kommt allerdings die Möglichkeit in Betracht, dass das Gericht den Begriff der Gerichtskundigkeit verkannt und den Beweisantrag deshalb fehlerhaft zurückgewiesen hat. Im Falle der Bestätigung der Beweistatsache durch Gerichtskundigkeit beruht das Urteil allerdings regelmäßig nicht auf diesem Fehler, da das Beweisziel erreicht ist.

Ist allerdings der Antrag zurückgewiesen worden, weil *das Gegenteil* der Beweistat- **1472** sache gerichtskundig sei, kann die fehlerhafte Zurückweisung des Beweisantrages gerügt werden. Denn war das Gegenteil nicht gerichtskundig, hätte der Beweis erhoben werden müssen. Eine fehlerhafte Behandlung als gerichtskundig kommt insbesondere bei Kenntnis aus früheren Beweiserhebungen außerhalb der laufenden Hauptverhandlung in Betracht. Dies ist anhand der jeweiligen Fallkonstellation zu prüfen.

Es gelten die allgemeinen Rügeanforderungen (vgl. oben Rn. 1375).

Je nach dem, wie die Allgemeinkundigkeit begründet wird, sind die Quellen im Wortlaut mitzuteilen, aus denen sich die Gerichtskundigkeit nach Auffassung des Gerichts ergeben soll.

1917 *Alsberg/Nüse/Meyer*[5] S. 532.

Rüge 168

1473 Hat das Gericht einen Beweisantrag wegen Bedeutungslosigkeit der Beweistatsache zurückgewiesen, § 244 Abs. 3 S. 2 StPO?

I. Rechtsgrundlagen

1474 Bedeutungslosigkeit i.S.d. § 244 Abs. 3 S. 2 StPO bedeutet zunächst, dass ein Zusammenhang zwischen der Beweistatsache und der abzuurteilenden Tat hinsichtlich des Schuld oder Rechtsfolgenausspruchs nicht besteht. Bedeutungslosigkeit kann auch dann vorliegen, wenn die Tatsache trotz eines bestehenden Zusammenhanges mit der Urteilsfindung nicht geeignet ist, die Entscheidung irgendwie zu beeinflussen.[1918]

Grundsätzlich ist zu unterscheiden zwischen rechtlicher und tatsächlicher Bedeutungslosigkeit.

1475 **1.** Bedeutungslosigkeit *aus Rechtsgründen* kommt dann in Frage, wenn die Beweistatsache für die Konkretisierung der dem Angeklagten zur Last gelegten Tatbestandsmerkmale oder für die Bestimmung der Rechtsfolgen nicht relevant ist oder weil Rechtsgründe eine Beweiserhebung über ihr Vorliegen entbehrlich machen, z.B. eine Beweiserhebung zu Strafzumessungstatsachen bei einem freizusprechenden Angeklagten.[1919]

1476 **2.** Aus *tatsächlichen Gründen* ist die Beweistatsache bedeutungslos, wenn sie in keinem Zusammenhang mit der Urteilsfindung steht oder wenn trotz eines solchen Zusammenhangs ihre Bestätigung keinen Einfluss auf die richterliche Überzeugung ausüben kann. Dies ist z.B. dann der Fall, wenn im Falle des Erwiesenseins der Tatsache diese nur mögliche, nicht aber zwingende Schlüsse zulässt und das Gericht den nur möglichen Schluss nicht ziehen will.[1920] Dies kommt insbesondere bei Indiztatsachen häufig vor. Der Tatrichter darf eine Tatsache nur dann als (aus tatsächlichen Gründen) bedeutungslos ansehen, wenn zwischen ihr und dem Gegenstand der Urteilsfindung keinerlei Sachzusammenhang besteht oder wenn sie trotz eines solchen Zusammenhangs selbst im Fall ihres Erwiesenseins die Entscheidung nicht beeinflussen kann. Allerdings darf das Gericht dabei die unter Beweis gestellte Tatsache nicht in Zweifel ziehen oder Abstriche an ihr vornehmen; es hat diese vielmehr so, als sei sie voll erwiesen, seiner antizipierenden Würdigung zu Grunde zu legen.[1921]

1918 *Meyer-Goßner*[55] § 244 Rn. 54.; KK-*Fischer*[6] § 244 Rn. 141 ff.; LR-*Becker*[26] § 244 Rn. 216 f.
1919 *Meyer-Goßner*[55] § 244 Rn. 55; KK-*Fischer*[6] § 244 Rn. 142 f.; LR-*Becker*[26] § 244 Rn. 219.
1920 *BGH* NStZ 1982, 126; StV 1981; 271; 1992, 259; 1993, 173; 1994, 62; 2001, 95, 96; 2002, 350; 352; *Meyer-Goßner*[55] § 244 Rn. 56; KK-*Fischer*[6] § 244 Rn. 143: KK-*Becker*[26] § 244 Rn. 220 ff.
1921 *BGH* StV 2010, 558.

3. Bei der Prüfung der Erheblichkeit hat das Gericht die Tatsache so zu behandeln, als sei sie erwiesen und hat sie mit ihrem vollen Sinngehalt in den bisherigen Beweisstoff einzufügen und zu prüfen, ob die Beweiswürdigung durch die Beweistatsache in relevanter Weise beeinflusst werden kann.[1922] Ist dies der Fall, ist die Beweistatsache nicht bedeutungslos.[1923] **1477**

Je unsicherer und schwieriger die Beweislage ist, desto höhere Anforderungen sind an den Ablehnungsgrund der Bedeutungslosigkeit zu stellen.[1924]

Die Rechtsprechung zur Bedeutungslosigkeit der Beweistatsache ist unübersichtlich und nicht immer einheitlich. Stets ist eine Einarbeitung anhand der konkreten Fallkonstellation erforderlich.

Folgende Eckpunkte lassen sich jedoch herauskristallisieren: **1478**

Die Ablehnung eines Beweisantrages wegen Unerheblichkeit ist nur dann rechtsfehlerfrei, wenn der Tatrichter bei seiner Entscheidung die unter Beweis gestellte Tatsache *in ihrem vollen Sinn*, wie sie der Antragsteller erkennbar verstanden wissen wollte, zugrunde gelegt hat.[1925] Das Gericht darf den erkennbaren Sinngehalt des Antrags nicht verkürzen, um ihn wegen Bedeutungslosigkeit ablehnen zu können.[1926]

In einem Fall, in dem in verschiedenen Beweisanträgen das gemeinsame Ziel verfolgt wird, die Glaubhaftigkeit der Angaben eines Belastungszeugen und dessen Glaubwürdigkeit in Zweifel zu ziehen und die Mehrzahl der unter Beweis gestellten Tatsachen gegen die Glaubwürdigkeit des Belastungszeugen sprechen könnte, bedarf es in dem ablehnenden Beschluss einer über die einzelne Beweistatsache hinausgehenden Gesamtwürdigung, warum die zu beweisende Tatsache das Gericht auch im Falle des Nachweises unbeeinflusst gelassen hätte; denn die Ablehnung von Beweisanträgen wegen Bedeutungslosigkeit der Beweisbehauptung darf nicht dazu führen, zugunsten des Angeklagten sprechende Umstände der gebotenen Gesamtabwägung im Rahmen der Beweiswürdigung zu entziehen [1927]

Zweifel daran, ob ein Zeuge die Beweistatsache bestätigen kann, der Zeuge zuverlässig oder glaubwürdig ist, berechtigen nicht zur Ablehnung wegen Bedeutungslo-

---

1922 *OLG Stuttgart* MDR 1994, 1137; *Meyer-Goßner*[55] § 244 Rn. 56; LR-*Becker*[26] § 244 Rn. 220 ff.

1923 *BGH* StV 2008, 288.

1924 *BGH* StV 2005, 113; *BGH* StV 2005, 254; auch *BGH* StV 1996, 249 m.w.N. *Hans.OLG Hamburg* StV 2010, 122 – Glaubwürdigkeit des einzigen Belastungszeugen, der in der Hauptverhandlung nicht vernommen werden konnte, Antrag auf Einführung einer von den Urteilsfeststellungen abweichenden Aussage des Zeugen zum Randgeschehen in einer früheren Vernehmung.

1925 *BGH* StV 1981, 167; 1983, 90; 1996, 411.

1926 KK-*Fischer*[6] § 244 Rn. 144; LR-*Becker*[26] § 244 Rn. 220.

1927 *BGH* Beschl. v. 21.7.2006 – 3 StR 44/11 = StV 2011, 646; auch LR-*Becker*[26] § 244 Rn. 225.

sigkeit, da darin eine unzulässige Beweisantizipation liegt.[1928] Bei der Prüfung der Erheblichkeit der Beweistatsache ist von ihrem Erwiesensein auszugehen.

1479 Dem Gericht ist es ferner verwehrt, den Antrag wegen Bedeutungslosigkeit mit der Begründung abzulehnen, das Gegenteil der unter Beweis gestellten Tatsache sei durch die bisherige Beweisaufnahme erwiesen.[1929]

Im Urteil darf sich das Gericht mit der als bedeutungslos zurückgewiesenen Beweistatsache nicht in Widerspruch setzen und etwa vom Gegenteil der als bedeutungslos zurückgewiesenen Beweistatsache ausgehen.[1930] Ebenso wenig darf der Beweistatsache in den Urteilsgründen doch Bedeutung beigemessen werden, wenn das Gericht es unterlassen hat, den Antragsteller auf den Auffassungswandel hinzuweisen und den Antrag mit anderer Begründung zurückzuweisen.[1931]

1480 Die Rechtsprechung zur Erheblichkeit von Indiztatsachen, insbesondere soweit sie die Glaubwürdigkeit von Belastungszeugen betrifft, ist umfangreich und uneinheitlich. Dies mag daran liegen, dass es letztlich eine Frage der subjektiven Überzeugung ist, ob eine Hilfstatsache geeignet ist, die Entscheidung zu beeinflussen.

Hier gilt grundsätzlich, dass die Ablehnung wegen Bedeutungslosigkeit nicht dazu führen darf, dass aufklärbare, zugunsten des Angeklagten sprechende Umstände durch die Ablehnung der Beweiserhebung der gebotenen Gesamtwürdigung in der Beweiswürdigung entzogen werden.[1932]

1481 Auch wenn das Gericht seine Überzeugung auf eine Kette von Indizien stützt, von denen jedes einzelne Indiz für sich gesehen keine zwingenden Schlüsse zulässt, darf die Bedeutungslosigkeit einer gegen ein einzelnes Indiz gerichteten Tatsachenbehauptung nicht mit dem Argument angenommen werden, die Beweistatsache lasse keinen zwingenden Schluss zu und den nur möglichen wolle das Gericht nicht ziehen.[1933]

1482 Der Beschluss, mit dem ein Beweisantrag wegen Bedeutungslosigkeit zurückgewiesen wird, erfordert eine eingehende Begründung.[1934]

Zunächst ist anzugeben, ob die Beweistatsache aus rechtlichen oder tatsächlichen Gründen für die Entscheidung von Bedeutung ist.

1928 *BGH* StV 2008, 288; *BGH* StV 1997, 567; *BGH* StV 2001, 95; *BGHR* StPO § 244 Abs. 3 S. 2 Bedeutungslosigkeit 6, 20; *Meyer-Goßner*[55] § 244 Rn. 46, 56.
1929 *BGH* StV 1992, 147 m. Anm. *Deckers*; *BGH* StV 1993, 173; 1994, 62; wistra 1983, 33; *BGHR* StPO § 244 Abs. 3 S. 2, Bedeutungslosigkeit 6.
1930 *BGH* StV 1996, 648; *BGH* StV 2009, 414.
1931 KK-*Fischer*[6] § 244 Rn. 146; LR-*Becker*[26] § 244 Rn. 227.
1932 *BGH* StV 2003, 369 f.; StV 1990, 291; *Hans.OLG Hamburg* StV 2010, 122 – Glaubwürdigkeit des einzigen Belastungszeugen, der in der Hauptverhandlung nicht vernommen werden konnte, Antrag auf Einführung einer von den Urteilsfeststellungen abweichenden Aussage des Zeugen zum Randgeschehen in einer früheren Vernehmung.
1933 *BGH* StV 1992, 259.
1934 Vgl. insgesamt dazu *Meyer-Goßner*[55] § 244 Rn. 43a; LR-*Becker*[26] § 244 Rn. 225.

Bei Zurückweisung wegen tatsächlicher Bedeutungslosigkeit müssen die Gründe **1483** angegeben werden, aus denen die Bedeutungslosigkeit hergeleitet wird.[1935] Geht es um die Glaubwürdigkeit eines Zeugen, muss begründet werden, warum die Tatsache im Falle ihres Erwiesenseins keinen Einfluss auf die Glaubwürdigkeitsbeurteilung hat.[1936]

Das strenge Begründungserfordernis soll sicherstellen, dass sich der Angeklagte auf die durch den Zurückweisungsbeschluss geschaffene neue Verfahrenslage einstellen kann[1937] und das Revisionsgericht prüfen kann, ob der Ablehnungsbeschluss auf rechtsfehlerfreien Erwägungen beruht. Die bloße Wiederholung des Gesetzeswortlauts reicht nicht. Die erforderliche Begründung entspricht grundsätzlich den Begründungserfordernissen bei der Würdigung von durch eine Beweisaufnahme gewonnenen Indiztatsachen in den Urteilsgründen. Eine ungenügende Begründung des Beschlusses kann nicht in den Urteilsgründen geheilt werden.[1938]

Es ist auch nicht zulässig, im Urteil andere Ablehnungsgründe nachzuschieben[1939] (vgl. dazu auch Rüge 184, Rn. 1618 ff.).

Die Rüge der fehlerhaften Ablehnung eines Beweisantrages kann daher unter- **1484** schiedliche Stoßrichtungen haben. Dazu gehören u.a.

- die Rüge, der Ablehnungsbeschluss sei zwar ausreichend begründet, die Begründung trage jedoch den Ablehnungsgrund der Bedeutungslosigkeit nicht. Gerügt wird in diesem Fall die fehlerhafte Annahme der Bedeutungslosigkeit.

- die Rüge, die Ablehnung sei deshalb rechtsfehlerhaft, weil die Ablehnungsbegründung unzureichend sei, z.B. nur den Gesetzeswortlaut wiederholt.

Hier liegt der Verfahrensfehler in der unzureichenden oder unvollständigen Begründung. Die erforderliche Begründung hat grundsätzlich den Begründungsanforderungen bei der Würdigung von durch eine Beweisaufnahme gewonnenen Indiztatsachen in den Urteilsgründen zu entsprechen.[1940] In diesem Fall wird ein Beruhen des Urteils auf der unzureichenden Begründung nur dann auszuschließen sein, wenn die Bedeutungslosigkeit „klar zu Tage" oder „auf der Hand" liegt.[1941]

Und schließlich kann gerügt werden, dass sich die Urteilsgründe mit dem Ableh- **1485** nungsbeschluss in Widerspruch setzen, weil z.B. im Urteil vom Gegenteil der als

---

1935 *BGH* wistra 1995, 30.
1936 *BGH* StV 2008, 288; *BGH* StV 1990, 340; *OLG Frankfurt* StV 1995, 346.
1937 *BGH* StV 1990, 246; 1991, 408; 1993, 3; *BGH* StV 2010, 557 jew. m. Nachw.; *Meyer-Goßner*[55] § 244 Rn. 43a.
1938 *BGH* StV 2010, 557.
1939 *BGHSt* 29, 152; *BGH* StV 1990, 24; KK-*Fischer*[6] § 244 Rn. 146; LR-*Becker*[26] § 244 Rn. 227.
1940 *BGHR* StPO § 244 Abs. 3 S. 2 Bedeutungslosigkeit 26; *BGH* Beschl. v. 3.7.2007 – 5 StR 272/07.
1941 *BGH* StV 1981, 166; NStZ 1982, 170; KK-*Fischer*[6] § 244 Rn. 145.

unerheblich angesehenen Tatsache ausgegangen wird oder dieser zumindest eine andere Bedeutung beigemessen wird.

II. Anforderungen an den Vortrag

1486 Es gelten die allgemeinen Grundsätze (vgl. oben Rn. 1375).

Wird gerügt, die Beweistatsache sei entgegen der Begründung des Ablehnungsbeschlusses doch für die Entscheidung von Bedeutung, muss sorgfältig herausgearbeitet werden, warum bei Zugrundelegung der Beweiswürdigung im Urteil die Tatsache Einfluss auf die Entscheidung gehabt haben könnte. Dies hat gerade bei schwieriger Beweissituation, z.B. in Fällen von Aussage gegen Aussage, besondere Bedeutung.

Rüge 169

1487 Hat das Gericht einen Beweisantrag wegen Erwiesenseins der Beweistatsache zurückgewiesen, § 244 Abs. 3 S. 2 StPO?

I. Rechtsgrundlagen

1488 Bei der Ablehnung wegen Erwiesenseins der behaupteten Beweistatsache kommt es nicht darauf an, ob die Tatsache zugunsten oder zu Ungunsten des Angeklagten wirkt.[1942] Auch auf die Beweiserheblichkeit kommt es nicht an, so dass auch bedeutungslose Tatsachen als erwiesen behandelt werden können.[1943]

1489 Der Unterschied zur Wahrunterstellung (vgl. dazu Rüge 173, Rn. 1529 ff.) liegt darin, dass die Ablehnung wegen Erwiesenseins eine *Wissens*erklärung des Gerichts ist, die Wahrunterstellung eine Fiktion bzw. eine *Willens*erklärung ist, die Tatsache als wahr zu behandeln. Ein weiterer Unterschied besteht darin, dass nur Tatsachen *zugunsten* des Angeklagten als wahr unterstellt werden dürfen, erwiesen sein können jedoch auch belastende Tatsachen.[1944] Und schließlich können nur Tatsachen, die erheblich sind, als wahr unterstellt werden, erwiesen sein können auch unerhebliche Tatsachen.

1490 Als erwiesen hat das zu gelten, was die nach ihrem Sinn und Zweck ausgelegte Beweisbehauptung besagt.[1945]

1942 *BGH* StV 1983, 319; *Meyer-Goßner*[55] § 244 Rn. 57; KK-*Fischer*[6] § 244 Rn. 148; LR-*Becker*[26] § 244 Rn. 228.
1943 *Meyer-Goßner*[55] § 244 Rn. 57.
1944 LR-*Gollwitzer*[25] § 244 Rn. 236; *Meyer-Goßner*[55] § 244 Rn. 70.
1945 *BGH* NJW 1989, 845; *BGHR* StPO § 244 Abs. 3 S. 2 erwiesenen Tatsache 2.

Es kommen u.a. folgende Rügemöglichkeiten in Betracht:

- die Urteilsgründe widersprechen der als erwiesen bezeichneten Tatsache,[1946]
- das Urteil verkürzt den Sinngehalt der als erwiesen angesehenen Beweistatsache,[1947]
- das Urteil setzt sich mit einer als erwiesen angesehenen Tatsache nicht auseinander, obwohl dies erforderlich gewesen wäre. Mit erwiesenen und damit feststehenden Tatsachen hat sich das Gericht – ebenso wie mit als wahr unterstellten Tatsachen – im Urteil auseinander zu setzen, wenn die Beweistatsache für die Beurteilung der objektiven oder subjektiven Tatseite oder für den Rechtsfolgenausspruch von Bedeutung ist.[1948]

II. Anforderungen an den Vortrag

Es gelten die allgemeinen Rügeanforderungen (siehe oben Rn. 1375).   **1491**

Rüge 170

Hat das Gericht einen Beweisantrag wegen völliger Ungeeignetheit des Beweismittels zurückgewiesen, § 244 Abs. 3 S. 2 StPO?   **1492**

I. Rechtsgrundlagen

Völlige Ungeeignetheit des Beweismittels setzt voraus, dass ohne jede Rücksicht   **1493**
auf das bisher gefundene Beweisergebnis ggf. im Freibeweis festgestellt werden kann, dass sich mit dem angebotenen Beweismittel nach sicherer Lebenserfahrung die Beweisbehauptung nicht bestätigen lässt.[1949] Ein Beweismittel ist nur dann völlig ungeeignet, wenn dessen Inanspruchnahme von vornherein gänzlich aussichtslos wäre, so dass sich die Erhebung des Beweises in einer reinen Förmlichkeit erschöpfen müsste. Der den Beweisantrag ablehnende Beschlusses bedarf einer Begründung, die ohne jede Verkürzung oder sinnverfehlende Interpretation der Beweisthematik alle tatsächlichen Umstände dartun muss, aus denen das Gericht auf die völlige Wertlosigkeit des angebotenen Beweismittels schließt.[1950]

1946 *BGH* StV 1989, 47.
1947 *BGHR* StPO § 244 Abs. 3 S. 2 erwiesenen Tatsache 2.
1948 *BGH* Beschl. v. 13.4.2011 – 5 StR 86/11= StV 2012, 581; *BGH* StV 1993, 234 (4 StR 588/92); *OLG Frankfurt/M.* StV 1995, 346; LR-*Becker*[26] § 244 Rn. 223; einschränkend KK-*Fischer*[6] § 244 Rn. 148; *Meyer-Goßner*[55] § 244 Rn. 71a.
1949 *BGH* StV 1995, 5; 1993, 508; 1981, 394; 1982, 101; 1990, 98; *Meyer-Goßner*[55] § 244 Rn. 58; KK-*Fischer*[6] § 244 Rn. 149 ff.; LR-*Becker*[26] § 244 Rn. 230.
1950 *BGH* StV 2010, 558.

Eine schlichte Nichteignung reicht für die Annahme *völliger* Ungeeignetheit nicht aus.[1951]

Die Beurteilung der Geeignetheit richtet sich nach der Art des Beweismittels.

1494 1. Für *Zeugen* gelten folgende Grundsätze[1952]:

Die absolute Untauglichkeit des Beweismittels muss sich aus diesem im Zusammenhang mit der Beweisbehauptung selbst ergeben. Bei der Annahme, die Erhebung eines Beweises erscheine von vornherein gänzlich nutzlos, ist ein strenger Maßstab anzulegen.

Dies gilt vor allem für die Annahme, ein Zeuge sei deswegen ein völlig ungeeignetes Beweismittel, weil er sich wegen des Zeitablaufs voraussichtlich an die Beweistatsache nicht mehr erinnern könne. Insofern kommt es darauf an, ob Umstände vorliegen, die eindeutig dagegen sprechen, er könne im Falle einer Aussage vor Gericht etwas zur Sachaufklärung beitragen, oder ob der Vorgang, zu dem er aussagen soll, für ihn bedeutsam gewesen ist, sein Interesse geweckt hat und er sich auf Erinnerungshilfen stützen kann.[1953]

Ein Zeuge kann dann ein völlig ungeeignetes Beweismittel sein, wenn er aufgrund körperlicher oder geistiger Gebrechen oder vorübergehender Störungen (z.B. Ohnmacht) nicht in der Lage war, die in sein Wissen gestellte Wahrnehmung zu machen.[1954]

Völlige Ungeeignetheit kann auch dann vorliegen, wenn ein Zeuge zu inneren Vorgängen vernommen werden soll, bezüglich derer er keine *Wahrnehmungen* machen konnte.[1955] Eine völlige Ungeeignetheit soll aber dann nicht vorliegen, wenn der Zeuge äußere Tatsachen bekunden kann, die die Schlussfolgerung auf die behauptete innere Tatsache erlauben.[1956] Völlige Ungeeignetheit kann auch dann gegeben sein, wenn ein Zeuge zu einer Frage aussagen soll, die nur ein Sachverständiger zuverlässig beantworten kann[1955] oder ein Zeuge, dem ein umfassendes Auskunftsverweigerungsrecht nach § 55 StPO zusteht, sich darauf berufen hat.[1957] Dies gilt *nicht*, wenn sich die Sachlage seit der Erklärung, von dem Recht auf Auskunftsverweigerung Gebrauch zu machen, verändert hat oder Anzeichen dafür bestehen, dass der Zeuge nunmehr doch (umfassend) aussagen wird[1958] oder dem Zeugen zwar ein umfassendes Auskunftsverweigerungsrecht zusteht, er sich darauf aber noch nicht definitiv berufen hat. Die gleichen Grundsätze gelten auch bei einer Berufung des Zeugen auf sein Zeugnisverweigerungsrecht nach § 52 StPO.[1959]

1951 *BGH* StV 1981, 113.
1952 Vgl. insgesamt KK-*Fischer*[6] § 244 Rn. 151; LR-*Becker*[26] § 244 Rn. 233.
1953 *BGH* StV 2010, 117; StV 2005, 115; LR-*Becker*[26] § 244 Rn. 233 f.
1954 *Meyer-Goßner*[55] § 244 Rn. 59; LR-*Becker*[26] § 244 Rn. 233.
1955 *Meyer-Goßner*[55] § 244 Rn. 59.
1956 *BGH* StV 1984, 61, 1987, 236.
1957 *BGH* StV 1986, 282; *BGH* NStZ 1999, 46.
1958 LR-*Becker*[26] § 244 Rn. 236.
1959 *BGH* StV 1982, 209.

Ein Beweisantrag darf nicht mit der Begründung der Ungeeignetheit des Beweis- **1495**
mittels zurückgewiesen werden, indem das Gericht die Glaubwürdigkeit des Zeugen in Frage stellt. Dies stellt einen Verstoß gegen das Verbot der Beweisantizipation dar, da über den Wert eines Beweismittels erst nach der Beweiserhebung entschieden werden kann. Deshalb geht es nicht an, dem Zeugen im Hinblick auf seine fragliche Glaubwürdigkeit von vornherein jeden Beweiswert abzusprechen und *völlige* Ungeeignetheit des Beweismittels anzunehmen.[1960]

Bei lange zurückliegenden Vorgängen, die in das Wissen eines Zeugen gestellt werden, ist die Rechtsprechung uneinheitlich. Grundsätzlich ist unter Anlegung eines strengen Maßstabes eine Einzelfallentscheidung vorzunehmen.[1961] Dabei sind der Gegenstand der Beweisbehauptung, die Persönlichkeit des Zeugen, die Bedeutung des Vorgangs für ihn sowie der Zeitablauf zu berücksichtigen.[1962]

Ein Beweisantrag auf audiovisuelle oder kommissarische Zeugenvernehmung kann **1496**
auch wegen völliger Ungeeignetheit des Beweismittels abgelehnt werden, wenn das Gericht zu der Überzeugung gelangt, dass eine aus einer solchen Vernehmung gewonnene Aussage mangels persönlichen Eindrucks völlig untauglich ist, zur Sachaufklärung beizutragen und die Beweiswürdigung zu beeinflussen.[1963] Lehnt der Tatrichter jedoch einen Beweisantrag wegen Ungeeignetheit des Beweismittels mangels unmittelbaren Eindrucks von dem Zeugen ab, darf er frühere belastende Aussagen, die gleichermaßen außerhalb der Hauptverhandlung ohne Gerichtsbeteiligung zustande gekommen sind, nicht ohne weiteres für hinreichend beweiskräftig halten.[1964]

2. Für *Sachverständige* gelten folgende Grundsätze[1965]: **1497**

Völlige Ungeeignetheit kann dann angenommen, wenn dem Sachverständigen für sein Gutachten die erforderlichen Anknüpfungstatsachen nicht zur Verfügung gestellt werden können (z.B. nicht rekonstruierbare Vorgänge oder auch Tatsachen, die das Gericht als Anknüpfungstatsache ausgeschlossen hat).[1966] Kann ein qualifizierter Sachverständiger aufgrund der Beweisbehauptung in Verbindung mit weiteren tatrichterlichen Feststellungen weitere indizielle Anknüpfungstatsachen ermitteln und so etwas zum Beweisthema aussagen, liegt nur relative Ungeeignetheit vor, die die Ablehnung wegen *völliger* Ungeeignetheit nicht rechtfertigt.[1967]

1960 *OLG Zweibrücken* StV 2005, 117.
1961 *BGH* StV 2004, 465 ; *BGH* NStZ 1993, 295; *Meyer-Goßner*[55] § 244 Rn. 60; LR-*Becker*[26] § 244 Rn. 234.
1962 *BGH* Beschl. v. 5.10.2011 – 4 StR 465/11 = StV 2013, 70; *Meyer-Goßner*[55] § 244 Rn. 60; LR-*Becker*[26] § 244 Rn. 234.
1963 *BGHSt* 55, 11 = StV 2010, 560; *BGH* NStZ 2004, 347, 348 = StV 2004, 465 m. Anm. *Julius*; *BGH* StV 1992, 548.
1964 *BGH* Beschl. v. 30.11.2010 – 3 StR 418/10 = NStZ 2011, 422; *BGH* StV 1993, 232.
1965 Vgl. insgesamt KK-*Fischer*[6] § 244 Rn. 154; LR-*Becker*[26] § 244 Rn. 238 ff.
1966 *Meyer-Goßner*[55] § 244 Rn. 59a; LR-*Becker*[26] § 244 Rn. 238.
1967 *BayObLG* StV 2004, 6.

Dass ein psychiatrischer Sachverständiger nur wenige oder nur solche Anknüpfungstatsachen vorfindet, welche eine Beweisbehauptung nicht stützen, macht ihn noch nicht zu einem *völlig* ungeeigneten Beweismittel.[1968]

Auch wenn ohne notwendige Mitwirkung des Angeklagten notwendiges Vergleichsmaterial für die Erstellung eines anthropologischen Sachverständigengutachtens nicht beschafft werden kann, ist ein Sachverständiger kein völlig ungeeignetes Beweismittel, wenn er in der Lage ist, aus einem Vergleich des vorhandenen Bildmaterials sowie mit Lichtbildern und Messungen, deren Herstellung der Angeklagte nach § 81b StPO dulden muss, zumindest eine Wahrscheinlichkeitsaussage machen kann.[1969]

Ungeeignetheit liegt aber bei unausgereiften oder wissenschaftlich nicht anerkannten Untersuchungsmethoden vor (z.B. Lügendetektor).[1970]

Ein Sachverständiger ist *nicht* schon dann ein völlig ungeeignetes Beweismittel, wenn das Gutachten zwar nicht zu einem sicheren oder eindeutigen Ergebnis kommen kann, aber eine Wahrscheinlichkeitsaussage zu der Beweistatsache möglich ist.[1971] Bei der Prüfung, ob der Sachverständige Ausführungen dazu machen kann, ob die behauptete Tatsache mehr oder weniger wahrscheinlich ist, ist eine Vorwegnahme der Beweiswürdigung und auch ein Freibeweisverfahren zulässig. Die bloße Annahme, der Sachverständige werde die Beweisbehauptung nicht bestätigen, reicht zur Ablehnung eines Beweisantrags wegen Ungeeignetheit des Beweismittels nicht. Vielmehr muss feststehen, dass das Gutachten zu keinem verwertbaren Ergebnis führen kann.[1972]

Ein Beweisantrag auf Einholung eines Sachverständigengutachtens kann nicht mit der Begründung als „ungeeignet" zurückgewiesen werden, der im Antrag benannte Sachverständige sei für die erforderliche Begutachtung ungeeignet. Es obliegt vielmehr allein dem Gericht, selbst einen geeigneten Sachverständigen zu bestimmen.[1973]

1498   Bei **Glaubwürdigkeits oder Schuldfähigkeitsgutachten** liegt eine völlige Ungeeignetheit nicht schon deswegen vor, weil die zu untersuchende Person die Exploration verweigert, sofern der Sachverständige aus anderen Erkenntnisquellen (Akten, früheren Gutachten, Erkenntnissen in der Hauptverhandlung) zu einer Wahrscheinlichkeitsaussage zum Beweisthema gelangen kann.[1974] Diese Möglichkeit muss in

---

1968 *BGH* StV 2007, 513.
1969 *BGH* Urt. v. 1.12.2011 – 3 StR 284/11.
1970 *BGHSt* 44, 308=StV 1999, 76; *BGH* NStZ 1985, 515; *Meyer-Goßner*[55] § 244 Rn. 59a.
1971 *BGH* StV 1983, 7; *BGH* NStZ 1984, 564; 1985, 562; 1995, 97; *Meyer-Goßner*[55] § 244 Rn. 59b; LR-*Becker*[26] § 244 Rn. 239; KK-*Fischer*[6] § 244 Rn. 154.
1972 *BGH* StV 2008, 337.
1973 *BGH* Beschl. v. 14.4.2011 – 1 StR 458/11 = StV 2011, 728.
1974 *BGH* StV 1981, 216; 1982, 458; 1991, 405 m. Anm. *Blau*; *Meyer-Goßner*[55] § 244 Rn. 59b.

der Beschlussbegründung nachvollziehbar ausgeschlossen werden. Ein aussagepsychologischer Sachverständiger ist nicht schon deshalb ein völlig ungeeignetes Beweismittel im Sinne von § 245 Abs. 2 StPO, weil er während der Vernehmung des zu explorierenden Zeugen in der Hauptverhandlung nicht anwesend war.[1975]

3. Ein *Augenschein* ist ein völlig ungeeignetes Beweismittel, wenn sich wegen **1499** der Veränderungen der Örtlichkeiten keine sicheren Schlüsse auf die frühere Beschaffenheit ziehen oder sich die Lichtverhältnisse zu einem bestimmten Zeitpunkt nicht mehr verlässlich rekonstruieren lassen.[1976]

II. Anforderungen an den Vortrag

Es gelten zunächst die allgemeinen Grundsätze (Rn. 1375). **1500**

1. Wird die völlige Ungeeignetheit eines *Zeugen* als Beweismittel gerügt, muss **1501** die Revision, sofern nicht schon im Beweisantrag dazu Angaben gemacht wurden, beispielsweise vortragen,

a) bei unter Beweis gestellten inneren Vorgängen, welche äußeren *Tatsachen* der Zeuge bekunden kann, aus denen der Schluss auf den inneren Vorgang möglich ist oder sich aufdrängt,

b) bei Berufung des Zeugen auf § 55 oder § 52 StPO, dass noch gar keine definitive Zeugnis bzw. umfassende Auskunftsverweigerung vorliegt, bzw. welche konkreten Anhaltspunkte dafür bestehen, dass der Zeuge doch aussagen werde, bzw. inwieweit sich die Sachlage seit der Erklärung der beabsichtigten Aussageverweigerung geändert hat, so dass Anhaltspunkte für einen Sinneswandel des Zeugen bestehen,

c) bei unter Beweis gestellten lange zurückliegenden Vorgängen, welche Anhaltspunkte dafür bestehen, dass sich der Zeuge trotz des verstrichenen Zeitraums noch an den Vorgang erinnern kann.

d) Aktenteile, Dokumente etc., aus denen sich Anhaltspunkte für das Vorgenannte ergeben, sind vollständig im Wortlaut mitzuteilen.

e) Hat der Antragsteller auf die Ablehnung seines Beweisantrags Gegenvorstellung erhoben, ist diese im Wortlaut ebenso mitzuteilen wie die Reaktion der Gerichts darauf.

2. Wird die völlige Ungeeignetheit eines *Sachverständigen* als Beweismittel gerügt, so muss der Vortrag z.B. Angaben dazu enthalten **1502**

a) bei Ungeeignetheit, weil der Sachverständige nicht zu einem eindeutigen Ergebnis kommen könne, die Gründe, weshalb der Sachverständige zumindest zu einem Wahrscheinlichkeitsurteil gelangen könne,

b) bei Verweigerung der Exploration durch die zu untersuchende Person, aus welchen dem Sachverständigen zugänglichen Quellen er genügend Anknüpfungstat-

---

1975   *BGH* Beschl. v. 6.7.2011 – 2 StR 124/11 = StV 2011, 711.
1976   *Meyer*-Goßner[55] § 244 Rn. 59c; LR-*Becker*[26] § 244 Rn. 242.

sachen für sein Gutachten hätte entnehmen können. Handelt es dabei um Aktenteile, z.b. frühere Gutachten, polizeiliche Vermerke o.Ä., sind diese in der Rüge im Wortlaut und vollständig mitzuteilen.

1503 3. Wird die völlige Ungeeignetheit des Augenscheins als Beweismittel gerügt, ist vorzutragen,

a) aus welchen tatsächlichen Gründen die Augenscheinseinnahme geeignet war, ein Beweisergebnis zu erzielen.

b) Sofern es möglich ist, sollte dies anhand etwa von Fotos dokumentiert werden.

Rüge 171

1504 Hat das Gericht einen Beweisantrag wegen Unerreichbarkeit des Beweismittels nach § 244 Abs. 3 S. 2 StPO zurückgewiesen?

I. Rechtsgrundlagen

1. Vorbemerkung

1505 Unerreichbarkeit liegt dann vor, wenn trotz aller Bemühungen des Gerichts, die der Bedeutung der Beweisbehauptung und dem Wert des Beweismittels entsprechen, das Beweismittel nicht aufgefunden werden kann und auch keine begründete Aussicht besteht, es in absehbarer Zeit herbeizuschaffen.[1977] Je größer die Bedeutung des Beweismittels für die Sachverhaltsaufklärung ist, um so stärker sind die Anforderungen an die Verpflichtung des Gerichts, Nachforschungen nach dem Beweismittel anzustellen. Bei möglichen Verzögerungen durch die gerichtlichen Nachforschungen ist auch abzuwägen zwischen der beschleunigten Durchführung des Verfahrens und der Pflicht zur erschöpfenden Sachaufklärung unter Berücksichtigung der Bedeutung und des Werts des Beweismittels.[1978]

Die Unerreichbarkeit des Beweismittels kommt in erster Linie bei der Benennung von Zeugen in Betracht.

1506 Die dabei vorkommenden Fallkonstellationen der Unerreichbarkeit sind äußerst vielfältig. Entsprechend variantenreich sind auch die an das Gericht zu stellenden Anforderungen an die Bemühungen zur Beibringung des Zeugen.[1979] Die Recht-

---

1977 *BGHSt* 29, 390; *BGH* StV 1982, 58, 507; 1983, 496; 1985, 268; 1986, 418, 419; *Meyer-Goßner*[55] § 244 Rn. 62a; insgesamt KK-*Fischer*[6] § 244 Rn. 156 ff.; LR-*Becker*[26] § 24 Rn. 246 ff.

1978 *BGH* StV 1982, 51; KK-*Fischer*[6] § 244 Rn. 160; LR-*Becker*[26] § 244 Rn. 248.

1979 Zu den Bemühungen des Gerichts zur Beibringung des Zeugen vor Annahme der Unerreichbarkeit vgl. etwa *OLG Hamburg* StV 2009, 9; *OLG München* StV 2009, 9.

sprechung dazu ist äußerst umfangreich und unübersichtlich. An dieser Stelle können nur einige wenige Aspekte erörtert werden.

Es ist zu unterscheiden zwischen Unerreichbarkeit aus tatsächlichen (1.) und recht- **1507**
lichen (2.) Gründen. Tatsächliche Unerreichbarkeit liegt z.b. bei unbekanntem Aufenthalt des Zeuge vor, rechtliche Unerreichbarkeit z.b. bei Sperrung des Beweismittels, z.b. einer VP analog § 96 StPO.

Ganz grob kann unterschieden werden zwischen

* im Inland lebenden Zeugen,
* Auslandszeugen und
* gesperrten Zeugen wie VPs, verdeckten Ermittlern o.Ä.

2. Unerreichbarkeit aus tatsächlichen Gründen

Dazu lassen sich folgende Grundsätze aufstellen: **1508**

a) Im Inland lebende Zeugen

Dass ein Zeuge nach Auskunft des Einwohnermeldeamts unbekannt verzogen ist, **1509**
macht ihn nicht schon in jedem Fall unerreichbar, wenn es weitere Möglichkeiten gibt, den Aufenthalt zu ermitteln.[1980] Auch der Umstand, dass ein Polizeibeamter trotz mehrfacher Bemühungen den Zeugen nicht angetroffen hat, rechtfertigt nicht für sich die Annahme der Unerreichbarkeit.[1981] Gleiches gilt, wenn nur nach Auskunft Dritter der Zeuge „unbekannten Aufenthalts" ist, aber die Möglichkeit weiterer Nachforschungen besteht.[1982] Auch können länger zurückliegende Auskünfte nicht ausreichend sein, wenn weitere oder andere aktuelle Erkenntnisse von Behörden etc erlangt werden können.[1983]

Unter Umständen sind auch Nachfragen bei der Ausländerbehörde, dem Ausländerzentralregister, Auskünfte von Behörden, insbesondere von Versicherungsgesellschaften und einem in Betracht kommenden Rentenversicherungsträger, die Befragung von Arbeitgebern, Arbeitskollegen, Verwandten, Bekannten oder Nachbarn etc. erforderlich.[1984]

b) Im Ausland lebende Zeugen

Auch wenn der für im Ausland zu ladende Zeugen geltende Ablehnungsgrund des **1510**
§ 244 Abs. 5 S. 2 StPO (vgl. dazu Rüge 177, Rn. 1575 ff.) nicht zum Tragen kommt, bleibt der Ablehnungskatalog des § 244 Abs. 3 StPO von Bedeutung. Denn

---

1980 *KG* StV 2005, 13; *OLG Köln* StV 2002, 355; *Meyer-Goßner*[55] § 244 Rn. 62a; *LR-Becker*[26] § 244 Rn. 249.
1981 *BGH* StV 1984, 5.
1982 *BGHR* StPO § 244 Abs. 3 S. 2 Unerreichbarkeit 1.
1983 *KG* StV 2005, 13.
1984 *BGH* StV 1983, 319; 1996, 581; *OLG Frankfurt* StV 1986, 468; *BGH* StV 1996, 581; *Meyer-Goßner*[55] § 244 Rn. 62a; *LR-Becker*[26] § 244 Rn. 252 ff.

wenn der Zeuge bereits unerreichbar ist, bedarf es keiner Entscheidung nach § 244 Abs. 5 StPO.

1511 Die oben beschriebene generelle Verpflichtung des Gerichts zur Nachforschung nach dem Aufenthalt des Zeugen gilt uneingeschränkt auch für im Ausland lebende Zeugen.[1985]

Hat der Zeuge früher in der Bundesrepublik gelebt und ist hier einer versicherungspflichtigen Tätigkeit nachgegangen, jetzt aber nicht auffindbar, weil er z.b. in sein Heimatland zurückgekehrt ist, kann das Gericht verpflichtet sein, über den früheren Arbeitgeber oder die Versicherungsgesellschaft bzw. den Rentenversicherungsträger Nachforschungen nach der Anschrift des Zeugen in seinem Heimatland anzustellen. Denn es ist kaum anzunehmen, dass ein Zeuge beispielsweise auf seine Rente verzichtet, er sie sich vielmehr in sein Heimatland überweisen lassen wird. Die sich daraus ergebenden Möglichkeiten der Nachforschung müssen, gemessen an der Bedeutung der Zeugenaussage, ausgeschöpft werden.[1986]

Es kann auch erforderlich sein, Ermittlungen über die Botschaft oder Interpol zu tätigen, wenn Anhaltspunkte dafür ersichtlich sind, dass diesen Institutionen die ladungsfähige Anschrift des Zeugen bekannt ist oder von diesen ermittelt werden kann.[1987]

Die Tatsache, dass gegebenenfalls eine im Rechtshilfeweg zu bewirkende Ladung des Zeugen zu Verfahrensverzögerungen führt, macht den Zeugen nicht unerreichbar.[1988] Auch der Umstand, dass der Zeuge nur vorübergehend in sein Heimatland zurückgekehrt ist, macht ihn nicht grundsätzlich unerreichbar.[1989] Auch hier ist immer abzuwägen zwischen der Bedeutung der Zeugenaussage einerseits und dem Interesse an der beschleunigten Verfahrensdurchführung andererseits.

c) Möglichkeit der Videovernehmung oder der kommissarischen Vernehmung

1512 Ist die Ladung eines im Ausland zu ladenden Zeugen beantragt, beinhaltet dieser Antrag nach dem sog. erweiterten Erreichbarkeitsbegriff zugleich den Antrag auf Vernehmung des Zeugen per Videokonferenz gemäß § 247a StPO oder im Wege der kommissarischen Vernehmung nach § 223 StPO.[1990] Allerdings ist der 5. Strafsenat des BGH in einem obiter dictum dieser Ansicht entgegengetreten und neigt zu der Auffassung, dass der Antragsteller ausdrücklich erklären müsse, ob er gegen-

---

1985   *BGH* StV 1981, 602; *BGH* vistra 1984, 77; *BGH* NStZ, 143; *BGHR* StPO § 244 Abs. 3
          S. 2, Unerreichbarkeit 9; vgl. auch KK-*Fischer*[6] § 244 Rn. 166 f.
1986   Vgl. insgesamt LR-*Becker*[26] § 244 Rn. 252 ff.
1987   *BayObLG* StV 1988, 56; *Meyer-Goßner*[50]§ 244 Rn. 63.
1988   *BGH* StV 1986, 418; *BGH* NStZ 1985, 282; *Meyer-Goßner*[55] § 244 Rn. 62a.
1989   *BGH* StV 1989, 190; LR-*Gollwitzer*[25] § 244 Rn. 265.
1990   *BGHSt* 45, 188; *BGH* StV 2000, 345; KK-*Fischer*[6] § 244 Rn. 169; LR-*Becker*[26] § 244
          Rn. 259 ff.; *Schlothauer* StV 2000, 180.

über einer unmittelbaren Vernehmung in der Hauptverhandlung eine solche von geringerem Beweiswert per Videokonferenz oder im Wege der kommissarischen Vernehmung hilfsweise begehre.[1991]

Jedenfalls ist ein Zeuge daher auch dann erreichbar, wenn er an einem anderen Ort (auch im Ausland) mittels Videokonferenz oder kommissarisch vernommen werden kann[1992] und der Antragsteller dieses wünscht.

Diese Fallkonstellation kann sich z.b. dann ergeben, wenn der Zeuge nicht in der Lage ist, in der Hauptverhandlung zu erscheinen oder – bei Auslandszeugen – nicht bereit ist, sich vor dem erkennenden Gericht vernehmen zu lassen.

Unterlässt es das Gericht in den Fällen, in denen der Antrag auf Vernehmung des Zeugen auch dessen Video oder kommissarische Vernehmung umfasste, diese Möglichkeiten zu prüfen, kann diese Unterlassung insoweit gerügt werden, als das Gericht die Unerreichbarkeit zu Unrecht angenommen hat.[1993]

Bei der Möglichkeit der Videovernehmung oder der kommissarischen Vernehmung **1513** kann jedoch der Ablehnungsgrund der Ungeeignetheit des Beweismittels in Betracht kommen, wenn der Tatrichter auf Grund des minderen Beweiswerts dieser Vernehmungen gegenüber einer Vernehmung in der Hauptverhandlung diese Vernehmungsalternativen für wertlos erachtet.[1994] In diesem Fall liegt keine Unerreichbarkeit vor, sondern das Beweismittel ist wegen der Wertlosigkeit ungeeignet.[1995]

Nach § 244 Abs. 3 S. 2 StPO kann ein Beweisantrag auf Vernehmung eines im Ausland lebenden und für eine Vernehmung in der Hauptverhandlung unerreichbaren Zeugen auch dann zurückgewiesen werden, wenn der Zeuge zwar für eine im Wege der Rechtshilfe zu bewirkende und grundsätzlich mögliche kommissarische oder audiovisuelle Vernehmung zur Verfügung steht, das Gericht aber aufgrund der besonderen Beweislage schon vorweg zu der Überzeugung gelangt, dass eine aus einer solchen Vernehmung gewonnene Aussage völlig untauglich ist, zur Sachaufklärung beizutragen und die Beweiswürdigung zu beeinflussen. In einem solchen Fall bleibt der Zeuge für die persönliche Vernehmung in der Hauptverhandlung unerreichbar; als nur kommissarisch oder audiovisuell vernehmbarer Zeuge ist er ein völlig ungeeignetes Beweismittel im Sinne des § 244 Abs. 3 S. 2 StPO.[1996] Lehnt der Tatrichter jedoch einen Beweisantrag wegen Ungeeignetheit des Beweismittels mangels unmittelbaren Eindrucks von dem Zeugen ab, darf er frühere belastende

---

1991 *BGH* Beschl. v. 9.10.2007 – 5 StR 344/07 – Rn. 15.= StV 2009, 454 m. Anm. *Sättele.*

1992 *BGHSt* 45, 188, 190; *Meyer-Goßner*[55] § 244 Rn. 63.

1993 *BGHSt* 45, 188; *BGH* StV 2000, 345; LR-*Becker*[26] § 244 Rn. 260.

1994 *BGHSt* 45, 188, 196 f.; *BGH* StV 2004, 465; LR-*Becker*[26] § 244 Rn. 260; *Meyer-Goß-ner*[55] § 244 Rn. 65.

1995 *BGH* StV 2004, 465; unklar: *Meyer-Goßner*[55] § 244 Rn. 65; auch LR-*Becker*[26] § 244 Rn. 260.

1996 *BGHSt* 55, 11 = StV 2010, 560; *BGH* NStZ 2004, 347, 348 = StV 2004, 465 m. Anm. *Julius*; *BGH* StV 1992, 548.

Aussagen, die gleichermaßen außerhalb der Hauptverhandlung ohne Gerichtsbeteiligung zustande gekommen sind, nicht ohne weiteres für hinreichend beweiskräftig halten.[1997]

3. Unerreichbarkeit aus rechtlichen Gründen

1514   Von besonderer Bedeutung sind in diesem Zusammenhang verdeckt für die Polizei arbeitende Zeugen.[1998]

Das Gericht darf allerdings nicht bereits deswegen den Ablehnungsgrund der Unerreichbarkeit annehmen, weil sich der Name und die ladungsfähige Anschrift nicht aus den Akten ergeben.

Es ist vielmehr verpflichtet, sich bei der zuständigen Behörde um die ladungsfähige Anschrift und ggf. um die Freigabe des Zeugen zu bemühen.[1999] Das Gericht muss die oberste Dienstbehörde zu einer Freigabe unter Aufzeigen der strafprozessualen Möglichkeiten zum Schutz des Zeugen (z.B. §§ 68 Abs. 2, 3, 247 StPO, § 172 GVG) bewegen.[2000] Es muss ggf. auch die Möglichkeit einer kommissarischen Vernehmung und/oder die audiovisuelle Vernehmung ggf. unter optischer und/oder akustischer Überwachung anbieten.[2001]

Ausschlaggebend für eine Annahme der Unerreichbarkeit ist allein eine Sperrerklärung analog § 96 StPO der obersten Dienstbehörde[2002] bzw. des Innenministers[2003]; Auskünfte anderer Stellen oder von Kriminalbeamten reichen nicht.[2004]

Ergeben sich aus den Akten etwa Hinweise auf den Namen und/oder eine ladungsfähige Anschrift, ist das Gericht trotz Sperrerklärung verpflichtet, den Zeugen auf diesem Wege selbst zu laden.[2005]

Eine gebotene Beweiserhebung darf nicht deshalb abgelehnt werden, weil Staatsanwaltschaft oder Polizei einer Beweisperson Geheimhaltung zugesagt hat. Eine solche Zusicherung der Vertraulichkeit bindet zwar – mit Einschränkungen – die Staatsanwaltschaft und die Polizei. Für das gerichtliche Verfahren hat sie aber keine Bedeutung.[2006]

In all diesen Fällen kann die fehlerhafte Annahme der Unerreichbarkeit gerügt werden.

1997   *BGH* Beschl. v. 30.11.2010 – 3 StR 418/10 = NStZ 2011, 422.
1998   KK-*Fischer*[6] § 244 Rn. 172 ff; LR- *Becker*[26] § 244 Rn. 257.
1999   *BGHSt* 29, 390; *BGHSt* 30, 34; *BGH* StV 1982, 2.
2000   *BGHSt* 29, 109, 113.
2001   *BGH* StV 2002, 639; StV 2004, 577; *Meyer-Goßner*[55] § 244 Rn. 66 m.w.N.; KK-*Fischer*[6] § 244 Rn. 174; LR-*Becker*[26] § 244 Rn. 257.
2002   *BGHSt* 35, 82; 29, 393; 32, 123.
2003   *BGHSt* 41, 36.
2004   *BGHSt* 30, 34; *BGH* StV 1982, 2; *BGH* StV 1988, 5.
2005   *BGHSt* 35, 82; *BGH* StV 1993, 113.
2006   *BGH* Beschl. v. 26.07.2011 – 1 StR 297/11 = StV 2012, 5.

Liegt eine unzureichende Sperrerklärung der obersten Dienstbehörde vor, ist das   **1515**
Gericht verpflichtet, unter Aufzeigen der in der Sperrerklärung nicht erörterten
Möglichkeiten zum Schutz des Zeugen Gegenvorstellung zu erheben.[2007]

Ist die Sperrerklärung trotz Gegenvorstellung offensichtlich rechtsfehlerhaft oder
willkürlich, ist der Zeuge gleichwohl unerreichbar, weil das Gericht keine Möglichkeit hat, die Freigabe zu erzwingen. Konsequenzen ergeben sich allein für die Beweiswürdigung.[2008]

II. Anforderungen an den Vortrag

Neben den allgemeinen Grundsätzen (siehe oben Rn. 1375) gelten folgende Beson-   **1516**
derheiten.

Grundlage der revisionsgerichtlichen Überprüfung ist der die Beweiserhebung ablehnende Beschluss, in dem die Voraussetzungen der Unerreichbarkeit des Zeugen
darzulegen sind. Umstände, die gegebenenfalls den von der Revision behaupteten
Rechtsfehler widerlegen könnten, muss der Beschwerdeführer im Rahmen der Rüge
einer Verletzung des Beweisantragsrechts nicht vortragen.[2009]

Da das Revisionsgericht *allein* anhand der Revisionsbegründung die mögliche fehlerhafte Annahme der Unerreichbarkeit prüft, sind *alle Umstände* mitzuteilen, die
im Zusammenhang mit den Bemühungen des Gerichts zur Ermittlung der ladungsfähigen Anschrift, der Herbeiführung einer kommissarischen oder audio-visuellen
Vernehmung oder der Freigabe eines gesperrten Zeugen stehen.[2010]

Dazu gehören

- die Mitteilungen und/oder die in der Hauptverhandlung verlesenen Urkunden,
- *alle* Vermerke, Schreiben etc. aus den Akten, die im Zusammenhang mit den
  Bemühungen zur Auffindung des Zeugen bzw. Herbeiführung der Aussage stehen,
- alle Vorgänge, die *nach* der Bescheidung des Beweisantrags angefallen sind und
  damit in Zusammenhang stehen.

Grundsätzlich sind Vermerke, Schreiben etc. *in vollem Wortlaut* in der Revisionsbegründung mitzuteilen. Nur wenn in der Revisionsbegründung wirklich alles aus den
Akten Ersichtliche und in der Hauptverhandlung Mitgeteilte vollständig enthalten
ist, kann das Revisionsgericht allein anhand der Revisionsbegründung die mögliche
fehlerhafte Annahme der Unerreichbarkeit prüfen.

2007   KK-*Fischer*[6] § 244 Rn. 173; zu den Anforderungen an eine Sperrerklärung für eine au-
       dio-visuelle Vernehmung unter optischer und akustischer Abschirmung *BGH* StV
       2004, 577; *Meyer-Goßner*[55] § 244 Rn. 66; LR-*Becker*[26] § 244 Rn. 257.

2008   Grundlegend *BGHSt* 49, 112 ff.

2009   *BGH* Beschl. v. 21.12.2010 – 3 StR 462/10.

2010   *BGHR* StPO § 247a Audiovisuelle Vernehmung 5.

Ggf. ist auch darzulegen, welche Möglichkeiten das Gericht ungenutzt gelassen hat, die Anschrift zu ermitteln bzw. eine Aussage des Zeugen herbeizuführen.

1517 Weiterhin ist die Bedeutung der Aussage des wegen angeblicher Unerreichbarkeit in der Hauptverhandlung nicht vernommenen Zeugen darzulegen. Dazu kann die vollständige wörtliche Mitteilung in den Akten befindlicher Vernehmungsniederschriften oder schriftlicher Erklärungen des Zeugen gehören. Ebenso kann die Mitteilung des Inhalts in der Akte befindlicher Urkunden oder Vernehmungsniederschriften anderer Zeugen oder des Beschuldigten oder von polizeilichen Vermerken erforderlich sein, aus denen sich die Bedeutung der möglichen Aussage des als unerreichbar behandelten Zeugen entnehmen lässt.

Rüge 172

1518 Hat das Gericht einen Beweisantrag wegen Prozessverschleppung zurückgewiesen, § 244 Abs. 3 S. 2 StPO?

I. Rechtsgrundlagen

1519 1. Die Zurückweisung eines Beweisantrages wegen Prozessverschleppung hat eine objektive und eine subjektive Komponente, die beide im Ablehnungsbeschluss darzulegen sind. In objektiver Sicht ist Voraussetzung für die Ablehnung des Antrags, dass

- nach der gerichtlichen Überzeugung die beantragte Beweiserhebung nichts zu Gunsten des Angeklagten erbringen wird, und
- die Beweiserhebung geeignet ist, den Abschluss des Verfahrens (wesentlich) zu verzögern.
- In subjektiver Hinsicht wird verlangt, dass,
- dem Antragsteller die Nutzlosigkeit der Beweiserhebung bewusst ist und
- der Antrag ausschließlich zum Zwecke der Verfahrensverzögerung gestellt wurde.[2011]

1520 Die Verschleppungsabsicht ist dem *Antragsteller* nachzuweisen. Hat der Verteidiger den Antrag gestellt, ist diesem Verschleppungsabsicht nachzuweisen.[2012] Dies kann dann der Fall sein, wenn der Verteidiger die Absichten des Angeklagten durch Antragstellung in die Tat umsetzt und sich so zum „Werkzeug" des Angeklagten macht.[2013]

2011 *BGH* StV 2007, 454; *BGH* NJW 2001, 1956; *BGH* StV 1982, 339; *BGH* StV 2011, 397; *Meyer-Goßner*[55] § 244 Rn. 68; KK-*Fischer*[6] § 244 Rn. 175 ff.; LR-*Becker*[26] § 244 Rn. 268 ff. jew. m. zahlr. Rspr. Nachw.

2012 *Meyer-Goßner*[55] § 244 Rn. 69; KK-*Fischer*[6] § 244 Rn. 179; LR-*Becker*[26] § 244 Rn. 270.

2013 *BGHR* StPO § 244 Abs. 3 S. 2 Prozessverschleppung 8; *BGH* StV 1984, 494.

Der Nachweis der Verschleppungsabsicht setzt voraus, dass diese aufgrund der äu-   **1521**
ßeren Umstände und des bisherigen Prozessverhaltens sicher festgestellt werden
kann. Das Verbot der Beweisantizipation gilt nicht. Die für und gegen die Absicht
sprechenden Gesichtspunkte sind gegeneinander abzuwägen.[2014] Dies alles erfordert
einen hohen argumentativen Aufwand und eine ausführliche Beschlussbegründung.[2015] Der bloße Verdacht, der Antrag sei in Verschleppungsabsicht gestellt,
reicht nicht.[2016]

Weder die Neuheit des Beweismittels noch der späte Zeitpunkt der Antragstellung   **1522**
reichen für sich genommen für die Annahme der Verschleppungsabsicht aus. Dies
gilt selbst dann, wenn der Antrag aus grober Nachlässigkeit erst zu einem sehr spä-
ten Zeitpunkt gestellt wurde.[2017] Der Zeitpunkt der Antragstellung allein kann schon
deswegen keine Rolle spielen, weil der Gesetzgeber ungeachtet der grundlegenden
Bedeutung des Beschleunigungsgebots die Vorschrift des § 246 Abs. 1 StPO, nach
der eine Beweiserhebung nicht deshalb abgelehnt werden darf, weil Beweismittel
oder -tatsache zu spät vorgebracht wurden, nicht geändert hat[2018] und weil nicht der
Verteidiger verpflichtet ist, Beweisanträge zu einem vom Gericht gewünschten
Zeitpunkt zu stellen, sondern das Gericht verpflichtet ist, Beweisanträge bis zum
Beginn der Urteilsverkündung entgegen zu nehmen (§ 246 Abs. 1 StPO)[2019].

Nach der älteren Rechtsprechung war es erforderlich, dass die Beweiserhebung zu   **1523**
einer *wesentlichen* Verfahrensverzögerung führen würde.[2020] Dem ist der 1. Strafsenat des BGH mit der (nicht tragenden) Erwägung entgegen getreten, dass auch ein
Beweisantrag auf Verwendung präsenter Beweismittel wegen Prozessverschleppung abgelehnt werden könne, § 245 Abs. 2 S. 3 StPO. Deshalb könne es auf die
Frage, wie schnell ein Beweismittel herbeigeschafft werden könne, nicht ankommen. Daher sei das Kriterium der Wesentlichkeit der Verfahrensverzögerung deutlich restriktiver auszulegen.[2021] Obwohl sich noch nicht alle Senate[2022] dazu geäußert haben, ist zu erwarten, dass die übrige Rechtsprechung der Linie des 1. Senats
folgt.[2023]

2014 Vgl. nur *BGH* StV 2007, 454; *Meyer-Goßner*[55] § 244 Rn. 68; KK-*Fischer*[6] § 244
      Rn. 180 f.
2015 KK-*Fischer*[6] § 244 Rn. 182; LR-*Becker*[26] § 244 Rn. 271 ff.
2016 *BGH* StV 2007, 454.
2017 *BGH* StV 2007, 454; *BGH* StV 1982, 405; *BGH* NStZ 1990, 350; auch KK-*Fischer*[6]
      § 244 Rn. 176 und 179; LR-*Becker*[26] § 244 Rn. 271.
2018 *BGH* (4. Senat) StV 2009, 5; vgl. dazu aber die Entscheidung des 1. Senats StV 2009,
      64; vgl. auch LR-*Becker*[26] § 244 Rn. 271.
2019 *BGH* StV 2005, 420; 1982, 405; StV 1984, 144.
2020 Vgl. die Nachw. bei *Meyer-Goßner*[55] § 244 Rn. 67.
2021 *BGHSt 51, 333* = StV 2007, 454 m. Anm. *Michalke* StV 2008, 228 und *Beulke/Ruh-
      mannseder* NStZ 2008, 300; aso auch LR-*Becker*[26] § 244 Rn. 274; vgl. auch KK-*Fi-
      scher*[6] § 244 Rn. 178.
2022 Zustimmend der 3. Strafsenat des *BGH* StV 2007, 563; Beschl. v. 19.9.2007 – 3 StR
      345/07.
2023 Zur berechtigten Kritik an der Auffassung des 1. Strafsenats *Michalke* StV 2008, 228.

1524 Die Rechtsprechung des *BGH* zur Fristsetzung für Beweisanträge[2024] ist vom *BVerfG* nicht beanstandet worden.[2025]

Danach kann der Vorsitzende nach Abschluss der vom Gericht für notwendig gehaltenen Beweisaufnahme die Verfahrensbeteiligten auffordern, innerhalb einer bestimmten Frist Beweisanträge zu stellen. Werden Anträge nach Fristablauf gestellt, hat der Antragsteller substantiiert darzulegen, warum eine fristgerechte Antragstellung nicht möglich gewesen sei. Besteht nach Überzeugung des Gerichts kein nachvollziehbarer Grund für die verfristete Antragstellung, so darf das Gericht grundsätzlich von Verschleppungsabsicht ausgehen.[2026] Eine Fristsetzung ist nach § 273 Abs. 3 S. 1 StPO zu protokollieren verbunden mit dem Hinweis, dass bei Antragstellung nach Fristablauf eine Zurückweisung des Antrags wegen Prozessverschleppung in Betracht kommt, wenn die weiteren Voraussetzungen vorliegen. Wurde der Hinweispflicht entsprochen, können Hilfsbeweisanträge auch erst im Urteil wegen Prozessverschleppung abgelehnt werden.

Der 5. Strafsenat des *BGH* hat eine vorsichtige und zurückhaltende Handhabung der Fristsetzung angemahnt. Sie wird regelmäßig erst nach zehn Hauptverhandlungstagen und nicht vor Erledigung des gerichtlichen Beweisprogramms in Betracht kommen. Ferner müssen bestimmte Anzeichen für eine Verschleppungsabsicht im bisherigen Verteidigungsverhalten gegeben sein.[2027]

Hat der Vorsitzende nach Abschluss der vom Gericht nach Maßgabe der Aufklärungspflicht für geboten gehaltenen Beweiserhebungen die übrigen Verfahrensbeteiligten unter Fristsetzung aufgefordert, etwaige Beweisanträge zu stellen, führt das Verstreichen der Frist nicht dazu, dass hiernach gestellte Beweisanträge vom Gericht als verspätet abgelehnt werden dürfen oder überhaupt nicht mehr zu bescheiden wären. Denn die Frist stellt keine Ausschlussfrist dar. Es ist deshalb unzulässig, einen Beweisantrag allein aufgrund eines zeitlich verzögerten Vorbringens abzulehnen. Auch eine verspätete Antragstellung enthebt das Gericht nicht von der Pflicht, über diese in der gesetzlich vorgesehenen Weise zu entscheiden.[2028]

1525 **2.** Als Unterfall der Prozessverschleppung können die Fälle angesehen werden, in denen zur Verhinderung oder zur Verzögerung des Verfahrensabschlusses eine Vielzahl von Beweisanträgen – sukzessive – gestellt wird. Nach der Rechtsprechung des BGH ist es in diesen Fällen zulässig, dass bei Antragstellung durch den Angeklagten angeordnet wird, dass Anträge nur noch über den Verteidiger gestellt

---

2024 *BGHSt* 52, 355 = StV 2009, 64; *BGHSt* 54, 39 = StV 2009, 581; *BGH* StV 2007, 454; StV 2007, 563; StV 2010, 116; der 5. Senat hat eine restriktive Handhabung angemahnt, *BGH* StV 2009, 581; vgl. auch *Meyer-Goßner*[55] § 244 Rn. 69b, c; zustimmend zur Fristenlösung auch LR-*Becker*[26] § 244 Rn. 273.
2025 *BVerfG* StV 2010, 113.
2026 *BGH* StV 2007, 454.
2027 *BGH* StV 2009, 581.
2028 *BGH* StV 2010, 116; *BGH* StV 2011, 646.

werden können[2029] und/oder den Verfahrensbeteiligten eine Frist gesetzt wird und die nach deren Ablauf gestellten Anträge nicht mehr durch Beschluss in der Hauptverhandlung, sondern erst in den Urteilsgründen beschieden werden.[2030]

Da die jeweiligen Fallkonstellationen stark differieren und es sich insoweit um Einzelfälle handeln dürfte, kann darauf nicht näher eingegangen werden. Hat ein Gericht die Beweisantragstellung durch einen Beschluss im vorgenannten Sinn verhindert oder die Bescheidung abgelehnt, ist anhand der Ausführungen des BGH zu den Extremfällen in *BGHSt* 38, 111 und *BGH* StV 2006, 113 zu prüfen, ob die dort aufgestellten Kriterien eine solche Beschränkung des Beweisantragsrechts im konkreten Fall zulassen.

Die Annahme der Prozessverschleppung im Sinne des § 244 Abs. 3 S. 2 StPO umfasst die Ablehnung eines Antrags auf Vernehmung eines Auslandszeugen nach § 244 Abs. 5 S. 2 StPO, ohne dass es insoweit entscheidungserheblich darauf ankommt, ob der Antragsteller subjektiv das Verfahren ausschließlich bewusst verzögern wollte und die begehrte Beweiserhebung zu einer wesentlichen Verfahrensverzögerung führen könnte.[2031] **1526**

II. Anforderungen an den Vortrag

Zu beachten sind – neben den allgemeinen Anforderungen an den Vortrag (Rn. 1375) – folgende Besonderheiten: **1527**

Die Begründung, warum die Ablehnung rechtsfehlerhaft war, muss sich mit allen objektiven und subjektiven Komponenten der Prozessverschleppung befassen, nämlich u.a.

- warum und aufgrund welcher Anknüpfungstatsachen die Beweiserhebung trotz der gegenteiligen Annahme im Beschluss etwas zu Gunsten des Angeklagten erbracht hätte; die Bedeutung der Beweistatsache ist vor dem Hintergrund der darzulegenden Beweislage zu verdeutlichen.
- Warum und aufgrund welcher Anknüpfungstatsachen der Antragsteller davon ausgehen konnte, die Beweiserhebung werde ein günstiges Ergebnis erbringen;
- dass der Antrag nicht zum Zwecke der Verschleppung gestellt wurde und welche Anknüpfungstatsachen gegen die entsprechende Absicht sprechen und ggf., warum der Antrag nicht zu einem früheren Zeitpunkt gestellt wurde bzw. gestellt werden konnte.
- Bei mehrtägiger Hauptverhandlung ist vorzutragen, zu welchem Zeitpunkt der Antrag gestellt wurde sowie die zu diesem Zeitpunkt zu erwartende weitere Dauer der Hauptverhandlung einschl. des noch anstehenden „Beweisaufnahme-

2029 *BGHSt* 38, 111; *BayObLG* StV 2005, 12; vgl. insgesamt auch KK-*Fischer*[6] § 244 Rn. 113: krit. LR-*Becker*[26] § 244 Rn. 282.
2030 *BGH* StV 2006, 113 m. Anm. *Dahs.*
2031 *BGH* Beschl. v. 8.6.2011 – 3 StR 49/11 = StV 2012, 70; *BGH* StV 1994, 635.

programms" ggf. unter Mitteilung des Ladungsplans bzw. des Beweisplans des Vorsitzenden.

Aktenteile und/oder Urkunden, aus denen sich Anhaltspunkte für den Vortrag ergeben, sind vollständig mitzuteilen.

1528 Ist die Zurückweisung wegen Prozessverschleppung auch damit begründet, dass der Beweisantrag nach Ablauf der vom Vorsitzenden gesetzten Frist gestellt wurde, ist Folgendes zu beachten: Vorzutragen ist die Verfügung des Vorsitzenden mit der Fristsetzung in vollem Wortlaut, ggf. ein dagegen beantragter Gerichtsbeschluss mit Antragsbegründung sowie der Gerichtsbeschluss (in vollem Wortlaut). Ferner ist mitzuteilen der Zeitpunkt und der Inhalt des Antrags sowie der des ablehnenden Gerichtsbeschlusses.

Hat der Antragsteller keine Begründung für die Verfristung vorgetragen, muss die Begründung, warum eine frühere Antragstellung nicht möglich war, in der Revisionsbegründung nachgeholt werden. Der Revisionsführer wird sich aber fragen lassen müssen, warum diese Begründung nicht schon vor dem Tatrichter abgegeben wurde. Sofern möglich, muss auch dies dargetan werden.

Ist eine Begründung für die Verfristung vorgetragen worden, ist diese selbstverständlich mitzuteilen. Hat das Gericht diese als nicht stichhaltig qualifiziert und den Antrag zurückgewiesen, ist diese Begründung argumentativ anzugreifen.

In Betracht kommt auch, die Fristsetzung selbst als rechtsfehlerhaft zu rügen. Denn war die Fristsetzung rechtsfehlerhaft, ist der Zurückweisung des Beweisantrages wegen Prozessverschleppung, für die als Indiz die verfristete Antragstellung herangezogen wurde, der Boden entzogen. Die Rüge der rechtsfehlerhaften Fristsetzung setzt jedoch voraus, dass der Fristsetzung in der Hauptverhandlung widersprochen wurde und nach § 238 Abs. 2 StPO ein Gerichtsbeschluss herbeigeführt wurde.[2032] Eine Fristsetzung kann dann rechtsfehlerhaft sein, wenn sie vor Ablauf von zehn Hauptverhandlungstagen und vor Erledigung des gerichtlichen Beweisprogramms erfolgte und im bisherigen Verteidigungsverhalten keine Anzeichen für eine Verschleppungsabsicht hervorgetreten sind oder die Frist unverhältnismäßig kurz gewesen ist. [2033]

2032 *BGH* StV 2011, 646.
2033 *BGH* StV 2009, 581.

Rüge 173

Hat das Gericht einen Beweisantrag zurückgewiesen, weil die Beweistatsache so behandelt werden kann, als sei sie wahr, § 244 Abs. 3 S. 2 StPO?

1529

I. Rechtsgrundlagen

Bei der Ablehnung eines Beweisantrages durch Wahrunterstellung gelten u.a. folgende Grundsätze: **1530**

- Die Ablehnung eines Beweisantrages durch Wahrunterstellung kommt – anders als bei dem Ablehnungsgrund des Erwiesenseins der Beweistatsache[2034] – nur für – im Zeitpunkt der Beschlussfassung – *erhebliche* Tatsachen in Betracht.[2035] Sowohl unmittelbar beweiserhebliche Tatsachen als auch Indiztatsachen können als wahr behandelt werden.[2036] **1531**

- Nur Tatsachen zu Gunsten des Angeklagten können als wahr unterstellt werden.[2037] **1532**
  Schlüsse aus der als wahr unterstellten Tatsache zum Nachteil des Angeklagten sind unzulässig.[2038] Das Gericht ist allerdings nicht verpflichtet, die vom Antragsteller gewünschte Schlussfolgerung zu ziehen.

- Das Gericht muss grundsätzlich die Beweisbehauptung in ihrer vollen aus Sinn und Zweck sich ergebenden Bedeutung als wahr behandeln und darf die Behauptung nicht einengen oder abändern.[2039] **1533**

- Die Wahrunterstellung muss sich, um die Ablehnung des Antrags zu rechtfertigen, auf die behauptete Beweistatsache selber beziehen, sie also als zutreffend behandeln. Dem ist nicht genügt, wenn das Gericht z.B. lediglich unterstellt, dass die als Beweismittel benannten Zeugen im Sinne der Beweisbehauptung aussagen werden, um dann den erwarteten Aussagen im Wege einer vorweggenommenen Beweiswürdigung die Glaubhaftigkeit abzusprechen.[2040] Auch darf das Gericht nicht argumentieren, der Zeuge habe die als wahr unterstellte Tatsache missverstanden. **1534**

2034 Siehe oben Rn. 1487 ff.
2035 *BGH* StV 1981, 270; *Meyer-Goßner*[55] § 244 Rn. 70; KK-*Fischer*[6] § 244 Rn. 185; LR-*Becker*[26] § 244 Rn. 289, 297.
2036 *Meyer-Goßner*[55] § 244 Rn. 70; aber *BGH* StV 1990, 307: keine Wahrunterstellung von Tatsachen zum Kerngeschehen.
2037 *BGH* StV 1981, 270.
2038 *BGH* StV 1994, 115 und 633; *BGHR* StPO § 244 Abs. 3 S. 2 Wahrunterstellung 16; *Meyer-Goßner*[55] § 244 Rn. 70.
2039 *BGHR* StPO § 244 Abs. 3 S. 2 Wahrunterstellung 6, 8, 17, 18, 19, 23, 27; *BGH* StV 1994, 357; 1989, 238; KK-*Fischer*[6] § 244 Rn. 188; LR-*Becker*[26] § 244 Rn. 306.
2040 *BGH* StV 1995, 172; 1984, 61; *BGHR* StPO § 244 Abs. 3 S. 2 Wahrunterstellung 10, 19, 20; *Meyer-Goßner*[55] § 244 Rn. 71.

1535 • Das Gericht muss sich im Urteil an die als wahr unterstellte Tatsache halten und zwar unabhängig davon, ob es sich bei dem Beweisbegehren tatsächlich um einen Beweisantrag gehandelt hat.[2041] Es darf nicht etwa vom Gegenteil der als wahr unterstellten Tatsache ausgehen.[2042] Es muss die Wahrunterstellung „einhalten". Jedoch ist das Gericht nicht gehalten, den aus der als wahr unterstellten Tatsache vom Antragsteller gewünschten Schluss zu ziehen.[2043]

1536 • Eine Wahrunterstellung kommt dann nicht in Betracht, wenn die Sachaufklärung wegen ungeklärter Umstände erschöpfendere Erkenntnismöglichkeiten verspricht.[2044]

Dies ist insbesondere der Fall, wenn sich die Beweisbehauptung gegen die Glaubwürdigkeit eines Belastungszeugen oder Mitangeklagten richtet. Eine Wahrunterstellung ist grundsätzlich nur zulässig, wenn dies ohne Verletzung der Aufklärungspflicht geschehen kann. Von der Glaubwürdigkeit eines Zeugen oder Mitangeklagten und der Glaubhaftigkeit ihrer Angaben, durch die der Angeklagte belastet wird, hat sich das Gericht jedoch in aller Regel durch Klärung von behaupteten Hilfstatsachen einen umfassenden Eindruck zu verschaffen. In solchen Fällen lässt sich ein zutreffendes Bild von der Beweisperson meist nur dadurch gewinnen, dass über diese Tatsachen Beweis erhoben wird, es sei denn, sie sind für die Entscheidung ohne Bedeutung.[2045]

1537 • Das Gericht muss sich im Urteil mit einer als wahr unterstellten Tatsache auseinander setzen, wenn nicht ohne weiteres zu ersehen ist, wie Beweiswürdigung und Wahrunterstellung in Einklang gebracht werden können oder wenn ohne ausdrückliche Erörterung der als wahr unterstellten Tatsache die Beweiswürdigung lückenhaft bleibt.[2046]

1538 • Ob das Gericht auf die nachträgliche Bewertung einer ursprünglich als wahr unterstellen Tatsache als unerheblich den Angeklagten hinweisen muss, ist streitig.[2047]. Die Hinweispflicht soll in jeden Fall bestehen, wenn es nahe liegt, dass

---

2041 *BGH* Beschl. v. 14.7.2011 – 3 StR 106/11 = StV 2012, 581; *BGHSt* 32, 44 = StV 1983, 357; vgl. auch LR-*Becker*[26] § 244 Rn. 306.

2042 *BGHSt* 32, 44,47; *BGH* StV 1988, 91; *BGHR* StPO § 244 Abs. 3 S. 2 Wahrunterstellung 14; *Meyer-Goßner*[55] § 244 Rn. 71; KK-*Fischer*[6] § 244 Rn. 189 f.

2043 *BGH* StV 1990, 7; 1986, 467; LR-*Becker*[26] § 244 Rn. 306; *Meyer-Goßner*[55] § 244 Rn. 71; KK-*Fischer*[6] § 244 Rn. 192.

2044 *BGH* StV 2011, 209.; *BGH* StV 1996, 648; *BGHR* StPO § 244 Abs. 3 S. 2 Wahrunterstellung 10; KK-*Fischer*[6] § 244 Rn. 194: LR-*Becker*[26] § 244 Rn. 291.

2045 *BGH* StV 2005, 653; *BGH* StV 1996, 647; StV 1990, 293; NStZ 1992, 28; *Meyer-Goßner*[55] § 244 Rn. 70; KK-*Fischer*[6] § 244 Rn. 194; LR-*Becker*[26] § 244 Rn. 291 jew. m. Rspr. Nachw.

2046 *BGH* StV 1984, 142; *BGH* StV 1988, 91 *BGHR* StPO § 244 Abs. 3 S. 2 Wahrunterstellung 12; *BayObLG* StV 2005, 14; *Meyer-Goßner*[55]§ 24 Rn. 71.

2047 Zum Streitstand vgl. *Meyer-Goßner*[55] § 244 Rn. 70; KK-*Fischer*[6] § 244 Rn. 185 f. m. Nachw. aus Rspr. und Lit.; KK-*Fischer*[6] § 244 Rn. 187; LR-*Becker*[26] § 244 Rn. 310, die beide zutreffenderweise eine Hinweispflicht annehmen.

der Angeklagte wegen der Wahrunterstellung von der Stellung weiterer Beweisanträge abgesehen hat.[2048]

- Nach der Wahrunterstellung einer Beweistatsache darf diese nicht im Urteil als **1539** bereits erwiesene Tatsache behandelt und als solche zum Nachteil des Angeklagten verwertet werden.[2049] Denn während aus als erwiesen behandelten Tatsachen sowohl Schlüsse zugunsten als auch zu Lasten des Angeklagten gezogen werden können, dürfen als wahr unterstellte Tatsache nicht zum Nachteil des Angeklagten verwertet werden. Will das Gericht den Ablehnungsgrund der Wahrunterstellung nachträglich in den des Erwiesenseins der Tatsache ändern, ist der Angeklagte ausdrücklich darauf hinzuweisen. Bei einer Änderung des Ablehnungsgrundes begründet das Unterlassen des Hinweises die Revision.[2050]

- Aufgrund einer zugunsten des Antragstellers als wahr unterstellten Tatsache **1540** dürfen bei der Beweiswürdigung keine für einen Mitangeklagten nachteiligen Schlüsse gezogen oder Feststellungen getroffen werden.

II. Anforderungen an den Vortrag

Welche Rüge bei den aufgezeigten möglichen Fehlern zu erheben ist, richtet sich **1541** nach der Fallkonstellation. Die Rechtsprechung des BGH zur Art der Rüge und den Rügeanforderungen ist nicht klar und uneinheitlich. Es wird daher empfohlen, alle in Betracht kommenden Rügen einschl. der materiell-rechtlichen Beweiswürdigungsrüge zu erheben.

In jedem Fall muss aber die Rüge der Verletzung des § 244 Abs. 3 S. 2 StPO wegen fehlerhafter Behandlung der Beweistatsache durch Wahrunterstellung gerügt werden. Es gelten die oben dargelegten allgemeinen Grundsätze (Rn. 1375 ff.), also die Mitteilung des vollständigen Wortlauts von Antrag und Ablehnungsbeschluss sowie ggf. aller weiteren Vorgänge, die sich nach dem Beschluss ergeben haben.

1. Verwertung der als wahr unterstellten Tatsache zu Lasten des Angeklagten

Neben der Erhebung der Rüge nach § 244 Abs. 3 S. 2 StPO und den dafür darzule- **1542** genden Anforderungen muss anhand der Urteilsgründe nachgewiesen werden, welchen Schluss zum Nachteil des Angeklagten das Gericht aus der als wahr unterstellten Tatsache gezogen hat. Da ein Schluss zum Nachteil des Angeklagten aus einer

---

2048 *BGH* Beschl. v. 27.3.2012 – 3 StR 31/12 = StV 2012, 580; *BGH* Beschl. v. 18.2.1982 – 2 StR 798/81 = 1982, 253; *BGHSt* 30, 383; *BGHSt* 32, 44, 47; *OLG Hamm* NStZ 1983, 522; KK-*Fischer*[6] § 244 Rn. 187; LR-*Becker*[26] § 244 Rn. 310 jew. m.w.N.; *Schlothauer* StV 1986, 227.
2049 *BGH* StV 2007, 512 m. Anm. *Niemöller* 626.
2050 *BGH* StV 2007, 512 m. Anm. *Niemöller* 626; *BGHSt* 19, 24; LR-*Becker*[26] § 244 Rn. 310.

als wahr unterstellten Tatsache den Zweifelsgrundsatz verletzt, ist auch dies zu rügen. Dies bedeutet, dass ausgeführt werden muss, dass nicht nur ein Verstoß gegen § 244 Abs. 3 S. 2 StPO wegen fehlerhafter Behandlung des Beweisantrages durch Wahrunterstellung vorliegt, sondern auch ein Verstoß gegen den Grundsatz in dubio pro reo bei der Beweiswürdigung.[2051] Denn der Schluss aus der als wahr unterstellten Tatsache zum Nachteil des Angeklagten macht die Beweiswürdigung materiellrechtlich rechtsfehlerhaft. Vorsorglich ist mitzuteilen, dass das Gericht den Angeklagten in der Hauptverhandlung nicht darauf hingewiesen hat, dass es eine Bewertungsänderung vornehmen könnte.

2. Unzulässige Einengung oder Verkürzung der Beweisbehauptung

1543   Nach der Rechtsprechung des BGH liegt in diesen Fällen eine „gesetzeswidrige Behandlung" des Beweisantrages vor.[2052]

Hier kann nicht die Nichteinhaltung der Wahrunterstellung gerügt werden, da ja gerade die Beweistatsache nicht in ihrem vollen Sinngehalt als wahr unterstellt wurde. Gerügt werden muss schlicht die fehlerhafte Wahrunterstellung nach § 244 Abs. 3 S. 2 StPO, weil das Gericht die Beweisbehauptung unzulässig verkürzt hat. Neben den allgemeinen Grundsätzen (Rn. 1375) ist die Divergenz zwischen Beweistatsache und Gegenstand der Wahrunterstellung darzulegen.

3. Nichteinhaltung der Wahrunterstellung

1544   Nach *BGHSt* 32, 44 kann bei der Nichteinhaltung einer Wahrunterstellung ein doppelter Verfahrensverstoß vorliegen: Verstoß gegen § 244 Abs. 3 S. 2 StPO und/oder ein Verstoß gegen den Grundsatz des fairen Verfahrens.

a) Nichteinhaltung der Wahrunterstellung

1545   Neben dem allgemeinen Vortrag (u.a. Wortlaut von Antrag und Beschluss) muss vorgetragen werden, warum das Urteil von der als wahr unterstellten Tatsache abweicht. Diese Fallkonstellation ähnelt der, in der das Gericht bei einer durch Verlesung eingeführten Urkunde im Urteil von einem (teilweise) anderen Wortlaut ausgeht. Die Rüge enthält daher auch Elemente einer Verfahrensrüge nach § 261 StPO (vgl. dazu Rüge 227, Rn. 1879 ff.).

b) Abweichen von der Wahrunterstellung

1546   Ein Abweichen von der Wahrunterstellung kann auch dann vorliegen, wenn das Gericht im Laufe der Hauptverhandlung von der Wahrunterstellung abrücken will und ggf. den Ablehnungsgrund durch einen anderen ersetzen will. Nach *BGHSt* 32, 44, 47 ist das Gericht in diesem Fall zu einem Hinweis an den Angeklagten verpflichtet.

2051   *BGH* StV 1994, 115 und 633; *BGH* StV 1983, 140.
2052   Vgl. Nachw. Rn. 1417.

Denn die Wahrunterstellung beinhaltet eine Zusage, auf deren Einhaltung der Angeklagte vertrauen darf und folglich seine Verteidigung daran orientiert. Hält sich das Gericht nicht an die Wahrunterstellung, weil es die Beweistatsache nunmehr für bedeutungslos oder das Beweismittel für unerreichbar hält oder die Beweistatsache nunmehr als erwiesen behandelt, ist es unter dem Gesichtspunkt des fairen Verfahrens verpflichtet, den Angeklagten darauf hinzuweisen, damit dieser seine Verteidigung danach einrichten kann.[2053]

Neben der Mitteilung des Wortlauts von Antrag und Ablehnungsbeschluss muss weiter vorgetragen werden, **1547**

- woraus sich die Abweichung von der Wahrunterstellung ergibt,
- ggf. welchen Ablehnungsgrund das Gericht angenommen hat,
- dass kein Hinweis erfolgt ist,
- dass der Angeklagte dem Gang der Hauptverhandlung das Abweichen von dem Ablehnungsgrund der Wahrunterstellung nicht entnehmen konnte,
- sämtliche Verfahrensvorgänge, die nach dem ablehnenden Beschluss angefallen sind. Hat das Gericht z.B. nach der Ablehnung Bemühungen entfaltet, die benannten Zeugen doch zu laden, blieb dies jedoch wegen Unauffindbarkeit der Zeugen ergebnislos, sind diese Bemühungen einschl. der Vermerke, Schreiben etc. vollständig mitzuteilen,[2054]
- ggf. welche Verteidigungsaktivitäten entfaltet worden wären, wenn der Hinweis auf eine Abweichung von dem Ablehnungsgrund der Wahrunterstellung erfolgt wäre.

4. Vorrang der Sachaufklärung

Gerügt werden muss die fehlerhafte Behandlung des Beweisantrages durch Wahr- **1548** unterstellung, also Verstoß gegen § 244 Abs. 3 S. 2 StPO und zugleich die Verletzung der Aufklärungspflicht § 244 Abs. 2 StPO.[2055]

Insoweit muss dargetan werden, warum sich dem Gericht die Benutzung des Beweismittels aufdrängen musste. Dies gilt insbesondere bei Beweistatsachen, die sich gegen die Glaubwürdigkeit von Belastungszeugen oder Mitangeklagten richten. Hier kann es geboten sein, die besseren Aufklärungsmöglichkeiten durch Benutzung des Beweismittels aufzuzeigen und darzulegen, warum sich dem Gericht z.B. die Vernehmung des benannten Zeugen zur Erlangung von Anhaltspunkten für seine Glaubwürdigkeit aufdrängen musste.

2053 *BGH* StV 2007, 512 m. Anm. *Niemöller* StV 2007, 626.
2054 Anschaulich *BGH* StV 1994, 5.
2055 *BGH* StV 1986, 467.

5. Fehlende Auseinandersetzung mit der als wahr unterstellten Tatsache im Urteil

1549 Neben der Mitteilung von Antrag und Beschluss im Wortlaut ist darzulegen, aus welchen Gründen sich die Beweiswürdigung mit der Wahrunterstellung nicht in Einklang bringen lässt bzw. die Beweiswürdigung ohne Auseinandersetzung mit der als wahr unterstellten Tatsache lückenhaft ist. Zwar behandelt der BGH die Rüge der Nichteinhaltung der Wahrunterstellung als eine Verfahrensrüge nach § 244 Abs. 3 S. 2 StPO.[2056] Diese Rüge weist jedoch Elemente der materiell-rechtlichen Rüge fehlerhafter Beweiswürdigung und der verfahrensfehlerhaften Verletzung des § 261 StPO auf. Denn wenn sich das Gericht nicht mit der als wahr unterstellten Tatsache auseinandersetzt, obwohl dies geboten gewesen wäre, ist die Beweiswürdigung rechtsfehlerhaft. Es handelt sich quasi um eine kombinierte verfahrensrechtlich-materiell-rechtliche Rüge. Durch Mitteilung von Antrag und Ablehnungsbeschluss steht die Tatsache fest, die Gegenstand der Beweiswürdigung hätte sein müssen. Setzt sich damit das Gericht im Urteil nicht auseinander, obwohl dies geboten war, ist (auch) die Beweiswürdigung rechtsfehlerhaft.[2057]

6. Nichteinhaltung der Wahrunterstellung durch späteres Auswechseln des Ablehnungsgrundes

1550 Ob das Gericht in diesen Fällen zu einem Hinweis verpflichtet ist, ist streitig (siehe oben Rn. 1538). Jedoch ist die Auffassung des 2. Strafsenats in *BGHSt* 32, 44 nicht von der Hand zu weisen, dass mindestens ein Verstoß gegen das faire Verfahren vorliegt, wenn der Angeklagte im Vertrauen auf die Einhaltung der Wahrunterstellung der als *erheblich* angesehenen Tatsache weitere Verteidigungsaktivitäten unterlassen hat.

In diesen Konstellationen muss zwar auch die fehlerhafte Behandlung der Wahrunterstellung als Verstoß gegen § 244 Abs. 3 S. 2 StPO gerügt werden. Dies ist schon deswegen erforderlich, um den gesamten Verfahrensvorgang darzustellen. Der Schwerpunkt muss jedoch auf der Rüge der Verletzung des fairen Verfahrens liegen.

1551 Hier muss besonders deutlich herausgearbeitet werden,

- dass und warum der Angeklagte auf die Behandlung der als wahr unterstellten Tatsache als *erheblich* vertraute,
- dass es für ihn keinerlei Hinweis auf die Behandlung der Tatsache als unerheblich gab, ggf. einschl. der Mitteilung weiterer Verfahrensvorgänge, die im Zusammenhang mit dem Beweisantrag stehen,
- dass das Gericht unter Fairnessgesichtspunkten zu einem Hinweis verpflichtet war

---

2056 *BGHR* StPO § 244 Abs. 3 S. 2 Wahrunterstellung 14, 26, 36.
2057 Vgl. etwa *BGHR* StPO § 244 Abs. 3 S. 2 Wahrunterstellung 12, 13, 14.

- welche konkreten Verteidigungsaktivitäten entfaltet worden wären, wenn der Hinweis erfolgt wäre (z.b. präzisere Formulierung des Beweisthemas).

III. Ablehnungsgründe des § 244 Abs. 4 StPO

Rüge 174

Hat das Gericht einen Beweisantrag auf Vernehmung eines Sachverständigen nach § 244 Abs. 4 zurückgewiesen? **1552**

I. Vorbemerkung

§ 244 Abs. 4 StPO stellt eine Ergänzung des Ablehnungskatalogs des § 244 Abs. 3 **1553** StPO dar. Das Gericht hat mithin die Möglichkeit, einen Beweisantrag auf Vernehmung eines Sachverständigen nach dem Katalog des Abs. 3 (z.b. wegen Ungeeignetheit des Beweismittels) oder nach Abs. 4 zu bescheiden.[2058]

Auch bei Anträgen auf Vernehmung eines Sachverständigen gelten die allgemeinen Voraussetzungen für die Annahme eines Beweisermittlungs oder eines Beweisantrages (vgl. oben Rn. 1372 ff., 1382 ff., 1406 ff.). Dies gilt insbesondere für die Behauptung einer konkreten Beweistatsache in Abgrenzung zu einer Schlussfolgerung oder Wertung.[2059]

Da bei einem Sachverständigengutachten – anders als bei dem Zeugenbeweis – keine Wahrnehmungen, sondern das Ergebnis einer Untersuchung durch den Sachverständigen behauptet werden muss, können auch solche Wertungen und Schlussfolgerungen unter Beweis gestellt werden, die der Sachverständige als Ergebnis seiner Begutachtung zieht.[2059] Rechtsfragen sind dem Sachverständigenbeweis allerdings nicht zugänglich, soweit sie das deutsche Recht betreffen. Doch bereitet die Unterscheidung zwischen Rechts und Sachverständigenfragen oft Schwierigkeiten. **1554**

Ist z.B. eine *erhebliche* Verminderung der Steuerungsfähigkeit etwa infolge Alkoholgenusses unter Beweis gestellt, können schon Zweifel an dem Vorliegen eines (ordnungsgemäßen) Beweisantrages bestehen. Denn die „Erheblichkeit" ist nach der Rechtsprechung des BGH ein Rechtsbegriff; die Entscheidung über das Vorliegen *erheblicher* Minderung der Steuerungsfähigkeit betrifft daher eine allein dem Gericht obliegende Rechtsfrage.[2060] Da aber Rechtsfragen dem Beweis nicht zugänglich sind, könnte es an einem ordnungsgemäßen Beweisantrag fehlen. **1555**

2058   KK-*Fischer*[6] § 244 Rn. 195.
2059   *Hamm/Hassemer/Pauly* Rn. 360.
2060   St. Rspr. *BGHSt* 43, 66, 77; *BGH* StV 2011, 209. *Fischer*[55] § 21 Rn. 6 ff. mit zahlr. Rspr. Nachw.

Auch bei dem „Hang" im Sinne des § 66 StGB handelt es sich um einen Rechtsbegriff, der als solcher dem Sachverständigenbeweis nicht zugänglich ist. Insofern muss das Bestehen oder das Fehlen bestimmter tatsächlicher Umstände in der Persönlichkeit des Angeklagten oder in den Taten behauptet werden.[2061]

1556 Die Rechtsprechung zur Frage der allein vom Gericht zu entscheidenden Rechtsfrage der Erheblichkeit i.S.d. § 21 StGB ist allerdings nicht eindeutig. Ist z.b. eine *schwere* seelische Abartigkeit als Eingangsvoraussetzung der §§ 20, 21 StGB unter Beweis gestellt, nimmt die Rechtsprechung – sofern nicht § 20 StGB vorliegt – *regelmäßig* auch eine *erhebliche* Verminderung der Steuerungsfähigkeit an,[2062] so dass sich Rechts und Sachverständigenfrage überschneiden bzw. decken.

1557 Ähnlich verhält es sich bei Glaubwürdigkeitsgutachten. Denn die Beurteilung der Glaubwürdigkeit eines Zeugen, der Glaubhaftigkeit seiner Angaben sowie seiner Aussagetüchtigkeit ist ureigenste Aufgabe des Tatrichters, so dass nur in Ausnahmefällen die Hinzuziehung eines Sachverständigen geboten sein kann bzw. einem entsprechenden Beweisantrag stattzugeben ist.[2063]

1558 Mängel des Beweisantrages können in der Revision kaum geheilt werden.

Empfehlenswert ist es, die Begründung der fehlerhaften Zurückweisung eines Antrags auf Einholung eines Sachverständigengutachtens immer mit Elementen der Aufklärungsrüge zu verbinden, da auf diese Weise eine unzureichende Beweisbehauptung „umschifft" werden kann. Fehlt es an ausreichenden Anknüpfungstatsachen im Antrag, empfiehlt es sich, diese in der Revisionsbegründung „nachzuschieben", wobei die Aktenteile, aus denen sich die Anknüpfungstatsachen ergeben, im vollem Wortlaut mitzuteilen sind.

Wegen der Fülle der in Frage kommenden Sachverständigengutachten (der gesamte Bereich der Kriminaltechnik, daktyloskopische Gutachten, DNA-Gutachten, Fasergutachten, Gutachten zur Schuldfähigkeit oder zur Glaubwürdigkeit etc.), ist es nicht möglich, alle in Betracht kommenden Gutachtenkategorien zu behandeln. Es erfolgt eine Beschränkung auf den Ablehnungskatalog des § 244 Abs. 4 StPO und die dabei generell geltenden Grundsätze.

2061 *BGH* StV 2010, 508.
2062 *BGH* StV 1991, 511; *BGH* NStZ 1997, 485 f.; bei Abweichen von der Regelvermutung ist dies im Urteil ausführlich zu begründen; *Fischer*[55] § 21 Rn. 6 ff.
2063 *Meyer-Goßner*[55] § 244 Rn. 74.

Rüge 175

Hat das Gericht einen Beweisantrag auf ein Sachverständigengutachten wegen eigener Sachkunde abgelehnt, § 244 Abs. 4 StPO?   **1559**

I. Rechtsgrundlagen

Das Gericht kann die eigene Sachkunde aufgrund beruflicher oder privater Tätigkeit **1560** erworben haben, insbesondere aus Gutachtenerstattungen in vorangegangenen Verfahren[2064], aber auch im zu entscheidenden Verfahren.[2065] Dies gilt selbst dann, wenn das Gericht dem Gutachter nicht folgen will.[2066]

Bei Kollegialgerichten genügt es, wenn einer der mitwirkenden Richter die erforderliche Sachkunde besitzt und sie den anderen vermitteln kann.

Einer Erörterung der Sachkunde in der Hauptverhandlung bedarf es nicht,[2067] auch findet keine Beweisaufnahme über die gerichtliche Sachkunde statt.[2068]

Die Beweisbehauptung muss in ihrem vollen Sinn der Prüfung der eigenen Sach- **1561** kunde zu Grunde gelegt werden. Die Beweistatsache darf nicht abgeändert werden, um den Beweisantrag sodann wegen eigener Sachkunde zurückweisen zu können.[2069] Dabei hat das Gericht auch von den genannten Anknüpfungstatsachen auszugehen.[2069]

Bei allen Gutachten, bei denen vergleichende Untersuchungen vorgenommen wer- **1562** den müssen (z.B. daktyloskopische oder Schriftvergleichsgutachten, anthropologische Vergleichsgutachten,[2070] Schusswaffenvergleichsgutachten), scheidet die eigene Sachkunde des Gerichts aus.

Die Rechtsprechung zur Frage der eigenen Sachkunde zur Beurteilung einer (einge- **1563** schränkten) Schuldfähigkeit ist äußerst umfangreich.[2071] Dazu nur einige Beispiele:

- Zweifel an der eigenen Sachkunde können bei der Beurteilung eines hochgradigen Affekts bestehen.[2072]
- Bei der Beurteilung der Schuldfähigkeit wegen Hirnschädigung reicht in der Regel die eigene Sachkunde des Gerichts nicht aus.[2073]

2064 *Meyer-Goßner*[55] § 244 Rn. 73; KK-*Fischer*[6] § 244 Rn. 196 ff; LR-*Becker*[26] § 244 Rn. 322, 326.
2065 *BGH* NStZ 1983, 325.
2066 *BGH* StV 2010, 508.
2067 *BGH* StV 1998, 248.
2068 *BGH* NStZ 2000, 156.
2069 *BGHR* StPO § 244 Abs. 4 S. 1 Sachkunde 2.
2070 Anders aber *BGHR* StPO § 244 Abs. 4 S. 1 Sachkunde 10.
2071 Vgl. etwa die Nachw. bei KK-*Fischer*[6] § 244 Rn. 198.
2072 *BGHR* StPO § 244 Abs. 4 S. 1 Sachkunde 1.
2073 *BGH* StV 1994, 634; NJW 1993, 1540; *BGH* StV 1988, 52; 56 *BGHR* StPO § 244 Abs. Satz 1 Sachkunde 3; *Meyer-Goßner*[55] § 244 Rn. 74b.

- Die Berufung auf eigene Sachkunde kann auch dann rechtsfehlerhaft sein, wenn das Gericht zunächst einen Sachverständigen hinzugezogen hat, nach Änderung der Anknüpfungstatsachen für das Gutachten die Einholung eines weiteren Gutachtens unter Berufung auf eigene Sachkunde abgelehnt, und das Urteil auf Umstände gestützt hat, die dem zunächst gehörten Sachverständigen unbekannt waren.[2074]
- Die Berufung auf eigene Sachkunde kann auch dann problematisch sein, wenn das Gericht von dem Gutachten eines bereits gehörten Sachverständigen abweichen will, und die eigene Sachkunde aus dem gehörten Gutachten ableitet.[2075]
- An der eigenen Sachkunde des Gerichts kann es auch in den Fällen fehlen, in denen eine eingeschränkte *Wahrnehmungsfähigkeit* eines langjährigen Drogenabhängigen bei akuter Intoxikation zur Tatzeit unter Beweis gestellt ist.[2076]
- Auch bei der Diagnose einer Persönlichkeitsstörung und deren Auswirkungen auf die Aussagetüchtigkeit, die spezifisches Fachwissen erfordert, das nicht Allgemeingut von Richtern ist, kann es an der eigenen Sachkunde fehlen. Jedenfalls bedarf bei Ablehnung eines Beweisantrages wegen eigener Sachkunde diese näherer Darlegung.[2077]

Die Rechtsprechung zur Einholung eines Glaubwürdigkeitsgutachtens[2078] ist umfangreich, unübersichtlich und uneinheitlich. Allgemein soll die eigene Sachkunde nicht ausreichen, wenn besondere Umstände in der Person oder sonst vorliegen.[2079] So kann z.b. bei Anhaltspunkten für eine Geisteskrankheit oder psychische Auffälligkeiten eines Zeugen die eigene Sachkunde zur Beurteilung der Aussagetüchtigkeit oder Glaubwürdigkeit nicht ausreichen.[2080]

Dies gilt auch bei hochgradiger Medikamentenabhängigkeit[2081] oder bei Epilepsie.[2082]

Bei jugendlichen oder kindlichen Zeugen kann die eigene Sachkunde nicht ausreichen, wenn neben dem Alter weitere Besonderheiten in der Person[2083] hinzukommen z.b. auffälliges Aussageverhalten.[2084] Bei Kindern unter 5 Jahren reicht die eigene Sachkunde in der Regel nicht aus.[2085]

2074 *BGHR* StPO § 244 Abs. 4 S. 1 Sachkunde 7.
2075 *BGH* StV 2007, 19.
2076 *BGH* StV 2009, 116.
2077 *BGH* Beschl. v. 28.10.2009 – 5 StR 419/09 = StV 2011, 712; *BGH* Beschl. v. 23.5.2012 – 5 StR 174/12 = StV 2012, 582; *BGH* StV 1984, 232.
2078 Grundlegend zu den wissenschaftlichen Anforderungen an ein Glaubwürdigkeitsgutachten *BGHSt* 45, 164; auch *BGH* StV 1998, 116, 2003, 61.
2079 *Meyer-Goßner*[55] § 244 Rn. 74 m. weit. Rspr. Nachw.
2080 *BGH* StV 1981, 113; 1986, 466; 1990, 8; 1993, 567; *BGHR* StPO § 244 Abs. 4 S. 1 Sachkunde 12.
2081 *BGH* StV 1991, 405.
2082 *BGH* StV 1991, 245.
2083 *BGH* StV 2002, 637; 2004, 241.
2084 *BGH* StV 2005, 419; StV 2004, 241; StV 1991, 547; 1999, 470.
2085 *OLG Zweibrücken* StV 1995, 293.

Das Gericht hat, wenn die eigene Sachkunde nicht offensichtlich ist, diese sowie ihre Grundlagen darzulegen.[2086]

II. Anforderungen an den Vortrag

Hinsichtlich des erforderlichen Vortrags nach § 344 Abs. 2 S. 2 StPO bestehen gegenüber einem „normalen" Beweisantrag keine Besonderheiten, so dass auf die dortigen Ausführungen (Rn. 1375) verwiesen werden kann.   **1564**

Besonders eingehend und detailliert muss dargelegt werden, warum dem Gericht entgegen dem ablehnenden Beschluss die eigene Sachkunde fehlte. Hat das Gericht beurteilungsrelevante Aspekte nicht erwähnt, sind diese herauszuarbeiten und ggf. die Aktenteile (in vollem Wortlaut) mitzuteilen, aus denen sich diese ergeben (z.B. frühere Gutachten, Arztberichte oder stationäre Krankenhausaufenthalte). Die mangelnde Sachkunde kann sich auch aus den Ausführungen zur eigenen Sachkunde selbst ergeben.[2087] Dies alles ist Sache des Einzelfalles.

Rüge 176

Hat das Gericht einen Antrag auf Anhörung eines weiteren Sachverständigen gemäß § 244 Abs. 4 S. 2 StPO abgelehnt?   **1565**

I. Rechtsgrundlagen

1. Vorbemerkung

Nach § 244 Abs. 4 S. 2 StPO kann der Antrag abgelehnt werden, wenn das Gegenteil der Beweistatsache bereits durch das frühere Gutachten bewiesen ist.[2088]   **1566**

Das Erwiesensein des Gegenteils muss sich jedoch *allein* aus dem früheren Gutachten ergeben. Kommt der Tatrichter zu einem vom früheren Gutachten abweichenden Ergebnis, so kann damit die Erwiesenheit des Gegenteils nicht begründet werden.[2089]

Bei dem Ablehnungsgrund des Erwiesenseins des Gegenteils sieht das Gesetz 4 Ausnahmen vor, nämlich   **1567**

- bei zweifelhafter Sachkunde des bisherigen Gutachters (1.),
- wenn das Erstgutachten von unzutreffenden tatsächlichen Voraussetzungen ausgeht (2.),

---

2086 *BGH* StV 1981, 271; 1988, 52; *BGH* StV 1991, 405.
2087 Vgl. z.B. *BGH* StV 1988, 52.
2088 Vgl. dazu insgesamt KK-*Fischer*[6] § 244 Rn. 199 ff.
2089 *BGH* StV 2005, 6.

- wenn das Gutachten Widersprüche enthält (3.)
- wenn der benannte weitere Gutachter über überlegene Forschungsmittel verfügt (4.).

Diese Ausnahmen lassen sich nicht voneinander trennen, sondern sie überschneiden sich, wie z.B. zweifelhafte Sachkunde des Gutachters und Widersprüchlichkeit des Gutachtens.

Die zu diesen Problemkreisen ergangene Rechtsprechung ist vielseitig und einzelfallbezogen. Die Besonderheiten hängen auch von der Art des Gutachtens ab. Allgemeine Grundsätze lassen sich daher nicht aufstellen. Im Folgenden können daher nur einige (willkürlich) ausgewählte Beispiele genannt werden.[2090]

2. Zweifelhafte Sachkunde[2091]

1568   Zweifel an der Sachkunde sind nicht schon dann berechtigt, wenn der Sachverständige bestimmte Untersuchungsmethoden nicht angewendet hat,[2092] wenn er Schwierigkeiten bei der Auslegung von Gerichtsentscheidungen hat[2093]. Auch ein Abweichen des in der Hauptverhandlung erstatteten Gutachtens vom vorbereitenden Gutachten reicht für sich genommen für die Annahme zweifelhafter Sachkunde nicht aus,[2094] es sei denn, es offenbart sich ein unerklärlicher Widerspruch.[2095]

Zweifel können bestehen, wenn sich der Gutachter weigert, seine Methoden offen zu legen, oder er von anerkannten oder von der Rechtsprechung gebilligten wissenschaftlichen Kriterien abweicht.[2096]

Wenn der Tatrichter einen Beweisantrag auf Einholung eines weiteren Sachverständigengutachtens, der auf substantiiert dargelegte methodische Mängel des (vorbereitenden) Erstgutachtens gestützt ist, allein mit der Begründung zurückweist, er verfüge selbst über die erforderliche Sachkunde, darf er sich in den Urteilsgründen hierzu nicht dadurch in Widerspruch setzen, dass er seiner Entscheidung das Erstgutachten ohne Erörterung der geltend gemachten Mängel zugrunde legt.[2097]

2090   Vgl. dazu insgesamt *Meyer-Goßner*[55] § 244 Rn. 76 und KK-*Fischer*[6] § 244 Rn. 199 ff.
2091   Vgl. dazu allgemein *BGHR* StPO § 244 Abs. 4 S. 2 Sachkunde 1; insg. auch KK-*Fischer*[6] § 244 Rn. 203.
2092   *Meyer-Goßner*[55] § 244 Rn. 76.
2093   *BGHSt* 23, 176, 185.
2094   *BGHSt* 8, 113, 116.
2095   *BGH* NStZ 1990, 244: sicherer Ausschluss einer Psychose im vorbereitenden Gutachten und Annahme einer die Schuldfähigkeit ausschließenden Psychose im mündlichen Gutachten; *BGH* NStZ 1991, 448: Schusskanal von oben nach unten und horizontal; *OLG Karlsruhe* StV 2004, 477: Erregungszustände in manischen Phasen und keine Anzeichen für eine akute manische Phase; *Meyer-Goßner*[55] § 244 Rn. 76.
2096   *BGH* StV 1989, 335 f. m. Anm. *Schlothauer; BGHR* StPO § 244 Abs. 4 S. 2 Sachkunde 2; insgesamt auch *Meyer-Goßner*[55] § 244 Rn. 76.
2097   *BGH* Beschl. v. 27.1.2010 = *BGHSt* 55, 5 = StV 2011, 713 = NJW 2010, 1214 = NStZ 2010, 405.

Bei einem Schriftsachverständigen können dann Zweifel an der Sachkunde bestehen, wenn er den Schriftvergleich anhand von Kopien anstatt Originalen vornimmt.[2098] Auch ein Widerspruch zwischen schriftlichen und in der Hauptverhandlung erstatteten Gutachten kann Zweifel an der Sachkunde des Schriftgutachters wecken.[2099]

3. Unzutreffende Anknüpfungstatsachen

Gemäß § 78 StPO hat das Gericht dem Sachverständigen die Anknüpfungstatsachen **1569** für die Gutachtenerstattung mitzuteilen, bei Änderung der Anknüpfungstatsachen oder einem Abweichen davon muss das Gericht den Sachverständigen darauf hinweisen.[2100] Das Gericht darf den Sachverständigen nicht „leer laufen lassen" und sich z.b. auf eigene Sachkunde berufen unter Zugrundelegung von dem Sachverständigen nicht bekannten Anknüpfungstatsachen.[2101]

Im Hinblick auf die Verpflichtung des Gerichts zur Unterrichtung des Sachverständigen über die Anknüpfungstatsachen ist die Möglichkeit der Einholung eines weiteren Gutachtens wegen unzutreffender tatsächlicher Voraussetzungen wohl eher theoretischer Natur.

4. Widersprüche im Gutachten oder zwischen Gutachten und vorbereitenden Gutachten

Hierunter fallen nicht auflösbare Widersprüche in dem in der Hauptverhandlung **1570** mündlich erstatteten Gutachten. Da nicht erklärbare oder unauflösbare Widersprüche zugleich Zweifel an der Sachkunde begründen, kann auf die Ausführungen oben (Rn. 1568) verwiesen werden.

Widersprüche zwischen vorbereitenden und in der Hauptverhandlung erstatteten Gutachten stellen keinen Widerspruch „des Gutachtens" i.S.d. § 244 Abs. 4 S. 2 StPO dar, weil allein das in der Hauptverhandlung mündlich erstattete Gutachten maßgeblich ist.[2102] Widerspricht das mündlich erstattete Gutachten dem vorbereitenden Gutachten in einem entscheidenden Punkt, muss das Gericht im Urteil nachvollziehbar darlegen, warum es das eine für zutreffend, das andere für unzutreffend hält. Der Widerspruch muss eine Erklärung und Lösung finden, die Zweifel an der Richtigkeit des angenommenen Ergebnisses beseitigt.[2103] Ist dies unterblieben, muss eine Aufklärungsrüge erhoben werden. Das dem mündlich erstatteten und

---

2098   *OLG Celle* StV 1981, 608 m. Anm. *Barton.*

2099   *OLG Düsseldorf* StV 1986, 376.

2100   *BGH* StV 1986, 138 m. Anm. *Deckers; BGH* StV 1995, 113; *BGH* StV 1984, 231; *BGH* NStZ 1985, 421; *Meyer-Goßner*[55] § 78 Rn. 4 und § 79 Rn. 10, 11; KK-*Fischer*[6] § 244 Rn. 204; auch LR-*Becker*[26] § 244 Rn. 332 f.

2101   *BGHR* StPO § 244 Abs. 4 S. 1 Sachkunde 2.

2102   *BGHSt* 23, 176; *BGH* NStZ 1990, 244.

2103   *BGH* NStZ 1990, 244 und 1991, 448.

dem Urteil zugrunde gelegten widersprechende vorbereitende Gutachten ist vollständig mitzuteilen.

5. Überlegene Forschungsmittel

1571 Nach der Rechtsprechung sind Forschungsmittel Hilfsmittel und Verfahren, die der Sachverständige bei der Begutachtung verwendet; überlegen sind sie, wenn ihre Anwendung möglicherweise zu einem anderen und besser begründeten Ergebnis führen kann.[2104]

Ein Sachverständiger verfügt nicht deshalb über überlegene Forschungsmittel, weil sich der Angeklagte nur von dem von ihm benannten Gutachter explorieren lassen will.[2105] Auch wissenschaftliche Veröffentlichungen und größere Berufserfahrung begründen keine „überlegenen" Forschungsmittel.[2106] Auch kann es einem Sachverständigen eines anderen Fachgebiets an besseren Forschungsmitteln fehlen (z.B.: Psychiater-Psychologe).[2107] Auch die Anstaltsbeobachtung nach § 81 StPO als solche ist gegenüber einem psychiatrischen Gutachten kein überlegenes Forschungsmittel.[2108]

6. Erwiesenheit des Gegenteils

1572 Die Ablehnung eines Beweisantrags wegen Erwiesenheit des Gegenteils der behaupteten Tatsache (§ 244 Abs. 4 S. 2 StPO) ist nur ein weiterer, allein für den Sonderfall eines Antrags auf Anhörung eines weiteren Sachverständigen geltender Zurückweisungsgrund, der die übrigen Gründe des § 244 Abs. 3 und Abs. 4 S. 1 StPO nicht ausschließt. Die Ablehnung des Antrags unter Berufung auf die eigene Sachkunde ist dem Tatrichter deshalb möglich, auch wenn ihm diese erst durch den zunächst vernommenen Sachverständigen vermittelt worden ist und selbst dann, wenn er diesem Gutachter nicht folgen will.[2109]

II. Anforderungen an den Vortrag

1573 Wie bei jedem Beweisantrag gelten auch bei der Ablehnung eines Antrags auf Anhörung eines weiteren Sachverständigen die allgemeinen Grundsätze (oben Rn. 1375).

Der gerichtliche Auftrag an den Sachverständigen ist ebenso mitzuteilen wie das (gesamte) vorbereitende Gutachten des zunächst gehörten Sachverständigen.[2110]

2104 KK-*Fischer*⁶ § 244 Rn. 205; LR-*Becker*²⁶ § 244 Rn. 336.
2105 *BGHSt* 44, 26 = StV 1999, 463 m. Anm: *Zieschang*.
2106 *BGHSt* 43, 355, 358.
2107 Psychiater-Psychologe *BGHSt* 34, 355; vgl. auch *BGHSt* 39, 49, 52; *BGHR* StPO § 244 Abs. 2 S. 2 Zweitgutachter 4; aber: bei widersprüchlichen Ergebnissen *BGH* StV 1990, 545.
2108 *Meyer-Goßner*⁵⁵ § 244 Rn. 76.
2109 *BGH* StV 2010, 508.
2110 *BGH* StV 1996, 529.

Dies versteht sich bei der Geltendmachung von Widersprüchen von selbst, ist aber auch bei dem Vortrag überlegener Forschungsmittel oder zweifelhafter Sachkunde notwendig. Auch sonstige zu den Akten gelangten Äußerungen des Sachverständigen sind mitzuteilen.

Nur durch die lückenlose Dokumentation der Arbeit des Sachverständigen in der Revisionsbegründung wird das Revisionsgericht in die Lage versetzt, allein anhand der Revisionsbegründung zu prüfen, ob der Antrag rechtsfehlerhaft zurückgewiesen wurde.

Parallel zur Rüge der fehlerhaften Ablehnung des Beweisantrages sollte auch eine **1574** Aufklärungsrüge erhoben werden. Es muss dargetan werden, warum sich dem Gericht – ungeachtet des Antrags – die Einholung eines weiteren Gutachtens aufdrängen musste. Denn nach *BGHSt* 23, 176, 187 kann die Aufklärungspflicht die Einholung eines weiteren Sachverständigengutachtens selbst dann gebieten, wenn ein darauf gerichteter Beweisantrag nach § 244 Abs. 4 S. 2 StPO abgelehnt werden konnte![2111]

IV. Ablehnungsgründe des § 244 Abs. 5 StPO

Rüge 177

Hat das Gericht einen Beweisantrag auf Vernehmung eines im Ausland zu ladenden Zeu- **1575** gen zurückgewiesen, § 244 Abs. 5 S. 2 StPO?

I. Rechtsgrundlagen

Die Vorschrift des § 244 Abs. 5 S. 2 StPO stellt eine Ergänzung des sonst abschlie- **1576** ßenden Katalogs des Abs. 3 für die Zurückweisung von Beweisanträgen dar, so dass ein Beweisantrag sowohl unter den Voraussetzungen des Abs. 3 als auch denen des Abs. 5 S. 2 abgelehnt werden kann.[2112] Hier gelten die gleichen Grundsätze wie für die Ablehnung eines Antrags auf Augenscheinseinnahme. Die Besonderheit des Ablehnungsgrundes des Abs. 5 besteht darin, dass hier das ansonsten geltende Verbot der Beweisantizipation nicht greift.[2113] Der Antrag ist allein unter dem Gesichtspunkt der Sachaufklärungspflicht zu bescheiden.[2114] Das Gericht muss bei der Prüfung zum Ergebnis kommen, dass auch unter Berücksichtigung des bisherigen Ergebnisses der Beweisaufnahme die Beweiserhebung keinen Einfluss auf die Überzeugungsbildung haben wird.[2115] Dabei kann das Gericht im Freibeweisverfahren

---

2111   *Meyer-Goßner*[55] § 244 Rn. 43f., 63, 77.
2112   Nur LR-*Becker*[26] § 244 Rn. 353.
2113   *BGHSt* 40, 60 = StV 1994, 229; *BGH* NStZ 1994, 554 und 593; *Meyer-Goßner*[55] § 244 Rn. 43g, 78; KK-*Fischer*[6] § 244 Rn. 210; LR-*Becker*[26] § 244 Rn. 386.
2114   *BGHSt* 40, 60; *BGH* StV 2001, 93.
2115   *BGHSt* 40, 60 = StV 1994, 229; *BGH* StV 2001, 93; *Meyer-Goßner*[55] § 244 Rn. 43 f.

durch unmittelbare (etwa telefonische) Kontaktaufnahme mit dem Zeugen klären, ob dieser etwas zur Sachaufklärung beitragen kann.[2116] Bei schwieriger Beweislage kann es geboten sein, vor der Bescheidung im Freibeweisverfahren u.a. die Aussagebereitschaft des Zeugen in der Hauptverhandlung und die Frage zu klären, ob der Zeuge etwas zum Beweisthema bekunden kann.[2117] Bei der Entscheidung können auch Gesichtspunkte des Gewichts der vorgeworfenen Tat, der Relevanz des zu erwartenden Beweisergebnisses und der Verfahrensbeschleunigung eine Rolle spielen.[2118] Je ungesicherter das bisherige Beweisergebnis ist, um so eher ist die Vernehmung eines Auslandszeugen erforderlich; dies gilt insbesondere dann, wenn es um die Bekundung von Vorgängen geht, die für den Schuldvorwurf von zentraler Bedeutung sind.[2119] Es darf einem Angeklagten nicht zum Nachteil gereichen, dass dem Verfahren eine Auslandstat zugrunde liegt oder die Tat jedenfalls einen starken Auslandsbezug aufweist und die Beweisführung infolge dessen im Wesentlichen auf ausländische Beweismittel zurückgreifen muss. In einem solchen Fall ist dem legitimen Anliegen eines Angeklagten, sich gegen die aus dem Ausland stammenden und ihn belastenden Beweismittel durch die Benennung von im Ausland ansässigen Entlastungszeugen zu verteidigen, in der Weise Rechnung zu tragen, dass an die Ablehnung eines solchen Beweisantrags strengere Maßstäbe anzulegen sind.[2120]

Bei der Entscheidung, ob die Vernehmung des Auslandszeugen zur Erforschung der Wahrheit erforderlich ist, darf das Gericht nur solche Erwägungen anstellen, die auch im Rahmen der Würdigung erhobener Beweise rechtlich zulässig gewesen wären. Es ist daher rechtsfehlerhaft, das Schweigen des Angeklagten oder eine erst in der Hauptverhandlung vorgebrachte Alibibehauptung bei der Ablehnungsentscheidung zu verwerten.[2121]

Die Annahme des Gerichts, dass der benannte Zeuge die in sein Wissen gestellten Behauptungen zwar bestätigen werde, diese Angaben jedoch wahrheitswidrig seien und die darin liegende Prognose hinsichtlich des Inhalts der zu erwartenden Aussage und dessen Bewertung als unwahr, kann Grundlage der Ablehnung eines Beweisantrags gemäß § 244 Abs. 5 S. 2 StPO sein. Der hierfür erforderliche Gerichtsbeschluss muss jedoch die für die Ablehnung wesentlichen Gesichtspunkte, wenn auch nicht in allen Einzelheiten, so doch in ihrem tatsächlichen Kern verdeutlichen. Die Begründung der Ablehnung eines Beweisantrages ist nicht nur gegebenenfalls Grundlage einer revisionsrechtlichen Überprüfung der Ablehnung, sondern sie hat auch die Funktion, den Antragsteller davon zu unterrichten, wie das Gericht den

---

2116   *BGH* StV 1995, 173; 1997, 511; 2003, 317; *Meyer-Goßner*[55] § 244 Rn 43 f.; KK-*Fischer*[6] § 244 Rn. 212; LR-*Becker*[26] § 244 Rn. 358.
2117   *BGH* StV 1993, 317.
2118   *BGH* StV 2001, 93; 2002, 407.
2119   *BGH* StV 2007, 174; LR-*Becker*[26] § 244 Rn. 357.
2120   *BGH* StV 2010, 560.
2121   *BGH* Beschl. v. 28.7.2009 – 3 StR 80/09 = StV 2010, 561.

Antrag sieht, damit er sich in seiner Verteidigung auf die Verfahrenslage einstellen kann, die durch die Antragsablehnung entstanden ist.[2122]

Auch wenn das Gericht den Antrag nach seinem Ermessen unter Aufklärungsge- **1577** sichtspunkten zu bescheiden hat, so ist es doch verpflichtet, sich in den Urteilsgründen an die Beschlussbegründung zu halten. Das Urteil darf sich damit nicht in Widerspruch setzen.[2123] Insoweit gelten die gleichen Grundsätze wie bei der Zurückweisung des Antrags wegen Bedeutungslosigkeit,[2124] Erwiesenseins[2125] oder Wahrunterstellung[2126] der Beweistatsache.[2127]

Dem gerichtlichen Ermessen bei der Ablehnung des Antrags sind dort Grenzen gesetzt, wo es um die Aufklärung widersprüchlicher Zeugenaussagen oder die Widerlegung einer (belastenden) Aussage geht.[2128]

Da der Antrag auf eine Zeugenvernehmung auch ohne ausdrückliche Erwähnung **1578** gleichzeitig einen Antrag auf Vernehmung per Videokonferenz gem. § 247a StPO oder im Wege der kommissarischen Vernehmung enthält,[2129] hat das Gericht bei der Bescheidung des Antrags auch über diese Möglichkeiten der Vernehmung zu befinden (vgl. hierzu auch oben Rn. 1512).[2130]

Nach § 244 Abs. 3 S. 2 StPO kann ein Beweisantrag auf Vernehmung eines im Ausland lebenden und für eine Vernehmung in der Hauptverhandlung unerreichbaren Zeugen auch dann zurückgewiesen werden, wenn der Zeuge zwar für eine im Wege der Rechtshilfe zu bewirkende und grundsätzlich mögliche kommissarische oder audiovisuelle Vernehmung zur Verfügung steht, das Gericht aber aufgrund der besonderen Beweislage schon vorweg zu der Überzeugung gelangt, dass eine aus einer solchen Vernehmung gewonnene Aussage völlig untauglich ist, zur Sachaufklärung beizutragen und die Beweiswürdigung zu beeinflussen. In einem solchen Fall bleibt der Zeuge für die persönliche Vernehmung in der Hauptverhandlung unerreichbar; als nur kommissarisch oder audiovisuell vernehmbarer Zeuge ist er ein völlig ungeeignetes Beweismittel im Sinne des § 244 Abs. 3 S. 2 StPO.

Hat das Gericht allerdings den Antrag auf Ladung und Vernehmung in der Haupt- **1579** verhandlung abgelehnt, weil nach seinem pflichtgemäßen Ermessen die Vernehmung zur weiteren Sachaufklärung nichts beitragen kann, wird diese Begründung

---

2122 *BGH* StV 2010, 556, vgl. auch *BGHSt* 40, 60, 63 m.w.N.
2123 *BGH* StV 1997, 511.
2124 Z.B. *BGH* StV 1996, 648; *BGHR* StPO § 244 Abs. 3 S. 2 Bedeutungslosigkeit 22.
2125 Z.B. *BGH* StV 1993, 234.
2126 Z.B. *BGHSt* 40, 169, 185.
2127 Zu den Anforderungen an die Begründung eines den Beweisantrag zurückweisenden Beschlusses siehe *BGH* StV 2011, 398.
2128 *BGH* StV 1994, 411; *BGH* NStZ 1995, 565; *BGHR* StPO § 244 Abs. 5 Augenschein 2; *Meyer-Goßner*[55] § 244 Rn. 78.
2129 *BGHSt* 45, 188; *BGH* StV 2000, 345; *Meyer-Goßner*[55] § 244 Rn. 43 f.
2130 Zu beachten ist allerdings die gegenteilige Auffassung des 5. Strafsenats des *BGH* in dem obiter dictum im Beschl. v. 9.10.2007 – 5 StR 344/07 – Rn. 15.

erst recht für die Vernehmungen nach § 247a StPO oder 223 StPO gelten, da diese gegenüber der unmittelbaren Vernehmung wegen des fehlenden unmittelbaren Eindrucks einen minderen Beweiswert haben.[2131]

II. Anforderungen an den Vortrag

1580 Es gelten zunächst die allgemeinen Grundsätze (oben Rn. 1375).

Da das Gericht nach Aufklärungsgrundsätzen entschieden hat, enthält die Rüge auch Elemente der Aufklärungsrüge.

Je nach Fall ist weiter vorzutragen,

- wie der Zeuge zu laden gewesen wäre; dies gilt insbesondere bei der Möglichkeit vereinfachter Ladung per Brief und/oder Einschreiben/Rückschein gem. § 183 ZPO, sofern entsprechende völkerrechtliche Vereinbarungen bestehen.[2132] Denn gegenüber der Ladung im Rechtshilfeweg beansprucht die vereinfachte Ladung im Ausland keinen größeren Zeitaufwand als die Ladung innerhalb Deutschlands;
- alle Vorgänge, die sich auf den Beweisantrag beziehen; im Falle der Einholung von Erkundigungen des Gerichts im Freibeweisverfahren alle damit in Zusammenhang stehenden Vorgänge wie Vermerke, Schreiben etc.; ggf. auch (schriftliche) Mitteilungen der Verteidigung, die sich auf den Beweisantrag beziehen, z.B. Auskünfte über Aussagebereitschaft und inhalt.

Rüge 178

1581 Hat das Gericht einen Antrag auf Einnahme eines Augenscheins zurückgewiesen, § 244 Abs. 5 S. 1 StPO?

I. Rechtsgrundlagen

1582 Für die Bescheidung eines Antrags auf Einnahme eines Augenscheins gelten dieselben Grundsätze wie für einen Antrag auf Vernehmung eines im Ausland zu ladenden Zeugen. Insoweit kann auf die dortigen Ausführungen Bezug genommen werden (Rüge 177, Rn. 1575 ff.).

Da der Antrag nach Aufklärungsgesichtspunkten zu bescheiden ist und das Verbot der Beweisantizipation nicht gilt, kann der Antrag auch mit der Begründung zurückgewiesen werden, dass die Beschaffenheit des Augenscheinsgegenstands aufgrund

---

2131 Vgl. auch *BGH* StV 2004, 465 m. Anm. *Julius*; KK-*Fischer*[6] § 244 Rn. 214.
2132 Vgl. dazu *Meyer-Goßner*[55] § 244, Rn. 43 f. und § 37 Rn. 25.

der bisherigen Beweisaufnahme bereits feststehe (Zeugenaussagen, Lichtbilder etc).[2133] Dies gilt aber dann nicht, wenn die Augenscheinseinnahme der Widerlegung der Aussage des betreffenden Zeugen dienen soll. Das Gericht kann sich auch zunächst eines „Augenscheinsgehilfen" bedienen, etwa einen Zeugen mit der Augenscheinseinnahme und ggf. Fertigung von Lichtbildern beauftragen und ihn sodann in der Hauptverhandlung vernehmen und die Lichtbilder oder Videoaufnahmen in Augenschein nehmen. Danach kann der Antrag auf die Augenscheinseinnahme (durch das Gericht) abgelehnt werden.[2134]

Das Beweismittel des richterlichen Augenscheins ist aufgrund der Objektivität für die Beantwortung der Beweisfrage, ob die Richtigkeit der Bekundungen eines Zeugen zu erheblichen räumlichen Gegebenheiten widerlegt werden kann, insoweit als überlegenes Beweismittel zu werten. Zeugenaussagen und Inaugenscheinnahme von Lichtbildern reichen zur Ablehnung eines Beweisantrages auf richterliche Inaugenscheineinnahme der Tatörtlichkeiten nicht aus, wenn der Beweisantrag zum Nachweis der Unmöglichkeit der bekundeten Beobachtungen und damit der Unglaubhaftigkeit der belastenden Zeugenaussage gestellt wurde. In einem solchen Fall muss der Beweis regelmäßig erhoben werden, und zwar auch dann, wenn mehrere Zeuge mit gleichartigem Erlebnis- und Interessenkreis übereinstimmend ausgesagt haben.[2135]

II. Anforderungen an den Vortrag

Es kann auf die allgemeinen Grundsätze verwiesen werden.   **1583**

Soll allerdings geltend gemacht werden, die Augenscheinseinnahme von Lichtbildern oder Videoaufzeichnungen sei nicht ausreichend gewesen bzw. die Beweiserhebung habe ergänzenden Feststellungen gegolten, so sind die in der Hauptverhandlung in Augenschein genommenen Lichtbilder in die Revisionsbegründung einzufügen. Dies ist bei Videoaufzeichnungen nicht möglich. Sofern möglich, sollten in diesem Falle Standbilder eingefügt werden, um die Unvollständigkeit der Aufzeichnung gegenüber dem konkreten Beweisthema zu dokumentieren. Sofern möglich, sollten selbst gefertigte Lichtbilder eingefügt werden, um die Divergenz bzw. Unvollständigkeit des bisherigen Beweisergebnisses nachzuweisen.

Dies gilt auch bei bloßer verbaler Schilderung des Augenscheinobjekts durch einen „Augenscheinsgehilfen". Nur durch Einfügen (selbst gefertigter) Lichtbilder in die Revisionsbegründung kann die Unvollständigkeit, Ungenauigkeit oder Widersprüchlichkeit zwischen tatsächlichen Gegebenheiten und der Zeugenschilderung dokumentiert werden.

2133 *BGH* NStZ 1985, 206; *Meyer-Goßner*[55] § 244 Rn. 78; KK-*Fischer*[6] § 244 Rn. 210; LR-*Becker*[26] § 244 Rn. 342 jew. m. weit. Rspr. Nachw.
2134 KK-*Fischer*[6] § 244 Rn. 211.
2135 *OLG Koblenz* Beschl. v. 13.8.2010 – 1 Ss 141/10; vgl. auch *BGH* StV 1994, 411.

V. Besondere Beweisanträge und Zurückweisungsgründe

Rüge 179

1584   Hat das Gericht einen Beweisantrag eines Mitangeklagten zurückgewiesen?

I. Rechtsgrundlagen

1585   Bei einer Antragstellung durch einen Mitangeklagten ist zu unterscheiden, ob sich der Angeklagte dem Antrag angeschlossen oder sich dazu nicht geäußert hat.

In Betracht kommen auch die Fälle des Anschlusses an einen zunächst gestellten Beweisantrag, der jedoch später vom Antragsteller zurückgenommen wurde.[2136]

1. Anschluss an den Beweisantrag

1586   Im Falle des Anschlusses handelt es sich um einen eigenständigen Beweisantrag, den das Gericht zu bescheiden hat.

Ist nur der Antrag des Hauptantragstellers beschieden worden, fehlt es an einer Entscheidung über den Beweisantrag desjenigen, der sich angeschlossen hat.

Zwei Möglichkeiten kommen in Betracht: der Beweisantrag des Mitangeklagten wurde rechtsfehlerhaft oder rechtsfehlerfrei zurückgewiesen.

1587   **a)**   Liegt eine fehlerhafte Bescheidung des Beweisantrages (des Mitangeklagten) vor, kann derjenige, der sich angeschlossen hat, die fehlerhafte Behandlung des Beweisantrages rügen. Auf den Umstand, dass über seinen eigenen Antrag nicht entschieden wurde, kommt es nicht an. Denn im Hinblick auf die durch den Anschluss zum Ausdruck gekommene gemeinsame Antragstellung betrifft der Rechtsfehler auch ihn.

1588   **b)**   Hat das Gericht den Beweisantrag des Hauptantragstellers rechtsfehlerfrei zurückgewiesen, den in dem Anschluss liegenden eigenen Antrag des Anschließenden jedoch nicht beschieden, liegt eine Nichtbescheidung des Antrags vor. Insoweit kommen die Grundsätze der Nichtbescheidung eines Beweisantrags zur Anwendung (vgl. Rüge 185, Rn. 1622 ff.).

In diesem Fall liegen die Schwierigkeiten jedoch in der Beruhensfrage. Die Bescheidung eines Beweisantrages soll den Antragsteller über die Auffassung des Gerichts informieren und ihm die Möglichkeit geben, seine Verteidigung darauf einzurichten. Ist jedoch über den Antrag des Mitangeklagten (rechtsfehlerfrei) entschieden worden, ist der Mitangeklagte, der sich dem Beweisantrag angeschlossen hat, in der Lage, seine weitere Verteidigungsstrategie daran zu orientieren. Seine Situation ist nicht anders, als wenn das Gericht beide Anträge in demselben Beschluss beschieden hätte. Ein Beruhen dürfte daher in der Regel ausgeschlossen sein.

2136   Vgl. dazu insg. KK-*Fischer*[6] § 244 Rn. 98; *Meyer-Goßner*[55] Rn. 31.

Etwas anderes könnte sich nur dann ergeben, wenn die Interessen beider Angeklag- **1589** ter unterschiedlich sind und das Beweisthema für die Mitangeklagten von unterschiedlicher Bedeutung ist. In diesem Fall wäre herauszuarbeiten, warum die Zurückweisung des Antrags des Mitangeklagten den speziellen Interessen des Anschließenden nicht gerecht wird und es hinsichtlich seines Antrags einer modifizierten Begründung bedurft hätte. In einer solchen Fallkonstellation wird ein Beruhen auf der Unterlassung der Bescheidung nicht auszuschließen sein.

c) Hat der „Hauptantragsteller" seinen Beweisantrag zurückgenommen, der An- **1590** schließende jedoch nicht, ist über dessen Antrag zu entscheiden. Fehlt es daran, liegt eine fehlerhafte Nichtbescheidung des Beweisantrags vor. Auf die Ausführungen zur Nichtbescheidung von Beweisanträgen kann verwiesen werden (Rüge 185, Rn. 1622 ff.).

In einem solchen Fall muss die Revision dartun, dass der Beweisantrag des Anschließenden nicht konkludent zurückgenommen wurde, etwa durch Hinweis auf die Bedeutung des Beweisthemas für diesen Angeklagten.

2. Kein Anschluss an den Beweisantrag

Auch in den Fällen, in denen sich ein Angeklagter einem Beweisantrag des Mitan- **1591** geklagten *nicht* angeschlossen hat, kann er die fehlerhafte Behandlung des Beweisantrags des Antragstellers rügen. Dies ist dann der Fall, wenn die Interessen der Mitangeklagten so erkennbar übereinstimmen, dass das Gericht allen gegenüber zur rechtlich fehlerfreien Behandlung des Beweisantrags verpflichtet ist.[2137]

Damit steht bei Interessenkonformität das gesamte Instrumentarium der Rügen der Verletzung des Beweisantragsrechts auch dem Angeklagten zu, der sich einem Beweisantrag eines Mitangeklagten nicht angeschlossen hat.

Allerdings hat der 5. Senat des *BGH* offen gelassen, ob er der in der Rechtsprechung vertretenen Auffassung folgen könnte, wonach allein schon bei übereinstimmender Interessenlage einem die Beweiserhebung nicht selbst beantragenden Mitangeklagten gleichwohl eine umfassende Rügeberechtigung zugebilligt wird. Nach Auffassung des 5. Senats, der sich der 3. Senat angeschlossen hat, liege es näher, ihn in diesem Fall auf die Möglichkeit der Aufklärungsrüge zu verweisen, die je nach Fallgestaltung weitergehenden Vortrags im Sinne von § 344 Abs. 2 S. 2 StPO bedarf und nicht notwendig aufgrund einer Verletzung der Regeln aus § 244 Abs. 3–6 StPO zum Erfolg führt.[2138]

Es ist daher empfehlenswert, neben der Verletzung des Beweisantragsrechts auch die Verletzung der Aufklärungspflicht zu rügen.

2137 *BGHSt* 32, 12; *BGH* StV 1998, 523, 524; 2003, 317; *Meyer-Goßner*[55] § 244 Rn. 84;
KK-*Fischer*[6] § 244 Rn. 98.
2138 *BGH* Beschl. v. 4.5.2011 – 5 StR 124/11 = StV 2011, 458 (Ls); *BGH* Beschl. v.
2.8.2011 – 3 StR 217/11 = StV 2011, 711 (Ls).

Rüge 180

1592   Hat das Gericht einen Beweisantrag auf Vernehmung eines erkennenden Richters zurückgewiesen?

I. Rechtsgrundlagen

1593   **1.** Da eine Beweisaufnahme über vorausgegangene Beweiserhebungen oder -ergebnisse unzulässig ist, können auch die erkennenden Richter darüber nicht vernommen werden. Ein darauf gerichteter Beweisantrag muss wegen Unzulässigkeit abgelehnt werden.[2139]

1594   **2.** Außerhalb der Hauptverhandlung gemachte Wahrnehmungen, insbesondere in einer anderen oder ausgesetzten Hauptverhandlung, können jedoch Gegenstand des Beweisantrages sein. Insoweit gelten zunächst die Ablehnungsgründe des § 244 Abs. 3 S. 2 StPO.

1595   Wird der Beweisantrag nicht bereits nach dem Katalog des § 244 Abs. 3 S. 2 StPO z.b. wegen Bedeutungslosigkeit abgelehnt, wird der als Zeuge benannte Richter eine dienstliche Erklärung zur Beweisbehauptung dahingehend abgeben, z.b. ob und in welchem Umfang er sich ggf. an die betreffenden Vorgänge erinnert (ggf. anhand seiner Aufzeichnungen). Die dienstliche Erklärung ist als Ergebnis eines Freibeweisverfahrens in der Hauptverhandlung bekannt zu geben. Dies dient dazu, die Verfahrensbeteiligten über die Aussagemöglichkeiten des Richters in Kenntnis zu setzen, um ggf. den Antrag zurücknehmen zu können oder im Falle der Aufrechterhaltung die Voraussetzungen für eine Ablehnung des Antrags zu schaffen.[2140]

1596   Äußert sich der Richter in der dienstlichen Erklärung inhaltlich zum Beweisantrag, kann die Aussage des Richters nicht durch Verlesung der dienstlichen Erklärung ordnungsgemäß als Beweisstoff in die Hauptverhandlung eingeführt werden. Geschieht dies gleichwohl und wird der Inhalt der Erklärung im Urteil verwertet, liegt ein Verstoß gegen §§ 261, 250 StPO vor, da Beweismaterial verwertet wurde, das nicht (ordnungsgemäß) in die Hauptverhandlung eingeführt wurde[2141] (vgl. Rn. 1858 ff.).

1597   Je nach Inhalt der dienstlichen Erklärung kommen verschiedene Fallkonstellationen in Betracht:

- Erklärt der Richter, sich – ggf. auch auf Vorhalt – an die unter Beweis gestellten Tatsachen nicht mehr zu erinnern, und wird der Antrag auf seine Vernehmung aufrecht erhalten, kann er wegen Unzulässigkeit (oder Prozessverschleppung) abgelehnt werden.[2142] Denn aufgrund der dienstlichen Erklärung ist dem An-

---

2139   *BGHSt* 39, 239, 241; *BGH* StV 1993, 507; 2004, 335.
2140   *BGHSt* 47, 270, 273; vgl. auch insg. LR-*Becker*[26] § 244 Rn. 279 ff.
2141   *BGHSt* 47, 270, 272; 45, 354.
2142   *BGH* StV 1991, 99; 2003, 315.

tragsteller bekannt, dass das Beweisziel mit dem benannten Beweismittel nicht erreicht werden kann. Dies begründet die Annahme, dass an dem Antrag nur deshalb festgehalten werde, um den Richter auszuschalten und damit die Hauptverhandlung zum „Platzen" zu bringen. Die darin liegende Verfolgung sachfremder Ziele macht den Antrag missbräuchlich und damit unzulässig i.S.d. § 244 Abs. 3 S. 1 StPO.[2143]

Eine dagegen erhobene Rüge der fehlerhaften Zurückweisung des Beweisantrags würde voraussetzen, dass der Nachweis geführt werden kann, dass der Richter entgegen seiner dienstlichen Erklärung doch inhaltlich etwas zum Beweisthema bekunden kann. Nur in diesem Fall könnte die Rüge mit Aussicht auf Erfolg erhoben werden, wobei der Beweis einer möglichen sachdienlichen Aussage in der Revisionsbegründung geführt werden müsste.

- Bestätigt der Richter in der Erklärung die Beweistatsache, so kann der Antrag **1598** mit der Begründung zurückgewiesen werden, die Tatsachen könnten so behandelt werden als seien sie wahr.

Der Vorrang der Sachaufklärung (vgl. dazu oben Rn. 1536) kommt jedoch dann in Betracht, wenn bei einer Zeugenvernehmung Erkenntnisse zu erwarten sind, die über den Inhalt der dienstlichen Erklärung bzw. des Beweisthemas hinausgehen. Dies kann z.b. dann der Fall sein, wenn der Richter nicht nur die von einem Angeklagten oder Zeugen in einem anderen Verfahren gemachten Aussagen wiedergeben soll, sondern auch etwas zu deren Aussageverhalten bekunden kann (widersprüchlich, zögernd, feindlich etc).[2144] Wird in einem solchen Fall die Hauptverhandlung nicht ausgesetzt, sondern durch Ablehnung der Beweisanträge durch Wahrunterstellung fortgesetzt, kommt nicht die Verletzung des § 244 Abs. 3 StPO, sondern die Aufklärungsrüge zum Zuge, bei der insbesondere vorzutragen ist, welche „überschießenden" Beweisergebnisse im Falle der Vernehmung zu erwarten gewesen wären.

II. Anforderungen an den Vortrag

Neben den oben (Rn. 1375) angeführten mitzuteilenden Tatsachen sind ferner die **1599** dienstliche Erklärung vollständig im Wortlaut mitzuteilen sowie alle sonstigen, ggf. zu Protokoll gegebenen Erklärungen sowie alle weiteren Vorgänge, die in Zusammenhang mit der Ablehnung des Beweisantrags stehen.

2143   *BGH* StV 1991, 99; *BGHSt* 47,270, 272; *BGHSt* 45, 354, 362.
2144   Vgl. zum persönlichen Eindruck *BGHSt* 45, 354 ff.

Rüge 180a

1600 Hat das Gericht einen Beweisantrag auf Vernehmung des amtierenden Verteidigers zum Inhalt von Verteidigerbesprechungen zurückgewiesen?

I. Rechtsgrundlagen

1601 Nach Auffassung des 5. Senat des *BGH* können Mitteilungen des Angeklagten an seinen amtierenden Verteidiger vor der Hauptverhandlung grundsätzlich nicht zum Gegenstand der Beweisaufnahme gemacht werden. Der Inhalt solcher Besprechungen zwischen einem Angeklagten und seinem Verteidiger diene der Vorbereitung der Verteidigung, die der Angeklagte durch Sacheinlassung oder Schweigen gestaltet (§ 243 Abs. 4 S. 1 StPO). Die Umstände, die zur Entscheidung über Art und Inhalt der Verteidigungsstrategie geführt haben, seien aber regelmäßig einer Kognition durch das Gericht entzogen. Sie gehörten zum Kernbereich der Verteidigung.[2145] Diese Auffassung wird vom 1. Senat *nicht* geteilt. Er hält einen Beweisantrag auf Vernehmung des Verteidigers zum Inhalt von Besprechungen mit dem Mandanten für zulässig. Schon das dem Verteidiger nach § 53 Abs. 1 S. 1 Nr. 2 StPO zustehende Zeugnisverweigerungsrecht zeige, dass ein Verteidiger sehr wohl zu Tatsachen aus dem Innenverhältnis vernommen werden könne.[2146] Da die jeweiligen Rechtsauffassungen der Senate für die Entscheidungen jedoch nicht tragend waren, konnte die Divergenz (bisher) nicht durch eine Entscheidung des Großen Senats beseitigt werden.

Die Argumentation des 1. Senats ist überzeugend. Er hebt hervor, dass das gesamte Verhältnis zwischen Verteidiger und Mandant durch § 53 Abs. 1 S. 1 Nr. 2 StPO, flankiert durch § 203 Abs. 1 Nr. 3 StGB, davor geschützt ist, dass der Verteidiger gegen den Willen des Mandanten über in diesem Zusammenhang von ihm gewonnene Erkenntnisse als Zeuge aussagen muss. Daraus folge aber nicht, dass der Angeklagte, der sich von einer solchen Aussage Wesentliches für seine Verteidigung verspricht, nicht wirksam auf diesen Schutz verzichten darf, indem er den Verteidiger von seiner Schweigepflicht befreit. An diesen Maßstäben gemessen kann die vom Angeklagten mit dem Ziel seiner Entlastung gewünschte Zeugenvernehmung seines Verteidigers, deren Grundlage – Befreiung von der Schweigepflicht – im Gesetz vorgesehen ist (§ 53 Abs. 2 S. 1 StPO) und die er nach seinem Belieben herbeiführen kann, schwerlich wegen des gebotenen Schutzes der Verteidigungsinteressen unzulässig sein.[2147]

2145   *BGH* StV 2008, 284 m. abl. Anm. *Beulke/Ruhmannseder*.
2146   StV 2010, 287.
2147   Vgl. dazu auch *Nack* StraFo 2012, 341 und *Leitner* StraFo 2012, 344 jew. mit dem Schwerpunkt eines eigenständigen Schweigerechts des Verteidigers.

II. Anforderungen an den Vortrag

Neben der vollständigen Mitteilung des Beweisantrags und des diesen ablehnenden **1602** Gerichtsbeschlusses ist die Entbindung von der Schweigepflicht genau zu dokumentieren, z.b. wenn sie zu Protokoll in der Hauptverhandlung erklärt wurde oder schriftlich erfolgte. In letzterem Fall ist das Schriftstück in die Rüge einzukopieren oder in vollem Wortlaut mitzuteilen. Schließlich ist der Vortrag erforderlich, dass die Entbindung von der Schweigepflicht nicht widerrufen worden und der Verteidiger nicht vernommen worden ist.

Rüge 181

Hat das Gericht einen Antrag auf erneute Vernehmung eines bereits vernommenen Zeugen **1603** oder Sachverständigen zurückgewiesen?

I. Rechtsgrundlagen

Die Rüge hängt davon ab, welcher konkrete Antrag gestellt wurde bzw. wie dieser **1604** begründet wurde.

Das bloße Begehren, einen Zeugen erneut zu vernehmen, kann das Gericht, ohne an § 244 Abs. 3 StPO gebunden zu sein, unter Aufklärungsgesichtspunkten bescheiden.[2148]

Auch Anträge auf Vernehmung zu Beweisthemen, für die es Anhaltspunkte in den Akten oder aus vorangegangenen Zeugenvernehmungen gab, zu denen der Zeuge jedoch – aus welchen Gründen auch immer – lediglich nicht befragt wurde, werden nur unter Aufklärungsgesichtspunkten beschieden.

Anders verhält es sich, wenn der Zeuge zu einem Beweisthema gehört werden soll, **1605** zu dem er noch nicht gehört werden *konnte*, weil z.B. im Laufe der Beweisaufnahme neue Tatsachen bekannt wurden, die im Zeitpunkt der Vernehmung noch nicht bekannt waren, und der Zeuge daher dazu auch nicht vernommen werden konnte.[2149] Ist insoweit ein *Beweisantrag* gestellt worden, kann dieser nur nach § 244 Abs. 6 StPO durch Beschluss unter Heranziehung der Ablehnungsgründe des § 244 Abs. 3, 4 bzw. 5 StPO zurückgewiesen werden.

Ein Beweisantrag auf erneute Vernehmung wegen neu bekannt gewordener Um- **1606** stände setzt – neben der Angabe von Beweistatsache und Beweismittel – voraus,

---

2148 *BGHR* StPO § 244 Abs. 6 Beweisantrag 16 und 27; *Meyer-Goßner*[55] § 244 Rn. 26;
KK-*Fischer*[6] § 244 Rn. 70.
2149 *BGH* StV 1995, 556; *Hans. OLG Hamburg* Beschl. v. 7.2.2011 – 1- 38/10 (REV) =
StV 2012, 589.

dass genau dargelegt wird, welche neuen Tatsachen ggf. durch welche Beweismittel wann genau nach Abschluss der Vernehmung des Zeugen (Reihenfolge der Zeugenvernehmungen bzw. Gang der Beweisaufnahme) bekannt geworden sind, zu denen der Zeuge nicht befragt werden konnte. Diese Angaben im Beweisantrag sind erforderlich, um dem Revisionsgericht die Neuheit der Tatsachen und damit die Qualität des Antrags als Beweisantrag nachzuweisen.

1607 Hat das Gericht einen solchen Antrag unter Aufklärungsgesichtspunkten zurückgewiesen, liegt der Verfahrensfehler in der fehlenden Gerichtsentscheidung nach § 244 Abs. 6 StPO, da der Antrag nur nach dem Katalog der Ablehnungsgründe des § 244 Abs. 3, 4 oder 5 StPO hätte abgelehnt werden können.[2150]

Ein Antrag auf Wiederholung einer bereits durchgeführten Beweisaufnahme liegt auch dann nicht vor, wenn es an der Identität der verwendeten bzw. der zu verwendenden Beweismittel fehlt.[2151]

1608 Liegen dagegen keine neuen *Tatsachen* vor, zu denen der Zeuge vernommen werden soll, sondern soll er nur z.B. zu neuen Aspekten oder anderen Schwerpunkten bereits gewonnener Beweisergebnisse vernommen werden, kann nur die Aufklärungsrüge erhoben werden.

II. Anforderungen an den Vortrag

1609 Liegt ein förmlicher Beweisantrag im oben beschriebenen Sinn vor, gelten die allgemeinen Grundsätze (Rn. 1375). Es ist darzulegen, dass es sich wegen der „Neuheit" der Beweistatsache um einen Beweisantrag handelt, der nach § 244 Abs. 6 StPO zu bescheiden gewesen wäre, was unterblieben ist. Ggf. empfiehlt es sich, auch anhand der Urteilsgründe zu versuchen, den Nachweis der Neuheit der Beweistatsache zu führen.[2152] Rein vorsorglich muss gleichzeitig die Verletzung der Aufklärungspflicht gerügt werden.

Kann nur eine Aufklärungsrüge z.B. wegen Fehlens der Neuheit der Beweistatsache erhoben werden, ist der Antrag auf erneute Vernehmung und die Entscheidung des Gerichts mitzuteilen. Auch hier muss herausgearbeitet werden, warum die erneute Vernehmung Erkenntnisse geliefert hätte, die für den Schuld oder Rechtsfolgenausspruch relevant gewesen wären und warum sich dem Gericht die Aufklärung durch die erneute Vernehmung hätte aufdrängen müssen. Insoweit wird auf die allgemeinen Hinweise zur Aufklärungsrüge verwiesen (Rüge 190, Rn. 1663 ff.).

2150 *BGH* StV 1995, 556.
2151 *BGH* StV 2007, 172.
2152 Vgl. dazu *BGH* StV 1995, 556.

D. Hat das Gericht einen Beweisantrag übergangen oder ist es sonst von diesem abgewichen?

Rüge 182
Hat das Gericht einem Beweisantrag stattgegeben, den Beweis aber nicht erhoben?   **1611**

I. Rechtsgrundlagen

Wird einem Beweisantrag stattgegeben, bedarf es keines Gerichtsbeschlusses; der Vorsitzende ordnet die Beweisaufnahme an.[2153]   **1612**

Durch die Anordnung der Beweiserhebung ist die Berechtigung des Beweiserhebungsanspruchs des Antragstellers anerkannt worden. Will (oder kann) das Gericht den Beweis (später) doch nicht erheben, muss der Beweisantrag nach § 244 Abs. 3, 4 oder 5 StPO durch einen Beschluss nach Abs. 6 zurückgewiesen werden.[2154] Die Entscheidung allein des Vorsitzenden reicht nicht. Dies gilt auch dann, wenn das Gericht zunächst Bemühungen zur Ermöglichung einer Vernehmung in der Hauptverhandlung entfaltet hat, es sich jedoch herausstellte, dass der Zeuge unerreichbar ist und dies in der Hauptverhandlung mitgeteilt wurde. Auch hier ist ein Gerichtsbeschluss nach § 244 Abs. 6 StPO erforderlich.[2155]

2153 Vgl. nur KK-*Fischer*[6] § 244 Rn. 114.
2154 *BGH* StV 1997, 189; 1985, 488; *BGHSt* 32, 10,12; KK-*Fischer*[6] § 244 Rn. 115.
2155 *BGH* StV 1983, 318 (1 StR 215/83) und 319 (5 StR 221/83); *BGH* NStZ 1999, 419.

1613 Liegt kein Ablehnungsbeschluss oder nur eine Entscheidung des Vorsitzenden vor, liegt ein Fall der Nichtbescheidung eines Beweisantrages vor. Auf die Ausführungen zur Nichtbescheidung (Rüge 185, Rn. 1622 ff.) kann verwiesen werden. Für den „präsenten", also den geladenen und erschienen Zeugen, der nicht vernommen wird, gelten die Ausführungen zu Rüge 189, Rn. 1647 ff.

II. Anforderungen an den Vortrag

1614 Neben der Mitteilung des Beweisantrags im Wortlaut ist zu dokumentieren, dass dem Beweisantrag stattgegeben wurde.

Die Ladungsbemühungen sind vollständig im Wortlaut mitzuteilen (u.a. Ladungsverfügung, Ausführung der Ladung; Rücklauf der Ladung; ggf. Mitteilungen der Polizei über den Aufenthalt, Erklärungen des Vorsitzenden in der Hauptverhandlung etc).

Vorzutragen ist auch der weitere Verfahrensgang, neben der Tatsache der Nichterhebung des Beweises insbesondere auch die Tatsache, dass auch nicht konkludent auf die Beweiserhebung verzichtet wurde.

Vorzutragen ist – selbstverständlich –, dass der Beweisantrag nicht durch Beschluss gemäß § 244 Abs. 6 StPO zurückgewiesen wurde.

Rüge 183

1615 Hat das Gericht ein anderes als das beantragte Beweismittel herangezogen?

I. Rechtsgrundlagen

1616 Grundsätzlich ist das Gericht verpflichtet, das beantragte Beweismittel heranzuziehen.[2156] Denn im Rahmen des Beweisantragsrechts ist es Sache des Antragstellers, nicht nur das Beweisthema, sondern auch das zu benutzende Beweismittel selbst zu bestimmen.

Davon soll nach der Rechtsprechung dann abgewichen werden dürfen, wenn das Gericht statt des beantragten ein „zweifellos gleichwertiges" Beweismittel heranzieht (z.B. Verlesung der Urkunde statt Vernehmung des Verfassers).[2157] An der Gleichwertigkeit des Beweismittels fehlt es dann, wenn die Beweismittel qualitativ

---

[2156] KK-*Fischer*[6] § 244 Rn. 116; vgl. auch *Meyer-Goßner*[55] § 244 Rn. 41a; LR-*Becker*[26] § 244 Rn. 145 ff jew. m. Rspr. Nachw.

[2157] *BGH* StV 1983, 4; dagegen *BGH* StV 1996, 411; einschränkend KK-*Fischer*[6] § 244 Rn. 117; LR-*Becker*[26] § 244 Rn. 145.

verschieden sind und es auf persönliche Eigenschaften, Fähigkeiten und Einstellungen ankommt.[2158] An dieser Gleichwertigkeit fehlt es regelmäßig, wenn nur der Zeuge, dessen bisherige Aussage widerlegt werden soll, erneut vernommen wird, nicht aber die anderen zur Widerlegung benannten Zeugen.[2159] Der Erfolg oder Misserfolg einer Rüge wird letztlich jedoch eine Frage des Beruhens sein. Denn wenn die Beweisbehauptung durch das andere Beweismittel in vollem Umfang bestätigt worden ist, kann das Urteil auf dem Beweismittelaustausch nicht beruhen. Die Rüge kann also nur dann erhoben werden, wenn das Beweisthema durch die Beweisaufnahme nicht bestätigt worden bzw. zumindest nicht erschöpfend „abgearbeitet" ist und ein noch nicht aufgeklärter „Überhang" verbleibt.

Ist dem Beweisbegehren durch eine Verfügung des Vorsitzenden stattgegeben, jedoch ein anderes Beweismittel herangezogen worden, so kann unter bestimmten Voraussetzungen die Anrufung des Gericht nach § 238 Abs. 2 StPO Voraussetzung für die Zulässigkeit einer Rüge sein.[2160]

II. Anforderungen an den Vortrag

Es gelten die allgemeinen Grundsätze.

1617

Es ist darzulegen, welches Beweismittel das Gericht zur Erledigung des Beweisantrags herangezogen hat und was das Ergebnis dieser Beweiserhebung war. Eine etwaige Verfügung des Vorsitzenden bzw. ein Gerichtsbeschluss, durch den die betreffende Beweiserhebung angeordnet wurde, ist im Wortlaut mitzuteilen.

Auch hier muss vorgetragen werden, was sich in Bezug auf den Beweisantrag nach der Verwendung des ausgetauschten Beweismittels noch ergeben hat, dass nicht doch noch das beantragte Beweismittel herangezogen wurde, dass der Verteidiger ggf. einen Gerichtsbeschluss wegen des Beweismittelaustauschs beantragt hat[2160] und dass der Antrag auf Verwendung des benannten Beweismittels nicht (konkludent) zurückgenommen wurde.[2161]

Zur Beruhensfrage muss ausgeführt werden, warum durch die Heranziehung des anderen Beweismittels das Beweisbegehren, dem das Gericht ja grundsätzlich stattgegeben hat, nicht (in vollem Umfang) erledigt ist bzw. welche Abweichungen zwischen dem Ergebnis der Beweiserhebung (nach den Urteilsfeststellungen) und der Beweisbehauptung bestehen.

2158 *BGH* NJW 1983, 126, 127; KK-*Fischer*[6] § 244 Rn. 117.
2159 *BGH* Beschl. v. 14.12.2010 – 1 StR 275/10 = StV 2011, 619.
2160 *BGH* StV 1983, 6 m. Anm. *Schlothauer.*
2161 *BGH* StV 1992, 454.

Rüge 184

1618 Hat das Gericht im Urteil die Begründung für die Zurückweisung eines Beweisantrages abgeändert oder ausgewechselt?

I. Rechtsgrundlagen

1619 Da ein Beweisantrag *in der Hauptverhandlung* gem. § 244 Abs. 6 StPO zu bescheiden ist, darf das Gericht die Ablehnungsbegründung im Urteil nicht abändern, auswechseln oder eine als fehlerhaft erkannte Ablehnungsbegründung durch eine rechtsfehlerfreie ersetzen.[2162] Denn durch den in der Hauptverhandlung zu verkündenden Ablehnungsbeschluss soll der Antragsteller in die Lage versetzt werden, seine Verteidigungsstrategie auf die Auffassung des Gerichts einzustellen. Diese Verteidigungsmöglichkeiten werden ihm genommen, wenn er erst im Urteil von den Gründen erfährt, aus denen das Gericht dem Beweisantrag nicht nachgegangen ist.[2163]

Der Verfahrensverstoß liegt daher in der fehlerhaften Zurückweisung des Beweisantrags durch den in der Hauptverhandlung verkündeten Beschluss. Dieser ist zum Gegenstand der Rüge zu machen.

II. Anforderungen an den Vortrag

1620 Neben Mitteilung von Antrags- und Beschlusswortlaut müssen ggf. solche Tatsachen mitgeteilt werden, die sich in der Hauptverhandlung nach der Zurückweisung des Antrags diesbezüglich ergeben haben.

1621 Besonderer Begründung bedarf die Beruhensfrage. Denn wenn der Antrag zwar im Beschluss rechtsfehlerhaft, im Urteil jedoch rechtsfehlerfrei zurückgewiesen wurde, liegt jedenfalls im Ergebnis kein Rechtsfehler in der Zurückweisung des Beweisantrags. Der Rechtsfehler liegt jedoch darin, dass das Gericht den Antragsteller nicht in der Hauptverhandlung über die wirklichen Ablehnungsgründe informiert hat und er seine Verteidigung dementsprechend nicht darauf einstellen konnte. Das Urteil wird daher (nur) dann auf der rechtsfehlerhaften Begründung in der Hauptverhandlung beruhen, wenn konkret dargelegt wird, inwieweit der Antragsteller durch die Beschlussbegründung in die Irre geführt wurde und welche anderen oder weiteren Verteidigungsmöglichkeiten er ergriffen hätte, wäre er über die erst im Urteil mitgeteilten Ablehnungsgründe bereits in der Hauptverhandlung unterrichtet worden.[2164]

2162 *BGHSt* 19, 24, 26; *BGH* StV 1990, 246 (1 StR 676/89) und 340; 1982, 253; *BGH* NStZ 1984, 565; KK-*Fischer*[6] § 244 Rn. 121 f. und 233; LR-*Becker*[26] § 244 Rn. 138

2163 *BGH* StV 2007, 176; vgl. zum Austausch einer Wahrunterstellung durch Erwiesensein *BGH* Beschl. v. 21.6.2007 – 5 StR 189/07 StV 2007, 512 m. Anm. *Niemöller* 626.

2164 *BGH* StV 1996, 581; *BGH* NStZ 1997, 286; 1985, 324, 325 vgl. auch *Meyer-Goßner*[55] § 244 Rn. 41a.

Rüge 185

Hat das Gericht einen Beweisantrag in der Hauptverhandlung nicht durch einen Beschluss **1622**
gem. § 244 Abs. 6 StPO zurückgewiesen?

I. Rechtsgrundlagen

Ein Beweisantrag darf nur durch einen in der Hauptverhandlung zu verkündenden **1623**
Gerichtsbeschluss (§ 244 Abs. 6 StPO) zurückgewiesen werden, der zu begründen
ist (§§ 34, 35 Abs. 1 StPO).[2165] Der Beschluss mit Begründung ist zu Protokoll zu
nehmen. Eine Entscheidung allein des Vorsitzenden reicht nicht.[2166]

Der Beschluss und seine Begründung haben die Funktion, den Antragsteller über
die Auffassung des Gerichts zu informieren, so dass er seine Prozessstrategie darauf
einstellen kann. Denn aus der Ablehnungsbegründung können Rückschlüsse auf die
Beurteilung des Sachverhalts durch das Gericht gezogen werden. Die Begründung
(und ihre Aufnahme in das Hauptverhandlungsprotokoll) dient ferner der Nachprüfung der Gesetzmäßigkeit der Ablehnung des Beweisantrags durch das Revisionsgericht.[2167]

Ist über einen Beweisantrag gar nicht entschieden worden, stellt dies – selbstver- **1624**
ständlich – einen revisiblen Verfahrensfehler dar. *In der Regel* wird auch ein Beruhen des Urteils auf der fehlerhaften Nichtbescheidung nicht auszuschließen sein,[2168]
auch dann nicht, wenn der Antrag mit fehlerfreier Begründung hätte abgelehnt werden können.[2169] Denn wäre der Beweisantrag (mit rechtsfehlerfreier) Begründung
zurückgewiesen worden, hätte der Angeklagte seine Verteidigung darauf einrichten
und weitere Anträge stellen oder Erklärungen abgeben können.[2170]

Auch im Falle einer Fristsetzung für die Stellung von Beweisanträgen[2171] kann die
Nichtbescheidung eines nach Fristablauf gestellten Beweisantrags gerügt werden.
Denn die Fristsetzung enthebt das Gericht nicht von der Pflicht, über den Beweisantrag in der gesetzlich vorgesehenen Weise zu entscheiden.[2172] Rügevoraussetzung
ist nicht, dass der Fristsetzung widersprochen worden ist. Denn Gegenstand der Rüge ist nicht die Fristsetzung zur Stellung von Beweisanträgen durch den Vorsitzenden als solche, sondern die unterbliebene Bescheidung des Antrags in der Hauptverhandlung.[2173]

2165 *BGH* StV 1994, 635; *BGHR* StPO § 244 Abs. 6 Entscheidung 3.
2166 *BGH* StV 1994, 172; 1983, 441.
2167 *BGH* StV 1991, 500, 1996, 581; KK-*Fischer*[6] § 244 Rn. 119.
2168 KK-*Fischer*[6] § 244 Rn. 123.
2169 *BGH* NStZ 1997, 286; *OLG Frankfurt/M.* StV 1981, 172; KK-*Fischer*[6] § 244 Rn. 123.
2170 *BGH* StV 1992, 147 m. Anm. *Deckers*; StV 1991, 500.
2171 Siehe dazu Rn. 1524.
2172 *BGH* StV 2011, 646, *BGH*, Beschl. v. 10.11.2009 – 1 StR 162/09 = StV 2010, 116.
2173 *BGH* StV 2011, 646.

1625 Nach der Rechtsprechung kann jedoch in Einzelfällen ein Beruhen ausgeschlossen sein, z.b. dann, wenn die Bedeutungslosigkeit der Beweistatsache auf der Hand lag,[2174] oder der Beweisantrag die Einlassung des Angeklagten bestätigen sollte, das Urteil jedoch die Einlassung den Feststellungen zu Grunde legt.[2175] Die Beruhensfrage ist somit Sache des Einzelfalles.[2176]

1626 Bei der Nichtbescheidung von Beweisanträgen stellt sich das Problem der Mitwirkungspflicht des Verteidigers zur Verhinderung des Verfahrensfehlers. In dem Unterlassen eines Hinweises auf den noch nicht beschiedenen Beweisantrag soll in besonderen Einzelfällen eine konkludente Rücknahme zu sehen sein.[2177] Ein solcher Fall soll beispielsweise vorliegen, wenn eine Vielzahl von Beweisanträgen abgelehnt wurde, und der Vorsitzende erklärt, damit seien alle Anträge beschieden worden, die Verteidigung dem jedoch nicht widersprochen hat.[2178] Andererseits soll in dem Schweigen auf die Feststellung des Vorsitzenden, dass keine weiteren Anträge gestellt wurden und die Beweisaufnahme im allseitigen Einverständnis geschlossen wurde, *keine* konkludente Rücknahme des Antrags bzw. ein Verzicht auf die Beweiserhebung liegen.[2179]

Das Revisionsgericht darf *in der Regel*[2180] einen fehlenden Beschluss nicht durch eigene Erwägungen ersetzen oder bei fehlerhafter Beschlussbegründung diese auswechseln.[2181]

II. Anforderungen an den Vortrag

1627 Es gelten die allgemeinen Grundsätze (vgl. oben Rn. 1375).

In einem Fall der Nichtbescheidung ist jedoch besonderer Wert auf den weiteren Verlauf der Hauptverhandlung nach Antragstellung zu legen. Es ist alles vorzutragen, was in Zusammenhang mit dem Beweisantrag steht, insbesondere dass der beantragte Beweis nicht erhoben wurde und was auf einen Verzicht auf die Beweiserhebung hindeuten könnte. Dass auf die Beweiserhebung nicht verzichtet wurde, sollte nochmals ausdrücklich mitgeteilt werden.

Ggf. sollte auch vorgetragen werden, warum der Verteidiger nicht verpflichtet war, das Gericht auf die Unterlassung der Bescheidung hinzuweisen, oder warum ein

---

2174 *BGH* NStZ 1981, 401; *BGH* StV 1991, 408.
2175 *BGH* NStZ 1991, 547.
2176 Vgl. weitere Beispiele in KK-*Herdegen*[5] § 244 Rn. 61.
2177 *BGH* StV 2005, 240; 1992, 454; KK-*Fischer*[6] § 244 Rn. 123; zur ähnlichen Problematik der Mitwirkungspflicht des Verteidigers bei Fehlinterpretation des Beweisantrages durch das Gericht vgl. oben Rn. 1416, 1419.
2178 *BGH* StV 2005, 420.
2179 *BGHR* StPO § 244 Abs. 6 Beweiserhebung, beschlossene 1.
2180 Zur Möglichkeit des Auswechselns der Begründung vgl. die Beispiele bei *Meyer-Goßner*[55] § 244 Rn. 86.
2181 *BGH* StV 2000, 652; *Meyer-Goßner*[55] § 244 Rn. 86.

Hinweis unterlassen wurde, beispielsweise, weil der Verteidiger selbst die Nichtbescheidung übersehen hat.

Auch sollten Ausführungen zur Beruhensfrage gemacht werden, insbesondere in den Fällen, in denen eine Ablehnung des Beweisantrags auf der Hand lag. **1628**

Hier ist ggf. darzulegen, welche Verteidigungsaktivitäten entwickelt worden wären, wenn das Gericht den Antrag abgelehnt hätte (ggf. weitere Antragstellungen, ergänzende Einlassung).

Rüge 186

Hat das Gericht einen Eventual- oder Hilfsbeweisantrag abgelehnt? **1629**

I. Rechtsgrundlagen

Unter bedingten Beweisanträgen, Hilfs oder Eventualbeweisanträgen werden solche Anträge verstanden, die entweder von einer verfahrensabschließenden Entscheidung abhängig gemacht werden, z.b. von einer Verurteilung oder von einem bestimmten Strafmaß oder die an die Bedingung einer bestimmten Prozesslage geknüpft sind, z.B. an die Annahme der Glaubwürdigkeit eines Zeugen.[2182] **1630**

Unzulässig ist ein bedingter Antrag, wenn die Beweistatsache den Schuldspruch betrifft, die Beweiserhebung jedoch an die Bedingung eines bestimmten Strafmaßes geknüpft wird.[2183]

Bedingte Beweisanträge brauchen erst in den Urteilsgründen beschieden zu werden. Denn welches Strafmaß das Gericht verhängt oder ob es einen Zeugen für glaubwürdig hält, kann nur in der Urteilsberatung entschieden werden, so dass der Eintritt der Bedingung erst mit dem Urteil festgestellt werden kann. Daher ist eine Entscheidung nur zusammen mit dem Urteil möglich.[2184] **1631**

Dies gilt *nicht* bei Ablehnung des Antrags wegen Prozessverschleppung. In diesem Fall muss das Gericht erneut in die Beweisaufnahme eintreten und den Hilfsantrag in der Hauptverhandlung durch Beschluss nach § 244 Abs. 6 StPO zurückweisen. Denn der Antragsteller muss in der Hauptverhandlung in die Lage versetzt werden, den Vorwurf der Verschleppungsabsicht zu entkräften.[2185] **1632**

2182 *Meyer-Goßner*[55] § 244 Rn. 22 ff.; KK-*Fischer*[6] § 244 Rn. 88 ff.; *Schlothauer* StV 1988, 548.
2183 *BGHSt* 40, 287; KK-*Fischer*[6] § 244 Rn. 95.
2184 *BGH* StV 1990, 149; KK-*Fischer*[6] § 244 Rn. 92.
2185 *BGHSt* 22, 124; *BGH* StV 1986, 418; 1990, 394; einschränkend KK-*Fischer*[6] § 244 Rn. 93.

Dies gilt *nicht*, wenn eine Fristsetzung zur Stellung von Beweisanträgen erfolgte mit dem Hinweis, dass nach Fristablauf gestellte Beweisanträge wegen Prozessverschleppung abgelehnt werden können. In diesem Fall können Hilfsbeweisanträge erst im Urteil wegen Prozessverschleppung zurückgewiesen werden.[2186]

1633 Streitig ist, ob der Antrag, über den bedingten Beweisantrag in der Hauptverhandlung zu entscheiden, unbeachtlich ist, da der Antragsteller keinen Anspruch darauf hat, im Wege der Bescheidung des Antrags schon in der Hauptverhandlung quasi das Ergebnis des Urteils vor der Urteilsverkündung zu erfahren.[2187]

Bei der Ablehnung des bedingten Beweisantrages in den Urteilsgründen kommen je nach Ablehnungsgrund alle Rügen der Verletzung der §§ 244 Abs. 3, 4 oder 5 StPO in Betracht. Gleiches gilt, wenn ein bedingter Antrag im Urteil nicht entschieden wurde.

II. Anforderungen an den Vortrag

1634 Mitzuteilen ist der vollständige Wortlaut des Antrags. Sofern das Gericht auf den Antrag reagiert hat, z.B. die Ladung des Zeugen versucht hat, sind diese Bemühungen zu dokumentieren sowie alle Vorgänge, die sich mit dem bedingten Beweisantrag befassen.

Da das Gericht auf die grundsätzlich zu erhebende allgemeine Sachrüge das Urteil ohnehin zur Kenntnis nehmen muss, kann auf die Ablehnungsgründe im Urteil verwiesen werden. Dies gilt allerdings nur, wenn auch die Sachrüge erhoben ist.

Denn anderenfalls könnte das Revisionsgericht von der Ablehnungsbegründung mangels Darlegung in der Revisionsbegründung keine Kenntnis nehmen.

1635 Ist der bedingte Beweisantrag erst in den Urteilsgründen wegen Prozessverschleppung zurückgewiesen, ist neben der wörtlichen Mitteilung des in der Hauptverhandlung gestellten Antrags mitzuteilen, dass über den Antrag weder in der Hauptverhandlung entschieden wurde noch sonst ein Hinweis auf die Möglichkeit der Zurückweisung wegen Prozessverschleppung erfolgte.

2186 *BGH* StV 2009, 64.
2187 *BGH* StV 1991, 349 m. Anm. *Schlothauer;* 1996, 529; *Meyer-Goßner*[55] § 244 Rn. 44a; KK-*Fischer*[6] § 244 Rn. 92 ff.; LR-*Becker*[26] § 244 Rn. 157 f. m. Nachw.

Rüge 187

Hat das Gericht einen Beweis nicht erhoben, obwohl außerhalb der Hauptverhandlung ein Beweisantrag gestellt wurde? **1636**

I. Rechtsgrundlagen

Beweisanträge können auch, etwa in vorbereitenden Schriftsätzen, außerhalb der Hauptverhandlung angebracht werden, vgl. § 219 Abs. 1 StPO. Zuständig für die Bescheidung ist allein der Vorsitzende, der über die Anträge entscheiden muss.[2188] **1637**

Außerhalb der Hauptverhandlung gestellte Beweisanträge werden jedoch nur dann zu einem förmlichen, nach § 244 Abs. 6 StPO zu bescheidenden Beweisantrag, wenn sie in der Hauptverhandlung wiederholt werden. Auch ein vom Vorsitzenden zunächst abgelehnter Beweisantrag ist in der Hauptverhandlung zu wiederholen, um die Bescheidungspflicht nach § 244 Abs. 6 StPO auszulösen und ggf. die Rüge der Verletzung des Beweisantragsrechts zu eröffnen.[2189] Gleiches gilt für Beweisanträge, die in einer ausgesetzten Hauptverhandlung oder nach Zurückverweisung durch das Revisionsgericht gestellt wurden.[2190]

Fehlt es an einer Antragstellung in der Hauptverhandlung, ist die Aufklärungsrüge zu erheben (vgl. dazu Rüge 190, Rn. 1663 ff.).

Die Zusage des Vorsitzenden, die Beweistatsache eines außerhalb der Hauptverhandlung gestellten Beweisantrags so zu behandeln, als sei sie wahr, ist unzulässig.[2191] Ist dies gleichwohl geschehen, und hat der Antragsteller im Vertrauen auf die Einhaltung der Zusage die Stellung des Beweisantrags in der Hauptverhandlung unterlassen, ist ebenfalls die Aufklärungsrüge zu erheben. Gleichzeitig sollte die Verletzung des Grundsatzes des fairen Verfahrens gerügt werden.[2192] Allerdings könnte in der unterlassenen Stellung des Beweisantrags in der Hauptverhandlung eine konkludente Rücknahme des Antrag gesehen werden![2192] **1638**

Ist eine Entscheidung des Vorsitzenden über einen außerhalb der Hauptverhandlung gestellten Beweisantrags (gänzlich) unterblieben und hat der Vorsitzende es unterlassen, den Antragsteller (in der Hauptverhandlung) zu befragen, ob der Antrag aufrecht erhalten wird, ist ebenfalls die Aufklärungsrüge zu erheben. Auch in diesen Fällen stellt sich die Frage, warum der Antragsteller den Beweisantrag nicht in der Hauptverhandlung gestellt hat und ob in diesem Unterlassen nicht eine konkludente Rücknahme des Antrags oder ein Verzicht auf die Beweiserhebung zu sehen ist. Das *OLG München* sieht jedenfalls bei einem verteidigten Angeklagten in der un- **1639**

2188 *OLG München* StV 2011, 401 (Ls); *Meyer-Goßner*[55] § 219 Rn. 2.
2189 *OLG München* StV 2011, 401 (Ls).
2190 *Meyer-Goßner*[55] § 244 Rn. 34.
2191 *Meyer-Goßner*[55] § 219 Rn. § 219 Rn. 3.
2192 *Meyer-Goßner*[55] § 219 Rn. 7.

terlassenen Antragstellung in der Hauptverhandlung einen Verzicht auf die Beweiserhebung.[2193]

II. Anforderungen an den Vortrag

1640 Mitzuteilen sind[2194]

- der außerhalb der Hauptverhandlung gestellte Antrag im Wortlaut,
- die Entscheidung des Vorsitzenden (ggf. Aktenvermerk im Wortlaut), ggf. dass keine Entscheidung ergangen ist,
- dass keine Antragstellung in der Hauptverhandlung erfolgte,
- dass der Antrag nicht zurückgenommen oder für erledigt erklärt wurde,
- dass sich der Antrag aus Sicht des Antragstellers nicht durch die Verwendung anderer Beweismittel in der Hauptverhandlung erledigt hat,
- die Tatsachen, aus denen sich dem Gericht die Beweiserhebung hätte aufdrängen müssen,
- welches Ergebnis zugunsten des Angeklagten die unterbliebene Beweiserhebung erbracht hätte.

Dringend empfehlenswert sind Ausführungen dazu, warum eine Antragstellung in der Hauptverhandlung unterblieben ist.

1641 Hat der Vorsitzende die Wahrunterstellung der Beweistatsache (außerhalb der Hauptverhandlung) zugesagt, ist dies zu dokumentieren. Ggf. sind Aktenvermerke im Wortlaut mitzuteilen, mündliche Zusagen möglichst detailliert wiederzugeben.

Ferner ist vorzutragen, dass im Vertrauen auf die Einhaltung der Zusage des Vorsitzenden die Antragstellung in der Hauptverhandlung unterlassen wurde.

Rüge 188

1642 Hat es das Gericht abgelehnt, einen Beweisantrag oder Beweisanträge entgegen zu nehmen?

I. Ablehnung der Entgegennahme einer Vielzahl von Beweisanträgen

1643 Zu einer Beschränkung der Möglichkeit zur Beweisantragsstellung kann es kommen, wenn bereits zahlreiche Beweisanträge gestellt und beschieden wurden und eine Vielzahl weiterer Beweisanträge gestellt werden soll, denen aus der Sicht des

---

2193 *OLG München* StV 2011, 401 (Ls).
2194 Vgl. dazu *OLG München* StV 2011, 401.

Gerichts kein Beweiswert zukommt. In diesen extremen Ausnahmefällen kann es dazu kommen, dass das Gericht der Flut neuer Beweisanträge dadurch Herr zu werden versucht, dass es die Antragstellung einschränkt.[2195] Dabei handelt es sich um absolute Ausnahmefälle. Soweit ersichtlich, gibt es zu diesen Fallkonstellationen nur 2 Entscheidungen des BGH.

In *BGHSt* 38, 111 hat es der BGH unbeanstandet gelassen, dass das Gericht nach **1644** der Stellung einer Vielzahl von Beweisanträgen und deren Bescheidung sowie der Ankündigung des Angeklagten, weitere ca. 9.000 (vorbereitete) und z.T. schriftlich eingereichte Beweisanträge stellen zu wollen, nach deren Prüfung entschieden hat, dass der Angeklagte Beweisanträge nur noch über seinen Verteidiger stellen darf.[2196]

Voraussetzung für eine derartige Beschränkung des Antragsrechts ist jedoch der Nachweis im Beschluss, dass der Angeklagte durch die exzessive Antragstellung versucht, den Verfahrensabschluss zu verhindern bzw. der Angeklagte sein Antragsrecht missbraucht.

Nach der Entscheidung des 5. Senats des *BGH* in StV 2006, 113[2197] kann das Gericht den Verfahrensbeteiligten eine Frist zur Stellung von Beweisanträgen setzen, nach deren Ablauf gestellte Anträge nicht mehr durch Beschluss, sondern erst in den Urteilsgründen beschieden werden, wenn die Hauptverhandlung insbesondere durch zum Zweck der Prozessverschleppung gestellte Beweisanträge extrem verzögert würde.

Die Entscheidungen betonen jedoch den Grundsatz, dass Beweisanträge nicht (allein) wegen verspäteter Antragstellung zurückgewiesen werden dürfen, den Verfahrensbeteiligten nicht vorgeschrieben werden kann, zu welchem Zeitpunkt sie Beweisanträge zu stellen haben und dass die Bescheidung grundsätzlich durch in der Hauptverhandlung zu verkündenden Gerichtsbeschluss erfolgen muss.[2198] Alle Entscheidungen betonen den Ausnahmecharakter der entschiedenen Fälle.

Da es auf die Besonderheiten des jeweiligen Falles ankommt und derartige Konstellationen nur äußerst selten vorkommen, kann im Rahmen dieser Abhandlung darauf nicht näher eingegangen werden.

2195   Vgl. dazu KK-*Fischer*[6] § 244 Rn. 113; krit. LR-*Becker*[26] § 244 Rn. 283.
2196   Vgl. dazu auch *BayObLG* NStZ 2004, 647; ferner *Meyer-Goßner*[55] § 244 Rn. 69b m. Nachw. zu den Stellungnahmen in der Lit.
2197   M. Anm. *Dahs.*
2198   *BGH* StV 2006, 113, 114.

II. Ablehnung der Entgegennahme unmittelbar vor Urteilsverkündung oder nach deren Unterbrechung

1. Vorbemerkung

1645 Zu Problemen mit der Entgegennahme von Beweisanträgen kann es kommen, wenn diese unmittelbar vor oder gar während der Urteilsverkündung oder nach deren Unterbrechung und Neubeginn gestellt werden sollen.

Grundsätzlich ist es nicht zulässig, einen Verteidiger, der nach der Urteilsberatung, aber vor Urteilsverkündung einen Beweisantrag stellen will, nicht zu Wort kommen zu lassen und ihn dadurch an der Stellung des Antrags zu hindern.[2199]

Das Gleiche gilt, wenn die Urteilsverkündung unterbrochen wird, der Verteidiger während der Unterbrechung die Beweisantragstellung dem Vorsitzenden ankündigt und die Entgegennahme des Antrags vor der erneuten (vollständigen) Urteilsverkündung abgelehnt wird.[2200]

In beiden Fällen sollte der Versuch unternommen werden, nach § 238 Abs. 2 StPO einen Gerichtsbeschluss herbeizuführen.

Die vorstehenden Grundsätze gelten allerdings nur für eine Antragstellung *vor* Urteilsverkündung. Sollen während der Urteilsverkündung Beweisanträge gestellt werden, liegt es im Ermessen des Vorsitzenden, ob er den Antrag entgegen nimmt. Seine Entscheidung bedarf keiner Begründung, die Anrufung des Gerichts nach § 238 Abs. 2 StPO ist ausgeschlossen.

Wird die Entgegennahme abgelehnt, kann dies nur mit der Aufklärungsrüge beanstandet werden.[2201] Wird der Antrag entgegen genommen, muss er nach § 244 Abs. 3–5 StPO beschieden werden.

2. Anforderungen an den Vortrag

1646
- der Verfahrensgang muss *detailliert* geschildert werden, also
- welcher Antrag (im Wortlaut) gestellt werden sollte,
- das Verfahrensstadium, in dem sich die Hauptverhandlung zum Zeitpunkt der Antragstellung befand, also vor Schluss der Beweisaufnahme, vor oder nach der Stellung der Schlussanträge durch die Staatsanwaltschaft und Verteidigung, vor oder nach dem letzten Wort des Angeklagten, vor oder nach der Urteilberatung, vor oder nach der Verkündung der Urteilsformel („Im Namen des Volkes").
- wann und wie der Vorsitzende von der beabsichtigten Antragstellung und ggf. vom Inhalt des Antrags vor oder während deren Unterbrechung erfahren hat;
- welche Aktivitäten der Verteidiger unternommen hat, den Antrag in der Hauptverhandlung zu stellen;

2199 *BGH* StV 2007, 17.
2200 *BGH* StV 2007, 17; StV 1992, 218; vgl. ferner *Meyer-Goßner*[55] § 244 Rn. 33 m.w.N.
2201 *Meyer-Goßner*[55] § 244 Rn. 33.

- ggf. der Versuch, einen Gerichtsbeschluss herbeizuführen;
- wie das Gericht darauf reagiert hat.

Sofern es möglich ist, sollten auch Ausführungen dazu gemacht werden, warum die Antragstellung erst jetzt erfolgte (z.b. Beweismittel oder Anschrift eines Zeugen erst jetzt ermittelt).

E. Beweisanträge auf präsente Beweismittel (§ 245 StPO)

Rüge 189

Hat das Gericht einen geladenen und erschienenen Zeugen oder Sachverständigen nicht vernommen oder ein herbeigeschafftes Beweismittel nicht verwertet, § 245 StPO? **1647**

I. Rechtsgrundlagen

§ 245 StPO regelt die Beweiserhebungspflicht von präsenten Beweismitteln sowie die Ausnahmen davon. **1648**

Dabei ist zu unterscheiden zwischen den vom Gericht (§ 245 Abs. 1 StPO) und den von Staatsanwaltschaft oder Verteidigung (§ 245 Abs. 2 StPO) herbeigeschafften Beweismitteln.

1. Vom Gericht herbeigeschaffte Beweismittel

Es ist zu unterscheiden zwischen Beweispersonen und sonstigen Beweismitteln. **1649**

a) Erschienene **Beweispersonen**, also Zeugen und Sachverständige, die vom Gericht geladen wurden (und nicht wieder abgeladen wurden), sind zu vernehmen.[2202] Eine Ausnahme gilt nur bei Unzulässigkeit der Beweiserhebung (§ 245 Abs. 1 S. 1 StPO) oder bei allseitigem Verzicht (§ 245 Abs. 1 S. 2 StPO).[2203] **1650**

Beruft sich ein geladener und erschienener Zeuge (oder ein Sachverständiger, §§ 72, 76 StPO) auf ein Zeugnisverweigerungsrecht nach § 52 StPO oder ein umfassendes oder teilweises Auskunftsverweigerungsrecht nach § 55 StPO, das ihm das Gericht *zu Unrecht* zugebilligt hat, liegt eine Verletzung des § 245 Abs. 1 StPO vor, wenn der Zeuge (oder Sachverständige) entsprechend das Zeugnis oder die Auskunft (bzw. die Gutachtenerstattung) verweigert.[2204]

b) **Sonstige Beweismittel**, zu deren Verwendung das Gericht verpflichtet ist, sind nur solche, von denen das Gericht zu erkennen gegeben hat, dass es sie verwenden **1651**

2202 *Meyer-Goßner*[55] § 245 Rn. 3; KK-*Fischer*[6] § 245 Rn. 5; LR-*Becker*[26] § 245 Rn. 10.
2203 *Meyer-Goßner*[55] § 245 Rn. 7 ff.
2204 *BGH* StV 1996, 129; 1997, 170; *Meyer-Goßner*[55] § 245 Rn. 3.

will. Neben dem Vorhandensein ist eine Erklärung oder Handlung des Gerichts erforderlich, ein bestimmtes Beweismittel auch benutzen zu wollen. Das bloße Vorhandensein an Gerichtsstelle, etwa bei den Akten oder den Asservaten, macht diese Beweismittel noch nicht zu „vom Gericht herbeigeschafften" Beweismitteln.[2205]

Liegt eine solche Willenserklärung des Gerichts nicht vor, muss ein Beweisantrag gestellt werden, der nur nach § 245 Abs. 2 StPO abgelehnt werden kann. Das zu verwendende Beweismittel muss genau mit Fundstelle bezeichnet werden. Dass sich z.b. Urkunden bei den Akten befinden, die Staatsanwaltschaft sie in der Anklage als Beweismittel benannt hat oder sie beschlagnahmt worden sind, macht die Stellung eines förmlichen Beweisantrages nicht entbehrlich.

2. Von der Verteidigung herbeigeschaffte Beweismittel

1652 Hier ist zu unterscheiden, ob die Beweismittel förmlich herbeigeschafft (z.b. durch offizielle Ladung) oder z.b. nur „gestellt" sind.

Bei bloß „gestellten" Beweispersonen gilt § 245 Abs. 2 StPO *nicht*.

Ist ein Beweisantrag auf Vernehmung der anwesenden Beweisperson gestellt, gilt § 244 Abs. 3 StPO.[2206] Ansonsten entscheidet das Gericht unter Aufklärungsgesichtspunkten.

1653 Der Unterschied zwischen § 245 Abs. 2 StPO und § 244 Abs. 3 StPO besteht darin, dass die Ablehnungsmöglichkeiten eines Beweisantrages nach § 245 Abs. 2 S. 2 und 3 StPO enger sind als nach dem Ablehnungskatalog des § 244 Abs. 3 StPO.

Nach § 244 Abs. 3 StPO können Beweisanträge wegen Offenkundigkeit oder Erwiesensein auch abgelehnt werden, wenn das Gegenteil der Beweistatsache erwiesen oder offenkundig ist. Dies gilt *nicht* bei § 245 Abs. 2 S. 3 StPO.[2207]

Der Ablehnungsgrund der Unerreichbarkeit entfällt logischerweise bei präsenten Beweismitteln.

Die Ablehnung wegen Bedeutungslosigkeit ist nur sehr eingeschränkt möglich.[2208] Eine fehlende objektive Sachbezogenheit ist wesentlich enger als die Bedeutungslosigkeit einer Beweistatsache. Besteht ein irgendwie gearteter Zusammenhang zwischen Beweisthema und Urteilsfindung, ist dem Antragsteller die Möglichkeit einzuräumen, mit dem präsenten Beweismittel die Auffassung des Gerichts von der Bedeutungslosigkeit der Beweistatsache zu erschüttern und einer gefestigten Meinung entgegen zu wirken.[2209]

2205 *BGHSt* 37, 168; KK-*Fischer*[6] § 245 Rn. 3, 9; LR-*Becker*[26] § 245 Rn. 19 ff.
2206 *BGH* StV 1981, 507; KK-*Fischer*[6] § 245 Rn. 26.
2207 *Meyer-Goßner*[55] § 245 Rn. 24; LR-*Becker*[26] § 245 Rn. 60; KK-*Fischer*[6] § 245 Rn. 30.
2208 *BGH* StV 1993, 287; *Meyer-Goßner*[55] § 245 Rn. 25; LR-*Becker*[26] § 245 Rn. 63.
2209 LR-*Becker*[26] § 245 Rn. 65.

Auch der Ablehnungsgrund der völligen Ungeeignetheit des Beweismittels ist enger als in § 244 Abs. 3 StPO. Die völlige Ungeeignetheit muss sich aus dem Beweismittel selbst ohne Rückgriff auf das bisherige Beweisergebnis ergeben. Bei präsenten Zeugen ist die Geeignetheit durch die Vernehmung festzustellen.[2210]

Der Ablehnungsgrund der Prozessverschleppung wird nur in außergewöhnlichen Fällen in Betracht kommen, da eine nennenswerte Verfahrensverzögerung durch die Verwendung des präsenten Beweismittels kaum entstehen kann.[2211] Nach der Entscheidung des 1. Strafsenats des *BGH* in StV 2007, 454 ist jedoch das Merkmal der wesentlichen Verzögerung deutlich restriktiver auszulegen, so dass selbst bei der Vernehmung von präsenten Zeugen Prozessverschleppung anzunehmen sein könnte, wenn allein die Dauer der Vernehmung nicht unerhebliche Zeit in Anspruch nimmt.[2212]

Eine Wahrunterstellung ist nicht zulässig, da § 245 Abs. 2 StPO diesen Ablehnungsgrund nicht vorsieht. Bei der Ablehnung eines Beweisantrags auf Verwendung eines präsenten Beweismittels durch Wahrunterstellung ist vorzutragen, welche gegenüber der unter Beweis gestellten Tatsache „überschießenden" Erkenntnisse zugunsten des Angeklagten die Verwendung des Beweismittels erbracht hätte.

Bei Sachverständigen kommt eine Ablehnung wegen eigener Sachkunde nicht in Betracht, da § 245 Abs. 2 StPO diesen Ablehnungsgrund nicht enthält.[2213]

Nach § 245 StPO ist Voraussetzung für die Beweiserhebungspflicht im Hinblick auf **1654** Zeugen oder Sachverständige, die von der Verteidigung (oder Staatsanwaltschaft) geladen wurden,[2214] dass

* die Beweispersonen *förmlich* nach §§ 200, 38 StPO über den Gerichtsvollzieher geladen wurden (Ladungsnachweis!)
* sie erschienen sind und
* ein förmlicher Beweisantrag auf deren Vernehmung gestellt wurde.[2215]

Das Gericht ist zur Vernehmung der Beweisperson verpflichtet, wenn der Beweisantrag nicht nach dem Katalog des § 245 Abs. 2 S. 2 und 3 StPO abgelehnt wird.

Sonstige von der Verteidigung (oder Staatsanwaltschaft) herbeigeschaffte Beweismittel sind z.B. Urkunden[2216] oder Augenscheinsobjekte, die dem Gericht überreicht wurden.[2217] Voraussetzung für die Erstreckung der Beweisaufnahme auf diese Beweismittel ist ebenfalls ein Beweisantrag.

2210   *Meyer-Goßner*[55] § 245 Rn. 26; LR-*Becker*[26] § 245 Rn.64 f.; KK-*Fischer*[6] § 245 Rn. 32.

2211   *Meyer-Goßner*[55] § 245 Rn. 27; LR-*Becker*[26] § 245 Rn. 66.

2212   Vgl. auch KK-*Fischer*[6] § 245 Rn. 33.

2213   *BGH* StV 1994, 358.

2214   KK-*Fischer*[6] § 245 Rn. 24.

2215   *Meyer-Goßner*[55] § 245 Rn. 16 ff.

2216   Kopien sind keine Urkunden i.S.d. § 245: *BGH* StV 1994, 525.

2217   *Meyer-Goßner*[55] § 245 Rn. 17; KK-*Fischer*[6] § 245 Rn. 25; LR-*Becker*[26] § 24 Rn. 47 ff.

II. Anforderungen an den Vortrag

1655 Die Anforderungen an den Vortrag sind umfangreich und streng. Sie richten sich nach der jeweiligen Fallkonstellation. Auch die Ausführungen zur Beruhensfrage müssen sehr ausführlich sein. Auch dazu ist ein Tatsachenvortrag erforderlich.[2218]

In allen Fallkonstellationen empfiehlt es sich, neben der Verletzung von § 245 Abs. 1 oder Abs. 2 StPO gleichzeitig die Aufklärungsrüge zu erheben (etwa: „Gerügt wird die Verletzung von § 245 Abs. 1 StPO sowie die Verletzung der Aufklärungspflicht, § 244 Abs. 2 StPO"). Beide Rügen erfordern einen fast identischen Vortrag und der Prüfungsumfang durch das Revisionsgericht ist ähnlich.[2219] In Ergänzung zu den Vortragserfordernissen bei der Rüge der Verletzung von § 245 StPO ist bei der gleichzeitig erhobenen Aufklärungsrüge nur noch darzulegen, warum sich dem Gericht die Beweiserhebung aufdrängen musste und welche zugunsten des Angeklagten wirkenden Beweisergebnisse die unterlassene Beweiserhebung ergeben hätte.

1. Vom Gericht geladene und erschienene Beweispersonen und herbeigeschaffte Beweismittel

1656 Bei Beweispersonen ist mindestens vorzutragen,[2220]

- dass das Gericht die Beweisperson geladen hat, die Ladungsverfügung ist in vollem Umfang ebenso mitzuteilen wie der Vermerk über deren Ausführung;
- dass die Beweisperson zum Ladungszeitpunkt erschienen war;
- dass dem Gericht die Anwesenheit bekannt war;
- dass die Beweisperson nicht oder nur teilweise vernommen wurde, was im Einzelnen darzulegen ist;
- dass auf deren Vernehmung nicht (auch nicht später) verzichtet wurde;
- dass der Beweis später nicht (vollständig) erhoben wurde;
- alle Vorgänge, die sich auf die Beweisperson beziehen und nach der Nichtvernehmung angefallen sind.

Für die Beruhensfrage:

- welches *konkrete* Ergebnis die unterbliebene Beweiserhebung gehabt hätte, dazu sind vorzutragen
- alle Angaben der Beweisperson, die in den Akten enthalten sind,

bei **Zeugen** etwa Vernehmungen, polizeiliche Vermerke über Angaben des Zeugen; schriftliche Eingaben oder Erklärungen des Zeugen etc.,

- bei unberechtigter Zubilligung eines Zeugnis oder Auskunftsverweigerungsrechts die Tatsachen, aus denen sich das Nichtbestehen eines Zeugnis oder Auskunftverweigerungsrechts ergibt,
- dass das Gericht den Zeugen entsprechend belehrt hat,

2218 *BGH* StV 1997, 170; *Meyer-Goßner*[55] § 245 Rn. 30.
2219 *OLG Celle* StV 1989, 243.
2220 Vgl. insg. KK-*Fischer*[6] § 245 Rn. 25.

- dass der Zeuge Angaben unter Berufung auf § 52 StPO oder ein sonstiges Aussage oder Auskunftsverweigerungsrecht verweigert hat;
- etwaige Maßnahmen (oder deren Unterlassung) nach § 70 StPO im Falle ungesetzlicher Zeugnisverweigerung;

bei *Sachverständigen* der gerichtliche Auftrag,

- das vorbereitende Gutachten sowie sonstige Stellungnahmen des Sachverständigen.

2. Sonstige vom Gericht herbeigeschaffte Beweismittel

Hier muss angegeben werden[2221]   **1657**

- das Beweismittel mit genauer Fundstelle,
- bei Urkunden oder Lichtbildern sind diese vollständig mitzuteilen; bei Videoaufnahmen oder Asservaten ist der Inhalt/das Aussehen etc. zu beschreiben,
- die Tatsachen, mit denen der Nachweis geführt werden kann, dass das Gericht von dem Beweismittel Gebrauch machen wollte,[2222]
- dass das Beweismittel nicht verwendet wurde,
- dass auf die Verwendung (auch später) nicht verzichtet wurde,
- dass der Beweis auch später nicht erhoben wurde,
- welches Ergebnis die unterbliebene Beweiserhebung gehabt hätte.[2223]

Da nicht vorhersehbar ist, ob der Nachweis der „Benutzungsabsicht" durch das Gericht gelingt, sollte gleichzeitig eine Aufklärungsrüge erhoben werden, mit der die unterbliebene Verwendung des an Gerichtsstelle vorhandenen Beweismittels gerügt wird.

3. Von der Verteidigung herbeigeschaffte Beweismittel

Hier ist zu differenzieren zwischen „gestellten" und förmlich geladenen Beweispersonen.   **1658**

a) „Gestellte" Beweispersonen

Bei lediglich am Gerichtsort anwesenden Personen handelt es sich nicht um präsente Beweismittel i.S.d. § 245 StPO. Ist kein Beweisantrag gestellt und unterbleibt eine Vernehmung, kann nur die Aufklärungsrüge erheben werden (vgl. dazu Rüge 190, Rn. 1663 ff.).   **1659**

Ist ein Beweisantrag gestellt, kann dieser nach dem Katalog des § 244 Abs. 3, 4 StPO durch Beschluss nach Abs. 6 abgelehnt werden. In diesem Fall ist die Verletzung des Beweisantragsrechts zu rügen. Auf die entsprechenden Ausführungen kann verwiesen werden.[2224]

2221   Vgl. dazu auch *OLG Celle* StV 1989, 243.
2222   *BGHSt* 37, 168.
2223   Einschränkend *OLG Celle* StV 1989, 243.
2224   *Meyer-Goßner*[55] § 245 Rn. 5.

b) Förmlich geladene Beweispersonen

1660 Hier ist vorzutragen

- die Tatsache der Ladung durch die Verteidigung einschl. Ladungsunterlagen und Ladungsnachweis (im Wortlaut) einschließlich der Angaben zur Entschädigung des Zeugen oder Sachverständigen;[2225]
- das Erschienensein der Beweisperson;
- der Beweisantrag in vollem Wortlaut;
- der ablehnende Gerichtsbeschluss in vollem Wortlaut;
- dass der Beweis (auch später) nicht erhoben wurde;
- alle nach Zurückweisung des Antrag angefallenen Vorgänge, die sich auf die Beweisperson und den Antrag beziehen;
- dass auf die Beweiserhebung nicht nachträglich verzichtet wurde.

Zur Beruhensfrage:

- welches Ergebnis die unterbliebene Beweiserhebung gehabt hätte, dazu sind vorzutragen:
- alle Angaben der Beweisperson, die in den Akten enthalten sind,
- bei **Zeugen** etwa Vernehmungen, polizeiliche Vermerke über Angaben des Zeugen; schriftliche Eingaben oder Erklärungen des Zeugen etc.
- bei **Sachverständigen** der Auftrag der Verteidigung,
- das vorbereitende Gutachten sowie sonstige Stellungnahmen des Sachverständigen.

c) Von der Verteidigung herbeigeschaffte sonstige Beweismittel

1661 Hier ist vorzutragen:

- die genaue Bezeichnung des Beweismittels; bei Urkunden der genaue und vollständige Wortlaut; bei Lichtbildern diese selbst (in Kopie) mit Fundstelle,
- die Tatsache, dass diese Beweismittel von der Staatsanwaltschaft oder der Verteidigung dem Gericht übergeben und zu den Akten genommen wurden oder sich bereits bei den dem Gericht vorliegenden Akten/Asservaten befanden,
- der Beweisantrag,
- der ablehnende Gerichtsbeschluss,
- dass der Beweis nicht erhoben wurde,
- dass der Beweisantrag nicht zurückgenommen wurde oder auf die Beweiserhebung verzichtet wurde,
- welches Ergebnis die unterbliebene Beweiserhebung gehabt hätte;

Dazu sind anzugeben (sofern nicht schon geschehen):

- die genaue Bezeichnung und der Inhalt des Beweismittels mit Fundstelle.

2225 *BGH* Beschl. v. 8.12.2011 – 4 StR 430/11(A) = StV 2013, 71 = StraFo 2012, 145.

F. Aufklärungsrüge

Rüge 190

Hat das Gericht eine Beweiserhebung unterlassen, die für den Schuld- oder Rechtsfolgenausspruch von Bedeutung war (Aufklärungsrüge)?

1662

I. Rechtsgrundlagen

Soll mit der Revision geltend gemacht werden, das Gericht habe – ohne dass ein entsprechender Antrag gestellt worden war – bedeutenden Beweisstoff nicht in die Hauptverhandlung eingeführt, offenbart dies meistens einen Verteidigungsfehler in der Tatsacheninstanz. Insbesondere dann, wenn der Instanzverteidiger die Revisionsbegründung fertigt und mit der Aufklärungsrüge das rechtsfehlerhafte Unterlassen bedeutsamer Beweiserhebungen rügt, stellt sich dem Revisionsgericht die Frage, warum, wenn denn der Beweisstoff so erheblich war, kein entsprechender Antrag gestellt wurde. Gleichwohl kann eine Aufklärungsrüge nicht an dem Unterlassen eines entsprechenden Beweisbegehrens in der Hauptverhandlung scheitern.[2226]

1663

Gleichwohl: Das Gericht ist verpflichtet, von Amts wegen auch ohne Anregungen oder Anträge der Verfahrensbeteiligten die Beweisaufnahme auf alle Tatsachen zu erstrecken, die für die Urteilsfindung von Bedeutung sind.[2227] Dies gilt selbst dann, wenn die Verfahrensbeteiligten auf die Beweiserhebung verzichtet haben.[2228] Das Gericht hat auch solche Beweiserhebungen vorzunehmen, durch die das bisher gefundene Beweisergebnis in Frage gestellt werden kann.[2229] Die Frage, ob das Gericht alle Beweismittel erschöpfen muss, wenn auch nur eine mehr oder weniger entfernte Möglichkeit der Änderung des bisher gefundenen Beweisergebnisses besteht, ist umstritten.[2230] Je weniger gesichert ein bisher gefundenes Beweisergebnis ist, je schwieriger die Beweislage und die Beweiswürdigung ist (etwa Fälle von Aussage gegen Aussage), desto höher sind die Anforderungen an die Aufklärungsbemühungen des Gerichts.[2231]

1664

Die Verletzung der Aufklärungspflicht kann die Nichtberücksichtigung aller Beweismittel betreffen,[2232] also Zeugen, auch in Form einer unterlassenen wiederhol-

1665

2226 KK-*Fischer*[6] § 244 Rn. 32; LR-*Becker*[26] § 244 Rn. 362.

2227 Nur KK-*Fischer*[6] § 244 Rn. 27 ff.; *Meyer-Goßner*[55] § 244 Rn. 11; LR-*Becker*[26] § 244 Rn. 50.

2228 Etwa *BGH* StV 1993, 495; 1991, 164.

2229 *BGH* StV 2005, 253; *BGHR* StPO § 244 Abs. 2 Aufdrängen 1.

2230 Vgl. *Meyer-Goßner*[55] § 244 Rn. 12; krit. KK-*Fischer*[6] § 244 Rn. 33 jew. mit weit. Rspr. Nachw.

2231 *BGH* StV 1996, 249; 1990, 99; *Meyer-Goßner*[55] § 244 Rn. 12.

2232 Zu den Anforderungen an die Aufklärungsrüge im Falle der Nichtausschöpfung eines in der Hauptverhandlung präsenten Beweismittels siehe KK-*Kuckein*[6] § 344 Rn. 53 m.w.N.

ten Vernehmung, Urkunden, alle Arten von Sachverständigengutachten, u.U. Tatrekonstruktionen oder Experimente. Hierunter fallen z.b. auch die Rügen, das Gericht habe einem Zeugen zu Unrecht ein Auskunfts oder Zeugnisverweigerungsrecht zugebilligt und der Zeuge habe unter Berufung darauf die Aussage verweigert. War der betreffende Zeuge allerdings in der Hauptverhandlung anwesend, kommt vorrangig die Verletzung des § 245 Abs. 1 StPO in Betracht (vgl. dazu Rüge 189, Rn. 1647 ff.)

1666   Sind außerhalb der Hauptverhandlung oder in einer ausgesetzten Verhandlung Beweisanträge gestellt worden, die in der Hauptverhandlung nicht wiederholt worden sind, können auch diese Anträge Gegenstand der Aufklärungsrüge sein.[2233]

Es ist ausgeschlossen, auch nur annähernd die Fallvarianten möglicher Aufklärungsrügen darzustellen. Die Rechtsprechung dazu ist äußerst umfangreich und einzelfallbezogen.

Ob eine den Formerfordernissen des § 344 Abs. 2 S. 2 StPO genügende Aufklärungsrüge begründet ist, entscheidet das Revisionsgericht „aus seiner Sicht der Dinge" unter Zugrundelegung der tatrichterlichen Feststellungen und Beweiswürdigung.[2234] Dies eröffnet einen weiten Entscheidungsspielraum.

II. Anforderungen an den Vortrag

1667   Zahlreiche Aufklärungsrügen scheitern an der Hürde des § 344 Abs. 2 S. 2 StPO. Wegen der Fülle der Fallvarianten können hier nur allgemeine und im Einzelfall möglicherweise unvollständige Hinweise gegeben werden.[2235]

Grundsätzlich ist Folgendes vorzutragen:

- die *Tatsache* (*nicht* eine Frage, ob…), die das Gericht unterlassen hat aufzuklären; das Fehlen der Angabe der Fundstellen für die behaupteten Tatsachen macht die Aufklärungsrüge nicht unzulässig,[2236] es ist jedoch sehr empfehlenswert, diese nicht nur mitzuteilen, sondern, wenn sich die Tatsachen aus einem Schriftstück ergeben, dieses selbst in der Revisionsbegründung mitzuteilen,
- die genaue Bezeichnung des Beweismittels, das das Gericht zur Feststellung der Tatsache hätte heranziehen müssen; bei der Aufklärungsrüge einer unterlassenen Zeugenvernehmung ist grundsätzlich die Mitteilung der ladungsfähigen Anschrift erforderlich. Jedoch kann ausnahmsweise die Mitteilung der Fundstelle der in den Akten befindlichen polizeilichen Vernehmung des Zeugen und des Datums der Vernehmung ausreichend sein,[2237]

2233   *BGHR* StPO § 244 Abs. 2 Aufdrängen 1.
2234   KK-*Fischer*[6] § 244 Rn. 220.
2235   Vgl. insgesamt KK-*Fischer*[6] § 244 Rn. 215 ff.; zu den Formerfordernissen KK-*Kukkein*[6] § 344 Rn. 51 f.; *Meyer-Goßner*[55] § 244 Rn. 81.
2236   *BGH* Beschl. v. 21.5.2003 – 4 StR 157/02 = StV 2004, 302; *BGH*, Beschl. v. 24.7.2012 – StR 302/12 = StraFo 2012, 467.
2237   *OLG Hamm* StV 2008, 570.

- die Mitteilung, dass dieses Beweismittel geeignet war, die Tatsache zu bestätigen,
- aus welchen Gründen sich dem Gericht die Beweiserhebung hätte aufdrängen müssen; etwaige Bemühungen des Gerichts zur Erhebung des Beweises, ggf. mit der Mitteilung des vollständigen Wortlauts entsprechender Vorgänge wie Vermerke etc. sind vorzutragen, wobei nicht nur die Beweiserheblichkeit, sondern auch die dem Gericht erkennbaren Beweismöglichkeiten darzulegen sind.
- Sind zu der aufzuklärenden Tatsache Anregungen gegeben oder Beweisermittlungs oder Beweisanträge gestellt worden, sind diese sowie die Entscheidung des Gerichts in vollem Wortlaut mitzuteilen; insoweit gelten die Grundsätze wie bei der Zurückweisung eines Beweis oder Beweisermittlungsantrags,
- welches konkrete und bestimmte Ergebnis die Beweiserhebung zugunsten des Angeklagten erbracht hätte (Angabe einer *Tatsache* wie bei einem Beweisantrag, *nicht* „ob"!),
- ggf. eine Begründung für die Unterlassung einer entsprechenden Beweisanregung oder eines Antrags der Verteidigung in der Hauptverhandlung,[2238]
- alle Aktenteile, Unterlagen, Urkunden etc. (mit Fundstelle) vollständig und im Wortlaut, aus denen sich ergeben
- die Tatsache, die aufklärungsbedürftig war,
- das Beweismittel, das hätte herangezogen werden müssen,
- die Gründe, warum sich dem Gericht die Beweiserhebung aufdrängen musste und das Beweisergebnis, das die Beweiserhebung aus den darzulegenden Gründen zugunsten des Angeklagten ergeben hätte.

Geht es z.B. um Ergebnisse einer Telefonüberwachung, sind die Gespräche, deren Nichteinführung beanstandet wird, mit Fundstelle und im Wortlaut mitzuteilen. Im Falle der Nichteinführung von Videoaufnahmen müsste deren Inhalt beschrieben werden.

2238   Vgl. aber KK-*Fischer*[6] § 244 Rn. 32; *Widmaier* NStZ 1994, 418; vgl. auch *BGH* Urt. v. 7.1.1992 – 1 StR 596/91.

Kapitel 22
Übereinstimmung Anklagevorwurf/Urteil
(Hinweispflicht/Urteilsfeststellungen/Beweiswürdigung)

Rüge 191

1668 Beruht die Verurteilung des Angeklagten auf einem anderen als dem in der gerichtlich zugelassenen Anklage angeführten Strafgesetz, und wurde er zuvor ausreichend auf die Veränderung des rechtlichen Gesichtspunktes hingewiesen und ihm Gelegenheit zur Verteidigung gegeben (§ 265 Abs. 1 StPO)?

I. Rechtsgrundlagen

1. Gegenstand der Hinweispflicht nach § 265 Abs. 1 StPO

1669 Nach § 265 Abs. 1 StPO muss der Angeklagte auf rechtliche Änderungen im Bereich des Schuldspruchs hingewiesen werden, die zu einer Verurteilung aufgrund eines anderen als des in der gerichtlich zugelassenen Anklage[2239] angeführten Strafgesetzes führen. Sind die zugelassene Anklage und der Schuldspruch des Urteils hinsichtlich der anzuwendenden Strafvorschrift(en) nicht kongruent, begründet es die Revision (relativer Revisionsgrund gem. § 337 StPO)[2240], wenn der Vorsitzende es unterlassen hat, vor Schluss der Beweisaufnahme oder nach erneutem Wiedereintritt in diese dem Angeklagten einen ausreichenden Hinweis auf die veränderte Rechtslage zu erteilen.[2241] Hat der Vorsitzende erst nach dem Plädoyer der Staatsanwaltschaft einen Hinweis erteilt, ohne erneut in die Beweisaufnahme eingetreten zu sein, kann die Frage, ob dieser Hinweis verspätet war und die Verurteilung des Angeklagten auf der Grundlage des veränderten rechtlichen Gesichtspunktes einen Fairness-Verstoß darstellte, nur dann zum Gegenstand der Revision gemacht werden, wenn das Vorgehen des Vorsitzenden gem. § 238 Abs. 2 StPO beanstandet wurde.[2242]

[2239] Dieser stehen ein Strafbefehl, eine Nachtragsanklage und Einbeziehungsbeschluss nach § 266 StPO, der Hinweis nach § 81 Abs. 2 OWiG, durch den das gerichtliche Bußgeldverfahren in ein Strafverfahren übergeleitet wurde, und ein Verweisungsbeschluss nach § 270 StPO gleich.

[2240] Dass dem Urteil eine Verständigung nach § 257c StPO vorausgegangen ist und das Gericht die Strafe dem Verständigungsstrafrahmen entnommen hat, führt nicht dazu, die Hinweispflichten des § 265 StPO zu relativieren oder gar zu verdrängen: *BGH* v. 11.5.2011 – 2 StR 590/10 = StV 2011, 607 = StraFo 2011, 400 = NStZ 2012, 46 m. Anm. *Jahn/Rückert.*

[2241] Die Nichterteilung eines gebotenen Hinweises und die Nichteinhaltung der an einen solchen Hinweis zu stellenden Anforderungen erfordern unterschiedliche Rügen, die die jeweilige Angriffsrichtung erkennen lassen müssen: *BGH* Beschl. v. 13.12.2007 – 3 StR 347/07.

[2242] *BGH* v. 10.1.2012 – 5 StR 508/11 = NStZ 2012, 344 = StraFo 2012, 101.

a) Hinweispflichten im Bereich des Besonderen Teils des StGB bzw. des Nebenstrafrechts

- Es kommt ein anderer Straftatbestand im Urteil zur Anwendung, **1670**
- es kommt zwar derselbe Straftatbestand wie in der zugelassenen Anklage zur Anwendung, abweichend von dieser erfolgt die Verurteilung aber nach einer anderen Alternative oder anderen Tatmodalität.[2243] Auch der Austausch einer Bezugstat, auf die der Straftatbestand verweist, erfordert einen Hinweis.[2244]

b) Hinweispflichten im Bereich des Allgemeinen Teils des Strafrechts

- Änderung der strafrechtlich wesentlichen Handlungsform (Tatbegehung durch **1671** ein Tun anstelle einer Tatbestandsverwirklichung durch Unterlassen bzw. umgekehrt),
- Änderung der Schuldform (Vorsatz statt Fahrlässigkeit bzw. umgekehrt),
- Wechsel von Versuch zu Vollendung bzw. umgekehrt,
- Änderungen im Bereich von Täterschaft und Teilnahme,
- Änderungen im Zusammenhang mit Fragen des Konkurrenzverhältnisses,
- wahldeutige Verurteilung,
- Anwendung von Jugendrecht.[2245]

2. Form und Inhalt des erforderlichen Hinweises

Die Änderung des Anklagevorwurfs muss gegenüber dem Angeklagten durch einen **1672** ausdrücklichen und förmlichen Hinweis erklärt werden. Dies kann durch eine Erklärung des Vorsitzenden, aber auch durch Verkündung eines entsprechenden Gerichtsbeschlusses erfolgen. Es muss sich um eine an den von der Veränderung betroffenen Angeklagten gerichtete Erklärung handeln. Sie kann auch schon vor oder außerhalb der Hauptverhandlung erfolgen, wenn dem Angeklagten nur deutlich wird, dass das Gericht von der in der zugelassenen Anklage vertretenen rechtlichen Beurteilung abweichen könnte (z.B. schriftlicher Hinweis im Rahmen der Ladung zur Hauptverhandlung, mündliche Hinweiserteilung durch einen beauftragten Richter, Hinweiserteilung gegenüber dem Verteidiger im Falle einer zulässigen Hauptverhandlungsdurchführung ohne Anwesenheit des Angeklagten: § 234a StPO[2246]).

2243   Vgl. die Beispiele aus der Rspr. bei LR-*Gollwitzer*[25] § 265 Rn. 39; ferner *Schlothauer* StV 1986, 213, 217, Fn. 53.

2244   *BGH* v. 12.1.2011 – 1 StR 582/10 = *BGHSt* 56, 121 = StV 2012, 68 = JR 2012, 86 m. Anm. *Niemöller*: Austausch der Bezugstat bei Verdeckungsmord; *OLG Oldenburg* NJW 2009, 3669 = StraFo 2010, 116 Austausch der Bezugstat bei Vollrausch.

2245   Vgl. mit zahlreichen weiteren Nachweisen LR-*Gollwitzer*[25] § 265 Rn. 20 ff.; SK-StPO-*Velten*[4] § 265 Rn. 17; *Schlothauer* StV 1986, 213, 216 f.

2246   Nach Auffassung des BGH kann ein Hinweis auch in der ein Urteil aufhebenden Entscheidung des Rechtsmittelgerichts liegen, in der einem verteidigten Angeklagten die abweichende Beurteilung verdeutlicht werde: *BGH* StV 2008, 342 m. Anm. *Wachsmuth*; **a.A.** LR-*Gollwitzer*[25] § 265 Rn. 54 m.w.N.

1673 Inhaltlich muss der Hinweis den Angeklagten in die Lage versetzen, die Verteidigung auf den neuen Gesichtspunkt einzurichten. Es muss für den Angeklagten eindeutig erkennbar sein, welches Strafgesetz, ggf. welche Begehungsform etc., das Gericht bei einem bestimmten Sachverhalt in Betracht zieht und in welchen Tatsachen die gesetzlichen Tatbestandsmerkmale gesehen werden.[2247] Es müssen also u.U. auch die Tatsachen mitgeteilt werden, auf die sich die Veränderung des rechtlichen Gesichtspunktes stützt.[2248]

3. Gewährung ausreichender Gelegenheit zur Verteidigung

1674 Wird der Hinweis unmittelbar vor der Urteilsverkündung, möglicherweise sogar erst nach der Beratung erteilt, muss dem Angeklagten durch Wiedereintritt in die Beweisaufnahme die Möglichkeit gegeben werden, sich mit Erklärungen und Anträgen gegen die Veränderung zu verteidigen.[2249] Hat der Angeklagte bislang keine Angaben zur Sache gemacht, muss der Vorsitzende durch sein Verhalten unzweideutig zum Ausdruck bringen, dass das Gericht bereit ist, mit Rücksicht auf die eingetretene Veränderung Erklärungen und Anträge des Angeklagten entgegenzunehmen, wobei in dieser Situation der Angeklagte ausdrücklich (nochmals) darauf hingewiesen werden sollte, dass es ihm freistehe, sich zu dem veränderten Vorwurf zu äußern.[2250] Ansonsten kann die Beeinträchtigung der Verteidigung im Hinblick auf den Zeitpunkt der Erteilung des Hinweises bzw. der Fortführung der Verhandlung nur in Verbindung mit einem darauf gestützten – zurückgewiesenen – Aussetzungsantrag unter dem Blickwinkel eines Verstoßes gegen § 265 Abs. 4 StPO gerügt werden.[2251] Zumindest bedarf es einer Beanstandung gem. § 238 Abs. 2 StPO[2252].

II. Anforderungen an den Vortrag der Rüge der Verletzung des § 265 Abs. 1 StPO

1675 • Die Revision muss den Schuldspruch einschließlich der angewendeten Strafvorschriften des verkündeten Urteils mitteilen, was nur unterbleiben kann, wenn zugleich die allgemeine Sachrüge erhoben wird.[2253]

• Es muss der Anklagesatz einschließlich der anzuwendenden Strafvorschriften mitgeteilt werden. Dessen bedarf es dann nicht, wenn das Urteil auch mit der allgemeinen Sachrüge angegriffen wird. Dann muss die Rüge allerdings die für

---

2247 LR-*Gollwitzer*[25] § 265 Rn. 55; *Meyer-Goßner*[55] § 265 Rn. 31; KK-*Engelhardt*[6] § 265 Rn. 17 jeweils m.w.N.

2248 *BGH* v. 23.3.2011 – 2 StR 584/11 = StV 2012, 70 = NStZ 2011, 475 = StraFo 2011, 231.

2249 *BGH* v. 9.8.2012 – 1 StR 323/12 = NStZ 2013, 58; KMR-*Stuckenberg*, Stand: Okt. 2002, § 265 Rn. 48; KK-*Engelhardt*[6] § 265 Rn. 22.

2250 LR-*Gollwitzer*[25] § 265 Rn. 65.

2251 LR-*Gollwitzer*[25] § 265 Rn. 10. Siehe dazu auch unten Rüge 200 Rn. 1745.

2252 *BGH* 5 StR 508/11 v. 10.1.2012 = NStZ 2012, 344.

2253 Zur Verdeutlichung des Verfahrensfehlers empfiehlt es sich allerdings, den Urteilstenor nochmals mitzuteilen.

die Verletzung des § 265 StPO bedeutsamen Umstände mitteilen, um den Revisionsvortrag aus sich heraus verständlich zu machen.[2254]

- Es muss der Inhalt des Eröffnungsbeschlusses, durch den die Anklage zur Hauptverhandlung zugelassen wurde,[2255] einschließlich etwaiger Änderungen (§ 207 Abs. 2 StPO) wörtlich mitgeteilt werden.[2256]
- Es ist, wenn die Sache nicht nach § 270 StPO an das erkennende Gericht verwiesen wurde, dieser Umstand mitzuteilen, weil der Verweisungsbeschluss an die Stelle der zugelassenen Anklage tritt.[2257]
- Es muss mitgeteilt werden, dass dem Angeklagten kein Hinweis auf die Veränderung der Rechtslage erteilt wurde, und zwar weder vor noch in der Hauptverhandlung und im Falle einer Abwesenheitsverhandlung auch nicht gegenüber seinem Verteidiger.
- Im Falle der Erteilung eines ungenügenden rechtlichen Hinweises ist dieser im vollständigen Wortlaut mitzuteilen. Ggf. ist mitzuteilen, dass der Vorsitzende auch keine – ggf. welche – weiteren mündlichen Erläuterungen gegeben hat. Bei mehreren Vorwürfen muss dargelegt werden, in welchem Einzelfall ohne Hinweis von der Würdigung der Anklage abgewichen wurde bzw. warum ein erteilter Hinweis unrichtig oder unvollständig gewesen sei.

III. Nachweis der Verfahrenstatsachen

Die Nichterteilung eines Hinweises in der Hauptverhandlung wird durch das **1676** Schweigen des Hauptverhandlungsprotokolls bewiesen. Ob und in welcher Form

---

2254   *BGH* 3 StR 441/08 v. 2.12.2008 = StraFo 2009, 115. Siehe aber *BGH* 1 StR 323/12 v. 9.8.2012 = NStZ 2013, 58 für die Rüge, dass ein gebotener Hinweis unterblieben sei.

2255   Bzw. Strafbefehl, Nachtragsanklage und Einbeziehungsbeschluss, Hinweis nach § 81 Abs. 2 OWiG oder Verweisungsbeschluss nach § 270 StPO.

2256   In den Fällen des § 207 Abs. 3 StPO muss auch die neue Anklageschrift (Anklagesatz) mitgeteilt werden.

2257   LR-*Gollwitzer*[25] § 265 Rn. 10. Es handelt sich um eine sog. Negativtatsache, deren Vortrag in Konsequenz der rigiden Rechtsprechung des BGH zu § 344 Abs. 2 S. 2 StPO geboten ist: Denn ohne Hinweis auf das Fehlen eines Verweisungsbeschlusses gem. § 270 StPO könnte der Revisionsbegründungsschrift allein nicht entnommen werden, ob die Erteilung eines gerichtlichen Hinweises tatsächlich erforderlich war. Beschränkt sich der Vortrag auf die Abweichung zwischen dem Inhalt der zugelassenen Anklageschrift und dem Urteil, ließe sich nicht ausschließen, dass der Angeklagte im Falle eines Verweisungsbeschlusses nach § 270 StPO bereits dort den erforderlichen Hinweis erhielt. Entscheidungen des *BGH* zu § 265 StPO, in denen die Unzulässigkeit der Verfahrensrüge mit einem insoweit unzureichenden Tatsachenvortrag begründet wurde, liegen allerdings soweit ersichtlich nicht vor. In seinem Beschluss vom 19.12.2007 – 1 StR 581/07 weist der *BGH* – ohne darauf seine Entscheidung zu stützen – auf unzureichenden Revisionsvortrag im Hinblick auf die ein Urteil aufhebende Entscheidung des Rechtsmittelgerichts und eine anschließende Haftentscheidung des neu erkennenden Gerichts hin (*BGH* StV 2008, 342). Es empfiehlt sich deshalb, zusätzlich als Negativtatsache vorzutragen, dass es sich bei dem angefochtenen Urteil nicht um eine vom Revisionsgericht zurückverwiesene Sache handelte.

dem Angeklagten außerhalb der Hauptverhandlung ein Hinweis erteilt wurde, wird im Wege des Freibeweises festgestellt. Der Inhalt des Anklagesatzes sowie des Eröffnungsbeschlusses[2258] wird ebenfalls im Freibeweisverfahren festgestellt. Der Inhalt eines dem Angeklagten in der Hauptverhandlung erteilten Hinweises gehört zu den wesentlichen Förmlichkeiten, die durch die Sitzungsniederschrift bewiesen werden. Das schließt es nicht aus, dass dem Angeklagten durch den Vorsitzenden weitere Erläuterungen gegeben werden, deren Inhalt ggf. im Wege des Freibeweises festzustellen ist.

IV. Beruhen des Urteils auf fehlendem bzw. ungenügendem rechtlichen Hinweis

1677 Das Beruhen des Urteils auf einer Verletzung des § 265 Abs. 1 StPO kann auch dann nicht mit Sicherheit ausgeschlossen werden, wenn ein Angeklagter bei rechtzeitigem Hinweis auf den veränderten Vorwurf sein bisheriges Verteidigungsverhalten geändert und dadurch eröffnete andere Möglichkeiten der Verteidigung mit besserem Erfolg genutzt und er so ein ihm günstigeres Ergebnis erzielt haben könnte.[2259] Zwar braucht eine Revisionsbegründung den ursächlichen Zusammenhang zwischen dem behaupteten Rechtsfehler und dem angefochtenen Urteil nicht ausdrücklich darzulegen, weil die Prüfung der Beruhensfrage grundsätzlich Sache des Revisionsgerichts ist; es empfehlen sich jedoch entsprechende Darlegungen, wenn die Möglichkeit eines Beruhens nicht leicht zu erkennen ist.[2260]

Rüge 192

1678 Haben sich in der Hauptverhandlung vom Strafgesetz besonders vorgesehene Umstände ergeben, die die Strafbarkeit erhöhen oder die Anordnung einer Maßregel der Besserung und Sicherung rechtfertigen, ohne dass der Angeklagte ausreichend hierauf hingewiesen und ihm Gelegenheit zur Verteidigung gegeben wurde (§ 265 Abs. 2 StPO)?

I. Rechtsgrundlagen

1. Gegenstand der Hinweispflicht nach § 265 Abs. 2 StPO

1679 Eine Hinweispflicht besteht bei sich erst in der Hauptverhandlung ergebenden vom Strafgesetz besonders vorgesehenen Umständen, die zu einer Erhöhung bei der Zumessung der zu verhängenden Hauptstrafen, Nebenstrafen und sonstigen Nebenfol-

---

2258 Entsprechendes gilt für den Strafbefehl.
2259 *OLG Stuttgart* StV 2008, 626.
2260 *BGH* v. 14.1.2010 – 1 StR 587/09 = StV 2012, 74; KK-*Kuckein*[6] § 344 Rn. 65.

gen führen. Ebenso bedarf es eines Hinweises vor der Anordnung einer Maßregel der Besserung und Sicherung, wenn diese Möglichkeit in der zugelassenen Anklage[2261] nicht erwähnt worden ist.

In der Hauptverhandlung „hervorgetreten" sind auch solche Umstände, die zwar schon vorher vorlagen, in ihrer Relevanz für die schärfere Rechtsfolge aber erst in der Hauptverhandlung erkannt worden sind.[2262]

Die Hinweispflicht sollte im Lichte der Ermöglichung einer umfassenden effektiven Verteidigung großzügig gehandhabt werden.[2263]

Die Strafbarkeit erhöhende Umstände sind insbesondere Folgende: **1680**

a) Gerichtliche Hinweispflichten bei Änderungen im Bereich der Hauptstrafe

- Alle Qualifikationstatbestände, deren Charakteristikum darin besteht, dass der **1681** Grundtatbestand um spezielle „vom Gesetz besonders vorgesehene" Merkmale erweitert wird mit der Folge, dass praktisch ein neuer gesetzlicher Tatbestand gebildet wird.[2264]
- Strafverschärfungsvorschriften, die zusätzliche Strafschärfungsgründe abschließend oder in Form von Regelbeispielen enthalten (z.B. §§ 129 Abs. 4, 125a, 243 Abs. 1, 263 Abs. 3 StGB)[2265].

2261 Dieser stehen ein Strafbefehl, eine Nachtragsanklage mit Einbeziehungsbeschluss nach § 266 StPO, ein Hinweis nach § 81 Abs. 2 OWiG, durch den das gerichtliche Bußgeldverfahren in ein Strafverfahren übergeleitet wurde, und ein Verweisungsbeschluss nach § 270 StPO gleich.

2262 *Schlothauer* StV 1986, 222; AK-StPO-*Loos* § 265 Rn. 7; SK-StPO-*Velten*[4] § 265 Rn. 24.

2263 Bei der Einschätzung der Erfolgsaussichten einer Rüge wegen eines unterbliebenen Hinweises muss allerdings der restriktiveren Rechtsprechung Rechnung getragen werden. Siehe hierzu im Einzelnen LR-*Gollwitzer*[25] § 265 Rn. 41 ff.; *Schlothauer* StV 1986, 219 ff.

2264 Hier lässt sich der Nachweis, dass die zur Anwendung dieses Tatbestandes führenden „vom Strafgesetz besonders vorgesehenen Umstände" sich erst nach der Anklageerhebung etc. ergeben haben, durch Vergleich zwischen dem Urteilstenor und dem zur Hauptverhandlung zugelassenen Anklagesatz etc. führen.

2265 Auch hier lässt sich der Nachweis, dass sich vom Strafgesetz besonders vorgesehene Umstände erst nach der Anklageerhebung etc. ergeben haben, durch einen Vergleich mit der zur Hauptverhandlung zugelassenen Anklageschrift etc. führen, da Rechtsfolgen, die außer der Tat besondere tatsächliche Umstände voraussetzen, entsprechend § 265 Abs. 2 StPO mit der Gesetzesbezeichnung im Anklagesatz zu bezeichnen sind: *Meyer-Goßner*[55] § 200 Rn. 14. Ein gerichtlicher Hinweis ist aber auch dann geboten, wenn das Gericht zur Annahme eines besonders schweren Falles außerhalb eines der Regelbeispiele kommt, weil daran zumindest Umstände vorliegen müssen, die in ihrer Gewichtigkeit den Regelbeispielen vergleichbar sind: *Schlothauer* StV 1986, 221; HK-*Julius*[5] § 265 Rn. 7; LR-*Gollwitzer*[25] § 265 Rn. 43, Fn. 184 und Rn. 45.

- Verhängung einer Geld neben einer Freiheitsstrafe (§ 41 StGB), weil die kumulative Verhängung zweier Strafarten davon abhängt, dass der Täter sich durch die Tat bereichert oder zu bereichern versucht hat, was nicht notwendige Voraussetzung für die Erfüllung des verwirkten Straftatbestandes ist (z.b. § 266 StGB)[2266].

b) Gerichtliche Hinweispflichten bei Verhängung von Nebenstrafen und Nebenfolgen

1682
- Verhängung von Nebenstrafen/Nebenfolgen, die vom Vorliegen zusätzlicher Tatsachen abhängig sind unabhängig davon, ob diese Sanktionen fakultativ oder obligatorisch zu verhängen waren.[2267]

- Aberkennung der Fähigkeit, öffentliche Ämter zu bekleiden und Rechte aus öffentlichen Wahlen zu erlangen (§ 45 Abs. 2 StGB)[2268].

- Hinweis auf § 57a StGB, wenn die besondere Schwere der Schuld bei Verurteilung zu lebenslanger Freiheitsstrafe bejaht wird.[2269]

- Hinweispflicht vor Anordnung der Einziehung (§ 74 StGB), weil die durch § 74 StGB eröffnete Möglichkeit der Einziehung ein vom Gesetz vorgesehener Umstand ist, durch den sich die Strafbarkeit insgesamt erhöht[2270] und auf den der Angeklagte mit seiner Verteidigung Einfluss nehmen können muss, sei es, um die Verhängung der Nebenfolge abzuwenden, sei es, um eine angemessene Berücksichtigung der Einziehung bei der Bemessung der Hauptstrafe zu erreichen. Ebenfalls hat ein Hinweis vor Anordnung des Verfalls zu erfolgen, wenn auf

---

2266   Vgl. *BGHSt* 3, 30 f.; *Schlothauer* StV 1986, 221. Nach Auffassung von LR-*Stuckenberg*[26] § 200 Rn. 35 soll die Vorschrift des § 41 StGB nicht in die Liste der anzuwendenden Strafvorschriften aufzunehmen sein. Trotzdem sollte bei der Erhebung der Verfahrensrüge der Verletzung des § 265 Abs. 2 StPO im Falle einer kumulativen Verhängung von Geld- und Freiheitsstrafe darauf hingewiesen werden, dass in der Anklageschrift die Vorschrift des § 41 StGB keine Erwähnung fand.

2267   Bspw. Verhängung eines Fahrverbots nach § 25 StVG: *BGHSt* 9, 224; strittig bei Verhängung eines Fahrverbots nach § 44 StGB (vgl. verneinend *BGHSt* 29, 274, 280; bejahend *OLG Hamm* JR 1971, 517 und GA 1981, 174; hierzu *Schlothauer* StV 1986, 221).

2268   Strittig, vgl. näher *Schlothauer* StV 1986, 222 und zur Notwendigkeit der Aufnahme der Vorschrift in die Liste der anzuwendenden gesetzlichen Bestimmungen ablehnend *Meyer-Goßner*[55] § 200 Rn. 14 sowie KK-*Schneider*[6] § 200 Rn. 18.

2269   § 57a StGB ist auch in die Liste der anzuwendenden Strafvorschriften aufzunehmen: *Meyer-Goßner*[55] § 200 Rn. 14; KK-*Schneider*[6] § 200 Rn. 18. Damit nicht im Einklang stehen die Entscheidungen des *BGH* StV 1996, 650 und *BGH* StV 2006, 60 m. abl. Anm. *Lüderssen*, wonach § 265 StPO keine Verpflichtung des Gerichts begründe, darauf hinzuweisen, dass neben der Verhängung lebenslanger Freiheitsstrafe die Feststellung der „besonderen Schwere der Schuld" in Betracht komme.

2270   *BGH* StV 1984, 453 m. Anm. *Schlothauer*.

diese Möglichkeit nicht schon in der zugelassenen Anklage verwiesen worden ist.[2271]

- Hinweispflicht vor Anordnung einer Maßregel der Besserung und Sicherung (§ 61 StGB)[2272].

2. Form und Inhalt des erforderlichen Hinweises

Die Möglichkeit der Erhöhung der Strafbarkeit infolge eines vom Strafgesetz besonders vorgesehenen Umstandes oder der Anordnung einer Nebenstrafe/Nebenfolge bzw. einer Maßregel der Besserung und Sicherung bedarf eines ausdrücklichen und förmlichen Hinweises in der Hauptverhandlung. Dieser kann durch eine Erklärung des Vorsitzenden, aber auch durch Verkündung eines entsprechenden Gerichtsbeschlusses erfolgen. Es muss sich um eine an den betroffenen Angeklagten richtende Erklärung handeln. Sie kann auch schon vor oder außerhalb der Hauptverhandlung erfolgen, wenn dem Angeklagten nur deutlich wird, dass das Gericht die Erhöhung der Strafbarkeit bzw. die Anordnung einer Maßregel erwägt.[2273]

1683

Der Hinweis muss neben den in Betracht kommenden Gesetzesvorschriften[2274] auch Angaben zu den Tatsachen enthalten, aufgrund derer das Gericht eine Erhöhung der Strafbarkeit bzw. Anordnung einer Maßregel erwägt.[2275]

3. Gewährung ausreichender Gelegenheit zur Verteidigung

Siehe hierzu Rüge 191 Rn. 1674.

1683a

2271 Da die Anordnung des Verfalls eine Maßnahme eigener Art und nach h.M. keine Nebenstrafe darstellt und sie auch keinen Strafcharakter habe (vgl. *BGHSt* 47, 369 = StV 2002, 601), kommt § 265 Abs. 2 StPO nicht unmittelbar zur Anwendung. Wird jedoch auf die Möglichkeit einer Anordnung des Verfalls im Anklagesatz nicht hingewiesen (hierzu besteht nach h.M. ebenfalls keine Verpflichtung: KK-*Schneider*[6] § 200 Rn. 18; **a.A.** LR-*Rieß*[25] § 200 Rn. 22 u. LR-*Stuckenberg*[26] § 200 Rn. 35), ist es ein Gebot der prozessualen Fürsorgepflicht, den Angeklagten auf diese Möglichkeit hinzuweisen, allein schon, um ihm Gelegenheit zu geben, die Anordnung nach § 73c StGB abzuwenden.

2272 Da die Liste der anzuwendenden Strafvorschriften die in Betracht kommende Anordnung einer Maßregel enthalten muss (LR-*Rieß*[25] § 200 Rn. 22 u. LR-*Stuckenberg*[26] § 200 Rn. 35), kann die Notwendigkeit der Erteilung eines Hinweises nach § 265 Abs. 2 StPO durch die Gegenüberstellung der Anklageschrift etc. und des Urteilstenors nachgewiesen werden. Zur Notwendigkeit eines Hinweises vor der Anordnung der Unterbringung in der Sicherungsverwahrung siehe *BGH* StV 2004, 580, *BGH* StV 2009, 118 = NStZ 2009, 227 = StraFo 2009, 72, *BGH* v. 8.1.2009 – 4 StR 568/08 = StV 2010, 179; *BGH* v. 2.9.2009 – 5 StR 311/09 = StV 2010, 178 und in einer Entziehungsanstalt siehe *BGH* StV 2008, 344.

2273 Siehe näher Rüge 191 Rn. 1673.

2274 Dies soll nicht zwingend sein: LR-*Gollwitzer*[25] § 265 Rn. 57.

2275 Vgl. LR-*Gollwitzer*[25] § 265 Rn. 47 und 58.

II. Anforderungen an den Vortrag der Rüge der Verletzung des § 265 Abs. 2 (§ 337) StPO

1684
- Die Revision muss den Urteilstenor einschließlich der angewendeten Strafvorschriften mitteilen, was nur unterbleiben kann, wenn zugleich die allgemeine Sachrüge erhoben wird.[2276]

- Da nach herrschender Meinung nicht alle Vorschriften des materiellen Rechts, die für den Rechtsfolgenausspruch Bedeutung haben, Gegenstand des Anklagesatzes sein müssen, empfiehlt es sich, den gesamten Inhalt der Anklageschrift mitzuteilen, wenn daraus weder die vom Gericht für den Rechtsfolgenausspruch herangezogene Vorschrift, noch die Tatsachen und ihre rechtliche Bedeutung enthalten sind, die nach Auffassung des Gerichts die Strafbarkeit erhöhen oder die Anordnung einer Maßregel der Besserung und Sicherung rechtfertigen.

- Es muss der Inhalt des Eröffnungsbeschlusses, durch den die Anklage zur Hauptverhandlung zugelassen wurde,[2277] einschließlich etwaiger Änderungen (§ 207 Abs. 2 StPO) wörtlich mitgeteilt werden.

- Es ist mitzuteilen, dass kein Verweisungsbeschluss nach § 270 StPO ergangen oder auch einem solchen kein Hinweis auf die Strafbarkeit erhöhende bzw. die Anordnung einer Maßregel rechtfertigende Umstände zu entnehmen ist.[2278]

- Es ist vorzutragen, dass dem Angeklagten kein Hinweis darauf erteilt wurde, dass die Strafbarkeit erhöhende oder die Anordnung einer Maßregel rechtfertigende vom Strafgesetz besonders vorgesehene Umstände seitens des Gerichts in Erwägung gezogen würden, und zwar weder vor noch in der Hauptverhandlung und im Falle einer Abwesenheitsverhandlung auch nicht gegenüber dem Verteidiger des Angeklagten.

- Im Falle der Erteilung eines ungenügenden rechtlichen Hinweises ist dieser im vollständigen Wortlaut mitzuteilen: Ggf. ist anzuführen, dass der Vorsitzende auch keine – ggf. welche – weiteren mündlichen Erläuterungen gegeben hat. Bei mehreren Vorwürfen muss dargelegt werden, in welchem Einzelfall ohne Hinweiserteilung das Gericht einen die Strafbarkeit erhöhenden oder die Anordnung einer Maßregel rechtfertigenden Umstand angenommen hat.

III. Nachweis der Verfahrenstatsachen

1685
Die Nichterteilung eines Hinweises in der Hauptverhandlung wird durch das Schweigen des Hauptverhandlungsprotokolls bewiesen. Der Inhalt eines nach Auffassung des Beschwerdeführers ungenügenden rechtlichen Hinweises wird durch

---

2276 Zur Verdeutlichung des Verfahrens empfiehlt es sich allerdings, den Urteilstenor nochmals mitzuteilen.

2277 Bzw. der Strafbefehl, die Nachtragsanklage und der Einbeziehungsbeschluss, der Hinweis nach § 81 Abs. 2 OWiG oder der Verweisungsbeschluss nach § 270 StPO.

2278 In letzterem Fall ist der Verweisungsbeschluss wörtlich mitzuteilen. Siehe ergänzend Rüge 191 Rn. 1675.

das Hauptverhandlungsprotokoll bewiesen. Der Inhalt etwaiger weiterer mündlicher Erläuterungen oder die Tatsache, dass es zu solchen nicht gekommen ist, ist Gegenstand des Freibeweisverfahrens. Ob und in welcher Form dem Angeklagten außerhalb der Hauptverhandlung ein Hinweis erteilt wurde, wird ebenfalls im Wege des Freibeweises festgestellt. Das gilt auch für den Inhalt des Anklagesatzes bzw. der Anklageschrift sowie des Eröffnungsbeschlusses etc.

Rüge 193

Ist der Angeklagte auf der Grundlage eines anderen als dem der zugelassenen Anklage zu entnehmenden Sachverhalts verurteilt worden, ohne dass er hierüber ausreichend unterrichtet worden ist (§ 265 StPO analog)? **1686**

I. Rechtsgrundlagen

Eine effektive Verteidigung setzt voraus, dass dem Angeklagten alle Verdachtsgründe bekannt sind, die das Gericht für seine Überzeugungsbildung für erheblich ansieht. Ergeben sich solche Umstände erst im Verlauf der Hauptverhandlung, kann der Angeklagte diese infolge seiner Anwesenheit zwar wahrnehmen; er kann aber – anders als bei dem der zugelassenen Anklage zugrunde liegenden Sachverhalt – nicht erkennen, ob und welchen Verdacht das Gericht aus diesen Tatsachen gegen ihn ableitet, inwieweit also diese Tatsachen aus der Sicht des Gerichts für die Beurteilung des strafrechtlichen Vorwurfs von Bedeutung sind. Der Angeklagte bedarf deshalb einer Unterrichtung über diejenigen neu in der Hauptverhandlung in Erscheinung getretenen Umstände, die als Verdachtsgründe gewürdigt und vom Gericht im Urteil mit zur tatsächlichen Grundlage seiner Entscheidung gemacht werden können und gemacht worden sind.[2279] **1687**

Ob es eines nur durch das Protokoll beweisbaren – förmlichen – Hinweises an den Angeklagten bedarf, ist strittig.[2280] Nach Auffassung des BGH bedarf es nur in Ausnahmefällen eines förmlichen, mit der Beweiskraft des § 274 StPO ausgestatteten Hinweises; im Übrigen genüge eine formlose Unterrichtung des Angeklagten über die Veränderung der tatsächlichen Urteilsgrundlage, die auch durch den Gang der Hauptverhandlung oder auf andere eindeutige Weise erfolgen könne.[2281] Das Schweigen des Hauptverhandlungsprotokolls belegt nach dieser Auffassung deshalb nicht zwingend, dass eine gebotene Unterrichtung des Angeklagten nicht stattgefunden hat. **1688**

2279   Zu den rechtlichen Grundlagen einer Hinweispflicht bei Veränderung der Sachlage siehe *Schlothauer* StV 1986, 213, 222 m.w.N.; LR-*Gollwitzer*[25] § 265 Rn. 79 ff.

2280   Vgl. LR-*Gollwitzer*[25] § 265 Rn. 81.

2281   Vgl. KK-*Engelhardt*[6] § 265 Rn. 24 m.w.N.

1689 Eine wesentliche Veränderung der Sachlage liegt insbesondere in folgenden Fällen vor:

- Auswechslung der Tatzeit oder Erweiterung des Tatzeitraums, wenn dies für die Verteidigung gegen den Schuldvorwurf von wesentlicher Bedeutung ist;[2282]
- Austausch oder Veränderung des Tatopfers/Tatgegenstandes, wenn dies – auch ohne Änderung der rechtlichen Einordnung – für den Schuldspruch von Bedeutung ist;[2283]
- Auswechslung der Tatbeteiligten;[2284]
- Austausch der Tathandlung, auch wenn dies ohne Auswirkung auf die rechtliche Einordnung des Schuldspruchs ist;[2285]
- Austausch wesentlicher den Schuldspruch stützender Indizien.[2286]

1690 Angesichts des ungeklärten Umfangs der Pflicht zur Unterrichtung des Angeklagten über eine wesentliche Veränderung der Sachlage sowie der Notwendigkeit, den Nachweis der Unterrichtung im Wege des Freibeweises führen zu müssen, wenn nach Auffassung der Rechtsprechung ein protokollierungspflichtiger förmlicher Hinweis entbehrlich ist, werden an die Darlegung eines Verfahrensfehlers erhöhte Anforderungen gestellt:

II. Anforderungen an den Vortrag der Rüge der Verletzung der gerichtlichen Hinweispflicht wegen Veränderung des maßgeblichen Sachverhalts (§ 265 Abs. 4 StPO analog)

1691
- Die Revisionsbegründung muss die Anklage einschließlich des wesentlichen Ermittlungsergebnisses, die Tatsache ihrer Zulassung zur Hauptverhandlung mitteilen sowie nötigenfalls den abweichenden Eröffnungsbeschluss und etwaige Verweisungsbeschlüsse etc. bzw. deren Fehlen anführen.
- Es ist vorzutragen, in welchen konkreten Tatsachen das Gericht in Abweichung von dem der zugelassenen Anklage zugrunde liegenden Sachverhalt die Merkmale des gesetzlichen Tatbestandes sowie anderer Modalitäten des Schuldspruchs gefunden hat.
- Es ist mitzuteilen, dass in der Hauptverhandlung ein förmlicher Hinweis auf die veränderte Sachlage unterblieben ist. Für den Fall, dass gerügt wird, dass der

---

2282 Vgl. die Nachweise bei *Schlothauer* StV 1986, 224; KMR-*Stuckenberg* (Okt. 2002) § 265 Rn. 59; SK-StPO-*Velten*[4] § 265 Rn. 43.
2283 *BGHSt* 19, 141; *BGH* StV 1990, 249; *BGH* StV 1991, 502; weitere Nachw. bei KMR-*Stuckenberg* (Okt. 2002) § 265 Rn. 59.
2284 *BGH* MDR 1977, 108; *BGH* MDR 1980, 107; *BGH* NStZ 1989, 220; *BGH* NStZ-RR 2002, 98.
2285 *BGHSt* 2, 371, 374; *BGHSt* 28, 196; weitere Nachweise bei KMR-*Stuckenberg* (Okt. 2002) § 265 Rn. 59; ferner SK-StPO-*Velten*[4] § 265 Rn. 44.
2286 *BGHSt* 11, 88, 91.

Hinweis nicht sämtliche für eine umfassende Unterrichtung erforderlichen Tatsachen beinhaltete, muss dargelegt werden, welche Tatsachen der Vorsitzende erläutert hat.[2287]

• Es muss ferner mitgeteilt werden, dass dem Angeklagten die veränderte Sachlage auch nicht aus dem Gang der Verhandlung deutlich geworden ist. Hierfür sind der Inhalt etwaiger Angaben des Angeklagten zur Sache, von Zeugenaussagen oder andere Beweismittel sowie ggf. Beschlüsse, Verfügungen und Erklärungen des Gerichts mitzuteilen, aus denen sich ergibt, dass von der veränderten Sachlage nicht die Rede gewesen ist.

III. Nachweis der Verfahrenstatsachen

Die Nichterteilung eines förmlichen Hinweises wird durch das Schweigen des Hauptverhandlungsprotokolls bewiesen (§ 274 StPO). Im Übrigen prüft das Revisionsgericht im Freibeweisverfahren durch einen Vergleich von Anklage, Eröffnungsbeschluss etc., Protokoll und Urteil sowie durch Einholung dienstlicher Stellungnahmen, ob die Angabe, dass die Verurteilung auf einem von der Anklage erheblich abweichenden Sachverhalt beruht und der Angeklagte hierüber auch durch den Gang der Verhandlung nicht unterrichtet worden ist, zutreffend ist. **1692**

Rüge 194

Wurde in der Hauptverhandlung das Verfahren bezüglich einer angeklagten Tat eingestellt (§ 154 Abs. 2 StPO) bzw. das Verfahren auf einzelne abtrennbare Teile einer Tat oder einzelne von mehreren Gesetzesverletzungen, die durch dieselbe Tat begangen worden sind, beschränkt (§ 154a StPO), ohne dass erforderliche Hinweise erteilt, Tatsachenfeststellungen im Falle der Verwertung bei der Beweiswürdigung oder Strafzumessung getroffen oder aus der Einstellung/Beschränkung Konsequenzen bei der Beweiswürdigung gezogen wurden? **1693**

A. Berücksichtigung eingestellter Taten oder ausgeschiedener Tatteile bei der Beweiswürdigung oder Strafzumessung ohne entsprechenden Hinweis an den Angeklagten

I. Rechtsgrundlagen

Hat das Gericht bei der Beweiswürdigung oder bei der Strafzumessung nach § 154 Abs. 2 StPO eingestellte Taten bzw. nach § 154a Abs. 2 StPO ausgeschiedenen Verfahrensstoff berücksichtigt, ohne den Angeklagten zuvor auf diese Möglichkeit **1694**

2287 *BGHR* StPO § 344 Abs. 2 S. 2 – Hinweispflicht 1.

hingewiesen zu haben, begründet dies einen Verfahrensfehler wegen Verletzung des Grundsatzes des fairen Verfahrens.[2288]

II. Anforderungen an den Vortrag der Rüge der Verletzung des Grundsatzes des fairen Verfahrens durch fehlende Erteilung eines Hinweises auf die Berücksichtigung eingestellter Taten oder ausgeschiedener Tatteile bei Beweiswürdigung oder Strafzumessung

1695   Die zu erhebende Verfahrensrüge setzt voraus, dass

- die zur Hauptverhandlung zugelassene Anklageschrift einschließlich des Eröffnungsbeschlusses[2289] vollständig wörtlich mitgeteilt wird,
- der Teileinstellungsbeschluss nach § 154 Abs. 2 StPO bzw. der Beschränkungsbeschluss nach § 154a Abs. 2 StPO vollständig wörtlich mitgeteilt wird,
- mitgeteilt wird, in welcher Verfahrenslage (insbesondere vor Schluss der Beweisaufnahme) der Teileinstellungs- bzw. Beschränkungsbeschluss erfolgte und
- mitgeteilt wird, dass das Gericht es unterlassen hat, den Angeklagten darauf hinzuweisen, dass ausgeschiedene Taten bzw. ausgeschiedener Verfahrensstoff bei der Beweiswürdigung bzw. der Strafzumessung der verbliebenen Tat(en) zu Lasten des Angeklagten verwendet werden könnten.[2290]
- Nach Auffassung der Rechtsprechung schafft nur eine vor Schluss der Beweisaufnahme erfolgte (Teil-) Einstellung bzw. Beschränkung einen Vertrauenstatbestand, der einen Hinweis nach § 265 StPO erforderlich machen würde.[2291] Vorsorglich ist durch Darlegung des Ablaufs der Hauptverhandlung auszuschließen, dass der Angeklagte nach dem Gang der Hauptverhandlung auf die beabsichtigte Heranziehung der eingestellten Taten bzw. ausgeschiedenen Tatteile aufmerksam geworden ist, so dass sein Verteidigungsverhalten durch den unterbliebenen Hinweis beeinflusst worden sein kann.

III. Nachweis der Verfahrenstatsachen

1696   Ob die Erteilung eines Hinweises eine wesentliche Förmlichkeit gem. § 274 StPO darstellt, die nur durch das Hauptverhandlungsprotokoll beweisbar ist, das Schweigen des Protokolls deshalb den Nachweis für die Nichterteilung des Hinweises lie-

---

2288   *BGH* StV 1981, 236; *BGH* NStZ 1981, 100; *BGHSt* 30, 197 = StV 1982, 19; *BGH* StV 1984, 364; *BGH* StV 1988, 191; *BGHSt* 30, 147 = StV 1981, 398; *BGH* StV 1982, 523; *BGHSt* 31, 302 = StV 1983, 184; *BGH* v. 27.11.2008 – 5 StR 526/08 = StV 2009, 117.

2289   Diesem stehen gleich ein Strafbefehl, eine Nachtragsanklage und Einbeziehungsbeschluss nach § 266 StPO, der Hinweis nach § 81 Abs. 2 OWiG und ein Vereisungsbeschluss nach § 270 StPO.

2290   *BGH* StV 1993, 395 = NStZ 1993, 501.

2291   *BGH* StV 1985, 221 = JR 1986, 165 m. Anm. *Pelchen*; *OLG Hamm* StV 2004, 313.

fert, ist umstritten.[2292] Schweigt das Protokoll, muss deshalb gegebenenfalls damit gerechnet werden, dass im Wege des Freibeweisverfahrens geklärt wird, ob der gebotene Hinweis erteilt wurde.

B. Hat das Gericht bei der Beweiswürdigung oder Strafzumessung nach § 154 Abs. 2 StPO eingestellte Taten oder nach § 154a Abs. 2 StPO ausgeschiedene Verfahrensteile bei der Beweiswürdigung oder bei der Strafzumessung berücksichtigt, ohne prozessordnungsgemäß entsprechende Feststellungen getroffen zu haben?

I. Rechtsgrundlagen

Auch wenn ein Hinweis auf die Berücksichtigung eingestellter Taten bzw. ausgeschiedenen Verfahrensstoffes bei der Beweiswürdigung bzw. Strafzumessung vor Schluss der Beweisaufnahme erteilt wurde oder ein solcher im Hinblick auf den Gang der Hauptverhandlung entbehrlich war, darf eingestellter oder ausgeschiedener Verfahrensstoff nur dann zu Lasten des Angeklagten berücksichtigt werden, wenn er in der Beweisaufnahme prozessordnungsgemäß festgestellt worden ist.[2293] **1697**

Mit der Verfahrensrüge der Verletzung des § 261 StPO kann beanstandet werden, dass im Urteil getroffene Feststellungen nicht aus dem Inbegriff der Hauptverhandlung gewonnen worden sind bzw. der berücksichtigte Sachverhalt nicht ausreichend aufgeklärt worden ist (Verletzung des § 244 Abs. 2 StPO).

II. Anforderungen an den Vortrag der Rüge der Verletzung des § 261 StPO bzw. § 244 Abs. 2 StPO durch Berücksichtigung nicht in der Hauptverhandlung getroffener bzw. nicht ausreichend aufgeklärter Sachverhaltsfeststellungen

- Zur Verletzung des § 261 StPO siehe Rüge 226 Rn. 1858. **1698**
- Zur Verletzung des § 244 Abs. 2 StPO siehe Rüge 190 Rn. 1662.

2292   Für eine protokollierungspflichtige wesentliche Förmlichkeit: *OLG Hamm* StV 2004, 313; *OLG München* NJW 2010, 1826, 1827; LR-*Beulke*[26] § 154 Rn. 59; *Beulke/Stoffer* StV 2011, 442, 446; **a.A.** *BGH* v. 29.6.2010 – 1 StR 157/10 = StV 2011, 399.

2293   LR-*Beulke*[26] § 154 Rn. 59, § 154a Rn. 29 m.w.N.

C. Werden im Urteil die Gründe für eine Verfahrenseinstellung gemäß § 154 Abs. 2 StPO bzw. Verfahrensbeschränkung gemäß § 154 a Abs. 2 StPO nicht mitgeteilt, obwohl sich daraus Rückschlüsse auf die Glaubwürdigkeit eines wesentlichen Belastungszeugen bzw. Glaubhaftigkeit seiner Aussage im Hinblick auf die zu einer Verurteilung führenden Taten ergeben konnten?

I. Rechtsgrundlagen

1699 Nach der ständigen Rechtsprechung des BGH gilt der Grundsatz, dass in Fällen von „Aussage gegen Aussage" bei Widerlegung der Angaben des einzigen Belastungszeugen hinsichtlich einzelner Taten oder Tatmodalitäten seinen übrigen Angaben nur gefolgt werden kann, wenn außerhalb der Aussage Gründe von Gewicht für ihre Glaubhaftigkeit vorliegen. Denn durch die teilweise Widerlegung seiner Angaben wird seine Glaubwürdigkeit insgesamt in schwerwiegender Weise in Frage gestellt.[2294]

In Fällen, in denen eine zumindest teilweise Widerlegung der Aussagen des wesentlichen Belastungszeugen zu einzelnen Taten „droht", greifen Gericht und Staatsanwaltschaft gelegentlich zu der Möglichkeit der Einstellung der diesbezüglichen Anklagevorwürfe nach § 154 StPO oder zur Verfahrensbeschränkung nach § 154a StPO, um nicht bei ansonsten notwendigem Teilfreispruch oder einer Beschränkung des Schuldvorwurfs die eingeschränkte Glaubwürdigkeit des Hauptbelastungszeugen und der Glaubhaftigkeit seiner Aussage im Urteil dokumentieren zu müssen. Gleichwohl aber bleibt die Erschütterung der Glaubhaftigkeit des Belastungszeugen hinsichtlich seiner Angaben zu einzelnen Taten oder Tatteilen für die Beweiswürdigung zu seiner Glaubwürdigkeit insgesamt von erheblicher Bedeutung.

Beruht ein Anklagevorwurf wegen mehrerer Taten oder mit mehreren abtrennbaren Teilen im Wesentlichen auf der Aussage eines Belastungszeugen und kommt es zu einer teilweisen Einstellung bzw. Verfahrensbeschränkung, weil sich in der Beweisaufnahme insoweit die Angaben des Belastungszeugen nicht bestätigten, hat dies für die Beweiswürdigung seiner Aussage im Übrigen Bedeutung, wenn diese Grundlage der Verurteilung des Angeklagten wegen der verbliebenen Taten bzw. Tatteile war. Blendet das Gericht den Aspekt der möglicherweise eingeschränkten Glaubwürdigkeit des Belastungszeugen dadurch aus seinem Urteil aus, dass es auf die eingestellten Taten überhaupt nicht mehr eingeht, ist die Pflicht zur umfassenden Beweiswürdigung der Glaubwürdigkeit des Belastungszeugen und der Glaubhaftigkeit seiner Aussage verletzt.[2295] Diese Grundsätze gelten auch dann, wenn in erstinstanzlichen Verfahren vor dem AG bereits dort die Verfahrenseinstellung bzw. -beschränkung erfolgte.[2296]

2294 Vgl. nur *BGHSt* 44, 153 = StV 1998, 580.
2295 *BGH* StV 2001, 552; *BGH* StV 2008, 238; *OLG Karlsruhe* StV 1999, 139; *OLG Hamm* StV 2008, 130.
2296 Vgl. *OLG Karlsruhe* StV 1999, 139 u. *OLG Hamm* StV 2008, 130.

Nach einer Entscheidung des 1. Strafsenats des BGH[2297] muss(te) das Revisionsgericht in bestimmten Fallkonstellationen diese Umstände bereits auf die Erhebung der allgemeinen Sachrüge berücksichtigen. Wurde im Urteil nicht erörtert, warum Taten von gleichem Gewicht eingestellt worden sind, sollte die Beweiswürdigung lückenhaft sein. Denn wenn ein Anklagevorwurf von mehreren Taten allein auf der Aussage des einzigen Belastungszeugen aufbaue, der Angeklagte aber z.b. in einem Fall freigesprochen und nur in einigen der angeklagten Fällen verurteilt wurde, sowie weitere Fälle nach § 154 StPO eingestellt worden seien, könne den Gründen dafür, dass das Gericht bezüglich dieser Fälle von einer Verurteilung wegen der Einstellung abgesehen habe, durchaus Bedeutung für die allein entscheidende Frage der Glaubwürdigkeit des einzigen Belastungszeugen zukommen. Nach dieser Entscheidung würde dieser Beweiswürdigungsmangel auf die Sachrüge zur Aufhebung des Urteils führen.[2298] **1700**

Derselbe Senat hat seine Rechtsprechung zur Bedeutung der Angaben eines Belastungszeugen zu eingestellten Taten bei der Beweiswürdigung in seinem Beschluss vom 30.5.2000 zwar bekräftigt.[2299] Er betont, dass in einem Fall, in dem der Anklagevorwurf wegen mehrerer Taten allein auf der Aussage eines einzigen Belastungszeugen aufbaue, wegen einer dieser Taten das Verfahren aber nach § 154 StPO eingestellt worden sei, den Gründen dafür Beweisbedeutung für die entscheidende Frage der Glaubwürdigkeit des einzigen Belastungszeugen zukomme. Der Grund für die Einstellung sei im Urteil mitzuteilen, bei Fehlen liege ein Erörterungsmangel vor.[2300] Gleichzeitig nimmt der Senat jedoch eine Wende hinsichtlich der Rügemöglichkeit vor, indem er ausdrücklich hervorhebt, dass dieser Mangel als **Verfahrensfehler** zu beanstanden sei.[2301]

Nach dieser Entscheidung des 1. Strafsenats des BGH gehört zur Zulässigkeit einer solchen Verfahrensrüge die Mitteilung, ob und gegebenenfalls welche Gründe für die Einstellung in der Hauptverhandlung erörtert wurden. Denn die mangelnde Begründung der Einstellung könnte im Ergebnis nur dann einen Verfahrensfehler darstellen, wenn es sich um Gründe handelte, die auf die abschließend getroffene Sachentscheidung Einfluss nehmen könnten, wie etwa zweifelhafte Glaubhaftigkeit der Angaben des einzigen Belastungszeugen zu dem eingestellten Vorfall. Sollte die Einstellung in der Hauptverhandlung kommentarlos erfolgt sein, müsse der Be-

---

2297 *BGHSt* 44, 153 = StV 1998, 580.
2298 So auch *OLG Hamm* StV 2008, 130. Die Erhebung der Sachrüge ist unabhängig davon in solchen Fällen ausreichend, in denen sich die Tatsache der Einstellung einzelner Tatvorwürfe aus den Urteilsgründen ergibt: siehe *BGH* StV 2008, 238.
2299 *BGH* StV 2001, 552.
2300 Ferner *BGH* v. 24.10.2002 – 1 StR 314/02 = StV 2004, 59 f. = NStZ 2003, 164; *BGH* v. 10.6.2008 – 5 StR 143/08 = StV 2008, 449 = NStZ 2008, 581.
2301 So auch *BGH* v. 10.6.2008 – 5 StR 143/08 = StV 2008, 449 = NStZ 2008, 581; ebenso hat das *OLG Karlsruhe* StV 1999, 139 die fehlende Erörterung der Gründe für eine teilweise Verfahrenseinstellung bzw. –beschränkung als Verletzung des § 261 StPO auf eine entsprechende Verfahrensrüge hin überprüft.

schwerdeführer zumindest vorbringen, dass für die Einstellung keine Gründe angeführt worden seien, die für die Beweiswürdigung von Bedeutung waren, sondern etwa Verfahrensbeschränkung aus prozessökonomischen Gründen.

1701 Diese Anforderungen des Senats an die Zulässigkeit einer Verfahrensrüge verwirren. Es bleibt schon offen, welche Verfahrensrüge erhoben bzw. welcher Verstoß gegen welche Vorschrift gerügt werden muss.[2302] Soweit die gegebenenfalls in der Hauptverhandlung **mündlich** erörterten Gründe für die Einstellung vorgetragen werden müssen, verlangt der Senat eine dem Revisionsgericht ansonsten angeblich verwehrte Rekonstruktion der Hauptverhandlung.

Ist der Verteidiger nur mit der Revision beauftragt, kommt die Schwierigkeit hinzu, dass er zunächst bei dem Angeklagten bzw. dem Instanzverteidiger ermitteln muss, was Hintergrund der Einstellung war und was gegebenenfalls in der Hauptverhandlung in diesem Zusammenhang erörtert wurde.

Trotz der großen Bedeutung gerade der Fallkonstellationen von „Aussage gegen Aussage" sind die Anforderungen an eine Verfahrensrüge in diesen Fällen noch weitgehend ungeklärt.

II. Anforderungen an den Vortrag der Rüge der Verletzung des § 261 StPO durch Nichterörterung der Gründe für eine teilweise Verfahrenseinstellung bzw. -beschränkung

1702 Vorzutragen sind

- die vollständige Anklageschrift im Wortlaut und der Eröffnungsbeschluss, bei Revisionen gegen Berufungsurteile das in der Berufungshauptverhandlung verlesene erstinstanzliche amtsgerichtliche Urteil, wenn schon im erstinstanzlichen Verfahren eine Teileinstellung bzw. Verfahrensbeschränkung erfolgte,
- die Tatsache der Verfahrenseinstellung bzw. Verfahrensbeschränkung,
- der Wortlaut des betreffenden Beschlusses, insbesondere bezüglich dort mitgeteilter Gründe für die Einstellung, sowie – falls rekonstruierbar – der Antrag der Staatsanwaltschaft.
- ein etwaiger Widerspruch der Verteidigung gegen die Einstellung nebst Begründung oder zumindest die fehlende Zustimmung.
- Erfolgte die Einstellung bzw. Beschränkung ohne Begründung (auch dies ist als Negativtatsache mitzuteilen) und ergeben sich die Gründe hierfür auch nicht aus den – mit der Sachrüge angefochtenen – Urteilsgründen, ist mitzuteilen, ob und ggf. welche Gründe für die Einstellung in der Hauptverhandlung erörtert wurden bzw. dass für die Einstellung keine Gründe angeführt wurden, die für die

---

2302 Dies erschließt sich auch nicht der Entscheidung *BGH* v. 10.6.2008 – 5 StR 143/08 = StV 2008, 449 = NStZ 2008, 581, in der ebenfalls nur von einem Erörterungsmangel gesprochen wird.

Beweiswürdigung von Bedeutung waren, also etwa Verfahrensbeschränkung aus prozessökonomischen Gründen.[2303]

- Es ist – zumindest in summarischer Form – der Sachverhalt mitzuteilen, auf den sich die Einstellung bezogen hat und was der Belastungszeuge, auf dessen Aussage die Verurteilung des Angeklagten beruht, zu den eingestellten Taten vor und innerhalb der Hauptverhandlung ausgesagt hat und inwiefern und wodurch diese Aussage widerlegt worden ist oder warum das Gericht zwecks Überprüfung der Glaubwürdigkeit des Belastungszeugen verpflichtet war, über die Taten bzw. Tatteile zu verhandeln, anstatt sie einzustellen oder auszuscheiden.

D. Übergeht das Urteil Erkenntnisse, die einen Vorwurf betreffen, bzgl. dessen es zu einer Verfahrenseinstellung (§ 154 StPO) oder -beschränkung (§ 154a Abs. 2 StPO) gekommen ist und der für die abgeurteilte Tat von Bedeutung war?

I. Rechtsgrundlagen

Hängt wie bei seriellen Fällen aus dem Bereich des Sexualstrafrechts oder des Betäubungsmittelhandels, in denen Aussage gegen Aussage steht, die Überzeugungsbildung des Gerichts allein von der Einschätzung der Wertigkeit der Angaben des einzigen Belastungszeugen ab, besteht die Möglichkeit, dass Umstände von nach §§ 154 Abs. 2, 154a Abs. 2 StPO aus dem Verfahren ausgeschiedenen Straftaten Einfluss auf die Überzeugungsbildung in den abgeurteilten Fällen haben können, weshalb sich das Gericht gedrängt sehen muss, hierauf im Urteil näher einzugehen.[2304] Waren diese ausgeschiedenen Tatteile Gegenstand von Beweiserhebungen in der Hauptverhandlung, deren Ergebnis der unmittelbaren Kenntnisnahme durch das Revisionsgericht offensteht (Wortlaut von verlesenen Urkunden, Vernehmungsniederschriften oder schriftlichen Sachverständigengutachten), kann die fehlende Auseinandersetzung hiermit einen Erörterungsmangel begründen, wenn die betreffenden Erkenntnisse die Glaubwürdigkeit des Belastungszeugen erschüttern oder mit dessen in den Urteilsgründen wiedergegebenen Aussage nicht in Einklang gebracht werden können.[2304] Der betreffende Mangel ist mit einer Verfahrensrüge zu beanstanden.[2305]

1703

2303 *BGH* StV 2001, 552.

2304 *BGH* v. 9.12.2008 – 5 StR 511/08 = StV 2009, 116 = NStZ 2009, 228 = StraFo 2009, 112; *BGH* v. 27.3.2012 – 3 StR 49/12 = StraFo 2012, 231.

2305 Ergibt sich die Tatsache der Einstellung angeklagter Vorwürfe nach § 154 Abs. 2 StPO aus dem Urteil und weist dieses dadurch nicht nachvollziehbare Beweiswürdigungslücken auf, kann dies auch Gegenstand einer Sachrüge sein: *OLG Braunschweig* StV 2009, 120.

II. Anforderungen an den Vortrag der Rüge der Verletzung der §§ 261, 154 Abs. 2, 154a Abs. 2 StPO durch Nichtberücksichtigung ausgeschiedenen Verfahrensstoffs

1704 Vorzutragen sind:

- die vollständige Anklageschrift im Wortlaut und der Eröffnungsbeschluss, bei Revisionen gegen Berufungsurteile das in der Berufungshauptverhandlung verlesene erstinstanzliche amtsgerichtliche Urteil, wenn schon im erstinstanzlichen Verfahren eine Teileinstellung bzw. Verfahrensbeschränkung erfolgte,
- die Tatsache der Verfahrenseinstellung bzw. Verfahrensbeschränkung,
- der Wortlaut des betreffenden Beschlusses, insbesondere bezüglich dort mitgeteilter Gründe für die Einstellung, sowie – falls rekonstruierbar – der Antrag der Staatsanwaltschaft,
- ein etwaiger Widerspruch der Verteidigung gegen die Einstellung nebst Begründung oder zumindest die fehlende Zustimmung,
- es sind im Wortlaut die Urkunden, Vernehmungsniederschriften oder Sachverständigengutachten wiederzugeben, die durch Verlesung vor Einstellung bzw. Beschränkung des Verfahrens zum Gegenstand der Hauptverhandlung gemacht worden sind.

Kapitel 23
Einhaltung der Unterbrechungsfristen

Rüge 195

Wurden bei einer mehrtägigen Hauptverhandlung die Höchstfristen für die Dauer der Unterbrechung (§ 229 StPO) überschritten und wurde die Hauptverhandlung entgegen § 229 Abs. 4 S. 1 StPO gleichwohl fortgesetzt?

1705

I. Rechtsgrundlagen

Das Überschreiten der nach § 229 Abs. 1, Abs. 2 StPO jeweils maßgeblichen Höchstfrist für die Dauer einer Unterbrechung der Hauptverhandlung,[2306] ohne dass nach § 229 Abs. 4 S. 1 StPO das Verfahren ausgesetzt wird, begründet die Revision (§§ 229, 337 StPO). Hat der Tatrichter gegen § 229 Abs. 1 und 4 S. 1 StPO verstoßen, so beruht das Urteil regelmäßig auf diesem Verfahrensmangel.[2307]

1706

1. Fortsetzung der Hauptverhandlung oder „Schiebetermin"

Das Revisionsgericht prüft auch, ob bei Fortsetzung der Hauptverhandlung innerhalb der zulässigen Höchstfristen die Hauptverhandlung tatsächlich weitergeführt, d.h. zur Sache und nicht nur formal verhandelt worden ist.[2308]

1707

Der 2. Strafsenat des BGH[2309] weist zutreffend darauf hin, dass allein die Verlängerung der Unterbrechungsfrist des § 229 Abs. 1 StPO von 10 Tagen auf 3 Wochen durch das 1. JuMoG dazu führen kann, dass den Verfahrensbeteiligten infolge Zeitablaufs die Beweisaufnahme nicht mehr in allen Einzelheiten vor Augen steht. Dies gilt erst recht dann, wenn die Hauptverhandlung durch Kurztermine zusätzlich gestreckt wird.

Die Rechtsprechung ist allerdings hinsichtlich der Annahme einer fristwahrenden Sachverhandlung großzügig. Die Annahme einer „Scheinverhandlung" kommt nur in Ausnahmefällen in Betracht. Es muss bewiesen sein, dass die kurze Verhandlung nur zu dem Zweck erfolgte, die fristwahrende Wirkung herbeizuführen, hinter dem der Gesichtspunkt der Verfahrensförderung durch eine inhaltliche Beweisaufnahme

1708

2306   Zur Einhaltung der nach § 268 Abs. 3 StPO zulässigen Höchstfrist vor Verkündung des Urteils siehe Rüge 217 Rn. 1813.

2307   *BGH* StV 2008, 58; *BGH* NStZ 1992, 550, 551; *BGH* StV 1995, 623, 624; *Meyer-Goßner*[55] § 229 Rn. 15; LR-*Becker*[26] § 229 Rn. 3, 4.

2308   Zur Abgrenzung und Beispielen vgl. *Meyer-Goßner*[55] § 229 Rn. 11.

2309   *BGH* StV 2007, 458 = StraFo 2007, 351; *BGH* Urt. v. 11.7.2008 – 5 StR 74/08 = NStZ 2009, 225.

als völlig bedeutungslos zurücktritt.[2310] Auch wenn in einem Termin Verfahrensvorgänge stattfinden, die grundsätzlich zur Unterbrechung der Fristen des § 229 StPO geeignet sind, liegt ein Verhandeln zur Sache dann nicht vor, wenn das Gericht dabei nur formal zum Zwecke der Umgehung dieser Vorschrift tätig wird und der Gesichtspunkt der Verfahrensförderung dahinter zurücktritt. Es muss ein offensichtlich erkennbarer Verfahrensgang vorliegen, an dem deutlich wird, dass das Gericht mit der Verhandlung nicht die substantielle Förderung des Verfahrens bezweckte, sondern allein die Wahrung der Unterbrechungsfrist im Auge hatte.[2311] Eine solche Konstellation wurde z.b. dann angenommen, wenn die Verlesung eines kurzen Briefes oder des Bundeszentralregisterauszuges ohne nachvollziehbaren Grund auf mehrere Termine aufgeteilt wurde.[2312] Nicht fristwahrende Schiebetermine liegen darüber hinaus auch dann vor, wenn einheitliche Verfahrensvorgänge, insbesondere Beweisaufnahmen, willkürlich in mehrerer kurze Verfahrensabschnitte zerstückelt und diese auf mehrere Verhandlungstage verteilt werden, nur um hierdurch die zulässigen Unterbrechungsfristen einzuhalten.[2313] Erst recht gilt dies, wenn sich ein „Fortsetzungstermin" in der Abwicklung solcher Formalien erschöpft, die weder für die Urteilsfindung noch für den dorthin führenden Verfahrensgang eigenständiges Gewicht haben.[2314] Die Bestellung des Pflichtverteidigers für einen bestimmten Hauptverhandlungstermin sowie die Anordnung des Vorsitzenden nach § 29 Abs. 2 S. 1 Hs. 1 StPO oder die Unterbrechung der Hauptverhandlung stellen keine Sachverhandlung dar, da sie vielmehr erst die notwendigen Voraussetzungen dafür schaffen, dass an diesem Termin die Verhandlung überhaupt fortgesetzt werden kann.[2315]

Auch die bloße Feststellung nach § 249 Abs. 2 S. 3 StPO beinhaltet keine Sachverhandlung. Sie erschöpft sich in der Protokollierung, dass ein Teil der Beweiserhebung, der Urkundsbeweis im Selbstleseverfahren, stattgefunden hatte. Nur die Beweisaufnahme als solche, nicht jedoch ihre Aufnahme in die Sitzungsniederschrift befördert die Wahrheitsermittlung in der Sache und damit die Urteilsfindung.[2316] Zur Fristwahrung kann es aber ausreichend sein, wenn ein bereits verlesenes Schriftstück erneut verlesen wird.[2317] Kann die Hauptverhandlung infolge unvorher-

---

2310 *BGH* StV 1998, 359 und 1996, 528; *BGH* Beschl. v. 7.4.2011 3 StR 61/11 = StV 2011, 517.
2311 *BGH* Urt. v. 2.2.2012 – 3 StR 401/11.
2312 Vgl. etwa *BGH* NJW 1996, 3019; *BGH* StV 1996, 528; *Meyer-Goßner*[55] § 229 Rn. 11; KK- *Gmel*[6] § 229 Rn. 6, 6a; LR-*Becker*[26] § 229 Rn. 12; trotz ausdrücklicher Bezeichnung als „Schiebetermin" stellt die Verlesung des keine Eintragung enthaltenden Bundeszentralregisterauszug in einer 3 minütigen Hauptverhandlung eine Sachverhandlung dar.*BGH* Beschl. v. 22.6.2011 – 5 StR 190/11 = StraFo 2011, 395.
2313 *BGH* Urt. v. 2.2.2012 – 3 StR 401/11; StV 2008, 58; *BGH* NJW 1996, 3019, 3020; 2006, 3077; NStZ-RR 1998, 335.
2314 *BGH* StV 2008, 58 mit einschlägigen Beispielen.
2315 *BGH* StV 2008, 58 und StV 1999, 635.
2316 *BGH* StV 2008, 58.
2317 *BGH* Urt. v. 11.7.2008 – 5 StR 74/08 = NStZ 2009, 225.

gesehener Umstände nicht in dem geplanten Umfang durchgeführt werden (z.b. Erkrankung, Nichterscheinen eines Zeugen, Vorlage von Unterlagen, auf die sich die Verteidigung für die weitere Verhandlung vorbereiten muss), kann allein die Entscheidung über die Unterbrechung der Hauptverhandlung die Unterbrechungsfrist wahren.[2318]

Wegen der durch die Verlängerung der Unterbrechungsfrist ohnehin zu erwartenden längeren Hauptverhandlungsdauer ist daher in der Literatur ein strengerer Umgang mit sog. Schiebeterminen gefordert worden.[2319] Dem hat der 3. Senat des BGH in seinem Urteil vom 3.8.2006[2320] widersprochen. Zwar sei durch die Verlängerung der Unterbrechungsfrist die Konzentrationsmaxime und das Beschleunigungsgebot tangiert, grundsätzlich bestehe jedoch keine Veranlassung, die bisherige Rechtsprechung aufzugeben und die Anforderungen an eine fristwahrende Verhandlung zu verschärfen. Die entsprechenden Ausführungen des Senats sind allerdings nicht tragend, so dass eine bindende Entscheidung über diese Frage – soweit ersichtlich – noch nicht vorliegt. **1709**

Die Auffassung des 3. Senats ist kaum nachvollziehbar.[2321] Der Verstoß gegen die Konzentrationsmaxime und das Beschleunigungsgebot bei der Möglichkeit der (mehrmaligen) Unterbrechung der Hauptverhandlung um bis zu 3 Wochen ist evident. Kommen dann noch (unnötige) Kurztermine hinzu, verschärft sich die Situation noch mehr.

Von daher liegt es nach Auffassung der Verfasser auf der Hand, strengere Anforderungen an eine fristwahrende Unterbrechungsverhandlung zu stellen. **1710**

Dabei steht außer Zweifel, dass unvorhergesehene Ereignisse, wie das Ausbleiben eines Zeugen, die Erkrankung eines Verfahrensbeteiligten etc. ausreichender Grund sein kann, lediglich eine kurze Verhandlung durchzuführen, bei der z.B. nur ein Schriftstück verlesen wird.

Dies kann allerdings dann nicht gelten, wenn von vornherein für bestimmte Verhandlungstage nur eine kurze Verhandlungszeit vorgesehen ist, d.h. von vornherein ein Kurztermin terminiert wurde. Entfällt ein sachlicher Grund für einen solchen Kurztermin, kann dies bei marginaler Beweisaufnahme keine ausreichende Sachverhandlung zur Fristunterbrechung darstellen.

2. Hemmung der Unterbrechungsfrist

Der Beschluss über den Eintritt und die Dauer einer Hemmung der Unterbrechungsfrist gem. § 229 Abs. 3 StPO infolge Erkrankung des Angeklagten bzw. einer zur **1711**

2318 *BGH* NJW 2009, 384 = NStZ 2009, 168.
2319 *Meyer-Goßner*[55] § 229 Rn. 11; LR-*Becker*[26] § 229 Rn 3, 4; *Knauer/Wolf* NJW 2004, 2932, 2934.
2320 *BGH* StV 2006, 680.
2321 Zurückhaltender jetzt derselbe Senat *BGH* StV 2008, 58.

Urteilsfindung berufenen Person ist der Nachprüfung durch das Revisionsgericht entzogen (§ 336 S. 2 StPO). Ebensowenig kann das Vorliegen der tatsächlichen Voraussetzungen für den Grund der Hemmung vom Revisionsgericht überprüft werden.[2322] Gerügt werden kann nur, dass die rechtlichen Voraussetzungen für die Hemmung nicht vorlagen, der Angeklagte beispielsweise verreist, aber nicht erkrankt war.[2323] Ist ein Beschluss über Eintritt und Dauer der Hemmung unterblieben, begründet das die Revision nur dann, wenn das Revisionsgericht im Freibeweisverfahren feststellt, dass die Voraussetzungen für die Hemmung nicht vorlagen.[2324]

3. Beruhen

1712   Das Beruhen des Urteils auf der Überschreitung der jeweils höchstzulässigen Unterbrechungsfrist kann in der Regel nicht ausgeschlossen werden.[2325] Das Tatgericht kann die – erkannte – Fristüberschreitung nicht als für seine Überzeugungsbildung unbehelflich erklären.[2326] Ob ausgeschlossen werden kann, dass die Fristüberschreitung den Eindruck von der Hauptverhandlung abgeschwächt oder die Zuverlässigkeit der Erinnerung beeinträchtigt hat,[2327] erscheint zweifelhaft, insbesondere nachdem durch die Verlängerung der Unterbrechungsfrist des § 229 Abs. 1 StPO von 10 Tagen auf 3 Wochen im Zuge des 1. JuMoG der Grundsatz der Konzentration der Hauptverhandlung erheblich aufgeweicht worden ist.

II. Anforderungen an den Vortrag der Rüge der Verletzung des § 229 StPO

1. Überschreiten der zulässigen Höchstfrist für die Unterbrechung der Hauptverhandlung

1713   • Es müssen die Hauptverhandlungstage nach Datum und Wochentag mitgeteilt werden, woraus sich ergibt, dass die Höchstdauer der Unterbrechung nach § 229 Abs. 1 oder Abs. 2 StPO überschritten wurde.

  • Es muss mitgeteilt werden, dass das Ende der Dreiwochen- bzw. Einmonatsfrist nicht auf einen Samstag, Sonntag oder einen gesetzlichen Feiertag fiel und die Hauptverhandlung nicht an dem darauffolgenden Werktag fortgesetzt wurde (§ 229 Abs. 4 S. 2 StPO).

2322   Zur Rüge des Nichteintritts eines der Verhandlung beiwohnenden Ergänzungsrichters oder –schöffen nach Feststellung der krankheitsbedingten Verhinderung siehe Rüge 14 Rn. 333.

2323   *Meyer-Goßner*[55] § 299 Rn. 15; KK-*Gmel*[6] § 229 Rn. 15.

2324   KK-Gmel[6] § 229 Rn. 15.

2325   *Meyer-Goßner*[55] § 229 Rn. 15; *BGH* StV 2008, 58, 59; StV 1995, 623, 624; StV 1997, 282 jew. m.w.N.

2326   *BGH* StV 1996, 367.

2327   *Meyer-Goßner*[55] § 229 Rn. 1.

- Im Falle der Nichteinhaltung der Frist des § 229 Abs. 1 StPO ist mitzuteilen, dass die Hauptverhandlung nicht bereits mehr als 10 Tage angedauert bzw. die Möglichkeit einer Unterbrechung um 30 Tage verbraucht war (§ 229 Abs. 2 u. 3 StPO).
- Im Falle der Unterbrechung nach § 229 Abs. 2 StPO ist mitzuteilen, dass die Hauptverhandlung seit ihrem Beginn bzw. seit der letzten Unterbrechung nach § 229 Abs. 2 StPO bis zum Tage der (erneuten) Unterbrechung nicht bereits an 10 Tagen stattgefunden hat.
- Es ist mitzuteilen, dass während der Unterbrechung die Frist **nicht** nach § 229 Abs. 3 StPO gehemmt war (Negativtatsache).

2. Im Fall der Hemmung der Unterbrechungsfristen ist zusätzlich mitzuteilen

- Vortrag der Beschlüsse, durch die Eintritt und Dauer der Hemmung festgestellt wurden und dass der Grund der Verhinderung des Angeklagten oder einer zur Urteilsfindung berufenen Person nicht Krankheit, sondern ein anderer war, bzw.   **1714**
- dass auch unter Berücksichtigung der Hemmung des Fristablaufs und der Fristverlängerung gem. § 229 Abs. 3 letzter Halbsatz StPO die Höchstfristen des § 229 Abs. 1 bzw. Abs. 2 StPO überschritten worden sind.

3. Im Fall der Rüge der formalen Einhaltung der Fristen des § 229 Abs. 1 StPO infolge der Durchführung sog. „Scheinverhandlungen" ist vorzutragen

- die Ladungsverfügung des Vorsitzenden,   **1715**
- die dem Verteidiger zugestellte Ladung,
- gegebenenfalls die Bekanntgabe weiterer Termine und der Ladung zu diesen in der Hauptverhandlung,
- der Hauptverhandlungstag, an dem der Kurztermin stattgefunden hat,
- die Dauer dieser Hauptverhandlung,
- der Grund, warum an diesem Hauptverhandlungstag nur kurz verhandelt wurde,
- der exakte Ablauf und Inhalt der an diesem Tag durchgeführten Beweisaufnahme,
- für den Fall, dass Urkunden verlesen wurden, deren vollständiger Inhalt im Wortlaut sowie die Teile der Urkunde im Wortlaut, die verlesen wurden,
- anhand der Daten der durchgeführten Hauptverhandlungen, dass die Fristen des § 229 Abs. 1, Abs. 2 StPO ohne Berücksichtigung der Kurztermine nicht gewahrt worden wären,
- die Mitteilung aller Vorgänge, die für die Beurteilung der Frage von Bedeutung sein können, ob eine Sachverhandlung stattgefunden hat.[2328]

2328   *BGH* Beschl. v. 4.6.2009 – 3 StR 61/09 = NStZ-RR 2009, 288.

1716 • In der Begründung sollte ergänzend darauf hingewiesen werden, dass eine sachliche Rechtfertigung für nur eine kurze Verhandlung nicht gegeben war. In Anlehnung an die Rechtsprechung zum Beschleunigungsgebot in Haftsachen könnte vorgetragen werden, dass Gründe, die in den Verantwortungsbereich der Justiz fallen und denen mit gerichtsorganisatorischen Maßnahmen hätte begegnet werden können, den Kurztermin nicht rechtfertigen. Es muss dargelegt werden, dass die kurze Verhandlung nur zu dem Zweck erfolgte, die fristwahrende Wirkung herbeizuführen, hinter dem der Gesichtspunkt der Verfahrensförderung durch eine inhaltliche Beweisaufnahme als völlig bedeutungslos zurückgetreten ist.[2329]

2329 Vgl. zu den Anforderungen an den Vortrag auch *BGH* StV 1998, 359.

Kapitel 24
Behinderung der Verteidigung durch Vorenthalten von Informationen, Unterlassen von Hinweisen und Zurückweisung von Unterbrechungs- bzw. Aussetzungsanträgen sowie von Anträgen zur Sitzordnung zwecks Kommunikation zwischen Angeklagtem und Verteidiger

Abschnitt 1
Nach Beginn der Hauptverhandlung zur Akte gelangte neue Ermittlungsergebnisse

Rüge 196

Sind während, aber außerhalb der Hauptverhandlung Ermittlungen angestellt worden, von   1717
denen der Angeklagte keine Kenntnis hatte und hat der Vorsitzende dem Angeklagten und
seinem Verteidiger davon Kenntnis gegeben, um ihnen die Möglichkeit ergänzender Akteneinsicht zu eröffnen (Art. 6 Abs. 1 EMRK, § 147 Abs. 1 StPO)? Ist ein nach Beginn der
Hauptverhandlung diesbezüglich gestellter Akteneinsichtsantrag abgelehnt oder nicht verbeschieden worden? Ist im Falle der Gewährung ergänzender Akteneinsicht eine von Amts
wegen gebotene Aussetzung oder Unterbrechung der Hauptverhandlung unterblieben oder
ist einem diesbezüglichen Antrag nicht stattgegeben worden (§§ 147 Abs. 1, 228 Abs. 1,
338 Nr. 8 StPO)?

I. Rechtsgrundlagen

Das Akteneinsichtsrecht des Verteidigers gem. § 147 Abs. 1 StPO bezieht sich nicht   1718
nur auf die Akten, die dem Gericht mit Anklageerhebung vorzulegen sind (§ 199
Abs. 2 S. 2 StPO), sondern auf alle auch nach diesem Zeitpunkt zur Akte gelangten
Vorgänge. Das gilt auch für solche Unterlagen und Ermittlungsergebnisse, die erst
nach Beginn der Hauptverhandlung zur Akte gelangt sind.[2330] Aktenbestandteil sind
auch die Unterlagen und Daten, die in dem gegen den Angeklagten gerichteten Ermittlungsverfahren angefallen, aber noch bei der Polizei verblieben oder gespei-

---

2330   *BGHSt* 36, 305 = StV 1990, 49 = NStZ 1990, 193; *BGH* StV 2001, 4; *BGH* StV 2005,
       652. Zum Akteneinsichtsrecht in Akten aus abgetrennten Verfahren, die dem Gericht
       nicht vorliegen, s. *BGH* v. 23.2.2010 – 4 StR 599/09 = StV 2010, 615 und zur insoweit
       in Betracht kommenden Rüge 157 Rn. 1394.

chert sind[2331] und von deren Existenz die Verfahrensbeteiligten erst während der Hauptverhandlung Kenntnis erhielten. Der Grundsatz des fairen Verfahrens verpflichtet das Tatgericht, dem Angeklagten und seinem Verteidiger Gelegenheit zur Kenntnisnahme vom Ergebnis verfahrensbezogener Ermittlungen zu geben, die während, aber außerhalb der Hauptverhandlung angestellt worden sind.[2332] Das gilt auch dann, wenn das Tatgericht dieses Ergebnis nicht für entscheidungserheblich gehalten hat.[2333] Entsprechendes gilt auch dann, wenn während der Hauptverhandlung Urkunden oder andere Beweismittel, deren Erheblichkeit nicht ausgeschlossen ist, ohne Veranlassung durch das Gericht zu den Akten gelangt sind.[2334] Unterbleibt die Unterrichtung oder der Hinweis auf neu zur Akte gelangte Ermittlungsergebnisse etc., stellt dies eine Verletzung des Anspruchs auf ein faires Verfahren (Art. 6 Abs. 1 EMRK) in Verbindung mit § 147 StPO dar.

1719 Hat der Verteidiger nach Kenntniserlangung trotz entsprechenden Antrags keine Akteneinsicht erhalten, begründet dies einen Verstoß gegen § 147 StPO. In Betracht kommt auch der Revisionsgrund der unzulässigen Beschränkung der Verteidigung (§ 338 Nr. 8 StPO), was allerdings voraussetzt, dass gegen die ablehnende Verfügung des Vorsitzenden gem. § 238 Abs. 2 StPO die Entscheidung des Gerichts beantragt worden ist.[2335]

1720 Hat der Verteidiger aufgrund eines Hinweises ergänzende Akteneinsicht erhalten, kann die Aussetzung bzw. Unterbrechung der Hauptverhandlung von Amts wegen oder auf einen diesbezüglichen Antrag geboten sein, wenn dies zur weiteren Vorbereitung der Verteidigung erforderlich ist. Unterbleibt die Unterbrechung bzw. Aussetzung der Hauptverhandlung, kann darin eine unzulässige Beschränkung der Verteidigung (§§ 228 Abs. 1, 338 Nr. 8 StPO) liegen.

1721 Die Verteidigung kann auch dadurch unzulässig beschränkt sein, dass ein Antrag auf Wiederholung des Teils der Hauptverhandlung durch Gerichtsbeschluss zurückgewiesen worden ist, bezüglich dessen eine effektive Wahrnehmung der Verteidigungsrechte erst auf der Grundlage der nunmehr vollständig gewährten Akteneinsicht möglich gewesen wäre.

2331 *BGH* v. 18.6.2009 – 3 StR 89/09 = StV 2010, 228 m. Anm. *Stuckenberg* = StraFo 2009, 338.
2332 Es widerstreitet der Struktur des Strafverfahrens grundlegend, wenn das Gericht während laufender Hauptverhandlung wesentliche, ihrer Natur nach nicht geheimhaltungsbedürftige, ergänzende polizeiliche Ermittlungen (z.B. Durchführung einer Wahlgegenüberstellung), deren Ergebnis dann in der Hauptverhandlung möglicherweise verwertet werden soll, in Auftrag gibt, ohne die Verteidigung hierüber zuvor ausreichend zu informieren und ohne den Versuch zu unternehmen, eine effektive Teilhabe der Verteidigung an den vorgesehenen Ermittlungen zu gewährleisten: *BGH* v. 21.7.2009 – 5 StR 235/09 = StV 2010, 170 (Ls) = NStZ 2010, 53 m. Anm. *Schneider*.
2333 *BGHSt* 36, 305 = StV 1990, 49 = NStZ 1990, 193; *BGH* StV 2001, 4.
2334 *BGH* StV 2001, 4; *BGH* StV 2005, 652.
2335 Die Rüge der Verletzung des § 147 StPO erfordert keinen Gerichtsbeschluss, da die Akteneinsicht durch den Vorsitzenden gewährt wird: LR-*Lüderssen/Jahn*[26] § 147 Rn. 172.

II. Anforderungen an den Vortrag der Rüge der Verletzung des Grundsatzes des fairen Verfahrens (Art. 6 Abs. 1 EMRK) i.V.m. § 147 Abs. 1 StPO bzw. der unterbliebenen Aussetzung oder Unterbrechung der Hauptverhandlung bzw. der Nichtwiederholung von vor ergänzender Akteneinsicht durchgeführter Teile der Hauptverhandlung (§§ 228 Abs. 1, 265 Abs. 4, 338 Nr. 8 StPO)

1. Unterlassener Hinweis auf nach Beginn der Hauptverhandlung zur Akte gelangte Vorgänge

- Es ist mitzuteilen, dass nach Beginn der Hauptverhandlung neue Ermittlungsergebnisse zur Akte gelangt sind. Der Inhalt der zur Akte gelangten neuen Ermittlungsergebnisse ist wörtlich oder einkopiert bzw. gescanned im Rahmen der Revisionsbegründung vorzutragen. **1722**

- Dem Angeklagten bzw. seinem Verteidiger ist vor Urteilsverkündung seitens des Gerichts hiervon keine Kenntnis gegeben worden. **1723**

2. Keine Akteneinsichtsgewährung

- Es ist mitzuteilen, dass nach Beginn der Hauptverhandlung neue Ermittlungsergebnisse zur Akte gelangt sind und der Verteidiger hiervon Kenntnis erlangt hat. Der Inhalt der zur Akte gelangten neuen Ermittlungsergebnisse ist wörtlich oder einkopiert bzw. gescanned im Rahmen der Revisionsbegründung vorzutragen. **1724**
- Der Verteidiger hat einen Antrag auf Akteneinsichtsgewährung gestellt, den der Vorsitzende abgelehnt oder übergangen hat. Soll (zusätzlich) die unzulässige Behinderung der Verteidigung gerügt werden (§ 338 Nr. 8 StPO), ist vorzutragen, dass der Verteidiger gem. § 238 Abs. 2 StPO einen Antrag auf gerichtliche Entscheidung gestellt hat, den das Gericht durch wörtlich mitzuteilenden Beschluss zurückgewiesen hat.
- Dem Verteidiger ist bis zur Urteilsverkündung keine Akteneinsicht gewährt worden.

3. Ablehnung eines Aussetzungs- oder Unterbrechungsantrags

- Wurden der Angeklagte bzw. sein Verteidiger darauf hingewiesen, dass nach Beginn der Hauptverhandlung neue Ermittlungsergebnisse zur Akte gelangt sind und hat der Verteidiger von seinem Recht auf Akteneinsicht Gebrauch gemacht und im Anschluss daran einen Antrag auf Aussetzung oder Unterbrechung der Hauptverhandlung gestellt, der (nach vorangegangener negativer Entscheidung durch den Vorsitzenden) durch Gerichtsbeschluss abgelehnt worden **1725** ist, ist dieser Vorgang vollständig[2336] und soweit es um Anträge und Beschlüsse geht, wörtlich mitzuteilen.

Es ist darzulegen, dass die Verteidigung durch die Ablehnung des Unterbrechungs oder Aussetzungsantrags in einem für die Entscheidung wesentlichen Punkt beschränkt worden ist.[2337]

4. Keine Wiederholung der Hauptverhandlung

1726 • Hat der Verteidiger einen Antrag auf Wiederholung des Teils der Hauptverhandlung gestellt, der vor ergänzender Akteneinsichtsgewährung stattgefunden hat, ist dieser Antrag im Wortlaut sowie die dazu Anlass gebenden Vorgänge, der Inhalt des zu wiederholenden Teils der Hauptverhandlung und der (ggf. nach negativer Vorentscheidung durch den Vorsitzenden) dies ablehnende Gerichtsbeschluss mitzuteilen. Auch hier muss der zu wiederholende Teil der Hauptverhandlung einen darzulegenden für die Entscheidung wesentlichen Punkt betroffen haben.

Abschnitt 2
Behinderung der Verteidigung durch Beschneidung von Informationsmöglichkeiten

Rüge 197

1727 Hätte eine Aussetzung oder Unterbrechung der Hauptverhandlung von Amts wegen erfolgen müssen bzw. ist einem diesbezüglichen Antrag nicht stattgegeben worden, obwohl bis zum Beginn der Hauptverhandlung entgegen einem entsprechenden Antrag keine (vollständige) Akteneinsicht gewährt worden war?

I. Rechtsgrundlagen

1728 Wurde trotz eines rechtzeitig vor Beginn der Hauptverhandlung gestellten Akteneinsichtsantrags Akteneinsicht so spät gewährt, dass dadurch die Verteidigung des Angeklagten behindert wurde, kann die Verletzung des § 147 StPO die Revision nur begründen, wenn das Gericht gem. § 238 Abs. 2 StPO einen Antrag auf Aussetzung oder Unterbrechung der Hauptverhandlung bis zur Gewährung der Akteneinsicht bzw. für die Dauer eines zur Vorbereitung erforderlichen Zeitraums abgelehnt

---

2336 Auch insoweit müssen Umfang und Inhalt der neuen Aktenteile detailliert mitgeteilt werden.
2337 *BGH* StV 2000, 248; *Meyer-Goßner*[55] § 338 Rn. 59.

hat.[2338] In diesem Fall ist die Verteidigung unzulässig beschränkt (§ 338 Nr. 8 StPO)[2339].

Auf die Art der Ausgestaltung des Rechts auf Akteneinsicht (z.b. Gewährung von Akteneinsicht nur auf der Geschäftsstelle) kann im Hinblick auf § 336 S. 2 i.V.m. § 147 Abs. 4 S. 2 StPO eine Verfahrensrüge nicht gestützt werden.[2340]

II. Anforderungen an den Vortrag der Rüge der Nichtaussetzung bzw. -unterbrechung der Hauptverhandlung aufgrund verspäteter oder unvollständiger Akteneinsichtsgewährung (§§ 147 Abs. 1, 228 Abs. 1, 338 Nr. 8 StPO)

- Mitteilung des Zeitpunktes und des Inhaltes des Akteneinsichtsantrages im Wortlaut.   **1729**
- Mitteilung, dass Akteneinsicht bis zum Beginn der Hauptverhandlung nicht gewährt wurde[2341] oder Mitteilung des Zeitpunktes, zu dem Akteneinsicht gewährt wurde. Letzterenfalls ist der Zeitpunkt des Beginns der Hauptverhandlung und der Umfang der Akten vorzutragen sowie die Gründe, warum die zur Verfügung stehende Zeit zur Vorbereitung der Verteidigung nicht ausreichte.[2342]
- Soll beanstandet werden, dass die Akte zum Zeitpunkt der Einsichtnahme nicht vollständig gewesen sei, ist vorzutragen, welche Bestandteile gefehlt haben und welche Gründe einer erneuten und dann vollständigen Akteneinsicht entgegengestanden haben.[2343] Außerdem ist die konkret-kausale Beziehung zwischen diesem geltend gemachten Verfahrensfehler und einem für die Entscheidung wesentlichen Punkt darzutun.[2344]
- Inhalt des Aussetzungs bzw. Unterbrechungsantrags im Wortlaut.
- Inhalt der diesen Antrag ablehnenden Verfügung des Vorsitzenden und des diese bestätigenden Gerichtsbeschlusses (§ 238 Abs. 2 StPO).
- Der Beschwerdeführer hat vorzutragen, ob dem Verteidiger – insbesondere bei einer mehrtägigen Hauptverhandlung – Akteneinsicht zu einem späteren Zeitpunkt gewährt wurde und ob die danach zur Verfügung stehende Zeit zu einer ordnungsgemäßen Vorbereitung der Verteidigung ausreichte bzw. welchen Zeitraum der Verteidiger benötigt hätte.[2345] Ggf. sind Inhalt und Zeitpunkt eines nochmaligen Unterbrechungsantrags und der daraufhin ergangene Gerichtsbeschluss vorzutragen. Inhalt und Umfang der nachträglich zur Einsicht zur Verfü-

---

2338   *Meyer-Goßner*[55] § 147 Rn. 42 m.w.N.

2339   *BGH* StV 1985, 4 = NStZ 1985, 87; *KG* StV 1982, 10.

2340   *BGH* NStZ 2000, 46.

2341   Es muss vorgetragen werden, dass auch keine Möglichkeit der Einsichtnahme an Gerichtsstelle bestand.

2342   Vgl. z.B. *OLG München* StV 2005, 430.

2343   *OLG Hamm* StV 2004, 310.

2344   *OLG Hamm* StraFo 2005, 468.

2345   *BGH* StV 1990, 532.

gung gestellten Unterlagen ist in diesem Zusammenhang ebenfalls mitzuteilen. Das gilt insbesondere dann, wenn Einsicht in erst während der Hauptverhandlung zur Akte gelangte Unterlagen gewährt wurde.

- Hat vor der Gewährung der Akteneinsicht ein Teil der Hauptverhandlung stattgefunden, bei dem der Verteidiger infolge nicht gewährter Akteneinsicht nicht effektiv verteidigen konnte, ist dies im Einzelnen darzulegen; letzterenfalls, dass ein Antrag auf Wiederholung dieses Teils der Hauptverhandlung nach gewährter Akteneinsicht durch Gerichtsbeschluss zurückgewiesen wurde, falls nicht die Aussetzung der Hauptverhandlung geboten war.[2346]

Rüge 198

1730   Ist ein Antrag auf Aussetzung oder Unterbrechung der Hauptverhandlung abgelehnt bzw. nicht beschieden worden oder eine Aussetzung oder Unterbrechung der Hauptverhandlung von Amts wegen nicht erfolgt, obwohl ein vom Gericht bzw. von der Staatsanwaltschaft nach § 214 Abs. 3 StPO geladener Zeuge oder Sachverständiger bzw. ein herbeigeschafftes nach § 256 StPO verlesbares Schriftstück dem Angeklagten nicht rechtzeitig namhaft gemacht worden ist? Wurde der Angeklagte auf die Möglichkeit einer entsprechenden Antragstellung nicht hingewiesen?

I. Rechtsgrundlagen

1731   Die rechtzeitige Namhaftmachung der geladenen Zeugen und Sachverständigen[2347] sowie – im Rahmen des § 68 StPO (siehe § 222 Abs. 1 S. 3 StPO) – ihres Wohn- und Aufenthaltsortes (§ 222 Abs. 1 S. 1 StPO) dient der Vorbereitung der Hauptverhandlung und gewährleistet aus der Sicht des Angeklagten damit ein faires Verfahren.[2348] Die Mitteilungspflicht obliegt deshalb nicht nur dem Gericht, sondern auch der Staatsanwaltschaft (§ 222 Abs. 1 S. 2 StPO), ihr gleichgestellte Behörden und denjenigen weiteren Verfahrensbeteiligten, die das Recht der unmittelbaren Ladung

---

2346   Beispielsweise weil dem Angeklagten Gelegenheit zu geben war, seine Einlassung vor dem Hintergrund umfassender Akteneinsicht neu zu formulieren.

2347   § 222 StPO wird zumindest entsprechend auf die Herbeischaffung verlesbarer Gutachten (so *BayObLGSt* 1954, 156; LR-*C. Jäger*[26] § 222 Rn. 3) und anderer nach § 256 StPO verlesbarer Erklärungen anzuwenden sein. Dies gilt erst recht, seitdem durch das 1. JuMoG die Möglichkeit zur Ersetzung der persönlichen Vernehmung von Zeugen und Sachverständigen durch Verlesung von ihnen stammender Erklärungen gem. § 256 StPO erheblich erweitert worden ist.

2348   Der unterbliebenen rechtzeitigen Namhaftmachung eines Sachverständigen ist der Fall gleichzustellen, dass in Fällen eines Schuldfähigkeits-, Prognose- oder Glaubwürdigkeitsgutachtens der Sachverständige kein schriftliches vorläufiges Gutachten vorgelegt hat: *Deckers u.a.* NStZ 2011, 69, 72 f. (s. hierzu auch Rüge 134 Rn. 1144).

haben (Nebenkläger, Einziehungsbeteiligte etc.)[2349], wenn Zeugen oder Sachverständige unmittelbar zur Hauptverhandlung geladen worden sind (§§ 214 Abs. 3, 433 Abs. 1 i.V.m. § 220 Abs. 1 S. 1 StPO).

Eine Verletzung dieser sich aus § 222 StPO ergebenden Pflicht kann unmittelbar **1732** nur im Falle einer zulässigerweise in Abwesenheit des Angeklagten durchgeführten Hauptverhandlung, in der auch kein Verteidiger anwesend ist, die Revision begründen,[2350] wenn dadurch erfolgversprechende Nachforschungen über die Person des Zeugen oder Sachverständigen (oder des Urhebers von nach § 256 StPO verlesbaren Erklärungen) unmöglich waren bzw. der Angeklagte von seinem Recht auf Teilnahme an der Hauptverhandlung Gebrauch gemacht hätte, wenn er von der Erstreckung der Beweisaufnahme auf die nicht namhaft gemachten Zeugen bzw. Sachverständigen etc. Kenntnis gehabt hätte (§§ 222 Abs. 1, 337 StPO)[2351].

Im Falle eines in der Hauptverhandlung anwesenden Angeklagten oder zumindest **1733** eines Verteidigers soll nach h.M. erst die einen Aussetzungsantrag nach § 246 Abs. 2, 3 StPO ablehnende Entscheidung bzw. dessen Nichtbescheidung revisibel sein.[2352] Im Falle eines an der Hauptverhandlung ohne Verteidiger teilnehmenden Angeklagten kann mit der Revision beanstandet werden, dass er nicht auf die Möglichkeit, die Aussetzung wegen nicht rechtzeitiger Namhaftmachung zu beantragen, hingewiesen wurde.[2353]

Wurde ein Aussetzungsantrag gestellt, über den das Gericht nach freiem Ermessen **1734** zu entscheiden hat (§ 246 Abs. 4 StPO), ist die Revision begründet, wenn der Antrag in der Hauptverhandlung nicht beschieden wurde und das Urteil auf dem Verfahrensverstoß beruhen kann. Letzteres kann ausnahmsweise nur dann ausgeschlossen werden, wenn das Gericht auf die Verwertung des Beweismittels völlig verzichtet, die Beweiserhebung für die Urteilsfindung völlig unerheblich war, wenn offensichtlich ist, dass Nachforschungen nicht erfolgversprechend oder deshalb unnötig waren, weil die Beweisperson dem Angeklagten bereits ausreichend bekannt war.[2354]

Im Falle der Ablehnung des Antrages prüft das Revisionsgericht, ob ein Verstoß gegen § 222 StPO vorlag, wozu auch die zutreffende Auslegung des unbestimmten Rechtbegriffs der „rechtzeitigen Namhaftmachung" gehört[2355] und ob das Gericht den Aussetzungsantrag rechtsirrig oder unter Fehlgebrauch seines Ermessens zu

---

2349 *Meyer-Goßner*[55] § 222 Rn. 5 i.V.m. § 220 Rn. 2.
2350 *Meyer-Goßner*[55] § 222 Rn. 10.
2351 Das Gericht hätte in diesem Fall die Verhandlung von Amts wegen aussetzen müssen: LR-*C. Jäger*[26] § 222 Rn. 20.
2352 LR-*C. Jäger*[26] § 222 Rn. 22 u. 26 und LR-*J.-P. Becker*[26] § 246 Rn. 24; *Meyer-Goßner*[55] § 222 Rn. 10.
2353 *Meyer-Goßner*[55] § 222 Rn. 10.
2354 LR-*C. Jäger*[26] § 222 Rn. 24.
2355 LR-*C. Jäger*[26] § 222 Rn. 26.

Unrecht abgelehnt hat.[2356] Deshalb ist die Ablehnung des Antrages nach Maßgabe des § 34 StPO zu begründen. Die Entscheidung muss zumindest zum Ausdruck bringen, dass das Gericht sie unter Berücksichtigung der Aufklärungspflicht, der berechtigten Belange des von dem Beweismittel überraschten Angeklagten und damit „pflichtgemäß" getroffen hat.[2357]

Im Falle der rechtsfehlerhaften Ablehnung gilt für die Beruhensfrage das zum Fall der Nichtbescheidung Ausgeführte.

1735 Auch ohne Stellung eines Aussetzungsantrages kann das Gericht von Amts wegen gehalten sein, die Hauptverhandlung auszusetzen oder zu unterbrechen, wenn dies aus Aufklärungsgründen bzw. zur ausreichenden Vorbereitung der Verteidigung oder nach § 265 Abs. 4 StPO geboten war.[2358]

II. Anforderungen an den Vortrag der Rüge der Verletzung des § 222 StPO

1. Notwendiger Revisionsvortrag bei abwesenden und in der Hauptverhandlung unverteidigten Angeklagten

1736 • Nicht rechtzeitige Namhaftmachung von vom Gericht bzw. der Staatsanwaltschaft nach § 214 Abs. 3 StPO oder anderen Verfahrensbeteiligten geladenen Zeugen, Sachverständigen oder Urhebern von nach § 256 StPO verlesbaren Erklärungen. Der Zeitpunkt der Namhaftmachung und derjenige der Hauptverhandlung sind mitzuteilen.

• Abwesenheit des Angeklagten und eines Verteidigers in der Hauptverhandlung.

• Vernehmung der nicht rechtzeitig namhaft gemachten Beweisperson in der Hauptverhandlung bzw. Verlesung einer Erklärung nach § 256 StPO (letzterenfalls Mitteilung von deren vollständigem Wortlaut).

• Der Angeklagte hätte ansonsten Nachforschungen zu der betreffenden Beweisperson angestellt bzw. von seinem Recht, an der Hauptverhandlung persönlich teilzunehmen, Gebrauch gemacht.

2. Vortrag bei unverteidigtem Angeklagten, der keinen Aussetzungsantrag gestellt hat

1737 • Nicht rechtzeitige Namhaftmachung von vom Gericht bzw. von der Staatsanwaltschaft nach § 214 Abs. 3 StPO oder anderen Verfahrensbeteiligten geladenen Zeugen, Sachverständigen oder Urhebern von nach § 256 StPO verlesbaren Erklärungen. Der Zeitpunkt der Namhaftmachung und derjenige der Hauptverhandlung sind mitzuteilen.

• Abwesenheit eines Verteidigers.

2356 LR-*J.-P. Becker*[26] § 246 Rn. 24.
2357 LR- *J.-P. Becker*[26] § 246 Rn. 15.
2358 LR- *J.-P. Becker*[26] § 246 Rn. 20 (siehe dazu Rüge 201 Rn. 1750).

- Angeklagter hatte von der Möglichkeit, einen Aussetzungsantrag wegen Verletzung des § 222 Abs. 1 StPO zu stellen, keine Kenntnis.
- Der Vorsitzende hat den Angeklagten nicht auf die Möglichkeit hingewiesen, einen Aussetzungsantrag wegen Verletzung des § 222 Abs. 1 StPO zu stellen.
- Der Angeklagte hat (deshalb) keinen Aussetzungsantrag gestellt.
- Vernehmung der nicht rechtzeitig namhaft gemachten Beweisperson in der Hauptverhandlung bzw. Verlesung einer Erklärung nach § 256 StPO (letzterenfalls Mitteilung von deren vollständigen Wortlaut).
- Der Angeklagte hätte ansonsten Nachforschungen über die Beweisperson angestellt.

3. Vortrag bei verteidigtem bzw. unverteidigtem Angeklagten im Falle der Stellung eines Aussetzungsantrages

- Nicht rechtzeitige Namhaftmachung von vom Gericht bzw. der Staatsanwalt- **1738** schaft nach § 214 Abs. 3 StPO oder anderen Verfahrensbeteiligten geladenen Zeugen, Sachverständigen oder Urhebern von nach § 256 StPO verlesbaren Erklärungen. Der Zeitpunkt der Namhaftmachung und derjenige der Hauptverhandlung sind mitzuteilen.
- Stellung eines Aussetzungsantrags (wörtliche Wiedergabe).
- Nichtbescheidung bzw. Ablehnung des Antrags, letzterenfalls unter vollständiger Mitteilung des Beschlusses mit seiner Begründung.
- Vernehmung der nicht rechtzeitig namhaft gemachten Beweisperson in der Hauptverhandlung bzw. Verlesung einer Erklärung nach § 256 StPO (letzterenfalls Mitteilung von deren vollständigem Wortlaut).

4. Unterbrechung statt Aussetzung der Hauptverhandlung

Ist statt einer Aussetzung der Hauptverhandlung diese nur unterbrochen worden, **1739** muss gegen eine diesbezügliche Verfügung des Vorsitzenden eine Entscheidung des Gerichts herbeigeführt worden sein (§ 238 Abs. 2 StPO). Der die Unterbrechung bestätigende Beschluss muss mit der Revisionsbegründung vollständig vorgetragen und es muss dargelegt werden, dass und warum die Unterbrechung nicht ausreichte, um die Beschränkung der Verteidigung auszugleichen.

III. Nachweis der die Rüge begründenden Verfahrenstatsachen

Die Abwesenheit des Angeklagten bzw. eines Verteidigers in der Hauptverhand- **1740** lung, die Vernehmung der nicht rechtzeitig namhaft gemachten Beweisperson bzw. die Verlesung einer Erklärung nach § 256 StPO, die Belehrung über die Möglichkeit der Stellung eines Aussetzungsantrages, die Tatsache der Stellung und der Inhalt eines Aussetzungsantrages, die Nichtbescheidung bzw. Ablehnung des Aussetzungsantrages werden als wesentliche Förmlichkeit der Hauptverhandlung durch das Hauptverhandlungsprotokoll bzw. dessen Schweigen bewiesen.

Rüge 199

1741 Ist ein zu vernehmender Zeuge oder Sachverständiger dem Angeklagten so spät namhaft gemacht oder eine zu beweisende Tatsache so spät vorgebracht worden, dass es dem Angeklagten an der zur Einziehung von Erkundigungen erforderlichen Zeit gefehlt hat und wurde die Hauptverhandlung nicht zum Zwecke der Einziehung von Erkundigungen ausgesetzt bzw. unterbrochen?

I. Rechtsgrundlagen

1742 Die Vorschrift des § 222 Abs. 1 StPO dient der Vorbereitung der Hauptverhandlung durch den Angeklagten. Demgegenüber soll die Vorschrift des § 246 Abs. 2 und Abs. 3 StPO den Angeklagten davor schützen, dass er insbesondere bei mehrtägigen Hauptverhandlungen nicht durch Vernehmung eines vorher nicht namhaft gemachten Zeugen oder Sachverständigen oder durch Einbeziehung einer neuen Beweistatsache in die Beweisaufnahme überrumpelt wird. Er soll vielmehr Gelegenheit haben, sich mit den neuen Beweisen kritisch auseinanderzusetzen und über Wert oder Unwert der Beweismittel Erkundigungen einzuziehen und ggf. Gegenbeweise anzubieten.[2359]

Eine zu beweisende Tatsache im Sinne des § 246 Abs. 2 StPO ist zu spät vorgebracht, wenn ihre Verfahrenserheblichkeit erst nachträglich ersichtlich wird, die Verteidigung also nicht damit rechnen musste, dass diese Tatsache in der Hauptverhandlung Bedeutung erlangen könnte.[2360]

Revisionsrechtlich ist die Verletzung der Pflicht zur Aussetzung oder Unterbrechung der Hauptverhandlung bzw. der Pflicht, den unverteidigten Angeklagten auf die Möglichkeit der Stellung eines Aussetzungsantrages hinzuweisen, entsprechend den Ausführungen zu § 222 StPO zu behandeln.[2361]

II. Anforderungen an den Vortrag der Rüge der Verletzung von § 246 Abs. 2 und 3 StPO

1743 Die Rügeanforderungen decken sich weitgehend mit denjenigen der Beanstandung der Verletzung der Pflicht zur Aussetzung der Hauptverhandlung nach § 265 Abs. 4 StPO (Rüge 201, Rn. 1750) bzw. derjenigen, den Angeklagten auf sein Antragsrecht hinzuweisen (Rüge 202, Rn. 1756).

1744 **Zusätzlich** ist folgender Revisionsvortrag erforderlich:

- Vorbringen, an welchem Hauptverhandlungstag ein Zeuge oder Sachverständiger vernommen wurde bzw. eine Tatsache zum Gegenstand der Hauptverhandlung gemacht wurde, die dem Angeklagten im Sinne des § 246 Abs. 2 StPO zu spät namhaft bzw. zu spät vorgebracht worden war.

2359 LR-*J.-P. Becker*[26] § 246 Rn. 3.
2360 LR-*J.-P. Becker*[26] § 246 Rn. 7, auch zu Ausnahmen.
2361 Vgl. Rüge 198 Rn. 1730.

• Mitteilung des Zeitpunktes, zu dem die betreffende Beweisperson bzw. die betreffende Beweistatsache dem Angeklagten gegenüber namhaft gemacht bzw. vorgebracht worden ist.

• Darlegung der Gründe, warum die zur Einziehung von Erkundigungen erforderliche Zeit gefehlt hat, insbesondere also welche Erkundigungen erforderlich waren.

<h2 style="text-align:center">Abschnitt 3
Unterbrechung bzw. Aussetzung der Hauptverhandlung wegen Veränderungen des Sachverhalts bzw. der Verfahrenslage</h2>

Rüge 200

Ist nach Erteilung eines rechtlichen Hinweises nach § 265 Abs. 1 oder Abs. 2 StPO die Hauptverhandlung nicht ausgesetzt oder unterbrochen bzw. ein unverteidigter Angeklagter nicht auf sein Recht, die Aussetzung zu beantragen, hingewiesen worden? **1745**

I. Rechtsgrundlagen

Ist nach § 265 Abs. 1 oder Abs. 2 StPO ein rechtlicher Hinweis erteilt worden, kann **1746** der Angeklagte einen Antrag auf Aussetzung der Hauptverhandlung stellen, wenn er infolge damit zusammenhängender neu hervorgetretener Umstände auf die Verteidigung nicht genügend vorbereitet war. Das Gericht ist verpflichtet, die Hauptverhandlung auszusetzen, wenn die Voraussetzungen des § 265 Abs. 3 StPO vorliegen.[2362] Eine Unterbrechung reicht nur dann aus, wenn der Angeklagte seinen Antrag darauf beschränkt hat. Von Amts wegen muss das Gericht die Hauptverhandlung nur unter den Voraussetzungen des § 265 Abs. 4 StPO aussetzen.[2363]

Eine Belehrung des Angeklagten über das Recht, die Aussetzung der Hauptver- **1747** handlung nach § 265 Abs. 3 StPO zu beantragen, hat jedenfalls im Falle eines unverteidigten Angeklagten zu erfolgen.[2364]

Die Voraussetzungen für den Anspruch auf Aussetzung der Hauptverhandlung lie- **1748** gen nur vor, wenn der Angeklagte die Richtigkeit der in der Hauptverhandlung neu hervorgetretenen Tatsachen bestreitet[2365] (das Gericht darf also die Aussetzung nur dann verweigern, wenn der Angeklagte diese Tatsachen eingeräumt hat) und der

---

2362 *BGHSt* 48, 183 = StV 2003, 269 = NStZ 2004, 396 m. zustimmender Anm. *Mitsch.*
2363 Siehe Rüge 201 Rn. 1750.
2364 Nachweise und Meinungsstand bei LR-*Gollwitzer*[25] § 265 Fn. 301.
2365 *BGH* wistra 2006, 191.

Angeklagte behauptet, auf die Verteidigung nicht genügend vorbereitet zu sein, was nicht der Nachprüfung des Gerichts unterliegt.

Allein die Veränderung eines **rechtlichen** Gesichtspunktes begründet den Anspruch auf Aussetzung nicht.

II. Anforderungen an den Vortrag der Rüge der Verletzung des § 265 Abs. 3 StPO

1749 • Der Inhalt eines nach § 265 Abs. 1 oder Abs. 2 StPO erteilten Hinweises muss vollständig im Wortlaut mitgeteilt werden.

• Es ist darzulegen, dass diesem Hinweis konkret zu bezeichnende Tatsachen zugrunde liegen, die erst in der Hauptverhandlung (wann und durch welche Beweismittel) neu hervorgetreten sind, insbesondere also nicht schon Gegenstand der Anklage, des Eröffnungsbeschlusses oder eines vor Beginn der Hauptverhandlung erteilten gerichtlichen Hinweises waren.

• Mitteilung, dass der Angeklagte die Richtigkeit dieser Tatsachen ausdrücklich bestritten hat.

• Mitteilung, dass der Angeklagte behauptet hat, auf die Verteidigung nicht genügend vorbereitet gewesen zu sein.

• Mitteilung des vollständigen Wortlauts des Antrags auf Aussetzung (ggf. Unterbrechung) der Hauptverhandlung.

• Mitteilung des vollständigen Wortlauts des (ggf. nach § 238 Abs. 2 StPO herbeigeführten) Beschlusses, durch den der Antrag abgelehnt wurde.

• Ggf. Mitteilung, dass der Angeklagte unverteidigt war und nicht auf sein Recht hingewiesen wurde, die Aussetzung der Hauptverhandlung zu beantragen, dass er deshalb keinen Antrag gestellt hat, obwohl die Voraussetzungen, was darzulegen ist, des § 265 Abs. 3 StPO gegeben waren.

• Für den Fall der Unterbrechung statt Aussetzung der Hauptverhandlung Mitteilung, dass und warum die Unterbrechungsdauer nicht ausreichend war.[2366]

2366 *Meyer-Goßner*[55] § 265 Rn. 47.

Rüge 201

Ist ein Antrag auf Aussetzung oder Unterbrechung der Hauptverhandlung abgelehnt bzw. **1750**
nicht beschieden worden oder eine Aussetzung oder Unterbrechung von Amts wegen nicht
erfolgt, obwohl dies infolge einer Veränderung des Sachverhalts oder der Verfahrenslage
für eine genügende Vorbereitung der Verteidigung erforderlich gewesen wäre (§ 265
Abs. 4 StPO)?

I. Rechtsgrundlagen

1. Eine veränderte Sachlage liegt vor, wenn im Rahmen des § 264 StPO Handlun- **1751**
gen oder sonstige Tatsachen zum Gegenstand der Urteilsfindung gemacht werden sollen, die in der zugelassenen Anklage nicht erwähnt worden und die entscheidungserheblich sind. Sie können den Umfang der Schuld betreffen, sie können aber auch für den Strafausspruch oder die Anordnung einer Maßregel der
Besserung oder Sicherung von Bedeutung sein, wenn der Angeklagte mit ihrer
Verwertung nicht zu rechnen brauchte und zu denen er sich daher in der Hauptverhandlung nicht abschließend äußern konnte.[2367]

Die Veränderung der Sachlage kann aber auch in Veränderungen der Verfah- **1752**
renslage liegen, sofern diese eine weitere Vorbereitung des Angeklagten oder
der Verteidigung notwendig machten. Dies gilt insbesondere dann, wenn der Angeklagte oder der Verteidiger keine Gelegenheit hatten, die Stichhaltigkeit eines
Gutachtens eines erst in der Hauptverhandlung zugezogenen Sachverständigen
nachzuprüfen[2368] oder wenn erst in der Hauptverhandlung möglicherweise zur
Entlastung geeignete Akten oder Beweismittel (z.B. Lichtbilder) vorgelegt wurden[2369] oder wenn dem Verteidiger keine oder nur unzureichende Akteneinsicht
gewährt wurde.[2370] Eine wesentliche Veränderung der Verfahrenslage kann auch
dadurch eintreten, dass das Gericht darauf hinweist, dass es an einer früher bestimmt zugesagten Sachbehandlung nicht mehr festhalten will, sofern diese Zusage das Prozessverhalten der Verfahrensbeteiligten wesentlich bestimmt hat,
wie etwa das Inaussichtstellen einer bestimmten Strafobergrenze im Rahmen
einer Verständigung.[2371]

2. Ob das Verfahren auszusetzen oder zumindest zu unterbrechen ist, entscheidet **1753**
das Gericht nach pflichtgemäßem Ermessen durch Beschluss. Ggf. muss gegen
eine negative Verfügung des Vorsitzenden die Entscheidung des Gerichts herbeigeführt worden sein (§ 238 Abs. 2 StPO).

2367 LR-*Gollwitzer*[25] § 265 Rn. 99.
2368 *OLG Koblenz*, VRS 60 (1981), 119.
2369 LR-*Gollwitzer*[25] § 265 Rn. 101 m.w.N. in Fn. 337.
2370 *BGH* StV 1985, 4; 1996, 268; 1998, 415; *OLG Hamburg* NJW 1966, 343. Weitere
       Beispiele bei *Schlothauer* StV 1986, 226 u. *Meyer-Goßner*[55] § 265 Rn. 39 ff.
2371 LR-*Gollwitzer*[25] § 265 Rn. 102 m.w.N. in Fn. 341.

Der die Aussetzung ablehnende Beschluss, der durch Fortführung der Verhandlung auch stillschweigend getroffen worden sein kann,[2372] wird vom Revisionsgericht darauf überprüft, ob die Entscheidung Rechtsfehler in Form einer der Bedeutung der Vorschrift nicht gerecht werdenden zu engen Auslegung oder einen Fehlgebrauch des Ermessens erkennen lässt.[2373]

Ist die Hauptverhandlung nur, ggf. zu kurz, unterbrochen worden, muss dargelegt werden, dass die zur Verfügung stehende Zeit nicht ausreichte, um sich auf die Veränderung der Sach oder Verfahrenslage einzustellen und auch Sachgründe bzw. der Beschleunigungsgrundsatz nicht einer längeren Unterbrechung bzw. sogar einer Aussetzung des Verfahrens entgegenstanden.

1754 3. Der Verstoß gegen § 265 Abs. 4 StPO eröffnet die Revision nach §§ 337 und 338 Nr. 8 StPO[2374].

II. Anforderungen an den Vortrag der Rüge der Verletzung des § 265 Abs. 4 StPO

1755 • Antrag auf Aussetzung bzw. Unterbrechung der Hauptverhandlung im vollständigen Wortlaut.

• Wörtlich mitzuteilender Beschluss, mit dem die Aussetzung bzw. Unterbrechung der Hauptverhandlung abgelehnt wurde bzw. die Hauptverhandlung nicht für einen genügenden Zeitraum unterbrochen wurde (ggf. Mitteilung der Beanstandung der zu kurzen Unterbrechung durch Gegenvorstellung und etwaige Reaktion des Gerichts).

• Mitteilung, worin die Veränderung des Sachverhalts oder der Verfahrenslage bestand. Dazu muss umfassend der Sachverhalt dargelegt werden, von dem der Angeklagte aufgrund der zugelassenen Anklage zunächst ausgegangen ist bzw. ausgehen durfte. Entsprechendes gilt für eine Veränderung der Verfahrenslage.

• Mitteilung, zu welchem Zeitpunkt und wodurch die Veränderung des Sachverhalts oder der Verfahrenslage eingetreten ist.

• Darzulegen ist, warum die ablehnende Entscheidung bzw. die Nichtaussetzung rechts-, insbesondere ermessensfehlerhaft war.[2375]

• Die Bedeutung der Veränderung des Sachverhalts bzw. der Verfahrenslage für die Verteidigung des Angeklagten in einem wesentlichen Punkt sind herauszustellen.

2372 LR-*Gollwitzer*[25] § 265 Rn. 106.
2373 Beispiele bei LR-*Gollwitzer*[25] § 265 Rn. 106.
2374 LR-*Gollwitzer*[25] § 265 Rn. 110 und 112.
2375 Siehe dazu Nachweise bei LR-*Gollwitzer*[25] § 265 Rn. 113, Fn. 395.

Rüge 202

Ist der Angeklagte im Falle der Veränderung des Sachverhalts oder der Verfahrenslage darauf hingewiesen worden, dass er einen Aussetzungs bzw. Unterbrechungsantrag stellen könne?   **1756**

I. Rechtsgrundlagen

Eine Belehrung über das Recht, die Aussetzung oder Unterbrechung der Hauptver- **1757** handlung infolge Veränderung des Sachverhalts bzw. der Verfahrenslage stellen zu können, hat jedenfalls bei unverteidigten Angeklagten im Hinblick auf die gerichtliche Verpflichtung zur fairen Verfahrensgestaltung zu erfolgen.[2376]

II. Anforderungen an den Vortrag

- Mitteilung, worin die Veränderung des Sachverhalts oder der Verfahrenslage **1758** bestand. Dazu muss vollständig der Sachverhalt dargelegt werden, von dem der Angeklagte aufgrund der zugelassenen Anklage zunächst ausgegangen ist bzw. ausgehen durfte. Entsprechendes gilt für eine Veränderung der Verfahrenslage.
- Mitteilung, zu welchem Zeitpunkt und wodurch die Veränderung des Sachverhalts oder der Verfahrenslage eingetreten ist.
- Darzulegen ist, warum im Falle einer Antragstellung die ablehnende Entscheidung bzw. die Nichtaussetzung rechts-, insbesondere ermessensfehlerhaft gewesen wäre.[2377]
- Die Bedeutung der Veränderung des Sachverhalts bzw. der Verfahrenslage für die Verteidigung des Angeklagten in einem wesentlichen Punkt sind herauszustellen.
- Ggf.: Der Angeklagte befand sich in der Hauptverhandlung nicht im Beistand eines Verteidigers.
- Der Angeklagte wurde nicht auf sein Recht hingewiesen, die Aussetzung oder Unterbrechung der Hauptverhandlung beantragen zu können.
- Der Angeklagte stellte keinen Aussetzungs bzw. Unterbrechungsantrag.
- Die Hauptverhandlung wurde weder ausgesetzt noch (langfristig) unterbrochen.

2376   LR-*Gollwitzer*[25] § 265 Rn. 96.
2377   Siehe dazu Nachweise bei LR-*Gollwitzer*[25] § 265 Rn. 113, Fn. 395.

Rüge 203

1759   Ist ein Antrag auf Aussetzung bzw. Unterbrechung der Hauptverhandlung abgelehnt oder eine solche von Amts wegen nicht vorgenommen worden, obwohl das Gericht gem. § 154a Abs. 3 S. 1 StPO einen ausgeschiedenen Teil einer Tat oder Gesetzesverletzung oder Elemente von nach § 154 StPO ausgeschiedenen Taten wieder in das Verfahren einbezogen hat, um diese bei der Beweiswürdigung oder Strafzumessung mit zu verwerten?

I. Rechtsgrundlagen

1760   Nach § 154a Abs. 3 S. 3 StPO ist § 265 Abs. 4 StPO entsprechend anzuwenden, wenn Teile einer Tat, die nach §§ 154a, 207 Abs. 2 StPO ausgeschieden worden sind, wieder in das Verfahren einbezogen und zum Nachteil des Angeklagten verwertet werden sollen. Entsprechendes muss aber auch in den Fällen gelten, in denen das Gericht Elemente der nach §§ 154, 154a StPO ausgeschiedenen Taten oder Tatteile bei der Beweiswürdigung oder der Rechtsfolgenentscheidung mit verwerten will.[2378] In einem solchen Fall kann das Gericht nach pflichtgemäßem Ermessen, insbesondere bei einem entsprechenden Antrag, gehalten sein, die Hauptverhandlung zur genügenden Vorbereitung der Verteidigung zu unterbrechen oder auszusetzen.[2379]

1761   Ein die Aussetzung bzw. die Unterbrechung ablehnender Beschluss ist im Revisionsverfahren nur auf Rechts und insbesondere Ermessensfehler überprüfbar. Es kann insoweit auf die Ausführungen zu Rüge 201, Rn. 1753 verwiesen werden.

1762   Erfolgt der Wiedereinziehungsbeschluss bzw. der Hinweis in Abwesenheit des unverteidigten Angeklagten, ist die Hauptverhandlung von Amts wegen auszusetzen bzw. zu unterbrechen und der Angeklagte über die Wiedereinbeziehung bzw. die beabsichtigte Einführung nach §§ 154, 154a StPO ausgeschiedener Taten oder Tatteile zwecks Berücksichtigung bei der Beweiswürdigung oder der Strafzumessung zu unterrichten.

II. Anforderungen an den Vortrag der Rüge der Verletzung der §§ 265 Abs. 4 (154, 154a Abs. 3 S. 3) StPO

1763
- Beschluss über die Wiedereinbeziehung von nach §§ 154a, 207 Abs. 2 StPO ausgeschiedenen Teilen einer Tat bzw. Mitteilung des Hinweises über die beabsichtigte Verwertung von Elementen von nach § 154 StPO ausgeschiedenen Taten oder Tatteilen (vollständiger Wortlaut).
- Ggf. Antrag auf Aussetzung bzw. Unterbrechung der Hauptverhandlung.
- Vollständiger Wortlaut des Beschlusses, durch den der Antrag auf Aussetzung bzw. Unterbrechung der Hauptverhandlung abgelehnt wurde.

2378   LR-*Gollwitzer*[25] § 265 Rn. 98.
2379   LR-*Beulke*[26] § 154a Rn. 38.

- Konkrete Darlegung derjenigen Beweiserhebungen, durch die Teile einer nach §§ 154a, 207 Abs. 2 StPO ausgeschiedenen Tat bzw. nach § 154 StPO ausgeschiedener Taten oder Tatteile zum Gegenstand der Hauptverhandlung gemacht wurden.
- Ggf.: Verkündung des Wiedereinbeziehungsbeschlusses bzw. Erteilung des Hinweises in Abwesenheit des unverteidigten Angeklagten.

Rüge 204

Ist der Angeklagte im Falle der Einbeziehung eines nach § 154a Abs. 3 S. 1 StPO ausgeschiedenen Teils einer Tat oder Gesetzesverletzung oder von Elementen von nach § 154 StPO ausgeschiedenen Taten darauf hingewiesen worden, dass er einen Aussetzungsantrag stellen könne? **1764**

I. Rechtsgrundlagen

Eine Belehrung über das Recht, die Aussetzung der Hauptverhandlung zu beantragen, hat jedenfalls bei unverteidigten Angeklagten zu erfolgen.[2380] **1765**

II. Anforderungen an den Vortrag der Rüge des unterbliebenen Hinweises auf die Möglichkeit der Stellung eines Aussetzungsantrages

- Beschluss über die Wiedereinbeziehung von nach §§ 154a, 207 Abs. 2 StPO **1766** ausgeschiedenen Teilen einer Tat bzw. Mitteilung des Hinweises über die beabsichtigte Verwertung von Elementen von nach § 154 StPO ausgeschiedenen Taten oder Tatteilen (vollständiger Wortlaut).
- Konkrete Darlegung derjenigen Beweiserhebungen, durch die Teile einer nach §§ 154a, 207 Abs. 2 StPO ausgeschiedenen Tat bzw. nach § 154 StPO ausgeschiedener Taten oder Tatteile zum Gegenstand der Hauptverhandlung gemacht worden sind.
- Ggf.: Der Angeklagte befand sich ohne Beistand eines Verteidigers in der Hauptverhandlung.
- Der Angeklagte wurde nicht auf sein Recht hingewiesen, die Aussetzung der Hauptverhandlung zu beantragen.
- Der Angeklagte stellte keinen Aussetzungsantrag.
- Die Hauptverhandlung wurde weder ausgesetzt noch (längerfristig) unterbrochen.

2380   LR-*Gollwitzer*[25] § 265 Rn. 96.

Rüge 205

1767 Ist ein Antrag auf Unterbrechung der Hauptverhandlung nach Erhebung einer Nachtragsanklage zurückgewiesen worden (§ 266 Abs. 3 S. 1 StPO)?

I. Rechtsgrundlagen

1768 Nach § 266 Abs. 3 S. 1 StPO ist auf Antrag des Angeklagten die Hauptverhandlung
nach Erhebung einer Nachtragsanklage und deren Einbeziehung in das Verfahren
innerhalb der nach § 229 Abs. 1 bzw. Abs. 2 StPO zulässigen Höchstfristen zu unterbrechen[2381]. Eine Pflicht zur Unterbrechung besteht nur dann nicht, wenn der Antrag offenbar mutwillig oder nur zur Verzögerung des Verfahrens gestellt wurde. Es
reicht für die Begründung der Unterbrechungspflicht aus, dass der Angeklagte ein
nachvollziehbares Verteidigungsinteresse anführt.[2382] Über die Dauer der Unterbrechung wird nach pflichtgemäßem Ermessen entschieden.[2383]

II. Anforderungen an den Vortrag der Rüge der Verletzung des § 266 Abs. 2 S. 1 StPO

1769 Eine von der Staatsanwaltschaft in der Hauptverhandlung erhobene Nachtragsanklage wurde mit Zustimmung des Angeklagten in das Verfahren einbezogen. Die
Nachtragsanklage und der Einbeziehungsbeschluss sind wörtlich wiederzugeben.

Der vom Angeklagten gestellte Unterbrechungsantrag ist vollständig im Wortlaut
mitzuteilen.

Der vollständige Inhalt des (ggf. nach § 238 Abs. 2 StPO herbeigeführten) ablehn-
nenden Beschlusses bzw. die Tatsache der Nichtbescheidung des Antrages ist mitzuteilen.

Im Falle der Unterschreitung der vom Angeklagten beantragten Unterbrechungsdauer die Umstände, aus denen sich ergibt, dass das Gericht sein Ermessen nicht
oder nicht pflichtgemäß ausgeübt, insbesondere die Verteidigungsinteressen des
Angeklagten nicht ausreichend berücksichtigt hat und eine Gegenvorstellung erfolglos geblieben ist (der Inhalt eines die Gegenvorstellung zurückweisenden Beschlusses ist im Wortlaut wiederzugeben).

2381 Zu den Anforderungen an den Revisionsvortrag im Falle der Ablehnung eines von
dem Angeklagten gestellten Unterbrechungs- oder Aussetzungsantrages, um der
Staatsanwaltschaft Gelegenheit zur Stellung einer Nachtragsanklage zu geben, siehe
BGH JR 1996, 473 m. Anm. *Gollwitzer.*
2382 LR-*Gollwitzer*[25] § 266 Rn. 30.
2383 LR-*Gollwitzer*[25] § 266 Rn. 29.

Rüge 206

Ist es nach Einbeziehung einer Nachtragsanklage in das Verfahren unterblieben, den Ange- **1770**
klagten auf sein Recht hinzuweisen, die Unterbrechung der Hauptverhandlung zu beantragen (§ 266 Abs. 3 S. 2 StPO)?

I. Rechtsgrundlagen

Nach § 266 Abs. 3 S. 2 StPO ist der ausdrückliche Hinweis an den Angeklagten, **1771**
dass er das Recht habe, die Unterbrechung der Hauptverhandlung zu beantragen,
spätestens nach Erlass des Einbeziehungsbeschlusses und vor Vernehmung zu der
Nachtragsanklage zu erteilen.[2384] Der Hinweis muss auch bei Anwesenheit eines
Verteidigers erfolgen. Unterbleibt er, kann dies nach § 337 StPO beanstandet werden.[2385]

II. Anforderungen an den Vortrag der Rüge der Verletzung des § 266 Abs. 3 S. 2 StPO

* Es ist mit Zustimmung des Angeklagten eine in der Hauptverhandlung erhobene **1772**
  Nachtragsanklage in das Verfahren einbezogen worden. Die Nachtragsanklage
  und der Einbeziehungsbeschluss sind wörtlich wiederzugeben.
* Der Angeklagte wurde nicht vor seiner Vernehmung zur Nachtragsanklage darauf hingewiesen, dass er das Recht habe, die Unterbrechung der Hauptverhandlung zu beantragen.
* Der Angeklagte hat eine Unterbrechung der Hauptverhandlung nicht beantragt.
* Die Hauptverhandlung wurde vor der Vernehmung des Angeklagten nicht unterbrochen.

III. Zum Beruhen des Urteils auf dem Verfahrensfehler

Es ist vorzutragen, dass der Angeklagte in Kenntnis seines Rechts die Unterbre- **1773**
chung der Hauptverhandlung beantragt hätte im Hinblick auf darzulegende nachvollziehbare Verteidigungsinteressen.

2384 LR-*Gollwitzer*[25] § 266 Rn. 26.
2385 LR-*Gollwitzer*[25] § 266 Rn. 37.

Abschnitt 4
Ungenügender Beistand oder Wegfall eines Verteidigers[2386]

Rüge 207

1774 Ist ein Antrag auf Aussetzung bzw. Unterbrechung der Hauptverhandlung abgelehnt oder eine solche nicht von Amts wegen vorgenommen worden, obwohl der Angeklagte durch einen nicht von ihm zu vertretenden Umstand den Beistand des Verteidigers seines Vertrauens verloren hat oder wurde er nur durch einen neu beauftragten Verteidiger verteidigt, der wegen unzureichender Vorbereitung zu einer sachgerechten Verteidigung nicht in der Lage war (Verletzung des § 265 Abs. 4 StPO)?

I. Rechtsgrundlagen

1775 Ob der vom Angeklagten nicht zu vertretende Verlust seines bisherigen Wahlverteidigers die Aussetzung oder zumindest Unterbrechung der Hauptverhandlung gebietet,[2387] hängt von den Umständen des Einzelfalles ab, insbesondere Anlass, Vorhersehbarkeit und Dauer der Verhinderung, der Bedeutung der Sache sowie Schwierigkeit der Sach und Rechtslage, Fähigkeit des Angeklagten, sich selbst zu verteidigen, aber auch Lage des Verfahrens bei Eintritt der Verhinderung und Beachtung des Beschleunigungsgebots.[2388]

Die Ursachen für den Verlust des bzw. eines Verteidigers können verschiedenartig sein.[2389]

1776 Zur Revisibilität der Nichtaussetzung bzw. Unterbrechung der Hauptverhandlung siehe die Ausführungen zu Rüge 201 Rn. 1750.

II. Anforderungen an den Vortrag der Rüge der Verletzung des § 265 Abs. 4 StPO durch Nichtaussetzung bzw. Nichtunterbrechung der Hauptverhandlung bei Verlust des bisherigen Wahlverteidigers bzw. Ablehnung eines Aussetzungs- bzw. Unterbrechungsantrages des nicht ausreichend vorbereiteten neuen Verteidigers

1777 • Grund für die Verhinderung des Verteidigers.
  • Dauer der Verhinderung des Verteidigers.
  • Zeitpunkt der Kenntniserlangung von der Verhinderung des Verteidigers durch den Angeklagten.

2386 Zu den Rügemöglichkeiten bei Verteidigung durch einen unqualifizierten Verteidiger siehe auch Kapitel 8 Rn. 672 ff.
2387 Zu den Folgen des Wegfalls des Verteidigers im Falle einer notwendigen Verteidigung siehe Rüge 32 Rn. 549 und Rüge 48 Rn. 683.
2388 LR-*Gollwitzer* [25] § 265 Rn. 103.
2389 Beispiele bei LR-*Gollwitzer*[25] § 265 Rn. 102 und 104 sowie bei § 228 Rn. 18 ff.

- Zeitpunkt des Beginns der Hauptverhandlung.
- Unmöglichkeit, einen neuen Verteidiger zu bestellen und Abwesenheit des/eines Verteidigers in der Hauptverhandlung bzw. Erklärung des in der Hauptverhandlung anwesenden neuen Verteidigers, nicht ausreichend vorbereitet zu sein.[2390]
- Bedeutung der Sache für den Angeklagten, Schwierigkeit der Sach und Rechtslage und Unfähigkeit des Angeklagten, sich ausreichend selbst zu verteidigen.
- Ggf. Mitteilung des Standes des Verfahrens einschließlich der Dauer der Hauptverhandlung zum Zeitpunkt der während einer laufenden Hauptverhandlung eingetretenen Verhinderung des Verteidigers. Für diesen Fall muss zusätzlich mitgeteilt werden, welche Informationen dem neuen Verteidiger über den bisherigen Verfahrensgang zur Verfügung standen.[2391]
- Der Antrag auf Aussetzung oder Unterbrechung der Hauptverhandlung ist vollständig im Wortlaut mitzuteilen.
- Bei Verhinderung eines von mehreren Verteidigern Mitteilung einer Aufgabenteilung zwischen ihnen und Tatsache, dass das Gericht darüber informiert wurde.
- Beschluss des Gerichts im Wortlaut oder Tatsache der Nichtbescheidung des Antrags.
- Tatsache, dass die Hauptverhandlung nicht ausgesetzt wurde.
- Für den Fall einer Unterbrechung der Hauptverhandlung statt ihrer Aussetzung Mitteilung, dass Unterbrechung bzw. deren Dauer nicht ausreichte, Gründe hierfür und dass erfolglos Gegenvorstellung erhoben wurde. Ein etwaiger Beschluss ist im Wortlaut wiederzugeben.

Rüge 208

Ist der Angeklagte im Falle des Wegfalls des Beistands des Verteidigers seines Vertrauens darauf hingewiesen worden, dass er einen Aussetzungsantrag stellen könne?   **1778**

I. Rechtsgrundlagen

Eine Belehrung über das Recht, die Aussetzung der Hauptverhandlung zu beantragen, hat bei Angeklagten zu erfolgen, die durch von ihnen nicht zu vertretende Umstände in der Hauptverhandlung unerwartet ohne Beistand eines Verteidigers sind.[2392]   **1779**

2390   Soweit es diesbezüglich zwischen dem Verteidiger und dem Gericht schriftlichen oder telefonischen Meinungsaustausch außerhalb der Hauptverhandlung gegeben hat, ist dieser vollständig in die Revisionsbegründung aufzunehmen: Vgl. *BGH* StV 2007, 169, 170 für den Fall einer zu einem Terminsverlegungsantrag führenden Verhinderung.
2391   *BGH* 4 StR 108/12 v. 30.08.2012 = NStZ 2013, 122.
2392   Zur gerichtlichen Verpflichtung, eine faire Verfahrensgestaltung zu ermöglichen, LR-*Gollwitzer*[25] § 265 Rn. 96.

II. Anforderungen an den Vortrag des unterbliebenen Hinweises auf die Möglichkeit der Stellung eines Aussetzungsantrages im Hinblick auf den Verlust des bisherigen Wahlverteidigers

1780
- Grund für die Verhinderung des Verteidigers.
- Dauer der Verhinderung des Verteidigers.
- Zeitpunkt der Kenntniserlangung von der Verhinderung des Verteidigers durch den Angeklagten.
- Unmöglichkeit, einen neuen Verteidiger zu bestellen und Abwesenheit eines Verteidigers in der Hauptverhandlung.
- Bedeutung der Sache für den Angeklagten, Schwierigkeit der Sach- und Rechtslage und Unfähigkeit des Angeklagten, sich ausreichend selbst zu verteidigen.
- Mitteilung des Standes des Verfahrens einschließlich der Dauer der Hauptverhandlung zum Zeitpunkt der Verhinderung des Verteidigers.
- Der Angeklagte wurde nicht auf sein Recht hingewiesen, die Aussetzung der Hauptverhandlung zu beantragen.
- Der Angeklagte stellte keinen Aussetzungsantrag.
- Die Hauptverhandlung wurde weder ausgesetzt noch (längerfristig) unterbrochen, sondern in Abwesenheit eines Verteidigers zu Ende geführt.

Rüge 209

1781 Ist ein Antrag des Verteidigers abgelehnt worden, die Hauptverhandlung auszusetzen oder zu unterbrechen im Hinblick darauf, dass er infolge seiner kurzfristigen Beauftragung/Beiordnung zur Verteidigung nicht genügend vorbereitet sei (§§ 265 Abs. 4, 338 Nr. 8 StPO)?

I. Rechtsgrundlagen

1782 Ist ein Verteidiger so kurzfristig vor Beginn der Hauptverhandlung beauftragt oder dem Angeklagten beigeordnet worden, dass er zu einer angemessenen Vorbereitung der Verteidigung nicht in der Lage war, kann dies die Aussetzung oder Unterbrechung der Hauptverhandlung gebieten. Zum Gegenstand der Revision kann in einem solchen Fall aber nur die Ablehnung eines Aussetzungs- oder Unterbrechungsantrags gemacht werden (§ 265 Abs. 4 StPO)[2393]. Der Ablehnung eines Unterbrechungsantrages steht der Fall gleich, dass die angeordnete Unterbrechung nicht zu einer angemessenen Vorbereitung der Verteidigung ausreichte,[2394] was die Verteidigung nach Fortsetzung der Hauptverhandlung – erfolglos – beanstandet haben

---

[2393] *BGH* v. 24.6.2009 – 5 StR 181/09 = StV 2009, 565 = NStZ 2009, 649 = StraFo 2009, 385 = JR 2010, 456 m. Anm. *Popp.*
[2394] *BGH* NStZ 1983, 281.

muss. Der Tatrichter ist grundsätzlich nicht dazu berufen, aus seiner Sicht anstelle des Verteidigers entsprechend seiner Auffassung von den Schwierigkeiten der Verteidigungsaufgabe eine angemessene Vorbereitungszeit festzusetzen. Ob der (Pflicht-)Verteidiger für die Erfüllung seiner Aufgabe hinreichend vorbereitet ist, hat dieser in erster Linie selbst zu beurteilen.[2395]

II. Anforderungen an den Vortrag der Rüge der Verletzung des § 265 Abs. 4 StPO (§ 338 Nr. 8 StPO)

• Es ist unter Mitteilung der betreffenden Daten darzulegen, dass der Verteidiger   **1783** erst kurz vor Beginn der Hauptverhandlung von dem Angeklagten beauftragt bzw. diesem beigeordnet worden war. Das Bestellungsschreiben bzw. der Beiordnungsbeschluss sind im Wortlaut mitzuteilen.

• Der Antrag auf Vertagung, Unterbrechung oder Aussetzung der Hauptverhandlung ist wörtlich mitzuteilen.

• Der diesen Antrag zurückweisende Gerichtsbeschluss ist im Wortlaut vollständig mitzuteilen.

• Unter konkreter Darlegung des Anklagevorwurfs (die Anklageschrift sollte vollständig mitgeteilt werden), des Aktenumfangs, der Schwierigkeit der Sach und Rechtslage, der Bedeutung der Sache für den Angeklagten und in dessen Person liegender möglicher zusätzlicher Schwierigkeiten ist konkret auszuführen, dass die dem Verteidiger zur Verfügung stehende Zeit zur Vorbereitung der Hauptverhandlung nicht ausreichte.[2396] Sofern andere Verpflichtungen des Verteidigers, z.B. andere Hauptverhandlungen, dazu beigetragen haben, dass die Vorbereitungszeit nicht ausreichte, ist dies ebenfalls unter Mitteilung der anderweitigen Inanspruchnahme darzulegen. Ladungen in anderen Verfahren sowie sonstige Unterlagen, aus denen sich die zeitliche Inanspruchnahme entnehmen lässt, sind mitzuteilen. Im Falle einer Unterbrechung der Hauptverhandlung ist darzulegen, dass diese nicht ausreichte und dieser Umstand nach Fortsetzung der Hauptverhandlung erfolglos beanstandet wurde. Ein etwaiger weiterer Gerichtsbeschluss muss wörtlich mitgeteilt werden. Es ist darzulegen, dass die Hauptverhandlung nicht (erneut) ausgesetzt oder unterbrochen wurde.

2395 *BGH* v. 24.6.2009 – 5 StR 181/09 = StV 2009, 565 = NStZ 2009, 649 = StraFo 2009, 385 = JR 2010, 456 m. Anm. *Popp.*

2396 Der *5. Strafsenat* des *BGH* v. 24.6.2009 – 5 StR 181/09 = StV 2009, 565 = NStZ 2009, 649 = StraFo 2009, 385 = JR 2010, 456 m. Anm. *Popp* verlangt keine genauere Darlegung des Umfangs und des Inhalts der Akten, um die vom Tatgericht abweichende Bewertung des Aktenmaterials nachvollziehbar zu machen. Auch bedarf es – bei erhobener Sachrüge – nicht der Mitteilung der Anklageschrift.

Rüge 210

1784 Ist die Hauptverhandlung unterbrochen oder ausgesetzt worden, nachdem das erkennende Gericht dem OLG bzw. dem BGH die Frage des Ausschlusses eines Verteidigers des Angeklagten gem. §§ 138a und 138b StPO zur Entscheidung vorgelegt hat (§ 138c Abs. 4 StPO)?

I. Rechtsgrundlagen

1785 Die Hauptverhandlung ist nach § 138c Abs. 4 StPO auszusetzen oder zu unterbrechen, bis das OLG bzw. der BGH über den Ausschluss eines Verteidigers nach § 138a oder § 138b StPO entschieden hat. Dies gilt auch dann, wenn nur einer von mehreren Verteidigern des Angeklagten ausgeschlossen werden soll.[2397] Die Höchstfrist einer Unterbrechung beträgt 30 Tage (§ 138c Abs. 4 StPO). Liegt bis dahin eine Entscheidung über den Ausschluss nicht vor, muss die Hauptverhandlung ausgesetzt werden.[2398]

1786 Die Fortsetzung der Hauptverhandlung bis zur Entscheidung des nach § 138c Abs. 1 StPO zuständigen Gerichts (auch mit sonstigen Verteidigern des Angeklagten oder mit einem neu bestellten Pflichtverteidiger) begründet die Revision. Dies gilt auch dann, wenn das Gericht nicht von der Möglichkeit Gebrauch gemacht hat, die Rechte des auszuschließenden Verteidigers gem. § 138c Abs. 3 StPO ruhen zu lassen.

II. Anforderungen an den Vortrag der Rüge der Verletzung des § 138c Abs. 4 (ggf. i.V.m. § 229 Abs. 4) StPO

1787
- Das Gericht hat dem OLG bzw. dem BGH die Frage des Ausschlusses eines Verteidigers des Angeklagten zur Entscheidung vorgelegt (vollständige wörtliche Mitteilung). Das Datum der Vorlage ist mitzuteilen und dass dies nach Beginn der Hauptverhandlung erfolgte.

- Die Hauptverhandlung ist fortgesetzt worden, bevor über den Ausschluss entschieden worden ist. Es ist mitzuteilen, wann die Entscheidung des nach § 138c Abs. 1 StPO zuständigen Gerichts ergangen ist bzw. dass innerhalb von 30 Tagen nach Vorlage keine Entscheidung getroffen wurde und in diesem Fall die Hauptverhandlung auch danach fortgesetzt worden ist.

- Der Verfahrensfehler ist nicht durch Wiederholung dieses Teils der Hauptverhandlung geheilt worden, nachdem über den Ausschluss entschieden worden ist.

2397 LR-*Lüderssen/Jahn*[26] § 138c Rn. 20.
2398 LR-*Lüderssen/Jahn*[26] § 138c Rn. 21.

Abschnitt 5
Sitzordnung zwecks Kommunikation zwischen Angeklagtem und Verteidiger

Rüge 210a

Wurden Anträge des Angeklagten/Verteidigers zur Sitzordnung in der Hauptverhandlung zurückgewiesen und kam es durch eine unzureichende Sitzordnung zu einer Behinderung der Verteidigung?	1788

I. Rechtsgrundlagen

Eine für die Zwecke der Verteidigung sachgerechte Sitzordnung in der Hauptver-   1789
handlung setzt voraus, dass jederzeit die Möglichkeit der durch andere Personen
nicht vernehmbaren Kontaktaufnahme zwischen Angeklagtem und Verteidiger besteht. Dies lässt sich in aller Regel nur dadurch gewährleisten, dass Angeklagter und
Verteidiger in unmittelbarer Nähe zueinander sitzen. Wird dies verweigert, muss
der Verteidiger zunächst einen Antrag auf Änderung der Sitzordnung stellen. Im
Falle der Ablehnung ist eine Entscheidung des Gerichts durch Beschluss herbeizuführen (§ 238 Abs. 2 StPO)[2399]. Wird dadurch die Verfügung des Vorsitzenden bestätigt und verbleibt es bei der beanstandeten Sitzordnung, liegt darin eine unzulässige Beschränkung der Verteidigung (§ 338 Nr. 8 StPO).

II. Anforderungen an den Vortrag der Rüge der Beschränkung der Verteidigung infolge unzureichender Sitzordnung

- Die die Verteidigung behindernde unzureichende Sitzordnung ist darzulegen,   1790
  insbesondere, dass eine Verständigung zwischen dem anwesenden Verteidiger
  und dem Angeklagten dadurch nicht oder nur unter nicht zumutbaren Bedingungen möglich war.
- Der Antrag auf Änderung der Sitzordnung ist im Wortlaut mitzuteilen.
- Die Ablehnung dieses Antrages durch den Vorsitzenden und die Beanstandung
  dieser Entscheidung durch den Verteidiger sind mitzuteilen.
- Der nach § 238 Abs. 2 StPO herbeigeführte Beschluss des Gerichts ist im Wortlaut mitzuteilen.
- Es ist schließlich mitzuteilen, dass für die gesamte Dauer oder einen konkret zu
  bezeichnenden wesentlichen Teil der Hauptverhandlung die beanstandete Sitzordnung beibehalten wurde.

2399   Vgl. *OLG Köln* NJW 1961, 1127; NJW 1980, 302.

Kapitel 25
Schlussvorträge, letztes Wort, Urteilsberatung und -verkündung

Rüge 211

1791 Hat der Vertreter der Staatsanwaltschaft keinen Schlussvortrag gehalten und keinen Schlussantrag gestellt?

I. Rechtsgrundlagen

1792 Die Staatsanwaltschaft ist verpflichtet, das Verhandlungsergebnis in tatsächlicher und rechtlicher Hinsicht zusammenfassend zu würdigen und bestimmte Anträge zu stellen.[2400] Ohne Schlussvortrag der Staatsanwaltschaft darf die Verhandlung nicht fortgesetzt werden.[2401]

Das Fehlen eines Schlussvortrages und -antrages durch die Staatsanwaltschaft kann der Angeklagte rügen.[2402]

II. Anforderungen an den Vortrag

1793 Es muss vorgetragen werden,

- dass die Beweisaufnahme geschlossen wurde,
- dass der Vorsitzende dem Vertreter der Staatsanwaltschaft das Wort zu den Schlussausführungen erteilte oder nicht erteilte,
- dass der Vertreter der Staatsanwaltschaft keinen Schlussvortrag hielt und keinen Schlussantrag stellte,
- dass der Verteidiger plädierte und einen Antrag stellte,
- dass der Angeklagte das letzte Wort hatte,
- dass danach, ohne dass der Sitzungsvertreter der Staatsanwaltschaft Ausführungen gemacht hatte, das Urteil verkündet wurde.

In diesen sicherlich seltenen Fällen sind Ausführungen zur Beruhensfrage erforderlich. Es muss ausgeführt werden, warum nicht auszuschließen ist, dass der Staatsanwalt, hätte er plädiert, die (teilweise) Freisprechung des Angeklagten oder eine mildere Strafe gefordert hätte.

2400 *BGH* NStZ 1984, 468.
2401 *OLG Düsseldorf* NJW 1963, 1167; *OLG Zweibrücken* StV 1986, 51; insgesamt *Meyer-Goßner*[55] § 258 Rn. 10.
2402 *OLG Zweibrücken* StV 1986, 51.

Rüge 212

Hatte der Verteidiger ausreichend Vorbereitungszeit für den Schlussvortrag und die Gelegenheit zum Plädoyer?

1794

I. Rechtsgrundlagen

Grundsätzlich ist dem Verteidiger Gelegenheit zum Schlussvortrag zu geben. Prob- **1795**
lematisch ist die Situation dann, wenn der Verteidiger vorträgt, keine ausreichende
Vorbereitungszeit gehabt zu haben und einen Antrag auf Unterbrechung der Hauptverhandlung gestellt, der abgelehnt wurde.

Grundsätzlich muss der Verteidiger ausreichend Zeit haben, sich auf den Schlussvortrag vorzubereiten, um das Ziel zu erreichen, mit seinen Ausführungen und Anträgen auf den Ausgang des Verfahrens den größtmöglichen Einfluss zu nehmen.[2403]

Lässt sich der Verteidiger ohne Unterbrechungsantrag auf das Plädoyer ein, kann in
der Revision eine unzureichende Vorbereitung des Verteidigers für die Schlussausführungen nicht gerügt werden.[2404]

Die Ablehnung des Antrags auf Unterbrechung der Hauptverhandlung zur Vorbereitung des Plädoyers kann mit der Revision gerügt werden.[2405] Voraussetzung ist
allerdings, dass gegen die den Unterbrechungsantrag ablehnende Verfügung des
Vorsitzenden ein Gerichtsbeschluss nach § 238 Abs. 2 StPO beantragt worden
ist.[2406]

Selbstverständlich kann auch gerügt werden, dass dem Verteidiger überhaupt keine
Gelegenheit zum Schlussvortrag gegeben wurde.

II. Anforderungen an Vortrag

Ist ein Antrag des Verteidigers auf Unterbrechung zur Vorbereitung des Plädoyers **1796**
abgelehnt worden, muss vorgetragen werden,

* dass die Beweisaufnahme geschlossen wurde,
* dass die Staatsanwaltschaft ihr Plädoyer hielt und welchen Schlussantrag sie
  stellte,
* dass der Verteidiger einen Antrag auf Unterbrechung der Hauptverhandlung zur
  Vorbereitung der Schlussausführungen stellte,
* dass der Vorsitzende den Antrag ablehnte,
* dass der Verteidiger einen Gerichtsbeschluss beantragte,

2403   *KG* NStZ 1984, 523.
2404   *BGH* NStZ 2005, 650 = StraFo 2005, 343.
2405   *Meyer-Goßner*[55] § 258 Rn. 33.
2406   *KG* NStZ 1984, 523; KK-*Schoreit*[5] § 258 Rn. 35.

- dass das Gericht die Verfügung des Vorsitzenden bestätigte (Mitteilung des vollen Wortlauts des Beschlusses),
- dass der Verteidiger unter Hinweis auf die ungenügende Vorbereitungszeit unter Aufrechterhaltung seines Unterbrechungsantrags plädierte und einen Schlussantrag stellte bzw. er sich wegen mangelnder Vorbereitungszeit geweigert hat, ein Plädoyer zu halten,
- dass dem Angeklagten das letzte Wort erteilt wurde und er das letzte Wort hatte,
- dass das Urteil verkündet wurde, ohne dass dem Verteidiger ausreichend Gelegenheit zur Vorbereitung des Plädoyers gegeben worden war.

1797 Ausführliche Ausführungen zur Beruhensfrage sind erforderlich. Es muss dargetan werden, aus welchen Gründen sich der Verteidiger innerhalb der zur Verfügung stehenden Zeit nicht sorgfältig auf das Plädoyer vorbereiten konnte. Dies kann z.B. dann der Fall sein, wenn die Staatsanwaltschaft sowohl zur Beweiswürdigung, zum Schuldspruch und/oder zum Rechtsfolgenausspruch umfangreiche und möglicherweise überraschende Ausführungen gemacht hat, auf die der Verteidiger hätte erwidern müssen. Denkbar ist auch, dass der Verteidiger unter Berücksichtigung der Ausführungen der Staatsanwaltschaft Rechtsprechungs- und Literaturrecherchen durchführen musste, um adäquat erwidern zu können.

Rüge 213

1798 Hatte der Angeklagte das letzte Wort?

I. Rechtsgrundlagen

1799 Der Angeklagte hat nach § 258 Abs. 2 zweiter Hs. StPO das Recht, selbst vor der Urteilsverkündung als Letzter zu sprechen. Es reicht nicht aus, wenn er nur Gelegenheit hatte, nach § 258 Abs. 1 StPO nach dem Sitzungsvertreter der Staatsanwaltschaft und neben dem Verteidiger Ausführungen zu machen und Anträge zu stellen. Vielmehr ist ihm ausdrücklich danach das letzte Wort zu erteilen. Er hat das Recht, selbst als Letzter vor der Urteilsberatung zu sprechen.[2407] Die Nichterteilung des letzten Wortes begründet die Revision, da ein Beruhen auf einem Verstoß gegen § 258 Abs. 2 StPO in aller Regel nicht ausgeschlossen werden kann.[2408]

Dem Angeklagten ist auch dann (erneut) das letzte Wort zu erteilen, wenn bereits die Plädoyers von Staatsanwaltschaft und Verteidiger gehalten waren und ihm das

---

[2407] *BGH* StV 1999, 5; *Meyer-Goßner*[55] § 258 Rn. 20; KK-*Schoreit*[6] § 258 Rn. 14.
[2408] Zum Beruhen vgl. *Meyer-Goßner*[55] § 258 Rn. 34; KK-*Schoreit*[6] § 258 Rn. 37; *BGHSt* 21, 288, 290.

letzte Wort bereits einmal erteilt war, das Gericht aber vor der Urteilsverkündung erneut in die Beweisaufnahme eingetreten ist.[2409]

Ob ein Wiedereintritt in die Verhandlung vorliegt, beurteilt sich danach, was nach der Erteilung des letzten Wortes geschehen ist.[2410]

Ein Wiedereintritt in die Verhandlung liegt z.b. vor, wenn nach dem letzten Wort ein **1800** Gerichtsbeschluss über die Abtrennung eines Anklagepunktes und/oder über die vorläufige Einstellung desselben nach § 154 Abs. 2 StPO verkündet wurde.[2411] Auch die Abtrennung des Verfahrens gegen einen Mitangeklagten nach dem letzten Wort kann einen Wiedereintritt darstellen.[2412] Ein Wiedereintritt kann auch dann vorliegen, wenn nach dem letzten Wort der Verteidiger vom Vorsitzenden informatorisch zu einem gestellten Hilfsbeweisantrag befragt wurde.[2413] Das Gleiche gilt, wenn allgemein die „Sach und Rechtslage" gegebenenfalls in Zusammenhang mit der Haftfrage erörtert, ein Haftbefehl erlassen, ein Beschluss über den Wegfall der Meldeauflage oder über eine Haftentlassung verkündet wurde.[2414] Ein Wiedereintritt in die Beweisaufnahme mit der Folge der Neuerteilung des letzten Wortes an den Angeklagten liegt auch dann vor, wenn lediglich auf die rechtliche Möglichkeit einer Nebenfolge hingewiesen wird , eine Erklärung des Angeklagten entgegen genommen wird, dass er mit der Einziehung sichergestellter Gegenstände einverstanden sei[2415] oder die Einziehung sichergestellter Gegenstände erörtert wird.[2416] Gleiches gilt, wenn bei einem Mitangeklagten vor der Urteilsverkündung der Haftbefehl aufgehoben wird, nachdem nur dieser einem gerichtlichen Verständigungsvorschlag zugestimmt hat.[2417]

Weitere Einzelheiten zum Wiedereintritt ergeben sich aus der Kommentarliteratur und der dort zitierten Rechtsprechung.[2418]

Ist die Hauptverhandlung nach § 231 Abs. 2 StPO ohne den Angeklagten fortgesetzt worden, ist ihm das Wort zu erteilen, wenn er vor der Urteilsverkündung wieder anwesend ist, auch wenn nur noch das Urteil zu verkünden ist.[2419] Anderenfalls darf die Hauptverhandlung ohne letztes Wort des Angeklagten zu Ende geführt werden. Dies setzt aber voraus, dass die Voraussetzungen des § 231 Abs. 2 StPO – entsprechendes gilt für die vorsätzlich herbeigeführte Verhandlungsunfähigkeit (§ 231a StPO) – gegeben war.

2409   Vgl. *Meyer-Goßner*[55] § 258 Rn. 27; KK-*Schoreit*[6] § 258 Rn. 23 ff.
2410   Vgl. dazu die Fallübersicht bei *Schlothauer* StV 1984, 134.
2411   *BGH* StV 1982, 4; 1983, 232; 1984, 104; 1985, 221.
2412   *BGH* StV 1985, 233; 1988, 512.
2413   *BGH* StV 1987, 284.
2414   *BGH* StV 1992, 551; 1988, 93; 1997, 339; 2001, 438; *BGH* NStZ 84, 376; siehe auch *Schlothauer* StV 1984, 134.
2415   *OLG Brandenburg* NStZ 2008, 586.
2416   *BGH* StV 2010, 227
2417   *BGH* StV 2011, 339.
2418   Vgl. *Meyer-Goßner*[55] § 258 Rn. 29 f.; KK-*Schoreit*[6] § 258 Rn. 23 ff.
2419   Vgl. *Meyer-Goßner*[55] § 258 Rn. 20 m.w.N.

War der Angeklagte wegen „Ungehorsam" nach § 231b StPO ausgeschlossen, ist in jedem Fall der Versuch zu unternehmen, ihn zur Erteilung des letzten Wortes zur Hauptverhandlung wieder zuzulassen. Davon darf nur dann abgesehen werden, wenn wegen vorangegangener Ausschreitungen des Angeklagten der Versuch aussichtslos wäre.[2420]

II. Anforderungen an den Vortrag

1801 Bei Nichterteilung des letzten Wortes ist vorzutragen,

* dass die Beweisaufnahme geschlossen wurde,
* dass der Vertreter der Staatsanwaltschaft und der Verteidiger plädierten und Schlussanträge stellten,
* dass der Angeklagte nicht gemäß § 258 Abs. 3 StPO befragt wurde,
* dass dem Angeklagten das letzte Wort nicht erteilt wurde und er das letzte Wort nicht hatte,
* dass das Urteil ohne letztes Wort verkündet wurde.

Besonderer Sorgfalt bedarf es, wenn ein Wiedereintritt in die Hauptverhandlung vorliegt.[2421] Vorzutragen ist der gesamte Verfahrensablauf nach dem ersten Schluss der Beweisaufnahme, also

* dass die Beweisaufnahme geschlossen wurde,
* dass der Vertreter der Staatsanwaltschaft und der Verteidiger plädierten und einen Schlussantrag stellten,
* dass der Angeklagte das letzte Wort hatte,
* dass das Gericht wieder in die Beweisaufnahme eingetreten ist; es ist vollständig darzulegen, was geschehen ist, ergangene Gerichtsbeschlüsse sind in vollem Wortlaut mitzuteilen ebenso wie die Tatsache, dass Erörterungen oder Rechtsgespräche stattgefunden haben, gegebenenfalls mit welchem Inhalt (nicht wörtlich, aber die Themen; dies kann zur Beurteilung der Frage, ob ein Wiedereintritt vorliegt, erforderlich sein),
* dass Staatsanwalt und Verteidiger erneut Gelegenheit zu den Schlussausführungen hatten (oder auch nicht) und sich gegebenenfalls auf die gemachten Ausführungen und die gestellten Anträge bezogen,
* dass dem Angeklagten nicht erneut das letzte Wort erteilt wurde und er dieses nicht hatte,
* dass das Urteil ohne letztes Wort verkündet wurde[2422].

2420 Vgl. *Meyer-Goßner*[55] § 258 Rn. 20 m.w.N.
2421 Vgl. dazu *BGH* StV 1995, 176 m. Anm. *Ventzke*.
2422 Die Gewährung des letzten Wortes gehört zu den in §§ 273 Abs. 1, 274 StPO angesprochenen Förmlichkeiten, so dass insoweit die negative Beweiswertung des Protokolls gilt: KK-*Engelhardt*[6] § 273 Rn. 4; *Meyer-Goßner*[55] § 258 Rn. 31 f. und § 274 Rn. 14.

Rüge 214

Hatten die Erziehungsberechtigten bzw. die gesetzlichen Vertreter eines jugendlichen An-   **1802**
geklagten Gelegenheit zum letzten Wort?

I. Rechtsgrundlagen

Nach § 67 Abs. 1 JGG i.V.m. § 258 Abs. 2 u. 3 StPO ist dem Erziehungsberechtig-   **1803**
ten oder gesetzlichen Vertreter eines jugendlichen Angeklagten von Amts wegen –
und nicht nur auf Verlangen – das letzte Wort zu erteilen.[2423] Voraussetzung ist allerdings, dass der Erziehungsberechtigte bzw. der gesetzliche Vertreter in der
Hauptverhandlung anwesend und der Angeklagte im Zeitpunkt der erforderlichen
Worterteilung noch Jugendlicher war. Dem erziehungsberechtigten Angehörigen
eines Jugendlichen ist auch dann das letzte Wort zu erteilen, wenn er zuvor von seinem Zeugnisverweigerungsrecht Gebrauch gemacht hat. Auf dem Unterlassen der
Worterteilung beruht das Urteil auch bei vorangegangener Zeugnisverweigerung.[2424]

Die Nichterteilung des letzten Wortes an den Erziehungsberechtigten bzw. gesetzlichen Vertreter begründet die Revision. Zu beachten ist, dass der jugendliche Angeklagte, auch wenn der Erziehungsberechtigte das letzte Wort hatte, das „allerletzte"
Wort haben muss.[2425]

II. Anforderungen an den Vortrag

Die Schwierigkeiten der Rüge der Nichterteilung des letzten Wortes an den Erzie-   **1804**
hungsberechtigten bzw. gesetzlichen Vertreter bestehen darin, dass dessen Anwesenheit in der Hauptverhandlung im Hauptverhandlungsprotokoll nicht beurkundet werden muss, da der gesetzliche Vertreter kein notwendiger Verfahrensbeteiligter ist.[2426]
Es empfiehlt sich daher, neben der Behauptung der Anwesenheit des gesetzlichen
Vertreters Ausführungen dazu zu machen, aus welchen Umständen sich diese ergibt.
Gegebenenfalls kann eine Erklärung des Erziehungsberechtigten über die Anwesenheit im Termin vorgelegt werden. In Zweifelsfällen klärt das Revisionsgericht die
Frage im Freibeweisverfahren. Es ist auch vorzutragen, dass und wann dem Gericht
die Anwesenheit des Erziehungsberechtigten im Sitzungssaal bekannt war.

Ergänzend zu den oben genannten vorzutragenden Verfahrenstatsachen ist bei der   **1805**
Nichterteilung des letzten Wortes an den Erziehungsberechtigten auszuführen,

---

2423 *BGH* NStZ 1996, 216; *BGH* StV 2001, 172; *OLG Köln* StV 2008, 119; *Meyer-Goßner*[55] § 258 Rn. 23 m.w.N.
2424 *BGH* StV 2009, 88.
2425 *Meyer-Goßner*[55] § 258 Rn. 23; KK-*Schoreit*[6] § 258 Rn. 20.
2426 Zum Nachweis der Anwesenheit des Erziehungsberechtigten des Angeklagten in der
Hauptverhandlung bei der Verfahrensrüge der Nichterteilung des letztes Wortes vgl.
OLG Braunschweig Beschl. v. 17.2.2009 – Ss 17/09 = StV 2011, 595.

- dass der Angeklagte am letzten Hauptverhandlungtag, an dem das Wort dem Erziehungsberechtigten hätte erteilt werden müssen, noch Jugendlicher war,
- dass der Erziehungsberechtigte oder gesetzliche Vertreter (die dafür maßgeblichen Tatsachen sind mitzuteilen, z.b. eine Vormundschaftsübertragung) im Termin anwesend war unter Darlegung der Umstände, aus denen sich dies ergibt,
- dass dem Erziehungsberechtigten das letzte Wort nicht erteilt wurde.

Für die Beruhensfrage gilt Ähnliches wie bei der Nichterteilung des letzten Wortes an den Angeklagten, so dass ein Beruhen des Urteils auf dem Verfahrensfehler nur in Ausnahmefällen ausgeschlossen werden kann.

Rüge 215

1806 Sind einem der deutschen Sprache nicht mächtigen Angeklagten die erforderlichen Teile der Schlussvorträge übersetzt worden, § 259 Abs. 1 StPO?

I. Rechtsgrundlagen

1807 Hinsichtlich der Frage, ob überhaupt und wenn ja, in welchem Umfang die Anwesenheit eines Dolmetschers in der Hauptverhandlung gegen einen der deutschen Sprache nicht voll umfänglich mächtigen Angeklagten erforderlich ist, bestehen im Hinblick auf die Übersetzung von Teilen der Schlussvorträge keine Besonderheiten. Es kann daher auf die Ausführungen zur Notwendigkeit der Hinzuziehung eines Dolmetschers und die dort erörterten Rügemöglichkeiten verwiesen werden (Rüge 33, Rn. 557).

Nach dem Gesetzeswortlaut des § 259 Abs. 1 StPO müssen dem sprachunkundigen Angeklagten nicht der Inhalt der Schlussvorträge, sondern nur die Anträge von Staatsanwalt und Verteidiger übersetzt werden. In welchem Umfang auch die übrigen Ausführungen zu übersetzen sind, steht im Ermessen des Vorsitzenden.

Gegenstand einer Rüge wegen Verstoßes gegen § 259 StPO kann daher nur sein, dass nicht zumindest die Anträge übersetzt worden sind. Da die Übersetzung keine wesentliche Förmlichkeit ist, muss das Revisionsgericht bei einer entsprechenden Rüge im Freibeweisverfahren klären, ob der behauptete Verfahrensverstoß des Unterlassens der Übersetzung der Schlussanträge bewiesen ist.[2427]

II. Anforderungen an den Vortrag

1808 Bei dieser Rüge ist vorzutragen, dass der Angeklagte der deutschen Sprache nicht ausreichend mächtig war und deswegen während der gesamten Hauptverhandlung

---

2427 *Meyer-Goßner*[55] § 259 Rn. 3.

ein Dolmetscher beigezogen worden und tätig geworden war. Der Vortrag muss ferner die Behauptung enthalten, dass die Schlussanträge nicht übersetzt worden sind.

Es empfehlen sich Ausführungen dazu, warum die fehlende Übersetzung nicht bereits in der Hauptverhandlung beanstandet worden ist und die entsprechende Rüge erst mit der Revision erhoben wird. Denn es ist nicht ohne Weiteres ersichtlich, dass insbesondere bei einem verteidigten Angeklagten der Verteidiger es rügelos hingenommen haben soll, dass z.b. während der Schlussausführungen und des Antrags der Staatsanwaltschaft der Dolmetscher schweigend neben seinem Mandanten gesessen hat.

Rüge 216
Hat vor Verkündung des Urteils eine Beratung des Gerichts stattgefunden? **1809**

I. Rechtsgrundlagen

Fälle, in denen nach den Schlussvorträgen und dem letzten Wort des Angeklagten **1810** das Urteil ohne Beratung verkündet wird, dürften wohl kaum vorkommen, so dass sich Ausführungen hierzu erübrigen.

Häufig sind aber die Fälle, in denen das Gericht nach einer Urteilsberatung erneut in die Verhandlung eintritt und in unmittelbarem Anschluss das Urteil verkündet wird, ohne dass es sich nochmals zur Beratung zurückgezogen hätte. Nach der ständigen Rechtsprechung des BGH muss das Gericht nach einem erneuten Eintritt in die Verhandlung vor der Urteilsverkündung erneut eine Beratung durchführen.[2428] Fraglich ist, ob eine sog. Tischberatung nach erfolgtem Wiedereintritt in die Verhandlung ausreichend ist.

Jedenfalls dann, wenn sich nach dem Wiedereintritt in die Hauptverhandlung kein **1811** wesentlicher neuer Prozessstoff ergeben hat, soll eine Tischberatung in Form einer raschen Verständigung aller Mitglieder des Gerichts ausreichend sein.[2429] Diese Beratung zwischen allen Mitgliedern des Gerichts, also einschließlich der Schöffen, muss so erfolgt sein, dass die Beratung für alle Verfahrensbeteiligten erkennbar war.[2430] Fehlt es daran, kann dies die Revision mangels erforderlicher Urteilsberatung vor der Urteilsverkündung begründen.[2431] Da die Nachberatung nicht protokol-

---

2428 Vgl. nur *BGHSt* 24, 170; *BGH* NJW 1987, 3210; *BGH* NStZ 1988, 470 und 2001, 106; StV 1998, 530.
2429 *BGHSt* 24, 170; einschränkend *BGH* StV 1992, 552; vgl. auch *BGH* NJW 1992, 3181; *BGH* NStZ 2001, 106.
2430 *BGHSt* 24, 170 f.; *BGHR* StPO § 260 Abs. 1 Beratung 1 u. 4.
2431 *BGH* StV 1998, 530; *BGHR* StPO § 206 Abs. 1 Beratung 6.

lierungspflichtig ist und daher § 274 StPO keine Anwendung findet, muss das Revisionsgericht im Freibeweis klären, ob eine erkennbare Tischberatung stattgefunden hat oder nicht.[2432]

Ein Beruhen des Urteils auf der unterbliebenen Beratung wird nur in Ausnahmefällen auszuschließen sein.[2433]

II. Anforderungen an Vortrag

1812 Bei der Rüge fehlender Urteilsberatung nach Wiedereintritt in die Verhandlung ist vorzutragen,

- dass die Beweisaufnahme geschlossen wurde,
- dass Staatsanwalt und Verteidiger plädierten und die Schlussanträge stellten sowie der Angeklagte das letzte Wort hatte,
- dass das Gericht sich zur Urteilsberatung zurückzog,
- dass das Gericht erneut in die Verhandlung eingetreten ist,
- was nach Wiedereintritt in die Verhandlung verhandelt wurde, wobei dies so genau wie möglich dargelegt werden sollte,
- dass Staatsanwalt und Verteidiger erneut plädierten und ihre Anträge stellten (oder darauf Bezug nahmen), wobei ggf. auch hier vorgetragen werden sollte, ob und gegebenenfalls welche Ergänzungen und Änderungen gegenüber dem ersten Schlussvortrag sich ergeben haben,
- dass der Angeklagte (erneut) das letzte Wort hatte,
- dass die Hauptverhandlung zur Urteilsberatung nicht unterbrochen wurde und das Gericht sich zur Beratung nicht zurückgezogen hat,
- dass eine Verständigung unter allen Richtern, einschließlich der Schöffen nicht erkennbar war und nicht stattgefunden hat.

Rüge 217

1813 Ist das Urteil nicht innerhalb der 11-Tages-Frist des § 268 Abs. 3 S. 2 StPO verkündet worden?

I. Rechtsgrundlagen

1814 Zwar kann nach § 229 Abs. 2 StPO die Hauptverhandlung bis zu 3 Wochen unterbrochen werden. Für die Urteilsverkündung stellt § 268 Abs. 3 S. 3 StPO die lex specialis dar.

2432 *BGH* StV 2006, 399; *BGH* Beschl. v. 14.10.2008 – 4 StR 260/08 = NStZ 2009, 105.
2433 Vgl. etwa *BGH* NStZ 2001, 106.

Entgegen der (nicht tragenden) Auffassung des 5. Strafsenats[2434] ist diese Norm keine bloße Ordnungsvorschrift, sondern zwingendes Recht, wie sich aus der Formulierung ergibt, wonach es spätestens 11 Tage nach Schluss der Verhandlung verkündet werden „muss". Im Übrigen hat der Gesetzgeber bei der Änderung des § 229 Abs. 1 StPO durch das 1. Justizmodernisierungsgesetz von 2004 § 268 Abs. 3 StPO unberührt gelassen. Daher muss das Urteil spätestens am 11. Tag nach Schluss der Verhandlung verkündet werden.[2435]

Ein Beruhen des Urteils auf der Fristüberschreitung ist wohl in jedem Fall anzuneh- **1815** men. Denn schon die Unterbrechung der Hauptverhandlung kann dazu führen, dass den Verfahrensbeteiligten und insbesondere dem Gericht infolge Zeitablaufs die Beweisaufnahme nicht mehr in allen Einzelheiten vor Augen steht. Gerade deshalb ist die Frist bis zur Urteilsverkündung kurz zu bemessen, um zu gewährleisten, dass die Schlussvorträge und ggf. die Ausführungen im letzten Wort „allen Richtern noch lebendig in Erinnerung sind... Auch ein sorgfältig abgefasstes Urteil, das keine sachlich-rechtlichen Fehler aufweist, bietet keine Gewähr dafür, dass bei der Urteilsberatung keine wesentlichen Aspekte übersehen wurden, welche deshalb im Urteil gerade nicht wiedergegeben worden sind".[2436]

II. Anforderungen an Vortrag

Vorzutragen sind **1816**

- das Datum und der Wochentag des Endes der Verhandlung (Schlussvorträge, letztes Wort),
- die Verfügung des Vorsitzenden über die Unterbrechung der Verhandlung und das Datum der Fortsetzung,
- das Datum der Urteilsverkündung und des betreffende Wochentags;
- dass kein Wiedereintritt in die Verhandlung vor Urteilsverkündung stattgefunden hat (Negativtatsache!),
- dass die Voraussetzungen von §§ 268 Abs. 3 S. 3, 229 Abs. 3 StPO nicht vorlagen[2437] (Negativtatsache!),
- Ausführungen zur Beruhensfrage (empfehlenswert, siehe oben).

2434 *BGH* StV 2007, 340 m. Anm. *Knauer* = NStZ 2007, 163.
2435 *BGH* StV 2006, 516 (5. Senat); *BGH* StV 2007, 458 (2. Senat); *BGH* StV 2007, 457 (1. Senat); *BGH* StV 2007, 229 m. Am. *Knauer* S. 340 = NStZ 2007, 235 (4. Senat); *Meyer-Goßner*[55] § 268 Rn. 16.
2436 *BGH* StV 2007, 458.
2437 *BGH* StV 2006, 516.

Kapitel 26
Ist das Urteil nicht innerhalb der Absetzungsfrist vollständig zu den Akten gebracht worden?

I. Rügemöglichkeiten

1817 In Betracht kommen mehrere Möglichkeiten der verfristeten Urteilsabsetzung, die gerügt werden können, nämlich

- ein (vollständiges) Urteil ist nicht *fristgerecht* zu den Akten gebracht worden (dazu Rüge 218, Rn. 1818 ff.),
- das Urteil ist nicht fristgerecht *zu den Akten gebracht* worden (dazu Rüge 219, Rn. 1825 ff.),
- das Urteil ist innerhalb der Frist nicht *vollständig* einschließlich der Unterschriften der beteiligten Berufsrichter zu den Akten gebracht worden (dazu Rüge 220, Rn. 1827 ff.),
- das Urteil ist wegen angeblicher Verhinderung eines der beteiligten Berufsrichter nicht von diesem unterschrieben worden (dazu Rüge 221, Rn. 1832 ff.),
- das Urteil ist nach Wegfall des die Absetzungsfrist rechtfertigenden Grundes nicht mit größtmöglicher Beschleunigung zu den Akten gebracht worden (dazu Rüge 222; Rn. 1839 ff.).

Grundsätzlich ist nochmals Akteneinsicht zu nehmen, um anhand des Originalurteils zu überprüfen,

- ob es den Eingangsstempel der Geschäftsstelle trägt und die Urteilsabsetzungsfrist eingehalten ist,
- ob das Urteil die Unterschriften der beteiligten Richter bzw. ggf. einen unterschriebenen Verhinderungsvermerk enthält,
- ob alle in der Urschrift vorgenommenen Änderungen innerhalb der Absetzungsfrist erfolgten und alle Änderungen in die Urteilsabschrift übernommen wurden, die zugestellt wurde.

Rüge 218

1818 Ist das Urteil nicht *fristgerecht* zu den Akten gebracht?

I. Rechtsgrundlagen

1819 Die Dauer der Absetzungsfrist, innerhalb derer das Urteil vollständig zu den Akten gebracht werden muss, bestimmt sich nach § 275 Abs. 1 S. 2 StPO.

Danach beträgt die Absetzungsfrist bei einer Hauptverhandlung z.b. von

- bis zu 3 Verhandlungstagen 5 Wochen,
- von 4–10 Tagen 7 Wochen,
- von 11–20 Tagen 9 Wochen,
- und von 21–30 Tagen 11 Wochen.[2438]

Danach verlängert sich die Absetzungsfrist für jeden begonnenen Abschnitt von 10 Hauptverhandlungstagen um weitere 2 Wochen, § 275 Abs. 1 S. 2 StPO.

Für die Fristberechnung gilt § 43 StPO.

Prüfungsgrundlage für das fristgerechte Zu-den-Akten-Bringen ist der Eingangsvermerk der Geschäftsstelle, § 275 Abs. 1 S. 5 StPO.

Eine „Fristhemmung" sieht das Gesetz nicht vor. Nach § 275 Abs. 1 S. 4 StPO ist **1820** die Überschreitung der Absetzungsfrist in Ausnahmefällen zulässig, wenn das Gericht durch einen nicht vorhersehbaren unabwendbaren Umstand an der Einhaltung der Frist gehindert ist. Liegt eine zulässige Fristüberschreitung vor, ist nach Wegfall des Hindernisses das Urteil mit größtmöglicher Beschleunigung zu den Akten zu bringen.[2439]

Die Rechtsprechung zur zulässigen Fristüberschreitung ist vielfältig und kann an dieser Stelle nicht vollständig wiedergegeben werden. Nicht nur der Berichterstatter, sondern alle berufsrichterlichen Mitglieder des Spruchkörpers sind für eine Einhaltung der Frist nach § 275 Abs. 1 StPO verantwortlich. Das Urteil muss deshalb notfalls durch den zweiten beisitzenden Richter abgefasst und fertig gestellt werden. Andere Dienstgeschäfte des Berichterstatters, etwa auch die Teilnahme an einer Hauptverhandlung, müssen zur rechtzeitigen Abfassung des Urteils zurücktreten.[2440] Als zulässige Gründe für die Fristüberschreitung wurden anerkannt:

- die Erkrankung des einzigen Berufsrichters (Einzelrichter oder Schöffenrichter)
- der Ausfall des Berichterstatters kurz vor Ablauf der Absetzungsfrist, sofern es den verbleibenden Richtern unmöglich ist, das Urteil innerhalb der Frist zu den Akten zu bringen.

Kein Grund für die Fristüberschreitung stellt dar:

- Arbeitsüberlastung des Richters,[2441]
- Organisationsmängel der Justiz[2442], z.B. Außerkontrolle-Geraten der Akten,[2443]
- geplanter Urlaubsantritt,

2438 Vgl. *Meyer-Goßner*[55] § 275 Rn. 8.
2439 *BGH* StV 1995, 514; *OLG Düsseldorf* StV 2008, 131; *Meyer-Goßner*[55] § 275 Rn. 16.
2440 *BGH* StV 2011, 211
2441 *BGH* StV 2012, 5; StV 2007, 627 (Ls) = StraFo 2007, 415; *BGH* Beschl. v. 13.7.2011 – 2 StR 88/11; *BGH* NStZ 2003, 564
2442 Etwa *BayObLG* StV 1986, 145.
2443 *BGH* Beschl. v. 22.5.2012 – 5 StR 229/12 = StraFo 2012, 271.

- fehlerhafte Fristberechnung,[2444]
- Ausfall des Berichterstatters, sofern den verbleibenden Richtern die Absetzung noch fristgerecht möglichwar,[2445]
- Verbleib der Akten bei dem Kostenbeamten,[2446]
- Antritt eines Erholungsurlaubs des Vorsitzenden während noch laufender Ur -
- teilsabsetzungsfrist.[2446]

1821 Ein Aktenvermerk, dass nach Auffassung des Vorsitzenden ausnahmsweise ein Grund für die Fristüberschreitung gegeben war, ist zwar zweckmäßig, aber nicht erforderlich. Fehlt ein Aktenvermerk, entzieht es sich in aller Regel der Kenntnis des Verteidigers, ob eine Fristüberschreitung nach § 275 Abs. 1 S. 4 StPO zulässig war. Seine Prüfung kann sich daher in diesem Fall nur auf die ihm bekannten Umstände stützen, nämlich auf die Berechnung der Frist anhand des Datums der Urteilsverkündung, der Anzahl der Hauptverhandlungstage und des Datums des Eingangsvermerks des Urteils auf der Geschäftsstelle. Ist die Frist überschritten, ist die Rüge zu erheben.

1822 Ist das Urteil abgekürzt abgefasst worden, weil nicht fristgerecht Revision eingelegt worden ist und wird später gegen die Versäumung der Frist Wiedereinsetzung gewährt, beginnt die Frist zur Ergänzung der abgekürzten Urteilsgründe mit dem Eingang der Akten bei dem für die Ergänzung zuständigen Gericht. Die Frist für die Ergänzung berechnet sich nach § 267 Abs. 4 S. 3 StPO.[2447]

II. Anforderungen an den Vortrag

1823 Zunächst sollte eine Berechnung der Absetzungsfrist erfolgen. Dazu ist mitzuteilen:

- das Datum der Urteilsverkündung unter Benennung des betreffenden Wochentages (obwohl bei gleichzeitiger Erhebung der allgemeinen Sachrüge das Revisionsgericht das Datum der Urteilsverkündung der Urteilsausfertigung entnehmen kann),
- die Anzahl der Hauptverhandlungstage einschl. des Tages der Urteilsverkündung, wobei es sich empfiehlt, die Daten der jeweiligen Hauptverhandlungstage mitzuteilen,
- das Datum des Endes der errechneten Absetzungsfrist unter Benennung des betreffenden Wochentages,
- das Datum des Eingangs des Urteils auf der Geschäftsstelle bzw. wann das Urteil zu den Akten gebracht wurde einschließlich der Angabe der betreffenden Wochentages.[2448]

2444   *BGH* StV 1984, 143 (Ls); 1988, 193; *BGH* Urt. v. 5.8.2010 – 3 StR 190/10.
2445   Etwa *BGH* StV 2008, 232; StV 1988, 465; StV 1982, 105; ferner dazu insgesamt *Meyer-Goßner*[55] § 275 Rn. 12 ff.; KK-*Engelhardt*[6] § 275 Rn. 47 ff.
2446   *OLG Koblenz* StV 2009, 11.
2447   *BGHSt* 52, 349 = StV 2009, 8.
2448   Die unterbliebene Mitteilung des Datums des Urteilseingangs auf der Geschäftsstelle kann die Rüge unzulässig machen: *BGH* Beschl. v. 28.8.2007 – 1 StR 402/07.

Wird nach Erhebung der Rüge ein Ausnahmefall des § 275 Abs. 1 S. 4 StPO geltend gemacht, der der Überprüfung durch den Verteidiger stand hält, sollte die Rüge zurückgenommen werden. Das Gleiche gilt selbstverständlich für den Fall, dass der Ausnahmefall bereits aktenkundig gemacht war, so dass die Rüge gar nicht zu erheben ist.

Soll geltend gemacht werden, die Voraussetzungen des § 275 Abs. 1 S. 4 StPO hätten nicht vorgelegen, müssen diejenigen Schriftstücke und Aktenteile (vollständig) mitgeteilt werden, aus denen sich die Voraussetzungen des § 275 Abs. 1 S. 4 StPO ergeben sollen (z.b. dienstliche Erklärungen der Richter, Atteste und sonstige Urkunden). **1824**

Selbstverständlich muss die Revision dann auch Ausführungen dazu enthalten, warum die vorgebrachten Hinderungsgründe die Fristüberschreitung nach § 275 Abs. 1 S. 4 StPO nicht rechtfertigten.

Da es sich bei der Überschreitung der Urteilsabsetzungsfrist um einen absoluten Revisionsgrund (§ 338 Nr. 7 StPO) handelt, sind Ausführungen zu Beruhensfrage nicht erforderlich.[2449]

Rüge 219

Ist das Urteil nicht fristgemäß *zu den Akten* gebracht worden? **1825**

Das Urteil muss nicht innerhalb der Frist (mit den Akten) zur Geschäftsstelle gelangt sein. Es reicht aus, wenn das vollständige Urteil im Dienstzimmer des Richters zum Abtrag bereit gelegt ist.[2450] Ist das Urteil erst nach Fristablauf auf der Geschäftsstelle eingegangen, § 275 Abs. 1 S. 5 StPO, ist im Freibeweisverfahren zu klären, ob das Urteil vollständig „auf den Weg zur Geschäftsstelle gebracht wurde". Dies geschieht in der Regel durch die Einholung einer dienstlichen Erklärung des Vorsitzenden. **1826**

Da der Verteidiger nur durch den Eingangsvermerk der Geschäftsstelle[2451] die Fristeinhaltung prüfen kann, hat er bei Fristüberschreitung dies zum Gegenstand einer Rüge der Verletzung der Absetzungsfrist zu machen. Sofern nach Rügeerhebung durch eine dienstliche Erklärung nachgewiesen wird, dass das Urteil rechtzeitig auf den Weg zur Geschäftsstelle gebracht wurde, wovon der Verteidiger naturgemäß

2449   KK-*Kuckein*[6] § 338 Rn. 95 ff.
2450   *BGH* StV 1985, 135 (Ls); *Meyer-Goßner*[55] § 275 Rn. 7; KK-*Engelhardt*[6] Rn. 40; KK-*Kuckein*[6] § 338 Rn. 96 jew. m. Rspr.-Nachw.
2451   *Meyer-Goßner*[55] § 275 Rn. 18.

erst durch die dienstliche Erklärung erfährt, sollte die nunmehr aussichtslose Rüge zurückgenommen werden, es sei denn, die Richtigkeit der dienstlichen Erklärung kann durch valide Beweismittel erschüttert werden. Verbleiben Zweifel an der Rechtzeitigkeit, so ist davon auszugehen, dass die Frist versäumt wurde.[2452]

Rüge 220

1827   Ist das Urteil innerhalb der Frist nicht *vollständig* zu den Akten gebracht worden?

I. Rechtsgrundlagen

1828   Das Urteil muss *schriftlich* vorliegen, ein Diktat auf Tonträger reicht nicht. Zur Vollständigkeit gehören *Rubrum, Tenor und vollständige Entscheidungsgründe*. Auf die Art der Verschriftung kommt es nicht an, eine handschriftliche Abfassung genügt.

Ein vollständiges Urteil liegt erst dann vor, wenn alle an ihm beteiligten Berufsrichter das Urteil unterschrieben haben. Das in § 275 Abs. 2 S. 1 StPO formulierte Gebot, dass das Urteil von den mitwirkenden Berufsrichtern zu unterschreiben ist, lässt es nicht zu, dass die den Urteilstext abschließende Unterschrift durch eine an anderer Stelle der Akte befindliche Unterschrift des mitwirkenden Richters ersetzt wird.[2453] Die Nachholung einer Unterschrift nach Fristablauf heilt den Mangel nicht.[2454]

(Zur Verhinderung an der Unterschriftsleistung und dem Verhinderungsvermerk vgl. unten Rn. 1833 ff.).

Eine *Urteilsänderung oder -ergänzung* nach Fristablauf ist nicht zulässig, § 275 Abs. 1 S. 3 StPO.[2455] Eine solche muss innerhalb der Frist erfolgen und von allen Richtern unterschrieben werden.[2456] Insoweit ist die Urschrift des Urteils mit der (dem Verteidiger zugestellten) Leseabschrift zu vergleichen und zu prüfen, ob die Änderungen von den Unterschriften aller Richter gedeckt sind. Die Berichtigung bloßer Schreibversehen ist demgegenüber aber auch nach Fristablauf möglich.

1829   Ist das Urteil – unzulässigerweise – lediglich in abgekürzter Form (§ 267 Abs. 4 StPO) abgesetzt worden, begründet auch dies die Revision, wenn es nicht *vor* Frist-

---

2452   *Meyer-Goßner*[55] § 275 Rn. 7.
2453   *BGH* StV 1995, 454 und StV 2010, 618
2454   Vgl. insges. *Meyer-Goßner*[55] § 275 Rn. 3–6; *BGH* StV 1994, 275.
2455   Vgl. etwa *BGH* StV 1984, 144 und 274.
2456   *BGH* StV 1995, 454; *Meyer-Goßner*[55] § 275 Rn. 5, 6; KK-*Engelhardt*[6] § 275 Rn. 27.

ablauf ergänzt wurde.[2457] Ein solcher Fall liegt nicht vor, wenn das Gericht bei Abfassung des abgekürzten Urteils nach der ihm vorliegenden Aktenlage von der Anwendbarkeit des § 267 Abs. 4 S. 1 StPO deshalb ausgehen durfte, weil die Revision – allerdings nicht erkennbar – nur unwirksam zurückgenommen worden war oder gegen die Versäumung der Revisionseinlegungsfrist Wiedereinsetzung in den vorigen Stand gewährt wurde.[2458] In diesem Fall können die Urteilsgründe innerhalb der in § 275 Abs. 1 S. 2 StPO vorgesehenen Frist ergänzt werden. Die Frist zur Ergänzung abgekürzter Urteilsgründe beginnt in diesen Fällen mit dem Eingang der Akten bei dem für die Ergänzung zuständigen Gericht.[2459]

II. Anforderungen an den Vortrag

Neben den oben Rn. 1823 dargestellten vorzutragenden Tatsachen zur Fristberech-   **1830**
nung und zum Datum des Fristablaufs ist vorzutragen, dass das Urteil zwar innerhalb der Frist zu den Akten gelangt ist, das Urteil aber *unvollständig* war und innerhalb der Frist keine Heilung des Mangels erfolgte.

Im Falle des Fehlens der Unterschriften der beteiligten Richter ist vorzutragen, dass das Urteil nicht von allen beteiligten Richtern unterschrieben wurde, wobei es sich empfiehlt, mitzuteilen, welche Richter unterschrieben haben und welche nicht. Es ist mitzuteilen, welche Richter an der Hauptverhandlung teilgenommen haben.

Hat ein Richter unterschrieben, der an der Hauptverhandlung nicht beteiligt war,   **1831**
steht das dem Fehlen der notwendigen Unterschriften der beteiligten Richter gleich.[2460] In diesem Falle muss vorgetragen werden, welche Richter an der Hauptverhandlung mitgewirkt haben und welcher Richter, der an der Hauptverhandlung teilgenommen hat, nicht und welcher Richter an seiner Stelle unterschrieben hat. Zwar ist der Revisionsführer zum Nachweis der von ihm aufgestellten Tatsachenbehauptungen nicht verpflichtet[2461] (das Revisionsgericht selbst prüft im Falle der zulässigen Erhebung der Verfahrensrüge, ob der Vortrag bewiesen ist), gleichwohl aber empfiehlt es sich, die Urschrift des Urteils, aus der die fehlende oder falsche Unterschrift ersichtlich ist, in der Revisionsbegründung z.B. durch Einkopieren mitzuteilen.

2457 *SchlHOLG* Beschl. v. 8.2.2006 – 1 Ss 6/06 (16/06). Für den Fall der Wiedereinsetzung in den vorigen Stand zur Einlegung eines versäumten Rechtsmittels siehe aber *OLG München* NJW 2007, 96.
2458 *BGH* NStZ 2008, 646
2459 *BGH* NStZ 2008, 646; StV 2009, 8.
2460 *BGH* StV 1989, 5.
2461 Vgl. *BGH* StV 2007, 569 = NStZ 2007, 235.

Rüge 221

1832 Ist das Urteil von einem beteiligten Richter nicht unterschrieben worden, weil er angeblich an der Unterschriftsleistung verhindert war?

I. Rechtsgrundlagen

1833 Grundsätzlich ist der Vorsitzende im Falle zulässiger Ausschöpfung der Frist des § 275 Abs. 1 StPO verpflichtet, rechtzeitig organisatorische Maßnahmen zu ergreifen, welche die Unterzeichnung des Urteils durch den Beisitzer sicherstellen.[2462] Nach Fertigstellung des Urteilsentwurfs durch den Berichterstatter darf der Vorsitzende in bestimmten Fällen die von einem Beisitzer behauptete überlastungsbedingte Verhinderung nicht ohne weiteres hinnehmen, sondern hat die behauptete dienstliche Belastung oder Tätigkeit des Beisitzers im Hinblick darauf zu bewerten und gewichten, dass es sich bei der Mitwirkung an der Fertigstellung des Urteils um ein unaufschiebbares Dienstgeschäft handelt. Notfalls ist dem Beisitzer der Urteilsentwurf per e-mail zuzuleiten, damit diesem für die Lektüre ein größerer Zeitraum zur Verfügung steht. Bei angenommener permanenter Überlastung des Beisitzers hat der Vorsitzende bei der Justizverwaltung auf eine Entlastung des Richters hinzuwirken, die diesem eine Mitwirkung an der Urteilsabfassung ermöglicht. Fehlt es an derartigen Bemühungen des Vorsitzenden, ist bei Fehlen der Unterschrift des vermeintlich verhinderten Beisitzers das Urteil nicht fristgerecht zu den Akten gebracht.[2463]

Ist ein beteiligter Richter an der Unterschriftsleistung aus tatsächlichen oder rechtlichen Gründen gehindert, so muss das Urteil anstelle der Unterschrift einen entsprechenden Verhinderungsvermerk enthalten, § 275 Abs. 2 S. 2 StPO, der innerhalb der Urteilsabsetzungsfrist anzubringen ist. Eine Unterschrift „in Vertretung" ist nicht zulässig. Erforderlich ist ein Vermerk, der den Grund der Verhinderung an der Unterschriftsleistung enthält.[2464] Auch dieser Vermerk ist zu unterschreiben und zwar von einem Richter, der an dem Urteil mitgewirkt hat.[2465]

Hinsichtlich des Verhinderungsgrundes ist zu unterscheiden zwischen tatsächlicher und rechtlicher Verhinderung.

1834 Als tatsächlicher Verhinderungsgrund wird z.B. angesehen

- Krankheit,[2466]
- Urlaub,
- Teilnahme an Tagungen,
- sonstige Ortsabwesenheit.

2462 *BGH* Beschl. v. 8.7.2011 – 3 StR 95/11.
2463 *BGH* StV 2011, 210; StV 2006, 683; StV 1991, 247.
2464 Vgl. insges. *Meyer-Goßner*[55] § 275 Rn. 20; KK-*Engelhardt*[6] § 275 Rn. 35.
2465 *BGH* NStZ 1993, 448; insges. *Meyer-Goßner*[55] § 275 Rn. 20.
2466 *BGH* StV 1998, 477.

Kein tatsächlicher Verhinderungsgrund liegt z.b. vor **1835**

- bei Nichterreichbarkeit im Gerichtsgebäude (obwohl kein Urlaub o.Ä. vorlag),[2467]
- oder in der Weigerung, das Urteil zu unterschreiben.[2468]

Schwieriger ist die Beurteilung der rechtlichen Verhinderung.

Diese wird z.b. angenommen, wenn der Richter aus dem Justizdienst ausgeschieden oder jetzt bei der Staatsanwaltschaft eingesetzt ist.[2468]

Keine Verhinderung aus Rechtsgründen liegt vor, wenn der Richter aus dem Spruchkörper ausgeschieden ist, aber weiterhin bei demselben Gericht, bei einem anderen Gericht (z.b. Abordnung zum OLG) oder im Falle der Abordnung als abgeordneter Richter bei einer JVA, der Staatsanwaltschaft oder dem Justizministerium tätig ist,[2469] sofern nicht etwa wegen Ortsverschiedenheit eine Verhinderung aus tatsächlichen Gründen vorliegt.[2470] Ein Richter auf Probe, der zur Staatsanwaltschaft versetzt wird, bleibt Richter und ist daher an der Unterschriftsleistung nicht gehindert.[2471]

Grundsätzlich trifft den Vorsitzenden die Pflicht, besondere Bemühungen zur Erlangung der Unterschrift eines an ein anderes Gericht versetzten Richters zu erlangen. Bei der Unterzeichnung eines Strafurteils handelt es sich um ein dringliches unaufschiebbares Dienstgeschäft, weshalb der Vorsitzende verpflichtet ist, rechtzeitig organisatorische Vorsorge für die Erfüllung dieser Pflicht zu treffen. Werden die erforderlichen Bemühungen unterlassen und wird anstelle des versetzten Richters nur ein Verhinderungsvermerk angebracht, kann dies die Rüge begründen, das vollständige mit allen Unterschriften versehene Urteil sei nicht fristgerecht zu den Akten gebracht worden.[2472]

II. Anforderungen an Vortrag

In diesen Fällen ist zu rügen, dass das Urteil nicht innerhalb der Frist vollständig, **1836** d.h. mit allen erforderlichen Unterschriften zu den Akten gelangt ist.

Es ist zunächst vorzutragen, welche Richter an der Hauptverhandlung mitgewirkt haben.

Für den Fall des Fehlens eines Verhinderungsvermerks ist vorzutragen, welcher Richter nicht unterschrieben hat, und dass eine Verhinderung an der Unterschriftsleistung unter dem Urteil nicht festgestellt ist bzw. nicht innerhalb der Absetzungs-

---

2467 *BGHSt* 28, 194; *KG* StV 1986, 144.
2468 Vgl. *Meyer-Goßner*[55] § 275 Rn. 22.
2469 Etwa *BGH* NStZ 1993, 96; 2006, 586; *BGH* StraFo 2007, 66.
2470 Vgl. insges. *Meyer-Goßner*[55] § 275 Rn. 23; KK-*Engelhardt*[6] § 275 Rn. 29 ff.
2471 *BGH* StV 1992, 557 und 2006, 459.
2472 *BGH* StV 2011, 210; StV 2006, 683.

frist festgestellt wurde. Auch hier empfiehlt es sich, eine Kopie der Urteilsurschrift in der Revisionsbegründung mitzuteilen.

1837 Soll gerügt werden, dass kein Verhinderungsgrund gegeben war, ist neben der Mitteilung der an der Hauptverhandlung mitwirkenden Richter auszuführen, welcher Richter nicht unterschrieben hat sowie der Wortlaut des Verhinderungsvermerks. Der Verteidiger ist gehalten, den im Vermerk angegebenen Verhinderungsgrund zu überprüfen.

Sodann sind die Tatsachen vorzutragen, aus denen sich ergibt, dass keine Verhinderung vorgelegen hat.

Wird z.B. Erkrankung geltend gemacht, kann vorgetragen werden, dass der Richter vor Ablauf der Absetzungsfrist wieder im Dienst war, an Hauptverhandlungen teilgenommen oder andere Dienstgeschäfte vorgenommen hat.

Wird Ortsabwesenheit (z.B. wegen Tagung) geltend gemacht, kann vorgetragen werden, dass der Richter die Tagung vorzeitig abgebrochen hat und wieder im Dienst war.

Bei rechtlicher Verhinderung, z.B. im Falle des Ausscheidens aus dem Spruchkörper, ist, sofern der Verhinderungsvermerk keine weitergehenden Angaben enthält, vorzutragen, welche Tätigkeit der ausgeschiedene Richter wahrnimmt (z.B. Abordnung zum OLG oder als abgeordneter Richter bei einer JVA). Eines Nachweises der behaupteten Tatsachen bedarf es nicht, da das Revisionsgericht im Falle der Zulässigkeit der Rüge das Erwiesensein des Vortrags selbst zu prüfen hat. Dies geschieht im Freibeweisverfahren.

Selbstverständlich sind Rechtsausführungen dazu zu machen, warum nach Auffassung der Revision keine (rechtliche) Verhinderung vorlag.

1838 Bei dieser Rüge besteht die Besonderheit, dass das Revisionsgericht bei Erhebung der allgemeinen Sachrüge die erforderlichen Tatsachen, aus denen sich der Verstoß gegen § 275 StPO ergibt, dem Urteil selbst entnehmen kann, wie z.B. das Fehlen einer Unterschrift oder des Verhinderungsvermerks sowie die im Vermerk angeführten Verhinderungsgründe, die eine Verhinderung im Sinne des § 275 Abs. 2 S. 2 StPO nicht tragen.

Gleichwohl ist eine Verfahrensrüge mit dem notwendigen Tatsachenvortrag zu erheben, da der Revisionsführer verpflichtet ist, einen ganz bestimmten Verfahrensmangel unter Angabe der maßgeblichen Tatsachen zu behaupten. Deshalb darf auf den oben dargelegten (Tatsachen-) Vortrag nicht verzichtet werden.

Rüge 222

Ist das Urteil nach Wegfall des die Überschreitung der Absetzungsfrist rechtfertigenden **1839**
Grundes nicht mit größtmöglicher Beschleunigung zu den Akten gebracht worden?

I. Rechtsgrundlagen

Liegt eine zulässige Fristüberschreitung vor, ist nach Wegfall des Hindernisses das **1840**
Urteil mit größtmöglicher Beschleunigung zu den Akten zu bringen.[2473]

Ist auch nach Auffassung der Verteidigung die Fristüberschreitung gerechtfertigt,
ist zu prüfen, ob nach dessen Wegfall das Urteil mit größtmöglicher Beschleunigung zu den Akten gebracht wurde.

Insoweit einzuhaltende Fristen kann es naturgemäß nicht geben, da die Absetzung
von der Dauer der Hauptverhandlung und dem Schwierigkeitsgrad des abzufassenden Urteils abhängt. Allerdings ist ein strenger Maßstab anzulegen. Ggf. ist trotz zulässiger Fristüberschreitung die Rüge der Verletzung des § 275 Abs. 1 StPO zu erheben mit der Begründung, das Urteil sei nach Wegfall des Hindernisses nicht mit
größtmöglicher Beschleunigung zu den Akten gebracht worden.

II. Anforderungen an den Vortrag

Neben der Fristberechnung und der Mitteilung der Verhinderung und deren Gründe **1841**
ist vorzutragen,

- wann der verhinderte Richter seinen Dienst wieder angetreten hat,
- wann das Urteil auf der Geschäftsstelle eingegangen ist,
- wie viele Arbeitstage zwischen erneutem Dienstantritt und Eingang des Urteils
  auf der Geschäftsstelle lagen.

Es empfiehlt sich auch mitzuteilen, wann der Verhinderungsgrund eingetreten ist **1842**
und wie viele Tage zwischen Urteilsverkündung und dem die Einhaltung der Frist
entgegenstehenden Umstand lagen, um sodann eine „Netto"-Gesamtberechnung dahingehend vorzunehmen, wie viele Tage bzw. Wochen unter Abzug der „Verhinde-
rungszeit" die Urteilsabsetzung gedauert hat. Dieser Zeitraum sollte mit der gesetzlichen Absetzungsfrist des § 275 Abs. 1 S. 2 StPO verglichen werden.

In jedem Fall muss vorgetragen werden, dass auch in Anbetracht der Schwierigkeit
des abzufassenden Urteils dieses nicht mit der größtmöglichen Beschleunigung zu
den Akten gebracht wurde. Dies gilt auch dann, wenn der betreffende Richter mein-
te, anderen Dienstgeschäften den Vorzug geben zu müssen.

2473   *BGH* StV 1995, 514; *OLG Düsseldorf* StV 2008, 131; *Meyer-Goßner*[55] § 275 Rn. 16.

Kapitel 27
Durchsicht der schriftlichen Urteilsgründe im Hinblick auf Hinweise auf Verfahrensfehler

Abschnitt 1
Bescheidung nicht erledigter Anträge etc. in den schriftlichen Urteilsgründen

Rüge 223

1843 Wurden in den Urteilsgründen Anträge nach § 267 Abs. 3 StPO beschieden?

I. Rechtsgrundlagen

1844 Nach § 267 Abs. 3 StPO muss in den Urteilsgründen dargelegt werden, warum das Vorliegen eines minder schweren Falles verneint, warum die verhängte Freiheitsstrafe nicht zur Bewährung ausgesetzt bzw. nicht auf eine Verwarnung mit Strafvorbehalt oder auf Absehen von Strafe erkannt wurde, obwohl dies von dem bzw. für den Angeklagten in der Hauptverhandlung ausdrücklich beantragt worden war.[2474] Dies setzt allerdings voraus, dass ein Gesetz zur Anwendung gekommen ist, das einen fakultativen gemilderten Strafrahmen für minder schwere Fälle vorsieht, bzw. dass das Urteil auf eine Freiheitstrafe erkannt hat, deren Vollstreckung zur Bewährung ausgesetzt werden kann (§§ 56, 58 StGB)[2475], bzw. zu einer Geldstrafe verurteilt wurde, bei der die Verurteilung vorbehalten bleiben (§§ 59 StGB) oder die Voraussetzungen vorliegen, unter denen von Strafe abgesehen werden kann (§ 60 StGB).

Ist in der Hauptverhandlung ein derartiger Antrag gestellt worden, dem das Urteil nicht entsprochen hat, begründet es einen Verfahrensfehler, wenn die schriftlichen Urteilsgründe sich nicht dazu verhalten, warum das Gericht nicht im Sinne der beantragten Rechtsfolgen entschieden hat.

2474 Eine entsprechende Darlegungspflicht muss auch für in der Hauptverhandlung gestellte Anträge gelten, von der Möglichkeit der Annahme eines besonders schweren Falles und der Anwendung des erhöhten Strafrahmens abzusehen.

2475 *BGH* v. 13.3.2008 – 4 StR 534/07 = StV 2008, 345; *BGH* v. 9.2.2012 – 1 StR 438/11 Rn. 18 = StV 2012, 393.

II. Anforderungen an den Vortrag der Rüge der Verletzung des § 267 Abs. 3 StPO

Der Antrag muss im Wortlaut mitgeteilt werden. **1845**

Es muss mitgeteilt werden, dass der Antrag in der Hauptverhandlung mündlich gestellt und bis zur Urteilsverkündung nicht zurückgenommen worden ist.

Ist die allgemeine Sachrüge erhoben worden, bedarf es nicht der Mitteilung des schriftlichen Urteils, aus dem sich ergibt, dass das Gericht entgegen dem Antrag nicht auf einen minder schweren Fall, eine Strafaussetzung zur Bewährung, eine Verwarnung mit Strafvorbehalt oder ein Absehen von Strafe erkannt hat und dessen Gründen keine ausdrückliche Auseinandersetzung mit dem Antrag zu entnehmen ist.

III. Nachweis der den Verfahrensfehler begründenden Tatsachen

Der Antrag ist eine wesentliche Förmlichkeit, die nur durch das Sitzungsprotokoll **1846** bewiesen werden kann.[2476]

IV. Beruhen des Urteils auf dem Verfahrensfehler

Es handelt sich um einen relativen Revisionsgrund (§ 337 StPO). Das Urteil beruht **1847** auf dem Verfahrensfehler, wenn nicht auszuschließen ist, dass der Richter zu einer anderen Entscheidung gekommen wäre, wenn er die Begründungspflicht erwogen hätte. Dies wird nur in seltenen Ausnahmefällen ausgeschlossen werden können.[2477]

Rüge 224

Sind in der Hauptverhandlung vom Strafgesetz besonders vorgesehene Umstände behauptet worden, welche die Strafbarkeit ausschließen, vermindern oder erhöhen und verhalten sich die Urteilsgründe nicht darüber, ob diese Umstände für festgestellt oder für nicht festgestellt erachtet wurden (§ 267 Abs. 2 StPO)? **1848**

I. Rechtsgrundlagen

Nach § 267 Abs. 2 StPO müssen die schriftlichen Urteilsgründe Feststellungen dazu **1849** enthalten, ob Umstände, die die Strafbarkeit ausschließen, vermindern oder erhöhen, in der Hauptverhandlung festgestellt worden sind oder nicht, wenn solche Um-

---

2476 LR-*Gollwitzer*[25] § 267 Rn. 99.
2477 Vgl. *BGH* StV 1990, 100 m. Anm. *Schlothauer*; *BGH* StV 1999, 137; *BGH* StV 1982, 61 m. Anm. *Schlothauer* (Nichtanwendung des Strafrahmens eines minder schweren Falles); *BGH* StV 2008, 345 (Nichtaussetzung einer Freiheitsstrafe zur Bewährung).

stände in der Hauptverhandlung behauptet worden waren. Hierzu gehören die Rechtfertigungs-, Schuld und Strafausschließungsgründe sowie diejenigen Strafmilderungs oder -erhöhungsgründe, die gesetzlich nach Art einer Tatbestandsschilderung konkretisiert sind.[2478] Unter die Voraussetzungen des § 267 Abs. 2 StPO fallen beispielsweise die erheblich verminderte Schuldfähigkeit (§ 21 StGB), die Voraussetzungen des Versuchs (§ 23 Abs. 2 StGB), des Rücktritts vom Versuch (§ 24 Abs. 1 StGB) sowie diejenigen Straftatbestände des Besonderen Teils des StGB sowie in Nebengesetzen (z.B. § 31 BtMG), die auf § 49 StGB verweisen. Nicht unter § 267 Abs. 2 StPO fallen Regelbeispiele für besonders schwere Fälle sowie unbenannte Strafmilderungs oder Strafschärfungsgründe, die von § 267 Abs. 3 StPO erfasst werden.[2479]

1850 Die Pflicht, das Vorliegen bzw. Nichtvorliegen besonderer Umstände i.S.d. § 267 Abs. 2 StPO in den Urteilsgründen festzustellen, wird durch die bloße Behauptung solcher Umstände ausgelöst, wobei unerheblich ist, ob dies durch den Angeklagten beispielsweise im Rahmen seiner Einlassung, seinen Verteidiger, die Staatsanwaltschaft oder einen Nebenkläger geschieht.[2480] Das Gericht ist bei der Behauptung von Umständen dieser Art verpflichtet, in den Urteilsgründen sachlich und rechtlich erschöpfend darzulegen, ob sie festgestellt worden sind oder nicht, was zu begründen ist.

1851 Ob in der Hauptverhandlung besondere Umstände i.S.d. § 267 Abs. 2 StPO behauptet worden sind, kann nach Auffassung des BGH durch das Revisionsgericht nicht durch eine eigene Beweiserhebung überprüft werden.[2481] Weil das Behaupten solcher Umstände nicht zu den wesentlichen Förmlichkeiten i.S.d. §§ 273 Abs. 1, 274 StPO gehöre, müsste das Revisionsgericht bei Erhebung einer entsprechenden Verfahrensrüge eigene Beweise erheben. Dies laufe auf eine (teilweise) Wiederholung der tatrichterlichen Verhandlung hinaus, was der Ordnung des Revisionsverfahrens widerspräche. Demgegenüber ist die Literatur[2482] im Einklang mit der früheren Rechtsprechung[2483] der Auffassung, dass das Revisionsgericht im Wege des Freibeweises die Behauptung von Umständen i.S.d. § 267 Abs. 2 StPO nachprüfen dürfe. Die Feststellung erfordere in der Regel keine inhaltliche Bewertung des betreffenden Vorbringens, sondern habe ausschließlich einen äußeren Vorgang in der Hauptverhandlung zum Gegenstand. Letztere Auffassung ist vorzugswürdig. Mit der Sachrüge allein könnte nur die fehlende oder unzureichende Auseinandersetzung mit der Feststellung von Umständen i.S.d. § 267 Abs. 2 StPO in solchen Fällen beanstandet

2478 LR-*Gollwitzer*[25] § 267 Rn. 64.
2479 Siehe hierzu Rüge 223 Rn. 1843.
2480 LR-*Gollwitzer*[25] § 267 Rn. 67; SK-StPO-*Velten*[4] § 267 Rn. 41 jeweils m.w.N.
2481 *BGHSt* 31, 139 = StV 1983, 9 = NStZ 1983, 278 m. abl. Anm. *Fezer*.
2482 *Meyer-Goßner*[55] § 267 Rn. 15; *Fezer* Grenzen der Beweisaufnahme durch das Revisionsgericht, in: Ebert (Hrsg.), Aktuelle Probleme der Strafrechtspflege, 1991, S. 89; *Herdegen* in: FS Salger, 1995, S. 301, 316; *Sieg* NJW 1983, 2014; LR-*Gollwitzer*[25] § 267 Rn. 71; AK-StPO-*Wassermann*[8] § 267 Rn. 13; KMR-*Paulus*[8] § 267 Rn. 28; SK-StPO-*Velten*[4] § 267 Rn. 41; **a.A.** KK-*Engelhardt*[6] § 267 Rn. 20.
2483 *RG* JW 1922, 495; 1927, 2628; 1930, 1601 m. Anm. *Alsberg*; *BayObLGSt* 1960, 300 = JR 1961, 151.

werden, in denen sich aus den Urteilsgründen die Möglichkeit erschließt, dass Umstände i.S.d. § 267 Abs. 2 StPO vorgelegen haben könnten, ohne dass sich die Urteilsgründe definitiv dazu verhalten, ob sie festgestellt werden konnten oder nicht.

II. Anforderungen an den Vortrag der Rüge der Verletzung des § 267 Abs. 2 StPO

Es muss behauptet werden, dass in der Hauptverhandlung durch den Angeklagten **1852** bzw. seinen Verteidiger bzw. einen anderen Verfahrensbeteiligten Umstände behauptet worden sind, die die Annahme eines Rechtfertigungs-, Schuld- oder Strafausschließungsgrundes sowie sonstige tatbestandsmäßig konkretisierte Strafmilderungsmöglichkeiten erfüllen können. Sowohl die betreffenden Umstände als auch die Art und Weise, wie sie in der Hauptverhandlung behauptet worden sind, sind näher darzulegen.

Wenn nicht ohnehin die allgemeine Sachrüge erhoben worden ist, müssen die schriftlichen Urteilsgründe vollständig mitgeteilt werden zum Nachweis dafür, dass es das Gericht versäumt hat, in den Urteilsgründen darzulegen, ob sich in der Hauptverhandlung die behaupteten Umstände haben feststellen lassen oder nicht.

III. Anderweitige Rügemöglichkeiten

Ergibt sich bereits aus den Urteilsgründen, dass in der Hauptverhandlung besondere **1853** Umstände i.S.d. § 267 Abs. 2 StPO erörtert wurden, kann die Tatsache, dass das Urteil keine Feststellungen über deren Bestehen enthält, zum Gegenstand der Sachrüge gemacht werden. Es kann auch die Aufklärungsrüge begründen, wenn das Gericht es unterlassen hat, die Beweisaufnahme darauf zu erstrecken, ob solche besonderen Umstände vorlagen.[2484]

Rüge 225

Sind in den Urteilsgründen in der Hauptverhandlung nicht erledigte Hilfs- oder andere bedingte Beweisanträge beschieden worden? **1854**

In der Hauptverhandlung gestellte Hilfs-, Eventual- oder sonstige bedingte Beweis- **1855** anträge, über deren Entscheidung der Antragsteller vor Verkündung des Urteils verzichten kann, eröffnen dem Gericht gleichwohl die Möglichkeit, solche Anträge

---

2484 LR-*Gollwitzer*[25] § 267 Rn. 168. Zu den Anforderungen an die Aufklärungsrüge siehe Rüge 190 Rn. 1662.

(ggf. nach Wiedereintritt in die Beweisaufnahme, wenn sie im Schlussvortrag gestellt wurden) in der Hauptverhandlung gemäß § 244 Abs. 3–6 StPO zu bescheiden, sofern das Gericht die Erhebung der Beweise nicht für geboten hält.[2485] Werden derartige Anträge nicht in der Hauptverhandlung durch Beweiserhebung oder Bescheidung gemäß § 244 Abs. 6 StPO erledigt, muss letzteres in den schriftlichen Urteilsgründen erfolgen. Werden sie auch in den Urteilsgründen übergangen und unterbleibt ihre Bescheidung, stellt dies einen Verfahrensfehler dar.[2486]

1856 Die Anforderungen an den Vortrag der Rüge entsprechen denjenigen, die für den Fall der Nichtbescheidung eines in der Hauptverhandlung gestellten Hauptantrages gelten, wenn der beantragte Beweis nicht erhoben worden ist.[2487]

1857 Ist der Beweisantrag in den Urteilsgründen abgelehnt worden und soll dies als verfahrensfehlerhaft beanstandet werden, kommen je nach Ablehnungsgrund alle Rügen der Verletzung des § 244 Abs. 3, 4 oder 5 StPO in Betracht.[2488]

Abschnitt 2
Beweiswürdigung und Inbegriff der Hauptverhandlung[2489]

Rüge 226

1858 Stützt sich das Urteil auf Sachverhaltsfeststellungen oder sonstige Vorgänge, die nicht Inbegriff der Hauptverhandlung waren?

A. Vorbemerkung

1859 Verwertet das Urteil Tatsachen[2490] oder Vorgänge, die nicht Inbegriff der Hauptverhandlung waren, begründet dies eine Verletzung des § 261 StPO, die zum Gegenstand einer Verfahrensrüge gemacht werden kann.[2491]

2485 Vgl. *Schlothauer* Hilfsbeweisantrag – Eventualbeweisantrag – bedingter Beweisantrag, StV 1988, 542 m.w.N.; *Meyer-Goßner*[55] § 244 Rn. 22, 22a und 22b.

2486 Vgl. nur *BGH* NStZ 1982, 477; *Alsberg/Nüse/Meyer* Der Beweisantrag im Strafprozess, 5. Aufl., S. 770.

2487 Vgl. hierzu Rüge 185 Rn. 1622.

2488 Vgl. hierzu Rüge 186 Rn. 1629.

2489 Zur Berücksichtigung von Beweisverwertungsverboten siehe Kapitel 28 Rn. 1958 ff.

2490 Die Verwertung gerichtskundiger Tatsachen setzt i.d.R. einen Hinweis voraus, durch den das Tatgericht zu erkennen gibt, dass es die Tatsache seiner Entscheidung als offenkundig zu Grunde legen wolle. Anderenfalls kommt die Verletzung des rechtlichen Gehörs in Betracht: *BGH* v. 27.6.2012 – 1 StR 68/12 = StV 2012, 710.

2491 Gegenstand einer Verfahrensrüge kann auch sein, dass das Gericht es unterlässt, Vorgänge, die Gegenstand der Hauptverhandlung waren, im Urteil zu würdigen: siehe Rüge 228 Rn. 1887.

B. In Betracht kommende Verfahrensfehler

I. Verwertet das Urteil eine in der Hauptverhandlung abgegebene Einlassung des Angeklagten, obwohl sich dieser in der Hauptverhandlung nicht zur Sache geäußert hat?[2492]

1. Rechtsgrundlagen[2493]

a) Dass sich der Angeklagte in der Hauptverhandlung nicht zur Sache geäußert **1860** hat, wird durch das Schweigen des Hauptverhandlungsprotokolls bewiesen.[2494] Dass ein Angeklagter Angaben zur Sache gemacht hat, ist als wesentliche Förmlichkeit i.S.d. § 273 Abs. 1 StPO in die Sitzungsniederschrift aufzunehmen. Dies gilt nicht nur für eine Äußerung nach § 243 Abs. 4 S. 2 StPO, sondern auch für die erstmalige Äußerung im Laufe der Hauptverhandlung, selbst dann, wenn die Einlassung im Rahmen einer Äußerung nach § 257 oder nach § 258 StPO erfolgt ist.[2495]

b) Da sich der Angeklagte nicht nur persönlich zur Sache äußern kann, sondern **1861** dies auch durch eine Erklärung seines Verteidigers oder in Form einer nach § 249 StPO verlesenen schriftlichen Erklärung[2496] möglich ist,[2497] erfordert die Rüge, der Tatrichter habe seiner Entscheidung eine Einlassung des Angeklagten zugrunde gelegt, obwohl dieser keine Angaben zur Sache gemacht habe, den Vortrag, dass auch der in der Hauptverhandlung anwesende Verteidiger für seinen Mandanten keine diesem zurechenbare Erklärung zur Sache abgegeben habe[2498] oder als Einlassung gewertete schriftliche Erklärungen des Angeklagten verlesen wurden.

c) Ergibt sich aus dem Hauptverhandlungsprotokoll, dass ein in der Hauptver- **1862** handlung anwesender Verteidiger des Angeklagten eine Erklärung abgegeben hat, kann diese, wenn der Angeklagte selbst während der gesamten Dauer der Hauptverhandlung geschwiegen hat, nur dann bei der Urteilsfindung berücksichtigt werden, wenn der Verteidiger erklärt hat, dass die von ihm abgegebene Erklärung als Einlassung des Angeklagten anzusehen sei, der Vorsitzende darauf hingewiesen hat, dass in diesem Falle die Erklärung zum Gegenstand der Beweiswürdigung gemacht werde und der Verteidiger oder der Angeklagte dem nicht widersprochen hat.[2499] Der

---

2492 Zum umgekehrten Fall, dass das Urteil davon ausgeht, der Angeklagte habe in der Hauptverhandlung geschwiegen, obwohl er tatsächlich Angaben zur Sache gemacht hat, siehe Rüge 227 Rn. 1879.
2493 S. auch Rüge 71 Rn. 822 ff.
2494 *BGH* StV 2002, 531.
2495 *BGH* StV 2000, 123. Speziell zu Erklärungen im Rahmen des letzten Wortes: *BGH* v. 29.10.2009 – 4 StR 97/09 = StraFo 2010, 71.
2496 *BGH* v. 29.3.2011 – 3 StR 9/11 = StV 2011, 607.
2497 Zur Zulässigkeit und Grenzen s. Rüge 69 Rn. 811 ff.
2498 *BayObLG* StV 2003, 320.
2499 *OLG Hamm* StV 2002, 187; *OLG Düsseldorf* StV 2002, 411; siehe auch *BGH* StV 1990, 394 = NStZ 1990, 447, *BGH* StV 2002, 182 = NStZ 2002, 555 und *BGH* StV 2007, 620 m. Anm. *Schlothauer*.

Nachweis der Beobachtung dieser Förmlichkeiten kann nur durch das Sitzungsprotokoll erfolgen.[2500]

2. Anforderungen an den Vortrag der Rüge der Verletzung des § 261 StPO

1863 • Das Urteil trifft Feststellungen unter Bezugnahme auf eine Einlassung des Angeklagten in der Hauptverhandlung.

• Der Angeklagte hat sich im Laufe der Hauptverhandlung zu keinem Zeitpunkt zur Sache geäußert, auch nicht in Form einer gem. § 257 StPO abgegebenen Erklärung zu einer vorangegangenen Beweiserhebung oder im Rahmen seines letzten Wortes.

• Der in der Hauptverhandlung anwesende Verteidiger hat für seinen Mandanten keine diesem zurechenbare Erklärung zur Sache abgegeben.

• Findet sich im Hauptverhandlungsprotokoll ein Hinweis auf eine Erklärung des Verteidigers zur Sache, ist vorzutragen, dass der Verteidiger nicht befragt wurde, ob die von ihm abgegebene Erklärung als Einlassung des Angeklagten anzusehen sei, er ggf. nicht darauf hingewiesen wurde, dass im Fall einer Bejahung dieser Frage die Erklärung zum Gegenstand der Beweiswürdigung gemacht werde und auch der Angeklagte sich die Erklärung des Verteidigers nicht zu eigen gemacht hat.

• Es wurde in der Hauptverhandlung keine als Einlassung zu wertende schriftliche Erklärung des Angeklagten gem. § 249 StPO verlesen.

3. Erweiterter Vortrag bei der Rüge der Verletzung des § 261 StPO

1864 a) Machen die Urteilsgründe nicht deutlich, dass die verwertete Aussage des Angeklagten im Rahmen einer Einlassung in der Hauptverhandlung erfolgt ist, sondern teilt das Urteil lediglich mit, wie sich der Angeklagte zu dem ihm vorgeworfenen Sachverhalt geäußert habe, reicht der Vortrag, der Angeklagte habe in der Hauptverhandlung keine Einlassung abgegeben, zur Begründung der Verletzung des § 261 StPO nicht aus:

In diesem Fall muss entweder vorgetragen werden, dass sich der Angeklagte weder als Beschuldigter noch als Zeuge jemals zu dem Sachverhalt, der Gegenstand der jetzigen Anklage ist, geäußert hat oder, wenn eine solche Äußerung erfolgt ist, diese nicht in zulässiger Weise in die Hauptverhandlung eingeführt worden ist.

Beispiel: Das Urteil verwertet eine Äußerung des Angeklagten zur Sache, der in der Hauptverhandlung geschwiegen, aber im Rahmen einer Beschuldigten oder Zeugenvernehmung im Ermittlungsverfahren oder als Angeklagter in einer erstinstanzlichen Hauptverhandlung oder als Zeuge in einem anderweitigen Verfahren tatsächlich verfahrensgegenständliche Angaben gemacht hat. Es begründet auch dann die Rüge der Verletzung des § 261 StPO, wenn in der Hauptverhandlung – soweit dies zulässig wäre – die frühere Ver-

---

2500 *OLG Hamm* StV 2002, 187; *OLG Düsseldorf* StV 2002, 411.

nehmungsniederschrift nicht verlesen wurde oder an der Vernehmung beteiligte Personen, insbesondere Vernehmungsbeamte, als Zeugen in der Hauptverhandlung nicht vernommen worden sind.

b) Vortrag im Einzelnen:

- Das Urteil trifft Feststellungen unter Bezugnahme auf eine Sachäußerung des **1865** Angeklagten zu dem verfahrensgegenständlichen Vorwurf.
- Der Angeklagte hat sich im Laufe der Hauptverhandlung zu keinem Zeitpunkt zur Sache geäußert.
- Ein in der Hauptverhandlung anwesender Verteidiger hat für seinen Mandanten keine diesem zurechenbare Erklärung zur Sache abgegeben.
- Der Angeklagte hat sich
  - weder als Beschuldigter noch als Zeuge im anhängigen oder einem anderen Verfahren jemals zu der verfahrensgegenständlichen Tat geäußert

    oder

  - der Angeklagte hat sich als Beschuldigter oder Zeuge im anhängigen oder einem anderweitigen Verfahren zu der verfahrensgegenständlichen Tat geäußert, wobei der Inhalt im Wortlaut mitzuteilen ist. Die Äußerung ist aber weder durch Verlesung einer diesbezüglichen Vernehmungsniederschrift oder schriftlichen Erklärung des Angeklagten noch durch Vernehmung einer bei dieser Sachäußerung anwesenden Person (insbesondere Verhörsperson) in die Hauptverhandlung eingeführt worden.

II. Trifft das Urteil Feststellungen unter Bezugnahme auf die Aussage eines in der Hauptverhandlung nicht vernommenen Zeugen oder ein in der Hauptverhandlung nicht erstattetes Gutachten eines dort nicht vernommenen Sachverständigen?

- **Rechtsgrundlagen und Anforderungen an den Vortrag**

Der betreffende Zeuge oder Sachverständige darf in der Hauptverhandlung nicht **1866** vernommen worden sein, was in der Revisionsbegründung mitzuteilen ist (durch das Schweigen des Protokolls ist dieser Vortrag bewiesen).

Im Falle der Verwertung eines Sachverständigengutachtens im Urteil ist zusätzlich vorzutragen, dass dieses Gutachten in der Hauptverhandlung nicht verlesen wurde, wobei es nach Auffassung des BGH der Mitteilung des Inhalts des schriftlichen Vorgutachtens nicht bedarf.[2501] Es ist gleichwohl empfehlenswert, das schriftliche Gutachten im Wortlaut mitzuteilen.

- **Alternativ**

Der im Urteil zitierte Zeuge oder Sachverständige hat **vollständig** das Zeugnis **1867** (§§ 52, 53, 53a, 54 StPO), die Auskunft (§ 55 Abs. 1 StPO), ggf. auch grundlos

---

2501   *BGH* StV 2002, 524.

(§ 70 Abs. 1 StPO), oder die Erstattung des Gutachtens (§§ 76, 77 Abs. 1 S. 1 StPO) verweigert, was in der Revisionsbegründung mitzuteilen ist. Im Falle der Verwertung eines Sachverständigengutachtens im Urteil ist zusätzlich vorzutragen, dass dieses Gutachten in der Hauptverhandlung nicht verlesen wurde, wobei es nach Auffassung des BGH der Mitteilung des Inhalts des schriftlichen Vorgutachtens nicht bedarf.[2502] Auch hier empfiehlt es sich, das schriftliche Gutachten im Wortlaut wiederzugeben.

1868 Stützt sich das Urteil ausdrücklich auf Bekundungen eines Zeugen, obschon dieser in der Hauptverhandlung nicht vernommen worden ist, kann einer hierauf bezogenen Verfahrensrüge der Verletzung des § 261 StPO nicht der Boden unter Hinweis darauf entzogen werden, dass die Angaben des Zeugen möglicherweise auf anderem Wege – etwa durch Vorhalt an Dritte – Eingang in die Hauptverhandlung gefunden haben könnten.[2503]

III. Wurde im Urteil das Ergebnis einer Augenscheinseinnahme verwertet, die während der Hauptverhandlung nicht stattgefunden hat?

1869 1. Die Einnahme eines Augenscheins ist eine wesentliche Förmlichkeit, deren Beurkundung durch § 273 Abs. 1 StPO vorgeschrieben ist. Schweigt das Protokoll über die Einnahme eines Augenscheins, so gilt diese wegen der Beweiskraft des Protokolls nach § 274 StPO als nicht erfolgt.[2504] Insbesondere der Inhalt von Gedankenäußerungen auf Tonaufnahmen kann allerdings nicht nur durch Abspielen, sondern auch durch Verlesen einer verschrifteten Aufzeichnung oder durch Vernehmung der Ermittlungsperson in die Hauptverhandlung eingeführt werden, die mit der Erstellung oder Auswertung der Aufzeichnung befasst war.

1870 2. Nimmt das Urteil unmittelbar auf eine Augenscheinseinnahme Bezug[2505] (Beispiel: Eine Videoaufzeichnung zeige eindeutig den Angeklagten[2506] oder „die Fotos zeigen den Angeklagten"[2507]), begründet dies einen Verstoß gegen § 261 StPO, wenn die Videoaufzeichnung oder die Fotos nicht durch Augenscheinseinnahme in die Hauptverhandlung eingeführt wurden. Letzteres muss im Rahmen der Revisionsbegründung vorgetragen werden. In einem solchen Fall ist schon nach den Urteilsgründen ausgeschlossen, dass die Lichtbilder etc. auf andere Weise als durch Augenscheinseinnahme, etwa auf einen Vorhalt hin, in die

---

2502 *BGH* StV 2002, 524.

2503 *BGH* v. 9.2.2010 – 4 StR 355/09 = NStZ 2010, 409.

2504 *BGH* StV 2002, 531.

2505 Eine möglicherweise unwirksame Bezugnahme i.S.v. § 267 Abs. 1 S. 3 StPO ist auf die Sachrüge hin zu prüfen: *BGH* v. 2.11.2011 – 2 StR 332/11 = NStZ 2012, 228; *OLG Köln* NStZ 2011, 476.

2506 *OLG Hamm* StV 2002, 187.

2507 *OLG Hamm* Beschl. v. 4.6.2003 – 2 Ss 369/2003.

Hauptverhandlung eingeführt wurden. Der Gegenstand des Augenscheins ist in der Revisionsbegründung detailliert – soweit möglich in Form eines einkopierten Lichtbildes – darzulegen.

3. Nimmt das Urteil nur inhaltlich auf den Gegenstand oder den Inhalt einer Au- **1871** genscheinseinnahme Bezug und ist durch das Hauptverhandlungsprotokoll bewiesen, dass keine Augenscheinseinnahme stattgefunden hat, begründet dies die Verletzung des § 261 StPO nur dann, wenn ausgeschlossen ist, dass in der Hauptverhandlung eine über Art oder Inhalt des Augenscheinsobjekts gefertigte Niederschrift verlesen wurde oder – ggf. auf Vorhalt – sich hierzu der Angeklagte oder ein in der Hauptverhandlung vernommener Zeuge oder Sachverständiger geäußert hat.[2508] Es muss in diesen Fällen vorgetragen werden, dass weder eine Augenscheinseinnahme erfolgte, noch eine über Art oder Inhalt des Augenscheinsobjekts gefertigte Niederschrift verlesen, noch Art und Gegenstand des Augenscheinsobjekts durch den Angeklagten oder Zeugen oder Sachverständige in die Hauptverhandlung eingeführt wurden. Eines solchen Vortrags bedarf es nur dann nicht, wenn eine Videoaufzeichnung nur durch Augenscheinseinnahme in die Hauptverhandlung eingeführt worden sein kann, was konkret darzulegen ist.[2509]

IV. Verwertet das Urteil den Inhalt von Urkunden, Vernehmungsniederschriften, schriftlichen Erklärungen von Zeugen, Sachverständigen oder Mitbeschuldigten, von behördlichen Zeugnissen, Erklärungen oder Gutachten oder von ärztlichen Attesten, die nicht Gegenstand der Beweisaufnahme waren?

1. Rechtsgrundlagen

Die Zulässigkeit einer entsprechenden Verfahrensrüge der Verletzung des § 261 **1872** StPO setzt grundsätzlich voraus, dass der Inhalt der unzulässigerweise verwerteten Urkunde, Vernehmungsniederschrift, schriftlichen Erklärung etc. wörtlich mitgeteilt wird.[2510] Ferner ist vorzutragen, wer Aussteller der Urkunde bzw. Verfasser der schriftlichen Erklärung etc. ist[2511]. Ist eine Urkunde, Vernehmungsniederschrift, schriftliche Erklärung etc. nur teilweise verlesen worden, sind diese Teile wörtlich mitzuteilen.[2512] Im Hinblick darauf fordert der *BGH*, dass in der Sitzungsnieder-

---

2508 *BGH* NStZ 2002, 493.

2509 *OLG Köln* Beschl. v. 27.11.2006 – 81 Ss OWi 89/06: Feststellung einer Geschwindigkeitsüberschreitung mittels einer Videosequenz.

2510 *BGH* StV 1999, 197; *OLG Köln* StV 1998, 364.

2511 *OLG Düsseldorf* StV 1995, 458.

2512 *BGHR* § 344 Abs. 2 S. 2 StPO – Inbegriff 1; *BGH* StV 2004, 3. S. auch *OLG Hamburg* StV 2012, 74 m. Anm. *Wilhelm*.

schrift der verlesene Abschnitt genau zu bezeichnen ist.[2513] Ferner ist vorzutragen, dass der Urkundeninhalt im Urteil verwertet worden ist. Dies ist bei gleichzeitiger Erhebung der allgemeinen Sachrüge zwar nicht zwingend, im Hinblick auf die Beruhensprüfung aber empfehlenswert.

2. Anforderungen an den Vortrag[2514]

1873 • Es muss vorgetragen werden, dass die Urkunde, Vernehmungsniederschrift, schriftliche Erklärung etc. in der Hauptverhandlung nicht verlesen bzw. ihr Inhalt nicht durch Vortrag durch den Vorsitzenden eingeführt worden ist (§ 249 Abs. 1 StPO)[2515]. Die Verlesung einer Urkunde in der Hauptverhandlung ist eine wesentliche Förmlichkeit. Schweigt das Hauptverhandlungsprotokoll über die Verlesung gilt diese als nicht erfolgt.[2516]

1874 • Der Inhalt der im Urteil verwerteten Urkunde etc. ist vollständig im Wortlaut mitzuteilen. Bei einer Teilverlesung sind diejenigen Passagen kenntlich zu machen, die nicht verlesen worden sind.

1875 • Es muss ferner konkret dargelegt werden, dass der Inhalt der im Urteil verwerteten Urkunde etc. auch nicht auf andere prozessual zulässige Weise in die Hauptverhandlung eingeführt worden ist:[2517]

– Die Revision muss dazu mitteilen, dass eine Urkunde, schriftliche Erklärung, Vernehmungsniederschrift i.S.d. § 251 StPO, ein Behördengutachten oder -zeugnis oder ein ärztliches Attest nicht im Wege des Selbstleseverfahrens (§ 249 Abs. 2 S. 1 StPO) in die Hauptverhandlung eingeführt wurde[2518]

2513 *BGH* v. 8.6.2010 – 1 StR 181/10 = NStZ 2011, 110.

2514 S. auch Rüge 142 Rn. 1215 ff.

2515 *BGH* NStZ 2007, 235 = StV 2007, 569. Dass schriftliche Unterlagen zum Gegenstand der Hauptverhandlung gemacht bzw. in richterlichen Augenschein genommen wurden, beweist keine förmliche Verlesung der Urkunde: *BGH* v. 30.8.2011 – 2 StR 652/10 = wistra 2012, 73 = StV 2012, 584 = StraFo 2011, 511.

2516 *BGH* v. 2.7.1991 – 5 StR 151/91 = wistra 1992, 30; **a.A.** *BGH* v. 11.4.2007 – 3 StR 383/06 = wistra 2007, 271: Ergäbe sich aus dem Hauptverhandlungsprotokoll, dass nach Widerspruch des Verteidigers gegen eine Anordnung des Vorsitzenden durch Kammerbeschluss die Verlesung von Telefonverbindungsdaten bestätigt worden sei und lasse sich dem Protokoll weder entnehmen, dass der Kammerbeschluss tatsächlich umgesetzt noch wieder aufgehoben worden sei, enthalte das Protokoll eine offensichtliche Lücke, die im Wege des Freibeweisverfahrens geschlossen werden dürfe. Zur nunmehr vorrangigen Möglichkeit eines Protokollberichtigungsverfahrens in Fällen dieser Art und seinen Grenzen: *OLG Hamm* StV 2011, 272. Zur Wiederholbarkeit eines fehlerhaft durchgeführten Protokollberichtigungsverfahrens s. auch *BGH* v. 28.6.2011 – 3 StR 485/10 = StV 2012, 523 = StraFo 2011, 356. Zur Protokollberichtigung vgl. auch Rn. 53 ff.

2517 *BGHR* StPO § 261 – Inbegriff der Verhandlung 4; *OLG Köln* StV 1998, 364. Diese Rügeanforderung ist von Verfassungs wegen nicht zu beanstanden: *BVerfG* StV 2005, 369.

2518 *BGHR* StPO § 344 Abs. 2 Urkunden 1.

oder dies, wenn Urkunden i.S.d. §§ 253 und 254 StPO unzulässig verwertet wurden, unzulässig war (§ 249 Abs. 2 S. 1 StPO)[2519].

- Die Revisionsbegründung muss weiterhin darlegen, dass die Verlesung einer Vernehmungsniederschrift weder nach §§ 251, 253 noch 254 StPO erfolgt ist, eine schriftliche Erklärung auch nicht nach § 251 Abs. 1 StPO verlesen wurde oder bei behördlichen Gutachten und Zeugnissen, Gutachten eines allgemein vereidigten Sachverständigen, ärztlichen Attesten oder Protokollen und Erklärungen der Strafverfolgungsbehörden eine Verlesung weder nach § 256 noch nach § 251 Abs. 1 StPO erfolgte.[2520]

- Es muss schließlich vorgetragen werden, dass der Inhalt einer Urkunde, Vernehmungsniederschrift, schriftlichen Erklärung etc. nicht im Wege des Vorhalts[2521] in die Hauptverhandlung eingeführt worden ist.[2522] Weder der Verfasser der Urkunde oder der Erklärung noch deren Adressat, weder der Vernommene noch der Vernehmungsbeamte dürfen in der Hauptverhandlung vernommen worden sein, was konkret vorzutragen ist, noch darf ihnen gegenüber im Falle ihrer Vernehmung bzw. einer dritten Person ein entsprechender Vorhalt gemacht worden sein bzw. dürfen diese von sich aus Erklärungen zum Inhalt der Urkunde etc. gemacht haben, was ebenfalls vorzutragen ist. Dies ist kein Fall der nach Auffassung des BGH unzulässigen Rekonstruktion des Inhalts der Beweisaufnahme,[2523] weshalb insoweit Feststellungen im Wege des Freibeweises getroffen werden dürfen.[2524]

Die Einführung des Inhalts einer Urkunde etc. im Wege des **Vorhalts** ist **ausgeschlossen** in folgenden Fällen: **1876**

- Aus den Urteilsgründen ergibt sich eindeutig, dass das Gericht seine Entscheidung auf eine angebliche Verlesung des Schriftstücks gestützt hat, obwohl eine solche Verlesung nicht erfolgt ist,[2525] oder:

2519 Die Verlesung einer solchen Urkunde würde § 249 Abs. 2 S. 1 StPO, ihre Verwertung im Urteil § 261 StPO verletzen.

2520 *BGH* v. 12.8.1999 - 3 StR 277/99 = StV 2000, 185 = NStZ 2000, 49; s. aber auch *BGH* v. 14.3.2012 – 5 StR 28/12 = StV 2013, 5 m. Anm. *Ventzke*.

2521 Da das Tatgericht seine Überzeugung auf im Wege des Vorhalts eingeführte Aussagen eines Zeugen etc. anlässlich einer früheren Vernehmung nur darauf stützen darf, was auf Vorhalt in die Erinnerung des Zeugen zurückkehrt und nunmehr von ihm bekundet wird, nicht dagegen auf den Inhalt des Vorhalts selbst, begründet es einen sachlich rechtlichen Fehler, wenn Angaben verwertet werden, zu denen ausweislich der Urteilsgründe der Zeuge auf Vorhalt lediglich erklärt hat, „er wisse dieses heute nicht mehr" (*OLG Oldenburg* StV 2012, 330) oder „er müsse das gesagt haben" bzw. „es müsse richtig sein, wenn das dort so stehe" (*OLG Hamm* StV 2004, 643; *OLG Karlsruhe* StV 2007, 630).

2522 *OLG Köln* StV 1998, 364; *OLG Hamm* StV 2004, 310.

2523 Vgl. *BGHSt* 22, 26, 28, wo neben der Verletzung des § 261 StPO diejenige des Grundsatzes des rechtlichen Gehörs angenommen wurde. Vgl. ähnlich *BGH* Beschl. v. 15.3.2007 – 1 StR 27/07.

2524 S. bspw. *BGH* v. 25.4.2012 – 4 StR 30/12 Rn. 8 = StV 2012, 706.

2525 *BGH* NStE Nr. 3 zu § 344 StPO; *BGH* StV 2004, 3, *OLG Hamm* StV 2004, 312.

- Es handelt sich um ein längeres oder sprachlich oder inhaltlich schwer zuverstehendes Schriftstück[2526] oder um ein solches, bei dem es zum Zwecke der Verwertung als Beweis auf den genauen Wortlaut ankommt,[2527] was eine Einführung des Inhalts des Schriftstücks im Wege des Vorhalts ausschließt, oder:
- Der Inhalt eines im Urteil verwerteten Gutachtens oder einer schriftlichen Erklärung setzt eine Sachkunde voraus, über die diejenigen, denen in der Hauptverhandlung das betreffende Schriftstück vorgehalten worden sein könnte, nicht verfügen.[2528]
- In der Hauptverhandlung ist niemand vernommen worden, dem das Schriftstück hätte vorgehalten werden können, was konkret darzulegen ist.

1877 Kommt die Einführung des Inhalts einer im Urteil verwerteten Urkunde, schriftlichen Erklärung, Vernehmungsniederschrift etc. in die Hauptverhandlung im Wege des Vorhalts in Betracht, ist § 261 StPO gleichwohl verletzt, wenn ausweislich der Urteilsfeststellungen derjenige, dem gegenüber der Vorhalt erfolgte, trotz des Vorhalts keine Erinnerung an das ihm in dem vorgehaltenen Schriftstück festgestellte Geschehnis mehr hat.[2529] Dass der Zeuge bei einer von ihm stammenden Niederschrift erklärt, der Inhalt müsse stimmen, wenn es so von ihm vermerkt worden sei, reicht nicht aus.[2530]

V. Verwertet das Urteil Verfahrensvorgänge, die in der Hauptverhandlung nicht stattgefunden haben?

1878
- Das Urteil verwertet den Umstand bei der Beweiswürdigung, ein Zeuge habe trotz Belehrung nach § 55 Abs. 2 StPO von seinem Auskunftsverweigerungsrecht gemäß § 55 StPO keinen Gebrauch gemacht. Tatsächlich ist in der Hauptverhandlung keine Belehrung nach § 55 Abs. 2 StPO erfolgt,[2531] was durch das Schweigen des Hauptverhandlungsprotokolls bewiesen wird.
- Das Urteil verwertet bei der Beweiswürdigung den Umstand, dass ein Zeuge vereidigt worden sei. Tatsächlich ist eine Vereidigung nicht erfolgt,[2532] was durch das Schweigen des Hauptverhandlungsprotokolls bewiesen wird.

2526 *BGH* StV 2002, 542; *BGH* v. 30.8.2011 – 2 StR 652/10 = wistra 2012, 73 = StraFo 2011, 511 = StV 2012, 584; *BGH* v. 11.4.2012 – 3 StR 108/12 = StV 2012, 706; *BGH* v. 25.4.2012 – 4 StR 30/12 Rn. 8 = StV 2012, 706.

2527 *BGH* StV 2000, 655.

2528 Zu Feststellungen zum Wirkstoffgehalt von Betäubungsmitteln *OLG Köln* StV 1998, 364; für Feststellungen zur Blutalkoholkonzentration *OLG Celle* StV 1984, 107; *BayObLG* StV 2003, 152. Es sollte in Fällen dieser Art ausdrücklich vorgetragen werden, dass eine über die erforderliche Sachkunde verfügende Person und insbesondere ein Sachverständiger in der Hauptverhandlung nicht vernommen bzw. kein diesbezügliches Gutachten verlesen worden ist.

2529 *OLG Düsseldorf* StV 2002, 131; *BGH* StV 2001, 386.

2530 *BGH* StV 1994, 413; *BGHSt* 11, 159; *BGHSt* 11, 338; *OLG Düsseldorf* StV 2002, 131; *OLG Karlsruhe* StV 2007, 630.

2531 *BayObLG* JZ 1965, 291.

2532 *BayObLG* StV 1988, 145.

- Das Gericht geht von einer vereidigten Aussage aus. Tatsächlich hat nur eine Teilvereidigung stattgefunden. Die Beweiswürdigung des Urteils bezieht sich auf einen Aussageteil, bezüglich dessen keine Vereidigung stattgefunden hat.[2533]
- Im Zusammenhang mit der Beweiswürdigung einer Zeugenaussage bewertet das Urteil die nonverbale Kommunikation zwischen dem Zeugen und dem Angeklagten. Während der gesamten Dauer der Vernehmung des Zeugen war der Angeklagte – wie durch das Protokoll bewiesen wird – tatsächlich aus der Hauptverhandlung gemäß § 247 StPO entfernt worden.
- Das Urteil stellt fest, der Angeklagte bzw. ein Zeuge habe sich im Anschluss an eine bestimmte Beweiserhebung in einem bestimmten Sinne geäußert. Weder während noch nach der Beweiserhebung haben der Angeklagte oder der betreffende Zeuge Angaben gemacht.[2534]

Soweit es darauf ankommt, ob ein bestimmter Vorgang in der Hauptverhandlung stattgefunden hat oder nicht, kann das Verbot der „Rekonstruktion der Hauptverhandlung" nicht zum Zuge kommen.[2535]

Rüge 227

Kommt das Urteil zu Feststellungen, die mit dem Inhalt der in der Hauptverhandlung erfolgten Beweiserhebungen nicht übereinstimmen?   **1879**

I. Rechtsgrundlagen

Ob Urteilsfeststellungen das Ergebnis der Hauptverhandlung zutreffend wiedergeben oder nicht, kann nur durch eine inhaltliche Rekonstruktion der Verhandlung und insbesondere der Beweisaufnahme ermittelt werden. Eine solche inhaltliche Rekonstruktion der Hauptverhandlung wird von der Rechtsprechung und Teilen der Literatur als dem „Wesen des Rechtsmittels der Revision" widersprechend für unzulässig gehalten: „Das Ergebnis der Aussage eines Zeugen, wie überhaupt das Ergebnis der Hauptverhandlung, festzustellen und zu würdigen, ist allein Sache des Tatrichters; der dafür bestimmte Ort ist das Urteil. Was in ihm über das Ergebnis der Verhandlung zur Schuld und Straffrage festgehalten ist, bindet das Revisionsgericht. Darüber ist kein Gegenbeweis zulässig"[2536].   **1880**

2533   *BGH* StV 1999, 137.
2534   *BGH* StV 2004, 470.
2535   S. *BGH* v. 29.11.2011 – 3 StR 281/11 = NStZ 2012, 344 = StV 2012, 587. S. ferner die Nachw. bei *Meyer-Goßner*[55] § 337 Rn. 13 sowie *OLG Hamburg* StV 2012, 74 m. Anm. *Wilhelm.*
2536   *BGHSt* 21, 149, 151, st. Rspr.; vgl. weitere Nachweise bei *Meyer-Goßner*[55] § 337 Rn. 13 und 14.

1881 In der Literatur wird die Berechtigung für eine derartige Beschränkung der Überprüfungsmöglichkeiten des Revisionsgerichts teilweise grundsätzlich in Frage gestellt.[2537]

1882 Von diesen Grundsätzen macht die höchstrichterliche und obergerichtliche Rechtsprechung sowie das einschlägige Schrifttum eine – an sich inkonsequente – Ausnahme: Danach ist es dem Revisionsgericht gestattet, einen Vergleich zwischen dem Urteilsinhalt und solchen Teilen der Beweisaufnahme durchzuführen, deren Inhalt schriftlich fixiert und Teil der Verfahrensakten ist. Ergibt sich bei diesem Vergleich die Aktenwidrigkeit der Urteilsgründe, ist § 261 StPO verletzt.[2538] Ein nicht aufgelöster Widerspruch zwischen dem Inhalt eines in der Hauptverhandlung verlesenen Schriftstücks und den Urteilsgründen kann bei Erheblichkeit sowohl zur Rechtswidrigkeit des Schuldspruchs als auch der Rechtsfolgenentscheidung führen.[2539]

1883 In Betracht kommt nach dieser Rechtsprechung der Vergleich der Urteilsgründe zunächst mit solchen Urkunden, mit denen der Beweis bestimmter Feststellungen geführt werden soll (verlesene Vernehmungsniederschriften, Gutachten, Erklärungen und sonstige Urkunden)[2540]. Revisionsrechtlich angreifbar ist aber nur ein Urteil, das den Wortlaut einer in der Hauptverhandlung verlesenen Vernehmungsniederschrift, eines Gutachtens, einer Erklärung oder einer sonstigen verlesenen Urkunde falsch wiedergibt oder bei dem die Urkunde entgegen den Urteilsfeststellungen einen eindeutig anderen Inhalt hat. Revisionsrechtlich angreifbar ist weiterhin, dass der Inhalt einer verlesenen Niederschrift oder Urkunde in einer Weise in den Urteilsgründen interpretiert wird, die mit deren Wortlaut nicht mehr zu vereinbaren ist.[2538] Unzulässig ist nach dieser Rechtsprechung jedoch die Rüge, der Tatrichter habe aus dem Inhalt einer verlesenen Niederschrift oder Urkunde einen möglichen, aber falschen Schluss gezogen, die verlesene richterliche Vernehmungsniederschrift habe tatsächlich kein Geständnis enthalten oder der Wortlaut einer Urkunde sei falsch ausgelegt worden.

Den verlesenen Urkunden werden die nach § 273 Abs. 3 StPO wörtlich protokollierten Aussagen oder Äußerungen gleichgestellt.[2541] Ebenfalls einem Abgleich mit

---

2537   Vgl. *Fezer* in: Aktuelle Probleme der Strafrechtspflege, 1991, S. 89 ff.; *ders.* JZ 1992, 107; *Wilhelm* ZStW 117, 144; vgl. ferner *Herdegen* in: FS Salger, S. 315; *Schlothauer* StV 1992, 134 ff. Dass hier auch in der Rechtsprechung das letzte Wort noch nicht gesprochen ist, zeigt die Entscheidung *BGH* StV 2008, 123 m. Anm. *Ventzke*, wonach der Vortrag mit einer „pauschalen Bezeichnung des Vernehmungsgegenstands" einer Zeugenvernehmung nicht mit dem Rekonstruktionsverbot kollidiere.

2538   *OLG Bremen* StV 1990, 536.

2539   *BGH* StV 2008, 566 = NStZ 2009, 404.

2540   *BGH* StV 1983, 321; *BGH* NStZ 1987, 18; *BGHSt* 29, 18, 21; *OLG Köln* NJW 1974, 1150; *OLG Hamm* MDR 1975, 245; *BayObLG* StV 1985, 226; *BGH* StV 2003, 319.

2541   *BGHSt* 38, 14 = StV 1991, 548 = JZ 1992, 106 m. Anm. *Fezer*.

den Urteilsgründen zugänglich sind in der Hauptverhandlung nach §§ 255a und 247a S. 4 StPO vorgeführte Videoaufzeichnungen.[2542]

II. Anforderungen an den Vortrag der Rüge der Verletzung des § 261 StPO

1. Den Urteilsfeststellungen widersprechender Inhalt einer wörtlichen Protokollierung

Gibt das Urteil eine nach § 273 Abs. 3 StPO im Wortlaut in das Protokoll aufge- **1884** nommene Aussage anders wieder, ohne den Widerspruch zu erklären?

* Zur Begründung der Verfahrensrüge muss der Beschwerdeführer anführen, dass die Niederschrift in der Hauptverhandlung vorgelesen und vom Aussagenden inhaltlich genehmigt worden ist oder dass keine Einwendungen gegen sie erhoben wurden.[2543]
* Die Niederschrift muss in der Revisionsbegründung vollständig wörtlich mitgeteilt werden.
* Bei einem Widerspruch zwischen der Niederschrift und den Urteilsgründen muss der weitere Gang der Hauptverhandlung mitgeteilt und klargestellt werden, dass sich der Widerspruch bis zum Ende der Beweisaufnahme nicht aufgelöst hat, insbesondere der Zeuge im Anschluss an die Protokollierung seine Aussage nicht korrigiert hat und dass die protokollierte Aussage im Zeitpunkt der Urteilsberatung noch beweiserheblich war.[2544]

2. Den Urteilsfeststellungen widersprechender Inhalt verlesener Urkunden etc.

Geben die Urteilsfeststellungen den Inhalt einer in der Hauptverhandlung verlese- **1885** nen Urkunde, schriftlichen Erklärung, Vernehmungsniederschrift, eines Gutachtens, Zeugnisses oder Attestes etc. unzutreffend wieder?

In diesem Falle begründet die Verletzung des § 261 StPO die Revision, wenn auf der Überzeugungsbildung des Gerichts in dem fraglichen Punkt das Urteil beruht.

Die Tatsache der Verlesung und der Inhalt der verlesenen und fehlerhaft wiedergegebenen Urkunde im vollständigen Wortlaut müssen mitgeteilt werden.[2545]

2542 Vgl. *Diemer* NStZ 2002, 16, 19; *Leitner* StraFo 2004, 306; *Schlothauer* StV 1999, 47; **a.A.** *BGH* StV 2003, 650 m. abl. Anm. *Schlothauer*. Zur revisionsrechtlichen Kontrolle und den Grenzen des Rekonstruktionsverbots bei Videoaufzeichnungen und digitalen Daten siehe *Gercke/Wollschläger* StV 2013, 106.

2543 *BayObLG* StV 1990, 488.

2544 *BGH* StV 2002, 354; ferner *Schäfer* StV 1995, 147.

2545 *BGH* StV 2003, 319.

3. Den Urteilsfestsellungen widersprechender Inhalt von Video oder Audioaufzeichnungen

1886   Zur unzutreffenden Wiedergabe von Vorgängen im Urteil, die Gegenstand einer in der Hauptverhandlung vorgeführten Videoaufzeichnung oder abgespielten Audioaufzeichnung waren: Siehe Rüge 150 Rn. 1304.

Rüge 228

1887   Werden in den Urteilsgründen alle Beweise und Beweisergebnisse, die Gegenstand der Hauptverhandlung waren, gewürdigt?

I. Rechtsgrundlagen

1888   Nach § 261 StPO ist das Gericht verpflichtet, die in der Hauptverhandlung erhobenen Beweise zu würdigen und dem Urteil zugrunde zu legen, sofern nicht im Einzelfall ausnahmsweise ein Beweisverwertungsverbot entgegensteht. Ergibt sich aus den Urteilsgründen, dass der Tatrichter die Beweise nicht erschöpfend gewürdigt hat und seine Beweiswürdigung lückenhaft ist, kann dies als Rechtsfehler mit der Sachrüge geltend gemacht werden. Kann ohne Rekonstruktion des Inhalts der tatrichterlichen Beweisaufnahme der Nachweis geführt werden, dass sich das Urteil mit **erheblichen** Ergebnissen der Beweisaufnahme nicht auseinandersetzt, kann dies zum Gegenstand einer Verfahrensrüge der Verletzung des § 261 StPO gemacht werden.[2546]

II. Anforderungen an den Vortrag der Rüge der Verletzung des § 261 StPO

1. Sind in der Hauptverhandlung Urkunden, schriftliche Erklärungen, Vernehmungsniederschriften, Zeugnisse und Gutachten von Behörden oder ärztliche Atteste verlesen, im Urteil aber übergangen worden?

1889   a)   Die entsprechende Verfahrensrüge setzt zunächst voraus, dass in der Hauptverhandlung eine Urkunde,[2547] eine schriftliche Erklärung (des Angeklagten,[2548] eines Mitangeklagten, eines Zeugen oder Sachverständigen), eine Niederschrift über die

---

2546   Siehe *Widmaier* in: Münchener Anwaltshandbuch Strafverteidigung, 2006, § 9 Rn. 126 ff.

2547   *BGH* StV 2003, 318; *BGH* NStZ 2007, 115 = NJW 2007, 92.

2548   *BGH* v. 29.3.2011 – 3 StR 9/11 = StV 2011, 607; *KG* StV 2003, 320; LR-*J.-P. Becker*[26] § 243 Rn. 80. Zur Frage, wann eine schriftliche Erklärung des Angeklagten im Wege des Urkundenbeweises zum Gegenstand der Hauptverhandlung gemacht worden ist, siehe *BGH* NStZ 2004, 163 sowie *BGH* StV 2007, 621, 622 m. Anm. *Schlothauer*.

Vernehmung eines Angeklagten,[2549] eines Zeugen[2550] oder eines Sachverständigen oder eines Mitbeschuldigten[2551] oder Gutachten, Zeugnisse und Erklärungen etc. i.s.d. § 256 StPO zu Beweiszwecken[2552] verlesen worden sind.[2553]

Die Rüge kommt auch in Betracht, wenn in der Hauptverhandlung eine Aussage wörtlich protokolliert, vorgelesen und genehmigt worden ist.[2554] Der Inhalt der Niederschrift muss vollständig wiedergegeben werden sowie die Tatsache ihrer Protokollierung, Verlesung und Genehmigung.

Bei Revisionen gegen Berufungsurteile kommt auch der Verlesung des erstinstanzlichen Urteils sowie der nach § 325 StPO in die Hauptverhandlung eingeführten erstinstanzlichen Aussagen von Zeugen oder Sachverständigen[2555] Bedeutung zu.

Ist in der Hauptverhandlung eine Urkunde nur auszugsweise verlesen worden, kann gerügt werden, dass die verlesenen Teile in den Urteilsgründen ungewürdigt geblieben sind, wenn ein nicht aufgelöster Widerspruch zwischen dem Inhalt des verlesenen Ausschnitts und den Urteilsgründen verbleibt. Der Grundsatz des Rekonstruktionsverbots kann insoweit keine Anwendung finden.[2556]

Die Rüge der Verletzung des § 261 StPO kann auch darauf gestützt werden, dass ein Beweisergebnis, das durch Augenscheinseinnahme und Erörterung mit einem Zeugen in die Hauptverhandlung eingeführt worden ist, in den Urteilsgründen unberücksichtigt geblieben ist, obwohl ihm für die Beurteilung der Glaubhaftigkeit der Aussage des wesentlichen Belastungszeugen erhebliches Gewicht beizumessen war.[2557]

b) Im Rahmen der Revisionsbegründung muss der gesamte Inhalt der verlesenen **1890** Urkunde etc. wörtlich mitgeteilt werden[2558] sowie die Tatsache der Verlesung. Zusätzlich muss dargelegt werden, dass die Verlesung der betreffenden Urkunden etc. erfolgen durfte und ihr Inhalt insoweit verwertbar war und die Verlesung zu Beweiszwecken erfolgte.[2559]

2549 *BGH* StV 2002, 12; *OLG Hamm* StV 2007, 630.
2550 *BGH* StV 1988, 138 m. Anm. *Schlothauer*; siehe auch *BGH* StV 2002, 11 für nach § 253 StPO verlesene Teile der Vernehmungsniederschrift eines Zeugen.
2551 *OLG Karlsruhe* StV 2000, 658.
2552 *BGH* v. 7.12.2010 – 4 StR 401/10 = StV 2012, 67 = StraFo 2011, 151.
2553 Eine Verlesung bspw. nach § 251 Abs. 3 StPO reicht dafür nicht aus.
2554 *BGH* StV 1991, 548.
2555 *OLG Oldenburg* StV 2002, 524; *KG* StV 2013, 433.
2556 Zur Problematik s. *OLG Hamburg* StV 2012, 74 m. Anm. *Wilhelm;* des Übergangs in das Freibeweisverfahren bedarf es dann nicht, wenn die Sitzungsniederschrift entsprechend der Forderung des *BGH* (v. 8.6.2010 – 1 StR 181/10 = NStZ 2011, 110) die verlesenen Abschnitte genau bezeichnet.
2557 *BGH* v. 18.6.2008 – 2 StR 485/07 = StV 2008, 568 = StraFo 2008, 329 = NStZ 2008, 705.
2558 *BGH* StV 1992, 360.
2559 Als Negativtatsache muss zumindest vorgetragen werden, dass die Verlesung nicht auf § 251 Abs. 3 StPO gestützt wurde.

1891 c) Der Erfolg der Rüge ist davon abhängig, dass sich aus der verlesenen Urkunde etc. wesentliche entscheidungserhebliche Einzelheiten ergeben, deren Erörterung im Hinblick auf die vollständige Erfassung des relevanten Beweisstoffes und die inhaltliche Richtigkeit der Urteilsfeststellungen geboten war. Die Verletzung des § 261 StPO kann sowohl den Schuld als auch den Strafausspruch[2560] oder einen Maßregelausspruch oder eine sonstige Nebenfolge der Verurteilung betreffen.[2561]

Bei einem Widerspruch zwischen den Urteilsgründen und dem Inhalt einer verlesenen, im Urteil aber nicht gewürdigten Urkunde etc. sollte ebenfalls (siehe Rüge 227 Rn. 1879) der weitere Gang der Hauptverhandlung nach der Verlesung mitgeteilt und klargestellt werden, dass sich der Widerspruch bis zum Ende der Beweisaufnahme nicht aufgelöst hat.[2562]

2. Übergeht das Urteil sonstige für die Entscheidung wesentliche Verfahrensvorgänge?

1892 a) In Betracht kommen insbesondere die vollständige oder teilweise Inanspruchnahme von Aussage-[2563], Zeugnis oder Eidesverweigerungsrechten sowie Entscheidungen über die Vereidigung.[2564]

Es muss das den wesentlichen Verfahrensvorgang betreffende Geschehen in der Hauptverhandlung vollständig im Rahmen der Revisionsbegründungsschrift mitgeteilt werden.[2565]

1893 b) Ein Widerspruch zwischen den Urteilsgründen und dem Geschehen in der Hauptverhandlung kann auch darin liegen, dass die Urteilsgründe unzutreffenderweise davon ausgehen, der Angeklagte habe in der Hauptverhandlung **keine** Angaben zur Sache gemacht. Ist durch das Hauptverhandlungsprotokoll bewiesen, dass sich der Angeklagte zur Sache eingelassen hat, begründet auch dies eine Verletzung des § 261 StPO, weil eine Sachäußerung des Angeklagten für die Beweiswürdigung immer von Bedeutung ist und das Urteil deshalb auch auf diesem Verfahrensfehler beruht.[2566]

1894 c) Haben in der Hauptverhandlung Mitangeklagte, Zeugen oder Sachverständige Angaben gemacht und setzt sich das Urteil damit nicht auseinander, kann dadurch § 261 StPO verletzt und eine Verfahrensrüge zulässig sein, wenn sich auch ohne

---

2560 Vgl. *BGH* StV 2002, 12.
2561 Beispielhaft *BGH* v. 18.6.2008 – 2 StR 485/07 = StV 2008, 568 = StraFo 2008, 329 = NStZ 2008, 705; *BGH* v. 13.2.2008 – 3 StR 481/07 = StV 2008, 288 = NStZ 2008, 475; *BGH* v. 19.8.2008 – 3 StR 252/08 = StV 2008, 566 = NStZ 2009, 404.
2562 Siehe *BGH* StV 2002, 354.
2563 *BGH* NStZ 2001, 440.
2564 Siehe Rüge 226 Rn. 1878 mit Beispielen für die in Betracht kommenden Vorgänge.
2565 Für die in den Urteilsgründen nicht erörterte Tatsache einer (teilweisen oder vollständigen) Auskunftsverweigerung eines Zeugen gem. § 55 Abs. 1 StPO siehe Rüge 90 Rn. 927.
2566 Siehe *OLG Köln* StV 2004, 7.

Rekonstruktion des Inhalts der Angaben durch das Revisionsgericht die Beweiswürdigung als lückenhaft erweist: Dies kommt beispielsweise in Betracht, wenn im Urteil Sachverhalte angesprochen werden, die einen Bezug haben zu Mitangeklagten, Zeugen oder Sachverständigen, die sich in der Hauptverhandlung geäußert haben.

Beispiel: Das Urteil stützt sich auf die Aussage eines Zeugen, nach der eine andere Person den betreffenden Sachverhalt miterlebt habe oder bestätigen könne. Das Urteil schweigt dazu, ob dieser Sachverhalt durch diese Person bestätigt wurde oder nicht, obwohl sie in der Hauptverhandlung als Zeuge, Mitangeklagter, ggf. auch als Sachverständiger vernommen wurde.[2567]

Mit der Rüge der Verletzung des § 261 StPO muss vorgetragen werden, dass die betreffende Person (Mitangeklagter, Zeuge oder Sachverständiger) in der Hauptverhandlung anwesend war und dort Angaben zur Sache gemacht hat, insbesondere nicht ein Aussage oder Zeugnisverweigerungsrecht in Anspruch genommen hat und die Beweiswürdigung deshalb lückenhaft ist, weil sie sich mit diesen Angaben nicht auseinandergesetzt hat, obwohl dies nach der Beweislage geboten war.

Eine bloße Sachrüge wäre in diesem Fall nicht ausreichend,[2568] wenn sich aus dem Urteil selbst nicht ergäbe, dass überhaupt die betreffende Person in der Hauptverhandlung Angaben zur Sache gemacht hat.[2569]

III. Verwandte Verfahrensrügen

Übergeht das Urteil ein ursprünglich dem Angeklagten vorgeworfenes Geschehen, bezüglich dessen das Verfahren in der Hauptverhandlung eingestellt (§ 154 Abs. 2 StPO) oder beschränkt (§ 154a Abs. 2 StPO) worden ist und erfolgte die Einstellung bzw. Verfahrensbeschränkung aus Gründen, die für die Beweiswürdigung Bedeutung haben könnte?[2570]   **1895**

Übergeht das Urteil Erkenntnisse, die einen Verfahrensvorwurf betrafen, bzgl. dessen es zu einer Verfahrenseinstellung (§ 154 StPO) oder -beschränkung (§ 154a   **1896**

2567   Vgl. *BGH* StV 1993, 176 m. Anm. *Schlothauer* und die Darstellung des dieser Entscheidung vorangegangenen Revisionsverfahrens bei *Dahs/Dahs* Die Revision im Strafprozess⁶, S. 338 ff.; siehe auch *BayObLG* StraFo 2001, 384.

2568   Die Bezeichnung der der Entscheidung *BGH* StV 1993, 176 zugrundeliegenden Revisionsbegründung als Sachrüge bei *Dahs/Dahs* Die Revision im Strafprozess⁶, S. 338 ff. (die Folgeauflagen verzichten leider auf die betreffenden Praxisbeispiele) ist insofern irreführend, als in der bei *Dahs/Dahs* wiedergegebenen Revisionsbegründung die Verfahrenstatsachen der Vernehmung des betreffenden Zeugen und die Nichtausübung des Zeugnisverweigerungsrechts mitgeteilt werden, was zur Begründung der Rüge erforderlich war.

2569   Wäre im Beispielsfall ein etwaiger Zeuge nicht in der Hauptverhandlung vernommen worden, würde dies eine Verletzung der Aufklärungspflicht darstellen. Die Verfahrensrüge der Verletzung des § 261 StPO ist in Fällen dieser Art sozusagen die Kehrseite der Aufklärungsrüge.

2570   Siehe dazu Rüge 194 Rn. 1693 ff., Rn. 1699.

Abs. 2 StPO) gekommen ist, und waren diese für die abgeurteilte Tat von Bedeutung?[2571]

1897 Wird aus dem Urteil ersichtlich, dass vom Gericht ein in der Hauptverhandlung verwendetes persönliches Beweismittel (Zeuge, Sachverständiger, evtl. auch Mitangeklagter) nicht ausgeschöpft worden ist, kann die Verletzung der Aufklärungspflicht in Betracht kommen.[2572]

Rüge 229

1898 Hat das Gericht den Inhalt der Beweisaufnahme betreffende Zusagen bei der Beweiswürdigung eingehalten?

I. Rechtsgrundlagen

1899 Unterlassen es die Urteilsgründe, sich mit wesentlichen Tatsachen auseinanderzusetzen, die das Gericht als wahr unterstellt oder als erwiesen bezeichnet hat, begründet dies die Revision, wenn die Beweiswürdigung ohne deren Erörterung lückenhaft bleibt.[2573] Zu entsprechenden „Zusagen" kommt es insbesondere – aber nicht zwingend – im Zusammenhang mit der Ablehnung von Beweisanträgen.[2574] Setzt sich das Urteil mit wesentlichen Tatsachen, die im Rahmen eines Beweisantragsablehnungsbeschlusses als wahr unterstellt bzw. als bereits erwiesen bezeichnet wurden, nicht auseinander, ist dies als Verletzung der §§ 244 Abs. 3, 261 StPO zu rügen, wobei der Schwerpunkt der Rüge auf der lückenhaften Beweiswürdigung liegt. Die Rüge kann auch dann erhoben werden, wenn es sich bei dem Beweisbegehren tatsächlich nicht um einen Beweisantrag gehandelt hat.[2575]

1900 Das Gericht kann aber auch unabhängig von einer Beweisbehauptung in Form eines Hinweises dem Angeklagten zusichern, eine bestimmte Tatsache als wahr zu unterstellen bzw. als erwiesen anzusehen. Setzt sich das Urteil mit solchen Tatsachen nicht auseinander, begründet dies die Verletzung des § 261 StPO, wenn die übrigen Urteilsfeststellungen zu einer solchen Auseinandersetzung drängten. Dies ist der Fall, wenn ohne eine solche Erörterung nicht zu ersehen ist, wie Beweiswürdigung und als wahr unterstellte oder als erwiesen bezeichnete Tatsachen in Einklang ge-

---

2571 Siehe Rüge 194 Rn. 1693, Rn. 1703.
2572 Dazu Rüge 190 Rn. 1662.
2573 Für die Wahrunterstellung s. z.B. *BGH* v. 16.11.2010 – 4 StR 530/10 = NStZ 2011, 231 m.w.N.; für als erwiesen angesehene Beweistatsachen: *BGH* v. 13.4.2011 – 5 StR 86/11 = StV 2012, 581 = NStZ 2011, 472.
2574 Siehe dazu Rüge 173 Rn. 1549 und Rüge 169 Rn. 1487.
2575 *BGH* v. 14.7.2011 – 3 StR 106/11 = StV 2012, 581.

bracht werden können oder wenn ohne deren ausdrückliche Erörterung die Überlegungen des Gerichts zum Beweisergebnis lückenhaft bleiben.[2576] Es ist hier entsprechend der Nichtberücksichtigung von in der Hauptverhandlung erhobenen Beweisen die Verfahrensrüge der Verletzung des § 261 StPO zu erheben.[2577]

Weichen die Urteilsgründe von der Zusage der Wahrunterstellung bzw. des Erwie- **1901** senseins einer bestimmten Tatsache ab, ohne dass der Angeklagte noch vor Urteilsverkündung auf die Auffassungsänderung des Gerichts hingewiesen wurde, stellt dies eine Verletzung des Grundsatzes des fairen Verfahrens dar.[2578] Entsprechendes gilt in Fällen, in denen das Gericht in der Hauptverhandlung zugesichert hat, in der Hauptverhandlung erlangte Beweisergebnisse bei der Urteilsfindung nicht zu berücksichtigen.[2579] Es wäre auch in einem solchen Fall eine Verletzung des Grundsatzes des fairen Verfahrens, wenn sich die Urteilsgründe entgegen der Zusage doch auf solche Ergebnisse der Beweisaufnahme stützen würden, deren Nichtberücksichtigung zugesagt worden war, ohne dass die Verfahrensbeteiligten vor der Urteilsverkündung über den Auffassungswandel des Gerichts unterrichtet worden wären. Schließlich bedarf es eines Hinweises, wenn eine als wahr unterstellte Tatsache als bedeutungslos behandelt werden soll und es naheliegt, dass der Angeklagte wegen der Wahrunterstellung davon absieht, Beweisanträge zu einem Thema zu stellen, das mit der als wahr unterstellten Tatsache im Zusammenhang steht und das – im Gegensatz zu dieser Tatsache – für die Entscheidung möglicherweise von Bedeutung ist.[2580]

II. Anforderungen an den Vortrag der Rüge der Verletzung des § 261 StPO bzw. des Grundsatzes des fairen Verfahrens (Art. 6 Abs. 1, Abs. 3 EMRK)

Mitzuteilen sind: **1902**

- Zeitpunkt und Inhalt der vom Gericht gemachten Zusage, Beweistatsachen als wahr zu unterstellen bzw. als bereits erwiesen anzusehen oder bestimmte Beweisergebnisse bei der Urteilsfindung nicht zu berücksichtigen, vollständig im Wortlaut,

---

2576 Vgl. *BGH* StV 1988, 91; *BGH* StV 1984, 142 sowie *BGHR* StPO § 244 Abs. 3 S. 2 – Wahrunterstellung 3 und 30.

2577 Siehe Rüge 228 Rn. 1887.

2578 Zu den Rügemöglichkeiten, wenn sich das Urteil zu als wahr unterstellten oder als erwiesen angesehenen Beweistatsachen in Widerspruch setzt und ein entsprechender Beweisantrag gem. § 244 Abs. 3 StPO abgelehnt worden war, siehe Rüge 169 Rn. 1490 u. Rüge 173 Rn. 1545.

2579 Dies gilt beispielsweise für den Fall, dass das Gericht einen Sachverständigen, der bereits sein Gutachten erstattet hat, ohne ihn zu Ende vernommen zu haben, entlässt, weil unter dieser Voraussetzung ein gegen den Sachverständigen gestellter Antrag, ihn als befangen abzulehnen, zurückgenommen oder unter dieser Voraussetzung von der Stellung eines solchen Antrags abgesehen worden ist.

2580 *BGH* v. 27.3.2012 – 3 StR 31/12 = StV 2012, 580.

- dass vor der Urteilsverkündung kein Hinweis des Gerichts erteilt wurde, dass an der betreffenden Zusage nicht festgehalten werde (Negativtatsache),
- Urteilsgründe, aus denen sich ergibt, dass das Gericht von der Zusage in der Form abgewichen ist, dass sich die Urteilsgründe zu als erwiesen angesehenen bzw. als wahr unterstellten Tatsachen nicht verhalten, obwohl die übrigen Urteilsfeststellungen zu einer Auseinandersetzung Anlass gaben oder aber sich die Urteilsgründe zu der gegebenen Zusage in Widerspruch setzen.[2581]

Rüge 230

1903 Hat es das Gericht unterlassen, bestimmte erhebliche Tatsachen in der Hauptverhandlung aufzuklären oder unterlässt es die Urteilsgründe, sich mit in der Hauptverhandlung erhobenen Beweisen auseinanderzusetzen (Alternativrüge der Verletzung der Aufklärungspflicht: § 244 Abs. 2 StPO und der Verletzung des § 261 StPO)?

I. Rechtsgrundlagen

1904 Nicht immer lässt sich erkennen, ob in der Akte vorhandene Vernehmungsniederschriften, schriftliche Erklärungen, Gutachten oder Urkunden Gegenstand der Hauptverhandlung waren oder lediglich nicht in den Urteilsgründen gewürdigt worden sind. Dies kann beispielsweise darauf beruhen, dass die betreffende Vernehmungsniederschrift etc. nur Gegenstand eines (formfreien) Vorhalts im Rahmen der Vernehmung des Angeklagten, eines Zeugen oder Sachverständigen war. Steht der Inhalt der Vernehmungsniederschriften etc. im Widerspruch zu den Urteilsgründen oder stellt sich die Beweiswürdigung ohne ausdrückliche Erörterung als lückenhaft dar, ist fraglich, ob die „Aktenwidrigkeit" der Urteilsgründe[2582] darauf beruht, dass das Urteil sich nicht mit in der Hauptverhandlung verlesenen Urkunden auseinandersetzt oder diese unter Verletzung der Aufklärungspflicht nicht in die Hauptverhandlung eingeführt worden sind.

1905 In diesen Fällen muss die Verletzung des Verfahrensrechts alternativ auf eine Rüge nach § 244 Abs. 2 StPO bzw. nach § 261 StPO gestützt werden dürfen[2583]. Dem ist

---

2581 Im Falle der Erhebung der allgemeinen Sachrüge bedarf es entsprechender Ausführungen nur zur Erläuterung der Rüge und zum Beruhen des Urteils auf dem Verfahrensfehler.

2582 Zur Rüge der im Urteil nicht nachvollziehbar begründeten Abweichung des in der Hauptverhandlung erstatteten Gutachtens eines Sachverständigen von einem bei der Akte befindlichen vorläufigen Gutachten siehe *BGH* StV 2005, 653.

2583 So *Ziegert* StV 1996, 279 („Prozessuale Wahlfeststellung"); ferner schon *Schlothauer* StV 1992, 134, 139; *Fezer* JZ 1996, 665; *Herdegen* in: FS-Salger, S. 318.

die Rechtsprechung nicht gefolgt.[2584] Auch insoweit ist die Rechtsprechung des BGH allerdings nicht immer konsequent.[2585] Eine Alternativrüge sollte jedenfalls in solchen Fällen nicht von vornherein als aussichtslos verworfen werden, in denen sich in einem wesentlichen Punkt ein Widerspruch zwischen dem Inhalt der Akten und dem sich dazu nicht verhaltenden Inhalt des Urteils nicht im Zuge der Hauptverhandlung in einer Weise aufgelöst haben kann, die ausschließt, dass dem erkennenden Gericht unter keinem rechtlichen Gesichtspunkt ein Fehler unterlaufen ist.[2586]

II. Anforderungen an den Vortrag der („Alternativ-")Rüge

Es ist darzulegen, dass sich die Urteilsgründe in einem wesentlichen Punkt nicht mit einer dazu in Widerspruch stehenden in der Akte befindlichen Urkunde oder Vernehmungsniederschrift etc. auseinandersetzen. Der Wortlaut des Schriftstücks und seine Fundstelle in den Akten sind mitzuteilen. **1906**

Es ist (zur Begründung der Aufklärungsrüge) mitzuteilen, dass der Inhalt des betreffenden Schriftstücks in der Hauptverhandlung nicht durch Verlesung eingeführt wurde, wobei alle prozessual zulässigen Möglichkeiten (§ 249 Abs. 1 StPO, einschließlich in Form eines Berichts durch den Vorsitzenden, Selbstleseverfahren gem. § 249 Abs. 2 StPO, die persönliche Vernehmung ersetzende oder ergänzende Verlesung gem. §§ 251, 253, 254 und 256 StPO) ausgeschlossen werden müssen.

Kann der Inhalt des betreffenden Schriftstücks durch die Aussage des Angeklagten, des Verfassers einer Erklärung, des vernommenen Zeugen oder einer Verhörsperson (auch auf Vorhalt) zum Gegenstand der Hauptverhandlung gemacht worden sein, ist darzulegen, dass die damit dann gebotene Auseinandersetzung und die Auflösung eines Widerspruchs zu wesentlichen Feststellungen in den Urteilsgründen unterblieben ist.

Falls möglich, sollte dargelegt werden, dass sich der betreffende Widerspruch bis zum Ende der Beweisaufnahme nicht durch bestimmte Beweiserhebungen aufgelöst hat.[2587]

2584 Vgl. *BGH* NJW 1992, 2840; *BGH* NStZ 1997, 294; *BGH* NStZ 1999, 423 und *BGH* NStZ 2007, 115. Der *3. Strafsenat* des *BGH* hat durch Beschl. v. 5.5.2009 – 3 StR 57/ 09 – die Zulässigkeit einer sog. Alternativrüge im entschiedenen Fall dahinstehen lassen.

2585 Vgl. beispielsweise *BGH* StV 2000, 293.

2586 Vgl. als Beispiel einer solchen Fallkonstellation den der Entscheidung *BGH* StV 1986, 16 zugrundeliegenden Sachverhalt, der dort allerdings nur unter dem Gesichtspunkt der Aufklärungsrüge behandelt wurde, obwohl es mit derselben Wahrscheinlichkeit nahe gelegen hätte, dass die in den Urteilsgründen nicht erörterte Frage Gegenstand der Hauptverhandlung war (vgl. hierzu *Schlothauer* StV 2007, 416).

2587 Zu den Anforderungen an eine Aufklärungsrüge im übrigen und an die Rüge der Verletzung des § 261 StPO siehe Rüge 190 Rn. 1662 und Rüge 228 Rn. 1887.

Rüge 231

1907   Wird in den schriftlichen Urteilsgründen zum Nachteil des Angeklagten im Zusammenhang mit der Beweiswürdigung bzw. der Strafzumessung der Umstand berücksichtigt, dass der Angeklagte zu der ihm angelasteten Tat ganz oder teilweise geschwiegen habe?

I. Rechtsgrundlagen

1908   Nach ständiger Rechtsprechung darf der Tatrichter den Umstand, dass der Angeklagte zum Tatvorwurf vor oder in der Hauptverhandlung geschwiegen hat, weder bei der Beweiswürdigung noch bei der Rechtsfolgenbemessung als belastendes Indiz verwenden.[2588] Es handelt sich um ein dem Schutz des Schweigerechts dienendes Verwertungsverbot.[2589] Das Revisionsgericht prüft auf die Sachrüge, ob der Richter die Tatsache des Schweigens verwerten durfte.[2590]

1909   Diese Überprüfungsmöglichkeit kann im Einzelfall ihre Grenze dort finden, wo beim Vorwurf mehrerer Taten i.S.d. § 264 StPO unklar ist, ob ein nach Auffassung der Rechtsprechung bei der Beweiswürdigung bzw. Strafzumessung **verwertbares** Teilschweigen vorlag, weil der Angeklagte **innerhalb eines Prozessgegenstandes** zur Sache teilweise Angaben gemacht und teilweise geschwiegen hat, oder ob ein **unverwertbares** Schweigen vorlag, weil der Angeklagte sich zu **einer Tat im prozessualen Sinn** zur Sache eingelassen, zu einer **anderen** jedoch geschwiegen hat. Dieser die Reichweite des Verwertungsverbots betreffende Vorgang gehört zum Verfahrensrecht und kann deshalb nur mittels einer Verfahrensrüge zur Überprüfung durch das Revisionsgericht gestellt werden.[2591]

II. Anforderungen an den Vortrag der Rüge der unzulässigen Verwertung des vollständigen Schweigens des Angeklagten zu einer Tat im prozessualen Sinn

1910   Es ist zunächst darzulegen, dass dem Angeklagten der Vorwurf mehrerer Taten im prozessualen Sinn gem. § 264 StPO gemacht wurde. Die einzelnen Tatvorwürfe sind darzustellen.

Es ist das gesamte Aussageverhalten des Angeklagten darzulegen (durch wörtliche Wiedergabe seiner in Vernehmungsniederschriften bzw. in Vermerken oder Urteilen niedergelegten Äußerungen), wozu auch der Vortrag gehört, dass der Angeklag-

---

2588   *BGHSt* 20, 281; *BGHSt* 38, 300, 305.

2589   *G. Schäfer* in: FS Rieß, 2002, 477, 485.

2590   Vgl. *BGH* StV 2000, 598.

2591   *Jähnke* in: FS Meyer-Goßner, 2001, 559, 561 f; *G. Schäfer* in: FS Rieß, 2002, 477, 485 f. Siehe allg. zur Frage, ob die unzulässige Verwertung des Schweigens des Angeklagten mit der Sach- oder der Verfahrensrüge zu beanstanden ist, auch *Eisenberg* Beweisrecht der StPO[7], Rn. 911 u. 912 m.w.N.

te bezüglich des Vorwurfs einer oder mehrerer anderer Taten im prozessualen Sinn jeweils vollständig geschwiegen hat.[2592]

III. Im Zusammenhang stehende Verfahrensrügen

Wird im Zusammenhang mit der Beweiswürdigung bzw. der Strafzumessung zum **1911** Nachteil des Angeklagten der Umstand berücksichtigt, er habe in der Hauptverhandlung (teilweise) geschwiegen, hat der Angeklagte dort jedoch tatsächlich von seinem Schweigerecht vollständig Gebrauch gemacht, ist dies mit der Rüge der Verletzung des § 261 StPO zu beanstanden, wenn das Urteil feststellt, der Angeklagte habe sich in der Hauptverhandlung zur Sache (teilweise) geäußert bzw. teilweise geschwiegen.[2593]

Wird demgegenüber zum Nachteil des Angeklagten berücksichtigt, er habe in einem Verfahrensabschnitt vollständig geschwiegen, sich in einem anderen Verfahrensabschnitt zur Sache geäußert und darin ein verwertbares Teilschweigen gesehen, handelt es sich um einen auf die Sachrüge hin zu beachtenden Fehler, wenn das tatrichterliche Urteil die für die Beurteilung erforderlichen Verfahrenstatsachen feststellt. Ansonsten ist eine Verfahrensrüge zu erheben, in der Zeitpunkt und Inhalt einer Einlassung in einem Verfahrensabschnitt, das vollständige Schweigen in einem anderen Verfahrensabschnitt darzulegen sind.

Rüge 232

Wurden in den schriftlichen Urteilsgründen Schlüsse zum Nachteil des Angeklagten daraus **1912** gezogen, dass sich dieser als Zeuge in einem anderen, den gleichen Tatkomplex betreffenden Strafverfahren auf das Auskunftsverweigerungsrecht nach § 55 Abs. 1 StPO berufen hat?

I. Rechtsgrundlagen

Nach der Rechtsprechung des BGH ist es unzulässig, Schlüsse zum Nachteil des **1913** Angeklagten daraus zu ziehen, dass dieser sich als Zeuge in einem anderen, den selben Tatkomplex betreffenden Strafverfahren auf das Auskunftsverweigerungsrecht nach § 55 StPO berufen hat. Dies gelte jedenfalls dann, wenn der Angeklagte sich bis dahin nicht – über ein generelles Bestreiten des Tatvorwurfs hinaus – zur Sache geäußert hätte.[2594] Nach Auffassung des BGH ist der Fehler mit einer auf § 261 StPO zu stützende Verfahrensrüge zu beanstanden.[2595]

2592   *Jähnke* in: FS Meyer-Goßner, 2001, 559, 562.
2593   Siehe Rüge 226 Rn. 1860.
2594   *BGHSt* 38, 302 = StV 1992, 357; siehe hierzu *Dahs/Langkeit* NStZ 1993, 213.
2595   Insoweit nur in *BGHSt* 38, 302 veröffentlicht. Hierzu **krit.** *Dahs/Langkeit* NStZ 1993, 213, 215.

II. Anforderungen an den Vortrag der Rüge der Verletzung der §§ 261, 55 Abs. 1 StPO

1914   •   Es ist zunächst vorzutragen, was Tatvorwurf des Strafverfahrens war, in dem sich der jetzige Angeklagte als Zeuge auf sein Auskunftsverweigerungsrecht nach § 55 Abs. 1 StPO berufen hat und dass diese Tat auch Gegenstand der vorliegenden Verurteilung ist.

   •   Es ist mitzuteilen, dass der Angeklagte als Zeuge in jenem Verfahren von seinem Auskunftsverweigerungsrecht nach § 55 StPO Gebrauch gemacht hat.

   •   Die Zulässigkeit der Rüge setzt weiter voraus,[2596] dass vorgetragen wird, wie sich das Einlassungsverhalten des Angeklagten im anhängigen Verfahren sowie demjenigen, in dem er seinerzeit als Zeuge vernommen wurde, entwickelt hat. Daraus muss ersichtlich werden, dass er keine Angaben zur Sache gemacht hat, bevor es zu seiner zeugenschaftlichen Vernehmung kam, anlässlich derer er von seinem Auskunftsverweigerungsrecht Gebrauch gemacht hat.[2597]

   •   Die zum Nachteil des Angeklagten aus seiner Auskunftsverweigerung gezogenen Schlüsse ergeben sich aus dem angefochtenen Urteil, dessen Inhalt im Falle der Erhebung der allgemeinen Sachrüge vom Revisionsgericht zur Kenntnis genommen wird.

Abschnitt 3
Strafzumessung/Rechtsfolgen

Rüge 233

1915   Fehlen in den Urteilsgründen Ausführungen zu den persönlichen Verhältnissen des Angeklagten?

I. Rechtsgrundlagen

1916   Fehlende Ausführungen zu persönlichen Verhältnissen eines Angeklagten können zur Aufhebung des Strafausspruchs, unter Umständen sogar zur Aufhebung des Schuldspruchs führen[2598]. Hatte sich der Angeklagte zu seinen persönlichen und wirtschaftlichen Verhältnissen und zu seinem Lebenslauf nicht geäußert, müssen

---

2596   *BGH* Urt. v. 26.5.1992 – 5 StR 122/92 (insoweit nur bei BGH-Nack – alle Entscheidungen der Strafsenate des BGH seit Herbst 1991 – auf CD Rom veröffentlicht).

2597   Geht seine Aussage über ein generelles Bestreiten des Tatvorwurfs nicht hinaus, ist auch dieses unerheblich: *BGHSt* 38, 302 = StV 1992, 355.

2598   Vgl. *BGHR* StPO § 267 Abs. 3 S. 1 Strafzumessung 8, 9, 17; *BGH* NStZ-RR 1998, 17, NStZ-RR 1999, 46; *OLG Stuttgart* StV 1991, 340 zur Strafzumessung; *BGH* StV 1990, 438 zum Schuldspruch; vgl. auch *BGH* Beschl. v. 30.5.2012 – 2 StR 98/12.

die Urteilsgründe erkennen lassen, dass der Tatrichter sich anderweitig um die Aufklärung des Lebens des Angeklagten bemüht hat[2599]. Zu diesem Zweck sind ggf. Vorstrafenakten beizuziehen und ihr Inhalt in die Hauptverhandlung einzuführen oder geeignete Zeugen zu vernehmen.

Der 5. Strafsenat des BGH hat in einer Entscheidung vom 29.9.1998[2600] zum Ausdruck gebracht, dass er die diesbezüglichen Rechtsfehler künftig allein auf eine entsprechende Verfahrensrüge beachten werde, wenn sich nicht schon aus dem angefochtenen Urteil eindeutig ergebe, dass der Tatrichter seiner Rechtsfolgenentscheidung einen lückenhaft gebliebenen Sachverhalt zugrunde gelegt habe. Namentlich sei in diesem Zusammenhang die Rüge der Verletzung der Aufklärungspflicht (§ 244 Abs. 2 StPO) zu erheben[2601]. Dem sollte vorsorglich bei entsprechenden Urteilsmängeln Rechnung getragen werden.

1917

II. Anforderungen an den Vortrag der Rüge der Verletzung der gerichtlichen Aufklärungspflicht im Zusammenhang mit fehlenden Urteilsfeststellungen zu den persönlichen Verhältnissen des Angeklagten

* Voraussetzung für die Rüge ist das Schweigen der Urteilsgründe zu den persönlichen und wirtschaftlichen Verhältnissen des Angeklagten.

1918

* Es ist ggf. vorzutragen, dass der Angeklagte zu seinen persönlichen Verhältnissen keine Angaben gemacht hat (dieses Vortrags bedarf es nicht, wenn die mit der Sachrüge angefochtenen Urteilsgründe darauf verweisen, dass keine Feststellungen zu den persönlichen Verhältnissen des Angeklagten getroffen werden konnten, weil dieser geschwiegen oder Angaben gemacht habe, denen das Gericht nicht gefolgt sei).

* Es sind die sonstigen Anforderungen an die Rüge der Verletzung der gerichtlichen Aufklärungspflicht zu erfüllen.[2602] Dazu gehört insbesondere die Bezeichnung von dem Gericht bekannten und zugänglichen Beweismitteln beispielsweise in Form von Vorstrafenakten, die nach Aktenzeichen und Gericht oder Staatsanwaltschaft zu bezeichnen sind oder die Benennung von dem Gericht aufgrund des Akteninhalts oder der Beweisaufnahme bekannten Zeugen, die in der Lage wären, zum Lebenslauf und zu den Lebensverhältnissen des Angeklagten Angaben zu machen.

2599 *BGH* NStZ 1991, 231; StV 1992, 463 m.w.N.
2600 *BGH* StV 1998, 636.
2601 Zustimmend *G. Schäfer* in: FS–Rieß, 2002, S. 477, 483.
2602 Siehe Rüge 190 Rn. 1667.

Rüge 234

1919 Hat das Gericht die Anstiftung durch einen polizeilichen Lockspitzel (nicht) ausreichend berücksichtigt?

I. Rechtsgrundlagen

1920 Eine unzulässige Anstiftung durch einen polizeilichen Lockspitzel liegt dann vor, wenn dieser einen bisher unbescholtenen, nicht in Verdacht stehenden und nicht tatgeneigten Bürger dazu anstiftet, Straftaten zu begehen.[2603] Der EGMR hat im Falle Teixeira de Castro gegen Portugal entschieden, dass im Falle der unzulässigen Anstiftung durch einen polizeilichen Lockspitzel der Angestiftete „von Anfang an und endgültig kein faires Verfahren" hatte, weshalb Art. 6 Abs. 1 EMRK, der Grundsatz des fairen Verfahrens verletzt sei.[2604] Wenn aber in einem solchen Fall die Durchführung eines fairen Verfahrens nicht möglich ist, legt dies die Annahme eines Verfahrenshindernisses, mindestens jedoch eines Beweiserhebungs bzw. Verwertungsverbots nahe. Denn ein unfaires Strafverfahren darf von Anfang an nicht betrieben werden.

1921 Dieser Rechtsprechung des EGMR ist der BGH nicht gefolgt, sondern hat sich für die Strafzumessungslösung entschieden.[2605] Danach soll der Verstoß gegen den Grundsatz des fairen Verfahrens nach Art. 6 Abs. 1 S. 1 EMRK[2606] dadurch kompensiert werden, dass gegebenenfalls die schuldangemessene Strafe unterschritten wird, ein minder schwerer Fall angenommen wird oder nur eine Verwarnung mit Strafvorbehalt nach § 59 StGB ausgesprochen, von Strafe gemäß § 60 StGB abgesehen wird oder das Verfahren nach §§ 153a, 153 StPO eingestellt wird.[2607]

2603 Vgl. dazu *Fischer*[60] § 46 Rn. 66 ff.; LK-*Theune*[12] § 46 Rn. 253 ff. jew. m. zahlr. Rspr.-Nachw.

2604 *EGMR* StV 1999, 128; für die Annahme eines Verfahrenshindernisses *Endriß/Kinzig* StraFo 1998, 299; *Kempf* StV 1999, 128; *Taschke* StV 1999, 632; für ein Beweiserhebungsverbot *Fischer/Maul* NStZ 1992, 7, 13

2605 *BGHSt* 45, 321 m. abl. Anm. *Kreuzer/Sinner* in StV 2000, 114; *BGHSt* 47, 44 = StV 2001, 492. Für ein Verfahrenshindernis in Ausnahmefällen *BVerfG* NStZ 1995, 95; *BVerfG* 2 BvR 693/01 v. 18.5.2001.

2606 Eine strafzumessungsrelevante Tatprovokation nimmt der BGH nicht nur in den Fällen der Anstiftung eines bisher unbescholtenen, nicht in Verdacht stehenden Bürgers, sondern auch eines solchen an, dem von der Polizei ein Drogengeschäft angesonnen wird, das nicht mehr in einem angemessenen, deliktsspezifischen Verhältnis zu dem individuell gegen den Provozierten bestehenden Tatverdacht steht („Quantensprung"): *BGHSt* 47, 44 = StV 2001, 492. Zur Unzulässigkeit der Tatprovokation eines Strafgefangenen ohne Wissen der Vollzugsanstalt *BGH* StV 2008, 21.

2607 Nach der Entscheidung des *BGH* (Großer Senat) v. 17.1.2008 (= StV 2008, 133) ist nicht auszuschließen, dass künftig die Kompensation nicht durch Herabsetzung der verhängten Strafe oder nach §§ 59, 60 StGB bzw. §§ 153, 153a StPO, sondern durch Anrechnung eines Teils der verhängten Strafe auf die Vollstreckung erfolgt (siehe schon die Andeutung bei *BGH* StV 2008, 5, 7).

Die offensichtliche Divergenz zwischen der Rechtsprechung des EGMR und des BGH ist bisher nicht geklärt.

Auch die zulässige Tatprovokation ist als schuldunabhängiger Strafzumessungsgrund im Rahmen der erforderlichen Gesamtwürdigung zugunsten des Angeklagten zu berücksichtigen und i.d.R. im Urteil zu erörtern[2608].

Die Frage, welche Rüge zu erheben ist, wenn der Tatrichter die (insbes. unzulässige) Anstiftung durch einen Lockspitzel nicht oder nur unzureichend berücksichtigt hat, hängt davon ab, welche Feststellungen im Urteil getroffen worden sind. Enthält das Urteil *alle* für die Beurteilung der (unzulässigen) Anstiftung erforderlichen Tatsachen, hat das Revisionsgericht bereits durch die Erhebung der (allgemeinen) Sachrüge die notwendige Tatsachengrundlage, das Urteil daraufhin zu untersuchen, ob die (unzulässige) Tatprovokation rechtsfehlerhaft unberücksichtigt geblieben ist oder „unterbewertet" wurde. **1922**

Häufig wird das Urteil jedenfalls aus der Sicht des Beschwerdeführers lückenhaft sein, weil nicht alle Umstände erörtert worden sind, die im Zusammenhang mit der Anstiftung durch den Lockspitzel relevant waren. In diesem Fall ist die Erhebung einer Verfahrensrüge erforderlich.[2609] **1923**

Zu erheben ist die Rüge der Verletzung des Grundsatzes des fairen Verfahrens nach Art. 6 Abs. 1 EMRK.

II. Anforderungen an den Vortrag

Bei der Unvollständigkeit des Urteils hinsichtlich der Umstände der Tatprovokation gestaltet sich der notwendige Vortrag schwierig. Denn die Revision muss alle sich aus den Akten ergebenden Tatsachen für das Vorliegen und die Beurteilung der (unzulässigen) Tatprovokation mitteilen. Es ist daher erforderlich, **1924**

- alle Aktenstellen in vollem Wortlaut vollständig mitzuteilen, aus denen sich Tatsachen ergeben, die für die Anstiftung von Bedeutung sind, wozu u.a. gehören:
- alle Umstände, aus denen sich ergibt, dass gegen den Angeklagten kein Verdacht bestand und er nicht tatgeneigt war (Achtung!: Ergeben sich Hinweise auf einen Tatverdacht, sind auch diese vollständig mitzuteilen. Denn der Revisionsführer ist verpflichtet, auch solche Umstände mitzuteilen, die seiner Rüge entgegen stehen oder ihr den Boden entziehen);
- die Tatprovokation durch einen dem Staat zuzurechnenden Lockspitzeleinsatz erfolgte;

2608 KK-*Nack*[6] § 110c Rn. 12 f. m.w.N. Ob nach der Entscheidung des *BGH* (Großer Senat) StV 2008, 133 auch hier künftig der sog. Vollstreckungslösung der Vorzug gegeben wird oder es bei der Strafzumessungslösung bleibt, ist für die revisionsrechtliche Beanstandung der Nichtberücksichtigung einer Tatprovokation unerheblich.

2609 *BGH* StV 2000, 604; *BGHSt* 45, 312 = StV 2000, 57; *Schäfer*. in: FS-Rieß, 2002, S. 477, 488; *Meyer-Goßner*[55] Einl. Rn. 148a am Ende.

- die Entstehungsgeschichte der Anstiftung und ihre Entwicklung bis zur Tat ist im Einzelnen einschließlich des jeweiligen Verhaltens von Lockspitzel und Angestiftetem darzulegen;
- die Tat, zu der der Angeklagte angestiftet wurde/werden sollte, ist einschließlich ihres Unrechtsgehalts zu schildern.[2610]

1925   • Gegebenenfalls muss auch dargetan werden, dass diese, sich aus den Akten ergebenden Umstände nicht in die Hauptverhandlung eingeführt wurden, so dass insoweit diese Rüge auch Elemente einer Aufklärungsrüge enthält. Es sollte dargelegt werden, dass dem Gericht sich die Erhebung der entsprechenden Beweise hätte aufdrängen müssen;

- und schließlich hat eine Gegenüberstellung zu erfolgen zwischen den im Urteil erwähnten Tatsachen zur (unzulässigen) Anstiftung und den Umständen, die im Urteil nicht (ausreichend) erörtert wurden.

Rüge 235

1926   Hat das Gericht eine rechtsstaatswidrige Verfahrensverzögerung oder eine lange Verfahrensdauer im Urteil nicht (ausreichend) berücksichtigt?

I. Rechtsgrundlagen

1. Überblick

1927   Nach der Rechtsprechung des BGH sind u.a. folgende selbstständige Strafmilderungsgründe zu unterscheiden:

- langer Zeitraum zwischen Tat und Urteil,
- lange Verfahrensdauer (Zeitraum zwischen Einleitung des Ermittlungsverfahrens und Kenntnis des Angeklagten davon bis zum Urteil)[2611] und
- rechtsstaatswidrige Verfahrensverzögerung.[2612]

1928   Die lange Zeit zwischen Tat und Urteil ergibt sich aus dem Urteil selbst, so dass es einer Verfahrensrüge zur Beanstandung der unterbliebenen strafmildernden Berücksichtigung nicht bedarf.

2610   Hierzu wird i.d.R. das mit der Sachrüge angefochtene Urteil ausreichende Feststellungen enthalten. Sie sind gleichwohl als Anknüpfungspunkt für die Rüge der unzulässigen Tatprovokation in Fällen des sog. Quantensprungs darzulegen, um zu zeigen, dass ein bestehender Tatverdacht eine Anstiftung zu einem besonders schweren Delikt nicht rechtfertigte.

2611   *BGH* StV 2002, 598; StV 1992, 452; StV 1994, 652; StV 1998, 377;

2612   Zuletzt *BGH* (Großer Senat) *BGHSt* 52, 124 = StV 2008,133; *Fischer*[60] § 46 Rn. 61 f. m. zahlr. Rspr.-Nachw.

700

Anderes kann gelten bei Vorliegen einer rechtsstaatswidrigen Verfahrensverzöge- **1929** rung oder der langen Verfahrensdauer zwischen Einleitung des Ermittlungsverfahrens bis zum Urteil, auch wenn keine konventionswidrige Verletzung des Beschleunigungsgebots vorliegt.

2. Überlange Verfahrensdauer

Der Große Senat hat die eigenständige Bedeutung der (über-)langen Verfahrensdau- **1930** er jenseits der rechtsstaatswidrigen Verfahrensverzögerung als bestimmenden, also in den Urteilsgründen abzuhandelnden Strafmilderungsgrund i.s.d. § 267 Abs. 3 S. 1 StPO nochmals ausdrücklich hervorgehoben: Die (über-)lange Verfahrensdauer behalte

> *„ihre Relevanz aber gerade auch wegen der konkreten Belastungen, die für den Angeklagten mit dem gegen ihn geführten Verfahren verbunden sind und die sich generell um so stärker mildernd auswirken, je mehr Zeit zwischen dem Zeitpunkt, in dem er von den gegen ihn laufenden Ermittlungen erfährt, und dem Verfahrensabschluss verstreicht; diese sind bei der Straffindung unabhängig davon zu berücksichtigen, ob die Verfahrensdauer durch eine rechtsstaatswidrige Verzögerung mitbedingt ist ...*[2613] *„. „... Der Tatrichter hat insofern in wertender Betrachtung zu entscheiden, ob und in welchem Umfang der zeitliche Abstand zwischen Tat und Urteil sowie die besonderen Belastungen, denen der Angeklagte wegen der überlangen Verfahrensdauer ausgesetzt war, bei der Straffestsetzung in den Grenzen des gesetzlich eröffneten Strafrahmens mildernd zu berücksichtigen sind. Die entsprechenden Erörterungen sind als bestimmende Zumessungsfaktoren in den Urteilsgründen kenntlich zu machen (§ 267 Abs. 3 S. 1 StPO) ...*“.*[2614]

Revisionsrechtlich bedeutet dies bei der Prüfung einer Rüge der unzureichenden **1931** oder gänzlich unterbliebenen Berücksichtigung der langen Verfahrensdauer ungeachtet eines Verstoßes gegen das Beschleunigungsgebot Folgendes:

Ergibt sich die Dauer des Ermittlungsverfahrens, d.h. der Zeitpunkt der Einleitung des Ermittlungsverfahrens und die Kenntnis des Angeklagten davon nicht aus dem Urteil, fehlt dem Revisionsgericht die Grundlage zur Prüfung der Verfahrensdauer. In diesem Fall müssen dem Revisionsgericht die erforderlichern Tatsachen im Rahmen einer Verfahrensrüge der Nichtberücksichtigung der langen Verfahrendauer vorgetragen werden. Die folgenden Ausführungen zur rechtsstaatswidrigen Verfahrensverzögerung einschl. der Anforderungen an den Vortrag gelten dann entsprechend.

3. Rechtsstaatswidrige Verfahrensverzögerung

Bei einer rechtsstaatswidrigen Verfahrenverzögerung wird nach der sog. Vollstre- **1932** ckungslösung im Urteil ausgesprochen, dass ein zu beziffernder Teil der verhängten

---

2613 *BGH* (Großer Senat) StV 2008, 133 Rn. 45.
2614 *BGH* (Großer Senat) StV 2008, 133 Rn. 55.

Strafe als vollstreckt gilt.[2615] In Betracht kommt aber weiterhin auch eine Kompensation in Form einer Verfahrenseinstellung nach §§ 153, 153a StPO.[2616]

In außergewöhnlichen Einzelfällen kann ein Verfahrenshindernis angenommen werden.[2617]

1933 Ob eine mit dem Rechtsstaatsprinzip des Grundgesetzes bzw. mit Art. 6 Abs. 1 EMRK nicht im Einklang stehende Verfahrensverzögerung vorliegt, richtet sich nach den besonderen Umständen des Einzelfalls, die in einer umfassenden Gesamtwürdigung gegeneinander abgewogen werden müssen. Zu berücksichtigen sind dabei insbesondere der durch die Verzögerungen der Justizorgane verursachte Zeitraum der Verfahrensverlängerung, die Gesamtdauer des Verfahrens, die Schwere des Tatvorwurfs, der Umfang und die Schwierigkeit des Verfahrensgegenstands sowie das Ausmaß der mit dem Andauern des schwebenden Verfahrens für den Betroffenen verbundenen besonderen Belastungen.[2618]

a) Sachrüge

1934 Soll gerügt werden, dass die Verletzung des Beschleunigungsgebots nicht oder nicht ausreichend im Urteil berücksichtigt wurde, ist anhand der Urteilsgründe[2619] zu prüfen, welche Rüge zu erheben ist. Enthält das Urteil *vollständig* alle Tatsachen zur Beurteilung der Verfahrensverzögerung, hat das Revisionsgericht bereits auf die (allgemeine) Sachrüge eine Überprüfung dahin vorzunehmen, ob eine konventions- bzw. rechtsstaatswidrige Verfahrensverzögerung vorliegt und ob dieser im Urteil durch Einstellung oder Anrechnung eines Teils der verhängten Strafe auf die Vollstreckung ausreichend Rechnung getragen wurde.[2620]

Ein sachlich rechtlicher Mangel kann auch bereits dann vorliegen, wenn sich aus dem Urteil ausreichende Anhaltspunkte für eine rechtsstaatswidrige Verfahrensver-

---

2615 *BGH* (Großer Senat) StV 2008,133; vgl. auch den Vorlagebeschluss des 3. Strafsenats v. 23.8.2007 – 3 StR 50/07 = StV 2008, 14 m. Anm. *I. Roxin.*

2616 *BGH* StV 2008, 356.

2617 *BVerfG* NStZ 2006, 680, 681; *BGHSt* 46, 160; *Saarl. OLG* StV 2007, 178; *OLG Schleswig* StV 2003, 379; *OLG Rostock* StV 2011, 220; *LG Bremen* StV 2011, 531 für den Fall, dass nach Aufhebung und Zurückverweisung durch das Revisionsgericht mit den vorhandenen Beweismitteln eine Verurteilung im Hinblick auf die neue rechtliche Bewertung nicht mehr wahrscheinlich ist; *Fischer*[60] § 46 Rn. 130. Das Geltendmachen eines Verfahrenshindernisses ersetzt die Verfahrensrüge der rechtsstaatswidrigen Verfahrensverzögerung nicht: *BGH* StV 2008, 356. Zur Geltendmachung eines Verfahrenshindernisses siehe Rn. 1937.

2618 *BGH StV 2002, 598;* zu den Voraussetzungen und zum Maß der Kompensation einer rechtsstaatswidrigen Verfahrensverzögerung vgl. auch *BGH* StV 2010, 228.

2619 Zu den Urteilsanforderungen bei rechtsstaatswidriger Verfahrensverzögerung vgl. *BGH* StV 2008, 633.

2620 *BGH* NStZ 2007, 71; *Meyer-Goßner*[55] MRK Art. 6 Rn. 9 m. zahlr. Rspr. Nachw.

zögerung ergeben, die den Tatrichter zur Prüfung eines Verstoßes gegen Art. 6 Abs. 1 S. 1 EMRK drängen mussten.[2621]

b) Verfahrensrüge

Da sich Verfahrensverzögerungen sowohl im Ermittlungsverfahren, im Zwischen- **1935** verfahren, in der Hauptverhandlung als auch in der Zeit zwischen Urteilsverkündung und –zustellung ergeben können, enthält das Urteil häufig nicht alle für die Beurteilung der Verfahrensverzögerung relevanten Tatsachen. Im Falle einer solchen Unvollständigkeit der Urteilsgründe ist eine Verfahrensrüge der Verletzung des Beschleunigungsgebots zu erheben.[2622]

Meyer-Goßner[55] MRK Art. 6 Rn. 9. Ggf. ist gleichzeitig eine Aufklärungsrüge dahingehend zu erheben, dass das Gericht es unterlassen hat, die dem Staat zuzurechnende verfahrensverzögernde Sachbehandlung aufzuklären.[2623] Das BVerfG hat insoweit ausgeführt:

„Ein Revisionsführer, der das Vorliegen einer rechtsstaats- (Art. 2 Abs. 1 i.V m. Art. 20 Abs. 3 GG) beziehungsweise konventionswidrigen (Art. 6 Abs. 1 S. 1 MRK) Verfahrensverzögerung geltend machen will, muss grundsätzlich eine Verfahrensrüge erheben. Nur wenn sich bereits aus den Urteilsgründen die Voraussetzungen einer solchen rechtsstaatswidrigen Verzögerung ergeben, hat das Revisionsgericht auch auf die Sachrüge hin einzugreifen. Gleiches gilt, wenn sich bei der auf die Sachrüge veranlassten Prüfung, namentlich anhand der Urteilsgründe, ausreichende Anhaltspunkte ergeben, die das Tatgericht zur Prüfung einer rechtsstaatswidrigen Verfahrensverzögerung drängen mussten, so dass ein sachlichrechtlich zu beanstandender Erörterungsmangel vorliegt, wenn der Tatrichter eine rechtsstaatswidrige Verfahrensverzögerung überhaupt nicht thematisiert oder sie lediglich als Umstand in der Reihe der Strafmilderungsgründe erwähnt, ohne zugleich das Ausmaß der Berücksichtigung dieses Verstoßes näher zu bestimmen ...“[2624]

Eine Verfahrensrüge ist auch dann zu erheben, wenn sich die Verzögerung erst nach **1936** dem erstinstanzlichen Urteil ergibt und es dem Beschwerdeführer möglich war, die Rüge einschließlich des erforderlichen Tatsachenvortrags innerhalb der Begründungsfrist zu erheben.[2625] Dies ist z.B. dann der Fall, wenn das Urteil wegen Mängeln der ersten Zustellung erneut zugestellt werden muss und damit der Beginn der Revisionsbegründungsfrist erneut in Gang gesetzt wird. In diesem Fall kann und

---

2621 *BGH* StV 2007, 517.

2622 *BGH* StV 1999, 205; *BGH* NStZ 2000, 418; *BGH* StV 2005, 73*BGH* StV 2007, 454; *BGH* StV 2007, 516; *BGH* StV 2008, 356; *OLG Nürnberg* Beschl. v. 4.10.2007 – 2 St OLG 161/07.

2623 *BGH* StV 1992, 452 und 1994, 652; *Meyer-Goßner*[55] MRK Art. 6 Rn. 9.

2624 *BVerfG*, Beschl. v. 14.8.2007 – 2 BvR 1305/07 und Beschl. v. 9.8.2007 – 2 BvR 1277/ 07 = NJW 2007, 3563.

2625 *BGH* StV 2009, 118; dies ist verfassungsrechtlich nicht zu beanstanden, *BVerfG* StV 2009, 673; vgl. auch *BGH* StV 2007, 516.

muss der Beschwerdeführer eine Verfahrensrüge unter Darstellung des Ablaufs des Verfahrens nach Verkündung des Urteils erheben.[2626]

Einer Verfahrensrüge bedarf es allerdings nicht, wenn die Verzögerung nach Ablauf der Revisionsbegründungsfrist eingetreten ist (etwa bei verzögerter Aktenübermittlung an die Revisionsstaatsanwaltschaft bzw. das Revisionsgericht). Eine in diesem Verfahrensstadium eingetretene Verfahrensverzögerung hat das Revisionsgericht von Amts wegen zu berücksichtigen.[2627] Gleichwohl empfiehlt es sich, etwa in der Gegenerklärung zum Antrag der Revisionsstaatsanwaltschaft auf die Verfahrensverzögerung hinzuweisen. Stellt das Revisionsgericht eine rechtsstaatswidrige Verzögerung fest, kann es selbst das Maß des als verbüßt geltenden Teils des Strafe bestimmen und im Tenor der Entscheidung aussprechen..

1937 Soll wegen einer außergewöhnlichen Verfahrensverzögerung ein **Verfahrenshindernis** geltend gemacht werden, so sollte ebenfalls eine Verfahrensrüge erhoben werden[2628], auch wenn „normalerweise" Verfahrenshindernisse von Amts wegen zu prüfen sind.

1938 Wird die Revision des Angeklagten gem. § 349 Abs. 2 StPO als offensichtlich unbegründet verworfen, ohne dass das Revisionsgericht berücksichtigt hat, dass während des Revisionsverfahrens eine konventionswidrige Verfahrensverzögerung eingetreten ist, ist dies auf die Gegenvorstellung des Angeklagten durch Abänderung der Entscheidung (Festlegung eines Vollstreckungsabschlags) zu korrigieren.[2629]

II. Anforderungen an den Vortrag

1939 Welche Tatsachen in welchem Umfang vorgetragen werden müssen, ist noch weitgehend ungeklärt.[2630]

Bei einer rechtsstaatswidrigen Verletzung des Beschleunigungsgebots kommt es darauf an, wem die Verfahrensverzögerung zuzurechnen ist, also dem Staat oder dem Angeklagten. Da der Revisionsführer verpflichtet ist, auch solche Tatsachen vorzutragen, die seiner Rüge entgegenstehen, muss der Vortrag auch solche Umstände beinhalten, die für eine Verfahrensverzögerung durch den Angeklagten sprechen.

2626 *BGH* StV 2007, 516.
2627 *BGH* NStZ 2001, 52.
2628 Das OLG Nürnberg fordert ausdrücklich die Erhebung einer Verfahrensrüge, sofern sich nicht alle notwendigen Tatsachen aus dem Urteil ergeben, *OLG Nürnberg* Beschl. v. 4.10.2007 – 2 St Ss 161/07.
2629 *OLG Nürnberg* Beschl. v. 27.4.2009 – 1 St OLG Ss 78/08 = StV 2009, 519.
2630 *BGH* StV 2009, 118; *BGH* StV 2004, 308; *BGH* NJW 2006, 1073; zu den Anforderungen an die Vollständigkeit des Vortrags s. *Brand.OLG* Beschl. v. 24.3.2010 – (1) 53 Ss 42/10 = StV 2012, 78 (unterlassene Mitteilung u.a. über Umfang und Schwierigkeit des Verfahrens, Art und Weise der Ermittlungen, Zeiten der Untätigkeit der Strafverfolgungsorgane).

Um nicht Gefahr zu laufen, dass nicht alle zur Beurteilung der Rüge erforderlichen Tatsachen vorgetragen sind und die Rüge deswegen wegen Unvollständigkeit des Vortrags unzulässig ist, wäre es eigentlich erforderlich, den gesamten Akteninhalt in der Revisionsbegründung mitzuteilen. Denn nur daraus erschließt sich der Verfahrensgang und die Ursachen der Verfahrensverzögerung minutiös. Dies kann jedoch weder dem Revisionsführer, noch dem Revisionsgericht zugemutet werden.

Bei der Rüge rechtsstaatswidriger Verfahrensverzögerung sind in jedem Fall die Tatsachen vorzutragen, aus denen sich der Verfahrensfehler ergeben soll, was so umfassend zu geschehen hat, dass dem Revisionsgericht eine Gesamtbeurteilung einer rechtsstaatswidrigen Verfahrensverzögerung ermöglicht wird.[2631] Soll gerügt werden, dass die Verfahrensverzögerung im Zeitraum zwischen Verkündung und Zustellung des Urteils vorliegt, hat der Beschwerdeführer einen realistischen Überblick über den tatsächlichen Ablauf des *gesamten* Strafverfahrens ab Einleitung des Ermittlungsverfahrens vorzutragen. Dies ist deswegen erforderlich, weil für die Frage der Konventionswidrigkeit das gesamte Verfahren zu beurteilen ist.[2632] Dies ist verfassungsrechtlich nicht zu beanstanden.[2633]

Folgender Vortrag scheint ausreichend (Vorsicht!):   **1940**

- wann das Ermittlungsverfahren gegen den Angeklagten begonnen hat,
- wann dem Angeklagten die Einleitung des Ermittlungsverfahrens bekanntgegeben wurde,
- wann Anklage erhoben wurde und was Gegenstand der Anklage war,
- wann das Hauptverfahren eröffnet wurde,
- wann mit der Hauptverhandlung begonnen wurde,
- wie viele Tage diese gedauert hat und über welchen Zeitraum sie sich erstreckte,
- in welchen Verfahrensstadien in welchen exakt anzuführenden Zeiten das Verfahren nicht gefördert wurde,
- was genau die Ursache für die fehlende Verfahrensförderung war, und warum diese der Justiz und nicht dem Angeklagten zuzurechnen ist,
- ggf. die Zeiten, in denen das Verfahren aus Gründen, die in der Sphäre des Angeklagten liegen, nicht betrieben werden konnte (z.B. Erkrankung, Flucht) bzw. die Zeiten, die ggf. für das Abarbeiten von Verteidigungsaktivitäten benötigt wurden. Hierauf ist besonders Bedacht zu nehmen, weil der Revisionsführer auch solche Tatsachen vorzutragen hat, die seiner Rüge entgegenstehen bzw. ihr den Boden entziehen können,
- die Gesamtdauer des Verfahrens bis zum Urteil.
- Bei in Untersuchungshaft befindlichen Angeklagten sollten auch die Haftdaten mitgeteilt werden.

2631 *BGH* StV 2008, 345.
2632 *BGH* StV 2009, 118 = wistra 2009, 121.
2633 *BVerfG* Beschl. v. 10.3.2009 – 2 BvR 49/09 = StV 2009, 673.

Die Rüge einer rechtsstaatswidrigen Verfahrensverzögerung muss auch dann erhoben werden, wenn lediglich eine Verfahrensverzögerung in dem Zeitraum zwischen der Verkündung und der Zustellung des Urteils gerügt werden soll. Die Rüge muss einen realistischen Überblick über den tatsächlichen Ablauf des Strafverfahrens *ab der Einleitung des Ermittlungsverfahrens* geben.[2634]

1941 Sofern Maßnahmen zur Verfahrensförderung zunächst getroffen wurden, deren Umsetzung aber nicht überwacht wurde oder keine Maßnahmen zur „Gegensteuerung" ergriffen wurden, so ist auch dies im Einzelnen darzulegen (z.B. Mahnung eines beauftragten Sachverständigen zur Gutachtenabgabe; Fristsetzung, Ersetzung des beauftragten, aber säumigen Sachverständigen durch einen anderen Gutachter bzw. deren Androhung).

Da es auf eine Beurteilung der Gesamtverfahrensdauer ankommt, sind alle Verfahrensverzögerungen in allen Verfahrensabschnitten und ihre Ursachen im Einzelnen vorzutragen.

Rüge 237

1942 Hat das Gericht rechtsfehlerhaft die Bildung einer Gesamtstrafe mit einer noch nicht vollstreckten, verjährten oder erlassenen Strafe unterlassen, obwohl die nunmehr abgeurteilte Tat und ggf. weitere rechtskräftig abgeurteilte Taten vor der früheren Verurteilung begangen wurden?

A. Unterlassene Gesamtstrafenbildung im Hinblick auf nachträgliches Beschlussverfahren

1943 Nach § 55 StGB ist dem erkennenden Gericht eine nachträgliche Gesamtstrafenbildung zwingend vorgeschrieben, wenn die dafür erforderlichen Voraussetzungen vorliegen.[2635]

I. Rechtsgrundlagen

1944 Von einer nach § 55 StGB gebotenen Gesamtstrafenbildung darf das erkennende Gericht u.a. nur absehen und diese Entscheidung dem nachträglichen Beschlussverfahren nach § 460 StPO überlassen, wenn es trotz ordnungsgemäßer Terminsvorbereitung aufgrund der ihm zugänglichen Unterlagen keine zuverlässige Entscheidung treffen konnte, sondern weitere zeitraubende Ermittlungen erforderlich gewesen wären.[2636]

2634 *BGH* Beschl. v. 18.11.2008 – 1 StR 568/08 = StV 2009, 118.
2635 *BGHSt* 12, 1; *Fischer*[60] § 55 Rn. 34 m.w.N.
2636 *BGHSt* 12, 1; zu weiteren Ausnahmen *Fischer*[60] § 55 Rn. 35 m.w.N.

Beruht die unterlassene Gesamtstrafenbildung auf mangelnder Terminsvorbereitung, betrifft dies keine materiell-rechtliche Frage, nämlich ob der maßgebliche Sachverhalt zutreffend oder unzutreffend i.S.d. § 55 StGB beurteilt worden ist. Es geht vielmehr darum, ob das erkennende Gericht alles Zumutbare getan hat, um die Voraussetzungen für eine Gesamtstrafenbildung durch Urteil zu schaffen, ob also richtig verfahren worden ist.[2637]

II. Anforderungen an den Vortrag

Es bedarf einer Verfahrensrüge, wenn das Vorgehen des Gerichts in dieser Hinsicht im Wege der Revision nachgeprüft werden soll.[2638] **1945**

Diese muss in Form der Aufklärungsrüge erhoben werden.[2639] Die Rüge muss geltend machen, dass der mit den für eine Entscheidung nach § 55 StGB gebotenen Ermittlungen verbundene Aufwand nicht zu erheblichen Verfahrensverzögerungen geführt hätte. Neben der Mitteilung der – anhand der Akten nachzuvollziehenden – Bemühungen des Vorsitzenden, die für die ihm ersichtlich notwendige Gesamtstrafenbildung erforderlichen Unterlagen herbeizuschaffen, muss mit dem Tatsachenvortrag die Behauptung aufgestellt werden, dass diese nicht ausreichten, wobei nach Aktenlage naheliegende, aber ungenutzte Möglichkeiten aufzuzeigen sind.[2640]

B. Unterlassene Gesamtstrafenbildung im Hinblick auf mögliche Zäsurwirkung einer früheren Verurteilung

I. Rechtsgrundlagen

Es entspricht einem sich aus § 55 StGB ergebenden sachlich-rechtlichen Gebot, dass in den Urteilsgründen die für die Entscheidung maßgeblichen Umstände darzulegen sind, wenn eine nachträgliche Gesamtstrafenbildung in Betracht kommt.[2641] Mängel der Darstellung führen auf die Sachrüge zur Urteilsaufhebung, wenn nicht das Beruhen i.S.v. § 337 StPO ausgeschlossen werden kann.[2642] **1946**

II. Anforderungen an den Vortrag

Der 3. Strafsenat des BGH hat allerdings erwogen, dass die Notwendigkeit der nachträglichen Gesamtstrafenbildung vom Revisionsgericht nur auf die Verfahrensrüge hin geprüft werden könne, wenn diese davon abhinge, ob einer früheren Verur- **1947**

2637 *OLG Hamm* NJW 1970, 1200 f.
2638 *OLG Hamm* NJW 1970, 1200; *Küper* in seiner Anm. zu dieser Entscheidung NJW 1970, 1559.
2639 LR-*Hanack*[25] § 337 Rn. 233.
2640 Zu den Anforderungen an die Aufklärungsrüge siehe Rüge 190 Rn. 1662.
2641 *Fischer*[60] § 55 Rn. 34.
2642 *Fischer*[60] ibid.

teilung Zäsurwirkung beizumessen sei, was die Kenntnis der Tatzeiten der den einzubeziehenden Urteilen zugrunde liegenden Straftaten voraussetze.[2643]

1948 Es ist deshalb anzuraten, in Fällen, in denen sich die Urteilsgründe zu einer in Betracht kommenden Gesamtstrafenbildung nach § 55 StGB nicht verhalten, die Aufklärungsrüge zu erheben und darin die für die Gesamtstrafenbildung maßgeblichen Umstände darzulegen, deren mögliche und nach § 55 StGB gebotene Aufklärung das Gericht unterlassen hat. Ob dabei auch die Umstände ausgeschlossen werden müssen, die der Anwendung des § 55 StGB entgegenstehen könnten, hängt davon ab, ob sie aus den dem Beschwerdeführer zur Verfügung stehenden Erkenntnisquellen ersichtlich sind oder nicht.

Rüge 238

1949 Ist der Angeklagte durch Einbeziehung einer zur Bewährung ausgesetzten Freiheitsstrafe zu einer nicht zur Bewährung ausgesetzten Gesamtstrafe verurteilt worden, ohne dass aus dem Urteil hervorgeht, ob und wie erbrachte Bewährungsleistungen bei der Gesamtstrafenbildung berücksichtigt worden sind (§ 58 Abs. 2 S. 2 StGB)?

I. Rechtsgrundlagen

1. Anrechnung erbrachter Bewährungsleistungen

1950 Wird der Angeklagte durch Einbeziehung einer zur Bewährung ausgesetzten Freiheitsstrafe zu einer nicht zur Bewährung ausgesetzten Gesamtstrafe verurteilt, gilt nach §§ 58 Abs. 2 S. 2, 56f Abs. 3 StGB entsprechend. War dem Angeklagten eine Auflage in Form der Erbringung von Leistungen gem. § 56b Abs. 2 S. 1 Nr. 2–4 StGB erteilt worden, besteht nach § 56f Abs. 3 S. 2 StGB die Möglichkeit, erbrachte Leistungen auf die Strafe anzurechnen. Im Falle einer nachträglichen Gesamtstrafenbildung nach § 58 Abs. 2 S. 2 StGB muss die Anrechnung in aller Regel erfolgen.[2644] Nur ausnahmsweise darf die Anrechnung unterbleiben, beispielsweise wenn der Verurteilte sich die Mittel für die erbrachten Leistungen erst durch strafbare Handlungen verschafft hat.[2645]

Die die Strafvollstreckung verkürzende Anrechnung ist zugleich mit der Bildung der Gesamtstrafe auszusprechen.[2646]

2643 *BGH* v. 9.11.1988 – 3 StR 332/88 = NStE Nr. 12 zu § 55 StGB; siehe auch LK-*Rissing van Saan*[12] § 55 Fn. 38.
2644 Zu den Gründen siehe *BGHSt* 33, 326; *Fischer*[60] § 58 Rn. 6 jeweils m.w.N.
2645 *BGHSt* 33, 326 m.w.N.
2646 *BGHSt* 36, 378, 382.

2. Verfahrens oder Sachrüge bei unzulänglichen Urteilsfeststellungen

Enthält das Urteil keine Feststellungen zu der Frage, ob dem Angeklagten in der **1951** einbezogenen Sache Leistungen i.s.d. § 56b Abs. 2 S. 1 Nr. 2–4 StGB auferlegt und von ihm erbracht worden waren und ob und wie diese anzurechnen sind, kann eine etwaige Verletzung des § 58 Abs. 2 S. 2 StGB nur mit einer Verfahrensrüge geltend gemacht werden. Nach § 267 StPO müssen die Urteilsgründe nicht erkennen lassen, ob Leistungen auferlegt und erbracht wurden und ob über ihre Anrechnung entschieden wurde,[2647] so dass fehlende Feststellungen bereits einen auf die allgemeine Sachrüge zu beachtenden Rechtsfehler begründen würden.[2648] Denn im Falle der Strafaussetzung zur Bewährung ist die Erteilung von Auflagen gem. § 56b Abs. 2 S. 1 Nr. 2–4 StGB weder zwingend noch besteht ein dahingehender Erfahrungssatz.[2649] Sind derartige Auflagen aber nicht erteilt oder jedenfalls vom Angeklagten nicht erbracht worden, ist für eine Entscheidung nach § 58 Abs. 2 S. 2 StGB kein Raum, weshalb ein Urteil nicht deshalb als lückenhaft bezeichnet werden kann, wenn es auf die Feststellung verzichtet, dass die Voraussetzungen für eine Entscheidung nach § 58 Abs. 2 S. 2 StGB im konkreten Fall fehlten. Sind aber die Anknüpfungstatsachen für eine Verletzung des § 58 Abs. 2 S. 2 StGB dem Urteil selbst nicht zu entnehmen, kann dies nur auf die Verfahrensrüge hin zur Nachprüfung durch das Revisionsgericht führen.[2650]

3. In Betracht kommende Verfahrensrügen

Der 4. Strafsenat hat in seinem Urteil vom 10.10.1985 die Auffassung vertreten, **1952** dass fehlende Feststellungen im Urteil darüber, dass dem Angeklagten Bewährungsauflagen i.s.d. § 56b Abs. 2 S. 1 Nr. 2–4 StGB erteilt und von diesem auch erbracht worden seien, mit der Aufklärungsrüge anzugreifen seien.[2651] Das Gericht hätte die erforderliche Aufklärung durch Befragung des Angeklagten und Beiziehung des Bewährungsheftes erreichen können. Der 4. Strafsenat hat die Aufklärungsrüge für begründet erachtet, ohne sich mit der Frage des angeblich im Revisionsverfahren geltenden Verbots der Rekonstruktion der Hauptverhandlung auseinanderzusetzen. Denn weder die Beiziehung des Bewährungsheftes noch die – ggf. unter Vorhalt erfolgende – Befragung des Angeklagten sind nach § 273 StPO protokollierungspflichtige Förmlichkeiten, so dass jedenfalls ohne Rekonstruktion der Hauptverhandlung nicht ausgeschlossen werden könnte, dass der Tatrichter zwar die gebotene Aufklärung betrieben, allerdings die dann nach § 58 Abs. 2 S. 2 StGB gebotene Entscheidung unterlassen hat. Letzterenfalls wäre dies – ebenfalls mit der

2647 So aber *BayObLG* MDR 1985, 70; *OLG Nürnberg* StV 2007, 415 m. abl. Anm. *Schlothauer*; *Tröndle/Fischer*[54] § 58 Rn. 6; wie hier jetzt *Fischer*[60] § 58 Rn. 6a.

2648 So aber *OLG Nürnberg* ibid.

2649 So *BGHSt* 35, 238, 242 = StV 1988, 342.

2650 So *BGHSt* 33, 326 = StV 1986, 16 (4. Strafsenat), *BGHSt* 35, 238 = StV 1988, 342 (1. Strafsenat) u. *BGH* StraFo 2007, 249 (4. Strafsenat).

2651 *BGH* StV 1986, 16, insoweit in *BGHSt* 33, 326 nicht veröffentlicht.

Verfahrensrüge – als Verletzung des § 261 StPO zu beanstanden, weil der Tatrichter nicht das gesamte Ergebnis der Hauptverhandlung seiner Entscheidung zugrunde gelegt hat. Es dürfte sich deshalb empfehlen, alternativ die Verfahrensrüge der Verletzung des § 244 Abs. 2 StPO sowie des § 261 StPO zu erheben,[2652] solange der BGH an seiner Rechtsprechung zum sog. Rekonstruktionsverbot festhält.

II. Anforderungen an den Vortrag

1. Rüge der Verletzung der Aufklärungspflicht (§ 244 Abs. 2 StPO)

1953
- Es ist mitzuteilen, dass in die nicht zur Bewährung ausgesetzte Gesamtstrafe eine zur Bewährung ausgesetzte Freiheitsstrafe einbezogen worden ist.
- Es ist vorzutragen, dass dem Verurteilten im Rahmen des Bewährungsbeschlusses Leistungen nach § 56b Abs. 2 S. 1 Nr. 2–4 StGB auferlegt worden waren. Der Bewährungsbeschluss ist wörtlich mitzuteilen.
- Es ist vorzutragen, dass der Angeklagte die ihm auferlegten Leistungen ganz oder teilweise erbracht hat. Dies ist ggf. durch Urkunden zu belegen, deren Inhalt im Rahmen der Revisionsbegründung vorzutragen ist.
- Es ist vorzutragen, dass der Tatrichter diese Tatsachen in der Hauptverhandlung nicht aufgeklärt hat, ihm dies aber durch Beiziehung des Bewährungsheftes möglich gewesen wäre.
- Es ist vorzutragen, dass der Tatrichter zu dieser möglichen Aufklärung im Hinblick auf die nach § 58 Abs. 2 S. 2 StGB zu treffende Entscheidung verpflichtet war.
- Es ist vorzutragen, dass durch die unterlassene Aufklärung der Angeklagte beschwert ist, weil die erforderliche Anrechnung der erbrachten Leistung unterblieben ist.

2. Rüge der Verletzung des § 261 StPO

1954
- Es ist vorzutragen, dass das Gericht Feststellungen getroffen hat, wonach dem Angeklagten im Zuge der in die nicht zur Bewährung ausgesetzten Gesamtstrafe einbezogenen zur Bewährung ausgesetzten Freiheitsstrafe Bewährungsauflagen i.S.d. § 56b Abs. 2 S. 1 Nr. 2–4 StGB erteilt worden sind. Der Bewährungsbeschluss ist mitzuteilen.
- Es ist vorzutragen, dass der Angeklagte die ihm auferlegten Leistungen ganz oder teilweise erbracht hat, was durch im Rahmen der Revisionsbegründung mitzuteilende Urkunden belegt werden sollte.
- Es ist vorzutragen, dass das Gericht zu diesen Feststellungen in der Hauptverhandlung durch Verlesung des Bewährungsbeschlusses sowie weiterer Schrift-

---

2652 Vgl. *BGH* StV 2000, 293; *Schlothauer* StV 2007, 416; zur Zulässigkeit siehe auch Rüge 230 Rn. 1903.

stücke aus dem Bewährungsheft bzw. durch Befragung des Angeklagten gekommen ist.

- Es ist vorzutragen, dass das Gericht diese Feststellungen nicht für die nach § 58 Abs. 2 S. 2 StGB gebotene Entscheidung verwertet hat.
- Es ist vorzutragen, dass dadurch der Angeklagte beschwert ist, weil die erforderliche Anrechnung der erbrachten Leistungen unterblieben ist.

Rüge 238a

Besteht hinsichtlich des Strafausspruchs ein Widerspruch zwischen der Urteilsformel und den Urteilsgründen? **1955**

I. Rechtsgrundlagen

Besteht hinsichtlich des Strafausspruchs eine Divergenz zwischen der Urteilsformel   **1956** in dem allein maßgeblichen Sitzungsprotokoll (§ 274 StPO)[2653] und den Urteilsgründen stellt dies einen Rechtsfehler dar, wenn nicht die Divergenz durch einen wirksamen Berichtigungsbeschluss aufgelöst worden ist. Allerdings ist der Angeklagte nur dann beschwert, wenn die Strafe in der Urteilsformel höher ist als die in den Gründen als angemessen Bezeichnete.[2654] Die Divergenz kann nicht nur zwischen den Urteilsgründen und einer in der Urteilsformel ausgesprochenen Einzelstrafe, sondern auch in Bezug auf die in der verkündeten Urteilsformel genannte Gesamtstrafe bestehen.[2655] Es handelt sich um einen Verfahrensfehler, der nur aufgrund einer zulässig erhobenen Verfahrensrüge zur Urteilsaufhebung führen kann.

II. Anforderungen an den Vortrag der Rüge der Verletzung der §§ 268, 267 StPO

- Es ist die in der Hauptverhandlung verkündete Urteilsformel vollständig und   **1957** wörtlich mitzuteilen. Vorbehaltlich einer Protokollberichtigung ist das Sitzungsprotokoll für den Beweis der dem Fehler zugrundeliegenden Tatsache maßgeblich.
- Es müssen die schriftlichen Urteilsgründe vollständig wiedergegeben werden, was unterbleiben kann, wenn neben der Verfahrensrüge die allgemeine Sachrüge erhoben worden ist.

2653   *Meyer-Goßner*[55] § 268 Rn. 18.
2654   *BGHSt* 34, 11, 12.
2655   *BGH* v. 19.10.2011 – 1 StR 336/11 = StraFo 2012, 145.

Kapitel 28
Beweisverwertungsverbote

Rüge 239

1958   Hat das Gericht bei der Urteilsfindung Beweise verwertet, die einem Verwertungsverbot unterliegen bzw. in der irrigen Annahme eines solchen Verbotes in der Hauptverhandlung gewonnene Erkenntnisse unberücksichtigt gelassen oder gar nicht erst darüber Beweis erhoben?

1959   Nach § 261 StPO ist das Gericht verpflichtet, alles was in verfahrensrechtlich ordnungsgemäßer Weise in die Hauptverhandlung eingeführt worden ist, bei der Urteilsfindung zu berücksichtigen.[2656] Dies gilt allerdings nicht für solche Erkenntnisse, deren Verwertung ein Beweisverbot[2657] entgegensteht. Kommt es gleichwohl zur Verwertung solcher einem Beweisverbot unterliegenden Erkenntnisse, stellt dies eine mit der Verfahrensrüge zu beanstandende Verletzung des jeweiligen Verbots dar und begründet die Revision, wenn das Urteil auf den unzulässigerweise verwerteten Erkenntnissen beruht.[2658] Der Vortrag muss sämtliche Verfahrenstatsachen enthalten, aus denen sich der Verstoß ergibt. Die Beschränkung des Vortrags auf die Wiedergabe von in einem Gerichtsbeschluss als wahr unterstellten oder als erwiesen zu behandelnden Sachverhalten, aus denen sich ein Beweisverbot ableiten soll, reicht dafür nicht aus.[2659]

1960   Hat das Gericht demgegenüber infolge irrtümlicher Annahme eines Beweisverbotes in der Hauptverhandlung erhobene Beweise unberücksichtigt gelassen, liegt darin eine mit der Verfahrensrüge zu beanstandende Verletzung des § 261 StPO[2660].

1961   Ist die Beweisaufnahme infolge irrtümlicher Annahme eines Beweiserhebungsverbotes gar nicht erst auf für die Urteilsfindung wesentliche Tatsachen erstreckt bzw. ein dafür geeignetes präsentes Beweismittel nicht herangezogen bzw. genutzt worden, kann dies die Aufklärungsrüge (Verletzung des § 244 Abs. 2 StPO)[2661] oder die Rüge der Nichterstreckung der Beweisaufnahme auf vom Gericht oder von der Staatsanwaltschaft bzw. dem Angeklagten herbeigeschaffte (präsente) Beweismittel

---

2656   Siehe nur *BVerfG* v. 7.12.2011 – 2 BvR 2500/09 u.a. Tz. 120 ff. m. zahlr. N. = StV 2012, 641= EuGRZ 2012, 68.

2657   Die nachfolgenden Rügen können die Problematik der Beweisverwertungsverbote nicht erschöpfend behandeln. Die Darstellung muss sich auf eine Auswahl solcher Beweisverwertungsverbote beschränken, die in der Verfahrenswirklichkeit häufig eine Rolle spielen bzw. besondere Anforderungen an das Rügevorbringen stellen.

2658   Vgl. LR-*Gollwitzer*[25] § 261 Rn. 14; *Meyer-Goßner*[55] § 261 Rn. 6; KK-*Schoreit*[6] § 261 Rn. 34 m.w.N.

2659   *OLG Hamburg* StraFo 2008, 158.

2660   LR-*Gollwitzer*[25] § 261 Rn. 176.

2661   Siehe Rüge 190 Rn. 1662.

(§ 245 StPO)[2662] begründen. Ist ein diesbezüglicher Beweisantrag als unzulässig abgelehnt worden, kann dies als Verletzung des § 244 Abs. 3 S. 1 StPO gerügt werden.[2663]

Die für die Feststellung der tatsächlichen Voraussetzungen von Beweiserhebungs- **1962** oder Beweisverwertungsverboten erforderlichen Beweiserhebungen richten sich nach dem Grundsatz des Freibeweises; dies ändert allerdings nichts an der Aufklärungspflicht des Gerichts, weshalb mit der Rüge der Verletzung der Aufklärungspflicht beanstandet werden kann, dass der Tatrichter die gebotene Aufklärung über die tatsächlichen Voraussetzungen eines Beweisverbots unterlassen hat.[2664]

Nachfolgend werden anhand einzelner Beweisverwertungsverbote Rügemöglich- **1963** keiten aufgezeigt. Die Auswahl kann im vorliegenden Zusammenhang nicht erschöpfend sein, deckt aber einen weiten Bereich sowohl typischer als auch eher versteckter Beweisverwertungsverbotsmöglichkeiten ab.[2665]

2662 Siehe Rüge 189 Rn. 1647.
2663 Siehe Rüge 166 Rn. 1462.
2664 *BGH* v. 3.5.2011 – 3 StR 277/10 = StV 2012, 3; *Meyer-Goßner*[55] § 244 Rn. 7 u. 9.
2665 Zu bereichsspezifischen Verwendungsverboten schutzwürdiger Daten außerhalb der StPO siehe bspw. § 39 Abs. 3 u. 4 PostG oder § 4 Abs. 2 S. 4 u. 5 ABMG. Zu den Daten aus Mauterfassungssystemen siehe *LG Magdeburg* StV 2006, 232 (zur Verfassungsmäßigkeit der automatisierten Erfassung von amtlichen Kfz-Kennzeichen siehe *BVerfG* StV 2008, 169 (Ls) = NJW 2008, 1505).

Abschnitt 1
Hat das Urteil (frühere) Angaben des Angeklagten oder eines Mitangeklagten verwertet?

Rüge 240

1965 Wurde im Urteil der Inhalt einer (auch früheren) Vernehmung des Angeklagten oder eines Mitangeklagten verwertet, der keine (verständliche) Belehrung über ein ihm zustehendes Aussage-, Auskunfts- oder Zeugnisverweigerungsrecht vorausgegangen war?

I. Rechtsgrundlagen und Anforderungen an den Vortrag der Rüge der Verletzung insbesondere der §§ 136 Abs. 1 S. 2, 163a Abs. 3 u. 4, 243 Abs. 4 S. 1, ggf. 55 Abs. 2, 52 Abs. 3 StPO

1. Verwertung der (früheren) Vernehmung/Einlassung des Angeklagten oder Mitangeklagten

1966 Es ist mitzuteilen, dass der Inhalt einer früheren Vernehmung des Angeklagten durch Verlesung einer richterlichen Niederschrift gem. § 254 StPO[2666] oder durch eine Verhörsperson (das ist jeder, der an der Vernehmung teilgenommen hat) in die Hauptverhandlung eingeführt worden ist. Die als Zeuge in der Hauptverhandlung vernommene Verhörsperson ist konkret zu bezeichnen. Der Inhalt der verwerteten Vernehmungsniederschrift ist im Wortlaut wiederzugeben.[2667] Handelte es sich um Aussagen, Auskünfte oder sonstige Angaben, zu denen der Angeklagte nach außerstrafprozessualen Vorschriften in einem gerichtlichen oder Verwaltungsverfahren verpflichtet war,[2668] ist auch deren Inhalt vollständig mitzuteilen.

Ist die in der gegenständlichen Hauptverhandlung vom Angeklagten ohne Belehrung (§ 243 Abs. 4 S. 1 StPO) erfolgte Einlassung verwertet worden, ist auch mitzuteilen, dass er sich zur Sache eingelassen hat.[2669] Der Inhalt der Einlassung ergibt sich aus den schriftlichen Urteilsgründen.[2670]

2666 Zu den Rügeanforderungen im Falle der unzulässigen Verlesung nach § 254 StPO siehe Rüge 148 Rn. 1290. Ist der Inhalt einer früheren Vernehmung des Angeklagten durch Verlesung einer nichtrichterlichen Niederschrift in die Hauptverhandlung eingeführt worden, ist dies schon generell unzulässig: siehe dazu Rüge 149 Rn. 1301.

2667 *Meyer-Goßner*[55] § 136 Rn. 28.

2668 Hierbei kann es sich sowohl um Aussagen des Angeklagten handeln, die dieser als Zeuge in einem Verfahren einer anderen Verfahrensordnung gemacht hat, als auch um Auskünfte, die der Angeklagte als Auskunftspflichtiger im Verwaltungsverfahren gegeben hat (vgl. dazu m.w.N. *Schlothauer*, Strafprozessuale Verwertung selbstbelastender Angaben im Verwaltungsverfahren, in: FS Fezer, 2008, S. 267 ff.).

2669 Siehe ergänzend Rüge 68 Rn. 796.

2670 Diese muss nicht mitgeteilt werden, wenn das Urteil mit der allgemeinen Sachrüge angegriffen wird.

2. Belehrung

Es ist mitzuteilen, dass der Angeklagte vor der Vernehmung, deren Inhalt in die **1967** Hauptverhandlung eingeführt bzw. im Urteil verwertet worden ist, nicht über sein Schweigerecht belehrt worden war. Zu diesem Zweck ist die Art der Vernehmung ebenso zu schildern wie die Verfahrensordnung, nach der die Vernehmung durchgeführt worden ist und dass danach aufgrund der näher darzulegenden Umstände eine Pflicht zur Belehrung über das Schweigerecht bestand.[2671] Dazu gehört bei der Verwertung von im Strafverfahren erhobenen Aussagen die Mitteilung des seinerzeitigen Sachverhalts, aus dem sich die Verfahrensrolle des jetzigen Angeklagten und das daraus resultierende Schweigerecht und die korrespondierende Belehrungspflicht ergeben.

Im Strafverfahren folgt die Belehrungsverpflichtung für Vernehmungen als Be- **1968** schuldigter[2672] im Zeitraum vor Beginn der Hauptverhandlung aus § 136 Abs. 2 StPO für richterliche, § 163a Abs. 3 S. 2 StPO für staatsanwaltschaftliche und § 163a Abs. 4 StPO für polizeiliche Vernehmungen. Bei verhafteten Beschuldigten ist den besonderen Belehrungspflichten gem. § 114b StPO Rechnung zu tragen. Im Falle der Untersuchung bzw. Begutachtung des Beschuldigten durch einen medizinisch/psychologischen Sachverständigen soll für diesen nach höchstrichterlicher Rechtsprechung keine Belehrungspflicht bestehen.[2673] Die Auffassung der höchstrichterlichen Rechtsprechung ist im Hinblick darauf, dass der Sachverständige in diesen Fällen als „Gehilfe des Gerichts" tätig wird, abzulehnen und steht auch im Widerspruch dazu, dass ein Gerichtshelfer (§ 160 Abs. 3 StPO) den Beschuldigten nach § 136 Abs. 1 S. 2 StPO zu belehren hat.[2674] Zumindest obliegt die Belehrungspflicht dem die Begutachtung anordnenden Richter oder Staatsanwalt,[2675] so dass ggf. als Negativtatsache vorzutragen ist, dass auch diese die Belehrung unterlassen haben. Für die Hauptverhandlung ergibt sich die Belehrungspflicht aus § 243 Abs. 4 S. 1 StPO. Teil der Belehrung muss die Mitteilung des dem Beschuldigten vorgeworfenen Sachverhalts sein, der dem Beschuldigten deutlich macht, um welche „Tat" es geht. Defizite bei dieser Belehrung können ein Beweisverwertungsverbot zur Folge haben.[2676]

2671 Vgl. neben den strafprozessualen Belehrungspflichten bspw. § 22 Abs. 2 S. 3 ArbSchG, § 8 Abs. 9 S. 3 GPSG, § 18 Abs. 2 S. 2 GÜG, § 4 Abs. 9 S. 2 WpHG.

2672 Ggf. ist der Sachverhalt vorzutragen, aus dem sich ergibt, dass der nicht als Beschuldigter vernommene jetzige Angeklagte tatsächlich Beschuldigtenstatus hatte und so zu behandeln war: Vgl. hierzu m. zahlr. N. *BGH* StV 2007, 450 = *BGHSt* 51, 367.

2673 *BGH* StV 1995, 564; *BGH* StV 1996, 192 m. Anm. *Wohlers* = NStZ 1997, 296 m. Anm. *Eisenberg/Kopatsch*; **a.M.** *LG Oldenburg* StV 1994, 646; LR-*Gleß*[26] § 136 Rn. 3; LR-*Krause*[26] § 80 Rn. 5 jew. m.w.N.

2674 *Meyer-Goßner*[54] § 160 Rn. 25

2675 LR-*Gleß*[26] § 136 Rn. 3.

2676 *BGH* v. 6.3.2012 – 1 StR 623/11 = NStZ 2012, 581.

1969 Bei Jugendlichen und Heranwachsenden muss die Belehrung zusätzlich in einer Weise erfolgen, die ihrem Entwicklungs- und Bildungsstand entspricht (§§ 70a Abs. 1 S. 1, 109 Abs. 1 S. 1 JGG). Hat der Beschuldigte die Belehrung nicht verstanden, kommt ein Verwertungsverbot in Betracht.[2677]

3. Vernehmung

1970 Vernehmung i.S.d. § 136 Abs. 1 S. 2 StPO ist auch schon die „informatorische Vorbesprechung" mit dem Beschuldigten.[2678] Ist die Belehrung über das Schweigerecht nicht vor Beginn der Sachvernehmung (zur Klarstellung sollte ausgeschlossen werden, dass es sich bei der in die Hauptverhandlung eingeführten Äußerung um eine sog. „Spontanäußerung" handelte, die nach Auffassung der Rechtsprechung[2679] i.d.R. auch ohne vorangegangene Belehrung verwertet werden darf[2680]), sondern erst im Verlauf der Vernehmung erfolgt, ist jedenfalls die bis zu diesem Zeitpunkt gemachte Aussage unverwertbar. Keine Vernehmung i.S.d. § 136 Abs. 1 S. 1 StPO stellt nach Auffassung der Rechtsprechung demgegenüber die Befragung durch einen nicht offen auftretenden Polizeibeamten oder V-Mann dar.[2681] Gleichwohl kann unter bestimmten Voraussetzungen in diesem Vorgehen ein Verstoß gegen den Grundsatz der Selbstbelastungsfreiheit mit der Folge eines Beweisverwertungsverbots liegen.[2682] Keine Vernehmung ist das Gespräch, das ein Konsularbeamter in Erfüllung seiner Hilfspflicht nach § 7 KonsG mit einem in ausländischer Haft befindlichen deutschen Beschuldigten führt.[2683]

2677 *Zieger* Verteidigung in Jugendstrafsachen[5], Rn. 111; *Böttcher/Müller* Jugendstrafverfahren, in: Münchener Anwaltshandbuch Strafverteidigung, § 51 Rn. 105.

2678 LR-*Gleß*[26] § 136 Rn. 9.

2679 *BGH* StV 1990, 194 m. abl. Anm. *Fezer*; ferner KK-*Nack*[6] § 110c Rn. 19.

2680 Lassen sich Polizeibeamte von einem Tatverdächtigen nach spontanem pauschalen Geständnis einer schweren Straftat und der unmittelbar darauf erfolgten Festnahme über eine beträchtliche Zeitspanne der Tat berichten, ohne den von ihnen ersichtlich als Beschuldigten behandelten Täter auf sein Aussageverweigerungsrecht hinzuweisen, kommt ein solches Verhalten einer gezielten Umgehung zumindest äußerst nahe mit der Folge, dass diese Aussagen unverwertbar sind: *BGH* v. 9.6.2009 – 4 StR 170/09 = StV 2010, 4 = NStZ 2010, 464 m. Anm. *Ellbogen* = NJW 2009, 3589 m. Anm. *Meyer-Mews*. Zu dieser Entscheidung auch *Neuhaus* StV 2010, 45.

2681 *BGHSt* 42, 139 (GS) = StV 1996, 465 m. abl. Anm. *Bernsmann* StV 1997, 116; *BGHSt* 52, 11 = StV 2007, 509 = NJW 2007, 3138 m.w.N. Ferner zur Rspr. KK-*Nack*[6] § 110c Rn. 19 ff.; **a.A.** *Hilger* in: FS Hanack, 1999, S. 213 ff.

2682 *BGHSt* 52, 11 = StV 2007, 509, 510 = NJW 2007, 3138; *BGH* v. 27.1.2009 – 4 StR 296/08 = StV 2009, 225 = NStZ 2009, 343 = StraFo 2009, 205. Siehe auch unten Rn. 1974.

2683 *BGH* v. 14.9.2010 – 3 StR 573/09 = StV 2011, 334 = StraFo 2011, 92 = NJW 2011, 1523 m. zust. Anm. *Norouzi*; abl. *Heghmanns* ZJS 2011, 98.

4. Heilung der Nichtbelehrung

Der Fehler der Nichtbelehrung kann geheilt werden. Dass eine solche Heilung nicht **1971** erfolgt ist, ist konkret darzulegen (Negativtatsache!):

Die unterbliebene Belehrung kann durch die Wiederholung der Vernehmung geheilt werden. Dies setzt allerdings voraus, dass die Belehrung zusätzlich den Hinweis auf die Unverwertbarkeit der vor der Belehrung gemachten Angaben enthielt (sog. qualifizierte Belehrung)[2684].

Wurde ein Beschuldigter zunächst nicht nach § 136 Abs. 1 StPO belehrt oder zu- **1972** nächst zu Unrecht als Zeuge vernommen und erfolgte erst bei der folgenden Beschuldigtenvernehmung eine Belehrung nach § 136 Abs. 1 StPO, ohne dass der Beschuldigte dabei „qualifiziert" über die Unverwertbarkeit seiner bisher gemachten Angaben belehrt wurde, sollen diese Angaben nach Auffassung der Rechtsprechung keinem generellen Verwertungsverbot unterliegen; die Verwertbarkeit sei vielmehr nach Maßgabe einer Abwägung im Einzelfall zu ermitteln. Dabei seien das Interesse an der Sachaufklärung einerseits sowie das Gewicht des Verfahrensverstoßes andererseits zu berücksichtigen.[2685] Als bei der Abwägung zu berücksichtigende weitere Umstände führt die Rechtsprechung intellektuelle Defizite des Beschuldigten, Täuschung oder Zwang, Fehlinformation des Beschuldigten über die Verwertbarkeit früherer Angaben und das Gewicht des vorangegangenen Verfahrensfehlers (z.B. Belehrung des Beschuldigten als Zeuge) und den in der Verfahrenssituation auf den Betroffenen wirkenden situativen Druck, nur noch durch eine selbstbelastende Aussage Schlimmeres verhindern zu können, an.[2686] Ein weiterer bei der Abwägung zu berücksichtigender Umstand dürfte sein, ob die Staatsanwaltschaft ihrer Verpflichtung nachgekommen ist, darauf hinzuwirken, dass der Beschuldigte bei Beginn der nachfolgenden Vernehmung auf die Nichtverwertbarkeit der früheren Angaben hingewiesen wurde.[2687]

Das Revisionsvorbringen muss deshalb entsprechend differenzieren: **1973**

1. Es ist vorzutragen, dass der Angeklagte vor und während der gesamten Dauer der Vernehmung nicht belehrt wurde.

2. Ansonsten

   a) ist der Gang der Vernehmung und der Inhalt der bis zum Zeitpunkt der Belehrung gemachten Aussage mitzuteilen.

   b) Es ist darzulegen, dass das Urteil den Inhalt des Teils der Vernehmung, der vor der Belehrung stattgefunden hat, verwertet hat

---

2684 *Meyer-Goßner*[55] § 136 Rn. 9 m.w.N.
2685 *BGH* v. 18.12.2008 – 4 StR 455/08 = BGHSt 53, 112 = StV 2010, 1 = NStZ 2009, 281 = StraFo 2009, 150; *BGH* v. 9.6.2009 – 4 StR 170/09 = StV 2010, 4 = NStZ 2010, 464 m. Anm. *Ellbogen* = NJW 2009, 3589 m. Anm. *Meyer-Mews*; *OLG Hamm* StV 2010, 5 (zu diesen Entscheidungen *Neuhaus* StV 2010, 45).
2686 *OLG Hamm* StV 2010, 6.
2687 *BGH* v. 27.5.2009 – 1 StR 99/09 = StV 2010, 3 = NStZ 2009, 648 = NJW 2009, 2612.

c) **oder:** dass die im Urteil verwertete Aussage nicht nach der Belehrung wiederholt worden ist, anderenfalls der Wiederholung keine *qualifizierte Belehrung* vorausgegangen ist. Letzterenfalls sind die Vernehmungssituation und ihre Bedeutung für die Entschließungsfreiheit des Vernommenen im Einzelnen vorzutragen, um deutlich zu machen, dass der Angeklagte im Zeitpunkt seiner weiteren Aussage glaubte, von seinen früheren Angaben nicht mehr abrücken zu können, ohne seine Situation weiter zu verschlechtern.[2688] Auch sind die Umstände darzustellen, die nach Auffassung der Rechtsprechung im Rahmen der Abwägung darüber entscheiden sollen, ob die Angaben des Beschuldigten einem Verwertungsverbot unterliegen oder nicht.[2689]

5. „Verdeckte" Befragung

1974 Entgegen der Auffassung der Rechtsprechung ist Vernehmung auch jede Form der „verdeckten" Befragung des Beschuldigten zum Tatvorwurf, bei der ihm deren amtlicher Charakter nicht bewusst war, dieser ihm also verschleiert wurde.[2690] Dies gilt nicht nur für Befragungen durch verdeckt auftretende Polizeibeamte,[2691] oder nicht offen ermittelnde Polizeibeamte (Noep)[2692], sondern auch durch staatliche beauftragte V-Leute oder sonstige Dritte (z.B. Mitinsassen der JVA, in der der Beschuldigte inhaftiert war) sowie im Rahmen gezielt veranlasster Privatgespräche,[2693] die heimlich mitgehört wurden („Hörfalle").

Unabhängig von der sonstigen Zulässigkeit solcher Ermittlungsmethoden müssen Angaben des Beschuldigten, die ohne Belehrung über das Schweigerecht im Rahmen solcher „verdeckter" Befragungen gemacht wurden, einem Beweisverwertungsverbot unterliegen. Der Vortrag der unzulässigen Verwertung muss alle Umstände des Einsatzes des Verdeckten Ermittlers etc., Rechtsgrundlagen und Vorge-

---

2688 *OLG Hamm* StV 2010, 6.
2689 Siehe dazu Rn. 1972.
2690 Siehe den Überblick über den Meinungsstand sowie zur möglichen Ausnahme im Zusammenhang mit der Befragung durch einen Verdeckten Ermittler i.S.d. § 110a StPO bei LR-*Gleß*[26] § 136 Rn. 91 ff. sowie KK-*Nack*[6] § 110c Rn. 20. Siehe auch *BGHSt* 52, 11 = StV 2007, 509 = NJW 2007, 3138; *BGH* v. 27.1.2009 – 4 StR 296/08 = StV 2009, 225 = NStZ 2009, 343 = StraFo 2009, 205.
2691 *BGH* v. 27.1.2009 – 4 StR 296/08 = StV 2009, 225 = NStZ 2009, 343 = StraFo 2009, 205, allerdings unter der Voraussetzung, dass sich der Beschuldigte bei vorangegangenen polizeilichen Vernehmungen auf sein Schweigerecht berufen hatte und der Verdeckte Ermittler ihm unter Ausnutzung eines von ihm geschaffenen Vertrauensverhältnisses selbstbelastende Äußerungen entlocken konnte.
2692 *BGH* v. 18.5.2010 – 5 StR 51/10 = *BGHSt* 55, 138 = StV 2010, 465 = NStZ 2010, 527 = StraFo 2010, 288: Annahme eines Verwertungsverbots für Aussagen eines inhaftierten Beschuldigten im Rahmen eines verdeckten Verhörs durch einen als Besucher getarnten, nicht offen ermittelnden Polizeibeamten unter Ausnutzung einer vorgetäuschten Notsituation für die Ehefrau des Beschuldigten.
2693 **A.A.** *BGH* v. 31.3.2011 – 3 StR 400/10 = StV 2012, 129 m. abl. Anm. *Roxin* = NStZ 2011, 596 = JR 2011, 409 m. abl. Anm. *Eisenberg.*

hensweise, sowie das Aussageverhalten des Beschuldigten bis zum Zeitpunkt der verdeckten Befragung wiedergeben, soweit sich dies nicht schon aus den Urteilsgründen ergibt.

6. Vernehmung als verdächtiger Zeuge

Wurde der Angeklagte im gegenständlichen oder einem anderen Strafverfahren als **1975** Zeuge vernommen, ist im Hinblick auf eine unterlassene Belehrung nach § 55 Abs. 2 StPO darzulegen, dass und warum die Verhörsperson Grund zu der Annahme haben musste, der Zeuge könne sich der Gefahr aussetzen, wegen einer Straftat oder Ordnungswidrigkeit verfolgt zu werden, so dass die Belehrung zu Unrecht unterblieben[2694] ist oder zu spät erfolgte (in letzterem Fall ist der Gang der Vernehmung im Einzelnen zu schildern[2695]).

7. „Beschuldigten"-Begriff

Hätte bei einer früheren Vernehmung des Angeklagten im gegenständlichen Verfahren als Zeuge bereits eine Belehrung nach §§ 136 Abs. 1 S. 2, 163a Abs. 3, 163a **1976** Abs. 4 StPO als Beschuldigter erfolgen müssen, ist im Einzelnen darzulegen, woraus sich die Beschuldigteneigenschaft ergab bzw. dass die Behandlung als Beschuldigter willkürlich unterblieb.[2696] Zwar ist Beschuldigter i.S.d. § 136 Abs. 1 StPO nur derjenige, auf den sich der Verfolgungswille der Strafverfolgungsbehörden bezieht, was sich objektiv in einem entsprechenden Willensakt manifestieren muss; gleichwohl kann sich – abhängig von der objektiven Stärke des Tatverdachts – unter dem Gesichtspunkt der Umgehung der Beschuldigtenrechte ein Verstoß gegen die Belehrungspflicht ergeben. Dabei soll es im Rahmen der gebotenen Abwägung darauf ankommen, inwieweit der Tatverdacht auf hinreichend gesicherten Erkenntnissen hinsichtlich der Tat und des Täters oder lediglich auf kriminalistischer Erfahrung beruhe.[2697]

2694 Ausführlich LR-*Ignor*[26] § 55 Rn. 36. Vergleichbares gilt für die Vernehmung des jetzigen Angeklagten als Zeuge im Rahmen einer anderen Verfahrensordnung, wenn nach dieser eine dem § 55 StPO entsprechende Vorschrift existiert. Vgl. dazu *Schlothauer* Strafprozessuale Verwertung selbstbelastender Angaben im Verwaltungsverfahren, in: FS Fezer, 2008, S. 267.

2695 Ob sich das Verwertungsverbot auf alle Äußerungen bezieht, die gemacht wurden, bevor die Belehrung erfolgte, , ist – soweit ersichtlich – von der Rechtsprechung noch nicht behandelt worden. Zur Verwertung von Angaben im Anschluss an eine Belehrung, die nicht den Anforderungen einer qualifizierten Belehrung genügte, s. Rn. 1972.

2696 Vgl. Nachweise und Einzelheiten zu dieser umstrittenen Frage bei LR-*Gleß*[26] § 136 Rn. 4 ff. Ausführlich zur Begründung der Beschuldigteneigenschaft durch die Art und Weise der Vernehmung: *BGH* StV 2007, 450 = *BGHSt* 51, 367.

2697 *OLG Hamm* StV 2010, 6.

Die zum Schutz eines Beschuldigten bestehenden Sicherungen des § 136 StPO dürfen auch nicht dadurch umgangen werden, dass anstelle einer Vernehmung lediglich eine „informatorische Befragung" stattfindet.[2698]

8. Vernehmung als zeugnisverweigerungsberechtigter Zeuge

1977 Ist bei einer früheren Vernehmung des Angeklagten als Zeuge im gegenständlichen oder einem anderen Strafverfahren eine Belehrung nach § 52 Abs. 3 StPO unterblieben, obwohl zu dem Beschuldigten des Verfahrens, in dem die Vernehmung stattfand, ein Angehörigenverhältnis i.s.d. § 52 Abs. 1 StPO bestand,[2699] ist dies im Einzelnen darzulegen. Die Unverwertbarkeit der ohne Belehrung gemachten Aussage gilt unabhängig davon, ob der seinerzeitige Vernehmungsgegenstand die Tat im prozessualen Sinn betraf, um die es im gegenständlichen Verfahren gegen den Angeklagten geht, oder nicht.

9. Vernehmung im Ausland

1978 Ist der Inhalt einer im Ausland durchgeführten Vernehmung in die Hauptverhandlung eingeführt worden, ist neben der fehlenden Belehrung zunächst darzulegen, dass auch nach dem Recht des Vernehmungsortes eine Belehrung vorgeschrieben war.[2700]

10. Nachweis der unterbliebenen Belehrung

1979 Lässt sich nicht klären, ob die erforderliche Belehrung erfolgt ist, scheidet nach Auffassung der höchstrichterlichen Rechtsprechung ein Beweisverwertungsverbot aus[2701].

Richtigerweise ist von Folgendem auszugehen:

Ist die Belehrung bei einer richterlichen Vernehmung nicht gem. § 168a Abs. 1 StPO protokolliert oder bei einer staatsanwaltschaftlichen oder polizeilichen Ver-

---

2698 LR-*Gleß*[26] § 136 Rn. 9.

2699 Entsprechendes gilt für die Vernehmung des Angeklagten als Zeuge in einer Verfahrensordnung, die dem § 52 StPO entsprechende Verweigerungsrechte und Belehrungspflichten vorsieht.

2700 Für Rechtshilfevernehmungen in EU-Staaten kommt es nach Art. 4 Abs. 1 EU-RhÜbK für die Frage des Verwertungsverbots auf das inländische Verfahrensrecht an, so dass eine unterbliebene Belehrung auch dann zum Verwertungsverbot führt, wenn sie im Rechtshilfe leistenden Staat nicht vorgeschrieben war (vgl. zu Art. 4 Abs. 1 EU-RhÜbK *BGH* StV 2007, 627). Im Übrigen vgl. *BGH* StV 1995, 231 = NStZ 1994, 595 zu der Frage der Verwertbarkeit einer Vernehmung, der nur nach deutschem Recht, nicht nach dem Recht des Vernehmungsortes eine Belehrung hätte vorausgehen müssen. Hiergegen zutreffend *Wohlers* NStZ 1995, 45; LR-*Gleß*[26] § 136 Rn. 88.

2701 *BGHSt* 38, 214, 224 = StV 1992, 212; *BGH* StV 1999, 354 m. **abl.** Anm. *Wollweber*; **a.A.** *Meyer-Goßner*[55] § 136 Rn. 20, LR-*Gleß*[26] § 136, Rn. 78; *BGH* v. 8.11.2006 – 1 StR 454/06 = StV 2007, 65 = StraFo 2007, 230 = JR 2007, 125 m. zust. Anm. *Wohlers* unter Betonung besonderer Umstände des Einzelfalls.

nehmung nicht gem. Nr. 45 Abs. 1 RiStBV aktenkundig gemacht worden, ist davon auszugehen, dass die Belehrung nicht stattgefunden hat.[2702] Ob ein „Gegenbeweis" in Form der Aussage der Vernehmungsperson zulässig ist,[2703] erscheint zweifelhaft. Denn schon aus der Tatsache der unterlassenen Dokumentation der nach Aussage der Verhörspersonen tatsächlich stattgefundenen Belehrung lassen sich Rückschlüsse auf den sorgfaltswidrigen Umgang mit der Belehrungsverpflichtung ziehen.

In der Revisionsbegründung sollte nicht nur das Unterbleiben der Belehrung, sondern ggf. auch die fehlende Dokumentation gem. § 168a Abs. 1 StPO/Nr. 45 Abs. 1 RiStBV vorgetragen werden.[2704] Zu diesem Zweck ist die gesamte Vernehmungsniederschrift einschließlich Personalbogen und Belehrungsformular im Wortlaut mitzuteilen. Ebenfalls sollten alle vernehmungsbezogenen Vermerke im Wortlaut wiedergegeben werden. **1980**

11. Nicht-Verstehen der Belehrung

Hat der Beschuldigte die Belehrung aufgrund seines geistig-seelischen Zustandes nicht verstanden,[2705] ist dies unter näherer Erläuterung dieses Zustandes vorzutragen. Ein Beweisverwertungsverbot setzt nach Auffassung des BGH[2706] voraus, dass der Tatrichter sich hiervon überzeugt hat. Auch insoweit sollen Zweifel nicht ausreichen.[2707] Dem ist zu widersprechen, wenn der feststellbare seelisch-geistige Zustand Anhaltspunkte für das Nicht-Verstehen der Belehrung liefert. Verhaftete Beschuldigte sind unverzüglich in einer für sie verständlichen Sprache schriftlich nach Maßgabe des § 114b Abs. 2 StPO zu belehren (§ 114b Abs. 1 StPO). Ansonsten der deutschen Sprache nicht mächtige Beschuldigte sind darauf hinzuweisen, dass sie die unentgeltliche Zuziehung eines Dolmetschers beanspruchen können. **1981**

12. Unkenntnis der Aussagefreiheit

Es ist vorzutragen, dass der Angeklagte im Zeitpunkt der Vernehmung sein Recht zu schweigen nicht gekannt hat. Daran verbleibende Zweifel stehen der Annahme eines Beweisverwertungsverbotes nicht entgegen.[2708] **1982**

2702 *AG Offenburg* StV 1993, 123; *BGH* StV 2007, 65 = StraFo 2007, 230 = JR 2007, 125 m. Anm. *Wohlers* allerdings nur für den Fall, dass die Vernehmungsbeamten keine eindeutige Erinnerung hatten, ob der Beschuldigte seinerzeit belehrt worden war.

2703 So LR-*Gleß*[26] § 136 Rn. 78; ebenso *BGH* ibid.

2704 Zur Bedeutung der unterbliebenen Fertigung eines Aktenvermerks i.S.v. Nr. 45 Abs. 1 RiStBV s. *BGH* v. 8.11.2006 – 1 StR 454/06 = StV 2007, 65 = NStZ-RR 2007, 80.

2705 Zur Belehrung und deren Verständnis bei jugendlichen Beschuldigten siehe Rn. 1969.

2706 *BGHSt* 39, 349 =StV 1994, 4.

2707 Hiergegen LR-*Gleß*[26] § 136 Rn. 86.

2708 *BGHSt* 38, 214 = StV 1992, 212.

13. Widerspruchserfordernis

1983 Es ist vorzutragen, dass der Angeklagte der Verwertung der ohne Belehrung erfolgten früheren Vernehmung rechtzeitig widersprochen hat.[2709] Der Inhalt des Widerspruchs bzw. eine dazu gegebene Begründung sind mitzuteilen.[2710]

In einer Hauptverhandlung, die sich gegen mehrere Mitangeklagte richtet, ist zum Widerspruch nur derjenige berechtigt, dessen Vernehmung unter Verletzung der Belehrungspflicht verwertet werden soll. Dessen rechtzeitig geltend gemachter Widerspruch führt aber zur Unverwertbarkeit der Aussage bezüglich aller derselben Tat im prozessualen Sinn beschuldigten Mitangeklagten, die deshalb ihre Revision auf die Missachtung des Beweisverwertungsverbotes stützen können.[2711] Es ist in diesem Fall aber vorzutragen, welcher Mitangeklagte den Widerspruch erhoben hat und dass es bei der verwerteten Aussage um diejenige geht, zu der es unter Verletzung der Belehrungspflicht gekommen ist.

1984 Bei in der Hauptverhandlung unverteidigten Angeklagten ist die Geltendmachung des Widerspruchs nur erforderlich, wenn diese von dem Vorsitzenden über diese Möglichkeit unterrichtet (wesentliche Förmlichkeit!) worden sind.[2712] Das Unterlassen der Unterrichtung muss deshalb in Fällen fehlenden Widerspruchs vorgetragen werden.

1985 Es ist weiterhin darzulegen, dass der Angeklagte der **Verwertung des Inhalts der Vernehmung** (und nicht nur eines von mehreren Beweismitteln, mit deren Hilfe der Vernehmungsinhalt in die Hauptverhandlung eingeführt worden ist[2713]), und zwar **rechtzeitig widersprochen** und er den Widerspruch bis zur Urteilsverkündung nicht zurückgenommen (Negativtatsache!) hat. Nach der höchstrichterlichen Rechtsprechung ist der Widerspruch nur bis zu dem in § 257 StPO genannten Zeitpunkt zulässig.[2712] Dies ist unter Schilderung des Verfahrensablaufs konkret darzutun. Der einmalige rechtzeitige Widerspruch gegen die Verwertung des Inhalts der Vernehmung reicht auch dann aus, wenn dieser mehrfach in die Hauptverhandlung einge-

---

2709 *BGHSt* 38, 214. Die an der Widerspruchslösung geübte Kritik (Nachweise bei *Meyer-Goßner*[54] § 136 Rn. 25) dürfte den BGH auf absehbare Zeit nicht zu einer Änderung seiner Rechtsprechung bewegen. S. deshalb den Gesetzentwurf der BRAK für die Einführung einer Zustimmungslösung als Alternative zur Widerspruchslösung der Rspr.: BRAK-Stellungnahme Nr. 17 v. 24.4.2012 (www.brak.de/zur-rechtspolitik/); dazu *Schlothauer/Jahn* RuP 2012, 222.

2710 Dies im Hinblick darauf, dass der 1. Strafsenat des *BGH* (*BGHSt* 52, 38 = StV 2008, 8) eine Begründung des Widerspruchs verlangt, die die „Angriffsrichtung" erkennen lasse; ebenso – für das Beweisverwertungsverbot bei Verletzung des Richtervorbehalts in Fällen der Blutprobenentnahme – *OLG Hamm* StV 2009, 462; *OLG Frankfurt/M.* StV 2011, 611. Zur Entscheidung des 1. Strafsenats (*BGHSt* 52, 38 = StV 2008, 5) s. krit. *Weigend* StV 2008, 39 u. *Paulus/J. Müller* StV 2009, 495.

2711 Zu dieser strittigen Frage LR-*Gleß*[26] § 136 Rn. 90 m.w.N.

2712 *BGHSt* 38, 214 = StV 1992, 212.

2713 *BGH* StV 2004, 57 = NStZ 2004, 389.

führt worden ist. Ist allerdings jedes Mal rechtzeitig widersprochen worden, sollte auch dies vorsorglich vorgetragen werden.

Ist bereits vor Beginn der Hauptverhandlung der Verwertung des Vernehmungsin- **1986** halts widersprochen worden und wurde der Widerspruch in der Hauptverhandlung nicht wiederholt, soll dies nach Auffassung des BGH[2714] nicht genügen. Dieser Auffassung ist zu widersprechen, weshalb die Erhebung der Verfahrensrüge auch dann zu empfehlen ist, wenn der Verwertung des Vernehmungsinhalts jedenfalls vor Beginn der Hauptverhandlung (auch im Ermittlungs oder Zwischenverfahren) widersprochen worden ist, was konkret vorzutragen ist.

Zusätzlich zum Vortrag des rechtzeitigen Widerspruchs[2715] ist bei einer **Revision** **1987** **gegen ein Berufungsurteil** mitzuteilen, dass der Verwertung des Vernehmungsinhalts rechtzeitig auch schon im amtsgerichtlichen Verfahren widersprochen worden war[2716] bzw. dass es sich nicht um eine **vom Revisionsgericht zurückverwiesene Sache** handelt (Negativtatsache!) oder letzterenfalls auch schon im erstinstanzlichen Verfahren der Widerspruch rechtzeitig geltend gemacht worden war.[2717] Lediglich ein rechtzeitig in einer später ausgesetzten Hauptverhandlung erhobener Widerspruch soll in der erneuten Hauptverhandlung nicht wiederholt werden müssen.[2718]

Ist die Belehrung gem. § 243 Abs. 4 S. 1 StPO in der Hauptverhandlung unterlassen **1988** worden, bedarf es eines Widerspruchs nicht.[2719]

14. Fernwirkung des Beweisverwertungsverbots

Dem Beweisverwertungsverbot aufgrund der Verletzung der Belehrungspflicht **1989** kann Fernwirkung mit der Folge zukommen, dass auch die Ergebnisse der durch die unverwertbare Aussage des Beschuldigten ermöglichten Ermittlungen nicht verwertet werden dürfen.[2720] Der Kausalzusammenhang und das Fehlen alternativer – verwertbarer – Ermittlungsansätze sind darzulegen.

2714   *BGH* NStZ 1997, 502 und *BGH* StV 2006, 396 m. **abl.** Anm. *Schlothauer.*
2715   Eines solchen bedarf es natürlich nicht, wenn der Angeklagte in der Hauptverhandlung unter Verletzung der sich aus § 243 Abs. 4 S. 1 StPO ergebenden Belehrungspflicht ausgesagt hat.
2716   *OLG Stuttgart* NStZ 1997, 405 = StV 1997, 341. Dies soll auch im Falle eines erstinstanzlichen Freispruchs gelten: *OLG Frankfurt/M.* NStZ-RR 2011, 46.
2717   *BGH* StV 2006, 396 m. **abl.** Anm. *Schlothauer* m.w.N.
2718   *OLG Stuttgart* StV 2001, 388.
2719   Siehe zu den Anforderungen an den Vortrag Rüge 68 Rn. 796.
2720   *OLG Oldenburg* StV 1995, 178; ausführlich zu dieser str. Frage LR-*Gleß*[26] § 136a Rn. 75.

Rüge 240a

1990   Wurde im Urteil der Inhalt einer früheren Vernehmung eines festgenommenen ausländischen Staatsangehörigen verwertet, bei der die Belehrung über das Recht auf unverzügliche Benachrichtigung seiner konsularischen Vertretung (Art. 36 Abs. 1 lit. b S. 3 WÜK, § 114b Abs. 2 S. 3 StPO) unterlassen wurde?

I. Rechtsgrundlagen

1991   Nach Art. 36 Abs. 1 lit. b S. 3 WÜK, § 114b Abs. 2 S. 3 StPO ist ein festgenommener ausländischer Staatsangehöriger vor seiner Vernehmung darüber zu belehren, dass er das Recht auf unverzügliche Benachrichtigung einer konsularischen Vertretung seines Heimatstaates hat. Zwar hat der 5. Strafsenat des BGH[2721] die Auffassung vertreten, dass die Verletzung dieser Pflicht kein Beweisverwertungsverbot der Aussage des Beschuldigten zur Folge habe. Diese Rechtsprechung ist allerdings durch das BVerfG[2722] in Frage gestellt worden. Im Anschluss daran hat der 4. Strafsenat des BGH[2723] erkannt, dass die Entstehung eines Beweisverwertungsverbotes aus einem Verstoß gegen die Belehrungspflicht nach Art. 36 Abs. 1 lit. b S. 3 WÜK nicht von vornherein ausgeschlossen sei; es müsse deshalb im Einzelfall unter Anwendung der vom BGH für nicht speziell geregelte Beweisverwertungsverbote entwickelten Abwägungslehre geprüft werden, ob dem durch den Verfahrensverstoß bewirkten Eingriff in die Rechtsstellung des Beschuldigten oder den Strafverfolgungsinteressen des Staates der Vorrang einzuräumen sei.[2724]

II. Anforderungen an den Vortrag der Verletzung des Art. 36 Abs. 1 lit. b S. 3 WÜK, § 114b Abs. 2 S. 3 StPO

1992   Vorzutragen sind:

- Der Umstand der Vernehmung eines Beschuldigten mit ausländischer Staatsangehörigkeit,
- im Falle der Verschriftung der Vernehmung die vollständige wörtliche Wiedergabe der Vernehmungsniederschrift,
- die Tatsache, dass der Beschuldigte nicht über sein Recht belehrt wurde, unverzüglich die konsularische Vertretung seines Heimatstaats benachrichtigen zu können,

---

2721   *BGH* v. 25.9.2007 – 5 StR 116/01 = *BGHSt* 52, 48 = StV 2008, 5; hierzu *Weigend* StV 2008, 39 u. *Paulus/J. Müller* StV 2009, 495.

2722   *BVerfG* v. 8.7.2010 – 2 BvR 2485/07, 2513/07, 2548/07 = StV 2011, 329; hierzu *Gleß/ Peters* StV 2011, 369; siehe auch schon *BVerfG* StV 2008, 1.

2723   *BGH* v. 7.6.2011 – 4 StR 643/10 = StV 2011, 603 = StraFo 2011, 319.

2724   In der Entscheidung *BGH* v. 7.6.2011 – 4 StR 643/10 = StV 2011, 603 = StraFo 2011, 319 kommt der 4. Senat zu dem Ergebnis, dass in dem entschiedenen Fall die unterbliebene Belehrung nicht zu einem Verwertungsverbot führe.

- Inhalt und Zeitpunkt des in der Hauptverhandlung gegen die Verwertung der Aussage des Beschuldigten geltend gemachten Widerspruchs, wobei der Widerspruch mit der Verletzung von Art. 36 Abs. 1 lit. b S. 3 WÜK, § 114b Abs. 2 S. 3 StPO begründet worden sein muss,[2725]
- vorsorglich, dass dem Beschuldigten sein Recht auf unverzügliche Benachrichtigung der konsularischen Vertretung seines Heimatstaats unbekannt war und der Widerspruch bis zum Ende der Hauptverhandlung aufrechterhalten blieb.

Rüge 241

Wurde im Urteil der Inhalt einer früheren Vernehmung des Angeklagten oder eines Mitangeklagten verwertet, anlässlich derer dem Beschuldigten die Verteidigerkonsultation verwehrt oder aber die Belehrung über das Recht zur Verteidigerkonsultation und ggf. die Pflicht zur Unterstützung des Beschuldigten bei der Wahrnehmung dieses Rechts verletzt wurde (§ 136 Abs. 1 S. 2 StPO)?

1993

I. Rechtsgrundlagen und Anforderungen an den Vortrag der Rüge der Verletzung des § 136 Abs. 1 S. 2 StPO (Verteidigerkonsultationsrecht)[2726]

1. Verwertung der früheren Vernehmung des Angeklagten oder Mitangeklagten

Es ist mitzuteilen, dass der Inhalt einer früheren Vernehmung des Angeklagten bzw. eines Mitangeklagten durch Verlesung einer richterlichen Niederschrift gem. § 254 StPO[2727] oder durch Vernehmung einer Verhörsperson (das ist jeder, der an der Vernehmung teilgenommen hat) in die Hauptverhandlung eingeführt worden ist. Der Inhalt der verwerteten Aussage ist wiederzugeben.[2728] Der Inhalt einer Vernehmungsniederschrift ist im Wortlaut mitzuteilen.

1994

2725 *BGH* v. 7.6.2011 – 4 StR 643/10 = StV 2011, 603 = StraFo 2011, 319.

2726 Zur Verletzung des Rechts eines festgenommenen ausländischen Staatsangehörigen auf unverzügliche Benachrichtigung seiner konsularischen Vertretung (Art. 36 Abs. 1 lit. b 5.3 WÜK) siehe Rüge 240a Rn. 1990.

2727 Zu den Rügeanforderungen im Falle der unzulässigen Vernehmung nach § 254 StPO siehe Rüge 148 Rn. 1290. Ist der Inhalt einer früheren Vernehmung durch Verlesung einer nicht-richterlichen Niederschrift in die Hauptverhandlung eingeführt worden, ist dies bereits generell unzulässig. (siehe Rüge 149 Rn. 1301).

2728 *Meyer-Goßner*[55] § 136 Rn. 27.

2. Vernehmung als Beschuldigter

1995   Es ist mitzuteilen, dass der Angeklagte bzw. Mitangeklagte in seiner Eigenschaft als Beschuldigter vernommen wurde. Vernehmungen i.S.d. § 136 Abs. 1 S. 2 StPO sind auch schon „informatorische Vorbesprechungen" mit dem Beschuldigten[2729]. Handelt es sich um eine Zeugenvernehmung, obwohl die Vernehmung nach den Grundsätzen der §§ 136 Abs. 1 S. 2, 163a Abs. 3, 163a Abs. 4 StPO als Beschuldigtenvernehmung hätte erfolgen müssen, ist im Einzelnen darzulegen, woraus sich die Beschuldigteneigenschaft ergab bzw. dass die Behandlung als Beschuldigter willkürlich unterblieb.[2730] Die zum Schutz eines Beschuldigten bestehenden Sicherungen des § 136 StPO dürfen auch nicht dadurch umgangen werden, dass anstelle einer Vernehmung eine „informatorische Befragung" durchgeführt wurde.[2729]

3. Vernehmung ohne Verteidiger trotz erwünschter Verteidigerkonsultation

1996   Hat der Beschuldigte den Wunsch geäußert, vor seiner Vernehmung bzw. bei deren Unterbrechung vor deren Fortsetzung einen Verteidiger zu konsultieren, ist dies ebenso mitzuteilen wie die Umstände, aus denen sich ergibt, dass ihm diese Möglichkeit ggf. verwehrt wurde[2731] und dass der Beschuldigte auf die zunächst gewünschte Einschaltung eines Verteidigers nicht wieder verzichtet[2732] hat (Negativtatsache!). Ob der Beschuldigte die Bitte, eine Rücksprache mit einem Verteidiger zu ermöglichen, geäußert und ihm dieses Recht verweigert wurde, unterliegt dem Freibeweis. Der Revision ist der Erfolg versagt, wenn das Revisionsgericht das tatsächliche Vorbringen der Revision hinsichtlich der verwehrten Kontaktaufnahme nicht für bewiesen hält.[2733]

Es ist weiterhin vorzutragen, dass der Beschuldigte trotz seiner entsprechenden Bitte in Abwesenheit eines Verteidigers zur Sache vernommen wurde.[2734] Wird die unzulässige Fortsetzung der Vernehmung des Beschuldigten nach Inanspruchnahme seines Rechts auf Anwaltskonsultation gerügt und hatte die Polizei den Beschuldigten gefragt, ob nach Rücksprache mit dem von ihm benannten Anwalt Bereitschaft bestünde, weitere Angaben zu machen, ist den Begründungsanforderungen des § 344 Abs. 2 S. 2 StPO nur genügt, wenn der Fortgang der polizeilichen Verneh-

---

2729   LR-*Gleß*[26] § 136 Rn. 9.

2730   Vgl. Nachweise und Einzelheiten zu dieser strittigen Frage bei LR-*Gleß*[26] § 136 Rn. 4 ff.; insbes. *BGH* StV 2007, 450 = *BGHSt* 51, 367.

2731   *BGHSt* 38, 372 = StV 1993, 1.

2732   Zu den Voraussetzungen *BGHSt* 38, 372 = StV 1993, 1; *BGH* StV 1996, 410; *Beulke* NStZ 1996, 261; für ein grundsätzliches Verwertungsverbot im Falle des „Verwehrens" der Verteidigerkonsultation *Strate/Ventzke* StV 1986, 31; *Ransiek* StV 1994, 344.

2733   *BGH* v. 23.8.2011 – 1 StR 153/11 = JR 2011, 254 m. Anm. *Stiebig*.

2734   Ggf. indem er zu weiteren Angaben gedrängt wurde: *BGH* NStZ 2004, 450; *BGH* NJW 2006, 1008.

mung, die sich unmittelbar an diese Frage anschloss, dargestellt wird.[2735] Die Revisionsbegründung muss schließlich ausschließen, dass der Verfahrensfehler in der Form geheilt wurde, dass die Vernehmung nach qualifizierter Belehrung über die Unverwertbarkeit der ursprünglichen Angaben wiederholt wurde.[2736]

Es stellt nicht nur einen Verfahrensfehler dar, wenn dem Beschuldigten die gewünschte Verteidigerkonsultation verwehrt und die Vernehmung fortgesetzt wird. Unzulässig ist es auch, die Vernehmung ohne Verteidiger fortzusetzen, ohne dass dem ernsthafte Bemühungen vorausgegangen wären, dem Beschuldigten bei der Herstellung des Kontakts zu einem Verteidiger zu helfen. Dazu gehört nicht nur, dass ihm die Gelegenheit gegeben wird, sich telefonisch mit einem Verteidiger in Verbindung zu setzen; ggf. ist er auch auf einen anwaltlichen Notdienst hinzuweisen sowie die etwaige Fehlvorstellung zu korrigieren, dass er wegen Mittellosigkeit keinen Verteidiger zuziehen könne.[2737] In diesem Fall ist nicht nur § 136 Abs. 1 S. 2 (ggf. in Verbindung mit § 163a Abs. 3 bzw. Abs. 4) StPO, sondern auch Art. 6 Abs. 3 lit. c EMRK verletzt.[2738] Nach Auffassung des BGH[2739] führt diese aber nicht zwingend zu einem Verwertungsverbot, da die unterlassene Hilfestellung von geringerem Gewicht sei als der immer zu einem Verwertungsverbot führende Verstoß gegen die Belehrungspflicht. Jedenfalls müssen in der Revisionsbegründung die Vernehmungssituation, der Tatvorwurf und die Verdachtslage sowie das Verhalten des Beschuldigten sowie aller anwesenden Ermittlungspersonen genauestens geschildert werden.

4. Nichtbelehrung über Verteidigerkonsultationsrecht

Hat der Beschuldigte **nicht** von sich aus bereits geäußert, vor Beginn oder in Unterbrechung seiner Vernehmung zunächst mit einem Verteidiger Rücksprache nehmen zu wollen, ist vorzutragen, dass die Belehrung über das Recht, einen Verteidiger zuzuziehen und sich von ihm beraten zu lassen, unterblieben ist.[2740] Auch hier soll ein non liquet bei der Frage, ob die Belehrung erfolgt war oder nicht, selbst dann zum Nachteil des Beschwerdeführers gehen, wenn entgegen Nr. 45 Abs. 1 RiStBV die

1997

2735 *BGH* v. 16.9.2009 – 2 StR 299/09 = NStZ 2010, 97.

2736 Siehe Rüge 240 Rn. 1971.

2737 Vgl. *BGHSt* 42, 15 m. Anm. *E. Müller* StV 1996, 358; vgl. auch *BGHSt* 42, 170 m. **abl.** Anm. *Ventzke* StV 1996, 524 und *Roxin* JZ 1997, 343; *BGHSt* 47, 233 = JZ 2002, 897 m. Anm. *Roxin*; *BGH* StV 2006, 515, *BGH* StV 2006, 566 u. *BGH* StV 2006, 567 m. zusammenfassender Anm. *Beulke/Barisch* sowie *Klein* (Anm. zu *BGH* StV 2006, 515) StV 2007, 282.

2738 Zur Rüge der Verletzung des Konfrontationsrechts des Art. 6 Abs. 3 lit. c EMRK während der gesamten Dauer des Verfahrens siehe Rüge 101 Rn. 999.

2739 *BGH* StV 2006, 566.

2740 Zur Frage des Nachweises, ob die Belehrung unterblieben ist und zur Verwertbarkeit bei nicht möglicher Klärung siehe Rüge 240 Rn. 1979.

Protokollierung einer Belehrung unterblieben sei.[2741] Weiterhin ist vorzutragen, dass der Beschuldigte im Zeitpunkt der Vernehmung keine Kenntnis von seinem Verteidigerkonsultationsrecht hatte.[2742]

Hat der Beschuldigte die Belehrung aufgrund seines geistig-seelischen Zustandes nicht verstanden, ist dies unter näherer Erläuterung dieses Zustandes darzulegen.[2743]

Es ist auch im Falle einer unterbliebenen Belehrung darzulegen (Negativtatsache!), dass der Verfahrensfehler nicht durch Wiederholung der Vernehmung nach qualifizierter Belehrung geheilt worden ist.[2744]

5. Unterrichtung des Beschuldigten über bereitstehenden Verteidiger

1998 Hat sich vor oder während der Vernehmung ein (ggf. von dritter Seite) beauftragter Verteidiger mit den Ermittlungspersonen in Verbindung gesetzt, ist dieses mitzuteilen sowie der Umstand, dass der Beschuldigte nicht unverzüglich davon unterrichtet worden ist, dass ein Verteidiger bereitstehe, der bei einem entsprechenden Wunsch des Beschuldigten von diesem befragt werden könne.[2745] Es ist weiter vorzutragen, dass die Vernehmung ohne Unterbrechung fortgesetzt wurde und was ihr Inhalt ab diesem Zeitpunkt war, weil nur dieser einem Verwertungsverbot unterfällt.

6. Widerspruch

1999 Es ist vorzutragen, dass der Angeklagte der Verwertung des Inhalts seiner Aussage rechtzeitig widersprochen hat, die er gemacht hat, obwohl ihm eine gewünschte Verteidigerkonsultation verwehrt, ihm keine Hilfestellung geleistet bzw. er nicht auf das Recht zur Verteidigerkonsultation hingewiesen worden war bzw. dass im Falle eines in der Hauptverhandlung unverteidigten Angeklagten dieser vom Vorsitzenden nicht über die Möglichkeit des Widerspruchs unterrichtet worden ist.[2746]

Bei mehreren Mitangeklagten ist zum Widerspruch nur derjenige berechtigt, dessen Vernehmung unter Verletzung des Verteidigerkonsultationsrechts bzw. der diesbezüglichen Belehrungspflicht verwertet werden soll. Der rechtzeitig geltend gemach-

---

2741 *BGH* v. 23.8.2011 – 1 StR 153/11 = JR 2012, 254 m. abl. Anm. *Stiebig.* Der Sachverhalt liegt insoweit anders als in der ebenfalls vom *1. Senat* entschiedenen Sache *BGH* v. 8.11.2006 – 1 StR 454/06 = StV 2007, 65, wo sich der ermittelnde Polizeibeamte zusätzlich nicht konkret erinnern konnte, ob die Belehrung erfolgt war.

2742 In diesem Punkt verbleibende Zweifel stehen einem Beweisverwertungsverbot nicht entgegen.

2743 Rüge 240 Rn. 1981. Zur Belehrung Jugendlicher und Heranwachsender s. §§ 70a Abs. 1 S. 1, 109 Abs. 1 S. 1 JGG (hierzu Rn. 1969). Zur Belehrung verhafteter Beschuldigter s. § 114b Abs. 2 Nr. 4 StPO.

2744 Siehe dazu und zu dem erforderlichen Rügevortrag Rüge 240 Rn. 1971.

2745 *BGH* StV 1997, 511; siehe hierzu *Schlothauer/Weider* Untersuchungshaft[4], Rn. 73 m.w.N.

2746 Siehe im Einzelnen Rüge 240 Rn. 1983.

te Widerspruch führt zur Unverwertbarkeit der Aussage auch bezüglich aller derselben Tat im prozessualen Sinn beschuldigter Mitangeklagter, die ihre Revision auf die Missachtung des Beweisverwertungsverbotes stützen können.

Rüge 241a

Werden im Urteil frühere Angaben des Angeklagten im Rahmen einer polizeilichen, staatsanwaltschaftlichen oder richterlichen Vernehmung verwertet, die er zu einem Zeitpunkt gemacht hat, als gegen ihn Untersuchungshaft nach den §§ 112, 112a StPO oder einstweilige Unterbringung nach § 126a StPO oder § 275a Abs. 6 StPO vollstreckt wurde, ohne dass ihm ein Verteidiger beigeordnet worden war (§ 140 Abs. 1 Nr. 4 StPO)?

2000

I. Rechtsgrundlagen

Kommt es zur Vernehmung eines Beschuldigten, gegen den Untersuchungshaft etc. vollstreckt wird, und dem entgegen §§ 140 Abs. 1 Nr. 4, 141 Abs. 3 S. 4 StPO noch kein Verteidiger beigeordnet war, unterliegt die Aussage selbst dann einem Verwertungsverbot, wenn der Beschuldigte auf die Anwesenheit eines Verteidigers verzichtet hat.[2747]

2001

II. Anforderungen an den Vortrag der Rüge der Verletzung der §§ 140 Abs. 1 Nr. 4, 141 Abs. 3 S. 4, 136 Abs. 1 S. 2 StPO

- Handelt es sich um die Vernehmung eines Beschuldigten, gegen den Untersuchungshaft nach den §§ 112, 112a StPO oder einstweilige Unterbringung nach § 126a oder § 275a Abs. 6 StPO vollstreckt wird, sind die Grundlagen der Vollstreckung, der Zeitpunkt ihres Beginns und die Tatsache, dass dem Beschuldigten im mitzuteilenden Zeitpunkt der Vernehmung noch kein Verteidiger beigeordnet worden war und er nicht selbst einen Verteidiger bestellt hatte, vorzutragen.

- Der Inhalt der Vernehmungsniederschrift ist vollständig im Wortlaut mitzuteilen.

- Es ist vorzutragen, wie deren Inhalt zum Gegenstand der Hauptverhandlung gemacht wurde, also durch Verlesung gem. § 254 StPO oder durch Vernehmung der Verhörsperson.

- Es ist vorzutragen, dass der Verwertung rechtzeitig (s. Rn. 1985 ff.) unter Hinweis darauf (Angriffsrichtung!) widersprochen wurde, dass dem Beschuldigten entgegen § 140 Abs. 1 Nr. 4 StPO im Zeitpunkt der Vernehmung kein Verteidiger beigeordnet worden war. Der Widerspruch und eine etwaige Reaktion des Gerichts sind vollständig und im Wortlaut wiederzugeben.

2002

2747 *Schlothauer* FS Samson, 2010, S. 709, 714 f.; *Schlothauer/Weider* Untersuchungshaft[4], Rn. 320 ff. u. 352 ff.

- Im Falle der Rüge der Verletzung des sachlichen Rechts reicht auch zur Darlegung des Beruhens der Hinweis aus, in welchem Zusammenhang die schriftlichen Urteilsgründe auf die unverwertbaren Angaben des Beschuldigten Bezug nehmen.

Rüge 242

2003 Wurde im Urteil der Inhalt einer früheren Aussage des Angeklagten im Rahmen einer anderen Verfahrensordnung verwertet, zu der er nach dieser Verfahrensordnung verpflichtet war?

I. Rechtsgrundlagen

1. Selbstbelastungsfreiheit

2004 Das BVerfG[2748] hält es für zulässig, dass der Schutz gegen Selbstbezichtigungen vom Gesetzgeber nicht in der Weise sichergestellt wird, dass einem Aussage-, Auskunfts oder Zeugnispflichtigen ein Schweige oder Aussageverweigerungsrecht zugestanden wird, um ihn vor der Gefahr der Verfolgung in einem Straf oder Ordnungswidrigkeitenverfahren zu schützen. Insbesondere zur Erfüllung eines berechtigten Informationsbedürfnisses privater Dritter sei auch eine uneingeschränkte Auskunftspflicht zulässig. Allerdings dürfe eine solche unter Zwang herbeigeführte Selbstbezichtigung gegen den Willen des Betroffenen nicht zweckentfremdet und der Verwertung für eine Strafverfolgung zugeführt werden.

2. Verwertungsverbot bei Pflicht zur Selbstbelastung

2005 Von dieser Möglichkeit hat der Gesetzgeber u.a. im Falle der Auskunftspflicht des Gemeinschuldners im Insolvenzverfahren (§ 97 Abs. 1 S. 3 InsO), des Verletzten eines Urheberrechts (§ 101 Abs. 8 UrhG) sowie einer Marke oder geschäftlichen Bezeichnung (§ 19 Abs. 8 MarkenG) Gebrauch gemacht. Eine solche Aussage darf danach in einem Strafverfahren oder einem Ordnungswidrigkeitenverfahren nur mit Zustimmung des Aussage bzw. Auskunftspflichtigen verwendet bzw. verwertet werden. Soweit vorkonstitutionelles Recht eine mit der Möglichkeit der Selbstbelastung verbundene Auskunftspflicht begründet, hat die Rechtsprechung der Auffassung des BVerfG dadurch Rechnung getragen, dass durch eine verfassungskonforme Auslegung der die Auskunftspflicht begründenden Vorschrift eine erzwungene Selbstbelastung im Straf oder Ordnungswidrigkeitenverfahren nur mit Zustimmung des Auskunftspflichtigen verwertet werden darf.[2749]

2748 *BVerfGE* 56, 37 = StV 1981, 213.
2749 Vgl. *BGHSt* 37, 340 = StV 1991, 344 zur Offenbarungspflicht des Schuldners im Zwangsvollstreckungsverfahren (§ 807 ZPO).

Wird in einem solchen Fall im Strafverfahren eine frühere Angabe des jetzigen Angeklagten verwertet, ohne dass er der Verwertung zugestimmt hat, hat das Gericht das gesetzliche bzw. in verfassungskonformer Auslegung begründete Beweisverwertungsverbot verletzt.

3. Beweisverwertungsverbote dieser Art am Beispiel des § 97 Abs. 1 S. 1 InsO

Nach § 97 Abs. 1 S. 1 InsO ist ein Schuldner verpflichtet, dem Insolvenzgericht, dem Insolvenzverwalter, dem Gläubigerausschuss und auf Anordnung des Gerichts der Gläubigerversammlung über alle das Verfahren betreffenden Verhältnisse Auskunft zu geben. In diesem Rahmen hat er auch Tatsachen zu offenbaren, die geeignet sind, eine Verfolgung wegen einer Straftat oder einer Ordnungswidrigkeit herbeizuführen. Nach § 97 Abs. 1 S. 3 InsO darf eine solche Auskunft in einem Strafverfahren gegen ihn oder einen in § 52 Abs. 1 StPO bezeichneten Angehörigen des Schuldners nur mit Zustimmung des Schuldners verwendet werden. **2006**

Das Beweisverwertungsverbot bezieht sich zunächst auf mündliche oder schriftliche Auskünfte des Schuldners gegenüber den in § 97 Abs. 1 S. 1 InsO aufgeführten Adressaten. Es bezieht sich aber auch auf die Verwendung solcher Unterlagen, bezüglich deren Führung und Vorlage es keine rechtliche Verpflichtung gibt, in denen aber Informationen i.S.d. § 97 Abs. 1 S. 1 InsO festgehalten sind. Derartige Unterlagen dürfen nach Vorlage durch den Gemeinschuldner weder unmittelbar noch mittelbar im Strafverfahren verwendet werden[2750]. Zu beachten ist weiterhin, dass dem Verwertungsverbot des § 97 Abs. 1 S. 3 InsO Fernwirkung zukommt mit der Folge, dass auch mittelbar allein aufgrund der Aussage des Schuldners gewonnene Erkenntnisse nicht zum Nachteil des Angeklagten verwendet werden dürfen.[2751] Informationen, die der Insolvenzschuldner im Rahmen seiner allgemeinen Mitwirkungspflicht nach § 97 Abs. 2 InsO in Form der Übergabe von Geschäftsunterlagen, Handelsbüchern, Bilanzen und sonstigen Unterlagen des Rechnungswesens gibt, können demgegenüber im Strafverfahren Verwendung finden.[2752]

II. Anforderungen an den Vortrag der Rüge der Verletzung des § 97 Abs. 1 S. 3 InsO

- Es muss mitgeteilt werden, dass der Angeklagte bzw. ein Angehöriger des Angeklagten i.S.d. § 52 Abs. 1 StPO[2753] Schuldner im Rahmen eines Insolvenzverfahrens ist, das nach Gericht, Aktenzeichen und Beginn konkret zu bezeichnen ist. **2007**

- Es ist mitzuteilen, dass der Schuldner dem Insolvenzgericht, dem Insolvenzverwalter, dem Gläubigerausschuss oder auf Anordnung des Gerichts der Gläubi-

---

2750 *Hefendehl* wistra 2003, 1, 9.
2751 *Hefendehl* wistra 2003, 1, 6 f.; ebenso *Dencker* in: FS Meyer-Goßner, 2001, S. 237, 253.
2752 *ThürOLG* v. 12.8.2010 – 1 Ss 45/10 = NStZ 2011, 172.
2753 Das Angehörigenverhältnis muss konkret dargelegt werden.

gerversammlung Auskunft erteilt hat über die das Verfahren betreffenden Verhältnisse. Deren Inhalt ist wörtlich vorzutragen.

- Es ist weiterhin mitzuteilen, dass der Schuldner diese Auskünfte in Erfüllung seiner Verpflichtung gem. § 97 Abs. 1 S. 1 InsO erteilt hat.
- Nimmt das Urteil Bezug auf verkörperte Unterlagen, zu deren Führung keine Verpflichtung des Schuldners bestand, sind diese im Wortlaut mitzuteilen. Es ist außerdem darzulegen, dass und warum zu deren Führung keine Verpflichtung bestand.
- Es ist weiterhin vorzutragen, dass der Schuldner diese Unterlagen in Erfüllung seiner Verpflichtung nach § 97 Abs. 1 S. 1 InsO vorgelegt hat.
- Es ist vorzutragen, dass der Angeklagte der Verwertung seiner Auskünfte etc. nicht zugestimmt hat. Im Falle der Verwendung von Auskünften des Schuldners in einem Strafverfahren gegen einen Angehörigen i.S.d. § 52 Abs. 1 StPO ist mitzuteilen, dass der Schuldner der Verwendung des Inhalts der Auskünfte nicht zugestimmt hat.
- Verwertet das Urteil Erkenntnisse, die mittelbar aus Auskünften i.S.d. § 97 Abs. 1 S. 1 InsO gewonnen worden sind, ist darzulegen, dass diese ausschließlich aus Auskünften i.S.d. § 97 Abs. 1 S. 1 InsO resultierten.

Sollte der Angeklagte in der Hauptverhandlung zusätzlich der Verwertung widersprochen haben, sind diese Tatsache, der Inhalt des Widerspruchs sowie sein Zeitpunkt und ein daraufhin ggf. ergangener Gerichtsbeschluss mitzuteilen.

Rüge 243

2008 Wurde im Urteil der Inhalt einer früheren Aussage des Angeklagten im Rahmen einer anderen Verfahrensordnung verwertet, die er in Unkenntnis eines ihm nach der einschlägigen gesetzlichen Vorschrift zustehenden Auskunftsverweigerungsrechts gemacht hat?

I. Rechtsgrundlagen

2009 Insbesondere auf dem Gebiet des Arbeits und Wirtschaftslebens hat der Gesetzgeber zur Durchsetzung staatlicher Überwachungs und Kontrollrechte Auskunftspflichten normiert, deren Missachtung eine Ordnungswidrigkeit darstellt.[2754] Hier hat der Gesetzgeber zum Schutz gegen Selbstbezichtigungen des Auskunftspflichtigen an der Vorschrift des § 55 Abs. 1 StPO orientierte Auskunftsverweigerungs-

---

2754 Vgl. den Überblick insbesondere bei *H. A. Wolff* Selbstbelastung und Verfahrenstrennung, 1997, S. 149 Fn. 184 und bei *Böse* Wirtschaftsaufsicht und Strafverfolgung, 2005, S. 204 Fn. 27.

rechte normiert.[2755] Nur in wenigen Gesetzen wird dieses Auskunftsverweigerungsrecht um die Pflicht der jeweiligen Aufsichtsbehörde ergänzt, den Auskunftspflichtigen wie nach § 55 Abs. 2 StPO über die Existenz dieses Auskunftsverweigerungsrechts zu belehren. Gleichwohl darf eine solche Aussage im Strafverfahren nicht verwertet werden, wenn dem Auskunftspflichtigen die Existenz eines ihm zustehenden Auskunftsverweigerungsrechts unbekannt war, es sei denn, dass er der Verwertung dieser Aussage im Strafverfahren zustimmt.[2756]

II. Anforderungen an den Vortrag der Rüge des Verstoßes gegen ein Beweisverwertungsverbot selbstbelastender Angaben im Rahmen einer nicht strafprozessualen Verfahrensordnung

Hat der Angeklagte im Rahmen einer eine Auskunftspflicht beinhaltenden Verfahrensordnung als Auskunftspflichtiger Angaben und von einem ihm zustehenden Auskunftsverweigerungsrecht keinen Gebrauch gemacht, ist mitzuteilen, **2010**

- der Inhalt der in dem betreffenden Verfahren von dem jetzigen Angeklagten gemachten Angaben vollständig im Wortlaut,
- dass dem Angeklagten in diesem Verfahren ein Auskunftsverweigerungsrecht zustand und die Voraussetzungen für eine solche Auskunftsverweigerung vorlagen,
- dass der Auskunftspflichtige von der Existenz dieses Auskunftsverweigerungsrechts keine Kenntnis hatte,[2757] bei Vorschriften, die eine Belehrungspflicht bzgl. des Auskunftsverweigerungsrechts vorsehen, insbes. keine Belehrung erfolgte,
- dass die betreffenden Angaben in die Hauptverhandlung eingeführt worden sind einschließlich der Art und Weise, wie dies geschehen ist und
- der Angeklagte der Verwertung dieser Angaben im Rahmen des Strafverfahrens nicht zugestimmt hat.

2755   Vgl. nur § 17 Abs. 3 HwO, § 29 Abs. 3 GewO, § 44 Abs. 2 LFGB, § 13 Abs. 1 ASiG.
2756   *Schlothauer* Strafprozessuale Verwertung selbstbelastender Angaben im Verwaltungsverfahren, in: FS Fezer, 2008, S. 267.
2757   Im Strafverfahren ist hiervon auszugehen, wenn dem Angeklagten das Gegenteil nicht nachgewiesen werden kann.

Rüge 244

2011 Wurden im Urteil Tatsachen oder Beweismittel zum Nachweis einer Straftat verwendet, die keine Steuerstraftat ist, die der Steuerpflichtige der Finanzbehörde vor Einleitung des Strafverfahrens oder in Unkenntnis der Einleitung des Strafverfahrens in Erfüllung steuerrechtlicher Pflichten offenbart hat (§ 393 Abs. 2 AO)?

I. Rechtsgrundlagen

2012 Wird durch ein Steuerstraf oder Bußgeldverfahren ein Nichtsteuerdelikt entdeckt, steht seiner Mitteilung an die Strafverfolgungsbehörden nichts entgegen (§ 30 Abs. 4 Nr. 4a AO). Im Besteuerungsverfahren wird auch dem beschuldigten/angeklagten Steuerpflichtigen kein Schweigerecht zugestanden.[2758] Dementsprechend umfasst die dort bestehende Offenbarungspflicht nicht nur Angaben zu Steuerstraftaten oder -ordnungswidrigkeiten, sondern auch die Bekanntgabe anderen strafbaren Verhaltens, wenn es für die Besteuerung von Bedeutung ist (§§ 40, 90, 200 AO)[2759]. Jedoch verhindert das Steuergeheimnis die Weitergabe solcher Informationen, die auf von dem Steuerpflichtigen selbst mitgeteilten Tatsachen beruhen. Der Absicherung des Steuergeheimnisses dient § 393 Abs. 2 S. 1 AO, wonach für die Verfolgung einer Straftat, die keine Steuerstraftat ist, ein Verwertungsverbot bezüglich solcher Tatsachen oder Beweismittel besteht, die die Staatsanwaltschaft oder das Gericht aus Mitteilungen des Steuerpflichtigen gewonnen haben, die dieser in Erfüllung steuerlicher Pflichten in Unkenntnis eines Steuerverfahrens dem Finanzamt mitgeteilt hat. Eine Ausnahme besteht lediglich bezüglich solcher Straftaten, an deren Verfolgung ein zwingendes öffentliches Interesse i.S.d. § 30 Abs. 4 Nr. 5 AO besteht (§ 393 Abs. 2 S. 2 AO).

Wird gegen dieses Beweisverwertungsverbot verstoßen, ist dies grundsätzlich mit der Verfahrensrüge zu beanstanden.

II. Anforderungen an den Vortrag der Rüge der Verletzung des § 393 Abs. 2 AO[2760]

2013 Es muss vorgetragen werden, dass der Angeklagte als Steuerpflichtiger Angaben gegenüber dem betreffenden Finanzamt u.a. zu einer Nicht-Steuerstraftat gemacht hat. Die betreffende Steuererklärung nebst Anlagen sowie sonstige schriftliche Eingaben sind wörtlich unter Angabe des Aktenzeichens des Veranlagungsfinanzamts,

---

2758 *BGHSt* 47, 8, 13 = StV 2001, 573; *BGH* StV 2005, 316. Allerdings ist nach § 393 Abs. 1 AO der Einsatz von Zwangsmitteln untersagt, soweit der Steuerpflichtige Steuerstraftaten offenbaren müßte, nachdem gegen ihn wegen einer solchen Tat ein Strafverfahren eingeleitet worden ist. Unterbleibt hierüber die nach § 393 Abs. 1 S. 2 AO gebotene Belehrung, hat das für das Steuerstrafverfahren ein Verwendungsverbot zur Folge: *BGH* StV 2005, 316, 318 u. *BGH* StV 2005, 500.
2759 Vgl. *Neuhaus* ZAP F. 22 S. 323.
2760 Im Anschluss an *Neuhaus* ZAP F. 22 S. 339, 344.

der Steuerart und des Veranlagungszeitraums in der Revisionsbegründung mitzuteilen.

Es ist darzulegen, dass der Angeklagte diese Angaben in Erfüllung steuerlicher Pflichten machte. Dazu können auch Angaben gehören, die im Rahmen einer Selbstanzeige nach § 371 AO gemacht werden.[2761]

Die Angaben müssen vor Einleitung oder in Unkenntnis der Einleitung eines Strafverfahrens gemacht worden sein. Es ist dazu zum einen der Zeitpunkt mitzuteilen, zu dem der Angeklagte die betreffenden Angaben gegenüber der Finanzbehörde gemacht hat, zum anderen der Zeitpunkt der Einleitung eines Strafverfahrens bzw. deren Mitteilung an den Angeklagten.

Dass Angaben des Angeklagten zu dessen Nachteil bei der Verurteilung wegen einer Straftat verwendet wurden, die keine Steuerstraftat ist, kann den Urteilsgründen entnommen werden, auf deren Inhalt das Revisionsgericht zugreifen kann, wenn das Urteil mit der allgemeinen Sachrüge angegriffen worden ist.

Es ist im Einzelnen darzulegen (Negativtatsache), dass nach § 30 Abs. 4 Nr. 5 AO kein zwingendes öffentliches Interesse an der Verfolgung der Nicht-Steuerstraftat bestand.[2762]

Für den Fall, dass der Verwertung der Angaben des steuerpflichtigen Angeklagten in der Hauptverhandlung widersprochen worden ist, ist die Tatsache und der Zeitpunkt sowie der Inhalt des betreffenden Widerspruchs mitzuteilen. Dies gilt auch für den Inhalt einer gerichtlichen Entscheidung, falls der Widerspruch vor oder in der Hauptverhandlung zurückgewiesen worden ist.

Rüge 245

Verwertet das Urteil Angaben des Angeklagten, die dieser im Rahmen einer richterlichen Vernehmung (§§ 168c Abs. 1, 233 Abs. 2 StPO) gemacht hat, bezüglich derer es unterblieben ist, den Verteidiger (§§ 168c Abs. 5, 233 Abs. 3 StPO) bzw. im Falle eines jugendlichen Beschuldigten dessen Erziehungsberechtigten oder gesetzlichen Vertreter (§ 67 Abs. 1 JGG) zu benachrichtigen? **2014**

I. Rechtsgrundlagen

Wird ein Beschuldigter richterlich vernommen (vgl. §§ 168c Abs. 1, 233 Abs. 2 StPO), ist von dem Termin der Vernehmung vorher der zu diesem Zeitpunkt bereits beauftragte bzw. beigeordnete Verteidiger zu benachrichtigen (§§ 168c Abs. 5, 233 **2015**

2761   Siehe dazu im Einzelnen *Neuhaus* ZAP F. 22 S. 325.
2762   Zu Einzelheiten siehe *Franzen/Gast/Joecks* Steuerstrafrecht[7] § 393 Rn. 70 ff.

Abs. 3 StPO); im Falle eines jugendlichen Beschuldigten dessen Erziehungsberechtigter oder gesetzlicher Vertreter (§ 67 Abs. 1 JGG)[2763].

Eine Gefährdung des Untersuchungserfolges gem. § 168c Abs. 5 StPO als Grund für die Nichtbenachrichtigung des Verteidigers scheidet im Falle der richterlichen Vernehmung des Beschuldigten praktisch aus; bei der richterlichen Vernehmung des Beschuldigten nach § 233 Abs. 2 StPO sieht § 233 Abs. 3 StPO eine entsprechende Klausel ohnehin nicht vor. Bei Erziehungsberechtigten bzw. gesetzlichen Vertretern eines jugendlichen Beschuldigten darf die Benachrichtigung unterbleiben, soweit diese verdächtig sind, an der Verfehlung des Beschuldigten beteiligt zu sein oder soweit sie wegen einer Beteiligung bereits verurteilt worden sind (§ 67 Abs. 4 JGG)[2764].

2016 Ist die Benachrichtigung unterblieben, obwohl kein Ausnahmetatbestand vorlag und nahm der Verteidiger bzw. Erziehungsberechtigte oder gesetzliche Vertreter infolge Unkenntnis von dem Termin an der Vernehmung nicht teil, begründet die Verletzung der §§ 168c Abs. 5, 233 Abs. 3 StPO, § 67 Abs. 1 JGG ein Beweisverwertungsverbot. Die richterliche Vernehmungsniederschrift ist (auch in den Grenzen des § 254 StPO) nicht verwertbar, wenn in der Hauptverhandlung rechtzeitig Widerspruch erhoben wurde.[2765] Auch die Vernehmung des Richters kommt unter diesen Voraussetzungen nicht in Betracht.[2766] Demgegenüber gestattet die Rechtsprechung eine Verwertung der Vernehmungsniederschrift als nichtrichterliches Protokoll mit geringerem Beweiswert unter der Voraussetzung, dass die Verfahrensbeteiligten auf diese Form der beabsichtigten Verwertung hingewiesen wurden.[2767]

II. Anforderungen an den Vortrag der Rüge der Verletzung der §§ 168c Abs. 1, 233 Abs. 2 StPO, § 67 Abs. 1 JGG

2017 • Im Ermittlungsverfahren ist durch den Ermittlungsrichter nach § 168c Abs. 2 StPO bzw. nach Anklageerhebung nach § 233 Abs. 2 StPO durch den zuständigen Richter die Vernehmung des Beschuldigten/Angeklagten durchgeführt worden.

• Von diesem Vernehmungstermin (Zeitangabe erforderlich) ist der Verteidiger des Beschuldigten (die Begründung des Verteidigungsverhältnisses und der Zeitpunkt sind darzulegen[2768]), der **vor** der Vornahme gegenüber den Ermitt-

---

2763 LR-*Erb*[26] § 168c Rn. 21.
2764 In diesen Fällen ist nach § 67 Abs. 4 S. 3 JGG dem jugendlichen Beschuldigten ein Pfleger zur Wahrnehmung seiner Interessen im anhängigen Strafverfahren beizuordnen.
2765 LR-*Erb*[26] § 168c Rn. 56.
2766 LR-*Erb*[26] § 168c Rn. 56a, 58.
2767 Nähere Nachweise bei LR-*Erb*[26] § 168c Rn. 58.
2768 Das Datum des Eingangs des Bestellungsschreibens bei der Staatsanwaltschaft bzw. dem Gericht bzw. des Beiordnungsbeschlusses ist mitzuteilen.

lungsbehörden bzw. dem Gericht die Übernahme der Verteidigung bereits angezeigt hatte bzw. der als Pflichtverteidiger zu diesem Zeitpunkt bereits beigeordnet worden war (die betreffenden Zeitpunkte sind mitzuteilen), nicht benachrichtigt worden.[2769] Bei einem jugendlichen Beschuldigten sind dessen Erziehungsberechtigte bzw. gesetzlichen Vertreter (§ 67 Abs. 3 JGG) nicht benachrichtigt worden.

- Es ist (Negativtatsache) mitzuteilen, dass die zu benachrichtigenden Personen nicht auf ihre Anwesenheit verzichtet haben.
- Es ist mitzuteilen, dass der Vernehmung des Ermittlungsrichters bzw. desjenigen Richters, der gem. § 233 Abs. 2 StPO die Vernehmung des Beschuldigten bzw. Angeklagten durchgeführt hat, rechtzeitig in der Hauptverhandlung widersprochen worden ist. Zeitpunkt und Inhalt des Widerspruchs sowie eine ggf. daraufhin ergangene gerichtliche Entscheidung sind mitzuteilen.
- Ist die richterliche Vernehmung in der Hauptverhandlung verlesen worden, ist mitzuteilen, dass der Verlesung widersprochen worden ist. Zeitpunkt und Inhalt des Widerspruchs sowie eine ggf. daraufhin ergangene gerichtliche Entscheidung sind mitzuteilen.
- Es bedarf der vollständigen wörtlichen Mitteilung des Inhalts der richterlichen Vernehmungsniederschrift.[2770]
- Vorsorglich sollte vorgetragen werden, dass im Falle der Verlesung der Niederschrift kein Hinweis darauf erfolgte, dass diese nur als nichtrichterliches Protokoll verwertet werden solle.
- Es muss ausdrücklich vorgetragen werden (Negativtatsache), dass der Verfahrensfehler nicht dadurch geheilt worden ist, dass die Vernehmung des Beschuldigten/Angeklagten nach vorheriger Benachrichtigung des Verteidigers (im Falle eines jugendlichen Beschuldigten der Erziehungsberechtigten bzw. des gesetzlichen Vertreters) nach qualifizierter Belehrung über die Unverwertbarkeit des Inhalts der vorangegangenen Vernehmung wiederholt und der Inhalt der neuen Vernehmung in die Hauptverhandlung eingeführt und bei der Urteilsfindung verwertet worden ist.
- Bei Nichtbenachrichtigung der Erziehungsberechtigten und des gesetzlichen Vertreters muss vorgetragen werden (Negativtatsache), dass dem Erziehungsberechtigten bzw. gesetzlichen Vertreter nicht das Anwesenheitsrecht gem. § 67 Abs. 4 JGG entzogen worden ist bzw. im Falle der Entziehung die Bestellung und/oder Benachrichtigung eines Pflegers zur Wahrnehmung der Interessen des Beschuldigten im Strafverfahren unterblieben ist.

2769 Der *BGH* (StV 2006, 228 m. **abl.** Anm. *Wohlers*) hat offengelassen, ob eine Benachrichtigungspflicht auch dann besteht, wenn erst im Verlauf der richterlichen Vernehmung ein Pflichtverteidiger bestellt wird. Sollte eine Benachrichtigungspflicht in einem solchen Fall verneint werden, würde die mit der Bestellung eines Verteidigers bezweckte Effektivierung von Beschuldigtenrechten in einem wesentlichen Punkt faktisch leerlaufen.

2770 Vgl. *BGH* StV 2006, 228 m. *abl.* Anm. *Wohlers*.

Rüge 246

2018 Verwendet das Urteil Angaben des Beschuldigten im Rahmen einer staatsanwaltschaftlichen Vernehmung, bei der die Benachrichtigung eines zu diesem Zeitpunkt beauftragten bzw. beigeordneten Verteidigers bzw. bei einem jugendlichen Angeklagten die Benachrichtigung der Erziehungsberechtigten oder des gesetzlichen Vertreters unterblieben ist (§§ 163a Abs. 3, 168c Abs. 1 und 5 StPO, § 67 Abs. 1 JGG)?

I. Rechtsgrundlagen

2019 Angaben des Beschuldigten, die dieser im Rahmen einer staatsanwaltschaftlichen Vernehmung gemacht hat, können nicht durch Verlesung in die Hauptverhandlung eingeführt werden. Dies würde einen Verfahrensfehler begründen.[2771] Die Aussage darf auch nicht durch Vernehmung des seinerzeit mit der Durchführung der Vernehmung des Beschuldigten befassten Staatsanwalts bzw. einer anderen bei der Vernehmung anwesenden Person in die Hauptverhandlung eingeführt werden.[2772]

II. Anforderungen an den Vortrag der Rüge der Verletzung der §§ 163a Abs. 3 S. 2 i.V.m. 168c Abs. 1 und 5 StPO durch Nichtbenachrichtigung des Verteidigers bzw. der Erziehungsberechtigten oder des gesetzlichen Vertreters eines jugendlichen Beschuldigten (§ 67 Abs. 1 JGG)

2020 • Im Ermittlungsverfahren ist durch einen Staatsanwalt nach § 163a Abs. 3 StPO die Vernehmung des Beschuldigten durchgeführt worden.

• Von diesem Vernehmungstermin ist der Verteidiger des Beschuldigten, der vor der Vernehmung gegenüber den Ermittlungsbehörden die Übernahme der Verteidigung bereits angezeigt hatte (die Begründung des Verteidigungsverhältnisses und der Zeitpunkt sind konkret darzulegen[2773]) bzw. der als Pflichtverteidiger zu diesem Zeitpunkt bereits beigeordnet worden war, nicht benachrichtigt worden. Bei einem jugendlichen Beschuldigten sind dessen Erziehungsberechtigte bzw. der gesetzliche Vertreter (§ 67 Abs. 3 JGG) nicht benachrichtigt worden.[2774]

2771 Siehe Rüge 149 Rn. 1301. Die Ausführungen zur Verlesbarkeit nach § 251 Abs. 2 S. 1 StPO a.F. bei LR-*Rieß*[25] § 163a Rn. 125 bzw. nach § 251 Abs. 1 StPO bei LR-*Erb*[26] § 163a Rn. 121 können sich nur auf die Angaben eines Mitbeschuldigten beziehen. Eine Verletzung des § 163a Abs. 3 S. 1 i.V.m. § 168c Abs. 1, Abs. 5 StPO durch Nichtbenachrichtigung des Verteidigers eines Mitbeschuldigten dürfte aber in Konsequenz der Rechtskreistheorie des *BGH* eine Verfahrensrüge des verurteilten Angeklagten nicht begründen können.

2772 LR-*Erb*[26] § 163a Rn. 121 i.V.m. § 168c Rn. 58. Der *BGH* hat sich – soweit ersichtlich – mit dieser Fallgestaltung bislang nicht befassen müssen.

2773 Das Datum des Eingangs des Bestellungsschreibens bei der Staatsanwaltschaft bzw. dem Gericht bzw. des Beiordnungsbeschlusses ist mitzuteilen.

2774 Zum Anwesenheitsrecht der Erziehungsberechtigten und des gesetzlichen Vertreters bei einer staatsanwaltschaftlichen Vernehmung siehe LR-*Erb*[26] § 163a Rn. 65.

- Es ist (Negativtatsache) mitzuteilen, dass die zu benachrichtigenden Personen nicht auf ihre Anwesenheit verzichtet haben.
- Es ist mitzuteilen, dass die Aussage des Beschuldigten gegenüber der Staatsanwaltschaft durch Vernehmung des seinerzeitigen Staatsanwalts bzw. eines sonstigen der Vernehmung beiwohnenden Teilnehmers in die Hauptverhandlung eingeführt und dieser rechtzeitig widersprochen worden ist. Zeitpunkt und Inhalt des Widerspruchs sowie eine ggf. daraufhin ergangene gerichtliche Entscheidung sind mitzuteilen.
- Der Inhalt der staatsanwaltschaftlichen Vernehmung ist durch wörtliche Wiedergabe der betreffenden Vernehmungsniederschrift mitzuteilen.
- Es muss ausdrücklich vorgetragen werden (Negativtatsache), dass der Verfahrensfehler nicht dadurch geheilt worden ist, dass die Vernehmung des Beschuldigten nach vorheriger Benachrichtigung des Verteidigers (im Falle eines jugendlichen Beschuldigten der Erziehungsberechtigten bzw. des gesetzlichen Vertreters) und nach qualifizierter Belehrung über die Unverwertbarkeit des Inhalts der ursprünglichen Vernehmung wiederholt und der Inhalt dieser Vernehmung in die Hauptverhandlung eingeführt und bei der Urteilsfindung verwertet worden ist.
- Bei Nichtbenachrichtigung der Erziehungsberechtigten und des gesetzlichen Vertreters muss vorgetragen werden (Negativtatsache), dass dem Erziehungsberechtigten bzw. gesetzlichen Vertreter nicht das Anwesenheitsrecht gem. § 67 Abs. 4 JGG entzogen worden ist bzw. im Falle der Entziehung die Bestellung und/oder Benachrichtigung eines Pflegers zur Wahrnehmung der Interessen des Beschuldigten im Strafverfahren unterblieben ist.

Rüge 246a

Verwendet das Urteil Angaben eines jugendlichen Beschuldigten im Rahmen einer polizeilichen, staatsanwaltschaftlichen oder richterlichen Vernehmung, bei der die Benachrichtigung seiner Erziehungsberechtigten oder seines gesetzlichen Vertreters unterblieben ist (§§ 163a Abs. 1 und 4, 168c Abs. 1 StPO, § 67 Abs. 1 JGG)?   **2021**

I. Rechtsgrundlagen

Nach § 67 Abs. 1 JGG haben die Erziehungsberechtigten und gesetzlichen Vertreter nicht nur ein Anwesenheitsrecht bei jeder Vernehmung eines jugendlichen Beschuldigten,[2775] wenn ihnen nicht bei Teilnahmeverdacht und Missbrauch die Rechte   **2022**

2775   *Ostendorf* JGG⁷ § 67 Rn. 10; LR-*Erb*²⁶ § 163a Rn. 99.

nach Maßgabe des § 67 Abs. 4 JGG entzogen werden.[2776] Dem Anwesenheitsrecht korrespondiert die Pflicht, Erziehungsberechtigte und gesetzliche Vertreter über den Vernehmungstermin zu benachrichtigen, da ansonsten das Anwesenheitsrecht leerliefe.[2777] Ein Verstoß gegen die Verpflichtung, Erziehungsberechtigte und gesetzliche Vertreter über den Termin der Vernehmung des jugendlichen Beschuldigten zu benachrichtigen, begründet ein Verwertungsverbot für die im Rahmen dieser Vernehmung getätigte Aussage.[2778]

II. Anforderungen an den Vortrag der Rüge der Verletzung des § 163a Abs. 4 StPO, § 67 Abs. 1 JGG durch Nichtbenachrichtigung der Erziehungsberechtigten oder des gesetzlichen Vertreters eines jugendlichen Beschuldigten

2023 • Im Ermittlungsverfahren ist durch einen Polizeibeamten, Staatsanwalt oder Richter nach §§ 163a Abs. 1 und 4, 168c Abs. 1 StPO die Vernehmung des jugendlichen Beschuldigten durchgeführt worden. Es ist das Alter des Beschuldigten im Zeitpunkt seiner Vernehmung anzugeben.

• Von diesem Vernehmungstermin sind die Erziehungsberechtigten bzw. der gesetzliche Vertreter des jugendlichen Beschuldigten nicht benachrichtigt worden.

• Es ist mitzuteilen, dass die Aussage des Beschuldigten durch Vernehmung des betreffenden Beamten, Staatsanwalts oder Richters bzw. eines sonstigen der Vernehmung beiwohnenden Teilnehmers in die Hauptverhandlung eingeführt[2779] und diesem Vorgang rechtzeitig widersprochen worden ist. Zeitpunkt und Inhalt des Widerspruchs sowie eine ggf. daraufhin ergangene gerichtliche Entscheidung sind mitzuteilen.

• Es ist vorzutragen (Negativtatsache), dass dem Erziehungsberechtigten bzw. dem gesetzlichen Vertreter nicht das Anwesenheitsrecht gem. § 67 Abs. 4 JGG entzogen worden ist bzw. im Falle der Entziehung die Bestellung und Benachrichtigung eines Pflegers zur Wahrnehmung der Interessen des Beschuldigten im Strafverfahren unterblieben ist.

• Es ist vorsorglich vorzutragen (Negativtatsache), dass der Verfahrensfehler nicht dadurch geheilt worden ist, dass die Vernehmung des Beschuldigten nach vorheriger Benachrichtigung der Erziehungsberechtigten bzw. des gesetzlichen Vertreters und nach qualifizierter Belehrung über die Unverwertbarkeit des Inhalts der ursprünglichen Vernehmung wiederholt und der Inhalt dieser Verneh-

---

2776 Nach § 67 Abs. 4 S. 3 JGG ist dem Beschuldigten in diesem Fall durch das Familiengericht ein Pfleger zur Wahrnehmung seiner Interessen im anhängigen Strafverfahren zu bestellen.

2777 *Ostendorf* JGG[7] § 67 Rn. 10; *Möller* NStZ 2012, 113, 116 m.w.N.

2778 *LG Saarbrücken* NStZ 2012, 167; *Möller* NStZ 2012, 113, 119; wohl auch *Ostendorf* JGG[7] § 67 Rn. 19.

2779 Ist die Aussage gegenüber einem Richter durch Verlesung nach § 254 StPO in die Hauptverhandlung eingeführt worden, ist dieses vorzutragen.

mung in der Hauptverhandlung eingeführt und bei der Urteilsfindung verwertet worden ist.

Rüge 246b

Verwertet das Urteil Angaben des Angeklagten, die dieser nach vorläufiger Festnahme nach den §§ 127, 127b StPO, nach Inhaftierung aufgrund eines Haftbefehls (§§ 114, 230 Abs. 2, 236, 329 Abs. 4, 412 StPO) bzw. nach Festhalten zum Zwecke der Identitätsfeststellung nach §§ 163b, 163c StPO gemacht hat, ohne dass er zuvor darüber ordnungsgemäß belehrt wurde, dass er das Recht hat, sich zur Beschuldigung zu äußern oder nicht zur Sache auszusagen und jederzeit, auch schon vor seiner Vernehmung, einen von ihm zu wählenden Verteidiger zu befragen (§ 114b Abs. 1, Abs. 2 Nr. 2, Nr. 4 StPO)?

2024

Die Belehrungspflichten korrespondieren zunächst mit denjenigen, die bei jeder Vernehmung eines Beschuldigten durch einen Richter (§ 136 Abs. 1 StPO), einen Staatsanwalt (§ 163a Abs. 3 S. 2 StPO) und einen Beamten des Polizeidienstes (§ 163a Abs. 4 StPO) zu beachten sind.[2780] Ihre Verletzung führt mithin zur Unverwertbarkeit von allen Äußerungen des Beschuldigten, die ohne Belehrung erfolgten.[2781] Für die Rügevoraussetzungen gelten die Ausführungen bei Rüge 240, Rn. 1965 ff. und Rüge 241, Rn. 1993 ff.

2025

Da der verhaftete, vorläufig festgenommene bzw. festgehaltene Beschuldigte unverzüglich (§ 114b Abs. 1 S. 1 StPO) über seine Rechte zu belehren ist,[2782] stellt sich in diesen Fällen nicht mehr die häufig schwer zu klärende Frage, ob der Beschuldigte vor informatorischen Vorgesprächen oder im Zusammenhang mit der Festnahme bzw. Inhaftierung stehenden Spontanäußerungen ordnungsgemäß zu belehren war.[2783] In den Fällen einer Inhaftierung i.S.d. § 140 Abs. 1 Nr. 4 StPO muss dem Beschuldigten unverzüglich (§ 141 Abs. 3 S. 4 StPO) ein Verteidiger beigeordnet werden, anderenfalls seine Aussagen aus diesem Grund einem Verwertungsverbot unterliegen.[2784]

2026

2780   Zur besonderen Belehrung bei Jugendlichen und Heranwachsenden s. §§ 70a Abs. 1, 109 Abs. 1 S. 1 JGG (hierzu Rn. 1969).

2781   *Schlothauer/Weider* Untersuchungshaft[4], Rn. 139.

2782   Für die vorläufige Festnahme und für das Festhalten zum Zwecke der Identitätsfeststellung verweisen die §§ 127 Abs. 4, 127b Abs. 1 S. 2 u. 163c Abs.1 S. 3 StPO auf die entsprechende Anwendbarkeit des § 114b StPO.

2783   *Schlothauer/Weider* Untersuchungshaft[4] Rn. 139.

2784   Siehe Rüge 245 Rn. 2015 für richterliche Vernehmungen und Rüge 241a Rn. 2000.

Rüge 246c

2027 Verwendet das Urteil Angaben eines verhafteten, vorläufig festgenommenen oder zum Zwecke der Identitätsfeststellung festgehaltenen jugendlichen Beschuldigten im Rahmen einer richterlichen, staatsanwaltschaftlichen oder polizeilichen Vernehmung, bei der es unterblieben ist, ihn darüber zu belehren, dass er das Recht hat, seine Erziehungsberechtigten oder seine gesetzlichen Vertreter (§ 67 Abs. 1 JGG) zu benachrichtigen, soweit der Zweck der Untersuchung dadurch nicht gefährdet worden wäre (§ 114b Abs. 2 S. 1 Nr. 6 StPO) oder wurde es ihm verwehrt, seine Erziehungsberechtigten oder gesetzlichen Vertreter (§ 67 Abs. 1 JGG) zu benachrichtigen, sofern der Zweck der Untersuchung dadurch nicht gefährdet worden wäre (§ 114c Abs. 1 StPO)?

I. Rechtsgrundlagen

2028 Nach § 114b Abs. 2 S. 1 Nr. 6 StPO ist ein verhafteter Beschuldigter[2785] unverzüglich darüber zu belehren, dass er das Recht hat, einen Angehörigen oder eine Person seines Vertrauens zu benachrichtigen, soweit der Zweck der Untersuchung dadurch nicht gefährdet wird. Nach § 114c Abs. 1 StPO muss ihm unverzüglich Gelegenheit gegeben werden, einen Angehörigen oder eine Person seines Vertrauens zu benachrichtigen, sofern der Zweck der Untersuchung dadurch nicht gefährdet wird. Bei jugendlichen Beschuldigten konkretisiert sich die Verpflichtung auf Erziehungsberechtigte und gesetzliche Vertreter (§ 67 Abs. 1 JGG)[2786]. Dieses Recht auf „Elternkonsultation" entspricht dem Recht auf Verteidigerkonsultation.[2787] Angesichts dieses Gewichts eines Verstoßes gegen das „Elternkonsultationsrecht" unterliegen alle Angaben und Aussagen des jugendlichen Beschuldigten in dieser Situation einem Beweisverwertungsverbot.[2788] Das Beweisverwertungsverbot wird im Falle eines Verstoßes gegen § 114b Abs. 2 S. 1 Nr. 6 StPO nicht dadurch hinfällig, dass der jugendliche Beschuldigte auf eine Benachrichtigung seiner Erziehungsberechtigten oder gesetzlichen Vertreter verzichtet hat.[2789]

2785 Die Norm gilt gleichermaßen für Verhaftungen aufgrund von Haftbefehlen nach den Bestimmungen der §§ 230 Abs. 2, 236, 329 Abs. 4 u. 412 StPO sowie für eine vorläufige Festnahme sowie für das Festhalten zum Zwecke der Identitätsfeststellung (Verweise in §§ 127 Abs. 4, 127b Abs. 1 S. 2 u. 163c Abs. 1 S. 3 StPO).

2786 Zu den besonderen Belehrungsanforderungen bei jugendlichen Beschuldigten siehe § 70a Abs. 1 S. 1 JGG (hierzu Rn. 1969).

2787 *Möller* NStZ 2012, 113, 116 m.w.N. auf die h.M. im jugendstrafrechtlichen Schrifttum (Fn. 31).

2788 *OLG Celle* StraFo 2010, 114; *LG Saarbrücken* NStZ 2012, 167; *Möller* NStZ 2012, 113, 118 f.

2789 Ein Jugendlicher kann erst dann wirksam auf eine Unterstützung der Eltern in Form ihrer Anwesenheit und der damit einhergehenden Beistands- und Beratungsleistung verzichten, wenn zuvor eine Besprechung mit diesen über seine Verteidigung stattgefunden hat: *Möller* NStZ 2012, 113, 117 m.w.N.

II. Anforderungen an den Vortrag der Rüge der Verletzung der §§ 114b Abs. 2 S. 1 Nr. 6, 114c Abs. 1 StPO, § 67 Abs. 1 JGG wegen Verletzung des „Elternkonsultationsrechts"

- Das Urteil verwertet eine Aussage des jugendlichen Beschuldigten, die dieser **2029** nach Verhaftung, vorläufiger Festnahme oder Festhalten zum Zwecke der Identitätsfeststellung gemacht hat. Das Alter des Beschuldigten im Zeitpunkt seiner Vernehmung ist mitzuteilen.

- Der jugendliche Beschuldigte wurde nicht unverzüglich nach seiner Verhaftung, vorläufigen Festnahme oder Festhalten darüber belehrt, dass er das Recht habe, seine Erziehungsberechtigten oder gesetzlichen Vertreter zu benachrichtigen.

- Alternativ: Dem Beschuldigten wurde nicht unverzüglich Gelegenheit gegeben, seine Erziehungsberechtigten oder gesetzlichen Vertreter über die Tatsache seiner Verhaftung, vorläufigen Festnahme oder Festhalten zum Zwecke der Identitätsfeststellung zu benachrichtigen.

- Es ist vorzutragen (Negativtatsache), dass durch die Benachrichtigung nicht der Zweck der Untersuchung gefährdet worden wäre bzw. Umstände vorlagen, wonach dem Erziehungsberechtigten bzw. gesetzlichen Vertreter gem. § 67 Abs. 4 JGG seine Rechte entzogen worden sind oder hätten entzogen werden dürfen.

- Der Inhalt der richterlichen, staatsanwaltschaftlichen oder polizeilichen Vernehmung ist durch wörtliche Wiedergabe der betreffenden Vernehmungsniederschrift mitzuteilen.

- Es ist mitzuteilen, dass der Verlesung der Vernehmungsniederschrift bzw. Vernehmung der Verhörsperson rechtzeitig widersprochen worden ist. Zeitpunkt und Inhalt des Widerspruchs sowie eine ggf. daraufhin ergangene gerichtliche Entscheidung sind mitzuteilen.

- Es ist vorzutragen (Negativtatsache), dass der Verfahrensfehler nicht dadurch geheilt worden ist, dass die Vernehmung des Beschuldigten nach vorheriger Belehrung gem. § 114b Abs. 2 S. 1 Nr. 6 StPO bzw. Benachrichtigung gem. § 114c Abs. 1 StPO und nach qualifizierter Belehrung über die Unverwertbarkeit des Inhalts der ursprünglichen Vernehmung wiederholt und der Inhalt dieser Vernehmung in die Hauptverhandlung eingeführt und bei der Urteilsfindung verwertet worden ist.

Abschnitt 2
Hat das Urteil Aussagen von – insbesondere
auskunftsverweigerungsberechtigten – Zeugen oder früheren
Mitbeschuldigten verwertet?

Rüge 247

2030 Ist der Inhalt einer (auch früheren) Vernehmung eines Zeugen oder Mitbeschuldigten bei der Urteilsfindung verwertet worden, der keine Belehrung über ein ihm zustehendes Auskunfts bzw. Aussageverweigerungsrecht vorausgegangen ist (§§ 55 Abs. 2, 136 Abs. 1 StPO)?

I. Rechtsgrundlagen

2031 Unterbleibt die Belehrung eines Zeugen über ein ihm zustehendes Auskunftsverweigerungsrecht gem. § 55 Abs. 1 StPO bzw. eines Mitbeschuldigten über das diesem nach §§ 136 Abs. 1 S. 2, 163a Abs. 3, Abs. 4 StPO bestehende Aussageverweigerungsrecht, soll der Verwertung des Inhalts der ohne Belehrung durchgeführten Vernehmung nach höchstrichterlicher Rechtsprechung kein Beweisverwertungsverbot entgegenstehen. Die entsprechenden Belehrungsrechte dienten lediglich dem Schutz des vernommenen Zeugen oder Beschuldigten und berührten nicht den Rechtskreis des Angeklagten, auch wenn seine Verurteilung auf der Verwertung des Inhalts der ohne Beleh- rung durchgeführten Vernehmung beruhe.[2790] Der von der höchstrichterlichen Rechtsprechung vertretenen sog. „Rechtskreistheorie" kann nicht gefolgt werden.[2791] Die Belehrung über die Aussagefreiheit dient nicht nur dem Schutz eines fairen Verfahrens, weshalb bereits auf der Grundlage der Rechtskreistheorie kein (Mit-) Beschuldigter die Folgen eines Verfahrensverstoßes hinnehmen muss,[2792] es ist konkret zu befürchten, dass es infolge Unkenntnis des Auskunfts bzw. Aussageverweigerungsrechts zu Aussagen kommt, durch die der Angeklagte des gegenständlichen Verfahrens zu Unrecht belastet wird.[2793]

2790   *BGHSt* 11, 213 für § 55 StPO; *BGH* NStZ 1994, 595, 596 = StV 1995, 231 und *BayObLG* NJW 1994, 1296 = StV 1995, 237 (dagegen *Dencker* StV 1995, 232) für die Belehrung nach §§ 136 Abs. 1 S. 2, 163a Abs. 3 und Abs. 4 StPO.
2791   Vgl. LR-*Gleß*[26] § 136 Rn. 90; LR-*Ignor*[26] § 55 Rn. 37 u. 39; *Schlothauer* in: AG Strafrecht, „Wahrheitsfindung und ihre Schranken", 1988, S. 80 ff. m.w.N.
2792   *Dencker* StV 1995, 233.
2793   *Schlothauer* in: AG Strafrecht, ibid., S. 100 f.; zu weiteren Folgen der „Rechtskreistheorie" in Fällen der sog. „Überkreuzverwertung" *Dencker* StV 1995, 233, 235.

II. Anforderungen an den Vortrag der Rüge der Verletzung der §§ 136 Abs. 1 S. 2, 55 Abs. 2 StPO[2794]

- Es ist mitzuteilen, dass der Inhalt einer früheren Vernehmung eines Zeugen oder Mitbeschuldigten durch Verlesung nach § 251 Abs. 1 oder Abs. 2 StPO oder durch eine Verhörsperson (das ist jeder, der an der Vernehmung teilgenommen hat) in die Hauptverhandlung eingeführt worden ist.   **2032**
- Es ist mitzuteilen, dass der Zeuge bzw. Mitbeschuldigte vor seiner Vernehmung, deren Inhalt in die Hauptverhandlung eingeführt worden ist, nicht über sein Auskunftsverweigerungsrecht nach § 55 Abs. 1 StPO bzw. §§ 136 Abs. 1 S. 2, 163a Abs. 3 bzw. Abs. 4 StPO belehrt worden ist. Die Umstände, aus denen sich die Beschuldigteneigenschaft bzw. die Pflicht zur Belehrung gem. § 55 Abs. 2 StPO im Zeitpunkt der Vernehmung ergeben haben, sind konkret vorzutragen.[2795]
- Wurde der Einführung des Inhalts der Vernehmung, die unter Verletzung der Belehrungspflichten gem. §§ 55 Abs. 2 bzw. 136 Abs. 1 S. 2, 163a Abs. 3 bzw. 4 StPO in die Hauptverhandlung eingeführt wurde, rechtzeitig widersprochen, ist auch dies vorzutragen.[2796]
- Wird die unter Verletzung der Belehrungspflichten des §§ 55 Abs. 2 bzw. 136 Abs. 1 S. 2 StPO zustande gekommene Vernehmung eines in der anhängigen Hauptverhandlung mit abgeurteilten Mitangeklagten eingeführt, hängt die Unverwertbarkeit des Inhalts dieser Vernehmung davon ab, dass dieser der Verwertung rechtzeitig widersprochen hat. Dies ist vorzutragen.[2797]
- Der Inhalt der früheren Vernehmung ist im Wortlaut mitzuteilen.

2794 Zu den Anforderungen an den Vortrag der unzulässigen Verwertung der Aussage eines in der Hauptverhandlung vernommenen Zeugen, der nicht gem. § 55 Abs. 2 StPO belehrt wurde, siehe Rüge 247 Rn. 2030.
2795 Zu den Einzelheiten siehe Rüge 240 Rn. 1974 u. 1975.
2796 Zu diesem Erfordernis verhält sich die höchstrichterliche Rechtsprechung im Hinblick darauf nicht, dass der betreffende Verfahrensverstoß nicht revisibel sei. Im Falle einer Änderung dieser Rechtsprechung ist allerdings zu erwarten, dass das Erfordernis eines rechtzeitigen Widerspruchs auch auf diesen Fall der Verletzung von Belehrungspflichten ausgeweitet wird.
2797 Siehe dazu oben Rüge 240 Rn. 1983.

Rüge 248

2033 Wurde im Urteil der Inhalt der Vernehmung eines (Mit-)Beschuldigten verwertet, bei der diesem die Verteidigerkonsultation verwehrt oder er nicht auf sein Recht auf Verteidigerkonsultation hingewiesen und ggf. bei der Wahrnehmung dieses Rechts unterstützt wurde?

I. Rechtsgrundlagen

2034 Unterbleibt die Belehrung eines Mitbeschuldigten über das diesem nach §§ 136 Abs. 1 S. 2, 163a Abs. 3, Abs. 4 StPO bestehende Verteidigerkonsultationsrecht oder wurde ihm die Verteidigerkonsultation verwehrt oder er insoweit nicht ausreichend unterstützt, soll der Verwertung des Inhalts der rechtswidrig durchgeführten Vernehmung nach höchstrichterlicher Rechtsprechung kein Beweisverwertungsverbot entgegenstehen. Die entsprechenden Rechte dienten lediglich dem Schutz des vernommenen Beschuldigten und berührten nicht den Rechtskreis des Angeklagten, auch wenn seine Verurteilung auf der Verwertung des Inhalts der fehlerhaft durchgeführten Vernehmung beruhe.[2798] Der von der höchstrichterlichen Rechtsprechung vertretenen sog. „Rechtskreistheorie" kann nicht gefolgt werden.[2799] Die Belehrung über das Verteidigerkonsultationsrecht und die Gewährleistung der Konsultationsmöglichkeit dienen nicht nur dem Schutz eines fairen Verfahrens, weshalb bereits auf der Grundlage der Rechtskreistheorie kein Mitbeschuldigter die Folgen eines Verfahrensverstoßes hinnehmen muss;[2800] es ist konkret zu befürchten, dass es infolge Unkenntnis oder Vereitelung der Verteidigerkonsultationsmöglichkeit zu Aussagen kommt, durch die der Angeklagte des gegenständlichen Verfahrens zu Unrecht belastet wird.[2801]

II. Anforderungen an den Vortrag der Rüge der Verletzung des § 136 Abs. 1 S. 2 StPO

2035 • Es ist mitzuteilen, dass der Inhalt einer früheren Vernehmung eines Mitbeschuldigten durch Verlesung nach § 251 Abs. 1 oder Abs. 2 StPO oder durch Vernehmung einer Verhörsperson (das ist jeder, der an der Vernehmung teilgenommen hat) in die Hauptverhandlung eingeführt worden ist. Der Inhalt der verwerteten Aussage ist wiederzugeben.[2802] Der Inhalt einer Vernehmungsniederschrift ist vollständig im Wortlaut mitzuteilen.

2798 *BGHSt* 11, 213 für § 55 StPO; *BGH* NStZ 1994, 595, 596 = StV 1995, 231 und *BayObLG* NJW 1994, 1296 = StV 1995, 237 (dagegen *Dencker* StV 1995, 232) für die Belehrung nach §§ 136 Abs. 1 S. 2, 163a Abs. 3 und Abs. 4 StPO.

2799 Vgl. Nachweise bei Rüge 247 Rn. 2031.

2800 *Dencker* StV 1995, 233.

2801 Zu weiteren Folgen der „Rechtskreistheorie" in Fällen der sog. „Überkreuzverwertung" *Dencker* StV 1995, 233, 235.

2802 *Meyer-Goßner*[55] § 136 Rn. 28. Siehe ferner Rüge 241 Rn. 1994.

- Es ist mitzuteilen, dass der Mitbeschuldigte vor seiner Vernehmung, deren In- **2036**
  halt in die Hauptverhandlung eingeführt worden ist, nicht über sein Recht, einen
  Verteidiger zuzuziehen und sich von diesem beraten zu lassen, nach §§ 136
  Abs. 1 S. 2, 163a Abs. 3 bzw. Abs. 4 StPO belehrt worden ist. Die Umstände,
  aus denen sich die Beschuldigteneigenschaft im Zeitpunkt der Vernehmung ergeben hat, sind konkret vorzutragen.[2803] Ebenfalls sind ggf. solche Umstände
  vorzutragen, aus denen sich ergibt, dass der Wunsch des Beschuldigten, sich
  durch einen Verteidiger beraten zu lassen, sabotiert bzw. übergangen oder ihm
  nicht die gebotene Hilfe zur Realisierung seines Wunsches zuteil wurde.[2804]

- Wurde der Einführung des Inhalts der Vernehmung, die unter Verletzung der **2037**
  §§ 136 Abs. 1 S. 2, 163a Abs. 3 bzw. 4 StPO zum Gegenstand der Hauptverhandlung gemacht worden ist, rechtzeitig widersprochen, ist auch dies vorzutragen.[2805] Wurde die Vernehmung eines in der anhängigen Hauptverhandlung mit
  abgeurteilten Mitangeklagten eingeführt, hängt die Unverwertbarkeit des Inhalts
  dieser Vernehmung davon ab, dass jedenfalls dieser der Verwertung rechtzeitig
  widersprochen hat:[2806]

Rüge 249

Ist der Inhalt einer Mitbeschuldigten- oder Zeugenvernehmung durch Vernehmung des **2038**
Richters oder einer sonstigen bei der richterlichen Vernehmung anwesenden Person in die
Hauptverhandlung eingeführt worden, obwohl der Beschuldigte bzw. ein im Zeitpunkt der
Vernehmung beauftragter oder beigeordneter Verteidiger unzulässigerweise von dem Ver-
nehmungstermin nicht benachrichtigt worden ist (§§ 168c Abs. 5, 224 StPO)?

I. Rechtsgrundlagen

§§ 168c Abs. 2, 223, 224 StPO regeln das Verfahren anlässlich einer richterlichen **2039**
Zeugen oder Sachverständigenvernehmung. Für den Fall einer richterlichen Vernehmung eines Mitbeschuldigten hat der BGH erkannt, dass der Verstoß gegen die
Benachrichtigungspflicht gem. § 168c Abs. 5 S. 1 i.V.m. Abs. 1 StPO kein Beweisverwertungsverbot begründe, das sich in einem gegen mehrere Personen gemein-

---

2803   Zu den Einzelheiten siehe Rüge 240 Rn. 1976 und 241 Rn. 1995.
2804   Zu den Einzelheiten siehe Rüge 241 Rn. 1996.
2805   Zu diesem Erfordernis verhält sich die höchstrichterliche Rechtsprechung im Hinblick
       darauf nicht, dass der betreffende Verfahrensverstoß nicht revisibel sei. Im Falle einer
       Änderung dieser Rechtsprechung ist allerdings zu erwarten, dass das Erfordernis eines
       rechtzeitigen Widerspruchs auch auf diesen Fall der Verletzung von Belehrungspflich-
       ten ausgeweitet wird.
2806   Siehe dazu oben Rüge 240 Rn. 1983.

sam geführten Strafverfahren auf alle Mitangeklagte erstrecke.[2807] Diese Auffassung stößt auf begründeten Widerspruch in der Literatur.[2808] Angesichts der überzeugenderen Argumente der Literatur ist es nicht ausgeschlossen, dass der BGH seine ablehnende Auffassung revidiert.

2040   Nach §§ 168c Abs. 5, 224 StPO sind der Beschuldigte und ein zu diesem Zeitpunkt gewählter oder beigeordneter Verteidiger vorher zu benachrichtigen, wenn durch die Benachrichtigung der Untersuchungserfolg nicht gefährdet würde.[2809] Dabei ist bzgl. der Annahme einer Gefährdung und ihres Grades zwischen dem Beschuldigten und dem Verteidiger zu differenzieren.[2810] Der Inhalt der gleichwohl durchgeführten Vernehmung darf gegen den Widerspruch des Angeklagten nicht durch Vernehmung des Richters (oder einer anderen bei der Vernehmung anwesenden Person) in die Hauptverhandlung eingeführt werden.[2811]

2041   Kommt es zu einer richterlichen Mitbeschuldigten- oder Zeugenvernehmung zu einem Zeitpunkt, zu dem gegen den Beschuldigten Untersuchungshaft etc. vollstreckt wird und ist ihm zu diesem Zeitpunkt entgegen §§ 140 Abs. 1 Nr. 4, 141 Abs. 3 S. 4 StPO noch kein Verteidiger beigeordnet worden, unterliegt die Aussage des Vernommenen einem Beweisverwertungsverbot.[2812]

II. Anforderungen an den Vortrag der Rüge der Verletzung von §§ 168c Abs. 5 bzw. 224 StPO

2042   • Im Ermittlungsverfahren ist durch den Ermittlungsrichter nach § 168c Abs. 2 StPO bzw. nach Anklageerhebung durch einen beauftragten oder ersuchten Richter (§ 223 StPO) die Vernehmung eines Mitbeschuldigten, Zeugen oder Sachverständigen durchgeführt worden. Dabei war der Beschuldigte bzw. Angeklagte bzw. ein beigeordneter oder gewählter Verteidiger nicht anwesend. Dies beruhte bzgl. des Beschuldigten bzw. Angeklagten nicht darauf, dass er von der Vernehmung ausgeschlossen worden war.

2807   *BGH* v. 17.2.2009 – 1 StR 691/08 = *BGHSt* 53, 191 = StV 2010, 9 = NStZ 2009, 345 = JR 2009, 300 m. Anm. *Kudlich.*

2808   *Wesslau* StV 2010, 41; *Fezer* NStZ 2009, 524; *Gleß* NStZ 2010, 98. Weitere Nachw. bei *Meyer-Goßner*[55] § 168c Rn. 1.

2809   Die Benachrichtigungspflicht besteht auch in den Fällen, in denen der nicht in Freiheit befindliche Beschuldigte nach § 168c Abs. 4 StPO keinen Anspruch auf Anwesenheit hat: *BGH* v. 12.9.2012 – 5 StR 401/12 = StV 2013, 3. Auch bei Vorliegen eines Ausschließungsgrundes gem. § 168c Abs. 3 StPO darf die Benachrichtigung nicht unterbleiben, solange nicht der Untersuchungserfolg gefährdet wird: *BGH* v. 3.3.2011 – 3 StR 34/11 = StV 2011, 336.

2810   *Meyer-Goßner*[55] § 168c Rn. 5; LR-*Erb*[26] § 168c Rn. 43; LR-*C. Jäger*[26] § 224 Rn. 19.

2811   Vgl. für § 168c StPO *BGHSt* 26, 332, 335, *BGH* NStZ 1986, 207, *KG* StV 1984, 68; zur Unzulässigkeit der Verlesung nach § 251 StPO siehe Rüge 146 Rn. 1260.

2812   *Schlothauer/Weider* Untersuchungshaft[4], Rn. 320.

- Findet der Vernehmungstermin zu einem Zeitpunkt statt, zu dem gegen den Beschuldigten Untersuchungshaft nach den §§ 112, 112a StPO oder einstweilige Unterbringung nach § 126a StPO oder § 275a StPO vollstreckt wird, sind die Grundlagen der Vollstreckung, Zeitpunkt ihres Beginns, Zeitpunkt der Vernehmung und die Tatsache vorzutragen, dass dem Beschuldigten noch kein Verteidiger beigeordnet war und er keinen Wahlverteidiger beauftragt hatte.
- Von dem Vernehmungstermin ist der namentlich bekannte und erreichbare Beschuldigte bzw. Angeklagte nicht vorher benachrichtigt worden.
- Bei Nichtbenachrichtigung des Verteidigers ist neben dieser Tatsache zusätzlich mitzuteilen, dass dieser vor der Vernehmung gegenüber den Ermittlungsbehörden bzw. dem Gericht seine Übernahme der Verteidigung bereits angezeigt hatte bzw. er als Pflichtverteidiger zu diesem Zeitpunkt bereits beigeordnet worden war. Das Datum des Eingangs des Bestellungsschreibens bei der Staatsanwaltschaft bzw. dem Gericht oder des Beiordnungsbeschlusses ist mitzuteilen.
- Es ist (Negativtatsache) mitzuteilen, dass weder der Beschuldigte noch der Verteidiger auf ihre Anwesenheit verzichtet haben.
- Es ist (Negativtatsache) mitzuteilen, dass die unterbliebene Benachrichtigung nicht damit begründet wurde, dass der Untersuchungserfolg gefährdet sei bzw. dass die auf § 168c Abs. 5 S. 2 bzw. § 224 Abs. 1 S. 2 StPO gestützte Entscheidung über die Nichtbenachrichtigung ohne Begründung erfolgte bzw. dem Richter bei dieser Entscheidung ein Rechtsfehler, insbesondere in Form der Überschreitung der dem richterlichen Ermessen gesetzten Schranken, unterlaufen ist[2813] (eine fehlende oder nicht begründete Entscheidung des Ermittlungs bzw. beauftragten oder ersuchten Richters darf das Revisionsgericht nicht durch seine eigene Entscheidung ersetzen).
- Der Vernehmung des Ermittlungs- bzw. beauftragten oder ersuchten Richters muss in der Hauptverhandlung widersprochen worden sein.[2814] Zeitpunkt und Inhalt des Widerspruchs, der eine die Angriffsrichtung erkennenlassende Begründung enthalten muss[2815], sind ebenso mitzuteilen, wie der Inhalt einer etwaigen, den Widerspruch zurückweisenden Entscheidung.
- Es bedarf der vollständigen wörtlichen Mitteilung des Inhalts der richterlichen Vernehmungsniederschrift.[2816]
- Es muss ausdrücklich vorgetragen werden (Negativtatsache), dass der Verfahrensfehler nicht dadurch geheilt worden ist, dass der als Zeuge vernommene Ermittlungs bzw. beauftragte oder ersuchte Richter die Vernehmung des betreffen-

---

2813 *BGHSt* 29, 1, 3, *BGHSt* 42, 86, 91 f.; KK-*Tolkstorf*⁵ § 224 Rn. 13; weitergehend *Wohlers* GA 2003, 898 u. LR-*Erb*²⁶ § 168c Rn. 46.
2814 *Meyer-Goßner*⁵⁵ § 168c Rn. 9; KK-*Gmel*⁶ § 224 Rn. 11.
2815 *BGH* StV 2008, 8.
2816 Vgl. *BGH* StV 2006, 228 m. **abl.** Anm. *Wohlers.*

den Mitbeschuldigten, Zeugen oder Sachverständigen nach vorheriger Benachrichtigung des Beschuldigten und seines gewählten bzw. beigeordneten Verteidigers wiederholt hat.

III. Mit dem Verfahrensfehler im Zusammenhang stehende weitere Rügemöglichkeiten

2043 • Zur Unzulässigkeit der Verlesung einer Vernehmungsniederschrift bei Verletzung der Benachrichtigungspflicht gem. §§ 168c Abs. 5 bzw. 224 StPO als richterliche Vernehmungsniederschrift i.S.d. § 251 Abs. 2 StPO siehe Rüge 146 Rn. 1260.

2044 • Zur Unzulässigkeit der Vorführung einer Bild-Ton-Aufzeichnung einer richterlichen Zeugenvernehmung gem. § 255a Abs. 1 StPO, die unter Verletzung der Benachrichtigungspflicht der §§ 168c Abs. 5 bzw. 224 StPO stattgefunden hat, siehe Rüge 150 Rn. 1320, 1322 unter Verweis auf Rn. 1313.

2045 • Die Verwertung der Niederschrift einer richterlichen Vernehmung eines wesentlichen Belastungszeugen, die in Abwesenheit des Angeklagten durchgeführt wurde, ohne dass ihm ein Pflichtverteidiger beigeordnet worden war, wenn zu keinem späteren Zeitpunkt des Verfahrens Gelegenheit bestand, den Zeugen durch den Angeklagten zu befragen oder befragen zu lassen, ist nach Auffassung des BGH dann nicht zu beanstanden, wenn diesem Umstand bei der Urteilsfindung in Form einer besonders vorsichtigen Beweiswürdigung Rechnung getragen wurde.[2817] Dem ist mit der ganz h.M. im Schrifttum[2818] und einer vom OLG Hamburg gebilligten[2819] Entscheidung des AG Hamburg[2820] zu widersprechen.[2821]

2817 *BGHSt* 46, 93 = StV 2000, 593.
2818 *Meyer-Goßner*[55] § 168 Rn. 9; *Gleß* NJW 2001, 3606, *Schlothauer* StV 2001, 127; *Fezer* FS-Gössel, 2002, S. 627; LR-*Erb*[26] § 168c Rn. 56b, 56c m.w.N.
2819 *OLG Hamburg* StV 2004, 370.
2820 *AG Hamburg* StV 2004, 11 m. Anm. *Meyer-Lohkamp*.
2821 Zu den Rügeanforderungen bei Verlesung der Vernehmungsniederschrift einer richterlichen Vernehmung eines wesentlichen Belastungszeugen kann auf Rüge 146 Rn. 1246 verwiesen werden.

Abschnitt 3
Hat das Gericht die frühere Aussage eines
zeugnisverweigerungsberechtigten Zeugen verwertet?

Rüge 250

Ist im Urteil die frühere Aussage eines Zeugen verwertet worden, der im Zeitpunkt der **2046**
Aussage ein Angehöriger des Angeklagten bzw. eines wegen derselben Tat verfolgten Mitbeschuldigten war (§ 52 Abs. 1 StPO) und nicht gem. § 52 Abs. 3 StPO über das ihm zustehende Zeugnisverweigerungsrecht belehrt wurde?

I. Rechtsgrundlagen

Ist bei einem zeugnisverweigerungsberechtigten Zeugen i.S.d. § 52 Abs. 1 StPO im **2047**
Rahmen einer im Ermittlungs-, Zwischenverfahren oder außerhalb der Hauptverhandlung durchgeführten Vernehmung die Belehrung nach § 52 Abs. 3 S. 1 StPO oder die Einholung einer nach § 52 Abs. 2 StPO erforderlichen Zustimmung unterblieben, darf die Aussage nicht verwertet werden. Es besteht insoweit ein umfassendes Verlesungs und Verwertungsverbot.[2822] Die betreffende Aussage darf deshalb auch nicht durch Vernehmung einer Verhörsperson in die Hauptverhandlung eingeführt und bei der Urteilsfindung verwertet werden. Dies gilt auch dann, wenn die Vernehmungsperson – Polizeibeamter, Staatsanwalt oder Richter – keine Kenntnis von dem das Zeugnisverweigerungsrecht begründenden Angehörigenverhältnis hatte.

Das Verwertungsverbot entfällt jedoch nach Auffassung des BGH, wenn feststeht, dass der Zeuge seine Rechte gekannt hat und auch nach Belehrung ausgesagt hätte[2823]. Die Aussage ist auch verwertbar, wenn der Zeuge in der Hauptverhandlung erscheint und dort nach Belehrung auf sein Zeugnisverweigerungsrecht verzichtet oder er in oder außerhalb der Hauptverhandlung der Verwertung zustimmt.[2824]

Auf den Verfahrensfehler der unterbliebenen Belehrung kann sich auch ein derselben Tat beschuldigter Mitangeklagter stützen, wenn die Aussage zu seinen Ungunsten verwertet worden ist.[2825]

Ferner begründet es – auch nach Auffassung des BGH – die Revision, wenn es sich bei dem nicht nach § 52 Abs. 3 StPO belehrten Zeugen um einen Angehörigen eines derselben Tat beschuldigten **ehemaligen** Mitbeschuldigten handelt, sofern zwischen den Verfahren zu irgend einem Zeitpunkt eine Verfahrensverbindung bestanden hatte und das Verfahren gegen den Mitbeschuldigten im Zeitpunkt der Hauptverhandlung

---

2822 Vgl. Nachweise bei *Meyer-Goßner*[54] § 52 Rn. 32.
2823 *BGHSt* 40, 336, 339 = StV 1995, 171 m. **abl.** Anm. *Eisenberg* StV 1995, 625.
2824 Im Falle des § 52 Abs. 2 StPO muss zusätzlich der gesetzliche Vertreter zustimmen. Zur Zustimmung vgl. Rn. 868 ff., 1040.
2825 *BGH* StV 1988, 89.

nicht durch Tod, rechtskräftige Verurteilung oder rechtskräftigen Freispruch abgeschlossenwar.[2826] Dies gilt auch dann, wenn der als Zeuge vernommene Angehörige eines früheren Mitbeschuldigten damals ebenfalls Mitbeschuldigter war.[2827]

Kann der Zeuge in der Hauptverhandlung deshalb nicht vernommen werden, weil er verstorben ist, darf nach umstrittener Auffassung der Rechtsprechung die Niederschrift über die frühere Vernehmung nach § 251 Abs. 1 Nr. 2 StPO verlesen werden, auch wenn die Belehrung nach § 52 Abs. 3 S. 1 StPO unterblieben war.[2828]

II. Anforderungen an den Vortrag der Rüge der Verwertung der Aussage eines zeugnisverweigerungsberechtigten Zeugen wegen unterbliebener Belehrung nach § 52 Abs. 3 StPO

2048 Es muss vorgetragen werden, dass

- der Zeuge im Rahmen eines Strafverfahrens außerhalb der Hauptverhandlung vernommen worden ist,
- der Zeuge zu diesem Zeitpunkt Angehöriger i.S.d. § 52 Abs. 1 StPO des Angeklagten, eines derselben Tat beschuldigten Mitangeklagten oder ehemaligen Mitbeschuldigten war, was ausführlich und detailliert darzulegen ist,
- der Zeuge von der Vernehmungsperson – Polizeibeamter, Staatsanwalt oder Richter – nicht nach § 52 Abs. 3 StPO belehrt worden ist und der Zeuge zur Sache ausgesagt hat, wobei der Inhalt der Vernehmungsniederschrift vollständig im Wortlaut mitzuteilen ist,
- der Zeuge sein Recht auf Zeugnisverweigerung nicht gekannt hat und deshalb nach Belehrung nicht ausgesagt hätte,
- der Zeuge in der Hauptverhandlung nicht erschienen ist und dies nicht darauf beruhte, dass der Zeuge im Zeitpunkt der Hauptverhandlung verstorben war
- **oder** der in der Hauptverhandlung erschienene Zeuge von seinem Zeugnisverweigerungsrecht Gebrauch gemacht hat,
- auf welche Weise die Aussage des Zeugen in die Hauptverhandlung eingeführt worden und im Urteil verwertet worden ist.[2829]
- Handelt es sich bei dem Zeugen um einen Angehörigen eines ehemaligen Mitbeschuldigten, ist ergänzend vorzutragen, dass diesem und dem Angeklagten dieselbe Tat im prozessualen Sinn vorgeworfen wurde, die Verfahren zu irgendeinem Zeitpunkt gemeinsam geführt wurden, wobei Verbindungs bzw. Trennungsverfügungen der Staatsanwaltschaft bzw. -entscheidungen des Gerichts

---

2826 Siehe die entsprechenden Ausführungen (auch zum Rügevortrag) bei Rüge 79 Rn. 876 u. Rüge 146 Rn. 1263. Zweifelnd jetzt *BGH* v. 14.12.2011 – 5 StR 434/11 = StV 2012, 194 = NStZ 2012, 221.
2827 *BGH* v. 8.12.2011 – 4 StR 500/11 = StV 2012, 193 = NStZ 2012, 340.
2828 Vgl. *BGHSt* 22, 35 = JR 1968, 429 m. **abl.** Anm. *Peters*; **a.M.** auch *Fezer* JuS 1978, 330; *Roxin/Schünemann* Strafverfahrensrecht[26] § 24 Rn. 43.
2829 Zur Beruhensfrage vgl. Rüge 76 Rn. 860.

konkret mitzuteilen sind und das Verfahren gegen den Mitbeschuldigten nicht durch Tod bzw. rechtskräftig durch Freispruch oder Verurteilung im Zeitpunkt der Hauptverhandlung abgeschlossen war.

Rüge 251

Hat das Gericht die frühere Aussage eines Zeugen i.S.d. § 52 Abs. 1 StPO vor der Polizei oder Staatsanwaltschaft verwertet, obwohl der Zeuge in der Hauptverhandlung von seinem Zeugnisverweigerungsrecht Gebrauch gemacht hat oder er im Hinblick auf die angekündigte Zeugnisverweigerung nicht zur Hauptverhandlung geladen worden ist[2383]?   **2049**

I. Rechtsgrundlagen[2830]

Macht ein Zeuge vor oder in der Hauptverhandlung von seinem Zeugnisverweige-   **2050** rungsrecht Gebrauch, unterliegen seine früheren Angaben grundsätzlich einem Beweisverbot.[2831] Wann das Angehörigenverhältnis entstanden ist (vor oder nach der früheren Vernehmung), spielt keine Rolle.[2832] Durch die Verwertung wird § 252 StPO verletzt, sofern keine Zustimmung des Zeugen vorlag.[2833]

Dies gilt auch für Angaben, die ein Zeuge in einem gegen ihn selbst gerichteten Verfahren als Beschuldigter oder Angeklagter gemacht hat, wenn er jetzt als Zeuge in dem Verfahren gegen einen Angehörigen das Zeugnis verweigert.

§ 252 StPO verbietet zwar nur die Verlesung der früheren Aussage.[2834] Das Beweis-   **2051** verbot hat die Rechtsprechung jedoch auf alle Formen der Verwertung ausgedehnt. Danach ist u.a. die Einführung durch den Vernehmungsbeamten oder durch sonstige bei der Vernehmung anwesende Personen im Falle einer polizeilichen oder staatsanwaltlichen Vernehmung untersagt.[2835] Das gilt auch für die unmittelbare Verwertung einer Bild-Ton-Aufzeichnung über die frühere Vernehmung[2836]. Auch

---

2830 Siehe dazu Rüge 108 Rn. 1031.
2831 *Meyer-Goßner*[55] § 252 Rn. 1. Zur fehlerhaften Verwertung von Aussagen eines nicht in der Hauptverhandlung vernommenen Angehörigen siehe Rüge 255 Rn. 2070.
2832 *BGH* NStZ 1995, 95; *Meyer-Goßner*[55] § 252 Rn. 2.
2833 Zu den Rügemöglichkeiten im Falle der Verwertung früherer Aussagen mit Zustimmung des in der Hauptverhandlung das Zeugnis verweigernden Zeugen siehe Rüge 78 Rn. 868 u. Rn. 1040.
2834 Hat allerdings der Zeuge, der in der Hauptverhandlung das Zeugnis verweigert hat, der Verwertung seiner früheren Angaben wirksam zugestimmt, sollen diese auch durch Verlesung der Vernehmungsniederschriften gem. § 251 Abs. 2 Nr. 3 StPO in die Hauptverhandlung eingeführt werden dürfen. *BGH* v. 13.6.2012 – 2 StR 112/12 = StV 2012, 705 (zur Veröffentlichung in *BGHSt* vorgesehen) Tz. 8.
2835 *Meyer-Goßner*[55] § 252 Rn. 13.
2836 *BGH* StV 2008, 170 = NJW 2008, 1010.

Vorhalte aus der Aussage an den Angeklagten oder andere Zeugen sind unzulässig.[2837]

Von dem Beweisverbot werden auch Schriftstücke umfasst, die der Zeuge im Rahmen seiner Vernehmung übergeben hatte und die Bestandteil der Aussage sind[2838]. Nicht erfasst werden Spontanäußerungen gegenüber polizeilichen Einsatzbeamten, die im Rahmen eines polizeilichen Notrufs kontaktiert wurden.[2839]

2052 Ein Widerspruch gegen die Verwertung ist zur „Aktivierung" des Beweisverbots nicht erforderlich,[2840] ebenso wenig ein Gerichtsbeschluss nach § 238 Abs. 2 StPO[2841] (Zu Ausnahmen (!) vom Verwertungsverbot vgl. Rüge 252 Rn. 2057).

II. Anforderungen an den Vortrag der Rüge der Verletzung des § 252 StPO

2053 Vorzutragen ist, dass

- der Zeuge zur Hauptverhandlung vom Gericht geladen wurde und erschienen ist,
- er nach § 57 StPO belehrt wurde und seine Personalien angegeben hat,
- er nach dem Verwandtschaftsverhältnis gefragt wurde und was er angegeben hat;
- die Feststellung, dass ein Angehörigenverhältnis i.S.d. § 52 Abs. 1 StPO zu dem Angeklagten, einem derselben Tat beschuldigten Mitangeklagten oder einem ehemaligen Mitbeschuldigten[2842] besteht,
- dass der Zeuge nach § 52 Abs. 3 StPO belehrt wurde,
- dass er von seinem Zeugnisverweigerungsrecht Gebrauch gemacht hat,
- er der Verwertung seiner früheren Angaben nicht zugestimmt hat (Negativtatsache!),[2843]

2837 *BGHSt* 45, 203; 46, 189; vgl. dazu insgesamt *Meyer-Goßner*[55] § 252 Rn. 12.

2838 *BGH* StV 1996, 196; *BGH* StV 2001, 108; *Meyer-Goßner*[55] § 252 Rn. 12. Von dem Verwertungsverbot wird auch eine Tonbandaufzeichnung über ein von dem Zeugen mitgehörtes Gespräch erfasst, die dieser anlässlich seiner Vernehmung übergeben und zum Gegenstand seiner Aussage gemacht hat: *BGH* v. 23.10.2012 – 1 StR 137/12 = StV 2013, 135.

2839 *OLG Hamm* NStZ 2012, 53.

2840 *BGH* StV 1998, 470; *BGH* StV 2007, 68 = NStZ 2007, 353 = StraFo 2007, 63.

2841 Zuletzt *BGH* StV 2007, 68 = NStZ 2007, 353.

2842 Zu den ergänzenden Rügeanforderungen in diesem Fall siehe Rüge 79 Rn. 876.

2843 Nach Auffassung des *2. Strafsenats* des *BGH* v. 13.6.2012 – 2 StR 112/12 Tz. 7 = StV 2012, 705 = NJW 2012, 3192 (zur Veröffentlichung in *BGHSt* bestimmt) kann für die Zulässigkeit der Geltendmachung einer Verletzung des § 252 StPO der Vortrag dieser Negativtatsache nicht verlangt werden. Da der GBA die entgegengesetzte Meinung vertrat, empfiehlt es sich, bei der Rüge die Negativtatsache vorzutragen, dass der Zeuge der Verwertung seiner Aussage nicht zugestimmt hat, solange nicht sicher ist, dass die anderen *Senate* der Auffassung des *2. Senats* folgen. Zu Verfahrensfehlern im Zusammenhang mit der Verwertung einer früheren Aussage oder Erklärung eines zeugnisverweigerungsberechtigten Zeugen, der hierzu in der Hauptverhandlung seine Zustimmung erteilt hat bei gleichzeitiger berechtigter Ausübung seines Zeugnisverweigerungsrechts siehe Rüge 78 Rn. 868.

- wie, d.h. durch welches Beweismittel die früheren Angaben in die Hauptverhandlung eingeführt wurden (Verlesung von Urkunden; Vernehmung von Verhörspersonen),
- die vollständige Mitteilung des Inhalts der früheren Vernehmung und/oder Urkunde in vollem Wortlaut, .
- es sich bei der verwerteten Angabe nicht um eine Spontanäußerung handelte.

Schwierig ist die Situation bei der Verwertung von Angaben aufgrund unzulässiger **2054** Vorhalte aus der unverwertbaren Vernehmung. Der Vorhalt als Vernehmungsbehelf ist nicht protokollierungspflichtig. Daher nimmt eine Angabe im Protokoll etwa dergestalt „Dem Angeklagten wurden aus Bl. ... Vorhalte gemacht" nicht an der Beweiskraft des § 274 StPO teil. Gleichwohl kann sich der Verteidiger auf diese Protokollstelle stützen, wenn er die Unverwertbarkeit von Angaben, die auf den unzulässige Vorhalt hin erfolgt sind, geltend machen will. Wegen der Nachweisschwierigkeiten bei unzulässigem Vorhalt ist daher dringend anzuraten, dass der Verteidiger in der Hauptverhandlung dem Vorhalt widerspricht und ggf. einen Gerichtsbeschluss darüber herbeiführt. Denn bei einem den Vorhalt zulassenden Gerichtsbeschlusses wäre der Verfahrensfehler festgeschrieben.

Ergänzend zu dem zum notwendigen Vortrag Gesagten muss im Falle des unzuläs- **2055** sigen Vorhalts vorgetragen werden,

- welcher konkrete Vorhalt einem Zeugen oder dem Angeklagten aus der früheren Vernehmung gemacht wurde,
- was der Zeuge oder der Angeklagte daraufhin erklärt hat.

Wie immer empfiehlt es sich, unter Berufung auf die einschlägige Rechtsprechung **2056** und Kommentarliteratur Rechtsausführungen zur Unverwertbarkeit der durch die Zeugnisverweigerung „gesperrten" früheren Vernehmung zu machen.

Rüge 252

Hat das Gericht bei der Urteilsfindung den Inhalt einer früheren Aussage eines nach § 52 **2057** Abs. 1 StPO zeugnisverweigerungsberechtigten Zeugen gegenüber einem Richter verwertet, nachdem jener in der Hauptverhandlung berechtigt von seinem Zeugnisverweigerungsrecht Gebrauch gemacht hat?

I. Rechtsgrundlagen

Ist der angehörige Zeuge im Ermittlungs-, Zwischen oder im Hauptverfahren außer- **2058** halb der Hauptverhandlung *richterlich* vernommen worden, so darf nach Auffassung der Rechtsprechung der Richter, sofern dem Zeugen bereits im Zeitpunkt dieser Vernehmung ein Zeugnisverweigerungsrecht zustand und er ordnungsgemäß nach § 52 Abs. 3 StPO belehrt wurde, über den Inhalt der Vernehmung als Verhörsperson vernommen werden.[2844] Aus der Vernehmungsniederschrift dürfen ihm Vorhalte gemacht werden[2845]. Erinnert sich der Richter auch auf Vorhalt nicht an den Inhalt der Aussage, ist der Vorhalt gescheitert und die Aussage nicht in die Hauptverhandlung eingeführt.[2846] Dies gilt auch dann, wenn der Richter erklärt, er habe seinerzeit die Aussage richtig und vollständig aufgenommen.[2847] Denn auf Vorhalt ist nur das in die Hauptverhandlung eingeführt, was der Zeuge auf den Vorhalt erklärt. In diesem Fall enthält die Aussage nicht die inhaltlich Wiedergabe des damals von dem Vernommenen Gesagten, sondern nur die Tatsache, dass das Gesagte richtig aufgenommen wurde.[2848]

2059   Eine Vernehmung des Staatsanwalts, des Protokollführers oder anderer anwesender Personen über den Inhalt der richterlichen Vernehmung ist ohne Zustimmung des Zeugen ebenso unzulässig wie die Verlesung des Vernehmungsprotokolls,[2849] das Vorspielen einer Bild-Ton-Aufzeichnung der früheren richterlichen Vernehmung (z.B. § 168e StPO) gem. § 255a Abs. 1 StPO[2850] oder das Verlesen eines Urteils, in dem die Aussage wiedergegeben worden ist. Eine Verlesung der richterlichen Vernehmungsniederschrift soll nach § 251 Abs. 2 Nr. 3 StPO allerdings dann ausnahmsweise zulässig sein, wenn der Zeuge trotz Zeugnisverweigerung ausdrücklich auf das Verwertungsverbot nach § 252 StPO verzichtet hat.[2851]

2060   Für die Belehrungspflicht spielt es keine Rolle, ob dem vernehmenden Richter das Verwandtschaftsverhältnis bekannt war.

Ist der Zeuge nicht nach § 52 StPO belehrt worden, macht dies auch die Zeugenvernehmung des Richters ohne Zustimmung des Zeugen unverwertbar. Es gelten die gleichen Grundsätze wie bei der unterbliebenen Belehrung in der Hauptverhandlung. Allerdings gilt für das Protokoll einer richterlichen Vernehmung nicht die absolute Beweiskraft des § 274 StPO. Wird daher eine unterbliebene Belehrung bei

---

2844   *BGH* v. 9.2.2010 – 4 StR 660/09 = StV 2010, 613 = NStZ 2010, 406 = StraFo 2010, 199.

2845   *Meyer-Goßner*[55] § 252 Rn. 15 m. zahlr. Rspr. Nachw.

2846   Vgl. dazu Rüge 100 Rn. 991.

2847   Zu dieser nach wie vor zwischen der Rspr. und Teilen der Lit. bestehenden Kontroverse *El-Ghazi/Merold* StV 2012, 250.

2848   *BGH* StV 2001, 386; KK-*Diemer*[6] § 252 Rn. 25; *Meyer-Goßner*[55] § 252 Rn. 15 m.w.N.

2849   *BGH* StV 1993, 458; KK-*Diemer*[6] § 252 Rn. 25, 26; *Meyer-Goßner*[55] § 252 Rn. 1, 14; *BGH* NStZ 1997, 95. Nach *BGH* v. 11.4.2012 – 3 StR 108/12 = StV 2012, 706 bedarf es für die Zulässigkeit der Rüge der Verletzung des § 252 StPO durch Verlesung der richterlichen Vernehmungsniederschrift keines Widerspruchs oder der Herbeiführung eines Gerichtsbeschlusses.

2850   *BGH* StV 2008, 170 = NJW 2008, 1010 (auch nicht i.V.m. § 253 StPO). So auch schon *BGHSt* 49, 72, 77 = StV 2004, 247 m. Anm. *Degener* StV 2006, 509.

2851   *BGH* v. 13.6.2012 – 2 StR 112/12 (zur Veröffentlichung in *BGHSt* vorgesehen) Ls 3 u. Tz. 10 = StV 2012, 705 = NJW 2012, 3192.

der richterlichen Vernehmung ggf. unter Verweis auf den fehlenden Eintrag im Protokoll geltend gemacht, kann die Frage der ordnungsgemäßen Belehrung im Freibeweisverfahren geprüft werden.

Nach Auffassung von Meyer-Goßner[2852] stellt es einen Revisionsgrund dar, wenn das Urteil nicht mitteilt, ob und wie sich das Gericht von der ordnungsgemäßen Belehrung des Zeugen durch den vernehmenden Richter überzeugt hat. Diemer[2853] schränkt dies dahingehend ein, dass eine solche Mitteilungs und Prüfungspflicht nur dann besteht, wenn das richterliche Protokoll die Belehrung nicht ausweist.

Ist das Verwandtschaftsverhältnis erst nach der richterlichen Vernehmung entstan- **2061** den und ist der Zeuge (naturgemäß) nicht nach § 52 Abs. 3 StPO belehrt worden, so darf der Richter im Falle der Zeugnisverweigerung in der Hauptverhandlung nicht über den Inhalt der damaligen Vernehmung vernommen werden.[2854]

Unverwertbar ist auch eine Aussage, wenn der Richter den angehörigen Zeugen sei- **2062** nerzeit als Beschuldigten im Rahmen eines gegen ihn anhängigen Strafverfahrens vernommen hat, selbst wenn er ihn damals im Hinblick auf das zu diesem Zeitpunkt schon bestehende Angehörigenverhältnis – überflüssigerweise – nach § 52 oder § 55 StPO belehrt haben sollte.[2855] Der Entscheidung des 4. Strafsenats des BGH vom 20.2.1997[2856] könnte entnommen werden, dass der Angeklagte in diesem Fall der Verwertung in der Hauptverhandlung widersprochen haben muss, um die Verletzung des Verwertungsverbots des § 252 StPO rügen zu können.

Unzulässig ist schließlich – bei rechtzeitigem Widerspruch – die Verwertung der Aussage des Richters, der anlässlich seiner Vernehmung des zeugnisverweigerungsberechtigten Zeugen gegen die Benachrichtigungspflicht gem. § 168c Abs. 5 StPO verstoßen hat.[2857]

II. Anforderungen an den Vortrag der Rüge der Verletzung des § 252 StPO

Vorzutragen ist, **2063**

- dass der angehörige Zeuge zur Hauptverhandlung vom Gericht geladen wurde und erschienen ist,
- dass er nach § 57 StPO belehrt wurde und seine Personalien angegeben hat,
- dass er nach dem Verwandtschaftsverhältnis gefragt wurde und was er angegeben hat;

2852 *Meyer-Goßner*[55] § 252 Rn. 18.
2853 KK-*Diemer*[6] § 252 Rn. 32.
2854 *BGHSt* 27, 231; *Meyer-Goßner*[55] § 52 Rn. 10.
2855 *Meyer-Goßner*[55] § 252 Rn. 11; KK-*Diemer*[6] § 252 Rn. 15.
2856 *BGHSt* 42, 391 = StV 1997, 234, 2366.
2857 *BGH* v. 3.3.2011 – 3 StR 34/11 = StV 2011, 336; *Meyer-Goßner*[55] § 252 Rn. 14.

- dass zu diesem Zeitpunkt ein Verwandtschaftsverhältnis i.S.d. § 52 Abs. 1 StPO bestand,
- dass der Zeuge nach § 52 Abs. 3 StPO belehrt wurde,
- dass er von seinem Zeugnisverweigerungsrecht Gebrauch gemacht und er während der gesamten Hauptverhandlung nicht ausgesagt hat,
- dass er außerhalb der Hauptverhandlung als Zeuge oder Beschuldigter bzw. Angeklagter richterlich vernommen worden war,
- dass zum Zeitpunkt dieser Vernehmung bereits ein ein Zeugnisverweigerungsrecht begründendes Angehörigenverhältnis, und zwar welches, bestanden hat,
- dass der Zeuge bei dieser richterlichen Vernehmung *nicht* nach § 52 Abs. 3 StPO belehrt wurde bzw. es sich nicht um eine Zeugen-, sondern um eine Beschuldigtenvernehmung handelte,
- alternativ: dass im Zeitpunkt der richterlichen Vernehmung noch kein ein Zeugnisverweigerungsrecht begründendes Angehörigenverhältnis i.S.d. § 52 Abs. 1 StPO bestand,
- dass es sich um eine Vernehmung nach § 168c StPO handelte, bei der gegen die im Einzelnen darzulegende Benachrichtigungspflicht gem. § 168c Abs. 5 StPO verstoßen wurde, weshalb der Angeklagte der Verwertung rechtzeitig widersprochen hat,
- die richterliche Vernehmung im vollen Wortlaut,
- dass der vernehmende Richter als Zeuge über den Inhalt der früheren Vernehmung vernommen wurde,
- alternativ: dass der Inhalt der richterlichen Vernehmung durch eine nichtrichterliche Verhörsperson, durch Verlesung oder durch Vorspielen einer Bild-Ton-Aufzeichnung in die Hauptverhandlung eingeführt wurde,[2858]
- der Zeuge der Verwertung der früheren Angaben nicht zugestimmt hat,[2859]
- und der Angeklagte in der Hauptverhandlung der Verwertung der durch den Richter eingeführten Aussage rechtzeitig in dem Fall mit einer die Angriffsrichtung erkennen lassenden Begründung[2860] widersprochen hat, dass der Angehörige seinerzeit nicht als Zeuge, sondern als Beschuldigter vernommen worden war.

2858 Dies begründet die Verletzung des § 252 StPO auch dann, wenn der Richter den Zeugen ordnungsgemäß nach § 52 Abs. 3 StPO belehrt hatte.

2859 Hat er der Verwertung zugestimmt, ist alternativ zur Vernehmung des Richters auch die Verlesung der Vernehmungsniederschrift nach § 251 Abs. 2 Nr. 3 StPO zulässig: *BGH* v. 13.6.2012 – 2 StR 112/12 = StV 2012, 705 = NJW 2012, 3192 (zur Veröffentlichung in *BGHSt* vorgesehen) Ls 3 u. Tz. 10.

2860 *BGH* StV 2008, 8.

Rüge 253

Hat das Gericht die Angaben eines Sachverständigen über die Aussagen eines Angehöri- **2064** gen ihm gegenüber verwertet, nachdem der Zeuge vor oder in der Hauptverhandlung das Zeugnis verweigert hat?

I. Rechtsgrundlagen

Mitteilungen eines gem. § 52 Abs. 1 StPO zur Zeugnisverweigerung berechtigten **2065** Zeugen gegenüber einem Sachverständigen etwa im Rahmen eines Explorationsgesprächs, die zu den Zusatztatsachen[2861] gehören (z.b. Tatschilderung), stehen einer Aussage i.s.d. § 252 StPO gleich.[2862] Dies gilt auch für Angaben des Angehörigen gegenüber dem Sachverständigen, die er in einem anderen Verfahren außerhalb des Strafverfahrens (z.b. Zivilverfahren, Sorgerechtsverfahren) gemacht hat. Die ausnahmsweise Zulässigkeit der Vernehmung des Richters über den Inhalt einer richterlichen Vernehmung kann der Befragung durch den Sachverständigen nicht gleichgesetzt werden. Macht der Angehörige in der Hauptverhandlung von seinem Zeugnisverweigerungsrecht Gebrauch, dürfen seine Angaben ohne seine Zustimmung weder durch Verlesung des Sachverständigengutachtens noch durch die Vernehmung des Sachverständigen als Zeugen in die Hauptverhandlung eingeführt werden.[2863] Dies gilt nach Auffassung des BGH allerdings dann nicht, wenn der Zeuge vor Befragung durch den Sachverständigen durch einen Richter vernommen und dabei über das ihm nach § 52 Abs. 1 StPO zustehende Zeugnisverweigerungsrecht belehrt worden ist.[2864]

II. Anforderungen an Vortrag

Es muss vorgetragen werden, dass **2066**

- der angehörige Zeuge zur Hauptverhandlung vom Gericht geladen wurde und erschienen ist,
- er nach § 57 StPO belehrt wurde und seiner Personalien angegeben hat,
- er nach dem Verwandtschaftsverhältnis gefragt wurde und was er angegeben hat,
- ein Angehörigenverhältnis i.s.d. § 52 Abs. 1 StPO besteht,
- der Zeuge nach § 52 Abs. 3 StPO belehrt wurde,
- er von seinem Zeugnisverweigerungsrecht Gebrauch gemacht hat,
- er keine Zustimmung zur Verwertung seiner früheren Angaben gegenüber dem Sachverständigen erteilt hat,

---

2861 Siehe dazu KK-*Diemer*[6] § 252 Rn. 18.
2862 *BGH* StV 2007, 68 = NStZ 2007, 353 = StraFo 2007, 63.
2863 *BGHSt* 46, 189; *BGH* StV 2007, 68 = NStZ 2007, 353 = StraFo 2007, 63; insges. KK-*Diemer*[6] § 252 Rn. 18.
2864 *BGH* StV 1995, 564 m. **abl.** Anm. *Wohlers* StV 1996, 192.

- der Sachverständige den Zeugen exploriert und befragt hat, ggf. in welchem Verfahren und mit welchem Auftrag und durch wen,
- der Zeuge nicht vor der Befragung durch den Sachverständigen bereits richterlich über sein Zeugnisverweigerungsrecht belehrt worden war (Negativtatsache!)[2865],
- der Sachverständige sein auf den Angaben des Zeugen beruhendes Gutachten erstattet hat bzw. er als Zeuge vernommen oder sein schriftliches Gutachten in der Hauptverhandlung verlesen worden ist,
- die Angaben des Sachverständigen im Urteil verwertet wurden (was sich aus dem Urteil selbst ergibt).

Rüge 254

2067   Hat das Gericht die frühere Aussage eines Berufsgeheimnisträgers oder Berufshelfers (§§ 53, 53a StPO) verwertet, nachdem dieser in der Hauptverhandlung von seinem Recht, das Zeugnis zu verweigern, Gebrauch gemacht hat (§ 252 StPO)?

I. Rechtsgrundlagen

2068   Eine frühere Aussage eines Berufsgeheimnisträgers bzw. seines Helfers darf bei der Urteilsfindung weder nach Verlesung noch nach Vernehmung einer Verhörsperson (auch nicht eines Richters) bei der Urteilsfindung verwertet werden, wenn der Zeuge in der Hauptverhandlung von seinem Zeugnisverweigerungsrecht Gebrauch macht. § 252 StPO gilt aber nur dann, wenn im Zeitpunkt der früheren Vernehmung schon ein Zeugnisverweigerungsrecht bestand und der Zeuge seinerzeit nicht von der Schweigepflicht entbunden war.[2866]

II. Anforderungen an den Vortrag der Rüge der Verletzung des § 252 StPO

2069   Vorzutragen ist,

- dass in der Hauptverhandlung ein Zeuge vernommen worden ist, der aus darzulegenden Gründen ein Recht zur Zeugnisverweigerung aus beruflichen Gründen (§§ 53, 53a StPO) hatte,
- dass der Zeuge nicht von der Schweigepflicht entbunden war,

---

2865   *BGH* StV 1995, 564 m. **abl.** Anm. *Wohlers* StV 1996, 192.
2866   *Meyer-Goßner*[555] § 252 Rn. 3; *BGHSt* 18, 146; *BGH* StV 1997, 233; *BGH* v. 20.12.2011 – 1 StR 547/11 = StV 2012, 195 = NStZ 2012, 281 m. abl. Anm. *Geppert* soweit es um das ärztliche Zeugnisverweigerungsrecht und den Vertrauensschutz von Patienten geht.

- dass er das Zeugnis verweigert hat und nicht der Verwertung seiner früheren Aussage zugestimmt hat,
- dass im Zeitpunkt seiner früheren Vernehmung bereits ein Zeugnisverweigerungsrecht gem. §§ 53, 53a StPO bestand und
- dass er seinerzeit nicht von der Schweigepflicht entbunden war.
- Es ist der Inhalt der früheren Aussage vollständig und im Wortlaut mitzuteilen sowie die Art und Weise, auf die der Inhalt der Aussage in die Hauptverhandlung eingeführt worden ist (Verlesung, Vernehmung einer Verhörsperson).

Rüge 255

Hat das Gericht die frühere Aussage eines nach §§ 52, 53, 53a StPO zeugnisverweigerungsberechtigten Zeugen verwertet, ohne dass dieser in der Hauptverhandlung Gelegenheit hatte, von seinem Recht, das Zeugnis zu verweigern, Gebrauch zu machen (§ 252 StPO)?

2070

I. Rechtsgrundlagen

Nach seinem Wortlaut besteht das aus dem Sinn des § 252 StPO abzuleitende Beweisverwertungsverbot nur unter der Voraussetzung, dass eine nach §§ 52 Abs. 1, 53, 53a StPO zur Zeugnisverweigerung berechtigte Person in der Hauptverhandlung von diesem Recht Gebrauch macht. Jedoch dürfen Vernehmungspersonen[2867] in der Hauptverhandlung so lange nicht über den Inhalt früherer Angaben eines zur Zeugnisverweigerung berechtigten Zeugen gehört werden, wie Ungewissheit darüber besteht, ob der Zeuge von seinem Verweigerungsrecht Gebrauch macht oder nicht.[2868]

2071

Erst recht darf die Ausübung des Zeugnisverweigerungsrechts mit der Folge eines Verwertungsverbots nicht dadurch umgangen werden, dass der zeugnisverweigerungsberechtigte Zeuge bewusst nicht zur Hauptverhandlung geladen wird.[2869] Wird deshalb die Aussage eines zeugnisverweigerungsberechtigten Zeugen durch Vernehmung einer Verhörsperson, aber auch durch Verlesung einer Vernehmungsniederschrift oder eines Urteils, in dem die Aussage des Zeugen wiedergegeben wird, in die Hauptverhandlung eingeführt und im Urteil verwertet, ohne dass der Zeuge die Möglichkeit hatte, über die Ausübung des Verweigerungsrechts zu entscheiden, ist § 252 StPO verletzt.

2867   Das gilt nicht für einen Richter, der einen Zeugen i.S.d. § 52 Abs. 1 StPO anlässlich seiner Vernehmung nach § 52 Abs. 3 StPO belehrt hat, weil schon zu diesem Zeitpunkt ein das Zeugnisverweigerungsrecht begründendes Verhältnis bestand.
2868   *BGH* StV 2000, 236; *BayObLG* StV 2005, 543 jew. m.w.N.
2869   *BGH* StV 1992, 500; *OLG Braunschweig* OLGSt § 244 StPO Nr. 3.

2072 Eine Ausnahme macht die Rechtsprechung des BGH in Fällen, in denen der betreffende Zeuge im Zeitpunkt der Hauptverhandlung verstorben[2870] oder unerreichbar ist, weil sein Aufenthalt nicht ermittelt werden konnte[2871] oder er sich als Mitangeklagter pflichtwidrig der Hauptverhandlung entzogen hat und nur deshalb die Rolle eines Zeugen einnehmen würde.[2872] Im Falle der Unerreichbarkeit ist allerdings für eine Verwertbarkeit der früheren Aussage eines nach § 52 Abs. 1 StPO zur Verweigerung berechtigten Zeugen zu fordern, dass dieser anlässlich seiner seinerzeitigen Vernehmung gem. § 52 Abs. 3 StPO belehrt worden ist.[2873]

II. Anforderungen an den Vortrag der Rüge der Verletzung des § 252 StPO

2073 • In die Hauptverhandlung ist die Aussage eines Zeugen eingeführt und ihr Inhalt bei der Urteilsfindung verwertet worden, der zu dem Angeklagten, einem Mitangeklagten oder einem früheren Mitbeschuldigten[2874] in einem das Zeugnisverweigerungsrecht i.S.d. § 52 Abs. 1, 53 Abs. 1, 53a Abs. 1 StPO begründenden Verhältnis steht; die Art und Weise der Einführung (Vernehmung einer Verhörsperson, Verlesung einer im Wortlaut mitzuteilenden Vernehmungsniederschrift etc.) ist mitzuteilen.

• Der betreffende Zeuge ist in der Hauptverhandlung nicht vernommen worden und hat auch nicht außerhalb der Hauptverhandlung auf die Ausübung seines Zeugnisverweigerungsrechts verzichtet;

• bei Zeugen i.S.d. § 52 Abs. 1 StPO ist vorzutragen, dass diese im Zeitpunkt der Hauptverhandlung nicht verstorben waren, sie nicht wegen nicht zu ermittelnden Aufenthalts unerreichbar waren (letzterenfalls wäre ggf. vorzutragen, dass sie im Zeitpunkt ihrer Vernehmung nicht nach § 52 Abs. 3 StPO belehrt worden waren) und es sich auch nicht um einen pflichtwidrig abwesenden Mitangeklagten handelte.

• Bei Zeugen i.S.d. §§ 53, 53a StPO ist vorzutragen, dass im Zeitpunkt ihrer Vernehmung keine Entbindung von der Schweigepflicht vorlag und der Träger des Geheimhaltungsinteresses auch nachträglich keine Entbindung von der Schweigepflicht oder die Zustimmung zur Verwertung erklärt hat.

2870 *BGHSt* 22, 35. Dann soll die Aussage auch dann verwertbar sein, wenn seinerzeit die Belehrung nach § 52 Abs. 3 StPO unterblieben ist: KK-*Diemer*[6] § 252 Rn. 13.

2871 *BGHSt* 25, 176, 177.

2872 *BGHSt* 27, 139.

2873 *BGHSt* 25, 176; *Meyer-Goßner*[55] § 252 Rn. 17.

2874 Voraussetzung einer Rüge ist, dass die Aussage dieses Zeugen, der nur zu einem Mitangeklagten in einem ein Zeugnisverweigerungsrecht begründenden Verhältnis steht, dieselbe Tat i.S.d. § 264 StPO betrifft, die Gegenstand der Verurteilung des Beschwerdeführers ist (bei einem früheren Mitbeschuldigten kommt noch als Voraussetzung hinzu das – frühere – Bestehen einer prozessualen Gemeinsamkeit der Verfahren und dass das Verfahren gegen den Mitbeschuldigten nicht durch Tod oder durch Freispruch oder Verurteilung rechtskräftig abgeschlossen ist: siehe Rüge 79 Rn. 876).

Abschnitt 4
Hat das Urteil Erkenntnisse verwertet, die insbesondere mit verbotenen Vernehmungsmethoden erlangt wurden?

Rüge 256

Wurde im Urteil der Inhalt einer (früheren) Vernehmung des Angeklagten, eines Mitange-   **2074**
klagten, eines Mitbeschuldigten, eines Zeugen oder eines Sachverständigen verwertet, die
unter Verletzung des Verbots der in § 136a Abs. 1 und Abs. 2 StPO bezeichneten Vernehmungsmethoden durchgeführt worden ist?

I. Rechtsgrundlagen

Mittels verbotener Vernehmungsmethoden im Sinne des § 136a Abs. 1 und Abs. 2   **2075**
StPO herbeigeführte Aussagen unterliegen einem generellen Beweisverwertungsverbot. Ob der Inhalt der Aussage für den Angeklagten im Zusammenhang mit dem
Schuld oder Rechtsfolgenausspruch belastend oder entlastend, richtig oder unrichtig
ist, ist gleichgültig. § 136a StPO bezieht sich allerdings nur auf Vernehmungen.[2875]

Ihre unzulässige Verwertung bei der Urteilsfindung wird im Revisionsverfahren   **2076**
nicht von Amts wegen berücksichtigt, sondern ist mit einer Verfahrensrüge zu beanstanden, die der Revision zum Erfolg verhilft, wenn das Urteil auf dem Verfahrensfehler beruht. Die unzulässigen Vernehmungsmethoden müssen also die Angaben
des Betroffenen beeinflusst haben.[2876] Der Angeklagte kann die Revision auf die
Verletzung des § 136a StPO unabhängig davon stützen, ob das Urteil seine eigene
Aussage, die eines Mitangeklagten,[2877] die eines Mitbeschuldigten,[2878] die eines
Zeugen (§ 69 Abs. 3 StPO) oder die eines Sachverständigen (§ 72 StPO)[2879] verwertet,[2880] solange nur die Möglichkeit eines ursächlichen Zusammenhangs zwischen
der verbotenen Einwirkung und der verwerteten Aussage besteht.[2881]

2875 *Meyer-Goßner*[55] § 136a Rn. 4. Keine Vernehmung ist das Gespräch, das ein Konsular-
      beamter mit einem in ausländischer Haft befindlichen deutschen Beschuldigten in Er-
      füllung seiner Hilfspflicht nach § 7 KonsG führt: *BGH* v. 14.9.2010 – 3 StR 573/09 =
      BGHSt 55, 314 = StV 2011, 334 = StraFo 2011, 92 = NJW 2011, 1523 m. zust. Anm.
      Norouzi; **a.A.** *Heghmanns* ZJS 2011, 98.
2876 *BGH* v. 14.9.2010 – 3 StR 573/09 = *BGHSt* 55, 314 = StV 2011, 334 = StraFo 2011,
      92 = NJW 2011, 1523.
2877 *BGH* MDR 1971, 18 (D).
2878 § 136a StPO gilt nicht nur für richterliche Beschuldigtenvernehmungen, sondern nach
      § 163a Abs. 3 bzw. Abs. 4 StPO auch für staatsanwaltschaftliche und polizeiliche Ver-
      nehmungen.
2879 Auch hier finden §§ 136a, 69 Abs. 3 und 72 StPO über §§ 161a Abs. 1 S. 2 bzw. 163a
      Abs. 5 StPO über richterliche Vernehmungen hinaus bei staatsanwaltschaftlichen und
      polizeilichen Vernehmungen Anwendung.
2880 *Meyer-Goßner*[55] § 136a Rn. 33 sowie LR-*Gleß*[26] § 136a Rn. 14 m.w.N.
2881 LR-*Gleß*[26] § 136a Rn. 80.

Dabei kann nicht nur die unmittelbare, sondern auch die mittelbare Verwertung gerügt werden, also beispielsweise auch die Verwertung eines Sachverständigengutachtens, das auf Anknüpfungstatsachen beruht, die durch verbotene Vernehmungsmethoden zu Tage gefördert worden sind.

2077 Gleichgültig ist, wie der Inhalt einer mittels einer nach § 136a Abs. 1 oder Abs. 2 StPO unzulässig durchgeführten Vernehmung in die Hauptverhandlung eingeführt worden ist, also durch Verlesung einer Vernehmungsniederschrift, durch Vernehmung der Verhörsperson oder sonstiger bei der Vernehmung anwesender Dritter als Zeugen oder durch Vorhalt beispielsweise gegenüber dem Angeklagten.[2882]

2078 Da das Verbot des § 136a Abs. 1 und Abs. 2 StPO ohne Rücksicht auf die Einwilligung des unzulässig vernommenen Beschuldigten, Mitbeschuldigten, Zeugen oder Sachverständigen gilt (§§ 136a Abs. 3 S. 1, 69 Abs. 3 StPO), und selbst mit Zustimmung des in unzulässiger Weise Vernommenen die Verwertung unzulässig ist (§§ 136a Abs. 3 S. 2, 69 Abs. 3 StPO), muss der Verwertung in der Hauptverhandlung nicht widersprochen worden sein.[2883]

Ist es zu dem Einsatz einer verbotenen Vernehmungsmethode gegenüber einem Angeklagten gekommen, kann sich im Falle ihrer Verwertung im Urteil darauf auch ein Mitangeklagter berufen, wenn auch seine Verurteilung auf der betreffenden Aussage beruht.[2884]

II. Anforderungen an den Vortrag der Rüge der Verletzung der §§ 136a, 261 StPO

2079 1. Es muss derjenige Angeklagte, Mitangeklagte, Zeuge oder Sachverständige bezeichnet werden, dessen Aussage in der Hauptverhandlung mittels einer unzulässigen Vernehmungsmethode herbeigeführt worden ist. Dazu muss ggf. unter Auswertung der Sitzungsniederschrift mitgeteilt werden, in welcher Phase der Hauptverhandlung durch welches Justiz oder Strafverfolgungsorgan (Richter, Schöffen, Vertreter der Staatsanwaltschaft)[2885], aber auch durch Sachverständige oder Augenscheinsgehilfen (nicht aber durch Zeugen), welche verbotene Vernehmungsmethode[2886] zur Anwendung gekommen sind. Dabei sind die Tatsachen, aus denen sich die Unzulässigkeit der Vernehmungsmethode ergibt, konkret mitzuteilen.

2882   *BGH* MDR 1973, 371 (D); LR-*Gleß*[26] § 136a Rn. 73.
2883   *Meyer-Goßner*[55] § 136a Rn. 33; siehe aber *BGH* StV 1996, 360 m. **abl.** Anm. *Fezer* StV 1997, 57, wo eine Pflicht zum Widerspruch in Fällen erwogen wird, in denen sich der Betroffene auf „Fortwirkungen eines Verstoßes gegen § 136a Abs. 1 StPO beruft."
2884   LR-*Gleß*[26] § 136a Rn. 71 m.w.N.
2885   Zu sonstigen frageberechtigten Prozessbeteiligten siehe LR-*Gleß*[26] § 136a Rn. 7.
2886   Zu den Einzelheiten vgl. LR-*Gleß*[26] § 136a Rn. 19 ff. m.w.N.; zur Intensität des für die Annahme eines Beweisverwertungsverbotes erforderlichen Einsatzes einer solchen Methode LR-*Gleß*[26] § 136a Rn. 18.

2. Geht es um eine außerhalb der Hauptverhandlung gewonnene Aussage, ist eben- **2080**
falls konkret mitzuteilen, dass sich anlässlich ihrer Entstehung ein mit der Strafverfolgung beauftragtes Organ des Staates[2887] eines unzulässigen Mittels bedient
hat. Auch im Auftrag der Strafverfolgungsbehörden eingesetzte private Dritte
(z.b. V-Leute, Mitinsassen der JVA, polizeiliche Lockspitzel) dürfen sich in vernehmungsähnlichen Situationen der verbotenen Methoden des § 136a StPO
nicht bedienen.[2888]

Da der Verfahrensfehler in die Hauptverhandlung fortgewirkt haben muss, um
die Revision zu begründen (§ 337 StPO), ist vorzutragen, dass und wie der Inhalt
der betreffenden Vernehmung in die Hauptverhandlung eingeführt worden ist.
Der Inhalt einer Vernehmungsniederschrift (insb. im Falle ihrer Verlesung: für
Aussagen des/der Angeklagten kommt nur eine solche nach § 254 StPO in Betracht, für Aussagen von Zeugen, Sachverständigen und Mitbeschuldigten eine
solche gem. §§ 251, 253 StPO oder ergänzend zu ihrer Vernehmung[2889]), ist
vollständig im Wortlaut,[2890] ansonsten der wesentliche Inhalt der Vernehmung
oder des Vorhalts mitzuteilen.

3. Es ist vorzutragen, dass der Verstoß in der Weise fortgewirkt hat, dass die Mög- **2081**
lichkeit eines ursächlichen Zusammenhangs zwischen der verbotenen Einwirkung und der verwerteten Aussage besteht. Im Falle der Vornahme einer Täuschung ist auszuschließen, dass der Beschuldigte, Zeuge oder Sachverständige
diese durchschaut, aber trotzdem ausgesagt hat[2891] (Negativtatsache!).

Es ist ferner konkret auszuschließen, dass der Beschuldigte, Mitbeschuldigte,
Zeuge oder Sachverständige erneut auf rechtmäßige Art vernommen worden ist
bzw. keine qualifizierte Belehrung des Inhalts vor der erneuten Vernehmung erfolgte, wonach die frühere Aussage einem Beweisverwertungsverbot unterliege.[2892] Letzterenfalls ist darzulegen, inwiefern sich die unzulässige Vernehmungsmethode auf eine spätere – im Urteil verwertete – Vernehmung ausgewirkt hat.[2893]

4. Betrifft der Verstoß gegen § 136a StPO nicht die gesamte Aussage, ist der ge- **2082**
naue Vernehmungsverlauf und der Inhalt der einzelnen Vernehmungsteile vorzutragen, da der ordnungsgemäß zustande gekommene Teil der Vernehmung
auch bei Unverwertbarkeit im Übrigen verwertbar bleiben soll.[2894] Vorsorglich

---

2887 Dazu gehören auch vom Gericht oder von der Staatsanwaltschaft beauftragte Sachver-
      ständige: *LG Regensburg* StV 2012, 332.
2888 LR-*Gleß*[26] § 136a Rn. 4, 13, 15 ff. Zu dem Täuschungsverhalten eines Verdeckten Er-
      mittlers siehe *BGH* StV 2007, 509 = NJW 2007, 3138.
2889 *Meyer-Goßner*[55] § 250 Rn. 12.
2890 *BGHR* StPO § 344 Abs. 2 S. 2 – Verwertungsverbot 2, 4, 5.
2891 LR-*Gleß*[26] § 136a Rn. 70.
2892 Siehe Rüge 240 Rn. 1971. Ferner *LG Frankfurt/M.* StV 2003, 325 m. Anm. *Weigend*
      StV 2003, 436.
2893 *BGH* StraFo 2001, 413 = NStZ 2001, 551; *BVerfG* NStZ 2002, 487.
2894 LR-*Gleß*[26] § 136a Rn. 71.

ist als Negativtatsache in entsprechenden Fällen vorzutragen, dass der Verstoß die gesamte Aussage betroffen hat.

2083 5. Sollte in der Hauptverhandlung eine Entscheidung des Tatgerichts über die Verwertung ergangen sein, muss auch diese vollständig wörtlich mitgeteilt werden wie auch die Tatsache und der Zeitpunkt eines etwaigen Verwertungswiderspruchs.

2084 6. Soll beanstandet werden, dass infolge der durch die unerlaubte Methode gewonnenen Aussage andere Beweise erlangt und diese unzulässig bei der Urteilsfindung verwertet wurden (Fernwirkung), ist nicht nur der Ursachenzusammenhang, sondern auch darzustellen, dass das mittelbare Beweisergebnis wahrscheinlich auf legalem Weg nicht erlangt worden wäre.[2895]

Rüge 257

2085 Wurden im Urteil Beweise verwertet, die Privatpersonen in einer dem Geist des § 136a StPO zuwiderlaufenden oder sonst rechtswidrigen Weise erlangt haben?

I. Rechtsgrundlagen

2086 Das Ergebnis privater Nachforschungen ist im Strafverfahren ohne weiteres verwertbar, wenn die betreffenden Informationen in zulässiger Weise erlangt worden sind. Dies soll auch gelten, wenn die Privatperson aus eigenem Antrieb unter Verheimlichung ihrer Absicht, polizeiliche Ermittlungen zu unterstützen, den Beschuldigten zu Angaben verleitet hat.[2896] Das bedeutet jedoch nicht, dass Beweismittel, die Privatpersonen in unzulässiger Weise erlangt haben, grundsätzlich unverwertbar seien. Die herrschende Meinung geht von einem Verwertungsverbot nur dann aus, wenn die Beweiserlangung in extrem menschenrechtswidriger Weise oder unter schwerer Verletzung der Menschenwürde erfolgte.[2897] In der Literatur wird in kritischer Abgrenzung zur herrschenden Meinung die Auffassung vertreten, dass die Verwertung solcher Beweise unzulässig sei, die grundrechtswidrig erlangt worden

---

2895 Dies gilt, wenn man nicht der „fruits of the poisonous tree doctrine", sondern der gelegentlich auch von der Rechtsprechung vertretenen Lehre vom hypothetischen Ersatzeingriff folgt: vgl. *Meyer-Goßner*[55] § 136a Rn. 31 und Einl. Rn. 57c; LR-*Hanack*[25] § 136a Rn. 66, 67 m.w.N.; ohne eigene Stellungnahme LR-*Gleß*[26] § 136a Rn. 76; siehe auch LR-G. *Schäfer*[25] Vor § 94 Rn. 157 und 158.

2896 *BGH* v. 31.3.2011 – 3 StR 400/10 = StV 2012, 129 m. abl. Anm. *Roxin* = NStZ 2011, 596 = JR 2011, 409 m. abl. Anm. *Eisenberg*.

2897 KK-*Senge*[6] Vor § 48 Rn. 52; LR-*Gössel*[26] Einl. Abschn. L Rn. 115 jeweils m.w.N. Vgl. ausführlich *Bockemühl* Private Ermittlungen im Strafprozess, 1996, insbes. S. 120 ff.

seien.[2898] Heimliche Tonbandaufnahmen durch Private, die durch § 201 StGB verboten sind, müssen danach wegen des mit ihnen verbundenen Einbruchs in die grundrechtlich geschützte Privatsphäre einem Verwertungsverbot unterliegen, wenn für die Aufnahme kein Rechtfertigungsgrund besteht und fortwirkt.[2899] Dasselbe muss für heimliche private Bildaufzeichnungen gelten, durch die in die Privat oder Intimsphäre eingedrungen wurde.[2900] Schließlich gilt für solche Erklärungen, die unter besonders krassem Verstoß gegen die Menschenwürde, insbesondere durch Folter oder vergleichbare Zwangsmaßnahmen erlangt worden sind, ein Beweisverwertungsverbot.[2901]

II. Anforderungen an den Vortrag

- Es ist konkret mitzuteilen, welche Beweisgewinnungsmethoden welche Privatperson eingesetzt hat und dass diese in rechtswidriger Weise unter Eingriff in Grundrechte des davon Betroffenen erlangt worden sind. Es ist auszuschließen, dass für das Vorgehen ein Rechtfertigungsgrund bestand. Für die Frage der Rechtswidrigkeit kann beispielsweise auf §§ 201, 185 ff. StGB, §§ 22, 23, 33 KunstUrhG sowie § 136a StPO zurückgegriffen werden. Das Ergebnis der auf diese Art und Weise erlangten Erkenntnisse ist konkret vorzutragen.

  2087

- Es ist darzulegen, auf welche Art und Weise diese Erkenntnisse zum Gegenstand der Hauptverhandlung gemacht worden sind.

- Ein gegen die Verwertung in der Hauptverhandlung geltend gemachter Widerspruch, dessen Inhalt, der Zeitpunkt der Geltendmachung sowie ein etwa daraufhin ergangener Gerichtsbeschluss sind ebenfalls mitzuteilen.

- Bei der Erhebung der allgemeinen Sachrüge ergibt sich aus den Urteilsgründen, dass die kontaminierten Erkenntnisse tatsächlich verwendet worden sind.[2902]

2898 *Burhoff* Handbuch für die strafrechtliche Hauptverhandlung[5] Rn. 324, eingeschränkt auf Fälle der Verletzung des „Kernbereichs des Grundrechtsschutzes" LR-*Gleß*[26] § 136a Rn. 12. Dies muss auch in Fällen gelten, in denen sich Angehörige der Strafverfolgungsbehörden durch die Entgegennahme von durch Straftäter erlangte Beweismittel selbst strafbar gemacht haben. Siehe zur „Liechtensteiner Steueraffäre" *Sieber* NJW 2008, 881, 886 u. *Trüg/Habetha* NJW 2008, 887, 890 u. *Meyer-Goßner*[55] § 136a Rn.3 a m.w.N. Das *BVerfG* v. 9.11.2010 – 2 BvR 2101/09 = StV 2011, 65 = NStZ 2011, 103 hat die Verneinung eines Beweisverwertungsverbotes im Zusammenhang mit dem Ankauf von Steuerdaten durch Mitarbeiter des Bundesnachrichtendienstes verfassungsrechtlich nicht beanstandet.

2899 LR-*Gleß*[26] § 136a Rn. 12 m.w.N.; demgegenüber einschränkend unter Heranziehung verschiedener Abwägungskriterien LR-*G. Schäfer*[25] § 94 Rn. 89.

2900 Siehe hierzu LR-*G. Schäfer*[25] § 94 Rn. 92 ebenfalls unter Heranziehung der Abwägungslehre.

2901 LR-*Gössel*[26] Einl. Abschn. L Rn. 113; LR-*Gleß*[26] § 136a Rn. 12.

2902 Dies ist auch für die Frage von Bedeutung, ob das Urteil auf den Beweisen beruht, die einem Verwertungsverbot unterliegen.

Abschnitt 5
Hat das Urteil Erkenntnisse aus einer Durchsuchung bzw. einer Beschlagnahme oder Sicherstellung von Beweismitteln verwertet?

Rüge 258

2088 Hat das Gericht bei der Urteilsfindung Erkenntnisse aus einer Durchsuchung oder einer Beschlagnahme verwertet, bei der es zu einem Verstoß gegen den Richtervorbehalt (§§ 98 Abs. 1, 105 Abs. 1, 108 StPO), zu Verstößen bei Annahme eines tragfähigen Tatverdachts, zu einem Verstoß gegen das Verhältnismäßigkeitsgebot oder zu anderen ein Beweisverwertungsverbot begründenden Rechtsverletzungen gekommen ist?

I. Rechtsgrundlagen

2089 Fehler bei einer Durchsuchung oder Beschlagnahme können die Revision nicht begründen.[2903] Nur wenn Erkenntnisse aus einer rechtsfehlerhaften Durchsuchung oder Beschlagnahme bei der Urteilsfindung verwertet wurden, kann mit der Revision ggf. die Verletzung eines Beweisverwertungsverbots gerügt werden.

2090 Wie unverwertbare Erkenntnisse aus einer Durchsuchung oder Beschlagnahme in die Hauptverhandlung eingeführt wurden, sei es durch Verlesung von Schriftstücken, Augenscheinseinnahme sonstiger Beweisstücke, Vernehmung von der Durchsuchung bzw. Beschlagnahme beiwohnenden Personen als Zeugen oder Vernehmung eines die Ergebnisse der Durchsuchung/Beschlagnahme auswertenden Sachverständigen ist unter revisionsrechtlichen Gesichtspunkten unerheblich. Es ist allerdings in der Revisionsbegründung konkret vorzutragen, auf welche Weise die im Urteil verwerteten Beweise in die Hauptverhandlung eingeführt worden sind. Dies schon deshalb, weil die Revision nur dann auf die Verletzung eines Verwertungsverbots im Zusammenhang mit den Regelungsgegenständen im Bereich des Achten Abschnitts des Ersten Buches der StPO gestützt werden können soll, wenn der Verwertung rechtzeitig widersprochen wurde.[2904] Die Revision muss deshalb konkret vortragen, dass der Verwertung welcher Beweisinhalte durch welchen Angeklagten zu welchem Zeitpunkt widersprochen und dieser Widerspruch aufrechterhalten worden ist.[2905]

2903 LR-*G. Schäfer*[25] § 98 Rn. 78 und § 105 Rn. 114.
2904 LR-*G. Schäfer*[25] Vor § 94 Rn. 148 f.; *ders.* (Rn. 150) auch zur Frage, wer zum Widerspruch berechtigt ist und inwieweit andere Prozessbeteiligte sich auf die Verletzung subjektiver prozessualer Rechte bzw. auf die Unzulässigkeit der Verwertung von Erkenntnissen entgegen einem zulässig erhobenen Widerspruch berufen können. Ferner KK-*Nack*[6] Vor § 94 Rn. 12 u. 13.
2905 Generell zum Erfordernis eines ausgeführten, also begründeten Widerspruchs *BGH* StV 2008, 8.

Welche Rechtsverstöße ein Verwertungsverbot auslösen, ist, soweit es nicht um materielle Beschlagnahmeverbote,[2906] sondern um solche gegen formelle Vorschriften geht, nicht generell zu beantworten und zusätzlich zwischen Literatur und Rechtsprechung vielfach umstritten.[2907] Ansatzpunkte für die Annahme eines Beweisverwertungsverbotes sind insbesondere die Verletzung des Richtervorbehalts,[2908] das Fehlen eines tragfähigen Tatverdachts gegen den Betroffenen[2909] und die Verletzung des Verhältnismäßigkeitsgrundsatzes. Sonstige Verfahrensfehler sollen nur bei gewichtigen Verstößen im Einzelfall unter Abwägung der Interessen des Betroffenen am Schutz seiner Rechte mit denjenigen des Staates an der Strafverfolgung ein Beweisverwertungsverbot begründen.[2910]

Besonders hinzuweisen ist noch auf das sich aus § 108 Abs. 2 bzw. Abs. 3 StPO ergebende Beweisverwertungsverbot[2911] und auf die im Zusammenhang mit einer Durchsuchung stehende Verletzung des § 136a Abs. 1 StPO in dem Fall, dass der Betroffene im Vertrauen darauf, nicht beschuldigt zu sein, freiwillig Beweismittel herausgibt, weil nach § 103 StPO durchsucht wurde, obwohl die Voraussetzungen des § 102 StPO gegeben gewesen wären.[2912] **2091**

Das Beweisverwertungsverbot ist vom Tatgericht im Falle eines Widerspruchs und vom Revisionsgericht auf entsprechende Verfahrensrüge unabhängig davon zu beachten, ob der Angeklagte die Rechtsschutzmöglichkeit entsprechend § 98 Abs. 2 S. 2 StPO genutzt hat oder nicht.[2913] **2092**

2906   Zu § 97 StPO siehe Rüge 259 Rn. 1999, zu § 148 StPO siehe Rüge 266 Rn. 2216; zu § 160a StPO s. Rüge 265a Rn. 2206.

2907   Siehe nur die Ausführungen und Nachweise bei LR-*G. Schäfer*[25] § 98 Rn. 75 ff., § 105 Rn. 114 ff. und § 108 Rn. 18 ff. , ferner KK-*Nack*[6] Vor § 94 Rn. 10 u. 11.

2908   Insbesondere in der Form, dass unzulässigerweise ohne richterliche Anordnung durchsucht oder beschlagnahmt wurde (*BGHSt* 51, 285 = StV 2007, 337 = NStZ 2007, 601; *BGH* v. 30.8.2011 – 3 StR 210/11 = StV 2012, 1 = NStZ 2012, 104; *OLG Düsseldorf* StraFo 2009, 280 m. Anm. *Kaps*; *OLG Hamm* StV 2009, 567 = NJW 2009, 3109 = StraFo 2009, 417; *OLG Köln* StV 2010, 14), dass die richterliche Anordnung nicht die erforderlichen Konkretisierungs- und Begrenzungsanforderungen erfüllte oder dass gegen die anlassbezogenen Begrenzungen der Maßnahme (§ 108 Abs. 1 StPO) verstoßen wurde.

2909   *OLG Hamm* StV 2007, 69; *AG Köln* StV 2012, 280.

2910   Nachweise aus der Rechtsprechung auch bei Widmaier/*Schlothauer* MAH Strafverteidigung § 3 Rn. 79 und 80; *Burhoff* Ermittlungsverfahren[4], Rn. 364 (Beschlagnahme) und 556 (Durchsuchung). Zur Verwertung beschlagnahmter Steuerdaten, die illegal im Ausland (Liechtenstein/Schweiz) erlangt worden sind, siehe Rüge 257 Rn. 2086.

2911   Dazu LR-*G. Schäfer*[25] § 108 Rn. 22. Zu § 108 Abs. 3 SK-StPO-*Wohlers*[4] § 108 Rn. 19 u. KK-*Nack*[6] § 108 Rn. 13.

2912   Dazu LR-*G. Schäfer*[25] § 105 Rn. 120; *Krekeler* NStZ 1993, 263, 266.

2913   *BGH* v. 16.6.2009 – 3 StR 6/09 = StV 2009, 675 = NStZ 2009, 648 = StraFo 2009, 420.

II. Anforderungen an den Vortrag der Rüge der Verwertung der Ergebnisse unzulässiger Durchsuchungs- und Beschlagnahmemaßnahmen infolge Verletzung eines sich aus Verstößen gegen §§ 98, 105 ff. StPO ergebenden Beweisverwertungsverbots[2914]

1. Beweisverwertung

2093 Im Urteil verwertete konkret zu bezeichnende Erkenntnisse resultieren aus einer konkret zu bezeichnenden Durchsuchung oder Beschlagnahme und sind durch ebenfalls konkret zu bezeichnende Verlesung, Augenscheinseinnahme, Vernehmung von der Durchsuchung bzw. Beschlagnahme beiwohnenden Personen als Zeugen oder Vernehmung eines die Ergebnisse der Durchsuchung/Beschlagnahme auswertenden Sachverständigen in die Hauptverhandlung eingeführt worden. Art und Gegenstand der Erkenntnisse sind mitzuteilen. Unzulässig in die Hauptverhandlung eingeführte bzw. im Urteil verwertete Schriftstücke müssen vollständig im Wortlaut in der Revisionsbegründung wiedergegeben werden.

2. Keine Einwilligung des Gewahrsamsinhabers

2094 Es ist durch den berechtigten Grundrechtsträger nicht wirksam in eine Durchsuchung eingewilligt,[2915] ein verwertetes Beweismittel durch den/die berechtigten Gewahrsamsinhaber nicht wirksam freiwillig herausgegeben worden.[2916] Wird das Einverständnis später zurückgezogen, sind der Zeitpunkt, die Vorgeschichte und das dem Widerruf der Einwilligung folgende Verfahrensgeschehen darzustellen.

Der betroffene Gewahrsamsinhaber hat auch später nicht einer Verwertung zugestimmt. Diese Voraussetzungen müssen in der Revisionsbegründung (als Negativtatsachen) konkret dargelegt werden.

3. Rechtsverletzung

2095 • Es ist bei einem Verstoß gegen den Richtervorbehalt mitzuteilen, dass keine gerichtliche Anordnung durch einen sachlich, örtlich und funktionell zuständigen Richter erfolgte und die Voraussetzungen für die Anordnungskompetenz der Staatsanwaltschaft und ihrer Ermittlungspersonen nicht vorlagen. Folgt man der Rechtsprechung, muss insbesondere dargelegt werden, dass die Inanspruchnahme der Eilkompetenz auf einer objektiv unvertretbaren Annahme von „Gefahr in Verzug" beruhte, eine bewusste Umgehung des Richtervorbehalts darstellte[2917] oder die Anordnung durch einen Beamten erfolgte, der keine Ermittlungsperson i.S.d. § 152 GVG war. Prüfungsmaßstab ist danach „objektive Will-

---

2914 Siehe im Einzelnen auch *Trück* NStZ 2011, 202.
2915 Das heißt ausdrücklich und eindeutig in Kenntnis der Freiwilligkeit, also der rechtlichen Möglichkeit, sich zu weigern: LR-*G. Schäfer*[25] § 105 Rn. 4; *LG Bremen* StV 2005, 318; *LG Berlin* StV 2011, 89.
2916 KK-*Nack*[6] § 97 Rn. 4.
2917 Vgl. *BGH* StV 2007, 337.

kür"[2918]. Alle bei den Akten befindlichen Vorgänge, aus denen sich die Inanspruchnahme der Eilkompetenz ergibt (z.b. Vermerke der Ermittlungsbehörden) sind wörtlich mitzuteilen. Ebenso die Anknüpfungspunkte (z.b. Zeitpunkt der Verdachtsannahme, Zeitpunkt der Durchsuchungsmaßnahme, Erreichbarkeit eines Richters etc.) für die Umgehung des Richtervorbehalts.

- Liegt ein gerichtlicher Beschluss vor, sind der Zeitpunkt seines Erlasses, der Zeitpunkt der Durchsuchung oder Vornahme der Beschlagnahme (im Hinblick auf die zeitliche Begrenzung von 6 Monaten[2919]), sowie sein Wortlaut mitzuteilen (letzterer wenn auf die unzureichende Begründung[2920] und die fehlende Konkretisierung der zu suchenden Beweismittel das Beweisverwertungsverbot gestützt werden soll). **2096**

- Es ist mitzuteilen, dass und inwiefern die in einem im Wortlaut mitzuteilenden Beschluss bzw. bei einer nichtrichterlichen Anordnung die in einem im Wortlaut wiederzugebenden Aktenvermerk festgelegte Begrenzung der Maßnahme nach Zweck, Gegenstand und Räumlichkeit unbeachtet geblieben ist bzw. „Zufallsfunde" gezielt aufgespürt wurden, wobei nach der in der Rechtsprechung vertretenen Auffassung sowohl der Verfahrensgegenstand des Ausgangsverfahrens als auch die Tat, zu deren Aburteilung der Zufallsfund herangezogen wurde (bei Erhebung der allgemeinen Sachrüge ergibt sich dies aus dem angefochtenen Urteil), konkret darzulegen sind. **2097**

- Soll sich das Beweisverwertungsverbot aus einem für die Maßnahme nicht hinreichenden Tatverdacht ergeben, ist der im Zeitpunkt der Anordnung bzw. Durchführung der Maßnahme aus der Akte ersichtliche Ermittlungsstand mitzuteilen. Dazu gehören alle Aktenteile, Vermerke, Zwischenberichte etc., aus denen sich der Ermittlungsstand ergibt. Diese sind vollständig im Wortlaut wiederzugeben. **2098**

- Findet die Durchsuchungs bzw. Beschlagnahmemaßnahme bei einem Berufsgeheimnisträger i.S.d. §§ 53, 53a StPO statt, sind an den hinreichenden Tatverdacht erhöhte Anforderungen im Hinblick darauf zu stellen, dass bei der Maßnahme Erkenntnisse über Tatsachen aus geschützten Vertrauensbeziehungen zu Dritten gewonnen werden können.[2921] Es sind Grund und Inhalt des **geschützten** Vertrauensverhältnisses darzulegen und Tatsache und Umfang des Eingriffs in den geschützten Bereich und die Verwertung der dadurch erlangten Erkenntnisse im anhängigen Verfahren.[2922] **2099**

2918 *BGH* StV 2007, 337 m.w.N. Danach kommt insbes. dem Aspekt eines möglichen hypothetischen rechtmäßigen Ermittlungsverlaufs bei Verkennung des Richtervorbehalts keine Bedeutung zu.

2919 *BVerfGE* 96, 44, 54 = StV 1997, 394.

2920 Vgl. *OLG München* wistra 2006, 472, 474.

2921 *BVerfG* StraFo 2006, 450; *BVerfG* NJW 2006, 3411.

2922 Zum Beweisverwertungsverbot des § 97 StPO siehe Rüge 259 Rn. 2105.

2100 • Im Falle der Annahme eines Beweisverwertungsverbotes infolge der Verletzung des Verhältnismäßigkeitsgrundsatzes sind die Schwere des Eingriffs, ggf. die Aufklärungsmöglichkeiten mit weniger einschneidenden Mitteln und Art und Schwere des Tatvorwurfs zum Zeitpunkt der Anordnung bzw. Durchführung der Maßnahme darzulegen.

2101 • Sonstige Verstöße gegen Formvorschriften bei Durchführung einer Durchsuchung sind im Einzelnen zu schildern, führen aber nur dann zu einem Beweisverwertungsverbot, wenn sie so gravierend sind, dass bei der nach Auffassung der Rechtsprechung vorzunehmenden Abwägung zwischen den Interessen des Betroffenen und dem Interesse des Staates an angemessener Strafverfolgung erstere eindeutig überwiegen.[2923]

2102 • Handelt es sich um ein Strafverfahren wegen des Vorwurfs des Schwangerschaftsabbruchs (§ 218 StGB), unterliegen Zufallsfunde aus einem Strafverfahren gegen einen Arzt, die den Schwangerschaftsabbruch der angeklagten Patientin betreffen, einem Verwertungsverbot (§ 108 Abs. 2 StPO)[2924].

2103 • Nach § 108 Abs. 3 StPO unterliegen Gegenstände, die als Zufallsfunde bei einer in § 53 Abs. 1 S. 1 Nr. 5 StPO genannten Person sichergestellt werden, einem Verwertungsverbot, soweit sich auf diese das Zeugnisverweigerungsrecht der genannten Person erstreckt. Dies gilt aber dann nicht, wenn Gegenstand des Strafverfahrens eine Straftat ist, die im Höchstmaß mit mindestens 5 Jahren Freiheitsstrafe bedroht ist und bei der es sich nicht um eine Straftat nach § 353b StGB handelt.[2925]
Als Negativtatsache ist deshalb vorzutragen, dass Gegenstand des Strafverfahrens eine Straftat ist, die nicht im Höchstmaß mit mindestens 5 Jahren Freiheitsstrafe bedroht ist und es sich auch nicht um eine Straftat nach § 353b StGB handelt. Dabei ist für die Annahme des Beweisverwertungsverbots maßgeblich auf die abgeurteilte Tat und nicht auf den Anklagevorwurf abzustellen.

4. Widerspruch

2104 Es ist mitzuteilen, dass ein von der Verletzung seiner Rechte betroffener verteidigter Angeklagter der Verwertung der in die Hauptverhandlung eingeführten Erkenntnisse spätestens im Zeitpunkt des § 257 StPO widersprochen hat. Der Inhalt des Widerspruchs, aus dessen Begründung sich nach Auffassung des BGH die Angriffsrichtung ergeben soll,[2926] ist mitzuteilen. Bei einem unverteidigten Angeklagten ist

2923 LR-*G. Schäfer*[25] § 106 Rn. 17 und § 110 Rn. 23.
2924 SK-StPO-*Wohlers*[4] § 108 Rn. 18.
2925 SK-StPO-*Wohlers*[4] § 108 Rn. 19; KK-*Nack*[6] § 108 Rn. 13.
2926 *BGH* StV 2008, 8. Diese Auffassung des BGH müsste konsequenterweise dazu führen, dass nicht nur der Widerspruch, sondern auch sein Inhalt als wesentliche Förmlichkeit der Hauptverhandlung in die Sitzungsniederschrift gem. § 273 Abs. 1 StPO aufzunehmen ist.

im Falle eines fehlenden Widerspruchs vorzutragen, dass er durch den Vorsitzenden nicht auf diese Möglichkeit hingewiesen wurde. Eine etwaige Entscheidung des Tatgerichts zur Verwertbarkeit ist im Wortlaut wiederzugeben.

Rüge 259

Hat das Gericht bei der Urteilsfindung ein Beweisstück bzw. dessen gedanklichen Inhalt verwertet, das einem Beschlagnahmeverbot nach § 97 StPO unterfällt (Rüge der Verletzung der §§ 97, 261 StPO)[2467]? **2105**

I. Rechtsgrundlagen[2927]

Soweit das Beschlagnahmeverbot des § 97 StPO reicht, besteht auch ein Beweisverwertungsverbot.[2928] Wird ein Beweisstück entgegen dem Verwertungsverbot bei der Urteilsfindung berücksichtigt, begründet dies die Revision, sofern das Urteil darauf beruht. Der entsprechende Verfahrensfehler kann auch von einem Mitangeklagten gerügt werden, wenn das Beweismittel auch gegen ihn verwendet worden ist.[2929] Das gilt auch im Falle späterer Verfahrenstrennung, soweit die gegen den/die ursprünglichen Mitbeschuldigten erhobenen Vorwürfe dieselbe Tat im prozessualen Sinne betrafen.[2930] **2106**

Das Beweisverwertungsverbot bezieht sich zunächst auf den gedanklichen Inhalt des beschlagnahmefreien Beweismittels gleichgültig, ob dieser durch Verlesung oder durch Vernehmung eines Zeugen oder des Angeklagten (ggf. auf Vorhalt) in die Hauptverhandlung eingeführt wurde.[2931] Verboten ist ferner, das Beweisstück selbst zur Urteilsfindung heranzuziehen, sei es nach Augenscheinseinnahme oder weil es beispielsweise zum Zwecke einer Schriftvergleichung benutzt wurde.[2932] **2107**

2927 Zur unzulässigen Verwertung von aus dem Verteidigungsinnenverhältnis rührenden Informationen siehe Rüge 266 Rn. 2216.

2928 LR-*G. Schäfer*[25] § 97 Rn. 141. An diesem Befund hat sich durch das Gesetz zur Neuregelung der Telekommunikationsüberwachung und anderer verdeckter Ermittlungsmaßnahmen vom 21.12.2007 (BGBl. I 2007, 3198) nichts geändert. § 160a StPO, der Ermittlungsmaßnahmen gegen die in §§ 53 Abs. 1, 53a StPO genannten Personen regelt, bestimmt, dass dadurch § 97 StPO unberührt bleibe (§ 160a Abs. 5 StPO). Insoweit geht § 97 StPO dem § 160a StPO vor: SK-StPO-*Wolters*[4] § 160a Rn. 48. Zu § 160a StPO siehe auch Rüge 266a Rn. 2233.

2929 LR-*G. Schäfer*[25] § 97 Rn. 151.

2930 *BGH* NStZ 1998, 471 m. Anm. *Rudolphi;* siehe ferner *Schlothauer* in: AG Strafrecht des DAV, „Wahrheitsfindung und ihre Schranken", 1988, S. 80, 93.

2931 Zur Bedeutung von Einwilligung und Verzicht siehe Rn. 2120 u. 2121.

2932 LR-*G. Schäfer*[25] § 97 Rn. 143.

2108 Es ist bislang ungeklärt, ob bei beschlagnahmefreien Gegenständen die Aktivierung des Beweisverwertungsverbotes einen Widerspruch voraussetzt.[2933] Gegen das Erfordernis eines Widerspruchs spricht, dass die von § 97 StPO geschützten Zeugnisverweigerungsrechte nicht zur Disposition des Angeklagten, sondern der des Zeugnisverweigerungsberechtigten stehen. Ebenso wie die Geltendmachung eines Beweisverwertungsverbotes bei einem Verstoß gegen die Zeugnisverweigerungsrechte nach §§ 52, 53, 53a StPO und der Verletzung der Belehrungspflicht nach § 52 Abs. 3 StPO im Revisionsverfahren keinen Widerspruch voraussetzt, kann dies auch nicht für § 97 StPO gelten.

II. Anforderungen an den Vortrag der Rüge der Verletzung des § 97 StPO

2109 • Die im Urteil verwerteten Erkenntnisse resultieren aus Schriftstücken oder Gegenständen i.S.d. § 97 Abs. 1, Abs. 3 oder Abs. 5 StPO[2934], die sich im Gewahrsam[2935] eines zur Verweigerung des Zeugnisses Berechtigten bzw. im Falle der §§ 97 Abs. 2 S. 2 und Abs. 5 StPO in den dort bezeichneten Räumlichkeiten befanden.[2936] Dies ist bezüglich der Person des Zeugnisverweigerungsberechtigten, dem Grund des Bestehens des Zeugnisverweigerungsrechts und der Gewahrsamsverhältnisse am Auffindungsort näher darzulegen.

2110 • Die Zeugnisverweigerungsberechtigten i.S.d. § 97 Abs. 1, Abs. 3, Abs. 4 und Abs. 5 StPO dürfen nicht selbst Beschuldigte bzw. Mitbeschuldigte[2937] der Tat im prozessualen Sinne sein, zu deren Aufklärung das Beweismittel benötigt wird[2938] (vorzutragende Negativtatsache). Es muss sich um ein Verfahren handeln, das sich gegen Dritte, nicht aber gegen den Zeugnisverweigerungsberechtigten selbst richtet.[2939]

2111 • Im Falle eines Zeugnisverweigerungsberechtigten i.S.d. § 52 StPO muss das das Zeugnisverweigerungsrecht begründende Verhältnis zum Beschuldigten/Mitbeschuldigten bestanden haben, und zwar im Zeitpunkt der Beweismittelgewinnung. Der Zeitpunkt der Sicherstellung/Beschlagnahme und der Zeitpunkt des Entstehens des das Zeugnisverweigerungsrecht begründenden Verhältnisses sind deshalb mitzuteilen. Im Falle des Zeugnisverweigerungsrechts gem. § 52 Abs. 1 Nr. 1 StPO muss das Verlöbnis auch im Zeitpunkt der Urteilsfindung be-

---

2933 Bejahend LR-*G. Schäfer*[25] § 97 Rn. 142; siehe auch *BGHSt* 44, 46 = StV 1998, 246 allerdings für Verteidigungsunterlagen des Beschuldigten.

2934 Dazu LR-*G. Schäfer*[25] § 97 Rn. 65 ff.

2935 Hierzu LR-*G. Schäfer*[25] § 97 Rn. 27 ff.

2936 Siehe auch § 108 Abs. 3 StPO, durch den die Verwertung von Zufallsfunden bei Durchsuchungen von Journalisten beschränkt wird (hierzu Rüge 258 Rn. 2091).

2937 Zum Begriff LR-*G. Schäfer*[25] § 97 Rn. 26.

2938 LR-*G. Schäfer*[25] § 97 Rn. 25. Siehe auch Rn. 2116.

2939 *BGH* v. 27.3.2009 – 2 StR 302/08 = *BGHSt* 53, 257 = StV 2010, 668 m. Anm. *Norouzi* = JZ 2010, 99 m. Anm. *Barton*.

standen haben, weil durch die Auflösung eines Verlöbnisses ein zunächst beschlagnahmefreier Gegenstand für die Urteilsfindung verwertbar wird. Es muss in diesem Falle als Negativtatsache vorgetragen werden, dass das Verlöbnis im Zeitpunkt der Urteilsfindung noch bestanden hat.

- Im Falle eines Abgeordneten bleibt es bei dem Beweisverwertungsverbot auch nach Beendigung des Mandats; im Falle von Journalisten etc. auch, wenn diese im Zeitpunkt der Urteilsfindung nicht mehr zu dem geschützten Personenkreis gehören. **2112**

- Im Falle der Berufsgeheimnisträger i.s.d. § 53 Abs. 1 S. 1 Nr. 1–3b StPO und ihrer Helfer i.s.d. § 53a StPO endet die Beschlagnahmefreiheit und damit die Unverwertbarkeit ebenfalls nicht durch die Aufgabe des Berufs. Allerdings müssen die Beweisstücke einen Bezug zu dem zugrundeliegenden Vertrauensverhältnis haben, was darzulegen ist. Geschützt sind und damit einem Beweisverwertungsverbot unterliegen aber nur die in § 97 Abs. 1 Nr. 1 und 2 StPO genannten Gegenstände und die daraus resultierenden Erkenntnisse, soweit sie aus einem Vertrauensverhältnis herrühren, das zu dem *Beschuldigten* oder zu einem wegen derselben Tat verdächtigen (ehemaligen) *Mitbeschuldigten*[2940] besteht.[2941] Auch dies muss Gegenstand des Rügevorbringens sein. Für die Fälle des § 97 Abs. 1 Nr. 3 StPO ist strittig, ob zwischen dem Berufsgeheimnisträger und dem Beschuldigten ein geschütztes Vertrauensverhältnis bestehen muss oder ob auch das persönliche Vertrauensverhältnis zwischen dem Berufsgeheimnisträger und einem Dritten dem Schutz unterliegt.[2942] **2113**

- Ist das das Zeugnisverweigerungsrecht begründende Verhältnis erst nach der Beweiserhebung entstanden, sollen Erkenntnisse, die zunächst in zulässiger Weise gewonnen worden sind und seinerzeit nicht § 97 StPO unterlagen, verwertbar bleiben.[2943] Dem wird im Hinblick auf die Vorschrift des § 252 StPO widersprochen,[2944] was unter dem Gesichtspunkt der Störung des geschützten Vertrauensverhältnisses im Falle der Verwertung plausibel ist. Andererseits ist zu bedenken, dass der Beschuldigte zu einem Zeitpunkt Informationen offenbart hat, zu dem, wie er wusste, kein Vertrauensschutz bestand. Es muss der Zeitpunkt der Beweisgewinnung und die Tatsache mitgeteilt werden, dass zumin- **2114**

2940   Zum seitens der Rechtsprechung aufgestellten Erfordernis einer früheren prozessualen Gemeinsamkeit: *BGHSt* 43, 300; **a.A.** *Rudolphi* NStZ 1998, 472; *Schlothauer* in: AG Strafrecht, „Wahrheitsfindung und ihre Schranken", 1988, S. 80, 88.

2941   LR-*G. Schäfer*[25] § 97 Rn. 21; **a.A.** AK-*Amelung* § 97 Rn. 15; *Krekeler* NStZ 1987, 199, 201.

2942   Siehe zum Meinungsstand *Meyer-Goßner*[55] § 97 Rn. 10. Konkret zu dem von im Rahmen interner Ermittlungen von Rechtsanwälten eines Unternehmens bei Mitarbeitern recherchierten Material *LG Hamburg* StV 2011, 148 m. Anm. *Jahn/Kirsch* u. Anm. *Bauer* StV 2012, 277 = NJW 2011, 942; *LG Mannheim* ZWH 2012, 429; zu § 160a StPO siehe Rüge 265a Rn. 2206.

2943   LR-*G. Schäfer*[25] § 97 Rn. 147 sowie Fn. 401.

2944   Vgl. Nachweise bei LR-*G. Schäfer*[25] § 97 Rn. 147 Fn. 401.

dest zu diesem Zeitpunkt ein das Zeugnisverweigerungsrecht begründendes Verhältnis bestand.

2115 • Es ist weiterhin vorzutragen, dass es sich bei den Beweisstücken, deren gedanklicher Inhalt im Urteil verwertet worden ist, nicht um Deliktsgegenstände handelt, die der Einziehung oder dem Verfall unterliegen (§ 97 Abs. 2 S. 3 StPO). Dass sie zugleich als Beweismittel Verwendung gefunden haben, begründet ein Verwertungsverbot nicht. Etwas anderes gilt nur für Beweisstücke, die sich im Gewahrsam von Abgeordneten (§ 97 Abs. 3 StPO) und ihren Helfern (§ 97 Abs. 4 StPO) befanden.[2945] Letzteres muss ggf. mitgeteilt werden.

2116 • Das Revisionsvorbringen muss Ausführungen dazu enthalten, dass im Zeitpunkt der Beschlagnahme der ansonsten der Beschlagnahmefreiheit unterliegenden Gegenstände etc. bzw. der darauf beruhenden Erkenntnisgewinnung kein durch *bestimmte Tatsachen* begründeter Verdacht der Tatbeteiligung etc. i.S.d. § 97 Abs. 2 S. 3 StPO des Zeugnisverweigerungsberechtigten an der verfahrensgegenständlichen Tat bestand.[2946] Dies gilt allerdings nicht für Abgeordnete und ihre Helfer.[2947]

2117 Entfällt später der zunächst vorhandene Beteiligungsverdacht, bleibt das Beweismittel weiterhin verwertbar.[2948] Etwas anderes muss aber jedenfalls dann gelten, wenn nachträglich festgestellt wird, dass schon ursprünglich ein Tatbeteiligungsverdacht aus rechtlichen oder tatsächlichen Gründen hätte verneint werden müssen,[2949] was vom Revisionsgericht in vollem Umfang auf der Basis des Kenntnisstandes der Behörde im Zeitpunkt der Beschlagnahmemaßnahme zu überprüfen ist, ohne dass dieser ein Beurteilungsspielraum eingeräumt werden darf.[2950] Die betreffenden Anknüpfungstatsachen für diese Prüfung sind mitzuteilen.

2118 Ist bei zunächst unzulässiger Beschlagnahme ein Beteiligungsverdacht erst später entstanden, so ist das Beweismittel verwertbar,[2951] es sei denn, dass er sich erst aus den zunächst beschlagnahmefreien Beweisstücken ergeben hat.[2952] Der Fortbestand des Beweisverwertungsverbots gilt aber nur dann, wenn das Beweismittel nicht freiwillig herausgegeben worden war.

2945 *LR-G. Schäfer*[25] § 97 Rn. 128.
2946 Zu den an die Konkretisierung des Verdachts durch bestimmte Tatsachen zu stellenden Anforderungen *KK-Nack*[6] § 97 Rn. 35.
2947 *LR-G. Schäfer*[25] § 97 Rn. 128. Zu bei einem Verteidiger geltenden Einschränkungen siehe Rüge 266 Rn. 2216.
2948 Nachweis bei *LR-G. Schäfer*[25] § 97 Rn. 147 Fn. 400.
2949 Dazu *LR-G. Schäfer*[25] § 97 Rn. 40.
2950 *LR-G. Schäfer*[25] § 97 Rn. 151; *Schlothauer* StraFo 1998, 402, 404; **a.A.** *BGHSt* 41, 30 für die Verwertung der Erkenntnisse aus einer Telekommunikationsüberwachung.
2951 *H.M. BGHSt* 25, 168; *AK-StPO-Amelung* § 97 Rn. 36; *Meyer-Goßner*[55] § 97 Rn. 48.
2952 *BGH* NStZ 2001, 604; *LG Koblenz* StV 1985, 9; *LG Saarbrücken* NStZ 1988, 424; *LG Köln* NJW 1960, 1875; *LR-G. Schäfer*[25] § 97 Rn. 146 und 39.

Es ist deshalb darzulegen, dass auch bis zum Zeitpunkt der Urteilsfindung kein Tatbeteiligungsverdacht entstanden ist (Negativtatsache![2953]) bzw. ein solcher sich erst aufgrund der unzulässigen Beschlagnahme ergeben hat.

• Auch im Falle des Entfallens der Beschlagnahmefreiheit infolge des Verdachts   **2119**
der Tatbeteiligung i.s.d. § 97 Abs. 2 S. 3 StPO darf eine Verwertung des gedanklichen Inhalts des Beweismittels nur wegen der Tat im verfahrensrechtlichen Sinn (§ 264 StPO) erfolgen, hinsichtlich welcher Beteiligungsverdacht bestanden hat, selbst wenn mehrere Taten Gegenstand desselben Verfahrens
sind.[2954] Es ist deshalb konkret die Straftat zu bezeichnen, bezüglich derer der
Zeugnisverweigerungsberechtigte im Beteiligungsverdacht stand und dass die
Verwertung bezüglich einer anderen Tat als jener erfolgte.

• Es muss vorgetragen werden, dass bei unzulässiger Beschlagnahme der frühere   **2120**
Gewahrsamsinhaber nicht gleichwohl in die Verwertung eingewilligt hat (Negativtatsache!). Hat sich ein Zeugnisverweigerungsberechtigter i.s.d. § 52 StPO
mit der Verwertung einverstanden erklärt, ist dieses allerdings nur dann wirksam, wenn er zuvor darüber belehrt worden war, dass das Beweismittel ansonsten einem Beweisverwertungsverbot unterliege.[2955] Der Verzicht auf das Beschlagnahmeverbot kann aber widerrufen worden sein.[2956]

• Es ist schließlich vorzutragen, dass ein Zeugnisverweigerungsberechtigter i.s.d.   **2121**
§ 53 Abs. 1 S. 1 Nr. 2–3b StPO nicht seitens des Beschuldigten bzw. (früheren)
Mitbeschuldigten (wirksam) von seiner Schweigepflicht entbunden worden ist
(Negativtatsache!)[2957] oder der Beschuldigte/Mitbeschuldigte nicht auf das Beschlagnahmeverbot verzichtet bzw. in die Verwertung eingewilligt hat, wenn es
um die Verwertung eines aus diesem beruflichen Vertrauensverhältnis resultierenden Gegenstandes/Schriftstücks oder einer Mitteilung geht. Verzicht/Einwil-
ligung/Befreiung von der Schweigepflicht können aber widerrufen worden
sein.[2958]

• Ist der Verwertung des beschlagnahmefreien Beweismittels und seines gedank-   **2122**
lichen Inhalts vor bzw. in der Hauptverhandlung widersprochen worden, ist
auch dieser Umstand mit dem jeweiligen Zeitpunkt und der Inhalt einer für den
Widerspruch ggf. gegebenen Begründung[2959] mitzuteilen. Der Inhalt einer daraufhin ggf. ergangenen Entscheidung sollte dann ebenfalls vorgetragen werden.

2953   *BGHSt* 37, 245, 249.
2954   *BGHSt* 18, 227, 229; KK-*Nack*[6] § 97 Rn. 9; LR-*G. Schäfer*[25] § 97 Rn. 148 m.w.N.
       d.h. M.
2955   *BGHSt* 18, 230, 231; LR-*G. Schäfer*[25] § 97 Rn. 145.
2956   Zu den Folgen LR-*G. Schäfer*[25] § 97 Rn. 63 f.
2957   LR-*G. Schäfer*[25] § 97 Rn. 49 m.N. in Fn. 179.
2958   Zu den Folgen LR-*G. Schäfer*[25] § 97 Rn. 60.
2959   Vgl. zu dieser weiteren Voraussetzung der von der Rechtsprechung vertretenen Wider-
       spruchslösung *BGH* StV 2008, 8.

2123 • War das beschlagnahmefreie Beweismittel Gegenstand eines Beschlagnahme-beschlusses (§ 98 Abs. 1 StPO) bzw. einer richterlichen Bestätigung (§ 98 Abs. 2 StPO), sind Datum und Inhalt vollständig im Wortlaut mitzuteilen.[2960]

2124 • Ist der gedankliche Inhalt des beschlagnahmefreien Gegenstandes in die Haupt-verhandlung eingeführt worden (auch durch Vernehmung eines Ermittlungsbe-amten oder auf Vorhalt), sind dieser Umstand sowie das betreffende Schrift-stück ebenfalls vollständig im Wortlaut mitzuteilen. Ebenso ist die Art und Wei-se der Einführung in die Hauptverhandlung darzulegen. So ist bspw. ein Zeuge, durch dessen Vernehmung der Inhalt eingeführt worden ist, namentlich zu be-nennen. Ist der Inhalt durch Verlesung eingeführt worden, sind Zeitpunkt und Inhalt der/des die Verlesung anordnenden Verfügung/Beschlusses sowie die Tatsache der Verlesung vorzutragen.

Abschnitt 6
Hat das Urteil Erkenntnisse aus einer verdeckten Ermittlungsmaßnahme verwertet?

Rüge 260

2125 Hat das Urteil Erkenntnisse aus einer Überwachung der Telekommunikation (§ 100a StPO), aus Verkehrs- einschließlich Standortdaten i.S.d. § 100g Abs. 1 StPO i.V.m. § 96 Abs. 1 TKG, einer Funkzellenabfrage (§ 100g Abs. 2 S. 2 StPO) oder aus Daten der Ken-nung oder des Standorts eines aktiv geschalteten Mobilfunkendgeräts (§ 100i Abs. 1 StPO) verwertet?

I. Rechtsgrundlagen

2126 Verfahrensfehler im Zusammenhang mit der Anordnung oder Durchführung einer Telekommunikationsüberwachung, der Anordnung der Auskunftserteilung über Verkehrs und Standortdaten eines im Stand-by-Modus mitgeführten Mobilfunkge-räts, einer Funkzellenabfrage oder der Anordnung von Ermittlungen der Geräte und Kartennummer sowie des Standorts eines aktiv geschalteten Mobilfunkendgerä-tes[2961] können die Revision nur dann begründen, wenn sie zu einem Beweisverwer-

---

2960 Zu den Folgen eines Verstoßes gegen den Richtervorbehalt siehe *BGH* NJW 2001, 3793.
2961 Zu den Auswirkungen der Neuregelung der Telekommunikationsüberwachung durch Gesetz vom 21.12.2007 (BGBl. I 2007, S. 3198) siehe *Nöding* Die Novellierung der strafprozessualen Regelungen zur Telefonüberwachung, StraFo 2007, 456 u. *Puschke/ Singelnstein* Neuregelung der TKÜ, NJW 2008, 112. Zur Verfassungsmäßigkeit der Neuregelung der Telekommunikationsüberwachung s. *BVerfG* v. 12.10.2011 – 2 BvR 236/08 = StV 2012, 257 m. Anm. *Gercke* = NJW 2012, 833.

tungsverbot führen[2962] und unverwertbare Erkenntnisse gleichwohl bei der Urteilsfindung berücksichtigt werden.

Ferner können Verstöße gegen die ausdrücklichen Verwertungs und Verwendungsregeln der §§ 100a Abs. 4, 100i Abs. 2 S. 2, 101 Abs. 8, 161 Abs. 2 und 477 Abs. 2 StPO zu einem Beweisverwertungsverbot führen mit der Folge, dass gleichwohl verwertete Erkenntnisse ebenfalls die Revision begründen. Schließlich begründet die nach § 160a StPO untersagte Verwendung bzw. Verwertung von Erkenntnissen, die von oder aus der Kommunikation mit Berufsgeheimnisträgern erlangt worden sind, die Revision.[2963] **2127**

Solange fehlerhaft gewonnene, aber verwendete Erkenntnisse nicht unmittelbar bei der Urteilsfindung Berücksichtigung finden, sondern nur als Ermittlungsansatz genutzt werden, soll dies nach Auffassung der Rechtsprechung revisionsrechtlich unbeachtlich sein, weil den Beweisverwertungsverboten, gleichgültig ob sie aus einer fehlerhaften Anordnung oder Durchführung der Maßnahme oder aus einem Verstoß gegen eine gesetzliche Verwendungsregel resultieren, keine Fernwirkung zukomme.[2964] Diese Auffassung ist mit der herrschenden Meinung in der Literatur[2965] abzulehnen. Die durch das Telekommunikationsüberwachungsgesetz vom 21.12.2007 eingeführten Gesetzesvorschriften differenzieren zwischen dem Verbot der Verwertung (§ 100a Abs. 4 StPO), dem Verbot der Verwendung (§§ 101 Abs. 8 S. 3, 160a Abs. 1 StPO) und dem Verbot der Verwertung bzw. Verwendung „zu Beweiszwecken" (§§ 160a Abs. 2, 161 Abs. 2 und 477 Abs. 2 StPO). Letztere Formulierung soll die Verwendung der Erkenntnisse als Ansatz für weitere Ermittlungen nach den Vorstellungen des Gesetzgebers legitimieren.[2966] Im Umkehrschluss muss konsequenterweise den Beweisverwertungs-/-verwendungsverboten nach § 100a Abs. 4 und § 160a Abs. 1 StPO Fernwirkung zukommen.[2967]

2962 LR-*G. Schäfer*[25] § 100a Rn. 117. Eine Übersicht über die Verwertungs- und Verwendungsverbote im Zusammenhang mit der Neuregelung der Telekommunikationsüberwachung gibt *Knierim* StV 2008, 599; zur alten Rechtslage *Neuhaus* FS Rieß 2002, S. 375, insb. S. 401 ff. Zur Verwertbarkeit von Zufallsfunden aus der Telekommunikationsüberwachung, wenn sich zwischen der Durchführung der Maßnahme und der Verwendung der gewonnenen Erkenntnis die Anordnungsvoraussetzungen änderten: *BGH* v. 27.11.2008 – 3 StR 342/98 = *BGHSt* 53, 64 = StV 2009, 398 = NStZ 2009, 224 = JR 2010, 493 m. Anm. *Beck*.

2963 S. Rüge 265a Rn. 2206 u. Rüge 265b Rn. 2213.

2964 *BGH* StV 2006, 225, 227 = NStZ 2006, 402; weitere Nachweise bei LR-*G. Schäfer*[25] § 100a Rn. 115; zu § 100i StPO siehe LR-*G. Schäfer*[25] § 100i Rn. 40.

2965 Nachweise bei LR-*G. Schäfer*[25] § 100a Rn. 116.

2966 *Puschke/Singelnstein*, NJW 2008, 113, 117; KK-*Griesbaum*[6] § 161 Rn. 36.

2967 So für § 100h Abs. 2 S. 1 StPO a.F. schon LR-*G. Schäfer*[25] § 100h Rn. 26 und 27. Nunmehr für § 100a Abs. 4 u. § 160a Abs. 1 StPO auch KK-*Nack*[6] § 100a Rn. 69, wonach auch Angaben aufgrund eines Vorhalts, der aus unverwertbaren Erkenntnissen resultiert, ihrerseits unverwertbar sind. Ebenso KK-*Griesbaum*[6] § 160a Rn. 9; *Meyer-Goßner*[55] § 100a Rn. 25 u. § 160a Rn. 4. Zu § 100a Abs. 4 StPO auch *BVerfG* v. 12.10.2011 – 2 BvR 236/08 = StV 2012, 257 m. Anm. *Gercke* = NJW 2012, 833 (Tz 220).

Über das Beweisverwertungsverbot des § 160a StPO[2968] hinaus unterliegt die Kommunikation zwischen Verteidiger und Mandant dem besonderen Schutz des § 148 StPO[2969].

2128   Seit der Entscheidung *BGH* StV 2001, 545 m. abl. Anm. Ventzke kann die Revision auf die Verletzung eines Beweisverwertungsverbotes im Telekommunikationsbereich nur gestützt werden, wenn der Verwertung nach der Einführung der unverwertbaren Erkenntnisse in die Hauptverhandlung spätestens bis zum Zeitpunkt der Möglichkeit zur Abgabe einer Erklärung gem. § 257 StPO widersprochen worden ist.[2970] Dieser Widerspruch muss ausdrücklich als solcher und nicht verklausuliert (z.B. Antrag auf Gerichtsbeschluss) erhoben werden[2971] und bedarf einer Begründung, aus der die spezielle Angriffsrichtung hervorgeht.[2972] Bei dem Verwendungsverbot des § 101 Abs. 8 S. 3 StPO ist als Negativtatsache vorzutragen, dass der von der Maßnahme betroffene Angeklagte in die Verwendung der dadurch erlangten Daten zur Strafverfolgung nicht eingewilligt hat.

II. Anforderungen an den Vortrag der Rüge

1. Urteilsfindung aufgrund von einem Beweisverwertungsverbot unterliegenden Erkenntnissen aus einer Maßnahme nach § 100a StPO

2129   Vorzutragen sind:

1. Inhalt der Anordnung, Zeitpunkt und die anordnende Instanz (§ 100b Abs. 1 und 2 StPO)

2130   Dies gilt jedenfalls dann, wenn der Gerichtsbeschluss oder die staatsanwaltschaftliche Anordnung im zugrundeliegenden Verfahren ergangen und aktenkundig ist[2973]. Es sind sämtliche Anknüpfungstatsachen mitzuteilen, die zur Beurteilung der Frage erforderlich sind, ob im Zeitpunkt der Anordnung die Annahme des Verdachts einer Katalogtat gerechtfertigt war.[2974] Dazu gehört auch die Antragsschrift der Staatsanwaltschaft. War die Erhebung der Daten rechtswidrig, kann der Mangel durch nachträgliche Änderung der Sachlage nicht ohne weiteres geheilt werden.[2975]

2968   S. Rüge 266a Rn. 2233.
2969   LR-*G. Schäfer*[25] § 100a Rn. 75; siehe hierzu Rüge 266 Rn. 2216.
2970   Siehe noch einmal ausdrücklich *BGH* StV 2006, 225 = NStZ 2006, 402. Ferner KK-*Nack*[6] § 100a Rn. 73.
2971   *BGH* StV 2008, 63 = wistra 2006, 311.
2972   *BGHSt* 52, 38 = StV 2008, 8.
2973   *BGH* NStZ 2007, 117.
2974   *BGH* StV 2008, 65.
2975   *Puschke/Singelnstein* NJW 2008, 113, 117.

2. Art der erlangten und im Urteil verwerteten Erkenntnisse

a) Bestands bzw. Vertragsdaten des Kunden,[2976] **2131**
b) Verkehrsdaten, insbesondere Nummer oder Kennung des anrufenden oder
   angerufenen Anschlusses, Datum, Uhrzeit, Dauer der Verbindung,[2977] auch
   soweit SMS-, Telefax und E-Mail-Verkehr[2978] betroffen sind.
c) Standortdaten bei mobilen Endgeräten[2979] und
d) Inhaltsdaten, d.h. Inhalt geführter Gespräche, Fernschreiben und E-Mail.[2980]

3. Art der Einführung der Erkenntnisse in die Hauptverhandlung

a) Augenscheinseinnahme bei Einführung von Gesprächsinhalten durch Abspie- **2132**
   len von analog oder digital gespeicherten Aufzeichnungen,
b) Urkundenbeweis durch Verlesung von Abdrucken, Ausdrucken (z.B. Listen
   mit Verbindungsdaten) oder sonstigen Schriftstücken,
c) Inaugenscheinnahme ggf. in Verbindung mit Verlesung von Datenträgerin-
   halten, die mittels eines PC visualisiert werden,
d) Vernehmung von Zeugen, insbesondere solchen, die Gesprächsinhalte mit
   oder abgehört und ausgewertet haben,
e) Vernehmung von Sachverständigen oder sachverständigen Zeugen beispielsweise zur Einführung maschinell erstellter Listen,[2981]
f) Einführung durch auf Vorhalt unzulässig gewonnener Erkenntnisse beruhenden Aussagen des Angeklagten, von Zeugen oder Sachverständigen.[2982]
   In diesem Falle muss vorgetragen werden, welchen Inhalt der Vorhalt hatte
   und welche Aussage im Zusammenhang mit dem Vorhalt gemacht wurde.[2983]

4. Gegenstand und Inhalt der verwerteten Erkenntnisse durch vollständige wörtliche Wiedergabe

---

2976 LR-*G. Schäfer*[25] § 100a Rn. 17.
2977 LR-*G. Schäfer*[25] § 100a Rn. 48; KK-*Nack*[6] § 100a Rn. 8 ff.
2978 Für die Sicherstellung von im Postfach bei einem E-Mail-Provider abgespeicherten E-
      Mails bedarf es lediglich der Voraussetzungen des § 99 StPO; der Vorgang unterliegt
      nicht § 100a StPO: *BGH* v. 31.3.2009 – 1 StR 76/09 = NStZ 2009, 397 = NJW 2009,
      1828 = StraFo 2009, 203 (s. auch *BVerfG* v. 16.6.2009 – 2 BvR 902/06 = NJW 2009,
      2431).
2979 *Meyer-Goßner*[55] § 100a Rn.6.
2980 Zur Verwertung von Inhalten, die mit Einwilligung eines Gesprächsinhabers am End-
      gerät mitgehört oder aufgezeichnet wurden: LR-*G. Schäfer*[25] § 100a Rn. 37 und 38 so-
      wie zur „Hörfalle" Rn. 111 und zur Verwertung mitgehörter „Raumgespräche" LR-*G.
      Schäfer*[25] § 100a Rn. 54 jew. m.w.N.
2981 LR-*G. Schäfer*[25] § 100a Rn. 76 ff.
2982 Zur Unverwertbarkeit *BGHSt* 27, 355; KK-*Nack*[6] § 100a Rn. 69.
2983 KK-*Nack*[6] § 100a Rn. 74, *BGH* MDR 1979, 108 (H).

5. Bei Verletzung der Verwertungsverbote gem. §§ 100a, 160a StPO:

2133 a) § 100a Abs. 4 S. 2 StPO begründet ein Verwertungsverbot[2984] für Erkenntnisse aus dem Kernbereich privater Lebensgestaltung,[2985] die durch eine Maßnahme nach § 100a Abs. 1 StPO erlangt worden sind. Letzteres ist darzulegen; die Verwertung ergibt sich aus den schriftlichen Urteilsgründen.

2134 Es ist mitzuteilen, ob es sich bei dem/den von der Maßnahme Betroffenen um den Angeklagten, Mitangeklagte, Mitbeschuldigte, Nachrichtenmittler oder Dritte (insbesondere im Falle von Teilnehmern eines geschützten Vertrauensverhältnisses) handelt.

2135 b) § 160a Abs. 1 StPO normiert für Seelsorger, Verteidiger von Beschuldigten,[2986] Rechtsanwälte etc. und Abgeordnete und deren Berufshelfer i.S.d. § 53a StPO (§ 160a Abs. 3 StPO) ein umfassendes Erhebungs und Verwertungsverbot, dem Fernwirkung in dem Sinne zukommt, dass Erkenntnisse auch nicht als weiterer „Ermittlungsansatz" genutzt werden dürfen. Im Gegensatz zu § 160a Abs. 2 beschränkt sich § 160a Abs. 1 StPO nämlich nicht auf das Verbot der Verwertung von Erkenntnissen „zu Beweiszwecken"[2987].

2136 c) § 160a Abs. 2 StPO normiert nur ein relatives Beweisverwertungsverbot für die in § 53 Abs. 1 S. 1 Nr. 3–3b und Nr. 5 StPO genannten Berufsgeheimnisträger und ihre Helfer (§ 160a Abs. 3 StPO). Hier sind alle Anknüpfungstatsachen für die Beachtung des zur Zulässigkeit der Verwertung von Daten „zu Beweiszwecken" erforderlichen besonderen Verhältnismäßigkeitsmaßstabes vorzutragen, also insbesondere Art und Intensität des Vertrauensverhältnisses und Erheblichkeit der verfolgten Straftat sowie Ausmaß des öffentlichen Verfolgungsinteresses. Das Revisionsgericht hat seine Prüfung der Zulässigkeit der tatrichterlichen Verwertung einschlägiger Erkenntnisse nicht auf die Verletzung des Willkürmaßstabes zu beschränken.[2988]

Sowohl für das Beweisverwertungsverbot nach § 160a Abs. 1 StPO als auch dasjenige des § 160a Abs. 2 StPO muss als **Negativtatsache** ausgeführt werden, dass die Voraussetzungen des § 160a Abs. 4 StPO (auf bestimmte Tatsachen gründender Verstrickungsverdacht)[2989] nicht gegeben sind.[2990] Handelt es sich

---

2984 Zur Fernwirkung siehe Rn. 2127.

2985 Siehe hierzu *BVerfGE* 109, 279 = NJW 2004, 999 = StV 2004, 169; *OLG Düsseldorf* StV 2008, 181.

2986 Darüber hinaus ist das Verteidiger-Mandanten-Verhältnis durch die Vorschrift des § 148 StPO privilegiert. Siehe Rüge 266 Rn. 2216.

2987 Siehe Rn. 2127. Zur Fernwirkung des Verwertungsverbots des § 100h Abs. 2 StPO a.F. siehe LR-*G. Schäfer*[25] § 100h Rn. 26.

2988 SK-StPO-*Wolter*[4] § 160a Rn. 49; a.A. KK-*Griesbaum*[6] § 160a Rn. 23 u. 24. Nicht so weitgehend wie Griesbaum *Meyer-Goßner*[55] § 160a Rn. 18.

2989 Hierzu KK-*Griesbaum*[6] § 160a Rn. 18.

2990 *Meyer-Goßner*[55] § 160a Rn. 18.

um Erkenntnisse aus einem Verteidigungsverhältnis, sind im Hinblick auf § 148 StPO an die Annahme der „Verstrickungsvoraussetzung" in der Person des Verteidigers erhöhte Anforderungen zu stellen.[2991] Zusätzlich ist mitzuteilen, dass der Berufsgeheimnisträger nicht von der Schweigepflicht entbunden worden ist oder auf die Geltendmachung des Zeugnisverweigerungsrechts verzichtet hat (Negativtatsache!), weil ein Verwertungsverbot nur besteht, soweit das Zeugnisverweigerungsrecht reicht.

6. Bei Verletzung des Verwendungsverbots nach § 101 Abs. 8 StPO   **2137**

Nach § 101 Abs. 8 StPO sind Informationen, die für die Strafverfolgung nicht mehr erforderlich sind, unverzüglich zu vernichten. Unterbleibt dies, weil sie noch für eine etwaige gerichtliche Überprüfung der Rechtmäßigkeit der Anordnung sowie der Art und Weise des Vollzugs der Maßnahme (§ 101 Abs. 7 StPO) benötigt werden, dürfen sie nur zu diesem Zweck verwendet werden. Finden sie ohne Einwilligung des von der Maßnahme betroffenen Angeklagten dennoch im Rahmen der Urteilsfindung Berücksichtigung, begründet die Verletzung des § 101 Abs. 8 StPO die Revision.

Es ist vorzutragen, dass die bei der Urteilsfindung berücksichtigten Erkenntnisse aus einer Maßnahme nach § 100a Abs. 1 StPO herrührten und die Daten für die Strafverfolgung nicht mehr erforderlich waren (§ 101 Abs. 8 S. 1 StPO). Der von der Maßnahme Betroffene hat in die Verwertung nicht eingewilligt (Negativtatsache!).

7. Bei Verletzung des Verwendungsverbots bei Verwertung von durch eine rechtmä-   **2138** ßige Anordnung der Telekommunikationsüberwachung präventiv-polizeilich erlangten Erkenntnissen (§ 161 Abs. 2 StPO) oder solchen aus einem anderen, eine andere Tat im prozessualen Sinn betreffenden Strafverfahren (§ 477 Abs. 2 StPO):

Danach wird gegen ein Beweisverwertungsverbot verstoßen, wenn Erkenntnisse zu Beweiszwecken zur Aburteilung einer Tat Verwendung finden, für die keine entsprechende Überwachungsmaßnahme hätte angeordnet werden dürfen. Als Negativtatsache ist vorzutragen, dass die von der Maßnahme betroffene Person in die Verwertung nicht eingewilligt hat.

Es müssen insoweit der Inhalt der staatsanwaltschaftlichen oder gerichtlichen Anordnung, Verlängerungsentscheidungen, in Bezug genommene Aktenteile, Antragsschriften der Staatsanwaltschaft vollständig im Wortlaut mitgeteilt werden. Bei Erhebung der allgemeinen Sachrüge ist der Nachweis der Verwendung der Erkenntnisse zur Aburteilung einer Straftat entbehrlich, zu deren Aufklärung die zu Erkenntnissen führende Überwachungsmaßnahme nicht hätte angeordnet werden dürfen.

8. Bei Verletzung des Verwendungsverbots bei Verwertung von durch eine recht-   **2139** mäßige Anordnung der Telekommunikationsüberwachung erlangten Erkenntnissen (Zufallsfunden) im Ausgangsverfahren:

2991   Siehe hierzu Rüge 266 Rn. 2229.

Hierzu gibt es in Rechtsprechung und Literatur unterschiedliche Auffassungen.[2992] Nach überwiegender Meinung sollen nur solche Erkenntnisse für die Aburteilung von Straftaten unberücksichtigt bleiben, die selbst keine Katalogtat betreffen und auch keinen unmittelbaren Bezug zu einer Katalogtat haben.[2993] Betrifft ein Zufallsfund eine Tat, die im Zusammenhang mit einer Katalogtat steht,[2994] welche bei der Anordnung aber nicht Gegenstand der (richterlichen) Prüfung war, soll auch diese unverwertbar sein.[2995] Vorzutragen sind auch hier die der Telekommunikationsüberwachung zugrunde liegenden Anordnungen etc. (siehe lit. a Rn. 2130). Die fehlende Einwilligung der von der Maßnahme betroffenen Person ist als Negativtatsache vorzutragen.

2140 Für die Verwendung personenbezogener Daten aus nicht strafprozessualen – insbesondere präventiven – Maßnahmen gilt die Vorschrift des § 161 Abs. 2 StPO, wonach die ohne Einwilligung der von der Maßnahme betroffenen Person erlangten personenbezogenen Daten nur zur Aufklärung solcher Straftaten verwendet werden dürfen, zu deren Aufklärung die betreffende Ermittlungsmaßnahme auch nach der StPO hätte angeordnet werden dürfen.[2996] Bei einer entsprechenden Rüge ist als Negativtatsache die fehlende Einwilligung in die Verwendung mitzuteilen.

Erkenntnisse aus rechtswidrig angeordneten Überwachungsmaßnahmen dürfen nicht als Beweismittel verwertet werden.[2997]

2141 9. Bei fehlenden sachlichen Voraussetzungen: Wird die Verletzung eines Verwertungsverbots gerügt, das aus Mängeln bei den sachlichen Voraussetzungen der Anordnung (§ 100a StPO) abgeleitet wird, sind ebenfalls der Inhalt der der Überwachung zugrunde liegenden (richterlichen) Anordnungen, Verlängerungsentscheidungen, in Bezug genommene Aktenteile sowie Antragsschriften der Staatsanwaltschaft im Wortlaut mitzuteilen.

Ergibt sich daraus, dass wegen einer Straftat die Überwachung angeordnet wurde, die keine Katalogtat i.S.d. § 100a StPO ist oder der der Anordnung zugrunde liegende Sachverhalt rechtlich unzutreffend unter eine Katalogtat subsumiert wurde, begründet dies auch nach Auffassung der Rechtsprechung ein Beweisverwertungsverbot.[2998] Es müssen dazu sämtliche – dem Beschwerdeführer zu-

---

2992   Vgl. LR-*G. Schäfer*[25] § 100a Rn. 89 ff.; KK-*Nack*[6] § 100a Rn. 58 ff.; *Meyer-Goßner*[55] § 100a Rn. 32 ff. m.w.N. aus Rspr. und Lit.

2993   LR-*G. Schäfer*[25] § 100a Rn. 97, *BGH* StV 2001, 545.

2994   Zur Fragwürdigkeit der Zusammenhangsformel vgl. *Rieß* in: AG Strafrecht, „Wahrheitsfindung und ihre Schranken", 1989 S. 141 ff.

2995   KK-*Nack*[6] § 100a Rn. 62, siehe *BGH* NStZ 1998, 426 = StV 1998, 247.

2996   Siehe KK-*Griesbaum*[6] § 161 Rn. 35.

2997   KK-*Griesbaum*[6] § 161 Rn. 40.

2998   *BGHSt* 31, 304, 308 = StV 1983, 230; 32, 68, 70 = StV 1984, 1; 41, 30, 31 = StV 1995, 226; 47, 362 = StV 2003, 2 m. Anm. *Schlothauer* StV 2003, 208; LR-*G. Schäfer*[25] § 100a Rn. 98.

gänglichen – Aktenbestandteile mitgeteilt werden, die dem Revisionsgericht die Beurteilung ermöglichen, ob der Tatrichter bei der Wertung, es habe der Verdacht einer Katalogtat bestanden, den ihm zustehenden Beurteilungsspielraum nicht verlassen hat.[2999]

Ob Mängel bei der Begründung des Tatverdachts, der Behandlung der Subsidiaritätsklausel und der Beachtung des Verhältnismäßigkeitsgrundsatzes zu einem Beweisverwertungsverbot führen können, setzt zunächst voraus, dass das Revisionsgericht überhaupt die tatsächlichen Grundlagen der Anordnung zu prüfen bereit ist. Die Rechtsprechung des BGH will hier dem zur Anordnung berufenen Richter oder Staatsanwalt einen Beurteilungsspielraum einräumen, den sowohl der Tatrichter bei der Entscheidung über die Verwertbarkeit als auch das Revisionsgericht bei der Prüfung einer Verfahrensrüge zu respektieren hätten.[3000] Lediglich eine objektiv willkürliche nicht mehr vertretbare Entscheidung sei vom Tat und vom Revisionsgericht nicht hinzunehmen mit der Folge eines Verwertungsverbots.[3001] Diese Auffassung ist abzulehnen. Es ist im Verwaltungsrecht anerkannt, dass auch unbestimmte Rechtsbegriffe und Entscheidungen innerhalb eines Beurteilungsspielraums in vollem Umfang der gerichtlichen Nachprüfung unterliegen.[3002] Es wäre auch widersinnig, wenn die (nachträgliche) Feststellung der Rechtswidrigkeit der Anordnung im Rahmen eines nach § 101 Abs. 7 S. 2 StPO zulässigen gerichtlichen oder nach § 101 Abs. 7 S. 3 StPO möglichen Beschwerdeverfahrens eine intensivere Prüfung[3003] zuließe als die Überprüfung der Entscheidung über die Verwertbarkeit rechtswidrig erlangter Erkenntnisse.[3004] Führt die Überprüfung zu dem Ergebnis, dass der Tatverdacht, die Beachtung des Subsidiaritätsgrundsatzes oder des Verhältnismäßigkeitsgebots zu Unrecht bejaht wurden, wobei der Sachstand im Zeitpunkt der Anordnung maßgeblich ist,[3005] muss dies angesichts der Schwere des Eingriffs in das Grundrecht des Art. 10 GG zu einem Beweisverwertungsverbot führen.[3006]

2142

2999 *BGH* StV 2008, 65.

3000 *BGHSt* 41, 30 = StV 1995, 226; 47, 362 = StV 2003, 2 m. Anm. *Schlothauer* 208; *BGH* NJW 2003, 1880; zu dieser Rspr. s. *Schlothauer* StraFo 1998, 404.

3001 *KK-Nack*[6] § 100a Rn. 57 m.w.N.

3002 Nachweise bei *LR-G. Schäfer*[25] § 100a Rn. 101 und *Schlothauer* StraFo 1998, 404.

3003 Zur Frage der Bindungswirkung der Feststellung der Rechtswidrigkeit der Anordnung der Maßnahme im Verfahren nach § 101 Abs. 7 S. 2 u. 3 StPO für die Annahme eines Beweisverwertungsverbots siehe einerseits *Meyer-Goßner*[55] § 101 Rn. 26; *KK-Nack*[6] § 101 Rn. 35 (keine), andererseits *Schlothauer* StV 2003, 208 (begrenzte Bindungswirkung).

3004 *Schlothauer* StV 2003, 208.

3005 *BGHSt* 47, 362 = StV 2003, 2 m. Anm. *Schlothauer* 208: Bei Verwertung von in anderen Verfahren gewonnenen Erkenntnissen muss der Tatrichter ggf. auch Akten dieser Verfahren beiziehen und eigenverantwortlich die Verwertbarkeit prüfen, anderenfalls dies verfahrensfehlerhaft ist.

3006 Einschränkend *LR-G. Schäfer*[25] § 100a Rn. 104, dessen Ergebnisse trotz Ablehnung der Auffassung vom nur eingeschränkt überprüfbaren Beurteilungsspielraum kaum von denjenigen der höchstrichterlichen Rechtsprechung abweichen.

Im Falle einer Kette von aufeinander beruhenden Telekommunikations-Überwachungsmaßnahmen soll sich die Prüfung für die Frage der Verwertbarkeit zusätzlich auf diejenige Überwachungsmaßnahme beschränken, der die Erkenntnisse unmittelbar entstammen.[3007]

2143 Soweit es um Mängel bei der Begründung der Anordnung geht, sollen diese ein Beweisverwertungsverbot ausschließen, wenn Tatrichter bzw. Revisionsrichter auf der Grundlage des im Zeitpunkt der Anordnung bekannten Sachstands zu dem Ergebnis kommen, dass die materiellen Voraussetzungen für die Anordnung seinerzeit tatsächlich gegeben waren. Diese in der Rechtsprechung[3008] vertretene Auffassung läuft ebenfalls auf die Anerkennung der Figur des hypothetischen Ersatzeingriffs hinaus und führt dazu, dass dem Tat bzw. Revisionsgericht die Befugnis zu einer Entscheidung beigemessen wird, für die es nicht zuständig ist,[3009]

Auf alle Fälle muss im Rahmen der Revisionsbegründung dargelegt werden, welche Tatsachen für bzw. gegen den für die Anordnung erforderlichen Tatverdacht sprachen,[3010] ob weniger einschneidende Ermittlungsmöglichkeiten anhand der Aktenlage ersichtlich waren und ob sich die Anordnung als verhältnismäßig darstellte. An die Verhältnismäßigkeitsprüfung sind bei Überwachungsmaßnahmen, von denen Berufsgeheimnisträger gem. §§ 53 Abs. 1 S. 1 Nr. 3–3b oder 5, 53a StPO betroffen sind, gesteigerte Anforderungen zu stellen[3011] (siehe § 160a Abs. 2 StPO).

2144 Ein Verwertungsverbot von Erkenntnissen aufgrund einer rechtlich einwandfreien Anordnung und Durchführung der Telekommunikationsüberwachung wird von der Literatur auch dann unter bestimmten Voraussetzungen angenommen, wenn die weiteren Ermittlungen die Voraussetzungen, die der Anordnung zugrunde lagen, sich nicht bestätigt haben.[3012] Da es auf die Zulässigkeit der Maßnahme im Zeitpunkt der Verwertung der Erkenntnisse ankommt, kann dies trotz rechtmäßiger Datenerhebung zu einem Beweisverwertungsverbot führen.[3013]

3007 *BGH* StV 2006, 225 = NStZ 2006, 402.

3008 Siehe *BGH* NStZ 1997, 294.

3009 Gegen die Heranziehung der Figur des hypothetischen Ersatzeingriffs bei § 100a StPO siehe KK-*Nack*[6] § 100a Rn. 57. Zur Distanzierung von der Figur des hypothetischen rechtmäßigen Ermittlungsverlaufs in Bezug auf die Verletzung des Richtervorbehalts siehe *BGH* StV 2007, 337, 339. Hierzu *Roxin* NStZ 2007, 616.

3010 Zu entsprechenden Anforderungen an das Rügevorbringen *BGH* (5. Strafsenat) NJW 2002, 1880 dagegen *BGH* (3. Strafsenat) St 47, 362; LR-G. *Schäfer*[25] § 100d Rn. 55 rät gleichwohl, in solchen Fällen auch zur Beweislage vorzutragen. So auch *BGH* (1. Strafsenat) StV 2007, 625 = wistra 2006, 311.

3011 LR-G. *Schäfer*[25] § 100a Rn. 71.

3012 *Prittwitz* StV 1984, 302, *Welp* JURA 1981, 479, SK-StPO-*Rudolphi* § 100a Rn. 25, *Kretschmer* StV 1999, 225.

3013 *Puschke/Singelnstein* NJW 2008, 113, 117.

Der Vortrag muss wiederum die ursprünglichen Anordnungen etc. sowie das weitere Schicksal des Verfahrens umfassen. Daraus muss sich ergeben, dass im Zeitpunkt der Verwertung die Voraussetzungen für eine rechtmäßige Ermittlungsmaßnahme nicht (mehr) vorlagen. Ist vor Beginn der Hauptverhandlung gem. § 101 Abs. 7 S. 2 oder 3 StPO die Rechtswidrigkeit der Anordnung festgestellt worden, ist die betreffende Entscheidung ebenfalls mitzuteilen.[3014]

10. Bei fehlenden formellen Voraussetzungen: Wird die Verletzung eines Beweis- **2145** verwertungsverbots auf Mängel bei den förmlichen Voraussetzungen für die Anordnung[3015] gestützt (ein Beweisverwertungsverbot ist zumindest bei einem Verstoß gegen den Richtervorbehalt, auch in Form der Fristüberschreitung[3016], unabhängig davon anzunehmen, ob die materiellen Voraussetzungen für eine solche Anordnung gegeben waren), sind ebenfalls die Tatsachen vollständig vorzutragen, die den Mangel begründen.

Soweit geltend gemacht werden soll, dass die Staatsanwaltschaft die Eilkompe- **2146** tenz des § 100b Abs. 1 S. 2 StPO zu Unrecht in Anspruch genommen habe, kann auf die Ausführungen zur entsprechenden Verletzung der §§ 98 Abs. 1, 105 Abs. 1 StPO verwiesen werden.[3017] Liegt der Maßnahme weder eine richterliche noch eine staatsanwaltschaftliche Anordnung zugrunde, ist dies mitzuteilen. Im Falle der Überschreitung der Frist des § 100b Abs. 1 S. 3 StPO sind das Datum der Anordnung und dasjenige der Überwachung mitzuteilen, anlässlich derer die verwerteten Erkenntnisse gewonnen worden sind. Ferner ist als Negativtatsache vorzutragen, dass keine richterliche Bestätigung erfolgte. Im Falle einer Überschreitung der Fristen des § 100b Abs. 2 S. 4 und 5 StPO sind ebenfalls die Daten der Anordnung und der zur Verwertung führenden Überwachungsmaßnahme und die Tatsache des Fehlens einer Verlängerungsentscheidung vorzutragen. Alle Aktenteile, die im Zusammenhang mit der Inanspruchnahme der Eilkompetenz stehen, sind wörtlich mitzuteilen.

Auch wenn der Inhalt der Anordnung wesentlichen Anforderungen des § 100b **2147** Abs. 2 StPO widerspricht (in diesem Fall ist zusätzlich die Antragsschrift der Staatsanwaltschaft im Wortlaut mitzuteilen, weil dadurch Mängel des Beschlusses kompensiert werden können), kann dies ein Beweisverwertungsverbot begründen. Ebenso sind solche Erkenntnisse unverwertbar, die zu einem Zeitpunkt gewonnen worden sind, zu dem die Maßnahme nach § 100b Abs. 4

3014 Zur Frage der Bindungswirkung dieser Feststellung als Voraussetzung für die Annahme eines Beweisverwertungsverbots siehe einerseits *Meyer-Goßner*[55] § 101 Rn. 26 (keine), andererseits *Schlothauer* StV 2003, 208 (begrenzte Bindungswirkung).
3015 Vgl. KK-*Nack*[6] § 100a Rn. 55.
3016 **A.A.** *BGHSt* 44, 243 = StV 1999, 185 m. abl. Anm. *Asbrock*; ebenfalls abl. *Fezer* JZ 1999, 526 und *Wolters* JR 1999, 521.
3017 Siehe Rüge 258 Rn. 2088 u. Rn. 2095.

StPO schon hätte beendet sein müssen. Dafür ist die zu diesem Zeitpunkt aus den Akten ersichtliche Verdachtslage etc. mitzuteilen.

2148 11. Bei Fernwirkung: Soweit auch bezüglich solcher Erkenntnisse, die mit Hilfe rechtswidrig erlangter Beweise gewonnen wurden, ein Beweisverwertungsverbot geltend gemacht werden soll (Fernwirkung), ist in der Revisionsbegründung der Ursachenzusammenhang darzulegen und auszuschließen, dass die bei der Urteilsfindung verwerteten Beweise auf rechtmäßige Weise erhoben worden sind (Ausschluss eines tatsächlichen und nicht nur hypothetischen Ersatzeingriffs).

2149 12. Tatsache und Inhalt des Widerspruchs gegen die Verwertung der Erkenntnisse sowie Zeitpunkt seiner Geltendmachung (bei dem Verwendungsverbot des § 101 Abs. 8 S. 3 StPO, dass der von der Maßnahme betroffene Angeklagte in die Verwendung der dadurch erlangten Daten für Zwecke der Strafverfolgung nicht eingewilligt hat).

2150 13. Mitteilung des vollständigen Inhalts eines den Widerspruch zurückweisenden Gerichtsbeschlusses.

2. Urteilsfindung mittels einem Beweisverwertungsverbot unterliegenden Erkenntnissen aufgrund einer Maßnahme nach § 100g StPO

2151 • Es sind der Inhalt der Anordnung (§ 100g Abs. 2 i.V.m. § 100b Abs. 1 und 2 StPO) und ihr Zeitpunkt mitzuteilen.

2152 • Darzulegen ist, dass und konkret welche (auch Zeitpunkt der Erhebung der) Verkehrsdaten i.S.d. § 96 Abs. 1 TKG, über die den Strafverfolgungsbehörden bzw. dem Gericht Auskunft von einem Telekommunikationsdienstanbieter erteilt wurde, bei der Urteilsfindung berücksichtigt wurden einschließlich erhobener Standortdaten von Mobilfunkgeräten, auch wenn diese nur im Stand-by-Modus mitgeführt wurden. Unter den Voraussetzungen des § 100g Abs. 1 S. 3 StPO dürfen auch Erkenntnisse einer Echtzeitauslesung verwertet werden. Ggf. ist darzulegen, welche Erkenntnisse aus einer Funkzellenabfrage (§ 100g Abs. 2 S. 2 StPO) im Urteil berücksichtigt wurden.

2153 • Es ist darzulegen, auf welche Weise die Erkenntnisse in die Hauptverhandlung eingeführt wurden (siehe Rn. 2132).

2154 • Verwertung von aus dem Schutzbereich von Berufsgeheimnisträgern stammenden Erkenntnissen (§ 160a StPO).

§ 160a Abs. 1 StPO schützt Erkenntnisse über Kontakte von und zu Geistlichen, Abgeordneten, Verteidigern[3018] und Rechtsanwälten etc. sowie deren Berufshelfern (§ 160a Abs. 3 StPO).

Es ist mitzuteilen, dass der Berufsangehörige nicht von der Schweigepflicht entbunden worden ist und auch nicht auf die Geltendmachung des Zeugnisverwei-

---

3018 Zu letzteren siehe Rüge 266 Rn. 2216.

gerungsrechts verzichtet hat (Negativtatsache!), weil ein Verwertungsverbot nur besteht, soweit das Zeugnisverweigerungsrecht reicht.[3019] Erkenntnisse dürfen auch nicht als Ermittlungsansätze Verwendung finden; insoweit setzt sich das Beweisverwertungsverbot an den Ergebnissen dieser Ermittlungen fort.[3020] § 160a Abs. 2 StPO normiert nur ein relatives Beweisverwertungsverbot für die in § 53 Abs. 1 S. 1 Nr. 3–b oder Nr. 5 StPO genannten Berufsgeheimnisträger und ihre Helfer (§ 160a Abs. 3 StPO). Hier sind alle Anknüpfungspunkte für die Beachtung des zur Zulässigkeit der Verwertung von Daten „zu Beweiszwecken" erforderlichen besonderen Verhältnismäßigkeitsmaßstäbe vorzutragen, also insbesondere Art und Intensität des Vertrauensverhältnisses und Erheblichkeit der verfolgten Straftat und Ausmaß des öffentlichen Verfolgungsinteresses. Das Revisionsgericht hat seine Prüfung der tatrichterlichen Verwertung nicht auf die Verletzung des Willkürmaßstabes zu beschränken.[3021]

- Tatsachen, aus denen sich die Verletzung der Verwendungsregelungen der §§ 161 Abs. 2, 477 Abs. 2 StPO ergibt, wenn es sich um präventivpolizeilich oder aus anderen Strafverfahren erlangte Daten zur Aufklärung von Straftaten handelt, bei denen entsprechende Ermittlungseingriffe nicht zulässig gewesen wären.[3022] Die Nicht-Einwilligung des von der Maßnahme Betroffenen ist als Negativtatsache vorzutragen. **2155**

- Nach § 101 Abs. 8 StPO sind Informationen, die für die Strafverfolgung nicht mehr erforderlich sind, unverzüglich zu vernichten. Unterbleibt dies, weil sie noch für eine etwaige gerichtliche Überprüfung der Rechtmäßigkeit der Anordnung sowie der Art und Weise des Vollzugs der Maßnahme (§ 101 Abs. 7 StPO) benötigt werden, dürfen sie nur zu diesem Zweck verwendet werden. Finden sie ohne Einwilligung des von der Maßnahme betroffenen Angeklagten dennoch im Rahmen der Urteilsfindung Berücksichtigung, begründet die Verletzung des § 101 Abs. 8 StPO die Revision. Es ist vorzutragen, dass die bei der Urteilsfindung berücksichtigten Erkenntnisse aus einer Maßnahme nach § 100g Abs. 1 StPO herrührten und die Daten für die Strafverfolgung nicht mehr erforderlich waren (§ 101 Abs. 8 S. 1 StPO). Der von der Maßnahme Betroffene hat in die Verwertung nicht eingewilligt (Negativtatsache!). **2156**

- Wird ein Beweisverwertungsverbot aus sachlichen oder formellen Mängeln der Anordnung abgeleitet (§§ 100b Abs. 1 und 2, 100g Abs. 2 StPO), gilt für den **2157**

3019 Zur Frage eines Widerspruchserfordernis siehe Rüge 259 Rn. 2108.

3020 Im Gegensatz zu § 160a Abs. 2 StPO beschränkt sich § 160a Abs. 1 StPO nicht auf das Verbot der Verwertung von Erkenntnissen „zu Beweiszwecken". KK-*Nack*[6] § 100a Rn. 69; zu § 100h Abs. 2 StPO a.F. siehe LR-*G. Schäfer*[25] § 100h Rn. 26.

3021 SK-StPO-*Wolter*[4] § 160a Rn. 49; **a.A.** KK-*Griesbaum*[6] § 161 Rn. 23; nicht so weitgehend wie *Griesbaum Meyer-Goßner*[55] § 160a Rn. 18.

3022 LR-*G. Schäfer*[25] § 100h Rn. 31; siehe hierzu die Ausführungen unter Rn. 2138 u. 2139.

Revisionsvortrag das für die Telekommunikationsüberwachung Gesagte entsprechend (Rn. 2141, 2144 und 2145).

Besondere Bedeutung gewinnen im Hinblick auf die erweiterte Zulässigkeit der Erfassung von Standortdaten Ausführungen zur Verhältnismäßigkeit dieser Maßnahme. Der Zugriff auf Standortdaten von lediglich im Stand-by-Modus mitgeführten Mobilfunkgeräten erlaubt die Erstellung engmaschiger Bewegungsprofile, wodurch nicht nur der Schutzbereich des Art. 10 GG, sondern auch derjenige des Art. 2 Abs. 1 GG tangiert ist.[3023]

Dem Vortrag zur Beachtung des Verhältnismäßigkeitsgrundsatzes ist auch bei der Verwertung der Ergebnisse einer Funkzellenabfrage (§ 100g Abs. 2 S. 2 StPO) erhöhte Bedeutung beizumessen, weil die Zielwahlsuche eine hohe Eingriffsintensität im Hinblick darauf aufweist, dass im Regelfall im großen Umfang Telekommunikationsdaten völlig unbeteiligter Personen erhoben werden.[3024]

2158 • Es ist im Einzelnen darzulegen, dass seitens des von der Maßnahme betroffenen Angeklagten rechtzeitig Widerspruch gegen die Verwertung erhoben wurde (siehe Rn. 2128). Eines Widerspruchs kann es allerdings nicht in den Fällen bedürfen, in denen sich das Beweisverwertungsverbot, dessen Missachtung mit der Revision gerügt wird, aus einem Verstoß gegen den dem Schutz von Berufsgeheimnisträgern dienenden § 160a StPO ergibt.[3025] Im Hinblick auf die Auffassung des BGH zum Verwertungsverbot bei beschlagnahmefreien Beweismitteln[3026] ist ein gleichwohl erhobener Widerspruch aber unbedingt mitzuteilen. Im Falle der Verletzung des Verwendungsverbots des § 101 Abs. 8 S. 3 StPO ist vorzutragen, dass der von der Maßnahme betroffene Angeklagte in die Verwendung der erlangten Daten zu Zwecken der Strafverfolgung nicht eingewilligt hat.

2159 • Es ist der vollständige Inhalt eines diesen Widerspruch zurückweisenden Gerichtsbeschlusses mitzuteilen.

3. Urteilsfindung mittels aufgrund einer Maßnahme nach § 100i StPO gewonnener, einem Beweisverwertungsverbot unterliegender Erkenntnisse

2160 Soweit ermittelte Daten überhaupt für die Schuld oder Straffrage von Bedeutung sind, kann sich ein Beweisverwertungsverbot, dessen Verletzung gerügt werden

---

3023 Zu den verfassungsgerichtlichen Vorgaben zur Zulässigkeit der Erstellung eines Bewegungsbildes mittels Verbindungsdaten und Standortkennung vgl. *BVerfGE* 107, 299 = NStZ 2003, 441 und *BVerfGE* 113, 348, 383 = NJW 2005, 2603. Zur Bedeutung des Verhältnismäßigkeitsgrundsatzes siehe KK-*Nack*[6] § 100a Rn. 11.

3024 Siehe hierzu *Nöding* StraFo 2007, 456, 460. Zum Grundsatz der Verhältnismäßigkeit bei Maßnahmen nach § 100h Abs. 1 S. 2 StPO a.F. siehe *LG Stade* StV 2005, 434 m. Anm. *Renzel-Rothe/Wesemann* und *LG Magdeburg* StV 2006, 125.

3025 Zu dieser Problematik siehe oben Rüge 259 Rn. 2108.

3026 *BGHSt* 44, 46 = StV 1998, 246; ebenso LR-*G. Schäfer*[25] Vor § 94 Rn. 148.

soll, aus dem speziellen Verwendungsverbot des § 100i Abs. 2 S. 2 StPO[3027] (dieses geht der allgemeinen Verwendungsregel des § 477 Abs. 2 StPO vor), dem Verwendungsverbot des § 101 Abs. 8 S. 3 StPO sowie aus sachlichen oder formellen Mängeln der Anordnung ergeben.

Zum Revisionsvorbringen kann auf die Ausführungen unter Ziffer 1 und 2 verwiesen werden.

III. Verwandte Rügen

1. Sind im Urteil verwertete Erkenntnisse einer Telekommunikationsüberwachung   **2161** prozessordnungsgemäß in die Hauptverhandlung eingeführt worden (anderenfalls Verletzung des § 261 StPO)[3028]?

2. Sind in die Hauptverhandlung eingeführte Erkenntnisse aus einer Telekommunikationsüberwachung zutreffend und soweit sachlich geboten in den Urteilsgründen berücksichtigt worden (anderenfalls Verletzung des § 261 StPO)[3029]?

Rüge 261

Wurden bei der Urteilsfindung einem Beweisverwertungsverbot unterliegende Erkenntnis-   **2162** se aus einem maschinellen Datenabgleich (Rasterfahndung gem. §§ 98a f. StPO) berücksichtigt?

I. Rechtsgrundlagen

Auf Erkenntnissen, die unmittelbar durch eine Rasterfahndung erlangt wurden, wird   **2163** ein Urteil selten beruhen. Eher als eigenständiges Beweismittel kommt ihnen Bedeutung als Ansatz für weitere Ermittlungen zu. Nach herrschender Meinung besteht auch bei rechtswidrigen Maßnahmen keine Fernwirkung eines möglichen Verwertungsverbots.[3030] Eine Verletzung des Verwendungsverbots des § 98b Abs. 3 S. 3 StPO a.F., wonach durch den Abgleich erlangte personenbezogene Daten in anderen Strafverfahren zu Beweiszwecken nur verwendet werden durften, soweit sich daraus Erkenntnisse für die Aufklärung einer in § 98a Abs. 1 StPO bezeichneten Straftat ergaben, wäre nach dieser Auffassung weitgehend folgenlos geblieben. § 98b Abs. 3 S. 3 StPO a.F. ist nunmehr durch §§ 161 Abs. 2, 477 Abs. 2 S. 2 StPO

3027 LR-*G. Schäfer*[25] § 100i Rn. 14 und 40.
3028 Dazu LR-*G. Schäfer*[25] § 100a Rn. 76 und Rüge 226 Rn. 1866, 1869 und 1872.
3029 Siehe Rüge 228 Rn. 1887.
3030 LR-*G. Schäfer*[25] § 98b Rn. 29 und 34, KK-*Nack*[6] § 98b Rn. 16.

ersetzt worden. Es wurde im Gesetzgebungsverfahren mit dieser Neuregelung die Vorstellung verbunden, dass die erlangten Daten als Ermittlungsansatz auch für die Aufklärung solcher Straftaten verwendet werden dürften, bei denen verdeckte Ermittlungsmaßnahmen wie die Rasterfahndung unzulässig gewesen wären.[3031] Sollte sich die Rechtsprechung dem anschließen, wären §§ 161 Abs. 2, 477 Abs. 2 S. 2 StPO für die Rasterfahndung ohne praktische Bedeutung.

2164 Ein Beweisverwertungsverbot wird jedoch im Falle der rechtswidrigen Anordnung der Rasterfahndung angenommen.[3032] Es gelten hier wie auch für die Konsequenzen von Verstößen gegen Verfahrensvorschriften die gleichen Grundsätze wie bei Verstößen im Zusammenhang mit der Telekommunikationsüberwachung.[3033]

2165 Ein Beweisverwendungsverbot noch nicht gelöschter Daten, die zur Strafverfolgung nicht mehr benötigt werden, folgt aus § 101 Abs. 8 S. 3 StPO.

II. Anforderungen an den Vortrag

2166 Der in der Hauptverhandlung verwertete Beweisgegenstand und die Art seiner Einführung in die Hauptverhandlung sind mitzuteilen. Ferner Inhalt und Zeitpunkt eines gegen die Verwertung erhobenen Widerspruchs. Mitzuteilen sind der Anordnungsbeschluss bzw. der Antrag der Staatsanwaltschaft, die (ermittlungs-) richterliche Entscheidung, der Inhalt der diesbezüglich in die Beweisaufnahme eingeführten Beweismittel und die Umstände, aus denen sich die Unzulässigkeit der Rasterfahndung ergibt.[3034]

2167 Für das Verwendungsverbot des § 101 Abs. 8 S. 3 StPO ist vorzutragen, wie und welche Daten in die Hauptverhandlung eingeführt wurden, die Umstände, aus denen sich die Verpflichtung zu ihrer Löschung gem. § 101 Abs. 8 S. 1 StPO ergab und dass der Angeklagte oder ein anderer Betroffener in die Verwendung nicht eingewilligt hat (Negativtatsache – ein Widerspruch ist also nicht erforderlich).

3031 Siehe BT-Drucks. 16/5846, S. 64, 66.
3032 LR-*G. Schäfer*[25] § 98b Rn. 29 m. näheren Erläuterungen.
3033 LR-*G. Schäfer*[25] § 98b Rn. 29 (siehe hierzu Rüge 260 Rn. 2127).
3034 LR-*G. Schäfer*[25] § 98b Rn. 34.

Rüge 262

Wurden aus einer Wohnraumüberwachung i.s.d. § 100c StPO gewonnene Erkenntnisse   **2168**
bei der Urteilsfindung verwertet, wenn das in einer Wohnung nichtöffentlich gesprochene
Wort trotz Bestehens eines Beweiserhebungsverbots abgehört und aufgezeichnet wurde
oder die Erkenntnisse einem Beweisverwertungsverbot unterlagen oder aber die für die
Anordnung und Durchführung der Wohnraumüberwachung vorgeschriebenen gesetzlichen Anforderungen missachtet wurden?

In Betracht kommende Beweisverwertungsverbote[3035] und Anforderungen an den   **2169**
Vortrag:

I. Beweisverwertungsverbot wegen sachlicher Anordnungsmängel

Die Anordnung einer akustischen Wohnraumüberwachung ist nur unter den **mate-**   **2170**
riellen Voraussetzungen des § 100c Abs. 1 und Abs. 2 StPO zulässig. Sie darf sich
nur gegen einen im Zeitpunkt der Anordnung im (qualifizierten[3036]) Verdacht einer
(besonders schweren) Katalogtat stehenden Beschuldigten richten und in seiner
Wohnung durchgeführt werden (§ 100c Abs. 3 S. 1 StPO). In Wohnungen anderer
Personen darf sie nur nach Maßgabe des § 100c Abs. 3 S. 2 StPO durchgeführt werden.

Fehlt es an diesen materiellen Voraussetzungen (Katalogtat, Tatverdacht, Tatsachengrundlage i.s.d. § 100c Abs. 3 S. 2 StPO, Beachtung des Subsidiaritäts und
Verhältnismäßigkeitsgrundsatzes), unterliegen die Erkenntnisse einem Beweisverwertungsverbot. Hierzu und zu den Rügevoraussetzungen kann auf die entsprechenden Ausführungen zur Verletzung eines Beweisverwertungsverbotes im Zusammenhang mit der Telekommunikationsüberwachung verwiesen werden.[3037]

Ein aus sachlichen Mängeln der Anordnung resultierendes Beweisverwertungsverbot kann mit der Revision nur gerügt werden, wenn der Verwertung im Falle der
Einführung der betreffenden Erkenntnisse spätestens bis zu dem in § 257 StPO genannten Zeitpunkt mit einer die Angriffsrichtung erkennen lassenden Begründung[3038] widersprochen worden ist.[3039] Werden bei der Urteilsfindung trotz wirksamen Widerspruchs des betroffenen Angeklagten einem Beweisverwertungsverbot

---

3035   Siehe auch die Übersicht bei *Knierim* StV 2009, 206.
3036   *OLG Celle* StV 2011, 215.
3037   Siehe Rüge 260 Rn. 2127 sowie insbes. Rn. 2130 ff.
3038   *BGH* StV 2008, 8.
3039   KK-*Nack*[6] § 100d Rn. 44, der die Widerspruchslösung zutreffend auf Verwertungsver-
       bote beschränkt, über die der Beschuldigte alleine disponieren kann; gegen das Erfor-
       dernis eines Widerspruchs *Meyer-Goßner*[55] § 100d Rn. 13, der aber nicht zwischen
       den aus ganz unterschiedlichen Gründen resultierenden Beweisverwertungsverboten
       im Zusammenhang mit den §§ 100c und 100d StPO differenziert.

unterliegende Erkenntnisse verwertet, können sich auf diesen Verstoß auch von dem Grundrechtseingriff nicht betroffene Mitangeklagte berufen.

Ist vor Beginn der Hauptverhandlung gem. § 101 Abs. 7 S. 2 StPO die Rechtswidrigkeit der Anordnung festgestellt worden, ist die betreffende Entscheidung ebenfalls mitzuteilen.[3040]

II. Beweisverwertungsverbot wegen formeller Anordnungsmängel

2171 Wird die Verletzung eines Beweisverwertungsverbots auf Mängel bei den förmlichen Voraussetzungen für die Anordnung gestützt (ein Beweisverwertungsverbot ist bei Verletzung des Richtervorbehalts, auch in Form der unvertretbaren Annahme der Eilkompetenz des Vorsitzenden gem. § 100d Abs. 1 S. 2 StPO sowie der Überschreitung der in § 100d Abs. 1 S. 3–6 StPO genannten Fristen[3041] unabhängig davon anzunehmen, ob die materiellen Voraussetzungen für die Anordnung gegeben waren), sind ebenfalls die Tatsachen vollständig vorzutragen, die den Mangel begründen.[3042]

2172 Auch wenn der Inhalt der Anordnung wesentlichen Anforderungen des § 100d Abs. 2 und Abs. 3 StPO widerspricht (in diesem Fall ist auch die Antragsschrift der Staatsanwaltschaft im Wortlaut mitzuteilen, weil dadurch Mängel des Beschlusses kompensiert werden können), kann dies ein Beweisverwertungsverbot begründen. Dies gilt ebenfalls für Erkenntnisse, die zu einem Zeitpunkt gewonnen wurden, als die Voraussetzungen der Anordnung nicht mehr vorlagen (§ 100d Abs. 4 S. 2 StPO), unabhängig davon, ob Gespräche abgehört und aufgezeichnet wurden, nachdem das Gericht bzw. die Staatsanwaltschaft bereits den Abbruch der Maßnahme angeordnet hatten oder dies trotz Vorliegens der Voraussetzungen für den Abbruch unterblieben ist. Dazu sind der Zeitpunkt der betreffenden Anordnung und derjenige der durchgeführten Wohnraumüberwachung bzw. die zu diesem Zeitpunkt aus den Akten ersichtliche Verdachtslage etc. mitzuteilen.

Auch insoweit kann die Revision nur dann auf die Verletzung eines Beweisverwertungsverbotes gestützt werden, wenn der Verwertung der Erkenntnisse im Falle ihrer Einführung spätestens bis zu dem in § 257 StPO genannten Zeitpunkt mit einer die Angriffsrichtung erkennen lassender Begründung[3043] widersprochen worden ist.[3044]

3040 Zur Frage der Bindungswirkung dieser Feststellung als Voraussetzung für die Annahme eines Beweisverwertungsverbots siehe einerseits *Meyer-Goßner*[55] § 101 Rn. 26; KK-*Nack*[6] § 101 Rn. 35 (keine Bindungswirkung), andererseits *Schlothauer* StV 2003, 208 (begrenzte Bindungswirkung).

3041 Siehe dazu oben Rüge 260 Rn. 2146.

3042 Siehe näher Rüge 260 Rn. 2145.

3043 *BGH* StV 2008, 8.

3044 Siehe hierzu die Ausführungen bei Rn. 2170.

Ist vor Beginn der Hauptverhandlung gem. § 101 Abs. 7 S. 2 StPO die Rechtswidrigkeit der Anordnung festgestellt worden, ist die betreffende Entscheidung ebenfalls mitzuteilen.[3045]

III. Ausdrückliche Verwertungsverbote

Zusätzlich zu den bislang angesprochenen enthalten ausdrücklich gesetzlich angeordnete Verwertungsverbote: **2173**

1. § 100c Abs. 5 i.V.m. Abs. 4 StPO betreffend dem Kernbereich privater Lebensgestaltung zuzurechnende Äußerungen[3046]

Der verwertete Inhalt solcher Äußerungen muss sich aus den schriftlichen Urteilsgründen ergeben, weil das Urteil ansonsten nicht auf den unzulässig verwerteten Erkenntnissen beruht. Eines gesonderten Vortrags bedarf es nicht, wenn die allgemeine Sachrüge erhoben worden ist. **2174**

Es muss aber ausgeführt werden, dass die betreffenden Erkenntnisse aus einer akustischen Wohnraumüberwachung stammen und wie diese in die Hauptverhandlung eingeführt worden sind. Die Umstände, weshalb die verwerteten Äußerungen dem Kernbereich der privaten Lebensgestaltung zuzurechnen sind, sind darzulegen.[3047]

Nach der von der Rechtsprechung vertretenen Widerspruchslösung muss ihrer Verwertung spätestens bis zu dem in § 257 StPO genannten Zeitpunkt von dem durch die verwerteten Äußerungen betroffenen Angeklagten mit einer die Angriffsrichtung erkennen lassenden Begründung[3048] widersprochen worden sein, soweit ihre Verwertung seiner Dispositionsbefugnis unterliegt.[3049] Auf die Verletzung des Beweisverwertungsverbotes können bei wirksamem Widerspruch auch andere, nicht von der Maßnahme betroffene, aber wegen derselben Tat verurteilte Mitangeklagte die Revision stützen.

3045 Zur Frage der Bindungswirkung dieser Feststellung s. Fn. zu Rn. 2170 letzter Absatz a.E.

3046 Siehe hierzu *BVerfGE* 109, 279 = NJW 2004, 999 = StV 2004, 169 sowie die Erläuterungen bei *Meyer-Goßner*[55] § 100c Rn. 13 ff. m.w.N. Ferner *OLG Düsseldorf* StV 2008, 181.

3047 Zur Zulässigkeit der Verwertbarkeit von Daten im Strafverfahren, die durch eine akustische Wohnraumüberwachung auf der Grundlage einer polizeirechtlichen Ermächtigung zur Gefahrenabwehr gewonnen worden sind, welche noch keine Regelung zum Schutz des Kernbereichs privater Lebensgestaltung enthielt, *BGH* v. 14.8.2009 – 3 StR 552/08 = *BGHSt* 54, 69 = StV 2009, 675 = NStZ 2010, 44.

3048 *BGH* StV 2008, 8.

3049 KK-*Nack*[6] § 100d Rn. 44; zur Problematik unterschiedlichen Prozessverhaltens mehrerer von der Maßnahme betroffener Angeklagter siehe KK-*Nack*[6] § 100d Rn. 42 u. 43 m.w.N. sowie allgemein zum Problem der „Überkreuzverwertung" *Dencker* StV 1995, 232; s. auch *Wesslau* StV 2010, 41.

Ist es zu einer Entscheidung des anordnenden Gerichts über die Verwertbarkeit der erlangten Erkenntnisse gekommen (§ 100c Abs. 7 S. 1 StPO), ist deren Inhalt im Wortlaut mitzuteilen.

2. § 100c Abs. 6 S. 1 i.v.m. Abs. 5 S. 3 StPO

2175 Erkenntnisse, die durch das Abhören und Aufzeichnen von mit Berufsgeheimnisträgern i.S.d. § 53 StPO[3050] geführten Gesprächen gewonnen worden sind, unterliegen einem Beweisverwertungsverbot.

Dies gilt nach § 100c Abs. 6 S. 3 i.v.m. § 160a Abs. 4 StPO allerdings nur, wenn die Zeugnisverweigerungsberechtigten im Zeitpunkt der Durchführung der Maßnahme[3051] keiner Beteiligung an der verfahrensgegenständlichen Tat oder einer Begünstigung, Strafvereitelung oder Hehlerei verdächtig waren.[3052] Dies sollte als Negativtatsache grundsätzlich vorgetragen werden. Hat das Tatgericht die Verwertbarkeit mit einem entsprechenden Verdacht begründet, unterliegt auch diese Annahme der vollständigen Überprüfung durch das Revisionsgericht. Ein Beurteilungsspielraum besteht insofern nicht.[3053] Soweit allerdings die betreffende Feststellung Ergebnis der in der Hauptverhandlung durchgeführten Beweisaufnahme war, ist die Prüfung beschränkt auf die materiellrechtlichen Voraussetzungen eines strafbaren Verhaltens und die Beweiswürdigung.

2176 Verstöße gegen das Beweisverwertungsverbot des § 100c Abs. 6 S. 1 i.v.m. Abs. 5 S. 3 StPO begründen die Revision unabhängig davon, ob der Verwertung von dem/den Angeklagten in der Hauptverhandlung widersprochen worden ist.[3054] Das gilt auch insoweit, als von der Maßnahme des § 100c Abs. 1 StPO nicht nur die Äußerungen des Zeugnisverweigerungsberechtigten, sondern auch die seines Gesprächspartners erfasst werden und auch letztere dem Erhebungs und Verwertungsverbot unterliegen. Denn die Ausübung des Zeugnisverweigerungsrechts und damit mögli-

---

3050 Zu aus Verteidigergesprächen gewonnenen Erkenntnissen siehe Rüge 266 Rn. 2224 u. 2225.

3051 Ergibt sich erst zu einem späteren Zeitpunkt ein entsprechender Verdacht, muss es nach dem eindeutigen Wortlaut des § 100c Abs. 5 S. 3 StPO bei dem Verwertungsverbot bleiben für den Fall, dass die Aufzeichnungen entgegen § 100c Abs. 5 S. 2 StPO nicht unverzüglich gelöscht worden sein sollten. Sollte der ursprünglich im Zeitpunkt der Durchführung der Maßnahme bestehende Verdacht nachträglich entfallen sein, stellt sich für die Frage der Verwertbarkeit dieselbe Problematik wie bei § 97 Abs. 2 S. 3 StPO (vgl. hierzu *Meyer-Goßner*[55] § 97 Rn. 47 m.N. auch auf die **a.A.** in der Lit.).

3052 Der Verdacht muss durch bestimmte Tatsachen begründet sein (§ 160a Abs. 4 S. 1 StPO). Zu Einzelheiten und Einschränkungen dieser Rückausnahme siehe KK-*Nack*[6] § 100c Rn. 24. Zur privilegierten Stellung eines Verteidigers siehe Rüge 266 Rn. 2216.

3053 LR-*G. Schäfer*[25] § 97 Rn. 151. Es gelten hier dieselben Grundsätze wie bei der Rüge der Verletzung des § 97 StPO (s. Rüge 259 Rn. 2117).

3054 Vgl. KK-*Nack*[6] § 100d Rn 45, **a.A.** LR-*G. Schäfer*[25] § 100d Rn. 41. Im Hinblick darauf sollte ein gleichwohl in der Hauptverhandlung geltend gemachter Widerspruch in der Revisionsbegründung unbedingt vorgetragen werden.

che Bekundungen zu den Äußerungen aller Gesprächsteilnehmer steht allein zur Disposition des Zeugnisverweigerungsberechtigten. Es muss allerdings vorgetragen werden, dass die in § 53 Abs. 1 S. 1 Nr. 2–3b StPO Genannten nicht von ihrer Verpflichtung zur Verschwiegenheit entbunden worden sind (Negativtatsache!) und dass die zur Verweigerung des Zeugnisses berechtigten Berufsgeheimnisträger in die Verwertung ihrer Äußerungen nicht eingewilligt haben (Negativtatsache!).

Soweit das Zeugnisverweigerungsrecht des § 53 StPO nicht auf einer Beziehung zwischen dem Berufsgeheimnisträger und einem Angeklagten, sondern auf einer solchen zu einem Dritten beruht, ist fraglich, ob auch im Hinblick auf den/die Angeklagten ein Beweisverwertungsverbot besteht, dessen Verletzung mit der Revision gerügt werden könnte. Anders als bei § 97 StPO, bei dem aus dem Wortlaut des § 97 Abs. 1 Nr. 1 und 2 StPO geschlossen wird, dass das das Zeugnisverweigerungsrecht begründende Verhältnis gerade zu dem Beschuldigten bestehen müsse,[3055] spricht § 100c Abs. 6 S. 1 StPO ohne jede Einschränkung davon, dass „in Fällen des § 53 (StPO)" der Berufsgeheimnisträger einer Überwachungsmaßnahme nach § 100c Abs. 1 StPO nicht unterworfen werden darf. Auch die Verweisung in § 100c Abs. 6 S. 1 StPO auf § 100c Abs. 5 S. 3 StPO führt zu der Annahme, dass Erkenntnisse über gleichwohl abgehörte und aufgezeichnete Äußerungen ohne jede Einschränkung einem Beweisverwertungsverbot unterliegen.[3056] **2177**

Ist der Berufsgeheimnisträger nicht von der Schweigepflicht entbunden worden und hat er nicht in die Verwertung abgehörter und aufgezeichneter Äußerungen eingewilligt, kann jeder (Mit-)Angeklagte auf die Verwertung von einem Beweisverwertungsverbot unterliegenden Erkenntnissen die Revision stützen.

Ob dem Beweisverwertungsverbot auch Fernwirkung in dem Sinne zukommt, dass auch eine Verwertung als Spurenansatz untersagt ist und auch solche Erkenntnisse einem Beweisverwertungsverbot unterliegen, die als „fruits of the poisonous tree" zu qualifizieren wären, ist noch nicht abschließend geklärt.[3057] Im Hinblick auf das in die Zukunft gerichtete Beweiserhebungsverbot des § 100c Abs. 6 S. 1 StPO, die Löschungsverpflichtung in dem in Bezug genommenen § 100c Abs. 5 S. 2 StPO sowie dem ohne Einschränkung statuierten Verwertungsverbot in § 100c Abs. 5 S. 3 StPO muss aber diesem Beweisverwertungsverbot Fernwirkung beigemessen werden.[3058] **2178**

Ist es zu einer Entscheidung des anordnenden Gerichts über die Verwertbarkeit der erlangten Erkenntnisse gekommen (§ 100c Abs. 7 S. 1 StPO), ist deren Inhalt im Wortlaut mitzuteilen.

3055   LR-*G. Schäfer*[25] § 97 Rn. 21.
3056   KK-*Nack*[6] § 100c Rn. 33.
3057   Verneinend LR-*G. Schäfer*[25] § 100d Rn. 22; zurückhaltender KK-*Nack*[6] § 100d Rn. 39.
3058   Zum Revisionsvortrag siehe Rüge 260 Rn. 2148.

3. § 100 c Abs. 6 S. 2 StPO

2179 Bei den Zeugnisverweigerungsberechtigten i.S.d. §§ 52, 53a StPO sieht § 100c StPO kein Beweiserhebungsverbot, sondern nur ein eingeschränktes Beweisverwertungsverbot vor. Die Verwertbarkeit ist davon abhängig, dass „dies unter Berücksichtigung der Bedeutung des zugrunde liegenden Vertrauensverhältnisses nicht außer Verhältnis zum Interesse an der Erforschung des Sachverhalts (…) steht".

Mit der Revision muss vorgetragen werden, dass Mitbetroffener der Gesprächsüberwachung und aufzeichnung ein im Verhältnis zum Beschuldigten stehender Angehöriger i.S.d. § 52 Abs. 1 StPO war.[3059] Ferner muss vorgetragen werden, dass dieser der Verwertung nicht zugestimmt hat (Negativtatsache!).

Soweit es um Berufshelfer i.S.d. § 53a StPO geht,[3060] muss vorgetragen werden, dass die in § 53 StPO genannten Berufsangehörigen der Verwertung der Aufzeichnung nicht zugestimmt haben (§ 53a Abs. 1 S. 2 StPO) und die Berufshelfer der in § 53 Abs. 1 S. 2–3b StPO genannten Zeugnisverweigerungsberechtigten nicht von der Verpflichtung zur Verschwiegenheit entbunden worden sind (§ 53a Abs. 2 StPO)[3061].

Die Geltendmachung eines Widerspruchs gegen die Verwertung von nach § 100c Abs. 1 StPO erlangten personenbezogenen Informationen ist nicht erforderlich.[3062]

Im Hinblick auf den in § 100c Abs. 6 S. 2 StPO geforderten Abwägungsvorgang sind Art und Inhalt des betroffenen Vertrauensverhältnisses darzulegen.[3063]

Weiterhin muss vorgetragen werden, dass die Voraussetzungen für die Ausnahmevorschrift des § 100c Abs. 6 S. 3 i.V.m. § 160a Abs. 4 StPO (sog. verstrickte Zeugnisverweigerungsberechtigte) nicht vorliegen (Negativtatsache!) oder zu Unrecht angenommen wurden.[3064]

4. § 100c Abs. 7 StPO

2180 Wurden im Urteil Erkenntnisse verwertet, deren Verwertbarkeit von dem Gericht, das die Maßnahme angeordnet hatte, im Hinblick auf die Vorschrift des § 100c Abs. 5 StPO verneint worden war, ist auch dies rechtsfehlerhaft und kann mit der Revision gerügt werden. Infolge der Bindungswirkung der Entscheidung (§ 100c

---

3059 KK-*Nack*[5] § 100c Rn. 25.

3060 Zur Kritik daran, die Berufshelfer anders als die Berufsangehörigen i.S.d. § 53 StPO zu behandeln: LR-*G. Schäfer*[25] § 100d Rn. 23.

3061 Dass bezüglich der Berufshelfer der Schutz auf Gespräche mit Beschuldigten beschränkt sein soll (so KK-*Nack*[5] § 100c Rn. 25), ist nach der Änderung der Kommentierung (KK-*Nack*[6] § 100c Rn. 35) wohl nicht mehr anzunehmen.

3062 Ist gleichwohl der Verwertung widersprochen worden, ist dies und der Inhalt eines darauf ggf. ergangenen Gerichtsbeschlusses mitzuteilen.

3063 Bei dieser Abwägung sind nach Auffassung von KK-*Nack*[6] § 100c Rn. 35 die Grundsätze von *BGHSt* 42, 139 heranzuziehen.

3064 Siehe Rüge 259 Rn. 2116.

Abs. 7 S. 2 StPO) unterliegt deren Richtigkeit nicht der Beurteilung des Revisionsgerichts (§ 336 StPO)[3065]. Vorzutragen sind der Inhalt der Entscheidung des anordnenden Gerichts und die Tatsachen, aus denen sich die untersagte Verwertung der erlangten Erkenntnisse ergibt.

IV. Gegenstand der Revision kann auch die Verletzung der Verwendungsregeln des § 101 Abs. 8 StPO und des § 100d Abs. 5 Nr. 1 und 3 StPO sein

1. Nach § 101 Abs. 8 StPO sind Informationen, die für die Strafverfolgung nicht **2181** mehr erforderlich sind, unverzüglich zu vernichten. Unterbleibt dies, weil sie noch für eine etwaige gerichtliche Überprüfung der Rechtmäßigkeit der Anordnung sowie der Art und Weise des Vollzugs der Maßnahme (§ 101 Abs. 7 StPO) benötigt werden, dürfen sie nur zu diesem Zweck verwendet werden. Finden sie dennoch im Rahmen der Urteilsfindung Berücksichtigung, begründet die Verletzung des § 101 Abs. 8 StPO die Revision.

Es ist vorzutragen, dass die bei der Urteilsfindung berücksichtigten Erkenntnisse aus einer Maßnahme nach § 100c Abs. 1 StPO herrührten. Außerdem ist der Inhalt der Anordnung mitzuteilen, aus der sich ergibt, dass die Aufbewahrung nur aus Gründen des Rechtsschutzes erfolgte oder sie gar nicht mehr gerechtfertigt war und die Daten unverzüglich hätten gelöscht werden müssen. Als Negativtatsache ist vorzutragen, dass der von der Maßnahme betroffene Angeklagte in die Verwendung der dadurch erlangten Daten für Zwecke der Strafverfolgung nicht eingewilligt hat.

2. § 100d Abs. 5 Nr. 1 und 3 StPO regeln die Verwendbarkeit von aus dem Abhö- **2182** ren und Aufzeichnen des in einer Wohnung nicht öffentlich gesprochenen Wortes gewonnenen Erkenntnissen in (anderen) Strafverfahren.[3066] Die Regelung geht den allgemeinen Verwendungsregeln in §§ 161 Abs. 2 bzw. 477 Abs. 2 StPO vor.[3067]

Die bei der Informationsgewinnung erlangten Erkenntnisse dürfen nach Maßgabe der ihr zugrunde liegenden jeweiligen Ermächtigungsnorm keinem Beweisverwertungsverbot unterliegen. Bei Erkenntnissen aus einem anderen Strafverfahren (§ 100d Abs. 5 Nr. 1 StPO) gelten deshalb auch die Beweiserhebungs- und -verwertungsverbote nach § 100c Abs. 4, 5 und 6 StPO[3068]. Bei Erkenntnissen aus den § 100c StPO entsprechenden polizeirechtlichen Maßnahmen (§ 100d Abs. 5 Nr. 3

3065 KK-*Nack*[6] § 100c Rn. 39.
3066 Zur Verwertbarkeit der Gesprächsaufzeichnung mit einem nach § 52 Abs. 1 StPO Zeugnisverweigerungsberechtigten s. *BGH* v. 14.8.2009 – 3 StR 552/08 = *BGHSt* 54, 69 = StV 2009, 675 = NStZ 2010, 44.
3067 *Meyer-Goßner*[55] § 161 Rn. 18b. Auf die Ausführungen zu den Rügeanforderungen (Rüge 260 Rn. 2138) kann aber zurückgegriffen werden.
3068 *BGH* v. 14.8.2009 – 3 StR 552/08 = *BGHSt* 54, 69 = StV 2009, 675 = NStZ 2010, 44; *Meyer-Goßner*[55] § 100d Rn. 6.

StPO) müssen diese rechtmäßig erhoben und die dort jeweils geltenden Verwertbarkeitsvoraussetzungen gegeben sein.[3069]

Im Übrigen würde die auf § 100d Abs. 5 Nr. 1 und 3 StPO gestützte Verwendung von personenbezogenen Informationen zu einem Beweisverwertungsverbot führen,[3070] dessen Verletzung mit der Revision gerügt werden dürfte, wenn darauf die Verurteilung wegen einer anderen Tat gestützt würde, bei der die Anordnung einer Maßnahme nach § 100c StPO unzulässig gewesen wäre, was nicht nur bei einer fehlenden Katalogtat i.S.d. § 100c Abs. 2 StPO, sondern auch bei einer nicht konkretisierten Verdachtslage und der Nichtbeachtung der Subsidiaritätsklausel der Fall ist.[3071]

Das Revisionsvorbringen muss weiterhin ausschließen, dass die in dem anderen Strafverfahren (§ 100d Abs. 5 Nr. 1 StPO) bzw. die polizeirechtlich (§ 100d Abs. 5 Nr. 3 StPO) überwachte Person in die Verwendung der personenbezogenen Informationen eingewilligt hat (Negativtatsache!), wenn diese zur Aburteilung einer nicht zum Katalog des § 100c Abs. 2 StPO gehörenden Straftat herangezogen wurden.[3072]

V. Generelle Rügevoraussetzungen

2183   Bei allen Verfahrensverletzungen im Zusammenhang mit §§ 100c und 100d StPO muss vorgetragen werden, dass es sich um eine mit technischen Mitteln durchgeführte Abhör und Aufzeichnungsmaßnahme des in einer Wohnung nicht öffentlich gesprochenen Wortes gehandelt hat. Die tatsächlichen Voraussetzungen für die Wohnungseigenschaft müssen ebenso dargelegt werden wie die Umstände, die die abgehörten und aufgezeichneten Äußerungen als nichtöffentlich qualifizieren.

Rüge 263

2184   Wurden bei der Urteilsfindung einem Beweisverwertungsverbot unterliegende Erkenntnisse von personenbezogenen Informationen berücksichtigt, die durch Abhören und Aufzeichnen des außerhalb von Wohnungen nicht öffentlich gesprochenen Wortes mit technischen Mitteln gewonnen worden sind (§ 100f Abs. 1 StPO)?

2185   1. Bezüglich der materiellen und formellen Voraussetzungen einer Anordnung nach § 100f Abs. 1 StPO und dem erforderlichen Revisionsvorbringen im Falle

---

3069   *BGH* v. 14.8.2009 – 3 StR 552/08 = *BGHSt* 54, 69 = StV 2009, 675 = NStZ 2010, 44; *KK-Nack*[6] § 100d Rn. 18 u. 19; *Meyer-Goßner*[55] § 100d Rn. 6.
3070   *KK-Nack*[6] § 100d Rn. 13 ff.
3071   *Meyer-Goßner*[55] § 100d Rn. 7; *KK-Nack*[6] § 100d Rn. 15.
3072   Zur Zulässigkeit der Verwertung im Falle der Einwilligung der überwachten Personen *Meyer-Goßner*[55] § 100d Rn. 7.

der Rüge ihrer Verletzungen kann auf die entsprechenden Ausführungen zur Überwachung der Telekommunikation bzw. des Abhörens und Aufzeichnens des nichtöffentlich gesprochenen Wortes in einer Wohnung verwiesen werden.[3073] Die Anordnung der Maßnahme setzt den Verdacht der Begehung einer (zumindest versuchten) Katalogtat i.S.d. § 100a Abs. 2 StPO voraus, bei der es sich um eine im Einzelfall schwerwiegende Straftat handeln muss. Zusätzlich muss der Subsidiaritätsgrundsatz beachtet sein.

Die Zulässigkeit der Erhebung einer Verfahrensrüge ist davon abhängig, dass **2186** der Verwertung des Inhalts der in die Hauptverhandlung eingeführten Erkenntnisse spätestens bis zu dem in § 257 StPO genannten Zeitpunkt widersprochen worden ist.[3074] Der Widerspruch muss eine die Angriffsrichtung erkennen lassende Begründung enthalten. Im Falle der Verletzung des Verwendungsverbots des § 101 Abs. 8 S. 3 StPO muss vorgetragen werden, dass der von der Maßnahme betroffene Angeklagte in die Verwertung der dadurch erlangten Informationen zu Strafverfolgungszwecken nicht eingewilligt hat.

Aus dem Revisionsvortrag muss sich ergeben, dass die verwerteten Erkenntnisse **2187** aus dem mittels technischer Mittel abgehörten und aufgezeichneten nichtöffentlich gesprochenen Wort resultieren.
Die Verletzung des Richtervorbehalts darf nicht dadurch kompensiert werden, dass nach Art eines hypothetischen Ersatzeingriffs argumentiert wird, die Aufzeichnung des gesprochenen Wortes hätte auch auf eine Eilanordnung nach § 100f Abs. 1 i.V.m. § 100b Abs. 1 S. 2 StPO gestützt werden können.[3075]

2. § 100f StPO sieht für die akustische Überwachung des nichtöffentlich gespro- **2188** chenen Wortes außerhalb von Wohnungen keine dem § 100c Abs. 5 und Abs. 6 S. 1 und 2 StPO entsprechenden Verwertungsverbote vor. Dies kann aber nicht bedeuten, dass die akustische Überwachung von Gesprächen des Beschuldigten außerhalb des von Art. 13 GG geschützten Bereichs keinen besonderen Beschränkungen unterliegt. Auch insoweit müssen aus verfassungsrechtlichen Gründen dem Kernbereich privater Lebensgestaltung zuzurechnende Äußerun-

---

3073 Rüge 260 Rn. 2130 ff. sowie Rüge 262 Rn. 2170 u. 2171. Zu Verwertungsverboten und Verwendungsbeschränkungen s. den Überblick bei *Knierim* StV 2009, 206.
3074 KK-*Nack*[6] § 100f Rn. 27.
3075 So aber *BGH* StV 2003, 370 m. **abl.** Anm. *Weßlau* StV 2003, 483; ebenfalls **abl.** *Braum* JZ 2004, 155 und *Fezer* NStZ 2003, 625; zweifelnd *Meyer-Goßner*[55] § 100f Rn. 20. Siehe auch *BGHSt* 51, 285 = StV 2007, 337 = NStZ 2007, 601 = JR 2007, 432 m. Anm. *Ransiek*, wonach dem Aspekt eines möglichen hypothetischen rechtmäßigen Ermittlungsverlaufs bei Verkennung des Richtervorbehalts nach § 105 StPO keine Bedeutung zukommen kann.

gen einem Beweisverwertungsverbot unterliegen.[3076] Auf Gespräche des Beschuldigten mit Zeugnisverweigerungsberechtigten i.S.d. § 52 StPO sind die in § 100c Abs. 6 S. 2 StPO genannten Abwägungskriterien gem. § 160a Abs. 5 StPO anwendbar.[3077] Abhörmaßnahmen, von denen Berufsgeheimnisträger i.S.d. §§ 53, 53a StPO betroffen sind, unterliegen einem Beweisverwertungsverbot nach Maßgabe des § 160a StPO[3078].

2189 Bezüglich des erforderlichen Rügevorbringens kann auf die Ausführungen zur Überwachung des in einer Wohnung nichtöffentlich gesprochenen Wortes verwiesen werden.[3079]

2190 3. Auch für Abhörmaßnahmen nach § 100f Abs. 1 StPO gelten die Verwendungsregeln der §§ 161 Abs. 2 und 477 Abs. 2 StPO, wonach die aus der Überwachung nach § 100f Abs. 1 StPO in anderen Verfahren bzw. aus zu präventiven Zwecken gewonnenen personenbezogenen Informationen[3080] nur für die Aufklärung solcher Straftaten verwertet werden dürfen, wegen derer im anhängigen Verfahren ebenfalls eine akustische Überwachung hätte angeordnet werden dürfen. Wurden gleichwohl die gem. § 100f Abs. 1 StPO erlangten personenbezogenen Informationen verwertet, ist zusätzlich vorzutragen, dass die überwachte Person nicht in die Verwertung zu Beweiszwecken im Strafverfahren eingewilligt hat.[3081]

3076   SK-StPO-*Wolter*[4] § 100f Rn. 30. Für ein in einem Kraftfahrzeug geführtes Selbstgespräch, das mittels akustischer Überwachung aufgezeichnet wurde, hat der *BGH* v. 22.12.2011 – 2 StR 509/10 = StV 2012, 269 m. Anm. *Ladiges* StV 2012, 517 = NStZ 2012, 277 von Verfassungs wegen ein selbständiges Beweisverwertungsverbot bejaht. Zu dieser Entscheidung und den sich daraus ergebenden weiteren Konsequenzen s. auch *Jahn/Geck* JZ 2012, 561, *Wohlers* JR 2012, 389 u. *Warg* NStZ 2012, 237.

3077   So schon für § 100f StPO a.F. KK-*Nack*[5] § 100c Rn. 30; zu § 100f StPO n.F. KK-*Nack*[6] § 100f Rn. 12. Wird bei einem Angeklagten bewusst die Fehlvorstellung hervorgerufen, er könne in der Untersuchungshaft unüberwacht mit seiner Ehefrau sprechen, überschreitet dies die Grenzen zulässiger kriminalistischer List mit der Folge, dass die Erkenntnisse dieser heimlichen Überwachung einem Beweisverwertungsverbot unterliegen: *BGH* v. 29.4.2009 – 1 StR 701/08 = *BGHSt* 53, 294 = StV 2010, 458 m. Anm. *Klesczewski* = NStZ 2009, 519 = StraFo 2009, 371.

3078   Siehe Rüge 266a Rn. 2233; ferner Rüge 260 Rn. 2154. Zur akustischen Überwachung von Verteidigergesprächen siehe Rüge 266 Rn. 2224.

3079   Siehe Rüge 262 Rn. 2171 und 2173.

3080   Durfte schon der Einsatz verdeckter technischer Mittel nicht durchgeführt werden, muss jegliche Verwertung der hierdurch erlangten Beweisergebnisse unterbleiben: *Meyer-Goßner*[50] § 100f Rn. 19 unter Verweis auf *LG Stuttgart* StV 2005, 599. Zur Verwendung personenbezogener Daten aus präventiven Maßnahmen siehe KK-*Nack*[6] § 100f Rn. 24.

3081   Siehe im Übrigen Rüge 260 Rn. 2138.

Rüge 264

Wurden bei der Urteilsfindung einem Beweisverwertungsverbot unterliegende Erkenntnis- **2191**
se aus dem Einsatz technischer Mittel i.S.d. § 100h Abs. 1 bzw. aufgrund einer längerfristigen Observation gem. § 163f StPO verwertet?

Ob nach § 100h Abs. 1 StPO[3082] außerhalb von Wohnungen hergestellte Bildauf- **2192**
nahmen sowie Erkenntnisse, die aus unter Verwendung sonstiger technischer Mittel
durchgeführten Observationen des Beschuldigten gewonnen wurden, einem Beweisverwertungsverbot unterliegen, dürfte im Hinblick auf den Verhältnismäßig-
keitsgrundsatz nur dann zu diskutieren sein, wenn die betreffenden Ermittlungsmaßnahmen bei dem Verdacht von Straftaten von nicht erheblicher Bedeutung zum
Einsatz kommen[3083] oder wenn ein erforderlicher Tatverdacht bei Beginn des Einsatzes dieser Mittel nicht vorlag und sich ein entsprechender Verdacht erst aus den
nach § 100h Abs. 1 StPO gewonnenen Erkenntnissen ergab.

Darüber hinaus wird unter Berücksichtigung der Auffassung des BVerfG[3084] ein Be- **2193**
weisverwertungsverbot nur bei Erkenntnissen einer derartig engmaschigen Observation eines Beschuldigten anzunehmen sein, die den Kernbereich privater Lebensgestaltung tangieren.

Die Erhebung einer Verfahrensrüge wegen Verletzung eines Beweisverwertungs- **2194**
verbotes setzt voraus, dass der Verwertung der betreffenden Erkenntnisse im Zusammenhang mit deren Einführung in die Hauptverhandlung spätestens im Zeitpunkt des § 257 StPO mit einer die Angriffsrichtung erkennbar machenden Begründung widersprochen worden ist.

Handelt es sich um eine längerfristige Observation i.S.d. § 163f Abs. 1 Nr. 1 oder
Nr. 2 StPO[3085], die bei dem Verdacht einer Straftat von erheblicher Bedeutung nur
durch das Gericht, bei Gefahr in Verzug auch durch die Staatsanwaltschaft und ihre
Ermittlungspersonen angeordnet werden darf (§ 163f Abs. 3 StPO), unterliegen Erkenntnisse, die ohne die erforderliche Anordnung oder ohne gerichtliche Bestätigung über die zulässige Dauer (§ 163f Abs. 3 S. 2 StPO) hinaus gewonnen wurden,
einem Beweisverwertungsverbot.[3086]

Vorsorglich sind Inhalt und Zeitpunkt eines gegen die Verwertung von in die
Hauptverhandlung eingeführten Erkenntnissen geltend gemachten Widerspruchs in
der Revisionsbegründung mitzuteilen.

3082 Siehe hierzu auch *Knierim* StV 2009, 206, 207.
3083 *Meyer-Goßner*[55] § 100h Rn. 1.
3084 *BVerfGE* 112, 304 = NJW 2005, 1338.
3085 Zur Abgrenzung der längerfristigen von einer kurzfristigen Observation siehe *OLG Hamburg* StraFo 2007, 374 = StV 2007, 628.
3086 *Meyer-Goßner*[55] § 163f Rn. 10; KK-*Schoreit*[6] § 163f Rn. 35; einschränkend in Fällen eines Verstoßes gegen das staatsanwaltschaftliche Anordnungserfordernis *OLG Hamburg* StraFo 2007, 374 = StV 2007, 628.

2195 Wird die Verletzung des Verwendungsverbots des § 101 Abs. 8 S. 3 StPO gerügt, ist vorzutragen, dass es sich um Erkenntnisse handelte, die durch eine Maßnahme nach §§ 100h bzw. 163f StPO erlangt wurden, diese im Zeitpunkt der Verwertung für Zwecke der Strafverfolgung nicht mehr erforderlich waren und der von der Observationsmaßnahme betroffene Angeklagte in die Verwendung nicht eingewilligt hat.

Rüge 265

2196 Wurden bei der Urteilsfindung einem Beweisverwertungsverbot unterliegende Erkenntnisse aus dem Einsatz eines Verdeckten Ermittlers (§§ 110a und 110b StPO) berücksichtigt?

I. Widerspruchserfordernis

2197 Die Verwertung von einem Verwertungsverbot unterliegenden Erkenntnissen eines Verdeckten Ermittlers begründet die Revision.[3087] Die Frage, ob die Zulässigkeit einer entsprechenden Verfahrensrüge davon abhängt, dass der Verwertung der in die Hauptverhandlung eingeführten Erkenntnisse spätestens bis zu dem in § 257 StPO genannten Zeitpunkt widersprochen worden ist, ist umstritten.[3088] Vorsorglich sind der Inhalt[3089] eines vor oder in der Hauptverhandlung erhobenen Widerspruchs, der genaue Zeitpunkt sowie eine etwa daraufhin ergangene den Widerspruch zurückweisende Entscheidung im Wortlaut mitzuteilen.

II. Fehlende Einsatzvoraussetzungen

2198 Ein Beweisverwertungsverbot für die Erkenntnisse eines Verdeckten Ermittlers kann sich aus den fehlenden materiellen und formellen Voraussetzungen seines Einsatzes ergeben:

2199 1. Im Zeitpunkt der Anordnung des Einsatzes des Verdeckten Ermittlers müssen die Voraussetzungen des § 110a Abs. 1 StPO (Katalogtat, Tatverdacht, Beachtung des Subsidiaritätsgrundsatzes) gegeben gewesen sein. Die in der Rechtsprechung vertretene Annahme eines nicht weiter überprüfbaren Beurteilungsspielraums[3090] ist abzulehnen. Vielmehr ist der Ermittlungsstand zum Zeitpunkt der Anordnung ei-

---

3087 *Meyer-Goßner*[55] § 110b Rn. 13.
3088 Das Widerspruchserfordernis bejahend LR-*G. Schäfer*[25] §§ 110a Rn. 39 und 110e Rn. 31; *BGH* StV 1996, 529; KK-*Nack*[6] § 110b Rn. 20; **verneinend** *Meyer-Goßner*[55] § 110b Rn. 11.
3089 *BGH* StV 2008, 8.
3090 *BGHSt* 42, 103, 107 = StV 1996, 357 m. krit. Anm. *Wesslau* StV 1996, 579 = NStZ 1997, 249 m. krit. Anm. *Bernsmann;* abl. auch *Schlothauer* StraFo 1998, 402, 404.

genständig zu rekonstruieren und auf dieser Grundlage die Verdachtsfrage, die Subsumtion des Sachverhalts unter eine der Katalogtaten sowie die Beachtung des Subsidiaritätsgrundsatzes zu beurteilen.[3091] Ein Beweisverwertungsverbot darf deshalb nicht nur auf Fälle grober – objektiv willkürlicher – Rechtsverstöße bei der Anordnung beschränkt bleiben.[3092]

Zu den Anforderungen an das Revisionsvorbringen kann auf die entsprechenden Ausführungen im Zusammenhang mit der Telekommunikationsüberwachung verwiesen werden.[3093]

2. Mängel bei den förmlichen Voraussetzungen für die Anordnung können ebenfalls ein Beweisverwertungsverbot begründen. Dies gilt insbesondere im Falle der Verletzung des Richtervorbehalts. So muss die Anordnung des Einsatzes in Fällen des § 110b Abs. 2 StPO durch die Polizei ohne Zustimmung des Gerichts ein Beweisverwertungsverbot auslösen, wenn diese sich nicht auf Gefahr in Verzug beruft.[3094] Ebenfalls kann die fehlende Zustimmung des Gerichts in den Fällen des § 110b Abs. 2 StPO ein Beweisverwertungsverbot auslösen, wenn die Eilkompetenz der Staatsanwaltschaft zu Unrecht in Anspruch genommen wurde oder der Verdeckte Ermittler personenbezogene Informationen zu einem Zeitpunkt erlangt hat, zu dem spätestens eine Zustimmung des Gerichts hätte eingeholt werden müssen (§ 110b Abs. 2 S. 4 StPO)[3095]. Ebenfalls müssen gravierende Mängel in der Zustimmungsbegründung zur Annahme eines Beweisverwertungsverbotes führen.[3096] Die fehlende Zustimmung der Staatsanwaltschaft in den Fällen des § 110b Abs. 2 S. 2 StPO begründet ebenfalls ein Beweisverwertungsverbot.[3097] Ein Fehlen der essentiellen Eingriffsvoraussetzungen darf nicht mit dem Gesichtspunkt des hypothetischen Ersatzeingriffs geheilt werden.[3098].

2200

3091 Gegenüber den vergleichbaren Ausführungen zur Prüfungspflicht des erkennenden Richters und des Revisionsgerichts bei der Telekommunikationsüberwachung von LR-*G. Schäfer*[25] § 100a Rn. 108, will dieser beim Einsatz Verdeckter Ermittler den Ermittlungsbehörden einen Beurteilungsspielraum einräumen, den Tat- und Revisionsgericht hinzunehmen hätten (LR-*G. Schäfer*[25] § 110e Rn. 15; ebenso KK-*Nack*[6] § 110b Rn. 12).

3092 So aber LR-*G. Schäfer*[25] § 110e Rn. 15 sowie KK-*Nack*[6] § 110b Rn. 13.

3093 Siehe Rüge 260 Rn. 2141 ff.

3094 LR-*G. Schäfer*[25] § 110b Rn. 21; *Meyer-Goßner*[55] § 110b Rn. 11; KK-*Nack*[6] § 110b Rn. 13 beschränkt auf Fälle der Willkür.

3095 LR-*G. Schäfer*[25] § 110e Rn. 21 unter vier diskussionswürdigen Einschränkungen, denen bei dem Vortrag der Rüge der Verletzung des Beweisverwertungsverbots Rechnung getragen werden sollte. KK-*Nack*[6] § 110b Rn. 13 beschränkt auf Fälle der Willkür.

3096 LR-*G. Schäfer*[25] § 110e Rn. 27; ebenso KK-*Nack*[6] § 110b Rn. 13.

3097 LR-*G. Schäfer*[25] § 110e Rn. 26 mit näherer Konkretisierung; ebenso KK-*Nack*[6] § 110b Rn. 13 bei Willkür.

3098 KK-*Nack*[6] § 110b Rn. 14.

Zum Revisionsvorbringen kann auf die entsprechenden Ausführungen im Zusammenhang mit der Telekommunikationsüberwachung verwiesen werden.[3099]

2201 3. Ein Beweisverwertungsverbot muss sich schließlich für Erkenntnisse ergeben, die der Verdeckte Ermittler unter Verstoß gegen § 110c S. 2 StPO gewonnen hat, wenn er sich also den Zutritt zur Wohnung in unzulässiger Weise erschlichen hat.[3100]

Zur Begründung der Verfahrensrüge ist vorzutragen, dass im Urteil Erkenntnisse eines Verdeckten Ermittlers verwertet wurden. Neben den Anordnungs bzw. Zustimmungsentscheidungen ist mitzuteilen, dass der Verdeckte Ermittler diese Erkenntnisse aufgrund seines Zutritts zu einer nicht allgemein zugänglichen Wohnung erlangt hat. Die Umstände, die dazu geführt haben, dass der Berechtigte sein Einverständnis zum Betreten der Wohnung erteilt hat und der Verdeckte Ermittler durch ein über die Nutzung der Legende hinausgehendes Vortäuschen eines Zutrittsrechts das Einverständnis herbeigeführt hat, sind konkret darzustellen.

Erst recht unterliegen Erkenntnisse einem Beweisverwertungsverbot, die ein Verdeckter Ermittler nach einem ohne Einverständnis des Berechtigten erfolgten Betreten der Wohnung erlangt hat.

III. Verwendungsbeschränkungen

2202 Ein Beweisverwertungsverbot kann sich auch aus der Verwendung rechtmäßig gewonnener Erkenntnisse eines Verdeckten Ermittlers aufgrund eines präventivpolizeilichen Einsatzes oder anlässlich der Aufklärung anderer Straftaten in anderen Verfahren ergeben. Es gelten hier die Verwendungsregeln der §§ 161 Abs. 2 und 477 Abs. 2 StPO[3101]. Personenbezogene Daten, die aus einem Einsatz technischer Mittel zur Eigensicherung des nicht offen ermittelnden Beamten in oder aus einer Wohnung erlangt wurden, dürfen nur nach Maßgabe des § 161 Abs. 3 StPO verwendet werden.[3102]

IV. Beachtung der Selbstbelastungsfreiheit

2203 Hat sich ein Beschuldigter im Rahmen seiner polizeilichen Vernehmung auf sein Schweigerecht berufen, unterliegen im Anschluss daran gemachte selbstbelastende Äußerungen zur Sache, die ihm von einem Verdeckten Ermittler unter Ausnutzung des von diesem geschaffenen Vertrauensverhältnisses entlockt worden sind, einem Beweisverwertungsverbot.[3103]

3099 Rüge 260 Rn. 2145.

3100 LR-*G. Schäfer*[25] § 110e Rn. 28.

3101 Siehe hierzu Rüge 260 Rn. 2138 u. 2139.

3102 Vgl. KK-*Griesbaum*[6] § 161 Rn. 141.

3103 *BGH* v. 27.1.2009 – 4 StR 296/08 = *BGHSt* 52, 11 = StV 2007, 509 = NStZ 2007, 714; *BGH* v. 27.1.2009 – 4 StR 296/08 = StV 2009, 225 = NStZ 2009, 343. Zu weiteren Einzelheiten s. Rüge 240 Rn. 1974.

V. Beachtung von Zeugnisverweigerungsrechten

Sind von der Ermittlungsmaßnahme des Verdeckten Ermittlers Zeugnisverweige- **2204** rungsberechtigte i.s.d. §§ 53, 53a StPO betroffen, gelten für die dadurch erlangten Erkenntnisse die Verwertungsverbotsregelungen in § 160a StPO[3104].

VI. Anforderungen an den Revisionsvortrag

Bezüglich des Revisionsvorbringens kann auf die entsprechenden Ausführungen im **2205** Zusammenhang mit der Telekommunikationsüberwachung verwiesen werden.[3105]

Abschnitt 7
Hat das Urteil Erkenntnisse zeugnisverweigerungsberechtigter Berufsgeheimnisträger verwertet (§ 160a StPO)?

Rüge 265a

Hat das Urteil Erkenntnisse verwendet, die aus Ermittlungsmaßnahmen bei Geistlichen, **2206** Strafverteidigern, Rechtsanwälten, nach § 206 BRAO in eine Rechtsanwaltskammer aufgenommenen Personen oder Kammerrechtsbeiständen oder Abgeordneten etc. i.S.d. § 53 Abs. 1 Nr. 4 StPO resultierten und die von deren Zeugnisverweigerungsrecht umfasst waren (§ 160a Abs. 1 StPO)[3106]?

I. Rechtsgrundlagen

§ 160a Abs. 1 S. 1 StPO unterstellt Erkenntnisse jedweder Art einem absoluten Er- **2207** hebungsverbot, die durch staatliche Ermittlungsmaßnahmen gegen zeugnisverweigerungsberechtigte Berufsgeheimnisträger i.s.d. § 53 Abs. 1 S. 1 Nr. 1, 2 u. 4 StPO sowie Rechtsanwälte, nach § 206 BRAO in eine Rechtsanwaltskammer aufgenommene Personen oder Kammerrechtsbeistände erlangt werden sollen, soweit sie dem Zeugnisverweigerungsrecht der Genannten unterliegen. Die Vorschrift betrifft sämtliche verdeckte und offene Ermittlungsmaßnahmen und die auf diese Weise zu erlangenden Erkenntnisse.

Werden entgegen dem Erhebungsverbot dennoch Erkenntnisse erlangt, unterliegen **2208** diese nach § 160a Abs. 1 S. 2 StPO einem Verwendungsverbot. Dieser Begriff geht

---

3104 KK-*Nack*[6] § 110b Rn. 26. Siehe Rüge 260 Rn. 2135. Zum besonderen Schutz des Verteidiger-Mandanten-Verhältnisses siehe Rüge 266 Rn. 2216.
3105 Rüge 260 Rn. 2129 ff.
3106 Zur Verfassungsmäßigkeit der durch die Neuregelung der Telekommunikationsüberwachung eingeführten Vorschrift des § 160a StPO s. BVerfG v. 12.10.2011 – 2 BvR 236/08 = StV 2012, 257 (Rn. 285 ff.) m. Anm. *Gercke*.

über das Verbot der unmittelbaren Verwertung des Inhalts der Erkenntnisse hinaus, indem er zusätzlich deren Verwendung zur Verfolgung von Spurenansätzen untersagt.[3107] Werden mit deren Hilfe gleichwohl Beweise erhoben, unterliegen auch sie einem mittelbaren Verwertungsverbot.[3108] Dem Verwendungsschutz unterliegen gem. § 160a Abs. 3 StPO auch Erkenntnisse, die bei den Berufshelfern (§ 53a StPO) der Berufsgeheimnisträger i.s.d. § 160a Abs. 1 S. 1 StPO erlangt worden sind. Das Verwertungsverbot gilt nicht nur für Erkenntnisse, die aus gegen die geschützten Berufsgeheimnisträger gerichteten Ermittlungsmaßnahmen resultieren, sondern auch für solche, die als Zufallserkenntnisse von ihnen erlangt wurden (§ 160a Abs. 1 S. 5 StPO). Nicht erfasst werden Erkenntnisse, die von einem Dritten erlangt wurden, an den der Berufsgeheimnisträger Informationen weitergegeben hat.[3109]

2209 Das Verwendungsverbot setzt voraus,

- dass von den geschützten Berufsgeheimnisträgern erlangte Erkenntnisse von deren Zeugnisverweigerungsrecht umfasst sind,
- dass der Berufsgeheimnisträger nicht gem. § 53 Abs. 2 S. 1 StPO von der Verschwiegenheit entbunden wurde[3110] und
- dass gegen den Berufsgeheimnisträger kein Beteiligungsverdacht i.s.d. § 160a Abs. 4 StPO besteht.

2210 Bezüglich der aus einer Wohnraumüberwachung (§ 100c StPO) und einer Beschlagnahme (§ 94 StPO) erlangten Erkenntnisse gehen die diese Ermittlungsmaßnahmen betreffenden Sonderregelungen in §§ 100c Abs. 6 und 97 StPO vor (§ 160a Abs. 5 StPO)[3111] mit der Folge, dass sich die Verwertung der durch diese Ermittlungsmaßnahmen gewonnenen Erkenntnisse nach diesen Spezialregelungen richtet.[3112] Die Telekommunikation mit dem Strafverteidiger wird durch § 148 StPO weitergehend geschützt.[3113]

2211 Im Hinblick auf die Absolutheit des Erhebungs- und Verwendungsverbots gem. § 160a Abs. 1 StPO bedarf es für seine Aktivierung keines Widerspruchs in der Hauptverhandlung.

3107 *Meyer-Goßner*[55] § 160a Rn. 4.
3108 SK-StPO-*Wolter*[4] § 160a Rn. 26.
3109 *Meyer-Goßner*[55] § 160a Rn. 7.
3110 Davon sind Geistliche i.s.d. § 53 Abs. 1 Nr. 1 StPO und Abgeordnete i.s.d. § 53 Abs. 1 Nr. 4 StPO ausgenommen: SK-StPO-*Wolter*[4] § 160a Rn. 12; zu den Konsequenzen eines Widerrufs der Entbindung von der Verschwiegenheit *Bertheau* StV 2012, 303, 304.
3111 *Meyer-Goßner*[55] § 160a Rn. 17.
3112 HK StPO-*Zöller*[5] § 160a Rn. 17; für § 97 StPO *LG Mannheim* v. 3.7.2012 – 24 Qs 1-2/12 = wistra 2012, 400; **a.A.** *Bertheau* StV 2012, 303, 306, wonach die betreffenden Verbote nebeneinander stehen und sich ergänzen.
3113 *Meyer-Goßner*[55] § 160a Rn. 3, § 148 Rn. 16, § 100a Rn. 21. Zu § 148 StPO siehe Rüge 266 Rn. 2216.

II. Anforderungen an den Vortrag der Rüge der unzulässigen Verwertung von dem Schutz zeugnisverweigerungsberechtigter Berufsgeheimnisträger unterliegender Erkenntnisse (§ 160a Abs. 1 StPO)

- Es wurden Erkenntnisse verwertet, die bei Berufsgeheimnisträgern i.s.d. § 160a **2212** Abs. 1 S. 1 StPO bzw. ihren Berufshelfern (§ 160a Abs. 3 StPO) erlangt wurden und die von deren Zeugnisverweigerungsrecht umfasst sind. Die diesbezüglich Voraussetzungen sind konkret darzulegen.
- Die geschützten Geheimnisträger sind nicht gem. § 53 Abs. 2 S. 1 StPO von der Verschwiegenheit entbunden.
- Es liegen nicht die Voraussetzungen des § 160a Abs. 4 StPO vor (Negativtatsache)[3114]. Ist die Möglichkeit einer solchen Beteiligung ernsthaft in Betracht zu ziehen oder hat sich das Gericht ausdrücklich auf § 160a Abs. 4 StPO berufen, muss die Revisionsbegründung vortragen, warum die einschlägigen Voraussetzungen nicht vorliegen.[3115]

Rüge 265b

Hat das Urteil Erkenntnisse verwendet, die aus Ermittlungsmaßnahmen bei Berufsgeheim-   **2213** nisträgern i.s.d. § 160a Abs. 2 StPO resultierten und die von deren Zeugnisverweigerungsrecht umfasst sind (§ 160a Abs. 2 StPO)?

I. Rechtsgrundlagen

§ 160a Abs. 2 StPO begründet nur ein relatives Verbot der Verwertung von Er-   **2214** kenntnissen zu Beweiszwecken, die aus Ermittlungsmaßnahmen resultierten, von denen die genannten Personen betroffen waren und die von dem diesen Personen zustehenden Zeugnisverweigerungsrecht umfasst sind. § 160a Abs. 2 S. 3 StPO begründet zusätzlich nur ein relatives Verbot der Verwertung solcher Erkenntnisse zu Beweiszwecken.[3116] Die Verwertbarkeit unterliegt nach Maßgabe des Verhältnismäßigkeitsgrundsatzes einem Abwägungsgebot zwischen den Strafverfolgungsinteressen einerseits und den vom Zeugnisverweigerungsrecht geschützten Interessen andererseits.[3117] Der sich daraus ergebende Beurteilungsspielraum soll nur beschränkt auf den Maßstab der Vertretbarkeit durch das Revisionsgericht überprüf-

---

3114   *Meyer-Goßner*[55] § 160a Rn. 19.

3115   SK-StPO-*Wolter*[4] § 160a Rn. 49; *Meyer-Goßner*[55] § 160a Rn. 18.

3116   KK-*Griesbaum*[6] § 160a Rn. 16; *Meyer-Goßner*[55] § 160a RN: 12, **a.A.** SK-StPO-*Wolter*[4] § 160a Rn. 41.

3117   *Meyer-Goßner*[55] § 160a Rn. 9; *Bertheau* StV 2012, 303, 305.

bar sein.[3118] Allerdings unterliegen die der Abwägung zugrunde gelegten rechtlichen Maßstäbe der revisionsgerichtlichen Kontrolle.[3119]

II. Anforderungen an den Vortrag der Rüge der unzulässigen Verwertung von dem Schutz zeugnisverweigerungsberechtigter Berufsgeheimnisträger unterliegender Erkenntnisse (§ 160a Abs. 2 StPO)

2215 • Das Urteil verwertet Erkenntnisse, die bei einem Berufsgeheimnisträger i.S.d. § 160a Abs. 2 S. 1 StPO bzw. seinem Berufshelfer (§ 160a Abs. 3 StPO) erlangt worden sind und die von seinem Zeugnisverweigerungsrecht umfasst sind. Die diesbzgl. Voraussetzungen sind konkret darzulegen.

• Die geschützten Zeugnisverweigerungsberechtigten sind nicht von ihrer Verschwiegenheit entbunden gewesen.

• Es lagen nicht die Voraussetzungen des § 160a Abs. 4 StPO vor (Negativtatsache)[3120]. Ist die Möglichkeit einer Beteiligung i.S.d. § 160a Abs. 4 StPO in Betracht zu ziehen oder hat sich das Gericht ausdrücklich auf diese Vorschrift berufen, muss die Revisionsbegründung vortragen, warum deren Voraussetzungen nicht vorlagen.[3121]

• Es ist darzulegen, welche Maßstäbe das Tatgericht im Rahmen der Verhältnismäßigkeitsprüfung bei der Entscheidung für die Verwertbarkeit angelegt hat oder ob eine Verhältnismäßigkeitsprüfung überhaupt nicht erfolgt ist. Ist die allgemeine Sachrüge erhoben worden, sind ergänzend die Urteilsgründe heranzuziehen.

• Ist der Verwertung in der Hauptverhandlung fristgerecht widersprochen worden,[3122] ist auch dies vorzutragen.

3118 *Meyer-Goßner*[55] § 160a Rn. 18; *BGH* v. 22.3.2012 – 1 StR 359/11 Rn. 28 = StV 2013, 1.

3119 Dazu *BGH* v. 22.3.2012 – 1 StR 359/11 = StV 2013, 1, Rn. 29 ff.

3120 *Meyer-Goßner*[55] § 160a Rn. 18.

3121 SK-StPO-*Wolter*[4] § 160a Rn. 49; *Meyer-Goßner*[55] § 160a Rn. 18.

3122 Die Frage, ob das Verwertungsverbot nach § 160a Abs. 2 StPO durch einen Widerspruch aktiviert werden muss (so KK-*Griesbaum*[6] § 160a Rn. 22), ist – soweit ersichtlich – noch nicht von der Rspr. beantwortet worden.

Abschnitt 8
Hat das Urteil von dem Verteidigungsprivileg geschützte
Erkenntnisse verwertet?

Rüge 266

Beruht das Urteil auf verteidigungsbezogenen Informationen des Angeklagten oder auf Informationen aus einem Verteidigungsverhältnis, die einem Beweisverwertungsverbot (§ 148 StPO) unterliegen?   **2216**

I. Rechtsgrundlagen

Der Verteidigung gegen strafrechtliche Beschuldigungen kommt im Hinblick auf   **2217**
die Unschuldvermutung und das Gebot eines fairen Verfahrens (Art. 6 Abs. 1 und 2
EMRK) herausragende Bedeutung zu.[3123]

Deshalb genießen nicht nur Informationen, die aus dem Verhältnis zwischen einem   **2218**
Beschuldigten und seinem Verteidiger stammen, sondern auch das der Vorbereitung
seiner Verteidigung dienende Material des Beschuldigten einen besonderen Schutz.
Gegenüber gesetzlich geschützten Vertrauensverhältnissen zu bestimmten Berufsgeheimnisträgern (vgl. § 53 Abs. 1 StPO) besteht für Verteidiger und das Verteidigungsverhältnis ein besonderer Schutz vor offenen ebenso wie heimlichen Ermittlungsmaßnahmen, den Rechtsprechung und Literatur aus § 148 StPO ableiten.[3124]
Für den Beschuldigten ergänzt Art. 6 Abs. 3 lit. c EMRK, der ihm die Wahl lässt,
sich auch selbst zu verteidigen, die Regeln der §§ 97, 148 StPO[3125].

Erkenntnisse, die die Strafverfolgungsbehörden aufgrund eines unzulässigen Zu-   **2219**
griffs auf diese Informationen gewonnen haben, unterliegen einem Beweisverwertungsverbot, dessen Verletzung die Revision begründet, wenn das Urteil darauf beruht.

Der Zugriff kann in unterschiedlicher Weise erfolgen: Aufzeichnungen und sonstige der Verteidigung dienende Gegenstände und Unterlagen eines Beschuldigten
oder eines Verteidigers oder schriftliche oder elektronische Mitteilungen zwischen
ihnen können durchgesehen oder sogar beschlagnahmt, der Verkehr und Informati-
onsaustausch zwischen ihnen kann überwacht werden (vgl. insbesondere §§ 94, 99,
100a, 100c, 100f, 100g und 100h, 102, 110, 110a, 163f StPO).

Ein Beweisverwertungsverbot im Hinblick auf den Schutz des Verteidigerprivilegs   **2220**
ergibt sich unter folgenden Voraussetzungen:

3123   Vgl. nur die eine Verteidigung ermöglichenden Mindestrechte des Art. 6 Abs. 3
      EMRK.
3124   LR-*G. Schäfer*[25], Vor § 94 Rn. 125, § 97 Rn. 18.
3125   LR-*G. Schäfer*[25] § 97 Rn. 108.

1. Dem Schutz des besonderen Verteidigungsprivilegs unterfallende Informationen

2221 **a)** Geschützt sind Verteidigungsunterlagen, die der Beschuldigte in seinem Gewahrsam hat.[3126] Dabei spielt es keine Rolle, ob es sich um schriftliche Mitteilungen oder sonstige Schriftstücke handelt, die der Beschuldigte im Rahmen des Verteidigungsverhältnisses[3127] von seinem Verteidiger erhalten hat[3128] oder solche, die er für den Verteidiger (im Entwurf oder in Kopie) sowie zu seiner eigenen Vorbereitung gefertigt hat.[3129] Ein Verteidigungsverhältnis kann auch schon vor förmlicher Einleitung eines Ermittlungsverfahrens begründet worden sein.[3130] Werden sie dennoch im Rahmen eines Zugriffs der Strafverfolgungsbehörden durchgesehen, ausgewertet oder gar beschlagnahmt, sind sie gegen seinen Widerspruch unverwertbar.[3131] Dieses Verwertungsverbot erstreckt sich auch auf Mitangeklagte, selbst wenn deren – denselben Lebenssachverhalt betreffendes Verfahren – abgetrennt worden ist, jedenfalls solange der unmittelbar von § 148 StPO Geschützte noch Beschuldigter ist.[3132]

Keinem Schutz unterliegen Deliktsgegenstände, die nach § 97 Abs. 2 S. 3 StPO der Beschlagnahme unterworfen sind.[3133] Briefe des Verteidigers an seinen Mandanten, die im Rahmen eines gegen den Verteidiger als Beschuldigten gerichteten Ermittlungsverfahrens bei dem Mandanten beschlagnahmt wurden, fallen nicht in den Schutzbereich des § 97 Abs. 1 Nr. 1 StPO; insoweit steht auch § 148 StPO der Beschlagnahme nicht entgegen.[3134] Das aus dieser Beschlagnahme erlangte Wissen ist allerdings nur in dem Verfahren gegen den beschuldigten Verteidiger verwertbar, während eine Verwertung in dem Verfahren gegen den Mandanten ausgeschlossen ist.[3135]

2222 **b)** In gleicher Weise sind Unterlagen und Gegenstände im Gewahrsam des Verteidigers geschützt, die im Zusammenhang mit einem Verteidigungsverhältnis stehen,

---

3126 LR-*G. Schäfer*[25] Vor § 94 Rn. 148.
3127 Dazu LR-*G. Schäfer*[25] § 97 Rn. 83 und 106.
3128 Zum Umfang der beschlagnahmefreien Gegenstände LR-*G. Schäfer*[25] § 97 Rn. 87 i.V.m. Rn. 27.
3129 LR-*G. Schäfer*[25] § 97 Rn. 85, 105 und 108; *OLG München* JR 2007, 336 m. Anm. *Satzger.*
3130 *LG Gießen* v. 25.6.2012 – 7 Qs 100/12 = wistra 2012, 409.
3131 *BGHSt* 44, 46 = StV 1998, 246; LR-*G. Schäfer*[25], Vor § 94 Rn. 148.
3132 *OLG München* JR 2007, 336 m. Anm. *Satzger.* Zur Frage, ob und ggf. durch wen der Verwertung zu widersprechen ist, verhalten sich das *OLG München* und *Satzger* nicht.
3133 LR-*G. Schäfer*[25] § 97 Rn. 88.
3134 So *BGH* v. 27.3.2009 – 2 StR 302/08 = *BGHSt* 53, 257 = StV 2010, 667 m. Anm. *Norouzi* = NStZ 2009, 517 = StraFo 2009, 278 für die Beschlagnahme eines Dritte beleidigenden Briefes des beschuldigten Verteidigers an seinen Mandanten.
3135 So *BGH* v. 27.3.2009 – 2 StR 302/08 = *BGHSt* 53, 257 = StV 2010, 667 m. Anm. *Norouzi* = NStZ 2009, 517 = StraFo 2009, 278.

es sei denn, dass es sich wiederum um Deliktsgegenstände i.S.d. § 97 Abs. 2 S. 3 StPO handelt.[3136] Gleichgültig ist es, ob das betreffende Material von dem Mandanten oder von Dritten[3137] stammt oder es sich um eigene Aufzeichnungen des Verteidigers handelt.[3138]

c) Korrespondenz zwischen Beschuldigtem und Verteidiger in Form von Postsendungen und Telegrammen darf auch nicht nach § 99 StPO beschlagnahmt werden.[3139] Erkenntnisse, die aus einer gleichwohl durchgeführten Beschlagnahme gewonnen wurden, unterliegen einem Beweisverwertungsverbot (§ 160a Abs. 1 StPO)[3140]. **2223**

d) Unzulässig ist die Informationsgewinnung aus der Überwachung des Telekommunikationsverkehrs zwischen einem Verteidiger und seinem Mandanten.[3141] Das gilt nicht nur für die Kommunikationsinhalte, gleichgültig ob diese fernmündlich oder per Telefax oder per E-Mail übermittelt wurden, sondern auch für Erkenntnisse, die aus Verbindungs oder Standortdaten gewonnen wurden.[3142] Gleichwohl erlangte Erkenntnisse dürfen nicht verwertet werden[3143]. § 160a Abs. 1 StPO kommt insoweit nur eine ergänzende Bedeutung zu.[3144] § 160a Abs. 4 StPO, dessen Wortlaut eine Überwachung des verstrickten Verteidigers in allen dort genannten Fällen erlauben würde, muss mit Rücksicht auf die Rechtsgarantie des § 148 StPO dahingehend eingeschränkt werden, dass der Verdacht einer Begünstigung, Strafvereitelung oder Hehlerei zu Gunsten des Beschuldigten für einen Ausschluss des Überwachungsverbotes nicht ausreicht.[3145] Das Beweisverwertungsverbot gem. § 148 StPO gilt auch für solche Erkenntnisse, die anlässlich der Überwachung des Beschuldigten gewonnen wurden, der mit seinem Verteidiger kommuniziert.[3146] **2224**

3136 LR-*G. Schäfer*[25] § 97 Rn. 42.
3137 Hier kann im Zusammenhang mit der Abgrenzung von Verteidigungsunterlagen und Beweismitteln (dazu LR-*G. Schäfer*[25] § 97 Rn. 92) von Bedeutung sein, ob die Unterlagen von einem Zeugnisverweigerungsberechtigten i.S.d. §§ 52 oder 53a StPO herrühren oder nicht.
3138 LR-*G. Schäfer*[25] § 97 Rn. 89 ff.
3139 LR-*G. Schäfer*[25] § 99 Rn. 9: KK-*Nack*[6] § 99 Rn. 12.
3140 LR-*G. Schäfer*[25] § 99 Rn. 32; KK-*Nack*[6] § 99 Rn. 12.
3141 *BVerfG* StV 2007, 399, KK-*Nack*[6] § 100a Rn. 45; *Meyer-Goßner*[55] § 100a Rn. 21; *Beulke/Ruhmannseder* StV 2011, 180, 183 ff.
3142 *Meyer-Goßner*[55] § 148 Rn. 16. Für § 100a StPO siehe LR-*G. Schäfer*[25] § 100a Rn. 75; für §§ 100g und 100h StPO LR-*G. Schäfer*[25] § 100h Rn. 23 ff.; durch die Sonderregelung des § 100h Abs. 2 StPO wird die Vorschrift des § 148 StPO für andere Formen der Informationsgewinnung nicht bedeutungslos: LR-*G. Schäfer*[25] § 100a Rn. 75.
3143 *Meyer-Goßner*[55] § 100a Rn. 21; zur Frage der Nutzung unzulässig erlangter Erkenntnisse als Ermittlungsansatz (Fernwirkung) siehe LR-*G. Schäfer*[25] § 100a Rn. 116 einerseits und § 100h Rn. 26 andererseits.
3144 *Meyer-Goßner*[55] § 100a Rn. 21.
3145 *Meyer-Goßner*[55] § 100a Rn. 21 m.w.N.
3146 KK-*Griesbaum*[6] § 160a Rn. 11; KK-*Nack*[6] § 100a Rn. 43 u. 45.

2225 **e)** Das nichtöffentlich gesprochene Wort zwischen einem Verteidiger und seinem Mandanten[3147] unterliegt grundsätzlich einem Beweisverwertungsverbot unabhängig davon, ob das Gespräch innerhalb (vgl. § 100c Abs. 1 StPO)[3148] oder außerhalb (§ 100f Abs. 1 StPO)[3149] einer Wohnung abgehört wurde.

2226 **f)** Sonstige Observationsmaßnahmen i.S.d. § 100h Abs. 1 bzw. § 163f Abs. 1 StPO dürfen gegen einen Verteidiger nicht angeordnet werden[3150]. Einem Beweisverwertungsverbot müssen auch Erkenntnisse unterliegen, die bei einer gegen einen Beschuldigten nach § 100h Abs. 1 bzw. § 163f Abs. 1 StPO zulässigerweise angeordneten Observation entstanden sind, wenn diese die Tatsache oder den Zeitpunkt einer Kontaktaufnahme zu seinem Verteidiger betreffen.

2227 **g)** Schließlich unterliegen Erkenntnisse Verdeckter Ermittler einem Beweisverwertungsverbot, die den Verteidiger und den Kontakt zu seinem Mandanten betreffen (§ 160a Abs. 1 StPO)[3151].

2. Personeller Schutzbereich

2228 Dem Verteidigungsprivileg unterliegen alle Erkenntnisse aus dem Verteidigungsverhältnis unabhängig davon, ob der Mandant im anhängigen Verfahren Angeklagter oder Mitangeklagter, (Mit-)Beschuldigter in einem anderen Verfahren oder Zeuge ist.[3152] Unabhängig von der für das Abhören des nichtöffentlich gesprochenen Wortes in einer Wohnung ausdrücklich in § 100c Abs. 6 S. 1 i.V.m. Abs. 5 S. 2 und 3 StPO getroffenen Regelung muss über § 160a Abs. 1 StPO hinausgehend im Hinblick auf die Vertraulichkeit des Instituts der Verteidigung als von § 148 StPO geschütztem Rechtsgut der Schutz des Verhältnisses zwischen dem Verteidiger und jedem Mandanten der Verwertbarkeit aller daraus gewonnenen Erkenntnisse entgegenstehen, auch wenn der Mandant nicht Angeklagter in dem Verfahren ist, in dem diese Erkenntnisse verwertet werden sollen bzw. wurden.

3147 Zur Frage, ob Gespräche des Verteidigers mit Dritten geschützt werden: Für die Telekommunikationsüberwachung verneinend *BGH* NStZ 1988, 562 = StV 1990, 435 m. Anm. *Taschke*, anders aber zumindest angesichts des Wortlauts und der Systematik des § 100c Abs. 6 S. 1 i.V.m. Abs. 5 S. 2 und 3 StPO für die in einer Wohnung abgehörten Gespräche mit einem Verteidiger (siehe oben Rüge 262 Rn. 2175).

3148 Siehe ausdrücklich § 100c Abs. 6 S. 1 i.V.m. Abs. 5 S. 3 StPO. Zur Ausnahme bei einem Beteiligungsverdacht s. *Meyer-Goßner*[55] § 100c Rn. 24.

3149 Zur Ausnahme im Falle eines gegen den Strafverteidiger bestehenden Beteiligungsverdachts: *Meyer-Goßner*[55] § 100f Rn. 12.

3150 KK-*Nack*[6] § 100h Rn. 13; KK-*Schoreit*[6] § 163f Rn. 32; *Beulke/Ruhmannseder* StV 2011, 252, 253.

3151 *Beulke/Ruhmannseder* StV 2011, 252, 253. Beispielsweise Erkenntnisse eines Verdeckten Ermittlers, der als „Mandant" oder gar als „Mitarbeiter" eines Verteidigers Erkenntnisse gegen einen Beschuldigten gewinnen soll.

3152 Für die Verwertbarkeit von Erkenntnissen infolge Verzichts auf das Beweisverwertungsverbot durch den Mandanten bzw. durch den Zeugnisverweigerungsberechtigten ist diese Frage demgegenüber von Bedeutung: siehe nachstehend Rn. 2230.

3. Verstrickung

a) Entsprechend den Vorschriften der §§ 97 Abs. 2 S. 3 und 100c Abs. 6 S. 3   **2229**
StPO führt jeder Fall des auf bestimmte Tatsachen gründende Verdacht der Verstrickung des Verteidigers als Teilnehmer der seinem Mandanten vorgeworfenen Tat zu einem Wegfall des Beweisverwertungsverbots. Mit Rücksicht auf die Rechtsgarantie des § 148 StPO ist die Vorschrift des § 160a Abs. 4 StPO dahingehend einzuschränken, dass der Verdacht einer Begünstigung, Strafvereitelung oder Hehlerei zu Gunsten des Beschuldigten für einen Ausschluss des Überwachungsverbotes nicht ausreicht.[3153] Zusätzlich muss dem Regelungsgefüge der §§ 138a ff. i.V.m. § 148 StPO" eine abschließende Regelung dahin entnommen werden, dass jedenfalls bis zur Entscheidung über das vorläufige Ruhen der Verteidigerrechte nach § 138c Abs. 3 StPO der freie Verkehr und damit das Vertrauensverhältnis zwischen dem Verteidiger und seinem Mandanten nicht berührt werden darf"[3154]. Denn erst durch diese Entscheidung wird nach der eindeutigen Regelung des § 138c Abs. 3 StPO § 148 StPO suspendiert.[3155]

Eine Heilung unter nachträglicher Zugrundelegung eines sich aus der Akte ergebenden Tatverdachts ist nicht möglich.[3156]

b) Das Beweisverwertungsverbot entfällt ferner, wenn der Verteidiger darauf ver-   **2230**
zichtet[3157] oder der Mandant ihn von der Schweigepflicht entbindet.[3158]

4. Widerspruch

Eines Widerspruchs des Angeklagten gegen die Verwertung von Erkenntnissen aus   **2231**
dem Verteidigungsverhältnis[3159] bedarf es unabhängig davon nicht, ob verwertete Erkenntnisse aus dem Verhältnis zwischen dem Verteidiger und dem Angeklagten oder einem dritten Mandanten herrühren.[3160] Zu beachten ist allerdings, dass der BGH von der Erforderlichkeit eines rechtzeitigen Widerspruchs ausgeht.[3161]

3153 *Meyer-Goßner*[55] § 148 Rn. 16 u. § 100a Rn. 21.
3154 LR-*G. Schäfer*[25] § 97 Rn. 96 m.w.N.; siehe ferner LR-*G. Schäfer*[25] § 97 Rn. 37; *ders.* § 100a Rn. 75 und § 100h Rn. 29.
3155 Unklar insoweit KK-*Griesbaum*[6] § 160a Rn. 20; einschränkend KK-*Nack*[6] § 97 Rn. 39 u. § 100a Rn. 48, der die Verstrickungsfälle auf solche im Sinne „echter Beteiligung", nicht also auf Begünstigung, Strafvereitelung und Hehlerei bezieht.
3156 *BVerfG* StV 2007, 399, 401.
3157 Für § 97 StPO LR-*G. Schäfer*[25] § 97 Rn. 55.
3158 Für § 97 StPO LR-*G. Schäfer*[25] § 97 Rn. 47; ob diese Entbindung zur Verwertbarkeit auch eines sog. Kernbereichs der Verteidigertätigkeit – hierzu LR-*G. Schäfer*[25] § 97 Rn. 50 – berechtigt, beispielsweise von Erkenntnissen des Verteidigers aufgrund von Informationen Dritter, darf noch nicht einmal ansatzweise als geklärt angesehen werden.
3159 Ausnahme siehe oben Rn. 2221.
3160 Siehe hierzu Rüge 259 Rn. 2107.
3161 *BGHSt* 44, 46 = StV 1998, 246; ebenso LR-*G. Schäfer*[25] Vor § 94 Rn. 148.

II. Anforderungen an den Vortrag der Rüge der unzulässigen Verwertung von das Verteidigungsverhältnis betreffenden Erkenntnissen

2232
- Die Art der im Urteil verwerteten Erkenntnisse und die Tatsachen, aus denen sich ergibt, dass es sich um Verteidigungsmaterial bzw. aus einem Verteidigungsverhältnis herrührende Erkenntnisse handelt, müssen dargetan werden. Letzterenfalls sind konkrete Angaben zur Begründung des Verteidigungsverhältnisses erforderlich. Es muss also deutlich werden, dass es sich um dem Verteidigungsprivileg unterliegende Beweise handelt. Der Inhalt der verwerteten Erkenntnisse (d.h. z.B. Urkunden oder Aufzeichnungen einer Telekommunikationsüberwachung im Wortlaut) und die Art und Weise ihrer Einführung in die Hauptverhandlung müssen mitgeteilt werden.

- Im Fall von Erkenntnissen aus den Vorschriften der Beschlagnahme unterliegenden Gegenständen, Schriftstücken und Mitteilungen muss vorgetragen werden, dass es sich nicht um Deliktsgegenstände i.s.d. § 97 Abs. 2 S. 3 StPO handelt (Negativtatsache!).

- Es muss bei Erkenntnissen aus der Beschlagnahme unterliegenden Gegenständen, Schriftstücken und sonstigen Mitteilungen vorgetragen werden, dass diese sich in Gewahrsam des Beschuldigten bzw. des/eines Verteidigers oder auf dem Post oder Telekommunikationsweg zwischen ihnen befanden.

- Es muss vorgetragen werden, dass der Verteidiger nicht in die Tat seines Mandanten als Teilnehmer etc. verstrickt war (Negativtatsache!). Kann dies zweifelhaft sein, muss der gesamte zur Beurteilung der Verdachtslage erforderliche Sachverhalt mitgeteilt werden. Es ist weiter mitzuteilen, dass die betreffende Erkenntnis aus einer Beweiserhebung resultierte, die vor einer Entscheidung über das vorläufige Ruhen der Verteidigerrechte nach § 138c Abs. 3 StPO stattfand oder aber eine solche Entscheidung noch nicht ergangen war (Negativtatsache!).

- Es ist mitzuteilen, dass der Verteidiger sich nicht mit der Verwertung der ansonsten einem Beweisverwertungsverbot unterfallenden Erkenntnisse einverstanden erklärt hatte (Negativtatsache!).

- Es ist mitzuteilen, dass der Mandant des Verteidigers diesen nicht von der Verpflichtung zur Verschwiegenheit entbunden bzw. sich mit der Verwertung von ansonsten einem Beweisverwertungsverbot unterliegenden Erkenntnissen einverstanden erklärt hat (Negativtatsache!).

- Nach Auffassung des BGH ist vorzutragen, dass der verteidigte Angeklagte oder ein von der Rechtsverletzung betroffener Mitangeklagter der Verwertung der in die Hauptverhandlung eingeführten Erkenntnisse mit einer die Angriffsrichtung erkennen lassenden Begründung widersprochen hat, und zwar spätestens bis zu dem in § 257 StPO bezeichneten Zeitpunkt. Letzterenfalls kann im Falle eines Verstoßes gegen das Beweisverwertungsverbot auch ein Angeklagter seine Revision auf diese Rechtsverletzung stützen, dessen Rechte nicht betroffen waren, wenn auch seine Verurteilung auf der Verwertung der einem Beweisverwertungsverbot unterliegenden Erkenntnisse beruht.[3162]

Abschnitt 9
Wurden im Urteil Untersuchungsergebnisse von im Verfahren gesicherten Körperflüssigkeiten oder von durchgeführten körperlichen Eingriffen verwertet?

Rüge 266a

Hat das Urteil Untersuchungsergebnisse aus einer Blutprobenentnahme bei dem Beschuldigten verwertet (§ 81a Abs. 1 S. 2 StPO)?   **2233**

I. Rechtsgrundlagen

Nach § 81a Abs. 1 StPO sind auch ohne Einwilligung des Beschuldigten Entnah-   **2234**
men von Blutproben zulässig, wenn dies zur Feststellung verfahrenserheblicher Tatsachen erforderlich ist, diese von einem Arzt nach den Regeln der ärztlichen Kunst zu Untersuchungszwecken vorgenommen werden und kein Nachteil für die Gesundheit des Beschuldigten zu befürchten ist. Nach § 81a Abs. 2 StPO steht die Anordnung nur dem Richter zu, es sei denn, die Staatsanwaltschaft und ihre Ermittlungspersonen dürfen wegen Gefährdung des Untersuchungserfolges die entsprechende Anordnung treffen.

Berücksichtigt der Tatrichter das Untersuchungsergebnis einer Blutprobe, so begründet dies die Revision, wenn dem ein Beweisverwertungsverbot entgegenstand und das Urteil darauf beruht.

Die Ergebnisse einer Blutprobe können aus folgenden Gründen unverwertbar sein: **2235**
• Der Maßnahme liegt keine Anordnung zugrunde, weil der Beschuldigte in die   **2236**
Maßnahme eingewilligt hat, die Einwilligung jedoch an erheblichen Mängeln leidet.

Die Einwilligung soll allerdings dann noch nicht die Unverwertbarkeit des Eingriffs zur Folge haben, wenn der Beschuldigte diesen zugelassen hat, ohne zuvor darüber belehrt worden zu sein, dass er hierzu nicht verpflichtet sei.[3163] Anders verhält es sich zumindest dann, wenn der Beschuldigte über sein Recht, die Mitwirkung zu verweigern, getäuscht oder ein vorhandener Irrtum bewusst aufrecht erhalten wur-

---

3162   *OLG München* JR 2007, 336 m. Anm. *Satzger.*
3163   LR-*Krause*[26] § 81a Rn. 95 m.w.N.

de.[3164] Dies entspricht dem Rechtsgedanken des § 136a StPO, der auch dann einschlägig ist, wenn die Einwilligung von einem erkennbar nicht einwilligungsfähigen Beschuldigten stammt.[3165]

2237 • Anordnung der Maßnahme durch einen Staatsanwalt oder seine Ermittlungsperson, ohne dass Gefahr im Verzug vorlag:

Nach überwiegender Auffassung in der Rechtsprechung begründet zumindest die bewusste Umgehung des Richtervorbehalts sowie die willkürliche Annahme von Gefahr im Verzug ein Verwertungsverbot für die Untersuchungsergebnisse.

2238 Diese Voraussetzung ist von der Rechtsprechung für folgende Fallkonstellationen bejaht worden: Der Polizeibeamte ging selbst davon aus, das „Gefahr im Verzug" nicht vorlag, verzichtete jedoch auf die Einholung einer richterlichen Anordnung, weil dies nicht der „Übung seiner Dienststelle" entsprach.[3166] Ebenfalls führt die Anordnung einer Blutentnahme ohne den Versuch, während der üblichen Dienstzeiten zumindest fernmündlich eine richterliche Entscheidung zu erlangen, nicht nur zu einem Beweiserhebungs-, sondern auch zu einem Beweisverwertungsverbot.[3167] Inwieweit der Umstand eines fehlenden richterlichen Eildienstes zur Nachtzeit für das Resultat einer durch einen Polizeibeamten angeordneten Blutprobenentnahme ein Beweisverwertungsverbot zur Folge hat, ist strittig.[3168]

2239 • Sonstige Rechtsfehler sollen i.d.R. nicht zur Unverwertbarkeit der Ergebnisse einer Blutprobenentnahme führen wie bspw. die Unzuständigkeit des die Anordnung treffenden Richters, die Missachtung des Verhältnismäßigkeitsgrundsatzes oder der Eingriff durch einen Sanitäter oder eine Krankenschwester anstelle eines Arztes.[3169] Bei einem ansonsten gesunden Beschuldigten ist durch die Blutentnahme auch kein Nachteil für dessen Gesundheit zu befürchten.

II. Anforderungen an den Vortrag der Berücksichtigung unverwertbarer Ergebnisse einer Blutentnahme[3170]

2240 Die Verfahrensrüge der Verletzung des § 81a StPO muss zunächst die genaue Angriffsrichtung erkennen lassen.

3164 LR-*Krause*[26] § 81a Rn. 95.
3165 LR-*Krause*[26] § 81a Rn. 97.
3166 *OLG Dresden* StV 2009, 458 = NJW 2009, 2149; *OLG Hamm* StV 2009, 459; *OLG Celle* StV 2009, 685; *SchlHOLG* StV 2010, 13 = StraFo 2010, 20; *OLG Oldenburg* StV 2010, 14; *OLG Nürnberg* StV 2010, 624 m. Anm. *Dallmeyer*.
3167 *OLG Celle* StV 2009, 518 = StraFo 2009, 330; *OLG Celle* StV 2010, 14; *SchlHOLG* StV 2010, 618 = StraFo 2010, 194; *OLG Köln* StV 2012, 6.
3168 Bejahend *OLG Hamm* StV 2009, 567; verneinend *OLG Bamberg* StV 2010, 621; *OLG Köln* StV 2010, 622 m. Anm. *Dallmeyer*.
3169 LR-*Krause*[26] § 81a Rn. 94 u. 96.
3170 Siehe hierzu auch *Trück* NStZ 2011, 202.

1. Wird beanstandet, dass die Maßnahme ohne Anordnung durchgeführt wurde, **2241**
weil zwar der Beschuldigte in den Eingriff eingewilligt habe, die Einwilligung
aber unwirksam sei, sind die betreffenden Umstände im Einzelnen vorzutragen.
Dazu gehören die Indizien für eine bewusste Täuschung des Beschuldigten über
sein Recht, die Mitwirkung zu verweigern, die Umstände, aus denen sich die bewusste Aufrechterhaltung eines Irrtums des Beschuldigten über sein Weigerungsrecht ergeben, sowie der Zustand des Beschuldigten, der seine Einwilli-
gungsfähigkeit ausschloss.

2. Wird die Missachtung des Richtervorbehalts angegriffen, ist Folgendes vorzutra- **2242**
gen:
   a) Die Tatsache der Anordnung der Entnahme einer Blutprobe durch einen Polizeibeamten oder Staatsanwalt einschließlich Zeitpunkt und Ort der Anordnung sowie etwaiger näherer Umstände,
   b) das Fehlen einer richterlichen Anordnung,
   c) das Fehlen einer Einwilligung des Beschuldigten in die Blutentnahme,
   d) der Grund für die Anordnung der Blutentnahme,
   e) die Tatsache der erfolgten Blutprobenentnahme einschließlich Ort, Datum, Uhrzeit und nähere Umstände,
   f) die Umstände, aufgrund derer der Anordnende die Voraussetzungen von Gefahr in Verzug bejahte,
   g) die Gründe für die Fehlerhaftigkeit dieser Annahme, etwa die Möglichkeit
   zum Erreichen eines Richters oder die Gründe für die Notwendigkeit der Einrichtung eines richterlichen Eildienstes.

3. Grundsätzlich ist Tatsache, Zeitpunkt und Inhalt eines in der Hauptverhandlung **2243**
gegen die Verwertung des Ergebnisses der Blutprobenuntersuchung erhobenen
Widerspruchs mitzuteilen.[3171]

4. Es ist die Art der Verwertung des Ergebnisses der Blutprobenuntersuchung in **2244**
der Hauptverhandlung mitzuteilen in Form der Vernehmung eines Sachverständigen oder einer Gutachtenverlesung.

5. Ausführungen zum Beruhen des Urteils auf der Verletzung des Beweisverwer- **2245**
tungsverbots sind entbehrlich bei Erhebung der allgemeinen Sachrüge.

3171 *OLG Frankfurt* StV 2011, 611; *OLG Frankfurt* NStZ-RR 2011, 46 (hierzu krit. *Kudlich* HRRS 2011, 114); *OLG Hamm* StV 2009, 462.

Rüge 266b

2246 Hat das Urteil Erkenntnisse eines anderen körperlichen Eingriffs verwertet (§ 81a Abs. 1 StPO)?

I. Rechtsgrundlagen

2247 Andere körperliche Eingriffe als die Entnahme von Blutproben dürfen nur von einem Arzt nach den Regeln der ärztlichen Kunst zu Untersuchungszwecken vorgenommen werden, wenn kein Nachteil für die Gesundheit des Beschuldigten zu befürchten ist und Tatsachen festgestellt werden sollen, die für das Verfahren von Bedeutung sind (§ 81a Abs. 1 StPO). Die Zulässigkeit solcher Eingriffe steht unter dem Vorbehalt der Verhältnismäßigkeit. Eingriffe dieser Art dürfen, wenn der Beschuldigte darin nicht rechtsfehlerfrei einwilligt, nach § 81a Abs. 2 StPO nur vom Richter und bei Gefährdung des Untersuchungserfolges durch Verzögerung auch von der Staatsanwaltschaft und ihren Ermittlungspersonen angeordnet werden. Schwere Eingriffe sind grundsätzlich dem Richter vorbehalten.[3172]

2248 Ein Verwertungsverbot für Untersuchungsergebnisse kommt für folgende Verstöße gegen § 81a StPO in Betracht:

- Vornahme unzulässiger Eingriffe,[3173]
- schwere Eingriffe bei Nichtbeachtung des Verhältnismäßigkeitsgrundsatzes,[3174]
- Durchführung des Eingriffs durch einen Nicht-Arzt,[3175]
- grobe Missachtung der Regeln der ärztlichen Kunst mit der erhöhten Gefahr gesundheitlicher Nachteile,[3176]
- schwerwiegende Verletzung des Verhältnismäßigkeitsgrundsatzes,[3177]
- Fehlen einer richterlichen Anordnung im Falle eines schweren Eingriffs[3178] bei fehlender oder fehlerhaft erlangter Einwilligung des Beschuldigten,[3179]
- fehlerhafte Anordnung durch die Staatsanwaltschaft oder ihre Ermittlungspersonen bei bewusster Umgehung des Richtervorbehalts oder bei willkürlicher Annahme von Gefahr im Verzug,[3180]

3172 *BVerfGE* 16, 194 = NJW 1963, 1597; *Meyer-Goßner*[55] § 81a Rn. 25a.
3173 Beispiele bei *Meyer-Goßner*[55] § 81a Rn. 21; LR-*Krause*[26] § 81a Rn. 38 ff.
3174 *Meyer-Goßner*[55] § 81a Rn. 22; insbes. für die zwangsweise Verabreichung von Brech- und Abführmitteln *EGMR* StV 2006, 617; *OLG Frankfurt/M.* StV 1996, 651 m. Anm. *Weßlau* 1997, 341.
3175 *Meyer-Goßner*[55] § 81a Rn. 19.
3176 *Meyer-Goßner*[55] § 81a Rn. 16 f.
3177 *BVerfG* NJW 2004, 3697 (mehrtägige stationäre Untersuchung zur Feststellung der Erektionsfähigkeit mittels einer sog. Nachtschlafuntersuchung).
3178 *BVerfGE* 16, 194 = NJW 1963, 1597; *Meyer-Goßner*[55] § 81a Rn. 25a.
3179 S.o. Rn. 2236.
3180 Siehe oben Rn. 2237.

• bei fehlender oder rechtsfehlerhaft erlangter Einwilligung des Beschuldigten.[3181]

II. Anforderungen an den Vortrag der Berücksichtigung unverwertbarer Untersuchungsergebnisse wegen fehlerhafter Anwendung des § 81a StPO

Bei der Vielzahl der in Betracht kommenden Fehlermöglichkeiten ist in besonderem Maße der von der Rechtsprechung geforderten Konkretisierung der Angriffsrichtung Rechnung zu tragen. **2249**

• Es muss vorgetragen werden, dass der Verwertung (in der ersten Tatsacheninstanz) rechtzeitig und unter gebotener Darlegung der Angriffsrichtung widersprochen worden ist,[3182]

• es ist darzulegen, dass der Beschuldigte nicht (rechtsfehlerfrei) in den Eingriff eingewilligt hat,[3183]

• zur Rüge, der Eingriff beruhe auf einer fehlenden oder unwirksamen Anordnung,[3184]

• es ist die konkrete Art des Eingriffs sowie die näheren Umstände seiner Durchführung darzulegen,

• ggf. ist darzulegen, dass der Eingriff nicht von einem Arzt vorgenommen wurde,

• ggf. ist darzulegen, dass der Eingriff unter grober Missachtung der Regeln der ärztlichen Kunst stattfand und erhebliche gesundheitliche Nachteile für den Beschuldigten besorgen ließ,

• ggf. ist vorzutragen, dass der Eingriff unverhältnismäßig war. Dazu ist ergänzend vorzutragen, welcher Tatvorwurf Gegenstand der Anordnung war und dass die Maßnahme in keinem angemessenen Verhältnis zur Schwere der Tat stand und nicht unerlässlich war.[3185]

3181 Siehe oben Rn. 2236.
3182 Siehe dazu Rn. 2243.
3183 Siehe dazu Rn. 2236. Für den Fall, dass die rechtsfehlerhafte Erlangung der Einwilligung gerügt werden soll, sind die diesbzgl. Anforderungen zu beachten: siehe Rn. 2241.
3184 Siehe dazu Rn. 2237.
3185 *BVerfG* NJW 2004, 3697.

Rüge 266c

2250 Hat das Urteil Ergebnisse von Untersuchungen anderer (insbes. zeugnisverweigerungsberechtigter) Personen verwertet (§ 81c StPO)?

I. Rechtsgrundlagen

2251 1. Nach § 81c Abs. 2 StPO sind Untersuchungen zur Feststellung der Abstammung und die Entnahme von Blutproben bei anderen Personen als Beschuldigten ohne deren Einwilligung zulässig, wenn kein Nachteil für die Gesundheit zu befürchten und die Maßnahme zur Erforschung der Wahrheit unerlässlich ist, wobei diese Maßnahmen nur von einem Arzt vorgenommen werden dürfen. Sie stehen zusätzlich unter einem besonderen Verhältnismäßigkeitsvorbehalt (§ 81c Abs. 4 StPO). Sie müssen durch das Gericht angeordnet werden, sofern nicht eine Gefährdung des Untersuchungserfolges durch Verzögerung zu besorgen ist und dann die Anordnung der Staatsanwaltschaft oder ihrer Ermittlungspersonen genügt (§ 81c Abs. 5 StPO).

2252 Das Fehlen der Voraussetzungen des § 81c Abs. 2 und Abs. 5 StPO soll der Verwertbarkeit nicht entgegenstehen, weil die Vorschrift ausschließlich dem Schutz des Betroffenen diene und der Rechtskreis des Angeklagten dadurch nicht berührt werde.[3186] Dem kann für die Fälle eines schwerwiegenden Verstoßes gegen den Richtervorbehalt (§ 81c Abs. 5 StPO) nicht gefolgt werden.[3187] Durch die Beweiserhebung und -verwertung würde der Verstoß gegen § 81c Abs. 5 StPO perpetuiert, weshalb der Angeklagte diesen Verstoß zum Gegenstand einer Verfahrensrüge machen kann, auch wenn sein Rechtskreis nicht betroffen ist.

2253 2. Nach § 81c Abs. 3 StPO dürfen Untersuchungen oder Entnahmen von Blutproben aus den gleichen Gründen wie das Zeugnis verweigert werden. Über dieses Verweigerungsrecht sind die Betroffenen entsprechend § 52 Abs. 3 StPO zu belehren. Haben Minderjährige wegen mangelnder Verstandesreife oder haben Minderjährige oder Betreute wegen einer psychischen Krankheit oder einer geistigen oder seelischen Behinderung von der Bedeutung ihres Weigerungsrechts keine genügende Vorstellung, hat ein gesetzlicher Vertreter zu entscheiden. Nur mit dessen Einwilligung dürfen erhobene Beweise im weiteren Verfahren verwertet werden (§ 81c Abs. 3 S. 5 StPO).

Bei Fehlern im Zusammenhang mit § 81c Abs. 3 StPO gelten die zu § 52 StPO entwickelten Grundsätze entsprechend.[3188] Ein mit der Revision zu rügender Aufklärungsmangel kann auch darin liegen, dass der Betroffene die Untersuchung nur des-

---

3186 LR-*Krause*[26] § 81c Rn. 64; *Meyer-Goßner*[55] § 81c Rn. 32.
3187 *LG Dresden* StV 2012, 331.
3188 Siehe Rüge 80 Rn. 879.

halb verweigerte, weil er irrtümlich darüber belehrt wurde, dass er hierzu berechtigt sei.[3189]

II. Anforderungen an die Rüge der Verletzung des § 81c Abs. 3 StPO

Es kann zunächst auf die Ausführungen zur Rüge der Verletzung des § 52 StPO ver- **2254**
wiesen werden.[3190]

In den Fällen des § 81c Abs. 3 S. 2 StPO ist (als Negativtatsache) vorzutragen, dass der gesetzliche Vertreter in Kenntnis des Rechts, die Untersuchung zu verweigern, in diese nicht bzw. in deren Verwertung im weiteren Verfahren nicht eingewilligt hat.[3191]

Rüge 266d

Hat das Urteil das Ergebnis molekulargenetischer Untersuchungen von bei dem Beschul- **2255**
digten entnommenen Blutproben oder sonstigen Körperzellen verwertet (§§ 81e, 81f und
81h StPO)?

I. Rechtsgrundlagen

1. Nach § 81a Abs. 3 StPO dürfen bei dem Beschuldigten entnommene Blutpro- **2256**
ben oder sonstige Körperzellen für Zwecke des der Entnahme zugrundeliegenden oder eines anderen anhängigen Strafverfahrens für molekulargenetische Untersuchungen nach Maßgabe des § 81e Abs. 1 StPO verwendet werden. § 81e Abs. 1 S. 3 StPO begründet ein Untersuchungsverbot, soweit die Untersuchung nicht der Zweckbeschränkung des § 81e Abs. 1 S. 1 StPO genügt. Unzulässig sind danach bspw. Untersuchungen, die der Ausforschung genetischer Anlagen und genetisch bedingter Persönlichkeitsmerkmale, der ethnischen Zuordnung oder der Bestimmung äußerer Körpermerkmale (z.b. Haar- und Augenfarbe) dienen.[3192] Ein Verstoß gegen diese Vorschrift führt zu einem Beweisverwertungsverbot.[3193]

Da § 81e Abs. 1 StPO ausdrücklich auf § 81a Abs. 1 StPO und damit auf dessen Re- **2257**
gelungen Bezug nimmt, führt ein im Rahmen dieser Vorschrift bestehendes Ver-

---

3189 LR-*Krause*[26] § 81c Rn. 66.
3190 Siehe Rüge 80 Rn. 884 u. Rüge 78 Rn. 867.
3191 Siehe im einzelnen *BGHSt* 40, 336 = StV 1995, 171 m. abl. Anm. *Eisenberg* StV 1995, 625.
3192 LR-*Krause*[26] § 81e Rn. 24.
3193 LR-*Krause*[26] § 81e Rn. 46.

wertungsverbot[3194] auch zur Nichtverwertbarkeit der molekulargenetischen Untersuchung und der dabei getroffenen Feststellungen nach § 81e StPO[3195]. Molekulargenetische Untersuchungen bedürfen einer (mangelfreien) schriftlichen Einwilligung des Beschuldigten oder einer Anordnung durch das Gericht (bei Gefahr im Verzug ist die Anordnung durch die Staatsanwaltschaft und ihre Ermittlungspersonen ausreichend) (§ 81f Abs. 1 StPO). Die Ergebnisse einer ohne wirksame Einwilligung des Beschuldigten oder ohne wirksame Anordnung gem. § 81f Abs. 1 StPO vorgenommenen Untersuchung von Spurenmaterial des Beschuldigten sind unverwertbar.[3196]

Die Geltendmachung des Verwertungsverbotes setzt in Fortsetzung der Rechtsprechung des BGH einen in der ersten Tatsacheninstanz rechtzeitig erhobenen und begründeten Verwertungswiderspruch voraus.[3197]

Mit der Durchführung der molekulargenetischen Untersuchung dürfen nur bestimmte, der ermittlungsführenden Behörde nicht angehörende Sachverständige beauftragt werden (§ 81f Abs. 2 S. 1 StPO). Ein Verstoß hiergegen soll allerdings nicht zur Unverwertbarkeit des Untersuchungsergebnisses führen.[3198]

2258 2. Nach § 81h StPO gestattet die Entnahme von Körperzellen und deren molekulargenetische Untersuchung zum Zwecke der Aufklärung von Verbrechen der in § 81h Abs. 1 StPO bezeichneten Art. Hat ein Betroffener in die Durchführung dieser Maßnahme nach gerichtlicher Anordnung rechtswirksam eingewilligt (§ 81h Abs. 2 und Abs. 4 StPO), darf deren Ergebnis gegen diesen als Beschuldigten[3199] in einem späteren Verfahren verwertet werden. Bei schwerwiegenden Mängeln der Anordnung und insbesondere bei Mängeln der gesetzlich vorgeschriebenen Einwilligung besteht ein Beweisverwertungsverbot.[3200] In der Konsequenz der BGH-Rechtsprechung setzt die Aktivierung des Beweisverwertungsverbots einen rechtzeitigen Verwertungswiderspruch in der Hauptverhandlung voraus.

3194 Siehe Rüge 266a Rn. 2233 u. Rüge 266b Rn. 2247.

3195 LR-*Krause*[26] § 81e Rn. 47.

3196 *Meyer-Goßner*[55] § 81f Rn. 9; *Graalmann-Scheerer* in: FS Rieß, 2002, S. 153.

3197 *BGH* 5 StR 373/09 v. 15.10.2009 = NStZ 2010, 157; *Meyer-Goßner*[55] § 81f Rn. 9.

3198 LR-*Krause*[26] § 81f Rn. 39. Er berechtigt aber ggf. zur Erhebung einer Aufklärungsrüge oder rechtfertigt den Antrag auf Vernehmung eines weiteren Sachverständigen: *Graalmann-Scheerer* in: FS Rieß, 2002, S. 153, 159 f.

3199 § 81h Abs. 1 StPO erlaubt den Abgleich von DNA-Identifizierungsmustern nur, soweit dies zur Feststellung erforderlich ist, ob das Spurenmaterial von einem der Teilnehmer der Reihenuntersuchung stammt. Die Auswertung von Proben von Teilnehmern der Reihenuntersuchung im Hinblick auf einen Verwandten als mutmaßlichen Täter darf gegen diesen nicht als verdachtsbegründend verwendet werden: *BGH* Urt. v. 20.12.2012 – 3 StR 117/12 = StV 2013, 692.

3200 LR-*Krause*[26] § 81h Rn. 36; *Meyer-Goßner*[55] § 81h Rn. 15.

II. Anforderungen an den Vortrag der Verletzung der §§ 81e Abs. 1, 81f, 81h StPO

Angesichts der in Betracht kommenden Verfahrensfehler muss die konkrete An- **2259** griffsrichtung durch die Verfahrensrüge deutlich gemacht werden.

Vorzutragen sind im Einzelnen:

- Dem Beschuldigten wurden Blutproben oder sonstige Körperzellen entnommen und diese einer molekulargenetischen Untersuchung unterzogen. Der Zeitpunkt der Entnahme der Körperzellen ist mitzuteilen.
- Der Beschuldigte hat in die Entnahme der Blutproben oder sonstigen Körperzellen nicht rechtswirksam eingewilligt.[3201] Im Falle einer molekulargenetischen Reihenuntersuchung (§ 81h StPO) genügte die Einwilligung nicht den Anforderungen des § 81h Abs. 1 und Abs. 4 StPO.
- Hat der Beschuldigte/Betroffene nicht wirksam seine Einwilligung erklärt, ist das Fehlen einer gerichtlichen Anordnung vorzutragen. Im Falle einer Anordnung nach § 81h Abs. 2 StPO ist ggf. vorzutragen, dass die Reihenuntersuchung nicht der Aufklärung des Verdachts einer Katalogtat i.S.d. § 81h Abs. 1 StPO diente.
- Im Falle der Annahme von Gefahr im Verzug (§ 81f Abs. 1 StPO) sind die konkreten Umstände einer bewussten Umgehung des Richtervorbehalts bzw. willkürlicher Annahme von Gefahr im Verzug darzulegen.[3202]
- Es ist die Anordnung für die Durchführung der Untersuchung im Wortlaut mitzuteilen.
- Wird die Verletzung von § 81e Abs. 1 S. 3 StPO gerügt, sind die Feststellungen, zu denen die Untersuchung gelangt ist, im Einzelnen mitzuteilen, um darzulegen, dass das Untersuchungsverbot verletzt wurde.
- Zeitpunkt und Inhalt eines in der Tatsacheninstanz erhobenen Verwertungswiderspruchs und eine etwaige Reaktion des Tatgerichts sind mitzuteilen.

3201   Zu den Voraussetzungen siehe Rüge 266a Rn. 2236.
3202   Siehe Rüge 266a Rn. 2237.

Abschnitt 10
Hat das Urteil Vorstrafen des Angeklagten verwertet?

Rüge 267

2260 Berücksichtigen die Urteilsgründe bei der Beweiswürdigung oder der Strafzumessung zum Nachteil des Angeklagten Vorstrafen, die im Bundeszentralregister getilgt sind oder bezüglich derer im Zeitpunkt der Urteilsfindung Tilgungsreife eingetreten ist (Verletzung des § 51 BZRG) oder die aus dem Erziehungsregister entfernt worden sind oder zu entfernen wären (§ 63 Abs. 1 BZRG)?

I. Rechtsgrundlagen

2261   Nach § 51 Abs. 1 BZRG dürfen eine Tat und die Tatsache der Verurteilung dem Betroffenen im Rechtsverkehr nicht zu seinem Nachteil verwertet werden, wenn die Eintragung über die Verurteilung im Bundeszentralregister getilgt worden ist oder zu tilgen wäre. Entsprechendes gilt (§ 63 Abs. 4 BZRG) für Eintragungen im Erziehungsregister, sobald der Betroffene das 24. Lebensjahr vollendet hat. Weder die betroffenen Verurteilungen als solche noch die ihnen zugrundeliegenden Taten dürfen bei der Beweiswürdigung oder bei der Rechtsfolgenzumessung[3203] berücksichtigt werden.

Die Rechtsprechung hat bislang die Auffassung vertreten, dass Verstöße gegen § 51 BZRG auf die Sachrüge zu prüfen seien.[3204] Gegen diese Auffassung werden allerdings in der Literatur begründete Vorbehalte angebracht.[3205] Angesichts der Tatsache, dass der Bundesgerichtshof zunehmend Rechtsverstöße nicht mehr auf die Sachrüge, sondern nur auf eine Verfahrensrüge hin beachtet,[3206] sollte eine Verletzung des Verwertungsverbots des § 51 BZRG vorsorglich mittels einer Verfahrensrüge beanstandet werden.

II. Anforderungen an den Vortrag der Rüge der Verletzung des § 51 (ggf. i.V.m. § 63 Abs. 1 und Abs. 4) BZRG

2262   • Das bei Beweiswürdigung oder Strafzumessung berücksichtigte Urteil oder der Strafbefehl ist unter Bezeichnung des betreffenden Gerichts, des Aktenzeichens, des Tages des Urteils bzw. des Erlasses des Strafbefehls sowie dem sich aus dem Urteilstenor ergebenden Schuld und Rechtsfolgenausspruch mitzuteilen.
  • Es ist die nach § 46 BZRG zu berechnende Tilgungsfrist, die mit dem Tag des Urteils (§ 36 BZRG) beginnt, zu benennen.

3203   Dies gilt auch für die gem. § 56 Abs. 1 StGB zu treffende Prognoseentscheidung: *BGH* v. 4.2.2010 – 3 StR 8/10 = StraFo 2010, 207.
3204   Vgl. nur *BGHSt* 24, 328, *BGH* StV 1998, 17, *BGH* StV 1999, 639.
3205   Vgl. *G. Schäfer* in: FS Rieß, 2002, 477, 484.
3206   Vgl. *Jähnke* in: FS Meyer-Goßner, 2001, 559, 566.

- Es ist (als Negativtatsache) mitzuteilen, dass der Ablauf der Tilgungsfrist nicht gem. § 47 BZRG gehemmt war.

- Im Falle der Vorverurteilung des Angeklagten nach Jugendrecht ist ggf. mitzuteilen, dass der Angeklagte im Zeitpunkt der jetzigen Aburteilung das 24. Lebensjahr vollendet hatte (§ 63 Abs. 1 BZRG).

- Es ist (als Negativtatsache) mitzuteilen, dass die im Einzelnen aufzuführenden Ausnahmen vom Verwertungsverbot des § 51 Abs. 1 BZRG gem. § 52 BZRG (ggf. die Ausnahme des § 63 Abs. 2 BZRG) nicht vorlagen.

- Es ist der Tag der Urteilsverkündung im anhängigen Verfahren mitzuteilen, was allerdings bei der Erhebung der allgemeinen Sachrüge unterbleiben kann.

- Es ist (als Negativtatsache) vorzutragen, dass der Angeklagte sich nicht zu seiner Verteidigung auf die getilgte Verurteilung und die ihr zugrundeliegende Tat berufen hat.

Kapitel 29
Besondere Verfahrensarten

Abschnitt 1
Richtet sich die Revision gegen das Urteil eines Berufungsgerichts?

I. Vorbemerkung

2264 Nach § 332 StPO gelten für die Berufungshauptverhandlung vorbehaltlich der besonderen Vorschriften im Dritten Abschnitt des Dritten Buches der StPO (§§ 312 ff.) die im Sechsten Abschnitt des Zweiten Buches über die Hauptverhandlung gegebenen Vorschriften. Insoweit kann auf die dafür bestehenden Rügemöglichkeiten verwiesen werden. Nachfolgend wird nur auf berufungsspezifische Abweichungen eingegangen.

II. Zuständigkeit des Berufungsgerichts und des Spruchkörpers und seine Besetzung

1. Unterbliebene Verweisung der Sache an das sachlich zuständige Gericht durch das Berufungsgericht

Rüge 267a

2265 Fand die Hauptverhandlung vor einem sachlich unzuständigen Gericht statt?

I. Rechtsgrundlagen

2266 Hat das Gericht des ersten Rechtszuges seine sachliche Zuständigkeit zu Unrecht angenommen, hat das Berufungsgericht die Sache unter Aufhebung des Urteils an das zuständige Gericht zu verweisen (§ 328 Abs. 2 StPO)[3207]. Hat es das unterlassen, obwohl das Schöffengericht an Stelle des Strafrichters seine sachliche Zuständigkeit willkürlich zu Unrecht angenommen hat, hat der *BGH* in seinem Beschluss vom 30.7.1996 – 5 StR 288/95[3208] entschieden, dass die Verletzung des § 328 Abs. 2 StPO nur auf eine Verfahrensrüge hin vom Revisionsgericht zu beachten sei.[3209]

II. Anforderungen an den Vortrag bei Erhebung der Verfahrensrüge des § 269 StPO, Art. 101 Abs. 1 S. 2 GG i.V.m. der Verletzung des § 328 Abs. 2 StPO: Revisionsgrund des § 338 Nr. 4 StPO

Bei der Rüge der Verletzung der §§ 328 Abs. 2, 269 StPO ist insbesondere mitzuteilen,[3210] dass das Berufungsgericht keine Verweisung an das zuständige Gericht ausgesprochen, sondern selbst in der Sache entschieden bzw. die Sache zu Unrecht an das unzuständige Gericht zurückverwiesen hat. Dazu ist das Berufungsurteil mitzuteilen. Daraus ergibt sich, vor welchem Gericht die erstinstanzliche Verhandlung stattgefunden hat. **2267**

3207 Hatte die fehlerhafte Zuständigkeit des Erstgerichts auch die Unzuständigkeit des Berufungsgerichts zu einer abschließenden Sachentscheidung zur Folge, weil das AG seine Strafgewalt überschritten und das Berufungsgericht dies nicht bemerkt hatte, hat das mit der Revision angerufene OLG auf die allgemeine Sachrüge von Amts wegen die allgemeine Unzuständigkeit festzustellen: SK-StPO-*Frisch*[3] § 328 Rn. 35 u. oben Rüge 6 Rn. 175.

3208 *BGHSt* 42, 205 = StV 1996, 585 = JR 1997, 430 m. Anm. *Gollwitzer*. Siehe auch *OLG Hamm* NStZ-RR 2009, 379.

3209 Auch wenn diese Entscheidung erhebliche Kritik erfahren hat (vgl. *Meyer-Goßner*[55] § 269 Rn. 8 m.w.N.), ist dem Beschwerdeführer anzuraten, die Verfahrensrüge der Verletzung des § 328 Abs. 2 StPO im Hinblick auf die Nichtbeachtung des Verfahrensrechts durch das sachlich zuständige Berufungsgericht zu erheben. Im umgekehrten Fall, dass statt des zuständigen höheren das niedrigere Gericht die Verurteilung ausgesprochen hat, hat das *OLG Brandenburg* in Übereinstimmung mit dem *5. Strafsenat des BGH* (NStZ 2000, 387) erkannt, dass das Revisionsgericht den Verstoß des Berufungsgerichts gegen § 328 Abs. 2 StPO von Amts wegen zu beachten habe*: OLG Brandenburg* NStZ 2001, 611 m. zust. Anm. *Meyer-Goßner*.

3210 Zu den allgemeinen Voraussetzungen an den Rügevortrag siehe Rn 183.

2. Unterbliebene Verweisung der Sache an das örtlich zuständige Gericht durch das Berufungsgericht

Rüge 267b

2268 Fand die Hauptverhandlung vor einem örtlich unzuständigen Amtsgericht statt und wurde der Einwand der örtlichen Unzuständigkeit zurückgewiesen?

I. Rechtsgrundlagen

2269 Nach § 328 Abs. 2 StPO muss das Berufungsgericht unter Aufhebung des angefochtenen Urteils das Verfahren an das örtlich zuständige Gericht verweisen, wenn das Gericht des ersten Rechtszuges seine örtliche Zuständigkeit zu Unrecht angenommen hat. Hat es das unterlassen und statt dessen durch Sachurteil nach § 328 Abs. 1 StPO über die Berufung entschieden, kann dies mit der Verfahrensrüge beanstandet werden. Die Rüge setzt voraus, dass der Angeklagte nach Eröffnung des Hauptverfahrens, spätestens bis zum Beginn seiner Vernehmung zur Sache in der erstinstanzlichen Hauptverhandlung den Einwand der örtlichen Unzuständigkeit geltend gemacht hat (§ 16 S. 2 StPO)[3211]. Der nochmaligen Erhebung des Einwandes nach § 16 S. 2 StPO bedarf es beim Berufungsgericht nicht.[3212] Aus dem Einwand muss hervorgehen, dass der Angeklagte das Gericht für örtlich unzuständig erachtet. Der Einwand muss weder eine Begründung noch Ausführungen dazu enthalten, welches Gericht tatsächlich örtlich zuständig wäre.[3213]

II. Anforderungen an die Rüge der Verletzung des § 328 Abs. 2 StPO durch das Berufungsgericht, wenn dieses der örtlichen Unzuständigkeit des Erstrichters nicht durch eine Verweisung Rechnung getragen hat

2270 Es ist vorzutragen,

- dass durch das Gericht des ersten Rechtszuges eine Entscheidung in der Sache ergangen ist,
- dass der Angeklagte die örtliche Unzuständigkeit des Amtsgerichts im ersten Rechtszug vor dem Amtsgericht rechtzeitig i.S.d. § 16 S. 3 StPO geltend gemacht hat,[3214]

3211 Zu den Einzelheiten s. Rn. 206.
3212 Etwas anderes gilt dann, wenn infolge eines Irrtums die Sache an das örtlich unzuständige Berufungsgericht geht, nachdem sie in der ersten Instanz beim örtlich zuständigen Gericht anhängig war. In diesem Fall muss der Angeklagte den Einwand spätestens bis zum Beginn seiner Vernehmung in der Berufungshauptverhandlung (§ 324 Abs. 2 StPO) geltend gemacht haben. LR-*Wendisch*[25] § 16 Rn. 21; *Meyer-Goßner*[55] § 16 Rn. 6; **a.A.** LR-*Erb*[26] § 16 Rn. 20.
3213 Siehe zum vergleichbaren Einwand nach § 6a S. 2 StPO *Meyer-Goßner*[55] § 6a Rn. 4.
3214 Siehe oben Rn. 209.

- dass er den Einwand später nicht zurückgenommen hat, wobei der Einwand im Wortlaut mitzuteilen ist,
- dass das Gericht den Einwand übergangen oder (zu Unrecht) zurückgewiesen hat, wobei der Beschluss in vollem Wortlaut mitzuteilen ist.
- Es sind die Umstände mitzuteilen, die ergeben, dass das Gericht erster Instanz tatsächlich örtlich unzuständig war.
- Es ist – wenn nicht ohnehin die allgemeine Sachrüge erhoben wird – die Entscheidung des Berufungsgerichts mitzuteilen, die eine Verweisung an das örtlich zuständige Gericht nicht ausgesprochen hat.

3. Unzulässige Verweisung

Rüge 267c

Hat das Berufungsgericht an Stelle einer Entscheidung durch Sachurteil gem. § 328 Abs. 1 StPO das Verfahren nach § 328 Abs. 2 StPO zu Unrecht wegen angeblicher sachlicher oder örtlicher Unzuständigkeit an ein Amtsgericht verwiesen?   2271

I. Rechtsgrundlagen

Auch das Urteil des Berufungsgerichts, durch das die Entscheidung des Schöffenge-   **2272**
richts, das Hauptverfahren durchzuführen, zu Unrecht als Willkürmaßnahme bewertet und das Verfahren zu Unrecht nach § 328 Abs. 2 StPO an den Strafrichter zurückverwiesen wurde, kann wegen der darin liegenden Verletzung der §§ 328 Abs. 2, 269 StPO mit der Verfahrensrüge angegriffen werden.[3215] Ebenso begründet eine ungerechtfertigte Verweisung an das Amtsgericht wegen angeblich fehlender örtlicher Zuständigkeit des Erstgerichts die Revision.[3216]

II. Anforderungen an die Rüge der Verletzung des § 328 Abs. 2 StPO, weil das Berufungsgericht anstelle einer Entscheidung durch Sachurteil nach § 328 Abs. 1 StPO das Verfahren nach § 328 Abs. 2 StPO zu Unrecht verwiesen hat[3217]

Es ist vorzutragen   2273

- das Verweisungsurteil (im Falle der irrigen Verweisung durch Beschluss statt durch Urteil ist der Beschluss mitzuteilen),
- dass das mit der Berufung angefochtene Urteil des Erstrichters ein solches des sachlich bzw. örtlich zuständigen Strafrichters bzw. Amtsgerichts war. Die Umstände, dass das Gericht erster Instanz sachlich bzw. örtlich zuständig war, sind im Einzelnen darzulegen.

3215   *OLG Karlsruhe* StV 1998, 252.
3216   *Meyer-Goßner*[55] § 328 Rn. 14; *OLG Brandenburg* NStZ-RR 2009, 57.
3217   In dieser Entscheidung liegt zusätzlich eine Verletzung des Anspruchs des Angeklagten auf Aburteilung durch den gesetzlichen Richter: SK-StPO-*Frisch*[3] § 328 Rn. 32.

Rüge 267d

2274 Hat die allgemeine (kleine) Strafkammer im Berufungsverfahren entschieden, nachdem ein rechtzeitig erhobener Unzuständigkeitseinwand wegen Verhandlung über eine Wirtschaftsstraftat i.S.d. § 74c Abs. 1 GVG zurückgewiesen worden ist (§ 6a StPO)?

I. Rechtsgrundlagen

2275 Im Berufungsverfahren ist § 6a StPO entsprechend auf den Fall anzuwenden, dass im ersten Rechtszug ein Schöffengericht über eine Wirtschaftsstraftat i.S.d. § 74c Abs. 1 GVG entschieden hat,[3218] Nach § 6a StPO i.V.m. § 76 Abs. 1 S. 1 GVG ist dann eine kleine Strafkammer des Landgerichts als Wirtschaftsstrafkammer das zuständige Berufungsgericht.[3219] Hat allerdings das Amtsgericht – Schöffengericht – das Verfahren wegen Katalogtaten i.S.d. § 74c Abs. 1 GVG gemäß § 154 Abs. 2 StPO vorläufig eingestellt und nur noch wegen in diesem Katalog nicht genannter Straftaten verurteilt, so ist im Berufungsverfahren die allgemeine (kleine) Strafkammer zuständig.[3220]

Voraussetzung einer Verfahrensrüge wegen vorschriftswidriger Verhandlung vor der allgemeinen (kleinen) Strafkammer ist, dass der Angeklagte in der Berufungshauptverhandlung rechtzeitig den Einwand der Unzuständigkeit der allgemeinen Strafkammer gemäß § 6a StPO erhoben hat. Dies muss spätestens bis zum Beginn seiner Vernehmung zur Sache erfolgt sein.[3221] Anders verhält es sich, wenn das Schöffengericht den Verfahrensgegenstand abweichend vom Eröffnungsbeschluss nicht als Wirtschaftsstrafsache gewertet hat.[3222]

II. Anforderungen an den Vortrag der Rüge der Verletzung der §§ 74c Abs. 1, 76 Abs. 1 S. 1 GVG (§ 338 Nr. 4 StPO)

2276 • Es muss vorgetragen werden, dass die Berufungshauptverhandlung vor einer allgemeinen (kleinen) Strafkammer des Landgerichts verhandelt wurde, die also keine Zuständigkeit als Wirtschaftsstrafkammer hatte,

• es ist vorzutragen, dass Gegenstand des angefochtenen amtsgerichtlichen Urteils eine Wirtschaftsstraftat i.S.d. § 74c Abs. 1 GVG war. Vorsorglich sollte mitgeteilt werden, dass das Amtsgericht – Schöffengericht – das Verfahren nicht wegen Katalogtaten i.S.d. § 74c Abs. 1 GVG gemäß § 154 Abs. 2 StPO

3218 Hat das AG über eine Katalogtat i.S.d. § 74a Abs. 1 GVG verhandelt, für die die Staatsschutzkammer des LG als erstinstanzliches Gericht ausschließlich sachlich zuständig ist, ist dieser Fehler bei Erhebung der allgemeinen Sachrüge von Amts wegen zu berücksichtigen: *KG* v. 9.5.2012 – (3) 161 Ss 49/12.

3219 *Meyer-Goßner*[55] § 6a Rn. 13 u. 14. Für erstinstanzliche Verhandlungen vor dem AG-Strafrichter gilt das dem gegenüber nicht: *Meyer-Goßner*[55] § 74c GVG Rn. 6.

3220 *KG* NJW 2010, 3464 = NStZ 2011, 172 = StV 2011, 615 Ls.

3221 *OLG Düsseldorf* JR 1982, 514 m. Anm. *Rieß*; *Meyer-Goßner*[55] § 6a Rn. 14.

3222 *OLG Stuttgart* MDR 1982, 252; *Meyer-Goßner*[55] § 74c GVG Rn. 6.

vorläufig eingestellt und nur noch wegen in diesem Katalog nicht genannter Straftaten verurteilt hat,

* es muss vorgetragen werden, dass der Angeklagte in der Berufungshauptverhandlung den Einwand der Unzuständigkeit der allgemeinen Strafkammer geltend gemacht hat. Der Einwand ist im Wortlaut mitzuteilen. Die Reaktion des Berufungsgerichts auf den Einwand ist ebenfalls darzulegen,
* es muss dargelegt werden, dass der Unzuständigkeitseinwand spätestens bis zum Beginn der Vernehmung des Angeklagten zur Sache geltend gemacht wurde.

Rüge 267e

Fand die Berufungshauptverhandlung vor einem nach dem Geschäftsverteilungsplan unzuständigen Spruchkörper des Gerichts statt oder war dieser nicht vorschriftgemäß besetzt (§ 338 Nr. 1 StPO)? 2277

Bei den Verhandlungen vor dem Landgericht als Berufungsinstanz erfolgt keine Besetzungsmitteilung, so dass es keines Besetzungseinwandes bedarf, um nicht mit der Verfahrungsrüge der Verhandlung vor einem nach dem Geschäftsverteilungsplan unzuständigen Spruchkörper des Gerichts bzw. der Verhandlung in vorschriftswidriger berufsrichterlicher oder Schöffenbesetzung präkludiert zu sein. 2278

Die Verfahrensrüge muss sämtliche Verfahrenstatsachen darlegen, aus denen sich die vorschriftswidrige Zuordnung des Spruchkörpers zu der verhandelten Sache ergibt.[3223] Ebenso sind die Umstände darzulegen, aus denen sich die vorschriftswidrige Besetzung des Gerichts (§ 76 Abs. 1 S. 1, Abs. 6 GVG) ergibt.[3224]

Rüge 267f

Hat das Berufungsgericht unter Urteilsaufhebung die Sache an das Amtsgericht aus einem anderen Grunde als demjenigen der Unzuständigkeit des Gerichts des ersten Rechtszuges zurückverwiesen? 2279

Hat das Berufungsgericht unter Urteilsaufhebung die Sache an das Amtsgericht aus einem anderen Grunde als demjenigen der Unzuständigkeit des Gerichts des ersten 2280

3223   Siehe hierzu Rüge 10 Rn. 227 ff.
3224   Siehe für die berufsrichterliche Besetzung Rüge 11 Rn. 275 ff. und für die Schöffenbesetzung Rüge 13 Rn. 304 ff.

Rechtszuges zurückverwiesen, ist dies grundsätzlich unzulässig und revisibel. Auch wenn das Verfahren in der erstinstanzlichen Hauptverhandlung bezüglich einzelner Tatteile nach § 154a StPO eingestellt worden war und die Staatsanwaltschaft gegen das erstinstanzliche Urteil Berufung eingelegt und zugleich die Wiedereinbeziehung der ausgeschiedenen Teile der Tat gem. § 154a Abs. 3 S. 2 StPO beantragt hat, ist es unzulässig, wenn das Berufungsgericht die angefochtene Entscheidung (im Rechtsfolgenausspruch) aufhebt und die Sache zur erneuten Verhandlung und Entscheidung auch über die wieder einzubeziehenden Tatteile an das Amtsgericht zurückverweist. Vielmehr war das Berufungsgericht auch zur Entscheidung über diese Tatteile berufen.[3225] Die unterbliebene Sachentscheidung des Landgerichts (§ 328 Abs. 1 StPO) und die Zurückverweisung an das Amtsgericht unter Verletzung des § 328 Abs. 2 StPO sind mit der Verfahrensrüge zu beanstanden. Neben der Tatsache der Berufungseinlegung durch die Staatsanwaltschaft ist deren Antrag auf Wiedereinbeziehung der in der erstinstanzlichen Hauptverhandlung eingestellten Tatteile vorzutragen. Ergänzend sollte der Inhalt des zur Hauptverhandlung zugelassenen Anklagesatzes mitgeteilt werden. Im Falle der Erhebung der allgemeinen Sachrüge nimmt das Revisionsgericht vom Inhalt des Urteils des Berufungsgerichts Kenntnis, durch das die Sache an das Amtsgericht zurückverwiesen worden ist.

III. Berufungsurteil gegen einen in der Berufungshauptverhandlung ausgebliebenen Angeklagten

Rüge 268

2281 Wurde die Berufung des Angeklagten ohne Verhandlung zur Sache verworfen, weil bei Beginn der Hauptverhandlung weder er selbst noch in einem Fall, in dem dies zulässig ist, ein Vertreter erschienen und das Ausbleiben nicht genügend entschuldigt war?

I. Verletzung des § 329 Abs. 1 S. 2 StPO

1. Rechtsgrundlagen

2282 In Abwesenheit des Angeklagten darf die Berufungshauptverhandlung auch im Falle unentschuldigten Ausbleibens nicht durchgeführt werden, wenn ein vorausgegangenes Urteil des Berufungsgerichts vom Revisionsgericht aufgehoben worden und die Sache von dem Revisionsgericht zur erneuten Verhandlung an das Berufungsgericht zurückverwiesen worden war. Auch ein Verwerfungsurteil gem. § 329 Abs. 1 S. 1 StPO darf in diesem Falle nicht ergehen, vorausgesetzt, dass das aufgehobene Berufungsurteil und die Entscheidung des Revisionsgerichts zur Sache selbst ergan-

---

3225 *OLG Karlsruhe* NZV 2005, 212 sowie *OLG Karlsruhe* NStZ-RR 2005, 208.

gen sind.[3226] Hat das OLG ein Sachurteil aus verfahrensrechtlichen Gründen aufgehoben, kann ausnahmsweise die Berufung des nicht erschienenen Angeklagten dann nicht nach § 329 Abs. 1 S. 1 StPO verworfen werden, wenn der Angeklagte in seiner Ladung zur Berufungshauptverhandlung nicht darauf hingewiesen wurde, dass ausnahmsweise eine Berufungsverwerfung erfolgen dürfe, weil die Berufung schon durch das aufgehobene Urteil nach § 329 Abs. 1 StPO verworfen worden war.[3227]

2. Anforderungen an den Vortrag der Rüge der Verletzung des § 329 Abs. 1 S. 2 StPO

- Die Berufung des Angeklagten wurde wegen unentschuldigten Ausbleibens zu **2283** Beginn der Hauptverhandlung vom Berufungsgericht verworfen.
- Der Berufungsverhandlung war die Aufhebung eines Berufungsurteils durch das Revisionsgericht vorausgegangen, die jeweils auf die Sache selbst eingegangen sind. Zu dem Vortrag gehört deshalb die vollständige wörtliche Mitteilung der betreffenden Urteile.

Oder:

- Der Berufungshauptverhandlung war die Aufhebung des Urteils aus Verfahrensgründen vorausgegangen; es ist aber in der wörtlich mitzuteilenden Ladung des Angeklagten unterblieben, diesen darauf hinzuweisen, dass eine Berufungsverwerfung nach § 329 Abs. 1 S. 1 StPO erfolgen dürfe, weil die Berufung schon durch das aufgehobene Urteil nach § 329 Abs. 1 StPO verworfen worden war.

3. Im Zusammenhang stehende Rügemöglichkeit

Hat das Berufungsgericht in Abwesenheit des nicht erschienenen Angeklagten in **2284** der Sache selbst entschieden, ist die Verletzung des § 230 StPO (Revisionsgrund des § 338 Nr. 5 StPO) zu rügen. Es muss im Rahmen des Rügevorbringens ausgeschlossen werden, dass die Voraussetzungen der §§ 231a, 232, 233 StPO vorlagen. Im Übrigen kann auf die Ausführungen zur Rüge 23 (Rn. 411) verwiesen werden.

II. Verfahrensrüge der Verletzung des § 329 Abs. 1 S. 1 StPO

1. Rechtsgrundlagen

Mit der Revision kann auf die der Vorschrift des § 344 Abs. 2 S. 2 StPO entspre- **2285** chenden Verfahrensrüge[3228] zunächst beanstandet werden, dass das Berufungsgericht den Begriff des Ausbleibens oder der genügenden Entschuldigung verkannt

---

3226 *Meyer-Goßner*[55] § 329 Rn. 4. Die Vorschrift des § 329 Abs. 1 S. 2 StPO gilt auch nicht bei einer Berufungsverhandlung nach vorausgegangener erfolgreicher Sprungrevision und anschließender Berufung auf das erneute amtsgerichtliche Urteil.
3227 *OLG Oldenburg* StraFo 2009, 114.
3228 *Meyer-Goßner*[55] § 329 Rn. 48; *OLG Nürnberg* NJW 2009, 1761 = StraFo 2009, 292.

oder falsch konkretisiert, die Voraussetzungen der ordnungsgemäßen Ladung falsch interpretiert habe oder dass es angesichts ihm selbst verbliebener Zweifel am Fehlen einer genügenden Entschuldigung die Berufung nicht habe verwerfen dürfen.[3229]

2286 Die betreffenden Anknüpfungspunkte ergeben sich aus dem Berufungsurteil und unterliegen der revisionsgerichtlichen Prüfung, sofern dies mit der allgemeinen Sachrüge angefochten wurde.[3230] Es reicht dann der Vortrag gem. § 344 Abs. 2 S. 2 StPO, dass die Berufung des Angeklagten nicht wegen Ausbleibens hätte verworfen werden dürfen, weil das Berufungsgericht den Begriff des Ausbleibens bzw. der genügenden Entschuldigung verkannt habe.

2287 Hat das Berufungsgericht Feststellungen zum Ausbleiben des Angeklagten und zur Frage der genügenden Entschuldigung getroffen, ist nach h.M. das Revisionsgericht an diese gebunden und darf sie auch bei entsprechendem Revisionsvortrag weder im Wege des Freibeweises nachprüfen noch ergänzen.[3231] Die insoweit insbesondere in der Rechtsprechung gezogenen Grenzen sind jedoch unscharf, weil bei unvollständigen tatsächlichen Feststellungen bzw. bei Anhaltspunkten für das Vorliegen denkbarer Entschuldigungsgründe oder bei naheliegenden Möglichkeiten für eine im Tatsächlichen liegende fehlerhafte Beurteilung des Ausbleibens des Angeklagten mit der Verfahrensrüge die Verletzung der Prüfungs bzw. Aufklärungspflicht des Berufungsgerichts beanstandet werden kann.[3232] Um dem Revisionsgericht etwaige Feststellungen im Freibeweisverfahren zu ermöglichen, bedarf es einer entsprechend ausgeführten Verfahrensrüge. Dazu die nachfolgenden Beispiele für die in Betracht kommenden Fallgruppen:

2. Anforderungen an den Vortrag der Rüge der Verletzung des § 329 Abs. 1 S. 1 StPO bei Berufungsverwerfung infolge rechtsfehlerhafter Annahme des unentschuldigten Ausbleibens des Angeklagten

2288 a) Unterbliebene Ladung des Angeklagten: Es ist zu beanstanden, dass der Angeklagte nicht ordnungsgemäß geladen wurde. Wurde die Ladung in einer Wohnung zugestellt, in der der Angeklagte zu diesem Zeitpunkt nicht wohnhaft war, ist die tatsächliche Wohnanschrift und der Ladungsvorgang unter der unzutreffenden An-

---

3229 SK-StPO-*Frisch*³ § 329 Rn. 72.
3230 Vgl. *OLG Brandenburg* NStZ 1996, 249.
3231 *BGHSt* 28, 384, *Meyer-Goßner*⁵⁵ § 329 Rn. 48; LR-*Gössel*²⁵ § 329 Rn. 102, SK-StPO-*Frisch*³ § 329 Rn. 95 m.w.N. auch auf die Vertreter der Auffassung der Mindermeinung. Nachträglich eingereichte Unterlagen zum Nachweis einer genügenden Entschuldigung des in der Berufungshauptverhandlung ausgebliebenen Angeklagten darf das Revisionsgericht nicht berücksichtigen, wenn diese Unterlagen auch dem Berufungsgericht zum Zeitpunkt seiner Entscheidung noch nicht vorlagen: *OLG Celle* v. 13.9.2011 – 32 Ss 119/11 = 2 Ws 253/11 (juris).
3232 *Meyer-Goßner*⁵⁵ § 329 Rn. 48 u. Rn. 22; LR-*Gössel*²⁵ § 329 Rn. 101; SK-StPO-*Frisch*³ § 329 Rn. 73 und 74.

schrift[3233] mitzuteilen. Ebenso können die Voraussetzungen einer nicht ordnungsgemäßen öffentlichen Zustellung zur Überprüfung des Revisionsgerichts gestellt werden, wenn der gesamte Ladungsvorgang mitgeteilt wird. Im Rahmen der Verfahrensrüge müssen sämtliche für das gerügte Fehlen einer ordnungsgemäßen Ladung maßgeblichen Umstände umfassend und vollständig mitgeteilt werden.[3234]

b) Der Angeklagte ist nur über seinen Verteidiger geladen worden: Es kann in **2289** diesem Falle mit der Verfahrensrüge beanstandet werden, dass dies ungenügend war, wenn der Verteidiger nicht die besondere Vollmacht des § 145a Abs. 2 StPO besaß.[3235] Es sind die Tatsache, dass ausschließlich der Verteidiger und nicht der Angeklagte geladen wurde, sowie der Inhalt der vom Verteidiger zur Akte gereichten Vollmacht mitzuteilen. Es ist auszuschließen (Negativtatsache), dass der Verteidiger durch eine weitere Erklärung gegenüber dem Gericht eine besondere Zustellungsvollmacht gem. § 145a Abs. 2 StPO zur Akte gereicht hat.

c) In Fällen, in denen eine Vertretung des Angeklagten zulässig ist, kann gegen **2290** die Berufungsverwerfung vorgetragen werden, dass der in der Hauptverhandlung anwesende Verteidiger dem Gericht eine schriftliche Vollmacht vorgelegt hatte, die ihn auch zur Vertretung des Angeklagten berechtigte. Diese ist im Wortlaut mitzuteilen, ebenso der Zeitpunkt des Eingangs bei Gericht. Es sollte vorsorglich vorgetragen werden, dass der Verteidiger den Angeklagten auch hat vertreten wollen.[3236] Es ist weiterhin darzulegen, dass und warum ein Fall vorlag, in dem eine Vertretung des Angeklagten zulässig ist.

d) Ist die Ladung des Verteidigers unterblieben,[3237] kann darauf ein Urteil beruhen, dass die Berufung des Angeklagten wegen unentschuldigten Ausbleibens verworfen hat.[3238] **2291**

Die Rüge setzt weiterhin den Vortrag voraus, dass der Verteidiger Vertretungsvollmacht hatte oder er vorhandene Entschuldigungsgründe für den Angeklagten vorge-

---

3233   *KG* Beschl. v. 16.2.2004 – (4) 1 Ss 458/03, SK-StPO-*Frisch*[3] § 329 Rn. 73 m.w.N.
       Das *OLG Düsseldorf* (StV 1982, 216) fordert eine entsprechende Aufklärungsrüge.
       Demgegenüber lässt das *OLG Düsseldorf* (StV 1990, 58) die fehlerhafte Ladung auch
       dann ausreichen, wenn dem Berufungsgericht der tatsächliche Aufenthaltsort des An-
       geklagten nicht bekannt sein musste.
3234   *KG* StV 2009, 14 = NStZ 2009, 111 zur Überprüfung einer Ladung im Wege der öf-
       fentlichen Zustellung.
3235   *OLG Düsseldorf* StV 1982, 127.
3236   So *OLG Hamm* NStZ-RR 2006, 212. Nach Auffassung des *OLG Köln* StV 1993, 292
       bedarf es einer ausdrücklichen Berufung des Verteidigers auf diese Vollmacht in der
       Hauptverhandlung nicht. Zur generellen Zulässigkeit der Vertretung des abwesenden
       Angeklagten durch seinen verteidigungsbereiten Verteidiger s. *EGMR* Urt. v.
       8.11.2012 – 30804/07 (Neziraj ./. Deutschland) = StraFo 2012, 490 m. Anm. *Püschel*
       = StV 2013, 289 m. Besprechungsaufsatz *Esser* StV 2013, 331. Siehe aber auch *OLG
       Düsseldorf* StV 2013, 299 u. *OLG München* StV 2013, 301.
3237   Siehe dazu Rüge 51 Rn. 697.
3238   *BayObLG* StV 1985, 140 m. Anm. *Sieg* StV 1986, 3.

bracht hätte und dadurch die Entscheidung des Berufungsgerichts hätte beeinflussen können.[3239]

Ist ein zur Vertretung berechtigter Verteidiger in einem Fall, in dem eine Vertretung des Angeklagten zulässig ist, nicht unter Einhaltung der Ladungsfrist zur Hauptverhandlung geladen worden und hat er vor der Hauptverhandlung deren Aussetzung beantragt, darf die Berufung ebenfalls nicht verworfen werden.[3240]

2292 **e)** Erscheinen des Angeklagten nach Verkündung des Verwerfungsurteils: Es ist der Zeitpunkt des tatsächlichen Beginns der Verhandlung und derjenige der Verkündung der Verwerfungsentscheidung sowie derjenige mitzuteilen, zu dem der Angeklagte in der Hauptverhandlung erschienen ist. Ist der Angeklagte vor Ablauf der von der Rechtsprechung anerkannten 15-minütigen Wartezeit erschienen, durfte der Angeklagte nicht als säumig angesehen werden.

Hatte der Angeklagte seine Verspätung angekündigt, hat der Verteidiger diesen Umstand sowie die betreffenden Zeitpunkte der Verkündung des Verwerfungsurteils und des Erscheinens des Angeklagten mitzuteilen, weil in diesem Falle auch eine über 15 Minuten hinausgehende Wartepflicht des Gerichts besteht.[3241]

3. Anforderungen an den Vortrag der Verfahrensrüge der Verletzung des § 329 Abs. 1 S. 1 StPO bei Berufungsverwerfung infolge rechtsfehlerhafter Annahme einer ungenügenden Entschuldigung

2293 **a)** Die formelhafte Wendung, der Angeklagte sei trotz Ladung ohne Entschuldigung der Hauptverhandlung ferngeblieben, ist dann unzureichend, wenn mit der Verfahrensrüge vorgetragen wird, dass in der Hauptverhandlung der Verteidiger anwesend war und dieser im Hinblick auf eine Erkrankung des Angeklagten einen Aussetzungsantrag gestellt hat, den das Gericht ablehnte.[3242] Die entsprechenden Tatsachen einschließlich des Wortlauts des Antrags und des Ablehnungsbeschlusses sind vorzutragen.

2294 **b)** Mit der Aufklärungsrüge[3243] kann beanstandet werden, dass das Berufungsgericht trotz vorliegender Anhaltspunkte für einen bestimmten Entschuldigungssachverhalt diesem nicht nachgegangen ist und die Aufklärung das Vorliegen eines genügenden Entschuldigungsgrundes ergeben hätte. Es ist darzulegen, welcher kon-

---

3239   *BayObLG* Beschl. v. 19.3.2001 – 1 St RR 30/2001.
3240   Zum vergleichbaren Fall bei einer Verwerfung des Einspruchs gegen einen Strafbefehl *OLG Köln* StV 1986, 470.
3241   *OLG Köln* StraFo 2004, 143, *OLG Zweibrücken* Beschl. v. 18.1.2007 – 1 Ss 188/06; *OLG Brandenburg* StraFo 2012, 270: Pflicht, mit dem Verhandlungsbeginn länger als eine Stunde zuzuwarten, wenn das Urteil keine Ausführungen macht, aus denen sich grobe Nachlässigkeit oder Mutwilligkeit des Angeklagten ergeben.
3242   *OLG Hamburg* Beschl. v. 22.4.2003 – 1 Ss 54/03.
3243   *OLG Nürnberg* StraFo 2009, 292 = NJW 2009, 1761; *OLG München* StV 2012, 79; zu den allg. Voraussetzungen siehe Rüge 190 Rn. 1662.

krete Umstand aufgeklärt werden sollte, welches Beweismittel benutzt werden sollte, warum sich diese Aufklärung aufdrängte und was sie zugunsten des Beschwerdeführers ergeben hätte.[3244]

c) Mit der Rüge, das Berufungsgericht habe seine Prüfungspflicht verletzt, können konkrete Anhaltspunkte für einen genügenden Entschuldigungsgrund behauptet werden, die das Gericht zu weiterer Prüfung hätten veranlassen müssen.[3245] **2295**

Rüge 269
Erging auf die Berufung der Staatsanwaltschaft ein Sachurteil aufgrund einer in Abwesenheit des Angeklagten durchgeführten Hauptverhandlung (§ 329 Abs. 2 S. 1 StPO)? **2296**

I. Rechtsgrundlagen

Auf die Berufung der Staatsanwaltschaft darf in Abwesenheit des Angeklagten ein Sachurteil nur unter der Voraussetzung ergehen, dass der ordnungsgemäß zur Berufungshauptverhandlung geladene Angeklagte zu Beginn nicht erschienen und sein Ausbleiben nicht genügend entschuldigt ist. **2297**

II. Anforderungen an den Vortrag der Rüge der Verletzung des § 329 Abs. 2 S. 1 StPO

Zum Rügevortrag, ob der Angeklagte als ausgeblieben behandelt werden durfte und ob sein Ausbleiben genügend entschuldigt war oder nicht, kann auf die Ausführungen unter Rn. 2285 verwiesen werden. Es muss weiterhin vorgetragen werden, dass es sich um eine Berufung der Staatsanwaltschaft handelte und die Voraussetzungen der §§ 231a, 232, 233 StPO nicht vorlagen. **2298**

3244 *OLG München* StV 2012, 79; *Bick* StV 1987, 273, 274.
3245 SK-StPO-*Frisch*[3] § 319 Rn. 74 mit einzelnen Beispielen. Siehe auch *OLG Braunschweig* StV 2004, 366 für den Fall eines nicht erschienenen Angeklagten, dessen Verteidiger – erfolglos – kurz vor Beginn der Hauptverhandlung eine Terminsverlegung wegen Verhinderung beantragt hat, sowie vergleichbar *OLG München* NStZ-RR 2006, 20.

IV. Vorschriftswidrige Durchführung der Berufungshauptverhandlung

Rüge 270

2299 Ist im Falle einer Berufungseinlegung durch die Staatsanwaltschaft in der Hauptverhandlung der Antrag des Angeklagten auf Aussetzung der Berufungshauptverhandlung im Hinblick darauf, dass ihm nicht die Berufungsrechtfertigung der Staatsanwaltschaft rechtzeitig zugestellt wurde (§ 320 S. 2 StPO), abgelehnt worden oder hat es das Gericht unterlassen, den unverteidigten Angeklagten in einem solchen Fall auf die Möglichkeit der Stellung eines Aussetzungsantrages hinzuweisen, nachdem ihm die Berufungsbegründung der Staatsanwaltschaft zur Kenntnis gebracht worden ist?

I. Rechtsgrundlagen

2300 Auf den Umstand, dass die Staatsanwaltschaft im Falle einer von ihr eingelegten Berufung es unterlassen hat, dem Angeklagten die Schriftstücke über die Rechtfertigung der Berufung zuzustellen, kann die Revision nicht gestützt werden.[3246] Es kann aber gerügt werden, dass ein deswegen gestellter Aussetzungsantrag zu Unrecht abgelehnt wurde[3247] (§§ 228 Abs. 1, 238 Abs. 2, 265 Abs. 3, Abs. 4, 320 S. 2, 338 Nr. 8 StPO) bzw. der unverteidigte Angeklagte weder auf den Inhalt der ihm nicht zugestellten Rechtfertigungsschrift noch auf die Möglichkeit der Stellung eines Aussetzungsantrages hingewiesen worden ist (§§ 265 Abs. 3, Abs. 4, 337 StPO).

II. Anforderungen an den Vortrag

2301 • Dem Angeklagten ist vor der Hauptverhandlung die Rechtfertigung der von der Staatsanwaltschaft eingelegten Berufung nicht zugestellt worden.

• In der Hauptverhandlung ist ein Antrag auf Aussetzung der Hauptverhandlung durch Gerichtsbeschluss abgelehnt worden (Mitteilung des Antrages und des Ablehnungsbeschlusses im Wortlaut) oder

• der nicht verteidigte Angeklagte ist über den Inhalt der Berufungsrechtfertigung der Staatsanwaltschaft nicht in der Hauptverhandlung unterrichtet und auch nicht auf die Möglichkeit der Stellung eines Aussetzungsantrages hingewiesen worden und hat einen solchen auch nicht gestellt.[3248]

III. Beruhen

2302 Enthielt die Berufungsrechtfertigung der Staatsanwaltschaft Ausführungen, die für die Führung der Verteidigung des Angeklagten von Bedeutung sein konnten, ist

---

3246 LR-*Gössel*[25] § 320 Rn. 10, SK-StPO-*Frisch*[3] § 320 Rn. 10.
3247 LR-*Gössel*[25] § 320 Rn. 10 m.w.N.; SK-StPO-*Frisch*[3] § 320 Rn. 10.
3248 Durch das Schweigen des Protokolls wird bewiesen, dass Unterrichtung, Hinweis und Stellung eines Aussetzungsantrages nicht erfolgt sind.

nicht auszuschließen, dass das Berufungsurteil auf der gerügten Verletzung der Ablehnung eines Aussetzungsantrages bzw. der unterbliebenen Unterrichtung und Hinweiserteilung über die Aussetzungsmöglichkeit beruht.[3249]

Rüge 271

Ist es in der Berufungshauptverhandlung unterblieben, über den Gegenstand der Berufungsverhandlung und die Ergebnisse des bisherigen Verfahrens Bericht zu erstatten und ist die Verlesung des erstinstanzlichen Urteils gänzlich unterblieben (§ 324 Abs. 1 S. 2 StPO)?   **2303**

I. Rechtsgrundlagen

Ist die Berichterstattung über den Gegenstand der Berufungsverhandlung und die **2304** Ergebnisse des bisherigen Verfahrens oder entgegen § 324 Abs. 1 S. 2 StPO die Verlesung des erstinstanzlichen Urteils gänzlich unterblieben,[3250] so liegt darin ein Rechtsfehler, der mit der Verfahrensrüge geltend gemacht werden kann.[3251] Die Verfahrensrüge führt zur Aufhebung des Berufungsurteils, wenn nach Lage des Einzelfalles nicht ausgeschlossen werden kann, dass das Berufungsurteil auf diesem Verfahrensverstoß beruht.[3252] Die Rüge, der Vortrag oder die Verlesung seien unvollständig gewesen, soll demgegenüber nach h.M. unzulässig sein, weil es dem Revisionsgericht verwehrt sei, den Umfang der Berichterstattung und der Verlesung zu rekonstruieren.[3253]

II. Anforderungen an den Vortrag der Rüge der Verletzung des § 324 Abs. 1 StPO

- Die Berichterstattung über den Gegenstand der Berufungshauptverhandlung **2305** und die Ergebnisse des bisherigen Verfahrens sind in der Berufungshauptverhandlung vollständig unterblieben **oder**
- die Verlesung des erstinstanzlichen Urteils ist in der Berufungshauptverhandlung vollständig unterblieben.

3249   SK-StPO-*Frisch*[3] § 320 Rn. 10.
3250   Dies wird durch das Schweigen der Sitzungsniederschrift bewiesen. Die Verlesung des mit der Berufung angefochtenen Urteils als Teil des Vortrags über die Ergebnisse des bisherigen Verfahrens ist nach *KG* StV 2013, 433 allerdings nicht Teil der Beweisaufnahme und nicht als Urkundsbeweis bei der Urteilsfindung verwertbar.
3251   LR-*Gössel*[25] § 324 Rn. 31; *BayObLG* MDR 1982, 249; *OLG Hamburg* NStZ 1985, 379.
3252   Siehe hierzu SK-StPO-*Frisch*[3] § 324 Rn. 26 m.w.N. aus der Rspr.
3253   Siehe hierzu und zu in Betracht kommenden Ausnahmen SK-StPO-*Frisch*[3] § 324 Rn. 26.

Rüge 272

2306   Hat das Berufungsgericht die Beweisaufnahme vor Einvernahme des Angeklagten zur Sache ganz oder teilweise durchgeführt (Verletzung des § 324 Abs. 2 StPO)?

2307   Mit der entsprechenden Verfahrensrüge muss vorgetragen werden, welche Teile der Beweisaufnahme vor der Einvernahme des Angeklagten zur Sache durchgeführt wurden, dass der Angeklagte nach Belehrung über sein Recht, sich zur Sache zu äußern (§ 243 Abs. 4 S. 1 StPO), von vornherein und nicht erst zu einem späteren Zeitpunkt zur Äußerung bereit war und dass der Angeklagte sich im Laufe der Hauptverhandlung tatsächlich zur Sache geäußert hat.

Rüge 273

2308   Ist in der Berufungshauptverhandlung eine Aussage eines in der Hauptverhandlung des ersten Rechtszuges vernommenen Zeugen oder Sachverständigen verlesen worden, obwohl der Angeklagte rechtzeitig vor der Hauptverhandlung die wiederholte Vorladung des betreffenden Zeugen oder Sachverständigen beantragt hatte, diesem Antrag nicht nachgegangen worden ist und auch die Voraussetzungen für eine Verlesung nach § 251 Abs. 1 oder Abs. 2 StPO nicht vorgelegen haben (Verletzung des § 325 StPO)?

I. Rechtsgrundlagen

2309   Hat der Angeklagte rechtzeitig vor der Hauptverhandlung beantragt, in der Hauptverhandlung des ersten Rechtszuges vernommene Zeugen oder Sachverständigen zur Berufungshauptverhandlung zu laden und ist das Berufungsgericht diesem Antrag nicht nachgegangen, darf deren Vernehmung nicht durch Verlesung der Protokolle über ihre Aussagen in der Hauptverhandlung des ersten Rechtszuges ersetzt werden, sofern die Verlesung nicht nach § 251 StPO zulässig ist.[3254] Die Zulässigkeit der Verlesung hängt ferner davon ab, dass es sich um ein ordnungsgemäß errichtetes, den wesentlichen Formvorschriften genügendes Protokoll über eine Vernehmung in der erstinstanzlichen Hauptverhandlung handelt, die ihrerseits den wesentlichen Verfahrensvorschriften genügen muss.[3255]

3254   LR-*Gössel*[25] § 325 Rn. 9.
3255   SK-StPO-*Frisch*[3] § 325 Rn. 10 m.w.N. und einzelnen Beispielen.

II. Anforderungen an den Vortrag der Rüge der Verletzung des § 325 StPO

- In der Hauptverhandlung ist die Niederschrift über die Vernehmung eines in der **2310** Hauptverhandlung des ersten Rechtszuges vernommenen Zeugen oder Sachverständigen verlesen worden. Deren Inhalt ist wörtlich mitzuteilen.
- Ggf. ist vorzutragen, dass es sich nicht um ein ordnungsgemäß errichtetes, den wesentlichen Formvorschriften genügendes Protokoll über eine Vernehmung handelte, die ihrerseits den wesentlichen Verfahrensvorschriften genügte.[3256]
- Der betreffende Zeuge oder Sachverständige ist vom Berufungsgericht nicht zur Hauptverhandlung geladen und dort nicht vernommen worden.
- Der Angeklagte hatte rechtzeitig vor der Hauptverhandlung die wiederholte Vorladung dieses Zeugen oder Sachverständigen beantragt. Es ist der Inhalt des Antrages sowie der Zeitpunkt seiner Einreichung bei Gericht mitzuteilen sowie der Zeitpunkt der Berufungshauptverhandlung.[3257]
- Es lagen nicht die im Einzelnen auszuführenden Voraussetzungen des § 251 Abs. 1 bzw. Abs. 2 StPO vor.

III. Im Zusammenhang mit der Rüge stehende Verfahrensfehler

1. Trotz Vorliegens der Voraussetzungen des § 325 StPO hätte die gerichtliche **2311** Aufklärungspflicht die persönliche Anhörung der Beweisperson anstelle der Verlesung der früheren Vernehmungsniederschrift geboten.[3258]

2. Wird im Urteil ein Schriftstück oder eine Aussage verwertet, ohne dass es/sie **2312** zum Zweck der Beweisaufnahme in der Berufungshauptverhandlung verlesen oder sonst ordnungsgemäß in diese eingeführt worden ist, ist § 261 StPO verletzt.[3259]

3256 Siehe hierzu Rüge 146 Rn. 1254.
3257 Der Zeitraum zwischen dem Ladungsantrag des Angeklagten und dem Beginn der Berufungshauptverhandlung muss ausreichend gewesen sein, um die Ladung des betreffenden Zeugen oder Sachverständigen zur Hauptverhandlung noch bewirken zu können: LR-*Gössel*[25] § 325 Rn. 15.
3258 Zu den Anforderungen an die Aufklärungsrüge (§ 244 Abs. 2 StPO) siehe Rüge 190 Rn. 1662.
3259 Siehe dazu Rüge 226 Rn. 1872.

Rüge 274

2313   Ist es einem Verfahrensbeteiligten verweigert worden, einen Schlussvortrag zu halten, hat die Staatsanwaltschaft keinen Schlussvortrag gehalten oder hatte der Angeklagte nicht das letzte Wort?

2314   Nach § 326 StPO werden nach dem Schluss der Beweisaufnahme die Staatsanwaltschaft sowie der Angeklagte und sein Verteidiger mit ihren Ausführungen und Anträgen gehört, und zwar der Beschwerdeführer zuerst. Dass das Gericht bei den Schlussausführungen die Reihenfolge nicht eingehalten hat, kann nach h.m. die Revision nicht begründen.[3260] Es kann aber mit der Revision gerügt werden, dass dem Angeklagten bzw. dem Verteidiger ein Schlussvortrag überhaupt verweigert worden ist[3261] oder die Staatsanwaltschaft gar keinen Schlussvortrag gehalten hat.[3262] Es begründet ferner die Revision, wenn dem Angeklagten entgegen § 326 S. 2 StPO das letzte Wort nicht gewährt bzw. nach Wiedereintritt in die Beweisaufnahme[3263] nicht erneut das letzte Wort gewährt wurde.

Rüge 275

2315   Hat das Berufungsurteil auf die amtsgerichtlichen Urteilsfeststellungen Bezug genommen?

2316   Zwar verbietet es sich nicht, hinsichtlich der persönlichen und wirtschaftlichen Verhältnisse des Angeklagten im Berufungsurteil auf die amtsgerichtlichen Urteilsfeststellungen Bezug zu nehmen. Voraussetzung für eine wirksame Bezugnahme insoweit ist aber, dass das Berufungsgericht selbst die gleichen Feststellungen zu den persönlichen und wirtschaftlichen Verhältnissen wie das Amtsgericht getroffen hat und dies auch eindeutig und unmissverständlich im Berufungsurteil zum Ausdruck kommt. Darüber hinaus muss genau angegeben werden, in welchem Umfang die erstinstanzlichen Feststellungen zur Person und zu den wirtschaftlichen Verhältnissen vom Berufungsgericht übernommen worden sind.[3264] Die fehlerhafte Bezugnahme auf die amtsgerichtlichen Urteilsfeststellungen ist bereits auf die allgemeine Sachrüge hin zu beachten. Soll allerdings zusätzlich beanstandet werden, dass in

---

3260   LR-*Gössel*[25] § 326 Rn. 6 m.w.N.
3261   SK-StPO-*Frisch* § 326 Rn. 7. Die Rüge ist auch dann zulässig, wenn der Betroffene keinen Beschluss des Gerichts nach § 238 Abs. 2 StPO herbeigeführt hat: LR-*Gössel*[25] § 326 Rn. 6 m.w.N. Siehe Rüge 212 Rn. 1794.
3262   Siehe hierzu Rüge 211 Rn. 1791.
3263   Siehe hierzu Rüge 213 Rn. 1798.
3264   *OLG Hamm* StV 2009, 403.

den Urteilsgründen Ausführungen zu den persönlichen Verhältnissen des Angeklagten fehlen, ist dies mit der Verfahrensrüge zu beanstanden.[3265]

V. Revision gegen ein Berufungsurteil nach Durchführung der erstinstanzlichen Hauptverhandlung im beschleunigten Verfahren

Zu den diesbzgl. Rügemöglichkeiten siehe Rn. 2351 und 2352.   **2317**

Abschnitt 2
Richtet sich die Revision gegen ein Urteil, das in einem Verfahren ergangen ist, in dem gegen einen Strafbefehl Einspruch eingelegt wurde?

Rüge 275a

Ist der Strafbefehl rechtsfehlerhaft, weil er bei der Bezeichnung der Tat die einer Anklage-   **2318**
schrift entsprechenden Voraussetzungen ausreichender Konkretisierung und Unterrichtung
zwecks Vorbereitung des Angeklagten auf seine Verteidigung vermissen lässt?

I. Erfüllt der Strafbefehl bei der Bezeichnung der Tat die einer Anklageschrift entsprechenden Voraussetzungen ausreichender Konkretisierung und Unterrichtung zwecks Vorbereitung des Angeklagten auf seine Verteidigung?

Die nach § 409 Abs. 1 S. 1 Nr. 3 StPO verlangte Bezeichnung der Tat, die dem An-   **2319**
geklagten zur Last gelegt wird, muss die einer Anklageschrift und einem Eröffnungsbeschluss zukommende Umgrenzungs- und Informationsfunktion erfüllen.[3266]
Erfüllt der Strafbefehl diese Voraussetzungen nicht, ist bezüglich der Folgen zu differenzieren:

Ist mangels ausreichender Konkretisierung nicht zu erkennen, welche Tat dem An-   **2320**
geklagten vorgeworfen wird, so dass Zweifel über die Identität der Tat bestehen,
fehlt es an einer Prozessvoraussetzung mit der Folge, dass das Verfahren nach Einlegung des Einspruchs von Amts wegen eingestellt werden muss.[3267] Unterbleibt
dies in der auf den Einspruch stattfindenden Hauptverhandlung bzw. (auch) in einer
Berufungshauptverhandlung, erfolgt die Einstellung durch das Revisionsgericht be-

---

3265   Siehe Rüge 233 Rn. 1915.
3266   LR-*Gössel*[26] § 409 Rn. 9; *OLG Karlsruhe* StV 2005, 598.
3267   *Meyer-Goßner*[55] § 409 Rn. 4; LR-*Gössel*[26] § 409 Rn. 12.

reits im Falle der Erhebung der allgemeinen Sachrüge. Es empfiehlt sich aber im Hinblick auf die nicht immer eindeutig mögliche Abgrenzung der Verletzung der Umgrenzungs und derjenigen der Informationsfunktion grundsätzlich die Erhebung einer Verfahrensrüge.[3268]

2321 Im Falle der Verletzung der Informationsfunktion kann dieser Fehler durch Belehrung des Angeklagten durch den Vorsitzenden in der Hauptverhandlung geheilt werden.[3269] Werden entsprechende Hinweise unterlassen oder nur unzureichend erteilt, kann dies wegen Verletzung der §§ 411, 243 Abs. 3 S. 1 StPO zum Gegenstand einer Verfahrensrüge gemacht werden.[3270]

Rüge 275b

2322 Hat der erlassene Strafbefehl auf eine Rechtsfolge erkannt, die nach § 407 Abs. 2 StPO nicht zugelassen ist?

2323 Ein Strafbefehl, der auf eine nach § 407 Abs. 2 StPO nicht zugelassene Rechtsfolge erkennt, ist in dem Fall, dass kein Einspruch eingelegt wird, unwirksam.[3271] Ist aber gegen den Strafbefehl Einspruch eingelegt worden, ist dieser Fehler für das weitere Verfahren folgenlos, weil durch das Urteil im Falle eines Schuldspruchs ohnehin eine eigene Entscheidung über die Rechtsfolgen getroffen werden muss,[3272] so dass das Urteil auf dem vorangegangenen Fehler nicht beruhen kann.

3268   Siehe auch Rüge 54 Rn. 716.
3269   LR-*Gössel*[26] § 409 Rn. 13.
3270   Vgl. hierzu und zu den Voraussetzungen oben Rüge 54 Rn. 716.
3271   SK-StPO-*Weßlau*[3] § 409 Rn. 16; LR-*Gössel*[26] § 409 Rn. 7 m.w.N.
3272   *Meyer-Goßner*[55] § 409 Rn. 7; **a.A.** LR-*Gössel*[26] § 409 Rn. 17.

Rüge 275c

Ist die Hauptverhandlung nach Einspruch gegen den Strafbefehl rechtfehlerhaft durchgeführt worden? **2324**

I. Ist durch das Urteil der Einspruch gegen den Strafbefehl wegen unentschuldigten Ausbleibens des Angeklagten in der Hauptverhandlung gem. § 412 StPO bzw. die Berufung gegen das amtsgerichtliche Verwerfungsurteil verworfen worden?

Hat das Amtsgericht den Einspruch des Angeklagten gegen den Strafbefehl unter Berufung auf § 412 StPO (unentschuldigtes Ausbleiben des Angeklagten in der Hauptverhandlung) verworfen, ist diese Entscheidung im Wege der Sprungrevision gegen das Verwerfungsurteil des Amtsgerichts (§ 335 Abs. 1 StPO) sowie mit der Berufung (§ 333 StPO)[3273] überprüfbar. Letzterenfalls beschränkt sich die Prüfung des Berufungsgerichts darauf, ob der Einspruch zu Unrecht verworfen worden ist oder nicht. Wird die Berufung verworfen, weil die Verwerfung des Einspruchs gem. § 412 StPO nach Auffassung des Berufungsgerichts zurecht erfolgte,[3274] kann auch diese Entscheidung mit der Verfahrensrüge der Verletzung des § 412 StPO angegriffen werden.[3275] Für die revisionsrechtliche Überprüfung eines Verwerfungsurteils nach § 412 S. 1 StPO bzw. des Urteils, durch das die Berufung gegen das Verwerfungsurteil verworfen wurde, gelten die gleichen Grundsätze wie bei einer Revision gegen ein Verwerfungsurteil nach § 329 StPO[3276]. Die bei § 329 StPO umstrittene Frage nach dem Umfang der Prüfungskompetenz des Revisionsgerichts stellt sich auch hier.[3277] **2325**

Sind nach Auffassung des Revisionsgerichts die Voraussetzungen des § 412 StPO zu Unrecht angenommen worden, so verweist es die Sache an das Amtsgericht zurück, im Falle einer Revision gegen das Berufungsurteil unter Aufhebung beider Urteile.[3278] **2326**

3273 Die Berufung gegen das Verwerfungsurteil des Amtsgerichts unterliegt keinen Zulässigkeitsbeschränkungen; § 313 StPO findet keine Anwendung: *Meyer-Goßner*[55] § 412 Rn. 10; SK-StPO-*Weßlau*[3] § 412 Rn. 17.

3274 Die Verwerfung der Berufung wegen unentschuldigten Ausbleibens des Angeklagten in der Berufungshauptverhandlung ist nach § 329 Abs. 1 StPO zulässig: Siehe dazu Rüge 268 Rn. 2281.

3275 *OLG Koblenz* StV 2010, 477 für den Fall, dass der Angeklagte der Einspruchsverhandlung vor dem Amtsgericht ferngeblieben ist, nachdem ein Terminverlegungsantrag seines Verteidigers willkürlich zurückgewiesen worden war. Wird lediglich die allgemeine Sachrüge erhoben, beschränkt sich die revisionsgerichtliche Prüfung darauf, ob evtl. Verfahrenshindernisse vorliegen, die zur Verfahrenseinstellung hätten führen müssen: SK-StPO-*Weßlau*[3] § 412 Rn. 21.

3276 Siehe hierzu Rüge 268 Rn. 2281.

3277 Vgl. *Meyer-Goßner*[55] § 412 Rn. 11 m.w.N. einerseits, SK-StPO-*Weßlau*[3] § 412 Rn. 22 andererseits.

3278 *OLG Karlsruhe* StV 1995, 8; *Meyer-Goßner*[55] § 412 Rn. 11.

II. Wurde nach Einspruch gegen einen nach § 408a StPO durch das Schöffengericht erlassenen Strafbefehl in der dortigen Hauptverhandlung bzw. im Falle der Berufung gegen das amtsgerichtliche Urteil in der Berufungshauptverhandlung ein in der Hauptverhandlung gestellter Beweisantrag nicht verbeschieden oder aus Gründen abgelehnt, die nicht von §§ 244 Abs. 3 bis 5, 245 Abs. 2 StPO gedeckt sind?

2327   Nach § 420 Abs. 4 StPO, der gem. § 411 Abs. 2 S. 2 StPO auch für die Hauptverhandlung nach Einspruch gegen einen Strafbefehl anzuwenden ist, bestimmt in Verfahren vor dem Strafrichter dieser unbeschadet des § 244 Abs. 2 StPO den Umfang der Beweisaufnahme. Die Vorschrift ist damit nicht anwendbar für Hauptverhandlungen vor dem Schöffengericht,[3279] zu denen es im Falle eines Einspruchs gegen einen nach § 408a Abs. 1 StPO erlassenen Strafbefehl kommen kann. Ebenfalls gilt die Vorschrift nicht im Berufungsverfahren.[3280]

2328   Die Ablehnung eines Beweisantrages aus Gründen, die nicht von den Ablehnungsgründen der §§ 244 Abs. 3–5, 245 Abs. 2 StPO gedeckt sind oder die Nichtbescheidung eines Beweisantrages entgegen § 244 Abs. 6 StPO im Falle der Nichterhebung des beantragten Beweises kann deshalb bei Hauptverhandlungen vor dem Schöffengericht bzw. im Berufungsverfahren trotz der Vorschriften der §§ 411 Abs. 2 S. 2, 420 Abs. 4 StPO zum Gegenstand einer Verfahrensrüge gemacht werden.[3281] Bei Verhandlungen vor dem Strafrichter kommt nur die Rüge der Verletzung der Aufklärungspflicht gem. § 244 Abs. 2 StPO in Betracht.[3282] Ersterenfalls muss der Sachvortrag neben dem bei der Rüge der Verletzung der §§ 244 Abs. 3–6, 245 Abs. 2 StPO erforderlichen Vorbringen die Mitteilung enthalten, dass der Beweisantrag in der vor dem Schöffengericht bzw. vor dem Berufungsgericht stattgefundenen Hauptverhandlung gestellt worden ist.

3279   *Meyer-Goßner*[55] § 420 Rn. 10.

3280   Str. wie hier *Meyer-Goßner*[55] § 411 Rn. 7; SK-StPO-*Weßlau*[3] § 411 Rn. 19; *Schlothauer* StV 1995, 46; **a.A.** KK-*Fischer*[6] § 411 Rn. 21.

3281   Siehe hierzu Kapitel 21 Rn. 1372.

3282   Siehe hierzu Rüge 190 Rn. 1662.

III. Ist in der Hauptverhandlung nach Einspruch gegen den Strafbefehl die persönliche Vernehmung von Zeugen oder Sachverständigen, auch in ihrer Eigenschaft als Angehörige einer Behörde, durch Verlesung früherer Vernehmungsniederschriften, von ihnen stammender schriftlicher Äußerungen oder Erklärungen ersetzt worden, ohne dass dieser Verfahrensweise seitens des in der Hauptverhandlung anwesenden Angeklagten, eines anwesenden Verteidigers und der Staatsanwaltschaft zugestimmt worden ist (§§ 411 Abs. 2 S. 2, 420 Abs. 3 StPO)?

1. Rechtsgrundlagen

Nach § 420 Abs. 1 und Abs. 2 StPO ist in der Hauptverhandlung vor dem Strafrich- **2329** ter bzw. dem Schöffengericht nach Einspruch gegen einen Strafbefehl ein verein- fachtes Beweisverfahren zulässig, durch das sich die persönliche Vernehmung von Zeugen, Sachverständigen und Behördenangehörigen erübrigt, wenn Niederschrif- ten über eine frühere Vernehmung, von ihnen stammende schriftliche Äußerungen oder Erklärungen vorliegen, die in der Hauptverhandlung verlesen werden können und dadurch die persönliche Vernehmung ersetzen. In der Berufungsinstanz und in der Hauptverhandlung nach Zurückverweisung durch das Revisionsgericht gilt § 420 Abs. 1 bzw. Abs. 2 StPO nicht.[3283]

Nach §§ 420 Abs. 3, 411 Abs. 2 S. 2 StPO darf das vereinfachte Beweisverfahren nach **2330** § 420 Abs. 1 und 2 StPO nur mit Zustimmung des Angeklagten, des Verteidigers und der Staatsanwaltschaft, soweit sie in der Hauptverhandlung anwesend sind, durchge- führt werden. Fehlt die erforderliche Zustimmung eines Verfahrensbeteiligten zum vereinfachten Beweisverfahren, begründet dies die Verletzung des § 420 Abs. 3 StPO[3284], was zum Gegenstand einer Verfahrensrüge gemacht werden kann. Die Rüge ist allerdings nur begründet, wenn die Ersetzung der persönlichen Vernehmung der in § 420 Abs. 1 und Abs. 2 StPO aufgeführten Beweispersonen durch Verlesung von Niederschriften über ihre frühere Vernehmung, von ihnen stammenden schriftlichen Äußerungen oder Erklärungen nicht nach anderen Vorschriften (§§ 251, 256 StPO) zulässig war. Dass die erforderlichen Voraussetzungen für eine Verlesbarkeit nach diesen Vorschriften nicht vorlagen, muss als Negativtatsache mitgeteilt werden:

2. Anforderungen an den Vortrag der Rüge der Verletzung der §§ 420, 250 StPO

- Es ist mitzuteilen, dass in einer Hauptverhandlung vor dem Amtsgericht nach **2331** Einspruch gegen einen Strafbefehl Niederschriften über eine frühere Verneh-

---

3283   SK-StPO-*Paeffgen*³ § 420 Rn. 30; *Schlothauer* StV 1995, 46; **a.A.** KK-*Fischer*⁶ § 411 Rn. 21; *Meyer-Goßner*⁵⁵ § 420 Rn. 12.
3284   *Meyer-Goßner*⁵⁵ § 420 Rn. 13; SK-StPO-*Paeffgen*³ § 420 Rn. 32.

mung eines Zeugen, Sachverständigen oder Mitbeschuldigten, Urkunden mit von ihnen stammenden schriftlichen Äußerungen oder Erklärungen von Behörden und sonstigen Stellen über ihre dienstlichen Wahrnehmungen, Untersuchungen und Erkenntnisse sowie über diejenigen ihrer Angehörigen verlesen worden sind.

- Die betreffenden Schriftstücke sind konkret zu bezeichnen; ihr Inhalt ist wörtlich mitzuteilen.

- Es ist mitzuteilen, dass im Falle der Anwesenheit der Angeklagte, sein Verteidiger oder der Sitzungsvertreter der Staatsanwaltschaft der Verlesung nicht vorher zugestimmt haben.[3285]

- Es muss im Falle des § 420 Abs. 1 StPO vorgetragen werden, dass die Voraussetzungen, unter denen nach § 251 Abs. 1 Nr. 1–3 bzw. Abs. 2 Nr. 1 und 2 StPO eine Verlesung erfolgen dürfte, nicht vorlagen.[3286] Im Falle einer Verlesung nach § 420 Abs. 2 StPO ist vorzutragen, dass die verlesenen Erklärungen dienstliche Wahrnehmungen, Untersuchungen und Erkenntnisse beinhalteten, die nicht schon nach § 256 Abs. 1 StPO verlesen werden durften.

- Es ist mitzuteilen, dass die Verletzung des § 420 Abs. 3 StPO nicht durch spätere Zustimmungserklärung und erneute Verlesung der betreffenden Schriftstücke geheilt worden ist.

IV. Ist durch Ersetzung der persönlichen Vernehmung eines Zeugen oder Sachverständigen oder eines Behördenangehörigen durch Verlesung von Niederschriften über eine frühere Vernehmung sowie von schriftliche Äußerungen oder Erklärungen beinhaltenden Urkunden die gerichtliche Aufklärungspflicht (§ 244 Abs. 2 StPO) verletzt worden?

2332　Ist das Gericht unter Verletzung seiner Aufklärungspflicht nach § 420 Abs. 1 oder Abs. 2 StPO verfahren, begründet die ordnungsgemäß erhobene Aufklärungsrüge[3287] die Revision.[3288]

3285　Das Schweigen des Hauptverhandlungsprotokolls zu den erforderlichen Zustimmungserklärungen liefert den Beweis für das Fehlen der Zustimmung, was nach h.M. allerdings nur in Fällen gilt, in denen der Angeklagte unverteidigt ist (*BayObLG* NJW 1978, 1817 f.; *OLG Stuttgart* JR 1977, 343 f. m. *Anm. Gollwitzer*), weil die Zustimmung ansonsten auch stillschweigend erfolgen könne (*OLG Köln* NStZ 1988, 31; zu § 251 StPO siehe auch *BGH* StV 1983, 319 m. abl. *Anm. Schlothauer*). Es muss also ggf. vorgetragen werden, dass der Angeklagte zu dem betreffenden Zeitpunkt sich nicht im Beistand eines Verteidigers befunden hat, und er auch nicht über die Folgen seines Einverständnisses aufgeklärt wurde (*Meyer-Goßner*[55] § 420 Rn. 8).

3286　Siehe hierzu Rüge 145 Rn. 1230 u. Rüge. 146 Rn. 1246.

3287　Siehe Rüge 190 Rn. 1662.

3288　*Meyer-Goßner*[55] § 420 Rn. 13.

V. Ist trotz zulässiger Beschränkung des Einspruchs (§ 410 Abs. 2 StPO) auf den Rechtsfolgenausspruch der Strafausspruch zum Nachteil des Angeklagten abweichend vom Strafrahmen des unangefochten angewandten Strafgesetzes verändert bzw. sind von in Rechtskraft erwachsenen Tatsachen abweichende Feststellungen getroffen worden?

Bei einer wirksamen Beschränkung des Einspruchs auf den Rechtsfolgenausspruch **2333** erwachsen die Schuldfeststellungen[3289] in Rechtskraft. Ergänzende Feststellungen zum Rechtsfolgenausspruch dürfen nicht in Widerspruch zu den Schuldfeststellungen treten. Da bei der Rechtsfolgenentscheidung vom rechtlichen Gehalt des nicht angefochtenen Schuldspruchs auszugehen ist, muss die Tat nach dem Strafrahmen des unangefochten angewandten Strafgesetzes auch dann bewertet werden, wenn der Schuldspruch nachträglich für falsch erachtet wird.[3290] Dies gilt unbeschadet der Vorschrift des § 411 Abs. 4 StPO.

Ein Abweichen zum Nachteil des Angeklagten ist vom Revisionsgericht von Amts wegen auf die zulässig erhobene Sachrüge hin zu überprüfen.[3291]

VI. Ist nach dem Einspruch gegen einen Strafbefehl durch das Urteil auf eine Rechtsfolge erkannt worden, durch die die Strafgewalt des Amtsgerichts (§ 24 GVG) überschritten wurde?

Überschreitet das Gericht seine Strafgewalt, so ist dies auf die zulässig erhobene **2334** Sachrüge hin als sachliche Unzuständigkeit vom Revisionsgericht von Amts wegen zu berücksichtigen.[3292]

3289   Zum Umfang vgl. LR-*Gössel*[25] § 318 Rn. 79.
3290   LR-*Gössel*[25] § 318 Rn. 85.
3291   LR-*Gössel*[25] § 318 Rn. 126.
3292   *Meyer-Goßner*[55] § 270 Rn. 27; siehe Rüge 6 Rn. 175.

851

Abschnitt 3
Richtet sich die Revision gegen ein Urteil, das auf der Grundlage eines (zunächst gestellten) Antrags der Staatsanwaltschaft auf Entscheidung im beschleunigten Verfahren (§ 417 StPO) ergangen ist?

I. Sprungrevision (§ 335 Abs. 1 StPO) gegen eine amtsgerichtliche Verurteilung

Rüge 275d

2335   Ist das beschleunigte Verfahren ohne den nach § 417 StPO erforderlichen Antrag der Staatsanwaltschaft durchgeführt worden, wurde dieser zurückgenommen oder fehlte es an einer den Anforderungen des § 200 Abs. 1 StPO entsprechenden Anklageschrift oder an einer (im Hauptverhandlungsprotokoll schriftlich fixierten) den Vorwurf konkretisierenden mündlichen Anklage[3293] oder unterblieb in der Hauptverhandlung eine mündliche Anklageerhebung[3294]?

2336   Es fehlt in diesen Fällen an einer Verfahrensvoraussetzung mit der Folge, dass das Verfahren auf die mit der Sachrüge begründete Revision einzustellen ist. Es empfiehlt sich gleichwohl, die betreffenden Verfahrenstatsachen innerhalb der Revisionsbegründungsfrist vorzutragen, nämlich:

- Das Amtsgericht hat beschlossen, die Hauptverhandlung im beschleunigten Verfahren durchzuführen.

- Ein diesbezüglicher Antrag (§ 417 StPO) ist durch die Staatsanwaltschaft nicht gestellt oder wieder zurückgenommen worden.

- Der durchgeführten Hauptverhandlung lag keine schriftliche (bzw. keine den Anforderungen des § 200 StPO entsprechende)[3295] Anklageschrift zugrunde.

- In der Hauptverhandlung unterblieb eine mündliche Anklageerhebung oder diese (in das Sitzungsprotokoll aufgenommene) ließ nicht erkennen, was dem Angeklagten konkret vorgeworfen wird (der im Sitzungsprotokoll fixierte Inhalt der mündlichen Anklageerhebung muss vollständig mitgeteilt werden).

3293   *OLG Frankfurt/M.* StV 2000, 299.
3294   *OLG Frankfurt/M.* StV 2001, 341.
3295   Siehe dazu Rüge 54 Rn. 716. Diese ist dann vollständig im Wortlaut mitzuteilen.

Rüge 275e

Ist ein Urteil im beschleunigten Verfahren ergangen, obwohl die Hauptverhandlung nicht sofort oder in kurzer Frist nach Antragstellung durch die Staatsanwaltschaft gem. § 417 StPO durchgeführt worden ist (Rüge der Verletzung des § 418 Abs. 1 StPO)[3296]?   **2337**

- Es ist die Antragsschrift der Staatsanwaltschaft auf Durchführung der Hauptver-   **2338**
  handlung im beschleunigten Verfahren im Wortlaut mitzuteilen sowie das Datum ihres Eingangs beim Amtsgericht.
- Es ist Datum des Beginns der Hauptverhandlung mitzuteilen, aufgrund derer das
  angefochtene Urteil ergangen ist.
- Ist die 6-Wochenfrist des § 418 Abs. 1 S. 2 StPO überschritten worden, ist darzulegen, dass auch kein unvorhersehbares verzögerndes Ereignis dem früheren
  Beginn der Hauptverhandlung entgegengestanden hat.
- Es ist mitzuteilen, dass das Gericht nicht die Eröffnung des Verfahrens beschlossen und die Hauptverhandlung im Regelverfahren zu Ende geführt hat.[3297]

Rüge 275f

Ist der Angeklagte zu einer Freiheitsstrafe von mindestens 6 Monaten verurteilt worden und ist die Hauptverhandlung während eines wesentlichen Teils ohne einen Verteidiger durchgeführt worden?   **2339**

Anforderungen an den Vortrag der Rüge der Verletzung der §§ 418 Abs. 4, 338   **2340**
Nr. 5 StPO[3298]:

- Die Hauptverhandlung ist im beschleunigten Verfahren durchgeführt worden.
  Dafür sind der Antrag der Staatsanwaltschaft und die Entscheidung des Amtsgerichts nach §§ 417, 419 Abs. 1 StPO mitzuteilen.
- Der Angeklagte ist zu einer Freiheitsstrafe von mindestens 6 Monaten verurteilt
  worden.

3296   *OLG Düsseldorf* StV 1999, 202 und *OLG Düsseldorf* StV 2003, 492.
3297   Hat das Gericht mit Ablehnung der Entscheidung im beschleunigten Verfahren zu-
       gleich einen Eröffnungsbeschluss erlassen, darf das Verfahren im gewöhnlichen Ver-
       fahren nur dann fortgesetzt werden, wenn das Gericht nach dem Geschäftsverteilungs-
       plan auch für die Verhandlung im Normalverfahren zuständig gewesen wäre: *Sprenger*
       NStZ 1997, 576. Anderenfalls kann das Urteil mit der Sprungrevision angefochten
       werden: § 21e GVG, § 338 Nr. 1 StPO (siehe Rüge 10 Rn. 210).
3298   *BayObLG* StV 1998, 366; *OLG Braunschweig* StV 2005, 493.

- Zumindest ein wesentlicher Teil der Hauptverhandlung (dieser ist konkret und mit dem verhandelten Inhalt mitzuteilen) hat ohne Mitwirkung eines Verteidigers stattgefunden.
- Der betreffende Teil der Hauptverhandlung ist zu einem späteren Zeitpunkt nicht in Anwesenheit eines Verteidigers wiederholt worden.
- Die Hauptverhandlung ist nicht – nach zwischenzeitlicher Ablehnung, die Sache im beschleunigten Verfahren zu entscheiden und nach Eröffnung des Hauptverfahrens gem. § 419 Abs. 3 StPO – im gewöhnlichen Verfahren fortgesetzt worden.

Rüge 275g

2341   Ist der Angeklagte zu einer höheren Freiheitsstrafe als zu einer Freiheitsstrafe von einem Jahr verurteilt worden oder/und wurde gegen ihn eine Maßregel der Besserung und Sicherung verhängt?

2342   Anforderungen an den Vortrag der Rüge der Verletzung des § 419 Abs. 1 S. 2 StPO[3299]:

- Die Hauptverhandlung ist im beschleunigten Verfahren durchgeführt worden. Dafür sind der Antrag der Staatsanwaltschaft und die Entscheidung des Amtsgerichts nach §§ 417, 419 Abs. 1 StPO mitzuteilen.
- Der Angeklagte wurde zu einer höheren Freiheitsstrafe als zu einer Freiheitsstrafe von einem Jahr verurteilt[3300] und/oder gegen ihn wurde eine Maßregel der Besserung und Sicherung verhängt.
- Die Hauptverhandlung wurde nicht – nach zwischenzeitlicher Ablehnung, die Sache im beschleunigten Verfahren zu entscheiden und nach Eröffnung des Hauptverfahrens gem. § 419 Abs. 3 StPO – im gewöhnlichen Verfahren fortgesetzt.

3299   Ob der Fehler bereits auf die allgemeine Sachrüge hin zur Urteilsaufhebung und Zurückverweisung führen muss, ist str.: Vgl. *Meyer-Goßner*[55] § 419 Rn. 18 m.w.N; da der *BGH* (*BGHSt* 35, 251 = StV 1988, 510) offen gelassen hat, ob der Verstoß nicht nur auf eine zulässige Verfahrensrüge zu beachten ist, empfiehlt es sich, die Rüge entsprechend den Voraussetzungen des § 344 Abs. 2 S. 2 StPO zu erheben.
3300   Die Rüge ist auch dann begründet, wenn sich das Urteil innerhalb der Rechtsfolgenkompetenz des § 24 Abs. 2 GVG gehalten hat (str.): *Meyer-Goßner*[55] § 420 Rn. 16.

Rüge 275h

Wurde der Antrag der Staatsanwaltschaft auf Durchführung des beschleunigten Verfahrens ausdrücklich abgelehnt, sodann aber ohne Erlass eines Eröffnungsbeschlusses im Regelverfahren weiter prozediert?

2343

Es handelt sich um ein zur Verfahrenseinstellung führendes Verfahrenshindernis, das auf die allgemeine Sachrüge zu beachten ist.[3301] Es empfiehlt sich gleichwohl, innerhalb der Revisionsbegründungsfrist die betreffenden Verfahrenstatsachen mitzuteilen, nämlich Antrag der Staatsanwaltschaft auf Durchführung des beschleunigten Verfahrens, Beschluss des Amtsgerichts, durch den dieser Antrag abgelehnt wurde, fehlender Eröffnungsbeschluss.

2344

Rüge 275i

Ist nach Ablehnung der von der Staatsanwaltschaft beantragten Durchführung der Hauptverhandlung im beschleunigten Verfahren ein Eröffnungsbeschluss erlassen und die Hauptverhandlung unmittelbar im gewöhnlichen Verfahren fortgesetzt worden, ohne dem Angeklagten vor Erlass des Eröffnungsbeschlusses rechtliches Gehör zu gewähren (§§ 419 Abs. 3, 201 StPO)?

2345

Dem Angeklagten ist im Falle der Ablehnung der Durchführung der Hauptverhandlung im beschleunigten Verfahren (der entsprechende Antrag der Staatsanwaltschaft ist mitzuteilen) – falls noch nicht geschehen – eine Anklageschrift, im Falle der mündlichen Anklageerhebung eine Protokollabschrift auszuhändigen. Dem Angeklagten ist vor Erlass des Eröffnungsbeschlusses rechtliches Gehör zu gewähren,[3302] wobei der unverteidigte Angeklagte darauf hinzuweisen ist, dass er einen Aussetzungs oder Unterbrechungsantrag stellen kann.

2346

Unterbleibt dieser Hinweis oder wird ein Antrag auf Aussetzung oder Unterbrechung der Hauptverhandlung abgelehnt, begründet dies die Revision (§ 228 Abs. 1, 265 Abs. 4, 338 Nr. 8 StPO)[3303].

3301   *OLG Köln* StV 2003, 493.
3302   *Meyer-Goßner*[55] § 419 Rn. 9.
3303   Siehe Rüge 60 Rn. 753 u. Rüge 61 Rn. 757.

Rüge 275j

2347 Fand im beschleunigten Verfahren eine Beweisaufnahme in Form der Verlesung von Niederschriften von Vernehmungen eines Zeugen, Sachverständigen oder Mitbeschuldigten oder von Erklärungen von Behörden und sonstigen Stellen anstelle der Vernehmung des Zeugen, Sachverständigen oder Behördenvertreters statt, ohne dass hierfür die Zustimmung des Angeklagten, des Verteidigers und der Staatsanwaltschaft vorlag?

2348 Anforderungen an den Vortrag der Rüge der Verletzung des § 420 Abs. 3 StPO[3304]:

- Es fand die Hauptverhandlung im beschleunigten Verfahren statt. Der Antrag der Staatsanwaltschaft und der Beschluss des Amtsgerichts (§§ 417, 419 Abs. 1 StPO) sind mitzuteilen.

- In der Hauptverhandlung wurden anstelle der Vernehmung eines Zeugen, Sachverständigen oder Mitbeschuldigten die Niederschrift über eine frühere Vernehmung oder Urkunden, die eine von ihnen stammende schriftliche Äußerung enthalten, verlesen.

- Hierzu erklärten der Angeklagte, der Verteidiger oder der Sitzungsvertreter der Staatsanwaltschaft nicht ihre Zustimmung.

- Es ist darzulegen, dass die Voraussetzungen für eine Verlesung nach §§ 251 Abs. 1 Nr. 2 und 3, Abs. 2 Nr. 1 und 2 und 256 Abs. 1 StPO nicht vorlagen.

Rüge 275k

2349 Ist in der Hauptverhandlung vor dem Strafrichter ein Beweisantrag abgelehnt worden bzw. ist ihm eine Beweisaufnahme unter Verletzung der Aufklärungspflicht vorzuwerfen (§ 420 Abs. 4 StPO)?

2350 Die Revision kann in diesem Fall nur auf eine ordnungsgemäß erhobene Aufklärungsrüge gestützt werden.[3305]

II. Revision gegen eine Verurteilung durch das Berufungsgericht

2351 Das Fehlen eines Antrags der Staatsanwaltschaft auf Durchführung der Hauptverhandlung im beschleunigten Verfahren, die erstinstanzliche Verhandlung über eine den Anforderungen des § 200 StPO nicht entsprechende Anklageschrift oder die Verhandlung auf der Grundlage einer den konkreten Vorwurf nicht erkennen lassenden mündlich erhobenen Anklage sowie eine Verhandlung bei unterbliebenem Ablehnungs und Eröffnungsbeschluss in einer für das beschleunigte Verfahren

---

3304 Siehe auch *Meyer-Goßner*[55] § 420 Rn. 13.
3305 Siehe Rüge 190 Rn. 1662.

nicht mehr geeigneten Strafsache[3306] sowie das Überschreiten der Rechtsfolgengrenze des § 419 Abs. 1 S. 2 StPO können – auf entsprechende Verfahrensrüge (siehe Ziff. I) – zum Gegenstand der Revision gegen ein Berufungsurteil gemacht werden.

Hat das Berufungsgericht von den Verfahrensvereinfachungen des § 420 StPO Gebrauch gemacht, kann dies mit der Rüge der Verletzung des § 420 StPO beanstandet werden, weil die Verfahrensvereinfachungen des beschleunigten Verfahrens nicht für das Berufungsverfahren gelten.[3307]   **2352**

Abschnitt 4
Ist dem Urteil eine zustande gekommene, versuchte oder widerrufene Verständigung oder eine (versuchte) heimliche Absprache vorausgegangen?

3306   *OLG Hamburg* StV 2000, 299.
3307   *BayObLG* StV 2005, 493 m.w.N.; **a.A.** *Meyer-Goßner*[55] § 419 Rn. 12.

Vorbemerkung

2354 Die Vorschriften, die durch das VerstG in die StPO eingeführt wurden, sind (noch) verfassungskonform.[3308]Allerdings hat das *BVerfG* einige, die bisherige Rechtsprechung korrigierende Auslegungen vorgenommen. So ist z.b. der Katalog der einer Verständigung entzogenen Gegenstände des § 257c Abs. 2 StPO um die Strafrahmenwahl erweitert worden. Eine Strafrahmenverschiebung darf nicht Gegenstand einer Verständigung sein, und zwar auch dann nicht, wenn sie sich auf Sonderstrafrahmen für besonders schwere oder minder schwere Fälle im Vergleich zum Regelstrafrahmen bezieht.[3309] Ferner ist die Überprüfung eines in Erfüllung der Verständigung abgelegten Geständnisses nur anhand der Akten entgegen der bisherigen Rechtsprechung nicht ausreichend.[3310]

2355 Revisionsrechtlich besondere Bedeutung erlangen die durch die Entscheidung aufgewerteten Dokumentations- und Mitteilungspflichten, §§ 202a, 212, 243 Abs. 4, 273 Abs. 1 S. 2 und Abs. 1a StPO. Eine Verständigung ist, wenn überhaupt, nur dann zulässig, wenn die Transparenz ihres Zustandekommens und ihres Ergebnisses sichergestellt ist. Dazu dienen die im Gesetz normierten Dokumentations- und Mitteilungspflichten. Dokumentation und Verständigung sind untrennbar miteinander verbunden, sie bilden eine Einheit. Ein Verstoß gegen die Dokumentationspflicht und das Transparenzgebot infiziert die Verständigung und macht diese rechtswidrig. Die Einhaltung der Dokumentations- und Mitteilungspflichten unterliegt daher bei Erhebung einer entsprechenden Rüge einer besonderen revisionsrechtlichen Kontrolle. Obwohl der Gesetzgeber die Nichteinhaltung der vorgeschriebenen Dokumentation und Mitteilungen nicht zum absoluten Revisionsgrund erhoben hat, ist ein Beruhen des Urteils auf einem solchen Rechtsfehler in der Regel zu bejahen. Nur in ganz besonderen Ausnahmefällen kann ein Beruhen ausgeschlossen werden.[3311]

2356 Die revisionsrechtlichen Probleme im Zusammenhang mit einer (versuchten) Verständigung sind mannigfaltig und durch die obergerichtliche Rechtsprechung noch nicht ansatzweise alle gelöst.[3312] Dies gilt erst recht für die sich aus der Entscheidung des *BVerfG* ergebenden neuen revisionsrechtlichen Fragestellungen. Ganz grob können folgende Fallkonstellationen unterschieden werden: Ist dem Urteil eine Verständigung nach § 257c StPO vorausgegangen, stellt sich die Frage nach den

---

3308 *BVerfG* Urt. v. 19.3.2013 – 2 BvR 2628/10 = StV 2013, 353 m. Anm. *Niemöller* StV 2013, 420 u. *Weigend* StV 2013, 424; die Entscheidung des *BVerfG* erging nach Manuskriptabgabe. Auf die sich daraus ergebenden revisionsrechtlichen Besonderheiten kann daher nur ansatzweise eingegangen werden.

3309 *BVerfG* Urt. v. 19.3.2013 – 2 BvR 2628/10 Rz. 74, 109 = StV 2013, 353.

3310 *BVerfG* Urt. v. 19.3.2013 – 2 BvR 2628/10 Rz. 70 = StV 2013, 353.

3311 *BVerfG* Urt. v. 19.3.2013 – 2 BvR 2628/10 Rz. 82, 85, 96 ff = StV 2013, 353.

3312 Siehe dazu etwa *Schlothauer* StraFo 2011, 487; *Ventzke* StraFo 2012, 212; *Jahn* StV 2011, 497; *Wenske* DRiZ 2011, 393 ff. (Teil 1) und 2012, 123 ff. (Teil 2); *B. Schmitt* StraFo 2012, 386.

Möglichkeiten der Erhebung von Verfahrensrügen wegen Verstoßes gegen die (allgemeinen) Vorschriften der StPO sowie speziell gegen die „Verständigungsvorschriften" sowie die Frage materiell-rechtlicher Beanstandungen des Schuld- und/ oder Rechtsfolgenausspruches. Ist eine zustande gekommene Verständigung vom Gericht widerrufen worden, ist zu prüfen, welche Konsequenzen der Widerruf für die vom Angeklagten erbrachten Leistungen hat und welche Rügemöglichkeiten sich daraus ergeben. Und schließlich stellt sich die Frage nach den Rügemöglichkeiten im Falle einer rechtswidrigen heimlichen Absprache.

A. Ist dem Urteil eine Verständigung nach § 257c StPO vorausgegangen?

I. Zulässigkeit (allgemeiner) formeller und materiell-rechtlicher Rügen bei Verständigungsurteil

1. Allgemeine Verfahrensrügen und sachlich-rechtliche Beanstandungen

Die StPO sieht keine irgendwie geartete Beschränkung der Anfechtungsmöglich- **2357** keiten im Falle eines Verständigungsurteils vor. Der Gesetzgeber hat bewusst auf eine Lockerung der Rügemöglichkeiten verzichtet. Nach seinem eindeutigen Willen soll eine vollumfängliche revisionsrechtliche Kontrolle stattfinden, um zu gewährleisten, dass auch Verfahren, in denen es zu einer Verständigung kommt, gesetzesgemäß ablaufen.[3313]

Danach haben die Verfahrensbeteiligten, also auch die Staatsanwaltschaft[3314] und der Nebenkläger (in den Grenzen des § 400 Abs. 1 StPO), die Möglichkeit, das Urteil mit *allen* in Betracht kommenden Verfahrensrügen und sachlich-rechtlichen Beanstandungen anzufechten.

In der Rechtsprechung sind bisher folgende Verfahrensrügen als zulässig angesehen worden:

- fehlerhafte Annahme der Zuständigkeit nach § 74a GVG, § 338 Nr. 4 StPO,[3315]
- fehlerhafte Annahme der örtlichen Zuständigkeit,[3316]
- Verstoß gegen § 136a StPO (Drohung mit Sanktionsschere),[3317]

3313 *BVerfG* Urt. v. 19.3.2013 – 2 BvR 2628/10 Rz. 95 = StV 2013, 353; *BGH* StV 2012, 137; StV 2011, 607; StV 2009, 680; StV 2009, 628; *Meyer-Goßner*[55] § 257c Rn. 32a; *Weider* in: Niemöller/Schlothauer/Weider, VerstG, 2010, S. 155, 160; *Pfister* StV 2009, 550, 553; *Beulke* StV 2009, 556; zweifelnd für eine Rüge der Nichtverbescheidung eines Antrags auf Pflichtverteidigerwechsel, Verstoß gegen § 24 StPO und § 218 StPO = *BGH* Beschl. v. 24.2.2010 – 5 StR 23/10 = StV 2010, 470.
3314 *KG* Urt. v. 23.4.2012 – (3) 121 Ss 34/12 = StV 2012, 654.
3315 *BGH* StV 2012, 137.
3316 *BGH* StV 2009, 680.
3317 *BGH* StV 2010, 225.

- Verstoß gegen §§ 230, 231c StPO,[3318]
- Verletzung der Aufklärungspflicht[3319],
- fehlerhaftes Selbstleseverfahren nach § 249 Abs. 2 StPO,[3320]
- Verstoß gegen § 258 Abs. 2 StPO,[3321]
- Verletzung der Hinweispflicht nach § 265 StPO.[3322]

Hinsichtlich der Anforderungen an den Vortrag muss auf die Ausführungen zu den jeweiligen Vorschriften, deren Verletzung gerügt werden soll, verwiesen werden. Soweit sich Besonderheiten ergeben, sind diese bei den nachfolgend dargestellten Rügen aufgeführt.

2358 Die Rüge der Verletzung materiellen Rechts umfasst auch und besonders die Rüge mangelhafter Beweiswürdigung (siehe dazu Rn. 2394) und eines fehlerhaften Rechtsfolgenausspruchs.

2359 So muss etwa bei Annahme eines falschen Strafrahmens (die Strafrahmenwahl selbst ist der Verständigung entzogen[3323]) der Rechtsfolgenausspruch ebenso aufgehoben werden wie bei Verstößen gegen § 46 Abs. 3 StGB oder bei Übergehen wesentlicher Strafmilderungsgründe i.S.d. § 267 Abs. 3 S. 1 StPO. Denn es kann nicht ausgeschlossen werden, dass sich der aus dem Urteil ergebende Strafzumessungsfehler auf die Bestimmung des vom Gericht nach § 257c Abs. 3 S. 2 StPO vorgeschlagenen Verständigungsstrafrahmens und die diesem Strafrahmen entnommene konkrete Strafe ausgewirkt hat. Es ist daher nicht auszuschließen, dass der vorgeschlagene Strafrahmen oder die konkrete Strafe ohne den Rechtsfehler geringer ausgefallen wären. Dass der Angeklagte (und die Staatsanwaltschaft) einer Verurteilung zu einer Strafe aus dem vorgeschlagenen Strafrahmen zugestimmt hat, kann weder den Fehler heilen noch das Beruhen ausschließen. Dies gilt schon deswegen, weil der Angeklagte bzw. sein Verteidiger bei Kenntnis, dass das Gericht bei der Strafzumessung rechtsfehlerhafte Erwägungen angestellt hat, auf diese hätte hinweisen können mit dem Ziel, einen niedrigen Verständigungsstrafrahmen zum Gegenstand der Verständigung zu machen bzw. auf eine niedrigere Strafe zu erkennen.[3324]

2360 Selbstverständlich prüft das Revisionsgericht auf die Sachrüge, ob der ausgeurteilte Tatbestand von den Feststellungen getragen wird. Dass der Angeklagte (und die Staatsanwaltschaft) der Verurteilung auf der Basis des Verständigungsvorschlags

---

3318 *BGH* StV 2009, 628.
3319 *BVerfG* Urt. v. 19.3.2013 – 2 BvR 2628/10 Rz. 68, 95 = StV 2013, 353; *BGH* StV 2011, 647 m. Anm. *Schlothauer*; siehe dazu auch *Weider* in: Niemöller/Schlothauer/Weider, VerstG, 2010, 161.
3320 *BGH* Beschl. v. 23.5.2012 – 1 StR 208/12.
3321 *BGH* StV 2010, 227.
3322 *BGHSt* 56, 235 = StV 2011, 607.
3323 *BVerfG* Urt. v. 19.3.2013 – 2 BvR 2628/10 Rz. 74 = StV 2013, 353.
3324 Vgl. dazu auch *Weider* in: Niemöller/Schlothauer/Weider, VerstG, 2010, 158 f.

zugestimmt hat, kann einen sachlich-rechtlichen Fehler nicht heilen, so dass ein solcher zur Urteilsaufhebung führen muss.[3325]

2. Verstöße gegen Verständigungsvorschriften bei Verständigungsurteil

Auch Verstöße gegen Vorschriften des im Gesetzt geregelten Verständigungsverfahrens können zum Gegenstand formeller Rügen gemacht werden. Grundsätzlich können derartige Rechtsfehler nur mit einer Verfahrensrüge wegen Verstoßes gegen eine bestimmte Vorschrift angegriffen werden.[3326] Auch wenn in den Urteilsgründen, ohne dass dies erforderlich wäre[3327], Einzelheiten der Verständigung mitgeteilt werden, bedarf es zur Beanstandung der Verletzung etwa der Verfahrensvorschrift des § 257c StPO der Erhebung einer formgerechten (§ 344 Abs. 2 S. 2 StPO) Verfahrensrüge.[3328] Der Umstand, dass das Revisionsgericht im Rahmen des § 344 Abs. 2 S. 2 StPO bei zugleich erhobener umfassender Sachrüge den Urteilsinhalt ergänzend berücksichtigen kann, befreit nicht von der Anbringung einer Verfahrensrüge.[3329]   **2361**

II. Anforderungen an den Vortrag

Bei Verstößen gegen die Vorschriften des Verständigungsverfahrens sind grundsätzlich alle Vorgänge, die sich auf die Verständigung beziehen, im Einzelnen mitzuteilen. Dazu zählen u.a.   **2362**

- Aktenvermerke der Staatsanwaltschaft nach § 160b S. 2 StPO,
- Aktenvermerke des Gerichts nach §§ 202a S. 2, 212 StPO,
- die Mitteilungen des Vorsitzenden gem. § 243 Abs. 4 i.V.m. § 273 Abs. 1a StPO,
- der gerichtliche Verständigungsvorschlag nach § 257c Abs. 3 S. 1 i.V.m. § 273 Abs. 1a StPO,
- die Zustimmungserklärungen des Angeklagten und der Staatsanwaltschaft,
- die Belehrung des Angeklagten nach § 257c Abs. 5 StPO.

Sofern es neben diesen im Protokoll enthaltenen Tatsachen weitere Vorgänge im Zusammenhang mit der Verständigung gegeben hat (etwa im Protokoll nicht festgehaltene Gespräche), kann es angebracht sein, auch diese mitzuteilen.

3325   *BGH* StV 2011, 78: fehlerhafte Annahme von Mittäterschaft statt Beihilfe.
3326   *Meyer-Goßner*[55] § 257c Rn. 33a.
3327   Vgl. u.a. *BGH* Beschl. v. 11.10. 2010 – 1 StR 359/10 = NStZ 2011, 170, 171; *BGH* Beschl. v. 19.8.2010 – 3 StR 226/10 = StV 2011, 76, 78.
3328   Vgl. auch *BGH* Beschl. v. 13.1.2010 – 3 StR 528/09 = StV 2010, 227.
3329   *BGH* StV 2012, 134; vgl. dazu auch *Velten* StV 2012, 172.

Rüge 2751

2363 Wurde entgegen §§ 202a, 212 StPO kein Vermerk gefertigt über den wesentlichen Inhalt von vor oder außerhalb der Hauptverhandlung geführten Gesprächen, wenn deren Gegenstand die Möglichkeit einer Verständigung war?

I. Rechtsgrundlagen

2364 Der lückenlosen Dokumentation des Zustandekommens einer Verständigung kommt besondere Bedeutung zu. Ein Verstoß gegen die Dokumentationspflicht macht die Verständigung rechtswidrig (siehe dazu oben Rn. 2355). Die Pflicht, den wesentlichen Inhalt von vor oder außerhalb der Hauptverhandlung geführten Gesprächen aktenkundig zu machen, dient in besonderer Weise der Transparenz. Denn es geht um die „Geburtsstunde" einer später zustande gekommenen Verständigung, in der die Weichen für das weiter Verfahren gestellt wurden. Es ist kaum denkbar, dass es zu einer Verständigung kommt, ohne dass vor oder außerhalb der Hauptverhandlung die entscheidenden Gespräche darüber geführt wurden und das mögliche Ergebnis einer Verständigung nicht wenigstens in Umrissen skizziert wurde. Die Vermerkspflicht trifft das Mitglied des Gerichts, das das Gespräch geführt hat, also etwa den Berichterstatter ebenso wie den Vorsitzenden. Fehlt es allein am Vermerk und sind alle anderen Formvorschriften eingehalten worden, stellt sich allerdings die Frage, ob der Fehler der Nichtanfertigung des vorgeschriebenen Vermerks nicht durch die Mitteilung des Vorsitzenden in der Hauptverhandlung nach § 243 Abs. 4 StPO geheilt wurde. Allerdings ist darauf hinzuweisen, dass ein Verstoß gegen die Offenlegungspflicht immer den Verdacht nährt, dass die Anfertigung des Vermerks unterblieben ist, um rechtswidriges Procedere nicht dokumentieren oder einfach nicht lügen zu müssen. Die Niederlegung unwahrer oder mindestens unvollständiger Angaben wird vermieden.[3330] Auch bei sonst vollständiger Dokumentation und Beachtung der Formvorschriften können in dem nicht dokumentierten Gespräch Vereinbarungen getroffen worden sein, die im offiziellen Verständigungsvorschlag nicht auftauchen, für die Verständigung selbst aber von fundamentaler Bedeutung sind. Dies können Schuldspruchzusagen ebenso sein wie Vereinbarungen über den Strafrahmen oder der Umgang mit nicht verfahrensgegenständlichen Verwürfen. Daher wird nicht sicher auszuschließen sein, dass die Anfertigung des Vermerks gerade deswegen unterlassen wurde, weil Unzulässiges und Rechtswidriges Gesprächsinhalt gewesen ist und dieses wesentlichen Einfluss auf die später zustande gekommene Verständigung hatte. Selbst wenn also die sonstigen Dokumentationspflichten beachtet wurden und die Verständigung selbst sonst keinen Rechtsfehler aufweist, kann ein Verstoß gegen §§ 202a, 212 StPO gerügt werden, da nicht sicher auszuschließen ist, dass Teile der Gesprächsinhalte rechtswidrig waren und gerade

---

3330 Vgl. dazu *BVerfG* Urt. v. 19.3.2013 – 2 BvR 2628/10 Rz. 98 = StV 2013, 353 zum Fehlen des Negativtests.

diese das Zustandekommen der Verständigung wesentlich beeinflusst haben. Ein Beruhen des Urteils auf der unterlassenen Dokumentation wird „regelmäßig" nicht auszuschließen sein.[3331]

II. Anforderungen an den Vortrag

Mitzuteilen sind alle Vorgänge der Verständigung, also z.b. die Mitteilung des Vor- **2365** sitzenden nach § 243 Abs. 4 StPO, die Belehrung nach § 257c Abs. 5 StPO, die protokollierte Verständigung, die Zustimmungserklärungen von Staatsanwaltschaft und Angeklagten, der „Vollzug" der Verständigung (insbes. durch Mitteilung der vom Angeklagten erbrachten „Leistungen"), die Mitteilung im Urteil nach § 267 Abs. 3 S. 5 StPO sowie die Tatsache, dass vor oder außerhalb der Hauptverhandlung Gespräche über eine Verständigung stattgefunden haben, welchen rechtswidrigen Inhalt diese hatten und darüber entgegen §§ 202a, 212 StPO kein Vermerk gefertigt wurde. Außerdem sollte der Gang der Hauptverhandlung mitgeteilt werden, soweit sich daraus Anhaltspunkte dafür ergeben, dass die tatsächlich erzielte Verständigung über den nach § 257c Abs. 2 StPO zulässigen Umfang einer Verständigung hinausgeht einschl. einer unzulässigen Vereinbarung über den anzuwendenden Strafrahmen.

Ob der Tatsachenvortrag der Revision zutreffend ist, klärt das Revisionsgericht im **2366** Freibeweisverfahren. Hierbei gelten nach der Entscheidung des *BVerfG* vom 5. März 2012[3332] erhöhte Anforderungen an die gerichtliche Aufklärungspflicht, da die Schwierigkeit bei der Rekonstruktion des Sachverhalts auf einem Verstoß gegen die Dokumentationspflicht beruht. Auch der sonst im Freibeweisverfahren geltende Grundsatz, dass der Angeklagte seinen Vortrag *zu beweisen* hat, gilt nicht. Vielmehr gehen verbleibende Zweifel nicht zu Lasten des Angeklagten (vgl. dazu auch unten Rn. 2466).

Rüge 276

Ist eine Mitteilung des Vorsitzenden, ob und ggf. mit welchem wesentlichen Inhalt Ge- **2367** spräche über eine Verständigung nach §§ 202a, 212 StPO stattgefunden haben, unterblieben (§ 243 Abs. 4 StPO)?

Siehe dazu die Ausführungen zu Rn. 787 ff. **2368**

3331 *BVerfG* Urt. v. 19.3.2013 – 2 BvR 2628/10 Rz. 97 f. = StV 2013, 353.
3332 StV 2012, 385 m. Anm. *Niemöller* StV 2012, 648; ebenso *OLG Zweibrücken* StV 2012, 655.

Rüge 277

2369   Hat das Gericht gegen seine Aufklärungspflicht verstoßen (§ 257c Abs. 1 S. 2 StPO i.V.m.
§ 244 Abs. 2 StPO)?

I. Rechtsgrundlagen

2370   Nach § 257c Abs. 1 S. 2 StPO hat das Gericht auch in einem Verständigungsverfahren die Amtsaufklärungspflicht zu beachten. Daher kann auch bei einem Verständigungsurteil die Verletzung der gerichtlichen Aufklärungspflicht gerügt werden.[3333]
Die Zustimmung des Angeklagten zum gerichtlichen Verständigungsvorschlag entbindet das Gericht nicht von der Pflicht zur Erhebung der gebotenen Beweise.[3334]
Auch wenn der Angeklagte den Anklagevorwurf gestanden hat, ist das Gericht verpflichtet, die Angaben auf ihren Wahrheitsgehalt zu überprüfen. Denn der Angeklagte kann ein falsches Geständnis abgelegt haben, um z.B. den wahren Täter zu schützen oder aus Furcht, im kontradiktorischen Verfahren keinen Freispruch erreichen zu können und dann zu einer höheren Strafe verurteilt zu werden als in einem Verständigungsverfahren.[3335] Es bedarf daher grundsätzlich einer Überprüfung des Geständnisses *durch eine Beweisaufnahme in der Hauptverhandlung*, ein bloßer Abgleich mit dem Akteninhalt reicht nicht.[3336]

Auch in Bezug auf den Rechtsfolgenausspruch ist eine Aufklärungsrüge möglich. Dies kommt z.B. dann in Betracht, wenn etwa die Einholung eines Sachverständigengutachtens zur Frage verminderter Schuldfähigkeit unterlassen wurde, die besonderen Umstände jedoch dazu drängten.[3337]

II. Anforderungen an den Vortrag

2371   Sofern das Urteil entgegen § 267 Abs. 3 StPO keine Mitteilung enthält, dass dem Urteil eine Verständigung vorausgegangen ist, muss mitgeteilt werden, dass es sich um ein Verständigungsurteil handelt, also mindestens der protokollierte Verständigungsvorschlag des Gerichts gem. § 257c Abs. 3 S. 1 StPO, die Zustimmungserklärungen des Angeklagten und der Staatsanwaltschaft sowie der Umstand, dass das Gericht nicht nach § 257c Abs. 4 StPO von der Verständigung wieder abgerückt ist.

Welcher weitere Vortrag im Einzelnen erforderlich ist, hängt von der Zielrichtung der Aufklärungsrüge ab, d.h., welche unterlassene Aufklärung konkret gerügt wird.

3333   *BGH* StV 2011, 647 m. Anm. *Schlothauer*; siehe dazu auch *Weider* in: Niemöller/Schlothauer/Weider, VerstG, 2010, 161; zur Pflicht zur Überprüfung des Geständnisses siehe auch *Wenske* DRiZ 2011, 393, 397.

3334   *BGH* StV 2012, 133.

3335   *BGH* Beschl. v. 22.7.2009 – 5 StR 238/09 = StV 2009, 629; *BGH* Beschl. v. 23.5.2012 – 5 StR 174/12 = StV 2012, 562.

3336   *BVerfG* Urt. v. 19.3.2013 – 2 BvR 2628/10 Rz. 70f, 219 ff. = StV 2013, 353.

3337   *BGH* StV 2011, 647 m. Anm. *Schlothauer*.

Soll z.b. gerügt werden, das Gericht habe das im Rahmen der Verständigung ab- **2372**
legte Geständnis des Angeklagten nicht (ausreichend) überprüft oder hat es die
Verurteilung nur auf ein „schlankes" Geständnis gestützt, kommt in erster Linie die
materiell-rechtliche Beanstandung fehlerhafter, da lückenhafter Beweiswürdigung
in Betracht. Denn wenn das Urteil keine Angaben dazu enthält, durch welche in der
Hauptverhandlung erhobenen Beweise sich das Gericht von der Richtigkeit des
Geständnisses überzeugt hat, ergibt sich bereits daraus der sachlich-rechtliche Beweiswürdigungsmangel. Die Erhebung einer Aufklärungsrüge bedarf es dann
nicht.

Soll allerdings gerügt werden, das Geständnis sei (teilweise) falsch oder bei weite- **2373**
rer Aufklärung hätten sich z.b. Tatsachen für die Anwendung eines milderen Straftatbestandes oder Strafrahmens ergeben, erfordert dies die Erhebung einer Aufklärungsrüge. Es muss dann detailliert dargetan werden, durch die Erhebung welcher
Beweise welche neuen Tatsachen hätten festgestellt werden können und warum
sich dem Gericht diese Aufklärung hätte aufdrängen müssen. Die Aufklärungsrüge
könnte in Zukunft an Bedeutung gewinnen, wenn es um die Frage der Strafrahmenwahl geht. Diese ist der Verständigung entzogen, so dass das Gericht von Amts
wegen verpflichtet ist, alle für die Ermittlung des anzuwendenden Strafrahmens
erforderlichen Tatsachen zu ermitteln. Da nicht alle Strafmilderungsgründe, die
z.B. für die Anwendung eines minder schweren Falles von Bedeutung sind, im
Geständnis des Angeklagten enthalten sein müssen, muss der Sachverhalt, sofern
sich dafür Anhaltspunkte aus der Akte ergeben, von Amts wegen aufgeklärt werden. So kann es z.b. erforderlich sein, das Opfer als Zeugen zu vernehmen, wenn
dadurch erwiesen wird, dass das Opfer keine physischen und/oder psychischen
Schäden davongetragen und dem Angeklagten verziehen hat. Wenn der Angeklagte davon nichts weiß und demzufolge nicht Entsprechendes aussagen kann, kann
mit der Aufklärungsrüge die Unterlassung der Vernehmung des Opfers gerügt werden.

Ansonsten gelten die an die Aufklärungsrüge gestellten Anforderungen (vgl. dazu
Rn. 1667). Vorzutragen ist ferner, warum das Gericht trotz der Zustimmung des
Angeklagten und der Staatsanwaltschaft zum Verständigungsvorschlag zur weiteren Aufklärung verpflichtet war und dies sich dem Gericht hätte aufdrängen müssen.

Rüge 278

2374   Liegt dem Urteil eine unzulässige Schuldspruch- oder Maßregelabsprache oder eine sonst rechtswidrige Zusage des Gerichts zugrunde (Verstoß gegen § 257c Abs. 2 S. 3 StPO)?

I. Rechtsgrundlagen

2375   § 257c Abs. 2 S. 3 StPO verbietet ausdrücklich eine Verständigung über den Schuld- oder Maßregelausspruch. Nach der Entscheidung des *BVerfG* vom 19. März 2013 ist auch die Strafrahmenwahl einer Verständigung entzogen und zwar auch dann, wenn sie sich auf Sonderstrafrahmen für besonders schwere oder minder schwere Fälle im Vergleich zum Regelstrafrahmen bezieht.[3338] Dies dürfte auch für fakultative gesetzliche Strafmilderungsgründe gelten, die zu einer Strafrahmenverschiebung nach § 49 Abs. 1 StGB führen. Gleichwohl kommt es immer wieder zu gesetzeswidrigen Absprachen dieser Art. Nach der Rechtsprechung des *BGH* soll allein die unzulässige Verständigung über den Schuldspruch aber nicht zu einem Verwertungsverbot des auf Grund der Verständigung abgelegten Geständnisses des Angeklagten führen.[3339] Demgegenüber nimmt das *KG* bei einer Verständigung, die nach § 257c Abs. 2 StPO unzulässige und deshalb rechtswidrige Zusagen enthält, ein Verwertungsverbot an. Der Gesetzgeber habe in § 257c Abs. 4 StPO die Unverwertbarkeit ausdrücklich angeordnet, wenn infolge des Übersehens von rechtlich wie tatsächlich bedeutsamen Umständen der in Aussicht gestellte Strafrahmen nicht mehr tat- und schuldangemessen sei und eine Bindung des Gerichts an die Absprache entfalle. Nichts anderes könne gelten, wenn eine gesetzwidrige Rechtsfolge vereinbart wurde und der Angeklagte im Vertrauen auf deren Rechtmäßigkeit ein Geständnis abgelegt habe. Es sei mit dem Grundsatz des fairen Verfahrens unvereinbar, ihn an seiner auf einer gesetzwidrigen Grundlage abgegebenen Erklärung festzuhalten.[3340]

Gerügt werden kann daher ein Verstoß gegen das gesetzliche Verbot des § 257c Abs. 2 S. 3 StPO, die Unverwertbarkeit des Geständnisses des Angeklagten (gegen die Rechtsprechung des BGH) sowie ein Verstoß gegen § 136a StPO wegen Versprechens eines gesetzlich nicht nur nicht vorgesehenen, sondern ausdrücklich verbotenen Vorteils.[3341]

Ob der Angeklagte allerdings durch eine gesetzeswidrige Schuldspruchabsprache beschwert ist, muss bezweifelt werden. Es ist kaum vorstellbar, dass sich der Angeklagte mit der Revision gegen eine ihn begünstigende Schuldspruchabsprache wendet. Legt er dennoch Revision ein und beanstandet u.a. die Unzulässigkeit der

---

[3338]   *BVerfG* Urt. v. 19.3.2013 – 2 BvR 2628/10 Rz. 74, 109 = StV 2013, 353.

[3339]   *BGH* StV 2011, 337; StV 2012, 134; vgl. dazu kritisch *Velten* StV 2012, 172.

[3340]   *KG* Urt. v. 23.4.2012 – (3) 121 Ss 34/12= StV 2012, 654: unvertretbare und im Gesetz nicht vorgesehene milde Strafe.

[3341]   Vgl. dazu *Schlothauer* StraFo 2011, 487, 489.

Schuldspruchabsprache, ist zu befürchten, dass das Revisionsgericht den Schuldspruch zu seinem Nachteil ändert, sofern die Feststellungen dazu ausreichend sind und die Revision im Übrigen verwirft.[3342] Selbst wenn das Urteil wegen unzulässiger Schuldspruchabsprache aufgehoben würde, ist zu bezweifeln, dass der neue Tatrichter bei der vorzunehmenden Schuldspruchverschärfung auf eine niedrigere Strafe als im aufgehobenen Urteil erkennt.

Das gleiche gilt, wenn unzulässiger Weise eine Absprache über eine Maßregel der **2376** Besserung und Sicherung getroffen wurde. Auch wenn auf deren Verhängung im Verständigungswege verzichtet wurde, kann der Angeklagte die Nichtanordnung nicht beanstanden, weil er dadurch nicht beschwert ist.[3343] Legt der Angeklagte jedoch gleichwohl Revision ein wegen angeblich anderer materiellrechtlicher oder formeller Fehler, kann das Urteil zur Nachholung der unterbliebenen Anordnung der Maßregel aufgehoben werden, sofern der Angeklagte die Nichtanordnung der Maßregel nicht vom Rechtsmittelangriff ausgenommen hat. Das Verbot der Schlechterstellung gilt für Maßregelanordnungen nicht, § 358 Abs. 2 S. 3 StPO (siehe dazu oben Rn. 41).

Die Rüge unzulässiger Schuldspruchabsprache käme allerdings dann in Betracht, wenn der Schuldspruch zum Nachteil des Angeklagten verschärft wurde (z.B. weil die Staatsanwaltschaft auf einem bestimmten Schuldausspruch bestanden hat), im Gegenzug dafür aber eine milde Strafe verhängt wurde, die dem Strafmaß des „weggedealten" milderen Tatbestands entspricht. In diesem Fall ist der Angeklagte durch die Anwendung des schärferen Strafgesetzes beschwert und es kann auch nicht ausgeschlossen werden, dass die Strafe bei Anwendung des „richtigen" Tatbestandes niedriger ausgefallen wäre.

II. Anforderungen an den Vortrag

Es gelten die allgemeinen Anforderungen an den Vortrag bei Verstoß gegen die **2377** Vorschriften über die Verständigung (siehe Rn. 2362).

Soll die Unverwertbarkeit des Geständnisses gerügt werden, ist vorzutragen, dass der Angeklagte im Vertrauen auf den Bestand der Verständigung in Unkenntnis deren Rechtswidrigkeit das Geständnis abgelegt hat.

Hinsichtlich der Rüge eines Verstoßes wird ergänzend auf Rn. 2074 ff. verwiesen.

3342 Vgl. *Meyer-Goßner*[55] § 354 Rn. 12.
3343 *BGHSt* 37, 5, 7; *BGH* Beschl. v. 19.1.2011 – 1 StR 664/10.

Rüge 279

2378   Liegen der Verständigung andere als in § 257c Abs. 2 StPO normierte Verständigungsinhalte zugrunde?

I. Rechtsgrundlagen

2379   Das Gesetz normiert in § 257c Abs. 2 StPO, was Gegenstand einer Verständigung sein darf.[3344] Alle darüber hinausgehenden Inhalte sind nicht zulässig und führen zur Rechtswidrigkeit der Absprache.[3345] Dies gilt nach der Entscheidung des *BVerfG* vom 19. März 2013 auch für die Strafrahmenwahl.[3346]

Unzulässig sind u.a. Zusagen, dass die verhängte Strafe zum Halbstrafenzeitpunkt zur Bewährung ausgesetzt wird[3347] oder die Staatsanwaltschaft zu einem gewissen Zeitpunkt von der weiteren Vollstreckung der Strafe gemäß § 456a StPO absehen werde[3348]. Gegenstand einer Verständigung dürfen keine „Gesamtlösungen" sein, sondern nur das, was sich auf das der Verständigung zugrundeliegende Erkenntnisverfahren bezieht.[3349]

Höchstrichterlich ist bisher nicht entschieden, ob eine solche unzulässige (Teil-)Zusage mit der Revision angegriffen werden kann und wenn ja, mit welchen Konsequenzen.[3350]

Sind die vom Gericht gemachten Zusagen teilweise rechtsfehlerhaft, erfasst dieser Rechtsfehler die gesamte Verständigung. Der Angeklagte sieht das Angebot des Gerichts als „Gesamtpaket" und legt dieses seiner Entscheidung zugrunde. Entfällt ein Teil der gerichtlichen Zusage, entfällt ein Baustein des gesamten Verständigungsgebäudes. Es ist nicht auszuschließen, dass der Angeklagte ohne den rechtswidrigen Teil des Vorschlags diesem insgesamt nicht zugestimmt hätte. Etwas anderes könnte nur dann gelten, wenn sicher auszuschließen wäre, dass der Angeklagte ohne diesen Teil der Zusage der Verständigung zugestimmt hätte.

Erfasst die Unzulässigkeit eines Teils der Verständigung diese insgesamt, kommt zusätzlich ein Verwertungsverbot für das in Vollzug der Verständigung abgelegte

---

3344   Vgl. dazu *Meyer-Goßner*[55] § 257c Rn. 9; *Niemöller* in: Niemöller/Schlothauer/Weider, VerstG, 2010, S. 70 ff.

3345   *KG* Urt. v. 23.4.2012 – (3) 121 Ss 34/12 = StV 2012, 654 (Gesamtgeld- anstelle einer allein zulässigen Gesamtfreiheitsstrafe); ferner *BGH* Beschl. v. 22.6.2011 = StV 2011, 647 m. Anm. *Schlothauer*.

3346   *BVerfG* Urt. v. 19.3.2013 – 2 BvR 2628/10 Rz. 74, 109 = StV 2013, 353.

3347   *BGH* StV 2011, 74.

3348   *BGH* StV 2011, 338; auch *BVerfG* Urt. v. 19.3.2013 – 2 BvR 2628/10 Rz. 79 = StV 2013, 353, wonach keine Bindungswirkung für Zusagen der Staatsanwaltschaft besteht.

3349   *BVerfG* Urt. v. 19.3.2013 – 2 BvR 2628/10 Rz. 79 = StV 2013, 353.

3350   Siehe dazu auch *Weider* in: Niemöller/Schlothauer/Weider, VerstG, 2010, S. 170 ff.

Geständnis wegen Rechtswidrigkeit der Verständigung in Betracht (siehe oben Rn. 2375).

In Erwägung zu ziehen ist auch ein Verstoß gegen § 136a StPO wegen des Versprechens eines gesetzlich nicht vorgesehenen Vorteils.

In jedem Fall stellt sich die Frage, ob das Urteil auf dem Verfahrensverstoß beruht.

II. Anforderungen an den Vortrag

Es gelten die allgemeinen Grundsätze für die mitzuteilenden Tatsachen (siehe Rn. 2362). **2380**

Ferner muss dargetan werden, dass der Angeklagte der Verständigung nicht zugestimmt hätte, wenn das Verständigungsangebot die rechtswidrige Teilzusage nicht enthalten hätte. Dies kann z.b. dann der Fall sein, wenn der Angeklagte nur deswegen dem Verständigungsvorschlag mit einer aus seiner Sicht zu hohen Strafe zugestimmt hat, weil er auf die Halbstrafenaussetzung vertraut hat.

Schließlich muss besondere Sorgfalt auf die Ausführungen zur Beruhensfrage gelegt werden. Sofern möglich, muss dargetan werden, wie der Angeklagte sich im Falle eines kontradiktorischen Verfahrens verteidigt hätte und warum nicht auszuschließen ist, dass das Urteil in diesem Fall günstiger ausgefallen wäre.

Rüge 280

Hat das Gericht im Verständigungsvorschlag nur eine Strafober- aber keine Strafuntergrenze angegeben (§ 257c Abs. 3 S. 2 StPO)? **2381**

I. Rechtsgrundlagen

Die Benennung einer Strafuntergrenze trägt in erster Linie den Interessen der Staatsanwaltschaft Rechnung, deren Zustimmung für das Zustandekommen einer Verständigung Voraussetzung ist. Das Fehlen einer Strafuntergrenze im Verständigungsvorschlag soll nach Auffassung des BGH für den Angeklagten unbeachtlich sein, da sich das Gericht nicht auf eine Mindeststrafe festgelegt habe und daher bei der Bestimmung der konkreten Strafe „nach unten" frei sei. Fehlt es an der Angabe einer Strafuntergrenze durch das Gericht, kann dies nach der Rechtsprechung daher in der Regel nur von der Staatsanwaltschaft im Rahmen einer Revision zum Nachteil des Angeklagten beanstandet werden.[3351] Dies erscheint zweifelhaft. Fehlt es an **2382**

3351 *BGH* StV 2011, 75.

der Angabe einer Strafuntergrenze, wird zu besorgen sein, dass sich das Gericht bei der Festsetzung der konkreten Strafe allein an der mitgeteilten Strafobergrenze („anchor-point") orientiert hat.[3352]

Rüge 281

2383 Beinhaltet die Verständigung entgegen § 257c Abs. 3 S. 2 StPO eine Punktstrafe?

I. Rechtsgrundlagen

2384 Die Zusage einer Punktstrafe ist unzulässig.[3353] Die unter Verstoß gegen § 257c Abs. 3 StPO vom Gericht zugesagte und auf dieser Basis zustande gekommene Verständigung auf eine Punktstrafe sowie die Verhängung exakt dieser Strafe deuten darauf hin, dass das Gericht in der Urteilsberatung nach durchgeführter Hauptverhandlung nicht eine schuldangemessene Strafe bestimmt, sondern allein die vorher gemachte Zusage eingehalten hat, weshalb der gesamte Strafausspruch auf einer solchen schon vor den Schlussvorträgen der Verfahrensbeteiligten und der nachfolgenden Urteilsberatung vorgenommenen Selbstbindung des Gerichts beruht. Hierin besteht eine Verletzung von § 46 StGB, die auf die Sachrüge zu berücksichtigen ist.[3354] Gleichwohl ist es ratsam, eine Verfahrensrüge zu erheben.

II. Anforderungen an den Vortrag

2385 Nach der bisher dazu ergangenen Rechtsprechung[3353] soll in der unzulässigen Zusage einer Punktstrafe ein Verstoß gegen § 46 StGB liegen. Wenn im Urteil der Wortlaut der Verständigung nicht mitgeteilt sondern nur der Hinweis nach § 267 Abs. 5 StPO enthalten ist, bedarf es der Erhebung einer Verfahrensrüge, da das Revisionsgericht allein anhand der Urteilsgründe nicht feststellen kann, welchen konkreten Inhalt die Verständigung, also auch die Zusage einer Punktstrafe, hatte.

Es gelten die allgemeinen Anforderungen an den Vortrag (siehe Rn. 2362).

3352 *Meyer-Goßner*[55] § 257c Rn. 21; *Schlothauer* StraFo 2011, 491; *Jahn* StV 2011, 499.
3353 *BGH* StV 2011, 338; StV 2011, 78; *BGHSt* 51, 84 = StV 2007, 23; *Meyer-Goßner*[55] § 257c Rn. 11.
3354 *BGH* StV 2011, 338; *Meyer-Goßner*[55] § 257c Rn. 11.

Rüge 282

Ist der Angeklagte im Zusammenhang mit dem gerichtlichen Verständigungsvorschlag nicht über die Voraussetzungen und Folgen einer Abweichung des Gerichts von dem in Aussicht gestellten Ergebnis belehrt worden (§ 257c Abs. 5 StPO)?

2386

I. Rechtsgrundlagen

Die Belehrung[3355] dient dem Schutz des Angeklagten, dem vor Augen gehalten werden soll, dass und unter welchen Voraussetzungen und mit welchen Folgen das Gericht von der Strafrahmenzusage abweichen kann. Der Angeklagte soll damit in die Lage versetzt werden, eine „autonome Einschätzung" des mit seiner Mitwirkung an der Verständigung verbundenen Risikos vorzunehmen. Diese Belehrung muss zusammen mit der Bekanntgabe des gerichtlichen Verständigungsvorschlags (§ 257c Abs. 3 S. 1 StPO) erteilt werden, da nur so der Angeklagte in die Lage versetzt wird, in Kenntnis der Tragweite weiterer Äußerungen eine Stellungnahme zu dem gerichtlichen Vorschlag abzugeben (§ 257c Abs. 3 S. 3 StPO) sowie ggf. diesem zuzustimmen und damit – bei Zustimmung auch der Staatsanwaltschaft – die Verständigung zustande zu bringen (§ 257c Abs. 3 S. 4 StPO).[3356] Daher kann der Verstoß gegen die Belehrungspflicht mit der Revision gerügt werden.[3357]

2387

Entgegen der (bisherigen) Rechtsprechung des *BGH*[3358] ist nach dem Urteil des *BVerfG* vom 19. März 2013 regelmäßig davon auszugehen, dass das Urteil auf der unterlassenen Belehrung beruht. Etwas anderes kann nur gelten, wenn sich sicher feststellen lässt, dass der Angeklagte das Geständnis auch bei ordnungsgemäßer Belehrung abgelegt hätte. In diesem Fall bedarf es besonderer Feststellungen des Revisionsgerichts.[3359]In allen vom *BGH* bisher entschiedenen Fällen einer Verletzung der Belehrungspflicht nach § 257c Abs. 5 StPO wurde das Beruhen des Urteils auf dem Rechtsfehler ausgeschlossen worden, weil nicht ersichtlich sei, dass der Angeklagte sich im Falle der Belehrung nicht auf die Verständigung eingelassen hätte.[3360] Daran wird nicht festgehalten werden können. Eine Verstän-

2388

3355 Zum Umfang und Inhalt der Belehrung vgl. *BGH* StV 2011, 76 Rn. 9 ff.

3356 *BVerfG* Urt. v. 19.3.2013 – 2 BvR 2628/10 Rz. 99, 112, 125 ff. = StV 2013, 353; *BGH* StV 2011, 76; *Niemöller* in: Niemöller/Schlothauer/Weider, VerstG, 2010, S. 125; *Wenske* DRiZ 2012, 123;siehe auch BT-Drucks. 16/12310 S. 15, abgedr. in: Niemöller/Schlothauer/Weider, VerstG, 2010, Anhang 7.

3357 *BGH* StV 2011, 76; StV 2011, 75; vgl. insgesamt dazu auch *Weider* in: Niemöller/Schlothauer/Weider, VerstG, 2010, S. 181 ff.

3358 *BGH* StV 2011, 75; 2010, 675; *BGH* Beschl. v. 8.10.2010 – 1 StR 443/10; v. 2.11.2010 – 1 StR 469/11; v. 3.11.2010 – 1 StR 449/10.

3359 *BVerfG* Urt. v. 19.3.2013 – 2 BvR 2628/10 Rz. 99, 112, 125 ff. = StV 2013, 353; *auch Weider* in: Niemöller/Schlothauer/Weider, VerstG, 2010, S. 183; *Altenhain/Haimerl* JZ 2010, 327, 332.

3360 *BGH* StV 2010, 675; StV 2011, 75; *BGH* Beschl. v. 8.10.2010 – 1 StR 443/10; v. 2.11.2010 – 1 StR 469/11; 3.11.2010 – 1 StR 449/10.

digung ohne vorherige Belehrung nach § 257c Abs. 5 StPO verletzt den Angeklagten grundsätzlich in seinem Recht auf ein faires Verfahren und in seiner Selbstbelastungsfreiheit. Bleibt die unter Verstoß gegen die Belehrungspflicht zustande gekommene Verständigung bestehen und fließt das auf der Verständigung basierende Geständnis in das Urteil ein, beruht dieses auf der mit dem Verstoß einhergehenden Gesetzesverletzung.[3361] Im übrigen ist auf Folgendes hinzuweisen. Wenn der Angeklagte im Hinblick auf die mit der Möglichkeit des Widerrufs der gerichtlichen Zusage verbundene Unsicherheit der Verständigung nicht zugestimmt und „sein Heil" in einem streitigen Verfahren gesucht hätte, ist nie auszuschließen, dass ein anderes und besseres Ergebnis erzielt worden wäre. So können etwa Zeugen anders als bei der Verständigung prognostiziert aussagen und so die rechtliche Bewertung der Anklage oder gar der Schuldspruch selbst in Frage gestellt werden. Der Angeklagte selbst kann jenseits der Verständigung die Voraussetzungen für eine Strafrahmenverschiebung nach §§ 46a, 46b (analog) StGB, § 31 BtMG schaffen, zumal die Strafrahmenwahl einer Verständigung ohnehin entzogen ist.

2389 Das Unterlassen der Belehrung führte nach bisheriger Auffassung des *BGH* nicht zu einem Verwertungsverbot des im Rahmen der Verständigung abgelegten Geständnisses des Angeklagten, da das Gesetz das Verwertungsverbot nur für die für Fälle normiere, in denen das Gericht die Verständigung gemäß § 257c Abs. 4 StPO „aufkündigt".[3362] Dies ist wenig überzeugend und lässt sich nach der Entscheidung des *BVerfG* vom 19. März 2013 so nicht mehr halten. Eine Verständigung ohne vorherige Belehrung nach § 257c Abs. 5 StPO verletzt den Angeklagten grundsätzlich in seinem Recht auf ein faires Verfahren und in seiner Selbstbelastungsfreiheit.[3361] Die Parallele zur unterlassenen Belehrung nach §§ 136 Abs. 1, 163a Abs. 4 StPO über das Schweigerecht drängt sich auf. Beide Vorschriften, § 136 Abs. 1 und § 257c Abs. 5 StPO sollen die Selbstbelastungsfreiheit des Angeklagten garantieren. Ein Verstoß dagegen kann nur einheitliche Folgen haben, nämlich ein Verwertungsverbot. Im übrigen – lässt sich der Angeklagte auf die Verständigung ein – tritt er mit der Ablegung z.B. des verlangten Geständnisses in Vorleistung. Wäre ihm bewusst gewesen, dass das Gericht von der Verständigung wieder abrücken kann, hätte er sich möglicherweise selbst bei Kenntnis des Verwertungsverbots seines Geständnisses anders entschieden. Dies gilt erst recht, wenn weitere Leistungen von ihm verlangt worden sind, z.B. Schadenswiedergutmachung oder Schmerzensgeldzahlungen. Wäre ihm die Möglichkeit des Widerrufs bewusst gewesen, hätte er sich möglicherweise auf die Verständigung nicht eingelassen, um nicht finanzielle (Vor-) Leistungen zu erbringen, die im Falle des Widerrufs möglicherweise „verloren" sind. Zwar umfasst die Belehrung u.a. nur die Möglichkeit des Widerrufs und

3361   *BVerfG* Urt. v. 19.3.2013 – 2 BvR 2628/10 Rz. 127 = StV 2013, 353.
3362   *BGH* StV 2011, 76.

die daraus folgende Unverwertbarkeit des Geständnisses. Gleichwohl wird der Angeklagte in Bedacht nehmen müssen, ob etwaige weitere von ihm erbrachte Leistungen einem Verwertungsverbot unterfallen. Dies betrifft die Fälle, in denen etwa die Verständigung von der Bedingung abhängig gemacht wird, dass der Angeklagte Angaben zum Auffinden der Tatwaffe oder der Tatbeute macht oder sich bei dem Opfer schriftlich entschuldigt. Zwar ist im Falle des Widerrufs der Verständigung das Geständnis unverwertbar. Aber es ist streitig und höchst unsicher, ob das Verwertungsverbot auch Fernwirkung entfaltet mit der Folge, dass auch sonstige Leistungen des Angeklagten nicht als Schuldindiz verwertet werden dürfen. Diese Unsicherheit und die Gefahr, dass das Gericht zwar nicht das Geständnis, aber das sonstige Verhalten zu seinem Nachteil verwertet, sind auf der Hand liegende Gründe, die den Angeklagten im Falle der Belehrung dazu hätte bewegen können, sich auf die Verständigung nicht einzulassen. Die Zustimmung zur Verständigung ist ein so weitreichender Schritt unter weitestgehender Aufgabe der Verteidigungsmöglichkeiten, dass es unter dem Gesichtspunkt der Verfahrensfairness der Belehrung bedarf. Die Situation ist vergleichbar mit der unterlassenen Belehrung über das Schweigerecht oder das Recht auf Anwaltskonsultation. Auch in diesen Fällen sieht das Gesetz kein Verwertungsverbot vor, gleichwohl nimmt die Rechtsprechung ein solches jedoch bei Verstößen gegen diese Belehrungspflichten an.

II. Anforderungen an den Vortrag

Es gelten die allgemeinen Grundsätze (siehe Rn. 2362). Ferner muss vorgetragen **2390** werden, dass die Belehrung nach § 257c Abs. 5 StPO unterblieben ist.

Besondere Sorgfalt muss auf Ausführungen zur Beruhensfrage gelegt werden.[3364] Es muss im Einzelnen nachvollziehbar dargetan werden, dass und warum der Angeklagte im Falle der (rechtzeitigen) Belehrung der Verständigung nicht zugestimmt, wie er sich in einem kontradiktorischen Verfahren verteidigt und warum eine solche Verteidigung – nicht ausschließbar – zu einem günstigeren Ergebnis geführt hätte.[3365]Gerade letzterem Punkt ist besondere Aufmerksamkeit zu widmen, da das Revisionsgericht im Zweifel davon ausgeht, dass in einem „streitigen" Verfahren kein besseres Ergebnis zu erzielen gewesen wäre.

3364   Vgl. dazu auch *BVerfG* Urt. v. 19.3.2013 – 2 BvR 2628/10 Rz. 127 = StV 2013, 353.
3365   Vgl. dazu *Weider* in: Niemöller/Schlothauer/Weider, VerstG, 2010, S. 183; *Jahn* StV 2011, 497, 502.

Rüge 283

2391 Enthält das Urteil keinen (ausreichenden) Hinweis, dass dem Urteil eine Verständigung vorausgegangen ist (§ 267 Abs. 3 S. 3 StPO)?

I. Rechtsgrundlagen

2392 § 267 Abs. 3 S. 3 StPO verlangt nur die Mitteilung im Urteil, dass diesem eine Verständigung vorausgegangen ist. Der konkrete Inhalt der Verständigung muss nicht angegeben werden.[3366] Eine weitergehende Darstellung zu Einzelheiten vom Inhalt der Verständigung im Urteil ist aber dann geboten, wenn dies zur revisionsrechtlichen Überprüfung der Beweiswürdigung zum Einlassungsverhalten des Angeklagten erforderlich ist.[3367]

Ein Verstoß gegen § 267 Abs. 3 S. 3 StPO stellt grundsätzlich einen revisiblen Verfahrensfehler dar.[3368] Allerdings wird es in der Regel an einem Beruhen des Urteils auf dem Rechtsfehler fehlen, wenn sich das Gericht an den Inhalt der Verständigung gehalten hat, das Zustandekommen und der Inhalt der Verständigung im Protokoll der Hauptverhandlung dokumentiert sind und deshalb nicht zu besorgen ist, dass das Gericht die Verständigung bei der Urteilsberatung außer Acht gelassen hat.

Sofern weitere Rechtsfehler gerügt werden sollen, etwa unzureichende Beweiswürdigung oder fehlerhafte Strafzumessung, kann das Revisionsgericht, sofern nur die Sachrüge erhoben ist, allein anhand des Urteils wegen Fehlens der Mitteilung nach § 267 Abs. 3 S. 5 StPO nicht erkennen, dass dem Urteil eine Verständigung vorausgegangen ist. Daher ist es erforderlich, den Rechtsfehler mit der entsprechenden Rüge geltend zu machen, etwa mit der Rüge fehlerhafter Beweiswürdigung. Fehlt der Vermerk nach § 267 Abs. 3 S. 5 StPO, ist eine Verfahrensrüge zu erheben, vgl. dazu unten Rn. 2394.[3369]

II. Anforderungen an den Vortrag

2393 Ist die Sachrüge erhoben, ergibt sich das Fehlen der Mitteilung nach § 267 Abs. 3 S. 5 StPO aus dem vom Revisionsgericht zur Kenntnis zu nehmenden Urteilsgründen.

3366 *BGH* StV 2010, 227; StV 2011, 78; *BGH* Urt. v. 21.6.2012 – 4 StR 623/11; *BGH* NStZ 2011, 170; *Meyer-Goßner*[55] § 267 Rn. 23a.

3367 *BGH* Urt. v. 25.10.2012 – 4 StR 170/12 = StV 2013, 194 m. Anm. *Schlothauer.*

3368 *BGH* StV 2011, 76; *Meyer-Goßner*[55] § 267 Rn. 23a.

3369 Besondere Bedeutung kann die fehlende Mitteilung nach § 267 Abs. 3 S. 5 StPO jedoch erlangen, wenn der Angeklagte durch einen Zeugen belastet wird, dessen Angaben im Rahmen einer Verständigung in seinem Verfahren erfolgten, das Urteil gegen den Zeugen jedoch keinen Hinweis auf die Verständigung enthält. Wegen der sich aus dieser Konstellation ergebenden Besonderheiten wird verwiesen auf die Ausführungen zu Rn. 2487.

Die Tatsache, dass eine Verständigung mit welchem konkreten Inhalt stattgefunden hat, ist jedoch im Rahmen der Verfahrensrüge vorzutragen. Zum erforderlichen Vortrag vgl. Rn. 2362.

Zur Beruhensfrage müsste – soll die Rüge überhaupt erhoben werden – vorgetragen werden, dass das Gericht bei der Urteilsberatung die Verständigung nicht im Blick gehabt hat. Ob dies ausnahmsweise einmal – nicht ausschließbar – dargetan werden kann, ist Sache des Einzelfalles.

Rüge 284

Enthält das Urteil keine ausreichende, die Verurteilung tragende Tatsachengrundlage und/ **2394**
oder eine unzureichende Beweiswürdigung (§ 261 StPO)?

I. Rechtsgrundlagen

Allein die Bereitschaft des Angeklagten, wegen eines bestimmten Sachverhalts eine   **2395**
Strafe hinzunehmen, die das gerichtlich zugesagte Höchstmaß nicht überschreitet, entbindet das Gericht nicht von der Pflicht zur Aufklärung und Darlegung des Sachverhalts, soweit dies für den Tatbestand der dem Angeklagten vorgeworfenen Gesetzesverletzung erforderlich ist. Das Urteil muss eine in sich geschlossene Darstellung des in der Hauptverhandlung festgestellten Tatgeschehens zu den einzelnen dem Angeklagten angelasteten Fällen enthalten.[3370] Das (teilweise) bloße wörtliche Einrücken des konkreten Anklagesatzes genügt den gesetzlichen Anforderungen an eine Urteilsbegründung nicht.[3371]

Auch ist stets zu untersuchen und im Urteil darzulegen, ob das abgelegte Geständnis glaubhaft, mit dem Ermittlungsergebnis zu vereinbaren ist, ob es in sich stimmig ist und ob es die getroffenen Feststellungen trägt.[3372]

Eine Verurteilung aufgrund eines bloßen Formalgeständnisses oder nur der Erklärung, es werde der Anklage nicht entgegen getreten, stellt keine ausreichende Beweiswürdigung dar. Da im Rahmen von Verständigungen abgelegte Geständnisse wegen des Anreizes der „milden" Strafe und der Verlockungssituation der gerichtlichen Selbstbindung besonders fehleranfällig sind und die Gefahr von Falschge-

---

3370 *BGH* Beschl. v. 31.1.2012 – 3 StR 285/11; *Wenske* DRiZ 2011, 393, 397.
3371 *BGH* Beschl. v. 28.10.2009 – 5 StR 171/09 = StV 2010, 60; StV 2012, 133; StV 2011, 608; StV 2009, 232; StV 2013, 194; *BGH* Beschl. v. 10.2.2011 – 5 StR 594/10; anschaulich auch *OLG Celle* StV 2011, 341.
3372 Vgl. nur StV 2009, 232, so schon *BGHSt* 50, 40, 49 f. = StV 2005, 311 (Großer Senat).

ständnissen besteht, reicht eine Überprüfung eines Geständnisses allein anhand des Akteninhalts nicht aus. Die Kontrolle hat grundsätzlich in der Hauptverhandlung in der Beweisaufnahme zu erfolgen, wobei Vorhalte oder auch das Selbstleseverfahren ausreichend sein können.[3373]

II. Anforderungen an den Vortrag

2396 Bei der Beanstandung unzureichender Tatsachenfeststellungen oder Beweiswürdigung handelt es sich um eine materiell-rechtliche Rüge. Das Revisionsgericht ist bei Erhebung der (allgemeinen) Sachrüge zur Prüfung verpflichtet, ob die dem Urteil zugrundegelegten Tatsachenfeststellungen die Verurteilung tragen und die Beweiswürdigung rechtsfehlerfrei ist. Der Erhebung einer Verfahrensrüge bedarf es daher nicht. Auch kommt es nicht darauf an, ob das Urteil einen Hinweis gemäß § 267 Abs. 3 S. 3 StPO enthält, dass dem Urteil eine Verständigung vorausgegangen ist.

B. Ist das Urteil ergangen, nachdem das Gericht die Verständigung widerrufen hat (§ 257c Abs. 4 S. 1 und 2 StPO)?

I. Vorbemerkung

2397 Das Gericht kann eine wirksame Verständigung unter den Voraussetzungen des § 257c Abs. 4 S. 1 und 2 StPO „widerrufen". Das beabsichtigte Abweichen von der Verständigung hat es gemäß § 257c Abs. 4 S. 4 StPO in einem protokollierungspflichtigen Hinweis unverzüglich mitzuteilen. Die Abweichung erfordert eine Entscheidung des Gerichts, nicht nur die bloße Mitteilung des Vorsitzenden. Ein vom Angeklagten im Vertrauen auf den Bestand der Verständigung abgelegtes Geständnis ist unverwertbar, § 257c Abs. 4 S. 3 StPO.

Daraus ergeben sich verschiedene revisionsgerichtliche Beanstandungsmöglichkeiten. Gerügt werden kann u.a., dass

- es an einer *Gerichtsentscheidung* über die Abweichung fehlt,
- es an einer *Begründung* für den Widerruf der Verständigung fehlt,
- die *Voraussetzungen* für eine Abweichung von der Bindung nach § 257c Abs. 4 S. 1 und 2 StPO nicht vorgelegen haben,
- das Gericht die beabsichtigte Abweichung nicht bzw. nicht unverzüglich in der Hauptverhandlung *mitgeteilt* hat,

---

3373 *BVerfG* Urt. v. 19.3.2013 – 2 BvR 2628/10 Rz. 68, 70f, 129 ff. = StV 2013, 353.

- das Gericht das Geständnis sowie sonstige Leistungen, die der Angeklagte in Erfüllung der Verständigung erbracht hat, entgegen § 257c Abs. 4 S. 3 StPO *verwertet* hat.

II. Einzelne Rügen

Rüge 285

Fehlt es an einer Entscheidung *des Gerichts* über die beabsichtigte Abweichung von der Verständigung (§ 257c Abs. 4 S. 4 StPO)?   **2398**

I. Rechtsgrundlagen

Das Gesetz schreibt in § 257c Abs. 4 S. 4 StPO vor, dass „das Gericht" die Abwei-   **2399**
chung mitzuteilen hat. Erforderlich ist ein (zu begründender) Gerichtsbeschluss.[3374]
Fehlt es daran, weil nur der Vorsitzende die beabsichtigte Abweichung mitgeteilt
hat, kann dies als Verstoß gegen § 257c Abs. 4 S. 4 StPO gerügt werden. Insoweit
gelten keine Besonderheiten gegenüber den Fällen, in denen das Gesetz einen
Gerichtsbeschluss als Voraussetzung für eine gerichtliche Maßnahme vor-
schreibt.[3375]

Bei einer für den weiteren Verfahrensgang und die Urteilsfindung so weitreichen-
den Entscheidung wie dem Widerruf einer wirksamen Verständigung muss feststehen, dass das gesamte Gericht darüber beraten und entschieden hat. Ist die Mitteilung nur durch den Vorsitzenden erfolgt, ist nicht festzustellen, ob dieser eine Beratung des Gerichts vorausgegangen ist und ob die Entscheidung im Falle einer Ge-
richtsberatung nicht anders ausgefallen wäre.

II. Anforderungen an den Vortrag

Vorzutragen sind alle Tatsachen über das Zustandekommen der Verständigung   **2400**
(siehe Rn. 2362) sowie die Tatsache, dass nur der Vorsitzende den Wegfall der
Bindungswirkung mitgeteilt hat und ein Gerichtsbeschluss darüber nicht ergangen
ist.

3374   *BGH* Urt. v. 21.06.2012 – 4 StR 623/11 = StV 2012, 712; *Niemöller* in: Niemöller/
        Schlothauer/Weider, VerstG, 2010, S. 106; *Weider* in: Niemöller/Schlothauer/Weider,
        VerstG, 2010, S. 172; *Meyer-Goßner*[55] § 257c Rn. 29.
3375   Zum Beweisantragsrecht siehe etwa StV 1994, 172; 1983, 441; *Meyer-Goßner*[55] § 244
        Rn. 41a; zum Ausschluss des Angeklagten nach § 247 StPO *Meyer-Goßner*[55] § 247
        Rn. 19; KK-*Diemer*[6] § 247 Rn. 15.

Rüge 286

2401   Ist das Gericht ohne Begründung von der Verständigung abgewichen (§ 257c Abs. 4 S. 1 und 2 StPO)?

I. Rechtsgrundlagen

2402   Die Entscheidung über das Abweichen von der Verständigung ist zu begründen.[3376] Die Begründung hat gegenüber dem Angeklagten eine wichtige Informationsfunktion. Nur wenn er die Gründe für die Abweichung kennt, kann er sein weiteres Prozessverhalten darauf einstellen und z.b. seine vom Gericht als unzureichend angesehenen „Leistungen" nachbessern, um den Bestand der Verständigung wieder herzustellen bzw. eine neue Verständigung herbeizuführen.[3377] Fehlt es daher gänzlich an einer Begründung, wird das Urteil schon deswegen auf dem Fehler beruhen. Dies gilt auch deshalb, weil bei einer Entscheidung ohne Begründung dem Revisionsgericht die Prüfung unmöglich wäre, ob die gesetzlichen Voraussetzungen für einen Widerruf der Verständigung nach § 257c Abs. 4 S. 1 und 2 StPO vorgelegen haben.

II. Anforderungen an den Vortrag

2403   Mitzuteilen sind alle Tatsachen über das Zustandekommen der Verständigung (siehe Rn. 2362) sowie der Gerichtsbeschluss über die Mitteilung der beabsichtigten Abweichung in vollem Wortlaut. Mitzuteilen ist ferner, dass die Begründung im weiteren Verfahrensablauf nicht nachgeholt wurde. Die Rüge sollte auch Ausführungen dazu enthalten, wie der Angeklagte sich im Falle einer Begründung verteidigt hätte.

3376   *Meyer-Goßner*[55] § 257c Rn. 29; *Niemöller* in: Niemöller/Schlothauer/Weider, VerstG, 2010, S. 106; *Weider* in: Niemöller/Schlothauer/Weider, VerstG, 2010, S. 173; zur Begründungspflicht nach alter Rechtslage *BGH* StV 2009, 239.

3377   Dazu bedarf es der Rücknahme des Widerrufsbeschlusses oder eines neuen (modifizierten) Verständigungsvorschlags des Gerichts sowie in beiden Fällen der (erneuten) Zustimmung des Angeklagten und der Staatsanwaltschaft zum Verständigungsvorschlag.

Rüge 287

Ist das Gericht ohne tragfähige Begründung von der Verständigung abgewichen (§ 257c Abs. 4 S. 1 und 2 StPO)?	**2404**

I. Rechtsgrundlagen

Das Gesetz sieht ein Abweichen von einer wirksamen Verständigung nur unter den **2405** Voraussetzungen des § 257c Abs. 4 S. 1 und 2 StPO vor.[3378] Eine abweichende rechtliche Einstufung des Tatbeitrags durch das Gericht führt nicht grundsätzlich zum Wegfall der Bindungswirkung.[3379] Das Revisionsgericht prüft anhand der Beschlussbegründung, ob die Annahme von „rechtlichen und tatsächlichen Tatsachen" und deren „Bedeutsamkeit" für den in Aussicht gestellten Strafrahmen rechtsfehlerhaft ist.[3380] Als Begründung dürfen nur Tatsachen herangezogen werden, die nach dem Gesetz auch bei der Urteilsfindung berücksichtigt werden dürfen. Eine Begründung, die etwa einen Verstoß gegen § 46 Abs. 3 StGB enthält, ist ebenso rechtsfehlerhaft, wie z.B. die Begründung, der Angeklagte habe bestimmte Leistungen nicht erbracht, obwohl diese nicht Gegenstand des von ihm im Verständigungsvorschlag verlangten Verhaltens waren.[3381]

Bei der Frage, ob die vom Gericht im Hinblick auf die Tat- und Schuldangemessen- **2406** heit des vorgeschlagenen Strafrahmens angegebenen Umstände „bedeutsam" waren, ist zu beachten, dass dem Tatrichter bei der Strafzumessung ein weiter Beurteilungsspielraum zusteht, der auch in vorliegendem Zusammenhang zu beachten ist. Allerdings können neu hervorgetretene oder übersehene einfache Strafzumessungstatsachen im Rahmen der Festsetzung der Strafe innerhalb des vom Gericht vorgeschlagenen Strafrahmens Berücksichtigung finden, so dass es eines Widerrufs der Verständigung nicht bedarf. Denn der Verständigungsstrafrahmen dient ja gerade dazu, dem Gericht einen Spielraum für die Festlegung der konkreten Strafe zu erhalten, so dass neu hervorgetretene oder übersehene Strafzumessungstatsachen hier Berücksichtigung finden können, ohne dass es eines Widerrufs der Verständigung bedarf.[3382] Bedeutsame Umstände müssen jedenfalls „bestimmende" Strafzumessungsumstände i.S.d. § 267 Abs. 3 S. 1 StPO sein.

3378   Vgl. insgesamt zu den Gründen für ein Abweichen SK-StPO-*Velten*[4] § 257c Rn. 39 ff.; *Wenske* DRiZ 2012,123, 124.
3379   *BGH* Beschl. v. 25.10.2012 – 1 StR 421/12 = StV 2013, 193.
3380   Vgl. *Niemöller* in: Niemöller/Schlothauer/Weider, VerstG, 2010, S. 115 zu rechtlich bedeutsamen Umständen; zu tatsächlichen Umständen S. 108; zu sich neu ergebenden Umständen S. 108 f.
3381   *Weider* in: Niemöller/Schlothauer/Weider, VerstG, 2010, S. 173.
3382   *BGH* Urt. v. 21.6.2012 – 4 StR 623/12 Rz. 14, 16 = StV 2012, 712; *Weider* in: Niemöller/Schlothauer/Weider, VerstG, 2010, S. 174.

Das Revisionsgericht prüft auf die entsprechende Rüge den Widerrufsbeschluss auf Rechtsfehler. Schwierigkeiten ergeben sich bei dem Widerrufsgrund des § 257c Abs. 4 S. 3 StPO. Zwar ist der Verständigungsvorschlag mit den vom Angeklagten erwarteten Leistungen sowie der Widerrufsbeschluss im Protokoll enthalten, nicht dagegen etwa eine geständige Einlassung des Angeklagten. Wird der Widerruf mit einem unzureichenden Geständnis begründet, ist ein Nachweis, dass der Angeklagte entgegen der Auffassung des Gerichts die Verständigungsbedingungen erfüllt hat, kaum zu führen. Wenn in der Tatsacheninstanz gegen den Widerrufsbeschluss nicht interveniert wurde, bedürfte es einer im Revisionsverfahren unzulässigen Rekonstruktion der Beweisaufnahme, um dem Revisionsgericht den Inhalt des Geständnisses zur Kenntnis zu bringen als Voraussetzung für die Überprüfung, ob die Auffassung des Tatrichters von der Mangelhaftigkeit des Geständnisses rechtsfehlerhaft ist. Etwas anderes gilt nur dann, wenn der Inhalt des Geständnisses auf andere Weise nachgewiesen werden kann, etwa durch Urkunden, die Gegenstand der Hauptverhandlung waren.

II. Anforderungen an den Vortrag

2407   Mitzuteilen sind alle Vorgänge über das Zustandekommen der Verständigung sowie der Beschluss im Wortlaut, durch den das Gericht sich von der Verständigung gelöst hat. Es ist darzulegen, warum die vom Gericht gegebene Begründung den Widerruf der Verständigung nicht trägt. Im Falle des § 257c Abs. 4 S. 2 StPO ist das Prozessverhalten des Angeklagten im Einzelnen darzulegen und vorzutragen, warum die Einlassung des Angeklagten die Verständigungsbedingungen des Gerichts entgegen den Angaben im Widerrufsbeschluss erfüllt. Ergibt sich der Inhalt der Einlassung aus Urkunden, sind diese im Wortlaut mitzuteilen. Ist gegen den Widerrufsbeschluss interveniert worden, sind alle Vorgänge darum ebenfalls im Einzelnen darzulegen.

Rüge 288

2408   Hat es das Gericht unterlassen, außer dem Beschluss über den Widerruf der Verständigung einen rechtlichen Hinweis nach § 265 Abs. 1 StPO zu erteilen?

I. Rechtsgrundlagen

2409   Bei den Widerrufsgründen des Abs. 4 kommt es zu Überschneidungen mit den Hinweispflichten nach § 265 StPO.[3383] Wenn nach Auffassung des Gerichts wegen neu

---

3383   Vgl. dazu auch *Niemöller* NZWiSt 2012, 290, 294; *Wenske* DRiZ 2011, 393, 394.

hervorgetretener Umstände ein anderes als das angeklagte Strafgesetz Anwendung finden soll oder Tatsachen hervorgetreten sind, die die Strafbarkeit erhöhen und deswegen die Verständigung widerrufen wird, liegt gleichzeitig ein Fall des § 265 Abs. 1, 2 StPO vor. In diesen Fällen ist zu prüfen, ob ein erforderlicher Hinweis nach § 265 Abs. 1 oder 2 StPO unterlassen wurde. Die Hinweispflichten nach § 257c Abs. 4 S. 4 und § 265 Abs. 1 und 2 StPO bestehen nebeneinander (zu den Rügen der Verletzung der Hinweispflicht siehe oben Rn. 1668 ff.) Der bloße Hinweis auf den Wegfall der Bindungswirkung kann den Hinweis nach § 265 StPO nicht ersetzen. Allerdings kann der Beschluss über den Wegfall der Bindungswirkung nach § 257c Abs. 4 S. 4 StPO alle Elemente des Hinweises nach § 265 Abs. 1, 2 StPO enthalten, so dass der Angeklagte allein aufgrund dieser Mitteilung seine Verteidigung darauf einrichten kann. In diesem Fall erscheint ein nochmaliger Hinweis nach § 265 Abs. 1, 2 StPO entbehrlich. Fehlt es jedoch im Beschluss über den Widerruf der Verständigung an der für einen Hinweis nach § 265 StPO erforderlichen Konkretisierung, ist das Unterlassen eines Hinweises nach § 265 StPO selbst dann rechtsfehlerhaft, wenn die Begründung des Beschlusses für den Widerruf diesen trägt. Dies kann z.B. dann der Fall sein, wenn im Widerrufsbeschluss nur angegeben ist, dass im Hinblick auf die im Beschluss mitgeteilten neu hervor getretenen Umstände der in Aussicht gestellte Strafrahmen nicht mehr tat- und schuldangemessen sei. Denn wenn die neu hervorgetretenen Umstände jedoch die Anwendung eines gesetzlich vorgesehenen schärferen Strafrahmens rechtfertigen (z.B. § 239 Abs. 3 statt Abs. 1 StGB, § 246 Abs. 2 statt Abs. 1 StGB, § 250 Abs. 3 statt Abs. 1 StGB), ist ein Hinweis nach § 265 Abs. 2 StPO erforderlich, so dass die bloße Mitteilung im Widerrufsbeschluss, der vorgeschlagene Strafrahmen sei nicht mehr angemessen, unzureichend ist.

Ob neben dem Widerrufbeschluss und der dort gegebenen Begründung ein zusätzlicher Hinweis nach § 265 StPO erforderlich ist, ist Frage des Einzelfalles.

II. Anforderungen an den Vortrag

Mitzuteilen sind alle Tatsachen über das Zustandekommen der Verständigung (oben Rn. 2362) sowie der Widerrufsbeschluss im Wortlaut. Vorzutragen ist ferner, dass ein förmlicher Hinweis nach § 265 StPO nicht erfolgte. Es ist darzulegen, warum der Widerrufsbeschluss mangelhaft ist und nicht die Qualität eines Hinweises nach § 265 StPO hatte (siehe dazu oben Rn. 1668 ff.). **2410**

Rüge 289

2411 Weicht das Urteil von einer wirksamen Verständigung ab, ohne dass das Gericht auf den Entfall der Bindungswirkung hingewiesen hat (Verstoß gegen § 257c Abs. 4 StPO)?

I. Rechtsgrundlagen

2412 Haben Angeklagter und Staatsanwaltschaft dem vom Gericht unterbreiteten Verständigungsvorschlag zugestimmt, ist die Verständigung zustande gekommen mit der Folge, dass das Gericht an die Verständigung gebunden ist.[3384] Davon kann sich das Gericht nur unter den Voraussetzungen des § 257c Abs. 4 S. 1, 2 und 4 StPO lösen.

Ist dies nicht geschehen, weicht das Urteil aber vom Inhalt der Verständigung ab, stellt dies einen Verstoß gegen § 257c StPO sowie eine Verletzung des Grundsatzes des fairen Verfahrens dar, was zur Urteilsaufhebung führt.[3385] Insoweit ergeben sich keine Besonderheiten gegenüber der vorgesetzlichen Rechtslage.[3386]

Ein Beruhen des Urteils auf dem unterlassenen Hinweis wird in keinem Fall auszuschließen sein, weil der Angeklagte keine Möglichkeit hatte, seine Verteidigung auf den Wegfall der Verständigung einzurichten.

II. Anforderungen an den Vortrag

2413 Es kann auf die grundsätzlichen Anforderungen an den Vortrag verwiesen werden (siehe Rn. 2362). Vorzutragen ist ferner, dass das Gericht die beabsichtigte Abweichung von der Verständigung entgegen § 257c Abs. 4 S. 4 StPO nicht mitgeteilt hat.

Rüge 290

2414 Hat das Gericht nicht unverzüglich in der Hauptverhandlung mitgeteilt, dass es an die Verständigung nicht mehr gebunden ist?

I. Rechtsgrundlagen

2415 § 257c Abs. 4 S. 4 StPO erfordert die „unverzügliche" Mitteilung, dass das Gericht sich von der Verständigung löst.[3387] Die Rüge, das Gericht habe den Hinweis verspätet, also nicht „unverzüglich" erteilt, beinhaltet die Rüge der Behinderung der

---

3384 Zur Bindungswirkung vgl. *Niemöller* in: Niemöller/Schlothauer/Weider, VerstG, 2010, S. 105 ff.

3385 *Meyer-Goßner*[55] § 257c Rn. 33; siehe auch *BGH* StV 2008, 561.

3386 Vgl. etwa *BGHSt* 43, 210; *BGH* StraFo 2009, 154.

3387 *Meyer-Goßner*[55] § 257c Rn. 29.

Verteidigung. Denn mit der Rüge soll geltend gemacht werden, dass sich die Verteidigung nicht rechtzeitig auf den Wegfall der Bindungswirkung hat einstellen können und daher mögliches weitergehendes oder anderes Verteidigungsvorbringen unterlassen wurde. Sind jedoch keine Unterbrechungs- oder Aussetzungsanträge gestellt worden (vgl. dazu unten Rn. 2437), wird allein die Rüge, der Hinweis sei verspätet erteilt worden, kaum Erfolg haben können. Ganz abgesehen davon wird der Nachweis, dass der Hinweis nicht unverzüglich erteilt wurde, kaum möglich sein. Denn wann das *Gericht* zur Überzeugung gelangt, dass der Verständigungsstrafrahmen nicht mehr tat- und schuldangemessen ist oder die vom Angeklagten erbrachten Leistungen nicht den Verständigungsbedingungen entsprechen, bleibt der Verteidigung verborgen. Etwas anderes kann dann gelten, wenn sich aus dem Widerrufsbeschluss selbst Hinweise auf eine verspätete Mitteilung ergeben. Dies könnte dann der Fall sein, wenn der Widerruf auf das Ergebnis einer Zeugenvernehmung gestützt wird, die Verkündung des Beschlusses jedoch erst nach mehreren Hauptverhandlungstagen nach Abschluss der Zeugenvernehmung erfolgt.

Rüge 291

Hat das Gericht nach Widerruf der Verständigung das Geständnis des Angeklagten verwertet (Verstoß gegen § 257c Abs. 4 S. 3 StPO)? **2416**

I. Rechtsgrundlagen

Das in § 257c Abs. 4 S. 3 StPO normierte Verwertungsverbot gilt bei einem Widerruf der Verständigung durch das Gericht grundsätzlich, also unabhängig davon, aus welchen Gründen das Gericht von der Verständigung abrückt. Das bedeutet, dass die Angaben des Angeklagten auch dann unverwertbar sind, wenn er selbst den Widerruf der Verständigung verursacht hat, weil er etwa die Bedingungen für die Verständigung nicht oder nur unzureichend erfüllt hat („halbes Geständnis"). Das Verwertungsverbot gilt umfassend, was bedeutet, dass das Gericht auch gehindert ist, die Verurteilung auch auf sich aus dem Geständnis ergebende für den Angeklagten günstige Umstände zu stützen.[3388] Eines Widerspruchs gegen die Verwertung bedarf es nicht, da das Verwertungsverbot von Gesetzes wegen mit der Verkündung des Widerrufsbeschlusses eintritt.[3389] Ein Verstoß gegen das Verwertungsverbot kann selbstverständlich mit der Verfahrensrüge angegriffen werden. **2417**

3388 *Meyer-Goßner*[55] § 257c Rn. 28.
3389 SK-StPO-*Velten*[4] § 257c Rn. 51; *Niemöller* in: Niemöller/Schlothauer/Weider, VerstG, 2010, S. 125 und *Weider* S. 177.

2418 Das Verwertungsverbot gilt auch für Mitangeklagte im gleichen oder in einem abgetrennten Verfahren. Ein Verstoß gegen § 257c Abs. 4 S. 3 StPO kann auch von Mitangeklagten gerügt werden, wenn ihre Verurteilung auf die Angaben in dem unverwertbaren Geständnis gestützt werden.[3390]

II. Anforderungen an den Vortrag

2419 Vorzutragen sind alle Tatsachen über das Zustandekommen der Verständigung einschließlich des gerichtlichen Verständigungsvorschlags, der Zustimmung dazu durch die Staatsanwaltschaft und den Angeklagten (oben Rn. 2362), der Widerrufsbeschluss sowie die Tatsache, dass es im weiteren Verlauf des Verfahrens nicht zu einer erneuten Verständigung oder zu einer Rücknahme des Widerrufsbeschlusses gekommen ist.

Rüge 292

2420 Hat das Gericht nach Widerruf der Verständigung aus dem unverwertbaren Geständnis erlangte Erkenntnisse verwertet (Verstoß gegen § 257c Abs. 4 S. 3 StPO – Fernwirkung)?

I. Rechtsgrundlagen

2421 Das Gesetz schreibt nur die Verwertbarkeit des „Geständnisses" vor. Die Fälle sind jedoch zahlreich, in denen der Angeklagte im Rahmen seines Geständnisses weitere ihn belastende Umstände offenbart (z.B. Hinweise, die zur Auffindung des Tatwerkzeugs oder der Tatbeute geführt haben). Auch können vom Angeklagten über das Geständnis hinaus weitere Leistungen verlangt worden sein, die er in Erfüllung der Verständigung erbracht hat (z.B. Entschuldigung beim Opfer, die der Angeklagte in einem Schreiben ausgesprochen hat; finanzielle Schadenswiedergutmachung oder Zahlung eines Schmerzensgeldes). In diesen Fällen stellt sich die Frage, ob diese vom Angeklagten erbrachten, ihn belastenden, über das Geständnis hinausgehenden Leistungen zu seinem Nachteil verwertet werden dürfen. Es stellt sich die Frage, ob z.B. ein Entschuldigungsschreiben des Angeklagten an das Opfer oder die Tatsache der Schadenswiedergutmachung oder Schmerzensgeldzahlung als Schuldindiz verwertet werden darf. Die Frage ist höchstrichterlich[3391] noch nicht entschieden und in der Literatur streitig. Ein Verwertungsverbot wird z.T. unter Hinweis auf

---

3390 *Weider* in: Niemöller/Schlothauer/Weider, VerstG, 2010, S. 178 und *Niemöller* S. 149.
3391 Ausdrücklich offen gelassen in *BGH* Beschl. v. 23.5.2012 – 5 StR 174/12 Rz. 12 = StV 2012, 582.

die sonst zur Fernwirkung aufgestellten Regeln[3392] verneint.[3393] Andererseits wird danach differenziert, aus welchem Grund die Verständigung widerrufen wurde und in wessen Verantwortungsbereich dies fällt.[3394] Das Verwertungsverbot soll verhindern, dass der Angeklagte seine Verteidigungsposition im Vertrauen auf den Bestand der Verständigung aufgibt, durch den Widerruf der Verständigung dieses Vertrauen jedoch enttäuscht wird. Da es um die Verteidigungsinteressen und -strategie geht und der Angeklagte in seiner Entscheidung frei sein muss, sich auf die Verständigung einzulassen, stellt es nicht nur einen Verstoß gegen den Grundsatz des fairen Verfahrens dar, wenn das Geständnis selbst verwertet wird, sondern auch, wenn daraus erlangte Beweismittel zum Nachteil des Angeklagten verwertet werden.[3395]

Danach wird ein Verwertungsverbot insbesondere dann anzunehmen sein, wenn der **2422** Widerruf aus Gründen erfolgt, die in den Verantwortungsbereich des Gerichts fallen. Dies ist dann der Fall, wenn das Gericht bei der Unterbreitung des Verständigungsvorschlags bedeutende, sich aus den Akten oder sonst ersichtliche Umstände übersehen hat und nach Bemerken dieses Fehlers die Verständigung widerruft (z.B. Übersehen einer notwendigen Gesamtstrafenbildung, Annahme eines falschen Strafrahmens). „Letztlich erlaubt jede Schludrigkeit des Gerichts bei der Aktenlektüre ein Abweichen".[3396] In diesen Fällen beruht der Widerruf auf einem Fehler des Gerichts, so dass der Angeklagte durch einen rechtswidrigen Verständigungsvorschlag im Vertrauen auf den Bestand der Verständigung zu den ihn belastenden Angaben und sonstigen Leistungen verleitet wurde. Es wäre mit dem Grundsatz des fairen Verfahrens nicht zu vereinbaren, wenn das Gericht die Verurteilung auf die vom ihm selbst rechtswidrig „provozierten" oder im Rahmen der Verständigung sogar abverlangten Leistungen des Angeklagten stützen würde.

II. Anforderungen an den Vortrag

Vorzutragen ist das Zustandekommen der Verständigung, der Verständigungsvor- **2423** schlag (oben Rn. 2362), alle vom Angeklagten in Erfüllung der Verständigung erbrachten Leistungen sowie der Widerrufsbeschluss im Wortlaut. Es ist ferner darzulegen, dass die im Urteil verwerteten Beweismittel im Rahmen der Erfüllung der Verständigung von dem Angeklagten offengelegt oder durch sonstige Leistungen des Angeklagten erbracht wurden, und sonst nicht bekannt geworden wären.

3392 *Meyer-Goßner*[55] Einleitung Rn. 57 m. zahlr. Nachw.; LR-*Gleß*[26] § 136a Rn. 75 f.

3393 *Meyer-Goßner*[55] § 257c Rn. 28; *Niemöller* in: Niemöller/Schlothauer/Weider, VerstG, 2010, S. 150.

3394 SK-StPO-*Velten*[4] § 257c Rn. 51; *Weider* in: Niemöller/Schlothauer/Weider, VerstG, 2010, S. 178 und 187; *Jahn/Müller* NJW 2009, 2626, 2629; *Schlothauer/Weider* StV 2009, 605.

3395 SK-StPO-*Velten*[4] § 257c Rn. 51.

3396 *Murmann* ZIS 2009, 538.

Rüge 293

2424   Hat das Gericht nach Widerruf der Verständigung sonstiges prozessuales Verhalten des Angeklagten verwertet?

I. Vorbemerkung

2425   Ist es (zunächst) zu einer Verständigung gekommen, wird der Angeklagte seine Verteidigung darauf eingestellt haben, dass die Verständigung Bestand hat. Er kann Verteidigungsaktivitäten, wie sie in einem kontradiktorischen Verfahren angezeigt wären, unterlassen haben.

2426   So kann der Angeklagte (und sein Verteidiger) z.b. Zustimmungserklärungen zu Verlesungen nach § 251 Abs. 1 Nr. 1, Abs. 2 Nr. 3 StPO abgegeben haben. Solche Erklärungen können sogar als „Prozessverhalten" i.S.d. § 257c Abs. 2 S. 1 StPO Bestandteil des gerichtlichen Verständigungsvorschlags sein. Der Angeklagte kann es ferner unterlassen haben, (rechtzeitig) Verwertungswidersprüche zu erheben. Er kann schließlich von Beweisantragstellungen Abstand genommen oder auf eine (ausführliche) Befragung von (Belastungs-) Zeugen verzichtet haben. In all diesen Fällen stellt sich die Frage, ob nach Widerruf der Verständigung der Angeklagte an seinem früheren Verteidigungsverhalten festgehalten werden kann, also auch, ob seine früheren prozessualen Erklärungen weiterhin bindend sind.

2427   Der im Vertrauen auf den Bestand der Verständigung ausgerichteten Verteidigungsstrategie wird mit dem Widerruf der Verständigung der Boden entzogen. Mit dem Widerruf geht das Verfahren in ein streitiges über.

Das Gesetz schreibt in § 257c Abs. 4 S. 3 StPO nur ein Verwertungsverbot für das Geständnis vor. Aus dem Schweigen des Gesetzes kann allerdings nicht entnommen werden, das alle anderen Leistungen des Angeklagten, die er in Erfüllung oder im Vertrauen auf den Bestand der Verständigung erbracht hat, wirksam bleiben. Mit dem Widerruf der Verständigung und dem Übergang in das kontradiktorische Verfahren wird das Verfahren in den Stand vor der Verständigung zurück versetzt.[3397] Das gesetzliche Verwertungsverbot würde bei der Wirksamkeit des sonstigen Prozessverhaltens des Angeklagten sogar unterlaufen: Erhebt der Angeklagte z.b. gegen die Verwertung eines im Ermittlungsverfahren abgelegten Geständnisses (z.b. wegen Unterlassung der Belehrung über das Schweigerecht) im Vertrauen auf den Bestand der Verständigung keinen Widerspruch und wiederholt er dieses Geständnis in Erfüllung der Verständigung, wäre nur dieses im Falle des Widerrufs verwert-

---

[3397]   *Weider* in: Niemöller/Schlothauer/Weider, VerstG 2010, S. 186 ff.; SK-StPO-*Velten*[4] § 257c Rn. 48; *Wenske* DRiZ 2012, 123, 125: „sämtliche durch die Verständigung verbundenen Leistungspflichten sollen miteinander stehen und fallen"; **a.A.** *Niemöller* in: Niemöller/Schlothauer/Weider, VerstG 2010, S. 113, 146.

bar, nicht aber das frühere. Das Gericht könnte eine Verurteilung mangels Widerspruchs gegen die Verwertung des früheren Geständnisses allein auf dieses, im Falle rechtzeitigen Widerspruchs jedoch unverwertbare Geständnis stützen.

Rüge 294

Hat das Gericht im Urteil eine Aussage verwertet, die mit Zustimmung der Verteidigung vor dem Widerruf verlesen wurde?   **2428**

I. Rechtsgrundlagen

Mit dem Widerruf der Verständigung verlieren auch im Vertrauen auf den Bestand **2429** der Verständigung abgegebene Zustimmungserklärungen ihre Wirksamkeit.[3398] In einer Zustimmung zu einer Verlesung liegt eine partielle Aufgabe der Verteidigung, weil auf eine (kritische) Befragung des Zeugen verzichtet wird. Wird die Verständigung widerrufen, muss dem Angeklagten die Möglichkeit gegeben werden, seine Verteidigung so zu gestalten, als hätte es eine Verständigung nicht gegeben. Daraus folgt, dass das Gericht nach Widerruf der Verständigung die verlesene Aussage im Urteil nicht ohne erneute Zustimmung des Angeklagten und Verteidigers verwerten darf. Geschieht dies gleichwohl, ist eine Verletzung der §§ 250, 251 Abs. 1 Nr. 1 oder § 251 Abs. 2 Nr. 3 StPO zu rügen.

II. Anforderungen an den Vortrag

Vorzutragen sind alle Tatsachen zum Zustandekommen und das Ergebnis der Ver- **2430** ständigung und die Zustimmung von der Staatsanwaltschaft und des Angeklagten im Detail (Rn. 2362). Ferner ist vorzutragen, welche Leistungen der Angeklagte in Erfüllung der Verständigung erbracht hat und dass er und der Verteidiger sowie die Staatsanwaltschaft der Verlesung zugestimmt haben. Der Zeitpunkt der Zustimmung (nach Zustandekommen der Verständigung und vor dem Widerrufsbeschluss) ist ebenso mitzuteilen wie die Tatsache, dass die Zustimmung entweder Teilbedingung der Verständigung war oder sie im Vertrauen auf den Bestand der Verständigung erteilt wurde. Mitzuteilen ist die Anordnung und Durchführung der Verlesung sowie die verlesene Vernehmungsniederschrift im Wortlaut. Schließlich ist der Beschluss über den Widerruf im Wortlaut mitzuteilen und dass der Angeklagte und sein Verteidiger der Verlesung nicht (erneut) zugestimmt haben (vgl. dazu ergänzend oben Rn. 1227 ff.).

3398   *Weider* in: Niemöller/Schlothauer/Weider, VerstG, S. 188.

Rüge 295

2431 Hat das Gericht mangels vor dem Widerruf erhobenen Verwertungswiderspruchs Aussagen oder Beweismittel verwertet?

I. Rechtsgrundlagen

2432 Der Angeklagte kann im Vertrauen auf den Bestand der Verständigung die rechtzeitige Erhebung von Verwertungswidersprüchen z.b. gegen die Verwertung eines früheren Geständnisses, einer Zeugenaussage oder der Ergebnisse einer TKÜ etc. unterlassen haben. Hat das Gericht den Beweis erhoben, könnte dieser mangels Verwertungswiderspruchs auch verwertet werden. Da der Angeklagte mit dem Widerruf der Verständigung in seinen Verteidigungsmöglichkeiten so gestellt werden muss, also ob es eine Verständigung nicht gegeben hätte, hat er die Möglichkeit, nunmehr der Verwertung zu widersprechen, ohne dass ihm die Verfristung des Widerspruchs nach § 257 Abs. 1 StPO entgegen gehalten werden kann. Ist daher der Verwertung eines bereits erhobenen Beweises nach dem Widerruf der Verständigung widersprochen worden, so darf das Beweismittel nicht verwertet werden. Geschieht dies gleichwohl, kann die fehlerhafte Verwertung des unverwertbaren Beweismittels gerügt werden.

II. Anforderungen an den Vortrag

2433 Im Hinblick auf die zahlreichen Fallgestaltungen, in denen nach erfolgtem Verwertungswiderspruch das Beweismittel unverwertbar ist, können nur allgemeine Hinweise erteilt werden.

Vorzutragen ist das Zustandekommen und das Ergebnis der Verständigung, die Zustimmung der Staatsanwaltschaft und des Angeklagten (oben Rn. 2362), die Erhebung des Beweises, dass gegen die Verwertung im Vertrauen auf den Bestand der Verständigung kein Widerspruch erhoben wurde, der Beschluss über den Verständigungswiderruf sowie den Zeitpunkt und die Tatsache des nunmehr erhobenen Verwertungswiderspruchs und, soweit erfolgt, die Reaktion des Gerichts darauf (z.B. Ablehnung durch Gerichtsbeschluss).

Rüge 296

Hat das Gericht Anträge auf erneute Vernehmung eines bereits vernommenen Zeugen zurückgewiesen?	**2434**

I. Rechtsgrundlagen

Ist eine Verständigung zustande gekommen und im Anschluss eine abgekürzte Be- **2435**
weisaufnahme mit Zeugenvernehmungen durchgeführt worden, wird der Angeklagte bzw. sein Verteidiger im Vertrauen auf den Bestand der Verständigung in der Regel auf eine ausführliche und kritische Zeugenbefragung verzichtet haben. Nach Widerruf der Verständigung ist jedoch die Grundlage für die an der Verständigung ausgerichtete Verteidigungsstrategie entfallen. Der Verteidigung darf daher die Möglichkeit, einen zunächst unbefragten oder nur unvollständig befragten Zeugen nunmehr zu befragen, nicht genommen werden. Die Begründung des RegE hebt ausdrücklich hervor, dass eine erneute Zeugenvernehmung insbesondere dann nicht fern liege, wenn eine ausführliche Befragung im Hinblick auf die Verständigung unterlassen wurde.[3399] Daher können die sonst für den Antrag auf wiederholte Zeugenvernehmungen geltenden Grundsätze[3400] auf die vorliegende Fallkonstellation nicht übertragen werden.[3401]

Ist ein Beweisantrag auf nochmalige Zeugenvernehmung gestellt, ist die fehlerhafte Zurückweisung des Antrag zu rügen (vgl. dazu oben Rn. 1603 ff.) Ist nur ein „schlichter" Antrag auf erneute Vernehmung gestellt worden, der abgelehnt oder übergangen wurde, muss die Behinderung der Verteidigung und u.U. auch die Aufklärungsrüge erhoben werden.

II. Anforderungen an den Vortrag

Vorzutragen ist das Zustandekommen und das Ergebnis der Verständigung, die Zu- **2436**
stimmung der Staatsanwaltschaft und des Angeklagten (oben Rn. 2362), die Tatsache der im Anschluss daran erfolgten Vernehmung des Zeugen und, soweit möglich, deren Dauer, dass der Zeuge von der Verteidigung im Vertrauen auf den Bestand der Verständigung nicht oder nur unzureichend befragt wurde, der Beschluss über den Widerruf der Verständigung, der Antrag auf erneute Zeugenvernehmung, der ablehnende Gerichtsbeschluss und die Tatsache, dass der Zeuge nicht erneut vernommen wurde. Mitzuteilen ist ferner, welche Fragen bzw. zu welchen Themenkomplexen Fragen nicht gestellt wurden, aber bei einer erneuten Vernehmung hätten gestellt werden sollen. Erforderlich ist auch ein Vortrag, zu welchem Ergebnis die Befragung geführt hätte, wenn die Verletzung der Aufklärungspflicht gerügt wird.

3399 BRegE BT-Drucks. 16/12310 S. 15.
3400 Oben Rn. 1603 und die dortigen Nachw.; KK-*Fischer*[6] § 244 Rn. 70; *Meyer-Goßner*[55] § 244 Rn. 26.
3401 Eingehend dazu *Weider* in: Niemöller/Schlothauer/Weider, VerstG 2010, S. 190 ff.

Rüge 297

2437 Hat das Gericht einen nach Widerruf der Verständigung gestellten Antrag auf Aussetzung oder Unterbrechung der Hauptverhandlung zurückgewiesen?

I. Rechtsgrundlagen

2438 Da mit dem Wegfall der Bindungswirkung eine neue Sach- und Rechtslage eintritt, liegt ein Fall des § 265 Abs. 4 StPO vor.[3402] Der Angeklagte muss seine Verteidigungsstrategie völlig neu überdenken. Die Erhebung von Verwertungswidersprüchen, das Stellen von Anträgen auf erneute Zeugenvernehmung, Beweisanträgen und das weitere Einlassungsverhalten nach Eintritt der Unverwertbarkeit des zunächst abgelegten Geständnisses müssen erwogen werden. Dies alles hat erheblichen Erörterungsbedarf zwischen dem Verteidiger und seinem Mandanten zur Folge. Im Hinblick auf die Möglichkeit einer Unterbrechung der Hauptverhandlung von bis zu 3 Wochen nach § 229 Abs. 1 StPO wird ein Aussetzungsantrag wohl nur in Ausnahmefällen in Betracht kommen bzw. Erfolg haben. Ein Unterbrechungsantrag dagegen wird wohl selten abgelehnt werden können. Hat nur der Vorsitzende den Antrag abgelehnt, muss ein Gerichtsbeschluss nach § 238 Abs. 2 StPO beantragt werden.

2439 Ist eine Unterbrechung bewilligt worden, reicht diese aber nach Ansicht der Verteidigung zur Einstellung auf die neue Verfahrenssituation nicht aus, ist ebenfalls ein Gerichtsbeschluss zu beantragen.

2440 Ist die Unterbrechung abgelehnt oder zu kurz bemessen worden, muss die Rüge der Verletzung des § 265 Abs. 4 StPO erhoben und ergänzend die Behinderung der Verteidigung gerügt werden.

II. Anforderungen an den Vortrag

2441 Vorzutragen ist das Zustandekommen und das Ergebnis der Verständigung, die Zustimmung der Staatsanwaltschaft und des Angeklagten, der Beschluss über den Widerruf der Verständigung, der Aussetzungs- bzw. Unterbrechungsantrag sowie die Entscheidung des Vorsitzenden, der Antrag auf Gerichtsbeschluss, der ablehnende Gerichtsbeschluss (beides im Wortlaut). Es ist ferner darzulegen, welche Bedeutung der Widerruf der Verständigung für die Verteidigung hatte und inwieweit die Verteidigungsstrategie völlig neu besprochen und festgelegt werden musste. U.U. sollte dargelegt werden, welche Verteidigungsaktivitäten mangels Besprechungs- und Vorbereitungszeit nicht entfaltet werden konnten. Ergänzend wird auf die Ausführungen zu Rn. 1750 verwiesen.

Ist eine Unterbrechung der Hauptverhandlung angeordnet worden und soll gerügt werden, dass die Zeit der Unterbrechung nicht ausreichend war, sind neben den so-

---

3402 *Weider* in: Niemöller/Schlothauer/Weider, VerstG 2010, S. 189.

eben erwähnten Tatsachen die Anordnung der Unterbrechung im Detail, die Beantragung des Gerichtsbeschlusses und der zurückweisende Gerichtsbeschluss mitzuteilen. Besondere Ausführungen dazu, warum die angeordnete Zeit der Unterbrechung nicht ausgereicht hat, sind erforderlich.

C. Ist das Urteil nach einer versuchten Verständigung ergangen?

Vorbemerkung

Unter versuchter Verständigung werden die Fälle verstanden, in denen es zwar zu   **2442** Gesprächen vor oder während der Hauptverhandlung zwischen den Verfahrensbeteiligten mit dem Ziel der Herbeiführung einer Verständigung gekommen ist, das Gericht, die Staatsanwaltschaft oder der Angeklagte aber erklärt haben, auf der Basis der erfolgten Erörterungen keiner Verständigung zuzustimmen. Darunter fallen auch die Fälle, in denen das Gericht einen Verständigungsvorschlag unterbreitet hat, die Staatsanwaltschaft oder der Angeklagte diesem aber die Zustimmung verweigert haben. In diesen Fällen wird das Verfahren als „normales" kontradiktorisches Verfahren durchgeführt. Es stellt sich allein die Frage, ob Inhalte der Verständigungsgespräche Einfluss auf das kontradiktorische Verfahren haben bzw. der vom Gericht unterbreitete Verständigungsvorschlag Orientierungsfunktion oder „Fernwirkung" für die Strafzumessung haben konnte.

Scheitern bereits die Verständigungsgespräche, ohne dass es zu verbindlichen Äu-   **2443** ßerungen des Gerichts etwa zu einem Verständigungsstrafrahmen kommt, haben die in diesen Gesprächen als unverbindlich zu wertenden Äußerungen keinerlei Konsequenzen. Auch Äußerungen allein des Vorsitzenden zu einer möglichen Straferwartung lösten keinerlei Bindung des Gerichts aus.[3403]

Rüge 298
Hat das Gericht eine wesentlich über der Strafobergrenze des Verständigungsvorschlags   **2444** liegende Strafe verhängt?

I. Rechtsgrundlagen

In den Fällen, in denen in den gescheiterten Vorgesprächen das Gericht (und nicht   **2445** nur ein Gerichtsmitglied) für den Fall bestimmter Leistungen des Angeklagten

---

3403   *BGH* StV 2012, 392.

einen konkreten Strafrahmen benannt hat oder das Gericht in der Hauptverhandlung einen Verständigungsvorschlag mit einem bestimmten Strafrahmen unterbreitet hat, der jedoch keine Zustimmung erfahren hat, gelten folgende Grundsätze. Kommt die Verständigung nicht zustande, entfaltet der gerichtlich unterbreitete Vorschlag weder eine Bindungswirkung für das Gericht, noch wird dadurch ein Vertrauenstatbestand für den Angeklagten dahin geschaffen, das Gericht werde sich an den Vorschlag halten.[3404] Gleichwohl haben in diesen Fällen die vom Gericht unterbreiteten Strafmaßvorstellungen eine gewisse Orientierungsfunktion mit der Folge, dass auch in einem streitigen Verfahren unter Wegfall der strafmildernden Wirkung eines Geständnisses und ohne das Hinzutreten weiterer und neuer Straferschwerungsgründe keine beliebig höhere Strafe verhängt werden darf. Bereits der Große Senat des *BGH* hatte darauf hingewiesen, dass die Differenz zwischen der im Rahmen der Absprache und der bei einem „streitigen" Verfahren zu erwartenden Sanktion nicht so groß sein dürfe, dass sie strafzumessungsrechtlich unvertretbar und allein mit der strafmildernden Wirkung eines Geständnisses nicht mehr begründbar sei.[3405] Die Rechtsprechung dazu ist uneinheitlich. Nach der wohl inzwischen überwiegenden Auffassung rechtfertigt allein der Wegfall des Strafmilderungsgrundes des Geständnisses keine unverhältnismäßig höhere Strafe.[3406] Denn das Gericht hat den Vorschlag für den Verständigungsstrafrahmen nach gründlicher Prüfung der Sach- und Rechtslage unter Berücksichtigung aller bekannten Strafschärfungs- und Milderungsgründe sowie der prognostizierten Milderung eines Geständnisses unterbreitet, so dass diese Einschätzung für den weiteren Verfahrensverlauf nicht jede Bedeutung verliert. In der Literatur wird daher als Richtlinie vorgeschlagen, dass ohne das Hinzutreten besonderer Umstände die Strafe ohne Geständnis im streitigen Verfahren nicht mehr als zwei Drittel über der Strafobergrenze des gerichtlich angebotenen Strafrahmens liegen sollte.[3407] Nach anderer Auffassung soll einem für den Fall eines Geständnisses vor oder zu Beginn einer Hauptverhandlung in den Raum gestellten Strafrahmen für die Strafzumes-

---

3404 *BGH* Beschl. v. 12.7.2011 – 1 StR 274/11; *BGH* Beschl. v. 14.4.2011 – 1 StR 458/10 = StV 2011, 728 Rn. 38; *BGH* StV 2010, 673; auch *BGH* StV 2011, 74.

3405 *BGHSt* 50, 40, 50 = StV 2005, 311.

3406 *BGH* Beschl. v. 23.5.2012 – 5 StR 174/12 Rz. 16 = StV 2012, 582 (Bewährungsstrafe und verhängte 6 Jahre und 6 Monate); *BGH* StV 2009, 629 (4 Jahre und verhängte 5 Jahre und 9 Monate); *BGH* StV 2002, 637 (Bewährungsstrafe und verhängte 7 Jahre); *BGHSt* 49, 84, 89 = StV 2004, 314 (1 Jahr 9 Monate und verhängte 5 Jahre und 9 Monate); *OLG Celle* StV 2012, 394, 396 unter bb) grundsätzlich zustimmend, wobei eine Überschreitung der angebotenen Strafobergrenze um 50 % jedoch unbeanstandet bleibt, vgl. dazu die krit Anm. von *Altenhain/Haimerl* StV 2012, 397, 399 unter II. 2.; *Meyer-Goßner*[55] § 257c Rn. 19 und 29; *Weider* in: Niemöller/Schlothauer/Weider, VerstG, 2010, S. 193 f.; *Weider* NStZ 2002, 174 und 2004, 339.

3407 *Meyer-Goßner*[55] § 257c Rn. 19; *Altenhain/Hagemeier/Haimerl* NStZ 2007, 71, 78; dagegen *BGH* StV 2011, 202.

sung nach langer streitiger Hauptverhandlung „in der Regel" keine Bedeutung mehr zukommen.[3408]

Unstreitig ist allerdings, dass dem Angeklagten nicht mit der Sanktionsschere ge- **2446** droht werden darf. Wenn das Gericht in den Verständigungsgesprächen einen Strafrahmen für den Fall der Verständigung und einen Alternativstrafrahmen im Falle streitiger Verhandlung angibt, darf die Differenz zwischen der absprachegemäßen und der bei einem „streitigen" Verfahren zu erwartenden Sanktion nicht so groß sein, dass sie strafzumessungsrechtlich unvertretbar und mit einer angemessenen Strafmilderung wegen eines Geständnisses nicht mehr vereinbar ist.[3409] Was das Gericht danach in den Verständigungsgesprächen nicht androhen darf, darf es auch bei einem Scheitern der Verständigung nicht im Urteil in die Tat umsetzen.

Mit der Revision kann daher geltend gemacht werden, dass eine Strafe verhängt **2447** wurde, die unvertretbar hoch über der Obergrenze des im Verständigungsvorschlag unterbreiteten Strafrahmens liegt, ohne dass ungeachtet des Wegfalls des Strafmilderungsgrundes des Geständnisses dafür nachvollziehbare Gründe vorhanden sind.

Einen Sonderfall stellt die Konstellation dar, dass der Vorsitzende in Anwesenheit **2448** aller Verfahrensbeteiligten (einschl. der Schöffen) ohne Widerspruch der anderen Gerichtsmitglieder darauf hinweist, es bedürfe keiner Verständigung, weil ohnehin nur eine bestimmte Rechtsfolge in Betracht komme. Dies schafft einen Vertrauenstatbestand für den Angeklagten. Die Äußerungen des Vorsitzenden lösen zwar keine Bindungswirkung des Gerichts aus mit der Folge, dass die vom Vorsitzenden genannte Rechtsfolge ausgeurteilt werden müsste. Denn eine Bindungswirkung entfaltet nur eine förmliche Verständigung nach § 257c StPO. Aufgrund des durch die unwidersprochenen Äußerungen des Vorsitzenden geschaffenen Vertrauenstatbestands ist das Gericht jedoch verpflichtet, dem Angeklagten einen Hinweis zu erteilen, wenn das Gericht von dem in Aussicht gestellten Ergebnis abweichen will.[3410]

II. Anforderungen an den Vortrag

Vorzutragen sind alle Tatsachen über die Verständigungsgespräche, ggf. Aktenver- **2449** merke nach § 202a S. 2 und/oder § 212 StPO; Mitteilungen des Vorsitzenden nach § 243 Abs. 4 StPO sowie die Tatsache, dass es sich um einen Verständigungsvorschlag *des Gerichts* gehandelt hat, die Gespräche jedoch gescheitert sind und es deshalb zu keinem in der Hauptverhandlung zu protokollierenden Vorschlag des Ge-

---

3408   *BGH* Beschl. v. 12.7.2011 – 1 StR 274/11; *BGH* StV 2011, 202, wonach einem für den Fall eines Geständnisses vor oder zu Beginn einer Hauptverhandlung in den Raum gestellten Strafrahmen für die Strafzumessung *nach langer streitiger Hauptverhandlung* „in der Regel" keine Bedeutung mehr zukommen soll; ebenso *BGH* StV 2011, 728 Rn. 37 ff.

3409   *BGHSt* 50, 40, 50 = StV 2005, 311 (Großer Senat); *BGH* StV 2011, 202; StV 2007, 619, StV 2004, 470, 2002, 637, 639; *Meyer-Goßner*[55] § 257c Rn. 19.

3410   *BGH* StV 2012, 135.

richts gekommen ist. Ist ein Verständigungsvorschlag in der Hauptverhandlung unterbreitet worden, ist auch dieser (im Wortlaut) mitzuteilen sowie die Tatsache, dass Staatsanwaltschaft oder Angeklagter nicht zugestimmt haben. Vorzutragen ist ferner, dass sich weder aus dem Urteil noch sonst gegenüber dem Verständigungsvorschlag (außer dem Wegfall des Geständnisses) neue Straferschwerungsgründe ergeben haben. Aus diesem Grund sollten auch die Dauer der Hauptverhandlung, der Zeitpunkt und der Stand der Beweisaufnahme bei Abgabe des gerichtlichen Verständigungsvorschlags, der Zeitpunkt der Nichtzustimmung und der Zeitraum bis zur Urteilsfindung mitgeteilt werden.

2450 Soll gerügt werden, das Gericht sei von den verbindlichen Strafmaßäußerungen des Vorsitzenden abgewichen, ist eine Rüge der Verletzung des § 265 StPO und des Grundsatzes des fairen Verfahrens zu erheben. Vorzutragen sind die Einzelheiten des Gesprächs einschl. der dabei Anwesenden, der konkreten Aussage des Vorsitzenden, etwaige Äußerungen der Anwesenden dazu (auch Schweigen), die Tatsachen, dass sich im weiteren Verlauf des Verfahrens keine neuen Aspekte ergeben haben, die auch für den Angeklagten eine Abweichung nachvollziehbar gemacht hätten, sowie, dass kein Hinweis auf die Abweichung erteilt wurde.

D. Liegt dem Urteil eine heimliche oder informelle Absprache zugrunde?

Rüge 298a

2451 Enthält das Hauptverhandlungsprotokoll keinen Vermerk, dass eine Verständigung nicht stattgefunden hat, § 273 Abs. 1a S. 3 StPO (Fehlen des sog. Negativattestes)?

I. Rechtsgrundlagen

2452 Die gesetzlichen Regelungen über eine Verständigung haben abschließenden Charakter. Heimliche oder informelle Absprachen, bei denen die gesetzlichen Vorgaben des VerstG nicht umfassend beachtet werden, sind daher unzulässig.[3411] Das Gesetz sieht umfassende Dokumentations- und Mitteilungspflichten vor, um die Einhaltung der Verständigungsvorschriften zu gewährleisten, z.B. §§ 202a, 212, 243 Abs. 4 und § 273 Abs. 1a StPO. Gibt das Protokoll keine Auskunft darüber, ob dem Urteil eine Verständigung zugrunde liegt und enthält es auch kein sog. Negativattest, dass eine Verständigung nicht stattgefunden hat, kommt dem fehlenden Negativattest für den Nachweis einer heimlichen Absprache besondere Bedeutung zu. Die Dokumentationspflichten des § 273 Abs. 1a StPO dienen der Verfahrenstransparenz. Bei einem Verstoß gegen die Offenlegungspflicht, dass dem Urteil keine Verständigung

---

3411 *BVerfG* Urt. v. 19.3.2013 – 2 BvR 2628/10 Rz. 75 f., 115 = StV 2013, 353.

zugrunde liegt, lässt sich in den meisten Fällen nicht sicher ausschließen, dass das Urteil auf eine gesetzwidrige „informelle" Absprache oder diesbezügliche Gesprächsbemühungen zurückgeht. Das Schweigen des Protokolls schürt gerade den Verdacht, die Protokollierung sei unterblieben, um die illegale Absprache geheim zu halten. Damit indiziert das Fehlen des Negativattestes eine rechtswidrige heimliche Absprache. Dann ist ein Beruhen des Urteils auf dem dann gegebenen Verstoß gegen § 257c StPO grundsätzlich ebenfalls nicht auszuschließen.[3412]

II. Anforderungen an den Vortrag

Es empfiehlt sich, den gesamten Verfahrensgang vom Aufruf der Sache bis zur Urteilsverkündung mitzuteilen. Als Negativtatsachen sind vorzutragen, dass kein Vermerk gem. §§ 202a, 212 StPO existiert, keine Mitteilung des Vorsitzenden nach § 243 Abs. 4 S. 1 und 2 StPO erfolgte, das Gericht in der Hauptverhandlung keinen Verständigungsvorschlag unterbreitete, dem Staatsanwaltschaft und Angeklagter hätten zustimmen können und es keine Mitteilungen bzw. Belehrungen nach § 257c Abs. 4 S. 4 und Abs. 5 StPO gegeben hat. Vorzutragen ist ferner, dass das Negativattest nach § 273 Abs. 1a S. 3 StPO nicht erteilt wurde. **2453**

Rüge 299

Ist das Gericht ohne Hinweis an den Angeklagten von einer informellen Absprache abgewichen? **2454**

I. Rechtsgrundlagen

Absprachen – „Deals" – außerhalb des in der StPO geregelten Verständigungsverfahrens sind unzulässig und rechtswidrig.[3413] Sie lösen nach der Rechtsprechung weder eine Bindung des Gerichts an den dabei in Aussicht gestellten Strafrahmen aus, noch wird dadurch für den Angeklagten ein Vertrauenstatbestand hinsichtlich der Bindung des Gerichts an den Vorschlag geschaffen.[3414] **2455**

Diese Rechtsprechung dient wohl dazu, Druck auf die Verteidigung auszuüben, damit diese gegenüber dem Gericht auf die Einhaltung des gesetzlichen Verständigungsverfahrens dringt. Denn bei einer heimlichen Absprache gelten die Schutzvor- **2456**

3412 *BVerfG* Urt. v. 19.3.2013 – 2 BvR 2628/10 Rz. 98 = StV 2013, 353.
3413 *BVerfG* Urt. v. 19.3.2013 – 2 BvR 2628/10 Rz. 76 ff., 115 = StV 2013, 353.
3414 *BGH* Beschl. v. 12.7.2011 – 1 StR 274/11; *BGH* Beschl. v. 14.4.2011 – 1 StR 458/10 = StV 2011, 728 Rz. 38; *BGH* StV 2010, 673; auch *BGH* StV 2011, 74; SK-StPO-*Velten*[4] § 257c Rn. 32; krit. *dies.* StV 2012, 172.

schriften des § 257c StPO, also insbesondere die Bindungswirkung des gerichtlichen Verständigungsvorschlags für das Gericht und das Verwertungsverbot des Geständnisses bei Widerruf der Verständigung nicht. Die Folgen einer heimlichen rechtswidrigen Absprache sind für das Gericht völlig folgenlos und treffen allein den Angeklagten. Will die Verteidigung den Schutz des förmlichen Verständigungsverfahrens erhalten, muss sie auf einer gesetzlichen Vorgehensweise bestehen.

2457 Diese rigide Rechtsprechung, nach der informelle Absprachen keinen Vertrauenstatbestand für den Angeklagten schaffen, benachteiligt diesen in erheblicher Weise. Der Angeklagte als juristischer Laie kennt das Gesetz nicht. Er vertraut darauf, dass Gericht, Staatsanwaltschaft und Verteidiger sich gesetzesgemäß verhalten. Er kann nicht wissen, dass einer nur informellen Zusage des Gerichts keinerlei Bedeutung zukommt. Er wird zum Spielball der juristischen Verfahrensbeteiligten und *er* wird dafür „bestraft", dass sich die Juristen rechtswidrig verhalten.[3415]

2458 Die Rechtsprechung, nach der eine heimliche Absprache *keinerlei* Vertrauenstatbestand für den Angeklagten schafft, ist in dieser Allgemeinheit nicht richtig. Zutreffend ist allein, dass informelle Absprachen weder eine Bindungswirkung für das Gericht erzeugen, noch das Gericht bei einer beabsichtigten Abweichung von der Zusage an die Voraussetzungen des § 257c Abs. 4 S. 1 und 2 StPO gebunden wäre. Ein *dahingehender* Vertrauenstatbestand wird nicht geschaffen, da die Schutzwirkungen des § 257c StPO nur greifen, wenn das förmliche Verständigungsverfahren eingehalten ist. Bei einer informellen Absprache ist das Gericht daher völlig frei, sich von einer einmal gegebenen Zusage wieder zu lösen. Dies besagt jedoch *nicht*, dass auch außerhalb des Verständigungsverfahrens gemachte Zusagen keinen Vertrauenstatbestand für den Angeklagten schaffen. In einem Fall, in dem der Vorsitzende erklärte, eine Verständigung sei nicht notwendig, da der Angeklagte sowieso Bewährung bekomme, hat der 3. Strafsenat des *BGH* einen Vertrauenstatbestand zugunsten des Angeklagten angenommen mit der Folge, dass das Gericht bei Abweichung von der Zusage dem Angeklagten einen entsprechenden Hinweis erteilen muss.[3416]

Der 3. Strafsenat führt aus:

„Aus § 257c Abs. 2 S. 1, Abs. 3 S. 4, Abs. 4 S. 1 und 2, § 273 Abs. 1a S. 1 StPO lässt sich nicht etwa ableiten, dass sich der Angeklagte nur noch auf solche Aussagen des Gerichts in materiell- oder verfahrensrechtlicher Hinsicht verlassen darf, die zum Inhalt einer förmlich zustande gekommenen Verständigung und damit für das Gericht grundsätzlich bindend geworden sind. Diese Vorschriften regeln allein die formalen Bedingungen des Zustandekommens einer Verständigung, die sich aus einer solchen Verständigung ergebende Bindung des Gerichts sowie die Voraussetzungen, unter denen das Gericht von dieser Bindung frei wird. Sie schließen es indes nicht aus, dass durch sonstige Äußerungen des Gerichts außerhalb des förmlichen Verständigungs-

---

3415 Vgl. dazu anschaulich *Schlothauer* StV 2003, 481 (Anm.).
3416 *BGH* StV 2012, 135.

verfahrens ein berechtigtes Vertrauen des Angeklagten in eine bestimmte Verfahrensweise des Gerichts oder ein bestimmtes Verfahrensergebnis begründet wird. "[3417] Der Unterschied zum förmlichen Verständigungsverfahren liege darin, dass nur im Rahmen dieses Verfahrens vom Gericht abgegebenen Zusagen eine Bindung zukomme, dies aber nicht für sonstige Erklärungen des Gerichts gelte, selbst wenn sie ein berechtigtes Vertrauen des Angeklagten begründeten. Der geschaffene Vertrauenstatbestand verpflichte das Gericht daher nicht, die in Aussicht gestellte Sanktion zu verhängen (fehlende Bindungswirkung), allerdings sei im Hinblick auf das hervorgerufene Vertrauen ein Hinweis im Falle des Abweichens erforderlich.

Da danach verbindliche Äußerungen des Gerichts auch außerhalb des förmlichen **2459** Verständigungsverfahrens ein „berechtigtes Vertrauen" des Angeklagten in eine bestimmte Verfahrensweise begründen, sind diese Grundsätze auf die Fälle informeller Absprachen zu übertragen. Denn es ist nicht einzusehen, dass verbindliche Äußerungen des Gerichts jenseits einer Verständigung eine Hinweispflicht auslösen, dies aber nicht gelten soll, wenn die Zusagen des Gerichts im Rahmen einer informellen Absprache erfolgen. Die sich aus der prozessualen Fürsorgepflicht und dem Fairnessgrundsatz ergebende Hinweispflicht wird nicht dadurch außer Kraft gesetzt, dass die Zusagen im Rahmen einer informellen Verständigung erfolgen. Eine sachliche Rechtfertigung für die Ungleichbehandlung ist nicht ersichtlich.

Dem kann nicht entgegen gehalten werden, heimliche Absprachen seien rechtswidrig **2460** und daraus folge, dass kein Vertrauenstatbestand begründet werden könne. Dies wäre nur dann zutreffend, wenn *der Angeklagte* die Rechtswidrigkeit kennt. Davon kann bei einem juristischen Laien nicht ausgegangen werden. Im Gegenteil: dieser muss davon ausgehen, dass das von den juristischen Verfahrensbeteiligten, also insbesondere Gericht und Staatsanwaltschaft (!) gewählte Verfahren zulässig ist.[3418] Solange also der Angeklagte die Unzulässigkeit informeller Zusagen nicht kennt, schaffen diese für ihn einen Vertrauenstatbestand mit der Folge, dass das Gericht verpflichtet ist, im Falle des Abweichens den Angeklagten auf die beabsichtigte Abweichung hinzuweisen, damit der Angeklagte seine Verteidigung darauf einrichten kann.

Die beinahe textbausteinartige Aussage in der Rechtsprechung, dass informelle Ab- **2461** sprachen keinen durch das fair-trial-Gebot geschützten Vertrauenstatbestand schaffen, kann daher in dieser Allgemeinheit nicht zutreffen. Ernst gemeinte Äußerungen des Gerichts, auch im Rahmen informeller Absprachen, begründen immer einen Vertrauenstatbestand für den Angeklagten.[3419]

3417   *BGH* StV 2012, 135, 136 Rn. 12.
3418   *Schlothauer* StV 2003, 481.
3419   *Niemöller* NZWiSt 2012, 290, 921 unter Hinweis auf *BGH* StV 2010, 673 m. Anm. *Schlothauer* = NStZ 2011, 592; *F. Meyer* HRRS 11, 17; auch *Wenske* DRiZ 2011, 393, 394 einerseits, DRiZ 2012, 123, 127 andererseits; auch *Meyer-Goßner*[55] § 202a Rn. 2; vgl. auch *BGH* StV 2012, 135 Rn. 8 mit Hinweis auf Äußerungen des Vorsitzenden in der Hauptverhandlung, eine aufgestellte Beweisbehauptung könne als wahr unterstellt werden.

2462 Danach ist zu differenzieren. Informelle Absprachen außerhalb des förmlichen Verständigungsverfahrens schaffen keinen Vertrauenstatbestand dahingehend, *dass das Gericht die gegebene Zusage einhält.* Die Voraussetzungen für ein Abrücken von der Verständigung nach § 257c Abs. 4 S. 1 und 2 StPO gelten nicht. Andererseits wird durch die Äußerungen des Gerichts auch in informellen Gesprächen ein Vertrauen des Angeklagten dahingehend hervorgerufen, dass das Gericht seine an der Zusage ausgerichtete Verteidigungsstrategie nicht dadurch unterläuft und „ins Leere laufen lässt", dass es ohne jeden Hinweis von der Zusage abrückt und eine Ausrichtung der Verteidigung an der neuen Sachlage verhindert.

Daraus folgt, dass im Falle einer heimlichen Absprache die Rüge erhoben werden kann, dass das Gericht keinen Hinweis auf ein Abweichen von der Zusage gegeben hat.

2463 Da eine heimliche Absprache unzulässig und rechtswidrig ist, hat sie ein Verwertungsverbot für das im Vertrauen auf den Bestand der Verständigung abgelegte Geständnis des Angeklagten zur Folge. Nach der Rechtsprechung des *KG* gilt das Verwertungsverbot des § 257c Abs. 4 StPO auch dann, wenn eine gesetzwidrige Absprache vorliegt und der Angeklagte im Vertrauen auf deren Rechtmäßigkeit ein Geständnis abgelegt hat. Es wäre mit dem Grundsatz des fairen Verfahrens unvereinbar, ihn an seiner auf einer gesetzwidrigen Grundlage abgegebenen Erklärung festzuhalten.[3420]

II. Anforderungen an den Vortrag

2464 Die Schwierigkeit liegt darin, dass in Fällen heimlicher Absprachen die Protokollierungsvorschriften der §§ 202a, 212 und insbesondere § 273 Abs. 1a S. 1 StPO weder gelten noch von den Tatgerichten eingehalten werden, so dass der Nachweis einer informellen Absprache schwierig ist.

2465 Insoweit kommt § 273 Abs. 1a S. 3 StPO (sog. Negativattest) besondere Bedeutung zu. Der nach § 273 Abs. 1a S. 3 StPO zwingend vorgeschriebene Vermerk, dass eine Verständigung (nach § 257c StPO) nicht stattgefunden hat, gehört zu den wesentlichen Förmlichkeiten i.S.d. § 274 S. 1 StPO und entfaltet absolute Beweiskraft. Ist entgegen einer tatsächlich erfolgten informellen Verständigung im Protokoll vermerkt, es habe keine Verständigung stattgefunden, kann daher bei dennoch erfolgter Verständigung nur der Einwand der Protokollfälschung nach § 274 S. 2 StPO erhoben werden.[3421]

3420 *KG* Urt. v. 23.4.2012 – (3) 121 Ss 34/12 = StV 2012, 654 für den Fall des Versprechens einer schuldunangemessenen und gesetzeswidrigen Strafe; auch *OLG Düsseldorf* StV 2011, 80 m. Anm. *Kuhn* StV 2012, 10.

3421 *BGH* StV 2010, 346; *Meyer-Goßner*[55] § 273 Rn. 12c; nach der Entscheidung des *BVerfG* v. 19.3.2013 – 2 BvR 2628/10 Rz. 78 = StV 2013, 353 kann ein falsches Negativattest eine Falschbeurkundung im Amt darstellen.

Fehlt ein Protokollvermerk nach § 273 Abs. 1a S. 3 StPO, wird durch das völlige   **2466**
Schweigen des Protokolls das Fehlen einer Verständigung nicht bewiesen. Enthält
das Protokoll weder den nach § 273 Abs. 1 S. 2, Abs. 1a S. 1 und 2 StPO zwingend
vorgeschriebenen Vermerk, dass eine Verständigung stattgefunden hat, noch den
ebenso zwingend vorgeschriebenen Vermerk nach § 273 Abs. 1a S. 3 StPO, dass
eine Verständigung nicht stattgefunden hat, ist das Protokoll in diesem Punkt widersprüchlich bzw. lückenhaft und verliert insoweit seine Beweiskraft. Das Revisionsgericht kann dann im Wege des Freibeweisverfahrens zum Beispiel durch die Einholung dienstlicher Erklärungen der Prozessbeteiligten klären, ob dem Urteil eine Verständigung vorausgegangen ist.[3422] Dies gilt auch dann, wenn das Protokoll die Eintragung enthält, dass eine Erörterung nach §§ 202a, 212 StPO mit dem Ziel einer
Verständigung nicht stattgefunden hat.[3423] Denn das Fehlen der Erklärungen nach
§ 273 Abs. 1a S. 1 und 3 StPO führt zum Wegfall der (negativen) Beweiskraft des
Protokolls. Hinsichtlich des Freibeweisverfahrens hat das *BVerfG* entschieden, dass
nicht nur hohe Anforderungen an die gerichtliche Aufklärungspflicht hinsichtlich
des Vorliegens einer informellen Verständigung zu stellen sind, sondern auch, dass –
entgegen den sonst im Freibeweisverfahren geltenden Grundsätzen, dass der Vortrag
des Angeklagten *bewiesen* sein muss – nach Durchführung des Freibeweisverfahrens
verbleibende Zweifel an einer Absprache dann nicht zu Lasten des Angeklagten gehen dürfen, wenn die Unaufklärbarkeit des Sachverhalts auf einem Verstoß des Gerichts gegen gesetzlich vorgeschriebene Dokumentationspflichten beruht.[3424] Diese
Grundsätze gelten generell, also sowohl dann, wenn es um die Unwirksamkeit eines
nach einer informellen Verständigung abgelegten Rechtsmittelverzichts geht, als
auch dann, wenn es um eine Abweichung des Gerichts von einer informellen Zusage
geht. Wird eine solche substantiiert behauptet, liegt darin gleichzeitig ein Hinweis
auf den Verstoß gegen die Dokumentationspflichten des § 273 Abs. 1a StPO. Verbleiben also nach dem Freibeweisverfahren Zweifel an einer heimlichen Verständigung, dürfen diese nicht zu Lasten des Angeklagten gehen.

Zunächst ist daher vorzutragen, dass das Protokoll keinen Vermerk gemäß § 273   **2467**
Abs. 1a StPO enthält.

Sodann sind alle Einzelheiten des Zustandekommens der informellen Verständigung so detailliert wie möglich darzulegen, u.a. in welchem Verfahrensstadium, unter Beteiligung welcher Personen, in welcher Form und mit welchem Inhalt die Verständigung zustande gekommen ist.[3425] Ferner sollten die Umstände vorgetragen
werden, die indiziellen Charakter für eine getroffene heimliche Absprache haben.

3422 *BGHSt* 56, 3 = StV 2011, 79; *OLG Celle* StV 2012, 141 m. Anm. *Meyer-Goßner; OLG
      Düsseldorf* StV 2010, 80 m. zust. Anm. *Kuhn*; *OLG Zweibrücken* Beschl. v. 31.7.2012
      – 1 Ws 169/12 = StV 2012, 655; *Meyer-Goßner*[55] § 273 Rn. 12c.

3423 *OLG Zweibrücken* Beschl. v. 31.7.2012 – 1 Ws 169/12 = StV 2012, 655.

3424 *BVerfG* StV 2012, 385 m. Anm. *Niemöller* und *Bauer* StV 2012, 648; ebenso *OLG
      Zweibrücken* Beschl. v. 31.7.2012 – 1 Ws 169/12 = StV 2012, 655.

3425 *BGHSt* 56, 3 = StV 2011, 79; *Meyer-Goßner*[55] § 273 Rn. 12c.

Dies kann z.b. dadurch geschehen, dass dargelegt wird, dass bei einer umfangreichen Anklage mit einer Vielzahl von Beweismitteln die Hauptverhandlung nur kurze Zeit gedauert hat, keine Zeugen vernommen oder sonstige Beweise erhoben wurden, der bis zur Hauptverhandlung bestreitende Angeklagte ein nach dem bisherigen Einlassungsverhalten überraschendes Geständnis abgelegt hat und (weitgehend) übereinstimmende Schlussanträge von Staatsanwaltschaft und Verteidigung gestellt wurden.

Ferner ist vorzutragen, dass das Gericht weder in noch außerhalb der Hauptverhandlung auf eine Abweichung von der Verständigung hingewiesen hat, noch sonst Umstände eingetreten sind, die eine Abweichung hätten offenkundig machen können.

Es ist ratsam, umfassend zur Beruhensfrage vorzutragen, also insbesondere dazu, welche Verteidigungsaktivitäten unternommen worden wären, wenn der Hinweis erfolgt wäre (z.B. Widerruf des Geständnisses, vgl. dazu aber die folgende Rüge Rn. 2468; Beweisanträge zum Schuld- und insbesondere Rechtsfolgenauspruch).

Wird die Verwertung des Geständnisses gerügt, ist vorzutragen, dass der Angeklagte im Vertrauen auf den Bestand der Verständigung und in Unkenntnis von deren Rechtswidrigkeit das Geständnis abgelegt hat.

Rüge 300

2468 Ist das Gericht von einer informellen Zusage abgewichen und hat es das Geständnis des Angeklagten verwertet?

I. Rechtsgrundlagen

2469 Heimliche und unter Umgehung des § 257c StPO zustande gekommene Absprachen sind rechtswidrig. Die Rechtswidrigkeit des Vorgehens erfasst auch das vom Angeklagten im Vertrauen auf den Bestand der (heimlichen) Zusage abgelegte Geständnis mit der Folge, dass das Geständnis unverwertbar ist.[3426]

2470 In Betracht kommt auch eine Rüge des Verstoßes gegen § 136a StPO. Wenn die heimliche Zusage gesetzes- und rechtswidrig ist[3427], dann liegt in der rechtswidrigen

---

3426 *Meyer-Goßner*[55] § 257c Rn. 31; *ders.* StraFo 2003, 401; SK-StPO-*Velten*[4] § 257c Rn. 49; *Niemöller* NZWiSt 2012, 290, 295; *Schlothauer* StV 2003 481; auch *Velten* StV 2012, 172; siehe aber *BGH* StV 2011, 337 und 2012, 134, wonach das Verwertungsverbot ausschließlich im Falle des gerichtlichen Widerrufs der Verständigung gilt.

3427 *BGH* Beschl. v. 12.7.2011 – 1 StR 274/11; *BGH* Beschl. v. 14.4.2011 – 1 StR 458/10 = StV 2011, 728 Rz. 38; *BGH* StV 2010, 673; auch *BGH* StV 2011, 74; *Meyer-Goßner*[55] § 257c Rn. 31; SK-StPO-*Velten*[4] § 257c Rn. 32; krit. *dies.* StV 2012, 172.

Strafrahmenzusage das Versprechen eines gesetzlich nicht vorgesehenen Vorteils i.s.d. § 136a Abs. 1 S. 3 StPO.[3428]

II. Anforderungen an den Vortrag

Es gelten die oben unter Rn. 2467 dargelegten Anforderungen an den Vortrag des   **2471** Vorliegens einer heimlichen Absprache. Ergänzend sollte vorgetragen werden, dass kein Hinweis auf das beabsichtigte Abweichen erfolgte. Im Falle der Rüge der Verletzung des § 136a StPO wird ergänzend auf Rn. 2074 ff. verwiesen.

E. Hat der Angeklagte nach einer förmlichen oder informellen Verständigung Rechtsmittelverzicht erklärt?

I. Rechtsmittelverzicht bei förmlicher Verständigung

Nach § 35a S. 3 StPO ist der Angeklagte nach einem Verständigungsurteil qualifi-   **2472** ziert dahingehend zu belehren, dass er trotz seiner Zustimmung zu der Verständigung Rechtsmittel gegen das Urteil einlegen kann.

§ 302 S. 2 StPO schließt ferner einen Rechtsmittelverzicht bei vorausgegangenem Verständigungsurteil aus. Ein gleichwohl abgegebener Rechtsmittelverzicht ist unwirksam[3429], so dass innerhalb der Revisionseinlegungsfrist Revision eingelegt werden kann.

Hat der Angeklagte entgegen dem Verbot des § 302 S. 2 StPO auf Rechtmittel verzichtet und nicht innerhalb der Revisionseinlegungsfrist Revision eingelegt, kann eine Wiedereinsetzung gegen die Versäumung der Einlegungsfrist nicht mit der Begründung beantragen, er (und sein Verteidiger) habe keine Kenntnis von der Unwirksamkeit des Rechtsmittelverzichts gehabt. Die Unkenntnis gesetzlicher Bestimmungen stellt keine Verhinderung i.s.d. § 44 S. 1 StPO dar.[3430]

Der 1. Strafsenat des *BGH* hat jedoch Umgehungsstrategien des Verbots des Rechtsmittelverzichts gebilligt. Danach soll es zulässig sein, zunächst Rechtsmittel einzulegen, dieses jedoch sofort, d.h. innerhalb der Einlegungsfrist wieder zurückzunehmen.[3431]

3428   *Schlothauer* StV 2003, 481, 482.
3429   *Meyer-Goßner*[55] § 302 Rn. 26b.
3430   *BGH* StV 2010, 475.
3431   *BGHSt* 55, 82 = StV 2010, 346 m. abl. Anm. *Niemöller* StV 2010, 474 und *Meyer-Goßner* StV 2011, 53 und *Niemöller* StV 2011,54.

II. Rechtsmittelverzicht bei informeller Absprache

2473 Bedeutsam sind die Fälle, in denen nach einer informellen Absprache Rechtmittel-verzicht erklärt wurde. Die sofortige Rechtskraft des Urteils scheint eine solch gro-ße Verlockung zu sein, dass Absprachen heimlich und ohne jede Protokollierung er-folgen, um die Möglichkeit des sofortigen Rechtsmittelverzichts unter Umgehung von § 302 S. 2 StPO zu ermöglichen. Das Verbot des Rechtsmittelverzichts des § 302 S. 2 StPO gilt jedoch auch für Urteile, die auf Absprachen beruhen, die unter Verstoß gegen die gesetzlichen Vorschriften zustande gekommen sind.[3432]

2474 Ist das Urteil aufgrund einer heimlichen Absprache mit sofort erklärtem Rechtsmit-telverzicht ergangen und soll dagegen Rechtsmittel eingelegt werden, ergeben sich besondere Probleme. Da die Absprache verheimlicht wurde, also das Hauptver-handlungsprotokoll keinerlei Hinweise auf eine Verständigung enthält, kann sich der Revisionsführer nicht ohne weiteren Vortrag auf § 302 S. 2 StPO berufen.

2475 Um zu verhindern, dass das eingelegte Rechtsmittel wegen des erklärten Rechtsmit-telverzichts als unzulässig verworfen wird, muss mit der Rechtsmitteleinlegung dar-gelegt werden, dass dem Urteil eine informelle Verständigung vorausgegangen ist. Insoweit gelten die gleichen Grundsätze wie für einen Revisionsangriff gegen ein heimliches Abspracheurteil (vgl. dazu oben Rn. 2464). Schweigt das Protokoll gänzlich zur Frage der Verständigung und fehlt es insbesondere an einem Vermerk nach § 273 Abs. 1a StPO, so klärt das Revisionsgericht im Freibeweisverfahren, ob eine Verständigung stattgefunden hat, sofern der Beschwerdeführer detailliert vor-trägt, in welchem Verfahrensstadium, unter Beteiligung welcher Personen, in wel-cher Form und mit welchem Inhalt die Verständigung zustande gekommen ist.[3433] Das *BVerfG* hat an die gerichtliche Aufklärungspflicht in einem solchen Fall hohe Anforderungen gestellt und ferner entschieden, dass nach Durchführung des Freibe-weisverfahrens verbleibende Zweifel an einer Absprache dann nicht zu Lasten des Angeklagten gehen, wenn die Unaufklärbarkeit des Sachverhalts auf einem Verstoß des Gerichts gegen gesetzlich vorgeschriebene Dokumentationspflichten beruht.[3434] Da im Falle des Schweigens des Protokolls zur Frage der Verständigung und bei Fehlen des sog. Negativattestes nach § 273 Abs. 1a S. 3 StPO immer ein derartiger Verstoß vorliegt, stehen die Chancen für eine Entscheidung der Unwirksamkeit des Rechtsmittelverzichts bei einem entsprechend ausführlichen und belegten Verteidi-gungsvortrag nicht schlecht.

3432 *BVerfG* Urt. v. 19.3.2013 – 2 BvR 2628/10 Rz. 78 = StV 2013, 353; *BVerfG* StV 2012, 385 m. Anm. *Niemöller* und *Bauer* StV 2012, 648; *BGHSt* 56, 3 = StV 2011, 79 m. Anm. *Bauer* StV 2011, 340; *OLG Celle* StV 2012, 141 m. Anm. *Meyer-Goßner*; *Mey-er-Goßner*[55] § 302 Rn. 26c.

3433 *BGHSt* 56, 3 = StV 2011, 79; *OLG Zweibrücken* Beschl. v. 31.7.2012 – 1 Ws 169/12 = StV 2012, 655; *Meyer-Goßner*[55] § 273 Rn. 12c.

3434 *BVerfG* StV 2012, 385 m. Anm. *Niemöller* und *Bauer* StV 2012, 648; *OLG Zweibrü-cken* Beschl. v. 31.7.2012 – 1 Ws 169/12 = StV 2012, 655; *Meyer-Goßner*[55] § 302 Rn. 26c.

F. Rügemöglichkeiten bei einem auf Berufung der Staatsanwaltschaft gegen ein amtsgerichtliches Verständigungsurteil ergangenen Urteil

Rüge 301

Hat das Berufungsgericht ohne Hinweis auf ein Abweichen von der Verständigung das absprachegemäße erstinstanzliche Geständnis des Angeklagten verwertet?   2476

I. Rechtsgrundlagen

Die Bindungswirkung des Gerichts an die Verständigung nach § 257c Abs. 4 StPO   2477
gilt nur für das Tatgericht, bei dem die Verständigung zustande gekommen ist, nicht jedoch für das Berufungs- oder Revisionsgericht.[3435] Auch das Verwertungsverbot des § 257c Abs. 4 S. 3 StPO soll nur für das Verfahren gelten, in dem die Verständigung zustande gekommen ist und sich das Gericht von der Verständigung gelöst hat. Ein instanzübergreifendes und vom Lösungstatbestand unabhängiges Verwertungsverbot soll nicht bestehen.[3436]

Allerdings darf eine den Angeklagten beschwerende Abänderung des erstinstanzli-   2478
chen Urteils nicht ohne Weiteres erfolgen, wenn eine Verständigung i.S.d. § 257c StPO oder auch eine unzulässige Absprache in erster Instanz erfolgt ist. Wenn die Grundlage des Geständnisses – die Verständigung – entfallen ist, darf auch das Geständnis keinen Bestand mehr haben, und zwar auch nicht für die nächste Instanz. Das Geständnis unterliegt in diesem Fall einem Beweisverwertungsverbot.[3437] Dies ergibt sich für die in gesetzlich zulässiger Weise zustande gekommene Verständigung aus § 257c Abs. 4 S. 3 StPO, wonach ein Verwertungsverbot hinsichtlich des abgelegten Geständnisses des Angeklagten besteht, wenn das Gericht sich von der Absprache lösen will. Dies hat in entsprechender Anwendung der Vorschrift auch für das Gericht höherer Instanz zu gelten. Anderenfalls würde Sinn und Zweck der Norm konterkariert. Soweit die Absprache nicht den Formalien das § 257c StPO entspricht, verbietet zumindest der in Art. 6 Abs. 1 S. 1 EMRK manifestierte Grundsatz des fairen Verfahrens die Geständnisverwertung. Dem fair-trial-Grundsatz widerspräche es, wenn Gericht, Staatsanwaltschaft und Angeklagter sich auf einen bestimmten Strafrahmen verständigt hätten, der Angeklagte mit Rücksicht da-

---

3435   So ausdrücklich die Begründung des BRegE BT-Drucks. 16/12310 S. 15 linke Spalte; *OLG Nürnberg* Beschl. v. 29.2.2012 – 1 St OLG Ss 292/11; *OLG Düsseldorf* StV 2011, 80 m. Anm. *Kuhn* StV 2012, 10; siehe aber *Velten* StV 2012, 172, 176; insgesamt auch *Wenske* DRiZ 2012, 123, 126.

3436   *OLG Nürnberg* Beschl. v. 29.2.2012 – 1 St OLG Ss 292/11 = StV 2012, 590.

3437   *OLG Düsseldorf* StV 2011, 80 m. Anm. *Kuhn* StV 2012, 10; vgl. auch *BGH* StV 2010, 470; *Meyer-Goßner*[55] § 257c Rn. 31; *Schlothauer/Weider* StV 2009, 600, 605.

rauf ein Geständnis abgibt, das Gericht absprachegemäß verurteilt, die Staatsan-
waltschaft sodann aber gegen das Urteil Rechtsmittel mit dem Ziel einer höheren
Bestrafung einlegt, welche dann – letztlich auf der Grundlage des erstinstanzlichen
Geständnisses – erfolgt.[3438]

2479 Daraus folgt, dass für den Fall, dass das Berufungsgericht den Angeklagten auf die
Berufung der Staatsanwaltschaft ohne Hinweis auf ein Abweichen von der Verständigung nach § 257c Abs. 4 S. 4 StPO unter Verwertung seines erstinstanzlichen Geständnisses zu einer über der Strafobergrenze der erstinstanzlichen Verständigung
liegenden Strafe verurteilt, ein Verstoß gegen das Verwertungsverbot gerügt werden kann, § 257c Abs. 4 S. 3 StPO, Art. 6 Abs. 1 EMRK.

II. Anforderungen an den Vortrag

2480 Es müssen alle Tatsachen über das Zustandekommen der Verständigung und das
Ergebnis der erstinstanzlichen Verständigung vorgetragen werden sowie die Tatsache, dass das Berufungsgericht keinen Hinweis auf ein Abweichen von der Verständigung gegeben hat und wie ggf. das erstinstanzliche Geständnis in die Hauptverhandlung eingeführt wurde (z.b. Verlesung nach § 254 Abs. 1 StPO).[3439]

G. Rügemöglichkeiten bei einem auf Berufung des Angeklagten gegen ein amtsgerichtliches Verständigungsurteil ergangenen Urteil

I. Rechtsgrundlagen

2481 Die Bindungswirkung des Gerichts an die Verständigung nach § 257c Abs. 4 StPO
gilt nur für das Tatgericht, nicht jedoch für das Berufungsgericht.[3440] Das Verwertungsverbot des § 257c Abs. 4 S. 3 StPO soll nur für das Verfahren gelten, in dem
die Verständigung zustande gekommen ist und sich das Gericht von der Verständigung gelöst hat. Ein instanzübergreifendes und vom Lösungstatbestand unabhängiges Verwertungsverbot soll nicht bestehen.[3441] Im Übrigen schützt im Falle, in dem
nur der Angeklagte oder die Staatsanwaltschaft zu seinen Gunsten Berufung eingelegt hat, das Verbot der reformatio in peius vor der Verurteilung zu einer höheren
Strafe, § 358 Abs. 2 StPO. Allerdings muss bedacht werden, dass § 358 Abs. 2

3438   *OLG Düsseldorf* StV 2011, 80 m. Anm. *Kuhn* StV 2012, 10.

3439   Zu den Anforderungen an den Vortrag siehe auch *OLG Nürnberg* Beschl. v. 29.2.2012
– 1 St OLG Ss 292/11.

3440   So ausdrücklich die Begründung des BRegE BT-Drucks. 16/12310 S. 15 linke Spalte;
OLG Nürnberg Beschl. v. 29.2.2012 – 1 St OLG Ss 292/11 = StV 2012, 590; *OLG
Düsseldorf* StV 2011, 80 m. Anm. *Kuhn* StV 2012, 10; siehe aber *Velten* StV 2012,
172, 176; insgesamt auch *Wenske* DRiZ 2012, 123, 126.

3441   *OLG Nürnberg* Beschl. v. 29.2.2012 – 1 St OLG Ss 292/11 = StV 2012, 590.

StPO einer Verschärfung des Schuldspruchs bei Beibehaltung der erstinstanzlich verhängten Strafe nicht entgegen steht. Auch ist die Anordnung der Unterbringung in einer Entziehungsanstalt nach § 64 StGB möglich, § 358 Abs. 2 S. 3 StPO. Insoweit kann der Schuld- und Rechtsfolgenausspruch verschärft werden. In einem solchen Fall, in dem das Berufungsgericht das angefochtene Urteil zum Nachteil des Angeklagten in diesem Sinne verschärfen will, stellt sich die Frage des Verwertungsverbots des im erstinstanzlichen Verfahren in Erfüllung der Verständigung abgelegten Geständnisses. Bei einer Schuldspruchverschärfung oder der Anordnung einer Maßregel nach § 64 StGB bleibt jedoch die aufgrund der Verständigung verhängte Strafe unangetastet. Von *dieser* löst sich das Gericht nicht, so dass ein Abweichen von der Verständigung im Sinne des § 257c Abs. 4 StPO mit der Folge eines Verwertungsverbots nach Abs. 4 S. 3 auch dann nicht vorliegt, wenn man ein instanzübergreifendes Verwertungsverbot für den Fall der Abweichung von der Verständigung bejahen wollte. Da im Übrigen eine Absprache über den Schuldspruch und die Anordnung von Maßregeln der Besserung und Sicherung einer Verständigung entzogen sind, § 257c Abs. 2 S. 3 StPO, würde das Berufungsgericht bei Beibehaltung der Strafe von der erstinstanzlichen Verständigung nicht zum Nachteil des Angeklagten abweichen. Das Geständnis bleibt also auch in diesem Falle verwertbar.

H. Unzulässige Einwirkung auf den Angeklagten zur Zustimmung zu einer Verständigung

Rüge 302

Ist dem Angeklagten für den Fall der Durchführung eines streitigen Verfahrens mit einer unvertretbar hohen Strafe gedroht worden (Sanktionsschere)?   **2482**

I. Rechtsgrundlagen

Die in §§ 202a, 212 StPO normierte Erlaubnis des Gerichts, mit den Verfahrensbe- **2483** teiligten vor oder während der Hauptverhandlung Gespräche mit dem Ziel der Herbeiführung einer Verständigung zu führen, berechtigt dieses nicht, die Willensfreiheit des Angeklagten bei der Entscheidung über eine Zustimmung zu einer Verständigung in unzulässiger Weise zu beeinflussen.[3442] Wann das der Fall ist, ist Frage

---

3442 *BVerfG* Urt.v. 19.3.2013- 2 BvR 2628/10 = StV 2013, 353; *BGHSt* 50, 40, 50 = StV 2005, 311 (Großer Senat); *BGH* Beschl. v. 23.5.2012 – 5 StR 174/12 Rz. 16 = StV 2012, 582; *BGH* StV 2011, 202; *BGH* StV 2010, 225; *BGH* StV 2009, 629; *BGH* StV 2007, 619; *BGH* StV 2002, 637; *BGHSt* 49, 84, 89 = StV 2004, 314; *OLG Celle* StV 2012, 394, 396; *Meyer-Goßner*[55] § 257c Rn. 19; *Wenske* DRiZ 2011, 393, 396.

des Einzelfalles. Nach der Entscheidung des *BVerfG* vom 19. März 2013[3443] ist die Grenze zur Unzulässigkeit überschritten, wenn im Falle einer streitigen Verhandlung 3 oder 4 Jahre Freiheitsstrafe „angedroht werden, im Falle einer Verständigung eine Bewährungsstrafe.[3444] Als unzulässig wurden ferner angesehen: Bewährungsstrafe gegen 6 Jahre und 6 Monate[3445]; Bewährungsstrafe gegen 7 Jahre[3446]; 1 Jahr 9 Monate gegen 5 Jahre und 9 Monate[3447]; 3 Jahre und 6 Monate gegen 7-8 Jahre[3448]; 4 Jahre gegen 5 Jahre und 9 Monate.[3449] Das *OLG Celle* hat im Falle einer streitigen Verhandlung eine um 50 % über der Obergrenze des Verständigungsvorschlags liegende Freiheitsstrafe allerdings unbeanstandet gelassen.[3450]

2484 Hat sich der Angeklagte im Hinblick auf eine (unzulässige) Drohung auf die Verständigung eingelassen, beschränken sich seine Rügemöglichkeiten auf einen Verstoß gegen § 136a StPO. Die Rüge eines Verstoßes gegen den Grundsatz des fairen Verfahrens kann nicht erhoben werden. Der *BGH* verweist den Angeklagten auf seine Interventionsmöglichkeiten in der Tatsacheninstanz. Danach hätte er entweder den Richter, der bei den Gesprächen über die einvernehmliche Verfahrensbeendigung unzulässigen Druck ausübte, wegen Besorgnis der Befangenheit ablehnen und nach Zurückweisung des Ablehnungsantrags den absoluten Revisionsgrund nach § 338 Nr. 3 StPO geltend machen oder gegebenenfalls die Unverwertbarkeit seines unter Druck zustande gekommenen Geständnisses rügen können (§§ 136a, 337 StPO).[3451]

Daher kann auch bei einer verständigungsgemäßen Verurteilung ein Verstoß gegen § 136a StPO wegen einer unzulässigen Sanktionsschere gerügt werden.

II. Anforderungen an den Vortrag

2485 Es gelten zunächst die für die Rüge der Verletzung des § 136a StPO aufgestellten Grundsätze, siehe dazu oben Rn. 2074 ff. Vorzutragen sind alle Details über das Zustandekommen der Verständigung, die näheren Umstände des Verständigungsgesprächs, die Personen, die an dem Gespräch teilgenommen haben, die Äußerungen, die die unzulässige Drohung mit der Sanktionsschere beinhalten, die Reaktionen der bei dem Gespräch Anwesenden dazu,[3452] ggf. die Vermerke nach §§ 202a, 212 StPO, die Protokolleintragungen nach 273 Abs. 1a StPO, die Verteidigungsreaktio-

3443   2 BvR 2628/10 = StV 2013, 353.
3444   *BVerfG* Urt.v. 19.3.2013- 2 BvR 2628/10 Rz. 130 = StV 2013, 353.
3445   *BGH* Beschl. v. 23.5.2012 – 5 StR 174/12 Rn. 16 = StV 2012, 582: kein Fall der Sanktionsschere, nur allgemeiner Hinweis.
3446   *BGH* StV 2002, 637.
3447   *BGHSt* 49, 84, 89 = StV 2004, 314.
3448   *BGH* StV 2007, 619
3449   *BGH* StV 2009, 629.
3450   *OLG Celle* StV 2012, 394, 396 m. abl. Anm. *Altenhain/Haimerl* StV 2012, 397, 399.
3451   *BGH* StV 2009, 171; *BGH* StV 2005, 372.
3452   Zu den Anforderungen an den notwendigen Vortrag vgl. auch *BGH* StV 2010, 225.

nen auf die Drohung mit der Sanktionsschere, z.b. Ablehnungsantrag, ggf. dessen Zurückweisung, Widersprüche gegen den protokollierten Ablauf der Verständigungsgespräche wegen Fehlens der Androhung der Sanktionsschere. Vorzutragen ist ferner die Ursächlichkeit der unzulässigen Drohung für die Zustimmung des Angeklagten zur Verständigung und die Ablegung des Geständnisses.

III. Im Zusammenhang stehende Rügen

Ist ein im Hinblick auf eine angedrohte Sanktionsschere gestelltes Ablehnungsgesuch als unbegründet zurückgewiesen worden, kommt eine Verfahrensrüge gem. §§ 26, 338 Nr. 3 StPO in Betracht (siehe Rüge 16, Rn. 349 ff.) **2486**

I. Beruht das Urteil auf der Aussage eines Zeugen, der in seinem eigenen Verfahren im Rahmen einer Verständigung ein den Angeklagten belastendes Geständnis abgelegt hat?

Rüge 303

Hat es das Gericht unterlassen, das Zustandekommen und das Ergebnis der Absprache in dem Verfahren gegen den Zeugen aufzuklären und in die Beweiswürdigung einzustellen? **2487**

I. Rechtsgrundlagen

Staatsanwaltschaft und Gericht haben oftmals ein großes Interesse daran, dass ein **2488** Angeklagter über das Geständnis seines eigenen Tatbeitrags hinaus mögliche weitere Tatbeteiligte belastet. Eine solche Aussage erleichtert nicht nur der Staatsanwaltschaft die Beweisführung bei Anklageerhebung sondern auch dem Gericht, bei dem weitere Verfahren aus dem gleichen Tatkomplex anhängig sind, eine Verurteilung in diesen Fällen. Es ist daher naheliegend, dass in Verständigungsgesprächen auch mit Blick auf § 46b StGB dem Angeklagten für den Fall der Belastung Dritter ein besonderer „Strafrabatt" in Aussicht gestellt wird. Die Bedingung für einen darauf basierenden reduzierten Verständigungsstrafrahmen wird meist informell erfolgen und sich in dem gerichtlichen Verständigungsvorschlag hinter der Formulierung „umfassendes Geständnis" verbergen.

Die Verlockung für den Angeklagten, sich durch eine (teilweise) Falschbelastung **2489** Dritter einen besonderen Vorteil zu verschaffen, ist groß. Deshalb sind nach der Rechtsprechung des *BGH* an die Beweiswürdigung besondere Anforderungen zu stellen, wenn der Angeklagte aufgrund einer Zeugenaussage verurteilt wird, die ihren Ursprung in einer in seinem Verfahren getroffenen Verständigung hat.[3453] Zur

---

3453 Ausführlich dazu *Weider* StV 2003, 266 in Anm. zu *BGHSt* 48, 161 = StV 2003, 264.

Begründung der strengen Aufklärungs- und Beweiswürdigungsanforderungen wird zutreffend darauf hingewiesen, dass die Gefahr bestehe, dass der Angeklagte und jetzige Zeuge Dritte zu Unrecht belaste, weil er sich dadurch für die eigene Verteidigung Vorteile verspricht, insbesondere eine über den „normalen Geständnisrabatt" hinausgehende Strafmilderung, ggf. unter Verschleierung seiner eigenen tatsächlichen Beteiligung.

2490 Bereits in seinem Beschluss vom 23.1.2003[3454] hatte der 1. Senat des *BGH* entschieden, dass bei einer Verurteilung eines Angeklagten aufgrund von Geständnissen von Mitangeklagten, die Gegenstand einer Verständigung waren, die Glaubhaftigkeit dieser Geständnisse in einer für das Revisionsgericht nachprüfbaren Weise gewürdigt werden müssten. Dazu gehörten insbesondere das Zustandekommen und der Inhalt der Absprache. Diese Rechtsprechung hat der Senat in weiteren Entscheidungen fortgesetzt und erweitert.[3455] Während die Entscheidung aus dem Jahre 2003[3454] nur die Belastung eines Mitangeklagten durch ein Absprachegeständnis in demselben Verfahren zum Gegenstand hatte, wurden die Anforderungen an die Beweiswürdigung in einer Folgeentscheidung aus dem Jahre 2007[3455] auf die Konstellationen ausgedehnt, in denen die belastende Aussage in einem „formal eigenständigen" Verfahren erfolgte. In einer weiteren Entscheidung geht der 1. Strafsenat noch einen Schritt weiter. Die besondere Würdigung einer entscheidungserheblichen, d.h. einer belastenden Aussage hat auch dann zu erfolgen, wenn sie im Rahmen „einer im Raum stehenden Verständigung" gemacht worden sei.[3456] Das Gleiche gelte, wenn die Verständigungsgespräche im Wesentlichen zwischen Staatsanwaltschaft und Verteidigung geführt worden waren.[3457] Damit gelten die besonderen Aufklärungs- und Erörterungspflichten im Urteil für alle Fälle, in denen es eine Verständigung gegeben hat, diese nur im Raum stand oder die Gespräche im Wesentlichen zwischen Staatsanwaltschaft und Verteidigung geführt wurden, und zwar unabhängig davon, ob das Dritte belastende Geständnis in demselben oder in einem eigenständigen Verfahren abgelegt wurde.

2491 Die Glaubwürdigkeit eines Zeugen ist eine für den Schuld- und Rechtsfolgenausspruch bedeutsame Frage. In diesem Zusammenhang bedeutsame Feststellungen können daher in der Regel nur im Strengbeweisverfahren getroffen werden.[3457]

2492 Zwar ist die Rüge fehlerhafter (weil unvollständiger) Beweiswürdigung dem Grunde nach eine materiellrechtliche Rüge, so dass das Revisionsgericht bereits auf die Sachrüge hin eine entsprechende Prüfung vornehmen muss. Die revisionsrechtliche Beanstandung, im Urteil fehle es an der nach den obigen Grundsätzen gebotenen Prüfung der Glaubhaftigkeit einer auf einer Absprache beruhenden Dritte belasten-

---

3454 *BGHSt* 48, 161 = StV 2003, 264 m. Anm. *Weider*.
3455 *BGHSt* 52, 78 = StV 2008, 60.
3456 *BGH* Beschl. v. 6.3.2012 – 1 StR 17/12 = StV 2012, 652.
3457 *BGH* Beschl. v. 22.2.2012 – 1 StR 349/11 = StV 2012, 649.

den Aussage erfordert jedoch eine Verfahrensrüge, wenn das Urteil den in Rede stehenden Hintergrund der Zeugenaussage nicht erhellt.[3458]

II. Anforderungen an den Vortrag

Welche Rügen zu erheben sind,[3459] hängt davon ab, welche Verteidigungsaktivitäten in der Hauptverhandlung zur Aufklärung des Zustandekommens der im Rahmen der Verständigung erfolgten Aussage unternommen wurden.[3460] Sind Beweisanträge zum Nachweis der Verständigung bzw. der Gespräche (auch nur mit der Staatsanwaltschaft) gestellt und sind diese zurückgewiesen worden, ist die Rüge fehlerhafter Zurückweisung von Beweisanträgen zu erheben. Gleiches gilt, wenn ein Beweisantrag gestellt wurde auf Beiziehung der Akten[3461] und Verlesung der darin befindlichen Protokolleintragungen nach § 273 Abs. 1a StPO, also insbesondere der Aktenvermerke nach §§ 202a, 212 StPO und/oder der Mitteilung des Vorsitzenden nach § 243 Abs. 4 StPO, des gerichtlichen Verständigungsvorschlags und der Zustimmungserklärungen der Staatsanwaltschaft und des Angeklagten (§ 257c Abs. 3 StPO). **2493**

Sind in der Hauptverhandlung keinerlei Anträge zur Aufklärung des Zustandekommens der Aussage gestellt worden, bleibt nur die Erhebung einer Aufklärungsrüge. **2494**

Im Einzelnen ist vorzutragen, welche Beweismittel das Gericht hätte verwenden müssen, z.B. Vernehmung des Staatsanwalts und der beteiligten Richter (bzw. Einholung dienstlicher Erklärungen[3462]), Beiziehung der Akten und Verlesung der im Protokoll enthaltenen Eintragungen nach § 273 Abs. 1a StPO. Soweit möglich, sollten entsprechende Urkunden in die Revisionsbegründung einkopiert werden.

Eines besonderen Vortrags bedarf es, warum sich dem Gericht die Aufklärung hätte aufdrängen müssen. Das Erfordernis einer kritischen Überprüfung der im Rahmen einer Verständigung oder Gesprächen darüber entstandenen Aussage ergibt sich aus der als bekannt vorauszusetzenden Rechtsprechung. Entscheidend ist jedoch, ob für das Gericht ersichtlich gewichtige Anhaltspunkte dafür vorlagen, dass in dem Verfahren gegen den Zeugen eine Verständigung stattgefunden hatte oder wenigstens versucht worden war. Das kann z.B. dann der Fall sein, wenn das Urteil gegen den Zeugen Aktenbestandteil ist und dieses gemäß § 267 Abs. 3 S. 5 StPO die Mitteilung enthält, dass dem Urteil eine Verständigung vorausgegangen ist. Ergeben sich aus den Akten keine Hinweise auf eine Verständigung im Verfahren gegen den **2495**

3458 *BGH* Beschl. v. 22.2.2012 – 1 StR 349/11 = StV 2012, 649; vgl. ferner *BGH* Beschl. v. 6.3.2013 – 5 StR 423/12.

3459 Vgl. dazu *BGH* Beschl. v. 6.3.2013 – 5 StR 423/12.

3460 Zu möglichen Rügen und dem notwendigen Vortrag vgl. anschaulich *BGH* Beschl. v. 22.2.2012 – 1 StR 349/11 = StV 2012, 649.

3461 Vgl. allgemein zur Rüge fehlerhafter Ablehnung eines Antrags auf Aktenbeiziehung oben Rn. 1394.

3462 *BGH* Beschl. v. 22.2.2012 – 1 StR 349/11 = StV 2012, 649.

Zeugen, muss dargetan werden, welche sonstigen dem Gericht bekannten Umstände eine (versuchte) Verständigung im Verfahren gegen den Zeugen nahe legen. Dies ist eine Frage des Einzelfalles.

Und schließlich muss dargetan werden, welches Ergebnis die unterlassene Aufklärung erbracht hätte, also dass es eine Verständigung gegeben hat, diese jedenfalls versucht wurde und Gespräche darüber geführt wurden oder Gespräche nur zwischen Staatsanwaltschaft und Verteidigung stattfanden. Sofern möglich muss auch dargetan werden, dass Gegenstand der Verständigung oder der darüber geführten Gespräche auch die Belastung Dritter war.

J. Beruht das Urteil auf der Aussage eines Zeugen, dessen Angaben im Rahmen einer rechtswidrigen Verständigung erfolgt sind?

Rüge 304

2496 Hat das Gericht eine wegen einer rechtswidrigen Absprache unverwertbare Aussage eines Zeugen verwertet?

I. Rechtsgrundlagen

2497 Ist der Zeuge, der den Angeklagten durch eine im Rahmen einer Verständigung entstandenen Aussage belastet hat, nicht in der Hauptverhandlung vernommen worden und sind seine früheren Aussagen durch Beweissurrogate in die Hauptverhandlung eingeführt (z.B. Verlesung des Urteils gegen den Zeugen, Vernehmung des Staatsanwalts oder der Richter des Verfahrens gegen den Zeugen) und im Urteil verwertet worden, so kann gerügt werden, dass die Aussage des Zeugen unverwertbar war. Dies kann insbesondere dann in Betracht kommen, wenn die Aussage des Zeugen wegen Verstoßes gegen § 136a StPO unverwertbar ist. Auch der Angeklagte kann die unzulässige Herbeiführung der Aussage eines Zeugen oder Mitangeklagten rügen (§§ 69, 136a StPO).[3463]

2498 Nach Auffassung des *BGH* soll der Umstand, dass eine heimliche und damit rechtswidrige Verständigung stattgefunden hat, nicht zu einem Verwertungsverbot des Geständnisses des Angeklagten führen.[3464] Dies schließt jedoch nicht aus, dass eine Unverwertbarkeit wegen Verstoßes gegen § 136a StPO erhoben werden kann. Eine informelle Zusage des Gerichts jenseits des Verfahrens nach § 257c StPO ist unzulässig und rechtswidrig. Bei einer heimlichen Verständigungszusage des Gerichts

---

3463 *Meyer-Goßner*[55] § 136a Rn. 33.
3464 Nur *BGH* Beschl. v. 22.2.2012 – 1 StR 349/11 = StV 2012, 649 m.w.N.

handelt es sich daher um das Versprechen eines gesetzlich nicht vorgesehenen Vorteils i.s.d. § 136a StPO.

Gleiches gilt, wenn es zu einer nach § 257c Abs. 2 S. 2 StPO unzulässigen Schuld- **2499**
spruchabsprache[3465] oder Absprache über eine Maßregel der Besserung und Sicherung gekommen ist. Dies gilt ferner, wenn die dem Zeugen zugesagte Sanktion unvertretbar milde oder hoch war[3466] oder dem Zeugen Zusagen gemacht wurden, die von § 257c Abs. 2 StPO nicht gedeckt sind (z.b. Halbstrafenzusage).

In all diesen Fällen kann die Rüge der Unverwertbarkeit der durch ein Beweissurrogat eingeführten Aussage erhoben werden.

Aber auch dann, wenn der Zeuge in der Hauptverhandlung die belastenden früheren **2500**
Aussagen wiederholt, kann der Verstoß gegen § 136a StPO insoweit Gegenstand einer Rüge sein, als sich daraus gewichtige Tatsachen zur Überprüfung der Glaubwürdigkeit des Zeugen ergeben. Denn der Zeuge kann bestrebt sein, seine Glaubwürdigkeit nicht selbst durch abweichende Angaben in Frage zu stellen und daher zum Nachweis der Aussagekonstanz an den bisherigen Angaben festhalten. Ist eine qualifizierte Belehrung des Zeugen in der Hauptverhandlung im Hinblick auf die Unverwertbarkeit der früheren Aussage wegen Verstoßes gegen § 136a StPO unterblieben, stellt sich auch die Frage der Verwertbarkeit der nunmehr als Zeuge gemachten Angaben.[3467]

II. Anforderungen an den Vortrag

Diese Rüge setzt voraus, dass die Verständigung, aus der sich der Verstoß gegen **2501**
§ 136a StPO ergibt, nachgewiesen werden muss. Dazu kann auf die Ausführungen zu Rn. 2074 ff. verwiesen werden. Insbesondere muss detailliert vorgetragen werden, welches unzulässige Versprechen dem Zeugen im Rahmen der Verständigung gemacht wurde.

Das Revisionsgericht prüft auf den entsprechenden Tatsachenvortrag in der Verfahrensrüge im Freibeweisverfahren, ob die einen Verstoß gegen § 136a StPO begründenden Voraussetzungen gegeben sind, also insbesondere, ob dem Urteil gegen den Zeugen eine Absprache mit gesetzeswidrigen Zusagen zugrunde gelegen hat.

Wird das Verwertungsverbot aus der Zusage einer unverhältnismäßig milden Strafe hergeleitet und wird das Urteil gegen den Zeugen mitgeteilt, kann das Revisionsgericht die Schuldangemessenheit der Strafe bzw. deren Unterschreitung anhand des Urteils zu prüfen.

3465   *BGH* StV 2007, 453.
3466   *BGH* StV 2002, 637; *KG* Urt. v. 23.4.2012 – (3) 121 Ss 34/12 = StV 2012, 654; *Meyer-Goßner*[55] § 136a Rn. 23; LR-*Gleß*[26] § 136a Rn. 63.
3467   Vgl. dazu *Meyer-Goßner*[55] § 136a Rn. 30.

Teil III
Die Begründung der Sachrüge

I. Allgemeine Grundsätze

Es wurde bereits oben Rn. 43 darauf hingewiesen, dass das Revisionsgericht allein **2502** aufgrund einer allgemein erhobenen Sachrüge („Gerügt wird die Verletzung materiellen Rechts") das Urteil umfassend auf materiell-rechtliche Fehler überprüft. Diese Überprüfung umfasst u.a. die Subsumtion des im Urteil festgestellten Sachverhalts unter den dem Urteil zugrundegelegten Tatbestand, die Beweiswürdigung sowie die Strafzumessung. Es sollte selbstverständlich sein, dass die umfassende Prüfungspflicht des Revisionsgerichts den Revisionsführer nicht davon abhalten sollte, die sachlich-rechtliche Fehlerhaftigkeit des Urteils eigenständig zu prüfen und – sofern Fehler aufgefunden werden – diese im Rahmen ergänzender Ausführungen zur allgemein erhobenen Sachrüge darzulegen. Dabei ist es angebracht, alle zu rügenden Rechtsfehler anzuführen, also auch etwa solche zur Strafzumessung, wenn ein den Schuldspruch betreffender Rechtsfehler gerügt wird. Das Aufspüren eines materiellrechtlichen Fehlers setzt eine umfassende Kenntnis des materiellen Strafrechts sowie der Grundsätze der Strafzumessung und der Beweiswürdigung voraus. Stets ist es erforderlich, die im Urteil vorgenommene Subsumtion des festgestellten Tatbestandes unter die angewendete Strafnorm anhand der einschlägigen Rechtsprechung und (Kommentar-) Literatur zu überprüfen.

Die Ausführungen zur Sachrüge können wie folgt aufgebaut werden. Zunächst sollte (zusammenfassend) der Teil des Urteils dargestellt werden, aus dem sich der Rechtsfehler ergibt. Im Anschluss daran ist auszuführen, worin der Rechtsfehler liegt. Ein Beispiel für eine ausgeführte Sachrüge:

„Das Landgericht hat den Angeklagten wegen vollendeten Raubes verurteilt. Es hat festgestellt (UA.S. 12), der Angeklagte habe dem Geschädigten mit Gewalt ein Mobiltelefon weggenommen, um die darauf enthaltenen Bilddateien zu kopieren und zu verbreiten. Ob der Geschädigte das Handy zurückerhalten würde, war dem Angeklagten gleichgültig.

Die Verurteilung wegen vollendeten Raubes ist rechtsfehlerhaft. Voraussetzung für die Annahme eines Raubes ist, dass der Täter in der Absicht handelt, sich die Sache rechtswidrig zuzueignen. Daran fehlt es hier. Ein für die Aneignung erforderlicher Wille des Angeklagten, den Bestand seines Vermögens oder den eines Dritten zu ändern, ist nicht festgestellt. In dem Einsatz eines Nötigungsmittels zur Erzwingung einer Gebrauchsanmaßung liegt ebenso wenig eine Zueignungsabsicht wie in der Wegnahme in der Absicht, die Sache zu zerstören, beiseite zu schaffen oder als

Druckmittel zur Durchsetzung einer Forderung zu benutzen (st. Rspr. *BGH* StV 2012, 465 m. zahlr. Nachw.)."

Im Hinblick auf die Fülle der möglichen sachlich-rechtlichen Fehler bei der Anwendung eines Straftatbestandes, der Beweiswürdigung und der Strafzumessung ist eine auch nur annähernd erschöpfende Darstellung ausgeschlossen. Im Rahmen der vorliegenden Abhandlung kann daher nur fragmentarisch auf zwei Problembereiche sachlich-rechtlicher Beanstandungen eingegangen werden, nämlich auf den Angriff gegen die tatrichterliche Beweiswürdigung und die Beanstandung der Strafzumessung.

II. Beweiswürdigung

1. Allgemeine Beweiswürdigungsfehler

2503   Bei der Lektüre der Beweiswürdigung wird gerade der Instanzverteidiger oftmals zu dem Schluss kommen, die Erwägungen des Gerichts seien wenig überzeugend, Argumente der Verteidigung seien übergangen worden, gezogene Schlussfolgerungen seien wenig wahrscheinlich, eine andere Bewertung einer Zeugenaussage sei naheliegender etc. Dies verleitet dazu, der gerichtlichen Beweiswürdigung eine eigene alternative Bewertung entgegen zu stellen und damit die gerichtliche Beweiswürdigung anzugreifen. Damit kann der Revisionsführer jedoch grundsätzlich nicht gehört werden. Denn dies stellt einen unzulässigen Angriff gegen die tatrichterliche Beweiswürdigung dar.

Will der Verteidiger die fehlerhafte Beweiswürdigung rügen, muss er sich stets vor Augen halten, dass die Beweiswürdigung (ureigenste) Aufgabe des Tatrichters ist. Die von ihm gezogenen Schlussfolgerungen müssen nicht zwingend sondern nur möglich, noch nicht einmal wahrscheinlich sein. Das Revisionsgericht kann die Beweiswürdigung nur auf *Rechtsfehler* überprüfen.[1]

Solche Rechtsfehler[2] liegen u.a. nur dann vor, wenn

- sich die vom Tatrichter gezogenen Schlussfolgerungen so sehr von einer gesicherten Tatsachengrundlage entfernen, dass sie sich letztlich als bloße Vermutung erweisen, die nicht mehr als einen schwerwiegenden Verdacht begründen,[3]
- die Beweiswürdigung widersprüchlich oder unklar ist[4] oder Lücken aufweist,
- einen Verstoß gegen die Denkgesetze enthält,[5]
- Erfahrungssätze nicht beachtet oder einen nicht existierenden Erfahrungssatz enthält.[6]

---

1   Vgl. dazu insgesamt *Nack* StV 2002, 510 ff. und 558 ff.; *Brause* NStZ 2007, 505.
2   Vgl. insges. *BGH* StraFo 2011, 358; KK-*Kuckein*[6] § 337 Rn. 28.
3   Etwa *BGH* StV 1982, 256 und 1987, 423; *BGH* NStZ 1986, 373.
4   Vgl. dazu *Meyer-Goßner*[55] § 337 Rn. 27 f.
5   *Meyer-Goßner*[55] § 337 Rn. 30 f.
6   *Meyer-Goßner*[55] § 337 Rn. 31.

- auf einem Zirkelschluss beruht[7]
- oder sich aufdrängende alternative Möglichkeiten nicht erörtert werden.[8]

Die Frage, ob ein derartiger Rechtsfehler vorliegt, hängt vom Einzelfall und den **2504** konkreten Ausführungen im Urteil ab, so dass generalisierende Ausführungen nicht möglich sind.. Zur Beweiswürdigung und den Anforderungen an die Urteilsfeststellungen bei einem Urteil, dem eine Verständigung vorausgegangen ist vgl. Rn. 2358 ff.

Stets sollte der Verteidiger darauf Bedacht nehmen, einen oder mehrere der erwähnten Rechtsfehler anhand der Urteilsgründe präzise aufzuzeigen und sich einer eigenen Bewertung enthalten.

Soweit im Folgenden mögliche Fehler bei der Beweiswürdigung abgehandelt werden, sind die Ausführungen und Beispiele nur exemplarisch.

2. Würdigung von Zeugenaussagen

a) Besondere Beweiskonstellationen

In der Rechtsprechung des *BGH* der letzten Jahre ist die Tendenz zu verzeichnen, **2505** sehr strenge Anforderungen an die tatrichterliche Beweiswürdigung in besonderen Konstellationen zu stellen, insbesondere in Fällen von **Aussage gegen Aussage**.[9] In einem solchen Fall muss der Tatrichter sich bewusst sein, dass die Aussage dieses Zeugen einer besonderen Glaubhaftigkeitsprüfung zu unterziehen ist, zumal der Angeklagte in solchen Fällen wenig Verteidigungsmöglichkeiten durch eigene Äußerungen zur Sachlage besitzt. Eine lückenlose Gesamtwürdigung der Indizien ist dann von besonderer Bedeutung. Die Urteilsgründe müssen erkennen lassen, dass der Tatrichter alle Umstände, die die Entscheidung beeinflussen können, erkannt und in seine Überlegungen einbezogen hat[10] Dazu ist es erforderlich, die Entstehungsgeschichte der Aussage aufzuklären und zu erörtern. Es kann erforderlich sein, die Aussage eines Belastungszeugen in den Urteilsgründen zur Beurteilung der Aussageentwicklung und -konstanz wiederzugeben, um dem Revisionsgericht eine Überprüfung der Entscheidung zu ermöglichen.[11]

7 Vgl. etwa *BGH* StV 1996, 366; *Meyer-Goßner*[55] § 337 Rn. 30a.
8 Vgl. dazu insgesamt *Nack* StV 2002, 510 ff. und 558 ff.; *Meyer-Goßner*[55] § 337 Rn. 26 ff.; KK-*Kuckein*[6] § 337 Rn. 28 ff. jew. m.w.N.
9 *BVerfG* StV 2003, 593: vgl. dazu insgesamt *Meyer-Goßner*[55] § 261 Rn 11a; KK-*Schoreit*[6] § 261 Rn 29 f. jew. m. zahlr. Rspr.-Nachw.; *Sander* StV 2000, 45; *Nack* StraFo 2001, 1 ff.
10 Nur *BGH* StV 1998, 580; *BGHR* StPO § 261 Indizien 1, 2; *BGH* StV 1996, 582; 1997, 513; *BGH* NStZ-RR 1998, 16; *BGHR* StPO § 261 Beweiswürdigung 1, 13; § 267 Abs. 1 S. 1 Beweisergebnis 8; *BGH* StV 1995, 6, 7; 1997, 513; StV 1998, 362; *Meyer-Goßner*[55] § 261 Rn 11a m. zahlr. Rspr.-Nachw.
11 *BGH* Beschl. v. 14.3.2012 – 5 StR 63/12 = StV 2013, 7; *BGH* Beschl. v. 10.08.2011 – 1 StR 114/11 = StV 2013, 8.

Qualitätsmängel der Aussage, unerklärliche Erinnerungslücken[12] sowie „Rache" als ein mögliches Motiv für eine wahrheitswidrige Belastung[13] sind bei der Beweiswürdigung zu behandeln. Das Schweigen des Urteils dazu kann die Beweiswürdigung rechtsfehlerhaft machen.[14]

2506 Eine **(teilweise) Falschbelastung** durch einen Zeugen beeinträchtigt dessen Glaubwürdigkeit in erheblichen Maße. Wird bei Aussage gegen Aussage diejenige des einzigen Belastungszeugen hinsichtlich einzelner Taten oder Tatmodalitäten widerlegt, kann seinen übrigen Angaben nur gefolgt werden, wenn außerhalb der Aussage Gründe von Gewicht für ihre Glaubhaftigkeit vorliegen.[15] Dies ist in den Urteilsgründen darzulegen. Das Gleiche gilt, wenn der Belastungszeuge in der Hauptverhandlung seine Vorwürfe ganz oder teilweise nicht mehr aufrechterhält. In diesen Fällen kann eine Verurteilung nur auf die Aussage des Zeugen gestützt werden, wenn die Aussage durch weitere außerhalb der Aussage liegende Beweisanzeichen gestützt wird.[16] Auch ein naheliegendes **Falschbelastungsmotiv** ist im Urteil zu erörtern. Fehlt es daran, kann die Beweiswürdigung lückenhaft und damit rechtsfehlerhaft sein.[17]

2507 Eine besondere Begründungspflicht besteht auch dann, wenn das Gericht nur einen **Teil der Aussage** eines Zeugen für glaubhaft hält, einen andere dagegen nicht.

2508 In Fällen von **Kronzeugen** i.S.d. § 31 BtMG und § 46b StGB ist stets zu prüfen, ob sich der Zeuge nicht durch eine (teilweise) Falschbelastung Vorteile in seinem eigenen Verfahren verschaffen und sich durch die Aussage selbst entlasten wollte.[18]

b) Beweiswürdigung bei Wahrnehmung prozessualer Rechte

2509 Das **Schweigen eines Zeugen** aufgrund **berechtigter Zeugnisverweigerung nach § 52 StPO** darf grundsätzlich nicht verwertet werden. Dies gilt auch dann, wenn der Zeuge zunächst ausgesagt hat, in der Hauptverhandlung jedoch das Zeugnis verweigert und umgekehrt. Selbst im Falle, dass der Zeuge die Zeugnisverweigerung damit begründet, er wolle den Angeklagten nicht belasten, darf dies nicht verwertet werden[19] (vgl. dazu auch Rüge 81, Rn. 887).

---

12 *BGH* Beschl. v. 14.3.2012 – 5 StR 28/12 = StV 2013, 5 m. Anm. *Ventzke*; *BGH* StV 1997, 513; *BGH* NStZ 2006, 713.

13 Zur Rache als Falschbelastungsmotiv siehe *BGH* Beschl. v. 14.3.2012 – 5 StR 28/12; *BGH* Urt. v. 24.1.2012 – 5 StR 433/11; *BGH* StV 2003, 486.

14 *BGH* Beschl. v. 14.3.2012 – 5 StR 28/12 = StV 2013, 5 m. Anm. *Ventzke*.

15 *BGHSt* 44, 153 = StV 1998, 580.

16 *BGHSt* 44, 153 = StV 1998, 580; *BGH* NStZ 1996, 294; NJW 1996, 206; StV 1998, 250 und 469.

17 *BGH* Beschl. v. 14.03.2012 – 5 StR 28/12= StV 2013, 5 m. Anm. *Ventzke*.

18 *BGHSt* 48, 161, 168; *BGH* StV 1995, 62; *BGH* NStZ-RR 2012, 52; *BGH* NStZ 2004, 691, 692; *Meyer-Goßner*[55] § 261 Rn. 11a, 11b.

19 *Meyer-Goßner*[55] § 261 Rn. 20 m. zahlr. Rspr.-Nachw.

Aus einer berechtigten **Auskunftsverweigerung** eines Zeugen **nach § 55 StPO**   **2510** können für den Angeklagten günstige Schlüsse gezogen werden. Ergibt sich die Tatsache der Auskunftsverweigerung aus dem Urteil und ist eine Auseinandersetzung damit bei der Beweiswürdigung unterblieben, kann dies einen sachlich-rechtlichen Beweiswürdigungsfehler darstellen.[20] Fehlt es an der Mitteilung der Auskunftsverweigerung im Urteil, ist die Erhebung eines Verfahrensrüge erforderlich (vgl. dazu Rüge 90, Rn. 927).

c) Beweiswürdigung bei Wiedererkennen

Einem (wiederholten) **Wiedererkennen**[21] in der Hauptverhandlung nach vorange-   **2511** gangener Wahllichtbildvorlage oder Gegenüberstellung kommt nur eingeschränkter Beweiswert zu.[22] In diesen Fällen ist stets zu prüfen und im Urteil zu erörtern, ob sich der Zeuge beim „Wiedererkennen" des Angeklagten in der Hauptverhandlung an der Lichtbildvorlage orientiert haben könnte.[23] Hat ein Zeuge den Angeklagten im Ermittlungsverfahren bei einer Lichtbildvorlage oder Gegenüberstellung identifiziert, den Angeklagten aber in der Hauptverhandlung nicht wiedererkannt, so liegt darin ein gewichtiger Umstand, der gegen die Zuverlässigkeit der früheren Identifizierung durch den Zeugen sprechen könnte.[24]

Einer fehlerhaften Wahllichtbildvorlage kommt nur ein begrenzter Beweiswert zu.[25] Bei einer Wahllichtbildvorlage sollten einem Zeugen Lichtbilder von wenigstens acht Personen vorgelegt werden. Dabei ist es vorzugswürdig, ihm diese nicht gleichzeitig, sondern nacheinander (sequentiell) vorzulegen oder (bei Einsatz von Videotechnik) vorzuspielen. Wird die Wahllichtbildvorlage vor der Vorlage bzw. dem Vorspielen von acht Lichtbildern abgebrochen, weil der Zeuge erklärt hat, eine Person wiedererkannt zu haben, macht dies das Ergebnis der Wahllichtbildvorlage zwar nicht wertlos, kann aber ihren Beweiswert mindern.[26] Das Gleiche gilt, wenn dem Zeugen vor der Lichtbildvorlage mitgeteilt wird, unter den Bildern befände sich das vom Tatverdächtigen.[27]

3. Würdigung des Aussageverhaltens des Angeklagten

Grundsätzlich dürfen aus dem **Schweigen des Angeklagten** keine nachteiligen   **2512** Schlüsse gezogen werden. Dies gilt auch bei wechselndem Einlassungsverhalten,

---

20 *BGH* StV 1984, 233; 1983, 445; *Meyer-Goßner*[55] § 261 Rn. 20.
21 Vgl. zu Fehlerquellen bei Lichtbildvorlagen *Odenthal* StV 2012, 683.
22 *BGH* StV 1997, 454; StV 1998, 249; insges. *Meyer-Goßner*[55] § 261 Rn. 11b.
23 *BGHSt* 16, 204, 205 f.; *BGH* StV 1998, 249 BGHR StPO § 261 Identifizierung 3, 10, Indizien 5; *BGH* NStZ 1996, 350; *BGH* StV 1996, 649.
24 Vgl. *BGH* StV 2010, 170; StV 1997, 454; StV 2005, 421.
25 *BGH* Beschl. v. 9.11.2011 – 1 StR 524/11 = StV 2012, 325.
26 *BGH* Beschl. v. 9.11.2011 – 1 StR 524/11 = StV 2012, 325; *BGH* StV 2000, 603; *BGH* NStZ 1997, 377; *Odenthal* NStZ 2001, 580 ff. m.w.N.
27 *BGH* Urt. v. 14.4.2011 – 4 StR 501/11 = StV 2012, 326.

also Schweigen im Ermittlungsverfahren und Einlassung in der Hauptverhandlung und umgekehrt.[28] Auch der Zeitpunkt, zu dem der Angeklagte entlastende Äußerungen macht (z.b. Alibibehauptung erst in der Hauptverhandlung), darf nicht zu seinem Nachteil verwendet werden.[29]

2513 Auch eine für **widerlegt erachtete Behauptung** des Angeklagten darf nicht ohne weiteres als Täterschaftsindiz herangezogen werden.[30] Ebenso ist das **Scheitern eines Alibibeweises** für sich allein kein Indiz für eine Täterschaft. Der Fehlschlag des Beweises kann für sich allein, das heißt ohne Rücksicht auf seine Gründe und Begleitumstände, noch kein Beweisanzeichen dafür sein, dass der Angeklagte der Täter ist.[31]

4. In dubio pro reo

2514 Der Grundsatz „im Zweifel für den Angeklagten" verleitet oftmals zu der Rüge, bei der gegebenen Beweislage hätte der Tatrichter nach diesem Grundsatz freisprechen müssen. Damit kann der Revisionsführer grundsätzlich nicht gehört werden.

Der Zweifelsgrundsatz ist keine Beweis-, sondern eine Entscheidungsregel, die das Gericht erst dann zu befolgen hat, wenn es nach abgeschlossener Beweiswürdigung nicht die volle Überzeugung vom Vorliegen einer für den Schuld- und Rechtsfolgenausspruch unmittelbar entscheidungserheblichen Tatsache zu gewinnen vermag. Der Zweifelssatz ist nicht auf einzelne Indizien anzuwenden; er kann erst bei der abschließenden Gesamtwürdigung zum Tragen kommen.[32] Der Grundsatz „in dubio pro reo" ist nicht schon dann verletzt, wenn der Richter hätte zweifeln *müssen*, sondern nur, wenn er verurteilt, *obwohl* er zweifelt.[33]

Die Rüge der Verletzung des Zweifelsgrundsatzes kann daher nur dann Erfolg haben, wenn sich die Zweifel des Gerichts aus dem Urteil selbst ergeben.

III. Strafzumessung

2515 Auch die Strafzumessungserwägungen im Urteil verleiten den Verteidiger immer wieder dazu, diese als unvollständig oder einseitig zu beanstanden.

---

28 Vgl. dazu insgesamt *Meyer-Goßner*[55] § 261 Rn. 11a; KK-*Schoreit*[6] § 261 Rn 29 f. jew. m. zahlr. Rspr.-Nachw.
29 KK-*Schoreit*[6] § 261 Rn 29 f. jew. m. Rspr.-Nachw.
30 St. Rspr. *BGHSt* 41, 153; *BGH* StV 1985, 356; 1986, 286; 1986, 369; *BGHR* StPO § 261 Aussageverhalten 5 und Beweiskraft 3; StV 2001, 439.
31 *BGHSt* 41, 153, *BGH* StV 1982, 158; 1982, 158 f mit Anm. *Strate*, st. Rspr., vgl. *BGHSt* 25, 285, 287; *BGH* StV 1983, 267; *BGHR* StPO § 261 Überzeugungsbildung 11; *BGH* StV 1995, 366; StV 2001, 439.
32 *BGHSt* 49, 112, 122 f.; *BGH* StV 2008, 239; *BGHR* StPO § 261 Beweiswürdigung 20; *BGH* NStZ 2001, 609; NStZ-RR 2004, 238, 239; *Meyer-Goßner*[55] § 261 Rn. 26; KK-*Schoreit*[6] § 261 Rn. 56, 65.
33 *BVerfG* NJW 1988, 477.

Auch hier ist zu beachten, dass die Strafzumessung allein Sache des Tatrichters ist und das Revisionsgericht nur bei *Rechtsfehlern* eingreifen kann. [34] Eine erschöpfende Darstellung aller Strafzumessungserwägungen ist weder nötig noch möglich. Im Urteil sind lediglich die „bestimmenden" Strafzumessungsgründe mitzuteilen, § 267 Abs. 3 StPO.

1. Strafrahmenwahl

Dem Urteil muss der sich aus dem Gesetz ergebende zutreffende Strafrahmen zugrunde gelegt sein. **2516**

Sieht das Gesetz einen minder schweren Fall vor, so muss aus dem Urteil hervorgehen, dass das Gericht geprüft hat, ob ein solcher vorliegt, wenn die mitgeteilten Strafmilderungsgründe dazu Anlass geben. Für das Vorliegen eines minder schweren Falles ist entscheidend, ob das gesamte Tatbild einschließlich aller subjektiven Momente und der Täterpersönlichkeit vom Durchschnitt der erfahrungsgemäß vorkommenden Fälle in einem Maße abweicht, dass die Anwendung des Ausnahmestrafrahmens geboten erscheint. Dabei ist eine Gesamtbetrachtung aller Umstände erforderlich, gleichgültig, ob sie der Tat innewohnen, sie begleiten oder ihr nachfolgen.

Sieht das Gesetz einen minder schweren Fall vor und liegen sog. vertypte Milderungsgründe vor (z.B. §§ 21, 22, 27, 46a, 46b StGB, § 31 BtMG) vor, so hat das Gericht zunächst zu prüfen, ob die normalen Strafmilderungsgründe die Annahme eines minder schweren Falles rechtfertigen. Ist dies der Fall, ist bei fakultativen gesetzlichen Strafmilderungsgründen zu prüfen, ob der Strafrahmen des minder schweren Falles nochmals nach den Grundsätzen des vertypten Milderungsgrundes zu mildern ist (doppelte Strafrahmenmilderung). **2517**

Reichen die normalen Milderungsgründe für die Annahme eines minder schweren Falles nicht aus, ist unter Einbeziehung des vertypten Milderungsgrundes ein minder schwerer Fall zu prüfen. Allein das Vorliegen eines vertypten Milderungsgrundes kann die Annahme eines minder schweren Falles rechtfertigen.

Erst wenn alle Strafmilderungsgründe unter Einschluss des vertypten Milderungsgrundes keinen minder schweren Fall ergeben, ist eine Strafrahmenmilderung anhand des vertypten Milderungsgrundes zu prüfen.[35]

Ähnlich ist vorzugehen, wenn eine Verurteilung wegen eines im Gesetz vorgesehenen besonders schweren Falles erfolgt. Liegen besondere Milderungsgründe vor, ist zunächst zu prüfen, ob nicht trotz Vorliegens eines Regelbeispiels die Anwendung des Normalstrafrahmens ist Betracht kommt. Ist dies der Fall, kann der Normalstrafrahmen im Falle des Vorliegens eines vertypten Milderungsgrundes erneut gemildert werden. Reichen die normalen Milderungsgründe für die Anwendung des **2518**

34 Vgl. zur Strafzumessung in der Revision insgesamt *Sander* StraFo 2010, 365 ff.
35 *BGH* NStZ 1983, 407, 408; 1984, 357; 1987, 72; vgl. auch *Fischer*[60] § 50 Rn. 4 m.w.N.

Normalstrafrahmens nicht aus, liegt aber ein vertypter Milderungsgrund vor, ist zu prüfen, ob dies nicht die Anwendung des Normalstrafrahmens rechtfertigt.[36]

Eine Nichtbeachtung dieser Grundsätze bei der Strafrahmenwahl stellt einen Rechtsfehler dar.

Welche Strafmilderungsgründe bei welchen Tatbeständen die Annahme eines minder schweren Falles nahe legen, ist Frage des Einzelfalles und kann nicht generell beantwortet werden.

2. Strafzumessung im engeren Sinn

2519 Da die Strafzumessung allein Aufgabe des Tatrichters ist und das Revisionsgericht dessen Wertung im Zweifel zu respektieren hat[37], kann das Revisionsgericht nur dann eingreifen, wenn die tatrichterliche Strafzumessung Rechtsfehler enthält. Dabei ist auch zu beachten, dass nach § 267 Abs. 3 S. 1 StPO im Urteil nur die „bestimmenden" Strafzumessungsgründe aufzuführen sind.[38] An die Wiedergabe der Strafzumessung sind jedoch um so höhere Anforderungen zu stellen, je mehr sich die Strafe dem zulässigen Höchstmaß nähert.[39]

2520 Die folgenden Beispiele für Rechtsfehler bei der Strafzumessung sind nur beispielhaft, da in Anbetracht der Fülle der im Einzelfall in Frage kommenden Strafzumessungserwägungen eine erschöpfende Darstellung ausgeschlossen ist.

2521 Grundsätzlich sind die **persönlichen und wirtschaftlichen Verhältnisse des Angeklagten** und die sich daraus ergebenden Wirkungen für das künftige Leben in die Strafzumessung einzubeziehen. Fehlt es daran, kann die Strafzumessung rechtsfehlerhaft sein.[40] Hier kann es allerdings erforderlich sein, eine Verfahrensrüge zu erheben (vgl. dazu oben Rüge 233, Rn. 1915). Auch eine **Lebensführungsschuld** („der Angeklagte habe nichts unternommen, um seinen Lebenswandel zu ändern" oder „zeige eine ignorante Haltung gegenüber der Rechtsordnung") darf nicht strafschärfend verwertet werden.[41]

2522 Die **berufliche Stellung** des Täters darf nur dann zu seinen Lasten berücksichtigt werden, wenn zwischen dem Beruf und der Straftat eine innere Beziehung besteht.[42]

2523 Die **Ausländereigenschaft** oder die Tatsache, dass der Angeklagte **Asylbewerber** ist, darf nicht strafschärfend herangezogen werden („Missbrauch des Gastrechts").[43]

---

36 *Fischer*[60] § 46 Rn. 92.
37 *BGH* StV 1983, 502; *Meyer-Goßner*[55] § 337 Rn. 34.
38 *Meyer-Goßner*[55] § 267 Rn. 18.
39 *BGH* StV 1984, 152; *Meyer-Goßner*[55] § 267 Rn. 18.
40 *BGH* Beschl. v. 30.5.2012 – 5 StR 98/12; StV 1981, 169; 1983, 456; *Fischer*[60] § 46, Rn. 42 f.
41 *BGH* StV 2006, 630; *Fischer*[60] § 46 Rn. 42a.
42 *BGH* NStZ 2000, 366; *Fischer*[60] § 46 Rn. 44; LK-*Theune*[12] § 46 Rn. 121 und185.
43 *BGH* StV 1993, 358; *BGH* Beschl. v. 13.11.1991 – 3 StR 384/91; *Fischer*[60] § 46 Rn. 43.

Ein nahezu klassischer Strafzumessungsfehler liegt bei einem **Verstoß gegen das**   **2524**
Doppelverwertungsverbot des § 46 Abs. 3 StGB vor. Danach dürfen Merkmale
des Tatbestands„ die die Strafbarkeit begründen und der Bestimmung des gesetzlichen Strafrahmens zugrundegelegt sind, sowie die Motive, die den Gesetzgeber zur
Einführung des entsprechenden Tatbestands veranlasst haben, bei der Strafzumessung nicht verwertet werden.[44] Dazu gehört z.b. die strafschärfende Erwägung, der
Angeklagte habe die Tat begangen, obwohl er die Durchführung ohne weiteres hätte
aufgeben können, der Täter habe mit direktem Vorsatz gehandelt, der Gehilfe sei
aus eigenem Antrieb oder freiwillig tätig geworden, der Anstifter sei der „Initiator"
der Tat gewesen[45] oder sei nur dem Einsatz Dritter zu verdanken, dass die Tat nicht
vollendet wurde[46].

Bei Straftaten, die ausschließlich gegen die sexuelle Selbstbestimmung gerichtet   **2525**
sind, kann allein der Umstand, dass der Täter den Willen des Opfers durch Gewalt
oder Drohung mit Gewalt gebrochen und er es dadurch zum Sexualobjekt degra-
diert hat, nicht strafschärfend berücksichtigt werden.[47]

Bei einer Verurteilung wegen unerlaubten Handeltreibens mit Betäubungsmitteln   **2526**
darf das Gewinnstreben des Angeklagten sowie die Erwägung, er habe sich am Un-
glück anderer bereichern wollen, nicht strafschärfend berücksichtigt werden, weil
die Eigennützigkeit Merkmal des Tatbestandes des unerlaubten Handeltreibens mit
Betäubungsmitteln ist.[48]

Im Hinblick auf die Fülle der Straftatbestände des StGB und der Nebengesetze ist es
nicht möglich, die insoweit in Frage kommenden wegen Verstoßes gegen § 46
Abs. 3 StGB rechtsfehlerhaften Erwägungen aufzuführen. Es muss auf die einschlägigen Kommentierungen verwiesen werden.[49]

Das (zulässige) *Verteidigungsverhalten* **des Angeklagten** darf grundsätzlich nicht   **2527**
strafschärfend verwertet werden. Dazu zählen z.b. die Erwägungen, dass der Angeklagte kein Geständnis abgelegt hat,[50] er trotz erdrückender Beweislage die Tat
leugnet („sich nicht zu einem Geständnis durchgerungen hat"),[51] keine Einsicht und
Reue gezeigt hat, keine Schadenswiedergutmachung geleistet oder die Tatbeute
nicht herausgegeben hat,[52] seinen eigenen Tatbetrag (zulasten eines Mitangeklag-

---

44   *Fischer*[60] § 46 Rn. 76; LK-*Theune*[12] § 46 Rn. 263.
45   Vgl. *Fischer*[60] § 46 Rn. 76 ff.
46   *BGH* StV 1997, 129.
47   *BGH* StV 2000, 653; *BGHR* StGB § 46 Abs. 3 Sexualdelikte 4; *BGHR* StGB § 46 Abs. 3
      Vergewaltigung 1.
48   *BGH* StV 1985, 102; *Fischer*[60] § 46 Rn. 78; LK-*Theune*[12] § 46 Rn. 275 am Ende.
49   Vgl. insoweit nur die Übersichten bei *Fischer*[60] § 46 Rn. 77 ff. und LK-*Theune*[12] § 46
      Rn. 275 ff.
50   *Fischer*[60] § 46 Rn. 50b m. w. Rspr.-Nachw.
51   *Fischer*[60] § 46 Rn. 52 m. w. Rspr.-Nachw.
52   *BGH* StV 2003, 444; *Fischer*[60] § 46 Rn. 50b m. w. Rspr.-Nachw.

ten) heruntergespielt, über das Leugnen der Tat hinaus alle Schuld auf Dritte abgeschoben[53] oder dem Tatopfer die Zeugenaussage nicht erspart hat,[54]

2528 Unzulässig ist auch die strafschärfende Verwertung der Tatsache, dass **der Angeklagte versucht hat, sich der Strafverfolgung zu entziehen, geflohen ist oder Tatspuren beseitigt hat.**[55]

2529 Ein Rechtsfehler bei der Strafzumessung kann auch dann vorliegen, wenn „bestimmende" **Strafmilderungsgründe** i.s.d. **§ 267 Abs. 3 S. 1 StPO nicht berücksichtigt** bzw. im Urteil nicht erörtert wurden. Wann allerdings eine Strafzumessungstatsache „bestimmend" ist, ist Frage des Einzelfalles. Die Rechtsprechung dazu ist uneinheitlich.[56] Die folgende Aufzählung ist nur bruchstückhaft.

2530 Als bestimmende Strafmilderungsgründe können u.a. folgende Umstände in Betracht kommen:

- ein (Teil-) **Geständnis.** Dabei ist zu beachten, dass der strafmildernde Wert eines Geständnisses dann an Bedeutung verlieren kann, wenn es im Hinblick auf eine erdrückende Beweislage oder aus taktischen Gründen abgelegt wurde,[57]
- die **Vorstrafenfreiheit.** In aller Regel gestattet die bisherige Rechtstreue wichtige Schlüsse auf die Persönlichkeit des Angeklagten. Dies darf nicht übergangen werden.[58]
- **Verlust der beruflichen oder wirtschaftlichen Basis.** Dazu gehören insbesondere der Verlust der Beamtenrechte bzw. das erlöschen von Ruhestandsbezügen, der Widerruf der Zulassung zur Rechtsanwaltschaft oder der Approbation,[59]
- **Mitverschulden des Opfers** oder Dritter,[60]
- **Tatprovokation.** Eine Tatprovokation liegt vor, wenn auf den Täter mit einiger Erheblichkeit eingewirkt wurde, um seine Tatbereitschaft zu wecken oder ihn zu einer wesentliche schwereren Tat zu veranlassen („Quantensprung", z.B. Wechsel vom Handeltreiben mit weichen zu harten Drogen, erhebliche Mengensteigerung). Die Fallgestaltungen sind mannigfaltig. Sie reichen von der Einwirkung auf einen bereits tatgeneigten Täter bis hin zur Anstiftung eines völlig Unverdächtigen.[61] Eine Tatprovokation ist bei der Strafzumessung zu berücksichti-

53 *Fischer*[60] § 46 Rn. 53 m. w. Rspr.-Nachw.
54 *Fischer*[60] § 46 Rn. 52 m. w. Rspr.-Nachw.
55 BGH Urt. vom 19.01.2012 – 3 StR 413/11; *Fischer*[60] § 46 Rn. 49; LK-*Theune*[12] § 46 Rn. 203 f. jew. m. w. Rspr.-Nachw.
56 Siehe dazu *Meyer-Goßner*[55] § 267 Rn. 18; KK-*Engelhardt*[6] § 267 Rn. 24; LR-*Gollwitzer*[25] § 267 Rn. 83 ff.
57 Vgl. dazu *Fischer*[60] § 46 Rn. 50 m. w. Nachw.; LK-*Theune*[12] § 46 Rn. 206.
58 LK-*Theune*[12] § 46 Rn. 182; *Fischer*[60] § 46 Rn. 37a m.w.N.
59 *Fischer*[60] § 46 Rn. 9 m. Rspr.-Nachw.
60 *Fischer*[60] § 46 Rn. 60; LK-*Theune*[12] § 46 Rn. 227.
61 Vgl. dazu insgesamt *Fischer*[60] § 46 Rn. 66 ff.; LK-*Theune*[12] § 46 Rn. 253 ff. jew. m. zahlr. Rspr.-Nachw.

gen, wobei es im Einzelfall auf die Art und Intensität der Einwirkung sowie die Tatgeneigtheit des Provozierten ankommt. Diese Umstände sind in der Regel im Urteil darzustellen und zu erörtern.[62] Liegt eine unzulässige Anstiftung eines Unverdächtigen und nicht Tatbereiten vor, stellt dies einen Verstoß gegen den Grundsatz des fairen Verfahrens nach Art. 6 Abs. 1 S. 1 EMRK dar. Dies ist ein besonderer und gewichtiger Strafmilderungsgrund und im Urteil festzustellen. Der Verstoß gegen Art. 6 Abs. 1 S. 1 EMRK ist bei der Strafzumessung zu kompensieren. Das Maß der Kompensation ist im Urteil festzustellen.[63] Während der *BGH* im Falle einer rechtsstaatswidrigen Verfahrenverzögerung den darin liegenden Verstoß gegen Art. 6 Abs. 1 S. 1 EMRK im Wege der Vollstreckungslösung kompensiert,[64] liegt bislang keine obergerichtliche Entscheidung dazu vor, ob die Vollstreckungslösung auch bei rechtsstaatswidriger Anstiftung durch einen polizeilichen Lockspitzel anzuwenden ist.[65] Es ist daher davon auszugehen, dass die Kompensation wie bisher bei der Strafzumessung erfolgt (Strafzumessungslösung). Sofern sich nicht alle Einzelheiten der Tatprovokation aus dem Urteil ergeben, kann die Erhebung einer Verfahrensrüge erforderlich sein (vgl. dazu Rüge 234, Rn. 1919);

- **lange Verfahrensdauer** und **lange Zeit zwischen Tat und Urteil**. Nach der Rechtsprechung des *BGH* sind u.a. folgende *selbstständige* Strafmilderungsgründe zu unterscheiden: a) ein langer Zeitraum zwischen Tat und Urteil, b) eine lange Verfahrensdauer (Zeitraum zwischen Einleitung des Ermittlungsverfahrens und Kenntnis des Angeklagten davon bis zum Urteil)[66] und c) eine rechtsstaatswidrige Verfahrensverzögerung.[67] Der Zeitraum zwischen Tat und Urteil ergibt sich aus dem Urteil selbst, so dass es keiner Verfahrensrüge bedarf. Ergeben sich die Daten zur Berechnung der Verfahrendauer oder alle Einzelheiten einer rechtsstaatswidrigen Verfahrenverzögerung nicht aus den Urteilgründen, ist die Erhebung einer Verfahrensrüge erforderlich (vgl. dazu Rüge 235 Rn. 1926). Während die rechtsstaatswidrige Verfahrensverzögerung im Wege der Vollstreckungslösung zu kompensieren ist, sind der lange Zeitraum zwischen Tat und Urteil und die Verfahrensdauer bei der Strafzumessung zu berücksichtigende Milderungsgründe. Dies hat seinen Grund u.a. darin, dass allein schon durch einen besonders langen Zeitraum, der zwischen der Tat und dem Urteil liegt, das Strafbedürfnis allgemein abnimmt.[64] Um das Gewicht der lan-

---

62 Vgl. dazu etwa *BGHSt* 45, 321 = StV 2000, 57 m. Anm. *Kreuzer/Sinner* StV 2000, 114; *Fischer*[60] § 46 Rn. 67.
63 *BGHSt* 45, 321 = StV 2000, 57 m. Anm. *Kreuzer/Sinner* StV 2000, 114; *Fischer*[60] § 46 Rn. 68; LK-*Theune*[12] § 46 Rn. 256 ff.
64 *BGHSt* 52, 124 = StV 2008, 133.
65 *Fischer*[60] § 46 Rn. 68.
66 *BGH* StV 2011, 406; StV 2002, 598; StV 1992, 452; StV 1994, 652; StV 1998, 377;
67 Zuletzt *BGH* (Großer Senat) *BGHSt* 52, 124 = StV 2008,133; *Fischer*[60] § 46 Rn. 61 ff. m. zahlr. Rspr.-Nachw.

gen Verfahrensdauer als Strafmilderungsgrund zu unterstreichen, sollten die besonderen Belastungen des Angeklagten durch das Strafverfahren dargelegt werden, soweit sich diese den Urteilsgründen entnehmen lassen. Je größer die Belastung durch das lange Verfahren und die daraus resultierenden Nachteile waren, desto mehr gewinnt dieser Strafmilderungsgrund an Bedeutung.

2531 Bei Rechtsfehlern bei der Strafzumessung hat § 354 Abs. 1a StPO besondere Bedeutung, der unter bestimmten Voraussetzungen ein „Durchentscheiden" des Revisionsgerichts ermöglicht.[68]

Das BVerfG[69] hat diese Vorschrift (einschränkend) verfassungskonform ausgelegt.[70]

Danach muss das Revisionsgericht, will es nach § 354 Abs. 1a S. 1 StPO verfahren, der Entscheidung einen zutreffend ermittelten, vollständigen und aktuellen Strafzumessungssachverhalt zugrunde legen. Eine Strafzumessungsentscheidung ist ausgeschlossen, wenn der Schuldspruch fehlerhaft ist und das Revisionsgericht gegebenenfalls eine Schuldspruchberichtigung vornimmt.

Ferner hat das Revisionsgericht den Angeklagten auf die Möglichkeit einer Entscheidung nach § 354 Abs. 1a S. 1 StPO hinzuweisen und ihm die dafür sprechenden Gründe mitzuteilen, damit dem Angeklagten die Möglichkeit gegeben wird, dazu Stellung zu nehmen. Einer Entscheidung nach § 354 Abs. 1a S. 1 StPO muss daher ein schriftliches Anhörungsverfahren vorangehen. Da im tatrichterlichen Urteil nicht alle Strafzumessungserwägungen mitgeteilt sein müssen, bietet das Anhörungsverfahren die Möglichkeit, dem Revisionsgericht weitere, sich aus den Feststellungen ergebende und von diesen getragene Strafzumessungstatsachen ergänzend vorzutragen, damit das Revisionsgericht bei seiner Entscheidung von einem *vollständigen* Strafzumessungssachverhalt ausgehen kann.[71]

2532 Von besonderer Bedeutung ist die Forderung des *BVerfG* nach dem „aktuellen" Strafzumessungssachverhalt als Grundlage der Revisionsentscheidung.

Nach der hier vertretenen Auffassung bedeutet dies, dass das Revisionsgericht den Strafzumessungssachverhalt zugrunde legen muss, der im Zeitpunkt *seiner* Entscheidung vorliegt. Das heißt , dass gegebenenfalls auch solche Strafzumessungstatsachen berücksichtigt werden müssen, die erst nach der tatrichterlichen Entscheidung entstanden sind.[72] Dies ist nicht systemfremd. Denn auch eine nach Erlass des erstinstanzlichen Urteils und nach Ablauf der Revisionsbegründungsfrist eingetretene rechtsstaatswidrige Verfahrenverzögerung ist vom Revisionsgericht von Amts

---

68   Vgl. dazu insgesamt krit. *Meyer-Goßner*[55] § 354 Rn. 28a; krit. *Fischer*[60] § 46 Rn. 153 ff.; *Hamm* StV 2008, 205.
69   *BVerfG* StV 2007, 393
70   *BGH* StV 2011, 136 m. abl. Anm. *Gaede.*
71   *BGH* Beschl. vom 21.4.2010 – 4 StR 245/09.
72   Vgl. dazu auch *Hamm* StV 2008, 205.

wegen festzustellen und muss ggf. zu einer vom Revisionsgericht auszusprechenden Kompensation führen.[73]

Denn würde das Revisionsgericht das Urteil wegen eines Strafzumessungsfehlers **2533** aufheben, müsste der neue Tatrichter zwischenzeitlich eingetretene Strafmilderungsgründe bei der neuen Strafzumessung berücksichtigen. Nichts anderes kann für den Fall gelten, in dem das Revisionsgericht einen Strafzumessungsfehler feststellt, von der Urteilsaufhebung jedoch nach § 354 Abs. 1a S. 1 StPO absehen will. Nur dann, wenn der aktuelle Strafzumessungsstand der Entscheidung zugrunde gelegt wird, kann ein Absehen von der Urteilsaufhebung überhaupt gerechtfertigt sein. Denn anderenfalls läge eine sachlich nicht gerechtfertigte Ungleichbehandlung bei festgestellten Rechtsfehlern und damit eine Beeinträchtigung der Rechtsposition des Angeklagten vor.

In diesen Fällen besteht die Schwierigkeit darin, dass das Revisionsgericht – selbstverständlich – keine eigene Beweisaufnahme zur Strafzumessung etwa durch Vernehmung von Zeugen durchführen kann.

Dies bedeutet, dass der Verteidiger neu hervorgetretene Strafmilderungsgründe im **2534** schriftlichen Anhörungsverfahren durch Urkunden belegen muss. Als Beispiele für nach dem ersten Urteil eingetretene Strafmilderungsgründe kommen in Betracht:

die Schadenswiedergutmachung, ein durchgeführter Täter-Opfer-Ausgleich, der zur Anwendung des § 46a StGB führen kann, das Eintreten des Aufklärungserfolges im Sinne von § 31 BtMG oder – bei langer Dauer des Revisionsverfahrens – die Stabilisierung der Lebensverhältnisse des Angeklagten durch Eheschließung, festes Arbeitsverhältnis oder erfolgreichem Abschluss einer Therapie.

Diese (wesentlichen) Strafmilderungsgründe können problemlos durch entsprechende schriftliche Unterlagen nachgewiesen werden, so dass das Revisionsgericht diese ohne eigene Beweisaufnahme zur Kenntnis nehmen kann und der Entscheidung zugrunde legen muss.

---

73   *BGH* StV 1995, 183; *Fischer*[60] § 46 Rn. 127.

Literaturverzeichnis

Ahlbrecht, Heiko/Böhm, Klaus Michael/Esser, Robert/Hugger, Heiner/Kirsch, Stefan/Rosenthal, Michael: Internationales Strafrecht in der Praxis, 2008

AK: Kommentar zur Strafprozessordnung in der Reihe Alternativkommentare (Hrsg. *Wassermann*), Band 1 (1988); Band 2, Teilband 1 (1992), Teilband 2 (1993); Band 3 (1996). Zitiert: AK-*Bearbeiter*

Albrecht, Diedlinde: Das Verhältnis der audiovisuellen Vernehmung gem. § 247a StPO zu anderen Formen der Beweiserhebung, insbesondere zur Verlesung von Vernehmungsniederschriften gem. § 251 Abs. 1 Nr. 2 StPO, StV 2001, 364

Alsberg, Max/Nüse, Karl-Heinz/Meyer, Karlheinz: Der Beweisantrag im Strafprozess, 5. A. 1983

Barton, Stephan: Die Revisionsrechtsprechung des BGH in Strafsachen, 1999

Basdorf, Clemens: Änderungen des Beweisantragsrechts und Revision, StV 1995, 310

Bernsmann, Klaus: Verwertungsverbot bei fehlender und mangelhafter Belehrung, StraFO 1998, 73

Bertheau, Camilla: § 160a StPO neuer Fassung – doch offene Fragen bleiben, StV 2012, 303

Beulke, Werner: Empirische und normative Probleme der Verwendung neuer Medien in der Hauptverhandlung, ZStW 113 (2001), 709

ders.: Muß die Polizei dem Beschuldigten vor der Vernehmung „Erste Hilfe" bei der Verteidigerkonsultation leisten?, NStZ 1996, 257

ders.: Strafprozessrecht, 12. A. 2012

Beulke, Werner/Ruhmannseder, Felix: Strafprozessuale Zwangsmaßnahmen in der Verteidigungssphäre, (Teil 1) StV 2011, 180; (Teil 2) StV 2011, 252

Beulke, Werner/Stoffer, Hannah: Die strafschärfende Berücksichtigung von nach §§ 154, 154a StPO ausgeschiedenem Prozessstoff, StV 2011, 442

Bick, Udo: Die Anfechtung von Verwerfungsurteilen nach § 329 I StPO und § 74 II OWiG, StV 1987, 273

Bohlander, Michael: Zur Verlesbarkeit polizeilicher Protokolle von Beschuldigtenvernehmungen bei Zustimmung des Angeklagten, NStZ 1998, 396

Böhm, Alexander: Aus der neueren Rechtsprechung zum Jugendstrafrecht, NStZ 1983, 448

Böse, Martin: Wirtschaftsaufsicht und Strafverfolgung, 2005

ders.: Die Verwertung im Ausland gewonnener Beweismittel im deutschen Strafverfahren, ZStW 114 (2002), 148

Braum, Stefan: Expansive Tendenzen der Telekommunikationsüberwachung, JZ 2004, 128

Brunner, Rudolf/Dölling, Dieter: Jugendgerichtsgesetz, Kommentar, 12. A. 2011. Zitiert: *Brunner/Dölling* JGG[11]

Bruns, Hans-Jürgen: Inwieweit unterliegt die Mitwirkung eines als befangen abgelehnten Staatsanwaltes der revisionsgerichtlichen Kontrolle – Fortentwicklung der Rechtsprechung?, JR 1980, 397

Brüssow, Rainer (Hrsg.): Strafverteidigung und Strafprozess, Festgabe für Ludwig Koch, 1989

Burhoff, Detlef: Handbuch für das strafrechtliche Ermittlungsverfahren, 5. A. 2010

Burkhard, Jörg: Erklärungsrecht des Verteidigers, § 257 Abs. 2 StPO, StV 2004, 390

Dahs, Hans: „Wahrheitserforschung" contra Unmittelbarkeitsprinzip?, StV 1988, 169

Dahs, Hans/Dahs, Hans: Die Revision im Strafprozess, 8. A. 2012; 6. A. 2001

Dahs, Hans/Langkeit, Jochen: Das Schweigerecht des Beschuldigten und seine Auskunftsverweigerung als „verdächtiger Zeuge", NStZ 1993, 213

Deckers, Rüdiger, Schöch, Heinz, Nedopil, Norbert, Dittmann, Müller, Nowara, Saimeh, Boetticher, Wolf: Pflicht zur Einholung eines vorläufigen schriftlichen Gutachtens eines Psychiaters bei Anordnung einer Maßregel nach §§ 63, 66, 66a StGB?, NStZ 2011, 69

Degener, Wilhelm: Zum Fragerecht des Strafverteidigers gem. § 240 Abs. 2 StPO, StV 2002, 618

Dencker, Friedrich: Verwertungsverbote und Verwendungsverbote im Strafprozeß, in: Eser, Albin/Goydke, Jürgen/Maatz, Kurt Rüdiger/Meurer, Dieter (Hrsg.), Strafverfahrensrecht in Theorie und Praxis. Festschrift für Lutz Meyer-Goßner zum 65. Geburtstag, 2001, 237

Detter, Klaus: Einige Gedanken zu audiovisueller Vernehmung, V-Mann in der Hauptverhandlung und der Entscheidung des Bundesgerichtshofs in der Sache El Motassadeq, StV 2006, 544

Diehm, Dirk: Die Entscheidung über die (Nicht-)Vereidigung im Strafprozess, StV 2007, 444

Diemer, Herbert: Zur Bedeutung der Videoaufzeichnung im Revisionsverfahren, NStZ 2002, 16

Dölling, Dieter: Verlesbarkeit schriftlicher Erklärungen und Auskunftsverweigerung nach § 55 StPO, NStZ 1988, 6

Drees, Rainer: Einfluß von Teileinstellungen nach § 154 StPO auf die Anwendbarkeit von formellem und materiellem Jugendstrafrecht, NStZ 1995, 481

Ebert, Udo (Hrsg.): Aktuelle Probleme der Strafrechtspflege, 1991

Endriß, Rainer: Vom Fragerecht des Beschuldigten im Vorverfahren. Hanack, Ernst-Walter/Hilger, Hans/Mehle, Volkmar/Widmaier, Gunter (Hrsg.), Festschrift für Peter Rieß zum 70. Geburtstag am 4. Juni 2002, 2002, 185

Endriß, Rainer/Kinzig, Jörg: Tatprovokation ohne Tatverdacht: Grenzenlos möglich?, StraFo 1998, 299

Eisenberg, Ulrich: Jugendgerichtsgesetz,15. A. 2012. Zitiert: *Eisenberg* JGG[15]

ders.: Beweisrecht der StPO, Spezialkommentar, 7. A. 2011. Zitiert: *Eisenberg* Beweisrecht der StPO[7]

Esser, Robert: (Nichts) Neues aus Straßburg – Effektive Verteidigung bei Nichterscheinen des verteidigten Angeklagten in der Berufungshauptverhandlung, StV 2013, lll

Fezer, Gerhard: Überwachung der Telekommunikation und Verwertung eines „Raumgesprächs", NStZ 2003, 625

ders.: Pragmatismus und Formalismus in der revisionsgerichtlichen Rechtsprechung, in: Ebert, Udo/Roxin, Claus/Rieß, Peter/Wahle, Eberhard (Hrsg.), Festschrift für Ernst-Walter Hanack zum 70. Geburtstag am 30. August 1999, 1999, S. 352

ders.: Rechtsprechung des Bundesgerichtshofes zum Strafverfahrensrecht – Teil 2, JZ 1996, 665

ders.: Grundfälle zum Verlesungs- und Verwertungsverbot im Strafprozeß, JuS 1978, 325

ders.: Wider die „Beweiswürdigungs-Lösung" des BGH bei verfahrensfehlerhafter Beweiserhebung, in: Festschrift für Karl Heinz Gössel zum 70. Geburtstag, 2002, S. 627

El-Ghazi, Mohamad/Merold, Andreas: Die Vernehmung des Richters als Verhörsperson vor dem Hintergrund des § 252 StPO, StV 2012, 250

Fischer, Thomas: Strafgesetzbuch und Nebengesetze, 60. A. 2013. Zitiert: *Fischer*[60]

Fischer, Thomas/Krehl, Christoph: Strafrechtliche Revision, „Vieraugenprinzip" gesetzlicher Richter und rechtliches Gehör, StV 2012, 550

Fischer, Thomas/Maul, Heinrich: Tatprovozierendes Verhalten als polizeiliche Ermittlungsmaßnahme NStZ 1992, 7

Franzen, Klaus/Gast-De Haan, Brigitte/Joecks, Wolfgang: Steuerstrafrecht mit Zoll- und Verbrauchsteuerstrafrecht, 7. A. 2009.

Gercke, Björn/Wollschläger, Sebastian: Videoaufzeichnungen und digitale Daten als Grundlage des Urteils, StV 2013, 106

Gieg, Georg/Widmaier, Gunter: Der bestellte Verwerfungsantrag – Aspekte einer Subkultur des oberlandesgerichtlichen Revisionsverfahrens, NStZ 2001, 57

Gleß, Sabine: Das Verhältnis von Beweiserhebungs- und Beweisverwertungsverboten und das Prinzip „locus regit actum", in: Samson, Erich/Dencker, Friedrich/Frisch, Peter/Frister, Helmut/Reiß, Wolfram (Hrsg.), Festschrift für Gerald Grünwald zum siebzigsten Geburtstag, 1999, 197

dies.: Zur „Beweiswürdigungs-Lösung" des BGH, NJW 2001, 3606

Gleß, Sabine/Peters, Anne: Verwertungsverbot bei Verletzung der Pflicht zur Belehrung nach Art. 36 WÜK? StV 2011, 369

Graalmann-Scheerer, Kirsten: Molekulargenetische Untersuchung und Revision, in: Festschrift für Peter Rieß zum 70. Geburtstag, 2002, S. 153

Häger, Joachim: Zu den Folgen staatsanwaltlicher in der Hauptverhandlung begangener Verfahrensfehler, in: Geppert, Klaus/Dehnicke, Dieter (Hrsg.), Gedächtnisschrift für Karlheinz Meyer, 1990, 171

Hamm, Rainer: Eingriff in die „Domäne(n) des Tatrichters" – Besprechung von BVerfG StV 2007, 393 und StV 2007, 51; StV 2008, 205

ders.: Verkümmerung der Form durch Große Senate oder: Die Pilatusfrage zum Hauptverhandlungsprotokoll, NJW 2007, 3166

ders.: Verfahrensspaltung bei gegenläufigen Revisionen des Angeklagten und der Staatsanwaltschaft, StV 2000, 637

Hamm, Rainer/Hassemer, Winfried/Pauly, Jürgen: Beweisantragsrecht, 2. A. 2007

Hartmann, Hans A./Rubach, Walter: Verteidiger und Sachverständiger, Eine Falldarstellung, StV 1990, 425

Hefendehl, Roland: Beweisermittlungs- und Beweisverwertungsverbote bei Auskunfts- und Mitwirkungspflichten – das sog. Verwendungsverbot nach § 97 Abs. 1 S. 3 InsO, wistra 2003, 1

Heidelberger Kommentar zur Strafprozessordnung, hrsg. von Gercke, Björn/Julius, Karl-Peter/Temming, Dieter/Zöller, Mark A.,5. A. 2012. Zitiert: HK-*Bearbeiter*[5]

Herdegen, Gerhard: Die Rüge der Nichtausschöpfung eines Beweismittels, in: Eser, Albin/Kullmann, Hans Josef/Meyer-Goßner, Lutz/Odersky, Walter/Voss, Rainer (Hrsg.), Straf- und Strafverfahrensrecht, Recht und Verkehr, Recht und Medizin. Festschrift für Hannskarl Salger zum Abschied aus dem Amt als Vizepräsident des Bundesgerichtshofes, 1995, 301

Hofmann, Manfred: Videoaufzeichnungen und revisionsgerichtliche Kontrolle, NStZ 2002, 569

Hohmann, Ralf: Das Erklärungsrecht von Angeklagtem und Verteidiger nach § 257 StPO, StraFo 1999, 153

Ignor, Alexander: Plädoyer für die Widerspruchslösung, in: Hanack, Ernst-Walter/Hilger, Hans/Mehle, Volkmar/Widmaier, Gunter (Hrsg.), Festschrift für Peter Rieß zum 70. Geburtstag am 4. Juni 2002, 2002, 185

Jahn, Matthias: Die Änderungen im Recht der Strafverteidigung durch das 2. Opferrechtsreformgesetz in: NJW-Sonderheft zum 65. Geburtstag von Ingeborg Tepperwien, 2010, S. 25

ders.: Entwicklungen und Tendenzen zwei Jahre nach Inkrafttreten des Verständigungsgesetzes, StV 2011, 497

Jahn, Matthias/Geck, Elena: Tagebuchfall revisited – Der BGH, die Gedankenfreiheit und ein Selbstgespräch im Auto, JZ 2012, 561

Jähnke, Burkhard: Zur Abgrenzung von Verfahrens- und Sachrüge, in: Eser, Albin/Goydke, Jürgen/Maatz, Kurt Rüdiger/Meurer, Dieter (Hrsg.), Strafverfahrensrecht in Theorie und Praxis. Festschrift für Lutz Meyer-Goßner zum 65. Geburtstag, 2001, 559

Jungfer, Gerhard: Zum Anspruch auf Erstellung eines schriftlichen Sachverständigengutachtens und zur Beiziehung der Sachverständigenunterlagen, R&P 1995, 29

Kabbani, Sam: Dolmetscher im Strafprozeß, StV 1987, 410

Karlsruher Kommentar zur Strafprozessordnung: Hrsg. von Hannich, Rolf/Boujong, Karlheinz/Diemer, Herbert/Engelhardt, Hanns, 6. A. 2008. Zitiert: KK-*Bearbeiter*[6]

Karlsruher Kommentar zur Strafprozessordnung und zum Gerichtsverfassungsgesetz: Hrsg. von Pfeiffer, Gerd, 5. A. 2003. Zitiert: KK-*Bearbeiter*[5]

Kelker, Brigitte: Wohin will der BGH beim Zeugenstaatsanwalt? StV 2008, 381

Kirsch, Stefan: Die gesetzliche Regelung der Verständigung im Strafverfahren, StraFo 2010, 96

Kissel, Otto Rudolf/Mayer, Herbert: Gerichtsverfassungsgesetz, Kommentar, 4. A. 2005 und 5. A. 2008. Zitiert: *Kissel/Mayer* GVG[4]/GVG[5]

dies.: Gerichtsverfassungsgesetz, Kommentar, 6. A. 2010. Zitiert: *Kissel/Meyer* GVG[6]

KMR: Loseblattkommentar zur Strafprozeßordnung, begründet von Kleinknecht/ Müller/Reitberger, hrsg. von Fezer/Paulus, ab 14. Lieferung von v. Heintschel *Heinegg, Bernd/Stöckel, Heinz,* jeweils mit Ergänzungslieferungen, 8. A. ab 1990. Zitiert: KMR-*Bearbeiter*, Aufl./Lfg.

Knauer, Christoph/Wolf, Christian: Zivilprozessuale und strafprozessuale Änderungen durch das Erste Justizmodernisierungsgesetz - Teil 2: Änderungen der StPO, NJW 2004, 2932

Knierim, Thomas: Fallrepetitorium zur Telekommunikationsüberwachung nach neuem Recht, StV 2008, 599

ders.: Fallrepetitorium zur Wohnraumüberwachung und anderen verdeckten Eingriffen nach neuem Recht, StV 2009, 206

König, Stefan: Zum Einsatz von Proberichtern in der Großen Strafkammer, StV 1995, 39

Krekeler, Wilhelm: Beweisverwertungsverbote bei fehlerhaften Durchsuchungen, NStZ 1993, 263

ders.: Zufallsfunde bei Berufsgeheimnisträgern und ihre Verwertbarkeit, NStZ 1987, 199

Kretschmer, Joachim: Die Verwertung sogenannter Zufallsfunde bei der strafprozessualen Telefonüberwachung, StV 1999, 221

Kukuk, Jörn-Peter: Das Erfordernis des Vortrags von „Negativtatsachen" nach § 344 Abs. 2 Satz 2 StPO, 2000

Kusch, Roger: Aus der Rechtsprechung des BGH zum Strafverfahrensrecht - Januar bis Juli 1992, NStZ 1993, 27

Langkeit, Jochen/Cramer, Steffen: Vorrang des Personalbeweises bei gemäß § 55 StPO schweigenden Zeugen, StV 1996, 230

Leipold, Klaus: Form und Umfang des Erklärungsrechts nach § 257 StPO und seine Auswirkungen auf die Widerspruchslösung des Bundesgerichtshofes, StraFO 2001, 300

Leipziger Kommentar: Strafgesetzbuch, Großkommentar, hrsg. von Laufhütte, Heinrich Wilhelm/Rissing-van Saan, Ruth/Tiedemann, Klaus, 12. A. 2007 ff. Zitiert: LK-*Bearbeiter*[12]

Leitner, Werner: Videoaufzeichnung in der Hauptverhandlung und Rekonstruktionsverbot, StraFo 2004, 306

Lilie, Hans: Augenscheinseinnahme und Öffentlichkeit der Hauptverhandlung, NStZ 1993, 121

Löwe/Rosenberg, Die Strafprozeßordnung und das Gerichtsverfassungsgesetz mit Nebengesetzen, Großkommentar, hrsg. von Peter Rieß, 24. A. 1984 ff. 25. A. 1997 ff., ab 26. A. 2006 ff. hrsg. von Volker Erb, Robert Esser, Ulrich Franke, Kirsten Graalmann-Scheerer, Hans Hilger, Alexander Ignor. Zitiert: LR-*Bearbeiter*[A.]

Malek, Klaus: Verteidigung in der Hauptverhandlung, 4. A. 2012

Malek, Klaus/Wohlers,Wolfgang: Zwangsmaßnahmen im Ermittlungsverfahren – Verteidigerstrategien. 2. A. 2001

Malmendier, Bertrand: „Konfliktverteidigung" – ein neues Prozeßhindernis?, NJW 1997, 227

Mehle, Volkmar: Die schriftliche Stellungnahme des Angeklagten außerhalb der Hauptverhandlung als Ersatz der mündlichen Einlassung – eine Analyse der Rechtsprechung, in: AG Strafrecht des DAV (Hrsg.), FS 25 Jahre Arbeitsgemeinschaft Strafrecht des DAV, 2009, S. 655

Meyer-Goßner, Lutz: Sind Verfahrenshindernisse von Amts wegen zu beachten?, NStZ 2003, 169

Meyer-Goßner, Lutz: Strafprozessordnung, Gerichtsverfassungsgesetz, Nebengesetze und ergänzende Bestimmungen, München, 48. A. 2005; 49. A. 2006; 55. A. 2012. Zitiert: *Meyer-Goßner*[A.]

Mitsch, Wolfgang: Protokollverlesung nach berechtigter Auskunftsverweigerung (§ 55 StPO) in der Hauptverhandlung, JZ 1992, 174

Möller, Olaf: Führen Verstöße gegen § 67 I JGG bei polizeilichen Vernehmungen eines jugendlichen Beschuldigten zu einem Beweisverwertungsverbot? NStZ 2012, 113

Müller-Gabriel, Wolfgang: Neue Rechtsprechung des BGH zum Ausschluß des „Zeugen-Staatsanwalts", StV 1991, 235

Nack, Armin: Revisibilität der Beweiswürdigung – Teil 1 und 2, StV 2002, 510 und 558

Neuhaus, Ralf: Die Revisibilität der sachlichen Zuständigkeit des Schöffengerichts im Verhältnis zu der des Strafrichters (§ 25 Nr. 2 GVG), StV 1995, 212

ders.: Das Beweisverwertungsverbot des § 393 Abs. 2 AO, Teil 1 ZAP 21 (2000) Fach 22, 323, Teil 2 ZAP 15 (2001) Fach 22, 339

ders.: Ungeschriebene Belehrungspflichten im Rahmen des § 136 Abs. 1 S. 2 StPO und die Folgen ihrer Verletzung, StV 2011, 45

ders.: Die strafprozessuale Überwachung der Telekommunikation, Festschrift für Peter Rieß zum 70. Geburtstag, 2002, S. 375

Niemöller, Martin: Negativbehauptungen als Gegenstand strafprozessualer Beweisanträge, StV 2003, 687

ders.: Besetzungsrüge und „Willkürformel", StV 1987, 311

Niemöller, Martin/Schlothauer, Reinhold/Weider, Hans-Joachim: Gesetz zur Verständigung im Strafverfahren, 2010. Zitiert: *Bearbeiter* in: Niemöller/Schlothauer/Weider, VerstG

Nöding, Toralf: Die Novellierung der strafprozessualen Regelungen zur Telefonüberwachung, StraFo 2007, 456

Ostendorf, Heribert: Jugendgerichtsgesetz, 8. A. 2009

Park, Tido: Die Erwiderung der Verteidigung auf einen Revisionsverwerfungsantrag gem. § 349 Abs. 2 StPO, StV 1997, 550

Paulus, Andreas L./Müller, Jörn: Konsularische Information vor deutschen Gerichten – Never Ending Story oder Happy End?, StV 2009, 495

Pfister, Wolfgang: Neue Formen der Einlassung des Angeklagten in der Hauptverhandlung – neue Chancen, neue Risiken, in: NStZ-Sonderheft 2009, 25

ders.: Der Öffentlichkeitsausschluß und die Begründungsanforderungen des § 174 I 3 GVG, NJW 1996, 2213

Prittwitz, Cornelius: Das Zeugnisverweigerungsrecht des Angehörigen und seine Wirkung für Mitbeschuldigte, NStZ 1986, 64

ders.: Die Grenzen der Verwertbarkeit von Erkenntnissen aus der Telefonüberwachung gemäß § 100a StPO, StV 1984, 302

Puschke, Jens/Singelnstein, Tobias: Telekommunikationsüberwachung, Vorratsdatenspeicherung und (sonstige) heimliche Ermittlungsmaßnahmen der StPO nach der Neuregelung zum 1.1.2008, NJW 2008, 113

Quedenfeld, Dietrich/Füllsack, Markus: Verteidigung in Steuerstrafsachen, 4. A. 2012

Ransiek, Andreas: Belehrung über Aussagefreiheit und Recht der Verteidigerkonsultation: Folgerungen für die Beschuldigtenvernehmung, StV 1994, 344

Rieß, Peter: Das neue Zeugenschutzgesetz, insbesondere Video-Aufzeichnungen von Aussagen im Ermittlungsverfahren und in der Hauptverhandlung, StraFO 1999, 1

ders.: Verwertungsprobleme bei der Aufklärung von Katalogtaten am Beispiel der Fernmeldeüberwachung (§ 100a StPO), in: II. Strafverteidiger-Frühjahrssymposium 1988 der Arbeitsgemeinschaft Strafrecht des Deutschen Anwaltvereins, Karlsruhe, 27. und 28. Mai 1988: Wahrheitsfindung und ihre Schranken, Essen 1989, 141

ders.: Der Hauptinhalt des Ersten Gesetzes zur Reform des Strafverfahrensrechts (1. StVRG), NJW 1975, 94

Ritter, Ralf: Die Begründungsanforderungen bei der Erhebung der Verfahrensrüge gemäß § 344 Abs. 2 Satz 2 StPO, 2007

Roxin, Claus: Zum Beweisverwertungsverbot bei bewusster Missachtung des Richtervorbehalts nach § 105 I 1 StPO, NStZ 2007, 616 *ders.*: Das Recht des Beschuldigten auf Verteidigerkonsultation in der neuesten Rechtsprechung. JZ 1997, 343

Roxin, Claus/Schünemann, Bernd: Strafverfahrensrecht, 27. A., 2012

Rückel, Christoph: Strafverteidigung und Zeugenbeweis, 1988

Sarstedt, Werner/Hamm Rainer: Die Revision in Strafsachen, 6. A. 1998, ab der 7. A. 2010, fortgeführt von *Hamm, Rainer*

Schäfer, Gerhard: Die Abgrenzung der Verfahrensrüge von der Sachrüge, in: Hanack, Ernst-Walter/Hilger, Hans/Mehle, Volkmar/Widmaier, Gunter (Hrsg.), Festschrift für Peter Rieß zum 70. Geburtstag am 4. Juni 2002, 2002, 477

ders.: Freie Beweiswürdigung und revisionsrechtliche Kontrolle, StV 1995, 147

Schlothauer, Reinhold: Zur Immunisierung tatrichterlicher Urteile gegen verfahrensrechtlich begründete Revisionen, in: Michalke, Regina/Köberer, Wolfgang/Pauly, Jürgen/Kirsch, Stefan (Hrsg.), Festschrift für Rainer Hamm zum 65. Geburtstag am 24. Februar 2008, 2008, 655

ders.: Eintritt des Ergänzungsrichters in die Hauptverhandlung oder Hemmung der Unterbrechungsfrist, in: FS für Egon Müller, 2008, 437

ders.: Strafprozessuale Verwertung selbstbelastender Angaben in Verwaltungsverfahren, in: FS für Gerhard Fezer, 2008, S. 267

ders.: Video-Vernehmung und Zeugenschutz. StV 1999, 47

ders.: Vorbereitung der Hauptverhandlung durch den Verteidiger, 2. A. 1998

ders.: Ermittlungsrichterliche Entscheidungen und ihre Revisibilität, StraFo 1998, 402

ders.: Vereinfachte Beweisaufnahme nach dem Verbrechensbekämpfungsgesetz auch in der Berufungsinstanz?, StV 1995, 46

ders.: Verfahrens- und Besetzungsfragen bei Hauptverhandlungen vor der reduzierten Strafkammer nach dem Rechtspflegeentlastungsgesetz, StV 1993, 147

ders.: Wiedereröffnung der Hauptverhandlung und letztes Wort, StV 1992, 134

ders.: Abwesenheitsverhandlung wegen Beurlaubung oder vorübergehender Verfahrenstrennung und Revision, in: Strafverteidigung und Strafprozeß, Festgabe für Ludwig Koch, hrsg. von Brüssow, Rainer/Gatzweiler, Norbert/Jungfer, Gerhard/Mehle, Volkmar/Christian Richter, 1989, 249

ders.: Zeugnisverweigerungsrechte, Auskunftsverweigerungsrecht und Rechtskreistheorie, in: II. Strafverteidiger-Frühjahrssymposium 1988 der Arbeitsgemeinschaft Strafrecht des Deutschen Anwaltvereins, Karlsruhe, 27. und 28. Mai 1988, Wahrheitsfindung und ihre Schranken, 1989, 80

ders.: Hilfsbeweisantrag – Eventualbeweisantrag – bedingter Beweisantrag, StV 1988, 542

ders.: Gerichtliche Hinweispflichten in der Hauptverhandlung, StV 1986, 213

ders.: Wiedereröffnung der Hauptverhandlung und letztes Wort, StV 1984, 134

ders: Die Flucht aus der Justizförmigkeit durch die europäische Hintertür, StV 2001, 127 *ders.:* Pflichtverteidigerbeiordnung nach Inhaftierung in: Recht-Wirtschaft-Strafe, Festschrift für Erich Samson, 2010, 708

ders.: Die Besetzung der großen Straf- und Jugendkammern in der Hauptverhandlung, StV 2012, 749

Schlothauer, Reinhold/Jahn, Matthias: Zustimmung statt Widerspruch bei Beweisverwertungsverboten im Strafverfahren, RuP 2012, 222

Schlothauer, Reinhold/Weider, Hans-Joachim, Untersuchungshaft, 4. A., 2010

dies.: Das Gesetz zur Regelung des Verständigung im Strafverfahren, StV 2009, 600

Schmidt, Eberhard: Sinn und Tragweite des Hinweises auf die Aussagefreiheit des Beschuldigten, NJW 1968, 1209

Schmidt, Jens: Verteidigung von Ausländern, 3. A. 2012

Schmitt, Bertram; Die Verständigung in der Revision, StraFo 2012, 386

Schneider, Hartmut: Gedanken zur Problematik des infolge einer Zeugenvernehmung „befangenen" Staatsanwalts, NStZ 1994, 457

Schneiders, Uwe: Verletzung der Öffentlichkeit durch Bitte an einen Zuhörer, den Sitzungssaal zu verlassen?, StV 1990, 91

Schrader, Henning: Die Feststellung der Verhinderung eines Richters, StV 1991, 540

Schuster, Frank Peter: Die Verwertbarkeit im Ausland gewonnener Beweise im deutschen Strafprozess, 2006

ders.: Das neue Vereidigungsrecht nach dem Justizmodernisierungsgesetz aus revisionsrechtlicher Sicht, StV 2005, 628

Schünemann, Bernd: Der deutsche Strafprozeß im Spannungsfeld von Zeugenschutz und materieller Wahrheit, StV 1998, 391

Sieg, Hans-O.: Eigene Beweiserhebung durch das Revisionsgericht, NJW 1983, 2014

Sowada, Christoph: Der gesetzliche Richter im Strafverfahren, 2002

Spiess, Kerstin: Das Gesetz zur Sicherung der Unterbringung in einem psychiatrischen Krankenhaus und in einer Entziehungsanstalt, StV 2008, 160

Sprenger, Wolfgang: Fördert die Neuregelung des beschleunigten Verfahrens seine breitere Anwendung?, NStZ 1997, 574

Strate, Gerhard: Zur zeitweiligen Ausschließung des Angeklagten von der Hauptverhandlung, NJW 1979, 909

Strate, Gerhard/Ventzke, Klaus-Ulrich: Unbeachtlichkeit einer Verletzung des § 137 Abs. 1 S. 1 StPO im Ermittlungsverfahren?, StV 1986, 31

Systematischer Kommentar zur Strafprozeßordnung und zum Gerichtsverfassungsgesetz: Bearbeitet von Rudolphi/Degener/Frisch/Frister/Paeffgen/Rogall/Schlüchter/Velten/Weßlau/Wohlers/Wolter, 3. A., (LH), 4. A., 2010 ff. Loseblattkommentar . Zitiert: SK-StPO/*Bearbeiter*[A.]

Tolksdorf, Klaus: Mitwirkungsverbot für den befangenen Staatsanwalt, 1989

Tondorf, Günter/Tondorf, Babette: Psychologische und psychiatrische Sachverständige im Strafverfahren, 3. A. 2010

Tröndle, Herbert/Fischer, Thomas, Strafgesetzbuch und Nebengesetze, Kommentar, 54. A., 2007. Zitiert: *Tröndle/Fischer*[54]

*Trück,Thomas:*Die revisionsrechtliche Einordnung der Rüge rechtsfehlerhafter Anwendung des Richtervorbehalts bei Durchsuchung und Blutprobenentnahme, NStZ 2011, 202

Ulsenheimer, Klaus: Arztstrafrecht in der Praxis, 4. A. 2008

Warg, Gunter: Anmerkungen zum Kernbereich privater Lebensgestaltung, NStZ 2012, 237

Weider, Hans-Joachim: Revisionsrechtliche Kontrolle bei gescheiterter Absprache, NStZ 2002, 174

ders.: Sinkende Verfahrenskontrolle und steigende Rügeanforderungen im Revisionsverfahren, StraFo 2000, 328

Weider, Hans-Joachim/Staechelin, Gregor: Das Zeugenschutzgesetz und der gesperrte V-Mann, StV 1999, 53

Weigend, Thomas: Festgenommene Ausländer haben ein Recht auf Benachrichtigung ihres Konsulats, StV 2008, 39

Welp, Jürgen: Zufallsfunde bei der Telefonüberwachung, JURA 1981, 472

Wesslau, Edda: Gespaltene Tatsachenfeststellungen, Überkreuzverwertungen und advokatorische Dilemmata – Beweisverwertung zum Nachteil von Mitbeschuldigten, StV 2010, 41

Widmaier, Gunter (Hrsg.): Münchener Anwaltshandbuch Strafverteidigung, 2006. Zitiert: *Bearbeiter* in: Münchener Anwaltshandbuch Strafverteidigung

ders.: Kritische Gedanken zur diskutierten Reform des Beweisantrags- und Revisionsrechts, NStZ 1994, 414

Wilhelm, Endrik: „Versteckte Gesetzesverstöße" in der Revision: Zur Revisibilität der fehlerhaften oder unvollständigen Mitteilung der Ergebnisse der Beweisaufnahme in der Urteilsniederschrift, ZStW 117 (2005), 143

Wohlers, Wolfgang: Verwertungsverbot bei Verstoß gegen § 168c Abs. 5 Satz 1 StPO: Einschränkungen der Prüfungskompetenz des Tat- und Revisionsgerichts?, GA 2003, 898

Wolff, Hagen: Zur Bedeutung von § 6 StPO im Revisionsverfahren, JR 2006, 232

Wolff, Heinrich Amadeus: Selbstbelastung und Verfahrenstrennung, 1997

Wollweber, Harald: Besondere Fürsorge trotz besonderer Schuldschwere?, NJW 1998, 121

Wömpner, Hans Bernd: Ergänzender Urkundenbeweis neben §§ 253, 254 StPO? – Zur Bedeutung und zum wechselseitigen Verhältnis der §§ 250, 253, 254 StPO, NStZ 1983, 293

Zieger, Matthias: Verteidigung in Jugendstrafsachen, 6. A. 2012

Ziegert, Ulrich: Zur alternativen Feststellung einer Verletzung verfahrensrechtlicher Normen, StV 1996, 279

Stichwortverzeichnis

Die Zahlen verweisen auf die jeweilige Randnummer.

DAS ENTSCHEIDENDE WISSEN

VERTEIDIGUNG IN MORD- UND TOTSCHLAGS-VERFAHREN

Von RA Prof. Dr. Steffen Stern, FA für Strafrecht.
3., völlig neu bearbeitete und erweiterte Auflage 2013.

Die Verteidigung eines Mord- oder Totschlagsverdächtigen ist Bürde und Herausforderung zugleich. Es geht für diesen oft genug um lebenslange Haftstrafe, Unterbringung in einem psychiatrischen Krankenhaus oder Sicherheitsverwahrung. Gerade Berufseinsteigern und Pflichtverteidigern, denen es an ausreichender Routine und speziellem Know-how mangelt, hilft dieser praxisorientierte Leitfaden, das gesamte Schwurgerichtsverfahren in all seinen typischen Phasen und Facetten kennen zu lernen und aus Verteidigersicht zu betrachten.

Das Werk bietet neben einer Darstellung des materiellen Rechts Strategien und unentbehrliche Ratschläge für das richtige Verteidigerverhalten in allen Verfahrensabschnitten:

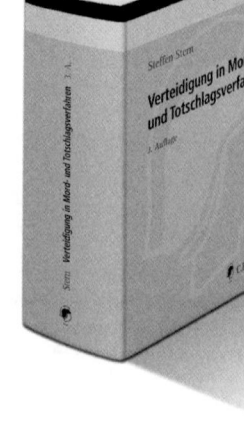

Mit vielen Strategien und Tipps

- Wie gelingt es, Fehlgriffe der Vernehmungsspezialisten einer Mordkommission sowie Versäumnisse und Fehleinschätzungen von Sachverständigen oder Kriminaltechnikern aufzudecken?

- Soll der Mandant frei aussagen bzw. an Explorationen mitwirken?

- Welche Besonderheiten gelten im Kapitalstrafbereich für die Haft und Unterbringungsfrage?

Besonders nützlich und praxisnah: **zahlreiche Mustertexte, Schaubilder und Tabellen** sowie die im Anhang befindlichen Erläuterungen gebräuchlicher gerichtsmedizinischer Begriffe.

„... ein gleichermaßen aufklärendes und spannendes Buch, ein Meisterwerk der Verteidigerliteratur."
RA Gerhard Strate, Hamburg in: NJW 49/2001

1.174 Seiten. € 89,95. ISBN 978-3-8114-4911-4
(ebook) € 89,99. ISBN 978-3-8114-3658-9

Verlagsgruppe Hüthig Jehle Rehm GmbH
Kundenservice, Im Weiher 10, 69121 Heidelberg
Bestell-Tel. 06221/489-555, Bestell-Fax 06221/489-410
kundenservice@hjr-verlag.de, www.cfmueller.de

C.F. Müller
CFM STRAFRECHT

In der Reihe *Praxis der Strafverteidigung* sind erschienen:

Ahlbrecht/Böhm/Esser/Hugger/Kirsch/ Rosenthal, Internationales Strafrecht in der Praxis.
2008. € 69,-. ISBN 978-3-8114-4352-5

Beck/Berr, OWi-Sachen im Straßenverkehrsrecht.
6. A. 2012. € 59,99. ISBN 978-3-8114-4461-4

Bernsmann/Gatzweiler, Verteidigung bei Korruptionsfällen.
2. A. 2013. Ca. € 54,99. ISBN 978-3-8114-4363-1

Beulke/Ruhmannseder, Die Strafbarkeit des Verteidigers.
2. A. 2010. € 59,95. ISBN 978-3-8114-4038-8

Dannecker/Knierim/Hagemeier, Insolvenzstrafrecht.
2. A. 2012. € 69,99. ISBN 978-3-8114-4455-3

Eberth/Müller/Schütrumpf, Verteidigung in Betäubungsmittelsachen.
6. A. 2013. € 44,99. ISBN 978-3-8114-3712-8

Freyschmidt/Krumm, Verteidigung in Straßenverkehrssachen.
10. A. 2013. Ca. € 49,99. ISBN 978-3-8114-5461-3

Hamm/Hassemer/Pauly, Beweisantragsrecht.
3. A. 2013. Ca. € 44,99. ISBN 978-3-8114-6056-0

Himmelreich/Krumm/Staub, Verkehrsunfallflucht.
6. A. 2013. € 54,99. ISBN 978-3-8114-5462-0

Jahn/Krehl/Löffelmann/Güntge, Die Verfassungsbeschwerde in Strafsachen.
2011. € 49,99. ISBN 978-3-8114-3613-8

Jansen, Zeuge- und Aussagepsychologie.
2. A. 2012. € 44,99. ISBN 978-3-8114-4861-2

Janssen, Gewinnabschöpfung im Strafverfahren.
2008. € 39,-. ISBN 978-3-8114-3364-9

Klemke/Elbs, Einführung in die Praxis der Strafverteidigung.
3. A. 2013. € 39,99. ISBN 978-3-8114-4714-1

Kohlmann u.a, Die Strafbarkeit des GmbH-Geschäftsführers.
2. A. 2013. Ca. € 59,99. ISBN 978-3-8114-0844-9

Malek, Verteidigung in der Hauptverhandlung.
4. A. 2012. € 44,99. ISBN 978-3-8114-3362-5

Malek/Popp, Strafsachen im Internet.
2. A. 2013. Ca. € 44,99. ISBN 978-3-8114-8853-3

Marxen/Tiemann, Die Wiederaufnahme in Strafsachen.
3. A. 2013. Ca. € 49,99. ISBN 978-3-8114-4320-4

Mertens/Stuff, Verteidigervergütung.
2010. € 44,95. ISBN 978-3-8114-3549-0

Pollähne/Woynar, Verteidigung in Vollstreckung und Vollzug.
5. A. 2013. Ca. € 44,99. ISBN 978-3-8114-4615-1

Quedenfeld/Füllsack, Verteidigung in Steuerstrafsachen.
4. A. 2012. € 79,99. ISBN 978-3-8114-3558-2

Sauer, Absprachen im Strafprozess.
2. A. 2013. Ca. € 49,99. ISBN 978-3-8114-3642-8

Schlothauer, Vorbereitung der Hauptverhandlung.
2. A. 1998. € 32,70. ISBN 978-3-8114-1798-4

Schlothauer/Weider, Verteidigung im Revisionsverfahren.
2. A. 2013. € 129,99. ISBN 978-3-8114-4105-7

Schlothauer/Weider, Untersuchungshaft.
4. A. 2010. € 59,95. ISBN 978-3-8114-3494-3

Schmidt, Verteidigung von Ausländern.
3. A. 2012. € 49,99. ISBN 978-3-8114-6054-6

Schroth, Die Rechte des Opfers im Strafprozess.
2. A. 2011. € 44,99. ISBN 978-3-8114-4317-4

Stern, Verteidigung in Mord- und Totschlagsverfahren.
3. A. 2013. € 89,99. ISBN 978-3-8114-4911-4

Tondorf/Tondorf, Psychologische und psychiatrische Sachverständige im Strafverfahren.
3. A. 2011. € 44,99. ISBN 978-3-8114-3655-8

Ulsenheimer, Arztstrafrecht in der Praxis.
5. A. 2013. Ca. € 84,99. ISBN 978-3-8114-4610-6

Weihrauch/Bosbach, Verteidigung im Ermittlungsverfahren.
7. A. 2011. € 44,95. ISBN 978-3-8114-4351-8

Zieger, Verteidigung in Jugendstrafsachen.
6. A. 2013. € 42,99. ISBN 978-3-8114-3966-5

Nähere Informationen zu den einzelnen Titeln unter www.cfmueller.de